广东财政年鉴 (2013)

GUANGDONG CAIZHENG NIANJIAN

广东财政年鉴编辑委员会　编著

经济科学出版社
Economic Science Press

图书在版编目（CIP）数据

广东财政年鉴．2013／广东财政年鉴编辑委员会编著．
—北京：经济科学出版社，2013.9
ISBN 978－7－5141－3743－9

Ⅰ．①广…　Ⅱ．①广…　Ⅲ．①地方财政－广东省－
2013－年鉴　Ⅳ．①F812.765－54

中国版本图书馆 CIP 数据核字（2013）第 208856 号

责任编辑：白留杰　李　剑　张占芬
责任校对：隗立娜
责任印制：李　鹏

广东财政年鉴（2013）
广东财政年鉴编辑委员会　编著
经济科学出版社出版、发行　新华书店经销
社址：北京市海淀区阜成路甲 28 号　邮编：100142
教材分社电话：010－88191354　发行部电话：010－88191522
网址：www.esp.com.cn
电子信箱：bailiujie518@126.com
天猫网店：经济科学出版社旗舰店
网址：http://jjkxcbs.tmall.com
北京盛源印刷有限公司印装
787×1092　16 开　42.5 印张　1700000 字
2013 年 9 月第 1 版　2013 年 9 月第 1 次印刷
ISBN 978－7－5141－3743－9　定价：330.00 元
（图书出现印装问题，本社负责调换。电话：010－88191502）

广东财政年鉴编辑委员会

广东财政年鉴编辑部

主　　任　黎旭东

编　　辑　张晓军　杜婷婷

特约编辑　麦东阳　林　侃　刘雅丽　刘　征

广东财政年鉴特约通讯员

李　萌（厅办公室）
翟玲妍（厅法规税政处）
陈伟基（厅预算处、地方财政处）
麦东阳（厅国库处、国库支付局）
王浩斌（厅综合处）
谭笑风（厅行政政法处）
冯国维（厅教科文处）
姚　林（厅工贸发展处）
范小花（厅农业处）
陈周华（厅经济建设处）
廖建中（厅社会保障处）
刘雅丽（厅外经金融处）
张文蔚（厅会计处）
叶建胜（厅绩效评价处）
蔡照亮（厅行政事业资产管理处）
董辉龙（省农业综合开发办公室）
李志宏（厅农村财务管理处）
杨　瑞（厅政府采购监管处）
曾小芳（公务用车管理处）
林承志（厅监督检查局）
朱　昱（厅人事教育处）
刘柏文（厅机关党委办公室）
耿洪波（省监察厅派驻省财政厅监察室）
黄白梅（厅离退休人员服务处）
黄林水（厅国际金融组织债务管理办公室）
叶朝珍（厅政务中心）
欧　颖（省直行政事业单位物业管理中心）
黄路利（厅投资审核中心）
吴文春（厅票据监管中心）
李海威（省财政数据信息中心）
杜婷婷（省财政科学研究所）
刘　强（省农业综合开发评估中心）
林壮镇（省注册会计师协会）
黎雪瑜（省资产评估协会）
陈培元（省财政职业技术学校）
刘　锋（广州市财政局）
陈　强（深圳市财政委）
熊向武（珠海市财政局）
廖赞燊（汕头市财政局）
黄长明（佛山市财政局）
杨文乐（韶关市财政局）
具瑞新（河源市财政局）
黄定锋（梅州市财政局）
刘　群（惠州市财政局）
谢　岚（汕尾市财政局）
徐栋栋（东莞市财政局）
张巧云（中山市财政局）
郭　丽（江门市财政局）
李孔进（阳江市财政局）
肖淞文（湛江市财政局）
梁建旭（茂名市财政局）
谢伟莹（肇庆市财政局）
黎　敏（清远市财政局）
李　炼（潮州市财政局）
方松坚（揭阳市财政局）
陈耀福（云浮市财政局）

编辑说明

《广东财政年鉴》是广东省财政厅主办的大型文献资料工具书。《广东财政年鉴(2013)》是广东财政自2005年以来编纂年鉴的第九卷，该书主要汇集了2012年广东财政的各个方面情况资料，反映了2012年广东财政工作的基本全貌，并继续保持《广东财政年鉴》创刊以来的三个主要特点，即资料翔实，权威性强；理论与实务相结合；亮点和重点突出。全书立体地反映了广东推进基本公共服务均等化、“营改增”改革试点、调整和完善激励型财政机制、省级预算编制改革、政府向社会组织购买服务、培育和发展社会组织等各方面的情况，生动体现了广东财政在落实科学发展观、关注民生问题和构建和谐社会等方面的具体做法。全书正文内容共分十二个部分。

第一部分重要财经文献，转载了广东省人民代表大会及其常务委员会2012年通过的有关财政经济方面的重要报告和决议；第二部分领导讲话，收录了省领导和省财政厅领导的有关重要讲话；第三部分全省财政工作概况与专题，记述了全省财政各项工作的开展情况和各项改革的进展情况；第四部分各市财政工作概况，刊登了全省21个地级以上市经济发展的简要介绍和财政工作有关方面的情况综述；第五部分市县财政工作专题，反映了全省部分市、县（市、区）财政工作的重点和亮点；第六部分统计资料，收集了全省和各市、县（市、区）财政一般预算收支情况、非税收入基本情况、全省国有企业和外商投资企业等方面的统计资料等；第七部分地方财经法规选编，选编了省人民代表大会及其常务委员会通过公布的地方性财经法规，省人民政府颁布或批准颁布的重要财经规章，省财政厅和省政府有关部门制定的或几个部门联合制定的重要财经规范性文件；第八部分财经文选，选编了省财政厅领导在有关专题会议上的重要讲话，全省财政系统有关财政理论与实务的研究报告、研究文章和调查报告以及广东财政论坛上有关专家的讲话和有关财经文章；第九部分财政机构人员，主要介绍了省财政厅机构变动情况和省财政厅领导及厅属各单位领导名单，各地级以上市和各县（市、区）财政局机构设置及领导名单，全省财政系统人员情况以及2012年度全省财政系统全国性和全省性先进集体、先进个人名单；第十部分大事记，记述了2012年度全省财政方面的重要会议、重大活动、重要国际交往、重大决策和措施；第十一部分媒体报道，主要反映2011年中央和省级刊物对广东财政改革与发展中的重要工作和亮点工作进行的报道；第十二部分附录，简要介绍了省财政各类学会、省财政厅所属学校的工作情况和省财政厅各处室（单位、学会）所承担的研究课题、研究成果和获奖情况。

本年鉴在编辑出版过程中，得到各有关方面的关心和鼎力支持。在此，对所有参与年鉴撰稿、摄影、编纂、审定、出版、发行等工作的领导和同志，表示深深的感谢！你们付出的辛劳，将不断推动广东财政年鉴工作继续迈向新的台阶。同时，由于广东财政年鉴涉及面广，编辑出版时间有限，难免有疏漏和不妥之处，敬请广大读者批评指正，并提出宝贵意见，促使广东财政年鉴编辑出版质量不断有新的提高。

《广东财政年鉴》编辑部

2012年10月8日，中共中央政治局委员、省委书记汪洋到省财政厅进行专题调研。汪洋与省委常委、秘书长林木声一起，到各处室看望慰问干部职工，随后主持召开座谈会，听取省财政厅工作汇报。汪洋对进一步做好广东省财政工作提出四点要求：一要继续务实创新，二要改进税源培植方式，三要完善支出改革，四要强化队伍建设。

2012年1月9日，广东省财政工作会议在广州召开，省委副书记、代省长朱小丹出席会议并作重要讲话。

2012年3月15日，广东省委常委、副省长徐少华到省财政厅调研指导工作，并看望慰问干部职工。省财政厅党组书记、厅长曾志权向徐少华副省长汇报了广东省财政工作情况。

2012年4月15日，广东省政府召开财税部门工作联席会议。省发展改革委、省财政厅、省审计厅、省地税局、省统计局、省国资委、省国税局等单位主要负责同志出席了会议。省委常委、副省长徐少华主持会议并作重要讲话。

2012年7月16日，全省财税工作会议在广州召开，省委常委、常务副省长徐少华出席会议并作重要讲话。

2012年11月1日，广东省委常委、常务副省长徐少华到省财政厅，听取2013年预算编制工作情况汇报。省财政厅党组书记、厅长曾志权向徐少华常务副省长汇报了2012年省级预算执行情况和2013年预算草案编制情况以及2013年省级政府性基金预算、国有资本经营预算编制情况。省财政厅党组成员、纪检组长邓桂明，厅党组成员、副厅长欧斌、郑贤操、戴运龙、林楚欣参加了汇报会。

2012年2月11日，财政部党组成员、副部长王保安带队到广东省开展深化经济体制、财税体制改革专题调研。调研组一行到广州汽车集团乘用车有限公司进行实地调研，并召开企业座谈会，听取有关国有企业、民营企业代表发言。

2012年10月24日，财政部党组副书记、副部长王军到广东省调研营业税改征增值税试点准备工作情况，与省委常委、常务副省长徐少华进行座谈。会议由省财政厅党组书记、厅长曾志权主持，财政部办公厅副主任刘新安、税政司副司长王晓华及有关同志，广州市副市长谢晓丹，省地税局党组成员、副局长杨朝峰，省国税局党组成员、总会计师朱江涛及省财政厅相关处室负责同志参加了座谈。

2012年12月5日，财政部党组成员、副部长朱光耀，对外财经交流办公室副主任张国春等一行到广东考察调研企业涉外经营情况。省委常委、常务副省长徐少华会见了朱光耀副部长一行，省财政厅党组书记、厅长曾志权一同参加会见。在粤调研期间，朱光耀副部长一行还实地考察了广州海瑞克隧道机械有限公司和广州南沙龙沙有限公司、广州富力地产股份有限公司等企业。

2012年1月19日，省委副书记、省长朱小丹率省慰问团赴韶关市慰问困难群众，深入企业、农村，与农民工代表座谈。随后，朱小丹省长来到韶关市武江区奇石村村委会，慰问了贫困农户代表。并代表省委、省政府向贫困农户拜早年。省财政厅党组书记、厅长曾志权陪同慰问。

2012年3月30-31日，广东省委副书记、省长朱小丹率广东省考察团在西藏自治区林芝地区考察广东省援藏工作。省财政厅党组书记、厅长曾志权参加了此次考察活动。

2012年2月20日，广东省财政厅党组书记、厅长曾志权率领厅有关处室负责同志到梅州市五华县水寨镇大沙村检查指导对口帮扶工作，察看帮扶成效，走访、慰问帮扶贫困户和驻村工作组同志，研究部署下一步对口帮扶工作。

2012年1月13日，广东省财政厅党组成员、驻厅纪检组长邓桂明率厅人事教育处、党委办主要负责人一行，来到省财政厅扶贫“双到”对口帮扶的五华县水寨镇大沙村开展新春送温暖活动。邓桂明纪检组长带着厅党组和全体干部职工的深情厚意，向大沙村贫困户、低保户、五保户和困难老党员赠送了棉被等节日慰问品和慰问金，为大沙村“脱贫之星”、“致富之星”颁发了奖状和奖励金，并深入农户家中察看农村安居工程等帮扶项目，走访慰问了挂钩帮扶的贫困户，送上节日问候和新年的美好祝愿。

2012年6月29日，广东省财政厅党组成员、纪检组长邓桂明率厅人事教育处、党委办负责同志，赴大沙村开展纪念建党91周年暨“广东扶贫济困日”活动并召开座谈会。五华县有关部门负责同志、大沙村全体党员，部分企业代表参加了活动和座谈会。广东清闲农业有限公司等6家热心企业向大沙村村委共计捐款6.5万元，邓桂明纪检组长代表厅党组向全村党员致以节日的问候并向贫困党员和老党员发放了慰问金，同时向完成幸福安居工程示范村建设家庭代表发放了奖补金。

2012年11月27日，受省财政厅党组书记、厅长曾志权的委托，厅党组成员、纪检组长邓桂明带领厅人事教育处、党委办负责同志，赴大沙村检查指导扶贫“双到”工作三年帮扶成效及考核验收准备工作。邓桂明同志一行与五华县、大沙村有关领导、群众代表和厅驻村干部召开了座谈会，察看了村容村貌、幸福安居工程、家畜养殖和板栗种植等帮扶项目，检查了山顶水池等基础设施运转情况，深入贫困户曾新光、邓福添、邓耀泉、邓国基家进行慰问，详细了解了对口帮扶三年来村民的生产、生活变化情况。

2012年8月28日，广东省营业税改征增值税试点新闻通报会在广州召开。省财政厅党组书记、厅长、省营业税改征增值税改革试点工作领导小组办公室主任曾志权，省地税局党组成员、副局长宋爱勤，省国税局党组成员、总经济师陈忠明出席通报会，并向参会新闻媒体通报了广东省推进营业税改征增值税试点有关工作情况，并现场回答了媒体提出的有关问题。人民日报社、新华社、南方日报、广东电视台、广东电台、南方网等省内外媒体记者参加了会议。曾志权厅长在通报会上介绍，经国务院批准，广东省将于今年11月1日起在全省范围内（含深圳市）开展营业税改征增值税试点，将原来缴纳营业税的交通运输业和部分现代服务业改为征收增值税。改革试点工作按照“积极稳妥、分步实施，统筹兼顾、平稳推进，整体部署、系统配套，公平税负、促进发展”的原则推进，将从8月1日开始，面向社会组织实施试点准备工作，开展试点纳税人认定和培训、征管设备和系统调试、发票税控系统发行和安装，以及发票发售等准备工作。从11月1日起完成新旧税制转换，开始实施试点。

2012年9月18日，省政府在广州召开全省营业税改征增值税试点工作会议，通报前阶段准备情况，部署全省推进营业税改征增值税试点工作，省委常委、常务副省长徐少华主持会议并作重要讲话，省财政厅厅长曾志权、省地税局局长王南健、省国税局局长胡金木分别介绍了有关工作情况，并提出了下一步工作的具体安排。

2012年9月12日，广东省营业税改征增值税改革试点工作领导小组办公室召开工作会议。省财政厅党组书记、厅长、省领导小组副组长兼办公室主任曾志权主持会议并作讲话。会议主要听取各组工作进展汇报，传达省政府常务会议及徐少华常务副省长批示精神，研究贯彻落实意见，布置下一步工作开展。省营业税改征增值税改革试点工作领导小组办公室全体成员参加了会议。

2012年10月29日，广东省营业税改征增值税改革试点工作领导小组办公室在广州举行新闻发布会。省财政厅党组书记、厅长、省营改增试点工作领导小组副组长兼办公室主任曾志权主持会议并与省地税局党组成员、副局长杨朝峰，省国税局党组成员、总会计师朱江涛向参会新闻媒体通报了广东省推进营业税改征增值税试点工作进展情况，并现场回答了媒体提出的有关问题。新华社、中国新闻社、南方日报、广东电视台、广东电台、南方网等省内外媒体记者参加了会议。

2012年11月27日，港澳投资企业营改增试点工作座谈会在东莞召开。广东营改增试点涉及港澳投资企业6000多户，港澳业界对营改增试点高度关注并给予充分肯定。省财政厅党组成员、副厅长欧斌专门率队赴香港和省内各地开展专题调研，听取港澳业界和企业的意见建议。

2012年2月16日，广东省财政反腐倡廉建设工作会议在广州召开。各地级以上市财政局纪检组长或分管纪检监察工作的局领导、监察室主任，省财政厅机关全体党员干部、厅属单位全体干部职工参加了会议。省财政厅在穗厅党组成员全部出席了会议，厅党组书记、厅长曾志权作重要讲话，厅党组成员、驻厅纪检组组长邓桂明作工作报告。

2012年4月9-19日，广东省财政厅党组成员、纪检组长邓桂明率厅监察室、监督检查局有关同志赴汕头、汕尾、惠州、湛江、茂名和阳江等地开展健全完善财政部门廉政风险防控机制和民生资金监督管理机制调研。

2012年6月25日，广东省财政厅召开以“反腐倡廉建设”为主题的全厅干部职工大会，通报近期广东省财政系统违法违纪案件有关情况，传达贯彻省领导有关重要批示和讲话精神，部署当前及今后一个时期财政反腐倡廉工作。省财政厅党组书记、厅长曾志权作了题为《吸取教训　举一反三　坚定不移抓好财政反腐倡廉建设》的重要讲话。

2012年8月20-21日，广东省财政厅集中举办全厅副处以上干部党纪政纪法纪教育学习会。全厅副处以上干部及重点岗位的同志近180人参加了会议，省财政厅党组书记、厅长曾志权主持学习会，并作题为《深化教育谋共识　立足本职抓落实》的讲话。

2012年9月10日，广东省财政厅召开以“党风廉政建设”为主题的全厅干部职工大会，传达学习省第十一期领导干部党纪政纪法纪教育培训班精神，通报危金峰涉嫌严重违纪案件有关情况，部署推进省财政厅党风廉政建设工作。省财政厅党组书记、厅长曾志权出席会议并作重要讲话。省财政厅党组成员、纪检组长、监察专员邓桂明，省财政厅党组成员、副厅长欧斌、戴运龙、林楚欣，副巡视员黎树源以及全厅近400名干部、职工参加了会议。

2012年2月10日，财政部在惠州召开2011年地方政府自行发债试点工作总结会。财政部国库司副司长周成跃以及相关人员，上海市、浙江省、广东省和深圳市财政厅（局、委）负责自行发债工作的代表参加会议。广东省财政厅党组成员、副厅长沈梅红出席会议并致辞。

2012年6月12日，广东省财政厅在广州召开2012年广东省自行发债技术顾问座谈会。来自财政部、人民银行广州分行、广东银监局、广东证监局、部分2012–2014年财政部记账式国债承销团成员、中山大学、暨南大学的广东省2012年自行发债技术顾问应邀参加了会议，广东省财政厅党组成员、副厅长沈梅红出席会议并作讲话。

2012年8月1日，广东省财政厅在广州召开2012年广东省自行发债工作通报会。党组书记、厅长曾志权出席会议并向与会的监管部门以及各国债承销团成员介绍了2011年广东省政府债券的基本情况以及广东省开展2012年自行发债工作的工作思路，同时向各国债承销团成员发出参加广东政府债券承销团、共同做好广东省自行发债工作的邀请。财政部国库司、省金融办、人民银行广州分行、广东银监局、广东证监局及2012-2014年财政部记账式附息国债承销团成员应邀参加了会议。

2012年8月16日，2012年广东省政府债券主承销商公开招标会在广州市举行。在2012年广东省政府债券承销团的基础上，根据“资金实力雄厚、发行经验丰富、服务质量最优、资金成本最低”的原则，通过公开招标从投标的11家机构中择优选取了中国建设银行股份有限公司、中国工商银行股份有限公司和中国银行股份有限公司等3家金融机构为2012年广东地方政府债券主承销商。

2012年8月23-24日，广东省滨海旅游产业园区竞争性扶持资金专家评审会在广州举行。根据省政府批准的《广东省旅游产业园区竞争性扶持资金管理办法》和《广东省滨海旅游产业园区竞争性扶持资金评审办法》，竞标按照粤东和粤西两个区域申报，每个区域设一个中标单位，每个中标单位将获得3亿元广东省滨海旅游产业园区竞争性扶持资金。粤西3市（阳江市、湛江市、茂名市）和粤东2市（汕头市、汕尾市）参加了评审会竞争。各参评市按照抽签次序，进行了投影演示、公开演讲、现场答辩、总结性陈述等环节的角逐，由评审专家根据各参评市的综合表现进行现场评分，最终湛江市和汕尾市分别从粤西、粤东区域中胜出。省财政厅副厅长、党组成员欧斌出席了评审预备会。

2012年1月13日，广东省财政厅党组成员、副厅长林楚欣率省财政厅国际债务办有关同志到省审计厅参加广东省国外贷援款公证审计情况交流会议。省审计厅党组成员、副厅长卢荣春和省审计厅外资应用处全体同志参加了会议。双方就落实2010年度贷援款项目审计整改、做好2011年度贷援款项目审计工作等进行了交流。

2012年1月16日，汕头市市委副书记、市长郑人豪，市政府副市长李耿坚一行到省财政厅商谈工作。省财政厅党组书记、厅长曾志权率领厅办公室、预算处、国库处、工贸处、农业处等有关处室负责同志参加了座谈会。会上，双方就继续支持汕头发展、促进汕头现代产业体系建设和交通事业发展等事项进行了交流。

2012年3月12-14日，山东省财政厅副厅长庞敦之率由山东省财政厅、科技厅、发改委、经信委等部门相关人员组成的考察团到广东省考察推进科技自主创新工作情况。3月12日，省财政厅党组书记、厅长曾志权同志会见了考察团一行。3月13日，考察团到省财政厅调研，双方就支持自主创新工作的政策措施、具体工作模式等有关问题进行座谈交流。

2012年3月25日，应广东省委组织部邀请，省财政厅党组书记、厅长曾志权在全省市县党政主要领导集中培训班上作了题为《财税金融知识与政策》的专题报告。全省各地级以上市市委书记、市长，县（市、区）委书记、县（市、区）长约280人参加了报告会。省委常委、组织部长李玉妹出席了报告会。

2012年6月11日，省环保厅党组书记、厅长李清，党组成员、副厅长李晖一行到省财政厅商谈工作。省财政厅党组书记、厅长曾志权及厅办公室、预算处、综合处、工贸发展处、农业处等有关处室负责同志参加了座谈会。会上，双方就落实广东省“十二五”时期节能减排工作任务等问题进行了交流。

2012年7月3日，省社会工作委员会专职副主任刘润华、辜东方、王光圣一行到省财政厅商谈工作。省财政厅党组书记、厅长曾志权率厅办公室、预算处、行政政法处等有关处室负责同志参加了座谈会。会上，双方就支持社会创新研究基地建设等事项进行了交流。

2012年7月3日，省委教育工委书记，省教育厅党组书记、厅长罗伟其，党组成员、副厅长李学明一行到省财政厅商谈工作。省财政厅党组书记、厅长曾志权，党组成员、副厅长沈梅红以及厅办公室、预算处、综合处、教科文、经济建设处等有关处室负责同志参加了座谈会。会上，双方就贯彻落实好国家和省中长期教育规划纲要，进一步加大财政教育投入等事项进行了交流。

2012年7月7日，由香港会计资源中心主席林智远先生、特许公认会计师公会香港分会会长吴德龙先生率领的香港会计师珠三角访问团一行80人来穗交流。广东省财政副厅长欧斌会见了访问团一行，省财政厅、省审计厅、省国税局、省地税局、省注册会计师协会等部门相关业务处室代表参与座谈交流。香港中联办协调部陈绍彬副部长出席本次交流活动。

2012年8月30日，江苏省财政厅党组书记、厅长刘捍东，党组成员、副厅长徐宁，党组成员、办公室主任赵光一行到省财政厅考察交流工作。省财政厅党组书记、厅长曾志权，党组成员、副厅长戴运龙及厅办公室、法规税政处、预算处、综合处、行政政法处、工贸发展处等有关处室负责同志参加了座谈会。会上，双方就财政体制改革、促进区域协调发展、财政支持转型升级、政府购买社会服务、加强非税收入管理等工作事项进行了热烈交流。

2012年9月5日，云南省财政厅副厅长王建新一行到省财政厅调研，与省财政厅副厅长郑贤操进行座谈。省财政厅法规税政处、地方财政处、外经金融处以及省国税局、省地税局、广州市财政局和南沙区财政局有关同志参加了座谈。

2012年9月19日，惠州市委常委、常务副市长张瑛一行到省财政厅与省财政厅党组书记、厅长曾志权商谈工作。惠州市政府副秘书长周跃年、市财政局局长游水生以及省财政厅办公室、预算处、教科文处、工贸发展处、农业处、社会保障处等有关处室负责同志参加了座谈会。双方还就如何加快推进基本公共服务均等化综合改革试点工作进行了交流。

2012年10月11日，省农业厅党组书记陈家记、巡视员余俭娥一行到省财政厅商谈工作。省财政厅党组书记、厅长曾志权，党组成员、副厅长戴运龙以及厅办公室、预算处、行政政法处、农业处、社保处等有关处室负责同志参加了座谈会。会上，双方就促进农业发展、规范资金管理等事项进行了交流。

2012年4月15日，广东财政专家咨询座谈会在龙门召开。座谈会由广东财政专家咨询委员会主任委员、省财政厅厅长、党组书记曾志权主持。来自财政部科研所、广东省社会科学院、广东省政府发展研究中心、北京大学、中山大学等研究机构和高等院校以及相关政府部门的16名专家委员以及省财政厅党组成员、纪检组长邓桂明，省财政厅相关处室、单位负责同志出席会议。

2012年11月26日，广东省财政专家咨询座谈会在广州召开，来自中国社科院、广东省政府发展研究中心、广东省社科院、中国科学院广州分院（广东省科学院）、北京大学、中山大学、华南理工大学、暨南大学、华南师范大学、广东外语外贸大学、广东商学院、深圳大学等研究机构和高等院校以及相关政府部门的20名多专家委员参加了座谈。座谈会由省财政厅党组书记、厅长、财政专家咨询委员会主任委员曾志权主持。省财政厅党组成员、纪检组长邓桂明，党组成员、副厅长戴运龙、林楚欣以及各处室（单位）主要负责同志等100余人参加了座谈。

2012年10月18日，中山大学政治与公共事务管理学院郭巍青教授作题为《用数据说话》的专题讲座。

2012年11月5日，《大数据》一书作者涂子沛先生作《解读“大数据”》的专题讲座。

2012年12月5日，前国家统计局总会计师兼新闻发言人姚景源作《财政与宏观经济分析展望》的专题讲座。

2012年12月12日，中共中央党校党建教研部主任、世界政党比较研究中心主任、博士生导师、教授王长江作《学习宣传十八大精神》的专题讲座。

2012年1月18日，广东省财政教育投入情况分析会在广州召开。厅党组成员、副厅长沈梅红出席会议并作讲话。

2012年2月15日，广东省“小金库”专项治理暨2011年全省会计监督检查总结交流会在肇庆召开。省财政厅党组成员、纪检组长、省治理“小金库”专项工作领导小组成员兼办公室主任邓桂明同志出席会议并讲话。会议还对15名获得全国“小金库”专项治理工作表扬的同志和281名获得全省“小金库”专项治理工作表扬的同志作了通报。

2012年3月30日，广东省财政厅、省经济和信息化委、省国税局、省地税局、省工商局、广东银监局联合召开全省贯彻实施小企业会计准则动员会，研究部署贯彻实施小企业会计准则工作。省财政厅党组成员、副厅长郑贤操，广东银监局副局长张坚红出席会议并作动员讲话。财政部会计司副巡视员舒惠好出席会议并作专题报告。《小企业会计准则》于2011年10月18日发布，将于2013年1月1日起在全国小企业范围内施行。

2012年3月30日，全省财政教科文工作会议在广州召开。省财政厅党组成员、副厅长沈梅红出席会议并作了讲话。

2012年4月20日，广东省召开政府采购协议（GPA）研究工作座谈会。广东省政府采购协议（GPA）工作研究小组各成员单位有关领导及负责同志共30余人参加了会议。财政部国库支付中心副主任王绍双和省财政厅党组成员、纪检组长邓桂明出席会议，听取了各成员单位的工作汇报并作讲话。

2012年4月25-27日，广东省财政厅在佛山市召开第二期乡镇财政干部示范性培训班。全省21个地级以上市财政局（委）预算科（处）长，顺德区财税局预算科长，67个县（市）财政局预算股长及各县（市）指定1个所辖镇（乡）的财政所（局）长参加了培训。

2012年5月7日，广东省财政厅在广州召开了全省财政系统医改工作座谈会。全省21个地级市以及顺德区财政部门负责同志参加了会议。省财政厅党组成员、副厅长欧斌出席会议并作讲话。

2012年5月22日，广东省财政厅在惠州市召开了省直管县财政改革试点工作会议，动员部署从2012年7月1日起实施的省直管县财政改革第二批试点工作。省财政厅党组书记、厅长曾志权出席会议并作重要讲话。省直管县财政改革第一、二批试点县（市）及其所属的地级市财政局负责同志和有关人员参加了会议。

2012年6月26日，广东省财政国库管理制度改革推进会暨2012年上半年预算执行分析会在肇庆市召开。会议表彰了2011年全省预算执行分析工作先进单位。省财政厅党组成员、副厅长沈梅红出席会议并作了讲话。

2012年6月13-14 日，广东省财政厅会同省海洋渔业局在广州举行2012年广东省节地节水高质高效渔业示范园区（以下简称示范园区）建设资金竞争性评审会。全省22个县（市、区）申报单位经资料评审、公开演讲、现场答辩等程序，由专家独立、客观评分，角逐省财政6000万元补助资金，最终梅县、连南县、惠城区、金平区、茂南区、电白县、徐闻县、曲江区、连平县、红海湾开发区等10家单位脱颖而出，各获得600万元示范园区建设省级补助资金。省财政厅党组成员、副厅长戴运龙参加会并宣布评审结果。对省级海洋渔业建设资金实行公开竞争性安排，在广东省尚属首次。

2012年7月12-13日，广东省财政厅在肇庆召开全省模拟实施小企业会计准则工作会议。省财政厅党组成员、副厅长郑贤操出席会议并作讲话。全省各地财政会计管理机构及模拟实施企业、省级有关部门、高校专家、财务软件公司等100多人参加会议。

2012年7月24日，世界银行董事会独立评价局派出瓦·诺达克斯顾问为团长的一行4人评估团，就广东省与世界银行合作的《缩小广东城乡贫富差距》课题研究成果和成效进行评估。省财政厅邀请有关部门与世行评估团进行了座谈。省财政厅党组成员、副厅长林楚欣出席了座谈会。

2012年8月14-15日，广东省召开全省政府采购工作会议暨培训班。省财政厅党组成员、纪检组长邓桂明，省纪委执法监察室副主任（正处级）李洋出席会议并作讲话。

2012年11月15日，全省财政社会保障工作座谈会在肇庆市召开。全省21个地级以上市、14个财政省直管县（市）以及顺德区的财政局分管领导和社保科（股、处）长参加了会议。省财政厅党组成员、欧斌副厅长出席会议并作题为《认清形势　开拓思路　开创全省财政社保工作新局面》的讲话。

2012年11月28-30日、12月5-7日，广东省财政厅分别在惠州和湛江连续举办两期全省财政监督干部业务培训班，各地级以上市财政局，各县（市、区）财政局分管财政监督工作的局领导及财政监督检查部门负责同志共350多人参加了培训。省财政厅党组成员、纪检组长邓桂明出席了在惠州举办的培训班开班仪式并作讲话。

2012年3月30日，广东省直机关工委、团省委等六个部门联合举办的主题为“机关党建走在前 应急技能须增强”的第二届广东省直机关应急技能竞赛活动圆满闭幕。省财政厅等29个代表队参加了此次应急技能竞赛活动。省财政厅代表队取得优秀组织奖和总团体第二名的优异成绩，在各个竞赛项目中也分别获得知识竞赛团体第二名、空中项目团体第二名、水上项目团体第二名、陆上项目团体第四名。

2012年5月15日，广东省财政厅召开全体党员大会，传达学习省第十一次党代会精神，部署贯彻落实工作。省财政厅党组书记、厅长曾志权主持会议并作讲话，全厅党员干部共300多人参加了会议。

2012年5月28日，广东省实施《珠三角规划纲要》第六考核评估组到省财政厅进行实地考核，听取工作情况汇报，查阅工作文件档案，点评工作开展情况。省财政厅党组书记、厅长曾志权汇报了贯彻实施规划纲要工作情况。

2012年6月18日，广东省财政厅举行党课教育活动。省财政厅党组书记、厅长曾志权出席活动并为全厅党员、干部、职工作了题为《加强党性修养 弘扬优良作风》的党课讲话。省财政厅党组成员、纪检组长邓桂明，省财政厅党组成员、副厅长欧斌、沈梅红、戴运龙、林楚欣，副巡视员黎树源以及全厅近400名党员、干部参加了活动。

2012年6月28日，省财政厅组织全厅党员、干部、职工在厅大院三号楼南裙楼下开展扶贫济困现场捐款活动，当日共筹集捐款6万余元。

2012年7月31日，广东省财政厅召开纪律教育学习月专题辅导报告会。厅机关及所属单位全体党员干部职工参加了会议。省财政厅党组书记、厅长曾志权作了题为《加强纪律教育　增强队伍纯洁性》的辅导报告。

2012年9月25日，省财政厅举办“和谐财政贺国庆　创先争优迎盛会”文艺演出。厅党组书记、厅长曾志权，厅党组成员、驻厅纪检组长邓桂明，厅党组成员、副厅长、厅直属机关党委书记戴运龙 和全厅干部、职工共400余人观看了演出。

2012年10月22日，省财政厅召开全厅党员干部理论学习讨论会。会上，厅党组成员、副厅长林楚欣及厅办公室主任钟炜等6名党员干部代表分别作了学习心得发言。厅党组书记、厅长曾志权主持会议并作了题为《实施大数据战略、搭建战略平台、提高财政服务经济社会发展的能力水平》的重要讲话。

2012年11月20日，广东省财政厅召开传达贯彻党的十八大精神大会，厅党组书记、厅长曾志权主持会议并作讲话，厅党组成员、驻厅纪检组长邓桂明，副厅长欧斌、郑贤操、戴运龙、林楚欣以及全厅党员、干部、职工及离退休同志共400多人参加了大会。

2012年11月27日，广东省财政厅参加2012年广东“民声热线”第七批上线工作，省财政厅党组成员、副厅长戴运龙，工贸发展处处长肖红梅、农村财务管理处处长何谢带、农业处副处长施映民等在广东电台新闻台直播间接听群众电话，围绕农村村集体“三资”（资金、资产和资源）监管以及农民直补资金管理等业务回答了群众的问题，并及时与相关市财政局、农业局负责同志在线沟通，保障群众反映的问题得到及时处理与妥善解决。

2012年12月19号，第五期广东省财政厅新录用人员培训班如期开班。受厅党组书记、曾志权厅长的委托，厅党组成员、纪检组长邓桂明出席开班式并作了题为《在改革创新中锤炼素养》的讲话。开班式由厅人事教育处处长、厅党委办主任洪清阳主持，厅近年新录用人员及部分青年团员共40多人认真聆听了邓桂明纪检组长的讲话。

2012年12月15日，广东省财政厅在广州体育学院举办了第十四届全民健身运动会。厅党组书记、厅长曾志权宣布运动会开幕，厅党组成员、驻厅纪检组长邓桂明在开幕式上致辞。厅党组成员、副厅长郑贤操、林楚欣及副巡视员彭明官参加了运动会。

2012年6月2日，广东省珠算心算协会在广州举办了广东省第十六届珠算技术比赛。来自9个地级以上市和7所省属大中专院校的81名选手分别进行了加减算、乘算、除算三项珠算技能比赛。广州市代表队一队等3个代表队获得团体一等奖；佛山市代表队一队等7个代表队获得团体二等奖；茂名市代表队三队等13个代表队获得团体三等奖。

2012年10月11日，广东省注册会计师行业创先争优活动总结暨表彰大会在广州隆重举行。省财政厅党组成员、副厅长，省注册会计师协会党委书记欧斌出席会议并讲话。

目　录

第一部分　重要财经文献

广东省第十二届人民代表大会第一次会议关于广东省2012年预算执行情况和2013年预算的决议 …………（3）
广东省2012年预算执行情况和2013年预算草案的报告 ………… 曾志权（3）
广东省第十二届人民代表大会第一次会议计划预算委员会关于广东省2012年预算执行情况和2013年预算草案的审查结果报告 …………（15）
关于广东省2012年省级决算草案的报告 ………… 曾志权（16）
广东省人民代表大会常务委员会关于批准广东省2012年省级决算的决议 …………（23）
关于广东省2012年省级决算草案的审查报告 ………… 陈家记（23）

第二部分　领导讲话

在省财政厅调研时的讲话 ………… 汪　洋（27）
在省财政厅调研时的讲话（节选） ………… 徐少华（28）
在全省财税工作会议上的讲话（节选） ………… 徐少华（30）
在全省发改　财政系统学习贯彻省委全会精神工作会议上的讲话（节选） ………… 徐少华（36）
全面贯彻落实党的十八大精神　不断提升财政服务全面建成小康社会能力水平
——在全省发改财政系统学习贯彻省委全会精神工作会议上的讲话（节选） ………… 曾志权（39）
在全省财政工作会议上的讲话（节选） ………… 曾志权（42）

第三部分　全省财政工作概况与专题

●概述

全省财政工作综述 …………（49）
财政法制税政工作概述 …………（51）
财政预算管理工作概述 …………（53）
财政国库管理工作概述 …………（56）
综合财政工作概述 …………（58）
行政政法财政财务管理工作概述 …………（60）
教科文财务管理工作概述 …………（62）
财政工贸发展工作概述 …………（64）
农业财政管理工作概述 …………（67）
基本建设财政财务管理工作概述 …………（69）
社会保障财务管理工作概述 …………（71）
外经金融财政财务管理工作概述 …………（73）

会计管理工作概述……（75）
财政支出绩效管理工作概述……（77）
行政事业资产管理工作概述……（79）
农业综合开发工作概述……（80）
农村财务管理工作概述……（83）
政府采购管理工作概述……（84）
公务用车管理工作概述……（86）
财政监督工作概述……（87）
人事管理和教育工作概述……（89）
机关党建工作概述……（91）
财政纪检监察工作概述……（94）
离退休人员服务工作概述……（95）
外债管理工作概述……（96）
机关政务工作概述……（99）
省直行政事业单位经营性资产管理工作概述……（100）
政府投资审核工作概述……（101）
财政票据监管工作概述……（103）
财政信息化工作概述……（104）
财政科研宣传工作概述……（105）
农业综合开发评估工作概述……（108）
注册会计师行业管理工作概述……（109）
注册资产评估行业管理工作概述……（112）

●专题

基本公共服务均等化综合改革试点……（115）
广东省实施营业税改征增值税改革试点……（117）
调整完善激励型财政机制　促进县域经济持续健康发展……（119）
省级预算编制改革……（121）
开拓创新　构建广东特色的预算执行动态监控机制……（122）
稳步推行政府向社会组织购买服务工作……（123）
第三方机构独立评审　广东采取竞争性分配方式培育发展社会组织……（124）
加大财政投入　办好人民满意教育……（125）
加大投入　支持农村生活垃圾处理设施建设……（128）
充分发挥财政职能作用　扎实推进一事一议财政奖补工作……（129）
进一步加大投入力度　全面推进农村危房改造工作……（130）
广东省投融资体制改革……（132）
广东省会计从业资格无纸化考试……（134）
深化财政绩效管理改革　拓展财政绩效管理范围……（135）
广东省财政专项资金绩效管理优化……（137）
广东大型科学仪器使用现状和共享共用机制探索……（139）
严格监督检查　促进规范管理……（141）
广东省财政厅深入开展创先争优活动取得突出成效……（142）
广东省财政厅“书记项目”……（145）
广东省财政厅廉政风险防控工作……（147）
广东省世界银行贷款农村经济综合开发示范镇项目签署实施……（149）
加强监督管理　切实搞好财政票据核销工作……（151）

扎实做好财政信息化工作　积极推进财政大数据战略 ……………………………………（152）
扎实推进行业信息化战略　努力实现行业管理与服务的“四化” ……………………………（153）
推进“政府购买评估服务”业务 ………………………………………………………………（154）

第四部分　各市财政工作概况

广州市 ……………………………………………………………………………………………（159）
深圳市 ……………………………………………………………………………………………（161）
珠海市 ……………………………………………………………………………………………（163）
汕头市 ……………………………………………………………………………………………（165）
佛山市 ……………………………………………………………………………………………（167）
韶关市 ……………………………………………………………………………………………（169）
河源市 ……………………………………………………………………………………………（172）
梅州市 ……………………………………………………………………………………………（174）
惠州市 ……………………………………………………………………………………………（176）
汕尾市 ……………………………………………………………………………………………（180）
东莞市 ……………………………………………………………………………………………（182）
中山市 ……………………………………………………………………………………………（184）
江门市 ……………………………………………………………………………………………（186）
阳江市 ……………………………………………………………………………………………（190）
湛江市 ……………………………………………………………………………………………（192）
茂名市 ……………………………………………………………………………………………（195）
肇庆市 ……………………………………………………………………………………………（198）
清远市 ……………………………………………………………………………………………（199）
潮州市 ……………………………………………………………………………………………（200）
揭阳市 ……………………………………………………………………………………………（202）
云浮市 ……………………………………………………………………………………………（205）

第五部分　市县财政工作专题

广州市：
探索开展幸福社区建设专项资金竞争性分配改革 ……………………………………………（211）
汕头市：
推动科学发展　加快澄海玩具产业转型升级 ………………………………………………（213）
佛山市：
加强政府购买服务　促进政府职能转变 ……………………………………………………（215）
财政绩效管理改革工作取得新进展 …………………………………………………………（216）
探索财政科研创新路子　共建地方改革研究基地 …………………………………………（218）
创新分配机制　打造民本财政　推进“为民做主”转变为“让民做主”
——顺德率先试水“参与式预算”实现良好开局 ……………………………………（220）

韶关市：
加强会计师事务所行业党建工作　推动行业管理再上新水平 …………（222）
发挥财政职能作用　促进园区快速发展 …………（224）
梅州市：
全力推动城乡居民社会养老保险工作上新台阶 …………（226）
大力推动建设特色宜居城乡　推进新型城市化 …………（227）
努力解决“三就一保”等重点民生问题 …………（228）
惠州市：
创新体制机制　深入推进基本公共服务均等化综合改革试点 …………（230）
加强社区建设投入　不断提高社区服务均等化水平 …………（232）
农民住房政府买保险　农房系上“安全带” …………（233）
全面实施公务卡制度改革　规范财政资金支出管理 …………（235）
东莞市：
健全“三社”联动机制　加强和创新社会管理 …………（237）
中山市：
积极推进专项资金二次分配改革 …………（239）
积极推进基本公共服务一体化　让百姓共享公共财政阳光 …………（241）
江门市：
建立涉农财政补贴政策信息服务机制　切实维护农民切身利益 …………（243）
以制度建设巩固完善农村集体“三资”规范管理 …………（244）
推进“一事一议”财政奖补工作　加快社会主义新农村建设步伐 …………（246）
湛江市：
农业综合开发科学化　精细化管理显成效 …………（248）
着力加强财政所规范化建设 …………（250）
推进国库动态监控系统建设　保障财政资金安全高效运行 …………（252）
茂名市：
建立与事权改革相适应的财政管理体制　激发县域经济发展活力 …………（254）
肇庆市：
关注底线民生　保障困难群众基本生活 …………（257）
创建“和美乡村”　打造魅力鼎湖 …………（259）
清远市：
积极探索促进区域协调发展的公共财政体系 …………（262）
潮州市：
加强管理　提高预算管理水平 …………（264）
完善财政文化　开展创先争优　全面提高财政事业发展水平 …………（266）
揭阳市：
立足固本强基　加大农村基层组织工作经费保障力度 …………（268）
加大投入　整建制推进粮食高产创建 …………（269）
云浮市：
以“信用云浮”构建普惠金融 …………（271）
规范农村财务管理制度　切实加强群众监督作用 …………（273）

第六部分　统计资料

2011 年度广东省财政一般预算收支决算总表 …………（277）

2012年度广东省公共财政收支决算总表 ……………………………………………………（279）
2012年度广东省公共财政收支决算分级表 …………………………………………………（280）
2012年度广东省地市县公共财政收支情况表 ………………………………………………（282）
2012年度广东省非税收入规模及结构情况表 ………………………………………………（302）
2012年度广东省地方公共财政预算收入超亿元县（市）统计表……………………………（303）
2012年度来源于广东省的财政收入和上划中央“四税”情况表……………………………（303）
2012年度广东省省级财政投资重大项目情况表 ……………………………………………（304）
2012年度广东省国有企业资产主要项目构成 ………………………………………………（306）
2012年度广东省国有企业负债主要项目构成 ………………………………………………（306）
2012年度广东省国有企业所有者权益主要项目构成…………………………………………（306）
2012年度广东省外商投资企业分行业资产负债表……………………………………………（314）
2012年度广东省外商投资企业分行业利润表 ………………………………………………（316）
2012年度广东省外商投资企业分行业补充资料情况表 ……………………………………（318）
2012年度广东省国家农业综合开发县名单 …………………………………………………（320）
2012年度广东省省级农业综合开发县名单 …………………………………………………（320）
2012年度广东省国家和省级农业综合开发财政投资情况表 ………………………………（321）

第七部分　地方财经法规选编

广东省物价局　广东省教育厅　广东省财政厅关于《幼儿园收费管理暂行办法》的实施细则………（335）
广东省物价局　广东省教育厅　广东省财政厅关于民办幼儿园收费备案的实施细则……………………（337）
广东省卫生厅　广东省财政厅　广东省食品药品监督管理局关于《广东省预防接种异常反应
　补偿办法（试行）》的实施细则 ……………………………………………………………（338）
广东省人力资源和社会保障厅　中共广东省委组织部　广东省发展和改革委员会　广东省经济和
　信息化委员会　广东省科学技术厅　广东省财政厅　广东省知识产权局关于广东省战略性
　新兴产业首席专家评选的管理办法…………………………………………………………（341）
广东省物价局　广东省教育厅　广东省财政厅关于进一步规范我省高等学校收费管理的补充通知 ……（342）
广东省人力资源和社会保障厅　广东省民政厅　广东省财政厅关于我省事业单位社会组织
　参加工伤保险有关问题的通知 ………………………………………………………………（344）
广东省省级培育发展社会组织专项资金管理暂行办法…………………………………………（345）
广东省财政厅关于政府向社会组织购买服务供应方竞争性评审的管理办法 …………………（347）
广东省省级培育发展社会组织专项资金竞争性分配评审管理办法 ……………………………（349）
广东省财政厅关于省直行政事业单位软件资产管理的暂行办法 ………………………………（350）
广东省实施《水利建设基金筹集和使用管理办法》细则 ………………………………………（352）
广东省财政厅关于在珠海市横琴新区工作的香港澳门居民个人所得税税负差额补贴的暂行管理办法 ……（353）

第八部分　财经文选

坚定理想信念　筑牢制度防线　不断开创我省财政反腐倡廉工作新局面（节选） ………… 曾志权（357）
吸取教训　举一反三　坚定不移抓好财政反腐倡廉建设（节选）……………………………… 曾志权（361）
创新党建文化　服务财政转型
　——关于财政机关党建文化建设的几点思考 ………………………………………………… 曾志权（365）
振奋精神　狠抓落实　努力完成全年财政工作任务（节选） ………………………………… 曾志权（368）
加强纪律教育　增强队伍纯洁性（节选） ……………………………………………………… 曾志权（373）

统一思想认识　采取有力措施　坚决完成消化县级基本财力保障缺口任务（节选）……… 曾志权（377）
深化教育谋共识　立足本职抓落实
——在厅副处以上干部“三纪”教育学习会上的讲话（节选）……………………………… 曾志权（380）
认识到位　措施到位　切实抓好我厅反腐倡廉建设工作
——在全厅干部职工大会上的讲话（节选）……………………………………………… 曾志权（385）
积极履行职责　扎实推进营业税改征增值税试点工作（节选）……………………………… 曾志权（389）
坚决贯彻落实好十八大精神　不断提升财政服务全面建成小康社会能力和水平（节选）……… 曾志权（392）
精心组织　突出重点　稳步推进治理“小金库”专项工作和会计监督工作（节选）……… 邓桂明（397）
提高认识　狠抓落实　深入推进财政党风廉政建设和反腐败工作（节选）………………… 邓桂明（403）
统一思想　再接再厉　努力开创我省政府采购新局面（节选）……………………………… 邓桂明（408）
在改革创新中锤炼素养（节选）…………………………………………………………………… 邓桂明（411）
统一认识　明确目标　勇于创新　深化全省医药卫生体制改革（节选）…………………… 欧　斌（416）
完善机制　强化措施　进一步做好2012年教育投入工作（节选）…………………………… 沈梅红（419）
继续解放思想　推进改革创新　努力开创我省财政教科文工作新局面（节选）…………… 沈梅红（421）
坚定信心　攻坚克难　全面完成我省国库管理制度改革任务（节选）……………………… 沈梅红（428）
农业综合开发与扶贫“双到”结合的政策和机制研究（精炼版研究报告）
……………………………………………………………………………… 省财政厅农业综合开发办（432）
广东农村和小城镇生态环境建设研究（节选）……………… 省财政厅国际金融组织债务管理办公室（434）
促进肇庆市县域经济发展的财政引导机制研究（节选）………………………………… 肇庆市财政局（443）
探索建立生态保护补偿机制研究（节选）…………………………… 省财政厅预算处、地方财政处（448）
广东省村级债务问题课题研究报告（节选）………………………………… 省财政厅农村财务管理处（452）
地方财政资金竞争性分配改革研究（节选）……………………………………………… 梅州市财政局（459）
增值税转型改革对地方经济的影响
——以广东省佛山市为例（节选）………………………………………………………… 佛山市财政局（470）
“财政拖累”效应及预算执行绩效管理研究（节选）………………………………… 广东外语外贸大学（478）
基层医疗卫生保障财政投入机制研究（节选）
——以阳山县为例 ………………………………………………………………………… 阳山县财政局（485）
用数据说话 ……………………………………………………………………………………… 郭巍青（492）
解读“大数据” ………………………………………………………………………………… 涂子沛（494）
财政与宏观经济分析展望 ……………………………………………………………………… 姚景源（498）
学习宣传十八大精神 …………………………………………………………………………… 王长江（500）
合权共建　合富共享
——广东践行中国特色社会主义理论体系的实践路径 ………………… 广东省财政科学研究所（502）
如何进一步加强以改善民生为重点的社会建设 ……………………… 广东省财政科学研究所（507）
科学发展创新路　统筹协调谋共赢
——关于我省“双转移”实施情况的分析报告…………………………… 广东省财政科学研究所（511）
深化财政绩效管理改革　应对财政收入减速危机 ……………………… 广东省财政科学研究所（519）
支持社会组织发展的财税政策研究 …………………………………… 广东省财政科学研究所（522）
广东财政收支监管体制改革研究（节选） …………………………… 广东省财政科学研究所（526）

第九部分　财政机构人员

2012年省财政厅机构变动情况 ……………………………………………………………………………（537）
2012年省财政厅机关及所属单位领导名单 ……………………………………………………………（537）
2012年各地级以上市财政局（委）领导名单 ……………………………………………………………（540）

2012 年各市、县、区财政局领导名单 …………………………………………………………（543）
2012 年度全省财政系统职工情况统计表 ……………………………………………………（554）
2012 年度全省财政系统全国性和全省性先进集体、先进个人名单…………………………（555）

第十部分　大事记

……………………………………………………………………………………………………（561）

第十一部分　媒体报道

广东启动生态保护补偿机制 ……………………………………………………………………（571）
固本培元闯新路
　——广东创建农村基层组织经费保障长效机制 ………………………………………………（571）
广东探索村级组织经费保障“三三制” ………………………………………………………（573）
广东：绩效评价　让第三方做 …………………………………………………………………（574）
财政工作需加快四大转型………………………………………………………………………（575）
打造有力的财政杠杆
　——广东创新财政分配方式推进民生水利建设纪实…………………………………………（577）
构建科学合理的财政分配文化 …………………………………………………………………（579）
广东财政助推经济转型升级 ……………………………………………………………………（579）
广东财政支持“三农”有侧重 …………………………………………………………………（580）
广东财政公共性特征凸显………………………………………………………………………（581）
广东：以改革破解基本公共服务均等化难题 …………………………………………………（582）
广东森林碳汇资金实行竞争性分配 ……………………………………………………………（583）
广东减免缓征部分企业 37 项行政事业性收费…………………………………………………（584）
广东省“十个严控”促厉行节约 ………………………………………………………………（584）
政府采购要积极为“建设幸福广东”服务 ……………………………………………………（585）
第三方评价为绩效管理添新彩
　——广东引入第三方独立评价财政支出使用绩效纪实 ………………………………………（586）
让南粤百姓共沐公共财政阳光
　——广东财政大力推进基本公共服务均等化纪实 ……………………………………………（588）
立足“科学”破难题
　——访十八大代表、广东省财政厅厅长曾志权 ………………………………………………（591）
广东亿元支持培育社会组织品牌 ………………………………………………………………（592）
广东将完善政府采购评审专家考核机制…………………………………………………………（593）
政府采购参与政府职能转变意义重大
　——访“十八大”代表、广东省财政厅厅长曾志权 ……………………………………………（593）
广东探索财政专项资金竞争性分配改革…………………………………………………………（595）
曾志权：关于加快财政工作转型的若干思考 ……………………………………………………（597）
奖补结合推动生态环境保护
　——访广东省财政厅厅长曾志权 ………………………………………………………………（600）
曾志权：当好“裁判员”　不当“运动员”
　——专访广东省财政厅厅长曾志权 ……………………………………………………………（602）
“十件民生实事”交答卷 …………………………………………………………………………（603）

安排 4 亿投入食品安全监管 ……（606）
民生事项须先征询民意后决策 ……（607）
粤生态县盼来 4000 万补偿金 ……（610）
我省公布首批政府购买服务目录 ……（612）
一般公务用车改革：从定编审批到预算决算管理 ……（613）
省财政约 10 亿补贴“营改增” ……（614）
大数据战略构建财政服务经济社会战略平台 ……（615）
省财政厅党组书记、厅长曾志权代表：加快财政等公共资源向农村倾斜 ……（618）
粤公共财政支出近 2/3 投向民生 ……（619）
66.6 亿元稳物价惠民补贴 ……（620）
广东出台 56 条助中小微企“突围” ……（622）
外来工随迁子女接受义务教育全面纳入教育规划和财政预算 ……（622）
广东社保基金结余 4129 亿元继续领跑全国 ……（623）
广东选取四项民生决策事项试点“为民办事征询民意” ……（624）
民生投入再加大　财政数据更透明 ……（624）
全省困难群众每人发临时补贴 150 元 ……（626）
粤财力全国数第一人均预算支出排 20 ……（626）
建议完善分税制　使事权财权相适应 ……（627）
欠发达地区村干部今年补助涨两倍 ……（627）
广东“三公经费”下一步公开到“项” ……（628）
化解经济压力　粤再鼓励企业“走出去” ……（630）
广东省直管县财政改革新增十试点 ……（630）
广东“财爷”曾志权：非税收入增速确实加快要杜绝征“过头税” ……（631）
革新财政理念　纠正财政“越位”“缺位”“错位” ……（633）
财税改革促公共服务均等化 ……（634）

第十二部分　附　　录

广东省财政学会 ……（639）
广东省会计学会 ……（642）
广东省预算会计研究会 ……（645）
广东省农村财政研究会 ……（647）
广东省珠算心算协会 ……（648）
广东省会计函授职业技术学校 ……（649）
广东省财政职业技术学校 ……（651）
2012 年广东省财政科研课题验收评审结果 ……（654）
“汕尾杯”财政征文大赛获奖名单 ……（655）
“读丛书　谈心得”征文比赛评审结果 ……（657）

Table of Contents

Section 1 Important Documents on Finance and Economy

Resolution of the1st Session of the 12th Guangdong People's Congress on the Implementation of the Budgets for 2012 and on the Budgets for 2013 ………… (3)

Report on the Implementation of the Budgets for 2012 and on the Draft Budgets for 2013 ………… *Zeng Zhiquan* (3)

Report on the Result of Examination from theBudget Panning Committee of the 1st Session of the 12th Guangdong People's Congress on the Implementation of Budgets for 2012 and on the Draft Budgets for 2013 ………… (15)

Report on the Draft Final Provincial Accounts for 2012 ………… *Zeng Zhiquan* (16)

Resolution of the Standing Committee of the Guangdong People's Congress on Approving the Final Provincial Accounts for 2012 ………… *Zeng Zhiquan* (23)

Examination Report on the Draft Final Provincial Accounts for 2012 ………… *Chen Jiaji* (23)

Section 2 Leaders' Speeches

Speech on Investigating the Department of Finance of Guangdong Province ………… *Wang Yang* (27)

Speech on Investigating the Department of Finance of Guangdong Province (Extract) …… *Xu Shaohua* (28)

Speech at the Provincial Finance and Taxation Working Conference (Extract) ………… *Xu Shaohua* (30)

Speech on Studying and Implementing the Spirits of the Second Plenary Session of the 11th Provincial Party Committee for the Provincial Development and Reform Commissions and the Financial Departments (Extract) ………… *Xu Shaohua* (36)

Implement the Spirits of 18th CPC National Congress, Continuously Improve Financial Services, Develop into an Well-off Society —Speech on Studying and Implementing the Spirits of the Second Plenary Session of the 11th Provincial Party Committee for the Provincial Development and Reform Commissions and the Financial Departments (Extract) ………… *Zeng Zhiquan* (39)

Speech at the Provincial Finance Working Conference (Extract) ………… *Zeng Zhiquan* (42)

Section 3 Provincial Public Finance

● **Inclusive Introduction**

Inclusive Introduction of Provincewide Public Finance Working ………… (49)

Inclusive Introduction of Finance Legislation and Tax ………… (51)

Inclusive Introduction of Budget Management ………… (53)

Inclusive Introduction of Treasury Management ………… (56)

Inclusive Introduction of Comprehensive Public Finance Working ………… (58)
Inclusive Introduction of Budgetary and Financial Affairs Management of Administrative and Legislative Sectors ………… (60)
Inclusive Introduction of Financial Affairs Management of Education, Science and Culture Sectors ………… (62)
Inclusive Introduction of Industry and Trade Development ………… (64)
Inclusive Introduction of Budgetary Management of Agricultural Sectors ………… (67)
Inclusive Introduction of Budgetary and Financial Affairs Management of Infrastructure Sectors ………… (69)
Inclusive Introduction of Financial Affairs Management of Social Security Sectors ………… (71)
Inclusive Introduction of Budgetary and Financial Affairs Management of Foreign Trade Economy and Finance Sectors ………… (73)
Inclusive Introduction of Accounting Management ………… (75)
Inclusive Introduction of Fiscal Expenditure Performance Evaluation ………… (77)
Inclusive Introduction of Assets Management of Administrative Organs and Institutions ………… (79)
Inclusive Introduction of Integrated Agricultural Development ………… (80)
Inclusive Introduction of Rural Financial Affairs Management ………… (83)
Inclusive Introduction of Government Procurement Management ………… (84)
Inclusive Introduction of Official Cars Management ………… (86)
Inclusive Introduction of Fiscal Supervision ………… (87)
Inclusive Introduction of Personnel Management and Education ………… (89)
Inclusive Introduction of Development of Party Committee of Government Units ………… (91)
Inclusive Introduction of Finance Disciplinary Inspection ………… (94)
Inclusive Introduction of Sevices for Retired Persons ………… (95)
Inclusive Introduction of Government Foreign Debts Management ………… (96)
Inclusive Introduction of Government Affairs ………… (99)
Inclusive Introduction of Operating Asset Management of Administrative Organs and Institutions of Provincial Level ………… (100)
Inclusive Introduction of Government Investment Auditing ………… (101)
Inclusive Introduction of Finance Receipts Supervision and Management ………… (103)
Inclusive Introduction of Finance Informatization ………… (104)
Inclusive Introduction of Finance Research and Propaganda ………… (105)
Inclusive Introduction of Evaluation of Integrated Agricultural Development ………… (108)
Inclusive Introduction of CPA Affairs Management ………… (109)
Inclusive Introduction of CPV Affairs Management ………… (112)

● **Special Topics**

Pilot Project for Comprehensive Reform of Basic Public Service Equalization ………… (115)
Implement a Value-added Tax Reform Pilot Program (Replace Business Tax with Value-Added Tax) in Guangdong Province ………… (117)
Adjust and Improve Stimulating Fiscal Mechanism, Advance a Sustainable and Healthy Development of County Economy ………… (119)
Provincial Budget Making Reform ………… (121)
Blaze New Trails, Establish Budget Enforcement Dynamic Supervision Mechanism with Guangdong Characteristics ………… (122)
Steadily Advance Government Purchase of Services from Social Organizations ………… (123)
Independent Evaluation by the Third-Party Organizations: Guangdong Fosters and Develops Social

Organizations through Competitive Allocation …… (124)
Enlarge Financial Input, Develop Education to People's Satisfaction …… (125)
Enlarge Investment, Support Construction of House Refuse Disposal Facility in Rural Areas …… (128)
Fully Exert Fiscal Function, Steadily Push Forward Government Award and Subsidy for Village-Level Public Works Projects (the Launching of Which Determined by Villagers through Deliberation) …… (129)
Further Enlarge Investment, Fully Advance Rural Dilapidated Building Transforming …… (130)
Investment and Financing System Reform in Guangdong Province …… (132)
Paperless Examination for Accounting Qualification in Guangdong Province …… (134)
Deepen Financial Performance Evaluation, Expand Financial Performance Managing Scope …… (135)
Optimize Financial Special FundPerformance Management in Guangdong Province …… (137)
Research on Using Status and Sharing Mechanism of Large-Scale Scientific Instruments …… (139)
Strictly Implement Supervision and Inspection, Advance Standardized Administration …… (141)
Department of Finance of Guangdong Province Achieves Outstanding Effects in Excelling in the Performance Activity …… (142)
'the Party Secretary Project' for the Department of Finance of Guangdong Province …… (145)
Incorrupt Government Risk Prevention and Control in the Department of Finance of Guangdong Province …… (147)
Implementthe World Bank Financed Demonstrative Town Project for Rural Economy and Integrated Development in Guangdong Province …… (149)
Enhance Supervision and Management, Do a Good Job in Verification of Finance Receipts …… (151)
Do Well in Financial Informatization, Push Forward Big Data Strategy …… (152)
Advance CPA Informatization Strategy, Reaalize Web-Based, Stanardized, Refined and Scientific CPA Management and Service …… (153)
Push Forward Government Purchase of Evaluation Services …… (154)

Section 4 Public Finance in Prefectures

Guangzhou …… (159)
Shenzhen …… (161)
Zhuhai …… (163)
Shantou …… (165)
Foshan …… (167)
Shaoguan …… (169)
Heyuan …… (172)
Meizhou …… (174)
Huizhou …… (176)
Shanwei …… (180)
Dongguan …… (182)
Zhongshan …… (184)
Jiangmen …… (186)
Yangjiang …… (190)
Zhanjiang …… (192)
Maoming …… (195)

Zhaoqing ……………………………………………………………………… (198)
Qingyuan ……………………………………………………………………… (199)
Chaozhou ……………………………………………………………………… (200)
Jieyang ……………………………………………………………………… (202)
Yunfu ……………………………………………………………………… (205)

Section 5 Special Topics on Public Finance in Cities, Districts and Counties

Guangzhou:
Research on Carrying Out Reform of Special Fund Competitive Allocation for Building Happy Community ……………………………………………… (211)
Shantou:
Advance Scientific Development, Accelerate Transformation and Upgrading of Toy Industry in Chenghai ……………………………………………… (213)
Foshan:
Strengthen Government Purchase of Services, Promote Transformation of Government Functions ……… (215)
New Progress in Financial Performance Management Reform ……………………………… (216)
Explore New Ways in Financial Research, Build Local Reform and Research Base ……………… (218)
Innovate Allocation Mechanism, Build People-Oriented Finance, Accelerate Transition from Managing Affairs for the People to Managing Affairs by the People——Shunde Gets a Good Start in Participatory Budgets ……………………………………… (220)
Shaoguan:
Strengthen Party Building of Accounting Firms, Push Affairs Management to a New Level …………… (222)
Exert Fiscal Functions, Promote a Rapid Development in Industrial Park …………………… (224)
Meizhou:
Push Urban and Rural Pension Insurance to a New Level ……………………………… (226)
Advance Construction of Inhabitable Urban and Rural Areas with Characteristics, Push Forward New Urbanization ……………………………………………… (227)
Solve People's Livelihood Issues concerning Education, Employment, Medical Treatment, Pension Insurance and Housing ……………………………………… (228)
Huizhou:
Innovate Systems and Mechanisms, Push Forward Comprehensive Pilot Reform of Basic Public Service Equalization ……………………………………………… (230)
Strengthen Investment for Community Construction, Improve Equalization of Community Service …… (232)
Government Buys House Insurance for Farmers, Farmers Houses 'Fasten Seat Belts' ………………… (233)
Carry Out Government Credit Card System Reform, Regularize Management of Financial Expenditure of Funds ……………………………………………… (235)
Dongguan:
Improve Linkage Mechanism for Social Organization, Social Work and Social Platform, Strengthen and Innovate Social Management ……………………………………… (237)
Zhongshan:
Advance Secondary Allocation Reform of Special Funds ……………………………… (239)
Push Forward Basic Public Service Integrity, Let People Enjoy Public Finance ………………… (241)

Jiangmen:

Establish Information Service Mechanism for Agricultural Financial Subsidies, Protect Farmers' Interests ······ (243)

Consolidate and Improve Standardized Management of Rural Collective Capital, Assets and Resources through System Construction ······ (244)

Push Forward Government Award and Subsidy for Village-Level Public Works Projects, (the Launching of Which Determined by the Villagers throughDeliberation), Accelerate the Speed of Socialist New Countryside Construction ······ (246)

Zhanjiang:

Results in Scientific and Refined Management of Integrated Agricultural Development ······ (248)

Strengthen Standardized Construction of Finance Offices ······ (250)

Advance Treasury Dynamic Monitoring System Construction, Guarantee Safe and Effective Operation of Financial Funds ······ (252)

Maoming:

Establish Fiscal Management System to Match Administrative Power Reform, Stimulate Vitality of County Economic Development ······ (254)

Zhaoqing:

Pay Close Attention to the Bottom Line of Livelihood, Guarantee Basic Life of People in Straitened Circumstances ······ (257)

Create 'Harmonious and Beautiful Countryside', Build Charming Dinghu ······ (259)

Qingyuan:

Research on Public Finance System Based on Accelerating Balanced Development among Regions ······ (262)

Chaozhou:

Strengthen Management, Improve Budget Management Level ······ (264)

Improve Financial Culture, Excel in the Performance Activity and Financial Undertaking Development ······ (266)

Jieyang:

Give More Guarantee to Working Expenditure for Rural Grassroot Organizations ······ (268)

Expand Investment, Advance High-Yield of Grain through Organizational System ······ (269)

Yunfu:

Build Inclusive Finance Based on the Credit of Yunfu ······ (271)

Standardize Rural Financial Management System, Enhance the Role of Public Supervision ······ (273)

Section 6 Statistics

Final Account of Budgetary Revenue and Expenditure inGuangdong Province (2011) ······ (277)

Final Account of Public Finance Revenue and Expenditure in Guangdong Province (2012) ······ (279)

Final Account Classification of Public Finance Revenue and Expenditure in Guangdong Province (2012) ······ (280)

Statistics in Public Finance Revenue and Expenditure of Prefecture and County level in Guangdong Province (2012) ······ (282)

Statistics in Non-Tax Revenue Scale and Structure in Guangdong Province (2012) ······ (302)

Counties Budgetary Revenue Exceeding RMB100 Million in Guangdong Province (2012) ······ (303)

Statistics in Fiscal Revenue, Central Consumption Tax (100%), Value Added Tax (75%),

Business Income Tax and Individual Income Tax from Guangdong (2012) ······ (303)
Statistics in Key Projects Invested by Provincial Finance in Guangdong Province (2012) ······ (304)
Main Components of Assets of State-Owned Enterprises in Guangdong Province (2012) ······ (306)
Main Components of Liabilities of State-Owned Enterprises in Guangdong Province (2012) ······ (306)
Main Components of Total Owner's Equity of State-Owned Enterprises in Guangdong Province (2012) ······ (306)
Liabilities of Assets of Foreign-Invested Enterprises by Branch inGuangdong Province (2012) ······ (314)
Profit of Foreign-Invested Enterprises by Branch inGuangdong Province (2012) ······ (316)
Supplementary Material of Foreign-Invested Enterprises by Branch in Guangdong Province (2012) ······ (318)
List of National Integrated Agricultural Development County of Guangdong Province ······ (320)
List of Provincial Integrated Agricultural Development County of Guangdong Province ······ (320)
Financial Investment for the State and Provincial Integrated Agricultural Development in Guangdong Province (2012) ······ (321)

Section 7 Selected Local Laws and Regulations of Finance and Economy

The Detailed Implementation Rules of the Bureau of Commodity Price of Guangdong Province, the Department of Education of Guangdong Province, the Department of Finance of Guangdong Province on the Interim Measures for Fees Collection Management at Kindergartens ······ (335)
The Detailed Implementation Rules of the Bureau of Commodity Price of Guangdong Province, the Department of Education of Guangdong Province, the Department of Finance of Guangdong Province on Putting Fees Collection at Private Kindergartens on Record ······ (337)
The Detailed Implementation Rules of the Department of Health of Guangdong Province, the Department of Finance of Guangdong Province, Food and Drug Administration of Guangdong Province on the Compensation Measures (Pilot Scheme) for Adverse Events Following Immunization ······ (338)
Measures of the Department of Human Resources and Social Security of Guangdong Province, the Department of Organization of Guangdong Provincial Party Committee, the Development and Reform Commission of Guangdong Province, the Economic and Information Commission of Guangdong Province, Guangdong Provincial Department of Science and Technology, the Department of Finance of Guangdong Province, the Intellectual Property Bureau of Guangdong Province on Chief Expert Selecting Management for Strategic Emerging Industries ······ (341)
Supplementary Circular of the Bureau of Commodity Price of Guangdong Province, the Department of Education of Guangdong Province, the Department of Finance of Guangdong Province on Further Standardizing Charging Management of Higher Education in Guangdong Province ······ (342)
Circular of the Department of Human Resources and Social Security of Guangdong Province, the Department of Civil Affairs of Guangdong Province, the Department of Finance of Guangdong Province on Issues about Insuring against Employment Injury by Public Institutions and Social Organizations ······ (344)
Interim Measures on Provincial Special Funds for Cultivating and Developing Social Organizations in Guangdong Province ······ (345)
Measures of the Department of Finance on Competitive Evaluation Management of Government Purchase of Services from Social Organizations ······ (347)

Measures on Competitive Evaluation Management of Provincial Special Funds for Cultivating and Developing Social Organizations in Guangdong Province ………… (349)
Interim Measures of the Department of Finance of Guangdong Province on Software Asset Management for Provincial Administrative Institutions ………… (350)
Detailed Rules on Implementing Measuresfor Management of Raising and Using Water Conservancy Construction Funds ………… (352)
Interim Management Measures of the Department of Finance of Guangdong Province on Differential Subsidy for Individual Income Tax Bearing on Hong Kong and Macaw Residents Working in Hengqin, Zhuhai ………… (353)

Section 8 Selected Writing on Finance and Economics

Strengthen Ideal and Conviction, Consolidate System Line of Defense, Create a New Situation of Combating Corruption and Building a Clean Government (Extract) ………… *Zeng Zhiquan* (357)
Learn Lessons, Draw Inferences, Do a Good Job of Combating Corruption and Building a Clean Government (Extract) ………… *Zeng Zhiquan* (361)
Innovate Party Culture, Serve to Financial Transformation——Reflection on Party Building Culture of Financial Departments ………… *Zeng Zhiquan* (365)
Keep up Spirits, Focus on Implementation, Fulfill Year-Round Financial Tasks (Extract) ………… *Zeng Zhiquan* (368)
Strengthen Discipline Education, Enhance Purity of Financial Cadres (Extract) ………… *Zeng Zhiquan* (373)
Unify Thinking and Recognition, Take Measures, Cover the Gap of Basic Financial Resources of County Level (Extract) ………… *Zeng Zhiquan* (377)
Deepen Education to Achieve Common Views, Focus on Personal Duties and Implementation ——Speech at the 'Party Discipline, Government Discipline, Law and Discipline' Education Meeting for Cadres of and above Deputy Department Director Level (Extract) ………… *Zeng Zhiquan* (380)
Cognition and Measures in Place, Do a Good Job of Combating Corruption and Building a Clean Government——Speech at the Cadre and Staff Convention of the Department of Finance of Guangdong Province (Extract) ………… *Zeng Zhiquan* (385)
Fulfill Duties, Steadily Advance the Pilot Reform Program to Replace the Business Tax with a Value-Added Tax (Extract) ………… *Zeng Zhiquan* (389)
Implement the Spirit of the 18th CPC National Congress, Improve Financial Services, Build Moderately Prosperous Society and Make Society Arrive Moderately Prosperous Level (Extract) ………… *Zeng Zhiquan* (392)
Well Organized, Attach Importance, Steadily Advance Special Work of Bringing Unit-Owned Exchequer under Control and Carrying Forward Accounting Supervision——Speech at the Summing-Up and Exchange Meeting on Special Administration of Unit-Owned Exchequer and Accounting Supervision (Extract) ………… *Deng Guiming* (397)
Increase Awareness, Focus on Implementation, Advance the Work of Combating Corruption and Building a Clean Government (Extract) ………… *Deng Guiming* (403)
UnifyRecognition, Make Persistent Efforts, Create a New Situation of Government Procurement in Guangdong Province (Extract) ………… *Deng Guiming* (408)
Literacy through Reform and Innovation ………… *Deng Guiming* (411)

Unify Recognition, Set Clear Objectives, Make Bold Innovations, Deepen Province Wide Medicine and Health System Reform (Extract) ··· *Ou Bin* (416)
Improve Mechanism, Enhance Measures, Do a Good Job of Education Investment in 2012 (Extract) ··· *Shen Meihong* (419)
Emancipate Our Mind, Advance Reform and Innovation, Create a New Situation of Financial Work in Education, Science and Culture (Extract) ··· *Shen Meihong* (421)
Proceed with Confidence, Overcome Difficulties, Accomplish Treasury Management System Reform in Guangdong Province in All Respects (Extract) ··· *Shen Meihong* (428)
Research on Policies and Mechanisms of Combining Integrated Agricultural Development with Aid-the-Poor Plan to Households and Responsibility to the People (Refined Version) ··· *Integrated Agricultural Development Office, the Department of Finance of Guangdong* (432)
Research on Ecological Environment of Rural Areas and Small Towns (Extract) ··· *Debt Management Office of International Financial Organization, the Department of Finance of Guangdong Province* (434)
Research on Fiscal Guiding System for Accelerating County Economic Growth of Zhaoqing (Extract) ··· *Financial Bureau of Zhaoqing* (443)
Research on Establishing of Ecological Conservation Compensation Mechanism (Extract) ··· *Budget Sector, Local Finance Sector, the Department of Finance of Gungdong Province* (448)
Research Report on Debt Issues of Village Level in Guangdong Province (Extract) ··· *Rural Financial Affairs Management Sector of the Department of Finance of Guangdong Province* (452)
Research on Competitive Allocation Reform of Local Financial Funds (Extract) ··· *Financial Bureau of Meizhou* (459)
Influence of Value-Added Tax Transformation Reform upon Local Economics——Take Foshan as Example (Extract) ··· *Financial Bureau of Foshan* (470)
'Fiscal Drag' Effect and Performance Management of Budget Implementation (Extract) ··· *Guangdong University of Foreign Studies* (478)
Financial Input Mechanism for Basic Medical and Health Security——Take Yangshan as Example (Extract) ··· *Financial Bureau of Yangshan* (485)
Speak with Data ··· *Guo Weiqing* (492)
Interpretation of 'Big Data' ··· *Tu Zipei* (494)
Analysis and Forecast of Finance and Microeconomics ··· *Yao Jingyuan* (498)
Study and Publicize Spirits of the Eighteen 18th CPC National Congress ··· *Wang Changjiang* (500)
Reasonable Power Disposition and Use, Enjoy Common Prosperity——Path for Guangdong to Practice Socialism Theory System with Chinese Characteristics ··· *Institute of Fiscal Science of Guangdong Province* (502)
How to Further Strengthen Social Development with Focus on Improving People's Livelihood ··· *Institute of Fiscal Science of Guangdong Province* (507)
Look for a New Path through Scientific Development, Pursuit a Win-Win through Coordination ——Report on Analysis of 'Double Shift' Implementation in Guangdong Province ··· *Institute of Fiscal Science of Guangdong Province* (511)
Deepen Fiscal Performance Management Reform, Deal with the Crisis of Slow-Down of Fiscal Revenue Growth ··· *Institute of Fiscal Science of Guangdong Province* (519)
Research on Financial and Taxation Policies in Regard to Supporting Social Organization Development ··· *Institute of Fiscal Science of Guangdong Province* (522)

Research on Reform of Financial Revenue and Expenditure Supervision System (Extract)
.... *Institute of Fiscal Science of Guangdong Province* (526)

Section 9 Fiscal Organization Structure and Personnel

Change in the Internal Structure within the Department of Finance (2012) .... (537)
List with the Leaders of the Department of Financeand Its Subordinate Organs (2012) .... (537)
List with the Leaders of the Financial Bureaus (Commission) in Prefectures (2012) .... (540)
List of with the Leaders of the Financial Bureaus (Commission) in Counties, Cities of County Level and Districts (2012) .... (543)
Statistics of Personnel of the Provincial Fiscal Sectors (2012) .... (554)
List of Advanced Units and Individuals of National Fiscal Sectors (2012) .... (555)

Section 10 Memorabilia

.... (561)

Section 11 Media Reports

Guangdong Launches Ecological Protection Compensation Mechanism .... (571)
Consolidate Basis to Explore a New Way——Guangdong Creates Long-term Mechanism of Expenditure Guarantee for Rural Grass-Root Organizations .... (571)
Guangdong Explores Expenditure Guarantee ‘Three-Three System for Organizations of Village Level .... (573)
Guangdong: Performance Evaluated by the Third Party .... (574)
Financial Works Requires Speed-Up of Four Transformation .... (575)
Create Powerful Fiscal Lever——Record of Innovating Financial Distributing Mode to Accelerate Water Conservancy Construction of People’s Livelihood In Guangdong .... (577)
Build Scientific and Reasonable Financial Distribution Culture .... (579)
Guangdong Finance Supports Economic Transformation and Upgrading .... (579)
Guangdong Finance Has its Own Focus on Supporting Agriculture, Farmer and Rural Areas .... (580)
Guangdong Finance Highlights Its Public Features .... (581)
Guangdong Handles Difficult Issue concerning Equalization of Basic Public Service through Reform .... (582)
Forest Carbon Sinks Funds Allocated through Competition .... (583)
Guangdong Reducs, Exempts and Postpones the Imposition of 37 Administrative Undertaking Charges for Some Enterprises .... (584)
Guangdong’s 10 Severe Constraints Accelerate Strict Practice of Economy .... (584)
Government Procurement Should Serve to Happy Guangdong Construction .... (585)
The Third Party Evaluation Adds Luster to Performance Management——Record of Introducing the Third Party to Independently Evaluate Financial Expenditure Performance in Guangdong .... (586)
People in the South of Guangdong Enjoy Public Finance——Guangdong Finance Advances Equalization of Basic Public Service .... (588)

Solve Difficult Issues on basis of Science——Interview on Zeng Zhiquan, Deputy to the 18th CPC National Congress, Head of the Department of Finance of Guangdong Province .... (591)
Guangdong Spends 100 Million Yuan to Support and Foster Social Organization Brands .... (592)
Guangdong to Improve Expert Assessment Mechanism of Government Procurement Evaluation .... (593)
Government Procurement Plays Important Role in Transformation of Government Functions ——Interview on Zeng Zhiquan, Deputy to the 18th CPC National Congress, Head of the Department of Finance of Guangdong Province .... (593)
Guangdong Researches on Reform of Competitive Allocation of Financial Special Funds .... (595)
Zeng Zhiquan: Reflection on Accelerating Transformation of Financial Work .... (597)
Award and Subsidy Advances Ecological Environmental Conservation——Interview on Zeng Zhiquan, Head of the Department of Finance of Guangdong Province .... (600)
Zeng Zhiquan: A Good Referee, Not a Sportsman .... (602)
10 Practical Things Concerning People's Livelihood Achieve Results .... (603)
400 Million Yuan Arranged for Food Safety Supervision .... (606)
Livelihood Issues Should Decided according to Public Opinions .... (607)
Ecological County in Guangdong Gets 40 Million Yuan for Compensation .... (610)
Guangdong Publishes Initial Catalogue of Government Purchase of Services .... (612)
Ordinary Official Cars Reform: From Examining and Approving Organizational Structure Delimitation to Budget and Final Accounts Management .... (613)
Provincial Finance: About 1 Billion Yuan Spent to Subsidize Reform Programme to Replace Business Tax with Value-Added Tax .... (614)
Big Data Strategy Builds Strategic Platform for Finance to Serve Economy and Society .... (615)
Zeng Zhiquan, Deputy to the 18th CPC National Congress, Secretary of the Party Group of the Department of Finance of Guangdong Province: More Public Resources (Finance, etc.) Given to Rural Areas .... (618)
Guangdong : About 2/3 Public Financial Expenditure Invested to People's Livelihood .... (619)
Beneficial to the People: Subsidies Stabilizes Prices with 6. 66 Billion Yuan .... (620)
Guangdong: 56 Policies Help Middle-Sized, Small-Sized and Micro Enterprises Deal With Difficult Situation .... (622)
Compulsory Education for Children of Migrant Worker Brought into Education Planning and Financial Budget .... (622)
412. 9 Billion: Guangdong's Balance of Social Security Funds Takes the Lead National Wide .... (623)
Seek the Opinions of People: Guangdong Selects 4 Issues Concerning People's Livelihood as Pilot Project .... (624)
More Investment for People's Livelihood, Financial Data More Transparent .... (624)
Guangdong: People in Straitened Circumstances Get 150 Yuan Temporary Subsidies .... (626)
Guangdong: Financial Resources in the First Place, Average Budget Outlays in the 20th Place .... (626)
Suggestion: Improve Tax-Sharing System, Make Administrative Power Adapted to Financial Power .... (627)
Subsidies for Village Cadres in Underdeveloped Ares Raise Two Times This Year .... (627)
Guangdong: to Publish Items of "The Three Official Consumptions" Next .... (628)
Resolve Economic Pressure: Guangdong Encourages Enterprises to 'Go Out' .... (630)
Ten More Counties Incorporated into Reforms that Place County Finances Directly Under the Management of Provincial Government .... (630)

Zeng Zhiquan, Head of the Department of Finance: Non-Tax Revenue Grows Rapidly. Over Collection of Non-Tax Should Stop .... (631)
Innovate Financial Concept, Correct 'Off-Side, Absence, Dislocation' of Finance .... (633)
Finance and Taxation Reform Accelerates Equalization of Public Service .... (634)

Section 12 Appendix

Public Finance Academy of Guangdong Province .... (639)
Accounting Academy of Guangdong Province .... (642)
Budgetary Accounting Research Association of Guangdong Province .... (645)
Rural Public Finance Research Association of Guangdong Province .... (647)
Abacus Association of Guangdong Province .... (648)
Guangdong Accounting Correspondence School .... (649)
Guangdong Finance and Economics College .... (651)
Result of the Assessment on Research Achievements in Finance Research Management (2012) .... (654)
Result of the Assessment on 'Shawei Cup' Solicit Articles Contest .... (655)
Result of the Assessment on 'Read Series, Write Study Insight' Solicit Articles Contest .... (657)

第 一 部 分

重要财经文献

广东省第十二届人民代表大会第一次会议关于广东省2012年预算执行情况和2013年预算的决议

（2013年1月31日广东省第十二届人民代表大会第一次会议通过）

广东省第十二届人民代表大会第一次会议审查了省人民政府提出的广东省2013年预算草案及省财政厅厅长曾志权受省人民政府委托所作的《广东省2012年预算执行情况和2013年预算草案的报告》。会议同意广东省人民代表大会计划预算委员会的审查结果报告，决定批准广东省2013年省级预算，批准《广东省2012年预算执行情况和2013年预算草案的报告》。

广东省2012年预算执行情况和2013年预算草案的报告

广东省财政厅厅长　曾志权

各位代表：

受省人民政府委托，现将广东省2012年预算执行情况和2013年预算草案提请省十二届人大一次会议审议。

一、2012年预算执行情况

2012年，面对复杂严峻的国内外经济环境，在省委、省政府的坚强领导下，在省人大及其常委会和省政协的监督支持下，全省各级政府及其财税部门牢牢把握科学发展主题和转变经济发展方式主线，全面贯彻落实中央和省的各项决策部署，按照稳中求进的工作总基调，认真落实省十一届人大五次会议各项决议，抓收入、稳增长、调结构、惠民生，财政发展改革深入推进，财政预算完成良好，有效促进经济社会健康发展和人民生活水平的持续提高。

（一）公共财政预算执行情况

1. 全省公共财政预算执行情况。

——收入预算执行情况。

据快报反映，2012年来源于广东的财政收入（按广东口径，含公共财政预算和政府性基金预算收入）14 724.47亿元，增长7.73%。其中地方级收入8 492.23亿元，增长8.54%，占57.67%；中央级收入6 232.24亿元，增长6.64%，占42.33%。

2012年全省地方公共财政预算收入6 228.20亿元，完成年度预算的102.92%，增长12.96%，超收176.89亿元。从5月起财税收入累计增幅连续8个月平稳回升，财政收入总量继续位居全国各省（市、区）第一。主要情况如下：

按主要税种划分。增值税793.84亿元（自然口径，下同），增长13.22%；营业税1 556.72亿元，增长8.77%；企业所得税891.01亿元，增长7.77%；个人所得税322.71亿元，下降5.47%，主要受提高工资薪金所得减除费用标准政策影响；契税271.83亿元，增长14.00%；城市维护建设税338.31亿元，增长14.51%。

按税收与非税收入占比划分。全省税收收入5 073.66亿元，非税收入完成1 154.54亿元，税收收入占财政收入的比重为81.46%。

按预算级次、区域划分。省、市、县三级收入增长协调，分别增长13.21%、12.33%和13.92%。珠三角九市、东西两翼及北部山区十二市收入分别增长12.36%和16.01%，东西两翼及北部山区十二市增长率分别高于全省和珠三角九市3.05、3.65个百分点（见图1）。

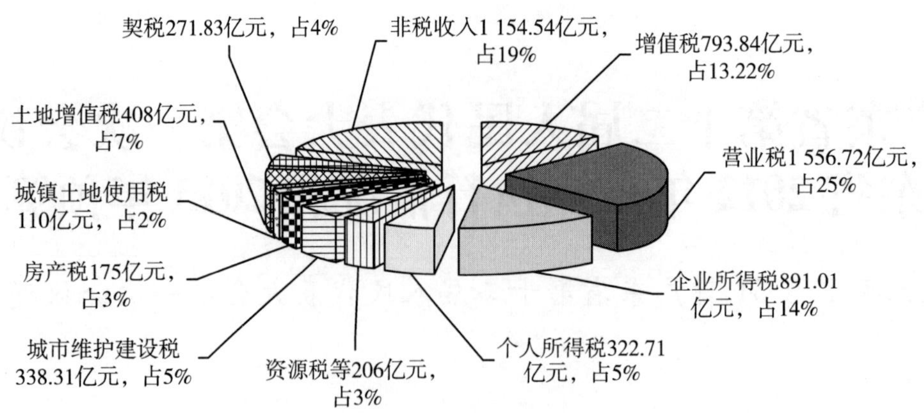

图1　2012年全省公共财政预算收入构成

——支出预算执行情况。

2012年全省公共财政预算支出7 267.70亿元，增长8.21%，主要项目执行情况如下：

（1）一般公共服务支出911.12亿元，增长9.05%。（2）公共安全支出609.78亿元，增长6.93%。有效支持维护社会公共安全。（3）教育支出1 466.49亿元（其中基础教育971.12亿元），增长28.99%，完成中央下达我省2012年教育支出占公共财政预算支出20%的目标任务。（4）科学技术支出244.60亿元，增长19.19%。（5）文化体育与传媒支出135.55亿元，下降20.10%。主要原因是2011年深圳市列支了大运会承办经费，2012年无该项支出。（6）社会保障和就业支出607.98亿元，增长6.00%。主要原因是2011年我省提前基本实现了城乡居民养老保险全覆盖，同因素相比2012年扩面支出较少。（7）医疗卫生支出497.15亿元，增长16.82%。（8）节能环保支出229.87亿元，下降1.13%。主要原因是2012年中央下达的节能补贴比2011年减少约12亿元。（9）城乡社区事务支出621.28亿元，增长17.52%。（10）农林水事务支出540.45亿元，增长25.09%。主要原因是2012年农资综合补贴增加约24亿元、水利资金增加约44亿元、碳汇工程及森林抚育等林业资金增加约10亿元。（11）交通运输支出482.79亿元，下降9.31%。主要原因是交通融资平台还本付息等一次性支出减少。（12）资源勘探电力信息等事务支出184.66亿元，增长22.85%。（13）住房保障支出172.99亿元，增长6.57%。增长较低的主要原因是根据国家统一部署，2012年新开工保障性住房比2011年减少（见图2）。

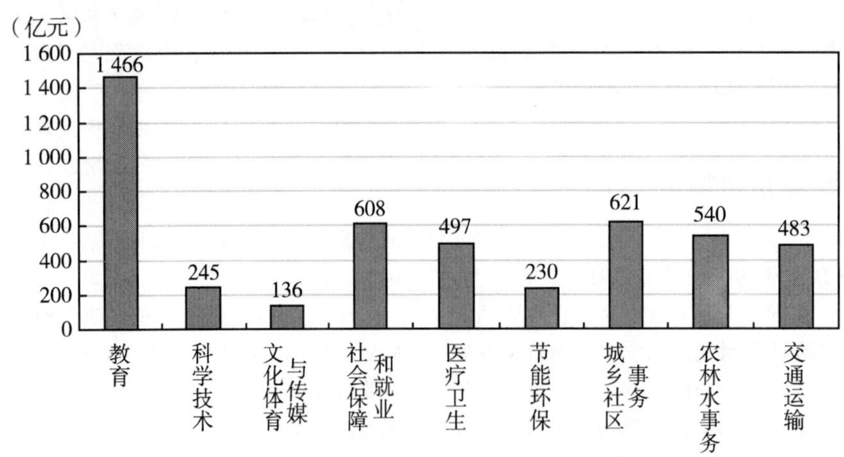

图2　2012年全省公共财政预算重点支出情况

2012年全省地方公共财政预算收入加上中央税收返还、各项补助款和预算结转、结余，减去公共财政预算支出以及上解中央项目后，全省公共财政预算实现收支平衡，略有结余（具体结余金额待决算完成后确定）。

2. 省级公共财政预算执行情况。

——收入预算执行情况。

2012年省级公共财政预算收入1 380.84亿元，增长13.21%，比省十一届人大五次会议批准通过的收入预算增加74.84亿元。加上中央税收返还、转移支付和下级上解收入、上年结余、发行地方政府债券收入等，2012年省级财政总收入2 522.69亿元。省级公共财政预算收入主要执行情况如下：

税收收入1 282.40亿元，增长12.53%，其中增值税25.11亿元，增长52.78%；营业税660.50亿元，增长11.10%；企业所得税351.33亿元，增长10.17%；个人所得税91.79亿元，下降11.11%。非税收入98.43亿元，增长23.02%（见图3）。

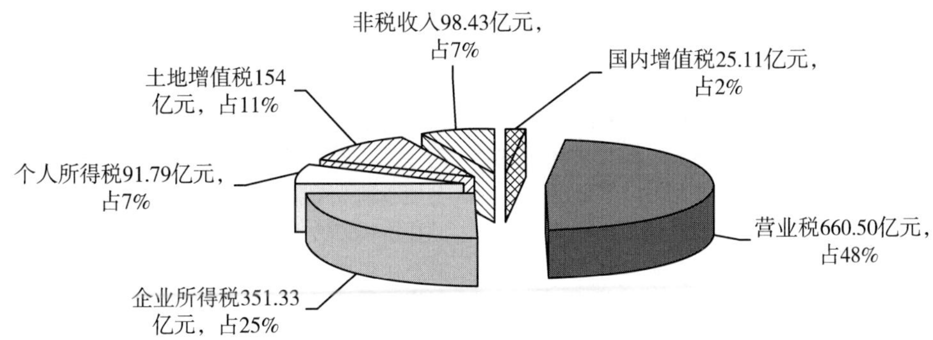

图3　2012年省级公共财政预算收入构成

——支出预算执行情况。

2012年省级财政总支出2 520.10亿元，比省十一届人大五次会议批准通过的预算增加160.92亿元，主要是按规定报请省十一届人大常委会议审批后，增加安排地方政府债券支出86亿元和省级超收收入安排支出74.92亿元。剔除列收列支项目等不可比因素后，2012年省级超收收入中78.58%用于改善社会民生事业、推进基本公共服务均等化及均衡区域发展水平。

2012年省级财政总支出2 520.10亿元中，按预算级次划分：（1）省本级支出708.67亿元，占28.12%；（2）对市县税收返还及转移支付1 697.27亿元，占67.35%，其中返还性支出471.80亿元，一般性转移支付支出482.77亿元，专项转移支付支出742.70亿元；（3）上解中央支出110.94亿元，占4.40%；（4）调出资金3.23亿元（按规定计提的水利建设基金），占0.13%（见图4）。

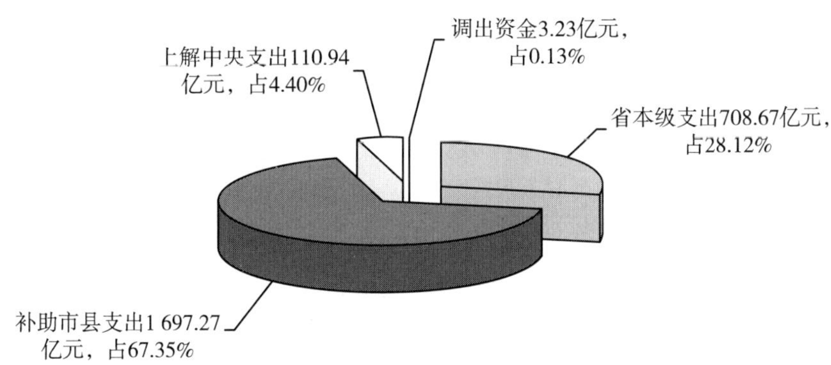

图4　2012年省级公共财政预算支出构成（按预算级次）

省本级支出708.67亿元的主要情况如下：

（1）一般公共服务支出118.82亿元，增长30.15%，主要原因是抚恤金标准提高等政策性增支因素影响。（2）公共安全支出60.82亿元，增长14.90%。（3）教育支出135.78亿元，增长35.93%。（4）科学技术支出38.33亿元，增长43.43%。增幅较高的原因是省级加大对战略性新兴产业的投入。（5）文化体育与传媒支出12.53亿元，增长20.51%。（6）社会保障和就业支出43.10亿元，增长24.12%。（7）医疗卫生支出22.36亿元，下降0.05%。主要原因是部分在2011年反映为省本级支出的项目根据实际情况在2012年调整为补助市县支出。（8）节能环保支出5.82亿元，下降39.76%。主要原因是2012年中央下达的节能补贴比2011年减少约12亿元。（9）农林水事务支出15.20亿元，增长10.09%。（10）交通运输支出96.44亿元，增长62.87%。主要原因是2012年从地方政府债券资金中安排了17亿元珠三角城际轨道交通资金。

2012年省级总支出中，维持政权运转的经费207.37亿元，占省级总支出的8.8%，其中“三公经费”财政拨款预算8.79亿元。

2012年省级财政总收支相抵，结余2.59亿元，全部结转下年使用。

（二）政府性基金预算执行情况

2012年全省政府性基金预算收入2 264.03亿元，完成年初预算的93.74%；支出2 178.78亿元，完成年初预算的83.04%。主要原因是2012年各地国有土地使用权出让收入减少。

2012年省级政府性基金预算收入165.75亿元，完成年初预算的115.57%；支出111.08亿元，完成年初预算的77.45%。主要原因是2012年市县按规定从国有土地使用权出让收入中提取的省级教育、水利等基金收入，主要在年底缴库，相应需在2013年度列支。

（三）2012年十件民生实事资金落实情况

2012年，全省财政共拨付1 649.81亿元落实和配合实施十件民生实事工作，完成年初预算的115.83%；省级财政共拨付523.01亿元用于十件民生实事，完成年初预算的117.17%。主要体现在：一是千方百计扩大就业，支出13.01亿元，完成年初预算的101.36%。二是加强保障性住房建设，支出44.30亿元，完成年初预算的124.20%。三是提高社会保障水平，支出79.36亿元，完成年初预算的101.62%。四是深入开展价格惠民，支出151.49亿元，完成年初预算的227.45%。超额完成预算的原因主要是中央下达的农资综合补贴和成品油价格改革财政补贴资金超出年初预算。五是优化城乡基本医疗卫生服务，支出84.85亿元，完成年初预算的121.07%。六是推进文化惠民，省财政安排11.93亿元，支出10.60亿元，完成年初预算的88.86%。主要原因是部分新增的文化惠民资金需在制定专项资金管理办法后按程序报批分配方案再下达。七是促进城乡教育协调发展，省财政安排115.32亿元，支出88.18亿元，完成年初预算的76.47%。主要原因是部分教育经费需按规定统计核查实际人数后再下达。八是强化养老助残服务，省财政投入25.89亿元，支出23.49亿元，完成年初预算的90.74%。主要原因是养老福利机构建设等项目按程序进行竞争性立项后再下达。九是改善外来务工人员工作生活条件，省财政安排12.17亿元（不含用于改善外来务工人员工作生活条件的其他相关民生项目资金，下同），支出9.80亿元，完成年初预算的80.52%。除拨付进城务工农民随迁子女接受义务教育补助5.17亿元外，拨付农村劳动力培训转移就业专项资金4.63亿元（含农民工圆梦计划资金），该项资金需在年度终了后按实际培训转移人数据实清算下达。十是抓好食品安全，支出17.93亿元，完成年初预算的100.78%。

（四）财政管理改革情况

2012年，我省财政工作主要体现“九个着力”：一是着力抓好增收节支，提高财政保障能力。及早科学研判形势、主动出台措施，努力挖掘增收潜力，厉行节约，强化支出管理。二是着力发挥财政杠杆作用，促进产业结构调整和加快转型升级。省财政统筹2012－2014年各项资金近1 600亿元，通过集中投入及差别化政策，通过突出支持产业转型升级、突出支持扩大内需、突出支持产业转移园区建设、突出支持战略性新兴产业发展、突出支持中小企业平稳健康发展等，大力推进经济结构战略性调整，促进加快经济发展方式转变。三是着力落实各项民生政策，推进建设幸福广东。坚持把保障和改善民生作为公共财政建设的出发点和落脚点，切实加大对民生领域的支持和保障力度，全年全省民生支出4 781.18亿元，增长12.83%，占全省支出的比重达65.79%，比上年同期提高了2.7个百分点。四是着力健全财政强农惠农政策体系，支持“三农”全面发展。大力支持农业农村基础设施建设；建立现代农业产业体系；继续支持农村经济社会发展；继续坚持“以奖代补、分类扶持”的原则支持扶贫“双到”工作；继续建立完善农村基层组织工作经费保障制度。五是着力完善省以下财政体制改革，保障“财力下移”落到实处。积极落实县级基本财力保障机制，确保县级基本财力保障水平达到年人均7.6万元以上，完成财政部核定的县级基本财力保障缺口124亿元的消化任务；扩大省直管县财政改革试点范围；制定加大财政投入力度支持重点平台开发建设的意见，落实对重点区域的财政扶持政策。六是着力推进各项税制改革工作，改进税源培植方式。稳步推进营业税改征增值税改革；认真落实个人所得税改革政策；实施小微企业税费减免政策。七是着力加强环境保护和生态建设，推动绿色发展。落实支持促进环境和生态保护与节能减排政策；加大自然生态系统和环境保护力度；建立财政生态保护补偿机制。八是着力全面深化财政改革，加快财政工作转型。率先全国探索开展为民办事征询民意改革试点；率先全国探索推进政府购买社会服务改革；继续深化财政资金竞争性分配改革；深化引入第三方评价财政资金使用绩效改革；运用财政激励政策推进村级公益事业“一事一议”工作；建立预算编制征询意见机制，扩大政府预算编制范围，在试编三年的基础上将省级国有资本经营预算正式提交省人大审议；开展财政会计核算从收付实现制向权责发生制改革试点；探索开展经营性领域财政资金股权投资管理改革；积极稳妥地推进预决算公开及“三公”经费公开，成为首批公开“三公”经费的四个省（市）之一；进一步建立健全财政决策专家咨询机制。九是着力加强纪律建设，提升干部队伍素质。

（五）落实省人大预算决议有关情况

1. 认真研究落实省十一届人大五次会议对预算的决议及省人大财政经济委员会的审查意见。省十一届人大五次会议的人大代表在审议省级2012年预算草案的过程中提出了许多宝贵的意见建议，包括完善财政体制、推进财政改革、促进经济发展、加大民生投入、强化财政管理等内容，涉及财政工作的各个方面。针对省人大代表和省人大财经委所提的各项意见，省财政厅进行了认真的研究和梳理，并在工作中积极落实。一是通过不断加大欠发达地区转移支付力度、健全县以下政权基本财力保障机制、实施财力薄弱镇（乡）补助政策、探索研究生态保护补偿机制等，努力减轻市县财政配套资金负担，促进我省区域协调发展。二是加大“三农”投入，推进城乡一体发展；加大医疗和社会保障投入，完善医疗和社会保障体系；加大农村教育事业投入，推进农村教育事业发展。三是认真落实减免税费等扶持政策，促进中小企业的健康发展。四是积极落实十件民生实事，推进基本公共服务均等化，切实保障和改善民生。五是深化财政管理改革，提高财政资金使用效益。

2. 认真研究落实省人大代表意见建议。省财政厅承办的省十一届人大五次会议代表建议共197件，其中主办件26件、协办件171件，均已按时办理完毕。主办件中，所提问题已经解决或基本解决的共14件，占54%，所提问题已列入计划解决的共9件，占35%，所提问题留作参考的共3件，占11%，均实现百分百沟通。通过办理人大代表建议，积极推动相关工作开展，增强办理实效，使得人大代表的“良策”转化为实实在在的工作成果。

2012年，预算执行等财政工作取得了良好成效，但我们也清醒地认识到，在财政运行中还存在一些问题，主要体现在四个方面：一是收入总量大，但人均水平低。我省是全国财政收入第一大省，但人均水平低，1998年广东人均财政支出排在全国第5位，高出全国地方平均水平534元，但到2011年已下滑至全国第20位（如剔除深圳，则下滑至27位），低于全国地方平均水平528元（2012年全国数据尚未公布）。二是区域间财力分布不平衡，县域经济财政实力总体薄弱。2012年珠三角地区公共财政预算收入总额占全省市县级收入总额的78.89%，分别是东西两翼和粤北山区的8.7倍和6.55倍。同时，省、市、县三级财力“两头小、中间大”，分布不够合理均衡。三是财政分配和管理仍存在“重分配、轻管理”和“重使用、轻绩效”的情况，部门肢解财政、财力固化分配的情况较为突出。同时，财政供给范围过宽、包揽过多，预算约束弱化，资金投入增加与老百姓满意度提高不同向、不同步。四是民生支出任务重，外来务工人员公共服务支出压力大。就业、教育、医疗卫生、社会保障的支出任务重，将外来务工人员公共服务纳入基本公共服务保障范畴后财政支出压力加大，仅2010年广东对流动人口社会管理和公共服务的财政投入累计达326亿元，其中教育105亿元、医疗44亿元、就业7亿元、社会治安62亿元。我们将高度重视这些问题，切实采取有效措施，努力加以解决。

二、2013年全省和省级预算草案

（一）2013年我省财政形势

结合国内外经济形势分析，预计2013年我省经济有望保持平稳增长态势，财政收支有望保持在稳定增长区间，但同时也面临不少减收增支因素。收入方面，世界经济复苏缓慢、国际主权债务危机将对出口产生不利影响，制约了出口相关税收收入增长；2012年以来工业、投资、外贸出口、企业利润等主要经济指标的低位增长以及经济下行压力将明显影响2013年主体税种收入的增长；房地产调控和信贷紧缩政策对财税收入产生的冲击将继续显现；国家出台的提高个人所得税工资薪金所得减除费用标准、提高增值税和营业税起征点、从2012年11月开始实施营业税改征增值税改革等政策将进一步影响财政增收。预计2013年财政收入难以实现较高增幅，将基本与经济增长的速度相适应。支出方面，贯彻落实中央和省关于稳增长、调结构、惠民生各项决策部署，落实国家和省中长期教育改革和发展规划纲要、提高新农合和城镇居民医疗保险财政补助标准、加大水利建设投入等各项政策，保障“三农”、教育、科技、医疗卫生、社会保障和就业、文化体育、保障性住房、交通、节能环保等重点支出，落实促进转型升级等各项战略部署，都需要进一步加大财政投入，财政支出压力较大，收支矛盾突出。

（二）财政预算编制的指导思想和基本原则

编制2013年省级财政收支预算总的指导思想是：以邓小平理论、“三个代表”重要思想、科学发展观为指导，全面贯彻党的十八大及省第十一次党代会精神，按照构建并完善与社会主义市场经济相适应的公共财政管理体制的要求，继续解放思想、坚持改革创新，不断深化公共财政预算编制改革，将“稳增长、优结构、促规范、强监管、保民生、重节约、提绩效”和集中财力办大事贯穿于财政预算编制工作始终，依法强化收入管理，积极组织收入；调整优化支出结构，压缩一般性支出，切实保障省委、省政府各项重点支出和民生支出；深化财政体制改革，均衡区域发展；充分发挥财政职能作用促进经济社会又好又快发展，始终当好我国财政工作的排头兵。

编制2013年省级财政收支预算的总体思路是：一是保持预算编制政策的连续性，既要保持近几年省委、省政府“加快转型升级、建设幸福广东”核心任务等一系列政策措施的连续性，又要继往开来，体现省委、省政府贯彻落实党的十八大的总体部署和工作要求。二是提高预算编制的统一性，建立健全统一的基本支出定员定额标准体系和财政专项资金管理制度，提高预算资金配置效率和使用效益。三是体现预算编制的公共性，财政支出安排要以满足社会公共需要和社会公共利益为目标，既注重支持转型升级和结构调整，又加大对民生和社会事业的投入力度。四是注重预算编制的创新性，开展省级财政专项资金清理整合工作，加大预算信息公开力度，改进和创新税源培植方式，创新财政对产业和劳动力“双转移”的支持方式，引导社会资金向战略性新兴产业、现代服务业等领域投入。五是强化预算编制的全盘性和刚性，财政预算编制应体现增强预算约束力和绩效评估，减少自行审核安排的支出规模，减少年中追加资金比例，减少资金安排自由裁量权。六是扩大财政支出的竞争性，拓宽财政支出竞争性分配领域，进一步深化竞争性分配改革，完善竞争性分配制度，实施经营领域财政资金股权投资管理改革，将行政审批性支出压减到最低程度。

编制2013年省级财政收支预算的基本原则是：坚持积极稳妥，实事求是。坚持应征尽收，加强收入征管。坚持量入为出，确保收支平衡。坚持厉行节约，控制一般性支出。坚持转变经济发展方式，支持转型升级。坚持民生优先，推进基本公共服务均等化。坚持城乡和区域协调发展，支持“三农”工作。坚持先行先试，支持社会管理模式创新。坚持深化改革，完善财政体制机制。坚持规范管理，提高资金使用绩效。

（三）2013年全省公共财政预算草案

根据上述指导思想和基本原则，结合贯彻《国务院关于编制2013年中央和地方预算的通知》关于“收入预算编制要坚持实事求是、积极稳妥、留有余地，与2013年国内生产总值等经济社会发展指标相适应”的要求，建议参考2013年广东国内生产总值增长率8%的预期目标，2013年全省公共财政预算收入按可比增长10%安排，预计达到6 656.4亿元，人均收入6 336元，比上年增加527元，增长9.07%。

全省公共财政预算收入主要情况如下：增值税945亿元；营业税1 471亿元；企业所得税966亿元；个人所得税365亿元；城市维护建设税382亿元；土地增值税390亿元；城镇土地使用税128亿元；房产税199亿元；非税收入1 306亿元。

全省公共财政预算支出按可比增长9.5%安排7 556亿元，人均支出7 193元，比上年增加181元（见图5）。

全省公共财政预算支出主要情况如下：教育支出1 665亿元；科学技术支出245亿元；文化体育与传媒支出129亿元；社会保障和就业支出737亿元；医疗卫生支出579亿元；节能环保支出212亿元；城乡社区事务支出659亿元；农林水事务570亿元；交通运输支出604亿元；住房保障支出182亿元（见图6）。

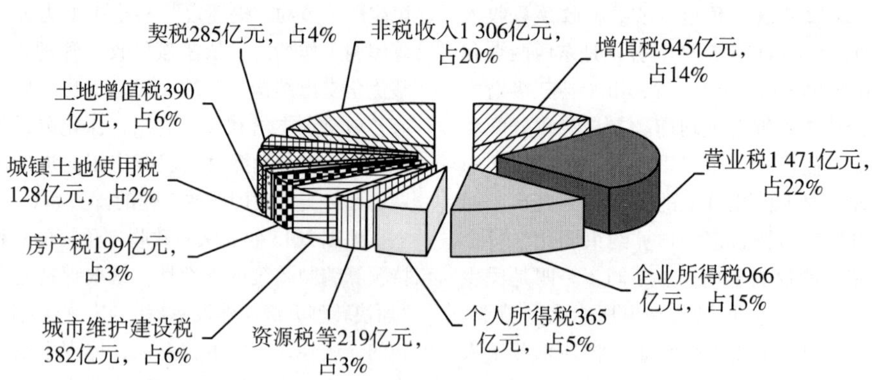

图5 2013年全省公共财政预算收入构成

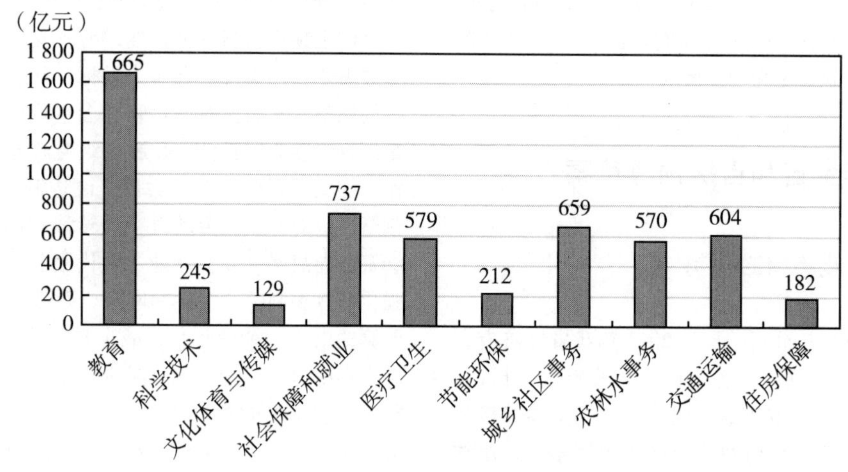

图6 2013年全省公共财政预算重点支出情况

（四）2013年省级公共财政预算草案

1. 2013年省级收入预算安排。2013年省级公共财政预算收入拟按可比增长9%安排，预计达到1 451亿元，其中税收收入1 380亿元，非税收入71亿元。主要税收收入项目安排情况：增值税137亿元，营业税604亿元，企业所得税382亿元，个人所得税99亿元，土地增值税158亿元（见图7）。

2013年省级财政总收入安排2 556.28亿元，其中：（1）省本级公共财政预算收入1 451亿元；（2）中央补助收入880.87亿元（其中：中央提前下达转移支付329.39亿元）；（3）下级上解收入221.82亿元；（4）上年结余2.59亿元。

2. 2013年省级支出预算安排。2013年省级财政总支出安排2 554.36亿元，收支相抵，结余1.92亿元。

2013年省级财政总支出中，按预算级次划分，（1）省本级支出725.74亿元，占28.41%，省本级支出中还有相当一部分专项资金要安排支持市、县建设；（2）补助市县支出1 685.42亿元，占65.98%；（3）上解中央支出139.96亿元，占5.48%；（4）调出资金3.23亿元（按规定计提的水利建设基金），占0.13%（见图8）。

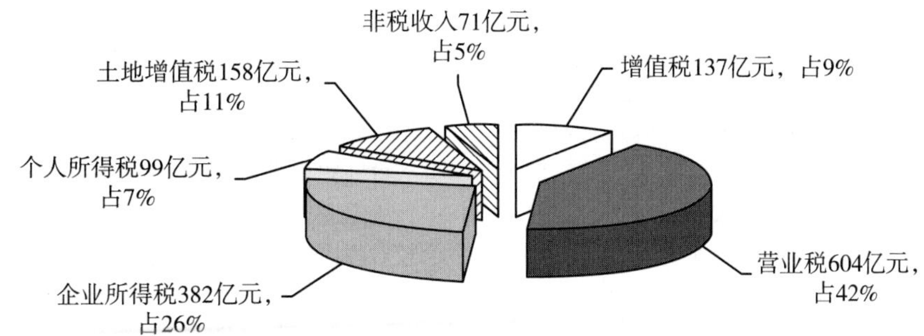

图7　2013年省级公共财政预算收入构成

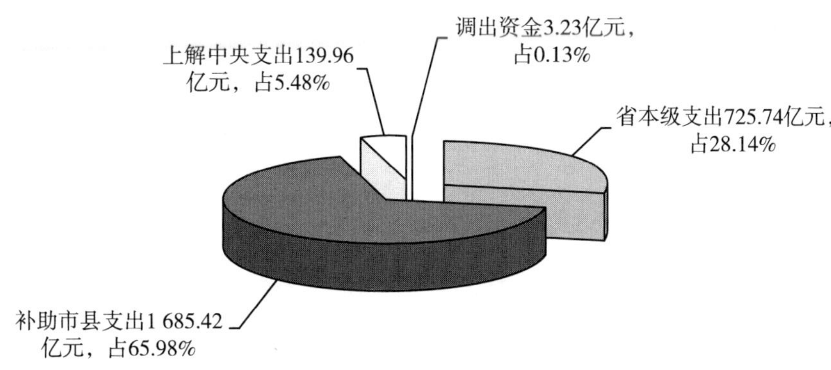

图8　2013年省级公共财政预算支出构成（按预算级次）

按资金用途划分：（1）用于促进经济发展和产业结构调整的支出为134.51亿元，占5.27%。（2）用于均衡区域基本公共服务水平、帮助市县增强发展后劲的支出为969.01亿元，占37.93%。（3）用于改善民生、提供基本公共服务的支出为1 052.12亿元，占41.19%。（4）用于建立应急预警机制、防范风险的支出为35.58亿元，占1.39%。（5）用于维持政权运转的支出为223.18亿元，占8.74%，其中省级行政事业单位行政经费182.44亿元，占省级总支出的7.14%，其中“三公经费”8.64亿元，占省级总支出的0.34%，具体是因公出国（境）支出0.74亿元、公务用车购置及运行维护支出5亿元、公务接待费支出2.89亿元。（6）上解中央的支出为139.96亿元，占5.48%。省级财政支出结构体现了稳增长、调结构、惠民生的要求。

2013年省级预算支出中用于保障和改善民生、均衡区域基本公共服务水平和帮助市县增强发展后劲的支出为2 021.13亿元，占省级总支出的79.12%（见图9）。

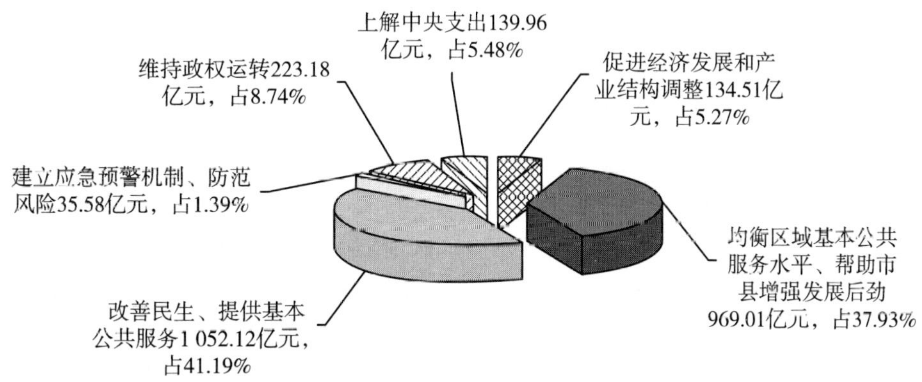

图9　2013年省级公共预算支出构成（按资金用途）

3. 2013年省级财政重点支出保障和主要项目安排情况。2013年省级支出预算安排中各项重点支出得到有效保障。主要情况如下（含专项转移支付及中央补助资金）：

（1）支持“三农”事业，促进城乡协调发展。2013年安排农林水投入196.43亿元，比上年增加22.59亿元，可比增长13.25%。

一是落实强农惠农富农政策。加大扶贫开发力度，如安排扶持不具备生产生活条件的贫困村庄搬迁专项资金1.33亿元、农村基层组织经费保障省级补助资金5.4亿元、扶贫开发“规划到户责任到人”财政补助资金3.8亿元，安排欠发达地区贫困村离任村干部生活困难补助资金2.22亿元。构建粮食安全保障体系，如安排农资综合补贴23.99

亿元，农作物良种补贴资金8.71亿元，安排粮食风险基金6.25亿元。

二是加快发展现代农业。健全政策性农业保险制度，安排政策性农业保险保费补贴1.45亿元。加大农业科技创新和技术推广力度，安排现代农业科技成果转化、农业物质技术装备提升、农业科技创新、农业科技推广及市场体系建设补助等资金2.86亿元。推进农业产业化经营，如安排农业综合开发资金9.12亿元、农业产业化发展等专项资金1.28亿元、现代农业生产发展主导产业带项目资金0.39亿元。加大农民专业合作社支持力度，安排农民专业合作社扶持资金1亿元。加强农产品质量安全监管，如安排动植物疫病防控专项资金2.15亿元、农产品质量安全和菜篮子资金0.7亿元、渔产品质量安全检测体系建设专项资金0.6亿元。支持海洋科技发展，安排广东海洋经济综合发展资金2.5亿元，海洋渔业科技与产业发展资金0.48亿元。

三是深化农村综合改革。安排农村综合改革奖补资金1.5亿元。继续深化华侨农场改革，如安排华侨农场危房改造补助1亿元、华侨农场公共基础设施建设资金0.3亿元、华侨农场事业发展资金0.3亿元。巩固集体林权制度改革成果，安排集体林权制度改革经费0.3亿元。大力推进村级公益事业“一事一议”筹资筹劳工作，安排村级公益事业“一事一议”财政奖补资金2.9亿元、贫困村村级互助金试点和小额贷款担保贴息资金1亿元。大力支持名镇名村示范村建设，安排名镇名村示范村省级补助资金1.5亿元。

四是加大农业农村基础设施建设。加大民生水利投入，如安排省财政五项民生水利专项、水利建设专项资金、水库移民补助等52.1亿元；安排农业基础设施建设补助资金0.86亿元、农业建设与改革发展资金0.8亿元、农村沼气建设专项资金0.7亿元。支持渔业基础设施建设，安排渔民转产转业议案资金1.28亿元、标准化渔港建设工程项目资金1.01亿元。

五是加快推进生态文明建设。建立生态补偿机制，安排生态公益林补助资金10.01亿元，将补偿标准提高至20元/亩。建设生态景观林带，安排生态景观林带建设专项资金1.5亿元。推进重点林业生态工程，统筹安排碳汇林建设专项资金6亿元（2012－2015年计划安排24亿元）。

（2）坚持民生优先，加快建设民生财政，推进基本公共服务均等化。2013年安排教育、社会保障、医疗卫生、文化体育等支出739.71亿元，比上年增加50.11亿元，可比增长14.65%。

一是提升教育发展水平。2013年安排教育投入289.79亿元，比上年增加43.82亿元，可比增长20.84%。根据国务院确定的财政性教育经费占GDP比例达到4%的目标，以及《广东省中长期教育改革和发展规划纲要（2010－2020年）》相关要求，2012－2015年省级共计划投入1 180亿元，力争在全国率先基本实现教育现代化。普及学前教育，如统筹安排欠发达地区乡镇中心镇幼儿园建设2亿元，安排学前教育发展专项资金1亿元、学前教育困难家庭幼儿生活费补助0.84亿元。推进义务教育均衡发展，如安排城乡义务教育转移支付资金105.43亿元，免除全省城乡义务教育阶段学生学杂费和课本费，提高城乡义务教育生均公用经费标准，逐步解决非户籍常住人口子女平等接受义务教育问题，建立农村义务教育中小学校舍维修长效机制等；统筹安排13亿元，建立山区和农村边远地区义务教育学校教师岗位津贴制度；安排解决中小学代课教师待遇问题资金9.6亿元；安排高校毕业生到农村从教上岗退费资金1.8亿元。大力发展职业教育，如安排23.5亿元用于扩大中等职业免学费政策范围及落实国家助学金制度；安排中、高等职业技术学院增编经费6.16亿元、技工学校建设补助2.85亿元、技师学院补助1亿元、高等职业教育专项资金1亿元、中等职业教育经费1亿元、扩大职业院校生均定额试点新增经费1.1亿元、高技能公共实训基地建设资金1亿元。提升高等教育发展水平，如安排29所高校生均综合定额经费53.88亿元、高校省级财政贴息贷款清偿资金10.9亿元、985工程及211工程学校建设资金4.83亿。安排8亿元建立健全我省普通高校和普通高中家庭经济困难学生资助政策体系，安排助学贷款贴息专项资金1亿元、高等学校家庭经济困难入学新生免学费补助0.5亿元。

二是加快建设覆盖城乡居民的社会保障体系。2013年安排社会保障和就业投入151.77亿元，比上年增加19.08亿元，可比增长10.44%。继续完善城乡居民社会养老保险，统筹安排34.66亿元用于城乡居民社会养老保险，将基础养老金补助标准提高到每人每月65元。加大对企业职工基本养老保险基金的投入，如安排0.8亿元用于14个经济欠发达地区提高基本养老金发放标准后造成的基金增支补助；安排0.5亿元提高省属企业部分早期退休人员生活待遇。完善优抚安置保障体系，如安排提高重点优抚对象标准和解决军队退役人员生活待遇补助资金5.27亿元，欠发达地区城乡退役士兵就业技能培训经费、离退休和军转干部生活补贴等8.9亿元。完善社会救助体系，如安排农村最低生活保障补助和城市居民最低生活保障补助21.1亿元，农村五保供养资金2亿元、全倒户重建家园补助和自然灾害补助2亿元；安排孤儿基本生活补助2.09亿元、敬老院和福利中心建设补助等资金0.66亿元。落实对离退休干部的待遇政策，安排省直行政事业单位离退休经费、企事业离休人员与机关离休待遇拉平等经费38亿元。落实积极就业政策，如安排扶持欠发达地区农村劳动力培训转移就业专项资金5亿元、促进就业专项资金4.09亿元、人力资源市场建设资金1.17亿元。

三是完善医疗卫生体系。2013年安排医疗卫生投入175.14亿元，比上年增加33.47亿元，可比增长17.97%。健全覆盖城乡居民的医疗保障体系，按照各级财政补助标准提高到每人每年280元的要求，安排城乡居民基本医疗保险补助资金100亿元。大力实施基本公共卫生服务项目，安排资金8.21亿元，落实人均基本公共卫生服务标准从25元提高到30元。推进基层医疗卫生事业发展，如安排乡镇卫生院经费保障体制补助经费8.5亿元、经济欠发达地区行政村驻村医务人员补贴1.66亿元、农村卫生专项1.5亿元、广东省基层医疗卫生机构实施基本药物制度和综合改革以奖代补项目资金1亿元、农村接生员和赤脚医生生活困难补助专项资金1.02亿元。提升大型综合性医院建设水平，如安排公立医院设备购置、基础设施建设及修缮、科研等资金3.12亿元。提高医疗保障及救助水平，如安排医疗保障相关资金8.38亿元，欠发达地区企业退休人员参加基本医疗保险资金补助1亿元，医疗救助金、困难市县企业离休干部医疗费统筹补助、政府资助社会退休人员基本医疗资金1.25亿元。

四是支持文化体育事业发展。加快建设覆盖城乡的公共文化服务体系，如安排经济欠发达地区公共图书馆文化馆（站）免费开放保障机制经费1.56亿元，基层公共文化服务设施建设专项资金1.9亿元；安排文化消费补贴1.13亿元、培养岭南文化名家资金0.8亿元、支持群众文化广场活动资金0.55亿元；安排广播电视“户户通”、农村电影放映“2131工程”、自然村“村村通”广播电视设备等专项经费1.59亿元。扶持文化产业发展和创新，如安排扶持文化产业发展专项资金1.8亿元，实施重点文化项目，培育骨干文化企业；安排省博物馆新馆运行经费0.25亿元、中山图书馆改扩建工程等0.57亿元；安排扶持文艺精品创作专项资金0.5亿元。加强文物及文化遗产保护，如安排非物质文化遗产保护专项经费0.15亿元、重点文物保护及抢修经费0.4亿元。提高体育事业发展水平，如安排第十二届全运会备战经费0.56亿元、体育发展专项0.15亿元。

五是加大住房保障力度。加大力度解决贫困农民住有所居问题，继续安排补助资金10亿元（2011－2015年共安排54.15亿元），支持54万户农村低收入住房困难户泥砖房、茅草房改造。支持公租廉租房建设，安排公共租赁住房（以奖代补）专项资金9.86亿元。实施政策性农房保险，安排农村危房改造及农房保险补助资金0.6亿元。

六是支持公共交通事业发展。加快公路基础设施建设，安排省级重点公路项目建设补助资金56.36亿元，加上成品油价格和税费改革税收返还安排支出55.73亿元，共安排公路基础设施建设资金112.09亿元。大力发展轨道交通，安排珠三角城际轨道交通主骨架网项目资本金2亿元。落实国家成品油价格和税费改革政策，安排16.03亿元对城市公交、城市出租车、农村道路客运给予补贴。促进民航事业发展，安排广州白云国际机场扩建工程项目资本金、扶持我省航空事业补贴专项资金3.76亿元。

（3）加快推进节能减排和污染防治，建设资源节约型、环境友好型社会。2013年安排节能环保投入21.65亿元，比上年增加3.36亿元，可比增长30.67%。

加大节能减排支持力度，如安排节能专项资金2.6亿元、差别电价专项支出资金2.8亿元、低碳发展专项资金0.3亿元、循环经济发展专项资金0.2亿元。大力推进污染防治，如安排污染减排专项3.8亿元、治污保洁专项资金1.3亿元、水质保护专项1.15亿元、重金属污染防治专项资金0.5亿元。支持环保监管能力建设，如安排环境保护专项资金2亿元、环境监管能力建设专项资金1.27亿元、农村环保建设专项资金1亿元。加大垃圾处理力度，如安排省农村生活垃圾处理设施建设专项资金2.13亿元、固体垃圾处理专项0.3亿元，提高生活垃圾处理减量化、资源化和无害化水平。

（4）支持促进经济发展方式转变，加快转型升级。2013年安排产业发展、科学技术、商业服务业等支出162.98亿元。

一是支持建立现代产业体系。培育和发展战略性新兴产业，如安排战略性新兴产业发展专项资金36.6亿元，重点推进高端新型电子信息、新能源汽车、半导体照明（LED）加快发展。进一步推进产业和劳动力“双转移”，安排约40亿元深入实施产业和劳动力“双转移”战略，包括统筹安排产业转移扶持资金22.4亿元、安排扶持产业转移工作发展资金4.9亿元、安排产业转移奖励资金5亿元等。支持技术改造项目和技术创新项目，安排结构调整专项资金5亿元。大力扶持中小企业和民营经济发展，如安排中小企业发展专项资金3.25亿元、地方特色产业中小企业发展资金1.13亿元、科技型中小企业创新基金1.42亿元、中国中小企业博览会0.3亿元。加快发展滨海旅游产业，如安排旅游产业园区竞争性扶持专项资金6亿元。

二是支持提高自主创新能力。2013年安排科学技术投入51.59亿元，比上年增加5.7亿元，可比增长14.82%。支持培养吸引高层次人才，如安排创新和科研团队、领军人才引进专项资金8.5亿元，安排培养人才和人才奖励经费1.21亿元、战略性新兴产业高层次人才奖励资金1亿元，安排特殊岗位奖励专项、高校引进人才专项、主体科研机构百名杰出人才培训、“百个院士工作站”计划等经费1.34亿元。支持基础研究，如安排广东省实验室体系建设专项0.8亿元、广东主体科研机构创新能力建设专项0.5亿元；安排省自然科学基金0.98亿元。深化省部（院）产学研合作，安排省部（院）合作专项资金共6亿元。实施创新驱动发展战略，如安排重大科技创新专项3亿元，安排产业技术研究与开发相关专项资金2.62亿元，安排科技型中小企业技术创新专项资金1亿元、自主创新专项资金0.85亿元、省级企业技术中心专项资金0.8亿元。

三是支持外经贸转型升级。促进出口稳定增长，安排出口退税以奖代补专项资金、促进投保出口信用保险专项资金、技术创新和品牌建设专项资金、开拓国际市场专项资金等4.8亿元。支持加快外经贸发展方式转变，安排推动服务贸易发展专项资金、推动加工贸易转型升级专项资金、公共服务体系建设专项资金、实施“走出去”战略专项资金、促进外经贸发展奖励金等2.7亿元。支持贸易平衡发展，安排促进进口专项资金2.5亿元，对列入《广东省鼓励进口技术和产品目录》的先进技术、产品和设备予以支持。

（5）加强社会建设，提高公共服务水平。2013年安排公共服务管理投入199.13亿元。

加大公共安全投入，安排公检法司等公共安全经费76.94亿元，支持平安广东建设。弘扬社会正气，如安排广东省见义勇为奖励金0.3亿元，道路交通事故社会救助基金0.2亿元。完善公共安全应急体系，如安排安全生产专项资金1.05亿元、突发事件应急补偿资金0.5亿元。加强食品和药品监督管理，如安排省药监系统抽验经费、省药监局餐饮食品抽验经费、省药监系统监管经费、食品安全专项经费等4.79亿元。提高质量技术监督和检验检疫水平，安排产品质量监督抽查、国家级质检中心建设补助、产品质量合格率统计调查等经费12.11亿元。加大计划生育投入，安排计生专项经费、农村计生奖励经费、计生技术服务经费等4.31亿元。支持知识产权保护，如安排专项资金1.17亿元，支持专利审查协作中心共建；安排知识产权保护经费、中国专利奖励、专利申请资助经费等0.9亿元。创新社会管理，如安排政府购买服务专项经费1亿元、孵育社会组织发展专项资金1亿元。

（6）完善省以下财政体制，增强基层保障能力，均衡区域发展水平。2013年安排对市县的税收返还及财力性转移支付补助1 223.72亿元。

按照推进基本公共服务均等化和主体功能区建设的要求，积极推进省以下财政体制改革，探索完善激励型财政机制，健全县级基本财力保障机制，实施生态保护补偿机制，支持重点区域和重点平台开发建设，增强基层政府提供基本公共服务能力。一是按照现行财政体制规定，安排对市县税收返还479.04亿元，其中：增值税和消费税返还128.25亿元、所得税返还83.07亿元、成品油价格和税费改革税收返还55.73亿元、其他税收返还212亿元。二是按照均衡区域财力差距的要求，安排对市县一般性转移支付744.68亿元（比上年增加261.91亿元），其中：安排均衡性转移支付161亿元，实施新一轮激励型财政机制，增强县域发展动力，推动县域实现科学发展，提高收入质量，优化支出结构；安排县级基本财力保障奖补资金78.91亿元，实现基层政权“保工资、保运转、保民生”目标；安排生态保护补偿资金9.07亿元，对重点生态功能区的县（市）实施基础性补偿和激励性补偿，均衡重点生态功能区与其他区域的财力差距，推动重点生态功能区加强环境保护，促进经济发展与生态环境相协调；安排调整工资转移支付65.5亿元，保障欠发达地区基层政权运转和行政事业单位工资正常发放。在此基础上，连同教育、社保、医疗等专项转移支付461.71亿元，共安排对市县税收返还及转移支付补助1 685.42亿元，帮助市县统筹推进社会民生事业发展。

（五）2013年政府性基金预算草案

1. 2013年全省政府性基金预算草案。按照财政部《2013年政府预算收支科目》的规定，2013年全省地方政府性基金本级收入预算安排2201亿元，加上上级补助收入9.20亿元、上年结转收入885.21亿元，基金预算总收入3 095.41亿元。2013年全省政府性基金支出预算安排2 162亿元，收支相抵，年终结余结转933.41亿元。

2013年全省政府性基金预算具体安排由各级人民政府报同级人大审议批准，各级人大通过的政府性基金预算及其说明汇总后另行报省人大常委会备案。

2. 2013年省级政府性基金预算草案。2013年省级政府性基金收入预算安排140.76亿元，2013年省级政府性基金支出预算安排140.76亿元，其中：省本级支出16.84亿元、对市县转移支付123.92亿元。

按《社会保险费征缴暂行条例》（国务院令259号）的规定，省级的各项社会保险基金纳入财政专户管理，未缴入国库。因此，2013年省级政府性基金预算未涵盖社会保险基金。有关社会保险基金收支情况，将按规定单独上报省人大常委会。

（六）2013年国有资本经营预算草案

2013年省级国有资本经营预算收入17.85亿元，国有资本经营预算支出安排17.77亿元，收支相抵，结余0.08亿元。

（七）2013年十件民生实事安排情况

2013年省财政筹集约592亿元落实省政府承诺的十件民生实事相关资金需求。具体包括：一是投入35亿元，提升就业社保水平。二是投入156亿元，促进教育均衡协调发展。三是投入147亿元，加强基本医疗卫生服务。四是投入13亿元，优化基层文体服务。五是投入82亿元，改善农村生产生活条件。六是投入50亿元，开展助困扶残。七是投入12亿元，加强住房保障。八是投入18亿元，改善异地务工人员生产生活条件。九是投入49亿元，推进稳价惠民。十是投入31亿元，加强环保设施和生态工程建设。

（八）2013年省级部门预算草案

按照编制部门预算的原则和方法，2013年省级部门预算由118个部门组成，列入部门预算的财政拨款（含公共财政预算和基金预算）支出总计为305.56亿元，其中基本支出238.19亿元，项目支出67.37亿元。

（九）关于2013年财政预算编制改革创新的设想

2013年，省级财政预算管理工作面临新的形势和挑战，一是财政可持续发展的要求日渐突出，今后几年财政收入增速将趋于平稳，从高速增长阶段向中速甚至平缓增长阶段转变，通过收入高速增长增加财力来支撑新增支出的格局难以为继；二是社会对财政资金使用绩效日益关注，财政支出安排必须从注重量的分配向质的提高转变；三是适应人民群众对财政支出公开透明要求的不断提高，财政工作重点要向加强支出管理与创新转变，通过深化改革，创新管理办法，提升管理水平。

根据党的十八大精神，为适应新形势、新要求，2013年省级财政预算编制以公平、规范和创新为核心，主要体现在“十个进一步”：

1. 进一步细化预算编制。一是将实行定员定额标准的单位逐步细分为行政机关类（包括党委、人大、政府、政协行政机关；公检法司和执法行政机关；综合管理部门；民主党派及社会团体等）和事业单位类（包括依公管理事业单位、公益一类事业单位、公益二类事业单位等）；二是试行将经费开支项目细化到办公费、印刷费、水费、电费等实物定额；三是选取部分实物定额进一步细化分档，如针对公务用车的用途和性质不同，将公务用车细化为普通车辆、特种车、囚车、防暴车和摩托车等，在此基础上对运行维护费分档细化到燃料费、维修费、保险费和杂项费等开支内容；四是将部门预算中“三公”经费和行政经费细化到项级科目。

2. 进一步优化财政支出结构。对省级财政专项资金进行清理整合，对于符合公共财政管理要求，设立审批依据合法合理，具有明确使用方向和绩效目标的专项资金予以保留；对于使用性质、管理特点相同或相近的进行整合；对于支出结构有待优化的专项资金，按工作需要进行用途调整；对已达到规定设立期限的专项资金不再延期，收回预算统筹用于下一年度新增支出。

3. 进一步强化预算约束力。2013年新增支出项目纳入年初预算统筹考虑，增强年初预算编制的全盘性和执行过程中的刚性，按规定审核后确需新增的，优先在现有资金或专项资金中解决。预算按法定程序审定后，执行过程中尽可能减少年中追加。坚持厉行节约，牢固树立过紧日子思想，严控一般性支出、公务接待支出、楼堂馆所支出、基建项目超概算支出等，继续实行公务购车和用车经费、会议经费、公务接待费用、党政机关出国经费、办公经费“五个零增长”或略有下降。对每项支出加强绩效评价管理，将绩效评价的结果作为预算编制的重要参考。

4. 进一步完善预算征询意见机制。将2013年预算报告草案征求财政专家委员会及部分人大代表意见，并提前提交省人大代表审阅。会同省人大预工委，组织部分人大代表对省交通厅、环保厅、统计局三个部门的部门预算编制进行重点审议。

5. 进一步加大预算信息公开力度。一是在落实好国务院关于信息公开要求，特别是落实好财政信息公开、“三公”经费公开规定的同时，首次在2013年预算报告中反映“三公”经费、行政经费预算情况，增加了省级行政经费及“三公”经费预算情况表，便于人大代表全面了解省级行政经费和“三公”经费的具体情况。二是按预算级次及支出用途增加了资金分配流向简表，清晰地反映了省级总支出的预算级次及资金用途。三是进一步细化预算重点投入情况，将省级财政预算草案按“项”级科目公开的类别，从原三大类增加到六大类。四是增加对主要支出项目的说明，便于人大代表全面了解省级预算草案中主要支出项目的具体情况。五是2013年起率先试行将部分专项资金和基本建设项目预算信息向社会公开。六是支持大数据战略的实施，夯实预算编制及信息公开基础。推进预算改革是一个渐进的过程，虽然我省预算信息公开在全国处于领先地位，但与社会公众的期待相比仍存在一定差距，我省将在今后进一步细化预算编制，完善预算信息公开机制。

6. 进一步扩大政府预算编制范围。在编报公共财政预算、政府性基金预算的基础上，从2013年起将省级国有资本经营预算与公共财政预算、政府性基金预算一并报送省人代会审议。加大财政监督力度，确保国有资本经营收入真实、准确。将2013年省级国有资本经营预算用于民生支出的比例适当提高，体现共享国有经济发展成果。

7. 进一步推进经营性领域财政资金股权投资管理改革。创新经营性领域财政投入方式，从2013年起，省财政注入资本金类项目、支持重点产业专项资金、支持一般产业小额专项资金按一定比例实行股权投资管理改革，通过协议明确各方责任，明确股权分红、股息收入等股权收益实现方式，增强股权管理的约束力。

8. 进一步优化民生支出。一是着力解决“基本民生”问题，不断加大对基本公共服务的资金投入。在2012年度省级超收收入中78.58%用于民生支出的基础上，2013年省级新增财力用于民生的支出达74.56%；2013年省级预算中用于保障和改善民生、均衡区域基本公共服务水平和帮助市县增强发展后劲的支出占总支出的79.12%，比2012年提高1个百分点；2013年全省财政民生支出达5 367亿元，占公共财政预算支出的比重达71%，比2012年完成数提高5.2个百分点。二是着力解决“底线民生”问题，扩大新型农村社会养老保险和城镇居民社会养老保险范围，统筹安排34.66亿元用于城乡居民社会养老保险，将基础养老金补助标准提高到每人每月65元；健全覆盖城乡居民的医疗保障体系，安排城乡居民合作医疗补助资金100亿元；完善社会救助体系，安排农村最低生活保障补助和城市居民最低生活保障补助21.1亿元以及农村五保供养资金2亿元；完善优抚安置保障体系，安排重点优抚对象标准和解决军队退役人员生活待遇补助资金5.27亿元、军休人员安置补助资金5.54亿元、欠发达地区城乡退役士兵就业技能培训经费2.16亿元；统筹公共财政预算0.57亿元和政府性基金预算11.07亿元支持残疾人救助、康复和就业培训事业，建设广东省残疾人教育基地和广东省残疾人康复基地；加大扶贫开发力度，安排扶贫“双到”等资金10.6亿元。三是着力解决“热点民生”问题，办好人民满意的教育，安排教育投入289.79亿元；加快医疗卫生事业发展，安排医疗卫生投入175.14亿元；加强食品监督管理，安排食品安全监管和农渔产品质量安全监管等经费7.94亿元。在加大民生投入的同时，加强财政民生支出的监督管理，在资金使用绩效上下工夫，促使财政民生投入由“舍得花”向“花得好”转变，真正让人民群众满意。

9. 进一步加大对区域协调发展投入。通过调整完善激励型财政转移支付机制，继续实施县以下政权基本财力保障机制，以及落实对重点区域的支持政策，2013年省级新增财力向基层、向欠发达地区、向重点区域倾斜，安排对市县的税收返还及转移支付补助1 685.42亿元（含专项转移支付），比上年增加106.29亿元。创新财政对产业和劳动力“双转移”的支持方式，将支持“双转移”工作重点从注重支持产业园区基础设施建设转到注重推动园区发展扩能提质、提升园区的创新能力和综合竞争力上来；从注重劳动力“转移性”培训转到注重“水平性”培训上来，统筹公共财政预算40亿元和基金预算31亿元共约71亿元支持“双转移”工作。

10. 进一步加大对生态保护的支持力度。充分体现大力推进生态文明建设的要求，在2012年率先出台《广东省生态保护补偿办法》的基础上，2013年继续由省财政统一按照纵向转移支付的方式，以15项生态考核指标为依据，对重点生态功能区的县（市）实施基础性补偿和激励性补偿，支持生态环境建设、完善绿道网、生态公益林补偿和碳排放权交易等多项资金共51.65亿元，比上年增长34.5%。

三、真抓实干，锐意创新，努力完成全年预算任务

2013年，我省财政将坚决贯彻落实好党的十八大精神和习近平总书记视察广东重要讲话精神，按照省委、省政府的工作部署，坚持“稳增长、优结构、促规范、强监管、保民生、重节约、提绩效”的原则，凝聚共识，真抓实干，坚定不移推进改革创新，建立健全适应社会主义市场经济要求的公共财政体系；加快转变经济发展方式；着力保障和改善民生；建设高素质干部队伍，努力当好我国财政工作的排头兵。重点落实“十个抓”：一是抓增收节支，确保财政平稳健康运行。继续完善抓收入情况分析制度；完善和落实抓收入的工作机制；加强对地方财政抓收入工作的指导；继续落实厉行节约措施。二是抓促进经济发展方式转变，增强经济发展后劲。支持推进经济结构战略性调整；支持实施创新驱动发展战略；支持实施扩大内需战略；支持实施区域协调发展战略；支持外贸平稳发展。三是抓保障和改善民生，加快推进基本公共服务均等化。研究制订保障和改善民生的工作方案；完善民生事业发展的政策体系；扎实推进基本公共服务均等化规划纲要实施，扩大基本公共服务均等化综合改革试点范围；落实省十件民生实事工作；支持保障外来务工人员合法权益。四是抓财政强农惠农政策落实，推动城乡一体发展。突出促进农民增收；突出扶持现代农业发展；突出支持农村建设；突出深化农村改革。五是抓完善省以下财政体制，激发财政体制机制活力。贯彻落实县级基本财力保障机制；完善激励型财政机制；采取适度优惠的财政政策支持重点平台开发建设；切实防范地方政府债务风险。六是抓税制改革，积极主动做好各项应对准备工作。高度关注中央有关税制改革工作情况，稳步推进营业税改征增值税、房产税试点扩大范围等税制改革工作。七是抓生态文明建设，推动绿色发展、循环发展、低碳发展。完善支持生态文明建设的财政支出政策，支持探索建立具有广东特色的排污权有偿使用和交易制度体系；探索实施生态保护财政转移支付制度；加大自然生态系统和环境保护力度，重点支持生态公益林等建设；建立实施有利于节能减排和环境保护的政府采购政策。八是抓深化财政改革，完善公共财政体系。研究制订深化财政改革的总体方案、路线图、时间表；建立健全财政预算指标和资金支付稽核体系；积极推进为民办事征询民意试点工作；积极推进政府向社会组织购买社会服务改革；推进扶持和培育社会组织工作；推进经营性领域财政投入股权投资管理改革；继续深化竞争性分配改革；深化预算编制改革；继续推进第三方评价财政支出绩效改革；积极稳妥推进预决算公开和“三公”经费公开，试行将部分专项资金和基本建设项目预算信息向社会公开；深化行政审批制度改革；制订实施财政大数据战略实施方案；加强基层财政管理；建立完善财政决策规则、程序。九是抓工作转型，提升财政管理水平。坚持集中财力办大事的理财原则，优先保障促进发展转型和民生政策落实的支出需要；寓服务于财政改革和惠民实践中，做到资金不足用笑脸和服务补足；加强调查研究，提升决策参谋水平；加强财政资金绩效评价和监督检查。十是抓干部队伍建设，切实提高执行力，转变工作作风，确保队伍和资金“双安全”。

各位代表，新的一年，我们将高举中国特色社会主义伟大旗帜，以邓小平理论、“三个代表”重要思想、科学发展观为指导，全面贯彻党的十八大和省第十一次党代会精神，在省委、省政府的正确领导下，在省人大和省政协的监督支持下，围绕“加快转型升级、建设幸福广东”核心任务，坚定信心，解放思想，开拓创新，锐意进取，圆满完成全年财政预算任务，为我省率先全面建成小康社会作出新的更大贡献！

广东省第十二届人民代表大会第一次会议计划预算委员会关于广东省2012年预算执行情况和2013年预算草案的审查结果报告

（2013年1月30日广东省第十二届人民代表大会第一次会议主席团第四次会议通过）

广东省第十二届人民代表大会第一次会议审查了省人民政府提出的2013年预算草案及省财政厅厅长曾志权受省人民政府委托所作的《广东省2012年预算执行情况和2013年预算草案的报告》。会议期间，计划预算委员会召开了各代表团代表参加的预算审查座谈会。代表们对省人民政府及其财政部门的工作给予充分肯定。计划预算委员会在省第十一届人民代表大会财政经济委员会对预算草案及报告进行初步审查的基础上，根据各代表团的审查意见；对预算草案及报告作了进一步审查。现将审查结果报告如下：

2012年全省各级人民政府及其财政部门和各预算执行单位共同努力，紧紧围绕科学发展主题和加快转变经济发展方式主线；坚持稳中求进的工作总基调，积极应对国内外复杂严峻的经济环境，着力抓好增收节支，促进经济结构调整，支持产业转型升级。

认真落实各项民生政策，保障重点支出需要，努力深化财政体制改革，积极推进基本公共服务均等化各项工作，基本完成了省十一届人大五次会议审议通过的年度预算任务。全省和省级公共财政预算收支平衡、略有结余。

计划预算委员会认为，在去年经济运行比较困难的情况下，我省预算执行情况总体上是好的，收入总体保持增长，各项民生投入和重点支出得到保障，预算管理水平逐步提高。预算执行和财政运行中存在的问题主要是：区域间财力不均衡状况仍比较突出；未能完成收入预算的市比上年有所增加，人均财政支出低于全国平均水平，部分民生支出预算执行力度需进一步加强。对这些问题都应当认真研究，切实加以解决。

计划预算委员会认为，省人民政府提出的2013年预算草案贯彻党的十八大及省第十一次党代会精神，统筹兼顾了我省各方面的实际情况。收入安排积极稳妥，注意因应我省经济发展和经常性收入变化趋势设定收入增长目标；支出安排量入为出，注意保重点保民生，支持转型升级和结构调整，促进基本公共服务均等化和区域协调发展。2013年预算草案首次反映省级“三个”经费预算情况以及省级国有资本经营预算情况，在落实“加强对政府全口径预算决算的审查和监伊”方面有了新的进展。2013年预算安排收支平衡，总体可行。计划预算委员会建议；批准2013年省级预算草案，批准省人民政府提出的《广东省2012年预算执行情况和2013年预算草案的报告》。

为了更好地完成2013年预算，计划预算委员会建议，省人民政府及有关部门要深入贯彻党的十八大及省第十一次党代会精神；扎实做好各项财税工作：

1. 切实发挥财政杠杆作用，积极培植和充实税源；着力提高财政收入质量，在体制和机制上为我省经济结构调整和产业转型升级提供更加有力的支持。加强对国内外经济形势的跟踪研判，密切关注我省经济走势对财政的影响，适时采取切实有效的应对措施，促进财政收入持续、稳定、协调增长。

2. 优化财政支出结构，坚持将财政资金更多地投向民生领域。认真办好省人民政府提出的十件民生实事，尽早作出项目和资金分配方案；缩短资金审批和拨付周期，提高预算到位率和执行率；切实保障农业、教育、科技、医疗卫生、社保就业和节能环保等各项重点支出，充分发挥资金效益，早日实现基本公共服务均等化规划目标。

3. 进一步完善省以下财政体制特别是激励型财政机制和生态保护补偿机制，继续加大对我省欠发达地区的转移支付力度，增强县级基本财力保障能力。提高一般性转移支付特别是均衡性转移支付的规模和比重，整合规范专项转移支付，促进财政转移支付分配更加公平、公开、公正。

4. 规范预算管理，切实提高预算执行的均衡性和实效性。积极推进预算绩效管理制度建设，扩大预算绩效评估范围。改进专项资金管理，充分考虑市县需求和财力状况。尽可能减少资金配套要求。

5. 强化预算约束，增强预算编制全盘性、科学性和准确性。继续完善公共财政预算、政府性基金预算和国有资本经营预算的编制工作，积极探索将社会保险基金预算提交同级人大审批，为人大及其常委会开展全口径预算决算审查和监督打好基础。

计划预算委员会将综合整理各代表团的审查意见；转送省人民政府研处，建议省十二届人大财经委员会跟踪处理情况。

关于广东省2012年省级决算草案的报告

——2013年7月29日在广东省第十二届人民代表大会常务委员会第三次会议上

广东省财政厅厅长　曾志权

主任、各位副主任，秘书长，各位委员：

广东省2012年预算执行情况已向省十二届人大第一次会议报告并经审议同意，现2012年省级财政决算草案已按要求正式编成。受省人民政府的委托，我向本次常委会报告广东省2012年省级财政决算草案，请予审批。

2012年，在省委、省政府的坚强领导下，在省人大及其常委会的监督支持下，全省各级政府及其财税部门以邓小平理论、“三个代表”重要思想、科学发展观为指导，牢牢把握主题主线，全面贯彻落实中央和省的各项决策部署，按照稳中求进的工作总基调，认真落实省十一届人大五次会议各项决议，紧紧围绕“加快转型升级、建设幸福广东”核心任务，充分发挥财政职能作用促进经济社会平稳较快发展。在各级财税部门的共同努力下，省十一届人大五次会议及省十一届人大常委会第三十五次会议通过的预算及调整后预算完成情况良好，年终执行结果，省级财政实现了收支平衡，略有结余。

一、2012年省级公共财政预算收支决算情况

2012年，省级公共财政预算收入完成1 381.68亿元，比2011年（下同）增加160.82亿元，同比增长13.17%，完成年初预算的105.79%。加上中央补助收入1 218.60亿元、市县上解收入235.09亿元、自行发行地方政府债券收入86亿元、上年结余结转收入848.77亿元、国债转贷资金上年结余0.19亿元、调入资金58.99亿元，省级公共财政总收入完成3 829.32亿元。

2012年省级公共财政总支出完成2 947.99亿元，增加317.12亿元，增长12.05%。其中，省本级支出862.64亿元，对市县税收返还、转移支付及债券转贷支出1 920.85亿元，上解中央支出130.72亿元，调出资金3.23亿元，地方政府债券还本30亿元，援助其他地方支出0.36亿元，国债转贷支出及结余0.19亿元。

收支相抵，2012年省级公共财政结余结转881.33亿元，其中：结转下年支出878.53亿元，全部按规定结转下年继续安排；净结余2.79亿元，比上报省十二届人大一次会议的净结余2.59亿元增加0.2亿元，主要是在途税收收入转增净结余。

（一）收入决算情况

1. 省级公共财政预算收入完成1 381.68亿元，各主要项目完成情况如下：增值税完成25.11亿元，完成年初预算的139.47%，同比增长52.78%；营业税完成660.57亿元，完成年初预算的100.39%，同比增长11.11%；企业所得税完成351.34亿元，完成年初预算的105.22%，同比增长9.78%；个人所得税完成91.80亿元，完成年初预算的81.89%，同比降低11.10%；土地增值税完成153.79亿元，完成预算的130.33%，同比增长44.33%；非税收入完成99.07亿元，完成预算的150.10%，同比增长23.76%（见图1）。

2. 中央补助收入1 218.60亿元，增加73.92亿元，同比增长6.46%，完成预算的142.96%。超预算的主要原因是：预算执行过程中财政部对我省增加中央专项补助、县级基本财力保障机制奖补资金及其他一般性转移支付。

3. 市县上解收入235.09亿元，增加26.61亿元，同比增长12.76%，完成预算的117.91%。超预算的主要原因是：省与市按现行体制据实结算增加上解，包括出口退税专项上解收入、湛江市海洋石油税收超基数专项上解、卷烟消费税专项上解、津补贴调节基金上解增加等。

4. 自行发行地方政府债券收入86亿元。

5. 国债转贷资金上年结余0.19亿元。

6. 调入资金58.99亿元，主要是港珠澳大桥项目还本资金、省统筹教育费附加资金、广发重组资金、差别电价收入等调入公共财政预算安排使用。

7. 上年结余结转收入848.77亿元。

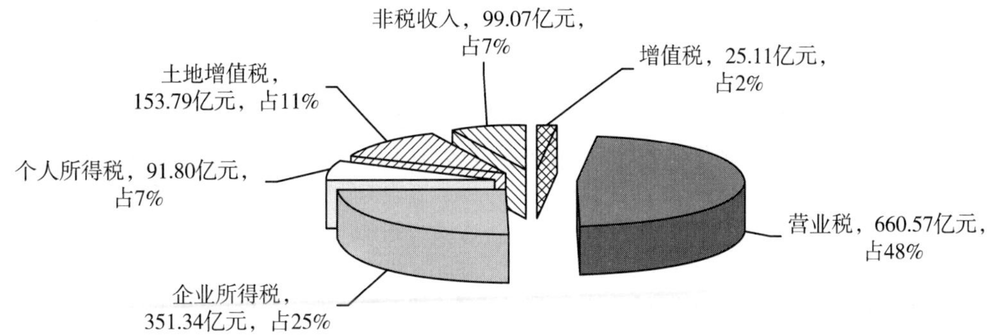

图1　2012年省级公共财政预算收入结构

（二）支出决算情况

省级公共财政总支出完成2 947.99亿元，其中，省本级支出862.64亿元，占省财政支出的29.26%；对市县税收返还、转移支付及债券转贷支出共1 920.85亿元（相应形成市县财政收入，并由市县安排财政支出），占省财政支出的65.16%；上解中央支出130.72亿元，占省财政支出的4.43%；调出资金3.23亿元，占省财政支出的0.11%；地方政府债券还本30.00亿元，占省财政支出的1.02%；援助其他地方支出0.36亿元，占省财政支出的0.01%；国债转贷支出及结余0.19亿元。

1. 省本级支出862.64亿元，增加60.06亿元，同比增长7.48%。其中：教育支出175.24亿元，科学技术支出26.76亿元，文化体育与传媒支出20.76亿元，社会保障和就业支出48.40亿元，医疗卫生支出31.81亿元，节能环保支出8.41亿元，农林水事务支出66.43亿元，交通运输支出150.31亿元，资源勘探电力信息等事务支出11.73亿元，国土资源气象等事务支出8.87亿元，粮油物资管理事务支出8.58亿元，一般公共服务支出124.45亿元，公共安全支出96.16亿元。2012年省级行政事业单位的出国（境）经费、车辆购置及运行费、公务接待费财政拨款决算数（按可比口径）8.63亿元，其中：出国（境）经费0.85亿元，车辆购置及运行经费5.02亿元，公务接待费2.76亿元。

2. 省对市县税收返还、转移支付及债券转贷支出1 920.85亿元，增加213.95亿元，增长12.53%。各支出项目具体情况如下：税收返还465.94亿元，其中增值税和消费税税收返还支出128.25亿元、所得税基数返还支出84.61亿元、成品油价格和税费改革税收返还支出55.73亿元、其他税收返还支出197.35亿元；一般性转移支付支出498.37亿元，其中均衡性转移支付支出137.73亿元、调整工资转移支付支出65.49亿元、教育转移支付支出72.35亿元、农村税费改革补助支出26.88亿元、公共安全转移支付支出19.07亿元、县级基本财力保障机制奖补资金支出74.12亿元；专项转移支付支出897.54亿元，其中农林水事务支出205.61亿元、医疗卫生支出140.46亿元、社会保障和就业支出90.02亿元、教育支出21.78亿元、科学技术支出47.42亿元；债券转贷支出59亿元，用于支持市县落实中央投资公益性项目地方配套资金。

3. 上解中央支出130.72亿元，增加12.7亿元，增长10.76%。

4. 调出资金3.23亿元，主要是成品油替代性收入中筹集的水利建设基金调出到基金预算安排使用（见图2）。

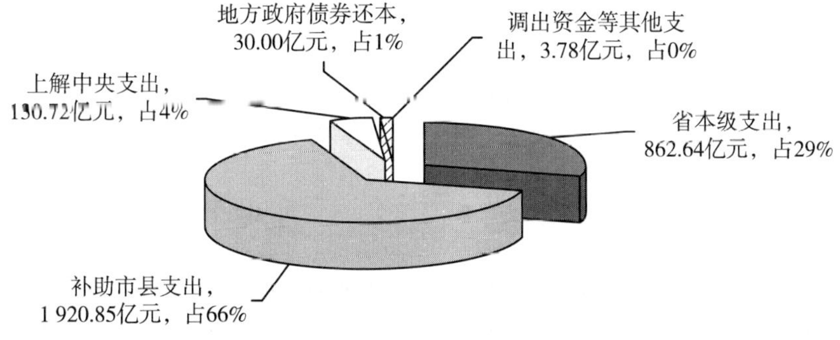

图2　2012年省财政支出结构

（三）重点支出项目执行情况及效果

2012年，省财政集中财力保障省委、省政府重大决策部署，着力优化财政支出结构，筹集资金支持转型升级和社会民生事业发展，稳步实施基本公共服务均等化，确保十件民生实事资金落实，推动城乡区域协调发展，有力保障了省委、省政府稳增长、调结构、惠民生的各项政策措施的落实。省财政用于教育、文化体育与传媒、社会保障和就业、医疗卫生、节能环保、城乡社区事务、农林水事务、交通运输、灾后恢复重建、住房保障支出、粮油物资储备等方面的民生支出（含省本级支出和转移支付）共1 196.14亿元（含中央补助资金，下同），加上对市县税收返还、一般性转移支付和政府债券转贷支出后，省财政2012年用于改善民生、提供基本公共服务以及均衡区域基本公共服务水平、帮助市县增强发展后劲的支出共达2 219.44亿元，占省财政支出的75.29%，较好地保障了各项重点支出需要。

1. 发挥财政杠杆作用，促进产业结构调整和加快转型升级。

一是着力支持战略性新兴产业发展。“十二五”时期省财政将安排220亿元，通过实施政银企合作、推进核心技术攻关、支持创业风险投资和再担保等综合性政策措施，加快培育和发展战略性新兴产业。2012年拨付战略性新兴产业政银企合作项目资金、第二批战略性新兴产业发展专项资金（LED产业、高端新型电子信息产业）等共26.67亿元。

二是着力支持产业转型升级。从促进产业集聚、提升转移企业的比较优势等方面入手，优先扶持重点区域、重点园区、重点产业加快发展。拨付扶持产业转移“再推一把”、扶持三个重点区产业转移发展资金、第五批省示范性产业转移工业园竞争性扶持资金共21.23亿元，引导推进产业转移发展；拨付现代服务业发展引导专项、平价商店和现代流通服务“农超对接”专项等共2.99亿元，推动我省现代服务业加快发展；拨付结构调整专项资金5亿元，支持实施先进制造业提升、传统优势产业升级工程等；拨付中小企业发展专项共2.5亿元，支持中小企业技术改造创新等；落实各项税费优惠政策，先后对小微型企业减免缓征64项行政事业性收费。

三是着力支持自主创新。拨付科学技术资金74.18亿元。其中：拨付技术研究与开发资金46亿元，推进产学研省部合作，加快产业技术研究与开发，提升产业科技创新能力；拨付应用研究和基础研究资金5.99亿元，支持广东省重点实验室体系建设，加强科学研究；拨付科技重大专项资金3.27亿元，支持重大科技专项研究，提升科技水平。

四是着力支持扩大内需。完善促进消费和提高居民收入的各项财政政策；研究制定支持物流业发展的财税政策，支持市场流通体系建设；落实“家电摩托车下乡”、老旧汽车报废更新、家电以旧换新清算、种粮直补等扩大内需政策，提高消费对经济发展的贡献率，全省共及时足额兑付种粮直补、农资综合补贴资金20.86亿元，累计拨付家电下乡、摩托车下乡以及以旧换新补贴资金9.9亿元，拉动城乡消费约130亿元。

五是着力支持节能环保。拨付节能环保资金60.49亿元，其中：拨付能源节约利用资金30.25亿元，支持节能空调、节能汽车、高效照明产品推广及技能技术改造等；拨付污染防治资金13.71亿元、污染减排资金4.79亿元、可再生能源资金2.26亿元、环境保护资金1.90亿元、资源综合利用3.43亿元，支持粤东西北地区污水处理厂建设、实施重点流域水污染防治、固体垃圾清理、环境综合整治、淘汰落后产能、可再生能源利用等工作。

2. 着力落实各项民生政策，推进建设幸福广东。

一是基本公共教育服务不断普及，拨付教育资金269.37亿元（含一般性转移支付资金72.35亿元）。促进义务教育均衡发展，落实城乡免费义务教育政策，统一城乡免费义务教育公用经费补助政策，拨付义务教育资金72.72亿元。免除全省1 031万名城乡中小学生义务教育阶段学杂费、课本费，对全省100万名农村困难家庭义务教育寄宿学生给予生活费补贴；实施“强师工程”，支持欠发达地区实施绩效工资政策，全省有17个地市基本实现教师工资福利待遇“两相当”。积极推进普及高中阶段教育，2012年全省高中阶段学校在校生464.02万人，比上年增加12.04万人，毛入学率达到95.00%，比上年提高4.66个百分点。进一步提升高等教育质量水平，将高校生均综合定额标准从6 600元提高到7 600元，支持高等教育规模扩大和重点学科发展，共拨付高等教育（含高职教育）资金115.47亿元。2012年全省普通高校本专科在校生达到161.68万人，比上年增长5.87%，高等教育毛入学率达到28.2%，全省22.75万名高校贫困学生接受国家助学金或其他各项资助。

二是医疗卫生体制改革和公共卫生服务均等化扎实推进，拨付医疗卫生资金179.34亿元（含一般性转移支付资金7.07亿元）。医疗保障水平进一步提高，拨付医疗保障资金109.12亿元。全省各级财政对新型农村合作医疗和城镇居民医保补助水平达到人均240元以上，其中省财政对欠发达地区补助标准达到人均156元，全省新农合和城镇居民医保参保人数达到6 290万人，参保率超过96%。基层医疗卫生服务体系进一步完善，拨付基层医疗卫生机构资金17.53亿元。对1 005所乡镇卫生院、202所社区卫生服务中心拨付事业费补助资金，并对15 912个欠发达地区行政村给予每年1万元的村医补贴。公共卫生服务覆盖城乡居民，拨付公共卫生资金23.55亿元。全省各级财政补助基本公共卫生服务经费人均不低于25元，向城乡居民统一提供健康档案、预防接种、老年人保健、妇幼保健等9项基本公共卫生服务，全省城乡居民健康档案规范化电子建档率近70%，并按照国家部署实施6项重大公共卫生项目。综合性医院服务能力进一步增强，拨付公立医院资金12.45亿元，省级综合性医院医疗设备进一步改善、学科能力进一步增强。中医药强省建设进一步推进，拨付中医药事业经费和中医（民族）医院事业经费共2.73亿元。全省80%以上的乡村、所有社区卫生服务机构和90%的县级综合医院能够提供中医药服务。

三是生活保障和公共就业服务进一步完善，拨付社会保障和就业资金148.41亿元（含一般性转移支付资金10亿元）。新农保和城居保实现制度全覆盖，拨付新农保和城居保补助资金10.5亿元。截至2012年年底，全省参加新农保和城居保人数达2 460万人，参保率为98.4%。提高低保补助标准，拨付城乡最低生活保障资金19.54亿元，全面实现全省农村家庭年人均收入低于1 500元的全部纳入低保补助，全省低保对象217.49万人受益。提高优抚安置水平，拨付抚恤和退役安置资金 27.17 亿元。提高全省 40.35 万名重点优抚对象、军队退役人员生活待遇补助标准。增强公共就业服务能力，拨付就业补助资金 10.64 亿元。2012 年年底全省街道（乡镇）以上公共就业服务机构都具备提供基本公共就业服务能力；全省共组织培训农村劳动力 65 万人，转移就业 97.6 万人；全省共有 67.3 万人劳动力在省级产业转移园区就业；全省包括农村劳动力在内的各类人群成功创业 12.96 万人，带动就业 53.81 万人；城镇新增就业 167.5 万人。支持完善社会保障基金制度，拨付财政对社保基金补助 23.43 亿元。加强自然灾害救助，拨付自然灾害生活救助资金 2.51 亿元，及时保障灾民口粮衣被需要，落实全倒户安置政策。支持社会福利事业和残疾人事业发展，拨付社会福利和残疾人事业资金 4.74 亿元，对残疾人康复、敬老院建设等予以补助。

四是公共文化体育均等化水平不断提高，拨付文化体育与传媒资金 29.25 亿元。文化服务日益普及，拨付资金 12.29 亿元，支持欠发达地区基层文化设施建设，全省 1 594个乡镇、街道已建立了文化站，基本实现全覆盖；建成16 139 个农村和城市社区文化室，行政村覆盖率达 83.4%；此外还建成5 000 多个具有一定规模的文化广场。文物保护及公益服务能力增强，拨付资金 4.67 亿元，用于博物馆纪念馆免费开放运行维护、文物征集保护以及省博物馆新馆、国民党“一大”旧址建设维护。广播影视及新闻出版服务进一步健全，拨付资金 3.30 亿元，对经济欠发达地区16 222个村，按每月 200 元/村给予电影放映补助，全省基本实现行政村一村一月放映一场电影的公益服务目标；到 2012 年年底全省建设完善农家书屋 20 106 家，行政村覆盖率达 100%。公共体育事业全面发展，拨付资金 6.63 亿元，支持建设农民健身工程项目，积极引导全省建设社区体育健身工程，落实大型运动会补助经费，提高体育发展水平。

五是中低收入住房困难家庭住房保障水平逐步提高，住房保障资金 42.21 亿元。保障性安居工程建设力度进一步加大，全省新开工建设保障性住房 15.65 万套、新增发放租赁补贴 1.02 万户、竣工保障性住房 7.2 万套，提前并超额完成任务，分别完成中央下达我省年度目标任务的 108.8%、134.5%和 218.4%。全面推进各类棚户区改造，拨付 1.55 亿元支持原曲仁矿和省属盐场棚户区改造。加快发展公共租赁住房，拨付省级奖补资金 4 亿元，支持和引导我省欠发达地区建立以公共租赁住房为主体的住房保障体系。全面实施政策性农房保险，2012 年，全省累计承保的农户数约 1 129.44 万户，占总农户数的 98.33%，承担的风险保障金额达到 1 160.05 亿元。

六是公共交通体系建设不断完善，拨付交通运输资金 262.71 亿元。支持社会主义新农村公路建设，2012 年全省共完成 5 000 公里的社会主义新农村公路建设，省按照 15 万元/公里的标准进行补助。支持交通基础设施建设，拨付珠三角城际轨道项目 28 亿元、港珠澳大桥项目 5 亿元、白云机场扩建项目 11 亿元。

3. 健全财政支农投入稳定增长机制，落实强农惠农政策。

一是突出支持农业发展，拨付农业资金 108.03 亿元。落实良种补贴、农机购置补贴和能繁母猪饲养补贴政策，补贴欠发达地区承保能繁母猪 98.83 万头，水稻 1 311.12 万亩，实施良种补贴 3 705.75 万亩，促进农业增产、农民增收；调整优化农业产业结构，大力发展现代农业，支持农田基础设施建设、现代农业主导产业带建设、农业科研和农业科技推广体系建设、农业龙头企业发展及农民合作组织建设，新增省级现代农业园区 38 个、农业龙头企业 43 家、扶持建设农业新型特色基地项目 3 个；围绕打造现代海洋渔业强省的部署，推进渔民民生保障体系及海洋环境和资源保护体系建设，进一步完善现代海洋渔业科技支撑体系；加大耕地保护力度，支持推进 62.5 万亩现代标准农田建设、468 万亩高标准基本农田建设，支持市县新造 40 万亩有效耕地；支持山区县农村综合改革，全面铺开村级公益事业建设“一事一议”财政奖补工作；推进宜居城乡建设，大力打造样板示范。

二是突出支持林业生态建设，拨付资金 34.68 亿元。省级生态公益林补偿标准提高至每亩 18 元，对全省 5 814 万亩生态公益林给予补偿资金 10.47 亿元；支持碳汇林、防护林、红树林、水源涵养林、生物防火林带、自然保护区建设、林木良种推广及林业防灾减灾，推进林分改造及集体林权改革。

三是突出支持民生水利和省级重点工程建设，拨付资金 86.43 亿元。按照中央和省的整体部署，从 2011 年开始利用 10 年时间积极推进水利改革发展，省财政累计投入约 1 000 亿元。2012 年，省财政重点支持乐昌峡水利枢纽工程、省防汛物资区域性仓库等省级水利工程建设；重点支持省民生水利五项工程建设，帮助市县推进中小灌区续建配套与节水改造工程、大型灌排泵站更新改造工程、中央财政和省级小型农田水利重点县工程、“五小”水利示范镇工程、中小河流治理工程、山洪灾害治理非工程措施等工程建设；支持推进湛江市鉴江供水枢纽工程、清远水利枢纽工程等省重点工程建设。

四是突出支持完善财政综合扶贫政策体系，拨付资金 23.20 亿元。对贫困地区 2 007 个贫困村“规划到户、责任到人”扶贫开发工作给予转移支付补助，2012 年拨付资金 5.85 亿元；通过采取省市补助、县统筹保障的方式，促进建立政府适当补助为辅、村级自我积累为主的村级组织工作经费保障机制，拨付资金 3.62 亿元；对我省农村低收入住房困难户住房改造建设给予补助，拨付资金 10 亿元；推进我省不具备生产生活条件贫困村庄搬迁工作，拨付资金 1.33 亿元。

2012 年的预算执行等财政工作取得了良好成效，同时我们也清醒地认识到，在财政运行和管理工作中还存在一些问题，主要包括收支矛盾突出，财政供给难以支撑快速增长的支出需求；部门肢解财政、财力固化分配的情况较为严重；各部门编制预算的科学性和规范性有待进一步提高，预算支出执行时效性和均衡性仍需增强；区域发展不平衡、差距大，一些地区的基层财政仍比较困难。我们将高度重视这些问题并切实采取有效措施，努力加以解决。

二、2012年省级政府性基金收支决算情况

（一）基金收入决算情况

2012年，省级政府性基金总收入完成459.36亿元，主要项目如下：

1. 省级当年基金收入152.98亿元，完成预算的136.60%。各主要项目完成情况如下：

（1）地方教育附加收入27.43亿元，完成预算的130.60%。收入增加的原因是：税收收入增长带动地方教育附加收入增长。

（2）文化事业建设费收入3.24亿元，完成预算的161.86%。收入增加的主要原因是：文化企业上缴收入增加。

（3）小型水库移民扶助基金收入1.38亿元，完成预算的112.33%。

（4）残疾人就业保障金收入5.24亿元，完成预算的120.19%。收入增加的主要原因是：实行地税代征后征缴面扩大带动收入增加。

（5）国有土地使用权出让金收入14.38亿元，完成年初预算的110.65%。

（6）农业土地开发资金收入4.21亿元，完成预算的120.14%。收入增加的主要原因是：土地有偿使用量增加，土地出让市场化机制进一步完善，以及各地加大土地出让收入征收清缴力度。

（7）新增建设用地有偿使用费收入53.86亿元，完成预算的179.54%。收入增加的主要原因是：各地加快用地审批进程以及征收部门加大征管力度带动收入增加。

（8）育林基金收入0.06亿元。

（9）森林植被恢复费收入7.36亿元，完成预算的210.36%。收入增加的主要原因是：高速公路、保障房等与经济建设相关的基础设施建设力度加大，带动征用林地补偿费增加。

（10）地方水利建设基金收入0.25亿元。

（11）大中型水库库区基金收入0.47亿元，完成预算的116.65%。

（12）车辆通行费收入21.54亿元，完成预算的102.55%。

（13）港口建设费收入1.56亿元。

（14）无线电频率占用费0.08亿元。

（15）散装水泥专项资金收入0.01亿元，完成预算的100%。

（16）彩票公益金收入11.92亿元，完成预算的99.46%。

2. 上年结余结转收入268.96亿元。

3. 中央补助收入33.92亿元，主要是年度执行过程中中央专项补助我省的大中型水库移民后期扶持基金、可再生能源电价附加补助资金、港口建设费、补助地方的彩票公益金等。

4. 调入基金3.24亿元，主要调入项目包括成品油替代性收入计提的水利基金、彩票专户的青少年公益金。

（二）基金支出决算情况

2012年，省级政府性基金总支出完成158.68亿元，具体包括：

1. 省本级基金支出41.51亿元。主要项目如下：

（1）地方教育附加安排的支出2.62（加上补助市县支出9.06亿元，实际完成11.68亿元）；

（2）文化事业建设费支出1.43亿元（加上补助市县支出2.13亿元，实际完成3.55亿元）；

（3）残疾人就业保障金支出1.79亿元（加上补助市县支出2.07亿元，实际完成3.86亿元）；

（4）大中型水库移民后期扶持基金支出0.52亿元（加上补助市县支出14.96亿元，实际完成15.48亿元）；

（5）新增建设用地有偿使用费安排的支出4.22亿元（加上补助市县支出47.63亿元，实际完成51.86亿元）；

（6）森林植被恢复费安排的支出0.93亿元（加上补助市县支出4.08亿元，实际完成5.01亿元）；

（7）车辆通行费安排的支出22.29亿元；

（8）彩票公益金安排的支出3.60亿元（加上补助市县支出7.58亿元，实际完成11.18亿元）。

2. 上解中央支出1.88亿元。

3. 补助市县支出101.87亿元。

4. 调出资金13.42亿元。

收支相抵，2012年省级政府性基金结余结转300.67亿元，比上年增加31.71亿元。

三、2012年全省财政总决算汇编情况

2012年，在各级人大及其常务委员会的监督支持下，全省各级政府和财政部门认真执行经各级人大批准的2012年预算，全省财政较好地实现了收支平衡，略有结余。

（一）全省公共财政收支决算情况

根据汇编的决算，2012年，全省地方公共财政预算收入完成6 229.18亿元，为省十一届人大五次会议通过预算的102.71%，比上年增加714.34亿元，增长12.95%。全省地方公共财政预算收入6 229.18亿元，加上中央补助收入1 416.31亿元（含税收返还补助）、发行地方政府债券收入113亿元（其中省级86亿元、深圳市27亿元）、国债转贷收入及结余0.51亿元、上年结余结转收入1 705.32亿元、调入预算稳定调节基金11.65亿元和调入资金229.21亿元之后，全省公共财政总收入完成9 705.18亿元。

2012年，全省公共财政预算支出完成7 387.86亿元，

为省十一届人大五次会议通过预算的100.91%，比上年增加675.46亿元，增长10.06%。全省公共财政预算支出7 387.86亿元，加上上解中央支出192.91亿元、增设预算周转金13.76亿元、拨付国债资金转贷数0.03亿元、国债转贷支出及结余0.48亿元、地方政府债券还本109亿元、安排预算稳定调节金121.43亿元、调出资金20.10亿元、援助其他地方支出0.36亿元之后，全省公共财政总支出完成7 845.93亿元。

收支相抵，2012年全省公共财政结余结转1 859.25亿元，其中：结转下年支出1 686.60亿元，净结余172.66亿元。

（二）全省政府性基金收支决算情况

2012年，全省政府性基金总收入完成3 305.62亿元。其中：当年本级基金收入2 265.02亿元，上年结余结转收入981.45亿元，上级补助收入37.71亿元，调入资金21.44亿元。

2012年，全省政府性基金总支出完成2 206.43亿元。其中：当年本级基金支出2 172.55亿元，上解中央支出4.48亿元，调出资金29.39亿元。

收支相抵，2012年全省政府性基金结余结转1 099.19亿元。

四、落实省人大2011年省级决算决议意见的有关情况

按照省十一届人大常委会第三十五次会议关于批准我省2011年省级决算决议的要求，省政府高度重视，认真研究落实，确保《关于广东省2011年省级决算草案的审查报告》所提的各项建议措施落到实处，相关情况省政府已以《广东省人民政府关于贯彻落实省人大常委会批准2011年省级决算决议研究处理情况的报告》（粤府函〔2012〕325号）向省人大常委会报告。

（一）进一步提高预算的约束力和执行力，加强预算的绩效管理

坚持以构建绩效优先、约束有力的公共财政管理体制为目标，深化对部门预算支出项目和专项资金绩效管理，有效地将绩效管理理念引入到预算编制、执行及监督等环节，增强了预算部门单位的绩效观念和责任意识，确立了绩效约束，提高了管理效能和效率，预算绩效管理改革取得明显实效。

1. 建立目标管理机制，增强预算编制的绩效约束。从2011年开始，在总结以往绩效目标管理实践经验基础上，省财政部门建立了较为完善的绩效目标管理机制，明确在部门预算“一上”50个工作日前启动申报、审核、确认、反馈等系列程序，并组织有关领域专家对部门单位申报的项目绩效目标进行评审，以此作为预算安排重要条件和绩效评价的依据。据统计，省财政厅共完成了2013年部门预算“一上”484个项目的目标审核，其中通过审核的449个项目可纳入部门预算“一上”申报范围，涉及金额137.1亿元；35个项目未通过绩效目标初审和复审，涉及金额6.7亿元。

2. 完善评价管理机制，增强预算执行的跟踪问效。针对预算支出量大、面广的特点，省财政建立健全了绩效自评、重点评价和第三方评价相结合的管理机制，通过绩效评价反映预算执行的总体效率和效果。一是绩效自评。2012年，省财政厅组织省科研机构、大专院校涉及教育、科技、卫生、地质、交通、水利等领域专家约20人对纳入2011年绩效自评范围的72个部门343个项目实施评审，形成对各部门单位项目绩效自评的批复意见，提出了完善预算管理的意见，强化了部门绩效责任。二是重点评价。2012年，省级组织实施了省海洋水产高科技园建设资金、2011年省级造林类专项资金，2011年财政专项扶贫资金，第一、第二批专业性产业转移园竞争性扶持资金，财政部2011年边境地区专项转移支付资金、资源枯竭城市转移支付资金等项目的重点评价，涉及财政资金30多亿元、全省21个地级市的400多个子项目。三是第三方评价。首先是扩大第三方试点范围，试点项目的数量由2011年的4项资金扩展到2012年的7项资金，试点资金类型从民生类扶持资金覆盖到推进产业升级等经济类扶持资金。其次是规范、精简工作程序。最后，加大力度培育第三方机构，重点加强对第三方机构在制定以绩效为导向的评价指标及标准、具体实施评价过程以及撰写评价报告等方面的培训、指导力度。2012年，通过整体委托符合资质要求的第三方组织独立、自主地开展绩效评价工作，按计划完成了医疗卫生、扶持战略性新兴产业等7个专项近30亿元资金的绩效评价，评价报告在第三方对外网站和广东省财政厅门户网站向社会公开，接受公众监督。

3. 建立结果应用管理机制，增强预算管理的绩效导向。一是通过对绩效评价结果反馈，进一步增强部门单位绩效意识，落实绩效责任，提升绩效管理水平。二是将项目支出绩效评价结果与下一年项目预算安排挂钩，形成结果导向的绩效约束。三是将重大项目的评价报告呈报本级政府及相关综合部门，为其实施经济社会发展重大决策提供绩效参考。四是将涉及民生等重大项目评价报告适时向社会公布，推进民主财政、阳光财政建设。

（二）进一步加强财政监督，规范财政资金管理

切实加强收入、支出、会计监督及内部监督，不断健全覆盖所有政府性资金和财政运行全过程的监督机制，促进建立预算编制、执行和监督相互协调的财政运行机制，为保障积极财政政策和强农惠民政策有效落实，为推动财政工作科学发展提供了坚强的保障。

1. 做好中央及省委、省政府重大决策部署及重大财税政策落实的监督检查。一是组织“加快转型升级建设幸福

广东”监督检查，发挥财政监督对贯彻中央及省委重大决策部署的促进和保障作用。二是组织好重大财税政策落实和资金监管工作，有针对性地组织开展对财税收入违规行为的监督检查，坚决维护国家财税收入政策的严肃性。三是组织好民生政策落实和资金监管工作，深入开展对社保基金、扶贫救灾、涉农补贴、教育、科技、医疗卫生、文化、社会保障、保障性住房、节能减排等涉及人民群众切身利益专项资金使用情况的监督检查。四是不断加大预算监督力度，强化财政部门对预算资产财务的综合管理，将监督检查结果与预算编制和资金分配挂钩，促进预算单位规范管理。

2. 深入开展会计监督工作。一是加强对省直行政事业单位和省属企业会计信息质量的监管检查工作。二是强化对注册会计师行业的行政监管，加强资源整合，强化行政监管，推进建章立制，促使注册会计师行业行政监管工作在制度化、效能化方面得到提高。三是落实“小金库”治理的制度化、规范化和常态化。把“小金库”治理纳入财政部门日常监管之中，紧密结合对行政事业单位、社会团体、国有企业的会计监督检查，加大对“小金库”问题的处理处罚和责任追究力度。将防治“小金库”长效机制建设与财政体制机制、国有资产和非税收入管理等各项改革协调推进，与规范津贴补贴、加强资产财务管理等制度建设有机结合，形成相互配合、整体推进的局面。

3. 扎实推进财政监督机制建设。一是健全完善“大监督”机制。积极争取财政部及专员办的指导，密切与地方各级财政监督机构之间的工作联系，进一步加强与审计、税务、国资、纪检监察、司法等部门的协调配合，逐步形成纵横联动、高效有序的财政监督系统内部工作机制。二是进一步深化“三查”制度。进一步健全和完善“三查”制度（自查自纠、巡查督导、重点检查），以“三查”为依托，积极开展对企业、行政、事业单位的会计信息质量检查、财政资金检查和会计师事务所监管，扩大会计监督检查面。三是完善财政监督信息披露和公告制度。加大重大违法违纪案件的公开力度，落实案件移送制度，强化执行处理处罚决定和落实整改意见的反馈制度，通过省财政厅官方网站公布等方式，落实查前公示名单、查后公告检查和处理处罚情况的制度。

（三）进一步深化财政改革，加快基本公共服务均等化进程

不断深化省以下财政体制改革，扩大一般性转移支付规模，规范转移支付补助方式，逐步建立起财力与事权相匹配、对科学发展起具体导向和激励作用的财政体制机制。

1. 继续完善省财政转移支付制度。遵循可持续发展、科学理财、改革创新等原则，不断完善财政转移支付制度办法，从分配原则、方式、程序、计算办法等各方面作出统一规范，确保资金分配公平、科学、合理，充分提高资金使用效益。在一般性转移支付方面，现行激励型财政机制已对一般性转移支付数额的计算方式进行了明确规定，主要是将省财政转移支付与县域经济财政发展挂钩，按因素法计算确定。在专项转移支付方面，具体按照中央和省各项民生政策的规定进行专项补助，采取分项下达的方式，要求专款专用。

2. 不断加大对欠发达地区一般性转移支付力度。近年来，省财政按照促进区域协调发展、推动全省基本公共服务均等化的基本原则，不断加大一般性转移支付力度，完善转移支付结构。2000～2012 年省财政对市县一般性转移支付（不含深圳）从 65.1 亿元增加到 498.2 亿元，年均增长 18.45%。与此同时，省财政积极研究探索建立财政专项资金统筹使用机制，逐步将一些专项转移支付合并到一般性转移支付中，充分保障基层政府提供公共服务的资金需求。

3. 巩固完善省直管县财政改革。为缓解县域财政困难，推进区域均衡发展，按照财政部要求并结合我省实际，围绕主体功能区规划建设目标，制订了省直管县财政体制改革试点方案，分类推进省直管县财政改革。2012 年，在 2011 年对南雄市、紫金县、兴宁市和封开县等县（市）和顺德区开展省直管县财政改革试点的基础上，加强总结分析，稳步推进省直管县财政改革第二批试点工作。

4. 落实生态保护补偿机制。2012 年，省财政下达国家重点生态功能区转移支付资金 3.07 亿元、省生态保护补偿资金 4.5 亿元，由市县统筹用于生态环境保护、保障和改善民生等方面。通过实施生态保护补偿转移支付机制，加大对重点生态功能区的一般性转移性支付补助，进一步促进该地区加强生态环境保护，提高基本公共服务保障能力。

5. 加大县级基本财力保障力度。围绕“保工资、保运转、保民生”的政策目标，积极推进县级基本财力保障机制，确保 2012 年前完成县级基本财力保障缺口消化任务。一方面，多方筹集资金，通过省、市、县三级共同努力，帮助缓解基层财政困难。2012 年，省财政下达有关市县 2012 年县级基本财力保障机制新增奖补资金 36 亿元。另一方面，督促落实市县主体责任，通过明确地级市帮扶任务，县（市）通过自身财力增长消化财力缺口任务等方式，督促市县进一步调整优化支出结构，积极筹集财力，提高基本财力保障水平。

主任、各位副主任，秘书长，各位委员，2013 年是我省实施“十二五”规划的关键之年，进一步做好各项财政工作，对于提高财政服务“三个定位、两个率先”的能力，巩固稳增长、调结构、惠民生成果，具有重要意义。我们将在省委、省政府的坚强领导下，自觉接受省人大的指导和监督，着力保障和改善民生，大力推进财政改革发展，积极运用财政手段促进经济社会平稳较快发展，为广东率先全面建成小康社会、率先基本实现社会主义现代化作出新的更大贡献！

广东省人民代表大会常务委员会
关于批准广东省2012年省级决算的决议

（2013年7月31日广东省第十二届人民代表大会常务委员会第三次会议通过）

广东省第十二届人民代表大会常务委员会第三次会议听取了省财政厅厅长曾志权受省人民政府委托所作的《关于广东省2012年省级决算草案的报告》和省审计厅厅长蓝佛安受省人民政府委托所作的《关于广东省2012年度省级预算执行和其他财政收支的审计工作报告》。会议结合审议审计工作报告，对广东省2012年省级决算草案及其报告进行了审查。会议同意省人民代表大会财政经济委员会提出的《关于广东省2012年省级决算草案的审查报告》，决定批准2012年省级决算。

关于广东省2012年省级决算草案的审查报告

——2013年7月29日在广东省第十一届人民代表大会常务委员会第三次会议上

广东省人民代表大会财政经济委员会主任委员　陈家记

主任、各位副主任、秘书长、各位委员：

我代表省人大财经委员会，就2012年省级决算草案的审查情况报告如下：

7月9日，财经委员会召开全体会议，听取了省财政厅《关于广东省2012年省级决算草案的报告》和省审计厅《关于广东省2012年度省级预算执行和其他财政收支的审计工作报告》，并对2012年省级决算草案进行了初步审查。会前，预算工作委员会对上述两个报告进行了预审，向财经委员会提出了预审意见。

根据决算草案，2012年省级公共财政总收入决算数为3 829.32亿元，总支出决算数为2 947.99亿元，收支相抵，省级公共财政结余结转881.33亿元，其中：结转下年支出878.53亿元；净结余2.79亿元。省级公共财政预算实现收支平衡，略有结余。2012年省级政府性基金收入决算数为459.36亿元，总支出决算数为158.68亿元，收支相抵，省级政府性基金结余结转300.67亿元。

财经委员会认为，2012年省级决算草案较好地反映了预算执行情况。省人民政府及其财政等部门和各预算执行单位认真贯彻落实中央和省委的方针政策以及省十一届人大五次会议有关决议要求，围绕“加快转型升级、建设幸福广东”的核心任务，着力抓好增收节支，支持经济结构调整和产业转型升级，落实各项民生政策，保障重点支出需要，基本完成了省十一届人大五次会议审议通过的年度预算任务。省审计厅围绕中央和省的工作重点，对省级预算执行和其他财政收支进行审计，做了大量工作，较好地发挥了审计监督作用。总体上看，省级公共财政预算执行情况良好。财经委员会建议省人大常委会批准省人民政府提出的2012年省级决算草案，批准省财政厅厅长曾志权受省人民政府委托所作的《关于广东省2012年省级决算草案的报告》。

同时，财经委员会认为，2012年省级决算中也反映出一些问题，主要是：省级财政及省直部门部分专项资金结余结转量过大、部分资金长期闲置，一些财政资金使用绩效不高；小微企业税收优惠政策落实情况不理想；地方政府债券资金滞留市县国库和项目单位账户比例较高；财政转移支付制度需要进一步完善等。省审计厅在财政管理、税收征管、部门预算执行、部分专项资金以及地方债券资金使用等方面的审计中，也发现了一些问题。对上述问题应引起高度重视，并采取有效措施加以解决。

针对2012年省级决算反映出的问题，财经委员会提出以下建议：

1. 加强和改进预算管理，切实提高预算执行率和到位率，充分发挥财政资金使用效益。要高度重视省级预算结余结转数额偏大并逐年递增的问题，加强结存闲置专项资金的清理和监督，力争在盘活财政资金存量方面取得明显进展。建议省人民政府对多年闲置不用的结转资金做一次全面清理，并向省人大常委会报告。

2. 强化税收监督和税收服务，确保中央结构性减税、促进经济发展各项宏观调控政策落实到位。认真剖析小微企业税收优惠政策落实情况不理想的原因，加大各市县特别是欠发达地区对有关税收政策宣传贯彻力度，切实做好对小微企业税收服务和权益保障工作，力争在今年年底前促进有关政策落实情况有明显改善。

3. 加强地方政府性债务监管，严格控制政府新增债务，积极防范财政风险。密切关注我省进入政府偿债高峰期和一些地方土地财政难以为继的情况，全面掌握各级政府的债务状况，采取切实有效措施控制政府新增债务，严格政府债务管理，防范化解财政风险。省人民政府及其财政部门应逐步建立和完善债务信息披露、评估预警、风险调控和绩效评价等制度。积极探索研究制定地方政府性债务监督管理办法，研究建立向省人大常委会报告政府债务规模和管理使用情况制度。

4. 继续深化财政体制改革，完善省级财政转移支付制度，提高基层政府财政保障能力。健全财力与事权相匹配的财政体制，调整政府间财政分配关系。进一步优化转移支付支出结构，增加一般性转移支付特别是均衡性转移支付的规模和比例。进一步规范专项转移支付，提高资金分配的透明度，逐步减少专项转移支付中的县区级财政资金配套数额。新增的省级财力应优先用于解决民生保障和基本公共服务的突出问题，努力提高我省民生保障水平。

5. 认真落实审计发现问题的整改，切实提高整改实效。要继续加强对预算执行的审计监督和跟踪分析，加强对重点民生支出、专项资金及地方政府债券资金使用的监督，对审计发现的问题认真整改，严格问责。

6. 完善预决算编制办法，努力适应加强对政府全口径预算决算审查监督工作要求。省级决算草案应当按省人民代表大会批准的预算所列科目编制，按预算数、调整或变更数以及实际执行数分别列出，变化较大的要作出说明。认真研究解决部门决算和预算编制不对应问题，努力实现部门预决算有机衔接，向省人大常委会提交完整的部门决算。省级政府性基金支出决算草案也应做到与预算草案相对应，明确基金支出安排有关项目的决算情况。

以上报告，请予审议。

第二部分

领导讲话

在省财政厅调研时的讲话

广东省省委书记 汪 洋

（2012 年 10 月 8 日）

我选择在国庆节后上班第一天到财政厅调研，是希望在当前财政困难的形势下，提振全省财政工作信心，给大家鼓鼓劲。我到广东工作后，虽然之前没有来过省财政厅，但几乎每天都会以各种形式和财政工作发生联系，而且经常与财政厅的同志一起研究工作。总的来讲，财政工作在省委、省政府工作中的地位是十分重要的。刚才你们的汇报中提到广东地方公共财政预算收入连续 21 年位居全国第一，税收收入占比合理，支出结构不断优化，创造了很多在全国有影响的改革举措。这些既是广东改革发展的写照，也证明财政工作开拓创新、不负使命。尤其是这几年，财政工作给我留下了深刻印象。一是胸有全局。近年来，省财政厅围绕省委、省政府出台的“三促进一保持”、产业和劳动力“双转移”、扶贫开发“双到”、建设幸福广东等一系列重大决策，有效配置财政资源，确保了有关决策部署落实到位。二是工作主动。省委、省政府作出决策后，省财政厅能迅速贯彻、及时拿出相应的财政政策措施，有时还主动出谋划策，为有关工作的开展创造条件。三是锐意创新。财政工作富有改革意识和创新精神，许多政策措施是首创的，为全国财政工作改革发展积累了经验。刚才的汇报也提到当前财政工作遇到的一些困难，这有一定的客观性。财政是经济发展状况的反映，如果经济情况不好，财政收入增长自然也会放缓。另外，对于个别人出现的腐败现象，我赞成要认真吸取教训，加强廉政建设，但不会影响省委、省政府对财政工作和财政干部的评价。总之，省委、省政府对财政厅的工作是满意的，借此机会，我对财政厅以及全省财政系统的同志们表示衷心的感谢！

关于下一步工作，刚才汇报中谈到的意见，我都赞成，希望你们抓好落实。这里，我再提四点要求。

一、继续务实创新

我们正处在一个发生巨大变革的时代，人的思想以及经济结构、社会结构都在变化，财政工作是经济工作的“心脏”，更应该与时俱进、务实创新，确保健康运转。广东这几年的财政工作是务实创新的，要继续保持这种工作风格，一方面要脚踏实地思考问题、解决问题，另一方面要通过创新解决新情况、新问题，更好地发挥财政杠杆的作用，推动经济社会又好又快发展。

二、改进税源培植方式

财政工作，首先一定要有收入，就像银行一样，先要有存款。所以说，涵养税源是财政工作的一个重要着眼点。广东正处于经济社会发展的转型阶段，财政收入从高速增长期步入平稳增长期，要根据新形势新任务的要求改进税源培植方式。涵养税源不仅仅是停留在抓几个可以增加税收的大项目，更主要的是要转变观念、着眼长远，培育法治化、国际化营商环境，为企业发展壮大创造更好的环境，实现财政可持续增长。这是市场经济条件下，培植财税所要重点考虑的事情。

三、完善支出改革

我省的财政总量虽然大，但支出压力也很大，部分资金使用效率不高、使用方式落后，一边是资金不够用，一边是预算支出到年底无法完成。“重分配、轻管理”、“重使用、轻绩效”的情况依然存在。收入高速增长时，支出的压力不大，许多预算不合理也没计较，今后收入增长放缓，支出的问题要放到重要的日程上来。希望你们加强财政预算管理，增加资金使用透明度，优化支出结构，真正把钱花到刀刃上。希望省财政厅加强这方面的研究。

四、强化队伍建设

一方面是加强队伍思想建设。教育干部忠于国家，忠于职守，增强为群众办实事办好事的感情和责任；同时要加强反腐败工作，简政放权，规范权力运行，压缩权力“寻租”空间，打造一支政治坚定、清正廉洁的干部队伍。另一方面是加强队伍业务建设。打造一支具有现代知识，能够运用计算机技术和信息技术提高财政管理水平的队伍。

最后，我想强调的是，财政工作与各种经济社会数据息息相关，计算机技术和信息技术极大扩展了我们掌握数据、分析数据的手段和方式，实际上也成为提高财政工作水平的重要工具。国庆假期我阅读了涂子沛先生写的《大数据：正在到来的数据革命》一书，很受启发。在此推荐给财政厅全体干部，希望你们都能看一看，了解大数据时代。书中讲到，数据是对信息数字化的记录。所谓信息是指把数据放到一定背景下，对数字进行解释，赋予意义。进入信息时代后，人们趋向把所有存储在计算机上的信息，无论是数字还是音乐、视频，都统称为数据。2010年，美国总统科学技术顾问委员会给总统和国会的报告写道："数据正在呈指数级增长，联邦政府的每个机构和部门，都需要制定一个应对'大数据'的战略"。大数据战略被认为是世界下一个创新、竞争和生产力提高的前沿，是争夺全世界的下一个前沿。书中指出政府数据有业务数据、民意数据和环境数据，不同的数据有不同的来源。而收集、保存、维护、管理、分析、共享正在成指数级增长的数据，是政府必须面对的挑战。基于数据说话，将使政府更有效率、更加开放、更加透明。现在美国已经有专门机构负责收集、研究、使用数据，并引导政府和企业进行决策。作者在书的最后，提出希望我们国家重视数据。如果我们现在抓紧时间搜集数据、使用数据，就抢占了竞争的一个新的制高点。而财政的数据收集、分析、使用及公布也会极大地促进收入、改进支出，提高财政工作水平。

所以我希望大家能认真读一读这本书，带着问题读、带着想法读，思考如何促进财政数据的收集，如何加强财政数据的分析，如何挖掘数据背后有利于增加收入、改进支出的因素，然后逐步推进财政数据的公布，调动全社会监督的力量，使财政工作水平不断提高。我相信，你们从中得到的益处，将会发挥长期的作用。

在省财政厅调研时的讲话（节选）

省委常委、常务副省长　徐少华

（2012年3月15日）

近年来，在省委、省政府的正确领导下，全省各级财政部门锐意改革、开拓进取，各项工作都取得了新进展、新成绩，为我省经济平稳较快发展和社会全面进步作出了重要贡献。对此，省委、省政府充分肯定，主要领导同志在多个场合予以表扬。同时，省委、省政府高度重视运用财政手段促进经济社会发展，汪洋书记、朱小丹省长经常对财政工作作指示、下任务、提要求，充分体现了对财政工作的倚重。特别是在推进加快转型升级、建设幸福广东的过程中，我省十分注重运用财政政策手段，财政部门担当了重要、积极、主动的角色，为全省重大决策部署和核心任务的顺利推进发挥了重要作用。下面，结合此次调研的感想，以及下一步如何履职的一些思考，我就今后财政改革发展工作提几点希望，主要是做到"三个推进、三个主动"。我认为，财政工作要做好，首先是要做到"三个推进"：

第一，推进产业转型，重点是增强广东的核心竞争力。

公共财政属于二次分配的范畴，本质上要求"取之于民、用之于民"，满足社会公共需要。但强调财政要满足社会公共需要，并不否定公共财政在推动经济发展中的作用。当前，我省正处于产业转型和经济结构调整的关键时期，要求继续发挥财政对经济发展的支持作用。一些发达国家和地区，财政支出中用于经济领域的比例很小，是因为他们已经进入工业化后期，已经完成了产业转型的过程。假如我们过早地让财政支出退出经济发展领域，这就会对产业转型升级和经济结构调整带来十分不利的影响。在加快完善社会主义市场经济体制过程中，我省要增强核心竞争力、增强税收实力，都需要用财政杠杆来助推一把。这个助推过程，也许要经历5年、10年，甚至20年。按照我们党"三步走"的发展战略，到新中国成立100周年的时候，我国进入到中等发达国家行列，财政支出结构才有可能有一个根本性的调整。对于运用财政手段支持经济发展的做法，舆论界和经济界有不同的看法，他们认为财政对民生投入不够而对经济领域投入过大是不符合市场经济原则的。实际上，我们投入民生领域的资金不少，之所以对经济领域也投这么多钱，是由我们所处的发展阶段决定的。投得对不对，关键要看所支持的企业是否转型成功，核心竞争力有没有增强，能否看到经济转型促进财政实力增强的未来。因此，运用财政手段推进产业转型、增强广东的核心竞争力，关键要把握两点：一是产业转型和经济结构调整需要财政再助一把力，只有这样，地区的核心竞争力才可能显著提升。二是财政投入要考虑投入产出比，财政部门要把好关，特别是省级财政和珠三角地区的财政，尤其要重视投入绩效问题。

第二，推进改善民生，重点是给弱势群体"雪中送炭"。

近年来，我省财政用于保障和改善民生的资金总量大、领域宽、项目也很多，人民群众总体上是受惠的，但是为什么群众还有不满和怨气呢，这值得我们深思。在我看来，财政在民生方面投入，不能只满足于总量和比例的提高，更要注重老百姓的实际需要和切身感受，至少要注意以下三个方面：

一是民生投入要关注在财富总量下、人均生活水平平均线下的“底线民生”问题。2011年我省人均GDP接近7 800美元，总体进入中等收入国家地区行列。财政作为二次分配的主体，不仅要看到财富总量增加、人均生活水平提高的大好局面，更要关注总量下、平均线下的“底线民生”问题。在贫富差距拉大的情况下，政府必须保障弱势群体、困难群体的基本生产生活。尽管我省的人均财力在全国不高，但是几千亿财政资金投入到民生事业，一定要找准方向和重点，把关注的目光真正放在那些最困难、最需要帮助的人群身上，不要让总量和平均线掩盖了最困难的民生。

二是民生投入要多做“雪中送炭”的事。由于现行的行政和财政体制，使得我们在民生事业上做了不少锦上添花的事，但真正要考虑的是，究竟哪些阶层、哪些人群才是最需要我们帮助的。我们既要做“锦上添花”的事，更要多做“雪中送炭”的事。就如爱情与面包哪一个更重要的话题，就要看这个面包是救命的面包还是下午茶的面包，如果是救命的面包肯定比爱情重要，如果是下午茶的面包就可能不如爱情重要。同样道理，民生投入如果更多关注弱势群体、困难群体，多做“雪中送炭”的事，财政支出的边际效用就更高。什么是弱势群体、困难群体？我认为主要有五类人：第一类是残疾人。全省有540万残疾人，他们和健全人处于不同的生活起跑线上，更需要我们的关心和帮助。第二类是为改革发展付出过代价的人。在改革开放进程中所取得的成就和积累的财富，相当一部分人民群众是为之付出代价的，如国有企业下岗工人、失地农民等。也许现在我们不能完全弥补他们的付出，但是应该积极思考如何让发展成果更多地惠及他们。第三类是领最低生活保障金的人。人之所以为人，生存与温饱的权利是与生俱来的，领最低生活保障金是权利，一定意义上也是对社会的贡献。正因为这个人没有就业，才为社会腾出了一个就业岗位，我们不能把人民群众应得的权利当成是恩赐，而应该当成是政府必须履行的基本责任。第四类是城乡差别所造成的困难群体。广东作为外来人员比较集中的省份，财政压力虽然很大，但消除城乡差别的方向是不可逆转的。财政工作要顺应这一趋势，一方面要积极争取中央的支持，争取提高退还比例和补助水平；另一方面要积极有为面对和解决这个问题。现在省委、省政府很关心这方面工作，包括制定外来务工人员积分入户规定等，这就要求既要有积极的态度，又要有稳妥的方法。第五类是最需要社会救助的人。改善民生，重点是给弱势群体“雪中送炭”，其内涵也包括在各种突发事件中法律无法解决而必须由政府实施援助的个案。如在车祸中致残，如果车主跑了或者车主也是一贫如洗，在法律框架内根本无法解决被控者的基本生活问题，这就需要政府及时伸出援助之手。我们在处理社会矛盾中不能单纯依靠法律或道德情感，而必须兼而有之、并行不悖。

政府有责任为这些人提供最后的基本保障。三是民生投入要珍惜纳税人的每一个“铜板”。目前，我省财政民生投入规模已经十分庞大，去年全省财政民生投入已达4 233亿元，占一般预算支出比重达63%。但有时钱花出去了，却并没有得到老百姓的认可，人民群众的幸福感并没有显著提高，相反还产生了很多新的矛盾和问题。究其原因，是因为我们一方面办了很多民生实事，但是也做了一些诸如花几十万请明星办慈善晚会、捐助活动搭建奢华牌楼等浪费的事情，这是最容易引起老百姓反感的，也是省委、省政府坚决反对的。因此，财政部门要深入研究如何做到花了钱让老百姓满意的问题，认真评估财政民生资金支出结构，特别是要统计其中有多少资金直接惠及群众个人，有多少资金消耗在行政成本上，总体评价民生资金的使用效益，提出改进的办法，使民生资金不仅“舍得花”，而且“花得好”。第三，推进社会建设，重点是创新社会管理方式。这是财政工作遇到的一个新课题，也是省委、省政府重点关注的问题。过去政府包揽社会事务，什么都管，这种万能政府的体制和模式现在遇到了很大的挑战。我们必须思考，如何创新机制依靠社会力量、依靠群众自身力量管好社会、营造和谐的问题，财政在这方面应该有所作为。最近省财政在推动社会建设方面安排了专项资金。我认为这些资金最关键的不在于办成一件件具体的事，而是应该思考和研究如何在创新管理方式上给予支持，包括购买服务、转移职能等，努力实现少花钱、多办事，甚至不多花钱、办成事。以上“三个推进”的要求，主要是从财政部门发挥职能作用、服务党委和政府中心工作而提出的。下面，我想从加强财政自身建设的角度，强调“三个主动”：

第一，主动深化改革，重点是强化财政预算的权威性、科学性和财政支出的实效性。一要增强预算的严肃性、权威性。这是改革的重点，也是加强预算管理的根本和关键。《预算法》规定要严格按预算安排支出。但在实际预算执行中，往往存在着年中预算随意追加、变更频繁的问题。客观分析，这里既有体制性、制度性因素，也有部门利益的影响。对此，我们需要进一步深入研究，特别是要对近年来年中预算追加的资金总量和结构进行评估，分清预算追加中哪些是上级下文要求的，哪些是落实省里重要决策、省领导重要指示、全省重要工作部署的配套需要，哪些是重大突发事件包括地方紧急报告处理的工作需要，哪些是地方和部门要求的追加，并认真分析其中有多大比重的追加资金要列入下年预算形成固化的。通过这样的分析，有针对性地提出规范机动审批、减少预算追加的制度办法，提高预算约束刚性，既保证现行运转的支出需要，又切实增强预算约束力。二要注重财政支出的绩效性、实效性。我们强调预算约束的刚性，克服预算执行的随意性和部门化现象，但也会碰到一些深层次的体制问题。财政资金谁审批不是关键，关键是钱花得是否有绩效、是否办成事。近年来，我省财政在提高财政支出绩效方面进行了积极的探索，取得了成效，下一步要进一步研究完善，做得更好、更扎实。如，我省在全国率先编制实施基本公共服务均等化规划纲要，从2009年实施至今已有三年多时间，需回过头来认真开展均等化工作的绩效评估，看看还存在什么问题和薄弱环节，进一步完善措施、改进工作，力争取得更大成效。三要进一步探索推进事权与财权相匹配。

我们要站位基层来思考，如何在落实好上级部署各项工作任务的同时，更好地用好本级财力、解决好当地群众最迫切需要解决的问题。实际情况是，上级政府各条线下达的各类达标工程、考核评估名目繁多，一方面，基层财力薄弱，可支配财力本就不多，基本上用于四套上级部署工作；另一方面，当地最迫切需要加大投入来推进的工作由于缺少资金支持而被搁置或放慢进度，这使得基层工作经常处于有心无力、无米下炊的状况，当地群众也感到最急需的问题未能解决。这些情况的发生，主要是体制性问题，但财政部门也需要深入思考。我们要在转移支付制度安排、专项补助安排、政策设计等方面充分考虑经济欠发达地区的困难，逐步减少层层配套资金的项目，更多尊重和支持下级政府财力安排的自主权，使钱安排下去又不增加基层的负担，让基层的财力更多地办基层老百姓愿意办的事情。如在民生项目的设置上能否给基层一些机动选项，让基层根据实际情况去积极实施更需要的民生项目等。

第二，主动接受监督，重点是主动接受人大、审计和社会的监督。

一要主动接受人大的监督。我国的根本政治制度是人民代表大会制度。所以财政工作首先要接受人大的监督。近年来，我省在这方面进行了积极探索，包括向人大提交预算报告、接受人大代表质询、办理建议议案等。其中，社会各界关注度较高的是怎样让人大代表读懂预算报告，我认为可以积极探索增加预算报告简本等方式，让代表更轻松地读懂报告，这也是主动接受人大的监督的一种方式。二要主动接受审计的监督。在现行行政架构内，审计作为第三方的监督作用是很重要的。财政部门要主动配合审计监督工作，不要怕被揭丑。要切实整改审计发现的问题，更好地实现审计监督目标，维护审计的权威性。三要主动接受社会的监督。当前，以积极态度支持社会监督是一个基本共识，但接受社会监督要注重主动性与稳妥性相结合。例如“三公经费”的问题。“三公经费”的公开要谨慎，既要接受社会的监督，又要注重改正与完善的配套措施，以免使政府工作陷入被动。发达国家和地区在行政运行体制以及政府公务员待遇收入等方面都与我们有很大差异，不能生搬硬套。接受社会监督时既要充分考虑社会公众的知情权和监督权，又要做到稳妥慎重、瞻前顾后，对公众有一个比较妥善周全的解释。但总的来说，社会监督的作用是积极的，可以帮助政府更好地约束自己，在态度上我们要积极接受监督和主动进行整改。

第三，主动接受挑战，重点是培养造就一支大局意识强、综合素质高、业务技能精、工作作风好的干部队伍。

一是大局意识强。财政干部首先要有大局意识，理财用财都要围绕中心、服务大局。二是综合素质高。在熟悉财政本职工作的基础上，还要对经济社会发展的各个方面都有深入了解。三是业务技能精。要熟悉每一笔资金的安排使用、每一个项目的绩效评估，做到心中有数。四是工作作风好。这对于财政干部而言尤其重要。要用扎实的作风保证工作任务的落实，用良好的作风取信于民，关键是要做到务实、清廉。务实，就是要力戒形式主义、繁文缛节，资金该花就花得有效，能省就坚决省下来；要弘扬正气，敢于坚持原则，不要怕得罪人。清廉，就是要做到两袖清风、清廉从政，珍惜纳税人的每一个“铜板”，珍惜人民创造的每一笔财富，不贪图公家的一分一厘。

在全省财税工作会议上的讲话（节选）

省委常委、常务副省长　徐少华

（2012 年 7 月 16 日）

一、充分认识财政税收的重大作用

财政乃“庶政之母”，既是经济范畴，也是政治范畴，事关国家富强、民族振兴、地区兴旺、民生福祉。雄厚的财政实力和科学的财税政策，对于推动经济发展、促进社会进步、实现人民利益、增强执政能力作用巨大、影响深远。主要体现在以下五个方面：

（一）财税是执政安邦的基础

财政的来源主要是税收，财政是政权和国家机器正常运转的根本保障。胡锦涛总书记强调指出，“财税工作是党的事业和政府工作的重要组成部分，预算里面体现了党和政府的政策和宏观调控意图，数字里面包含了政治，包含了各级政府之间的关系，部门之间的关系，地区之间的关系，民族之间的关系”。这深刻阐释了财税在治国理政中的重要作用和地位。由此可见，财税工作举足轻重，是政府工作的核心和集中体现。这主要体现在四个方面：维持各级政府运转与社会管理秩序；保障各项民生事业；支持军队建设、保证国防安全；提升国家核心竞争力，如国家要求至2012年财政性教育经费支出占国内生产总值的比重达到4%、至2020年全社会研究开发投入占国内生产总值的比重达到2.5%。

（二）财税是经济发展的杠杆

经济决定财税，财税反作用于经济，两者是辩证统一的。没有经济的健康可持续发展，财税也就成了无源之水；没有财税的有力支持，经济转型升级也就失去了动力。财税是经济运行的“晴雨表”和调控经济的重要杠杆，也是我国各级政府调控经济增长的最重要工具之一。特别是经济波动的形势下，一方面，需要财政充分发挥调节预期的职能，坚持先予后取，稳定经济增长，如对重大项目特别是重大基础设施建设投放资本金、对各类企业实行退税、补助、贴息等。另一方面，也需要财政杠杆发挥助推作用，通过实施差别化财税政策，最大限度放大财政资金“乘数效应”，鼓励和引导企业不断增强抗风险能力，促进不同地区实施科学的发展战略，实现经济社会平稳健康可持续发展。

（三）财税是社会进步的动力

财政支出和税收政策是调节社会利益分配、促进社会进步最直接、最有效的抓手。随着市场经济的发展，人们对社会公共服务的诉求越来越多，相应的财政职能也在逐步扩展。教育、文化、科技等既是社会事业的重要内容，也是财政投入和税收优惠的重要方向和着力点。一方面通过加大财政投入力度，积极发展社会事业，有利于为经济社会发展提供人才支撑、智力资源和强劲推力。另一方面通过财政投入和税收优惠的引导，鼓励民间资本进入社会事业各领域，有利于形成社会事业百花齐放的良好局面，进而推动社会进步。与此同时，充分发挥财税的职能作用，统筹兼顾调节好各种社会利益关系，维护社会和谐稳定，切实构筑社会经济运行的“安全网”和“减震器”，才能为经济社会发展提供良好社会环境。

（四）财税是实现公平的手段

在市场经济条件下，往往不可避免产生贫富差距的问题。积极发挥财政作用，推进收入分配制度改革，形成合理的收入分配格局，既是社会公平的具体体现，也是社会和谐的重要基础。一方面加强税收调节，可以使个人收入保持在一个相对合理的差距之内。如为促进群体间的收入公平，从2011年9月1日起国家将个人所得税起征点从2 000元提高到3 500元。至2012年6月底，全省缴纳工资薪金个人所得税人数比扣除标准提高前减少了67.5%，全省共减少个人所得税收入202亿元，占同期全省工资薪金个人所得税收入558亿元的36.2%。另一方面运用转移性支出手段，可以保障每个社会成员享受基本公共服务和生活福利待遇。如为促进地区间的服务公平，省财政发挥调控职能，从全省适当集中财力加大对经济欠发达地区转移支付力度。2011年珠三角地区（不含深圳及江门恩平）上缴省财政四税收入合计693亿元，省财政通过税收返还、一般性转移支付、专项补助等形式，向经济欠发达地区（粤东西北14市及江门恩平）转移财力达1 076亿元，其中税收返还130亿元、一般性转移支付379亿元、专项转移支付566亿元。

（五）财税是民生福祉的保障

财政的公共性集中体现为满足社会公共需要，这是现代财政的核心内容。财政用于民生投入、增进民生福祉，不是政府对人民群众的恩赐，而是基于制度性的安排、政府必须履行的职责所在。也就是说通过财政的投入，解决市场经济外部性和资本逐利性导致的公共产品供给不足等问题。通俗地讲，就是各类民生问题的解决、矛盾的化解、不和谐因素的消除，没有相应的财力条件是无法办到的。2009－2011年，全省财政民生投入累计约9 845亿元，占全省公共预算支出的比重从57.13%提升至63%。2012年，仅省财政预算安排用于改善民生、提供基本公共服务的支出就达到944亿元，占省级总支出40%。今年全省十件民生实事资金累计需安排1 424亿元，其中省财政安排446亿元，占年度预算的20%左右。特别是当前日益增长的社会公共服务需求与公共服务供给不足的矛盾更加凸显，一方面传统公共服务所不能涵盖的主体越来越多，另一方面长期处于传统公共服务边缘的弱势群体被凸显出来。这就要求我们及时优化财政支出结构，不断完善社会保障体系，加快推进基本公共服务均等化，不断增进民生福祉。

总之，财税工作是一项关系经济社会发展全局的重要工作。从事财税工作的同志一定要清醒地认识到自身所肩负的重大历史使命，紧紧围绕全省改革发展大局，不断增强工作使命感、责任感和紧迫感，增强全面履职的积极性、主动性和创造性，以奋发有为的精神状态和一抓到底的工作作风，不断开创财税工作新局面。

二、需要把握好的若干认识和关系

财税是政府履行经济社会管理职责的物质基础、政策手段和体制保障。做好财税工作，必须坚持统筹兼顾的根本方法，从全局和战略的高度，确定财税工作的目标方向和任务重点。当前，要注意把握和处理好以下六个关系：

（一）既要保障政务运转，更要保证预算刚性

保障党的中心任务和政务运转是财政首要的、基本的职责，需要财政的适应性和灵活性。但在保障政务运转的

同时，必须强化财政预算的权威性和刚性约束。《预算法》要求严格按预算安排支出，但在实际预算执行中，往往存在年中预算随意追加、变更频繁的问题。客观分析，这里既有体制机制的因素，也有不规范、不周密的弊端。对此，要深入研究评估近年来年中预算追加的资金总量和结构，分析预算追加中哪些是上级的任务需要，哪些是落实每个时期重大决策、重点工作的需要，哪些是处理重大突发事件的需要，哪些是地方和部门临时追加的需要；并认真分析其中有多大比重的追加资金列入下年预算形成固化。通过这样的分析，有针对性地提出规范机动审批、减少预算追加的制度办法，提高预算同性，既保证现行运转的支出需要，又切实增强预算约束力。

（二）既要维护公平原则，更要促进发展转型

公共财政属于二次分配的范畴，本质上要求“取之于民、用之于民”，以公平性满足社会公共需要。但强调财政要满足社会公共需要，并不否定公共财政在推动经济发展中的作用。当前，我省正处于产业转型和经济结构调整的关键时期，要求继续发挥财政对经济发展的支持作用。一些发达国家和地区，财政支出中用于经济领域的比例很小，是因为他们已经进入工业化后期，已经完成了产业转型的过程。假如我们过早地让财政支出退出经济发展领域，这就会对产业转型升级和经济结构调整带来十分不利的影响。在加快完善社会主义市场经济体制过程中，我省要增强核心竞争力、增强税收实力，都需要用财政杠杆来助推一把。这个助推进程，也许要经历5年、10年，甚至20年。按照我们国家“三步走”的发展战略，到新中国成立100周年的时候，我国进入中等发达国家行列，财政支出结构才有可能有一个根本性的调整。对于运用财政手段支持经济发展的做法，舆论界和经济界有不同的看法，他们认为财政对民生投入不够而对经济领域投入过大是不符合市场经济原则的。实际上，我们投入民生领域的资金不少，之所以对经济领域也没投这么多资金，是由我们所处的发展阶段决定的。投得对不对，关键要看所支持的产业是否成功转型，地区核心竞争力是否得到巩固增强，能否看到经济转型促进财政实力增强的预期。因此，一方面，要继续发挥财政对经济发展的支持作用，采取税收减免、财政补贴、贴息、奖励等形式，重点支持自主创新、战略性新兴产业、现代产业体系建设，推动产业高端发展。今年上半年，尽管我省财税收入面临低增长的压力，但广东国税部门累计办理出口退（免）税1 276.7亿元，同比增长18.89%；其中办理退税898.3亿元，增长12.82%。广东地税系统减免各项税收达116亿元，同比增长19.9%，其中减免企业税收105.5亿元，增长21.3%。2009－2011年，省财政通过各种资金来源共安排用于经营领域的资金502.1亿元，其中2011年达204.6亿元。另一方面，要在财政支持经营性资金安排上，充分体现公平性与竞争性的结合，做到“集中财力办大事”促进均衡发展，把有限的资金集中投在事关经济社会全局、最急需的项目上，使竞争性理念和方式方法充分体现出公平正义原则。接下来，要进一步创新和完善财政专项资金竞争性分配改革机制和制度安排，更好地优化财政资源配置、更好地促进公平正义。

（三）既要看到广东对国家的贡献，更要明白国家对广东的支持

得益于“特殊政策、灵活措施”的优惠，我省改革开放先行一步，取得了世人瞩同的成就，广东省为国家作出了重要贡献。据统计，1994－2011年，来源于广东的财政收入从569亿元提高到13 668亿元，其中，中央级财政的实际分享收入达5 163亿元，占来源于广东公共财政预算总收入的比重从20.6%提高到45.6%，平均每年提高1.5个百分点。2010年我省上划及上解中央财力总额达4 115亿元，约占全国各省市区上划及上解中央财力总量的1/8，是全国财力贡献总量最大的省份。同时我们要清醒地认识到，中央通过集中财力支持中西部地区发展，最终实现各区域协调发展既是社会主义的本质要求，也是党长期执政兴国的客观需要。而且广东贡献给国家的税收中也有相当部分通过各种形式退还到广东，支持了广东经济社会发展。如2011年，广东国税部门办理出口退税达2 305亿元，中央通过税收返还、一般性转移支付和专项转移交付等方式对我省的补助达到1 315亿元。

（四）既要完善转移支付制度，更要自力更生奋发图强

“全国最富的地方在广东，全国最穷的地方也在广东。”区域发展不平衡仍然是当前制约广东科学发展的最大障碍之一。一方面，要不断完善财政转移支付机制。这几年，省财政通过生态保护补偿激励机制、县以下政权基本财力保障制度、以奖代补等形式，不断加大转移支付力度，2009年、2010年、2011年省财政年度预算安排中用于改善民生和均衡区域公共服务水平的支出分别达到1 111亿元、1 202亿元、1 407亿元，分别占省级财政总支出的75.46%、76.81%、77.71%，有效促进了经济欠发达地区化解历史包袱、保障基本运转、改善发展环境。对这些机制，要认真坚持并加以完善。同时，要通过实施横向转移支付方式，将先富帮后富的历史责任具体化为明晰、稳定的政策机制。另一方面，对经济欠发达地区而言，最根本的还是要坚决破除“等、靠、要”的依赖思想，充分发挥广大干部群众的主动性、积极性和创造性，自力更生、艰苦奋斗，努力实现振兴发展。要充分发挥资源优势，加大招商引资找项目工作力度，努力培育税源财源。积极学习借鉴深汕（尾）特别合作区、顺德清远（英德）经济合作区、中山火炬（阳西）产业转移工业园等共建模式，完善产业园区利益分享长效机制，充分调动转出地和转入地两个积极性。要注重面向大型企业招商引资，但要研究项目落地的经营方式，避免优惠时间过长、优惠率过高、税收不当转移等，力争让更多的利益留在当地。

（五）既要为社会发展锦上添花，更要为弱势群体雪中送炭

由于现行的行政和财政体制，各级在支持经济社会事业发展上做了不少锦上添花的事，但是真正需要我们考虑的是，究竟经济中的哪些领域、社会中的哪些人群是最需要我们帮助的。政府既要做锦上添花的事，但更要干雪中送炭的活。更多地投向弱势企业、弱势群体，多做雪中送炭的事，财政支出的边际效用才是最高的，才能更好地兼顾效率与公平，更能践行执政为民的理念。近年来，我省财政民生投入逐年增加，“十一五”期间投入约1万亿元、“十二五”期间计划投入约2.3万亿元保障和改善民生，这其中有多少资金用于雪中送炭，可以更有效地化解民生困苦、促进社会和谐，要从制度设计上、项目选择上、资金投入上作出科学合理的安排。

当前，最需要我们财税部门雪中送炭的弱势困难群体主要有五类人：第一类是残疾人，全省有近600万人，他们和健康人处于不同的生活起跑线上，最需要我们的关心和帮助。第二类是为改革发展付出过代价的人，如国有企业下岗工人、失地农民等。第三类是领最低生活保障金的人。第四类是城乡差别所造成的困难群体，主要是异地务工人员。针对这个问题，我们既要有积极的态度，又要有稳妥的方法；既要积极争取中央支持，也要以积极主动的态度通过我省各级财税部门的努力去面对和解决。省委、省政府对此高度重视，制定了异地务工人员积分入户城镇等一系列政策措施，都取得很好的效果。第五类是最需要社会救助的人，主要包括在各种突发事件中法律无法解决而必须由政府实施援助的个案。如在车祸中致残，如果车主跑了或者车主也是没有赔偿能力的，在依法赔偿上根本无法解决被撞者的基本生活问题，这就需要政府及时伸出援助之手。

（六）既要建立内部行为规范，更要主动接受外部监督

“不受监督的权力必然导致腐败”。近期我省财税系统出现几起违法违纪案件，这为我们敲响了警钟。财政资金每分每厘都是人民辛苦创造出来的，决不允许个别人中饱私囊。我们要百倍珍惜党委、政府和人民赋予的管财理财职责，确保财政资金在我们手中不出问题。要做到这一点，一方面，必须不断完善和严格执行各项财税管理制度，增强法规和程序的约束性，从体制机制上预防和治理财税领域的腐败问题。各级财政部门要切实增强自律意识，加强自我监督和约束，特别是各级财政干部要把资金审批的自由裁量权降到最低，要对财政资金的违规行为的容忍度降到最低。另一方面，必须主动接受监督，建设阳光财政。一是主动接受人大、政协的监督。当前要注意探索财政预算报告提前公开、征询民意等方式，切实增强预算报告的透明性和易读性。二是主动接受审计、监察的监督。要主动配合审计监督工作，不怕揭丑、不回避、不埋怨。要切实整改审计发现的问题，更好地实现审计监督目标。三是主动接受公众、媒体的监督。要虚心主动接受监督，同时“三公”经费公开上要坚持主动性和稳妥性结合。

三、做好当前财政税务工作的几个重点

做好下半年财税工作，必须深入贯彻落实省财税工作汇报会、全省上半年经济形势分析会精神，按照“稳定增长、平衡收支、厉行节约、保障民生”工作方针，进一步振奋精神、理清思路，创新工作、狠抓落实。稳定增长，就是要保证实现GDP和财税增长年度目标；平衡收支，就是保证收支平衡；厉行节约，就是实行最严格的支出控制；保障民生，就是确保民生支出保障到位。要重点做到“五个增强”：

（一）增强全局性，贯彻落实省政府稳增长调结构惠民生的政策措施

近期，各地各部门特别是财税部门要认真贯彻落实省政府出台的《关于促进稳增长调结构惠民生工作的若干意见》，省里将统筹约1 600亿元，其中新增安排约450亿元，提前集中投入使用，实行差别化扶持政策，稳定经济增长，促进稳增长、调结构、惠民生的良性循环。重点要落实“四保”政策目标：一是保增长目标，坚决防止经济增速滑出预期目标区间。要把稳定收入增长摆到更加重要的位置，力保CDP增长8.5%吗、全省财政公共预算收入及国地税系统征收收入分别增长10%（其中深圳地税增长10%）等预期目标。特别要确保财税收入增长10%的底线，努力保障各项基本支出。二是保政策到位，减轻企业负担。要不折不扣落实中央和省的各项扶持政策，帮助企业渡过当前难关。要突出减负，认真贯彻落实国家提高增值税和营业税起征点等结构性减税政策，目前省里已经公布减免缓征四类企业37项行政事业性收费的规定，要认真执行不走样，同时努力降低流通成本。要强化服务，加快推进中小微企业综合服务体系建设，切实解决企业在技术创新、转型升级、融资发展等方面的实际困难。特别要尽快研究制定扶持电子商务的政策措施，鼓励引导企业利用电子商务平台拓展销售渠道。要狠抓提质，大力支持小企业创业基地、中小企业创新产业化示范基地建设，深入实施信息化推进工程，重点扶持一批专业镇转型升级，推动中小微企业向专精特新发展。三是保产业转型，坚决防止财税收支偏离主题主线。既要注意防止GDP和财政收入增幅滑出最低增长预期区间，也要坚决防止财税工作为片面保增长而偏离科学发展主题、转变经济发展方式主线。要认真贯彻落实国家积极财政政策，按照扶优、扶强、促转型的要求推进结构性减税和我省各项促转型财税政策的落实，重点扶持战略性新兴产业、现代产业、产业转移、自主创新、节能减排等关键领域，支持推动优势企业通过兼并重组、

核心技术引进等实现低成本扩张，同时坚决淘汰落后和过剩产能。四是保投资增长，增强发展后劲。稳定投资是当前扩内需稳增长的关键。要按照把投向、促融资、抓进度、重效应的工作思路，认真查找问题、分析原因、出台有效政策措施，力促投资合理增长。要充分运用多种融资手段保障项目融资需求，统筹用好财政基建资金、地方政府债券资金、新增省级水利、交通融资平台等。特别要释放民间投资潜力，尽快出台贯彻落实国家鼓励和引导民间投资“新36条”的实施细则，放宽主体作准入、投资准入，鼓励和引导民间资本进入交通运输和物流、文化、市政基础设施建设等领域。

（二）增强主动性，忠诚履职确保收支平衡

全省各级党委、政府要把抓收入工作摆上重要工作议程，各级财税部门领导班子尤其是一把手要切实负起责任，千方百计做好收入组织工作。一要狠抓税收征管。要认真落实组织收入责任制，统筹调库指标，突出抓好重点区域、重点企业、重点税种管控，强化进度管理和执法管理，有效防止“跑冒滴漏”。二要大力挖潜增收。要勇于创新工作、挖掘增收潜力，寻找财税增收的新亮点。国、地税部门要结合省“三打两建”工作加强税务稽查，严肃查处偷逃骗税案件，严厉打击制售假发票等涉税违法犯罪活动，实现以查促管、以查促收。特别要针对广州、深圳等低于全省平均水平以及韶关、清远、中山等税收收入出现负增长的地市，有针对性地挖潜补漏。目前地税部门已经成立了土地增值税清算小组，下来要抓紧开展工作，确保税款及时足额入库。三要改善收入质量。要继续严格控制非税收入规模，确保收入质量，坚决制止为追求财政收入增幅而增加非税收入行为，严禁收缴行为与财政拨款支出挂钩、非税收入与经费奖励挂钩。为此，要努力做到“三个不因”，即决不因经济下行而减弱支持转型升级的力度，不因收入放缓而收紧扶持的优惠政策，不因征收困难而采取过急的措施，决不能干“杀鸡取卵”、“寅吃卯粮”的事情，也不能人为地虚增财税收入，影响财税健康可持续发展。四要加强督促检查。各级政府要加强对各地落实工作情况的考核、通报，切实把强化责任落实贯穿于各个环节。对于税务部门征收管理不到位、有税不收而导致税收任务不能完成，或税收收入增长与GDP增长严重不协调的，要对一把手和领导班子进行问责。

（三）增强创新性，规范与优化财税资源配置

改革创新是时代进步的灵魂。不创新无以勇立潮头，不创新无以迎接挑战，不创新无以优化资源，不创新无以展现活力。要深化财税改革创新，使有限的财税资源得到优化配置，要在四个方面着力：一是推进财税管理信息化。要充分运用信息化手段加强财税管理，按照省网上办事大厅建设的统一部署，进一步提高面向社会公众的电子政务和网上审批服务水平，普及网上办税、政府采购、会计管理等，构建全社会协税护税网络，提高办事效率。同时，要继续实施好“金财工程”、“金税工程”建设。二是探索经营性支出股权化。要继续推进完善采取竞争性分配方式支持产业转移园、实行财政贴息、设立风险投资基金支持战略性新兴产业、采取BOT形式支持欠发达地区污水处理厂、注入资本金方式支持重大基础设施建设等创新措施。探索将投入经济领域的经营性财政资金转为股权投资等有偿方式，择优选择部分股权投资平台，负责股权投入资金所形成股权的管理和投资运作，推动财政创新和国有资产保值增值。希望各市在这项工作上先行先试、积极探索。三是注重财税信息公开。财政部门要积极稳妥推进预决算公开和“三公”经费公开，坚持既接受社会的监督，又注重公开的方式、方法和可行性，做到既主动回应社会关切，又避免政府工作陷入被动。税务部门要加强纳税服务平台建设，为纳税人提供更优质的办税、咨询、辅导等原务。通过加强信息公开，努力构建“阳光财政”、“阳光税务”，主动接受社会公众的监督。四是实行资金分期拨付。在收入增长放缓的情况下，必须加强国库库款的调拨管理，更加注重支出的重点和节奏，分清轻重缓急，优先保重点、保民生、保运转，根据进度拨付财政资金，尽量使更多的暂时不用的残留在国库、掌握在“手里”，增加回旋的余地，把握工作主动权。要建立健全专项资金分期拨付工作制度，各部门在申请专项资金和制定资金使用计划时必须提供资金分期安排计划，财政部门以此为依据进行审核、分期拨付和绩效评价，强化对资金使用的监督和控制。

（四）增强责任性，集中财力确保十件民生实事如期保质完成

越是在经济下行压力加大的时候，越要重视解决困难群众生产生活问题，全省各级党委、政府必须把民生改善摆到首要位置，集中财税资源，勒紧裤带保民生。一方面力保资金按时到位。就目前的民生支出情况看，省一级的资金到位情况是好的，但各市配套资金参差不齐。特别是全省十件民生实事落实进度不均衡，支出进度慢于时间进度的地市多达11个，按小丹省长要求，请省财政厅抓紧把各市资金落实情况和发出进度进行汇总、统计、列表，细化工作方案、分解目标任务，加快解决问题。省财政要重点保障资金拨付，并加强对各地支出过度的考核、通报，特别要督促有关市县抓好配套资金保障。另一方面优先保障民生重点。民生社会事业关系千家万户，与人民生活紧密相关。各地要切实采取措施，严格控制行政经费和新增支出，把节省下来的钱用在保障民生上，多干为弱势群体“雪中送炭”的事。要突出民生重点，狠抓保障性住房、就业社保、医疗卫生服务等重点领域，确保解决人民群众最直接、最现实、最迫切的民生问题。各市要加大对财力困难县（市、区）的指导帮扶力度，帮助缓解基层资金困难，确保民生实事落实。

（五）增强严肃性，狠刹铺张浪费之风，实施最严格措施控制新增支出

在一定意义上讲，节支是另一种形式的增收。特别在增收困难和支出刚性并存的严峻时期，全省各级党委、政府及各有关部门，尤其是财税部门必须下定决心，实行最严格的支出控制政策，实行“压、控、减”并举，狠刹铺张浪费之风，同舟共济、共渡难关。一是“压”，大力压缩行政性支出。各级政府部门要牢固树立“过紧日子”的思想，坚持压行政、保民生，确保公务购车和用车、会议、公务接待、党政机关出国（境）、办公等经费“零增长”甚至“负增长”。从2012年7月1日起，省直行政事业单位公用经费包括省领导专用经费均按5%压支。各地要参照省的做法，尽快制定实施压缩行政性支出措施。二是“控”，严控新增支出。要严格按照人大批准的预算执行，增强预算执行刚性，切实解决预算执行中随意追加、变更频繁的问题。省政府决定，今年下半年，除中央和各级党委、政府确定的重大支出项目外，原则上不再新增安排支出，党政机关所有新增的开支一概不批。严控博览会、研讨会、庆典、画册、刊物等临时性开支，做到可花可不花的不花、可办可不办的不办，虽然重要但不是十分紧急的，延迟或分期分步骤推进。三是“减”，财政支出必须有所为、有所不为。结合转变政府职能深化行政审批制度改革，切实把政府“越位”的支出减下来。同时，要制定实施具体可行的措施，切实规范公务接待，坚决制止公款“大吃大喝”和送礼行为。

四、全面加强财税干部队伍建设事业

事业是由人来干的，做好全省财税工作，必须全面加强财税干部队伍建设，努力培养造就一支大局意识强、综合素质高、业务技能精、工作作风好的干部队伍。这里，我对全省各级财税干部提四点希望，就是做到“四个注重，四个提升”，并与大家共勉：

一是注重学习，提升素质。每一位财税干部都要把学习作为一种工作责任、一种生活态度和一种精神追求，持之以恒地抓好学习。要坚持学习中国特色社会主义理论体系、深入研究分析国内外经济形势，增强从全局和战略的高度认识看待和推动财税工作的能力，树立大局意识。要加强财税理论知识和业务技能学习，探索做好财税工作的新思路和新方法，提升工作水平。既要熟悉财税本职工作，又要对经济社会发展的各个方面有深入了解，不断增强财税干部的综合素质。二是注重历练，提升能力。要牢固树立实践观点，增强实干意识，注重在实践中积累经验，在历练中增长才干，财税干部既要肯干、敢干，更要会干、善干，才能落实好事关财税改革发展大局的每一项任务。要加强基层与机关、机关内部不同岗位的交流锻炼，特别是各级财税领导要重视培养年轻干部，多交任务、多压担子，帮助年轻干部提升业务水平和工作经验，增强分析问题、解决问题的实际能力。三是注重作风，提升形象。要力戒形式主义、繁文缛节，当好“铁算盘”，资金该花就花得有效，能省就坚决省下来。要树立正气，敢于坚持原则，就算被称“铁公鸡”，也要不怕得罪人。要切实增强服务意识和公仆意识，主动深入基层、深入群众，加强调查研究，真诚倾听群众呼声，真实反映群众愿望，真情关心群众疾苦。全力为基层办事，对于可办可不办的，只要不违反原则，都要向办的方向考虑，尽力为基层为群众解决实际难题，对于一时不能解决的，要具体说明原因，做好解释工作。四是注重清廉，提升品格。要时刻紧绷廉洁从政这根弦，牢固树立法律和纪律意识，防微杜渐、警钟长鸣，做到两袖清风、清廉从政，珍惜人民创造的每一笔财富，决不贪图财税的一分一厘。要坚持做到决不搞权钱交易、决不干预插手任何工程项目、决不插手任何政府采购、决不为“人情审批”开绿灯，坚持干干净净做事、堂堂正正做人、清清白白做官。总之，希望大家时刻敲响警钟，守住清廉的底线，无愧于党和人民，也无愧于自己。

在全省发改　财政系统学习贯彻省委全会精神工作会议上的讲话（节选）

省委常委、常务副省长　徐少华

（2013 年 1 月 18 日）

一、充分肯定全省发改、财政系统所付出的辛勤劳动、所作出的重要贡献、所取得的积极成效

2012 年，面对复杂严峻的国内外经济形势和稳增长、调结构的双重压力，我省紧紧围绕主题主线和加快转型升级、建设幸福广东的核心任务，认真贯彻国家宏观调控政策，深入实施《珠三角规划纲要》和“十二五”规划，经济社会发展总体呈现稳中有进态势。初步核算，全省实现地区生产总值 5.7 万亿元，增长 8.2%；人均生产总值达 5.4 万元，增长 7.4%。来源于广东的财政总收入和地方公共财政预算收入分别达 14 724 亿元和 6 228 亿元，增长 7.7% 和 13.0%。

这些成绩的取得，是全省上下共同奋斗的结果，这其中，全省发改、财政系统在省委、省政府的正确领导下，认真履职尽责、狠抓工作落实，在稳增长、调结构、促改革、惠民生、保稳定等重要方面，付出了宝贵心血和辛勤汗水，为全省顺利完成经济社会发展各项目标任务作出了积极贡献。主要体现在四个方面：一是有效促进经济稳定增长。狠抓稳定投资这个关键，大力推进重点项目建设，顺利完成4 000 亿元的重点项目建设目标。统筹安排2012－2014 年各项资金近 1 600 亿元，重点支持扩大内需和产业转型升级等。二是有力推进转型升级。大力推进现代产业 500 强项目建设，以核心技术攻关和产品推广应用为重点加快发展战略性新兴产业，现代产业体系建设成效突出。三是着力深化重点领域改革。大力推进投资体制改革、医药卫生体制改革，财政体制改革以及粮食流通体制改革。同时，积极推进社会信用体系建设，研究制定建设法治化国际化营商环境五年行动计划。四是切实保障和改善民生。以增进民生福祉为目标，不断加大财政对保障和改善民生的投入，全省各级财政民生支出共完成 4 781.2 亿元，增长 12.8%，占全省支出的 65.8%，确保了十件民生实事的顺利完成。

总之，去年全省发展改革、财政系统各项工作取得了显著成绩，为我省实现经济平稳健康发展作出了重要贡献，值得充分肯定。受胡春华书记、朱小丹省长的委托，我谨代表省委、省政府，向全省发改、财政系统的广大干部职工表示衷心感谢和崇高敬意!

二、迅速贯彻省委十一届二次全会的部署，全力推动各项任务落到实处

今年是全面贯彻落实党的十八大精神的开局之年，是实施“十二五”规划承前启后的关键之年，是为全面建成小康社会奠定坚实基础的重要一年，做好今年工作十分重要。发改、财政部门作为政府系统的综合管理机构，既是党委、政府的参谋助手，也是重要的决策执行部门，对推动经济社会发展各项任务的落实发挥着十分重要的作用，在我省实现“三个定位、两个率先”总目标的征程中，必须要自加压力、振奋精神，立更高要求、有更大作为。当前尤其要贯彻落实好省委十一届二次全会部署，扎扎实实做好各项工作，要切实做到以下“三个把握”：

（一）学习领会，把握主要精神

学习把握全会精神，要深刻领会习近平总书记对广东提出的“三个定位、两个率先”的重要要求和殷切期望。“三个定位”，就是发展中国特色社会主义的排头兵、深化改革开放的先行地、探索科学发展的实验区；“两个率先”，就是率先全面建成小康社会、率先基本实现社会主义现代化。这是党的十八大精神对广东要求的具体化，是广东今后工作的总目标，更是全省发改、财政系统工作的总纲。因此，全省发改、财税部门要更好履行职责，必须做到胸有大局，纲举目张，以强烈的使命感和责任感推动落实省委、省政府确定的重要工作。

成为排头兵，就经济领域而言，就是要确保经济规模、外贸进出口和财政实力在全国排第一位；假如这三项失去了排第一的地位，排头兵就会失去意义。这是省委、省政府的工作目标，也是发改、财政部门肩负的具体责任。成为先行地，就是要坚持改革开放毫不动摇，继续探索创新、坚定前行。改革开放发轫于广东，在新的历史时期广东要

继续成为深化改革开放的先行地，就要切实抓好经济体制改革、行政体制改革、创新社会管理等重点领域和关键环节的改革；就要进一步扩大对外开放，拓展开放内涵，提升开放水平，积极融入全球经济分工体系。成为实验区，就是要落实主题主线，在探索科学发展新路的过程中要有新举措、新作为、新成效。实现两个率先，首先要率先全面建成小康社会，为率先基本实现社会主义现代化打下更加坚实的基础。为此，省委要求，在提前实现生产总值和城乡居民人均收入两个翻一番目标的同时，全省各市人均生产总值也要达到全国平均水平。省发改、统计等部门要深入研究、具体协调各市列出时间表，确定年度发展任务和实现追赶目标。

（二）结合目标，把握任务重点

要牢牢把握稳中求进这个总基调，结合发改、财政系统的实际和工作职责，今后一个时期要着力抓好以下重点工作：

一是保持经济持续健康发展。确保广东经济规模和财政实力在全国排第一位，继续对国家作出积极贡献，必须以较快的增长保经济规模，以较好的质量保自身实力，以较强的投资保发展后劲。珠三角地区要通过调结构加快发展，否则就没有核心竞争力；东西北地区要在加快发展中调结构，否则结构优化也没有生命力，步子迈不开、规模上不去，落后始终被动应付。珠三角地区在主攻产业转型升级中，不应失去发展速度和经济规模，东西北地区在主攻跨越发展中，不应重蹈粗放增长的老路。

二是发挥骨干企业的主力军作用。企业是市场经济的主体，是转型升级的主体。特别是骨干企业，是抗风险、强实力的主力军，是地区竞争力所在。为此，我省要形成自己的综合实力，就必须培育一大批具有核心竞争力、经营规模超100亿元、500亿元、1 000亿元的企业集团。要加快出台企业投资指导目录以及财政税收配套支持的相关政策，全力推动和促进民间投资，做大做强做优一批骨干企业尤其是民营企业。

三是加快重点项目特别是基础设施项目建设。重点项目既是立足当前保持经济规模的重要抓手，也是着眼长远提高增长质量的重要依托，特别是基础设施项目事关我省营商环境的改善、区域协调的增强，一定要摆在重要位置抓紧抓好。尽管前两年重点项目建设进展顺利，但仍然没有达到时间和进度同步的要求。“十二五”后三年共安排基础设施建设项目448个，总投资2.7万亿元，需实际投入1.3万亿元。时间紧、任务重，这些担子主要落在全省发改、财政系统的同志们身上，对此必须要有清醒认识和责任担当。特别要把现有跨省的21个铁路、高速公路项目作为加快基础设施建设的重中之重，全力加快推进。推动重点项目建设，要抓住前期审批、资本金筹措、土地规模与指标确定、征地拆迁、维护稳定等关键环节，攻坚克难、过关斩将。对前期工作，要重点做好项目规划选址、用地预审、环境评估、节能评估、社会风险评估和最终审批等方面工作。今年4月要召开全省高规格的工作会议，希望各地、各部门从现在开始就要做好充分准备，加快推进相关工作，确保重点项目如期推进、加快推进。

四是全力实现全省区域协调发展。目前，全省在GDP总量中，珠三角占79%，东西北地区仅占21%；在财政收入中，珠三角占85.18%，东西北地区占不到15%；在外贸进出口中，珠三角占95.9%，东西北地区仅占4.1%；在固定资产投资中，珠三角占72.4%，东西北地区仅占27.6%。在21个地市中，GDP总量未过1 000亿元关口的有7个，地方财政收入总额未过50亿元关口的有5个，人均GDP未达到全国平均水平的有12个，区域发展不平衡问题十分突出。但我们也要辩证认识这一问题，这既是广东经济社会发展最大的现实问题，也是经济社会持续发展的广阔空间和潜力所在。今年省里将安排有关部门对此作专题研究，花更大力气推动全省区域协调发展，发改、财政部门也要同步考虑相关问题。要从成就不足、目标任务、主体责任、对口帮扶、规划布局、产业园区、基础设施、城区扩容提质、配套政策、工作保障等方面着手，加快形成一套切实可行的政策体系。

五是全力推进重点领域改革。当前改革已进入攻坚期和深水区，要努力成为深化改革开放的先行地，就要敢于啃硬骨头、敢于涉险滩，力争在重点领域改革上取得新突破。除按省委、省政府改革总体规划推进外，还要重点推进以下三项工作：一要加快融入信息化浪潮，用信息化手段推动政府职能转变，推动建立全省政府系统的电子政务系统。加快完善网上办事大厅，今年内要确保连通至县（市、区）一级，确保省属部门审批事项网上办理率达到70%，社会事项网上办理率达到60%。要进一步研发推出手机版、iPad版的网上办事平台。同时，完善和推广全省政府电子政务系统，全面实现文件电子传输。请省财政厅重视此项工作，在资金上给予必要支持。二要努力解决好群众看病难看病贵问题，推进医药卫生体制改革。发改、财政在此任务上要发挥更大的综合协调作用，坚持“两条腿”走路，一方面运用市场机制解决大病保障问题，另一方面要全力推进“平价医院、平价诊所、平价药包”服务项目。三要发挥财政杠杆作用，实行财政资金投入管理机制改革。把财政资金用实、用好、用在刀刃上，重点要在增量上做文章，抓好两头：一头是对投向民生、社会领域的资金，要抓好门槛准入和绩效评估两个关键点；另一头是对投向经营性领域的资金，要试行采取股权管理方式，形成良性循环，最终积累为政府性资产。

六是创新资源配置方式。发改、财政部门作为统筹协调单位，直接或间接掌握着规划制定、产业布局、项目核准、财政分配等资源安排的手段。对事关各地经济社会发展重要资源的配置，始终都会涉及公平与效率的问题。在效率方面，要注意使资源向骨干产业、骨干项目倾斜，支持其壮大发展，促进经济发展与结构调整；在公平方面，要公平对待不同所有制企业、不同投资主体的权利，要有利于促进区域协调发展。要建立资源配置评估机制，并在分配方式上，坚持公开公平公正。同时，逐步引进市场方式配置资源，进一步研究试行碳排放权交易、排污权交易、水权交易、上下游污染的补贴等市场机制，改革过去靠审批取得资源的路径。

七是切实保障和改善民生。做好民生实事是践行全心全意为人民服务宗旨的具体体现，也是发改、财政部门的主要职责之一。今年省财政将投入接近600亿元，全省各级财政投入1 500多亿元，集中力量办好十件民生实事。在这一工作过程中，既要同步部署完成全省十件民生实事，又要更多尊重和支持下级政府财力安排的自主权，允许各地根据实际情况积极实施更需要的民生实事项目，特别是对经济欠发达地区，在保证任务落实的前提下，允许增加工作弹性。

（三）强化责任，把握薄弱环节

当前，我省经济面临发展的机遇很好，但挑战也很多；基础很好，但问题也不少；有利因素是多方面的，但困难也会接踵而至。发改、财政部门是经济工作的核心部门，必须充分掌握全省经济的运行情况和态势，应该在知实情、出实招、求实效方面发挥更大作用。就项目建设而言，要把握和主攻好以下薄弱环节：一要招商引资抓项目。招商引资是稳定投资促进增长的重要抓手，无论是广州、深圳发挥辐射带动作用、珠三角其他市调整提升产业结构，还是东西北地区实现跨越式发展，都离不开招商引资这个“牛鼻子”。抓住重大项目，才能纲举目张，调动各方力量。二要前期工作抓审批。前期工作最终落脚点是审批核准。当前国家和省都在深化改革，推动行政审批权限逐步下放，全省各地都要紧抓机遇，推动相关项目加快获批；省发改等部门也要创造条件，主动帮助各地加快推进。三要杠杆作用抓资金。财政部门要安排必要的资本金和配套政策等，在重点项目建设中发挥好杠杆作用，以此带动其他资金的投入，保证项目落地和计划进度。四要推进上马抓征拆。征地拆迁是项目建设的一个瓶颈，但绝不能成为项目进度慢的理由。要更多依靠基层干部、依靠基层群众，切实组织做好征地拆迁工作，加快推进项目开工建设。同时要注意保护群众的合法权益、防范稳定方面的风险。五要力促完工抓效益。既要推动项目加快批准建设，又要力促项目完工，确保建成一批、投产一批，使项目发挥应有效益。比如广业公司负责在全省建了30多个污水处理厂，现在已经全部建成投产，希望各市发改、财政部门抓紧组织做好工程验收结算，保障各污水处理厂正常运转。

三、发扬实干精神，强化队伍建设

事业靠人，人靠精神。从事一份工作，肩负一份责任，发改、财政系统的广大党员干部特别是在座领导同志，要坚持做到为民、务实、清廉，认真履职、不辱使命、不负重托，努力铸就一支实干队伍，以实干精神推动发展。借此机会，我提三点要求，与大家共勉：

（一）转作风为基层为群众

转变作风的核心点就是为基层、为群众。要注重维护和增进人民群众的福祉，主动帮助解决基层提出的问题。对基层提出的事项，可办的要加快办，不可办的要耐心做好解释，可办可不办的要往办的方向作努力。当前我省正在加快转变政府职能、深化行政审批制度改革，发改、财政系统对自身掌握的行政审批事项，要坚持做到已放的绝不能收回，没有放的要注重服务与效率，可放可不放的要以自我革命的勇气，加大力度向下级和社会放权。

（二）重实干奋发作为

实干就是谋事要实、执行力强，埋头苦干、实效检验；就是要发扬“老黄牛”的精神，以一点一滴的辛勤付出汇聚成滔滔江水的巨大力量，以奋发有力的实际行动展现人民公仆甘于奉献的实干形象。

（三）严自律两袖清风

发改、财政系统的干部管财、管物、管工程，尽管有法规、有制度，但也有漏洞，必须警钟长鸣、防微杜渐，约束自己、廉洁履职，始终做到一身正气、两袖清风，共同弘扬风清气正、干净干事的良好氛围，这既是对党和人民事业的忠诚，也是对自己身心健康和家庭幸福的爱护。

全面贯彻落实党的十八大精神
不断提升财政服务全面建成小康社会能力水平

——在全省发改财政系统学习贯彻省委全会精神工作会议上的讲话（节选）

广东省财政厅党组书记、厅长　曾志权

（2013年1月18日）

一、2012年全省财政收支基本情况

2012年，我省财政收入在面对严峻经济形势和结构性减税双重压力下，保持了平稳增长。据快报统计，2012年来源于广东财政收入完成14 724亿元，同比增长7.73%；全省地方公共财政预算收入完成6 228亿元、同比增长12.96%，支出完成7 267.70亿元、同比增长8.21%，总体运行情况良好。

收入方面，呈现“总量领先、低速平稳、协调增长”的特点：一是总量领先。地方公共财政预算收入连续第22年居全国首位。从地市看，共有9个市收入超100亿元，其中，惠州市从2006年至2012年两度翻番，首次突破200亿元。二是低速平稳。全年增幅比上年大幅回落9.14个百分点，是1994年分税制改革以来的次低点，转入了平缓增长期。各市增幅总体平稳，有7个市增幅超过20%，最高的汕尾市达到25.61%；有7个市增幅低于全省平均水平，最低的清远市仅为3.04%。三是协调增长。东西两翼、粤北山区与珠三角增长率分别为17.79%、16.43%、11.83%，财力比例从上年的8.7：11.7：79.6转为9.1：12.0：78.9。全省67个县（市）公共财政预算收入占全省比重提升至8.74%，比上年提高0.26个百分点。

支出方面，呈现“进度均衡、结构优化、节支有力”的特点：一是进度均衡。2012年第四季度支出占全年比重较上年低7.58个百分点，各季度支出占全年支出比例从以往的2：2：2：4调整为2：2：3：3。二是结构优化。全省财政民生支出占全省支出的比重达65.79%，比上年提高2.7个百分点。三是节支有力。通过实行最严格的控制支出措施，省级预算用于维持政权运转的经费支出比重从2006年的25.04%降至8.8%。

二、2012年财政工作基本情况

2012年，全省各级财政部门认真贯彻省委、省政府决策部署，全面落实“稳定增长、促进转型、平衡收支、厉行节约、保障民生”各项政策措施，取得较好成绩。一是着力抓收入。从年初开始，全省各级财政部门就主动发挥牵头协调作用，加强与国税、地税等征收部门联系沟通，挖掘增收潜力，圆满完成全年收入目标任务。二是着力促转型。省财政统筹资金支持经济发展，并运用投资、补贴等多种政策手段，有力地落实了省政府稳增长调结构惠民生各项措施。三是着力惠民生。全省各级财政部门共投入十件民生实事资金1 649.81亿元，超额完成年初预算。惠州市率先开展基本公共服务均等化综合改革试点，全年财政民生支出近100亿元。四是着力促协调。探索建立生态保护补偿机制，省财政安排用于生态补偿资金达7.57亿元（其中中央3.07亿元），落实县级基本财力保障机制，全省县级基本财力保障水平达到年人均7.6万元以上。省财政预算安排用于民生和均衡区域基本公共服务水平的支出比重达78.12%，比上年提高了0.41个百分点。五是着力推改革。稳步推进了为民办事征询民意、竞争性分配、第三方绩效评价、政府购买社会服务等近20项改革和创新性工作，取得了较好成效。六是着力抓队伍。认真落实“四个主动接受监督、四个决不”的要求，加强党风廉政建设，规范权力运行，大力开展治庸问责，培育财政服务文化，财政执行力进一步提升。

去年10月8日，汪洋同志亲自到我厅视察指导工作，对近年来财政工作作出了“胸有全局、工作主动、锐意创新”的充分肯定。胡春华书记、朱小丹省长、徐少华常务副省长对全省财政工作十分重视，直接给予指导，寄予很大期望。

我省财政工作取得一定成绩，但依然面临加快转型的困难和挑战，主要体现在：一是财力弱化更加突出。我省虽是财政大省，但也是财力弱省，多年来收入增幅低于全

国和江苏、山东等东部省市，公共财政预算收入占全国比重已从2000年的1/7降至1/10，与排名第2的江苏收入差距缩小至367亿元。2011年人均财力已降至全国第20位，如果剔除深圳则下滑至第27位。二是财政收入质量下滑。我省省级税收收入比重一直保持平稳水平，但部分地区非税收入近年来增速过快、比重过高，影响全省财政收入质量，全省税收收入比重已从2008年的86.5%降至81.5%，虽高于全国，但低于江苏0.1个百分点，4年下降了5个百分点。三是县域财力薄弱。2012年全省67个县（市）公共财政预算收入仅占全省的8.74%，县域人均公共财政预算收入（1 218.15元/人，按常住人口计算，下同）不到江苏（5 082.15元/人）的1/4、浙江（4 037.18元/人）的1/3。四是区域间财力仍不平衡。2012年珠三角地区公共财政预算收入总额占全省市县级收入总额的78.9%，东西两翼和粤北山区仅分别占9.06%和12.04%，珠三角地区公共财政预算收入总额分别是东西两翼和粤北山区的8.7倍和6.6倍。五是财政民生投入不断增加，但仍存在越位、缺位、错位的问题，财政供给范围过宽、包揽过多。六是财政促产培财的方式有待转变。长期以来形成的直接投资项目、过分依赖政府财政投资的模式，与新的形势要求已不相适应，在培植税源、促进转型方面还需研究创新。七是财政管理“重分配、轻管理”和“重使用、轻绩效”情况依然存在，预算安排“基数加增长”，部门肢解财政、固化财力分配、促发展资金使用分散的状况难以改变。以上问题需在今后工作中通过不断深化改革努力予以解决。

三、今后工作意见

党的十八大和刚刚结束的省委十一届二次全会为当前及今后一段时期工作指明了方向，明确了目标，并对财政工作提出了具体要求；待会徐少华常务副省长将作工作部署。下一步，我省各级财政部门将“干”字当先，紧紧围绕主题主线和加快转型升级、建设幸福广东的核心任务，坚决贯彻落实好中央和省委、省政府各项决策部署，统筹财力安排，服务科学发展，切实把“三个定位、两个率先”的总目标落到实处，为全省经济社会发展提供坚实财力保障。

（一）今后一个时期财政工作总体思路

今后一个时期，重点是要做到“六个坚持、六个确保”：

“六个坚持”，即坚持“胸怀全局”的工作理念，切实服务好党中央和省委、省政府的各项决策部署；坚持“稳中求进”的工作总基调，坚持有所为有所不为，确保我省经济社会发展“稳”有保障、“进”显成效。坚持“以人为本”的工作原则，加大保障和改善民生工作力度，加强和创新社会管理；坚持“加快转型”的工作路径，继续在理财模式、工作理念、投入机制、管理手段等方面加快转型；坚持“锐意创新”的工作方法，用改革破解前进中的难题，以创新开创发展的新局面；坚持“主动服务”的工作作风，未雨绸缪，“主动买单”，把握工作主动权。

“六个确保”，一是确保省委、省政府中心工作落实到位。省委十一届二次全会明确提出了今年的工作目标，必须立足全局，突出重点，努力保持工作的连续性和稳定性，确保省委、省政府的决策部署前瞻性地落实到财政预算安排中。各级政府和财政部门要突出抓好增收节支，从年初一开始就要抓好收入工作，加强财税部门沟通联系，依法征收，应征尽收。二是确保财政收入实现可持续增长。近年来中央和我省不断出台新的增支政策，为确保省委、省政府重大决策部署和民生政策落实，必须确保财力的可持续增长，提供有力的资金保障。为此，必须改进市场经济条件下税源培植方式，转变观念，着眼长远，改变过去直接投资项目、过分依赖政府投资的模式，发挥财政杠杆作用，充分运用贴息、补助、风险投资、股权投资等手段，为企业发展壮大创造更好的环境，实现财政可持续增长。三是确保保障和改善民生。扎实推进基本公共服务均等化，扩大基本公共服务均等化综合改革试点，落实十件民生实事，使我省民生工作取得看得见的进步，让老百姓得到实实在在的好处。2013年预计省财政将投入592亿元、全省财政投入1 500亿元以上落实新十件民生实事，各地要及时足额落实配套资金，加快资金拨付进度。同时，要进一步明确市县政府基本公共服务事权和责任，建立各项民生保障支出随物价指数同比上涨的机制，确保基本公共服务支出增长适当高于公共财政预算收入增长。2013年全省财政初步安排民生资金5 367亿元，占公共财政预算支出的比重达71%，比2012年提高5.2个百分点。四是确保财政杠杆作用的有效发挥。发挥财政杠杆作用，促进转型升级，推进经济结构战略性调整，提升我省产业核心竞争力。针对我省投资力度不足的短板，创新投融资体制，统筹用好财政基建资金、地方政府债券资金、新增省级水利、交通融资平台等，支持我省重大基础设施建设。按原计划，经初步测算，“十二五”全省交通、水利基础设施建设计划投入8 000亿元，其中省财政要投入1 600多亿元，市县财政也要相应安排资金，促进我省经济持续平稳增长。支持培育一批具有核心竞争力的100亿元、500亿元、1 000亿元规模的企业，支持电子商务、工业设计、物联网等新兴产业和新型业态发展，培育法治化、国际化营商环境，落实支持企业自主创新的财税政策，提升企业技术水平。促进生态文明建设，扶持节能环保、休闲旅游等幸福导向型产业发展。2013年省财政初步计划安排产业发展、科学技术、商业服务业等经济结构战略性调整重点领域资金163亿元。五是确保区域城乡发展差距不断缩小。继续完善落实激励型财政机制、县级财力保障机制、生态保护补偿等政策措施，进一步加大对提高农村和粤东西北地区公共服务能力的支持力度，并研究制定促进产业转移园区扩能提质和劳动力培训转移新路径的政策措施，探索建立产业转移共建共享长效机制。推动城乡发展一体化，积极稳妥推进城镇化，落实农村基层组织工作经费保障制度，开展新一轮扶贫“双到”工作，支持构建新型农业经营体系，促进农民增收。六是确保财政改革继续走在全国前面当好排头兵。要坚持大胆创新，加快财政信息化建设，不断推进预算编制、执行、资金分配和监督评价等各环节管理改革，打造财政支出稽核系统，确保国库资金安全，调整完善省以下财政体制，探索构建地方税体系，促进地方财力与事权相匹配，支持基本公共服务均等化和主体功能区建设。

（二）2013年财政工作重点

2013年，重点抓好以下六个方面的工作，做到“六个突出”：

1. 突出做好预算编制，统筹财力安排。目前来看，财政收入将继续平缓增长，通过收入高速增长增加财力来支撑新增支出的格局难以为继，而各项支出特别是民生支出刚性增长，因此必须科学合理编制预算，定好收入目标，按轻重缓急作好支出安排。收入方面，2013年初步计划全省公共财政预算收入按可比增长10%安排，省级按可比增长9%安排。我们认为，这个目标经过努力是可以实现的。各地也要按全省增长10%的目标，结合实际确定全年收入增长目标。支出方面，今年中央和我省陆续出台多项民生增支政策，现已知道要出台新增支出的项目主要有：(1) 按照10%的标准继续提高企业退休人员养老金，省级需增支12亿元，市县需增支78亿元（所需资金全部从养老保险基金中安排）；(2) 新农合和城镇居民医保补助标准从每人每年240元提高到280元，省级需增支23亿元（其中8亿元在2013年超收收入中安排），市县需增支12亿元；(3) 城乡居民养老保险基础养老金从55元提高到65元，省级需增支4.05亿元，市县需增支5.53亿元；(4) 建立山区和边远农村义务教育教师岗位津贴制度，省级需增支13亿元，市县需增支7.48亿元；(5) 基本公共卫生服务补助资金从人均25元提高到30元，省级需增支1.69亿元，市县需增支1.69亿元；(6) 城乡义务教育生均公用经费标准小学每生每年提高200元，初中每生每年提高400元，省级需增支14亿元，市县需增支5.6亿元。落实好民生政策是财政工作的重要任务，以上民生增支政策请各地政府和财政部门认真研究，提前做好测算分析工作，在编制2013年预算工作中确保足额安排，不留缺口。

2. 突出提高收入质量，确保可持续发展。2012年我省税收收入占公共财政预算收入比重为81.5%，总体仍处于较好水平，但部分地区非税收入比重过高的问题比较突出。全省21个地级以上市有10个市非税收入比重超过30%，有3个市超过40%，最高的茂名市达43.6%；全省121个县（市、区）有56个非税收入比重超过30%，有23个超过40%，最高的高州市达48.3%。财政收入质量下降不仅是财政工作问题，更反映了深层次的经济发展质量问题。对此，各地必须高度重视，保持清醒头脑。一方面，要规范非税收入征管，依法征收，决不能收“过头费”。另一方面，必须杜绝人为调控非税收入入库现象，不得随意将不应纳入预算管理的收入纳入预算管理，也不得为完成年度收入任务，采取变卖国有资产（资源）等手段“制造”一次性非税收入入库，虚增财政收入。省财政将视具体情况对公共财政预算非税收入占比过高的市、县进行核查，对违规行为将予以通报批评。

3. 突出保障改善民生，推进基本公共服务均等化。要把民生优先作为制度安排、政策设计、资金投入的原则要求，既要为社会发展锦上添花，更要为弱势群体雪中送炭。同时，结合国家基本公共服务体系“十二五”规划，做好我省规划纲要修编和实施工作，各地也要加强规划纲要实施组织领导和工作督导，引入第三方考评机制，强化绩效考评，逐步公布考评结果。在推进面上工作的同时，深化均等化综合改革试点，通过示范带动，加快全省均等化步伐。

4. 突出深化财政改革，创新工作机制。当前财政改革进入“深水区”，必须进一步解放思想、大胆探索。总的来看，要从以下四个层次、分四类推进改革：第一类改革，是多年来持续推进、需继续深化的改革事项，包括部门预算、国库集中支付、政府采购、“收支两条线”管理、财务核算信息集中监管、预算执行动态监控、财政监督、绩效评价、试编权责发生制政府综合财务报告等，在部分市县仍存在进度不均衡的问题，必须迎头赶上，加快推进。第二类改革，是已经开展、需加大力度实现重大突破的改革事项，包括基本公共服务均等化综合改革、财政资金竞争性分配、第三方绩效评价、为民办事征询民意、政府购买社会服务等，试点地区要抓紧总结经验，各地要进一步加大改革力度，尽快取得实质性进展。第三类改革，是近期启动或即将启动、需积极探索推进的改革事项，主要包括：一是营业税改征增值税试点，要及时评估总结试点后的情况，落实好过渡期财政扶持政策，做好宣传引导和政策解析，研究扩大试点后对财力影响等有关应对措施；二是深化预算编制改革，要进一步细化预算编制，完善定员定额标准体系和预算编制征询意见机制，开展重点部门预算编制审议工作；三是加大预算信息公开力度，省级今年将率先试行将部分专项资金和基本建设项目预算信息向社会公开，各地也要积极稳妥扩大预算信息公开范围；四是建立健全财政预算指标和资金支付稽核系统；五是探索省财政经营性资金股权投资管理改革。第四类改革，是财政自身改革事项，包括完善财政法律制度体系，健全财政立法和规范性文件集体审议、征询民意、专家论证机制；深化行政审批制度改革；继续抓好专项资金清理整合工作；完善财政专家咨询机制；推进财政大数据战略实施；加快推进“金财工程”建设，形成改革的有力支撑等。

5. 突出重大政策研究，当好参谋助手。财政是政府工作的延伸，必须牢固树立“为政理财”的意识，在重大经济和产业结构调整、重大决策中前瞻性地提出意见建议。当前建议重点研究以下工作：一是培育新型产业形成新业态。重点研究发挥财政杠杆引导作用，催生一批新型产业业态，培育一批引领未来发展的大型骨干企业。二是转变促产培财方式。重点研究创新财源培植方式，将财政支持经济的重点从直接投入项目向加强基础设施和发展平台建设转变。三是探索构建地方税体系。四是新时期加快推进

"双转移"。重点研究从重"量"向重"质"转变，促进产业转移园区扩能提质，提高劳动力培训转移水平。五是支持收入分配制度改革。六是支持生态文明建设。重点研究提高完善制度安排，处理好发展和保护的关系。以上工作关系全局、影响深远，需深入研究并提前做好财力安排。

6. 突出加强队伍建设，提升工作执行力。必须把干部队伍建设摆到更加重要的位置，强化思想教育，引导干部树立正确的世界观、权力观、事业观，选好用好干部；深入推进党风廉政建设，强化内控机制建设和监督问责，完善阳光分配办法，减少自由裁量权，强化对财政专项资金在系统外再分配的监管，强化廉政风险防控，切实筑牢反腐防线。

四、切实抓好岁末年初的工作

新春佳节将至，各级财政部门要妥善安排好岁末年初的工作：

一是切实保障好困难群众基本生活，及时足额发放城乡居民基本养老金、失业保险金及困难群众救助资金和优抚对象抚恤补助金，及早发放困难群众春节一次性生活补贴，确保他们过上一个欢乐祥和的春节。

二是编好2013年预算，严格控制一般性支出特别是"三公"经费支出，确保各项民生政策增支资金落实；并抓好预算执行，制订预算资金用款计划，及时拨付资金，对预算中拟安排的项目资金，要及早论证审核。

三是严格执行改进作风和加强廉洁自律各项规定，认真贯彻落实十八届中央政治局《八项规定》，从简安排节日期间各种活动，严禁公款相互走访、送礼和宴请，严禁以各种名义滥发津贴、补贴、奖金、实物，严禁以各种名义跑关系、拉人情、要政策、争资金。

在全省财政工作会议上的讲话（节选）

省财政厅党组书记、厅长　曾志权

（2013年1月19日）

一、关于2013年的几项重点工作

昨天，徐少华常务副省长对2013年财政工作提出了明确要求，指出要迅速贯彻全会部署，全力推动任务落实，包括学习领会，把握主要精神；结合实际，把握任务重点；强化责任，把握薄弱环节，并强调重点要抓好七个方面的工作，包括保持经济平稳较快发展、发挥骨干企业的主力军作用、加快重点项目特别是基础设施建设、努力实现全省区域协调发展、全力推进重点领域改革、创新资源配置方式、切实保障和改善民生等。我也就今后一个时期和2013年财政部门如何充分发挥财政职能，切实服务好省委、省政府工作大局讲了几点意见。各地要认真抓好贯彻落实，这里，我对2013年的工作再具体强调几个问题。

（一）进一步认清形势把握工作定位

当前，世情、国情、省情都继续发生着深刻变化，我们各项工作面临的发展机遇和风险挑战也前所未有，对此，昨天下午徐少华常务副省长作了深刻的分析。我们必须认清形势把握工作定位。目前我省财政的现状，可以用"财政大省、财力弱省"来形容，具体体现在几个方面：一是财政总量大，人均财力弱。我省是全国财政收入第一大省，但人均水平低，按常住人口计算，2011年我省人均公共财政预算支出6 390元，比全国地方平均水平低528元，比东部地区平均水平低1 394元，排在全国第20位（如果剔除深圳则下滑至第27位）。二是县域财力弱。2012年我省县域（不含区）人均公共财政预算收入和支出分别为1 218元和3 151元，而同期同属东部地区的江苏省为5 082元和6 507元，浙江省为4 037元和5 536元。2012年我省公共财政预算收入低于5亿元的县（市）有31个，低于3亿元的9个，而同期江苏省所有县（市）已经超5亿元，浙江省有46个县（市）超过5亿元。在2011年收入规模排全国前20位的县（市），江苏有8个，浙江有5个，而我省只有1个。三是主体税种优势地位弱。从地方公共财政预算收入结构看，我省税收占比和主体税种（指：国内增值税、营业税、企业所得税和个人所得税）占比分别为81.46%和57.23%，在同属东部的粤、沪、苏、浙、鲁、闽6省市中处于中等水平，主体税种优势地位不明显，导致我省财政收入质量存在不稳定的风险。四是财政增长后劲弱。我省虽然已经连续多年位居地方财政收入全国第一，但由于在固定资产投资等方面与兄弟省份的差距，财政收入增长率已多年低于全国平均水平，领先的优势逐渐缩小，"追兵"越来越近。对于以上这些情况，徐少华常务副省长在昨天下午的讲话中，从全局的高度，强调了保持经济规模、财政实力领先全国的重要意义，我们一定要保持清醒头脑，绝不能躺在财政收入总量第一的光荣榜上，切实增强忧患意识，准确把握工作定位，加快在理财模式、工作理念、投入机制、管理方式等方面的转型，积极应对财政工作面临的困难，千方百计抓好收入，不断深化财政改革，继续保持财政实力全国第一的位置，努力当好全国财政工作排头兵。

（二）进一步发挥财政职能稳增长调结构促转型

坚决落实好省委、省政府稳增长调结构促转型各项决策部署，全力服务于省委、省政府工作大局。一是全力以赴促进经济稳定增长。徐少华常务副省长指出，保持经济平稳较快增长是今年财政等综合经济部门首要的任务，要以较快的增长速度确保规模，以较好的增长质量确保效益，以较强的增长后劲确保持续性，并明确近期省里将在进一步加强基础设施建设、培育壮大新型骨干企业、促进区域协调发展等方面作出新的部署，强调了集中财力办大事、优化资源配置等要求。各级政府要发挥主体作用，积极研究，充分发挥现有政府融资平台的作用，加强资金筹措，保持政府投资合理增长，加大对支持基础设施和重点项目建设的投入力度，并注重发挥财政资金的杠杆作用和放大效应，支持培育壮大一批引领未来发展的骨干企业。二是要积极支持经济结构战略性调整，提高经济发展的质量和效益。重点是支持产业转型升级，落实好支持战略性新兴产业发展以及重大发展创新平台建设的政策措施；支持自主创新，促进创新驱动发展。三是要积极推动城乡区域协调发展。要确保各项强农惠农政策落实到位，继续采取有效措施促进农村综合改革，积极配合落实好农村基层组织工作经费保障制度等，促进城乡一体发展。要落实好激励型财政机制、县级基本财力保障机制和生态保护补偿办法，积极推进基本公共服务均等化和支持主体功能区建设，继续推进产业和劳动力“双转移”，促进全省区域协调发展。省里将进一步完善财政转移支付机制，加大对欠发达地区的转移支付力度；欠发达地区也要充分发挥主动性、积极性和创造性，自力更生、艰苦奋斗，力争迎头赶上；对口帮扶关系确定后，珠三角地区要进一步增强先富帮后富的责任感，积极采取措施支持欠发达地区加快发展。

（三）进一步完善预算编制管理工作

当前和今后一个时期，我省财政预算管理工作面临新的形势和挑战。一方面，通过收入高速增长增加财力来支撑新增支出的格局难以为继；另一方面，社会公众对财政资金使用绩效和公开透明的要求越来越高，必须通过深化改革，创新管理办法，提升预算编制管理水平。今年省级预算编制突出了五个方面，即突出民生优先、突出促进转型、突出均衡发展、突出改革创新和突出增强易读性，并以规范性、创新性、公平性为核心，实现“十个进一步”的改革创新。各地也要努力探索，创新预算编制工作，争取全省财政预算编制整体水平再上一个新台阶。重点是做好以下三方面的工作：一是要进一步细化预算编制。围绕提高预算编制的科学化精细化水平，切实加强预算编制基础工作，不断完善基本支出定员定额管理和项目库管理。对于还没有开展部门预算改革的县（市、区），务必尽快推开这项改革。二是要创新预算编制方法。围绕增强预算报告的可读性，进一步探索让预算报告更加易读易懂的方式方法。通过建立完善预算征询意见机制等，提高预算编制的透明度和科学性。三是要进一步加强预算管理。进一步增强预算执行刚性，提高预算严肃性。进一步加强对财政专项资金的整合，集中财力办大事。进一步树立预算绩效管理理念，建立全过程预算绩效管理机制。此外，昨天下午的会议上我已经提到，今年财政减收增支因素较多，中央和我省陆续出台多项民生增支政策，各地编制预算必须统筹财力盘子安排，确保足额保障，不留缺口，保障各项民生政策落实到位。

（四）进一步提高财政收入质量

财政收入质量是反映经济发展效益的重要指标。虽然我省税收收入占公共财政预算收入比重总体仍处于较好水平，但从收入质量变化和局部地区情况来看，税收占比下降明显，部分地区非税收入比重过高的问题比较突出。特别是2012年在国内外经济形势严峻、财政增收压力较大的情况下，非税收入增长又有抬头之势，全省有揭阳、惠州、潮州3个市非税收入增长率超过30%。对此，全省各级财政部门必须高度重视。首先，要认识到财政收入质量下降体现的是收入问题，但与支出问题密切相关，必须通过严格控制一般性支出，切实降低行政运行成本，增强财政综合平衡能力，减少非税收入增长需求。其次，要认识到非税收入多数是一次性收入，不具有可持续性，一旦政策上有“风吹草动”，便对整个收入盘子造成极大影响。因此，各地在抓收入上既要坚持依法征收、应征尽收，又不能盲目为了实现增长目标征收“过头税”或充大非税收入。省里正在考虑借鉴兄弟省份的做法，通过财政体制上的设计安排，建立稳定和提高收入质量的长效机制。希望各地在抓收入质量上拿出有力举措，控制非税收入增速和规模，确保财政收入可持续增长。

（五）进一步抓好预算支出进度

我省始终高度重视加强预算执行管理，近年来，通过细化预算编制、及时批复和下达预算、规范追加预算管理、建立健全预算支出责任制度等措施，切实强化了预算执行管理。同时，各预算部门和市县财政也为抓好预算执行工作采取了积极有效的措施。在各方面的共同努力下，预算执行管理取得明显成效，预算执行的均衡性和效率进一步提高。12月份我省财政支出占全年支出的比重，从2007年的26.74%下降到2012年的15.61%。但是，预算支出执行不均衡仍是一个长期存在的问题，所以我们必须从年初一开始就要抓预算支出进度工作，采取有效措施，“对症下药”，加快支出进度，防止支出进度不均衡而被社会解读为“突击花钱”。一是完善制度设计。要注重从制度根源上解决预算执行不均衡的问题，在继续推行支出进度任务分解、预算执行通报、提前下达转移支付资金等有效办法的基础上，探索开展预算支出分类管理、加强结余结转资金管理等改革举措，加快预算执行进度。二是加强协调沟通。预算支出的责任主体在于各部门。要积极做好与各部门的沟通协调和主动服务工作，督促各部门及时做好资金支出计划，确保各项资金在依法依规的前提下尽早拨付使用。三是强化监督约束。强化预算执行的刚性，还必须建立相应的监督约束机制。省级已经明确，省级项目支出结余原则上全部收回省级总预算，对持续安排2年以上仍未使用完毕的专项资金，按程序报经批准同意后原则上收回。各地也要适当建立约束机制，形成加快支出的倒逼机制。当然，抓预算支出执行不是为快而快，而是必须建立在讲求绩效、用之有效的基础上，要坚持按照财政预算、项目进度等办理资金拨付，坚决防止铺张浪费和安排不必要的项目。

（六）进一步深化财政改革

改革始终是推动我省财政事业发展的根本动力。徐少华常务副省长对深化财政改革、加强财税创新提出了明确要求，我也对今年的财政改革工作作了具体布置，这里我重点就推进各项改革强调几点要求。首先，要坚持整体设计。全省各级财政部门要按照党的十八大提出的“加快改革财税体制，健全中央与地方财力与事权相匹配的体制，完善促进基本公共服务均等化和主体功能区建设的公共财政体系”要求，结合各地实际情况，研究制订深化财政改革的总体方案、路线图、时间表。其次，要坚持重点突破。今年省里将重点推进以下七项改革：一是继续深化完善财政体制改革，健全各级财力与事权相匹配的体制，合理界定财政供给范围，并抓紧研究健全地方税体系问题；二是完善预算编制管理改革，推动预决算信息公开；三是建设财政预算指标和资金支付稽核系统，做大做强稽核后台；四是推进经营性领域财政投入股权投资管理改革，探索建立产权明晰的财政资金股权投资管理制度；五是扩大为民办事征询民意试点范围；六是深入推进政府向社会组织购买社会服务改革，推进扶持和培育社会组织；七是加快财政信息化建设步伐，推进实施财政大数据战略，提高财政部门收集、分析和使用数据的能力。各地也要根据本地实际，抓住财政工作的重点和关键环节深入推进改革，条件成熟一项开展一项，努力取得突破。第三，要坚持上下联动。一方面各地要积极配合省厅开展的各项改革，如支持建立财政大数据库，提高财政信息化建设水平，在预算公开方面协调配合，保持口径和内容统一规范，公开时间相对集中，并积极主动引导社会舆论等；另一方面也要结合本地实际，大胆突破，创造不同的模式和经验，反过来推动和促进整体改革进展，形成省市联动、互相促进的良好局面。全省各级财政部门在抓好自身改革的同时，要积极支持配合经济社会领域的其他改革工作，在预算安排中予以体现。如在加快政府职能转变方面，要积极支持网上办事大厅、电子政务系统建设等；在医药卫生体制改革方面，要加大对医疗卫生领域的投入，积极支持“三平”医院建设，解决“看病难”、“看病贵”问题。另外，省财政曾于2008年投入25亿元，采取BOT形式支持欠发达地区城市污水处理厂建设，请各地按照徐少华常务副省长的要求，积极配合项目建设方做好验收结算，尽快完善相关确认手续，确保今年6月底前完成此项工作，实现污水处理厂的移交、运营。

（七）进一步推进基本公共服务均等化

党的十八大把基本公共服务均等化总体实现作为全面建成小康社会和全面深化改革开放的重要目标之一，提出要加快形成政府主导、覆盖城乡、可持续的基本公共服务体系。我省已于2009年率先在全国编制实施了基本公共服务均等化规划纲要。绩效考评结果显示，2011年全省基本公共服务目标任务完成率达到97.33%，比上年提高了1.09个百分点，公众满意度评分接近80分。去年，我省选择惠州市为首个试点市，开展了基本公共服务均等化综合改革试点。从试点的情况来看，达到了预期的目标。昨天下午，惠州市已经介绍了有关做法和成效。今年，省厅将在惠州市试点取得积极成效的基础上，扩大基本公共服务均等化综合改革试点范围，并结合国家基本公共服务体系“十二五”规划要求，完成我省基本公共服务均等化规划纲要的修编工作。各级财政部门要按照国家和省的统一部署，主动承担基本公共服务均等化规划纲要贯彻实施的牵头组织和协调工作，积极支持和参与基本公共服务均等化综合改革试点工作，推动我省当好推进基本公共服务均等化的排头兵。在加快推进基本公共服务均等化、切实保障和改善民生的过程中，要认真研究提高准入门槛和加强绩效评估的问题，让资金真正用在“刀刃”上，发挥应有的效益。

（八）进一步做好营改增试点和其他税改工作

按照中央的统一部署，我省在2012年11月1日正式启动营业税改征增值税改革试点。目前试点进展顺利，运行平稳有序，减税效果初显，总体情况良好。实践证明，营改增改革有力地带动了第三产业特别是服务业的发展，推动了中小企业特别是小微企业发展，促进了企业经营组织模式转变，加快了经济结构调整优化和发展方式转变。今年1月12日，财政部谢旭人部长专程到我省调研营改增试点工作，充分肯定了我省营改增试点所取得成绩，同时对下一步工作提出了明确要求。我们要按照中央的部署和谢旭人部长的指示精神，近年重点抓好以下四项工作：一要做好扩大改革试点准备工作。中央将于明年继续扩大营业税改征增值税试点地区和行业范围。按此要求，我们要在总结试点经验的基础上，认真测算试点范围扩大之后对财政收入的影响，切实做好各项准备工作，确保扩大试点如期顺利推进。二要认真做好评估总结和政策完善工作。对改革试点情况要全面进行分析总结，既要有试点情况的基本评估和主要指标，又要有试点在加快服务业发展、推动中小企业发展、鼓励企业利用外资、促进企业发展方式转变等方面的具体数据和典型案例。另外，还要对完善现行试点方案和扩大试点提出意见和建议。三要继续加强宣传引导和政策解析工作。要积极主动做好政策宣传和解释工作，通过各大主流新闻媒体和政府网站及时发布信息、解读政策和报道改革进展情况，尤其是对增值税链条原理和结构性减税内容进行准确解读，营造良好舆论氛围，引导社会各界深化认识，支持改革试点。四要高度关注中央有关税制改革动向，抓紧做好税制改革的准备工作；结合广东实际，在国家财税体制框架内，要研究探索建立地方税体系的政策措施，推动形成具有地方特色的产业体系和税源结构。

（九）进一步加强与相关部门的工作沟通

财政工作的开展离不开各相关部门的支持配合，财政工作的改进同样离不开人大、审计等相关部门的监督帮助。这里特别要强调的是，各级财政部门要进一步抓好同人大的沟通工作，主动创造条件，接受人大的监督。徐少华常务省长分管财政工作后首次到省财政厅视察时就曾指出，财政工作要主动接受人大的监督。近期，省财政厅由各党组成员带队分赴各地市，与省人大代表就2013年预算编制以及财政工作进行了座谈。总体来看，效果不错，得到了省人大代表的高度评价，认为这不仅是工作作风的转变，更是理财理念的转变，是让预算编制更加科学、更加透明的重要举措。总体来看，这项工作得到了各市人大、政府和财政部门的大力支持，但我们也发现，各地参加座谈的省人大代表比例不高（44.89%），部分市甚至不到20%，与人大代表沟通的覆盖面还有待进一步提高。希望全省各级财政部门要真正重视起来，财政局长要亲自抓，既要积极配合省财政厅做好与本地省人大代表的沟通交流工作，也要切实加强与本级人大代表的沟通交流，特别是要做好2013年预算草案报告的情况说明，帮助人大代表更好地审议预算草案报告，不断提高人大代表对财政工作的满意度，使财政工作赢得人大代表更大的支持。

（十）进一步加强财政干部队伍建设

党的十八大指出，新形势下党面临的执政考验、改革开放考验、市场经济考验、外部环境考验是长期的、复杂的、严峻的，精神懈怠危险、能力不足危险、脱离群众危险、消极腐败危险更加尖锐地摆在全党面前。这“四大考验”是对全党提出的警醒和要求，同样这“四大危险”在我省财政系统干部队伍建设中也不同程度地存在，特别是能力不足的危险和消极腐败的危险，必须正确面对，按照徐少华常务副省长提出的“转作风为基层为群众、靠实干奋发有为、严自律两袖清风”的要求，切实加强财政干部队伍建设。首先，要加强能力建设，重点是加强学习。财政工作政策性强，涉及面广，新生事物不断涌现，新开辟的工作领域日益增加，全系统的同志都要有强烈的“本领恐慌”，不断加强学习，提升能力素质，以适应新形势新任务的需要，把学习“软任务”变成“硬约束”。其次，要加强作风建设，重点是强化服务意识。财政工作处在利益分配的焦点，站在各种矛盾的前沿，必须坚持换位思考、主动服务，赢得理解和支持。再次，要加强廉政建设，重点是建立“不能为”的制约机制。通过建立健全廉政风险防控机制、规范权力运行机制、监督制衡机制等，压缩“权力寻租”空间。

二、关于岁末年初的几项工作

春节将至，各方面工作任务重、时间紧，请大家认真抓好岁末年初各项工作。

一是确保各项补贴资金发放到位。今年我省将继续在春节期间为城乡低保对象等困难群众发放生活补贴，各地要认真组织、抓紧做好补贴发放工作，严禁截留挪用，确保及时足额将补贴资金送到发放对象手中。同时，各地也要积极筹措资金，着力解决城乡低保对象、优抚对象等困难群众基本生活问题，并迅速拨付到位，落实到人。

二是积极配合做好各项维稳保安全工作。要积极配合相关部门，及时足额发放企业退休人员和符合条件的城乡居民基本养老金、失业保险金以及各类救助和抚恤补助资金。要切实抓好政府工程款的资金拨付，保障务工人员及时足额拿到应得报酬。积极支持做好城市流浪乞讨人员救助服务工作，确保他们安全过冬。落实各项农业生产扶持资金，保障粮食蔬菜供给。推动加大产品质量和食品药品安全检查力度，保障人民群众生命健康权益等。

三是落实好改进作风“八项规定”。首先，要根据中央的八项规定要求，结合财政部门实际抓紧研究制定具体的实施办法，并认真抓好落实。到基层调研和走访慰问要轻车简从，不扰民，不增加基层负担。其次，要把八项规定有关要求贯彻到财政预算编制、执行、审批工作中，继续落实好严格控制行政经费开支、“五个零增长”、降低楼堂场所建设标准等措施。再次，要积极发挥财政部门的职能作用，支持其他部门落实相关规定，促进政府工作作风转变。

四是认真抓好节期廉政工作。这里，我再次强调系统上下间往来的要求：第一，严禁节前或节日期间没有任何公务任务的迎来送往；第二，工作联系要坚持依法依规、按章办事，严禁通过各种跑关系、拉人情要政策、争资金的行为；第三，严禁以调研等名义下基层休闲消费，增加基层负担；第四，严禁利用公款吃请、送礼等拜年活动；第五，严禁送“红包”和收受“红包”行为。这五点要求，省厅已经发文作出明确规定，希望市、县财政部门配合、监督。

第 三 部 分

全省财政工作概况与专题

概　述

全省财政工作综述

2012年，来源于广东的财政收入完成14 728.04亿元，增长7.76%。全省地方公共财政预算收入连续22年位居全国各省市首位，完成6 229.18亿元，比2011年增收714.34亿元，增长12.95%，其中，税收收入完成5 073.88亿元，比2011年增长11.55%；全省地方公共财政预算支出完成7 387.86亿元，比2011年增支675.46亿元，增长10.06%。省级公共财政预算收入完成1 381.68亿元，比2011年增收160.82亿元，增长13.17%，其中，税收收入完成1 282.61亿元，比2011年增长12.43%，非税收入完成99.07亿元，比2011年增长23.76%；省级公共财政预算支出完成862.64亿元，比2011年增支60.06亿元，增长7.48%。

一、着力抓好增收节支，提高财政保障能力

2012年，针对较为严峻的财政收入增长形势，全省各级财政部门狠抓增收节支，挖掘增收潜力，强化支出管理，全省财政运行情况良好，呈现“增幅缓升趋稳、收入质量较好、民生保障有力、节支效果初显”的特点。一是收入增幅缓升趋稳。2012年，全省地方公共财政预算收入增长12.95%，财税收入累计增幅连续8个月平稳回升，财政收入总量继续位居全国各省市第一。二是收入质量较好。全年全省税收收入占比达81.5%，非税收入增幅从最高点的53.2%平稳回落到19.57%，财政收入质量得到改善。三是民生保障有力。全年全省各级财政民生支出共完成4 864.16亿元，同比增长13.75%，占全省支出的比重达65.84%，比2011年同期提高了2.14个百分点；全年全省各级财政部门安排用于十件民生实事资金1 424.35亿元，共拨付资金1 649.81亿元，完成全年预算的115.83%。四是厉行节支效果初显。实行最严格的支出控制措施，省级预算用于维持政权运转的经费支出比重进一步下降，从2006年的25.04%下降到2012年的8.8%。

二、着力发挥财政杠杆作用，促进产业结构调整和加快转型升级

2012年，省财政统筹安排各项资金近1 600亿元，通过集中投入及差别化政策，充分发挥财政资金的导向和放大作用，大力推进经济结构战略性调整，加快经济发展方式转变。一是突出支持产业转型升级，提升自主创新能力。安排产业结构调整资金5亿元，支持实施先进制造业提升、传统优势产业升级工程等；新增安排3 000万元工业设计发展专项资金，支持工业设计基础研究、设计成果产业化等；安排省部院产学研合作专项资金6亿元，吸引国家“863”和“973”等重大项目落户广东。二是突出支持扩大内需。完善促进消费和提高居民收入的各项财政政策，全年共发放临时价格补贴145.24亿元，拨付种粮农民直补资金26.7亿元；研究制定支持物流业发展的财税政策，支持市场流通体系建设，改善内需增长环境。三是突出支持产业转移园区建设，深入推进“双转移”。安排49.5亿元，从促进产业集聚、提高转移企业的比较优势等方面入手，优先扶持重点区域、重点园区、重点产业加快发展。四是突出支持战略性新兴产业发展。在2010－2011年安排近40亿元的基础上，2012年再安排战略性新兴产业发展专项资金40.76亿元，用于提升战略性新兴产业发展水平和核心竞争力。五是突出支持中小企业平稳健康发展。安排2.5亿元中小企业发展专项资金，引导中小企业加大技术改造和研究开发投入；设立小额贷款风险补偿专项资金，对发放给小微型企业等贷款发生的损失，给予风险补偿；落实各项税费优惠政策，先后对小微型企业减免缓征65项行政事业性收费。

三、着力落实各项民生政策，推进建设幸福广东

坚持把保障和改善民生作为公共财政建设的出发点和落脚点，切实加大对民生领域的支持和保障力度，全年全省各级财政民生支出共完成4 864.16亿元，同比增长13.75%，占全省支出的比重达65.84%，比2011年同期提高2.14个百分点。一是抓好十件民生实事资金落实工作。2012年，全省各级财政安排用于十件民生实事资金1 424.35亿元，全年共拨付资金1 649.81亿元，其中省级财政446.38亿元，共拨付523.01亿元。二是大力推进基本公共服务均等化。认真贯彻实施《广东省基本公共服务均等化规划纲要（2009－2020年）》，进一步优化支出结构，提高民生保障水平。公共教育方面：拨付城乡免费义务教育公用经费和免费教科书补助资金54.78亿元；下达村人均年纯收入1 500元以下困难家庭义务教育阶段学生生活费补助资金2.68亿元；安排奖补资金8.71亿元用于支持欠发达地区教师工资待遇“两相当”；预拨资金19亿元，支持各地筹措资金化解农村义务教育债务；安排高等职业教育、中等职业技术教育及实训中心（基地）建设资金3亿

元，支持职业教育发展；按照每人6 000元的标准，对符合“上岗退费”政策学生给予退费补助；安排专项资金3亿元重点扶持欠发达地区发展学前教育。公共卫生方面：下达村医补贴专项资金1.6亿元，对广东省经济欠发达地区村卫生站和乡村医生予以补贴；实施积极的财政补助政策，促进公立医院改革发展。公共文化方面：安排基层公共文化服务设施建设专项资金1.45亿元，对基层公共文化服务设施建设达标给予补助；安排专项资金3 894万元，实施农村电影放映“2131”工程；安排广播电视“村村通”、“户户通”和“渔船通”工程建设专项资金共1.41亿元，推进广播电视服务均等化。公共交通方面：大力推进农村客运网络建设，逐步完善城乡一体化公交网络，显著提高人民群众的出行条件；继续通过省级交通建设资金，安排农村客运站亭建设资金，推进农村客运发展。生活保障方面：安排城乡最低生活保障补助资金11亿元，支持经济欠发达地区逐步将家庭年人均纯收入1 500元以下的家庭纳入低保范围；向全省城乡困难群众276万人发放一次性生活临时价格补贴资金4.1亿元，帮助城乡困难群众减轻春节期间因物价上涨对生活的影响；安排重点优抚对象生活医疗补助3.9亿元；继续提高企业退休人员养老保险待遇，2012年全省平均提高幅度为171元（人·月），比2011年增长10.4%；安排10.5亿元资金用于新型农村和城镇居民社会养老保险补助；安排专项资金4.12亿元，通过临时生活补贴的方式加大对低保对象保障力度。就业保障方面：安排技工学校建设专项资金2.85亿元，构建国际水准的技能教育体系；安排农村劳动力培训转移就业专项资金7亿元，用于对法定年龄内的农村中青年劳动力均提供一次免费职业技能培训；安排专项资金近5亿元，用于对包括下岗失业人员在内的各类就业扶持对象给予职业培训等补贴、加强公共就业服务机构建设。医疗保障方面：完善现有参保政策，巩固并扩大基本医疗保险覆盖范围，确保基本医疗保险参保率稳定在95%以上；继续安排1亿元将全省28.4万名关闭破产国有企业的退休人员全部纳入城镇职工基本医疗保险；安排经济欠发达地区医疗救助资金6 000万元和从省级福利彩票公益金地方留成部分提留20%作为基本医疗救助金，用于补助困难地区开展对低保对象、“五保户”等城乡特困群体的医疗救助。住房保障方面：加大资金筹措力度，及时分配下达中央补助资金32.8亿元；安排3亿元支持欠发达地区发展公租房；安排1.546亿元支持国有工矿棚户区改造；安排9996万元支持华侨农场危房改造；安排10亿元推进广东省10万户农村低收入住房困难户住房改造建设工作，支持解决贫困农民“住有所居”问题。残疾人保障方面：安排5.7亿元用于残疾人各项事业发展，并率先出台残疾人生活津贴和重度残疾人护理补贴制度。

四、着力健全财政强农惠农政策体系，支持“三农”全面发展

一是大力支持农业农村基础设施建设。在安排7.31亿元建设62.5万亩现代标准农田的基础上加大投入，安排59.09亿元，支持全省建设468万亩高标准基本农田；安排8亿元积极引导市县科学开发低效园地山坡地；安排约100亿元水利资金，推动民生水利工程建设。二是继续支持农业生产，建立现代农业产业体系。安排农业产业化发展资金1.84亿元，进一步加快农业产业化发展；安排海洋渔业科技与产业发展专项资金、海洋经济综合发展资金等2.98亿元，加快发展海洋经济和现代渔业；安排政策性农（渔）业保险、农房保险、政策性森林保险等补助资金1.6亿元，进一步健全政策性农业保险制度。三是继续支持农村社会经济发展。省财政安排约1.5亿元，运用财政激励政策支持推进山区县农村综合改革；安排2.9亿元，在全省范围铺开一事一议财政奖补工作；安排1.5亿元，推动不具备生产生活条件贫困村庄搬迁工作。继续坚持“以奖代补、分类扶持”的原则，安排9.65亿元，支持扶贫“双到”工作；安排3.62亿元支持农村基层组织工作经费保障制度。

五、着力完善省以下财政体制，确保“财力下移”落到实处

一是落实县级基本财力保障机制。在明确市、县保障主体责任的基础上，建立保障与激励相结合的奖补机制，帮助市、县消化基本财力保障缺口，提高困难县财力保障水平。2012年，省财政多方筹措资金，顺利完成全年124亿元缺口消化任务，县级基本财力保障水平提高至年人均7.6万元。二是扩大省直管县财政改革试点范围。将龙川县、五华县、博罗县、阳春市、徐闻县、高州市、英德市、饶平县、普宁市和罗定市纳入省直管县财政改革第二批试点范围，明确省直管县财政改革第二批试点过渡期规定、财政收入划分、划转补助上解基数、年终结算、新增补助、财政报表报送等有关事项。三是探索落实特定区域扶持政策。制定加大财政投入力度支持横琴、前海等重大开放平台发展的意见，落实对中新知识城、南沙新区、深汕（尾）特别合作区、顺德清远（英德）经济合作区等重点区域的财政扶持政策。

六、着力推进各项税制改革工作，改进税源培植方式

广东正处于经济社会发展的转型阶段，财政收入从高速增长期步入平稳增长期，省财政根据新形势新任务的要求改进税源培植方式，坚决推进中央部署的各项税制改革。一是开展营业税改征增值税改革试点。按照中央的部署，认真组织做好各项准备工作，于2012年11月1日正式启动营业税改征增值税改革试点。二是认真落实提高个人所得税税前免征额。按照中央部署，落实提高个人所得税税前免征额，进一步减轻居民税负。三是实施减免小微企业税费等税制改革措施。印发《关于减免缓征部分企业37项行政事业性收费的通知》，在全省范围内对小型微型等四类企业减免缓征37项涉企行政事业性收费。

七、着力加强环境保护和生态建设，推动绿色发展

一是进一步加大财政投入，促进环境和生态保护与节

能减排。2012 年，安排节能环保专项资金 18.29 亿元，比 2011 年增长 35.81%，重点用于支持节能技术改造项目、推广低碳新技术、新产品、新工艺，支持循环经济能力和公共服务平台建设等，助推低碳经济发展。二是加大自然生态系统和环境保护力度。2012 年，省财政共安排 17 亿元用于生态公益林效益补偿和实施森林碳汇重点生态工程、生态景观林带建设等，计划安排 8.4 亿元支持农村生活垃圾处理设施建设等。三是建立财政生态保护补偿机制。报请省政府率先全国出台《广东省生态保护补偿办法》，补偿与激励相结合，将转移支付与保护和改善生态环境的成效挂钩，促进重点生态功能区达到与其他地区基本一致的基本公共服务水平，增强生态保护的积极性。

八、着力全面深化财政改革，加快财政工作转型

一是率先全国探索开展为民办事征询民意改革试点，2012 年省级财政选取村级公益事业建设“一事一议”、小型农田水利、农村危房改造、基层医疗卫生机构建设 4 项民生项目开展试点工作。二是率先全国探索推进政府购买社会服务改革，编制出台政府购买服务办法，公布实施首批政府购买服务目录。三是继续深化财政资金竞争性分配改革。2012 年继续安排 62 项、约 66 亿元专项资金实行竞争性分配。四是深化引入第三方评价财政资金使用绩效改革，逐步扩大改革范围，2011 年以来共对 12 项、120 多亿元专项资金使用绩效进行了第三方评价。五是运用财政激励政策推进村级公益事业一事一议工作，加快农村综合改革进程。六是进一步深化预算编制改革，提早预算编制时间，建立预算编制征询意见机制，扩大政府预算编制范围，试编三年后省级国有资本经营预算正式提交省人代会审查。七是按照财政部的统一部署，开展财政会计核算从收付实现制向权责发生制改革试点，做好试编权责发生制政府综合财务报告工作。八是探索开展经营性领域财政资金股权投资管理改革。九是积极稳妥推进预决算公开及“三公”经费公开，并将在 2013 年率先试行部分财政专项资金和基本建设项目预算信息公开。十是进一步建立健全财政决策专家咨询机制，提高财政决策的科学性和透明度。

（办公室供稿，李萌执笔）

财政法制税政工作概述

2012 年，省财政厅法制税政工作以建设法治财政为核心，深化改革、完善机制、狠抓落实，努力提升财政法制税政工作水平，促进依法行政和依法理财，为财政改革发展提供坚强的法制保障，较好地完成了各项工作任务。

一、真抓实干、主动作为，财政法制建设取得新成绩

牢固树立依法行政和依法理财的理念，重点贯彻落实《广东法治财政建设规划 2011 – 2015 年》，认真抓好财政立法、普法、执法监督和法制服务各项工作，取得明显成绩。

（一）财政法规制度建设扎实有效

是扎实做好财政立法工作。积极开展《广东省农村集体经济组织财务管理办法》相关立法工作，开展农村集体经济审计条例、财政支出绩效评价管理办法等前期立法调研工作。二是切实加强规范性文件管理。《广东省实施〈水利建设基金筹集和使用管理办法〉实施细则》、《广东省应急补偿管理暂行办法》、《关于广东省开展政府向社会组织购买服务工作暂行办法》等 7 件规范性文件，经合法性审核修改后发布实施。三是先后开展了流通领域、市场监管体系和促进企业兼并重组、创新政策与提供政府采购优惠挂钩等法规、规章和规范性文件专项清理，促进相关制度规范不断完善。四是对《预算法修正案（草案）》、《广东省见义勇为人员奖励和保障条例（草案）》、《政府采购法实施条例（草案）》等 80 余件法律、法规、规章征求意见稿提出立法意见，切实把好财政职能关。

（二）行政审批制度改革有力推进

根据省委、省政府推进行政审批制度改革的统一部署，集中梳理了省财政厅行政职权及审批事项，按照简政放权、转变职能的要求，提出改革意见。经省政府第 169 号令公布，省财政厅行政审批制度改革涉及事项共 10 项（占省财政厅审批事项的 28%）其中取消 3 项，转移 3 项，下放 4 项。对相关改革事项，及时组织制订实施方案，跟踪落实到位，切实加快职能转变。

（三）财政执法监督水平稳步提高

一是依法办理行政复议、应诉案件。坚持合法、公正、公开、及时、便民原则，审慎办理行政复议案件。2012 年，受理行政复议案件 7 件，经审理，复议决定维持具体行政行为 6 件，决定撤销具体行政行为 1 件。办理行政复议、行政诉讼应诉案件各 1 件。二是规范财政行政行为自由裁量权。认真落实国家和省规范行政处罚自由裁量权有关规定，加强监督，努力提高财政执法水平。三是加强财政执法监督管理。对涉及财务会计、财政票据、政府采购等财政监管事务的 7 件行政处罚进行合法性审查，促进了严格执法、依法行政。

（四）财政法制宣传教育深入开展

一是以“法律进机关”为契机，认真落实财政干部学法用法制度。统一购买发送干部学法读本、购置普法考试无纸化系统，举办“12·4”全国法制宣传日系列活动，在机关内部掀起干部学法用法的热潮。二是以法治财政文化建设为抓手，积极宣传财税法律知识。坚持业务实践与普法宣传相结合，组织全省财政干部、会计从业人员等 23 万余人参加全国财政“六五”普法法规知识竞赛，对获奖的组织单位和参赛个人予以奖励，且收到了良好的宣传效果。

（五）财政法制服务工作积极主动

法规税政处在财政资金股权化投资、破产债权管理等重大事项决策中积极提供法律方面的决策参考意见；在实施国库集中支付代理银行招标、政府采购供应商投诉裁决、物业管理等事项提供合法性建议，协助规范相关业务事项；指导各地市财政部门开展行政复议应诉、财政行为合法性审查、普法宣传等工作，提高全省财政法制工作水平。

二、统筹协调、主动服务，地方税政工作取得新突破

牢固树立主动作为、热情服务的工作理念，统筹协调、主动服务、加强沟通，努力提高税政工作水平。

（一）加强沟通，争取中央税收政策支持积极有效

一是积极争取财政部对横琴、前海、南沙等区域性财税政策支持。积极配合财政部做好编制横琴产业优惠目录工作，组织制定个人所得税补助政策实施办法。跟进国家关于前海先行先试有关财税政策；会同有关部门提出南沙财税政策建议，专程赴京向税政司汇报沟通，最大限度地支持区域性经济平台建设。二是加强调查研究，积极向财政部提出各类税收政策建议。如根据企业反映的情况，向财政部建议恢复“高纯碲”、“三氧化二铋”和“碲化镉”的出口退税，将出口退税率提高到17%，为行业发展争取了重大利好；联合省地税局提出了关于城建税和印花税的有关意见和建议；根据摩托车行业税负过高问题，及时组织调研并提出了意见建议报财政部。三是开展关税调整建议工作，促进进出口产业发展。加强调研，广泛收集并及时向财政部报送关税调整方案意见和建议。2012 年，国家批复采纳广东建议 11 条，数量居各省前列。同时，2012 年，还就 2013 年关税方案提出增列税目建议 13 条，调整进（出）口暂定税率建议 27 条。

（二）狠抓落实，地方税政管理工作成效突出

一是认真抓好国家税收政策的贯彻执行。联合省税务部门及时落实国家下达的各项税收政策，对授权地方制定标准的文件，深入调研，提出贯彻意见。2012 年共转发、办理税收政策文件 53 份。二是做好企业再生资源增值税先征后退的复审工作。组织开展 2 批次复核审查，经报财政部驻广东专员办批复，为企业 25 户（次）总计退税 3 972.89 万元，极大地减轻了企业负担。三是做好高尔夫球产业营业税税率调整工作。会同有关部门将广东省高尔夫球营业税税率由现行的 10% 调整为 5%，每年减轻企业税负 1.1 亿元，促进高尔夫球企业的健康发展。四是积极开展各项税政管理工作。坚持主动服务、优质服务，积极做好佛山彩虹公司免税物资初审、乐金显示公司 40 亿美元进口设备的增值税分期纳税、进口物资税收优惠政策产业名单申报等工作，为企业发展营造了良好的税政环境。五是积极开展社会组织免税资格认定工作。会同国税、地税、民政部门做好有关资格认定工作。2012 年，累计认定公益性捐赠税前扣除资格社会团体 250 家、公益性捐赠税前扣除资格群众团体 40 家、非营利组织免税资格 335 家，为社会组织发展创造了良好的条件。

（三）加强调研，税收调查工作深入细致

根据财政部的有关部署，深入细致开展了税式支出、重点企业税源调查、企业所得税税源调查和重点产品国际竞争力调查四项专项税收调查工作。制订了调查方案，专门召开各地市参加的布置会，在涉及面广、难度大、任务重的前提下，精心组织、创新方法、狠抓落实，借助专业机构力量，及时向财政部报送有关调查数据报告，提出有关政策建议，并通过了财政部会审。

（四）沟通协作，税政服务工作不断加强

一是认真做好税收政策决策支持服务。及时组织调查研究和测算分析，向省政府报送了关于房产税征收调查研究等有关报告和建议。二是对省政府及部门草拟的政策文件就税收方面提出意见和建议，共办理其他部门来文 21 件，税政服务水平不断提升。

三、精心组织、稳步推进，税制改革试点开创新局面

营业税改征增值税改革试点（以下简称“营改增”）是国家自分税制以来实行的一项重大的税制改革。省财政厅以保持高度的责任感和主动性，全力以赴、精心组织，狠抓试点工作落实。截至 2012 年 12 月底，广东省经确认以后纳入试点户数达到 21.41 万户（含深圳），试点工作运行平稳、进展顺利。一是密切跟踪、争取试点。积极开展调查研究和分析测算，及时提交研究报告和决策参考意见，向财政部申报广东省开展营改增试点，争取财政部报国务院同意广东省开展试点工作。二是全力以赴、制订方案。国务院批准试点后，按照省委、省政府的部署，省财政厅牵头成立了营改增工作领导小组。法规税政处作为牵头处室，协调组织从有关部门抽调业务骨干集中办公；经深入调研、认真草拟，报省政府常务会议审议制定了《广东省开展交通运输业和部分现代服务业营业税改征增值税试点实施方案》，体现了科学性和可操作性。三是精心组织，加强协调。按照试点方案的要求，制定了分阶段任务安排表，明确责任、加强督导、确保落实，先后筹办 4 次省营改增领导小组会议，积极为试点领导小组当好参谋。同时，加大协调力度，协调国、地税部门顺利完成征管衔接工作，对有关系统进行反复测试，制定了风险防控措施和预案，起草了过渡期间财政扶持政策和资金管理办法，明确了有关的工作流程和要求，确保试点不增加企业税负。四是顺利启动，平稳运行。在各方充分准备、精心组织、有效衔接的基础上，11 月 1 日广东省营改增试点如期顺利启动。12 月 1 日至 17 日，首个申报期顺利完成，申报率达到 99.7%，总体减税 5.4 亿元，减税面达到 95.81%。密切关注试点工作动态，及时督导各方做好向纳税人服务工作，做好各类风险防控工作，协调解决各类问题。五是加强宣传，把握导向。充分利用各种宣传渠道，及时宣传试点政策和工作动态，先后组织召开了 3 次新闻通报会，编印试

点政策解读材料和英文资料，专程赴中国港澳地区调研当地业界对试点反映情况，开展相关政策宣讲；编发试点工作动态 33 期。

四、加强教育、创先争优，法规税政队伍呈现新活力

以创先争优、纪律学习教育月等活动为载体，加强全省法规税政干部队伍建设，努力构建专业、勤奋、活力、廉洁的优秀团队。一是抓教育、强素质。按照厅党组的统一部署，深入开展理想信念、法制道德、政风行风、廉洁从政和能力素质“五项教育”，加强对市、县的业务指导培训，引导和推动干部队伍在思想观念、素质能力和工作作风上有明显的提升，筑牢了思想防线。二是排风险、抓防控。根据岗位职责分工，认真开展廉政风险防控工作，通过个人自查、组内互查、上下互查、集中会审、领导点评、制度梳理、案例分析等形式，全面查找廉政风险点，开展风险分析，评估风险等级，做到职责明确、风险清晰、措施得力，筑牢了制度防线。三是强管理、添活力。全省法规税政队伍干部爱岗敬业、扎实苦干；创新工作方法，建立集体审议制度，加强内部管理，转变工作作风，做到讲正气、讲民主、讲友谊，加强内部团结，增强团队活力，营造了风清气正的工作氛围。

（法规税政处供稿，潘敏执笔）

财政预算管理工作概述

一、财政预算编制工作

编制 2012 年省级财政收支预算总的指导思想是：全面贯彻党的十七大、十七届五中、六中全会，中央经济工作会议和全国财政工作会议精神，按照省委十届十一次全会的决策部署，以邓小平理论和“三个代表”重要思想为指导，深入贯彻落实科学发展观，围绕科学发展主题、转变经济发展方式主线，以“加快转型升级、建设幸福广东”为核心任务，继续解放思想，坚持稳中求进，落实积极的财政政策，按照稳增长、扩内需、调结构、促改革、惠民生、保稳定的要求，扎实推进法治财政、民生财政、绿色财政、绩效财政、阳光财政“五大财政”建设，创新理财观念，加快财政工作转型；运用财政手段培育和发展战略性新兴产业，促进转型升级；优化支出结构，切实保障和改善民生；深化财政体制改革，促进区域协调发展；强化财政管理，提高资金使用效益，充分发挥财政职能促进经济平稳健康可持续增长，为当好推动科学发展、促进社会和谐的排头兵作出新的更大贡献。

（一）2012 年全省一般预算安排

根据上述指导思想，贯彻《国务院关于编制 2012 年中央和地方预算的通知》关于“收入预算编制要坚持实事求是、积极稳妥、留有余地，与 2012 年国内生产总值等经济社会发展指标相适应”的要求，参考 2012 年广东省国内生产总值增长 8.5% 的预期目标，2012 年全省一般预算收入拟按增长 10% 安排 6 065 亿元，人均收入 5 809 元，比 2011 年增加 655 元，增长 12.71%。主要项目安排情况如下：

（1）增值税 780 亿元。

（2）营业税 1 580 亿元。

（3）企业所得税 911 亿元。

（4）个人所得税 370 亿元。

（5）城市维护建设税 323 亿元。

（6）房产税 156 亿元。

（7）城镇土地使用税 115 亿元。

（8）土地增值税 329 亿元。

（9）契税 262 亿元。

（10）非税收入 1 052 亿元。

全省一般预算收入加上中央税收返还及各项补助款，减除各项上解中央款项后，全省一般预算支出计划相应安排 7 321 亿元，比 2011 年增长 22.36%，人均支出 7 012 元，比 2011 年增加 1 289 元，增长 26.2%。主要支出项目的安排情况是：

（1）教育 1 319 亿元。

（2）科学技术 230 亿元。

（3）文化体育与传媒 196 亿元。

（4）社会保障和就业 657 亿元。

（5）医疗卫生 477 亿元。

（6）节能环保 258 亿元。

（7）城乡社区事务 570 亿元。

（8）农林水事务 485 亿元。

（9）交通运输 578 亿元。

（10）粮油物资储备管理等事务 27.5 亿元。

（二）2012 年省级一般预算草案

1. 2012 年省级预算安排的基本原则和政策。2012 年编制省级预算的基本原则是：

（1）坚持积极稳妥，实事求是；

（2）坚持应征尽收，加强收入征管；

（3）坚持量入为出，确保收支平衡；

（4）坚持厉行节约，控制一般性支出；

（5）坚持转变经济发展方式，支持转型升级；

（6）坚持民生优先，推进基本公共服务均等化；

（7）坚持城乡和区域协调发展，支持“三农”工作；

（8）坚持先行先试，支持社会管理模式创新；

（9）坚持深化改革，完善财政体制机制；

（10）坚持规范管理，提高资金使用绩效。

2. 2012 年省级收入预算安排。根据以上安排政策及原则，2012 年省级一般预算收入拟在完成基础上，考虑剔除一次性不可比因素 21 亿元后，按增长 9% 安排 1 306 亿元。其中税收收入 1 240 亿元，非税收入 66 亿元。主要税收收入项目安排情况：增值税 18 亿元，营业税 658 亿

元，企业所得税 334 亿元，个人所得税 112 亿元，土地增值税 118 亿元。

2012 年省级财政总收入安排 2 360.7 亿元，其中：（1）省本级一般预算收入 1 306 亿元；（2）中央补助收入 852.39 亿元（其中：中央提前下达转移支付 305.9 亿元）；（3）各市上解收入 199.39 亿元；（4）上年结余 2.93 亿元。

3. 2012 年省级支出预算安排。2012 年省级财政总支出安排 2 359.18 亿元，增长 9.5%。其中，省本级支出 665.88 亿元，占 28.23%；补助市县支出 1 579.13 亿元，占 66.94%；上解中央支出 110.94 亿元，占 4.7%；调出资金 3.23 亿元，占 0.13%。

2012 年省级总支出中，用于促进经济发展和产业结构调整的支出为 165.21 亿元，占 7%，比 2011 年增加 75.11 亿元；均衡区域基本公共服务水平、帮助市县增强发展后劲的支出为 899.08 亿元，占 38.11%，比 2011 年增加 130.85 亿元；用于改善民生、提供基本公共服务的支出为 944.02 亿元，占 40.01%，比 2011 年增加 305.68 亿元；用于建立应急预警机制、防范风险的支出为 32.56 亿元，占 1.38%；用于维持省级政权运转的支出为 207.37 亿元，占 8.8%；上解中央的支出为 110.94 亿元，占 4.7%。省级财政支出结构体现了保重点、保民生、保公共服务、保区域协调发展的支出要求。

4. 2012 年省级财政重点支出保障和主要项目安排情况。2012 年省级支出安排重点突出，预算安排中法定支出得到有效保障，各项重点支出与 2011 年预算相比增长均可达到 17% 以上，尤其是科技、医疗卫生和节能环保支出，增幅均超过三成。重点支出保障及主要项目安排情况如下（含专项转移支付及中央补助资金）：

（1）支持农村农业改革发展，促进城乡协调发展，加快社会主义新农村建设。2012 年安排农林水投入 173.84 亿元，比 2011 年增长 23.16%。一是大力支持发展现代农业，促进农业农村发展方式的转变。二是加大水利建设投入，推进水利改革科学发展。三是落实强农惠农政策，改善农民生产生活环境。四是大力发展海洋经济，推动海洋大省建设。五是加快推进生态建设，改善人居环境。

（2）坚持民生优先，推进基本公共服务均等化，把保障和改善民生作为经济发展的出发点和落脚点。2012 年安排教育、社会保障、医疗卫生、文化体育等支出 689.6 亿元。一是提升教育发展水平，促进教育公平。2012 年安排教育投入 245.97 亿元，比 2011 年增长 17.64%。二是加快建设覆盖城乡居民的社会保障体系，提高社会保障水平。2012 年安排社会保障和就业投入 132.69 亿元，增长 23.46%。三是深化医药卫生体制改革，加快医疗卫生事业发展。2012 年安排医疗卫生投入 141.67 亿元，比 2011 年增长 51.24%。四是推进文化体育事业发展，提升文化软实力。五是推进住房保障均等化，逐步解决低收入家庭住房困难。六是推进公共交通均等化，提升广东省交通事业发展水平。

（3）支持节能减排，加大环境保护力度，建设资源节约型、环境友好型社会。2012 年安排节能环保投入 18.29 亿元，比 2011 年增长 35.81%。一是加大对节能减排支持力度；二是大力加强垃圾、污水、空气、土壤等治污保洁处理；三是支持环保监管能力建设；四是推动低碳发展。

（4）贯彻落实积极的财政政策，充分发挥财政职能作用，促进加快转型升级。2012 年安排产业发展、科学技术、外经贸等支出 130.01 亿元。一是支持产业转型升级，建设现代产业体系。二是支持提高自主创新能力，建设科技强省。2012 年安排科学技术投入 45.89 亿元，比 2011 年增长 32.68%。三是支持扩大进出口贸易，推动外经贸转型。

（5）提高公共服务管理水平，建设服务型政府，加大社会建设力度。2012 年安排公共服务管理投入 191.99 亿元。

（6）深化财政体制改革，提高基层财政保障能力，推进区域协调发展。2012 年安排税收返还及财力性转移支付 954.57 亿元。

二、地方财政工作

2012 年，广东各级财政部门认真贯彻省委、省政府决策部署，全面落实“稳定增长、促进转型、平衡收支、厉行节约、保障民生”各项政策措施，着力深化财政体制机制改革，加大对欠发达地区转移支付力度，推进基本公共服务均等化，着力加强基层财政建设，完善地方政府性债务管理，财政管理科学化、精细化水平不断提高。

（一）着力加大财政转移支付力度，缩小区域间财力差距

2012 年来源于广东的财政收入完成 14 728 亿元，全省地方公共财政预算收入完成 6 229 亿元，其中，省级公共财政预算收入 1 382 亿元、市级公共财政预算收入 2 529 亿元、县级公共财政预算收入 2 319 亿元。在此基础上，按照“压省级，保地方”的思路，省财政在 2012 年度预算中，用于促进经济发展和产业结构调整的支出为 165.21 亿元，占 7%，比 2011 年增加 75.11 亿元；均衡区域基本公共服务水平、帮助市县增强发展后劲的支出为 899.08 亿元，占 38.11%，比 2011 年增加 130.85 亿元；用于改善民生、提供基本公共服务的支出为 944.02 亿元，占 40.01%，比 2011 年增加 305.68 亿元，这些支出大部分通过各种形式转移支付到市县，用于促进市县基本公共服务保障和社会经济各项事业发展。2012 年，省财政对市县（不含深圳）税收返还转移支付补助 460 亿元，比 2011 年增长 0.88%；一般性转移支付补助 498 亿元，比 2011 年增长 20.87%；专项转移支付补助 889 亿元，比 2011 年增长 12.82%。

在省财政的努力下，区域财力差距进一步缩小，县域基层财力明显增强。一是区域财力向均衡方向发展。2007－2012 年粤东西北地区公共财政预算收入年均增长 20.88%，增幅高于珠三角地区 3.86 个百分点；粤东西北地区公共财政预算收入占全省市（县）级的比重从 13% 上升到 15%，提高了 2 个百分点；东西北地区公共财政预算支出占全省市县级的比重从 24% 上升到 26%，提高了 2 个百分点。二是县域财力明显增强。2012 年全省 67 个县

(市)[®]公共财政预算收入完成545亿元，比2007年年均增长23%，高于全省公共财政预算收入平均增长5.54个百分点；县均公共财政预算收入从2007年的3亿元增加到2012年的8亿元，县均增加5亿元；县均公共财政预算支出从2007年的8亿元增加到2012年的21亿元，县均增加13亿元。

（二）着力完善省以下财政体制机制，促进区域均衡协调发展

1. 调整完善激励型财政机制。按照引导市县科学发展和推进基本公共服务均等化的思路，调整完善激励性财政机制。一是加大对欠发达地区奖补力度，增强欠发达地区的财政保障能力，将新增均衡性转移支付的基础增长率每档各提高0.5个百分点；综合增长率超过10%部分的挂钩奖励系数从0.25提高到0.3；上划省“四税”超平均水平分档返还比例各提高5个百分点。二是引入支出考核因素，引入人均基本公共服务支出增长率、运转经费支出节约率、财政供养人员精简率3项支出结构优化类指标，引导县级政府调整优化支出结构，将更多的财力投向民生领域。

2. 落实县级基本财力保障机制。为帮助基层政府实现“保工资、保运转、保民生”的政策目标，广东省从2010年起探索建立县级基本财力保障机制，并多方筹资、多策并举，顺利实现到2012年年底全面消化县级基本财力保障缺口的目标。一是多方筹集财力，通过中央奖补资金、省新增安排奖补资金、省新增安排一般性转专项转移支付、加大地级以上市帮扶力度、县（市）自身努力等五个渠道落实资金消化县级基本财力保障缺口。二是多策并举确保缺口消化，通过召开全省县级基本财力保障机制工作座谈会研究明确任务及措施、正式发文下达任务、与市县签订责任书、每月通报考核等措施，督促市县加快消化缺口进度。2010－2012年，省财政累计新增投入奖补及各类转移支付资金超过152亿元，至2012年年底顺利完成全省市（县）291亿元缺口消化任务，市（县）年人均保障水平提升到7.6万元以上。

3. 建立并实施生态保护补偿机制。按照推进主体功能区建设的要求，报请省政府印发《广东省生态保护补偿办法》，从2012年起，对全省重点生态功能区实施补偿和激励相结合的生态保护补偿机制。一是对重点生态功能区为保护生态环境而放缓经济发展予以适当补偿，保证其基本公共服务支出需要。二是与重点生态功能区保护和改善生态环境的成效挂钩，对生态环境保护较好地区给予奖励。2012年省财政统筹中央资金，下达生态保护补偿资金7.57亿元，通过补偿与激励相互协调、互为补充，增强生态功能区基本公共服务保障能力，实现经济发展与生态环境协调统一。

4. 推进省直管县财政改革试点工作。广东省从2010年起在既属财政部规定试点范围的粮食、油料、生猪生产大县，又属于广东省主体功能区规划中的生态发展区域的南雄市等4个县（市），以及实施行政体制改革的顺德区开展省直管县财政改革试点工作。实现财政收支划分、转移支付、资金往来、预决算、年终结算五个方面省直接管理，并进一步明确市对试点县的补助责任和补助形式。2012年7月1日，在总结试点经验的基础上，将龙川县、五华县、博罗县、阳春市、徐闻县、高州市、英德市、饶平县、普宁市和罗定市纳入省直管县财政改革第二批试点范围。

5. 制定落实特定区域扶持政策。2012年，为更好地运用财政手段推进重大发展平台建设、推动全省区域协调发展，省财政结合全省实际情况，研究制定特定区域的扶持政策。一是研究加大财政投入力度支持粤东西北地区新区发展的意见，建议对新区实施定期税收增量返还补助，进一步加大对新区基础设施支持力度，推动新区发展开好头、起好步。二是研究关于支持横琴新区、肇庆新区、中山翠亨新区及茂名滨海新区等的财政政策措施，落实对中新知识城、南沙新区、深汕（尾）特别合作区、顺德清远（英德）经济合作区等重点区域的财政扶持政策，确保重点发展平台政策到位。

（三）着力加强财政基层建设，切实提高基层财政管理水平

2012年，省财政积极推进财政内部基层单位建设、强化财政资金监管，促进基层财政管理水平不断提高。一是制定加强和规范乡镇财政管理实施意见。印发《关于进一步加强和规范乡镇财政管理的实施意见》，建立乡镇财政预算决算等8项制度，进一步深化乡镇财政和村级财务管理方式改革。二是开展乡镇财政资金监管情况检查。按照财政部《关于开展乡镇财政资金监管工作检查的实施方案》交替检查的要求，赴河南省开展乡镇财政资金监管情况检查。积极配合辽宁省资金监管检查组到韶关市翁源县、清远市佛冈县和佛山市南海区开展乡镇财政资金监管工作。三是编报乡镇财政决算报表。根据《关于进一步加强和规范乡镇财政管理的实施意见》要求，认真做好度乡镇财政决算编报工作，加强对市县编报工作的指导和督促。四是加强乡镇财政干部培训。根据《关于进一步加强和规范乡镇财政管理的实施意见》要求，组织全省乡镇财政干部参加财政部举办的培训班，推进乡镇财政管理学习交流，提高乡镇财政干部管理能力。同时，转发《财政部关于进一步加强财政基层培训工作的指导意见》，要求各地加强领导、明确责任、分类指导、分批培训，切实提高基层财政人员素质。

（四）着力加强地方政府性债务管理，控制财政金融债务风险

广东高度重视地方政府性债务管理工作，采取措施加强管理，注意防范债务风险。一是加强地方政府性债务统计工作。认真组织全省市（县）开展2012年债务月报上报工作，通过印发《地方政府性债务统计工作考核评比暂行办法》，不断规范和完善市县债务管理工作，并获全国地方政府性债务统计工作一等奖。同时，按照《财政部关于地方政府性债务管理系统推广运用的通知》要求，推广运用地方政府性债务管理系统网络版。截至2012年年底，网络版已覆盖省级各债务单位、全省各级财政部门，实现债务

数据实时报送。二是建立地方政府性债务分析机制。按照《财政部预算司关于及时报送地方政府性债务动态情况分析材料的通知》要求，印发《关于及时报送地方政府性债务动态情况分析材料的通知》，全面建立全省地方政府性债务动态情况分析机制，通过定期上报和主动上报债务动态，进一步掌握各地债务管理情况。同时，主动掌握全省特别是省本级地方政府性债务规模、结构、变动、偿还计划等情况，对债务负担和风险程度进行分析，测算省本级举债空间，为省政府决策提供参考。三是继续做好防范化解地方金融风险工作。研究拟订清理规范我省地方政府融资平台和BT模式融资问题的实施方案，进一步控制地方财政金融风险并将结合我省实际情况，择机开展清理规范工作。同时，加强对乡镇债务情况的调研，开展乡镇债务的统计摸底、汇总分析、实地调研等工作，提出进一步加强乡镇债务管理、控制结构性风险的意见。另外，按照《广东省加强地方政府性债务管理意见》要求，规范政府举借、偿债行为，继续做好中央专项再贷款、省级防范化解金融风险准备金、省财政专项借款的借款办理和还款工作。

（预算处、地方财政处供稿，叶梅芬　姚露　冯宝璇　罗睿　刘华伟　黄瀛　丘晓敏　郑小琳执笔）

财政国库管理工作概述

2012年，国库处（支付局）全面推进财政国库集中收付制度改革，着力强化财政资金安全管理，抓好预算执行分析工作，不断提高财政国库管理科学化、精细化水平，较好地完成了2012年各项工作任务。

一、以深化改革为抓手，注重完善机制，全面推进国库管理制度改革

（一）国库各项改革全面推进

2012年，国库处（支付局）多措并举、多管齐下、上下联动，基本完成国库集中收付制度改革任务。一是建立通报督查制度，按季在全省范围内通报各地改革进展情况，并对改革进展明显落后的地区财政部门领导进行集中约谈，督促各地加快推进改革进度。二是开展实地调研督导，赴改革落后地区存在问题实地调研，帮助研究解决实际问题；建立处级干部牵头分片联系基层国库部门制度，加强对下级国库改革的业务指导。三是安排873万元专项经费用于支持改革，按照“激励先进、鞭策后进”的原则，引导和激励县级财政部门加快推进改革。四是举办国库业务培训班，提高各地财政国库工作人员业务水平。截至2012年年底，国库集中支付改革覆盖到省、市、县三级17 800个预算单位（占全省县级以上预算单位的100%，不含深圳，下同）；公务卡改革推进到省级、20个地级市、115个县（市、区）15 416个预算单位，开立公务卡267 712张；财务核算信息集中监管改革拓展到省、市两级，其中省级、14个地级市一级预算单位100%纳入改革；预算执行动态监控改革实现省、20个地级市及115个县区三级全覆盖。

（二）国库运行机制不断规范

1. 国库集中支付制度改革方面，一是规范国库集中支付业务流程。严把资金审核支付关，保障国库集中支付资金及时准确办理；规范财政授权支付业务办理流程，完善授权支付业务管理；提出完善省级财政资金拨付管理流程工作意见，研究开展扩大集中支付范围工作；修订省级财政统发工资操作规程，确保工资及时、准确发放和指标及时核销。二是强化省级国库集中支付银行代理业务监管。开展代理银行业务检查，将考评情况及存在问题进行通报，督促代理银行认真落实整改；修订省级财政国库集中支付银行代理业务综合考评办法，引入第三方参与代理银行年度综合考评机制，建立银行代理业务差错登记制度，健全银行代理业务综合考评制度；完成2013－2015年度省级国库集中支付业务代理银行招标工作。

2. 公务卡制度改革方面。一是实施省级预算单位公务卡强制结算目录，对办公费、公务接待费、差旅费及会议费等16项经济科目内容强制使用公务卡结算方式。二是推行省级预算单位非零余额账户办理公务卡还款业务，扩大公务卡报销还款资金渠道，推动公务卡制度改革全面实施。

3. 财务核算信息集中监管改革方面。一是出台《广东省省级财务核算信息集中监管改革管理实施细则》，将预算单位全部账套纳入省级财务核算信息集中监管系统核算，进一步规范预算单位的财务管理与会计核算工作。二是充分利用监管系统集中的预算单位财务数据，定期出具分析报告，提供预算单位“三公”经费情况供相关处室参考，提升数据分析的广度和深度。

4. 预算执行动态监控机制建设方面。制定《广东省省级预算执行动态监控内部管理暂行办法》，明确各处室职责和工作流程，及时发现、纠正不规范操作问题，加强国库集中支付内控管理和外部监督，防范和控制财政资金支付风险。

5. 财税库银横向联网改革方面。继续做好与人民银行及省国税地税等部门的沟通协调工作，扩大TIPS系统在全省的覆盖范围。

（三）系统支撑作用更加明显

1. 国库支付系统建设方面。一是继续完善省级国库支付系统功能。进一步规范优化省级国库支付系统工作例会制度，完成完善直接支付和用款计划审核界面、修改直接支付申请单据打印格式等系统需求的开发和实施工作；开展2013年新版预算执行系统版本升级的研究工作，协调有关处室对新版系统提出完善意见；研究开展省级财政专户资金收付业务电子化试点工作，制定相关工作制度。二是全面推进县（区）国库支付系统应用。完成县（区）国库支付系统后续开发和基本技术支持服务合同的续签工作，为试点地区2012－2014年的系统运维服务提供充分保障；继续定期召开县（区）国库支付系统例会，保证试点地区

的系统运维服务质量。

2. 财务核算信息集中监管系统建设方面。通过完善会计科目体系、账套设置，新增固定资产财务管理模块和预算单位计划财务管理模块建设需求，满足预算单位不同的财务管理要求，不断完善系统功能。

3. 预算执行动态监控系统建设方面。细化动态监控规则，提升疑点查找的精确度；新增业务处室系统权限，联合业务处室共同加强财政资金动态监控，充分发挥动态监控的威慑作用。

二、以规范管理为抓手，注重防范风险，全面强化财政资金安全管理

（一）夯实会计管理基础

大力清理预拨资金挂账事项，建立预拨资金按季对账和全厅通报机制、历史挂账事项定期清理机制等，加快省级财政支出进度。制定《省级财政性资金存款账户利息收入会计核算内部规程》等制度，规范省级财政性资金的收缴和核算。将统借自还主权外债资金纳入总预算会计账套统一核算，继续推进总预算会计部分事项权责发生制试点工作。加强省财政厅内部对账工作和省级财政与下级财政对账工作，完善省级财政专户第三方对账机制，通过健全各方对账通报机制，提高对账效率和质量。积极配合审计工作，落实审计整改措施。

（二）规范资金拨付流程

按照“指标流控制资金流”资金拨付原则，严把资金审核支付关，在及时准确拨付每一笔财政资金的基础上，制定《省级财政资金拨付指标管理实施方案》，开展财政专户实拨电子化试点工作，建立资金拨付纸质及电子信息双控机制，2012 年拨付财政资金 49 719 笔，合计 3 618 亿元。同时，建立大额资金拨付通知制度，在每月下旬预先收集各业务处室在月底前的大额资金拨付计划，确保预算执行到位。

（三）创新资金存放机制

完善存放银行业务办理规范，明确财政性资金存放银行上门服务业务办理、票据交接登记、资金拨付办理、账务核对及验证、定期存款存取业务等日常工作要求，并制定财政资金拨付紧急拨款应急预案。在实施省级财政资金和省级社保基金定期存款存放的同时，完善财政资金定期存款竞争择优机制，开展财政性资金竞争存放工作，社保基金定期存款（52 亿元）首次实行竞争招标方式确定存放银行，积极探索新型财政资金存放机制。

（四）完善资金调度管理

一是完善省对下级资金调度办法，实行年初提前拨付、年中分月调度、年终统一清算的做法，提高资金调度的科学性和准确性。二是科学合理制定省对下级补助资金调度计划表，并针对各地级市收支实际情况，及时提出适时提前拨付清算款和调度款、适当增加临时调度款等可操作性解决措施，确保下级财政的正常运转。三是完善计划单列市欠省往来款项、各地应上解款项催缴制度，梳理核对省直管县及其所在市的债权债务关系，加强省对下级补助资金安全管理。

（五）规范财政专户和预算单位账户管理

财政专户管理方面，省级积极开展财政专户的清理撤并工作，2012 年共撤并 8 个财政专户；加强对下级财政部门的工作督导，通过书面通知、实地检查的形式推进全省的清理整改工作；严控新开账户，严审开户依据、严把审批流程，要求所有财政专户的开设必须经过逐级上报财政部统一核准。预算单位银行账户管理方面，开展省级预算单位银行账户清理检查工作，严格执行预算单位银行账户审批制度，2012 年共批复预算单位开立、变更、保留银行账户 224 个；认真做好预算单位银行账户 2011 年度年检工作，共为 786 个基层预算单位的 4 733 个银行账户出具年检确认书；优化预算单位银行账户信息管理系统设置，确保国库支付系统账户信息与预算单位书面确认账户信息的一致性。

（六）开展资金安全检查

一是开展国库内部稽核。2012 年起采取年度全面稽核和季度专项稽核相结合形式开展，既组织对国库业务流程、工作环节和岗位进行全面稽核，也开展印章（印鉴卡）使用管理、省级财政专户管理等专户稽核工作，根据稽核发现的问题逐一研究解决、制定改进措施，不断健全内部监督制衡机制。二是开展资金安全检查。对韶关等 6 个地级市及下辖的 12 个县（市、区）及 12 个乡镇的财政资金安全管理工作进行现场检查，及时下发督查情况通报，督促各地财政部门针对发现问题积极采取措施落实整改。三是探索开展财政指标管理和资金支付稽核工作。研究在财政内部建立对财政指标管理和资金支付业务的第三方实时监督机制，初步草拟了稽核工作规程，完成稽核系统业务需求。

三、以突出效用为抓手，注重抓好服务，不断提高预算执行分析水平

（一）坚持高要求，预算执行分析水平有进步

一是完善与财政部、省直综合经济部门和地市的信息沟通共享机制，同时深入省国税局、省地税局等省直部门以及广州、深圳、佛山、东莞等重点税源地区进行调研，及时掌握第一手经济税收信息，为做好日常分析打好基础。二是加强对经济财政形势的专题调查研究，就外贸进出口对广东财政收支影响进行专题调研，形成《全年收入预测》、《外贸形势变化对广东财政运行影响分析》等多篇调研报告。三是按照厅开展大数据战略的有关要求，探索开展预算执行分析信息化工作改革，草拟《预算执行分析数据信息化工作方案（初稿）》，形成改进预算执行分析工作的初步思路。

（二）坚持严标准，预算执行报表质量有提升

一是扎实完成旬月报表报送工作。对旬月报系统进行升级，确保全省旬月报表工作顺利开展，向领导提供真实、准确的财政收支运行数据。二是顺利完成决算报表汇编工

作。通过加强业务指导、加强报表审核、加强沟通协调、加强专题调研等措施，促进2011年全省财政总决算工作顺利开展，确保决算报表质量，提升决算数据效用，不断提升决算对规范预算编制、预算执行的促进作用。三是认真落实专项报表统计制度。围绕领导关心的热点、重点情况，认真落实民生支出落实情况、重点支出落实情况及十件民生实事落实情况的报送制度，为领导决策服务。

（三）坚持求实效，财政支出通报作用有体现

一是向省级一级预算单位书面通报单位2011年全年及2012年前三季度的支出进度情况。二是按月向厅内各业务处书面通报及通过系统向预算单位通报2012年省级部门支出进度情况分析。通过改进通报方式和细化通报内容，及时、有针对性地反馈省级部门预算执行进度情况，促进省级部门加快支出进度，有效增强预算执行的时效性和均衡性。

四、以创新思路为抓手，注重推进工作，全力完成国库管理专项工作

（一）突出规范操作，顺利完成2012年广东省政府自行发债工作

一是认真做好债券发行的前期工作。制订2012年自行债工作方案和年度工作计划，提前部署相关准备工作；聘请自行发债技术顾问，密切关注债券市场实时动态，定期向厅领导汇报对债券市场的走势分析，为债券发行时间窗口的选择提供参考依据。二是择优选取承销团成员和主承销商。召开自行发债工作通报会，公开向所有符合条件的国债承销团成员发出参加2012年广东省政府债券承销团的邀请，按照规定组建债券承销团；同时，公开招标择优确定3家主承销商。三是顺利发行取得较好发行结果。及时发布发行文件，履行市场告知义务，足额筹满86亿元债券资金，取得较优的发行利率和发行倍数。四是做好地方债还本付息工作。制订全年地方债还本付息计划，明确厅内相关处室在地方政府债券还本付息工作上的职责分工，同时做好还本付息台账记录，借助信息系统加强还本付息工作管理力度。

（二）突出提高质量，积极做好2011年度政府综合财务报告试编工作

一是成立试编工作领导小组，制订试编工作实施方案，建立厅内沟通协调机制，明确各处室职责分工。二是借省级部门决算布置之机，向省直部门布置现行会计核算体系中无法获取的数据信息，提高数据的准确性；启动试编信息系统开发工作，采取系统编制和手工编制“双轨”运行，提高试编工作效率和质量。三是选取广州、珠海、汕头以及韶关南雄市作为试编权责发生制政府综合财务报告的试点地区，逐步积累试编不同层级政府财务报告的工作经验。四是组织召开全省国库部门政府综合财务报告试编工作培训会议，加强下级财政部门对试编工作的了解和有关知识的掌握，为今后推动各级财政开展试编工作奠定了基础。

（三）突出主动公开，探索开展2011年度省级部门决算信息公开工作

一是顺利完成省级部门决算批复交接，组织召开省级部门决算工作协调会，明确分工落实2011年省级部门决算批复及决算信息公开工作责任，按时批复2011年省级部门决算；明确省级部门决算信息公开工作的有关要求，指导省级部门稳步有序地开展决算信息公开工作，确保省级部门决算信息公开工作顺利开展。二是规范部门决算公开的内容，统一部门决算信息公开时间，由各业务处室通过电话等方式，督促其分管部门按时公开部门决算信息。三是积极指导和督促下级财政部门开展部门决算批复和公开工作。

［国库处（支付局）供稿，麦东阳执笔］

综合财政工作概述

2012年，在综合处围绕中心、服务大局，不断健全非税收入征管体系，大力支持稳价惠民、保障性安居工程建设，加强交通资金管理，强化彩票监管，顾大局、强协调，不断加强内部管理和队伍建设，扎实完成各项工作任务。

一、围绕中心，积极服务经济社会发展大局

（一）抓好非税收入征管工作

一是抓好重点收入，加强对非税收入征管重点部门、重点项目的动态监控，狠抓跑、冒、滴、漏。二是加强收入分析，做好每月非税收入运行情况分析和季度非税收入收缴执行情况分析工作，判断运行趋势，加强收入运行监测。

（二）抓好政策研究制定工作

一是加大涉企行政事业性收费减免力度，进一步减轻企业负担，促进企业平稳健康发展；拟订稳定经济增长的涉企行政事业性收费减免缓征政策措施，经省政府批准同意，对广东省小型微型企业、外经贸企业、战略性新兴产业、省级产业转移园企业减免缓征37项行政事业性收费。二是在贯彻落实国家免征22项全国性行政事业性收费的基础上，对小微企业减免5项省定行政事业性收费，对困难小微企业减半征收6个月使用流动人员调配费。三是全面减轻社会收费负担，先后取消近20项省定涉企行政事业性收费项目。四是加大对茂名“9.21”灾区复产重建工作的支持力度，自2012年1月1日至2012年12月31日，对茂名“9·21”灾后复产重建工作减免5项收费项目。

（三）大力抓好调查研究工作

一是根据汪洋书记批示，收集和了解新加坡土地征收及土地出让金管理相关情况，结合广东省土地征收和土地出让收入使用管理实际情况，完成学习借鉴新加坡土地出让金使用管理情况的调研报告，供省领导参阅。二是开展

优化非税收入结构，提高财政收入质量的调研，基本摸清部分市非税收入偏高的实际情况。三是根据省委、省政府要求减轻企业和社会负担，改善投资环境，降低客货流通成本的精神，开展关于取消省内公路收费财政政策的调研，并初步形成调研报告。四是经调查研究形成《广东省加快经济转型升级专题研究报告》和2012年上半年广东省土地出让收支调研情况。

二、深化改革，不断提高非税收入管理水平

（一）加快非税系统建设

一是全力以赴推进县级非税收入管理系统建设，通过分期分批的方式启动18个地市县级项目的实施推广工作，各县区上线率超过90%，累计上线执收单位2 760家。二是深入开展为民便民服务，进一步推进省级非税收入管理系统网上支付平台建设。完成省财政厅会计考试网上报名支付平台、省司法厅国家司法考试网上报名支付平台、省旅游局导游资格考试网上报名支付平台建设。

（二）开展清理整顿财政专户工作

积极配合厅有关处室开展财政专户撤销工作，撤销一个车辆通行费财政专户，并对其他财政专户进行规范管理。

（三）深化“收支两条线”管理

不断深化扩大“收支两条线”管理范围，将省公安厅的一次性临时来往粤港小汽车入出境办证费、省老干部大学收费和省核工业华南技工学校教育收费等实行“收支两条线”管理。

三、保障民生，切实抓好民生实事

（一）深入开展价格惠民工作

积极落实省财政厅牵头的“深入开展价格惠民”民生实事，明确目标任务，细化措施方案，加强组织协调，抓好督办落实，确保人民群众享受民生实事成果。

（二）全力支持保障性安居工程建设

认真落实各项保障房建设资金和财政政策，提前并超额完成全年新开工建设14.39万套保障房的任务。一是研究完善政策。认真研究测算提出原曲仁矿棚改资金筹措方案，并得到省政府领导同意；研究制定《广东省公共租赁住房省级以奖代补专项资金管理办法》，确保省级公租廉租住房以奖代补专项资金的规范化、制度化和程序化管理。二是加大资金筹措力度。积极争取中央加大对广东省住房保障工作的补助力度；安排公共租赁住房省级以奖代补专项资金、原曲仁矿棚户区改造补助资金和盐场棚户区改造补助资金，全年及时分配下达中央和省的各类补助资金共31.53亿元。三是积极落实各项财政政策。督促各地落实政府安排的保障性安居工程资金和保障性安居工程涉及的税费优惠政策，鼓励有条件的地区根据需要提高土地出让净收益用于住房保障的资金比例；根据地方意愿，支持佛山和江门市成功向国家申请作为住房公积金贷款支持保障性住房建设试点城市。四是做好相关建议提案办理工作。认真准备省财政厅对省人大就广东省保障性住房建设工作落实情况进行专题询问的应询材料；牵头调研办理汪洋书记重点督办的“促进广东省保障房建设均衡发展”系列提案中“完善资金筹集渠道”子专题。五是加强调研督查。多次开展保障性住房调研、检查、资金落实和建设进度督查，并认真接受中央督查组和省人大检查组检查。

四、夯实基础，切实提高财政综合工作管理水平

（一）加强交通建设资金管理

一是对全省交通资金进行通盘考虑，统筹成品油替代性收入、成品油替代性增量收入和取消政府还贷二级公路中央补助资金等，对全省交通资金进行综合预算编制，统筹安排全省交通建设资金，确保资金更好地投入到交通建设项目。二是进一步规范广东省收费公路管理，认真研究专项清理收费公路涉及的债务余额等问题，积极会同省交通运输厅研究广东省收费公路专项清理工作涉及的政府还贷二级公路债务处置办法，配合做好广东省收费公路专项清理工作。三是梳理、整合全部交通建设资金，充分发挥资金调节杠杆作用，积极配合省交通运输厅做好省级交通建设再融资工作，统筹支持解决交通建设项目资金缺口问题。四是将成品油消费税地方替代性收入返还基数通过省级与下级财政往来资金调度的方式，及时拨付全省交通建设资金。五是认真做好省级交通建设融资资金管理工作，按规定进行交通融资资金的拨付、还本付息和交通融资风险金的提取等工作。六是积极推进基本公共服务均等化各项工作。大力推进农村客运网络建设，逐步完善城乡一体化公交网络，显著改善人民群众的出行条件，继续统筹交通资金用于农村客运站亭建设，继续推进农村客运发展。七是认真配合做好促进高寒山区移民安居试点、加快高寒山区居民搬迁步伐的工作。按照2010年省下达连南高寒山区移民安居补助数，确定连南县村道公路建设2012年资金安排量，整合用于高寒山区移民安居工作。八是按照经批复的各项竞争性分配改革试点工作实施方案，认真会同相关部门组织开展好客运站场建设专项资金等五项省级财政专项资金竞争性分配工作。

（二）加强港口建设费征收管理

认真按照国家和省有关规定，会同省交通运输厅、广东海事局抓好广东省港口建设费征收使用管理工作。

（三）加强彩票市场监管

一是加强彩票市场监管。加强对广东省电话、互联网销售彩票行为的监督检查工作，规范彩票机构市场行为。大力支持彩票机构创新游戏玩法和开展促销、公益宣传，有效打击私彩。二是严格彩票机构的财务管理。认真审核两个彩票机构的年度支出计划，将发行费重点用于业务支出和事业发展，切实提高资金使用效益。三是继续加强彩票公益金监管。完成2011年度省级彩票专项公益金的分配和资金下达工作，报请省政府确定2012年度省级彩票专项公益金的使用范围，不断完善省级彩票公益金分配使用管理办法，逐步形成彩票公益金与彩票市场良性互动的发展

机制。四是按照省直管县财政管理改革的要求，积极协调有关地市、县区财政、民政及体育部门，理顺彩票公益金市、县（市、区）划分政策。五是根据彩票市场发展的实际情况，适时修订《广东省彩票销售机构工作年度综合考评奖励试行办法》。

（四）加强财政票据监管

一是严格财政票据印制。协助做好财政票据定点印刷企业的招投标准备工作，加强对现有财政票据定点印制厂的监督管理。二是严格财政票据领购。坚持“凭证领购、分次限量”的原则，严格审核用票单位领购申请，特别是做好票种变更后新票种申领资格的审核，规范财政票据使用行为。三是加强财政票据管理法规宣传力度。做好2012年新版幼儿园收费票据、医疗收费票据的政策衔接工作；加强宣传教育，增强用票单位依法依规使用财政票据的意识。

（五）认真完成省直机关津贴补贴调节基金申报工作

积极与财政部驻广东专员办的沟通协调，做好广东省计缴中央2011年度省直机关津贴补贴调节基金的申报工作。

（综合处供稿，林瑜　王浩斌执笔）

行政政法财政财务管理工作概述

2012年，行政政法处妥善处理好经费保障与经费节约、深化改革与维持稳定的关系，大力压缩一般性行政经费支出，不断加大维护政权稳定和涉及民生等重点项目投入力度，完成年度工作任务，获得“广东省实施妇女儿童发展规划先进集体”荣誉称号。

2012年，办结人大议案8件、政协提案17件、群众来信15件，收发文件总量达8 989份，其中：编号收文597份，非编号收文4 300份；正式发文625份，其余编号发文918份。

一、确保运转

（一）加强预算管理

认真做好经管88家省级预算单位2012年部门预算审核与执行、预算调整以及监督管理工作，审核下达上年结余结转指标，确保统发工资及时足额发放。经管省级部门1－12月资金支出进度97.1%，较好地完成了年度支出任务。按照科学化、精细化要求编审经管单位2013年部门预算。

（二）加大对党的执政能力建设和政权建设经费投入

重点保障县乡人大换届选举、援藏援疆工作、中央及省级政法转移支付和加强工商、质监等部门实施食品安全监管工作经费保障，落实“三打两建”工作经费，支持民主党派参政议政和妇联、团委各项事业发展，加大社会组织扶持力度，加强“两新”组织（新经济组织和新社会组织）党建工作经费保障，进一步理顺监狱、劳教系统、政法院校经费体制，加大对基层政法机关专项转移支付力度。

（三）创新基层组织保障机制

按照“财政拨一点、党费给一点、党员捐一点”的原则，建立全省非公有制经济组织和社会组织党建工作经费保障，省财政对“两新”组织党组织党员活动经费、党务工作者工作津贴、新建立“两新”组织党组织启动经费给予补助，并印发《广东省非公有制经济组织和社会组织党建工作财政专项经费使用管理暂行办法》，明确经费的使用范围、绩效考核管理、拨付程序、监督检查等内容，确保财政经费用到党建工作的“刀刃”上。

（四）落实监狱劳教经费保障任务

圆满完成中央“全额保障、监企分开、收支分开、规范运行”的总体要求。继续加大投入提高在押（收治）人员伙食营养水平。理顺珠三角以外省直监狱、劳教单位的在编干警、职工工资福利，确立“两劳”企业收入管理政策，激励“两劳”企业增收、创收的积极性。

二、厉行节约

（一）加强机构编制管理

协调省编制、人事等部门，不断改进和完善机构编制管理，有效控制机构编制和财政供养人员规模，防止不合理增人增编引起的行政经费过快增长。

1. 建立机构编制事项协商机制。建立通畅的沟通渠道，明确对涉及财政支出调整的机构编制事项，包括省直单位设立、撤销、合并，事业单位类别调整、编制变动和其他与财政职能相关的事项等，机构编制部门原则上应当征求财政部门意见；对机构编制部门和财政部门未达成一致意见的，原则上不提交省编委会议审议。编制、财政、人社等部门在编制管理工作中密切配合，各负其责，形成合力，有力地促进机构编制事项的审核工作。

2. 完善机构编制内部审核制度。制定并印发实施《省直单位机构编制事项审核工作内部管理暂行办法》，明确各业务处室之间工作协调机制和审核程序，规范机构设置和编制审核内部原则。2012年，提请厅长办公会议审议的机构编制事项22项，涉及行政类编制151人，公益一类7 544人，公益二类10 215人，公益三类430人，经营服务类735人。

（二）完善行政经费节约考核

贯彻落实中央和省委、省政府关于厉行节约的决定，保证各项节约措施取得实效，按照《省直机关事业单位行政经费节约考核办法》以及“十个严控”的要求对省直各机关、财政拨款事业单位的2011年公用经费预算执行情况，以及办公费、交通费、出国费、会议费、培训费、招待费6个经济科目的支出情况进行考核，同时进一步明确考核标准、创新考核方式和加大奖惩力度，使节约工作落到实处。

经报省委、省政府批准，2012年被评为“良好”和

“合格”级次的单位分别为83个和18个，没有“不合格”级次单位。考核当年省直公用经费节约5 755.6万元，节约率为8.1%。办公费、交通费、出国费、会议费、培训费、招待费六个经济科目节约费用24 796.8万元，节约率为25.8%。

（三）加强因公出国（境）经费控制

完善省直因公出国综合协调机制，畅通信息沟通和交换渠道。严控经费预算，根据“十个严控”要求，及时调整省直因公出国考核基数，明确各部门出国经费预算不得超出2008年决算数、上年决算数和近三年决算平均数三者最小值，并规范厅内部审核标准和流程，严格按照国家规定的开支标准以及审批部门审定的天数、人数、出访线路等提出审核意见，对无预算、超预算和计划外团组出国原则上不予核批。

（四）坚持勤俭办事业

坚决执行“八项规定”和“反浪费”标准和要求，进一步精简会议活动，严格控制会议活动数量、规模、时间和经费支出，严格财务管理，加强办公经费、办公设备、公务用车等管理，杜绝不合理开支，积极协助省委、省政府研究制定更有针对性和可操作性的具体意见，加强监督检查，确定方法步骤，落实工作责任，精心组织实施。

（五）停拨一切不必要的行政开支

配合开展清理规范各类评比达标表彰活动，从严控制各种开放性晚会、展览会、庆典和论坛等活动经费，对缺乏实质意义、内容重复的活动坚决取消，停拨经费；经批准的重要活动，如规模过大、规格过高，需重新核定规模和申报经费；对正在举办的活动，严格执行批准的经费预算，不得随意扩大范围和增加经费支出。

三、力促改革

（一）推进政府向社会组织购买服务

贯彻落实《中共广东省委广东省人民政府关于加强社会建设的决定》有关精神，按照社会主义市场经济的改革方向和“小政府、大社会”的理念要求，率先建立政府向社会组织购买服务制度。

1. 构建政府购买服务制度体系。在总结试点经验的基础上，报请省政府印发实施《政府向社会组织购买服务暂行办法》以及《广东省财政厅关于政府向社会组织购买服务供应方竞争性评审的管理办法》，从购买服务主体、购买范围、供应方条件、购买程序与方式、资金安排及支付等10个方面规范政府向社会组织购买服务行为。其中明确除法律法规另有规定，或涉及国家安全、保密事项以及司法审判、行政许可等事项外，社会公共服务与管理事项和政府履行职责所需要的服务事项原则上应通过政府向社会组织购买服务的方式，逐步转由社会组织承担。突出竞争择优选择供应方，一事一议事项由省财政厅委托第三方机构进行公开招标，常规事项由各部门按照政府采购等相关规定及公开公平、竞争择优的原则组织竞争性评审确定供应方。

2. 编制政府购买服务目录。将政府购买服务事项划分为政府承担的社会公共服务和履行职责所需的服务两大类，具体包括一级目录5项，二级目录49项，三级目录262项。目录体系清晰、直观，实现规范性与可操作性相结合，为进一步提高政府向社会组织购买服务项目透明度，引导社会组织承接政府购买服务、参与社会管理提供了良好的指引与保障。

（二）创新财政扶持方式培育发展社会组织

按程序报请设立省级培育发展社会组织专项资金，并以资金分配为抓手，按照公开透明、绩效导向的原则，研究制定并报省政府批准印发《广东省省级培育发展社会组织专项资金管理暂行办法》和《广东省省级培育发展社会组织专项资金竞争性分配评审管理办法》，委托第三方机构组织实施2012年度省级培育发展社会组织专项资金竞争性评审。经过发布指南、受理申报、初审和终审、结果公示、部门审核确认等程序，对佛山市照明灯具协会等374个社会组织进行补助，其中：行业协会类社会组织207个，公益类80个，学术联谊、公证仲裁和群众生活类87个，安排补助资金8 700万元。

四、强化管理

（一）推进出差和会议定点管理

按照2013－2014年党政机关出差和会议定点饭店政府采购工作要求，委托省政府采购中心在全省范围开展招投标，要求饭店布局合理，周边治安环境及社会环境应保证安全、卫生，方便党政机关人员出差、会议以及接待使用。为方便各级党政机关和事业单位工作人员在粤出差和会议，适当增加部分地方定点饭店数量，每个地市按不少于5家确定定点饭店。根据政府采购结果，报财政部批复，确定2013－2014年广东地区（不含深圳）党政机关出差定点饭店188家、会议定点饭店186家。

（二）加强廉政建设

继续清理权力事项，查找风险点，在2009年规范权力运行工作的基础上，采取自下而上和自上而下相结合的办法对廉政风险点进行排查和评估，确定处室重点岗位、重点权力事项和关键环节的廉政风险点。建立完善相互制衡、相互监督、公开透明的财政资金管理制度体系和运行机制。坚持党风廉政建设和反腐倡廉工作领导负责制。

（三）加强调研检查

落实好年度常规检查任务，组织开展地方规范津贴补贴发放情况核查，实地核查上缴津贴补贴调节资金情况，同时根据业务实际，开展政府购买社会服务、新加坡购买社区服务经验、基层政权经费保障、政法经费保障等专题调研。

（行政政法处供稿，谭笑风执笔）

教科文财务管理工作概述

2012年，结合教科文财政工作特点，不断深化和完善教科文事业各项改革，积极推进体制和机制创新，主动服务经济社会发展大局，重点保障和解决教科文领域民生投入问题，强化科学管理，较好地完成各项工作任务，为教育强省、科技强省、文化强省、人才强省、和谐社会建设作出积极的贡献。

2012年，全省教育、科学技术、文化体育与传媒等支出共计1 885.57亿元，比2011年同期1 602.35亿元增加283.22亿元，增长17.68%；省级教育、科学技术、文化体育与传媒等支出共计222.76亿元，比2011年同期172.67亿元增加50.09亿元，增长29.01%。

2012年广东省和省级财政教育、科技、文体支出情况 单位：亿元,%

项　目	2011年支出	2012年支出	增加	增长
全省合计	1 602.35	1 885.57	283.22	17.68
教　育	1 227.87	1 501.22	273.35	22.26
科学技术	203.92	246.71	42.79	20.99
文化体育与传媒	170.56	137.64	-2.92	-19.30
省本级合计	172.67	222.76	50.09	29.01
教　育	143.10	175.24	32.14	22.46
科学技术	15.51	26.76	11.24	72.48
文化体育与传媒	14.06	20.76	6.70	47.68

一、加大教育投入，支持教育优先发展

（一）落实教育支出占比目标任务

为落实中央下达的教育支出占比任务，2012年年初，教科文处召开全省会议部署相关工作，传达贯彻全国财政教育投入情况分析会精神，并按全省完成21.5%占比目标分解下达各市任务，建立财政教育投入状况分析评价机制，以确保2012年财政教育支出目标任务完成。经过全省各级财政部门的共同努力，2012年全省财政教育支出占比为20.81%，超额完成中央下达广东20%的目标任务。2012年10月中旬，财政部对各地2011年度财政教育投入进行分析评价，给予广东最高级评价A级，并奖励资金2.5亿元。

（二）研究教育投入一揽子计划

为贯彻落实《国务院关于进一步加大财政教育投入的意见》及《教育规划纲要》，积极会同省教育厅研究制定2012-2015年省级财政教育投入一揽子计划，并经省府常务会议通过。

（三）促进义务教育均衡发展

2012年，省财政共拨付城乡义务教育转移支付资金95.87亿元，一是拨付义务教育公用经费和课本费补助资金54.78亿元，落实城乡免费义务教育政策，惠及1 031万名义务教育中小学生，并从2012年起统一城乡免费义务教育公用经费补助政策。二是逐步解决非户籍常住人口子女平等接受义务教育问题，随迁子女入读公办学校比例过半。三是落实100万名农村家庭经济困难学生和少数民族地区民族班1.32万名学生生活费补助政策，研究实施农村义务教育学生营养改善计划。四是持续改善农村中小学办学条件，落实农村中小学维修改造长效机制，推进实施校舍安全工程，支持义务教育规范化学校建设。五是支持各地化解农村义务教育债务。

（四）加强教师队伍建设

一是支持欠发达地区实施绩效工资政策落实教师工资待遇“两相当”，省财政安排奖补资金8.71亿元。二是新增安排5亿元实施“强师工程”，并研究制定强师工程资金管理办法。三是开展山区和农村边远地区义务教育学校教师岗位津贴调研，拟订山区和农村边远地区义务教育学校教师岗位津贴制度调研报告及实施方案，呈报省政府批准同意。

（五）加快职业教育发展

研究扩大中等职业学校免学费政策，完善中职国家助学金制度。安排高等职业技术学院、中等职业技术学校增编经费，保障高职、中职新增编制人员的落实。安排高等职业教育、高技能公共实训基地和中等职业技术教育实训中心（基地）建设资金共3亿元。建立完善试点职业院校的生均基准定额标准的科学调整体系，探索职业教育经费保障新机制。

（六）提升高等教育质量水平

从2012年起，将高校生均综合定额标准从6 600元提高到7 600元，完善生均拨款科学调整机制，共安排29所高校生均定额拨款约52亿元。修订完善《关于加强省直高校债务管理的意见》，明确省直高校新增银行贷款须报学校主管部门和省财政厅审批。继续安排资金支持高校开展学

科建设和教学质量工程建设，不断提升办学质量和水平。安排下达支持中山大学和华南理工大学“985”工程三期建设的省级配套资金，先行给予暨南大学1亿元学科建设经费的配套。积极申报中央财政专项资金，争取中央支持广东高校的建设和发展。安排1.28亿元资金对符合“上岗退费”学生给予退费补助，安排0.32亿元实施高校应届毕业生应征入伍服义务兵役学费补偿和国家助学贷款代偿政策。

（七）大力发展学前教育

省财政安排0.84亿元建立学前教育资助制度，安排3亿元重点扶持欠发达地区发展学前教育，积极争取中央学前教育奖补资金共3.85亿元，进一步解决“入园难、入园贵”问题，优化学前教育结构。

（八）完善资助政策体系

根据国家政策精神，研究扩大中等职业教育免学费政策范围、进一步完善国家助学金制度的贯彻落实意见，落实普通高校、高职院校学生国家奖助学政策，下达助学补助资金6.43亿元，新增安排0.5亿元用于家庭经济困难大学新生学费资助，逐步建立健全从学前教育到高等教育“贷、奖、助、补、减、免”的资助政策体系。

二、加大科技投入，推动科技创新发展

（一）促进省部院产学研合作

安排省部院产学研合作专项资金6亿元，支持产学研合作项目875项、新建10个企业重点实验室。促进部属高校、中科院及所属科研机构与广东省优势企业联合搭建科技创新研发平台，共建产学研结合基地。

（二）加大基础科学研究支持力度

安排省自然科学基金7 800万元，支持科研人员开展自然科学基础和应用研究。启动杰出青年基金项目，支持首批16名35周岁以下的青年杰出人才。安排自然科学联合基金3 500万元，提升广东基础研究实力。安排科学事业费2.26亿元，支持科研机构开展基础研究工作。

（三）促进公共科技创新平台建设

安排省实验室体系建设专项资金8 000万元，支持新建省重点实验室24个，省重点科研基地3个，省重点实验室建设支撑项目24个，并对考核评估中获得优秀、良好等级的14个实验室安排开放运行经费。有效促进省属科研院所重点实验室建设步伐。

（四）大力推动知识产权保护工作

安排知识产权专项资金7 253万元，推动全省开展知识产权保护、宣传，鼓励发明创造，资助向外国专利申请，组织实施知识产权战略工作。支持广东省与国家知识产权局共建国家知识产权局专利局专利审查协作广东中心，安排资金1.17亿元。联合省知识产权局制定《广东省专利申请资助专项资金管理办法》，加强专利申请资助专项资金管理。

（五）支持推广科技普及

安排科普惠农兴村及全民科学素质行动计划专项资金506万元，提高公民科学素质。

三、调整优化支出结构，推动文化强省建设新跨越

（一）推动公共文化服务体系建设

一是安排专项资金2.223亿元，对建设达标的3个地级市、42个县、333个乡镇，2 800个行政村（社区）的图书馆、文化馆（室）、博物馆给予奖补，加快基层公共文化服务设施建设。支持广东美术馆、省立中山图书馆和经济欠发达县镇1 156个图书馆、文化馆（站）免费开放。二是继续实施“2131”农村电影放映工程，按200元/场的标准对欠发达地区16 222个行政村放映电影给予场次补贴3 894万元，实现“一村一月一场电影”的目标。三是推进农村广播电视无线覆盖工程。为实现2013年全省“户户通”广播电视的目标，安排专项资金14 116万元，解决5.432万户广播电视覆盖盲村盲点、20万散居农户以及2 088艘大中型渔船收听收看国内广播电视节目问题。四是新增安排群众文化活动及文化协管员专项资金6 000万元，丰富群众精神文化生活，支持经济欠发达地区16 815个行政村文体协管员开展文体活动，有效推动全省群众文化活动蓬勃开展。五是安排专项资金5 650万元，运用现代科技手段开发利用民族文化丰厚资源，加强文物保护及非物质文化遗产保护工作。

（二）加快现代文化产业体系建设

一是安排扶持文艺精品创作专项资金3 546万元，扶持和打造一批文艺精品佳作，提升广东文化辐射力和影响力。二是安排省级文化产业发展专项资金2.498亿元，重点引导和扶持平面传媒业、广播影视业、动漫制作等文化产业项目，支持特色文化产业做大做强，打造具有国际竞争力的现代文化产业体系。三是支持有线广播电视网络和新华书店改革重组，安排专项借款3 000万元和专项补助7 000万元，支持全省有线广播电视网络和新华书店改革重组工作；支持省网络公司长足发展，安排贷款贴息1.375亿元。

（三）加强文化强省建设重点项目资金管理

为规范财政资金管理，提高资金使用效益，会同省相关部门制定《广东省数字影院建设专项资金管理办法》、《广东省群众文化活动专项资金管理暂行办法》、《广东省扶持文化“走出去”专项资金管理办法》、《广东省打造“理论粤军”专项资金管理办法》、《广东省宣传文化人才专项资金管理暂行办法》。

四、落实人口计生经费，建立计生利益导向机制

（一）落实农村部分计划生育家庭奖励政策

下达专项补助经费5 725万元，用于欠发达地区农村计划生育家庭奖励经费补助，全省计划生育奖励受益对象达17.41万人。

（二）推动基层计划生育服务网络建设

安排计划生育专项资金12 400万元，用于基层计划生育站所建设和服务设备购置、计生宣传教育、计生信息网

络建设、流动人口管理和技术服务、性别比综合治理等补助。

（三）完善计划生育家庭特别扶助制度

下达欠发达地区实施计划生育家庭特别扶助制度补助经费234万元。联合省人口计生委印发了《计划生育手术并发症人员特别扶助制度实施办法》，将计划生育手术并发症人员纳入特别扶助范围，给予一定的扶助金，所需资金由各级财政负担，省财政对欠发达地区按比例分类给予补助。

（四）支持全省开展免费孕前优生健康检查工作

联合省人口计生委印发《广东省免费孕前优生健康检查项目实施方案》，在全国率先实施全省免费孕前优生健康检查。安排专项资金4 052万元，对欠发达地区给予补助。

（五）继续挂钩帮扶普宁市人口计生工作

帮扶普宁市创建“省级人口和计划生育优质服务先进县（市）”，支持计划生育专项经费300万元。在2012年省人口计生委兼职委员17个单位年度人口计生管理责任制考核中，省财政厅获得第一名。

五、加大人才投入，推动实施“人才强省”战略

（一）支持引进高层次人才

安排引进创新科研团队和领军人才专项经费8.5亿元，支持引进第三批26个创新科研团队和18名领军人才。安排博士后及引进海外人才专项经费6 296万元，用于引进博士后的工作生活补贴和组团赴国外招聘高层次人才、资助引进和推广国（境）外科技智力成果等。

（二）加大人才培养力度

启动百名南粤杰出人才培养工程，省财政安排专项资金1 500万元，首批资助15名培养对象及其团队开展科研工作。从2012年1月1日起，将2000年度及以前的政府特殊津贴专家生活补贴从400元/（人·月）提高到600元/（人·月），共安排专项经费3 240万元。启动实施欠发达地区人才建设“扬帆计划”。

六、加大投入，做好体育、地方志、档案、地震等事业经费保障工作

一是安排参加2012年伦敦奥运会工作经费1 000万元、第十二届全运会备战经费5 520万元，有力保障全省体育事业发展需求，推动省级体育事业发展。二是补助欠发达地区第二轮地方志编修、档案抢救及档案馆达标资金共2 752万元，督促和引导地方按照国家要求做好地方志出版、档案馆建设等工作。三是安排2 125万元，加强防震减灾基础能力建设，创新服务平台。

七、夯实基础管理工作，促进教科文事业改革与发展

一是召开全省教科文财政工作会议暨事业单位财务规则培训班，组织全省各地级以上市财政部门和省属事业单位，培训学习《事业单位财务规则》，安排专人协助有关市开展培训工作。二是加强文件管理工作。2012年，全年办理文件数共计10 264份，位列全厅第4名，其中：收文6 813份，位列全厅第3名；发文3 451份，位列全厅第3名；办理人大建议、政协提案69件，位列全厅第2名。三是做好与财政部教科文司的沟通联系工作，争取上级资金支持，2012年，共获得上级补助约58亿元。四是积极配合省审计部门做好2011年度审计工作。五是做好预算外资金“预算制”管理工作，规范预算外资金管理。六是做好教科文事业费预算执行分析工作。七是开展深入基层调研工作，完成《促进文化大发展财政政策研究》课题的调研报告。八是配合做好第三方评价工作，对2012年民办教育专项经费进行第三方绩效评价。

（教科文处供稿，冯国维执笔）

财政工贸发展工作概述

2012年，工贸发展处紧紧围绕“加快转型升级、建设幸福广东”核心任务，积极支持扩大内需，推进产业转型升级和自主创新，加大环境保护力度，较好地完成了服务经济社会发展、保障改善民生各项工作。

一、把握焦点，更加注重发扬改革创新精神落实厅党组的重大部署

围绕厅重点和中心工作，调整优化支出结构，创新资金使用方式，切实将厅党组的重大部署落到实处。

（一）创新资金使用支持稳增长调结构

设立企业技术研发与升级改造专项资金5亿元，综合采用奖励、贷款贴息、股权投资、补助和以奖代补等方式，促进加快转变经济发展方式；设立广东省专业镇中小微企业服务平台建设专项资金5亿元，重点支持专业镇及产业集聚度高的中心镇建立中小微企业服务平台，建立健全中小微企业综合服务体系；设立促进外经贸转型升级专项资金5亿元，支持企业收购国际著名品牌，推动服务外包产业加快发展。

（二）探索财政经营性资金股权投资管理改革

通过深入调研，提出采用分类处理、循环使用、滚动支持等方式，通过市场化方式运作对省财政经营性资金实施股权投资管理改革的政策建议，推动财政资金使用由无偿拨付向有偿回收转变，引导社会资金投入，提高财政资金使用效益。

（三）研究制定支持农村生活垃圾处理的财政补助政策

对全省欠发达地区的65个欠发达县（市）及享受县级财政体制待遇的市辖区建设的生活垃圾焚烧发电厂、生活垃圾填埋场、乡镇垃圾转运站、村垃圾收集点进行补助，力争实现全省农村生活垃圾处理“一年见成效、三年大变样”。

（四）深化国有资本经营预算改革

一是在做好2012年省级国有资本经营预算编制和执行的基础上（2012年完成省级国有资本经营预算收入32.28亿元，安排省级国有资本经营预算支出26.16亿元），探索创新，着力规范省级国资预算收支管理，建立报省人大审批监督机制。二是宣传培训，引导市县，推进构建全省国资预算体系。截至2012年年底，全省地级以上市已有超过一半开展国有资本经营预算试编工作。

二、突出重点，更加注重发挥财政引导作用，支持重点产业发展

综合运用财政政策工具，加大支持力度，重点发展高新技术产业和现代服务业，加快现代产业体系建设，推进经济结构战略性调整。

（一）引导支持战略性新兴产业发展

一是安排省财政战略性新兴产业发展专项资金12亿元，通过竞争性方式，重点支持新能源汽车、高端新型电子信息、LED三大产业实现重点突破。二是安排战略性新兴产业核心技术攻关专项资金6亿元，采用竞争性扶持方式，扶持战略性新兴产业高端领域、关键环节开展的具有重大创新性和突破性的技术研发活动。三是安排战略性新兴产业政银企合作专项资金10亿元，对采用政银企合作方式获得银行贷款的战略性新兴产业项目给予财政贴息。2012年实际支出贴息资金6.25亿元，带动社会总投资近280亿元，财政资金放大倍数达到44倍。四是安排创业风险投资资金注资广东省粤科风险投资集团，通过采用参股、担保、跟进投资、贴息方式支持创业企业发展。五是安排战略性新兴产业再担保资金注资广东粤财投资控股有限公司，增加广东省融资再担保公司资本金，运用再担保手段促进战略性新兴产业贷款融资。六是安排使用战略性新兴产业创业投资引导资金，先后出资9亿元与有关企业发起设立创业投资基金，开展创业投资业务。同时，积极组织符合条件的创业投资基金公司与国家创业投资基金合作，2012年成功地争取了国家资金5 000万元，省财政配套安排5 000万元，联合社会资本共同发起设立广东粤财节能环保创业投资基金。

（二）积极促进流通产业发展

一是深入调查研究，撰写《促进广东省现代物流业健康发展的财政政策研究》，提出支持现代物流业发展的财税政策。二是安排3 500万元，重点支持供销合作社农资、农副产品、日用品和再生资源回收利用等服务体系改造以及农村现代流通体系建设等。三是安排平价商店建设专项资金1亿元，支持平价商店、冷链物流配送体系等建设。四是支持开拓广货市场。及时审核、拨付专项资金3 322万元，支持开展广东产品全国行，帮助企业开拓国内市场。

（三）推动培育重大战略产业

一是安排新兴产业关键技术攻关、重大新药创制、低碳技术创新与示范等重大科技专项资金3亿元，支持广东有优势的企业、科研院所和高等院校联合国家有关研究机构和重点院校共同承担国家重大科技项目。二是安排数控一代机械工程专项资金1亿元，用于实施数控一代机械产品创新应用示范工程，推广典型行业机械产品数控应用技术，提高机械产品自主创新能力，促进机械工业科技进步。

三、抓住要点，更加注重利用财政调控政策，促进产业结构优化升级

充分发挥财政政策对经济发展的宏观调控作用，从支持产业转型入手，促进区域协调发展，支持扩大内需，加速企业科技成果转化，提升自主创新能力。

（一）大力支持产业转型升级

一是整合设立省产业结构调整专项资金5亿元，优先扶持产业转型升级的重点产业、重点地区和重点项目。二是设立工业设计发展专项资金3 000万元，支持工业设计基础研究、数据库建设、工业设计研发创新、成果产业化、信息化技术应用及公共设计服务平台建设等。三是设立省级企业技术中心专项资金8 000万元，支持省级企业技术中心提升研发能力。四是积极争取中央财政产业转型升级资金支持，2012年获得国家工业转型升级公共服务平台资金1 880万元、第三批国家城市矿产示范基地补助资金1.25亿元。

（二）进一步推进产业转移

一是落实产业转移“再推一把”和扶持“三个重点”财政扶持政策，及时拨付省财政用于支持产业转移工业园发展资金。2012年度共拨付资金6.23亿元，其中：拨付第三批专业性产业转移工业园建设竞争性扶持资金1.6亿元，珠三角地区政府产业转移奖励资金1亿元，产业转移工业园企业外贸发展专项资金1.43亿元，贷款贴息项目资金1.3亿元、产业转移工业园目标责任考核评价奖励资金0.9亿元。二是探索创新，在总结产业转移现在政策基础上，深入调研，制定《关于建立产业转移合作共建共享长效机制的意见（稿）》报省政府同意执行，探索建立产业转移合作长效机制。

（三）加速企业科技成果转化

一是安排粤港招标专项资金3 000万元，用于粤港关键领域重点突破项目招标、增加自然科学联合基金等。二是安排产业技术研究与开发资金2.42亿元，支持基础研究、企业技术改造和技术创新等。三是安排高新区引导专项资金2亿元，支持高新区企业技术发展。四是安排科技型中小企业技术创新专项资金5 000万元，专项用于争取中央财政及引导地方政府、企业、风险投资机构和金融机构等加大对科技型中小企业的投资。

（四）突出支持中小企业发展

一是安排中小企业发展专项资金2.5亿元，支持中小企业技术改造和技术创新。其中，安排小微企业贷款贴息资金5 000万元，对全省258个项目给予贷款贴息，拉动银行贷款24.5亿元，财政资金引导带动效应达到1∶49。二是争取国家中小企业发展专项资金、中小企业信用担保体系建设资金、地方特色产业中小企业发展资金合计2.78亿元。三是定额补助第九届中国国际中小企业博览会3 000万

元，支持搭建中小企业展览、服务平台。

四、化解难点，更加注重发挥政策合力，解决经济发展中存在的困难和问题

贯彻落实扩大内需战略，加强环境保护，建设生态文明，提升经济增长内生动力，进一步改善居民消费机构，克服传统发展模式资源匮乏、环境恶化等弊端。

（一）做好扩内需工作

认真落实“家电摩托车下乡”、老旧汽车报废更新、家电以旧换新清算等扩大内需工作。截至2012年，累计兑付“家电下乡”和“汽车摩托车下乡”补贴资金34.66亿元，实现销售额161.4亿元，实现销售额331.32亿元。2012年，拨付2011年度老旧汽车报废更新财政清算资金2 034万元，预拨2012年度老旧汽车报废更新财政资金1 400万元。在执行国家家电以旧换新政策期间，全省兑付（除深圳）家电以旧换新补贴资金达到40.64亿元。

（二）支持加强环境保护

一是设立省治污保洁专项资金（固体垃圾处理专项），支持包括农村生活垃圾设施建设在内的垃圾处理项目。二是安排节能专项资金2.6亿元、低碳发展专项资金3 000万元，支持节能技术改造、淘汰落后产能以及资源综合利用、低碳技术开发及应用等。三是安排循环经济发展专项资金2 000万元，重点支持资源节约和循环利用新技术、新工艺、新设备的推广应用。四是设立省污染减排等环保专项资金，奖励新增污水处理设施（含配套管网）。五是认真实施中央财政节能减排资金政策。2012年争取中央财政节能环保资金近39亿元。

（三）支持国有企业改革发展

一是配合做好新广国际集团有限公司金融债务重组工作；二是继续做好省属企业政策性关闭破产工作，及时审核安排政策性关闭破产企业关闭费用；三是加强燃气燃油加工费管理，积极参与制定临时征收燃气燃油加工费政策；四是认真审核批准监管企业投资项目股份制改造、股权管理方案。

五、彰显亮点，更加注重惠民、惠农政策，落实保障和改善民生

把保障和改善民生工作放在突出位置，认真贯彻落实国家和省各项财政惠民惠农政策，改善人民群众生产生活条件。

（一）大力扶持发展电子商务

省财政一次性新增安排电子商务发展专项资金5亿元，支持做大做强电子商务产业。其中，1亿元用于支持标杆电子商务企业发展、电子商务平台等建设；3亿元用于“广货网上行”活动，促进广货网上行销售。

（二）做好粮（油）储备，完善种粮农民直接补贴、油价补贴政策

一是按照“先出后进、多批多次、等量轮换”的操作策略，成功举办10场省级储备粮公开竞价交易会，采购销售省级储备粮40万吨。通过采取多项措施缩小轮换价差，节约粮食储备成本超过1 800万元。二是加快种粮直补、农资综合直补兑付进度，全年发放补贴资金26.7亿元，惠及3 397万种粮农民。三是积极配合做好农户科学储粮专项建设工作。四是做好驻粤部队粮油供应的财政财务工作。五是做好油价补贴工作发放和兑付。发放兑付2011年度油价补贴74.49亿元，预拨2012年度油价补贴36.92亿元。

（三）大力推进农超对接

安排广东省现代流通服务“农超对接”专项资金5 000万元，支持“农超对接”物流基础设施建设项目、“农超对接”销售终端建设项目、质量安全科追溯体系等，健全全省农副产品现代流通服务体系，减少流通环节，减低流通成本，促进农副产品稳定供应，便民惠民。

（四）加强安全生产和地质灾害防治

一是安排安全生产专项资金，支持全省安全生产应急救援、安全生产技术研究与推广等。二是安排省地质灾害防治专项资金和中央特大地质灾害防治专项资金，支持欠发达地区地质灾害治理、搬迁避险及监测勘察等。

六、夯实基点，更加注重强化基础工作，提升财政工贸发展业务水平和能力

不断强化工贸发展基础业务开展，加强党风廉政建设和理论学习，提升干部队伍素质，为推动财政工贸发展工作开展奠定良好基础。

（一）做好经管事业单位资金管理工作

一是按照省政府工作部署，推进经管事业单位分类改革。二是研究落实事业单位预算管理体制及经费安排，支持教育、环保、地质等公共事业发展。三是认真组织实施地质勘察基金安排工作，推动完善地质勘察工作。

（二）加强资产评估机构设立审批和监督管理服务

一是及时办理资产评估机构设立及变更备案申请，2012年批复设立12家，办理变更备案申请32次。二是按规定对资产评估机构开展年度报备，指导行业协会对资产评估执业质量进行抽查。三是指导行业协会利用行业管理信息平台和诚信档案系统，建立资产评估行业行政监管与行业自律的信息共享机制。四是规范资产评估执业收费制度。指导出台《关于加强我省资产评估行业收费管理的意见》，规范评估行业收费标准，委托行业协会开展行业收费专项检查。

（三）建章立制规范专项资金管理

结合形势发展需要，进一步加强财政专项资金管理，制定、完善相关资金管理办法，2012年出台了《广东省财政扶持中小企业发展专项资金管理暂行办法》、《广东省省级产业结构调整专项资金管理暂行办法》等15项管理办法，规范财政资金使用，提高资金使用效益。

（四）扎实推进党风廉政建设

一是认真学习财政系统违法违纪案例，吸取教训，引

以为戒，加强廉政风险排查防控工作，堵塞违法违纪行为的政策漏洞。二是丰富廉政教育形式，重点围绕“八个严禁”、“八个严格问责”要求，开展专题开展廉政问责教育。三是紧紧围绕“以人为本、执政为民”这一主题，扎实开展纪律教育学习月活动，增强拒腐防变意识和抵御风险能力。

（工贸发展处供稿，姚　林执笔）

农业财政管理工作概述

2012年，省财政坚持“多予、少取、放活”的“三农”工作方针，以建设“五大财政”为目标，坚持“生财有道、聚财有方、理财有规、用财有效”和集中财力办大事的理财方针，围绕“推进农业现代化、加快社会主义新农村建设”的中心任务，突出把握好稳中求进的工作总基调，按照“强科技保发展、强生产保供给、强民生保稳定”和“两个稳步提高、三个着力加大”要求，进一步加大财政支农投入，积极落实完善各项强农、惠农、富农政策，全面推进财政科学化精细化管理，不断提高支农工作水平和支农资金使用效益，为统筹城乡发展、建设和谐社会提供物质基础和体制保障。

一、继续加大“三农”财政支持投入力度

2012年省级“三农”投入预算安排数为399.63亿元（其中：一般预算安排319.03亿元，基金预算安排80.6亿元），比2011年年初预算安排（337.29亿元）增长18.48%。在加大投入的基础上，继续调整财政支农支出结构，推动资源要素向农村配置，突出生产发展、基础设施建设、社会事业、生态建设和劳动力素质提高五个支持重点，确保做到“三个优先”，即：财政支出优先支持农业农村发展；预算内固定资产投资优先投向农业基础设施和民生工程；土地出让收益优先用于农业土地开发和农村基础设施建设。同时，注重发挥财政支农政策的导向功能和财政支农资金“四两拨千斤”的作用，通过资金整合、财政贴息、以奖代补和竞争性分配等方式，调动各级财政部门和社会各有关方面投入“三农”的积极性，鼓励、引导和带动社会资本参与农村经营性基础设施、公用事业以及相关配套设施建设，形成以政府投入为引导的多元化“三农”资金投入机制，为农业和农村持续发展提供有力的资金支持。

二、继续大力支持农业农村基础设施建设

（一）着力改善农业基本生产条件

继续统筹整合土地收益（新增建设用地土地有偿使用费和用于农业开发的土地出让金）和现有一般预算安排的农田建设资金，2012年全省统筹安排资金20亿元，扶持建设120万亩标准农田，力争“十二五”时期全省新建现代标准农田600万亩以上，全面提高农田抗灾能力和生产能力；2012年继续安排8亿元积极引导市、县科学开发低效园地山坡地，进行土地开发整理，补充耕地，促进实现全省耕地占补平衡和总量动态平衡，提高粮食生产能力；在继续支持现代标准农田建设的基础上，2012年省财政筹集资金安排59.09亿元支持全省建设468万亩高标准基本农田。

（二）着力支持农村基础设施建设

2012年，省财政认真贯彻落实中央和省委、省政府的决策部署，科学推进财政支持农村基础设施建设，支持农业生产和农村经济社会发展。一是2012年计划安排约100亿元，在继续推进农村饮水安全、湛江鉴江供水枢纽、高州水库灌区改造等一批重点水利项目建设的同时，积极实施农田水利万宗工程、千宗治洪治涝保安工程、千里海堤加固达标工程、村村通自来水工程、最严格水资源管理等民生水利五项工程建设。二是安排新农村建设专项资金40 155万元，支持农业基础设施建设、农业科技推广、农村沼气、农（渔）产品质量安全体系建设、农民专业合作组织建设、植物病虫害防控等各项农业生产事业发展。其中：农业基础设施建设资金14 455万元、农业科技推广专项资金2 700万元、农村沼气专项资金7 000万元、农（渔）产品质量安全体系建设专项资金9 000万元、农民专业合作组织建设专项资金5 000万元、植物病虫害防控专项资金2 000万元。三是2012年，省财政安排10亿元，对10万户农村低收入住房困难户每户补助1万元，市县每户补助不低于5 000元，大力支持贫困户解决“住有所居”问题；省财政安排资金约1.5亿元，支持广东省约1.5万户不具备生产生活条件贫困村村庄农户的搬迁安置工作。四是为提高农村路网基础水平，改善农村交通条件，根据社会主义新农村建设和农业发展要求，以地方的实际需要和支撑能力为主要依据，从2010年起根据社会主义新农村公路建设需求基础上，稳步推进社会主义新农村公路建设，进一步完善农村路网。对2009年12月底前经验收合格并通过媒体公示宣布完成农村公路建设任务的地级以上市，每年按照全省5 000千米左右的规模安排社会主义新农村公路建设资金补助7.5亿元。

（三）着力加强林业生态建设

2012年安排生态公益林效益补偿资金9.3亿元，将补偿标准从2011年的16元/亩提高到18元/亩，安排森林碳汇重点生态工程6亿元、生态景观林带建设资金1.5亿元、森林防火工程建设资金3 000万元、水源涵养林工程建设资金4 500万元，不断加大林业生态保护力度。

三、继续支持农业生产，建立现代农业产业体系

（一）着力强化农业补贴政策

2012年共分两批下达种粮补贴资金26.7亿元，将2012

年农资综合直补标准调高到74元/亩，相对2011年提高18元/亩，同时下达2012年中央农作物良种补贴资金5.058亿元。

（二）着力构建现代农业产业体系

安排现代农业园区建设专项资金4 400万元、农业机械化发展专项资金9 800万元，着力推进农业结构战略性调整。安排重点农业龙头企业贷款贴息专项资金5 300万元，安排“一乡一品”专项资金2 000万元，进一步加快农业产业化发展。

（三）着力加大农业综合开发力度

2012年以来，广东省农业综合开发项目共安排中央财政资金44 291万元、省级财政配套资金35 908.2万元。一是国家农业综合开发存量资金土地治理项目投入中央财政资金31 995万元，省级财政资金26 001万元，建设现代高标准农田示范工程和中低产田改造项目79个，科技推广项目22个，计划建成旱涝保收、高产稳产的现代标准农田56.62万亩，改善农田基础设施和生产条件，推广农业新品种、新技术，提高农业综合生产能力，促进农业增产、农民增收。二是国家农业综合开发增量资金投入中央财政资金8 446万元，省级财政资金6 817万元，经公开竞争评审，指标分配给14个高标准农田示范项目，建成高标准农田14.1万亩。三是国家产业化经营财政补助项目投入中央财政资金2 290万元，省级财政资金1 842.2万元，扶持农业产业化龙头企业及农民专业合作社42家（次），建设一批优势农产品种养基地、储藏保鲜设施和批发市场，促进农业产业结构调整优化，提升农业产业整体效益和竞争力，带动农民增加就业机会和收入。四是国家农业综合开发农口部门项目投入中央财政资金1 560万元，省级财政资金1 248万元，建设林业部门油茶项目13个。

（四）着力建设现代渔业

2012年，安排海洋渔业科技与产业发展专项资金4 750万元、广东海洋经济综合发展资金25 000元、渔民转产转业议案（第二阶段）资金12 400万元、深水网箱建设资金2 500万元、水产品良种体系建设资金2 000万元，切实加快发展海洋经济和现代渔业。

（五）着力支持发展农村保险事业

2012年安排政策性农（渔）业保险补贴4 000万元、能繁母猪保险补助资金7 200万元，农房保险补助资金3 280万元，政策性森林保险补助资金1 500万元，进一步健全政策性农业保险制度，提高农业安全保障水平。

四、继续支持农村社会经济发展

（一）大力支持农村综合改革

根据省政府《关于推进山区县农村综合改革指导意见的通知》部署，2012年安排约1.5亿元补助资金，充分发挥财政激励政策引导效应，继续推进农村综合改革深入开展。2012年，中央和省财政共安排村级公益事业“一事一议”财政奖补资金5.986亿元，在全省范围全面铺开“一事一议”财政奖补工作。

（二）大力支持名镇名村示范村建设

根据省政府《关于打造名镇名村示范村全面提升社会主义新农村建设水平的意见》有关精神，2012年继续安排资金1.5亿元，用于补助欠发达地区名镇名村示范村建设。

（三）大力推进广东省扶贫开发“规划到户责任到人”工作

2012年，省财政将继续坚持“以奖代补、分类扶持”的原则，一是按照每村0.5万元的标准，继续安排14个欠发达市及恩平市自身帮扶的2 007个贫困村1 004万元扶贫开发“规划到户责任到人”工作经费；二是对14个欠发达市及恩平市自身帮扶的2007个贫困村中，2011年“双到”绩效考评优秀的贫困村（约占2 009个贫困村的1/3），省财政给予每村奖励20万元，对其他贫困村（即2010年、2011年考核均不是优秀的贫困村）每村补助10万元。三是省财政安排专项资金7.6亿元，按照平均每村40万元的补助标准，帮助14个欠发达市及恩平市自身帮扶的2 007个贫困村建立扶贫开发长效机制。

（四）大力推进广东省农村基层组织工作经费保障制度建设工作。继续贯彻落实省委办公厅、省政府办公厅《关于建立稳定规范的农村基层组织工作经费保障制度的意见》，一是将欠发达地区贫困村干部补贴逐步提高到人均每月不低于1 000元。在此基础上，对村支部书记、村委会主任按人均每月100元给予通讯费补贴。二是采取固定补助与一次性补助相结合的方式，逐步建立离任村干部生活补助制度（由市县财政负担）。三是对欠发达地区贫困村，由各级财政共安排2万元/年的办公经费补助。

（五）大力推进广东省欠发达地区小额贷款拓展和扩大贫困村互助金试点工作

根据省委、省政府的统一部署，省财政安排资金用于扩大贫困村村级互助金试点、欠发达地区开展贫困户小额贷款担保贴息资金补助。为解决中小微企业和涉农贷款难、贷款贵问题，2012年省财政安排5 000万元建立小额贷款风险补偿专项资金，对小额贷款公司当年涉农贷款增量给予适当贴息补助，对小额贷款公司涉农贷款发生的损失等给予适当的风险补偿。

（六）大力支持农村教育事业发展

2012年，省财政继续把教育摆在优先发展的位置，支持农村教育均衡发展。一是进一步调整完善义务教育经费保障机制，省财政新增6.71亿元统一城乡义务教育公用经费补助标准和分担比例，并逐步解决非户籍学生平等接受义务教育问题。二是继续分别安排3亿元和7.75亿元推进规范化学校建设和校舍安全工程，支持经济欠发达地区切实改善办学条件，研究开展农村义务教育学生营养改善计划试点工作和校车安全政策。三是安排3亿元，设立扶持民办幼儿园发展奖补专项资金，安排0.84亿元研究制定学前教育资助政策。四是支持农村师资队伍建设，安排9.6亿元支持欠发达地区实现县域内教师工资福利待遇“两相当”，安排高校毕业生到农村从教上岗退费资金1.8亿元，提升农村教师队伍整体素质。五是完善国家助学资助政策。

按照中央统一部署，安排16.5亿元切实解决家庭经济困难学生就学问题。

（七）大力支持农村劳动力转移

推动劳动力转移就业工作，提高农民工就业水平。为全面提高劳动力素质，推动产业优化升级，有效解决珠江三角洲地区劳动力结构短缺与欠发达地区农村劳动力过剩这一制约经济发展的矛盾因素，实现经济、社会新一轮大发展。省委、省政府出台《关于推进产业转移和劳动力转移的决定》，决定实施农村劳动力免费职业技能培训政策，为广东省45周岁以下（2010年将补贴对象范围从“45周岁以下”扩大到“法定劳动年龄”）有劳动能力和就业愿望的中青年农民提供一次免费技能培训。结合当前广东省实际情况，省委、省政府决定2008－2012年每年培训农村劳动力50万人，省财政按人均1 400元的标准给予经费补助。2008－2012年每年安排专项资金7亿元，5年共35亿元。

（农业处供稿，于涛执笔）

基本建设财政财务管理工作概述

2012年，经济建设处积极履行和充分发挥财政经建职能作用，以基建项目财政财务管理为主线，以重点项目建设管理为抓手，强化财政投资基建项目支出和执行管理，不断提高财政经建规范化、科学化、精细化管理水平，较好地完成了各项工作任务。

2012年，经济建设处经管的全部预算指标共计256亿元，累计下达指标251亿元，审核拨付资金220亿元，整体预算执行率约88%；与2011年的执行率61%相比，提高了27个百分点，2012年预算执行进度明显提高。

一、以落实配套为突破点，更好发挥中央预算内投资补助带动效益

为更好地发挥中央投资带动作用，经济建设处积极研究，采取措施规范中央投资项目申报程序，保障地方配套资金及时足额到位。2012年，对省直各部门申请203个中央投资项目计划及地方配套资金297.55亿元需求进行分类统计。在此基础上，针对省级配套资金来源的不同类型，按项目配套资金落实情况进行分类整理，专门分析，提出严格执行中央投资项目申报程序，省级配套资金优先从部门专项资金安排等处理意见，报省领导同意后印发给各地区、各部门。从2012年申请中央投资项目情况看，申报程序基本规范，部门随意申请项目现象有所改善，项目需省级财政配套资金已优先从部门专项资金解决。

另外，2012年财政部共安排广东省（不含深圳和部门直接下达）中央预算内基建投资资金预算68.2687亿元；截至2012年年底，省财政累计转下达预算68.2687亿元，占中央安排广东省资金总额的100%。中央投资补助主要安排用于强农惠农、教科文卫、社会保障、节能环保以及支持自主创新和高技术产业等领域。按照中央投资资金使用要求，广东省严格把握资金投向，引导资金集中投入中央规定的范围和广东省经济发展最关键、最急需、辐射或带动效应最大的领域，严禁用于“两高”行业、低水平重复建设和产能过剩行业项目，充分发挥中央投资带动作用，扩大有效需求，优化广东省投资结构，有力地保证省政府稳增长、调结构、惠民生各项措施有效实施。

二、以严格审核为突破点，切实抓好省级政府投资基建项目立项审批工作

按照《中共中央办公厅、国务院办公厅关于进一步严格控制党政机关办公楼等楼堂馆所建设问题的通知》有关要求，根据省委、省政府以及厅党组的决策部署，对党团、行政、公检法司、援藏援疆以及教科文卫、文化大省和保障民生需求等领域的建设项目，严格按照基建程序，认真组织审核，并根据项目不同特点，灵活采取财政直接投资、政府贴息、政府补助等政策措施，科学筹集和调度资金支持项目建设。2012年，经济建设处参与项目前期论证工作共22项，所有项目送审总投资超过40亿元；经审核并报经省领导批准，核定新增项目8项目，总投资共9.3亿元，其中列入2012年度新增预算7.4亿元。

对与中央严控楼堂馆所等文件规定、省委、省政府中心工作以及财政工作会议精神不一致的项目，与现行有关行业规划、产业政策、环保标准不符，理由依据不足、绩效目标不清的项目，严格审核把关，建议省有关部门加强调研论证和绩效评估，牢固树立效益意识，不应或暂缓予以立项。

三、以筹措资金为突破点，全力保障重点项目尤其是国家级高新技术产业开发区基建中央财政贴息项目资金需求

2012年，按照省委、省政府的统一部署，为贯彻落实省政府19条稳增长调结构惠民生政策具体措施，支持省重点项目建设，尤其是重大基础设施项目，省财政直接或协助有关部门多元化、多渠道筹措资金。2012年，省财政灵活采取政府投资补助、注入资本金、贴息、奖励等多种方式积极筹措落实投资或计划投资超过40亿元，用于珠三角城际轨道、机场、农林水利、民生保障、文化强省等省重大项目，确保省重点项目的资金需求。同时，积极争取财政部支持，落实补助广州、珠海、佛山、肇庆、江门和惠州等市国家级高新技术产业开发区基建贷款中央财政贴息资金共6 092万元，支持广东省国家级高新技术产业开发区基础设施项目建设。

另外，按照省财政厅党组关于重点抓好扩内需重大项目建设工作的统一部署，经济建设处会同厅有关处室拟订《关于省级财政支持重点项目、加快推进重大基础设施建设

的实施方案》，研究提出支持重点项目建设的八大项措施，将推进重点项目建设工作任务分解到各业务处，统筹落实重点项目的各项财政资金，为确保各项工作任务的如期完成奠定了坚实基础。

四、以深化改革为突破点，加快推进政府投资工程“代建制”改革

2012年以来，经济建设处与省发展改革委、省代建局等有关部门一道，继续坚决推行“代建制”改革，改变传统“建、管、用”三位一体的项目建设管理模式，加强项目概算管理控制，积极配合加快项目组织实施建设工作进度，提高财政投资效益。截至2012年11月，省级代建基建项目共29个（其中土建工程24个，信息工程5个），项目总投资30.87亿元。目前，各代建项目总体建设进展情况良好，其中：已完工并正式移交使用单位的项目14个；处于施工阶段的项目4个；处于初步设计及概算编报阶段的项目2个；处于可研报告编报、前期准备阶段的项目5个；处于代建招标阶段的项目2个；另外还有2个项目尚未启动代建招标工作。所有代建项目均能按照原批准的概算组织实施，没有一个存在超概算的现象，改革和管理效益显著。

五、以主动服务为突破点，全面做好对口援藏援疆工作

2012年以来，继续做好新一轮对口援藏援疆资金管理，切实保证援建工作的顺利开展。一是及时拨付援疆资金6.03亿元（2012年全省筹集对口援疆资金11.65亿元，其中：省级财政6.03亿元）、援藏资金3.91亿元。加强与援疆援藏前方工作队沟通，规范资金审核拨付，确保专款专用，保证项目顺利开展。二是配合省发展改革委等部门研究对口援藏援疆有关政策。配合对口援疆办研究出台《对口支援新疆项目管理暂行办法》；配合省发展改革委下达《广东省2012年对口援疆项目投资计划》和《广东省2012年对口援藏项目投资计划》，编制《广东省2013年对口援藏项目年度计划》等。三是赴新疆喀什开展调研工作。2012年9月，组织有关人员赴新疆喀什开展调研工作，实地了解援疆资金的管理使用情况，并对进一步加强援疆资金管理、提高资金使用效益提出建议，督促相关单位规范资金管理，加快推进项目进度，确保援助资金安全、高效。

六、以创新思路为突破点，认真完成厅领导布置专项工作

一是根据省领导指示精神，按照厅党组统一部署，2012年经济建设处积极牵头开展“进一步深化广东省投融资体制改革”专题调研，在做好前期研究分析工作基础上，认真调查，深入研究，统筹利用各种资源，抓住重点，突破难点，科学制定调研方案。在此基础上，经济建设处从当前国家有关投融资的政策法规、投融资工具载体、广东省投融资规模及可承受额度、存在的瓶颈问题、改革目标、工作方式和部门分工、管理要求、监督和绩效评价八个方面草拟了《关于进一步深化广东省投融资体制改革的若干意见和建议》、《关于进一步深化广东省投融资体制改革的研究报告》及《国内外投融资经验介绍》，供领导参阅。

二是经济建设处继续加强与有关部门沟通联系，主动到省发展改革委、省科技厅、省卫生厅、省海洋渔业局、省监狱管理局、省铁路建设投资集团等省直单位（企业）座谈会商，到基建项目建设工地调研学习，及时了解和掌握相关省级财政投资基建项目建设情况，会同有关单位共同协调解决项目存在问题，规范专项资金管理和使用，加快项目预算支出进度，及时、充分发挥财政投资效益。如：省二类标准化渔港建设项目，自2008年省财政扶持政策出台以来，一直没有进展。2012年，经济建设处在厅领导带领下，多次与省海洋渔业局沟通，深入基层调研，提出解决问题方案，推动二类渔港启动建设。再如：省发展改革委统筹的省级财政预算内基建投资资金，由于存在省发展改革委投资计划与人大审议通过的项目预算不一致，待分配资金安排项目不太规范等问题，经济建设处按照厅领导的指示，多次、多种方式不断与省发展改革委协商沟通，履顺了该项资金的申报程序，规范资金安排和使用，保障省级投资项目用款需求。

七、以发挥效益为突破点，加快基建项目预算支出执行工作进度

进一步加强对政府投资基建项目预算执行各环节的督导，切实提高项目预算执行率。一是及时分解和下达资金预算，“按预算、按合同和按工程实施进度”审核拨付项目资金。截至2012年12月底，经济建设处累计下达项目预算指标251亿元，审核拨付项目工程款（含下达市县资金）220亿元，预算执行率达到88%。二是及时清理以前年度预拨款。截至2012年12月底，经济建设处按照预算支出有关规定以及时间进度，共办理18.95亿元预拨款转列支出工作。三是通过制发通知、电话沟通、约谈面商、上门督促、实地调研等多种方式，切实推动项目单位依法依规，在确保资金安全的前提下，加快工程实施进度，充分发挥财政资金投资效益。四是加强对资金来源“拼盘”项目的监督检查和审核把关，督促建设单位按计划、按承诺比例及时、足额落实项目配套资金，避免出现“钓鱼”工程。

八、以夯实基础为突破点，提高财政经建管理科学化、精细化水平

一是规范审核基建项目资金支付、工程结算以及竣工财务决算。针对部分建设单位存在未经批准擅自进行设计变更、新增概算外或中标合同外建设内容等问题，经济建设处组织对2011－2012年4月办理工程结算金额在1 000万元以上项目为28个项目进行清理检查，对其中10个存在未经审批擅自变更设计或新增建设内容等问题项目进行了深入分析，提出分类处理意见和建议呈报省领导同意并印发省直单位。

二是研究推动基建项目工程结算以及竣工财务决算工作进度。经济建设处组织统计省直单位至2012年1月以来尚未完成工程结算及竣工财务决算项目情况。省直单位上

报相关项目工程已完工但未完成工程结算以及竣工财务决算的项目226个，其中：已送审项目66个，未送审项目160个。经对基建项目尚未完成工程结算和竣工财务决算的具体原因进行分析，研究提出拟办意见，包括进一步完善工作措施，建立专门工作协调领导小组、召开协调会议等，有效地解决项目工程结算以及竣工财务决算久拖不决问题。

三是组织开展省级财政基本建设财务管理业务培训。2012年，经济建设处通过集中培训和协助部门组织本系统下属单位培训等方式，对参与基建财务管理工作的有关人员就基建法律法规、基建实务操作、工程结（决）算办理以及审计常见问题等讲解和培训，参与培训的人员超过1 000人。

（经济建设处供稿，朱胜亚执笔）

社会保障财务管理工作概述

2012年，社会保障处认真贯彻落实财政部关于“保基本、广覆盖、重统筹、多层次、建机制、顺体制、严管理、可持续”的工作方针，以加快发展社会事业、保障和改善民生为重点，促进就业、完善社会保障体系和深化医药卫生体制改革，完成了各项工作任务。先后被国务院授予“全国就业先进工作单位”、被广东省政府授予“广东省新型农村和城镇居民社会养老保险试点工作先进单位”等光荣称号。

一、支持实施积极就业政策

（一）大力推进农村劳动力培训转移就业工作

一是安排劳动力转移专项资金7亿元，对广东省法定年龄内的农村劳动力均提供一次免费职业技能培训，对农村贫困人口给予培训期间的生活补贴，确保每个农村家庭都有一名以上有就业能力的劳动力接受职业技能培训。二是安排补助资金2.5亿元，继续对农村户籍、县镇非农户籍中职学生和城市家庭经济困难学生纳入中等职业学校国家资助政策体系，统一按人均1 500元/年的标准予以补助，受惠学生达到25万人。三是安排补助资金1.62亿元，对中等职业学校全日制正式学籍一、二年级在校生中的农村和城市（含城镇）困难家庭学生和涉农专业学生免除学费，按照人均2 500元/年的标准给予免学费补助，受惠学生达到8万多人。

（二）支持就业服务工作

多渠道筹措资金，安排促进就业专项资金和人力资源市场建设资金5.25亿元，主要用于各类就业扶持对象按规定给予职业培训等补贴，以及加强公共就业服务机构建设，有效推进职业介绍、职业培训、就业援助等公共就业服务工作。

（三）推进技工教育事业发展

一是安排技工学校建设专项资金2.85亿元，重点用于加强全国示范性技师学院建设及经济欠发达地区技工学校建设补助。二是安排3 500万元加强技工学校实训中心建设，支持实训基地充分发挥培养高技能人才的基础作用，提升培训层次，提高培训质量，起到示范作用。

二、推进社会保障体系建设

（一）实现新型农村和城镇居民社会养老保险制度全覆盖

2012年7月，广东省已实现了新型农村和城镇居民社会养老保险制度全覆盖。省级财政共安排新农保和城居保补助资金10.5亿元，确保新农保和城居保补助资金的按时足额发放。截至2012年年底，全省城乡居民参保人数2 460万人，其中领取待遇人数720万人。

（二）加大对企业职工基本养老保险基金的投入

省级财政安排8 000万元，专项补助经济欠发达地区提高基本养老金发放标准后造成的基金增支缺口；安排5 000万元专项用于提高省属企业部分早期退休人员生活待遇，解决企业部分早期退休人员生活待遇偏低问题。

（三）继续提高企业退休人员养老保险待遇

按照国家的统一部署，从2012年1月1日起，广东省为2011年年底退休人员再次提高养老金水平，全省平均提高幅度为171元/（人·月），比2011年增长10.4%。2012年，全省企业离退休人员养老金为每人每月1 821元。

（四）继续完善广东农垦企业养老保险运行机制

会同省人力资源社会保障厅等部门联合印发《关于请审定解决广东农垦企业养老保险问题工作的方案》，对调整完善农垦社保管理体制和基金征缴机制、加强扩面征缴等问题提出具体措施，进一步完善广东农垦企业养老保险运行机制。

（五）继续完善城乡居民最低生活保障制度

一是安排农村和城镇低保资金20.66亿元，支持经济欠发达地区逐步将家庭年人均纯收入1 500元以下的纳入低保范围。二是向全省城乡低保对象、农村“五保”对象、享受国家抚恤补助的优抚对象以及建国前老党员补贴对象共276万城乡困难群众，一次性发放价格临时补贴10.4亿元。三是按照国家和省委、省政府的部署要求，会同省民政部门对《广东省最低生活保障资金管理暂行办法》进行修订，进一步完善和规范广东省低保补助资金的分配和资金使用管理。

（六）继续完善城乡社会救助体系

一是安排重点优抚对象生活医疗3.9亿元，对全省重点优抚对象的抚恤生活、医疗等给予补助。二是安排流浪乞讨人员补助资金2 000万元，支持省级和经济欠发达地区开展流浪乞讨人员救助工作。三是安排敬老院改造和福利院建设等补助资金0.55亿元，支持欠发达地区福利设施建设，实施“千间敬老福星工程”。

（七）做好离退休人员养老待遇保障工作

2012年，省财政共安排省直行政事业单位离退休经费预算50亿元，按照“分类分档、兼顾补助”的经费安排原则做好省直行政事业单位离退休人员的经费管理工作，省直单位7万多离退休人员的养老待遇得到合理保障。

（八）做好自然灾害救济经费保障工作

2012年，省财政共安排自然灾害生活救济补助资金

6 000万元和全倒户重建家园补助资金近1.2亿元，有效保障因台风等灾害的应急救济，为全倒户尽快搬入新居提供经费保障。

（九）大力促进残疾人事业发展

2012年，共安排5.7亿元用于残疾人各项事业发展，并率先出台残疾人生活津贴和重度残疾人护理补贴两项制度。

三、积极推进医改重点工作

（一）着力促进基本医疗保障制度建设

一是进一步提高城乡居民医疗保障水平，省财政全年共安排补助资金82.74亿元。截至2012年年底，城镇职工城乡居民基本医疗保险参保人数达到8 416万人，城乡基本医疗保险覆盖率达到95%以上。二是全面解决困难国有、集体企业退休人员医保问题。2012年，省财政继续安排1亿元，将全省28.4万名关闭破产国有企业的退休人员全部纳入城镇职工基本医疗保险。三是完善城乡医疗救助制度，救助覆盖到全省所有困难家庭。省财政继续安排经济欠发达地区医疗救助资金6 000万元和从省级福利彩票公益金地方留成部分提留20%作为基本医疗救助金，用于补助困难地区开展对低保对象、“五保户”等城乡特困群体的医疗救助。四是积极配合推广“湛江模式”，研究开展大病保险等相关工作。

（二）着力促进城乡基层医疗卫生服务体系建设

一是建立健全基层医疗卫生机构补偿机制。2012年，省财政安排专项资金8.1亿元，对经济欠发达地区基层医疗卫生机构给予事业费补助。二是继续安排村卫生站医生补贴资金。2012年，省财政安排专项资金1.6亿元，对全省经济欠发达的14个地级市以及江门恩平市的村卫生站乡村医生予以补贴，每个行政村每年补贴1万元，并按照各地增设村卫生站的情况清算补发2010－2011年村医补贴1 167万元。三是积极配合做好财政支出绩效引入第三方评价工作。印发《关于开展2011年广东省经济欠发达地区乡镇卫生院和社区卫生服务中心改造建设补助资金第三方评价工作的通知》，确保试点各项工作顺利进行。

（三）着力推进基本药物制度建设

落实基层医疗卫生机构实施基本药物制度补偿制度。基层医疗卫生机构实施基本药物零差率销售的利润损失主要通过收取一般诊疗费的方式补偿。2012年，省财政下达基层医疗卫生机构综合改革以奖代补专项资金4.15亿元，有效促进全省基层医疗卫生机构实行基本药物制度工作。

（四）着力促进基本公共卫生服务均等化建设

按照2012年全省人均基本公共卫生服务经费不低于25元的要求，省财政安排对经济欠发达地区人均补助标准为11.25元，安排补助资金6.51亿元。此外，安排公共卫生专项资金1.8亿元，对经济欠发达地区实施结核病、艾滋病等重大疾病防控、国家免疫规划、农村孕产妇住院分娩、地中海贫血干预等重大公共卫生服务项目给予补助。

（五）着力促进公立医院改革与发展

按照加快县级公立医院综合改革的政策精神，积极配合卫生部门完善公立医院补偿机制，落实对公立医院基本建设和大型设备购置、重点学科发展、符合国家规定的离退休人员费用和政策性亏损补贴等政府投入政策。研究合理调整医疗服务价格，开展按病种等收费方式改革试点，探索有利于控制费用、公开透明、方便操作的医疗服务收费方式等工作，积极推动公立医院的改革与发展。

（六）着力促进食品药品安全监管体系建设

2012年，省财政安排食品药品监管投入3.75亿元，支持开展食品安全风险监测、举报奖励、应急处理等工作；支持省级和市县配备食品药品快速检验设备，做好食品药品安全检验工作。

（七）着力促进中医药事业发展

2012年，省财政投入中医药事业经费1.26亿元，支持基层中医院和乡镇卫生院中医科建设，提升中医药服务能力以及医疗机构中医特色专科（专病）建设、县级中医院急诊急救能力专科建设等。

四、强化社会保险基金管理

2012年，全省城镇职工养老、城镇职工医疗、失业、工伤和生育五大险种参保人数分别达到3 731万人、3 492万人、2 015万人、2 966万人和2 488万人。2012年，五项基金总收入达到2 350亿元，基金总支出1 342亿元，基金累计结余5 136亿元，基金管理规范，基金运行稳健。

（一）主动接受人大监督，完善社会保险基金监管机制

2012年5月，省财政厅代省政府草拟2011年社会保险基金决算和2012年第一季度社保基金预算执行情况的报告，并通过人大常委会审议。广东省基金预决算报告报送省人大审议的做法和程序，为规范我国社会保险基金监管机制提供了宝贵经验。

（二）规范和完善社会保险基金预决算编报工作，强化社会保险基金预算执行管理

一是继续扩大基金预算编报范围。2012年，将新型农村社会养老保险基金、城镇居民基本医疗保险基金纳入预算编制范围，使纳入基金预算编制范围的由七项社会保险基金扩大为九项。二是增强社会保险基金预算编制的准确性和科学性。严格按照全国社会保险基金预算编制要求制定预算管理工作规程，探索提高基金预算编制质量的有效途径，广东省2011年决算编制工作荣获全国二等奖。三是加强基金预算执行，建立社会保险基金预算执行分析报告制度，及时掌握社会保险基金收支运行的动态情况。

（三）积极争取国家政策支持，实现养老保险结余基金投资运营

2012年2月，国务院同意广东省先行先试，将1 000亿元企业职工基本养老保险基金结余资金委托全国社会保障基金理事会投资运营。

（社会保障处供稿，廖建中执笔）

外经金融财政财务管理工作概述

2012年，广东外经金融财政财务管理工作，牢牢把握加快转变经济发展方式这一主线以及“加快转型升级、建设幸福广东”这一核心，按照“生财有道、聚财有方、理财有规、用财有效”和集中财力办大事的理财方针，进一步解放思想、开拓创新，加强管理、深化改革，在财政促进外经贸、金融、旅游支持经济发展等方面都取得了新的进展。

一、扶持外经贸发展，推动广东外经贸转型升级

（一）研究落实支持外经贸发展的财政政策

一是按照加快广东外经贸战略转型，优化财政支出结构的精神，与省外经贸厅共同研究，对2012年扶持外经贸发展的10.97亿元资金的扶持范围和重点作出安排，报经省政府批准后联合印发《2012年鼓励外经贸发展的若干措施》。二是根据省有关领导的指示精神，以及2012年国家和省的外经贸政策，确定促进进口、支持企业“走出去”和加快培育本土大型跨国公司、培育外贸转型升级示范基地、推动加工贸易转型升级等支持外经贸发展的重点。三是为做好各项资金的管理使用工作，与省外经贸厅共同研究制定广东省鼓励跨国公司设立地区总部专项资金、推动服务外包产业发展专项资金、外贸转型升级示范基地建设资金、服务贸易发展专项资金、进出口信用保险专项资金、中小企业国际市场开拓资金、外向型民营企业发展专项资金、“走出去”专项资金等20多项资金使用管理办法。

（二）认真完成外经贸发展扶持资金的拨付工作

2012年，共拨付扶持外经贸发展各项资金14.57亿元，其中外贸公共服务平台建设资金2.64亿元，促进进口专项资金1.96亿元，促进投保出口信用保险专项资金1.22亿元，广东省开拓国际市场专项资金0.88亿元，2011年外经贸先进单位奖励资金0.60亿元等。此外，会同省外经贸厅组织企业完成中央进口产品贴息资金和服务外包资金的审核和申报工作。

（三）支持广东口岸配套设施建设

一是根据省政府的批复，2012年安排各有关单位口岸建设资金11 656万元，支持广东各地改善口岸配套设施建设，提高通关效率。二是从2012年起，省财政连续4年每年预算安排口岸建设专项资金5 000万元，共计2亿元，专项用于支持广东枢纽口岸、重点口岸的建设发展和口岸通关模式改革创新。三是进一步完善资金使用管理，联合省口岸办制定《广东省口岸建设专项资金管理办法》上报省政府审定。

（四）做好其他工作

一是牵头制定推动率先实现粤港澳服务贸易自由化行动计划和建设法制化国际化营商环境行动计划中涉及省财政厅的部分。二是安排中国南方航空股份有限公司2011年航空事业专项补助1.05亿元，同时明确中国南方航空股份有限公司2012－2014年航空事业专项补助政策：以43 961万元为基数，从2012－2014年3年，公司每年缴纳的交通运输营业税完成基数43 961万元，即给予定额补助4 300万元，超基数部分给予40%的奖励。

二、大力扶持地方金融发展，促进广东金融做大做强

（一）健全财政支持金融体制改革，推进金融强省建设

一是积极推进珠江三角洲城市金融改革创新，支持推进梅州市农村金融改革创新综合试验和湛江市统筹城乡协调发展金融改革创新综合试验。二是安排5 000万元扶持金融产业发展专项资金对服务优良、金融创新突出的金融企业、科研机构和金融生态环境建设成绩卓著地区给予奖励，制定《广东省扶持金融产业发展专项资金管理暂行办法》。三是着力支持地方农村金融体制改革，推进新型农村金融机构（组织）试点，做好农村金融机构定向费用补贴资金申报，为全省14家村镇银行向中央财政申请农村金融机构定向费用补贴资金5 638万元。四是积极推进广东华侨信托投资公司剩余债务的处置工作。筹措收购广东华侨信托投资公司非政府债权所需资金，并按收购进度及时拨付收购资金，以保证收购工作顺利进行。

（二）健全财政支持“中小微”企业融资体制机制

一是建立小额贷款公司财政定向费用补贴和风险补偿机制。2012－2014年每年安排5 000万元，对小额贷款公司当年涉农贷款业务给予适当补助，对当年涉农贷款和对小企业、微型企业、个体工商户贷款发生的损失给予适当风险补偿等。二是推进全省政策性担保体系建设，落实各项财税扶持政策。鼓励各地财政部门引导融资性担保机构在风险可控的前提下，开发新业务、新产品，服务中小企业。截至2012年年底，全省设立融资性担保公司395家（其中深圳市80家），担保余额约1 400亿元。三是支持省级融资再担保公司做大做强，在前期省财政安排省融资再担保公司资本金10亿元的基础上，2012年再安排该公司资本金4亿元，支持再担保公司在全省中小企业信用担保体系建设中发挥引导和推动作用。

（三）加强地方金融企业国有资产管理，确保国有资本保值增值

一是认真做好广东2011年度金融类企业国有资产产权登记年检工作。2011年，全省（不含深圳市）金融企业国有资产产权登记年检的企业共44户，地方金融企业占有国有资产总额为779.70亿元，比2010年同期增加274.23亿元，增幅为54.25%，增幅较大主要是统计口径变化造成的。二是加强对地方金融企业财务、资产监管。按照《金融企业国有资产转让管理办法》加强广东金融企业国有资产转让管理，根据财政部《中央金融企业负责人薪酬审核管理办法（2011年修订）》，制定《广东省省管金融企业负

责人薪酬审核管理办法》。三是加强省级国有资本经营预算管理。根据《广东省省级国有资本经营预算试行办法》的规定，及时核定广东粤财投资控股有限公司的经营收益情况，督促其及时上缴国有资本收益。

（四）积极推进广东道路交通事故社会救助基金管理工作

经报省政府同意，省公安厅联合省财政厅等四部门下发《关于印发〈广东省道路交通事故社会救助基金管理实施细则〉的通知》，明确公安部门为救助基金的管理部门，并由省和各地级以上市分别设立基金专户管理。截至2012年年底，省级救助基金筹集1.3亿元，其中省财政拨入资金4 000万元。

三、大力扶持旅游业发展，促进旅游经济综合实力增强

（一）大力扶持支持旅游产业集聚发展

为加大对广东旅游业发展的扶持力度，促进旅游产业集聚发展，经请示省政府批准，2012年、2013年省财政每年安排旅游产业园区竞争性扶持专项资金6亿元，采用竞争性分配方式，两年共扶持2个滨海旅游产业园区和2个山区（生态）旅游产业园区，每个园区3亿元。2012年，主要做好以下工作：一是研究完善资金管理办法，与省旅游局联合研究制定了《广东省旅游产业园区竞争性扶持资金管理办法》、《关于广东省旅游产业园区竞争性扶持资金管理办法有关事项的补充通知》、《广东省滨海旅游产业园区竞争性扶持资金评审办法》，从制度上规范竞争性扶持资金的管理使用和评审工作。二是精心谋划、认真组织开展滨海旅游产业园竞争性评审工作，与省旅游局联合举办广东省滨海旅游产业园竞争性扶持资金专家评审会，完成两个滨海项目的竞标工作。经报省政府批准，中标的汕尾市和湛江市共得到6亿元扶持资金，按照《旅游产业园区竞争性扶持资金管理办法》的有关规定，其中首期资金3亿元已拨付至各中标市，每个市1.5亿元。二期、三期资金将根据考核情况分期拨付。三是做好省山区（生态）旅游产业园区竞争性扶持资金评审的前期准备工作，认真研究《广东省山区（生态）旅游产业园区竞争性扶持资金评审办法（征求意见稿）》。经报经省政府批准，同意江门、揭阳市列入省山区（生态）旅游产业园区竞争性扶持资金评审范围，与省旅游局联合下文通知有关市。

（二）大力扶持旅游基础设施建设

安排旅游扶贫专项资金、旅游景点专项资金及发展红色旅游专项资金，用于支持51个山区县（特别是16个贫困县）旅游项目公共基础设施配套建设。一是2012年，根据省委、省政府大力发展乡村游和绿道旅游的精神，旅游扶贫专项资金重点扶持乡村农家乐项目，共拨付资金4 365万元，扶持7个重点项目和61个一般项目。其中，按照公平、公正、公开的原则，与省旅游局协同召开大型重点项目现场评审会，由专家对各有关市上报的14个大型项目进行评审打分，现场公布各项目得分及名次。将得分前7名项目作为2012年的大型重点项目上报省政府，每个项目安排扶持资金300万元，共2 100万元。二是拨付旅游景点专项资金及发展红色旅游专项资金3 150万元，支持欠发达地区旅游业发展。

（三）大力支持旅游相关活动开展

根据省旅游局工作安排及资金需要，安排省旅游局全省旅游工作会议经费109万元、旅游宣传促销经费8 500万元、2012中国（广东）国家旅游产业博览会专项经费500万元、2012年《广东滨海旅游发展规划》等规划编制工作经费300万元，以及2012年旅游卫星账户编制工作经费300万元，确保有关工作顺利进行。

四、大力抓好日常基础工作，促进外经金融各项业务发展

（一）加强干部队伍建设，切实提高执行力

通过认真落实“一岗双责”，切实做好业务建设和廉政建设“两手都要硬”，处领导带头当好勤学习、善实践、重品行、守纪律、讲廉洁的表率，带领干部深入把握大政方针、积极主动学习研究、切实转变工作作风、廉洁自律干净干事，切实提高执行力圆满完成各项工作任务。

（二）创新外经金融审核补助经费分配方式

依照《广东省财政外经金融工作考评暂行办法》，对各地市县2011年度工作情况进行考评，并据此对外经金融审核补助经费开展竞争性分配，全年共拨付外经金融审核补助经费1 013.4万元。

（三）认真组织财政收入，加强预算执行分析

一是做好粤港直通车指标费的收缴和会计核算工作，及时办理结汇解缴入库。2012年共收缴粤港直通车指标费收入1.98亿港元，解缴入库人民币1.71亿元。二是收缴境外企业专项资金。采取多种方式催收粤海控股集团有限公司应上缴省财政的专项资金，2012年共收缴其应上缴省财政专项资金2亿元。三是加强预算执行分析工作。积极开展外经金融业务范围内重点财税源的跟踪分析以及分管部门预算单位预算执行进度情况分析等。

（四）做好非贸易、非经营性购汇人民币限额管理和审批工作

一是根据财政部下达广东2012年购汇人民币限额13 450万元，按照“保证重点、压缩一般”的原则和保证重点涉外活动用汇、从严控制党政干部出国的要求，将限额分配到各市和省直各有关单位。二是严格按照因公出国（境）费用开支标准和有关规定，并结合团组因公出国（境）经费预算审核意见，审批省直单位的出国用汇。

（五）加强外资企业财务管理，掌握企业发展动态

一是做好省属外商投资企业财政登记网上联合年检工作。2012年，省属外商投资企业网上联合年检371户，新办财政登记证24户、变更130户、注销6户。二是根据财政部要求，及时组织各市财政局及省属外商投资企业编报财政部2011年度广东省外商投资企业决算报表。三是完成

2009－2010年度外商投资企业财务报告核查工作，并对2011年度外商投资企业财务报告核查工作进行布置。在核查的35户企业中，查出有违规行为企业19户，违规面54.29%，查出违规金额3 694 058.91元，其中应缴入省国库的场地使用费1 839 706.78元。

（六）做好广东党政机关、事业单位用公款为特岗人员购买商业保险的审核工作

按照《关于广东省党政机关 事业单位用公款为个人购买商业保险有关问题的通知》等有关规定，对清远、顺德、肇庆、江门、珠海等市政府共4 641名特岗人员申请购买商业保险进行审核。

（七）积极开展对外交流，深入调查研究

一是加强与财政部的沟通和交流，积极探讨地方参与双边财经对话机制可行模式，参加财政部在南京举办的第二届中美城市经济合作会议和在云南举办的全国财政双边对外财经工作培训班；认真做好财政部朱光耀副部长一行企业涉外经营情况调研有关工作。二是为进一步提升广东欠发达地区旅游管理人员素质，提高省旅游扶贫专项资金使用效益，与省旅游局联合举办旅游扶贫管理人员培训班。三是为学习借鉴香港政府公共财政管理经验及扶持中小企业做法，与省外经贸厅在香港联合举办财务管理研讨班。四是承办2012年厅党组成员专题调研，并完成《促进加工贸易转型升级的财政政策研究》报告。

（外经金融处供稿，刘雅丽执笔）

会计管理工作概述

2012年，会计处从“规范管理，提升服务”入手，以“制度、人才、信息”为工作着力点，积极探索，努力创新，会计制度贯彻宣传、会计人才培养、会计信息化建设、粤港澳会计合作交流等方面工作取得新成效。

一、组织贯彻实施会计制度，推进企业提升管理水平，助力广东省企业转型升级

（一）抓早抓好2013年起实施《小企业会计准则》的各项前期工作

一是迅速商同省国税局、省地税局、省经济和信息化委、省工商局、广东银监局等部门成立协调工作组，联合召开全省动员会，共同部署贯彻实施《小企业会计准则》工作。二是加强部门间的联动合作，多渠道、多方位开展宣传。及时转发财政部等部门的相关文件，成立专家工作组；制作并向各部门、各地市印发学习视频及宣传单，将《小企业会计准则》列为年度继续教育重点内容。三是把贯彻《小企业会计准则》明确为当前及今后一段时间全省会计制度管理的一项中心工作，加大对地市的指导，举办3期培训班为全省培训600多骨干师资，2012年全省培训会计人员达20万人。四是启动全省模拟实施工作。联合各部门、各地财政局及财务软件公司等，组织部分小企业提前半年模拟实施《小企业会计准则》，探索积累实施经验。

（二）大力推进企业内部控制建设工作

一是通过座谈、走访及时了解掌握试点企业在贯彻执行企业内部控制基本规范和配套指引的工作进度、存在困难、经验做法和意见建议。二是联合省国有资产监督管理委员会（以下简称“省国资委”）加强对省属企业推进内控建设的指导和支持，发文部署从2014年起实施执行企业内部控制基本规范及配套指引。三是及时征集反馈建议，配合财政部推动研究内控建设分行业指引及优秀范例。四是举办高端论坛，提升宣传层次。与中国会计报、暨南大学管理学院等单位在广州联合举办第六届华南财务管理创新暨“内控中国行·广东站”联合论坛。

（三）扎实开展企业会计准则贯彻实施工作

一是组织并完成广东省非上市大中型企业2011年年报分析报告及2011年广东省企业执行《企业会计准则》情况总结。二是做好《企业会计准则》通用分类标准在广东省的实施工作。联合省国资委发文部署自2012年1月1日起在广东省部分地方国有大中型企业中实施《企业会计准则》通用分类标准，要求各地财政局及有关企业积极配合开展通用分类标准实施工作。

二、深入贯彻《关于加快发展广东省注册会计师行业的意见》，指导行业做强，规范行业监管

一是加强部门联动，推动改善注册会计师执业环境。与省民政厅联合印发《转发财政部 民政部关于进一步加强和完善基金会注册会计师审计制度的通知》，与省国资委联合印发《关于会计师事务所承担省属企业财务决算审计有关问题的通知》，配合省物价局出台《关于会计师事务所服务收费有关问题的通知》。二是认真组织会计师事务所2011年度报备工作，全省按时完成报备工作的事务所及分所共有461家，未完成报备工作的事务所有48家（包含有书面报备材料但网上未报备的31家）。三是规范行业准入门槛，严格履行会计师事务所审批备案职责。2012年，全省（不含深圳）共批复31家会计师事务所，批复中国港澳台地区事务所来内地临时执业5次（含河源市财政局批复1次），受理19家会计师事务所更名（含分所更名、转制），2家会计师事务所（含分所）终止备案材料，撤回1家会计师事务所设立许可，审查确认139家事务所变更股东、地址等备案材料。

三、贯彻实施《会计行业中长期人才发展规划（2010－2020年）》，加快广东省会计人才队伍建设步伐

（一）创新会计从业资格考试管理模式，提升服务效能

一是试点全国会计从业资格无纸化考试题库，采取三

门考试科目“联合报名、联合考试”，实现考生只需一次便可报考并参加三科考试。二是启动“网上缴费、资格后审”，考生网上报名期间通过网上银行或银行柜台的方式缴纳考务费，取消现场报名环节。考试合格的考生现场递交资料审查可一并办理会计从业资格证书。三是采用“第二代身份证阅读器”审验考生身份信息的手段，有效防止替考舞弊等考试违纪行为。四是采用报名时间不设限以及开放考位的方法，供考生自行选择考试时间及考点，初步实现常态化考试。

2012 年，共组织 91 274 人参加会计从业资格考试，其中报考单科 16 667 人，双科 24 536 人，三科 50 071 人，合计 215 952 考试科次。组织中级会计电算化考试 1 686 人次。共受理会计从业资格业务 33 985 件，其中申领 21 820 件，调出 3 538 件，调入 817 件，信息变更 975 件，注册上岗 1 233 件，继续教育登记 5 489 件，遗失补办 104 件，有效延续 9 件，接通咨询电话 200 163 个。

（二）做好会计专业技术资格考试考务及课题研究工作

一是组织做好初、中、高级全国会计专业技术资格考试考务工作。2012 年全国会计专业技术资格考试广东考区各项考务工作顺利完成，未发生重大违规违纪现象。此次考试全省有 182 458 人报名，参加考试达 230 646 科次，比 2011 年的 200 137 科次增加 15%，其中初级资格合格率为 26.17%，中级资格合格率为 18.92%，高级资格合格率为 43.6%。二是组织做好全国会计领军（后备）人才企业类和行政事业类选拔考试的报名和资格审核工作。广东省报考企业类的 19 人，行政事业类的 8 人；经过面试、笔试选拔，广东省企业类 2 人、行政事业类 1 人入选全国会计领军（后备）人才培训班。三是组织开展高级会计师资格评审工作。改革高级会计师资格评审申报方式，将高级会计师资格评审事项纳入广东省网上办事大厅，表格下载、资料申报、进度查询以及结果公示等环节实现了网上进行，极大方便了申报人；调整、完善广东省高级会计师资格评审第一评审委员会评委库；印发《关于 2012 年高级会计师资格评审有关事项的通知》；组织召开 2012 年度广东省高级会计师资格第一评审委员会评审工作会议，与会评委对申报人员业绩成果、论文著作等综合能力作出客观、公正的评价。经过评委会投票表决，2012 年申报评审人数为 270 人，评审通过 180 人，通过率 66.67%。四是牵头组织开展财政部 2012 年会计重点课题研究项目“建立正高级会计师资格制度研究”，同时还承担高级会计师制度与高级经济师、高级统计师制度的比较研究，国内高级会计师评选体系与国际会计师执业资格评价体系比较分析等 3 个子课题。开展“深化会计职称改革加强会计人才队伍建设研究”专题调研工作。

（三）规范会计人员继续教育，不断提升会计队伍专业素质

一是加强对省直单位会计人员继续教育培训机构备案管理。2012 年，完成 12 家面授培训机构、5 家远程培训机构的备案工作并在省财政厅网站向社会公布。二是认真组织 2012 年会计人员继续教育培训工作。对 2012 年全省会计人员继续教育提出实行分类培训的要求。将会计人员分为大中型企业类、小企业类、行政事业单位类、其他类 4 个类别。依据单位性质及会计工作实际对各类别规定了相应的学习培训内容。

（四）加强农村财会人员财政支农政策培训工作

一是顺利完成对 2011 年各地市财政部门开展农村财会人员财政支农政策培训工作的考核、评比。二是继续做好农村财会人员财政支农政策培训工作，2012 年全省培训人数为 37 379 人，其中村级会计人员 10 405 人，村干部 10 776 人，代理机构会计人员 1 374 人，其他 14 824 人，完成全年培训计划的 111%（2012 年全省培训计划为 33 795 人）。三是积极配合财政部完成财政支农政策培训补助资金使用情况专项检查，组织湛江与茂名市财政局认真对照、积极整改，并及时报送整改材料。四是组织开展全省支农政策师资培训及教研活动。参加全国财政支农政策培训课件征集活动，“村集体经济组织‘三资’清理与产权登记”、“财政支农政策专题讲座获三等奖”，“2012 年强农惠农富农政策宣讲”获优秀奖。

四、积极落实会计服务业对中国香港地区扩大开放政策在广东先行先试工作，推动粤港会计服务合作交流

按照省政府《粤港澳服务贸易自由化规划编制工作方案》有关要求，认真开展相关工作。一是积极向财政部会计司反映目前粤港会计服务合作情况、问题及建议；二是由省财政厅党组成员、副厅长郑贤操带队赴深圳，与中国香港会计师公会时任行政总裁张智媛一行进行座谈，深入交流探讨深化粤港会计服务合作相关事宜。三是形成粤港澳服务贸易自由化规划的会计服务部分内容，并被纳入《促进率先基本实现粤港澳服务贸易自由化规划纲要（2012－2014 年）》。四是按省港澳办《推动率先基本实现粤港澳服务贸易自由化行动计划》要求，形成省财政厅对会计服务部分内容的行动计划。

五、推进会计管理信息系统建设

2012 年，广东省会计管理信息系统项目建设工作正式开展。一是对会计管理业务进行梳理，做好需求调研工作；二是根据业务需求进行系统功能设计和编码；三是省财政厅对初步开发的功能模块进行测试并根据测试情况提出优化和完善需求，基本完成开发工作；四是开展第一批省直、东莞、惠州、肇庆四个地区试点工作，系统运行情况正常。

六、做好行政审批事项改革后衔接工作

按照《广东省人民政府 2012 年行政审批制度改革事项目录（第一批）》要求，认真组织并顺利完成对“取消省属单位会计从业人员调入、调出登记”、“转移会计师事务

所执业证书核发”和“会计师事务所年度基本信息报备”、“下放中国港澳台地区会计师事务所对市、县工商机关登记企业临时办理审计业务审批”四项业务的改革调整工作，及时通过省财政厅网站向社会发布公告，制订相关工作方案，明确具体实施程序。

（会计处供稿，张文蔚执笔）

财政支出绩效管理工作概述

2012年，绩效评价处进一步推进“深化财政支出绩效评价”和会计决算管理等工作，大力推进财政绩效管理改革，完善“事前绩效审核、事中绩效监测、事后绩效评价及结果应用”的绩效管理体系，合理优化绩效管理指标体系和标准，提高绩效管理结果应用的公信力。另外，加强决算数据质量管理，认真做好决算信息分析利用工作，把绩效管理和会计决算管理有效结合起来，通过会计决算的编审、批复及决算信息分析利用工作，充分发挥会计决算建言咨政作用。

一、健全绩效目标管理机制

完善部门预算绩效目标管理和探索财政专项资金绩效目标管理并举，在提升绩效目标管理质量的基础上，拓展覆盖范围。

（一）扎实做好2013年部门预算绩效目标审核工作

按照《广东省省级部门预算项目支出绩效目标管理规程》，结合广东省财政绩效管理改革实际和2013年部门预算编制要求，及时布置部门预算项目支出绩效管理目标管理工作，在省财政厅预算处和各业务处室的通力合作下，绩效评价处组织专家对项目进行分类评审，完成2013年部门预算“一上”484个项目的目标审核，有449项目通过审核，可纳入部门预算“一上”申报范围，涉及金额140.7亿元；35项目未通过绩效目标初审和复审，涉及金额7.4亿元。

（二）探索财政专项资金绩效目标管理机制

结合有关专项资金管理办法的修订，明确专项资金的设立必须设置专项资金总体目标和绩效，强调在资金分配环节，凡申报财政专项资金支出项目的单位，按规定同时申报项目绩效目标，并将绩效目标评审结果作为竞争项目安排的主要依据以及实施绩效评价的依据。

二、构建多元化的评价体系

构建主管部门和资金使用单位绩效自评，财政部门实施重点评价以及引入第三方中介机构评价相结合的多元化评价体系，提高绩效评价的科学性和公信力，强化绩效责任制约。

（一）健全绩效自评管理机制

进一步完善部门单位项目支出绩效自评管理机制，规范自评工作流程，提高自评效率和质量。一是引入专家评审。2012年，绩效评价处组织省科研机构、大专院校有关专家20人对纳入2011年绩效自评范围的72个部门343个项目实施评审。二是注重评审质量。审核评分细化至三级指标，对每个项目提出存在的问题和建议，并根据初审情况，选择有代表性及存在问题较多的项目进行重点讨论评审，提高评审针对性。

（二）深化重点评价管理机制

围绕省委、省政府的重点工作、社会民生重点热点或财政管理需要等，选择重点项目组织实施绩效评价。2012年上半年，组织实施省海洋水产高科技园建设资金、2011年省级造林类专项资金，2011年财政专项扶贫资金，第一、第二批专业性产业转移园竞争性扶持资金，财政部2011年边境地区专项转移支付资金、资源枯竭城市转移支付资金等项目的重点评价，涉及财政资金30多亿元、全省21个地级市的400多个子项目。通过组织专家对自评材料全面审核、现场答辩、实地核查项目信息和多维度进行绩效分析等工作，充分发挥专家学术研究优势，探索定性分析与定量分析的充分融合，个案分析与共性总结的有效结合。

（三）扎实推进第三方评价试点改革

按照省委领导关于引入第三方评价财政资金使用绩效的重要指示精神和财政绩效管理改革实际，认真总结2011年第三方评价试点工作经验，深入基层单位及第三方机构开展专题调研，积极采取有效措施，深化推进第三方评价改革。

1. 认真总结经验。认真总结第一批试点改革经验，形成了《关于2011年财政资金使用绩效引入第三方评价试点改革总结的报告》以及省财政厅曾志权厅长在全国财政厅局长座谈会上所作《第三方评价为绩效管理添新彩》的讲话，全面分析第三方评价试点改革的背景、工作思路及进展情况、主要成效及存在问题及下一步推进改革的意见，获得财政部和省领导的充分肯定。

2. 开展专题调研。2012年绩效评价处组织开展建立完善财政支出第三方评价体系课题研究，召开省级第三方机构研究座谈会，并赴珠海、中山等市开展第三方评价体系专题调研，形成《构建财政支出绩效第三方评价体系研究报告》，为下一步完善第三方评价体系夯实基础。

3. 扎实推进2012年引入第三方评价工作。一是扩大第三方试点范围。试点项目的数量由2011年的4项资金扩展到2012年的7项资金，试点资金类型从民生类扶持资金覆盖到推进产业升级等经济类扶持资金。二是规范、精简工作程序。完善创新第三方评价管理机制。会同有关业务处研究制定《2012年财政资金使用绩效引入第三方评价工作方案》，明确工作程序、工作要求、职责分工和进度安排等，并进一步规范、精简第三方评价工作程序。三是加大第三方机构培育。特别是对第三方机构在制定以绩效为导向的评价指标及标准、具体实施评价过程以及撰写评价报告等方面加大培训、指导力度。四是有序推进7项资金的第三方评价工作。着力提高第三方评价效率，提升第三方评价质量。截至2012年年底，7项第三方评价工作基本按计划进行，完成评价报告初稿的撰写。

三、探索综合性财政支出绩效考评

（一）稳步实施基本公共服务均等化绩效考评

一是制定印发《2011年度广东省基本公共服务均等化绩效考评实施方案》，按照地市政府自评、部门考评、满意度调查、省实施规划领导小组办公室综合考评的规范程序，完成2011年的考评工作，形成《广东省2011年基本公共服务均等化绩效考评结果》。考评结果表明：广东省2011年基本公共服务均等化总体完成率97.33%，比2011年增长1.09个百分点，考评结果优秀等级10个市，比2011年增加4个，良好等级9个市，中等级2个市，无差等级市。下一步拟将考评结果和相关请示呈徐少华常务副省长审定。二是做好2012－2014年（基本公共服务均等化实施第二阶段）绩效考评指标体系修订及2012年度考评部署的准备工作。绩效评价处根据《广东省基本公共服务均等化规划纲要》（以下简称《纲要》）和基本公共服务均等化绩效考评办法，结合基本公共服务均等化综合改革工作方案，对原有指标体系内容进行调整，初步形成考评指标体系初稿。

（二）探索政策类财政支出绩效考评机制

2012年，绩效评价处制定《广东省“十件民生实事”专项资金使用绩效评价暂行办法》、《广东省省级为民办事征询民意实施工作绩效评价暂行办法》和《政府向社会购买服务绩效评价暂行办法》，并着手相关评价的前期准备工作。

四、推进竞争性分配绩效管理

根据厅统一部署，绩效评价处积极推进、完善省级财政专项资金竞争性分配绩效管理工作。一是协助有关部门完成竞争性分配财政专项资金评审工作，如2012年省级水利建设示范县竞争性评审等。二是继续做好竞争性分配评审专家的遴选、管理工作。一方面，进一步完善省级竞争性分配评审专家的动态管理，及时更新、充实专家信息。另一方面，配合省经济和信息化委员会等部门以及厅各业务处室需要，完成省级专项资金竞争性分配评审专家的选定、通知工作。三是及时收集、总结各专项资金竞争性分配情况，形成广东省竞争性分配财政资金绩效管理报告以及广东省产业转移竞争性扶持资金绩效管理案例分析。

五、强化绩效管理结果应用

2012年，绩效评价处按照积极稳妥的思路，不断拓展应用的范围。首先，通过对绩效管理结果反馈，进一步增强部门单位绩效意识，落实绩效责任，提升绩效管理水平。如，对节能专项资金、省级现代服务业发展引导专项资金和乡镇卫生院建设资金的绩效评价报告，有关部门高度重视，针对评价发现的问题逐一落实整改，并将整改情况反馈省财政厅。其次，将项目支出绩效评价结果与下一年项目预算安排挂钩，形成结果导向的绩效约束。如开展第一、第二批省专业性产业转移工业园建设竞争性扶持资金绩效评价工作，评价结果将作为专项资金安排的重要依据，即评价结果符合要求的专业性产业园才可获得最后一批专项资金。再次，将绩效管理结果通报给人大、监察、审计和人事等部门，加大外部监督力度，增强预算部门单位廉政意识，从源头上防止腐败发生。如，绩效评价处各项重点评价项目绩效报告均抄送人大、监察、审计和人事等部门。最后，将重大项目的评价报告呈报本级政府，为实施广东省经济社会发展重大决策提供绩效参考。如将广东省基本公共服务均等化工作绩效考评结果报送省政府以及各地市政府，作为推进广东省基本公共服务均等化工作的重要决策参考。

六、加强决算数据质量管理

2012年，主要从“狠抓会计决算汇审、拓展决算数据服务力、提升决算分析功能”等方面，提高广东省会计决算工作水平。在财政部全国地方财政部门决算工作评比中，广东省的部门决算、金融企业财务决算分别获得二等奖和先进单位的表彰。

（一）认真做好会计决算数据的审核、汇总等工作，严把数据质量关

抓紧抓好会计决算报表汇审，顺利完成2011年度部门决算、国有、集体及境外企业财务会计决算、金融企业财务决算和财政性资金投资基本建设项目决算报表的审核、汇总、上报等各项工作任务。一是抓好决算报表业务培训，及时对部门单位报表填报和数据录入、汇总等情况进行检查、指导，及时解答有关问题，进一步提高会计决算报表的数据质量。二是加大决算报表会审工作力度，根据各类报表的不同特点采取多种会审方式，发现问题，及时通报，尽快解决，确保决算数据的“真实、准确、及时、全面”。

（二）充分利用决算数据，提升分析服务功能

一是及时整理分析四大类会计决算报表资料，完成2011年度汇总会计决算数据资料及财政统计资料手册的汇编工作。二是按照财政部企业司的工作部署，集中精力对广东省10年（2000－2010年）来的国有企业决算数据资料进行全面系统分析，形成《从决算数据看广东省国有企业十年发展》分析报告，并上报给财政部。三是及时将各类决算报表的资料加工整理分析，着手编制财政统计资料手册及汇总会计决算数据资料汇编。四是加强服务工作，先后为省审计厅、省统计局以及厅教科文处、预算处、行政政法处等有关部门及业务处室整理加工所需决算数据资料。

（三）规范部门决算管理工作内部规程，做好广东省部门决算批复的移交工作

一方面，积极与厅业务处沟通协商，将《广东省省级部门决算批复内部工作规程》重新修改完善，出台《省级部门决算管理工作内部规程》，明确部门决算厅内各业务处

的工作职责。另一方面，严格按规程办事，在部门决算通过财政部验审后，将省级部门决算数据提供给国库处，并积极做好相关的后续服务工作，确保部门决算批复工作的规范有序推进。

七、圆满完成财政部地方部门决算会审会的承办任务

2012 年 5 月 8－11 日，财政部在广东省召开全国地方部门决算会审会，财政部国库司领导出席并发表重要讲话，各省市财政厅（局）国库处负责部门决算的主管领导和经办人员参加会议。为做好会议的承办工作，在东莞市财政局的大力支持和配合下，绩效评价处精心组织，制定详细的会议筹备工作具体方案，明确责任，分工落实，在完成广东省部门决算上报工作的同时，完成会议承办任务。

（绩效评价处供稿，林侃执笔）

行政事业资产管理工作概述

2012 年，行政事业资产管理处以加强财政“双基”建设，推动财政科学化精细化管理为目标，突出抓好制度建设、信息化建设等重点工作，进一步完善资产管理与预算管理相结合工作机制，认真把好资产配置和处置关，规范资产日常管理，加强资产收益监管工作，积极开展创先争优活动，努力实现业务工作和党建工作双促进、双丰收。

一、大力推进资产管理信息系统建设

（一）按计划完成地级市本级资产管理信息系统推广实施工作

按照省财政厅“金财工程”工作部署，认真开展信息系统推广实施工作，分批派员与技术服务公司一同赴各地市逐个落实；通过分片召开行政事业资产管理信息系统推广实施座谈会和调研回访等形式，指导督促各地市财政局加快开展信息系统推广工作。至 2012 年年底，全省所有地级以上市（深圳除外）全部完成市本级单位信息系统初始数据收集录入工作，开展相关业务培训，通过信息系统上报方式完成 2011 年市本级行政事业资产管理信息系统统计报表编报工作。

（二）着手推进试点县（区）级信息系统推广实施工作

结合各地硬件设施、人员力量等情况，省财政厅选定东莞、肇庆、惠州等市的部门县（区、镇）级单位开展信息系统推广实施工作。探索比对市本级集中部署服务器和各县区分别部署服务器等模式的优劣，为 2013 年全省县（区）级信息系统全面推广实施工作铺路。相关县（区、镇）的信息系统推广实施工作进展顺利，完成预期工作目标。

（三）加大力度核实信息系统数据，提高数据真实性、准确性

结合 2013 年省级部门预算编制、行政事业资产管理信息系统统计报表编报、事业单位公务用车清查等专项工作及资产处置、使用等日常业务，省财政厅严格督促省直各单位认真核对资产管理信息系统数据，对错填、漏填关键信息的单位相关申请事项一律要求单位更正补全信息系统数据后重新上报，提高单位对相关数据的重视程度，加大信息系统数据利用率，巩固上线成果。

（四）开展行政事业资产管理信息系统升级完善工作

按照厅“金财工程”的部署，省财政厅认真征求各市及省级单位对信息系统功能完善的意见和建议，针对用户日常使用反馈意见及下阶段管理要求，向技术公司提出信息系统升级完善的需求，配合技术公司对系统进行了升级完善。

二、探索建立事业单位专用设备资产配置标准体系

在基本摸清科技、水文系统事业单位现有资产存量情况的基础上，选择由省工研院牵头的工业领域和省水文局牵头的水文领域两个行业，按照财政部建立分行业分层次、分领域事业单位资产配置标准的工作要求，先易后难、由点到面开展事业单位专用设备资产配置标准制定工作。

（一）调研了解情况

先后赴韶关、肇庆、佛山等水文局和省工研院开展实地调研，并与省水利厅、省科技厅分别召开近 10 场座谈会，了解专用设备配置的实际情况、存在问题和今后一段时期预期工作任务对设备的配置需求，不断理清和完善完善制定配置标准的思路。

（二）草拟配置标准

在按照资产类别、业务性质特点对工业领域和水文领域事业单位现有专用设备配置情况进行梳理的基础上，从配置的数量、价格、技术性能、使用年限和配置依据等方面对工业领域和水文领域的专用设备配置标准进行规范。按照“基本合理、量力而行、适度超前”原则，草拟《广东省水文事业单位大型专用仪器设备配置标准》，并征求相关业务处室意见；草拟《广东省科学事业单位（工业类）大型科学仪器配置标准（初稿）》，并作进一步修改完善。

（三）进行专家论证

邀请省内工业领域和水文领域的专家开展联合调研、论证，借助专家学者的专业优势和学术专长，为配置标准的制定提供咨询、参考和把关，保证配置标准的科学性、可行性和前瞻性。经专家反复论证，省财政厅《广东省水文事业单位大型专用仪器设备配置标准》，省直有关单位遵照执行。

三、做好 2013 年部门预算增量资产预算审核工作

向省直各部门印发《关于做好 2013 年省级部门预算增

量资产计划编制工作的通知》，规范各省直各单位的增量资产计划编制工作。根据《广东省财政厅省级行政事业单位增量资产配置项目审核内部规程》的审核要求，省财政厅对省直各单位报送的2013年部门预算增量资产计划进行审核，共核减项目1 168项、核减资金22.44亿元。

四、开展行政事业资产管理信息系统统计报表及事业单位公务用车清查工作

根据财政部的统一部署，省财政厅开展2011年全省行政事业资产管理信息系统统计报表编报工作，在2010年报表编报工作的基础上进一步规范业务流程，建立上报时间、质量等信息通报制度。截至2011年12月31日，全省（不含深圳市）行政事业单位资产总额8 265.2亿元，比2010年增加1 001.64亿元，增长13.78%。按照财政部的相关要求，省财政厅部署开展全省各地事业单位公务用车清查报表报送工作，要求已推广实施行政事业资产管理信息系统的地区和单位将相关信息与系统数据逐一核对，查漏补缺，确保上报数据完整、准确，按财政部的要求做好数据的收集整理和信息数据的网上补录工作。

五、做好行政事业单位资产使用、处置及收益收缴工作

一是加强对资产使用的监督管理。赴省直有关单位进行专题调研，总结有益管理经验。督促省直行政事业单位建立健全资产占有使用管理制度，规范事业单位利用国有资产对外投资行为，加强对出租出借行为的管理。对省直行政事业单位申报的利用国有资产对外投资、出租出借行为进行严格的审批，加强出租、出借资产收入收缴工作，完成省农科院对外投资、省水利电力职业技术学院图书馆出租等事项审批。

二是严格执行《广东省省直行政单位资产处置管理暂行办法》，把好资产处置关口，规范资产处置行为。建立省直单位资产处置数据库，切实加强行政事业单位资产处置管理工作，在审核过程中，坚持严格把关、实事求是，对金额较大的处置项目如南方医科大学南方医院宿舍楼报废、省博物馆旧馆移交等事项，均派员赴实地查看情况，在此基础上详细分析单位申请的可行性及合理性后提出审核意见，防止国有资产流失。

三是出台《广东省财政厅关于省直行政事业单位软件资产管理的暂行办法》，界定应当列入行政事业单位软件资产管理范围的各类资产，规范软件资产管理行为，增强软件知识产权保护意识，建立和完善软件资产管理长效机制。

四是抓好行政事业单位资产处置收入及租赁收入监缴工作，2012年省级行政事业单位上缴资产处置、出租出借收入共计2 952.01万元。

六、做好事业单位所属企业及行政单位未脱钩经济实体的管理工作

一是做好省直行政单位未脱钩经济实体和事业单位所办企业基本信息收集整理工作，建立企业基础信息资料；继续做好省直行政单位未脱钩经济实体和事业单位所办企业产权管理的基础工作，认真办理企业国有产权转让，清产核资结果确认以及资产评估结果备案核准等事项。

二是继续配合有关部门推进省属文化产业体制改革和高校科技产业规范化建设工作，加强省属文化企业和高校企业国有资产监督管理。派员赴茂名、湛江、河源等地协调解决省新华书店改革重组中的问题，会同省委宣传部、省新闻出版局加强对非时政类报刊出版单位体制改革工作中涉及的国有资产管理进行指导，认真做好转制单位的清产核资、资产评估工作。

七、联合有关单位研究完善广东省大型科学仪器共享共用机制

为建立完善行政事业资产共享共用机制，省财政厅联合省科技厅开展《广东大型科学仪器使用现状及共享机制体制》的课题研究工作。下发《关于开展广东省大型科学仪器设备调查的通知》，开展2012年全省大型科学仪器设备资源调查，建立健全广东省大型科学仪器设备资源共享数据库。以广东省大型科学仪器协作共用网为例，深入分析广东省行政事业单位资源共享共用现状，探索进一步完善以共享共用机制为核心的广东大型科学仪器设备共享服务平台。

八、加强调查学习，促进业务建设

一是走访省直单位，到市、县调研，积极收集资产信息系统推广、资产管理与预算管理相结合工作的执行、落实情况，进一步完善相关制度。

二是积极参加财政部组织的事业单位及事业单位所办企业国有资产产权登记等行政事业资产管理培训班、行政事业资产管理信息系统升级培训班等专题讲座，加强行政事业资产产权管理理论、财务会计理论、信息化建设等相关业务知识的学习；加强与全国各兄弟单位沟通交流，取长补短，推动工作。

三是认真总结推广各地、各部门在行政事业资产管理尤其是资产配置、处置、收益管理等方面的经验做法，召开资产管理工作片会，指导各地区、各部门理顺体制，充实人员，健全制度，加强管理，推动全省行政事业单位资产管理工作。

（行政事业资产管理处供稿，蔡照亮执笔）

农业综合开发工作概述

2012年，广东农业综合开发工作以“大规模建设高标准农田和推进农业产业化经营”为主线，以“规范资金和项目管理，争创财政支农样板和示范”为抓手，大力投入、强化管理、改革创新，扎实抓好各项工作。

一、基本情况

（一）开发范围

2012年，广东省国家农业综合开发县达到53个，涉及16个地级以上市。开发县数量比2011年增加4个，范围变动情况为：澄海区、潮南区、潮安县、清城区4个县（区）经过多年实施农业综合开发，基本完成开发任务，自愿申请退出国家农业综合开发县范围；同时，广东省成功向国家农业综合开发办公室申请海丰县、惠东县、东源县、信宜市、揭西县、乐昌市、平远县、大埔县8个县（市）新增成为国家农业综合开发县。在非国家农业综合开发县，广东省继续大力推进省级农业综合开发，作为国家农业综合开发的重要补充，项目安排涉及10个地级以上市的17个县。有效缓解国家农业综合开发范围偏小的问题，让农业综合开发政策普惠全省广大农村。

（二）投资规模

2012年，广东农业综合开发财政投资规模达到111 136.2万元，首次突破10亿元大关，比2011年的93 372万元增长19%。其中：中央财政资金53 749万元，比2011年的42 970万元增长25%，增幅高于全国平均水平；省级财政资金46 708.2万元，比2011年的41 119万元增长13.6%；市县级财政资金10 679万元，比2011年的9 283万元增长15%。在财政投资积极引导和发挥“杠杆作用”撬动下，农民、农村集体、农民专业合作社和农业龙头企业大力自筹钱物和投工投劳参与农业综合开发，银行部门投入信贷资金支持农业综合开发产业化经营中央财政贷款贴息项目，农业综合开发多方面、多层次筹集各类自筹资金累计达到2.73亿元。

（三）项目类型及数量

2012年，广东省国家和省级农业综合开发扶持各类项目254个，其中国家农业综合开发项目235个，省级农业综合开发项目19个。在国家农业综合开发项目中，土地治理项目115个（含高标准农田建设示范工程项目29个，中低产田改造项目62个，科技推广项目22个，土地治理扶持种粮大户试点项目1个，土地治理扶持农民专业合作社试点项目1个）；产业化经营项目89个（含财政补助项目42个，中央财政贷款贴息项目47个）；中央农口部门项目31个（含林业部门油茶示范基地项目16个，农业部门生产示范基地项目5个，水利部门中型灌区节水配套改造项目5个，供销社种植基地项目5个）。在省级农业综合开发项目中，重点安排省级土地治理项目18个，并专项安排连南县高寒山区农业综合开发项目1个。

二、主要做法

（一）以理顺机构为突破口，提升全省农业综合开发工作水平

一是省财政厅农业综合开发办公室与广东省农业综合开发评估中心理顺工作关系，进一步明晰工作职责和分工，加强沟通协调，提高了省级农业综合开发工作效能。二是以“广东省财政厅”名义统一省级农业综合开发对外工作关系、正式发文和发文字号，取消“广东省农业综合开发办公室”名称、发文字号及印章，启用“广东省财政厅农业综合开发办公室”新印章。三是要求市、县农业综合开发工作以“财政局”名义和文号行文，促使工作衔接渠道上下一致，对市、县理顺农业综合开发机构既形成压力，又提供了动力，成功推动肇庆市、阳江市、梅州市3个地级市和仁化县、梅县、兴宁市、陆河县、茂港区、连州市、高栏港区7个县（市、区）在2012年理顺农业综合开发机构。四是加强全省农业综合开发干部学习教育培训。以学习贯彻落实科学发展观、规范权力运行、廉政风险排查防控等主题实践活动为载体，做到政治学习教育和业务工作两手抓、两不误、两促进。

（二）以专项检查为硬举措，规范农业综合开发资金和项目管理

2012年，广东农业综合开发认真贯彻落实省财政厅厅领导关于加强农业综合开发资金和项目监管的批示精神，将规范农业综合开发资金和项目管理作为2012年重点工作狠抓落实。一是开展市县农业综合开发专项检查。抽选农业综合开发资金投入排名靠前的茂名市作为检查对象，检查范围覆盖该市及所属开发县2011年度全部农业综合开发项目。根据检查结果，依照财政部《农业综合开发财政资金违规违纪行为处理办法》，对其中存在问题较多、性质较严重的茂南区和茂港区采取暂停安排2013年土地治理项目资金的严厉处罚措施。二是开展省直单位农业综合开发专项检查。针对仲恺农业工程学院承担的农业综合开发项目支出进度缓慢、支出进度与项目完成进度不相符等问题，聘请会计师事务所财务专家进行深入检查，对经核实的问题资金作出收回财政的严肃处理，加强省直单位承担农业综合开发资金和项目的规范监管。三是对2011年省级农业综合开发项目绩效考评排名末位的麻章区、陆河县和普宁市进行专项核查。经过核查，对于整改到位的麻章区恢复纳入2012年省级农业综合开发范围；对未整改到位的陆河县和普宁市，暂缓恢复项目安排。四是配合国家检查组深入开展2012年国家农业综合开发综合检查，借助国家检查组的强大力量，全面检查梅县、兴宁市、五华县、和平县、连平县5个国家农业综合开发县的工作情况。同时，通过国家综合检查，广东农业综合开发工作以优异的总体成绩赢得国家检查组的充分肯定。

（三）以改革创新为强动力，探索农业综合开发的新路子

一是优化财政资金“综合因素分配法”，将“资源因素”指标设置为“粮食产量”和“蔬菜产量”两项内容，既可全面综合反映农业资源状况及实际生产状况，又可直接从《广东农村统计年鉴》提取真实可靠数据，分配方法更科学、更合理。二是继续深化推进农业综合开发财政资金竞争性分配改革试点工作。对2012年增量资金100%实行竞争性分配，并优化“室内评审、集中答辩、工作绩效评价”等竞争性分配程序，选取“财政配套资金落实、财

政有偿资金回收、资金管理制度执行、项目建设进度、理顺农业综合开发管理体制”等重点工作的评价结果作为分配指标。通过竞争，高州、海丰、开平、电白、化州、雷州、茂南、博罗、惠来、信宜、乐昌、紫金和南雄13个开发县从17个参与竞争的开发县中竞争胜出，平均每个开发县分配高标准农田建设资金达到1 200万元。三是创新建立高标准农田省级督办制度。从2012年增量资金项目起，省财政厅对农业综合开发高标准农田项目进行重点督办。定期对项目计划批复、财政资金到位、工程招投标、工程建设进度、工程监理、资金报账、资金支付、项目竣工验收等资金和项目管理情况进行全程跟踪监督，提升高标准农田项目的建设质量和水平。四是改革实施农业综合开发项目处室初审、部门项目财政主导评审和专家评估结果处室复评制度。改变以前农业综合开发项目直接交由专家评审做法，改为项目先经农业综合开发办初步审核筛选，剔除明显不符合政策项目，再送专家审核的做法，减少需要专家评审的项目，节约项目评审经费；改变部门项目以前由有关主管部门主导评审的做法，改为由财政部门主导评审，加强财政部门对部门项目评审工作的监督；同时，对于专家评审结果，采取先复评再采纳的办法，既加强对专家评审工作的监督，又提高评审结果和项目立项的准确性。五是改革省级农业综合开发扶持范围审批机制。贯彻落实省政府办公厅《关于进一步加强农业综合开发工作若干意见》精神，不再实行省级开发县资格认定和审批，允许全省符合条件的非国家农业综合开发县（市、区）直接申报省级农业综合开发项目。六是改革实施市、县级财政配套资金由市、县自行协商制度。针对部分地级以上市需要配套项目较多、配套资金数额较大、难以完成配套任务的实际问题，改变固定市、县财政各配套10%的办法，在市、县财政配套总比例为20%不变的基础上，改由市、县自行协商确定各自配套比例。七是积极探索农业综合开发科技推广项目的创新形式。将农业综合开发土地治理科技推广项目委托省、市级科技推广单位和县、镇级科技推广单位共同协作实施，充分发挥各级科技推广单位的优势，增强科技推广合力。2012年11月5日，首次在广州举办项目区农民代表与科技推广单位供需见面洽谈会，取得初步成效。八是认真贯彻落实国家农业综合开发办开展土地治理项目试点工作精神，开展土地治理扶持种粮大户、农民专业合作社和华侨农场试点工作。精心组织申报2013年国家农业综合开发存量资金种粮大户项目、农民专业合作社项目和华侨农场项目各两个。

（四）以现代农业为新亮点，打造财政支农示范样板工程

农业综合开发是政府推动农业发展方式转变的有效手段，是加强农业基础设施、提高农业生产力、促进农业现代化的重要途径。2012年，广东农业综合开发突出以大规模建设高标准农田和构建现代农业产业经营体系为重点，努力形成现代农业的新亮点和增长极，打造财政支农示范样板工程。一是实行分类指导，根据不同区域的经济和农业产业发展水平建设现代高标准农田。对珠三角地区，根据其基础条件优越、产业优势突出情况，按照发展现代化农业示范园区的方向建设高标准农田，重点发展设施农业；对东西两翼地区，以区域优势产业为指引建设高标准农田，重点发展规模农业；对粤北山区，以解决制约山区农业发展最迫切、最突出的灌溉、机耕道路问题为导向建设高标准农田，重点发展山区特色农业。通过多层次的高标准农田建设，丰富高标准农田建设的内涵，提升经济效益和综合竞争力，形成多个现代农业的新亮点和增长极。二是构建现代农业产业经营体系。探索以现代标准农田建设为依托，为农业龙头企业和农民专业合作社建立生产基地，重点加强优势产业带整体建设。通过农业综合开发产业化经营项目扶持，对已有较大规模的龙头企业和农民专业合作社，支持形成竞争力、带动力强的主导产业；对规模较小的成长型龙头企业和农民专业合作社，支持形成优势明显的区域特色品牌。

三、主要成效

（一）加大强农惠农富农力度，促进经济平稳较快发展

2012年，广东农业综合开发建成现代高标准农田31.04万亩，改造中低产田39.44万亩，扶持农业龙头企业和农民专业合作社89家（次），打造优势农产品基地30多万亩。一方面，通过大规模集中投入农田基础设施和农业产业化经营种植养殖加工流通设施建设，拉动城乡消费，扩大内需。2012年，项目建设投入使用水泥22万吨、钢材2万吨、砂石91万立方米，促进了城乡建筑材料、机械设备和运输等行业发展。同时，项目建设新增农民工就业约1.5万人（次），使得部分财政投资直接或间接转化为农民工的收入，进一步促进农村收入和消费。另一方面，项目建成后，新增农业综合生产能力达到：粮食7 287万公斤，油料591万公斤；糖料360万公斤；蔬菜17.4万吨，肉类120万公斤，加工干鲜农产品4 550万公斤，直接带动受益农民约82万人，年新增农民纯收入4亿元以上。

（二）加快高标准农田建设，夯实现代农业发展基础

2012年，广东农业综合开发突出以高标准农田建设为主线，为农业现代化发展打基础。安排土地治理项目30%以上的存量资金和100%的增量资金用于高标准农田建设示范工程项目，累计投入财政资金3.7亿元，立项建设高标准农田项目29个，建成高标准农田31.04万亩，投资规模、项目个数和治理面积分别比2011年增长32%、45%和34%。其中：建成高标准农田拦河坝53座，排灌站30个，灌排渠道945.9公里，渠系建筑物1 988座，机耕道路304.6公里。通过农业综合开发集中投入、规模开发，加快广东省高标准农田建设的步伐，在全省各地建成一大批“田成方、渠成网、路相通、配套完善、节水高效、科技先进、生态和谐、高产稳产、安全优质、机制科学”的现代高标准农田。促进“地力提升”、“藏粮于田”和“构建现代农业体系”战略目标的实现，夯实现代农业发展基础，为广东省2012年农林牧渔总产值达到4 384.4亿元，继续保持全国第7位，粮食产量突破1 361万吨，继续保持全国第17位提供了有力支撑。

（三）推进农业产业化经营，促进农业农村经济结构调整

2012年，广东农业综合开发紧密围绕区域特色和优势，采取财政补助和贷款贴息两种扶持方式，累计投入财政资金10 098万元，扶持64家规模较大、带动面广、竞争力强的农业龙头企业，以及25家发展潜力大，与农民利益联结紧密的农民专业合作社。充分利用农业综合开发高标准农田建设和中低产田改造建成的现代标准农田，打造优质高效农业生产示范基地，重点培育优质粮食、绿色蔬菜、高效经济作物、特色水果、名优花卉、优质蚕桑等种植产业，加快项目区农业产业结构调整。同时，紧密衔接农产品生产基地提供优质原材料，发展一大批具有区域特色和优势的农业养殖和农产品加工、储藏、保鲜、流通项目，完善农业产业链，形成农业产业集群，构建了区域化布局、专业化生产、企业化管理、社会化服务的农业产业化经营新格局。通过实施农业综合开发产业化经营项目，直接受益农民8.2万人，增加农民纯收入8 700多万元。

（四）推广先进适用农业技术，提高农业科学技术水平

2012年，广东农业综合开发坚持发挥农业科技的支撑作用，安排财政资金1 520万元，扶持土地治理科技推广项目22个。紧紧依托土地治理项目区，建立以省级科技单位为龙头、以示范项目区为纽带、以基层科技推广单位为支撑的“立体式”科技推广体系。围绕优质水稻、优新蔬菜、优质甜玉米、高产马铃薯等大宗农产品，示范推广农作物良种22个，推广“稻—稻—菜”、“稻—菜—菜”、“稻薯轮作”等种植模式及优质安全高效栽培技术、水肥一体化灌溉施肥技术等先进适用生产技术31项，建设示范区10.2万亩，培训农民8.9万人次。如茂名市推广超级稻“合美占”新品种及配套栽培技术，使得水稻亩产从700斤提高到1 000斤以上。通过实施农业综合开发科技推广，项目区农业科技应用水平显著提高，农业科技贡献率达到58%以上，农产品优质品率达到94%，亩均产值增长25%以上，远高于全省平均数，市场竞争力明显增强。众多农业综合开发科技推广示范区逐步发展成集生产、培训、科研、教育、旅游为一体的农业高新技术孵化和展示基地。

（五）加强与扶贫“双到”结合，促进全省“共同富裕”

2012年，广东农业综合开发积极响应省委、省政府扶贫开发“规划到户、责任到人”中心工作号召，重点针对贫困村农田基础设施建设落后和农业产业化经营发展滞后的薄弱环节，继续加大对全省贫困村的扶持力度。按照“统一规划、统筹兼顾”的思路，对同一个县、镇范围内的一个贫困村或多个贫困村或贫困村与非贫困村之间能集中连片的耕地，实行统一规划、集中投入、连片开发、规模开发，加快贫困村高标准农田建设和中低产田改造步伐，改善贫困村农业生产条件。按照“因地制宜、区域协调”的原则，在种植、养殖、加工、储藏、保鲜、流通等整个产业链帮扶贫困村发展主导产业，提高贫困户自我发展能力，丰富农村生产经营方式，增加就业机会和收入来源。全省安排涉及贫困村的农业综合开发财政投资约2.53亿元，建成高标准农田和改造中低产田16.2万亩，发展主导产业项目15个，直接受益贫困户5.73万户，户均增收4 500元以上。

（厅农业综合开发办公室供稿，董辉龙执笔）

农村财务管理工作概述

2012年，全省农村财务管理工作坚持以科学发展为中心，以建设幸福广东为主题，紧紧围绕财政中心工作，全面推进农村财务管理规范化、制度化、信息化建设工作，求真务实、扎实工作，进一步促进农村经济发展和社会和谐稳定。

一、深化体制机制改革，继续推进农村财务管理方式改革

2012年，广东省深化农村财务管理方式改革有新的突破：一是肇庆、梅州农村财务管理职能划转到财政部门，理顺了农村财务管理体制；二是阳春、博罗等地财政部门依托财政所建立起村级会计委托代理服务机构，村财镇代管模式已成为广东省农财管理方式改革的主流。全省上下不断地改革创新，全面推进村级会计委托代理服务工作。2012年，全省86%的乡镇、88%的村实行会计委托代理，基本上实现村级会计委托代理服务全覆盖的目标。

二、加强规范化建设，促进农村财务管理规范化制度化

2012年2月，厅（农村财务管理处）与省监察厅、省农业厅联合转发农业部、监察部《农村集体经济组织财务公开规定》。4月，印发《关于进一步健全和完善广东省农村财务管理的意见》和《广东省农村集体经济组织财务管理示范制度》，强调全省各地农村财务管理部门要进一步健全和完善农村财务管理制度，加强财务公开和民主理财，指导农村集体经济组织建立健全财务管理制度。同时，我们继续完善《广东省农村集体经济组织财务管理办法》的起草工作，并提交厅办公会议讨论；印发《农村财务管理规范化建设工作方案》，扶持16个县农村财务管理规范化建设；印发《民主理财骨干培训工作方案》，扶持10个市培训民主理财小组长3 000名。到2012年年底，广东省已完成59个县（全省121个县，占全省县级单位59%）农村财务管理规范化建设任务，建设单位在健全财务会计制度、规范账务处理程序、建立民主管理机制、强化审计监督、

财会人员培训上岗、实行会计电算化管理六个方面加强农村集体财务管理和会计核算，提高财务公开的质量，推进农村集体财务会计管理的信息化、科学化、现代化。

三、深入基层调研，制定加强珠三角地区农村财务监管指导意见

按照2012年5月14日省政府工作会议要求，牵头会同省农业厅，在总结南海农村财务监管经验的基础上，研究出台加强珠三角地区农村集体资产交易管理和集体经济财务监管的指导意见。经过下基层调研、会议研讨、意见征询等反复工作，省财政厅农村财务管理处形成《关于加强珠三角地区农村集体经济财务监管的指导意见（送审稿）》。11月，形成《关于加强珠三角地区农村集体经济财务监管的指导意见》。

四、加强信息化建设，推进珠三角地区农村财务监管平台建设

按照省委、省政府《关于深化珠江三角洲地区农村综合改革的若干意见》要求，结合省委、省政府2012年9月在佛山市组织召开的全省推广顺德南海综合改革试点工作现场会精神，2012年11月，省财政厅农村财务管理处在佛山市南海区召开珠三角地区各市参加的农村财务监管平台建设工作现场会，交流学习南海农村财务监管平台建设经验，研究部署在珠三角地区全面推进监管平台建设工作。厅分管领导到会作重要指示，要求珠三角各地深刻认识推进农村财务监管平台建设工作的重要性，认真学习南海的建设经验和做法，制定切实可行的建设工作方案，建立健全建设工作保障机制，加强与纪检监察等有关部门的沟通协作，争取支持，扎实推进监管平台建设工作。截至2012年年底，佛山市、江门市和佛山顺德区已全面推开农村财务监管平台建设，广州、中山等市的部分区、镇也开展了这项工作，东莞市正着手准备试点。

五、落实省委、省政府要求，开展农村综合改革调研工作

2012年6月，农村财务管理处牵头会同农业处等有关处室组成调研组，深入佛山市南海区、高明区的部分区、镇、村，对农村综合改革情况进行实地调研。调研组听取佛山市农业局和两区区委组织部等有关部门的汇报，选择南海区丹灶镇和高明区杨和镇及其社区、村召开座谈会，并进村入户进行实地考察，听取镇村干部和村民对农村综合改革的意见和建议，形成《佛山市农村综合改革工作调研报告》。

六、开展村级债务调研，防范和化解债务

2012年8～10月，农村财务管理处邀请广东仲恺农业工程学院的管理学院院长4名专家共同组成调研组，选取清远、云浮、东莞、佛山4个地级市中的6个县（市）、12个乡镇、36个村开展为期30天的实地调研工作。通过实地调研收集情况和资料数据，从理论研究角度进行具体分析，提出防范和化解农村村级债务的建设性意见和建议，并形成《广东省农村村级债务调研报告》审定稿。

七、夯实审计工作基础，加快推广农村集体经济审计软件系统建设

2012年，农村财务管理处在2011年试点的基础上，选择汕头市潮阳区等20个县（市、区）开展农村集体经济审计软件应用推广。截至2012年年底，20个县区均已完成了安装、调试、人员培训等项工作。

八、加强审计队伍建设，增强农村审计人员的工作技能和水平

2012年，农村财务管理处积极探索，创新农村审计人员上岗培训形式，采取分片区委托培训的方式，分别委托揭阳市、肇庆市、韶关市承担粤东、粤西、粤北片区的农村审计人员上岗培训任务，为13个经济欠发达地级市培训农村审计人员600名。

九、全面参与和处理乌坎事件

从2011年年底起，农村财务管理处派出两位同志参加省委处理乌坎事件工作组，赴汕尾陆丰市处理乌坎村集体财务问题。一是查清乌坎村集体的财务收支情况，查实主要问题，查出了特殊账本，给乌坎村群众通报财务审查结果。二是帮助乌坎村和陆丰市建立长效管理机制。指导帮助乌坎村村民建立财务管理制度，实行会计委托代理制。同时，指导陆丰市政府起草出台《陆丰市农村集体经济组织财务管理办法》、市财政局起草出台《陆丰市镇级财务管理示范制度》、《陆丰市村级财务管理示范制度》、《陆丰市农村财务管理规范流程图》等文件，并组织市、镇、村有关领导赴惠来县参观考察村级会计委托代理制经验做法，指导有关镇村开展村级会计委托代理试点工作。三是参加省委《关于加强村级基层组织建设的意见》的文件起草工作，提出相关的工作意见。

十、妥善处理农民群众上访、信访事件

2012年，农村财务管理处共接到上访和信访（含网络问政）共计5宗，依据《信访条例》“属地管理、分级负责、谁主管、谁负责”的原则，按职权范围进行转办、分办和督办。

（农村财务管理处供稿，李志宏执笔）

政府采购管理工作概述

2012年，广东省政府采购监管工作以科学发展观为统领，认真贯彻落实《政府采购法》和《广东省实施〈政府采购法〉办法》，继续深入推进政府采购制度改革，注重创

新、突出重点、强化监管，实现政府采购的科学化、精细化管理。同时，进一步规范政府采购程序，公开政府采购信息，加大对政府采购各环节的监管，努力构建公开、公平、高效、诚信的政府采购环境。2012 年，全省政府采购规模 1 232.69 亿元，比原预算安排节约资金 94.61 亿元，比 2011 年增长 15.59%，采购规模呈现稳步增长态势。

一、大力健全各项规章制度，不断完善政府采购法律法规体系

一是着手修订广东省政府采购集中采购目录以及政府采购限额标准。为解决原有政府采购品目分类范围不全、分类口径较粗的问题，处对 2006 年印发、2007 年调整的政府采购集中采购目录以及政府采购限额标准进行修订。进一步扩充分类范围，细分政府采购品目，通过深入调查研究、全面征求意见，科学界定政府采购限额标准，建立一套满足政府采购制度改革，扩展、操作方便的政府采购品目分类体系。二是着手制定了《广东省政府采购评审专家管理办法》。为加强对政府采购评审专家的管理，规范评审专家评审行为，构建评审专家科学评价体系，完善评审专家征集办法，合理制定评审专家退出机制，初步制定了《广东省政府采购评审专家管理办法》。三是着手修订《广东省政府采购工作规范（试行）》。为提高政府采购工作规范的可操作性，修订可能产生疑义的规章条款，通过与地方政府采购监管机构、代理机构多方研讨，向省级采购单位征求修订意见，以确保法律规章制度的严谨性和可操作性。

二、狠抓电子平台系统完善和功能拓展，不断提高政府采购监管信息化水平

为做好对“广东省政府采购管理执行平台”的功能完善和拓展，多次组织省直单位及地方监管部门召开座谈会，广泛征求监管部门、采购单位、供应商和政府采购代理机构的意见和建议，充分论证系统完善和功能拓展建议的必要性和可行性，征集建议和意见共计 52 条，并进行逐条梳理和甄别，提出解决方案和措施，拟定了《广东省电子政府采购平台系统完善及功能拓展建设方案》。支持和参与网上办事大厅和省财政厅统一专家库建设，加强网络安全，不断升级和拓展广东省政府采购门户网站的维护和建设。

三、加强日常监管工作，不断促进政府采购依法进行

一是严格依法采购，规范运作。依法审核采购单位编制的政府采购计划，对同类项目实行打包采购模式，减少规避公开招标行为的发生，严把政府采购进口产品、采购方式审批关。2012 年，批复采购计划 3 939 条，审核进口产品 69 笔，批复公开招标转为其他采购方式的采购项目 168 个，审核采购合同 3 249 条；依法对乙级政府采购代理机构申请和延续事项进行审批，在审批中突出对专职人员职称、社保证明的真实性审核，对从事政府采购代理活动的办公场所实行实地查验。2012 年，审批乙级政府采购代理机构资质 17 家，审批乙级政府采购代理机构延续资质 18 家。

二是充分发挥电子平台作用。依托“广东省政府采购网”对采购公告、采购文件、采购结果公告、评审委员会成员名单、协议供应商及协议供货商品行情等政府采购信息予以全方位公开。2012 年，通过广东省政府采购网发布采购项目公告 2 546 条，采购项目结果公告 2 351 条，通过广东省电子政府采购平台可查询商品信息 53 642 条，商品配件信息 14 218 条。同时，一方面通过完善电子监控系统，对协议供货采购活动实行全方位、全过程的监督，确保监管到位；另一方面做好与预防腐败信息系统的对接，通过实现数据推送接口与中间数据库的对接，定期向中间数据库推送数据，预防腐败信息系统可直接从中间数据库中提取协议供货项目的数据进行监督。

三是规范完善协议采购制度。为提高普遍、小额、频繁采购的办公用品、公务车及其保险和维修、印刷项目的采购效率，通过省、市联动协议供货公开招标方式确定服务期为两年的协议供货商。针对以往在供货期内协议供货商有可能结成价格联盟以提高采购价格的行为，打破协议供货商的价格垄断，进一步降低采购成本，不仅通过公开“最新成交价”、“最低报价”来降低采购价格，还建立电子反拍模式，引入非协议供货商参与价格竞争，有效遏制协议供货产品的价格。2012 年，省直单位共进行电子反拍合计 3 608 笔，合计节约资金 1 412.55 万元。

四是严肃处理政府的违法违规行为。重点加强对信息公告、采购文件编制、评标评审、合同履约验收等环节的监管，督促采购单位、采购代理机构依法采购、规范采购，对采购活动中出现的违法违规行为严肃处理，对人民群众来信举报和反映的社会焦点问题主动、及时介入，对查实的违法违规行为严肃处理。此外，在处理供应商投诉时，主动与相关部门沟通协调，获取有关证据资料，充分发挥内部合议机制，及时与厅法规税政处商议，做到程序合法、决定准确。2012 年，处理政府采购供应商投诉 7 件（其中，驳回 2 件，支持 5 件）；处理群众来信来访 4 件，网络问政及咨询 9 件，责令有关采购单位整改 2 家。

四、发挥政府采购政策功能，不断促进经济社会转型升级

支持购买国货，认真落实支持、促进节能环保、中小企业发展的相关政府采购政策，充分发挥政策功能导向作用。一是严把进口产品审核关，坚持国货采购为主。2012 年，全省国内产品采购金额 1 207.09 亿元，占全省政府采购规模的 97.92%，进口产品采购金额 25.6 亿元，仅占全省政府采购规模的 2.08%。二是继续抓好优先采购或强制采购节能标志产品、环境保护标志产品政府采购政策的落实。2012 年，全省采购节能产品 75.46 亿元、环保产品 40.55 亿元，分别占相同采购品目产品的 79.57% 和 47.08%。此外，在广东省 2013－2014 年度车辆、办公设备等协议供货资格招标中优先纳入具备节能环保相关资质条件的供应商，并要求各级采购单位严格执行相关政策。三是及时转发财政部《政府采购促进中小企业发展暂行管理办法》，研究具体贯彻意见，明确要求采购单位及采购代理机构必须将该办法的有关条款在采

购文件予以明确体现，尤其是细化对中小企业投标产品价格扣除的评审标准，激发中小企业参与政府采购的积极性。2012年，中小企业获得政府采购合同为931.18亿元，占全省政府采购规模的75.54%。四是积极搭建中小企业政府采购平台，组织开展政府采购信用担保试点工作，在广东省政府采购网设立专门窗口，宣传介绍相关政策以及专业担保机构、银行提供的政府采购信用担保产品和服务，为中小企业提供畅通的信息渠道。

五、大力开展调查研究，不断探索政府采购有效方式

积极开展专题调研，了解和掌握当前政府采购工作存在的问题和不足，拓宽工作思路，完善工作机制和政策措施，一是开展政府采购管理专题调研。经厅领导批准，会同省纪委以及相关地市政府采购监管机构人员，赴江苏、浙江、上海三地就政府采购监管、信息化建设以及GPA研究等内容进行学习考察，形成《江、浙、沪政府采购工作考察报告》供领导决策参考，提出进一步深化广东省政府采购制度改革的对策和建议。二是开展政府采购“时长、价高、质次”问题专题调研。为贯彻落实曾志权厅长关于“目前省委主要领导多次提到社会上关于政府采购时间长、价格高、质量差的负面声音依然存在，采购处要认真研究解决”的指示精神，通过发放调查问卷、电话访谈、召开座谈会等方式，认真剖析政府采购时间长、价格高、质量差等问题存在的深层次原因，初步提出进一步完善政府采购工作的相关对策和措施。三是开展批量集中采购调研。为降低采购成本，发挥集中采购优势，实现规模效益，贯彻落实资源配置标准和厉行节约有关要求，积极开展批量集中采购政策调研工作，选取计算机、打印机等采购频率较高且实际采购量较大的通用类项目，通过归纳统计省直单位的政府采购计划量和实际采购量，初步确定纳入试点范围的采购品目和采购单位，研究制定试点品目的基本配置参考标准、批量集中采购文件范本以及组织实施具体方案，为开展批量集中采购试点工作奠定坚实的基础。

六、推进GPA研究和谈判应对工作，不断顺应政府采购国际化趋势

一是积极传达GPA谈判工作相关会议精神。2012年，召开两次省GPA研究工作小组座谈会，及时传达了全国GPA谈判工作会议和东部地区GPA工作协调领导小组第三次、第四次会议精神，充分了解中国加入GPA谈判的最新进展情况。二是明确GPA研究工作部署和分工。根据财政部以及省GPA研究工作小组的统一部署和要求，制订《广东省2012年政府采购协议（GPA）研究任务及工作安排》，包括GPA调查问卷软件的设计开发、GPA问卷调查及相关数据统计分析、研究加入GPA后对广东省货物、服务和工程行业的利弊影响分析，编写广东省加入GPA的可行性研究报告等。三是按时提交加入GPA的初步出价清单。在收集和汇总广东省GPA研究小组各成员单位的研究成果的基础上，参照中央第三次出价清单，并根据东部地区加入GPA出价的区域指导意见，制订《广东省加入GPA初步出价清单建议报告》，提交省政府审议通过，并按时提交财政部。2012年，广东省作为继北京、上海、天津、江苏、浙江之后的第六个地方实体，列入了中国向WTO秘书处提交的第四份GPA出价清单。四是积极开展GPA相关专题研究工作。向省直各单位、省属国有企业发放GPA调查问卷软件，收集省级政府采购合同相关数据，了解各方对加入GPA的态度，做好分类统计和汇总，为进一步做好GPA研究奠定坚实的数据基础。委托省社会科学院编写《广东省加入GPA的可行性研究报告》，全面评估广东省加入GPA的可行性和出价底线，深入研究广东省加入GPA的利弊分析以及加入GPA谈判对广东省经济社会的影响，为进一步完善和改进出价方案提供政策理论依据。

七、强化正面宣传，不断营造政府采购良好社会氛围

以《政府采购法》颁布实施十周年为契机，通过中国政府采购报、政府采购信息报、中国政府采购杂志等专业新闻媒体全面报道广东省十年政府采购制度改革的发展历程、主要做法及成效，积极宣传进一步深化改革的新思路、新目标和新任务，促进政府采购各方当事人尤其是采购单位的领导干部不断提升依法采购意识和观念，引导社会各界不断提高对政府采购的认可度和满意度。

八、加强培训和教育，不断提高政府采购队伍能力和水平

一是加强业务学习和培训。积极参加财政部等部门举办的各种学习和培训班以及经验交流会议。同时，通过以会代训的形式，邀请财政部政府采购办有关领导和专家来粤授课，对电子政府采购、政府采购投诉处理和行政复议诉讼应对技巧以及政策功能运用等政府采购业务工作进行全面、系统的培训。切实加强对地市政府采购监管部门和采购单位的支持和指导，派人前往汕头、珠海、东莞、汕尾等市以及省监狱局、省地税局、省气象局、省卫生厅、省水利厅等省直单位进行业务指导和授课，提高政府采购工作人员的政策理论和实际操作技能水平。加强对代理机构从业人员培训，委托广东商学院对代理机构从业人员进行政府采购业务培训和考核。

（政府采购监管处供稿，杨瑞执笔）

公务用车管理工作概述

1995年，省委办公厅、省政府办公厅印发《广东省小汽车配备和使用管理规定》，明确公车定编范围、编制标准，在省、市、县各级成立专司公车管理的小汽车定编机构，形成具有广东特色的公务用车管理体系。2004年，省政府第87号令及2006年省政府第101号令明确小汽车定编管理不列入行政审批事项，作为党政机关加强内部监督的

一般事项进行管理。2010 年 4 月，省小汽车定编管理职能划转省监察厅，2012 年 9 月 18 日，根据《关于我省公务用车管理职责调整等问题的通知》，原省小汽车定编办公室又从省监察厅划归省财政厅，并更名为公务用车管理处。2012 年，省公务用车管理部门积极组织全省各级小汽车定编机构坚决贯彻中央和省委、省政府的决策部署，在严格车辆配备、推进厉行节约、促进节能减排、加强党风廉政建设等方面取得明显成效，工作一直走在全国各省（区、市）前列，多次受到中央纪委和财政部的肯定与表扬。

一、转变职能，积极推进公务用车管理改革

2010－2012 年，省监察厅和财政厅积极推进、减少审批、下放权力、加强监管、服务改革等公务用车管理改革方面。一是减少审批。在全省范围内取消集体企业定编审批、微型厢式车定编审批、本省国有企业编制审批、中央和外省驻粤单位定编审批等审批业务。2012 年，省政府第 169 号令规定取消的 4 项小汽车定编审批，除党政机关超标准公务用车审核外，其他事项已于 2011 年年底取消。二是下放权限。将标准内编制内车辆配备更新、车辆报废、车辆过户、“三车”（殡葬车、消防车、救护车）定编 4 项业务下放各地级以上市小汽车定编办。2012 年，省公务用车管理部门共办理业务 11 256 件，同比减少近一半。三是强化监管。实行特殊业务用车喷涂显著标志制度，加强对一般公务用车日常使用的监管。将省公务用车管理网络与省车管所业务系统联网，防止“公车私户”等逃避监管问题的发生。规定除报废更新、机构新设等情形外，各单位不得增购小汽车。四是开展专项治理。按照中央统一部署，配合省纪委、省监察厅，自 2011 年连续两年开展违规配备使用公车等 6 个突出问题的专项治理。结合各级换届工作，严肃纠正领导干部退休或调离后“车随人走”问题。

二、厉行节约，严格控制公务用车配备标准

2012 年，公务用车管理处认真贯彻《中共中央办公厅、国务院办公厅关于印发〈党政机关公务用车配备使用管理办法〉的通知》和《中共中央办公厅、国务院办公厅关于印发〈省部级干部公务用车配备使用管理办法〉的通知》等文件精神，将全省党政机关一般公务用车配备标准调整为小轿车 18 万元、1.8 升排量以内，旅行车原则上应购置 18 万元以下车型，严格控制吉普车购置标准和数量。重点监控超标超编车配备，除新设立单位和人员编制增加外，各级党政机关小汽车定编指标不得增加。全省各级党政机关、事业单位、社会团体、国有企业 2012 年增量小汽车11 178 辆，比 2011 年同期下降 28.2%。

三、简化流程，升级改造小汽车定编计算机管理系统

为减少审核环节，简化申报流程，规范配备管理，提高工作效率和质量，原小汽车定编办投入大量的人力、物力，对旧的“广东省小汽车定编管理系统”进行全方位的升级改造。2012 年 2 月，新版的“广东省公务用车网上办公系统”上线运行，该系统实现在线申请、在线审批、进度查询、结果公布等一体化流程。该系统特点包括：一是友好的界面体验、简易的操作流程、高效的框架设计、快速的系统反应、多重的数据安全体系，让整个公务用车管理更为顺畅、高效、透明，是国内第一个全流程电子化的公务用车管理系统。二是通过政府内网和互联网外网自主提交申请的办公形式，大大提高省、市、县公务用车办理效率。三是基本实现公务用车管理过程的无纸化办公，推进环保概念的落实。四是跨部门协作，实现与车管部门实时链接，从源头监控公务用车执行管理。五是公务用车审核进一步透明化、公开化，省、市、县级公务用车管理部门和申请单位都能实时看到办理进度和结果。

四、动员部署，扎实开展执法执勤用车编制核定工作

按照中央公务用车问题专项治理工作的部署，以及财政部重核执法执勤用车的要求，公务用车管理处组织全省分系统执法执勤用车核编工作，加强执法执勤用车配备使用管理，把公务用车问题专项治理工作进一步引向深入。省财政厅按照中央公车治理领导小组关于新核定的编制数不得突破原编制数，也不得突破实有数，并根据情况适当压缩的“双压缩”要求，经认真审核后向财政部上报全省执法执勤用车编制数量，并会同省监察厅制定《广东省执法执勤用车编制核定工作实施方案》，报省政府同意后印发给 12 个执法执勤用车单位，扎实开展核定工作。2012 年 11 月，省财政厅召集省直 12 个执法执勤用车单位和各地级以上市财政部门、小汽车定编部门负责人召开动员部署会议，明确有关要求，确保执法执勤用车编制核定工作顺利进行。

（公务用车管理处供稿，黄林水执笔）

财政监督工作概述

2012 年，围绕财政中心工作，牢固树立大局意识、责任意识、服务意识、法制意识、廉政意识，解放思想，开拓创新，顺利完成各项工作任务。截至 2012 年年底，全省各级财政监督机构共对 2 609 户单位进行检查，查出财政违法、违规、违纪金额 324 395.29 万元，纠正财政违法、违规、违纪金额 277 770 万元，查补财政收入 18 626 万元。

一、抓好财税政策及财政专项资金的监督检查工作

2012 年，全省财政监督工作按照财政部和省委、省政府的决策部署，加大对重大财税政策的监督检查力度，全面提升财政监督的成效和作用，保障中央及省委、省政府的利民惠民政策的贯彻落实。

（一）开展对开发区执行国家财税政策及税收征管质量情况的专项检查

2012年5~7月，财政部驻广东专员办对广东省（深圳除外）开发区执行国家财税政策及税收征管质量情况开展专项检查。监督检查局按照省财政厅的统一安排，积极协调、配合检查工作。

（二）开展中央政府公共投资预算执行情况专项检查

2012年上半年，财政部驻广东专员办派出检查组对广东省2010-2011年度中央政府公共投资预算执行情况开展专项检查。为配合做好专项检查工作，监督检查局积极跟进2010-2011年度中央政府公共投资预算执行情况全省自查情况。

（三）参与"加快转型升级建设幸福广东"综合检查工作

省财政厅作为省加快转型升级建设幸福广东监督检查工作领导小组成员单位（以下简称"领导小组"），参与"加快转型升级建设幸福广东"综合检查计划的讨论和实施工作。省政府针对检查发现的问题专门下发《广东省人民政府办公厅关于做好加快转型升级建设幸福广东综合检查中发现问题整改工作的通知》，要求各省直部门的项目问题要按时整改到位，其中涉及省财政厅的有35个项目问题。监督检查局按照曾志权厅长、邓桂明纪检组长在《关于省"加快转型升级建设幸福广东"工作专项监督检查牵头单位座谈会的签报》上的批示精神，将35个项目问题分解到相关责任处室落实整改。同时，围绕"加快转型升级建设幸福广东"这个中心，将加快转型升级建设幸福广东监督检查工作与财政监督工作有机结合，提高财政监督工作效率，提升财政监督工作效能。

（四）扎实做好财政资金监督检查工作

2012年3月，省财政厅重点围绕"加快转型升级，建设幸福广东"这一核心任务，对省级财政2010年、2011年安排的义务教育规范化学校建设专项资金、"民生实事"高中阶段学校建设项目资金、中等职业学校国家助学金、中小企业发展专项资金、海洋渔业科技推广专项资金、旅游扶贫专项资金、农业科技推广专项资金等15项资金开展检查，涉及资金28.19亿元，并重点抽查阳江、惠州、韶关、清远、汕尾、茂名、河源7市。检查发现部分单位在管理使用财政资金时，存在违规核算、违规申报、违规拨付、挤占挪用、超标浪费、效益较低、套取专款等问题。监督检查局将上述情况及时反馈给有关部门，督促整改，堵塞漏洞。省财政厅以《关于八项财政支农专项资金检查的报告》将有关检查情况向省领导作专门汇报，省领导作出重要批示。为落实好省领导的批示精神，明确厅内处室的分工责任，监督检查局积极与相关处室协调，力争整改工作与加强管理同步。

全省各地财政监督机构也根据省财政厅统一部署，结合地方实际，深入开展财政资金监督检查工作。例如，广州市财政局结合广州经济社会发展实际，围绕新型城市化建设，加大对民生资金、政府重点投入资金及重要部门预算资金的监督检查力度。运用《广州财政监督业务系统》对广州市文化广电新闻出版局、广州市劳教工作管理局等部门（单位）的部门预算编制、执行情况开展了检查。共查出问题资金56 545.09万元，查补财政收入3 351.5万元，追缴财政资金18.63万元。江门市财政局组织对市文广新局2011年的农村放电影经费、市住建局2011年的宜居城乡建设专项经费、市人大常委会办公室2011年的人大代表视察经费等12个单位共13项资金实施专项检查，涉及资金6 373万元，检查发现违规金额625.61万元。

二、开展会计信息质量检查工作

2012年，全省各地财政监督部门不断完善自查、巡查、重点检查方式，不断拓展会计信息质量检查领域，增强检查成效。广东省会计信息质量检查工作得到财政部的通报表扬。

（一）全面开展自查工作

2012年，全省共114家省直一级预算单位及其所属825家二级单位和159家企业（不完全统计）、34家省管一级企业及其所属757家二级企业开展会计信息质量自查工作。通过对自查情况总结分析，省财政厅向省直单位及企业通报自查总体情况、经验做法及存在问题，对下一步工作提出要求。

（二）加强巡查督导工作

针对自查发现的问题，并根据2010-2011年自查和巡查情况，省财政厅组织开展2012年会计监督巡查工作，指导和督促省直单位和市、县会计信息质量检查工作。

（三）抓好重点检查工作

按照财政部的统一部署，2012年全省将能源、粮食、保障性住房建设项目、房地产以及涉及多项财政资金项目的企事业单位列为重点检查对象，全省实际列入检查范围的单位和企业共510家。其中对华南粮食交易中心等12家能源、粮食、保障性住房资金进行省、市联动重点检查。全省查补税款1 097.69万元。

三、抓好注册会计师行业监管工作

2012年，广东省注册会计师行业监管工作得到财政部的通报表扬。

（一）开展会计师事务所监督检查工作

2012年，监督检查局会同会计处、省注协联合印发《关于开展2012年会计师事务所检查工作的通知》，布置开展检查工作。自查发现会计信息质量、执业质量等方面的问题。全省对106家会计师事务所进行重点检查，其中21家会计师事务所执业质量被评定为D级，评定结果将按规定程序在互联网上进行公布；组织各地级以上市财政部门参与对会计师事务所的监督检查。

（二）开展市场中介组织防治腐败工作

2012年，省财政厅《转发2012年全省开展市场中介组织防治腐败工作方案的通知》，要求各地财政部门加强检查工作的监督指导。按照厅领导关于“各职能处室、单位协同抓好落实”的批示及省专责办工作方案要求，监督检查局派出督导组到部分市对中介组织防治腐败“回头查”工作进行督导。

（三）加强与注册会计师行业相关监管机构的沟通协调

组织召开注册会计师行业监管工作2012年联席会议，重点研究贯彻财政部关于组织地方财政部门开展2012年度会计监督检查工作的通知精神，以及厅领导关于按照省开展中介机构防治腐败工作专责办通知要求抓好“回头查”工作的批示精神，沟通情况，研究对策，完善联合监管机制。

此外，还组织对潮南、顺德、深圳等地对会计师事务所投诉举报或申诉的调查处理工作。

四、抓好财政内部监督工作

（一）出台《广东省财政厅内部监督检查实施细则》

经省财政厅厅长办公会议审议，2012年出台《广东省财政厅内部监督检查实施细则》，规范省财政厅内部监督行为，为加强内部监督工作提供重要依据。

（二）积极推动全省各地开展财政内部监督工作

如佛山、中山、惠州等多个地市建立起常规的内部监督机制，每年定期对财政部门分管财政资金分配的科室进行监督检查，内部监督成效显著。

（三）继续参与轮岗处级干部离任审计工作

根据《广东省财政厅关于实行干部离任审计制度的试行办法》以及厅领导的批示，省财政厅对轮岗处级干部进行离任审计。2012年6月，监督检查局、人事教育处、党委办和监察室四个联席会议成员单位共同对9个处级干部开展离任审计工作。

（四）积极参与全省经济责任审计工作

参与省经济责任审计工作联席会议办公室组织的贯彻落实中共中央办公厅、国务院办公厅《党政主要领导干部和国有企业领导人员经济责任审计规定》的督促检查工作，参与研究《广东省地厅级以下党政主要领导干部和国有企业领导人员经济责任审计实施办法》，落实省纪委、省委组织部、省监察厅、省审计厅《关于解决好近年经济责任审计所发现问题并完善相关制度的分工通知》涉及省财政厅职责范围的有关要求。

五、扎实推进防治“小金库”长效机制建设工作

按照中央的部署，积极会同有关部门，做好“小金库”专项治理的收尾工作和长效机制的建设工作。2012年3月下旬，省治理办将工作情况、取得成效以及下一步工作意见专报省委、省政府。省领导对此项工作予以充分肯定。6月，广东省转发中央纪委、中央组织部等14个部委联合印发的《关于进一步落实防治“小金库”长效机制建设任务的通知》，对防治“小金库”长效机制建设工作作出部署。

六、加强基础工作和基层建设

（一）认真学习贯彻《财政部门监督办法》

推进大监督机制建设，促进监督机构与预算业务管理机构的合作，加强制度建设，完善监督程序和方式方法，不断完善监督检查制度。

（二）加强信息化建设

主动申请将财政综合监督管理系统列入厅信息化建设新建类项目，开展前期调研和提出业务需求等工作，初步形成系统建设业务需求书和项目建设计划表。

（三）加强基层财政监督干部培训

2012年下半年，省财政厅连续两期举办全省财政监督干部业务培训班，各地级以上市财政局，各县（市、区）财政局分管财政监督工作的局领导及财政监督检查部门负责同志共350多人参加了会议。

（监督检查局供稿，林承志执笔）

人事管理和教育工作概述

2012年，人事教育处紧紧围绕建设五大财政、加快财政工作转型等中心任务，以“创先争优”和“机关党建走在前”活动为载体，改革创新、规范管理、完善机制，扎实推进干部人事教育各项工作，顺利完成各项工作任务，为财政改革发展提供了良好的组织保障和人才服务。全国财政系统人事教育工作会议、省委组织部省直经济口单位人事处长会议以及财政部人事教育工作简报先后多次推介了厅人事管理工作的经验做法。

一、抓改革、树导向，促进干部选任工作新突破

认真落实厅党组“凭能力定使用、靠实绩求进步”的选人用人导向，坚持德才兼备、以德为先用人标准，不断深化干部人事制度改革，力求建立凭实绩使用干部的有效机制。

1. 精心组织，积极配合做好省管干部选任工作。在厅党组的指导下，全力以赴，分工协作，配合省委组织部做好从财政厅选拔1名省水利厅纪检组长、2名副巡视员的民主推荐和考察工作以及1名省属高校总会计师人选的民主推荐工作。

2. 大胆探索，拓宽干部竞争性选拔范围。根据厅党组在全厅竞争选拔副处级领导干部10名的决定，人教处积极拓宽选人用人视野，将选拔范围放宽到现任正科级干部，同时首次将部分表现特别优秀的副科级年轻干部纳入竞争

选拔副处级后备干部人选范围。选拔方案经过方案起草、征求全厅干部意见、党组会议反复研究、报省委组织部审批等程序，8 月底正式启动。选拔工作经过宣传发动、报名、资格审核、笔试、面试、综合测评、平时考核、组织评价、确定考察对象、公示和考察、确定拟任职人选、向组织部报批 12 个环节，产生了 10 名副处级领导干部和 2 名副处级后备干部人选。每个环节的分数和结果都按厅党组要求及时公布，整个选拔过程做到严谨规范、公平公正、纪律严明。

3. 精益求精，不断完善干部选拔任用机制。认真贯彻厅党组的选人用人导向，科学制定干部选拔任用工作方案，严格执行干部选拔程序规定，充分保障干部民主权利，对处级领导职务选拔，一律做到差额推荐、差额酝酿、差额考察。在此基础上，2012 年进一步完善干部选任办法，参照省委常委会对市厅级党政正职干部任职进行票决的有关做法，在提交厅党组会议研究讨论正处职干部拟任职人选时，增加厅党组成员无记名投票方式表决环节。全年共提拔任用处级干部 25 名，办理了 2 名处级领导干部试用期满转正相关手续，均做到了科学严谨、规范有序，得到了全厅干部的好评。

4. 以人为本，完善科以下干部提任有关规定。根据厅新招录的公务员绝大部分具有基层工作经历的实际情况，从关心干部成长出发，经厅党组同意，修改完善新录用公务员任职定级和晋升的相关规定，对来厅前具有工作经历的新录用公务员，在任职定级和初次晋升时，适当参考其来厅前工作经历。2012 年，累计提任主任科员 17 名，副主任科员 7 名，办理新录用公务员转正 9 名。

5. 发扬民主，及时办理人大、政协代表推荐事项。按照人大、政协关于换届选举工作的要求，严格按照民主推荐、厅党组会议研究、考察公示等程序，认真做好省人大代表、省政协委员人选等推荐工作。上述各项工作在全省组织工作满意度调查测评中，财政厅组织工作满意度高达 94.03%，选人用人公信度达到 93.24%，在省直单位中位居前列。

二、抓创新、强管理，激发财政干部队伍新活力

坚持完善制度、创新机制，不断探索规范干部管理工作办法。

1. 加强交流轮岗，促进干部多岗位锻炼。按照厅党组关于干部交流轮岗制度化、常态化要求，2012 年全面修订干部交流轮岗办法并报厅领导审批，积极采取外派挂职锻炼、厅内交流轮岗、处室借调使用等形式，多层次、多方式推动干部交流，探索考虑进一步缩短轮岗年限，促进交流轮岗常态化、科学化、规范化。2012 年，全厅按轮岗年限要求和因工作需要轮岗的有 36 人，办理处室间人员借用 7 人，接收军转干部 2 人，办理公务员转任调任 19 人，安排挂职 2 人。

2. 坚持科学量化，完善科学考评干部的有效机制。根据厅党组的指示精神，在制定《广东省财政厅综合考核试行办法》的基础上，2012 年 3 月首次利用综合考核系统组织实施 2011 年度考核。下半年继续完善厅综合考核体系，在考核内容上，进一步增加效能考核内容、细化量化考核标准、增加支出进度量化考核指标、完善奖励加分办法；在考核方法上，进一步完善分类考核和分类排名办法、计分办法；在结果利用上，建立奖励和通报反馈机制，增强考核的导向作用，确保把业绩考实、能力考准，通过科学考评提高用人公信度，引导干部干事创业。

3. 创新培养平台，加强年轻干部基层历练。为加强干部思想教育和作风建设，拓展干部培养锻炼途径，研究制定《广东省财政厅选派年轻干部赴基层挂职锻炼实施办法》，明确挂职锻炼选派对象、原则、形式、管理方法等，并向有关地级市征集挂职锻炼职位，拟通过挂职锻炼形式，加大力度锻炼培养年轻干部，为年轻干部开阔视野、磨炼意志、转变作风、积累经验、增长才干提供良好的锻炼平台。

4. 坚持制度创新，健全干部人事管理机制。坚持制度先行，用制度管人管事，对厅历年来的干部人事制度进行了全面梳理。2012 年新制定出台《关于加强领导班子建设的意见》、《关于进一步加强干部教育的意见》、《关于对具有工作经历的新录用公务员任职定级和晋升有关事项的通知》、《省财政厅选派年轻干部赴基层挂职锻炼实施办法》4 项规章。

三、抓教育，铸精品，创造干部教育培训新特色

1. 突出重点，切实加强干部思想教育。认真落实厅党组关于加强干部教育的决策部署，制定出台《关于进一步加强干部教育的意见》，进一步加强干部的理想信念、法制道德、政风行风、廉洁从政、能力素质等“五项教育”，教育干部坚定理想信念，增强党性观念，正确对待职务升迁；增强法制意识，提升道德修养；坚持廉政从政，提升能力素质，着力建立健全干部教育科学化、经常化、制度化机制，提升干部的思想政治素质和综合能力，形成比能力、比贡献、比成绩的良好机关氛围。

2. 统筹推进，扎实做好常规培训和精品培训项目。举办新录用人员培训班，对新招录的公务员及事业单位工作人员进行公务员基本素质、机关运转、公文写作、保密教育、纪律要求等集中培训，帮助新录用人员尽快转变角色、适应财政工作岗位特点，树立正确的大局意识、责任意识，团队意识、保密意识、廉洁纪律意识。在全省财政系统通过公开考试择优选拔 6 名学员，加强与外事部门的沟通协调，优化课程设计，完成为期 70 天的第 9 期澳洲财政业务发展培训班。此外，克服人手少等困难，认真做好干部参加省委党校各主体班次进修培训人选的选派组织服务工作。

3. 创新形式，不断提升培训水平。坚持思想建设与能力培养相结合、常规授课与专题讲座相结合、实体培训与网络培训相结合，在认真总结 2011 年开办“广东财政大讲堂”成功经验的基础上，紧密围绕理论热点，结合财政

工作实际和广大财政干部职工需要，2012 年组织举办“广东财政大讲堂”共 8 期，同时坚持做到以点带面，向全省省直单位和各地级市财政部门开放，平均每期学员人数约 350 人，培训力度大、培训密度高；加快干部教育培训网络平台建设，在厅门户网站开辟了大规模培训干部专栏，并积极主动争取财政部干教中心支持网络培训课件，连同 2011 年 12 期“广东财政大讲堂”授课课件作为网络培训专栏内容，实行资源共享，为干部自主选学提供有效培训平台。

四、抓规范，夯基础，促进机构人事管理新提升

筑牢“干部工作无小事”思想，坚持统筹安排、严谨规范、一丝不苟，不断提高人事工作的执行力和工作水平，做好各项机构人事管理工作。

1. 主动沟通协调，做好公务用车管理处成建制划转工作。根据省编委《关于我省公务员用车管理职责调整等问题的通知》，加强与省纪委的沟通协商，制定划转工作方案并牵头组织实施，完成省纪委（监察厅）小汽车定编室（省小汽车定编办公室）成建制划转工作，并更名为公务用车管理处，确保机构和人员顺利划转。

2. 精心组织，认真做好人员招录工作。根据省人力资源和社会保障厅统一安排，派员做好人员报名审核、资格复审、抽调考官参加面试、体检、考察、公示、报批、办理录用手续及报到等工作。从录用人员情况看，人员结构合理，总体素质较好。

3. 规范队伍管理，做好借用人员清理工作。根据厅党组的部署，进一步加强借用人员的规范管理，印发《关于清理规范借用人员的通知》，组织对全厅借用人员进行一次全面清理登记，认真做好政策解释，稳妥有序推进，全厅共清退借用人员 22 人，将各处室信息系统技术支持服务人员 25 人实行集中办公，有效地维护厅机关正常工作秩序。

4. 坚持技术创新，完善人事教育管理信息系统。全面启动干部人事信息系统的整体升级，包括做好项目需求编制、项目实施方案编制、规范项目招投标等工作，历时半年多，截至 2012 年年底，已完成系统初步开发工作。通过信息化手段提升人事教育管理服务水平。

5. 夯实基础，完善其他人事信息管理工作。按照省有关部门的部署，做好全国公务员系统数据信息的录入、建库、审核、报送等工作以及机构编制实名制系统信息核对完善工作。面对涉及人员多、信息点多、录入工作量大的情况，人教处加班加点、调配力量，确保数据准确、信息齐全、按时完成。

五、抓服务，优环境，探索干部服务工作新途径

1. 加强事业单位人事管理服务。根据厅党组的部署，为政务中心、信息中心、省函校、省注协补充了班子成员，加强厅属单位班子建设；坚持以人为本，加大厅属单位干部培养力度，全年共选聘事业单位中层（科级）干部 8 名，晋升高级工 1 人；通过公开招聘等，为厅属单位及社团组织补充编内人员 6 人、合同制聘用人员 3 人；从厅属单位调任、转任 2 人到厅机关工作，加强干部交流，激发队伍活力。

2. 推进事业单位绩效工资改革。按照省人社厅统一布置，及时传达有关改革精神，并邀请人社厅有关专家开展业务培训和交流，对各单位实施方案组织认真审核，积极加强与有关部门的沟通协调，努力促进厅属单位事业发展，切实保障干部职工利益。

3. 积极为各项中心工作协调保障。根据对口帮扶五华县大沙村工作计划，充分发挥组织、指导、协调和督促作用，做好驻村工作人员选派，督导驻村工作组认真落实各项帮扶措施，推动厅对口帮扶工作取得实效，迎接三年考核验收检查，帮扶成效一直走在全省前列。

4. 严格把好出国（境）管理审批关。加强与外事部门的沟通协调，切实做好厅出国组团计划管理和报批工作，严控出国经费“零增长”；注重日常管理，认真办理出国（境）有关报批、政审、护照、签证等手续，做到严谨规范、热情服务；注重外事纪律，确保了出国（境）手续齐备、人员按期往返。

5. 提升干部人事服务水平。积极为厅干部职工做好工资管理、休假审批、计生服务、档案管理、出具有关证明等人事服务。2012 年，经整理移交的 2 宗省管干部档案，得到省委组织部的好评；组织召开厅计划生育工作会议，健全计生回函调查制度，加强日常管理和服务，实现计生系统软件联网升级，完成全厅计生达标目标，落实计生奖励发放；办理退休手续 7 人；开展处级领导离任审计 9 人。坚决执行“五个服务到位”和“五个一服务程式”，在确保“零差错”的同时提升工作质量和效率，坚持以热情优质的服务为人教处真正成为“干部之家”树形象。

6. 加强安全保卫管理。强化安全保卫工作责任制，定期组织人员加强监督检查；积极协调公安部门，认真做好各项重要活动的安全保卫工作；建立节假日安全大检查制度，强化值班备勤，努力消除安全隐患，确保内部管理安全有序，全年没有发生重大安全事故。

（人事教育处供稿，朱昱执笔）

机关党建工作概述

2012 年，中共广东省财政厅直属机关委员会牢牢把握服务中心工作、建设财政队伍两大任务，团结带领各基层党组织和党员干部，坚强党性转作风，改革创新促发展，主动作为惠民生，有力地推动了广东财政改革发展取得新突破。

一、坚持以理论武装为首要，扎实推进学习型党组织建设，提高财政服务广东经济社会发展大局的能力水平

（一）强化理论学习，以中国共产党的最新理论武装党员干部头脑、指导财政工作实践

把理论武装摆在机关党建的首要位置，积极通过邀请专家举办专题讲座、开展集中学习、编印学习资料、搭建网络学习园地等方式，组织党员干部认真学习贯彻党的十八大、习近平总书记视察广东等重要讲话、中共广东省委第十一次代表大会、中共广东省第十届委员会第十一次全体会议精神。厅党组高度重视，厅党组书记、厅长曾志权先后4次主持开展厅党组理论学习中心组集中学习，每次集中学习都详细解读有关会议、讲话精神，提出贯彻落实的具体举措。

（二）强化能力建设，以学习型党组织建设带动学习型机关建设，提升财政干部综合素质

在强化理论学习的同时，积极组织开展《大数据》、《感受幸福》、雷锋精神等专题读书活动，召开1期理论学习讨论会，举办8期“广东财政大讲堂”，学习曾志权厅长推荐的《市场的逻辑》等书籍以及《信仰》、《广东党代表风采》等专题片。办公室党支部还根据厅党组部署，起草制订《广东省财政大数据战略实施方案》，积极把学习《大数据》的心得体会转化为推动广东财政再立新潮头、再创新优势的具体举措。全厅党员干部根据厅的统一部署，主动深入学习，积极撰写体会，全年共收到党员干部提交的心得体会文章107篇，《读书园地》择优刊载了43篇。

二、坚持以为民服务为宗旨，扎实推进工作作风转变，打造独具财政机关特色的服务型党组织

推进服务型党组织建设，引导党员干部带头压减经费支出，把压减出来的全部用于民生支出，全省财政民生支出比上年提高了2.7个百分点。

（一）加强宗旨教育，引导党员干部牢固树立群众观念

开展“群众路线大家谈”，组织党员干部谈十八大报告和《中国共产党章程》中关于以人为本、执政为民，坚持党的群众路线方面的论述和要求，谈新形势下如何牢固树立群众观念，提高为民服务水平；组织各基层党组织召开以“学习贯彻十八大精神，坚持以人为本、执政为民”为主题的民主生活会，从坚定理想信念、践行党的宗旨等方面，查找存在问题，剖析思想根源，落实整改措施。开展“创先争优学雷锋，志愿服务我先行”、创建“党员示范岗”和“党员先锋岗”、窗口单位创先争优为民服务等系列活动，着力引导党员干部牢记党的宗旨，增强贯彻群众路线的自觉性和坚定性。

（二）践行群众路线，扎实推进工作作风转变

按照保持与人民群众血肉联系的要求，坚持勤政为民、实干富民、造福于民，寓服务于各项惠民实践和财政管理工作之中。坚决贯彻执行“八项规定”，改进调查研究、改进文风会风、严格公务用车、严控公务接待、严控经费支出；认真落实各级领导干部下基层调研的时间规定，大兴调查研究之风，全年厅党组成员共完成17个重点调研选题并形成高质量的调研报告；加大网上审批、网上办事力度，2012年10月正式开通运行网上办事大厅，进驻办理事项26项；创新开展为民办事征询民意试点，推行“群众的幸福由群众做主”。

（三）协助实施厅党组“书记项目”，打造独具财政机关特色的“服务文化”

围绕把省财政厅建设成为党和政府密切联系群众重要“窗口”的目标任务，落实曾志权厅长负责的以“强化‘四种’意识，深化服务型财政机关建设”为题的厅党组书记项目，并列入省级“书记项目”库的八个省直项目之一，督促全厅党员干部大力发扬为民服务之风，深入实施“五个一服务程式”，进一步强化“预则立”、“资金不足以服务和效率弥补”、“主动买单”等意识，打造独具财政机关特色的“服务文化”。

三、坚持以执政能力建设为重点，扎实推进基层组织建设，提高财政机关党建科学化水平

2012年，面对复杂严峻的国内外经济环境，厅各基层党组织落实各项增收节支政策措施，有效扭转财政收入增幅下滑态势，来源于广东的财政收入、全省地方公共财政预算收入同比分别增长7.73%、12.96%，收入规模继续位居全国首位。

（一）加强领导班子建设有新进展

厅各基层党组织学习贯彻《厅党组关于学习贯彻〈关于加强省直机关领导班子建设的意见〉的意见》，切实加强班子建设，争当勤学习、善实践、重品行、守纪律、讲廉洁的表率。国库处（支付局）等党支部参照厅的有关要求，还出台加强处领导班子建设的具体意见。2012年，共任免厅直属机关党委专职副书记1人，新成立党支部1个、支委1个，任免二级党委副书记1名、纪委书记1名，任免党支部书记13人次，增设支部副书记1名，增补支委7名。

（二）创新党建工作机制有新突破

实施基层党建创新书记项目，组织厅各基层党组织从探索机关党建新形式、做好群众工作新方法、破解工作重点难点问题、完善体制机制、打造工作亮点等方面选题，实施“书记项目”，通过“书记项目”把党建和业务工作紧密结合起来，进一步推动“一岗双责”责任制的落实，建立起“书记抓、抓书记”的工作机制。

（三）基层党建科学化水平有新提高

推行基层组织分类定级，对照“五个好”等标准，对厅各基层党组织实行分类定级，推进整改提高，全厅41个党支部均被定为“好”等级。推进党务公开，建立并实行例行公开、依申请公开、监督考评、责任追究、检查考核等制度，2012年共刊登《党务信息简报》32期。协助厅党

组成员参加非分管单位党组织组织生活会21人次，各党委委员也分别到联系点参加27次组织生活。

（四）抓好党员日常管理

严把党员入口关，严格党员管理，2012年共发展新党员12名，预备党员转正9名，及时办理62人次的党员组织关系转移，分别组织35名党支部书记和群团组织代表、4名支部委员、5名党务干部、130余名入党积极分子参加培训。

2012年，省财政厅基层组织建设工作得到上级部门的充分肯定，预算处党支部荣获“省直机关创先争优活动先进基层党组织”荣誉称号，叶梅芬荣获“广东省先进工作者”荣誉称号。

四、坚持以从严治党为要求，扎实推进党风廉政建设，营造为民务实清廉的良好理财氛围

（一）完善工作机制，领导带头落实

厅党组始终把落实反腐倡廉建设摆到重要位置抓紧抓好，及时把广东省党风廉政办公室布置由省财政厅牵头承担的3项工作和配合开展的17项工作任务，逐一细化，明确分工，落实责任。厅党组先后15次召开专门会议研究部署反腐倡廉工作，组织研究和参加分管范围的反腐倡廉工作达90次。

（二）加强宣传教育，筑牢思想防线

以危金峰案件为反面教材做好教育整改，先后召开以“反腐倡廉”为主题的全厅干部大会、主题报告会4次，举办全厅副处级以上干部“三纪”教育活动，组织开展以“加强思想道德建设、保持党的纯洁性”为主题的党支部书记上党课活动，引导党员干部筑牢拒腐防变的思想防线。特别是曾志权厅长，大会小会都强调廉政纪律和干部人事工作纪律，要求党员干部勤恳做事、踏实做人，远离浮躁与功利，保持廉洁本色。

（三）完善管理制度，规范权力运行

全面开展廉政风险排查，在专项资金分配、行政审批、政府采购、工程项目和投资评审等领域，全面检查有无“暗箱操作”、吃拿卡要等现象。健全廉政风险防控机制，共梳理权力类型八大类223项，查找思想道德风险527个、岗位职责风险568个、业务流程风险448个、制度机制风险432个、外部环境风险316个，有针对性地制定防控措施2 006项。制订出台《关于进一步加强领导班子建设的意见》、《关于进一步加强干部教育的意见》等6个文件；进一步完善财政资金内部循环监督、垂直跟踪监督、省级财政专项资金监督和重大公共项目全过程监督等工作系统，完善国库资金竞争性存储和资金运行内控管理，探索建立财政预算指标和资金支付稽核制度。

（四）坚持从严治党，强化纪律检查

落实领导干部配偶、子女出国（境）定居报告、提任干部廉政考察等制度规定，2012年，共对轮岗的9名正处级干部开展离任审计。坚持把做好信访工作和查办案件作为从严治党、惩治腐败的重要手段，全年驻厅纪检组共对11条信访线索开展了初步核查，了结10件，立案查处1件。

五、坚持以丰富多彩的活动为抓手，扎实推进和谐财厅机关建设，增强党员干部干事创业的凝聚力

围绕推进以“务实、创新、高效、廉洁、和谐”为核心的机关文化建设，组织开展一系列富有特色、富有成效的主题活动，扎实推进精神文明建设，推进和谐财厅机关创建。2012年，省财政厅获得广州市“无偿献血先进单位”称号，虞丽丽、肖鑫晖获得“无偿献血先进个人”称号，邓玲玲获得“广东省优秀团干部”称号。

（一）总结提炼加强党员干部管理的四种文化，夯实共同奋斗的思想基础

深刻总结省财政厅在加强党员干部管理方面的好经验好做法，提炼形成时刻自醒的“危机文化”、转变作风的“服务文化”和以实绩创先争优的“竞争文化”、“绩效文化”，并在《广东党建》、《南粤机关党建研究信息》等杂志进行推介，在省直机关工委等四单位联合举办的党建文化研讨会上进行汇报。根据财政部部署，发动全省财政系统开展“财政精神”提炼活动，夯实全系统党员干部职工共同奋斗的思想基础。经过广泛发动、评选优秀表述语、召开专题研讨会，累计征集“财政精神”表述语117条，提炼报送财政部4条。

（二）组织开展系列文体活动，丰富机关文化生活

举办“庆国庆、迎十八大”文艺演出、第十四届全民健身运动会、“感受幸福，共创和谐”庆三八妇女节系列活动、赴五华县大沙村志愿文艺演出以及乒乓球、羽毛球、羽毛球和网球比赛、登山活动，组队参加了省直机关第一届运动会、第二届应急技能竞赛活动和创先争优迎党代会演讲邀请赛。

（三）组织开展送温暖献爱心活动，增强干事创业的凝聚力

开展“广东扶贫济困日”募捐活动，募集捐款6万余元，并顺利申请将2011－2012年扶贫捐款10.56万元用于省财政厅对口帮扶的五华县大沙村扶贫济困工作；开展无偿献血活动；慰问患病住院、丧亲、生育的20余名干部职工，继续做好干部职工子女入托入学相关工作，努力营造和谐互助的工作氛围。

六、坚持以建设长效机制为目标，系统总结提炼创先争优活动的经验做法，推动省财政厅在新起点上继续创先争优

组织厅各基层党组织全面回顾2010年4月以来开展创先争优活动的丰富实践，系统总结提炼在创先争优价值理念的教育培养、党员承诺践诺、为民服务创先争优等方面的经验做法，形成继续履职尽责创先进、立足岗位争优秀的长效机制。厅各基层党组织积极行动，紧密结合自身工

作实际，均已探索建立起一个以上的长效机制。例如，加强党员教育管理方面，厅办公室、法规处党支部建立学习读书长效机制，外金处党支部建立党员干部队伍建设长效机制，绩评处党支部建立教育学习机制，党委办党支部建立推进学习型党组织建设的长效机制，物管中心党支部建立学习先进当标兵长效机制，数据信息中心党支部建立党员管理长效机制；加强基层组织建设方面，国库处（支付局）党支部建立和谐党支部建设长效机制，农业处党支部建立实干、肯干、能干型党组织建设长效机制，人事教育处党支部建立模范团队创建长效机制；为民服务创先争优方面，预算处党支部建立为民办事征询民意长效机制，工贸发展处党支部建立服务型党组织建设长效机制，社保处党支部建立社会保障促和谐长效机制，会计处党支部建立“五星服务岗”创建长效机制，农村财务管理处党支部建立服务农村基层长效机制；承诺践诺方面，行政政法处、综合处、教科文处、采购处、政务服务中心、省注协、资产评估协会等党支部、省财校党委建立承诺践诺长效机制，离退休人员服务处党支部建立服务保障承诺践诺长效机制，科研所党支部建立领导点评长效机制；推进业务工作创先争优方面，经建处党支部建立严格控制基建项目超概算长效机制，农业综合开发办、农业综合评估中心党支部建立争当财政支农样板和示范长效机制，行政事业资产管理处党支部建立加强业务能力建设长效机制，监督检查局党支部建立覆盖所有财政性资金和财政资金运行全过程的监督机制，国际债务办党支部建立推动广东在技术创新、管理创新和体制机制创新方面先行先试长效机制，投资审核中心党支部建立项目评审全过程跟踪机制，票据中心党支部建立创先争优工作守则。

（厅机关党委办公室供稿，刘柏文执笔）

财政纪检监察工作概述

2012年，驻厅纪检组、监察室坚持标本兼治、综合治理、惩防并举、注重预防的方针，立足“教育为先、制度为重、强化监督、惩防并举、确保安全”的工作思路，以廉政风险防控机制建设为载体，以加强对财政权力运行的监督制约为根本，围绕中心，服务大局，多措并举，全面推进教育、制度、监督、改革、纠风、惩处等各项工作，为广东财政当好推动科学发展、促进社会和谐的排头兵提供了坚强保障。

一、完善工作机制，认真落实党风廉政建设责任制

2012年，驻厅纪检组、监察室围绕财政中心工作，协助厅党组认真抓好党风廉政建设责任制的落实。一是思想上高度重视。厅党组坚持两手抓，把落实党风廉政建设责任制与财政业务工作相融合，既抓好业务工作，又注重廉政建设。2012年，厅党组先后15次召开专门会议研究部署反腐倡廉工作，组织研究和参加分管范围的反腐倡廉工作多达90次，做到业务工作分管到哪里、党风廉政建设就抓到哪里，教育引导党员干部进一步增强纪律意识，始终保持思想纯洁、作风纯洁、队伍纯洁、清正廉洁。二是行动上落实有力。根据省党风廉政建设领导小组的统一部署，及时把财政部门牵头承担的3项工作和配合开展的17项工作任务，逐一细化，明确分工，落实责任，圆满完成各项任务。同时，提出“增强八种意识，弘扬八种作风”、常算“七笔账”、“八个严格问责”等一系列要求，扎实推进党风廉政建设和反腐败工作。三是制度上进一步完善。修订实施《广东省财政厅工作规则》和《广东省财政厅工作运行规程》，编印《广东省财政厅惩治和预防腐败体系相关法规制度选编（2008－2012）》，修订完善加强领导班子建设、作风建设、干部选拔任用规定等12项内部管理制度。

二、加强教育监督，筑牢党员干部廉洁从政的思想道德防线

驻厅纪检组、监察室结合财政业务和干部队伍实际，积极创新教育方式，不断加强廉政教育的针对性和实效性，同时贴近业务实际，增强监督实效，确保党员干部和财政资金两安全。一是重点开展党性党风教育。采取专题教育、财政“大讲堂”、《纪检通讯》、“五个一服务程式”等多种方式，开展党纪法规和党章等学习活动，引导党员干部深刻剖析并严格克服六种不良心态，深入开展庸懒散奢等不良风气专项整治活动，增强党员干部宗旨意识、服务观念，培育创新、务实、高效、廉洁、和谐的财政机关文化。二是扎实开展纪律教育学习月活动，举办“三纪”教育学习班活动。组织全厅副处以上干部及重点岗位人员近180人，集中两天举办党纪政纪法纪“三纪”教育学习班，各处室、单位主要负责人认真查摆问题、分析原因、研究措施并撰写心得体会36篇。三是重点开展警示教育。深刻反思危金峰案件，切实引以为戒，吸取教训，举一反三，认真整改，以身边事教育身边人。接连召开4次以“反腐倡廉”为主题的全厅党员干部大会，邀请省纪委领导同志作辅导报告；同时组织开展《财苑警示录》典型案例剖析活动，各处室、单位撰写剖析文章近40篇。四是重点加强监督管理。组织开展收送“红包”专项治理活动，加强对领导干部重大事项报告、廉政档案、提任干部廉政考察、任前谈话等制度执行情况的监督，组织对轮岗的9名正处级领导干部开展了离任审计，对新提任、轮岗等干部任前廉政谈话55人次。结合《廉政准则》要求，制定了“八个严禁”的纪律要求，作为全厅干部廉洁从政的基本准则，做到有令必行、有禁必止。五是认真组织开展“民声热线”上线工作。省财政厅、省农业厅于11月20日和11月27日分两次联合上线广东“民声热线”直播节目。驻厅纪检组、监察室一方面及时组织核实群众反映的热点问题，另一方面落实厅有关处室、单位责任，督促及时整改并回复投诉人，有效促进了行业作风建设。

三、着力深化改革，推进财政惩防体系建设

省财政厅党组高度重视，及早部署，创新机制，大力推进财政惩防体系建设，着力构建源头治腐公共财政制度防线。驻厅纪检组、监察室主动做好组织协调和督促检查工作，做到有布置、有检查、有总结，促进源头治腐工作的落实。全省财政全面深化财政管理改革，不断深化以部门预算、国库集中支付、“收支两条线”、政府采购为主要内容的支出管理改革。同时，结合广东省实际，率先开展了20多项创新性工作。深入开展预算编制改革，预算报告内容进一步丰富和细化；继续深化竞争性分配、第三方绩效评价、省级财务核算信息集中监管和预算执行动态监控改革，探索建立财政预算指标和资金支付稽核制度，财政资金管理制度体系不断完善；探索开展为民办事征询民意工作，推进政府购买社会服务改革；开展新一轮行政审批制度改革，简政放权，利民惠民。财政源头治腐机制进一步完善，惩防体系建设成效明显。

四、突出廉政风险防控，促进财政权力规范运行

按照财政部、省纪委的工作部署，驻厅纪检组、监察室在前期规范权力运行的基础上，认真组织开展了廉政风险防控工作，初步建成以领导干部为重点，分层次、分岗位覆盖厅各处室、单位的廉政风险防控基本框架。一是抓好责任落实。成立廉政风险防控管理工作领导小组，制订印发《广东省财政厅廉政风险防控管理工作实施方案》，明确风险排查责任和“三上三下”的排查程序，全面推进廉政风险预警防控机制建设。二是全面排查风险。以岗位风险防控为基础，以制约和监督权力运行为核心，以加强制度建设为重点，以现代信息技术为支撑，构建“分岗查险、分险设防、分权制衡、分级预警、分层追责”的预警防控模式，制订《查找廉政风险项目表》，按八大类全面梳理权力事项，认真查找思想道德风险、岗位职责风险、业务流程风险、制度机制风险和外部环境风险，并对风险点实行分级管理。三是及时制定防控措施。针对权力运行的“关节点”、内部管理的“薄弱点”、问题易发的“风险点”，制定防控措施，修订完善有关制度，并编制《广东省财政厅廉政风险防控文件汇编》和《广东省财政厅廉政风险防控手册》，努力构建权力配置法定化、权力运行程序化、权力监督全程化的廉政风险防控体系，确保权力运行安全、财政资金安全、干部成长安全。

五、注重信访核查，严肃查办违法违纪案件

驻厅纪检组、监察室把做好信访工作和查办案件作为从严治党、惩治腐败的重要手段，以法律法规为准绳，切实做到有诉必核，有案必查，注重维护纪律的严肃性。2012年，驻厅纪检组、监察室共收到群众信访举报51件（含重复举报15件），其中涉及省财政厅12件，涉及地市财政系统4件，涉及授权管理单位24件，受理范围之外11件。根据“分级负责、归口办理”的原则和财政系统的实际情况，部分举报件已转相关部门、授权管理单位和下级财政部门组织核实和处理。2012年，驻厅纪检组、监察室通过直接查办和交办回报结果的形式，共对8个信访件进行了初步核查，办结8件，办结率100%。对反映省财政厅干部问题的信访举报件，驻厅纪检组、监察室及时组织核查，对群众反映的一些苗头性问题，及时找有关人员谈话，进行提醒教育；对举报失实的及时予以澄清，履行保护干部职能。通过信访核查，及时发现业务工作中存在的问题和管理上的漏洞，并有针对性地采取防控措施。同时，驻厅纪检组、监察室积极协助省纪委、监察厅和省直有关部门纪检组查办案件。

六、加强督导检查，促进授权管理单位反腐倡廉建设

驻厅纪检组、监察室认真履行对授权管理单位的指导和监督职能，促进授权管理单位的党风廉政建设。一是年初组织召开授权管理单位反腐倡廉建设工作会议，传达贯彻中纪委、省纪委全会精神，部署落实纪检监察工作任务。二是年中召开授权管理单位工作经验交流会，深入授权管理单位进行调研，及时了解掌握授权管理单位反腐倡廉建设动态，总结经验，促进交流。三是建立健全工作沟通机制和重大事项通报报告制度，对落实党风廉政建设责任制、信访举报案件查处等工作给予指导、协助，提升工作水平。

七、注重调研培训，促进纪检监察队伍建设

驻厅纪检组、监察室注重加强对纪检监察干部的教育培训，创新教育载体，深化调研交流，不断提高队伍综合素质和工作水平。一是加强思想政治教育。严格要求纪检监察干部始终在政治上、思想上、行动上与党中央保持高度一致，始终保持正确方向，坚定政治立场，严守政治纪律，增强为大局而谋、为大局而干的自觉性和坚定性。二是加强调研交流。根据财政部和省纪委对调研工作的部署，组织开展“财政部门防止利益冲突”专题调研；结合厅党组成员调研内容，开展“财政部门廉政风险防控建设”专题调研，分赴汕头、潮州、揭阳、汕尾、惠州、湛江、茂名、阳江等10多个地市，探索廉政风险防控工作新思路。三是加强学习培训。委托中纪委培训中心在北戴河举办了第七期全省财政系统纪检监察干部培训班，同时组织纪检监察干部参加中纪委、财政部、省纪委举办的纪检监察业务培训学习，不断提高纪检监察干部的综合素质。

（驻厅纪检组、监察室供稿，耿洪波执笔）

离退休人员服务工作概述

2012年，厅离退休人员服务处围绕“全心全意为老同志服务”的主线，坚持“老有所养、老有所为、老有所教、

老有所医、老有所学、老有所乐”的原则，不断增强服务意识，较好地完成了全年的各项工作任务。截至2012年12月，厅离退休人员有156人，其中离休干部19人（厅级干部5人），退休干部职工137人（厅级干部16人、异地安置干部3人）。

一、落实离退休老干部的政治待遇

按照中央和省委、省政府关于进一步加强新形势下离退休干部工作的意见，认真落实好老干部的政治、生活待遇。

（一）组织离退休老干部参加政治理论学习

一是完善学习制度，坚持离退休党员每月一次集中过组织生活，确保学习时间的落实。二是明确学习内容。组织离退休党员学习《广东老干部政治理论读本》，邀请教授、学者为老同志作国内外形势报告会，并结合省财政厅开展创先争优活动，向老干部及时传达中央和省委、省政府文件精神，落实政治学习内容。三是不断创新学习方法。根据老同志的特点，从实际出发，采取灵活多样的方式组织学习，把集中学习与分散自学结合起来，把座谈讨论与专题辅导结合起来，加强学习的针对性和实效性。对身体状况好的老干部，采取到从化老干部休养所集中学习方式，并邀请专家做国内外形势报告及南海局势专题报告、看专题电教片、分组讨论等多种形式进行学习。2012年，共组织老干部各种形式的政治学习15场，共900多人次参加；参加厅内部工作情况通报会2次。

（二）成立了老干部舞蹈队

舞蹈队每周活动3次。为参加庆祝中华人民共和国成立63周年纪念活动，组织老同志精心排练舞蹈《大中国》，参加“广东省财政厅庆国庆 迎十八大文艺演出”活动。

（三）开展重大节日庆祝和慰问活动

厅党组全体成员参加离退休人员庆祝春节和老人节活动，并向老同志通报财政工作情况；离退休处和人教处工作人员陪同厅领导慰问了离休老干部和享受副省级医疗待遇的老干部，并送上慰问卡和慰问金。

二、落实离退休老干部的生活待遇

（一）认真做好离退休老干部的日常服务工作

一是组织老干部参加疾病防治工作。为老同志订阅健康保健书刊，使老同志提高自我保健意识，增长自我保健知识；组织老同志参加健康体检，对体检结果逐一阅览，发现健康问题提醒老同志及时就医，并不断完善健康档案150份；开辟看病绿色通道，邀请机关门诊专家每月一次到离退休人员服务处为老同志坐诊，方便老同志看病开药；接送有需要的老干部看病就医；组织离休老干部及副厅以上老同志到从化疗养。二是落实家访慰问制度，形成上门家访制度化，特别是对高龄、长期患病在家的老同志，离退休管理处派人上门慰问，建立了老干部家庭基本情况档案。做到有老干部来信来访有领导接待和处理，发现思想问题及时疏导，生病住院前往慰问，逢年过节上门探望，后事处理到场协调，据统计，2012年探望病人和上门家访共150人次。

（二）开展文体活动，做好“老有所乐”的服务工作

一是组织全省财政系统“老年杯”歌唱邀请赛。二是管好、用好离退休人员活动室，组织老干部开展唱歌、跳舞、棋牌、书法、绘画等各类有益身心健康的文体活动。2012年，组织各种活动98次，共1 500多人次参加。

（三）组织老干部到外地参观考察，接受革命传统教育

分类分批组织离退休人员出外参观考察，2012年组织老同志到省内外参观考察9批次，人数达250人次。

三、发挥老同志的积极作用，落实“老有所为”工作

离退休人员服务处鼓励老同志“老有所为”，在弘扬党的光荣传统和培养教育下一代方面发挥优势，切实做好扶贫公益和未成年人思想道德教育工作。

（一）关心厅干部职工未成年子女的思想道德教育

在学生放暑假期间，厅关工委组织厅机关干部、职工的子女小学生组（四年级至六年级在校生）共21人到爱国主义教育基地——虎门，参观销烟池、海战博物馆、威远炮台；组织中学生组（初中和高中在校生）26人到湛江市，参观海港、海岛、湖泊，使学生们对广东省革命历史和海防建设加深了解；组织中小学生在厅大礼堂观看学生专场电影教育片。

（二）开展扶贫助学公益活动

邀请扶贫助学点翁源南浦中学部分师生代表共30人来省财政厅进行座谈。同时，厅关工委积极配合厅其他处室开展关心下一代的工作。2012年5月4－5日，引领厅经建处一行11人前往助学点进行扶贫助学慰问活动。10月25日，厅关工委把2012年结对捐助款52 200元送到南浦中学，把全厅干部职工对山区贫困学生的关爱送到他们手中。

（离退休人员服务处供稿，黄白梅执笔）

外债管理工作概述

2012年，国际债务办围绕财政中心工作，积极稳妥开展利用国际金融组织和外国政府贷款管理工作，顺利完成了各项工作任务。2012年，广东省在建国际金融组织和外国政府贷赠款项目12个，利用贷赠款金额约4.12亿美元。其中，新增利用国际金融组织和外国政府贷赠款项目3个，新增贷赠款协议总额1.23亿美元。

一、把握重点投向，积极推进新项目

围绕“加快转型升级、建设幸福广东”这个核心，国际债务办将推动发展、改善民生、促进和谐摆在更加突出的位置，找准利用国际金融组织和外国政府贷赠款工作的切入点和着力点，指导项目单位开展贷赠款项目前期准备工作，协调国内国际两套审批程序，推动项目前期准备工作的顺利开展。

（一）围绕“绿色财政”，推动实施绿色发展战略取得明显成效

按照省委、省政府“十二五”时期的战略部署，结合省财政厅创先争优和建设“五大财政”的活动要求，国际债务办紧扣学习实践科学发展观主题，将利用国际金融组织贷赠款推动绿色发展战略作为2012年的工作重点。

1. 世界银行贷赠款广东农业面源污染治理项目完成预评估。项目计划总投资2亿美元，其中世界银行贷款1亿美元，地方政府和项目实施单位配套1亿美元。另外，全球环境基金赠款510万美元。项目建设重点内容是农药污染治理示范工程、化肥污染治理示范工程和养殖场废弃物污染治理示范工程共3项，目标是减少农业有机废弃物向水体、土壤和大气环境的排放，推动示范点经验在广东省乃至全国范围的推广。2012年12月，项目完成预评估工作。

2. 亚洲开发银行（以下简称“亚行”）贷款潮南区水资源保护及综合开发利用示范项目进入鉴别阶段。潮南区水资源保护及综合开发利用项目申请亚行贷款1亿美元，用于建设一个合理开发、全面节水、综合治水、生态协调的水资源生态建设示范项目，形成一整套行之有效的饮用水保护和开发利用的综合体系，以保障居民饮用水需求，实现水资源合理配置。截至2012年年底，该项目已完成项目鉴别。

3. 广东亚行贷款节能减排促进项目第三批次顺利生效实施。广东亚行贷款节能减排促进项目采取多批次融资模式，实施以来进展顺利，第一批次、第二批次项目已顺利完成，最后一批次项目——第三批贷款4 294万美元于2011年11月14日正式签署贷款法律文件，2012年2月20日正式生效，2012年4月6日与财政部签署转贷协议，这标志着1亿美元的亚行贷款资金已全部分配使用。该批次项目含5个子项目，内容涵盖低压饱和蒸汽回收、数字化电厂、高压变频器的推广、注塑机节能以及低损耗空心复合管母线的推广等方面。该项目进展顺利，实施半年多以来，已向亚行提款3 018万美元，完成70.28%。

4. 欧洲投资银行应对气候变化框架二期规划项目——广东潮州饶平海山风电场项目进入评估阶段。该项目拟利用欧投行贷款2 900万欧元，贷款期不超过25年，建设内容为在潮州饶平海山岛风电场建设风力发电机组，总装机容量4.95万千瓦。项目建设完成后每年可增加清洁能源发电量约1亿度。2012年，项目完成可研、环评等报告的编制工作，落实了财政担保的有关手续，具备了项目评估的基本条件。

（二）围绕加快转变经济发展方式，积极推进经济综合开发示范镇项目

经济综合开发示范镇项目目标是借鉴发达国家的先进管理经验，通过广东经济综合开发示范镇项目建设，以公共基础设施的发展和加强相关机构的能力建设为落脚点，培育示范镇主导产业，带动城乡居民增收、改善城乡居住环境；通过示范镇的辐射带动作用，探索建立小城镇合作发展平台，逐步完善促进小城镇发展政策，为广东小城镇健康发展提供良好经验。广东作为国家指定为利用世界银行贷款建设经济综合开发示范镇项目的试点省份，计划利用世行贷款5 000万美元，加上国内配套部分总投资达6.56亿元。项目涉及广东省7个镇，分布全省各地，其中，经济较发达的珠三角地区1个，经济欠发达的地区6个。该项目于2012年11月生效。

（三）围绕基本公共服务均等化，积极推动世行贷款社保一体化和农民工培训项目

在2009年广东省和世界银行共同开展缩小广东城乡贫富差距的课题研究的基础上，广东努力将研究成果转化，成功引入世界银行贷款8 000万美元开展城乡社保一体化和农民工培训项目，计划社保一体化子项目利用世行贷款4 500万美元，主要用于社会保障信息系统建设，以全面提高人力资源社会保障行政能力和服务社会的水平为目标；农民工培训子项目计划利用世行贷款3 500万美元，以实施世行贷款农民工培训项目为载体，在广东省内建成3个具有国际水平的全省农村劳动者转移就业职业技能培训示范基地。项目于2012年12月进行评估。

（四）做好项目申报前期准备工作，促进广东省利用外国政府贷款

国际债务办积极做好项目申报的前期准备工作，同时制作“外国政府贷款前期工作流程图”，做到政策明晰，办事公开，使各地各单位更加清楚外国政府贷款的程序、内容和手续。2012年，广东省供销合作联社利用外国政府贷款1 500万欧元支持直属两校建设项目已签订转贷协议。

二、充分发挥“知识银行”优势，推进广东省政策研究工作

世界银行等国际金融组织作为“知识银行”，拥有各个领域的专家资源，拥有国际上先进的管理经验和理念。通过聘请国内外专家进行实地调研，促进广东在节能减排、环境保护、缩小城乡贫富差异等国家重点支持领域的政策研究，并将研究成果转化成政策建议，推动广东省在技术创新、管理创新和体制机制创新方面先行先试，为广东当好科学发展排头兵作出努力。

（一）韩国赠款缩小广东城乡贫富差距项目

该项目由三个子项组成：贫困监测与评价子项，致力于帮助广东省有关部门完善信息库，从而加强广东省的贫困监测和评估的能力；完善社会保障政策和机制子项，旨在发展和试点社会救助机制（低保）的瞄准机制；惠贫产

业发展子项，通过惠贫产业的发展，探索出创造高质量就业机会的可行路径，为缩小广东城乡贫富差距提出政策建议。2012 年，该项目已完工并撰写了调研报告。

（二）亚行技援广东农村与小城镇生态环境治理建设研究项目

亚行技援广东农村和小城镇生态环境建设研究项目总投资 70 万美元，其中亚行以赠款的形式提供 40 万美元，省财政提供配套资金。该项目旨在通过研究广东珠三角、粤东粤西和北部山区三类处于不同发展阶段的典型区农村与小城镇生态环境问题，并借鉴国内外成功经验和有效做法，提出一系列具体政策建议，为广东省委省政府提供决策参考。国际债务办积极与省委政研室沟通配合，发挥好归口管理作用，协调好亚行、专家团队与执行机构的关系，确保项目顺利实施。现项目 7 个先行先试地区的调研报告已由省委政研室呈省领导审阅。

三、紧抓在建项目进度，保证项目规范实施

国际债务办指导项目单位推动项目实施进度，有序开展项目提款报账工作，加强与有关单位的沟通协调，深入项目实施单位调研，确保项目顺利实施，使贷赠款及时发挥应有效益。

2012 年广东省在建的国际金融组织和外国政府贷赠款项目共有 12 个，主要有：世行贷款广东珠三角城市环境治理一期项目，完成所有提款报账工作，累计使用世行贷款 1.27 亿美元；世行贷款广东珠三角城市环境治理二期项目，佛山部分累计提款约 2 342 万美元，占其贷款金额的 32.53%，江门部分累计提款约 2 277 万美元，占其贷款金额的 94.88%；世行贷款职业教育发展项目，已累计向世行提取贷款 1 639 万美元，占贷款总额的 81.95%；全球环境基金赠款广东珠三角城市环境治理项目，今年该项目完成了所有提款报账工作，累计使用赠款 999 万美元；全球环境基金赠款 420 万美元绿色货运示范项目，已累计向世行提取赠款 80 万美元；欧投行第一期贷款项目——广东韶钢节能减排项目、粤能灯楼角风电项目和粤电勇士风电项目 3 个子项目进展顺利，其中粤能风力发电子项目贷款 2 500 万欧元已全部提款完毕；广东亚行贷款节能减排促进（能效电厂试点）项目——第一批次、第二批次及循环资金，第一批项目 3 500 万美元和第二批项目 2 206 万美元已全部提款完毕，并已回收循环资金总额为人民币 2.20 亿元，安排循环项目 7 个，贷款总额为人民币 1.50 亿元，已全部提取使用，该项目贷款还本付息情况良好，贷款风险得到良好控制，通过利差收益、增值保值等手段，抵扣亚行贷款成本后，初步实现稳健略有盈余的目标。

四、加强贷赠款资金管理，防范偿还债务风险

截至 2012 年年底，广东省还贷准备金余额合计约 1.13 亿美元，占全省地方政府外债余额的比例为 9.09%，确保项目及时足额还贷，也保证广东省的良好偿债信誉。2012 年全省应偿还地方政府外债本息合计 1.30 亿美元，已全额归还。

（一）加强债务管理基础工作

债务偿还工作环节多，金额要求精确，时效性强。为做好此项工作，国际债务办按照财政科学化、精细化管理的要求，细化工作职责，规范工作流程，从单据的传递，债务的催收，款项的划拨，事前、事中、事后的监督审核，均落实到人，职责明确，规范流程。按照财政部有关国际金融组织贷款利费申报减免的规定，及时办理世亚行贷款项目利费减免工作。按照外汇管理要求，及时办理外汇贷款的购汇、支付和偿还工作，确保项目及时足额还贷，保证广东省良好的偿债信誉。

（二）加强项目监督检查

一是根据财政部《外国政府贷款项目监督检查办法》，结合广东省实际，对江门、阳江和茂名外国政府贷款项目进行了检查，摸清情况，促使地方财政部门和项目单位更加重视贷款项目，加强管理，规范运作，及时还贷。二是配合上级检查机构做好项目专项检查和项目审计工作，配合财政部派驻广东省财政监察专员办事处对江门市利用日本政府贷款项目的专项检查，对提出的存在问题督促项目单位及时整改；积极配合审计署驻广州特派员办事处对广州经济技术开发区东区污水处理厂、拱北水质净化厂等环保领域国外贷款项目专项审计整改工作，推进整改工作落实，并向财政部报告了《关于我省部分环保领域国外贷款项目审计整改的情况报告》。

（三）积极推进项目绩效评价工作

为推进国际金融组织贷赠款工作科学化、精细化管理，提高项目资金的使用效益，根据财政部的工作部署，在厅绩效评价处的大力支持下，今年国际债务办选取了亚行贷款广东节能减排促进项目（第一批）和世行贷款职业技术教育改革项目进行绩效评价并形成报告上报财政部。

（四）建立健全规章制度

为进一步规范和加强有关资金管理，合理有效使用资金，根据有关规定，并结合广东省实际情况，制定了《省世行办项目准备和管理专项经费使用管理办法》和《省世行办项目准备和管理专项经费资金会计核算办法》。

（五）大力加强能力建设

为进一步提高地方财政外经干部的政府外债管理与财政金融监管水平，国际债务办采取邀请国际金融组织专家、聘请国内专家和安排业务骨干授课等方式，有针对性地举办了政府主权债务综合业务、支付财务管理、项目经济与财务评价等 8 项业务培训班。

此外，国际债务办还精心组织，周密布置，积极稳妥做好各项外事接待工作。全年共接待了 23 次国际金融组织和外国政府代表团来粤检查工作与学术交流，其中包括接待世行行长佐利克一行，负责汪洋书记接见佐利克的沟通联系工作，协办财政部和亚行联合举办的国别大检查研讨会等会务工作。

（国际金融组织债务管理办公室供稿，周建中执笔）

机关政务工作概述

2012年，省财政厅政务服务中心坚持“为领导服务、为机关服务、为干部职工服务”的宗旨，秉承“立规范重管理、优服务求创新、讲温馨促和谐”的理念，从政务服务和机关后勤服务工作实际出发，开拓进取，扎实工作，圆满地完成了全年的工作任务。

一、加强日常管理，发挥职能作用

（一）组织人员招聘工作，充实后勤保障队伍

2012年，按照《广东省事业单位公开招聘人员办法》等事业单位招聘人员的有关规定，公开、公平、公正招聘事业编制工作人员2名，广东粤财服务部电工3名。根据工作需要，返聘退休人员3名。

（二）健全后勤管理机构

省财政厅政务服务中心于2011年10月揭牌成立，2012年完成原机关服务中心人员编制划转、账户清理、资产清算及划转工作；修改、完善、补充《广东省财政厅公务车辆使用管理暂行规定》、《广东省财政厅会议室使用管理制度》及《广东省财政厅桶装饮用水管理制度》，使政务服务中心内部管理更加规范化、制度化；按照事业单位分类改革方案的要求，完成省财政厅政务服务中心、广东粤财服务部内设机构设置及具体的岗位职责定位、人员定岗工作；选拔聘用政务服务中心中层领导10人，广东粤财服务部中层领导7人。

（三）落实安全责任制，做好安全保卫工作

在工作质量和要求上突出“严”字，严格执行持证上岗制度、保安员24小时值班制度、来访人员登记制度等，对省财政厅大院管辖区内乱停乱放的车辆进行整治，确保厅大院良好的工作、生活秩序。

（四）配合街道居委会开展垃圾分类工作

本着“惠民、便民、利民”的方针和“由点到面，由省财政厅办公楼到厅大院，由大院向全厅逐步实施”的工作思路，现已投入分类使用垃圾桶60个，分发分类塑料袋12万个，确保生活垃圾分类工作的稳步推进，被广州市城市管理委员会推选为城市生活垃圾分类先行推广单位。

（五）举办健康知识讲座，组织开展“全民健康工程”活动

邀请广东省环保协会谭阳海同志作“绿色环保　低碳生活”专题讲座，推广养成良好的生活和饮食习惯，提升干部职工的健康安全意识。

二、加强物业管理，提高管理水平

（一）科学管理厅大院

建设省财政厅办公楼视频监控系统、电子停车管理系统，启动停车收费管理工作，通过现代管理理念和手段，提升管理层次，努力推进后勤管理智能化的进程。

（二）依法依规管理租赁物业

依法收回违规违约的广州市汉嵘管理顾问有限公司承租的环市路322号首层（5－10轴）铺面及阁楼物业；委托专业律师对违反物业管理规定的广州市五坊财商贸有限公司（承租环市路招待所三楼）提起诉讼，法院已受理。

三、加强水电管理，确保使用安全顺畅

（一）对办公场所定期开展安全大检查

全面检查各类机电设备设施，对不符合消防安全要求的器材，一律予以淘汰和更新。对省财政厅大院、仓边路、环市路综合楼应急灯、消防箱、消防管盘、消防水带等按老化的程度进行统计，及时更换，保证供水供电设施的正常运行。

（二）对省财政厅所管辖的物业和消防设施进行清理核查

全面检查房屋结构安全、燃气管道系统安全、供电系统安全和供水管道安全以及物业租赁等情况，共检查638户，其中：厅大院246户、中山八路47户、三元里华秀苑122户、德政中路32户、环市路综合楼72户、下塘黄田一巷32户、正南路58户、德政新街13户、黄埔大道君紫花苑3户、禺东二路4号4户、禺东三路5号6户、中山六路3户。主要存在问题：正南路存在天面漏水、外墙渗水、钢筋裸露等安全隐患；厅大院2号、3号、8号楼共22户燃气主管道严重腐蚀；厅大院3号楼和环市路综合楼的管道存在较严重腐蚀穿孔现象；部分租户存在违规转让居住或转租。针对上述物业检查中发现的安全隐患，制定一对一的整改方案，组织开展燃气管道改造、宿舍修缮、供水管道改造、推进用水用电一户一表等工作，确保所辖物业的安全和规范管理。

四、加强膳食管理，共建文明窗口

想方设法保障厅干部职工膳食安全、健康，把省财政厅机关食堂打造成文明服务示范窗口。一是认真执行好厅机关食堂管理监督员制度，充分发挥食堂管理监督员的监督作用，加强对食品安全、食堂卫生、服务质量以及就餐人员缴费情况的全方位监督。二是建立厅领导用餐缴费情况定期公布制度，确保机关食堂运作公开、透明。三是增加晚餐，向加班人员提供优质的晚餐服务，为干部职工解决后顾之忧。四是每周四召开膳食健康和安全反馈会，定期研究时令的季节性菜谱，根据干部职工反映的问题，改进和完善膳食服务保障，确保厅干部职工“吃得健康”、“吃得安全”。五是结合创先争优活动，在食堂食品卫生方面加强管理，连续4年保持五“A”的评级。六是切实做好厅领导交办的接待任务，在接待服务工作方面展示了财政工作服务大局的形象和风采。2012年，厅机关食堂完成厅领导交办的接待任务共计83批次。

五、加强车辆管理，落实安全措施

（一）加强车辆管理，严格执行公务车辆使用情况登记制度

对每辆公务车的维修、耗材、耗油、出车情况等进行详细登记。对非工作时间及节假日因公务需要使用的公务车辆必须经分管厅领导审批同意，节假日期间实行公务车辆巡查登记制度，严禁公车私用。

（二）加强思想教育和业务考核，提高职业技能

以设立综合奖的形式与安全行车、劳动纪律、工作服务态度挂钩，提高各驾驶人员工作的积极性和主动性，认真履行“重安全、保平安、遵法规、守纪律、强素质、促服务”的宗旨。

（三）切实保障厅领导、有关处室及所属单位的工作用车需要

2012 年安排出车 6 404 车次，出勤天数 4 058 天，行车里程 360 058 公里，全年安全驾驶无事故。

六、加强会务接待管理，提升服务质量

根据会议性质和接待对象，认真做好各类会议服务工作，保障省财政厅各类会议的顺利召开。2012 年，服务各类小型会议 705 场次、大礼堂举办大型会议 46 次。

七、加强财务管理，规范工作程序

一是做好常规性财务工作，合理分配中心费用指标，积极配合财务审计。二是做好政务服务中心预算编制工作，对日常的各项经费开支严格把关，为后勤保障奠定基础。三是完成决算报表工作，坚持月报、季报、年报表的财务制度。四是加强制度建设，制定完善财务审批、财务报销和财务管理制度，杜绝违规现象的发生。五是推进省财政厅出租房屋、办公场地、大院住户管理费及租金收缴工作。

（政务服务中心供稿，叶朝珍执笔）

省直行政事业单位经营性资产管理工作概述

2012 年，广东省省直行政事业单位物业管理中心（以下简称省直物管中心）认真结合省财政厅“创先争优”、“书记项目”以及“大数据战略”等系列主题，创新工作思路，在巩固和完善省直行政事业单位经营性物业管理模式的基础上，着重加强各项业务工作的科学化、精细化管理，进一步提高省直行政事业经营性物业管理工作水平。

一、进一步加强经营性物业管理基础工作精细化

（一）严格执行物业安全管理制度

为确保物业的安全完整，实现国有资产的保值，省直物管中心严格执行物业定期安全巡查制度，科学制定物业分类巡查机制，积极督促粤财公司做好物业日常安全巡查工作。特别是在春节、五一、国庆等节日长假前，组织物业巡查小组对物业消防安全进行大巡查。2012 年以来，分批次共对 57 处重点物业逐个实地巡视，做到及时发现隐患，及时整改落实，切实做到所有物业在节假日期间安全无事故，实现全年消防、安全事故发生率为零。

（二）有序开展物业产权变更工作

省直物管中心按照工作计划，积极联系国土、房管有关部门以及省直有关单位，拟订未分割产权证物业清单和待分割产权物业清单，先易后难，逐一完善产权资料并办理过户手续。截至 2012 年年底，累计完成 170 处，合计 81 848 平方米物业的产权变更，占物业总面积的 72.2%。

（三）继续加强物业档案管理工作

严格执行省直物管中心《档案管理制度》，对物业移交书、物业产权证、物业移交资料、物业图纸、租赁合同等重要物业档案分门别类、整理归档，统一存放在密码柜中。各有关人员严格执行制度规定，事先登记备案后方可查阅、借用有关档案，使用后及时归档，做到物业档案安全、完整、有序。

（四）实地勘查、维护物业安全

由于省直物管中心接管的物业建成时间普遍较长，存在需要大修、重点维护等问题的物业较多，对此，省直物管中心积极派员实地勘查，加强与物业管理公司沟通，了解物业实际状况，先后出席多个大型物业的业委会讨论，按规定行使业主权利，监督各物业管理公司采用公开、公平方式合理招标，批准交通大厦楼宇监控升级改造工程，并与物业管理公司及其他业主初步拟订了金山大厦、竹丝岗药监大楼下一步的重大维修计划。此外，由于德政北路物业消防设备老化多年存在的安全隐患，将其消防改造列入 2013 年重点工作计划，并开始与租户进行初步协商。

（五）积极解决涉及物业出租的各种纠纷及重点疑难问题

一是有理有据应对解决广东展协要求解决办公用房问题的诉求。2011 年，为广东展协无偿延长办公用房使用权一年，解决其办公用房短期搬迁不及的问题。2012 年，根据该协会的诉求以及实际情况，四次与其主要负责人座谈，并多次致函、致电进行沟通，最终以优惠价格和条件另址出租，圆满解决了该协会办公用房搬迁问题。二是耐心做好上访租户解释工作。由于解放北路 542 号物业行政划拨后，接管单位省参事室提前与租户解约，租户生产经营受到影响，对省直物管中心工作产生不满情绪，多次到厅及纪检部门上访并要求给予补偿，省直物管中心按政策一一进行回复，并向租户做好解释说明。

二、进一步加强经营性物业日常运作科学化

（一）提高物业租赁管理事务审批工作的科学性

一是通过设置三层审核岗位，细化审批流程，确保各项物业租赁业务公开、透明，杜绝暗箱操作，2012 年共审批租赁合同 177 份、其他租赁事项 69 份，开出非税缴款单 2 694 份，做到“逢租必审，逢审必核，逢核必严”。二是严格管理物管专项经费账户，完善物业经费支出审批流程，按照省财政厅内收文规范，重新设计费用审批表格，认真细致核实各项物管专项支出，款项超过 10 000 元的，除经省直物管中心主任审批外，还须报厅领导审定后才予以拨付，确保财政资金安全，从源头上预防腐败。

（二）做好港澳物业的租赁管理工作

一是认真落实港澳物业管理制度，监督香港飞龙投资公司做好对港澳物业的经营管理工作。二是完成港澳物业租金跨境收缴、费用结算等财务工作，确保境外国有资产收益及时上缴国库，2012 年入库 54 万元。三是督促飞龙公司做好港澳物业巡查工作，确保港澳物业安全保值，省直物管中心托管的 4 处港澳物业均已正常租出。

（三）落实物业经营管理定期报告制度和物业定期盘点制度

一是每月对物业的租赁管理和物业收支情况进行汇总分析，编写《物业情况动态》，并通过定期分析总结物业管理工作，及时发现存在问题，不断改进工作方法，努力提高物业管理水平。二是认真落实物业定期盘查工作，及时对物业划拨变动情况登记备案，编制有关报表每半年向厅领导报告一次物业的盘点情况。

三、进一步提升物管效益，努力盘活现有物业

（一）实现物业租金收入平稳增长

省直物管中心充分发挥监督指导作用，采取合同预签审核、网络公开信息等多种手段，推动物业出租市场化，确保“阳光出租，透明运作”。一是积极推动空置物业的市场招租工作，通过挂网招租、中介放盘等措施，全年物业出租率达到 99.7%。二是通过市场化手段适时调整租赁定价策略，努力提升物业市场价值，在物业面积逐年减少的情况下，2012 年租金收入达 8 181 万元，实现国有资产使用效益保持稳定。以新港西路物业为例，经过市场调查后，通过物业改造、重新定位等多种方式，物业租金价格从每月 1.8 万元提升到 17 万元，是改造前的 9 倍。三是加强与受托管理公司的联系，派人参与粤财公司对物业的招租谈判工作等，并派人实地参与粤财公司的租赁管理工作，切实履行省直物管中心的监督管理职能。

（二）认真履行物业行政划拨职责

为解决省教育厅加建电梯的实际使用需求问题，向该厅划拨 20 平方米物业，按照市场均价 20 000 元/平方米估算，共节省财政支出约 40 万元。同时，配合省财政厅资产处，对有关省直单位提出的划拨广东文学艺术中心部分物业、成立省公共资源交易中心等多项议题组织材料进行回复。

（三）继续积极推动土地盘活工作

省直物管中心与粤财公司有关人员组建成立珠海横琴土地开发筹备工作小组，根据国务院批准实施的《横琴总体发展规划》要求，两次赴珠海与珠海市政府、横琴开发区管委会沟通协调，开展珠海市横琴十字门地块盘活开发前期调研及可行性研究，推动闲置土地盘活工作。

四、积极推进政府物业管理体制改革工作

在完成《广东政府物业产权管理创新》课题调研的基础上，以政府大型场馆（物业）财政监管体系改革为突破口，先后到北京、山西、河南等地开展政府大型场馆（物业）财政监管体制调研工作，认真学习兄弟单位的先进经验，探索符合广东省实际情况的改革思路。

五、积极建立“创先争优”长效机制

省直物管中心人员经常站在市场一线，直接面对作为物业使用者的省直单位及广大个体租户，服务对象更加广泛、更加基层，强化服务意识尤为迫切。为此，省直物管中心一是落实“书记抓、抓书记”基层党建工作责任制，根据申报的党支部“书记项目”，结合工作实际，围绕“强化‘四种’意识，深化服务型财政机关建设”主题，积极破解工作重点难点问题。二是努力推动解决业务范围内与群众相关的热点难点问题，如加快房地产权证的过户更名、协助租户办理工商登记、加强与税务消防等部门的沟通等。

（省直行政事业单位物业管理中心供稿，欧　颖执笔）

政府投资审核工作概述

2012 年，投资审核中心（以下简称“投审中心”）通过抓项目预算和竣工财务决算“两头”评审，促进评审工作转型与改革，各项工作取得显著成绩。2012 年全省各级财政投资评审机构共完成评审金额 2 423 亿元，审定金额 2 193 亿元，核减金额 230 亿元，核减率 9.5%，审查项目覆盖农业、水利、教育、文化设施、环保等行业。其中，省财政厅投资审核中心完成审核项目 440 项，审核金额 116.48 亿元（未包括合同评审 7.89 亿元），审定金额 105.31 亿元，核减不合理资金 11.17 亿元，核减率 9.59%，审核金额比 2011 年同比增加 37.22 亿元，同比增长 46.96%。

一、服务大局，财政投资评审重点更加突出

（一）服务支出管理，实现评审关口前移

为配合广东省财政进一步深化预算支出管理改革，从源头上优化财政投资支出结构，投审中心积极探索评审关口前移，逐步将财政投资评审与预算管理有机结合。在评

审工作中，突出工作重点，进一步加大对投资概（预）算和集中支付项目的评审力度，投资概（预）算等评审项目占审核金额的73%，改变过去侧重于事后监督的被动局面，实现从事后监督向事前管理、事中控制和事后监督并重转变。

（二）突出工作重点，按时完成民生水利项目评审

做到自行评审与组织委托评审相结合，除省委、省政府重点项目、保密项目或特殊项目由中心自行评审外，大胆推进社会第三方机构参与评审组织方式。2012年三季度，对民生水利项目采取专项评审办法，在时间紧、数量大、要求高的情况下，通过大家通力合作，提前做好预案，采取有效措施，克服各种困难，共完成民生水利项目126个，评审金额30.39亿元，完成包括报送民生水利项目评审材料清单及组织做好对省水利厅报送民生水利项目统一规范标准文件意见的审核工作。

（三）加强沟通协调，增强工作主动性

一方面，通过加强与省财政厅各处室沟通协调，主动服务，促进建立联席会议制度，定期召开协调领导小组会议，分析研究解决财政投资评审问题。同时，积极参与省财政厅农业处研究制定《民生水利项目评审工作规程》、报送规范性文件，调整审核费用标准，建立评审资料预审把关制度等。另一方面，加强与社会第三方中标机构沟通协调。通过定期召开工作例会、参与社会中介机构的审核对数、现场勘察，对评审项目稽核、复审等各种形式，对评审项目进行点对点辅导，帮助解决评审过程遇到的问题。

二、推进改革，财政投资评审成效更加显著

（一）深入调研，找准评审工作定位

为加大对基层财政投资评审工作的了解，及时掌握评审机构成立以来职能定位、存在问题等，投审中心加大调研力度，通过发调查问卷、对有关评审数据、各级职能现状、存在问题、改革措施及建议等进行收集整理分析，总结各级评审机构当前急需解决的特殊需求，由投审中心领导带队，深入部分市县评审机构进行调研，召开座谈会、广泛听取意见建议，进一步确定投审中心“抓大放小”、“抓两头、促中间”的工作新思路，即抓项目预算、项目竣工财务决算，促进规范项目工程结算评审工作。

（二）集中评审积压项目，为推进评审工作转型创造条件

投审中心在清理分析积压项目的基础上，分轻重缓急，制订周密计划，克服项目跨度时间长、情况复杂等因素，集中力量重点突破，完成一批历史遗留逾期积压项目，使逾期积压项目与2011年同期相比明显下降。

（三）加快工作转型，提高评审质效

投审中心对中心各组职责、人员进行调整，组成监管组。监管组负责对社会第三方机构的评审工作管理。从一年的实践看，成效明显：一是规范委托评审工作，评审质效提升明显。2011年，通过委托社会第三方机构评审项目120项，审核金额46.23亿元，其中通过委托社会第三方机构评审占全中心完成总量的40%，完成工程结算占中心完成工程结算的56%，完成评审金额是2011年的3倍多。从委托评审范围看，从过去委托工程项目结算扩展到项目投资估（概、预）算、竣工财务决算等类型评审。二是正确处理监管和服务关系。投审中心通过调查走访，全面掌握社会第三方机构管理机制和评审力量，建立参与评审人员、管理人员的档案库。三是创新评审办法。委托项目采用滚动式和轮换式相结合安排的办法，组成专项审核小组，把控复查、审批、质量考核关键环节；按照优胜劣汰的原则，实行考核成绩、任务完成进度与任务安排挂钩等多种形式，提高委托评审的公正、公平性。四是明确监管组的工作职责及范围。在制定《社会中介机构参与省级财政投资审核管理暂行办法》的基础上，为强化廉政风险防控工作机制，进一步规范委托审核管理工作，研究、制定《委托社会中介机构审核项目工作规程》，从项目抽签、合同签订、资料移交、信息反馈、工作流程、初审报告提供、对数、勘察监管等都作出明确的规定。

三、完善制度，财政投资评审管理更加规范

（一）加强培训，提升综合素质

2012年下半年，组织举办全省民生水利财政投资评审业务培训班，邀请水利专家进行专业辅导，省本级、各市县财政部门分管农业和评审人员参加培训。同时，加强对参与省本级投资评审人员的培训。先后举行三期培训班，对参与评审的管理人员和技术人员培训。

（二）完善制度，规范评审管理

一是完善评审程序。针对全省各级评审流程不规范、不统一的情况，投审中心在认真调研，征求意见的基础上，全面梳理完善评审工作程序，研究制定《省级财政投资评审工作流程》，对项目受理、任务安排，项目评审、评审报告、资料归档以及报告格式、工作底稿等流程和要求进行规范。二是建立督办制度。为强化计划管理，促进各项评审工作任务按时完成，研究制定《投审中心工作事项督办制度》，做到重要事项有督办，项目完成有时限，进一步提高执行力。三是加强信息化建设。制定印发《信息系统管理职责分工》，明确系统修改、维护等管理要求。

（三）强化计划，提高执行力

一是认真落实岗位责任，把评审任务下达到每个评审人员，进一步细化计划，并作为工作质效考核依据。二是对重点项目、保密项目和省委、省政府重点督办项目，及时进行评审，完成省委珠岛宾馆、科学中心，省博物馆、乐昌峡水利枢纽工程、国土资源数字化综合楼、省“十二五”基础测绘项目、“金财工程”广东项目（一期）网络与信息安全建设等项目的评审。认真处理广东女子劳教所第二批工程结算复杂项目；对省博物馆土建工程、华南农业大学博士后宿舍楼工程、广东医学院东莞校区评审结果，厅有关处室运用评审结果进行通报，并向厅领导上报《关于加强工程结算工作的请示》，对项目评审反映结算价超中

标合同价的问题，大量设计变更和新增建设内容等提出整改措施。

（四）建立预审制度，严把项目入口关

为提高评审效率，规范评审基础性工作，制定《关于加强评审项目受理工作管理的通知》，要求加强项目基础管理，认真实行项目送达登记，明确责任，接收项目后，进行清点编号，并对报送内容进行认真预审，检查送审资料的完整性并规定需要补充资料的时限，退审程序、定时清理、定期整理检查汇报等。同时通过建立项目库，发挥评审系统作用，建立加快评审资料送审处理机制，优化审核任务安排程序和管理手段，运用信息化管理手段提高管理水平。

四、落实责任，财政投资评审队伍更加稳定

注重抓班子建设，落实“一岗双责”。按照依法理财、科学理财、民主理财要求，不断改进领导班子思想作风建设，注重改进领导方式，加强工作协调和组织落实，统筹兼顾、建立抓落实和重点工作督办落实制度和问责制度，落实中心主任“一岗双责”，完善廉政责任制度，形成投审中心主要负责人负总责，一级抓一级，层层抓落实的工作格局，确保责任到位、工作落实到位。注重建立防范廉政风险长效机制，进一步加强对重点风险环节的防控。特别是加强对评审工作的经常性监督，认真落实各项内控制度措施，建立公平公正评审决策制度，规范工作流程，压减自由裁量权，重大问题集体决策。厅《纪检通讯》2012年第六期刊登投审中心党支部《夯实思想基础　守住廉政底线　确保投审工作健康发展》体会文章。

（投资审核中心供稿，周静执笔）

财政票据监管工作概述

2012年，票据监管中心围绕中心，服务大局，扎实推进依法行政，突出重点，稳中求进，加强财政票据监管，强化非税收入源头监管，财政票据监管工作有序开展。

一、配合政府采购部门做好定点印制企业招标工作

原财政票据印制企业合同期满，按照相关规定，需重新招标确定。因此，票据监管中心积极配合省财政厅政府采购部门，按照公正、公平、公开的原则，严格筛选，重新确定3个财政票据定点印制企业，完成招标工作任务。

二、认真做好票据印制工作

严格按照“质量第一、信誉第一”的要求，对票据印制质量和供应纸张情况进行全程监控，对承担全省财政票据印制任务的3个定点印制企业定期进行检查，发现质量问题，及时予以纠正。2012年，共监制财政票据10.18亿份，有力保障了财政票据的正常供应。

三、规范票据发放和强化票款追缴工作

坚持按照“凭证购领、分次限量、验旧换新”原则规范票据发放工作。2012年，共发放财政票据10.06亿份，实际回收票据工本费8 108万元。

四、加强票据核销管理

通过采取单位购票“验旧换新”、定期分批集中上门等方式，对票据使用情况进行全面核查和核销，联同省工商局、省公路局路桥中心等垂管单位，对其下属单位使用的财政票据进行分片集中核销，并对票据监管存在的问题提出解决的意见及建议；严格要求地级市财政局逐月上报票据核销和入库金额情况，进一步推动全省财政票据核销工作的展开。2012年，全省共核销票据12.79亿份，票面金额6 260.04亿元，核查入库金额2 618.18亿元，销毁到期票据存根7.27亿份；积极协助有关部门鉴定假票共6批160张，坚决打击制贩假票的不法行为，有效地维护财政票据的权威。此外，认真做好专项检查工作。7月，受财政部的委托，票据监管中心组织专项检查组对驻甘肃省的中央单位票据管理和使用情况进行专项检查。

五、完善票据的使用和管理

针对个别医院违规使用自制住院押金票据及部分单位往来票据使用不规范问题，票据监管中心分别发文、发函，督促相关单位整改落实，对各种票据的使用和管理提出严格要求，进一步规范票据使用和管理。

六、加大财政票据管理业务培训力度

安排有关人员到华南农业大学等省直有关单位和广州、清远、湛江、阳江等市主办的票据管理业务培训班授课，讲授财政票据管理使用的相关法规和规定，并现场解答疑难问题。12月5~7日，票据监管中心在广州举办全省财政票据管理业务培训班。培训内容包括财政票据监管政策、财政票据的核销与销毁及网络管理、财政票据计划管理及票据防伪鉴别、财政票据业务平台实操等财政票据管理业务，培训班上，各市还交流财政票据管理工作经验。

七、推进财政票据管理信息化建设

进一步推进信息化建设，对财政票据管理软件进行升级。同时，为推进广东省财政票据精细化管理和网络化建设，提高电子化管理水平，实现数据共享，安排有关人员到揭阳、潮州、河源、梅州、汕头、汕尾等6市，为上述各市财政票据监管机构安装财政票据管理系统联网专用设备，使全省部分市级财政票据监管机构实现省、市级间相互联网，以及财政票据印制计划、入（出）库、核销、缴库、销毁等环节的全面同步管理，确保数据的连续性、准确性、完整性和可靠性，提高票据监管业务水平和办事效率。11月下旬，安排有关人员到顺德市财政票据监管机构，安装财政票据管理系统联网专用设备。

八、通报全省财政票据监管情况

主要通报2011年度全省财政票据发放、核销、销毁到期票据存根和查处违规情况，对统计报表及时、工作认真和票据工本费收缴及时的市进行表扬，并指出有待进一步改善和加强工作的地方。

（票据监管中心供稿，吴文春执笔）

财政信息化工作概述

2012年，数据信息中心按照夯实基础、规范管理、稳健运维和开拓创新的工作原则，认真做好省财政厅信息化项目的规划、建设和运维管理等工作，较好地完成了各项工作任务。

一、加强项目组织，大力推进“金财工程”广东项目（一期）建设

（一）认真做好初步设计概算报告的编制，完成项目立项

根据省发展改革委对项目可行性研究报告的批复要求，2012年，省财政数据信息中心积极组织力量，按照省财政厅的工作实际需求，收集近300份应用系统开发资料、30多份硬件实施方案、有关项目建设合同、设备清单及有关文件，完成《“金财工程”广东项目（一期）初步设计概算报告》的编制工作，2012年9月省发展改革委正式批复，明确项目的建设内容和投资概算。

（二）做好项目管理和财务管理工作

根据基本建设项目的管理要求，为规范项目建设管理，数据信息中心完成“金财工程”广东项目（一期）的项目总监理和软件、硬件集成项目监理的招标。开展工程项目资料的整理，共清理93个具体项目，4 187份文档资料，装入247个文件盒，扫描近3万页资料，做好项目文档管理工作。通过引入监理进一步规范项目建设管理，充分发挥监理公司在项目建设过程中的技术审核把关作用。按规定聘请会计师事务所建立“金财工程”项目专账，规范工程项目的财务核算管理。

（三）做好标准编码体系的建设工作

为统一规范全省各级财政部门的业务流程、数据元和代码集，省财政数据信息中心完成《广东省“金财工程”统一标准编码体系指南（3.0）》的开发、部署工作，并分批次对各市、县区财政部门信息技术人员进行集中培训，积极应用和推广。

（四）做好项目的需求调研、方案设计、研究开发、部署上线运行和项目验收等工作

积极推进“金财工程”相关项目的建设。完成试编政府综合财务报告、县级非税收入、政府投资项目资金管理、动态资产管理、会计管理、财政绩效管理系统二期、企业财务会计信息网络报送、安全平台、人事教育管理系统升级、部门预算系统升级、预算执行系统升级、省级财务核算集中监管及预算执行动态监控系统升级、省市县级应用支撑平台等13个应用系统的建设任务。开展省财政业务系统一体化项目、外网数据中心、财政综合监督管理、政府采购管理、农村财务管理监控等5个应用系统的前期需求调研工作。

二、加强技术服务，发挥信息技术的支撑作用

（一）做好2012年省财政厅信息化建设工作计划的项目梳理和督促落实工作

在厅信息办的统一部署下，数据信息中心对2012年的信息化建设工作进行全面梳理，确定34项信息化建设工作任务，其中新建类6项、续建类13项、完善类9项、备建类6项。每个项目建立项目实施小组，指定具体技术人员参与项目的技术工作，定期反馈项目进展情况，协调解决项目建设过程中的各种困难和问题，督促建设项目按时保质开展工作。在与各项目实施小组的共同努力下，较好地完成了工作任务。

（二）做好省财政厅网上办事大厅的页面设计、开发、培训和后台维护工作

根据省政府的统一部署及相关要求，数据信息中心按照规范的网上办事大厅技术细节，积极开展网上办事大厅的办事流程、办事指南、表格下载、在线申报、进度查询、结果公示等相关栏目的页面设计、开发及后台数据资料完善等工作。网上办事大厅开通上线后，数据信息中心对有关处室领导及经办人进行了操作培训。

（三）做好软件正版化检查工作

数据信息中心积极做好相关基础工作，确保省财政厅软件正版化工作符合有关要求，顺利通过国务院督查小组和省政府检查小组的两次软件正版化检查。同时，数据信息中心还积极参与并完成对省公安厅、省司法厅等9个省直机关单位和惠州、河源、梅州市3个市的软件正版化检查工作。

（四）做好省财政厅其他信息化项目的技术工作

根据省财政厅的工作要求，数据信息中心积极调查研究，编制全省财政系统视频会议项目建设方案上报省发展改革委审批，草拟省财政厅移动OA建设方案。积极配合预算处、农业处开展转移支付系统、地方债务系统、工资统发系统、农村一事一议系统等项目的技术把关和培训部署等工作。

三、加强安全管理，认真做好软件、硬件、网络的运行维护

（一）做好已上线运行软件系统的后台技术支撑和日常技术维护工作

数据信息中心通过日常巡检、故障处理、解答用户咨询、响应业务处室数据维护需求、数据修改权限管理等工

作，全面做好预算执行系统、部门预算系统、财政供养人员管理系统、省级应用支撑平台、非税收入管理系统、政府采购管理系统、行政审批系统、会计人员信息管理系统、标准编码系统、人事教育管理系统、OA 系统、财政绩效评价系统等 10 多个业务系统和中间件、数据库等底层支撑系统的运行维护工作。2012 年共为 10 多个业务系统提供各类运维支持（含远程支持）4.2 万多次，为业务处室提供现场维护支持 1 690 次、系统升级 62 次，确保财政业务工作正常开展。

（二）认真做好机房环境、计算机硬件、网络设备、厅机关桌面设备的日常维护工作

数据信息中心通过日常巡检、专项巡检，排除机房、网络及硬件设备隐患，及时更换故障设备，定期进行专业保养等工作，确保网络设备、服务器正常运行，网络系统畅通。及时做好处室计算机维修，网络调整和设置等工作，2012 年共为省财政厅各处室检查、维护和解决桌面 PC 机的软硬件及网络、打印机等故障约 870 多台次，包括操作系统维护 120 次、安装操作系统 80 次、安装工作站外围设备及相关维护工作 60 台次、桌面网络连接、调试和维护 260 台次、硬件故障诊断和排除共约 350 台次，确保业务工作顺利开展。

（三）认真做好信息系统安全管理和服务

加强对全厅内网办公电脑、涉密计算机的管理，全面做好移动存储介质安全管理系统的安装和专用 U 盘的注册，做到涉密 U 盘单独使用，专用 U 盘内网办公使用，解决秘密信息通过 U 盘泄露、移动存储介质交叉使用、公私混用和从网外感染木马、病毒等安全隐患。2012 年为全厅各处室计算机进行保密软件的安装、设置等运维操作 180 次，注册专用 U 盘 45 个，销毁需报废的数据硬盘 52 个，堵塞业务信息通过废弃硬盘泄露的途径。加强内外网趋势防病毒系统的运行维护，及时升级更新病毒库，做好病毒预防和特殊病毒专项报告和分析处理工作。做好 CA 系统运维管理，加强对省财政厅 5 台安全应用支撑服务器和 3 套安全服务中间件的运维管理工作。

（四）做好省财政厅信息系统安全检查工作

按照省有关部门的要求，数据信息中心协助厅保密委制定了《广东省财政厅 2012 年信息安全检查工作方案》，组织开展全厅信息安全检查、整改等工作，确保省财政厅顺利通过省公安厅网警总队、省保密局的专项检查。

四、加强调研学习，努力提高工作质量和效率

（一）加强与财政部信息网络中心的联系，明晰财政部信息化建设和管理的工作思路

数据信息中心参加财政部在宁波市举办的“金财工程”验收会，学习掌握“金财工程”项目的验收标准、要求和做法，并贯彻落实到广东省项目建设的日常管理中去。日常注意加强与财政部应用支撑平台项目组的联系和沟通，准确领会应用支撑平台的推广实施要求，全面做好广东省支撑平台建设工作。

（二）加强与兄弟省市和省直兄弟单位的横向联系，积极借鉴他人的先进经验和做法

数据信息中心认真借鉴兄弟省市和省直兄弟单位的先进经验和做法，结合实际，梳理工作思路，确定工作目标。通过积极调研和借鉴兄弟单位的做法，制订广东省财政视频会议系统建设方案和省财政厅移动 OA 建设方案。

（三）加强对地市、县级财政部门的信息化的调研，了解掌握基层财政部门信息化建设状况，梳理有关工作的方向和思路

数据信息中心积极开展专题分片调研工作，并借助对地市应用支撑平台验收和召开培训班的机会，加强与各地财政信息化部门和人员的沟通交流，了解和收集基层财政部门信息化建设状况和工作建议，为做好全省财政系统信息化工作理清思路。

（四）加强对干部职员的培训，派员参加各类培训班和研讨会，拓宽大家专业技术的知识面

2012 年，数据信息中心干部职员共参加各类培训班 18 人次，共 424 学时；参加讲座、讲坛学习 126 人次；参加专业继续教育学习 3 人次，共 120 学时。

五、加强制度建设，规范日常工作运转

研究制定《广东省财政厅信息系统运行维护工作人员驻场管理办法（试行）》，并印发实施；研究制定《广东省财政数据信息中心财务管理实施细则》和《数据信息中心监管小组工作制度》，并印发执行；草拟《广东省财政厅信息化应用系统安全管理办法》、《广东省财政厅数据备份管理办法》、《广东省财政厅信息化项目建设管理办法》及其配套办法；制订《数据信息中心绩效工资分配方案》并上报厅人事教育处审批。

（省财政数据信息中心供稿，彭　云执笔）

财政科研宣传工作概述

2012 年，省财政科学研究所紧紧围绕“加快转型升级、建设幸福广东”这个核心，充分发挥“为领导决策服务，为财政中心工作服务”的职能，抓好科研宣传各项工作，取得丰硕成果：一是不断创新财政科研课题研究，为广东省财政工作提供决策参考；二是紧跟时代发展步伐，发挥财政理论宣传的引导和对外交流作用；三是史志工作不断取得新成绩，促进以史辅今水平的提升。

一、扎实工作、协同推进，财政科研工作取得丰硕成果

（一）完成省财政厅领导交办的任务，突出为财政中心工作服务的职能

1. 完成省委交办的省十一次党代会的专题研究课题

《加强以改善民生为重点的社会建设》。省财政科学研究所积极组织专家，按照省委办公厅提出的“研究要立足广东实际以及要提出具有明确方向性和可操作性的对策措施”的要求，在省财政厅领导的直接指导下，从改善民生与社会建设的关系、改善民生的内容、财政在民生建设中应发挥的作用、如何形成以改善民生为导向的社会建设格局、财政分配方式改革研究、财政管理方式改革等内容进行系统深入的研究，提出创新性的、操作性强的对策建议。

2. 成财政支持“双转移”战略实施成效的总结报告。省财政科学研究所从财政支持“双转移”的措施、投入，以及在促进转型升级、推动区域协调发展、推动劳动力转移和实现经济发展与环境协调等几个方面进行定性与定量相结合的总结。

3. 全力配合省财政厅业务处做好“政府向社会组织购买公共服务目录”编制工作。

（二）深入开展绩效管理研究，丰富完善绩效管理理论，为财政绩效管理实践提供科学的理论指导

1. 根据省委省政府部署开展行政管理体制改革课题研究。主要包括《行政管理体制的破局：广东的实践》、《基于历史经验的行政管理体制改革研究》、《从日常的小事看现有政府管理体制的改革》，取得初步的研究成果，为进一步系统、深入研究行政管理体制改革奠定良好的基础。

2. 创新性地开展合权共建、合富共享的总结性课题研究。经过深入思考，省财政科学研究所梳理广东改革发展的措施和成绩，提出“广东践行的是中国特色社会主义理论，走出了一条新型的‘合权共建，合富共享’的发展道路”的思路，即以解放思想为起点，以两大改革（行政管理体制改革、财政分配方式改革）为抓手，以两大建设（社会建设、民生建设）为核心，以两大方式（民主方式、科学方式）为保障，以两大措施（文化强省、自主创新）为动力，以两大转型（转型升级、双转移）谋发展，最终目的是实现两大目标（和谐广东、幸福广东）。

3. 理论研究继续深入和提高。在以往理论研究积累的基础上，从财政绩效管理的原理、方法、利害关系、具体的制度流程设计、风险防范等方面进行持续的探索，整个理论成果收集在《财政分配方式革命》一书，成为省财政科学研究所绩效理论研究和探索的第4本专著。

4. 继续开展绩效哲学基础理论研究。以哲学的认识论和方法论对绩效所涉及的实践、责任、利益、思维和行为等问题开展基础性的哲学探讨，用哲学基础理论来研究绩效，主要探讨绩效本身的根本问题，使绩效所展示的“用”的价值，为哲学认识论的“体”找到哲学判断的“用”，使绩效哲学成为大用和小用的统一，成为社会化和组织化的优化判断标准。

5. 深化零基预算研究，提出财政绩效管理是实现零基预算的有效载体。经过研究提出，财政绩效管理能够实现零基预算的改革目标，彻底克服财力切割固化的“痼疾”，不仅能实现财政分配的科学化，还能为财政分配的民主化开辟道路。

（三）深入开展绩效管理研究与实践工作

2012年，省财政科学研究所合作的各地所开展的财政绩效预算共评审财政专项623个，涉及金额63.4亿元，专家建议安排43.5亿元，核减19.9亿元，核减率为31.4%。

（四）组织开展财政课题管理工作，提升全省财政改革发展课题研究水平

在中国财政学会2012年年会暨第十九次全国财政理论研讨会上，广东厅省直行政事业单位物业管理中心的《广东政府物业资产产权管理制度改革研究报告》（省直行政事业单位物业管理中心课题组）与科研所的《以竞争性方式实现财政资金的绩效管理》（作者黎旭东、危然）获得二等奖。

（五）理论联系实际，深入开展应用性课题研究

1. 受省政府发展研究中心委托开展收支监管课题研究。该课题为2012年广东省政府重大决策咨询课题。省财政科学研究所落实省财政厅厅长的指示精神，课题研究已形成第二稿。

2. 承担市、县课题研究，充分发挥财政科研理论指导实践的作用。

2012年，省财政科学研究所利用自身理论联系实践的优势，承接的课题研究包括社会保障处《建立健全城乡低保标准与物价变动联动机制研究》、珠海市的《新形势下珠海财政发展策略研究》和佛山南海区的《构建南海区直行政事业单位财政监督平台》、《财政支出项目绩效评估指标体系》。

3. 参与财政部科研所组织的全国协作课题。在2012年厦门举行的中国财政学会2012年年会暨第十九次全国财政理论研讨会上，由省财政科学研究所牵头研究的2011年度课题《实施财政绩效管理破解财政资金分配困局研究》获得该年度一等奖。由省财政科学研究所牵头研究的2011年度的全国协作课题《“十二五”期间促进中国农业现代化的财税政策研究》于2012年4月完成，并提交财政部科研所。此外，省财政科学研究室还组织研究2012年全国财政协作课题《地方教育投入效果与绩效管理制度研究》。

4. 开展财政学理论的研究和教材编写工作。省财政学会组织暨南大学、广东外语外贸大学、广东商学院、中共广东省委党校等多家高等院校及其内部的财政研究机构共同组成编写小组，通过集体协作和攻关，形成一本具有广东特色、能够充分反映广东公共财政理论研究和财政改革发展实践成果的财政学教材。

5. 积极做好《广东财政理论与实务》丛书申报评审工作。在“十二五”期间编辑出版《广东财政理论与实务》（第二集）系列丛书，对广东财政改革发展的重大性和前瞻性的问题进行深入研究，为财政改革发展的实践工作提供理论性指导。截至2012年年底，丛书已立项4个课题，其他申报评审工作正按计划进行中。

二、发挥财政宣传工作的理论导向和对外窗口作用

（一）围绕财政工作重点和经济社会发展热点，《广东财政理论与实务》进行系列策划和深度解读

围绕社会经济发展热点问题和省委、省政府对财政改革发展的重点工作要求，《广东财政理论与实务》杂志对各项改革进行总结分析和深入探讨。先后围绕广东省开展的基本公共服务均等化改革、以改善民生为重点的社会建设、"三个坚持、四个转型、三个转变"的财政管理体制改革、社区服务建设、"双转移"战略、零基预算和绩效预算、打造财政精神、用数据说话等主题分别做专题宣传和深入探讨，并邀请全省知名专家教授通过座谈、研讨、撰文等方式进行解读和总结分析。

（二）加大对市、县工作的宣传，强化地方财政工作经验交流

利用杂志宣传平台，加强对市、县实践经验的宣传和讨论，进一步强化地市之间的财政工作经验交流。例如用两期专题宣传顺德在社会改革方面的先进做法，还邀请相关专家围绕顺德的"三大改革"进行深入研究。此外，还专门深入调研广州市社区服务建设情况，并专题宣传广州市北京街家庭社区综合服务中心等。

（三）创新杂志宣传模式，提高杂志的吸引力

不断创新杂志的宣传模式，从内容版块、内容的排版方式以及文章的使用方面入手，不断增强杂志的吸引力。一是增加对广东历任财政厅长的简介。二是对市、县信息的刊登模式进行调整，加大市、县工作信息量。

（四）继续组织好"广东财政大讲堂"

2012 年，省财政科学研究所与厅人事教育处联合举办的"广东财政大讲堂"采取不定期举办形式，2012 年共举办 6 场报告会。报告会的内容丰富，既有扩展财政干部的财政理论知识的讲座，也有帮助财政干部身心健康、生活和睦的讲座，包括《幸福、和谐家庭与道德调谐》、《能力建设与文化道德素养》、《不治已病治未病——干预亚健康》、《用数据说话》、《解读大数据》等。

（五）继续组织开展全省财政征文大赛活动，提高地方理论研究水平

组织广东省财经类专家对 2011 年度"中山杯"征文大赛进行评审，并将优秀作品汇集出书。同时，与汕尾市财政局联合举办"汕尾杯"财政征文大赛。

三、做好财政史志工作，突出为现实工作服务

（一）切实做好《广东省志（1979－2000）·财政税务卷》的牵头组织编修工作，《财政税务卷》编辑室荣获"全省地方志工作先进集体"称号

按照省地方志办公室的要求，志书编修室（设在科研所史鉴办）认真组织了《财政税务卷》的修改工作，并于 6 月交付出版，成为省志各卷中第一批付印的第一本。2012 年 12 月 28 日，在省政府隆重召开的 10 年来唯一一次全省地方志工作总结表彰大会上，《财政税务卷》编辑室因成绩显著，被省人力资源和社会保障厅、省地方志办公室评为"全省地方志工作先进集体"（全省 40 个单位之一，省直 10 个单位之一）。

（二）认真完成《广东财政年鉴（2012）》的编辑出版任务，继续向"精品年鉴"迈进

2012 年年鉴的工作，严格按照 2 月份省财政厅厅长关于"既然是财政年鉴，要认真对待，对历史负责"的指示精神，切实做好各方面工作，继续向"精品年鉴"迈进。重点是切实做好年鉴编审工作。一是严把选题关。认真落实曾厅长关于"按厅、各处室单位的工作总结及厅办公会议，厅党组会议的决定事项，认真写好年鉴"的批示精神，通过 3 次选报汇集，使编列进大纲的（处室）专题全面反映省财政厅 2011 年的工作重点和工作亮点；通过制定市县财政工作专题亮点的五条要求，使编列进大纲的市县财政工作专题体现市县财政工作的特点和亮点。二是严把时间关。《广东财政年鉴（2012）》不仅实现"当年编审，当年出版发行"的年鉴工作目标，出版时间比 2011 年也提前 1 个月。三是严把审核关。除要求所有稿件必须按《广东财政年鉴编委会审稿方案》的流程完成审稿外，年鉴编辑部还组织有关处室通讯员召开专题稿件交叉审稿会；采取编辑部三审和出版社三校交替进行的方式，大大缩短编审时间，提高编审效率；按照厅领导的有关批示，认真组织厅各处室、单位对清样稿的复核和年鉴出版社专家对清样稿的把关审核，进一步提高编审质量。

（三）史料研究和收集工作获得新成果，取得新进步

1. 做好"百年广东财政"研究丛书和史料丛书的总结工作和开发利用。因出版百年广东财政研究和史料丛书，省财政科学研究所被批准成为中国财政学会财政史专业委员会的会员单位，还受邀参加中国财政学会财政史专业委员会第六次年会，并在分组讨论中介绍了百年广东财政研究丛书的情况和做法。省方志办省志编审处王涛处长等一行 4 人还专门到访，要求向他们介绍百年广东财政研究丛书和史料丛书组织管理的主要做法。在省方志办组织召开的 2012 年广东省地方志理论研讨会上，总结"百年广东财政"研究丛书和史料丛书组织管理做法的文章荣获三等奖。同时，还组织开展"读丛书（百年广东财政研究丛书），谈心得"征文活动，共收到江门、揭阳、惠州、茂名、清远等 14 个市财政部门和有关高校组织的参赛文章 290 篇。

2. 做好有关书籍的出版发行和财政人物的宣传工作。出版发行《科学发展，惠及民生——2002－2010 年的广东财政》和《迎难而上——"十一五"时期的广东财政》两本书籍（曾志权厅长主编）。组织新中国成立以来历任财政厅长的宣传文章和 6 位财政系统老领导的访谈文章，并在《广东财政理论与实务》上刊用。

（省财政科学研究所供稿，杜婷婷执笔）

农业综合开发评估工作概述

2012年，省农业综合开发评估中心（以下简称“省农评中心”）紧密围绕全省财政中心工作，不断创新机制，切实履行自身职责，扎实稳妥地完成全年各项工作任务，为广东财政改革和发展作出积极贡献。

一、全面完成全省2012年度农业综合开发项目评审工作

2012年，省农评中心先后聘请各类专家800多人天次，组织完成了全省申报国家和省级农业综合开发11类共242个项目的评审工作，评审的项目类型和项目数量均为历年最多。包括申报2012年省级土地治理项目18个、申报2013年国家农业综合开发存量资金高标准农田建设示范工程项目31个、申报2013年国家农业综合开发：产业化经营财政补助项目46个、申报2013年国家农业综合开发存量资金土地治理改造中低产田项目65个（含种植大户和合作社试点项目4个、华侨农场试点项目2个）及科技推广项目36个，申报2013年国家农业综合开发水利部门中型灌区配套节水改造项目2个、林业部门项目25个、供销总社新型合作示范项目13个和农业部专项项目6个。

上述各类项目中，既有省农评中心每年都负责评审的国家农业综合开发产业化经营财政补助项目、土地治理项目和科技推广项目，也有首次由省农评中心承担评审的国家农业综合开发几类部门项目。为提高项目的评审质量，特别是考虑到部门项目牵涉面广、敏感度高，省农评中心精心组织，认真筹划，统筹安排，全力以赴，确保整个评审工作顺利开展和按要求完成。

（一）评审准备提前筹划，提高评审工作主动性

与往年相比，2012年农业综合开发办（以下简称“农发办”）委托省农评中心评审的上述几类项目，从委托之日起到要求完成评审的日期间隔更短，时间更紧，部分项目在已经开始评审后仍陆续有新申报项目材料补充提供，或者在项目室内评审结束后再增加项目评审数量，给评审组织工作造成很大不便。为确保评审任务能按期保质完成，省农评中心采取了以下措施：一是提早筹划，加强与农发办沟通。从接到农发办各类项目的评审委托开始，即及时与农发办进行沟通，明确各类项目评审的具体要求，制订评审工作初步计划，在时间上变被动为主动。二是认真学习，深刻领会政策要求。认真组织学习国家农业综合开发各类项目新要求及广东省出台的有关新政策，确定评审工作的重点和方向，并将有关政策及工作要求传达给各位专家。三是制订方案，明确责任分工到人。每次项目评审前，都拟订好项目评审工作方案和经费预算并向省财政厅分管领导请示；在具体工作安排上，从中心领导到每一位干部，都分工明确、责任到人，确保整个评审工作有条不紊地进行。四是做好评审工作的其他准备。2012年，针对评审项目的不同类型，省农评中心继续编印相应类型项目的《项目评审工作手册》，作为专家工作的“工具书”，为进行专家培训和指导专家开展评审工作提供较系统的资料。

由于2012年是第一次承担几类部门项目的评审工作，省农评中心高度重视，在时间十分紧迫且存在较多不确定性，特别是有关部门迟迟不能确定需要评审的项目名单、申报材料无法保证按时提供的情况下，坚持做到提前筹划，不等不靠，将工作做在前面，以争取工作的主动性。一是多次就评审工作向分管厅领导汇报请示，并按照厅领导有关指示精神完善工作方案；二是就有关要求和安排积极与农发办沟通协调，争取理解和支持。三是充分发挥干部的主观能动性，调动大家的工作积极性，明确分工，责任到人。

（二）严格挑选评审专家，确保参评专家综合素质高

继续坚持专家轮换制度、回避制度，与专家签订公正评审承诺书，严格执行“八个不准”工作纪律制度。2012年，在评审工作中，严格挑选综合素质高的“三高一正”专家（即思想道德素质高、业务专业水平高、工作积极性高和纪律作风正）。

1. 专家专业分类更细。在往年以按大专业分类为主抽选专家的基础上，2012年省农评中心在抽选专家开展项目评审时，进一步细分专业类型、类别，据此抽选各专业专家，逐步实现以按细分专业为主抽选专家，参评专家的专业更对口。

2. 抽选专家范围更广。2012年评审的国家农业综合开发林业部门项目，首次从广西师范大学、广西林科院和中南林业科技大学等周边省区的高等院校和科研单位邀请专家参加评审。一方面有利于专家的相互学习交流，另一方面拓宽了专家的来源渠道，使专家的轮换制度和回避制度得到更有效执行。

3. 对专家的工作要求更严。抽选好专家后，省农评中心对专家进行专门培训，邀请资历较深的专家就业务上需要注意把握的问题进行讲解，同时邀请农发办有关人员就项目的扶持方向、扶持重点、项目立项条件、承担单位应具备的条件、项目投资规模、资金使用范围等有关政策问题进行解读，并就评审工作程序、评审工作方式方法、评审主要内容以及评审具体要求等内容向专家作出具体说明，提高专家政策水平和参与开展评审工作的能力，以提高专家评判的准确性。此外，坚持对专家提出评审工作纪律要求及廉政要求，强调必须遵守“八个不准”；在评审过程中对专家实行封闭管理，加强对专家的监督；在实地考察过程中严禁专家“单独行动”，避免出现影响评审结论公正性的行为。

二、组织开展科技推广专题调研工作

为掌握全省财政扶持农业综合开发科技创新情况，促

进农业科技创新在实现农业稳定发展、确保农产品有效供给中发挥更大的作用和取得更好的成效，省农评中心将开展财政扶持农业综合开发科技创新情况调研确定为2012年的重点调研课题。课题由省农评中心牵头、省农科院情报所派出力量参与共同完成。为做好有关工作，省农评中心与情报所进行多次研究，成立课题小组，制订调研工作方案。从5月份开始，通过向全省发放调查问卷、组织开展实地考察调研、采取打电话进行一对一咨询以及逐份翻阅以往项目资料等多种方式，开展广泛的调查了解和资料收集等工作。经多次的讨论和反复修改，最终形成约2万字的调研报告。

三、完成农业处委托的项目评审任务

省农评中心在按要求开展好农业综合开发项目评审工作的同时，充分发挥自身熟悉农业、长期从事财政涉农类项目评审工作的优势，承担省财政厅农业处委托的部分项目评审任务，如小流域综合治理项目、水利科技创新资金项目等。

（省农评中心供稿，刘强执笔）

注册会计师行业管理工作概述

2012年，省注册会计师协会（以下简称“省注协”）紧紧围绕常务理事会确定的全年工作思路和工作重点，求真务实，开拓创新，较好地完成各项工作任务。截至2012年12月31日，全省会计师事务所800家，注册会计师8 303人。

一、深入开展创先争优活动，扎实做好会计师事务所综合评价工作

（一）深入推进行业“网络建设年”主题活动

按照中国注册会计师协会（以下简称“中注协”）“网络建设年”活动的要求和部署，全面实施广东省行业信息化发展战略，已建成覆盖省市注册会计师协会、会计师事务所、注册会计师、政府监管部门的信息化网络，省注协日常行政管理、信息发布、会员注册、年检、考试、后续教育培训、执业质量监管、党群建设等工作全面实现信息化模式管理。9月22日，全国注册会计师行业创先争优总结暨“网络建设年”交流推进会在北京召开，会上广东省介绍行业在信息化建设方面的经验和做法，得到财政部副部长王军的肯定和表扬。

（二）做好会计师事务所创先争优综合评价工作

2－4月，组织全省会计师事务所开展2012年度创先争优综合评价填报工作，按时做好确认工作，完成核查工作任务，配合中注协做好广东百强所的核查。综合评价按大、中、小型会计师事务所分类，指标包括会计师事务所规模、人才培养、质量控制、党建情况、创先争优、社会责任等十余类、100多项内容，采取定性和定量的方式进行填报评价，注册会计师、从业人员全部参与。8月，中注协发布2012年会计师事务所百强榜，全省有5家会计师事务所进入全国百强，分列第33、40、65、73、85位。9月，整理、发布全省2011年会计师事务所综合信息排名，其中业务收入1 000万元以上（含1 000万元）事务所共63家（其中分所23家），1 000万元以下500万元以上（含500万元）事务所66家，排名第1位的事务所业务收入超2.4亿元。

（三）组织参与全国注册会计师行业“十大类岗位能手”竞赛

按照中注协和全国行业党委有关开展行业“十大类岗位能手”竞赛的部署要求，广泛组织发动全省会计师事务所、注册会计师踊跃参与竞赛，全省共有26位选手参与竞赛，展示形象和技能风采。经中注协组织评审，有4位选手分别获全国注册会计师行业审计工作岗位能手、新业务拓展岗位能手、国际合作岗位能手和品牌建设岗位能手称号，为广东省行业争得荣誉。

（四）隆重召开全省行业创先争优活动总结暨表彰大会

2012年10月11日，省注协党委在广州召开全省行业创先争优活动总结暨表彰大会，全面总结全省行业深入开展创先争优活动的做法、经验，表彰5家“先进行业党组织”和20家“先进会计师事务所党组织”，100位同志荣获“优秀共产党员”称号。会上还对26位参加“十大岗位能手”竞赛的选手给予表彰。

二、采取措施，确保会计师事务所新服务收费标准执行

（一）规范行业收费

一是注重宣传，提高认识。通过短信通知、网上发布、及时发文等方式告知事务所新的收费标准有关事宜，同时召开全省主任会计师会议，统一思想，提高全省事务所坚决执行新收费标准的认识与觉悟。二是解答释疑，取得理解。研究事务所在执行新收费标准过程中可能遇到的问题，并在网站上公布，缓解因执行新收费标准而激发的矛盾。及时解答事务所、企业、政府相关部门提出的问题，争取政府部门与企业对事务所执行新收费标准的理解与支持。

（二）打击行业内低价不正当竞争行为

依托行业防伪报备系统，打击行业内低价不正当竞争行为：一是严管“接下家”业务。利用报备历史数据，对低价“接下家”业务严格管理。凡是低于基准价的“接下家”业务，均要求事务所严格按照准则要求，与前任注册会计师进行沟通并提交沟通记录，避免恶性低价接下家的不正当竞争行为。二是及时提醒警示风险。对于报备系统提示业务数量异常、报备数据异常、涉嫌低价接下家的事务所分别采取发警示函、约请谈话、暂停网上报备等方式，提醒事务所防范业务风险。2012年，共对31家业务收据异

常事务所发出警示函并对其中16家事务所暂停网上业务报备。

三、突出重点，开展2012年会计师事务所执业质量检查工作

以信息化为手段，充分发挥防伪报备系统的基础数据收集功能，通过对基础数据分析，及时发现异常情况，抓住焦点问题，明确检查重点，提高执业质量重点检查对象的针对性。2012年，在全省事务所执业质量和内部管理情况自查的基础上，从事务所抽调66名注册会计师与有关市注册会计师协会工作人员组成12个检查组，对106家事务所进行执业质量检查。检查中以涉嫌低价不正当竞争、报告数量超出预警、被投诉举报的会计师事务所为重点，以会计师事务所执业质量、财务收费、人员兼职挂靠情况为主要检查内容。现场检查结束后，联合省财政厅监督检查局对发现的涉嫌造假疑点问题延伸到企业、银行进行查证核实。

经专家复核、小组长会议审议、办公会议讨论，对拟予通报批评以上惩戒的10家事务所、19名注册会计师发拟惩戒告知书。受理5家事务所、7名注册会计师陈述材料，并召开2场申辩会，组织专家、检查组及被惩戒对象对有异议的问题进行再次论证。12月27日，省注协召开惩戒委员会会议，决定对2012年度执业质量检查发现存在严重违规执业行为的9家事务所、18名位注册会计师给予通报批评、公开谴责等行业惩戒；将2家事务所、4名注册会计师移交省财政厅作进一步处理。

四、扎实推进，持续优化行业公共技术服务平台建设

以完善业务报告防伪报备系统、推动事务所信息化应用为重点，扎实推进“广东省注册会计师行业公共服务平台”建设，行业信息化建设取得的成果得到财政部、中注协有关领导的肯定，山西、上海、浙江、湖北、湖南、海南等全国10多个省同行相继来省注协交流工作、借鉴经验。

（一）稳步推进事务所信息化建设

重点督导正中珠江、中天粤、智合、中职信4家会计师事务所完成ERP业务信息系统建设和优化。加大中小事务所计算机审计软件使用推广力度，截至2012年年底，全省共有500多家事务所领用5 500套E审通审计作业软件，全省行业已基本全面推行计算机审计软件应用。

（二）优化业务报告防伪报备系统和监管模块

重点做好事务所执行新收费标准业务报告防伪报备模块的调整和咨询解答，实现事务所按业务收费标准审核报备，向政府有关监管部门提供业务报告防伪识别服务，探索事务所执业质量检查软件应用，实现行业执业信息的“全面记录、实时监控、有效披露”。

（三）加快推进会员卡应用

以行业会员卡应用为切入点，着力加强对会员年检、后续教育培训的信息化管理力度，部署2台会员自助终端，提供会员自助考勤、打印、查询功能，打造无人值守窗口，有效、完整地实现对会员准入、继续教育、执行业务、退出全过程全方位的信息化管理。

（四）部署实施行业知识库等上线

做好行业法律法规库和案例库在广东省行业部署实施，建立行业知识库，为会员方便获取充分法律法规等知识的支持，实现全行业的知识和技能共享。同时，配合中注协开展行业管理信息系统（二期）上线试运行工作。

（五）完善办公OA系统应用

实现省注协人事管理、工勤管理、绩效评价信息化，提高工作效率，提升执行力；做好会计师事务所党组织调查摸底与分类定级等数据采集工作，实现行业党群建设工作的数据网络化管理；按照中注协要求，做好广东省远程视频会议系统建设。

五、注重服务，做好会员管理各项基础工作

（一）完成注册会计师任职资格年检工作

2012年度注册会计师任职资格检查重点关注举报、注册会计师年龄、继续教育、惩戒、异地注册等情况；除继续采取网上预年检外，对江门、中山两市事务所及广州地区部分会计师事务所实施现场检查。2012年度应参加年检的注册会计师5 426人，5 259人通过年检，撤（注）销注册167人。

（二）开展2012年非执业会员年度检查

根据《广东省注册会计师协会非执业会员管理办法》的规定，2012年11－12月布置完成全省非执业会员年度检查工作，重点检查非执业会员后续教育、职业道德等情况，进一步完善非执业会员个人档案信息。

（三）开展事务所合伙人或股东资格评审工作

制定印发《广东省会计师事务所合伙人或股东资格评审办法》并成立注册管理委员会，建立规范的会计师事务所合伙人或股东胜任能力的评估审查机制和制度，对申请人是否具备合伙人或股东资格进行民主审议，有效提高事务所合伙人或股东的执业道德水平和专业胜任能力。2012年，共为140名拟担任事务所股东（合伙人）的注册会计师出具审计业务证明。

（四）做好会员管理日常工作

2012年分6批共批准注册会计师注册368人；配合省财政厅审核28家新设事务所申报的审批材料。办理非执业会员入会及注册会计师转非执业136人、注册会计师转所590人、非执业会员转会75人，为200多名非执业会员换发新证。及时对100多家事务所法人、地址、股东、合伙人的变更信息进行网上系统操作；为100多家事务所出具有关注册会计师人数、业务收入、无违规记录等相关证明材料。

六、完成2012年度注册会计师全国统一考试工作

2012年注册会计师考试，实行全新的考试模式——计

算机考试模式，省注协周密部署、精心组织，认真做好考前、考中、考后的各项工作。6月和9月两次召开全省考试工作会议，对全省注协系统工作人员进行总动员和培训；8月，派出8个检查组共34人次对33 114个考试机位进行逐一检查落实；主动与公安、经信、电力等部门联系，取得相关部门的支持和配合，防范高科技舞弊行为、保障考场电力正常运行，共同维护考试秩序。考试期间，省、市注协共组织302名同志参与巡考工作，并与每一位巡考人员签订了承诺书。

2012年，全省共设19个考区，报名人数59 303人，其中专业阶段考试报名人数57 869人，合计141 859科次，6科实际平均到考率45.8%；综合阶段考试报名人数1 434人，实际到考率90.5%；两阶段的报名人数分别占全国报名总人数约1/10。76人报名参加英语测试，实际到考率61.8%。考试期间，考场纪律良好，无重大突发事件发生，无违规情况发生。

七、加大力度，深入推进广东省行业人才建设工作

（一）完成2012年度注册会计师后续教育培训工作

2012年，省注协继续采取面授、网络教育、参观学习等方式开展注册会计师培训工作，同时加大面授培训的力度。在课程设计和培训组织上，做到既注重满足不同层次注册会计师知识更新的需要，又紧跟时势和行业热点难点，采取业务和党建相结合的形式，着力打造行业德才兼备的人才队伍。与北京、上海国家会计学院建立联合培养机制，共同举办主任会计师培训班，着力培养行业高级管理人才。配合中注协远程（视频）培训，拓宽培训渠道，扩大培训覆盖面。利用国家会计学院的资源优势，购买其网络课程，建立在线网络课堂，为注册会计师提供内容丰富的课程。

2012年，共举办现场培训班17期，包括：主任会计师面授培训班3期、注册会计师面授培训班3期、新批注师上岗面授培训班2期、远程培训班9期，培训注册会计师4 200余人；采取远程异步网络培训与现场结业考试相结合的培训形式培训960余人；审批10家有培训条件的事务所组织内部培训注册会计师1 000余人；全省培训注册会计师合计约6 100余人，注册会计师继续教育完成率为98%。

（二）加强与境外会计组织合作，共同培养国际化人才

为落实行业“走出去”发展战略，支持注册会计师走向国际、提供平台，2012年12月省注协与澳洲会计师公会共同签署《合作备忘录》，同意通过共同举办培训班、研讨会、座谈会、协助会员到对方会员单位实习等形式，深化双方在宣传、交流、培训等方面的合作。此外，配合中注协做好财政部注册会计师行业领军人才考试工作，2012年全省有11名注册会计师参加考试，其中3人通过笔试进入面试，1人通过面试成为财政部领军人才。

（三）做好非执业会员继续教育培训工作

2012年，为方便非执业会员参加继续教育学习，省注协继续与上海国家会计学院合作开通远程异步培训（网络培训），提供包括财务、会计、税法法律、法规，经济热点问题，金融、理财，人文历史知识，商业礼仪，沟通技巧等高质量培训课件。非执业会员通过网络学习、在线考试后完成继续教育。

八、加强宣传，深化粤港澳台及国内外同行的交流与合作

（一）办好省会刊和网站

2012年，共编辑出版《广东财会》6期，其中刊发文件通知8篇，理论探讨文章6篇，简讯21篇，内容既包括相关会议和各级领导指导工作的情况，也涵盖法律法规、税务、理论探讨等专业研究。及时在省注协网站收集、整理、转载、发布各类行业动态、热点新闻、最新政策资讯以及与行业密切相关的金融、税务、证券等法律法规。2012年，省注协网站共发布信息580条。

（二）密切与同行间交流与合作

2012年，先后接待特许公认会计师公会（ACCA）、英格兰及威尔士特许会计师协会（ICAEW）、澳洲会计师公会，以及香港会计师公会、华人会计师公会等来访问交流8批次；接待兄弟省份省注协工作交流等10余批次。6月，组织省内8家事务所参加首届“京交会”会计服务贸易分论坛，并介绍广东省行业对外交流的实践与经验。9月，组团参加“2012年海峡两岸及港澳地区会计师行业交流研讨会”；11月，与澳门注册核数师公会、香港会计资源中心联合举办主题为“财务报告制度——企业会计挑战”的论坛；12月，与香港会计师公会、澳门会计专业联会共同举办主题为“会计师如何协助企业提升管理质量”研讨会。

九、完善机制，提升行业自律管理的能力与水平

（一）加强行业管理制度建设

结合广东省行业实际，先后制订出台《广东省会计师事务所综合评价办法》、《广东省会计师事务所合伙人或者股东资格评审办法》、《广东省注册会计师行业业务报告防伪报备管理暂行办法》等行业管理规范。应网络管理要求，出台《广东省注册会计师协会远程视频会议系统分会场应急议案》等措施。

（二）加强自律运作机制建设

召开五届六次常务理事会，讨论审议业务报告防伪报备管理、事务所综合评价法、合伙人或者股东资格审核等办法以及成立注册管理委员会等事宜。以通讯方式召开常务理事会，审议表决个别理事、常务理事更换事项。制订印发了注册会计师管理委员会工作规则等，及时召开惩戒委员会、申诉委员会、注册管理委员会会议，发挥专家学者参与行业管理决策的作用。

（三）加强省注协自身建设

公开招录秘书处工作人员，充实员工队伍；发挥省注协办公 OA 系统功能，规范秘书处内部事务办理，提高工作效率；做好 2011 年度行业财务报表编制工作，按时收缴会费，严格支出管理，勤俭办会。

（省注册会计师协会供稿，林壮镇执笔）

注册资产评估行业管理工作概述

省资产评估协会（以下简称“省评协”）认真秉承“惠会员、利会员”的原则，积极转变工作作风和创新服务方式，研究并落实一系列促进广东省资产评估事业发展的有效措施，在行业人才培养、行业文化建设和新业务领域拓展等方面取得可喜的成绩，为进一步加快资产评估行业的发展打下坚实的基础。

一、积极推进行业人才培养工作，促进行业健康可持续发展

（一）制定人才发展规划，抓好行业人才梯队建设

资产评估行业是智力密集型行业，行业人才队伍的有序发展是行业可持续发展的关键所在。2012 年 3 月，省评协正式发布《广东省资产评估行业人才发展规划（2012－2016 年）》，明确行业人才发展的指导思想、目标、四大任务、七项措施、四大工程和五项保障，明确提出在未来 5 年时间里全面落实行业人才培养计划，形成人才梯队：一是大力推进广东省资产评估行业后备人才培养。争取在未来 5 年内，省内高等院校在读或毕业的资产评估专业学生规模达到 1 000 名。其中，大专生 400 名，本科生 500 名，研究生 100 名。二是稳步推进广东省资产评估行业人才队伍发展壮大，争取到 2016 年广东省资产评估行业从业人员达 6 000 名，其中注册资产评估师 1 700 人。三是建立行业人才培养专家库，争取平均每年新增专家 4 名左右，力争 2016 年专家库成员达到 50 名；四是培养职业道德过硬、评估理论水平较高、技术功底扎实、享有较高诚信声誉的“评估名师”20 名左右；五是努力造就具有行业先进文化理念、引领评估理论研究和技术创新、善于培养评估人才、广受社会尊重的“评估大师”1－2 名。

（二）加强与省内高校合作，推动资产评估专业学科建设

积极发挥作为学校与评估机构间的桥梁纽带作用，主动与中山大学、暨南大学、广东商学院等院校合作共建资产评估学科。2013 年初，省评协作为平台为广东商学院一次性统筹安排了 50 多名在校本科学生到机构进行实习。截至 2013 年上半年，广东中联羊城资产评估有限公司等资产评估机构共接收 230 多人次来自省内高校的实习生。同时，省评协还积极为省内高校推荐资产评估专业实践导师。广东省已有近 30 名注册资产评估师被高校聘为课外实践指导老师，何建阳等 8 名注册资产评估师已为相关高校的学生进行授课，总计授课 58 课时。

（三）重视产学研联盟，增进与省内高校的学术互动

充分发挥行业协会的桥梁、纽带作用，搭建协会、高校和机构三方交流平台。2012 年，省评协分别与广东商学院、暨南大学合作举办“打造评估新文化　树立南粤金品牌”和“讲诚信、说道德”为主题的沙龙活动。同时，省评协还与广东商学院联合承担了推进政府购买评估服务方面的研究课题。

（四）认真开展考培工作，做好行业人才培养常规性工作

2012 年 4 月，配合省人事考试中心开展 2012 年度注册资产评估师执业资格考试考务工作，向报考注册资产评估师人员发售 2012 年注册资产评估师考试用书，并根据要求及时向中国资产评估协会报告考试工作的相关情况。开展多种形式的后续教育培训工作，2012 年省评协分别在中山、惠州、东莞、佛山、清远、广州等地举办 6 期注册资产评估师后续教育培训班，共完成注册资产评估师（含岗前培训人员）培训 1 200 多人次。在培训课程的设置上，开展包括执业风险、工作底稿、资产评估准则、无形资产评估及森林资源评估等内容的专题培训。在授课形式上，除传统的课堂面授外，还组织学员到野外林区资产评估实地识图、测量，以丰富的培训方式增强培训效果。在培训师资上，除了中评协统一举办的远程视频培训班强大的师资阵容外，广东省自主面授培训也专门聘请高校教授、省外知名专家进行授课，以进一步提高培训质量。

二、加强行业文化建设，稳步推进行业党建工作

（一）开展行业文化建设系列活动

2012 年是“南粤评估精神”文化建设年，广东省资产评估行业以“打造评估新文化　树立南粤金品牌”为目标，积极探索行业文化建设新思路，以诚信执业为理念，相继开展以“打造评估新文化　树立南粤金品牌”为主题的征文活动，“南粤评估精神”表述语的征集活动和定期举办文化沙龙等各类交流活动，促进行业文化的交流和传播，不断加大广东省行业文化建设的宣传力度。

（二）贯彻落实党的十八大精神和行业发展规划

在党的十八大召开之际，财政部发布《中国资产评估行业发展规划》，明确了行业的五年发展规划。省评协组织全省行业学习贯彻行业发展规划，并广泛征求意见，结合广东省行业发展实际，研究制定《关于贯彻落实〈中国资产评估行业发展规划〉的通知》，提出贯彻落实的具体措施和意见。

（三）继续深入开展行业创先争优活动

2012年，省评协在机构综合评价工作的基础上继续深入开展行业创先争优活动，制定并公布评分标准，同时进一步规范评比程序。经过机构自评、行业贡献评分、评分结果排名、网上公示、由常务理事会审议表决等程序，表彰一批创先争优模范机构，创先争优标兵和优秀党员。

（四）开展行业党组织和党员情况摸查工作

全面掌握全省资产评估机构设立基层党组织的建设情况、党员情况、党员结构状况、组织关系挂靠情况等。通过多种活动形式，广泛征求意见和建议，找准行业党建存在的问题，深入分析问题的原因，理清发展思路，明确行业党建工作措施，为"两新"组织党建工作的科学发展打下牢固的基础。

三、加大行业自律监管力度，狠抓行业诚信建设

（一）开展注册资产评估师执业资格年度检查工作

省评协一直以来都高度重视注册资产评估师执业资格年度检查工作，切实将这一自律监管的重要措施落到实处，并通过不断创新工作思路，加强对年检资料合规性的审查力度，全面检查注册资产评估师专兼职情况、参加后续教育学时、参与或负责业务项目数量等多项信息，确保执业人员质量。2012年，全省共有1 344名注册资产评估师参加年检，1 296人符合年检合格要求，合格率达96%。

（二）加强收费监管工作

严格执行资产评估行业收费政策，并按照省评协制定的4个收费监管配套文件，从收费检查、业务报备、指导招投标行为等方面规范行业收费行为。从2012年1月起，全省全面实行资产评估业务约定书备案制度，要求全省资产评估机构开展业务时，签订协会统一编号印制的《资产评估业务补充约定书》，并按规定报省评协统一备案，从而对资产评估机构收费行为实行全方位监管，有效遏制机构的低价竞争。为使收费监管措施更加科学可行，省评协针对资产评估收费标准相关问题召开了调研座谈会、收费监督管理委员会会议等研讨会，认真研究收费标准的执行情况，深入探讨规范收费标准执行的有效措施。根据省物价局于2012年8月1日印发的《关于资产评估收费有关问题的复函》规定，广东省资产评估新收费标准试行阶段已经顺利完成，全省机构继续执行粤价〔2010〕142号文规定的资产评估收费标准。

（三）开展执业质量专项检查工作

2012年7－9月，省评协按照财政部和中国资产评估协会的统一部署，并接受省财政厅的委托，每年开展资产评估机构执业质量检查工作。通过与省财政厅（工贸发展处）有关人员共同组成行业执业质量检查工作领导小组，负责组织开展年度检查工作，并从全省资产评估机构中抽调约20名注册评估师担任检查人员，组成检查小组分赴全省各地对资产评估机构开展实地抽查工作。然后根据检查情况，召开自律惩戒委员会会议，审议表决被检查资产评估机构的处理意见，最后决定给予15家机构谈话提醒，5家机构发关注函。

（四）进一步完善会员诚信档案管理工作

为进一步规范和促进会员诚信执业，提高行业会员执业质量和社会信誉，对全省资产评估机构建立会员诚信档案管理工作责任制，全面收集整理会员诚信信息资料，建立会员诚信档案管理工作专人责任制，及时更新会员诚信信息，以接受社会的查询和监督。

（五）认真做好投诉访查工作

针对投诉事件，省评协根据协会相关工作程序和规定，以"化解矛盾、耐心解析、以理服人"为出发点，秉持公平公正原则，及时采取措施，调查协调，妥善处理矛盾，维护相关当事方合法权益。

（六）严抓中介行业防治腐败工作

省评协领导高度重视，把资产评估行业防治腐败工作摆到重要位置，专门成立专责领导小组，认真做好相关工作的部署，切实履行职责，真正做到思想认识到位、组织领导到位，确保工作落到实处，从而有力地保证行业防治腐败工作的顺利进行。同时，省评协将治理商业贿赂专项治理工作列为广东省资产评估行业执业自律监管工作的一项重要内容，大力防范商业贿赂的相关行为。结合广东省资产评估行业商业贿赂问题的产生原因、表现形式、主要特点及危害程度，省评协制定治理商业贿赂的工作重点和对策，通过加强日常管理、建立举报制度、跟踪检查等方式，发现存在问题，不断提出改进措施，以促进行业走向规范化发展。

四、扎实做好日常管理工作，将为会员服务工作落到实处

（一）规范和完善会员管理机制

立足会员需求，规范和完善会员管理制度，明确工作人员职责分工，细化工作流程，建立流程登记制度，并为方便会员办事，省评协将资产评估师注册、转所，机构信息变更等日常性工作的限定日期办理改为随时办理。2012年，省评协共完成注册资产评估师注册申报42项；办理转所变更132项；补制个人会员卡67张；为机构业务投标出具无不良执业记录证明84份；开具业务咨询意见函25份。

（二）积极配合省财政厅做好资产评估机构审批工作

认真贯彻执行财政部《资产评估机构审批和监督管理办法》，协助省财政厅工贸发展处开展资产评估机构审批和监督管理工作，包括对申请设立资产评估机构的有关申请材料或内容进行初步审核，对注册资产评估师注册情况、合作人或者股东专职情况进行审核，资产评估资格证书核发、协助开展资产评估机构年度报备、备案、注销等工作。2012年，协助省财厅审核资产评估机构新设、变更等备案事项，出具无不良记录审核意见合

计64项。

五、积极承接政府购买服务，提升协会服务质量和水平

随着政府职能转变工作的不断推进，省评协承接了多项政府转移和购买服务工作，协助政府部门开展有关工作。经省民政厅审核确认，省评协于2012年11月被列入第一批广东省省本级社会组织承接政府职能转移和购买服务目录内。截至2012年年底，省评协除承接包括协助开展资产评估机构审批、资产评估资格证书核发、行业执业质量监管、收费监管等日常管理工作外，还承接多项财政资金项目评审管理等工作。2012年，具体参与的项目有地方特色中小企业发展资金评审、种粮补贴和储备粮管理督查提供专项协作服务、省级财政技术研究开发与推广应用资金专家评审和后续跟踪管理、中小企业发展专项资金评审等。

为更好地承担政府部门委托的服务和工作，提升自身能力水平。省评协加强了政府购买服务方面的理论研究，与广东商学院合作承担《推进政府购买评估服务的研究》的课题研究。

（省资产评估协会供稿，黎雪瑜执笔）

专 题

基本公共服务均等化综合改革试点

《广东省基本公共服务均等化规划纲要（2009－2020年）》（以下简称《规划纲要》）实施以来，在省委、省政府的正确领导下，全省各级各部门认真贯彻落实，调整优化支出结构，完善财政投入机制，健全配套政策体系，不断提高基本公共服务均等化水平，取得显著成效，《规划纲要》第一阶段（2009－2011年）目标基本实现。2012年，为进一步加快基本公共服务均等化进程，确保《规划纲要》各阶段目标顺利实现，有效发挥典型示范效应，省委、省政府选择惠州市作为全省基本公共服务均等化综合改革首个试点市，寄希望惠州“抓出样子，走出路子，为全省面上推广打好基础”，实现重点突破，以点带面。

惠州市委、市政府高度重视，精心组织，周密部署，着重建立健全机制，努力提升服务水平，全市城乡、县区、不同群体之间基本公共服务水平差距不断缩小，探索出一套具有创新示范性的基本公共服务体系，较好地完成了省委、省政府下达的试点任务。

一、综合改革试点的主要做法

惠州市以解决人民群众最关心、最直接、最现实的利益为出发点，以保障和改善民生为重点，以缩小城乡之间、县区之间和不同群体之间的基本公共服务水平差距为目标，扎实开展基本公共服务均等化综合改革试点，推进建设“惠民之州”。

（一）强化整体设计系统性，增强综合改革制度保障

围绕改革总体思路，加强制度设计，着力构建基本公共服务资金投入保障机制、资源均衡配置机制、多元参与供给机制和考核监督评价机制等“四大机制”，加快建立政府主导、覆盖城乡、可持续的基本公共服务体系。

（二）强化标准的底线均等性，提高基本保障公平度

确定了免费义务教育公用经费、城乡居民医保财政补助标准等30个底线均等保障项目，形成与经济发展水平相适应的基本公共服务标准体系，建立起全市统一标准的底线均等保障机制。

（三）强化体制机制的创新性，加大先行先试改革力度

围绕“四大机制”，全市围绕12个专题共制定出《惠州市仲恺高新区推行电子教育券工作方案》、《惠州市住房保障制度改革创新实施方案》和《惠州市推行村（居）委“法制副主任”工作制度方案》等54项配套方案，形成了以创新促改革的良性氛围。

（四）强化财政可持续性，提升基本公共服务保障水平

坚持量力而行、尽力而为，合理设定基本公共服务保障标准，使制度保障的合理标准的基本公共服务覆盖城乡居民，同时，以政府为主导，确保每年基本公共服务支出增长高出公共财政预算收入增长2－3个百分点，引导社会和市场力量参与，建立基本公共服务财政可持续投入保障机制。

（五）强化目标项目的完整性，扩大综合改革覆盖面

全市12个专题实施细则全面涵盖了省、市方案提出的所有项目和工作任务，提出48大类目标，建立以公租房为主体的住房保障体系、农村客运基础设施建设养护机制等48项体制机制，实现义务教育规范化学校覆盖率100%、乡镇中心幼儿园规范化比例100%、重性精神疾病患者有效管理率100%等34个100%的具体目标。

二、综合改革试点的主要成效和亮点

经过一年的综合改革试点，惠州市基本公共服务覆盖面不断扩大、均等化水平不断提升、配套改革不断深化、机制活力不断增强，取得了显著成效。

（一）建立公共服务投入体系，基本公共服务供给扩大

全市综合改革试点坚持以政府为主导，充分体现社会公平，既尽力而为，又量力而行，建立起与经济社会发展水平相适应的基本公共服务投入体系。一是建立财政投入保障机制。规定基本公共服务支出增长必须高出公共财政预算收入增长2－3个百分点；设立5亿元的市级基本公共服务均等化专项统筹资金，其中市财政每年安排不少于1亿元。二是建立“底线均等”保障机制。通过确定30个底线均等保障项目，市级财政优先保障，建立起全市统一的、合理的基本公共服务标准体系。三是建立横向转移支付机制。各县（区）按上年公共财政预算收入的3%安排专项资金上解到市级统筹，建立市级基本公共服务专项统筹资金，实行横向转移支付，实现富裕县区帮助落后县区的功能，促进不同县区基本公共服务水平均衡。四是建立国有资产收益收缴机制。突出国有资产公益属性，改革国有资

产授权经营方式，建立经营性国有资产收益收缴机制，2012 年收入规模达到 0.9 亿元，为财政持续投入基本公共服务均等化拓宽了渠道。

（二）缩小三个层面差距，基本公共服务发展均衡

按照统筹城乡的要求，破除区划行政壁垒，促进区域基本公共服务均衡发展，城乡间、县区间、不同群体间的基本公共服务的差距不断缩小。一是制度统一。制定《惠州市基本公共教育服务与居住证制度对接工作方案》、《全市城乡居民社会养老保险暂行办法》等，推进城乡基本公共服务制度衔接。提前半年实现全市城乡居民社会养老保险全覆盖。二是标准提高。全市城乡低保标准实现城乡一体化，达到每人每月 385 元；城乡居民社会养老保险基础养老金标准由每人每月 60 元提高至 70 元；城乡居民医保财政补助标准从每人每月 210 元提高至 252 元；政策内住院费用报销比例平均达到 85%，城镇职工医保政策内住院费用报销比例达 95%；城乡居民医保与职工医保的报销比例一致，最高支付限额提高到 30 万元。三是保障扩大。提前完成医保扩面任务，参保人数达到 387.9 万人，完成省定目标的 103%。将异地务工人员子女纳入医保范围，异地务工人员夫妻只要有一方参加医保，其子女就可以参加医保，实现真正意义上的“全民医保”。其中，仲恺高新区在全市率先对义务教育阶段异地务工人员子女实施定期免费体检政策，实施外地户籍农村孕产妇享有与本地户籍同等的公办住院分娩补助政策。

（三）形成多元参与格局，基本公共服务效率提高

以创新开拓出路，以改革破解难题，在建立基本公共服务多元供给机制上取得了实质性进展。一是多元供给。牢固树立政府、企业、社会“三位一体”理念，灵活运用财政贴息、补助、奖励、竞争性分配等方式引导和撬动社会资金投入，形成政府主导、BT、代建、危旧房改造、大型企业自建、企业筹资建设等多元化建设模式。比如，大亚湾区通过由土地受让方代建，在新建小区内配套建设保障性住房；建立污水处理设施“以奖代补”机制，调动社会资金的积极性，在九个月时间内完成了 13 座污水处理设施建设，污水处理率达到 90% 以上，其中惠阳区在全市率先实现镇镇都有污水处理设施。二是多元分配。扩大基本公共服务面向社会资本开放的领域，规划和配置资源时统筹考虑由社会资本举办服务机构和提供服务。以居民需求为导向，加强基层公共服务资源整合，因地制宜建设社区综合公共服务设施，加大共建共享力度。三是多元监督。建立公共服务需求反映平台，广泛征求社会各界的意见和建议。在项目建设上，邀请社会各界共同监督。比如邀请人大代表、政协委员和住房保障家庭代表，对保障住房项目定期开展检查和监督，形成保障性住房建设社会多元监督机制。

（四）改革公共服务付费方式，基本公共服务享受便捷

推出公共服务券（电子教育券、文化消费卡、公共卫生券），探索推进基本公共服务均等化的三个方向：一是发挥市场机制作用，在更广范围内吸引社会资本投入基本公共服务领域；二是改革公共服务付费机制，将政府对公共服务生产者的补助转变为对消费者的直接补助，让老百姓在享受公共服务时更有自主性，可以“用脚投票”；三是体现公平优先原则，将基本公共服务向困难群体倾斜，向异地务工人员延伸，保障每一位公民平等享有基本公共服务。另外，推行公租房租金市场化，出台《惠州市区公共租赁住房租金补助实施办法》，对保障性住房提供者的补助转为对保障对象的差异化补助，实现了对保障对象的直接补助，从以前的“补砖头”转变为现在的“补人头”。

（五）推进管理制度创新，基本公共服务制度活力增强

通过丰富提供主体，简化提供流程，创新提供方法，健全完善公共服务均等化体制机制。一是构建了公共服务要素流转机制。实施“城乡教育联动发展计划”和“县管校用”的巡教制度，打破了城市中小学与农村中小学属地管理、条块分割的格局，实现教育生源有效流动；出台《惠州市综合医疗卫生单位对口帮扶乡镇卫生院实施方案》，促进优质医疗卫生资源向基层倾斜。二是突破事业单位传统治理结构。逐步取消学校的行政级别和行政化管理模式，扩大学校办学自主权；成立学校董事会，由董事会指导和监督，正式启动事业单位中建立法人治理结构试点。

（六）坚持让老百姓得实惠，人民群众幸福感提升

惠州市把综合改革的最终落脚点放在让老百姓得实惠上，不断提高基本公共服务水平，保障人民平等参与、平等发展权利，力争在学有所教、劳有所得、病有所医、老有所养、住有所居上取得新进展，共享改革发展成果，努力让人民过上更好生活。一是公共文化教育服务进一步提升，让人民群众“学有所教”。市县（区）标准化特殊学校覆盖率达到了 100%；博罗县华侨中学和高级中学创建成为广东省国家级示范性普通高中，龙门中学已通过广东省国家级示范性普通高中初期督导验收，实现“县县有示范高中”目标；推出“一个都不能少”贫困家庭大学生的资助项目，全面解决了贫困家庭大学生入学、读书问题；惠阳区民办义务教育学校规范化建设任务已基本完成，提前完成 2014 年目标任务；“三馆一站”免费开放工作全面实施，初步形成了惠州城市“十分钟文化圈”和农村“十里文化圈”的格局；入选“2012 年中国最具特色文化竞争力十佳城市”排行榜。二是就业服务进一步提升，让人民群众“劳有所得”。市、县（区）、镇（街）、村（居）四级就业服务工作网络初步建立；201 个社区 100% 建立社区人力资源社会保障服务站，其中 169 个社区达到省创建“充分就业社区”标准，达标率为 84.1%；公共就业服务信息网络实现全覆盖；农村富余劳动力实现应转尽转和农民人均纯收入突破万元大关。其中，惠东县 16 个镇在全市率先成立农村劳动力转移服务中心，245 个行政村成立劳动力转移就业服务站，累计转移农村劳动力 16.34 万人，基本实现“户户有就业”，被评定为“全国农村劳动力转移就业工作示范县”。三是医疗卫生服务进一步提升，让人民群众“病有所医”。率先将异地务工人员子女纳入居民医保保障范围；居民医保政策内平均报销比例达到80%，最高支付限额达到30万元；职工医保政策内报销比例为95%，不设年度最高支付限额；将低收入家庭60周岁以上老年人和未成年人参加居民医保的个人缴费部分（参加居民医保B档）纳入所在县、区财政负担。按照“政府保基本，商业保大病”的思路，在全省率先开展城乡居民“大病二次保险”工作，参保人个人自付比例部分总额超过1万元以上的费用由大病保险再支付95%，切实减轻群众医疗负担。四是生活保障水平进一步提升，让人民群众“老有所养”。首创在乡镇（街道）建立社会保险管理所，全市75个乡镇（街道）设立基层服务平台；先行先试建立的农村基层干部养老保险、农村独征子女纯二女结扎夫妇养老保险和被征地农民养老保险制度并入城乡居民社会养老保险制度体系管理。全市五保供养标准达到当地上年度农村居民人均纯收入的70%；80岁以上老人津贴由50元提高至100元，90岁以上老人由100元提高至200元，100岁以上老人由300元提高至500元。五是住房保障服务进一步提升，让人民群众“住有所居”。政策性农房保险覆盖率为100%；对农村低收入住房改造，省、市财政计划按照每户1万元的标准安排补助资金；建立以公租房为主要保障方式的新型住房保障制度，主要面向城镇中等偏下和低收入住房困难家庭、在城镇稳定就业的无房职工和在城镇稳定就业的异地务工人员供应。

（办公室供稿，曹黎明执笔）

广东省实施营业税改征增值税改革试点

2012年，广东省按照国家的统一部署，在财政部、国家税务总局等有关部门的精心指导下，扎实推进营业税改征增值税改革试点（以下简称“营改增”试点）。经过全省各级深入细致地开展业户确认、数据衔接、宣传培训、系统调试、演练运行和组织纳税申报等工作，营改增试点于2012年11月1日正式启动，实现了“10月领购发票、11月正常开票、12月正常申报”的预定目标。

一、试点运行情况

截至2012年12月底，全省经确认后纳入营改增试点范围的纳税人共有13.04万户（不含深圳市8.37万户，含深圳市21.41万户，下同），其中一般纳税人2.22万户，占17.02%，小规模纳税人10.82万户，占82.98%。按行业划分，交通运输业1.15万户，占8.8%；部分现代服务业11.89万户，占91.2%。

（一）试点户数稳步增加

2012年11－12月，新增纳税人17 201户，其中，一般纳税人135户，占0.78%；小规模纳税人17 066户，占99.22%。按试点行业分，交通运输业1 339户，占7.78%；部分现代服务业15 750户，占92.22%。主要原因是国地税部门加强协作、进一步做好试点企业认定工作，以及随着政策宣传力度加大，一些企业主动登记和新开户等。

（二）纳税申报平稳顺利

2012年12月首个申报期，全省应申报户数11.26万户（不含汇总申报、按次申报、起征点以下、停业、非正常等纳税人），已完成申报11.23万户，申报率为99.72%。缴纳税额总计7.83亿元。其中一般纳税人申报率为99.22%，小规模纳税申报率为99.89%。全省试点一般纳税人共开具33.05万份专用发票，涉及金额94.57亿元，税额6.57亿元。从发票流向来看，服务对象大约60%为广东省企业，40%为国内其他地区企业。11月，广东省已认证货运专用发票和部分现代服务业增值税专用发票18.08万份，涉及金额66.67亿元，税额4.64亿元。按专用发票来源划分，认证来自省内试点纳税人专用发票9.64万份，占52.32%；认证来自北京、上海、江苏、安徽等省外试点纳税人专用发票8.44万份，占46.68%。

（三）企业税负总体减轻

全省已申报的11.23万户试点纳税人中，有改征增值税应纳税款的6.28万户，占55.92%，应缴纳增值税7.83亿元；零申报户数4.95万户，占44.08%，绝大部分属于起征点以下的个体双定户，极少部分为一般纳税人。对比按原营业税税率征收营业税，税负减轻的4.92万户，占78.34%，减少税额3.45亿元；税负增加的0.47万户，占7.48%，增加税额1.86亿元；持平的0.89万户（主要是个体双定户），占14.17%。税负持平或下降面达92.51%。税负增减相抵后，净减负1.59亿元。若考虑零申报户，税负持平或下降面为95.81%。

申报的一般纳税人20 410户中，税收增加的有4 557户，占22.32%，增加税额1.86亿元；税收减少的有4 506户，占22.07%，减少税额2.54亿元；税负持平的企业有7 745户，占37.94%。税负持平或减轻的一般纳税人达74.86%。总体减轻税负6 800万元。其中：交通运输业一般纳税人2 538户，税收增加的有1 422户，占56.03%，增加税额1.27亿元；税收减少的有546户，占21.51%，减少税额0.28亿元。税收持平的有570户，占22.45%。总体增加税负9 900万元。现代服务业一般纳税人17 872户，税收增加的企业有3 021户，占16.90%，增加税额0.56亿元；税收减少的有3 884户，占21.73%，减少税额2.16亿元；税收持平的有10 967户，占61.36%。总体减轻税负1.60亿元。

申报的小规模纳税人9.2万户中，除零申报外全部税负减轻，总体减轻税负9 119万元。其中，交通运输业0.59万户，减少税额51万元；现代服务业8.53万户，减少税额9 068万元。

（四）减税效果初步显现

从税负变化情况看，全省营改增首个申报期试点纳税人净减税 1.59 亿元，减税面 95.81%，其中一般纳税人减税面为 74.86%。同时，由于营改增试点，非试点一般纳税人因取得抵扣进项税额净减税 3.81 亿元，合计减税 5.4 亿元，减税效果初步显现。但交通运输业和部分主要提供劳务的服务业由于难以取得抵扣或抵扣不足等原因导致税负有所上升，如交通运输业一般纳税人税负增加面达 56.03%，整体税负增加 9 900 万元，影响较大。

（五）试点反应正面积极

试点以来，全省试点企业、各大媒体、社会舆论包括港澳地区媒体、商会总体上均对试点工作给予正面评价，认为营改增试点是中央和省落实结构性减税、促进产业结构调整和经济转型升级的重大改革。通过试点，进一步完善了税制，消除重复征税；减轻了企业税负，促进了服务外包、技术研发、业务拓展、区域合作；打通了抵扣链条，带动了非试点行业发展。随着试点的推进，纳税户数稳步上升，试点改革的政策吸引力不断增强。

二、主要措施

2012 年 11 月，启动营改增试点以来，省委、省政府认真贯彻落实国家有关决策部署和财政部、国家税务总局的有关工作要求，精心组织、狠抓落实，确保试点工作稳步推进、扎实有效。

（一）加强领导，扎实推进试点工作

省委、省政府专门研究部署试点工作，省主要领导先后多次对试点工作提出要求、加强指导。省政府成立了由常务副省长任组长、各有关部门负责人为成员的省营改增试点工作领导小组，制订了周密的试点实施方案，先后召开全省营改增工作会议和 4 次省营改增试点工作领导小组会议研究部署试点工作。在省财政厅设立省营改增试点工作领导小组办公室，从各成员单位抽调 25 名业务骨干集中办公，密切关注试点动态，切实抓好组织协调和督查指导。财政、国地税等有关部门各司其职、密切配合、协调联动、确保各项工作落实到位。

（二）精心组织，全力确保试点顺利

省营改增试点工作领导小组精心组织，全省财税部门全力以赴，努力克服准备时间短、试点任务重的实际困难，确保试点顺利进行。一是明确任务，落实责任。具体制订工作计划表，梳理工作事项 150 多项，逐一明确责任单位和时间安排，做到责任到人、有条不紊。二是注重衔接、顺利过渡。省营改增试点工作领导小组办公室认真协调，全省各级各部门顾全大局、讲求协作，按照分工做好政策业务培训、试点纳税人调查统计、系统开发完善等前期准备工作，及时做好试点纳税人资料和相关数据信息交接工作，确保征管体制有效衔接、平稳过渡。三是加强协调，明确政策。妥善解决试点后地方财税体制衔接、征收任务调整等问题，制定试点过渡性财政扶持政策，省级安排试点专项资金 10 亿元，用于税负增加企业的补助。四是完善系统、反复演练。集中技术力量对一般纳税人电子申报系统、网上申报系统等软件进行改造完善，先后进行了 5 次模拟测试；在试点启动和申报期启动前，分别组织开展实操运行演练，对纳税申报各相关系统进行全面检验，及时做好各项预案安排。五是突出重点，确保成功。在试点以来的几个重要节点，省领导靠前指挥，财税部门主要负责人亲临一线，全省上下团结协作，确保了试点启动当月顺利开票、首个申报期顺利开局。

（三）坚持便民，积极优化纳税服务

建立对试点纳税人服务责任制，坚持在服务上下工夫，编印发放纳税申报辅导手册 20 多万册，组织专门培训 3 000多场，设立专窗专柜进行专门辅导，确保培训率达到 100%。优化办税流程和方式，为纳税人提供上门申报、网上申报、电话申报、储蓄扣税等多种申报方式；引导试点纳税人网上办税，网上报税率超过 90%。在试点过程中，通过媒体、微博、短信等向纳税人发布办税服务信息，采取增派人手、增设专窗专号、延长办理时间、设置简易程序、上门服务等，积极应对办税高峰，实现了“零投诉”。

（四）加强宣传，引导形成良好氛围

坚持以正确的舆论导向引领试点工作，加强向纳税人的定向宣传，实行主动上门、责任到人、跟踪管理，点对点进行宣传辅导。加大向境外企业的宣传力度，针对广东毗邻港澳、外资试点企业多的实际，专程组织赴港澳向有关机构、商会进行宣传，专门编写发布试点政策解读英文宣传资料，走访省内港澳投资企业，听取意见建议。加强对系统内的宣传，让财税干部全面掌握政策业务，当好宣传员；省营改增领导小组办公室牵头召开 3 次新闻发布会，组织 10 多家媒体进行综合性新闻报道；编印工作动态 38 期，加强对试点工作的宣传。

（五）防范风险，努力确保试点平稳

认真落实营改增试点风险防控方案，针对办税高峰、系统隐患、不良舆情、违法税案等各类风险，建立协调联动机制，切实做到严控严管。加强对交通运输、文化创意等行业的动态监控，主动上门听取意见建议，及时发现和消除各类不稳定因素；对香港驻穗办转来有关商会反映内地港口和货运企业以试点增加税负为由提升服务价格的问题，及时组织赴有关企业调研并予以妥善解决。组织人员赴各地检查督导试点工作，对试点户数多、工作量大的地区，要求统筹力量，做到井然有序；对试点户数少的地区，要求做到逐一上门，主动落实，不漏一户，确保试点工作整体推进、平衡发展。

三、取得的初步成效

（一）降低了企业税负，有力推进结构性减税政策实施

从广东省 2012 年已完成的首个申报期看，经确认后纳入营改增试点范围的纳税人减轻税负或持平面达到 95% 以上，试点纳税人净减税 1.59 亿元，其中占试点户数 80% 的服务业小规模纳税人税负明显减轻。此外，试点对制造业

和非试点地区产生减税的“溢出效应”，为非试点纳税人减轻税负1.40亿元。

（二）打通了抵扣链条，有力促进现代服务业发展

营改增试点后，有效地消除了重复征税，第二、三产业的抵扣链条得以打通，极大地激发了企业采购现代服务的积极性，有的企业甚至将这些原本企业内的服务转为外包；结合开票情况可以看出，企业间区域合作不断加强，与外省产业联系更加紧密，促进了现代服务业又好又快发展。试点以来新增现代服务业1.6万户，主要集中在文化创意、鉴证咨询等产业，占到新增试点户数的90%以上。此外，服务贸易出口零税率和免抵退政策的实施，也促进了服务贸易出口力度不断加大。如南方航空公司由于免抵退政策，降低了国际航线运营成本，加大了出口贸易服务和开拓国际航线，提升了竞争力。

（三）促进了转型升级，有力推动产业结构调整

营改增在推动企业转型升级和产业结构调整上发挥了重要作用。一是推动服务外包，形成主辅分离。不少企业主要将生产性服务业务外包，加速了服务业从制造业的分离。如南方航空公司将货运、销售代理、专业化管理等进行服务外包；广州市地铁公司在试点后扩大信息系统、咨询、合同能源管理等的服务外包，成立专业化管理公司，进行主辅分离。佛山欧玛福机械工程有限公司将为客户提供咨询和技术支持服务业务单独剥离，成立专门服务公司，形成更高效率的创新主体，进一步提升企业竞争力。二是推动资源重构，提升总部经济。随着试点的推进，在广州的区域总部效应将更加明显，各类投资和生产要素聚集将更加突出。如德勤会计师事务所、毕马威会计师事务所广州分所都表示，立足广州总部，可以向国内各省客户开具增值税发票，辐射效应进一步增强。三是推动设备更新，形成带动效应。由于设备采购可以形成抵扣，试点带动试点企业进行设备更新改造，交流运输、物流辅助业设备采购额明显上升，为装备制造等产业提供了新的市场空间。2012年12月，广东省第三产业固定资产投资为1 682亿元，环比增长26.4%；广东省制造业采购经理指数为51.0，比10月回升2.5个百分点。随着试点的推进，改革效应将进一步显现，推动相关产业之间更为广泛的融合发展。

（四）完善了税收制度，有力推动企业内部管理变革

通过试点，试点企业从产业链构建、财务管理、合同管理、供应商选择等方面重新调整优化，完善了内部治理机制，加强税收筹划。如广州港股份有限公司试点前测算税负可能上升，经过统筹开票进度、购置相关设备、完善采购渠道等，最终使税负得以下降，管理水平也得到了有效提高。佛山欧玛福机械工程公司因参加相关展会可以进项抵扣，2012年11－12月积极参加全国各地设备展览，抵扣进项税3万多元，进一步扩大了市场规模。广州市惠尔通物流有限公司采取规范合同管理、物资采购、子公司独立核算等进行筹划，避免了税负增加，业务量同比增加30%，资金回款速度比往年提升50%以上。随着试点的推进，有利于企业规范完善内部管理机制，更好地适应市场发展需要。

（法规税政处供稿，潘敏执笔）

调整完善激励型财政机制
促进县域经济持续健康发展

为促进县域经济加快发展，缓解县级财政困难，广东省从2004年起实施激励型财政机制，将省财政均衡性转移支付与市、县财政收入增长情况挂钩，取得显著成效。为贯彻、落实党的十八大关于完善促进基本公共服务均等化和主体功能区建设的公共财政体系精神，2012年年底，省财政厅对激励型财政机制进行调整完善。

一、广东省实施激励型财政机制概况

（一）激励型财政机制的主要内容

2004年建立的激励型财政机制，实施范围是粤东西北欠发达地区和江门恩平市，以调动欠发达地区市县积极性、鼓励其立足自身发展壮大县级财力为主要目标，具体包括五项措施。

1. 挂钩奖罚。新增转移支付与综合增长率挂钩，综合增长率由上划中央“两税”（增值税和消费税）收入、上划省“四税”（营业税、企业所得税、个人所得税和土地增值税）收入和公共财政预算收入三项指标按不同权重计算确定。市、县综合增长率越高，获得新增转移支付越多。

2. 超增分成。按就低不就高的原则，市、县上划省“四税”收入增幅超全省或粤东西北地区平均水平的，省分成部分分档按超额累进的办法给予奖励。

3. 鼓励先进。对获得超增分成奖励的县级，省财政按返还“四税”的50%给予县级领导班子奖励，最高不超过500万元。

4. 预算收支平衡奖励。对实现当年预算收支平衡的县级，按照扶贫开发重点县、山区县和其他县三个档次实行分档奖励。

5. 配套增设预算周转金。在县级财政增设预算周转金的基础上，省财政按一定系数分档配套增设。

（二）激励型财政机制的实施效果

激励型财政机制实施9年以来，发挥了正向的激励引导作用，市、县理财和发展观念明显转变，发展动力进一步增强，县级财政增收成效显著。市、县所得按激励型财政机制核算的转移支付补助从2004年的49.6亿元增加到2012年的142.1亿元，年均增长14.1%。在省财政大力支持下，县域经济发展提速，到2012年，全省67个县（市）

全部实现了公共财政预算收入超1亿元，比9年前增加37个；县（市）财政一般预算收入占全省的比重从6.55%上升到8.74%，提高2.19个百分点；县级基本财力保障支出水平提高到年人均7.2万元，2012年达到7.6万元以上。

二、新形势下调整完善激励型财政机制的意义

省委、省政府围绕主题主线，提出“加快转型升级，建设幸福广东”的核心任务，率先出台实施《广东省基本公共服务均等化规划（2009－2020年）》。新时期、新任务对进一步推进财政体制改革、完善转移支付制度提出更高的要求。

（一）调整完善激励型财政机制是深入贯彻科学发展观的内在要求

科学发展是以人为本、全面协调可持续的发展。以科学发展观指导财政改革和发展，不能片面追求GDP和财政收入的增长，更要重视财政收入持续健康增长以及财政支出结构优化。通过调整完善激励型财政机制的制度设计，主要目的是引导市县更新理财观念、调整收支结构、保障和改善民生，从而实现科学发展。

（二）调整完善激励型财政机制是促进区域协调发展的重要举措

由于历史、地理等原因，区域发展不平衡是长期以来制约广东经济社会又好又快发展的瓶颈之一。激励型财政机制以粤东西北地区市县和江门恩平市为补助对象，是平衡地区财力差异、支持欠发达地区加快发展的主要政策措施。调整完善机制的重要导向就是加大省级转移支付力度，财力进一步向欠发达地区倾斜，有利于更好地调节地区间财力差异，促进区域协调发展。

（三）调整完善激励型财政机制是深化财政体制改革的主要内容

财政体制改革是经济体制改革的突破口和关键环节。广东省通过调整分税制财政体制、实施县级基本财力保障机制、推进省直管县财政改革、建立生态保护补偿机制等，不断深化财政体制改革。按照“十八大”关于建立财力与事权相匹配的财政体制的要求，省以下财政体制改革进入新的阶段，需积极采取包括调整完善激励型财政机制在内的一系列措施，进一步发挥财政体制对经济社会发展的支持和推动作用。

三、调整完善激励型财政机制的主要做法

经深入调查研究并广泛征求意见，省财政厅在保持激励型财政机制基本框架的基础上，对具体措施进行完善，以更好发挥以激励为导向的政策效用，促进县级实现科学发展。经报省政府批准，2012年11月以《广东省人民政府办公厅转发省财政厅关于调整完善激励型财政机制意见的通知》印发执行。

（一）调整综合增长率结构，体现基本公共服务均等化目标要求

综合增长率是激励型财政机制的核心，是政策导向性的集中体现。省级财政对市、县综合增长率进行考核并按月通报，将新增均衡性转移支付与年终考核结果挂钩核算，促使市、县围绕省委、省政府的政策目标开展财税工作。原综合增长率只考核市、县收入，此次调整以基本公共服务均等化为导向，进一步考虑支出因素，使综合增长率与多元化目标挂钩。综合增长率将由财政收入增长和支出结构优化两类指标构成，按照相应的权重计算。其中，财政收入增长类指标包括上划中央“两税”增长率、上划省“四税”增长率、公共财政预算收入增长率等指标；支出结构优化类指标包括人均基本公共服务支出增长率、运转经费支出节约率、财政供养人员精简率等指标。这将有效引导市、县政府优化支出结构、加大民生等重点支出力度、精简人员和节约运转经费，从而推进全省基本公共服务均等化。

（二）提高基础增长和挂钩奖励比例，加大转移支付力度

新增均衡性转移支付与综合增长率挂钩核算，主要体现在基础增长和挂钩奖励两个部分。此次调整立足于进一步加大对经济欠发达地区的支持力度，适当提高上述两方面措施的挂钩比例，加大均衡性转移支付的增长幅度。一是提高基础增长比例。综合增长率不低于0的，扶贫开发重点县和少数民族地区县按7%的比例获得基数增长，其他县（市）按5%的比例获得基数增长，比例分别比原机制提高了0.5个百分点。二是提高挂钩奖励比例。综合增长率在0－10%的，每增加1个百分点，获得0.6个百分点新增转移支付；综合增长率超过10%的，在获得上述6个百分点的基础上，每增加1个百分点，可另获得0.3个百分点新增转移支付，比原机制提高了0.05个百分点。

（三）增大共享“四税”超增返还幅度，促进各级财政收入同步增长

按照现行省以下财政体制有关规定，“四税”收入由省与市、县按“5：5”的比例共享。为鼓励县域经济发展，激励型财政机制对粤东西北欠发达地区实行鼓励收入增长的特殊奖励措施。此次调整将各档次的超额累进返还比例提升5个百分点，即县（市）上划省“四税”超平均增长率在20个百分点以内的，返还奖励从60%提高到65%；在20－40个百分点的，返还奖励从70%提高到75%；在40－60个百分点的，返还奖励从80%提高到85%；在60个百分点以上的，返还奖励100%。同时，对粤东西北地区市本级实行上划省“四税”超平均增长率部分统一按45%返还奖励的措施。

（四）规范完善配套考核办法，确保激励型财政机制落实到位

为确保调整完善激励型财政机制政策的平稳过渡，做好各项衔接工作，2012年年底，省财政厅研究制定具体的《激励型财政机制考核办法》。一是明确保障基数，市、县以后年度按新机制核算的均衡性转移支付额不低于2012年基数，确保市、县的既得利益。二是细化综合增长率的指标权重和计算办法，确定有关因素和指标的口径以及数据

来源。三是明确省财政配套增设预算周转金并入激励型财政机制政策统一实施，不再单列安排。四是继续对经国务院批准新成立的市辖区，从批准成立的第二年起，3年内保留县的转移支付待遇。

（预算处、地方财政处供稿，叶梅芬　姚露　刘华伟　丘晓敏　毛俊伟执笔）

省级预算编制改革

2012年省级预算编制工作，以规范性、创新性和公平性为核心进行多方面的改革，改革的力度、深度和广度前所未有。

一、明确思路，预算编制贯彻“五性”

根据省级财力可能与支出需求矛盾的实际情况，按照党的十八大、中央经济工作会议和习近平总书记视察广东重要讲话精神，为切实保障中央和省委省政府重大决策部署的落实，保障法律法规要求的教育、社保等法定支出增长需要，2012年省级预算编制工作贯彻了“五性”：一是连续性。既保持近几年省委、省政府“加快转型升级、建设幸福广东”核心任务等一系列政策措施的连续性，又继往开来，体现省委、省政府贯彻落实党的十八大的总体部署和工作要求。二是统一性。建立健全统一的基本支出定员定额标准体系和财政专项资金管理制度，提高预算资金配置效率和使用效益。三是公共性。财政支出安排以满足社会公共需要和社会公共利益为目标，既注重支持转型升级和结构调整，又加大对民生和社会事业的投入力度。四是创新性。开展省级财政专项资金清理整合工作，加大预算信息公开力度，改进和创新税源培植方式，创新财政对产业和劳动力“双转移”的支持方式，引导社会资金向战略性新兴产业、现代服务业等领域投入。拓宽财政支出竞争性分配领域，进一步深化竞争性分配改革，实施经营领域财政资金股权投资管理改革。五是全盘性。财政预算编制应体现增强预算约束力和绩效评估，减少自行审核安排的支出规模，减少年中追加资金比例，减少资金安排自由裁量权。

二、改革创新，预算编制“十个进一步”

省级财政预算管理工作面临新的形势和挑战：一是今后几年财政收入增速将趋于平稳，从高速增长阶段向中速甚至平缓增长阶段转变，通过收入高速增长增加财力来支撑新增支出的格局难以为继；二是社会对财政资金使用绩效日益关注，财政支出安排必须从注重量的分配向质的提高转变；三是适应人民群众对财政支出公开透明要求的不断提高，财政工作重点必须向加强支出管理与创新转变，通过深化改革，创新管理办法，提升管理水平。

为适应新形势、新要求，2012年省级预算编制工作以规范性、创新性和公平性为核心，进行多方面的改革，主要体现为“十个进一步”：一是进一步细化预算编制，完善定员定额标准体系，将“三公”经费和行政经费细化到项级科目；二是进一步优化财政支出结构，对省级财政专项资金进行清理整合；三是进一步强化预算约束力，新增支出项目纳入年初预算统筹考虑，继续实行“五个零增长”；四是进一步完善预算征询意见机制，将预算报告提前征询财政专家委员会及部分人大代表意见；五是进一步加大预算信息公开力度，首次在2013年预算报告中反映三公经费、行政经费预算情况，率先试行将部分专项资金和基本建设项目预算信息向社会公开；六是进一步扩大政府预算编制范围，将省级国有资本经营预算与公共财政预算、政府性基金预算一并报送省人代会审议；七是进一步推进经营性领域财政资金股权投资管理改革；八是进一步优化民生支出，着力解决底线民生、热点民生、基本民生问题；九是进一步加大对区域协调发展投入；十是进一步加大对生态保护的支持力度，推进实施财政生态保护补偿机制。

三、发扬民主，广泛听取各方意见

2012年省级预算编制工作，坚持民主理财，多渠道提高预算编制的民主参与程度，自觉接受人大和社会对财政预算的审查和监督，提高预算审查的科学化水平。

（一）延长预算编制时间

提前两个月开展预算编制工作，使预算编制时间从往年的6个月扩展为8个月，为做好预算编制基础性工作、充分听取各方意见预留充足的时间。

（二）开展重点部门预算审议

积极配合省人大在人代会议召开前，选取省环保厅、省交通厅、省统计局等具有代表性的重点部门，组织部分人大代表通过视察调研、专题审议等形式，对部门的当年预算执行和下年预算安排情况提前开展重点审查。

（三）开展民生项目预算安排征询民意试点

按照省委、省政府关于开展为民办事征询民意的有关意见，主动探索开展为民办事项目先征询民意再安排预算资金的试点工作，完善预算编制民主征询机制。2012年，省级财政选取村级公益事业建设“一事一议”、小型农田水利项目、农村危房改造和基层医疗机构建设四项民生项目开展为民办事征询民意试点工作，并根据试点工作情况科学编制预算。

（四）完善预算编制专家意见征询机制

继续发挥财政决策专家咨询工作机制作用，在2012年预算试点的基础上，进一步完善将政府预算报告提前征询专家咨询委员会专家意见工作，提前将2013年预算草案征询专家意见，充分听取专家意见和建议，促进财政决策的民主、公开、透明，提高财政预算编制的科学化、民主化水平。

（五）开展公共财政知识培训

配合省人大开展新一届代表公共财政知识培训，编写《公共财政知识》培训教材，帮助人大代表了解财政专业知识。

（六）充分听取人大代表对预算编制的意见

在现行省人大代表视察省财政厅，了解财政运行和预算安排情况的基础上，2012－2013年初，省财政厅各厅党组成员带队，分别到全省各地级以上市听取省人大代表对2013年预算编制及财政工作的意见建议，收集到代表建议意见300余条，并对代表意见建议认真研究，积极吸纳，及时回复。

（七）将预算报告提前提交省人大代表审阅

在人代会召开前一周将预算报告及相关报表电子版提前发给全体人大代表，增加人大代表审阅预算报告、了解财政预算的有效时间。

（八）向省人大代表提供24小时咨询服务

在人代会期间，在人大会场设立预算草案咨询工作室，并开通24小时“热线电话”，安排工作人员24小时值班，通过现场答疑、电话答疑、表格征询的方式为代表提供预算草案答疑释惑服务。

（预算处供稿，叶梅芬　冯宝璇　罗睿　黄瀛执笔）

开拓创新　构建广东特色的预算执行动态监控机制

广东省自2003年开展财政国库管理制度改革以来，一直高度重视财政资金安全管理，并于2007年主动向财政部国库司申请，成为全国最早开展预算执行动态监控改革试点的省份之一。五年间，广东省结合已经开展的财务核算信息集中监管改革工作，从防范和控制财政资金支付风险、加强财政资金安全管理、提高财政资金支出透明度角度出发，提出了符合实际情况的预算执行动态监控管理新思路，建立起寓事前预警、事中监控、事后核查于一体，多层次、全方位的预算执行动态监控新机制。

一、以统一改革步骤为基调，建立覆盖各级财政的监控体系

为确保预算执行动态监控工作的有序、全面开展，省财政厅注重“整体布局”和“细化落实”，切实加强组织领导，大力推进改革。

1. 制订全省改革工作计划，明确改革推进步骤。按照财政部《关于加快建立地方预算执行动态监控机制的指导意见》的工作要求，省财政厅遵循“稳步推进、分类指导、分步实施”的原则，认真筹划，整体布局，研究制定《广东省地方财政推进预算执行动态监控改革的工作计划》，对改革推进进行统一部署，即2010年在省本级要实现动态监控系统正常运行，全省各地级市全部启动预算执行动态监控改革，条件成熟的县（市）、区要主动开展改革，条件尚未成熟的县（市）、区要积极做好前期准备工作；2011年，各地级市建立起比较完善的预算执行动态监控机制，各县（市）、区100%开展改革，争取早日完成财政部提出的工作要求；2012年，全省建立起覆盖政府各层次的财政资金动态监控机制。

2. 召开全省改革动员部署大会，明确改革工作要求。2010年4月，省财政厅组织召开全省预算执行动态监控改革动员部署大会，明确动态监控改革思路和具体内容，全省预算执行动态监控机制建设工作正式启动。各地财政部门成立以分管局领导为组长的领导工作小组负责项目的建设和管理，制订工作方案，将工作具体分解落实到相关科室及个人，确保改革工作稳步推行。由于部署周密、措施得当，广东省预算执行动态监控改革在全省范围全面推进。截至2012年12月31日，省本级、20个地级以上市（不含深圳，下同）及115个县（市、区）均实现预算执行动态监控系统的上线实施，全面建立起覆盖各级财政的预警高效、反馈迅速、纠偏及时、控制有力的预算执行动态监控体系，顺利完成财政部有关动态监控的改革任务。

二、以系统建设为突破，打造具有广东特色的财政支出监管平台

省财政厅充分征求和吸收各地意见建议，整合系统资源，建立健全监控规则，打造功能完善、预警高效、范围全面、信息集成的监控系统。

1. 提供统一的动态监控系统软件。省财政厅在广泛征求各市及县（市、区）对系统功能设计和监控规则设置意见建议的基础上进行预算执行动态监控系统的开发，并将系统免费提供给全省各基层财政部门使用。

2. 有效整合系统资源，实现改革融通。2005年7月，广东省在全国率先启动财务核算信息集中监管改革，被誉为财政资金监管工作中的“电子眼”。但财务核算信息集中监管只实现了对集中支付后各单位如何使用财政资金的会计核算进行监控，对于国库集中支付过程中出现的支付风险和隐患无法进行有效监控。预算执行动态监控改革的实施，正好有效弥补当时监管体系存在的缺陷和不足。因此，广东省创造性地提出构建一个以预算执行动态监控系统和财务核算信息集中监管系统为基础的财政支出管理电子平台的设想。在统一平台载体之下，两个功能模块既可以独立安装运作，也可以同时使用。通过开创性的系统资源整合，实现“1＋1＞2”的功能扩展，建成一个集数据集中、智能预警、动态监控、比对纠错、财务核算、综合分析于一体的财政支出监管大平台。

3. 利用信息集中优势，创新优化监控规则。在信息采集渠道通畅、信息源丰富的基础上，经过对监控信息内容、结构的深入分析，省级预算执行动态监控系统设置以监控财政资金支付安全性、规范性、有效性为重点的13类80条预警规则，覆盖财政资金的指标管理、支出进度、支付方式、资金安全等各方面，可全程跟踪财政资金支付的申请、审核、支付、清算及核算等各环节，动态监控每一笔财政资金的活动情况。各地参照省财政厅的有关做法，结合工作实际，分别设置符合当地实际的预算执行动态监控

预警规则。

4. 全面监控国库集中支付资金和预算单位。各级财政部门基本将全部实施国库集中支付改革的和预算单位资金纳入动态监控系统进行监控，其中珠海市还将预算收入也纳入动态监控日常监控范围，通过将动态监控系统与人行国库、国地税部门进行联网，由人民银行国库每日将前一日的国库收入数据导入系统，方便财政部门及时掌握国库收入情况等。

三、以制度建设为基础，建立运行规范有效的动态监控机制

省财政厅注重加强预算执行动态监控运行机制，建立健全各项工作制度，确保动态监控改革工作的开展做到有章可依、有序高效。

1. 建立日常工作管理制度。根据财政部《国库集中支付动态监控内部衔接管理暂行规定》，结合广东省省级的工作实际，省财政厅制定《广东省财政厅省级财政预算执行动态监控内部管理暂行规定》，明确省级预算执行动态监控的监控对象与内容、监控岗位设置和职责、监控措施、违规处理等，理顺动态监控岗位职责与工作流程，初步建立起省级预算执行动态监控管理机制。各地也参照省级做法，结合当地实际情况，制定有关制度规定文件，进一步规范工作流程，明确职责分工，确保相关工作平稳运行。如中山市财政局制定《中山市预算执行动态监控管理办法（试行)》，肇庆市财政局制定《预算执行动态监控的岗位设置和业务办理流程》等。

2. 建立监控结果反馈处理机制。省财政厅定期撰写分析报告，通过糅合监管系统与动态监控系统汇集的财政支出情况及动态监控信息，一方面就财政支出整体运行态势进行分析，及时向领导提供有效信息和决策参考，增强国库部门预算执行管理的主动性、时效性；另一方面对动态监控数据进行分类梳理，挖掘根源，并提出解决对策，有效拓宽数据分析的广度和深度。同时，采用月报、季报、年报等各种形式，向厅内有关业务处室通报监控情况，提供经费考核数据，提出疑点情况处理意见和建议，形成事前事中有效控制、事后跟踪问效的反馈处理机制；通过适度的信息披露，根据情况采取口头或书面形式向预算单位以及代理银行进行通报，促进预算单位和代理银行加强内部管理。部分地市根据业务实际，完善工作流程，进一步发挥监控系统防范资金安全风险的作用，如惠州市要求预算单位针对大额提现出具用款明细，形成书面汇报，并要求单位财务科长和分管财务的局领导签字确认，引起预算单位的重视，保障现金的提取和使用的安全和规范。

四、以方式创新为手段，引入激励机制调动基层改革积极性

为有效解决改革时间紧、任务重、基层改革配套经费有限的现实问题，省财政厅创新引入激励机制，改变了过去平均分配、工作做好做坏一个补助标准的“大锅饭模式”，通过制定检查验收机制并采取“以奖代补”的形式安排专项资金对基层财政部门开展动态监控改革给予经费支持，即：首先由省财政厅组织对各地改革情况进行抽查验收，确保各地的预算执行动态系统建设达到实时动态、智能预警、综合分析、使用兼容等核心主题功能目标，并满足广东省动态监控改革统一的规范要求；在验收合格的基础上，以按照省财政厅统一部署时间要求完成改革任务的地区补助经费标准为基准，提前完成改革任务的地区补助经费标准提高30%，不能按时完成的地区补助经费标准下浮30%，有效达到了奖励先进、激励后进的工作目标。

（国库处（支付局）供稿，黎亮执笔）

稳步推行政府向社会组织购买服务工作

随着广东省经济发展和社会主义市场经济体制改革的深化，广东省经济社会步入转型期，社会结构多元化和流动性强的特点逐步显现；与此同时，社会事业发展相对滞后，社会结构不尽合理，政府职能越位、缺位、错位和公共服务供给不足等问题依然突出。为应对广东省转型期面临的新形势，2008年，省委、省政府要求创新社会治理模式，加快建立服务政府，明确提出建立健全政府购买社会服务制度。

一、背景

随着市场经济的深入发展，以往结构相对单一的社会已经逐步转为多元化结构的社会，以往主要由政府包揽提供公共服务，并实施社会治理的模式已落后于时代发展的要求，越来越不适应市场经济发展需要。一方面政府职能不适应市场经济的要求，未能完成从计划经济时代的“管制型”向社会主义市场经济时代的“服务型”转变，政府公共服务的效率和总量不能满足社会需求；另一方面计划经济时代政府包揽治理社会的模式在很大程度上使社会矛盾更加突出，而且政府成为矛盾的一方，被牵扯了大量的时间和精力，既不利于群众、企业、社会组织等社会主体发挥自我管理的作用，也不利于政府集中精力当好裁判员，提供更多更好的公共服务。

为应对广东省转型期面临的新形势，2008年，省委、省政府提出要建立政府购买社会服务制度，扶持社会组织发展。广东省开始政府购买社会服务试点探索。2011年，省委、省政府适时作出加强社会建设的决定，出台《中共广东省委　广东省人民政府关于加强社会建设的决定》及配套文件，要求创新社会治理模式，加快建立服务政府，明确提出建立健全政府购买社会服务制度。

二、广东省政府购买社会服务现状

广东省政府购买社会服务从2008年开始试点改革，经过试点探索，初步建立政府购买社会服务的制度框架，政

府购买社会服务在社区建设、课题研究服务等诸多领域取得突破。

1. 制度建设情况。广东省先后出台《关于开展政府购买社会组织服务试点工作的意见》、《政府向社会组织购买服务暂行办法》、《2012 年省级政府向社会组织购买服务目录（第一批）》等制度规定，对向社会组织购买服务的指导思想和基本原则、购买主体、购买范围、承接对象、购买程序方式、资金安排、组织保障等作了明确，初步形成广东省向社会组织购买服务制度体系。

2. 购买服务实施情况。广东省政府购买社会服务工作主要集中在法律服务、社会福利、社会救助、社区建设、劳动保障、司法矫正、残疾康复、青少年服务以及婚姻家庭服务、课题研究服务、承办政府商贸活动等领域，购买服务规模逐年扩大。承接对象主要是群众生活类及社会公益类社会组织、研究机构、行业协会、社会中介组织等。购买程序一般按照政府采购的方式进行，部分地方推行社会服务竞争性投标，采取竞争性方式选择承接政府购买社会服务的社会组织，通过“多中选好、好中选优”提高政府公共服务效率。

根据现行财政财务管理制度，政府购买社会服务所需资金主要从购买单位部门预算或现有其他经费中解决。重大项目、重大民生事项或其他因工作需要临时确定的重要事项，按照财政专项资金管理规定和“一事一议”原则，专项研究确定购买服务资金模式和来源。

政府购买社会服务监督主要由购买服务的部门实施，财政、监察、审计等部门按照职责对相关部门进行监督检查。

3. 相关社会组织管理情况。广东省大力培育发展社会组织，社会组织数量、质量都有较大提高。一是逐步放宽社会组织准入门槛，并通过建立社会组织登记评估制度，推进社会组织信息公开，加强社会监督等方法，加强管理。二是增强社会组织的独立性，行政机构逐步与社会组织脱钩。三是落实税收优惠政策，对符合国家税收优惠政策的社会组织，给予税收优惠。四是安排资金扶持社会组织发展，从 2012 年起，省财政及有关市财政均在预算中安排专项资金，用于培育发展社会组织。

三、工作成效

（一）促进社会组织发展

通过政府购买社会服务，使社会组织在承接服务中获得了支持和发展。据统计，2009 年，广东省社会组织共 26 627 家，2011 年达到了 30 684 家。

（二）探索社会管理新模式

政府通过购买服务，将一些社会管理事务交由社会组织完成，很好地解决了一些社会问题，为创新社会管理取得了宝贵的经验。

（三）提高政府公共服务效率和财政资金使用效益

通过招投标择优选择社会组织提供公共服务，有效地发挥了市场作用，提高服务效率和财政资金使用效益。

四、存在问题

（一）部分地区和部门对政府向社会组织购买服务工作认识不足

有的部门担心开展购买服务工作会弱化本身职能，推动政府向社会组织购买服务工作的积极性主动性不足。

（二）政府配套改革滞后

一是行政体制改革滞后，政府职能转变未到位，部分应由市场和社会解决的事情仍未能转移出去；二是事业单位分类改革滞后，大量应由社会完成事务仍由国家举办的事业单位包揽。

（三）法律制度支撑和工作规范不足

一是缺乏法律层次的文件支撑，除政府采购法对购买服务有粗略的规定外，还没有专门的购买服务法律文件；二是现有制度对购买服务内容缺乏明细的规定，不利于部门和社会组织开展工作；三是部门购买服务程序缺乏硬性的约束，购买程序缺乏规范操作；四是对购买服务质量缺乏评价监督，既不利于提高资金使用效益，也不利于社会组织优胜劣汰。

（四）社会组织发展等社会建设滞后

一是广东省社会组织总量偏少，缺乏独立性，相当部分带有浓厚的行政色彩，专业能力不强，符合承接政府购买社会服务条件的社会组织数量十分有限。二是，民众对政府向社会组织购买服务认识程度不高，习惯于政府直接提供公共服务，对社会组织信任度不高，参与社会管理程度偏低、社会舆论监督缺乏。

（行政政法处供稿）

第三方机构独立评审　广东采取竞争性分配方式培育发展社会组织

一、省级培育发展社会组织专项资金背景

为加强社会建设，发展社会组织，《中共广东省委　广东省人民政府关于加强社会建设的决定》和《中共广东省委　广东省人民政府印发〈关于加快推进社会体制改革建设服务型政府的实施意见〉等七个加强社会建设文件的通知》规定，广东省在地级以上市政府实施社会组织扶持发展专项计划。经省政府批准，省财政从 2012 年起设立广东省省级培育发展社会组织专项资金（以下简称“专项资金”），扶持社会组织发展。

为规范资金管理，发挥资金效益，经省政府批准，省财政厅印发《广东省省级培育发展社会组织专项资金管理

暂行办法》，明确对成立3年内符合一定条件的公益服务类、行业协会类、学术联谊类、公证仲裁类、群众生活类、枢纽型社会组织等非营利性社会组织分类给予一次性补助，每年投入资金约1亿元，扶持社会组织数量达数百家。

考虑到中国政府向社会组织购买服务尚处于起步阶段，同时税制不完善，社会组织经费来源困难，尤其新成立社会组织在解决办公场地、开展服务项目、提高自身能力建设方面均面临经费紧缺的问题，生存发展能力难以与国外相比等因素，为提高社会组织自我发展和社会服务水平，专项资金由获得扶持的社会组织统筹用于办公场地租金、服务项目成本开支以及能力建设费用等相关支出。

为了规范专项资金管理，确保资金分配体现公正、公平、公开、公正，最大限度地发挥资金效益，专项资金借鉴省级其他专项资金竞争性分配经验，对资金分配机制进行了创新，明确要通过公开招标引入第三方机构组织竞争性分配，通过竞争方式确定扶持对象。

通过专项资金扶持，力争发挥资金激励效应，培育发展一批符合国家和省的规划布局、社会需求度高、影响力大、品牌效果突出的非营利性社会组织。

二、省级培育发展社会组织专项资金分配过程

省财政厅负责研究制订《广东省省级培育发展社会组织专项资金管理暂行办法》，报省政府批准后印发。在此基础上，研究制订《广东省省级培育发展社会组织专项资金竞争性分配评审管理办法》。与省民政厅联合发布《2012年广东省省级培育发展社会组织专项资金申报指南》，明确社会组织申报资金的相关条件和途径，请相关社会组织申报资金扶持。

省财政厅抽取专家，组成评审小组，通过竞争性评审确定广东志正招标公司为代理机构，组织公开招标，确定广东机电设备招标中心负责专项资金申报受理和初审，广东机电设备招标公司负责终审。

省财政厅会同省民政厅制定评审要点，并由广东机电设备招标中心和广东机电设备招标公司根据评审要点，分别制定《广东省省级培育发展社会组织专项资金竞争性评审项目资格审查办法》、《广东省省级培育发展社会组织专项资金竞争性评审项目终审办法》，并经省财政厅会同省民政厅确认。

广东机电设备招标中心接收申报材料，受理资金申报；广东机电设备招标中心按规定抽取专家组成评审委员会，按照《广东省省级培育发展社会组织专项资金竞争性评审项目资格审查办法》组织初审，提交资金受理情况和初审报告；按规定抽取专家组成评审委员会，按照《广东省省级培育发展社会组织专项资金竞争性评审项目终审办法》组织终审（书面材料评审和实地核查），提交资金受理情况和初审报告；省民政厅对通过初审的名单进行审查，对有违规行为的社会组织实行1票否决。省财政厅会同省民政厅确认初审和终审结果并公示，将扶持结果报省政府；根据省政府批复拨付资金。

省级培育发展社会组织专项资金分配成效：

经过发布指南、受理申报、初审和终审、结果公示、部门审核确认等程序，佛山市照明灯具协会等374家社会组织获得省财政补助资金共计8 700万元。

省财政厅在分配资金过程中，创新竞争性分配机制，全国首次通过公开招标确定第三方机构，并由第三方机构负责组织专家进行竞争性评审确定资金扶持对象，确保资金分配公平公正和效益最大化，将对我省社会建设和财政管理产生深远的影响。

（一）扶持规模大、力度强

根据广东省社会组织发展规模不能满足社会经济发展的实际，本次专项资金扶持面向我省社会组织，申报门槛低，受益面广。据统计，申报扶持的社会组织达到1 084家，其中得到扶持的达到374家，资金总额近亿元，扶持、带动一大批社会组织发展。

（二）扶持方向突出重点、政策性强

针对当前社会经济发展需要，尤其是深化政府行政审批制度改革和向社会转移政府职能的实际，实行分类扶持，重点扶持行业协会和发挥枢纽作用的社会组织。行业协会和发挥枢纽作用的社会组织扶持标准均为最高的30万元，行业协会扶持数量达到200家。行业协会和发挥枢纽作用社会组织的发展，将为加快政府向社会转移行业管理等社会管理职能、深化行政审批制度改革夯实基础，既有利于社会组织有序参与社会管理，又有利于建设服务型政府。

（三）分配过程凸现公开、公平

此次专项资金分配事先制定并公布管理办法，公开申报指南，公开招标选择第三方机构，由第三方机构按规定组织专家评审，并公开评审规则和结果，政府部门在分配过程中主要负责制定管理办法和评审要点，监督第三方机构按规范操作，评审工作由第三方机构独立完成。确保分配评审对所有社会组织一视同仁，尽可能减少人为因素，实现了机会均等，公开公平。

（四）分配机制体现竞争、择优

本次专项资金分配全程引入竞争机制，负责评审的第三方机构通过公开招标竞争确定，充分发挥社会代理机构的专业优势。申报专项资金扶持的社会组织由第三方机构组织专家按设定的指标进行量化评分，排名靠前的社会组织获得资金扶持，通过竞争择优确保资金效益最大化，使有竞争力的社会组织优先得到财政资金的扶持。

（行政政法处供稿）

加大财政投入　办好人民满意教育

2012年，省财政根据党的十八大提出的“努力办好人民满意的教育”精神，按照“三个优先”的要求，坚持把

教育摆在优先保障的战略地位，切实不断加大财政投入，为办好人民满意的教育取得了很好的效果。教育支出已多年成为全省第一大公共财政支出。2012 年，全省教育支出 1 501.22 亿元，占全省公共财政预算支出 20.32%，比上年增长 22.26%，高于公共财政预算支出增幅 12.2 个百分点；省级教育支出 175.24 亿元，占省级公共财政预算支出 20.31%，比上年增长 22.46%，高于公共财政预算支出增幅 14.98 个百分点。

一、全力保障完成教育支出占比目标任务

根据财政部《关于加强对各地 2011 - 2012 年财政教育投入状况分析评价的通知》精神，中央下达广东地区 2012 年教育支出占公共财政预算支出比例目标任务为 20%。为完成中央下达考核任务，省财政厅积极采取多项措施。一是在 2011 年年初召开全省财政教育投入情况分析会，传达贯彻并落实全国财政教育投入情况分析会精神，总结交流 2011 年财政教育投入工作经验，分析形势、分解任务，进一步明确做好 2012 年教育投入的思路和要求。二是对各地财政教育投入状况进行全面客观的分析评价。按全省完成 21.5% 占比目标分解下达各市任务，建立财政教育投入状况分析评价机制，以确保 2012 年财政教育支出目标任务的完成。经过全省各级财政部门的共同努力，2012 年全省财政教育支出占比为 20.81%，超额完成中央下达广东 20% 的目标任务。

2012 年 10 月，根据《财政部关于 2011 年各省份财政教育投入状况分析评价情况的通知》，广东地区 2011 年财政教育投入状况分析评价结果为最高级 A 级，并给予奖励资金 2.5 亿元。对此，省领导作出重要批示，并鼓励全省各级财政“再接再厉”。

二、研究制订省级财政“教育一揽子计划”

2012 年 5 月，省第十一次党代会对教育提出“创强争先建高地”战略部署。为确保教育改革发展需要，从 2012 年 4 月中旬起到 10 月初，历时半年之久，省财政厅、省教育厅坚持顶层设计、总体规划、政策先行、机制创新的原则，研究制订一揽子计划。经过全面分析、充分协商、深入论证、反复修改，形成 2012 - 2015 年省级财政“教育一揽子计划”，并在 2012 年 10 月底经省府常务会议审议通过。

省级财政“教育一揽子计划”突出保障重点工程，促进教育公平。一是结合省教育发展规划纲要和基本公共服务均等化规划纲要等要求，2012 - 2015 年教育项目安排，坚持教育普惠性、公益性，重点保障义务教育均衡发展，落实省政府与教育部签订的《义务教育均衡发展备忘录》确定的各项目标任务。二是按照高等教育办学体制及中央要求，提高省属普通本专科学校生均综合定额标准，实施高校创新能力提升计划，落实朱小丹省长在全省高校学科建设与自主创新工作会议讲话精神，提高高等教育保障水平。三是主要安排用于欠发达地区，以欠发达地区教育创强为抓手，发挥省级财政杠杆作用，调动地方积极性，多做有利于消除教育不均衡发展的事，“托高”欠发达地区教育底座，缩小欠发达地区与珠三角地区教育发展差距，促进教育区域协调发展。四是着力解决困难群体平等接受义务教育等问题，积极回应社会对教育改革发展的诉求，保障教育起点公平、机会公平，促进教育公平发展。

三、完善保障机制，促进义务教育均衡发展

按照国务院确定的“明确各级责任、中央地方共担、加大财政投入、提高保障水平、分步组织实施”基本原则，不断加大财政教育投入，逐步将义务教育全面纳入公共财政保障范围，建立起省、市、县（市、区）分项目、按比例分担的义务教育经费保障机制。

（一）统一城乡免费义务教育公用经费政策

从 2012 年起，统一城乡免费义务教育公用经费补助标准和分担比例，将城镇免费义务教育公用经费由小学每生每学年 326 元、初中每生每学年 466 元，提高到与农村补助标准一样，即小学每生每学年 550 元、初中每生每学年 750 元。省财政及时拨付城乡免费义务教育公用经费中央和省财政补助资金 41.72 亿元。在此基础上，进一步研究落实 2013 年免费义务教育城乡全覆盖政策。

（二）落实免收义务教育阶段课本费政策

拨付免费教科书补助资金 13.06 亿元。其中：2012 年免费教科书省统一采购资金 11 亿元，补助珠三角地区免费教科书资金 1.61 亿元，2011 年秋季学期至 2013 年春季学期免费教科文书清算资金 0.454 亿元。

（三）做好清理化解农村义务教育债务工作

根据各地化债进度，2011 - 2012 年省财政预拨资金 19 亿元，支持各地筹措资金化解农村义务教育债务。向财政部报送《广东省化解农村义务教育债务实施方案》，争取中央支持奖补资金 4.24 亿元。

（四）实施农村义务教育学生营养改善计划

根据《国务院办公厅关于实施农村义务教育学生营养改善计划的意见》及广东省人民政府办公厅《印发广东省农村义务教育学生营养改善计划试点工作方案的通知》精神，省财政设立专项资金用于试点地区农村义务教育学生营养膳食补助，并会同省教育厅制定《广东省农村义务教育学生营养改善计划专项资金管理暂行办法》。2012 年，共计拨付 2012 年秋季学期农村义务教育学生营养改善计划试点工作补助资金 1 102 万元。

（五）落实农村中小学维修改造长效机制

农村中小学校舍维修改造长效机制自 2008 年建立以来，生均补助标准逐年提高，从 2008 年的小学生每生每年 30 元、初中生每生每年 50 元提高到 2012 年小学生每生每年 70 元、初中生每生每年 90 元。根据 2011 年度农村中小学教育事业统计的在校生人数及补助标准，省级财政安排补助资金 2.79 万元，并争取农村中小学校舍维修改造中央补助资金 1.4 亿元。

（六）积极推进实施校舍安全工程

根据2011年时任省长黄华华在省政府常务会议上的决定，在整合安排现有资金12.74亿元的基础上，2012－2014年分三年新增安排专项资金20.26亿元（每年安排6.75亿元），专项用于全省中小学校舍安全工程建设。自此，省财政校舍安全工程资金达到33亿元，达到全省三年规划总投入的20%。

（七）继续实施义务教育规范化学校建设工程

2012年，省级财政继续安排义务教育规范化学校建设专项补助资金3亿元，将支持欠发达地区建设1 000所义务教育规范化学校列入省政府“民生实事”工程，积极鼓励各地全面改善义务教育办学条件。

四、加大职业教育投入，促进职业教育发展

（一）落实职业教育增编经费

2012年，省财政安排高等职业技术学院增编经费1.35亿元、中等职业技术学校增编经费2.9亿元，用于保障高职、中职新增编制人员的落实。

（二）继续安排职业教育专项资金

2012年，省财政继续安排高等职业教育、高技能公共实训基地和中等职业技术教育实训中心（基地）建设资金共3亿元。对中等职业教育高技能公共实训基地和中等职业技术教育实训中心（基地）建设资金实行竞争性分配，遴选出一批办学理念先进、办学特色鲜明、专业建设基础能力好、综合实力强的中职学校，给予实训中心专项资金支持，提高中职教育办学质量。

（三）安排职业教育示范校省级配套资金

2012年，省财政继续安排国家中等职业教育改革发展示范学校建设省级配套资金750万元，安排中等职业教育实训基地建设中央补助和省财政配套资金6 480万元，支持建设一批办学定位准确、产教结合紧密、改革成绩突出的国家中等职业教育改革发展示范学校。联合省教育厅报送中央财政支持职业教育实训基地建设项目相关材料，争取中央资金支持。

（四）完善试点职业院校的生均拨款制度

为贯彻落实省委、省政府关于建设教育强省的决定，加快职业技术教育发展，从2010年起逐步探索省属职业技术教育经费实行以生均综合定额为主的预算管理改革试点。为进一步促进省属职业院校水平的提升，从2012年1月1日起，提高试点职业院校的生均基准定额标准，高职院校从每年3 300元/人提高到4 000元/人，普通中职、技工学校从每年2 800元/人提高到3 200元/人，国家重点中职、技工学校按每年3 700元/人执行。

（五）完善中职免学费、助学金政策

为贯彻落实国务院2012年《政府工作报告》和《国家中长期教育改革和发展规划纲要（2010－2020年）》的有关要求，加快发展中等职业教育，促进教育公平和劳动者素质提高，根据《财政部　国家发展改革委　教育部　人力资源和社会保障部关于扩大中等职业教育免学费政策范围　进一步完善国家助学金制度的意见》和《财政部　国家发展改革委　教育部　人力资源和社会保障部关于做好扩大中等职业教育免费政策范围　进一步完善国家助学金制度有关工作的通知》精神，省财政厅会商省教育厅、省人力资源社会保障厅、省发展改革委等部门积极研究贯彻落实意见。一是扩大中职免学费范围。从2012年秋季学期起，对公办中等职业学校（含技工学校，下同）全日制正式学籍一、二、三年级在校生中所有农村（含县镇）学生、城市涉农专业学生和家庭经济困难学生免除学费（艺术类相关表演专业学生除外）。二是进一步完善中等职业教育国家助学金制度。从2012年秋季学期起，将中等职业学校国家助学金资助对象由全日制正式学籍一、二年级在校农村（含县镇）学生和城市家庭经济困难学生，逐步调整为全日制正式学籍一、二年级在校涉农专业学生和非涉农专业家庭经济困难学生。

五、不断完善政策措施，提升高等教育质量水平

（一）开展高校“211工程”三期建设验收工作

2012年，省财政厅积极配合省发展和改革委、省教育厅考核高校“211工程”三期建设资金安排使用情况，研究下一步工作计划，促进高校“211工程”建设再上新台阶。

（二）大力支持高校学科建设和教学质量工程建设

省财政厅认真研究进一步加大高校本科、研究生学科建设和教学质量工程的政策措施，安排2亿元支持高校提升办学质量和水平。

（三）安排下达省部共建中山大学、华南理工大学和暨南大学的省财政配套资金

按照省部协议，根据中央下达资金情况，安排下达支持中山大学和华南理工大学“985工程”三期建设的省级配套资金。先行给予暨南大学1亿元学科建设经费的配套。

（四）积极争取中央支持

积极申报中央财政支持地方高校发展专项资金、国家示范性高职院校建设项目和实训基地建设项目、高职院校促进服务产业发展能力项目，争取中央支持。

（五）进一步加强高校财务管理工作

根据国家加强高校贷款管理，防范财务风险的有关要求，联合省教育厅、审计厅修订完善《关于加强省直高校债务管理的意见》，明确省直高校的所有新增银行贷款（含续借到期贷款和实施日前已签订合同但尚未发放的贷款），须事前报学校主管部门和省财政厅审批，切实规范贷款行为。

六、不断加大投入支持学前教育发展

省财政安排专项资金3亿元，重点扶持欠发达地区发展学前教育，推进规范化幼儿园建设步伐。争取中央支持，并获得扶持民办幼儿园发展中央奖补资金1亿元、扶持城市学

前教育发展中央奖补资金2.51亿元，共3.51亿元。全省规范化幼儿园建设，缓解入园难、入园贵问题。2012年，全省学前教育毛入园率95%，比2011年提高了5.3个百分点，在园幼儿328.9万人，比2011年增加了21.1万人。

七、不断加强师资队伍建设

（一）支持欠发达地区实施绩效工资政策落实教师工资待遇"两相当"

从2009年起，省财政每年安排专项资金支持欠发达地区实施绩效工资政策落实教师工资待遇"两相当"。根据各地报表数据显示，2011年，获得省财政补助的91个县（市、区，含江门恩平、台山、开平）基本实现了中小学教师工资待遇"两相当"。2012年，为进一步落实该项政策，确保教师工资待遇，省财政共安排奖补资金8.71亿元。

（二）大力支持开展农村教师培训

根据《国家中长期教育改革和发展规划纲要（2010－2020年）》和《广东省中长期教育改革和发展规划纲要（2010－2020年）》，2012年，省政府初步审定《关于全面实施"强师工程"建设高素质专业化教师队伍的意见（送审稿）》，2012－2016年，省级财政每年安排5.2亿元，专项用于全面实施"强师工程"，加强教师队伍建设，推进教师教育体制机制创新，提升教师队伍专业素质和能力。

（三）研究建立山区和农村边远地区义务教育学校教师岗位津贴制度

2012年年底，省财政厅会同省教育厅、省人力资源社会保障厅积极研究建立山区和农村边远地区义务教育学校教师岗位津贴制度。并研究制订实施方案，要求各县（市、区）应按照不低于人均每月500元的标准确定本地山区、农村边远地区义务教育学校教师岗位津贴，按月发放。其中，在距离县城10－25公里的农村学校工作3年以上的，发放标准不低于人均标准；在农村学校工作10年以上，或在农村学校工作3年以上且受聘副高级及以上专业技术岗位，或在距离县城25公里以上的农村学校工作3年以上的，发放标准不低于人均标准的160%；其他在农村边远地区学校工作的，发放标准不低于人均标准的60%。建立教师岗位津贴制度所需经费，由省、市、县各级财政分担，省财政根据有关县（市、区）农村义务教育学校在编在岗人员数，结合当地公职人员待遇、财力状况等因素，每年安排约13.1亿元对经济欠发达地区部分县（市、区）给予补助，惠及37.74万人。经报省政府同意，此项制度将从2013年1月1日起执行。

（四）实施高校毕业生到农村从教上岗退费政策

按照每人6 000元的标准，对符合"上岗退费"学生给予退费补助。2012年，省财政共安排1.28亿元补助资金。

八、落实资助政策体系

（一）落实义务教育阶段生活费补助政策

省财政下达村人均年纯收入1 500元以下困难家庭义务教育阶段学生生活费补助资金2.68亿元，全省100万名农村贫困学生受惠。下达少数民族地区民族班学生生活费补助0.12亿元，全省共有1.32万名民族班学生享受生活费补助。

（二）建立学前教育资助制度

从2012年起，省财政安排专项资金0.84亿元支持建立学前教育资助制度，完善国家资助政策体系，推进学前教育发展，保障全省幼儿接受学前教育的机会和权利。并争取中央奖补资金0.34亿元。

（三）落实普通高中学生国家助学政策

从2010年秋季学期起建立普通高中家庭经济困难学生国家资助制度，对符合条件的全日制普通高中正式学籍家庭经济困难在校生，按每生每学年1 500元给予资助。2012年省财政共安排1.86亿元普通高中助学金补助经费。

（四）落实中职教育学生国家助学政策

从2007年秋季学期起，实施中职教育学生国家助学金政策，按每生每学年1 500元给予资助。2012年，省财政共拨付中等职业教育国家助学金补助资金3.39亿元。

（五）落实普通高校、高职院校学生国家奖助学政策

从2010年秋季学期起，对普通高校、高职院校家庭经济困难学生，按每生每学年3 000元给予资助。2012年，省财政共安排补助资金6.43亿元。

（六）落实助学贷款政策

继续实施高校应届毕业生应征入伍服义务兵役学费补偿和国家助学贷款代偿政策，省财政共安排补助资金0.32亿元。

（教科文处供稿，冯国维执笔）

加大投入　支持农村生活垃圾处理设施建设

为深入贯彻落实省委、省政府全面推进农村生活垃圾处理设施建设，解决"垃圾围村"问题的有关部署，经省政府常务会议通过，省财政厅正式发布实施《广东省农村生活垃圾处理设施建设省财政资金方案》，并制订《广东省农村生活垃圾处理设施建设专项资金管理及项目验收办法》，2012－2015年，对粤东西北12个欠发达地区（市、县、区）生活垃圾焚烧发电厂、生活垃圾填埋场、乡镇生活垃圾转运站、村生活垃圾收集点建设给予财政补助，力争实现全省农村生活垃圾处理"一年见成效、三年大变样"。

一、实地调研，摸清情况

按照省政府《印发关于进一步加强我省城乡生活垃圾处理工作实施意见的通知》及省领导关于全面推进农村生活垃圾处理的有关指示精神，省财政厅会同省住房城乡建

设厅对全省农村生活垃圾处理设施及运营情况进行调查，全面了解有关情况。截至2011年年底，全省生活垃圾产生量10万吨/日，其中农村生活垃圾3.6万吨/日；全省正在运营的生活垃圾无害化处理场（厂）共56座，总处理规模4.83万吨/日，其中，填埋场36座，处理规模3.10万吨/日，焚烧厂20座，处理规模1.73万吨/日，全省市、县城区生活垃圾无害化处理率约75%，在全省67个县（市）中仍有49个县（市）的垃圾采用简易处理，尚未建设生活垃圾无害化处理场。全省67个县（市）城区中，共29个开征生活垃圾处理费，开征率为43.28%，开征率不高且收缴率、收费标准偏低。

二、深入研究，提出方案

经深入研究和测算，按照“一县一场、一镇一站、一村一点”测算，全省新建生活垃圾处理设施及收运设施建设总投资需62.01亿元（不含运营费用）。省财政厅会同省有关部门按照地方政府负责、省财政适当补助的原则，研究提出《广东省农村生活垃圾处理设施建设省财政资金方案》，将全省65个欠发达县（市）及享受县级财政体制待遇的澄海区、潮阳区、潮南区、曲江区的生活垃圾焚烧发电厂、填埋场、乡镇垃圾转运站、村垃圾收集点建设均纳入补助范围，采用以奖代补的方式，对各地建设且经验收合格的生活垃圾处理设施给予补助，兼顾需求与可能，激励与约束，鼓励地方加快建成生活垃圾处理设施，力争2013年全省实现“一县一场”、“一镇一站”、“一村一点”的目标。

三、分类建设，定额补助

针对不同地区生活垃圾处理设施的不同需求，实行分类建设，定额补助。一是鼓励新建垃圾焚烧发电厂，处理规模800吨/日（含）以上的，定额补助580万元；处理规模800吨/日以下的，定额补助450万元。二是支持建设垃圾无害化填埋场，处理规模在150吨/日以上的，定额补助300万元；处理规模在150吨/日（含）及以下的，定额补助200万元。三是乡镇垃圾转运站建设资金补助。对粤东西北欠发达地区的52个县（市）及曲江、潮阳、澄海、潮南四区所辖乡镇，每个定额补助50万元；珠三角地区龙门、惠东、博罗等13个欠发达县（市）所辖乡镇，每个定额补助30万元。四是村垃圾收集点建设补助。对纳入补助范围的行政村，建设完成收集点后每个定额补助1万元。

四、加强审核，完善配套

加强对各地生活垃圾处理设施建设的审核，并制订相应的配套支持政策，稳步推进项目建设。一方面，经审核合格的项目，由省财政先行拨付补助资金标准的50%，后续50%的资金在项目按规定进行验收后拨付，审核项目验收报告符合规定后，再行拨付。同时，对确有需要且符合审核要求的项目，省财政可提前在2012－2013年拨付资金。另一方面，出台实施一系列配套政策，如制订省财政农村生活垃圾处理设施建设专项资金管理及项目验收办法，明确地方政府为垃圾处理设施建设的责任主体，各部门要协调设施规划布局和项目用地，简化项目审批程序，全面推行生活垃圾处理收费制度，支持申请中央财政资金补助等，全方面加强工作的综合配套，确保广东省生活垃圾处理设施建设任务顺利完成。

（工贸发展处供稿，姚林执笔）

充分发挥财政职能作用
扎实推进一事一议财政奖补工作

2012年，省财政厅结合开展一事一议财政奖补“规范管理年”活动要求，以制度建设为抓手，精心组织实施，取得显著成效，开创一事一议财政奖补工作新局面，创新财政支农的体制、机制，创建村级公益事业捐资多元化新模式，推动农村基层的财务体制建设和民主建设，完善村级公益事业项目治理结构，为推动农村综合改革不断深化、促进农村社会和谐稳定做出积极的贡献。

一、把握政策，明确方向，全面推进一事一议财政奖补工作

2012年广东一事一议项目总投资30多亿元，其中农民筹资10 934万元，农民筹劳折资和以资代劳合计26 563万元，村集体经济投入60 488万元，社会捐赠104 328万元，整合其他财政支农资金14 874万元。财政奖补资金9.95亿元，建成项目6 048个，全省有882万农民群众受益，超额完成国家下达的任务。从2012年起，广东一事一议财政奖补实施范围推广到全省各县（市、区）。一年来的工作主要体现在“六个突出抓好”。

（一）突出抓好组织领导

为加强对一事一议奖补工作的领导，按照副省长刘昆的指示，省财政厅牵头成立专门的一事一议财政奖补工作领导小组办公室，从相关部门抽调人员集中办公，具体负责对全省一事一议财政奖补工作的指导。同时，建立工作协调机制，通过定期召开协商会议等方式，共同研究一事一议财政奖补工作重大事项，协同解决工作过程中遇到的新情况、新问题。各市、县也按照省的部署，将一事一议财政奖补作为“三农”工作的重要抓手，成立以党政领导为组长的一事一议财政奖补工作领导小组和办公室，为一事一议奖补工作的顺利推进提供了组织保障。

（二）突出抓好规范管理

根据国务院综改办关于开展一事一议财政奖补规范管理年活动的要求，省财政厅和省农业厅等部门先后制定《广东省村级公益事业一事一议财政奖补资金管理暂行办法》、《广东省村级公益事业一事一议财政奖补项目管理暂行办法》和《广东省村级公益事业建设一事一议财政奖补工作考核评价试行办法》等一系列制度，对项目的审批、

实施、监督、验收、管护和资金管理等各方面操作都作了严格规定，每个程序都有章可循、有据可依。同时，在奖补资金的安排拨付过程中，落实集中支付、报账制和公示等制度，逐步建立起涵盖资金分配、项目管理、资金支付、绩效评价、监督问责五个环节的循环动态管理模式；推动广东一事一议财政奖补工作制度化、常态化。

（三）突出抓好预算执行

加快预算执行进度是一事一议财政奖补工作的重中之重。为此，省财政厅、省农业厅一是于2012年9月专门组织召开工作进度座谈会，约谈部分任务较重、进度较慢地区的财政部门分管领导和业务负责人，重点分析进度较慢的原因，督促进行整改。二是建立奖补资金预算执行考核通报制度，按月对各市、县进行通报。对进度慢、效果差的地区，将通报直接发送当地党政主要领导。三是参照财政部的做法，印发《广东省村级公益事业建设一事一议财政奖补工作考核评价试行办法》，对各地资金安排和执行进度将进行绩效考评，同时加强考评结果的应用，奖优罚劣。通过上述措施，各地对一事一议财政奖补工作的重视程度明显加大，执行进度明显加快，资金使用效益明显提高。根据财政部国库司数据显示，2012年全国一事一议财政奖补资金预算执行数为647.83亿元。其中广东为99 500万元，比2012年增加84 800万元，完成年初预算的110.39%，超额完成国家下达的任务。

（四）突出抓好资金整合

各级财政按照中央和省的统一部署，积极研究探索财政支农资金整合的新方式。将一事一议与改善农村基本民生相结合，与加快城镇化建设相结合，与农村基层组织建设相结合，整合小型农田水利、农村交通、安全饮水、清洁工程、扶贫开发等资金，按照“性质不变、渠道不乱、分别管理、各记其功”的原则，捆绑使用，统筹安排，集中投入，充分发挥一事一议财政奖补资金“粘合剂”的作用，实现资金集聚效应。

（五）突出抓好绩效考核

各级财政部门采取有效措施加快一事一议财政奖补资金拨付进度，省里建立奖补资金预算执行考核通报制度，定期对各市、县执行进度进行通报，并参照财政部对一事一议工作考核的做法，对各地组织领导、预算安排和执行进度、资金项目管理、制度建设、宣传培训、农民满意度等工作开展情况进行绩效考评，奖优罚劣，体现激励和约束相结合的原则，充分发挥一事一议财政奖补政策杠杆效应，提高财政奖补资金的使用效益。

（六）突出抓好宣传发动

为加大政策影响和实施效果，省财政厅、省农业厅通过电视、报纸、电台、网络、宣传手册等多形式、多层面、多角度地进行宣传。一是编发《村级公益事业一议财政奖补工作简报》，印制发放《村级公益事业建设一事一议财政奖补工作政策问答（村民须知）》；二是与广东电视台合作录制宣传片并在黄金时段播放，在网络上发布政策解读和相关管理文件，通过《南方日报》刊发《“一事一议”模式在广东农村受热捧（上、下篇）》等。三是将一事一议财政奖补工作引入为民办事征询民意工作范围，在一事一议奖补工作的政策制定、执行实施和总结评价等阶段充分征询群众意见。四是利用“民声热线”的有利平台，于2012年11月20日至12月3日通过广东人民广播电台新闻台和珠江经济广播电台向全省农民宣讲一事一议财政奖补政策，加深农民群众对政策的理解。

二、主要成效

（一）探索建立村级公益事业建设投入新机制

2012年，中央、省、市、县（市、区）四级财政共投入一事一议财政奖补资金约9.95亿元，比2011年增加5.32亿元，增幅114.98%。省财政安排2.9亿元，比2011年增加1.36亿，增幅88.31%。其中各级财政投入带动村民筹资筹劳约4.64亿元、村集体投入5.95亿元，社会各界捐资10.41亿元，合计带动资金21亿元，形成“财政奖补一点、部门投入一点、群众筹集一点、社会赞助一点”的投入新机制。

（二）加快建设社会主义新农村步伐

2012年，全省村内铺设安全饮水管线27 508千米，修筑村内道路23 143千米，建立垃圾收集点4 106个，公共厕所1 471座，开挖堰塘水窖485 029立方米，村内水渠15 321千米，打下机电井56眼。

（三）推进村级财务规范管理

各地级市财政局制定详细的资金管理办法，各乡镇财政所开设一事一议专用账户，实行专款专账专管，实行“村用镇管县监督”。各级村委会组织成立村民理财小组，做到财务公开透明、操作规范有序、监督管理到位，有效推进村级财务规范化管理。

（四）促进农村基层民主建设新发展

通过开展村民一事一议筹资筹劳和财政奖补工作，基层干部积极主动加强与群众的沟通商议，认真谋划农村公益事业建设，在项目选择、立项、验收、监督、管理等方面，坚持以改善民生、满足群众最迫切需求为出发点和落脚点，确保每个项目真正建成老百姓拥护的民心工程。村民全程参与议事、项目申报、实施、建设、维护和财务监督管理等环节，主人翁意识大大增强，基层党群、干群关系明显改善。

（农业处供稿，尹旭执笔）

进一步加大投入力度
全面推进农村危房改造工作

广东省经济发展不平衡，区域之间、城乡之间差距较大。2009年，全省还有50多万贫困农户居住在泥砖危房（茅草房）当中。为切实帮助农村贫困农民解决住房难问题，2011年省政府印发《关于推进广东省农村低收入住房困难户住房改造建设工作的意见》，计划从2011年开始至2015年，用5年左右时间完成农村54.15万户低收入住房困难户改造建设任务。为落实省委、省政府的统一部署，2011－2015年，省财政专项安排农村低收入住房困难户住房改建省级补助资金54.15亿元（按每户1万元的标准补助）；市、县财政共安排农村低收入住房困难户住房改造补助资金约27亿元（按每户不低于5 000元的标准补助）。

2012年，按照省委、省政府的统一部署，省财政安排农村低收入住房困难户住房改造省级补助资金10亿元，此后，中央分批下达我省农村危房改造任务10万户、中央补助资金7.5亿元。根据中央部署，2012年底，省财政会同省扶贫办下达了2012年第二批农村低收入住房改造建设任务10万户（即2013年工作任务）、中央补助资金7.5亿元。

经报请省领导同意，为进一步推进我省农村危房改造政策，将2012年第二批10万户农户的补助标准提高5 000元/户，使得省级以上财政补助标准达到1.5万元/户。同时安排2.5亿元，统筹用于危房改造工作中的村容村貌、基础设施建设以及村庄规划等配套建设，打造我省幸福村居。

一、多渠道筹集资金、加大投入力度

按照平均每户农户建房面积为80平方米计算，平均每户所需改建房屋成本为7万元左右，财政补助资金将达到农户建房投入的20%以上。“十二五”时期，预计全省投入用于农村低收入住房困难户住房改造建设的资金将达到约379亿元。其中，省财政投入54.15亿元，市、县财政投入27亿元，农民自筹及社会捐助等资金投入298亿元。2012年，预计全省投入用于农村低收入住房困难户住房改造建设的资金将达到78亿元，其中，省级财政投入10亿元，市县财政投入5亿元，农民自筹及社会捐助等资金投入55亿元。

此外，广东省在加大财政投入力度的同时，采用以农民自筹为主，政府补一点、银行贷一点、社会捐一点、帮扶单位帮助一点的办法，多渠道、多方式筹集农村低收入住房困难户住房改造建设资金，帮助农户解决房屋改建资金不足的困难。

二、全方位加强管理、推进工作落实

（一）领导重视，推动责任落实

农村低收入住房困难户住房改造工作事关广大农民切身利益，事关农村和谐稳定，省政府对此项民生工程高度重视，把农村低收入住房困难户住房改造建设纳入全省加快转型升级、建设幸福广东一盘棋，作为建设幸福广东的头等大事和当前“十件民生实事”重中之重的工作来抓。2011年5月，省政府与各有关市政府签订责任状，明确将完成情况纳入扶贫开发“双到”工作考核。2012年，省领导再次召集省直有关部门会议，专题听取落实2012年10万户农村低收入困难户住房改造工作进展情况汇报，进一步部署加快推进农村低收入住房困难户住房改造建设。各市、县党委、政府和部门认真按照省的统一部署，制定相应的政策措施，扎实推进农村低收入住房困难户住房改造工作。

（二）狠抓落实，确保政策有效落实

一是做好建档立卡工作。在进行信息录入前，要求各地对农村低收入住房困难户住房改造建设逐户登记造册，并分别以行政村为单位逐镇按年度完成任务装订成册，做好建房纸质档案，对已竣工并领取财政资金的住房困难户已全部做好农户申请建房登记表、房子改建前和建好后的照片等资料收集工作，确保电脑录入的信息与纸质档案数据相符。二是确保扶持资金有效落实。对低收入住房困难户住房改造建设，省按每户补助1万元的标准进行筹集，及时下拨。各地都制定农村低收入住房困难户住房改造建设验收办法，对通过验收且符合扶持条件的农户，由财政部门按现行财政资金集中支付管理渠道发放到镇级财政所，由镇财政根据农民建房的进度分期或根据县、镇验收文件一次性通过银行开设专户划拨至农户账户。三是确保建设用地有效落实。针对建设用地难题，各地积极探索现行土地政策，通过多种途径解决可用土地少、需求土地多的矛盾。首先，通过“三旧”改造挖掘存量用地。对原有旧学校、旧粮所、旧供销社等进行“三旧”改造，挖掘存量土地。其次，通过对“空心村”复耕挖掘建设用地。最后，通过原地拆旧建新节约新增用地。此外，一些地方通过实行土地补偿的办法或进行调解、引导村民内部友好置换的办法由村、村民自主解决的办法解决用地难题。

（三）因地制宜，以点带面整体推进

在推进农村低收入住房困难户住房改造建设过程中，各地充分尊重农户意见，因地制宜，合理规划，以点带面，全面推进农村低收入住房困难户住房改造建设。一是注重分类指导。针对农户家庭经济承受能力的实际情况，采取拆旧建新、异地重建、旧房修缮加固等方式，落实各项建设任务。对危房分布较集中，群众积极性高、筹资能力相对强的村庄，根据村民意见统一规划，实施扶贫开发整村推进，建成一批整村推进幸福安居示范村。二是注重示范带动。以示范村建设为抓手，辐射带动周边农村住房改造建设。三是注重统筹协调。对筹资能力弱的低收入住房改造户，通过各种方式筹集资金建设面积适宜的房屋。

（四）严格监管，创新业务管理模式

一是严审核扶持对象。为核准、核实建房对象，各地对凡是纳入该地区规划的镇、村，要求严格按照帮扶对象标准和申报程序，各地以村为单位，坚持“公平、公正、公开”的原则，自愿申报，经村两委班子讨论通过后张榜公示，群众无异议后，然后确定帮扶对象，经村委会讨论决定后，需列榜上墙公示三天，做到“三公开一监督”和如实填报信息，适时录入电脑系统。二是建立进展情况的月报、季报制度。为实时跟踪各地的动态情况，各级扶贫部门不断完善全省农村低收入住房困难户住房改造建设信息系统，建立进展情况的月报、季报制度。三是严格按程序拨款。各地均制定农村低收入住房困难户住房改造验收办法，由县级扶贫办会有关部门和镇政府组成农村低收入住房困难户住房改造建设工程验收小组，及时对已完成的农村低收入住房困难户组织人员做好工程验收。对通过验

收且符合扶持条件的农户，由县扶贫办或镇政府按要求填好验收表，造成表册报同级财政部门审核后，由财政部门按现行财政资金集中支付管理渠道发放到镇级财政所，再由镇财政所直接支付补助到户。

三、开展顺利、成效初显

在省委、省政府高度重视和各级各部门的共同努力下，2012 年全省农村低收入住房困难户住房改造工作开展顺利、成效显著。

（一）年度任务下达“早”

按照省政府《关于推进广东省农村低收入住房困难户住房改造建设的工作意见》精神，省财政厅及早做好全省农村低收入住房困难户住房改造建设各年度专项资金预算计划。2012 年 4 月，省财政厅就与省扶贫办商议做好 2012 年改建任务 10 万户的计划编制工作，于 2012 年第二季度初下达该年度专项资金 10 亿元。并按照省政府 24 号文通知要求，明确 2012 年年底前重点完成纳入全省扶贫开发“双到”工作范围的 3 407 条贫困村低收入住房困难户住房改建的具体任务。此外，2012 年底，省财政会同省扶贫办下达了 2012 年第二批农村低收入住房改造建设任务 10 万户（即 2013 年工作任务）、补助资金 7.5 亿元，进一步提早任务下达时间。

（二）前期工作准备“足”

自 2011 年广东省开展农村低收入住房困难户住房改造工作开始，各级各部门不断总结工作经验，尤其是针对贫困户筹集建房资金较为困难的实际问题，及早发动群众做好建房资金筹措、建筑材料购置等前期准备工作。同时对有自筹能力、已具备本年度开工建房的农户做好登记造册，待省的年度任务分解到村后，即动员农户抓紧农闲时间动工建房。因此，大部分农户在省的任务下达前已进入动工状况。

（三）进度上报情况“实”

为实时跟踪各地的动态情况，广东省不断完善全省农村低收入住房困难户住房改造建设信息系统，建立进展情况的月报、季报制度。2012 年，省下达任务后，下发《关于抓紧做好 2012 年度农村低收入住房困难户住房改造建设工作的通知》，再次明确要求各地按照“分级负责、逐级审核、定期上报”的工作程序，由各镇每月、每季度末将上月上季度进展信息录入系统，经所在县、市审核后确认上传到省总网。同时，加大对网上录入信息的督查工作，及时纠正数据作假行为，确保进展情况数据的真实性、准确性、时效性。

（农业处供稿，于涛执笔）

广东省投融资体制改革

面对当前经济增长趋缓、下行压力增大的宏观经济形势，以及财政收支矛盾不断加大，项目需要和财力可能矛盾日益突出的现状，广东省投融资体制不相适应的矛盾和问题日趋显现，对资金筹措提出了更高的要求，必须通过进一步深化投融资体制改革解决。

一、广东省政府投融资体制改革取得成效

自《国务院关于投资体制改革的决定》颁布出台以来，广东省坚持“管好用好政府投资　放开企业和民间投资”的政策方向和工作思路，深入推动投融资体制改革，在一些领域和环节改革实现新的突破，项目审批事项有所减少，审批环节得到简化，社会投资的领域限制日渐放宽，各投资主体的投资决策权得到很大程度保障，投融资活动的市场化、社会化、民间化程度得到一定程度提高，确保了经济社会发展建设项目的资金需求。

（一）投资主体初步实现多元化

自 2004 年以来，广东省投资主体单一化的局面得到改变，初步形成了省、市、县各级政府投资主体、各类企业投资主体以及社会、民间投资主体共同参与和并存的多元化格局。

（二）投资方式向多样化发展

由过去单一依靠政府拨款建设的投资方式，发展为直接投资、独资、合资、合作、股份制、补助、贷款贴息、项目融资、承包、租赁等多种方式并存的局面。

（三）投资资金来源日趋多渠道化

拓展了可用于投资的资金来源，包括财政拨款、专项基金、国内银行贷款、投资主体自有资金、国外贷款、外商直接投资、股票市场、债券市场等。“十一五”期间，广东省通过发挥银行间市场优势，为各类公路、铁路、港口、电力等基础设施建设企业提供多渠道融资，累计发行企业（公司）债、中期票据、短期融资券金额分别为 342 亿元、533 亿元、719 亿元，总计 1 594 亿元，年均融资额达到 319 亿元。

（四）投资领域逐步向民间资金开放

根据《国务院关于投资体制改革的决定》及省有关规定精神，研究制定有关政策意见，拓宽民间投资领域，除国家明确限制的领域外，其余竞争性领域和对外资开放的领域，都对民营资本开放。鼓励和引导社会投资以独资、合资、合作、联营、特许经营、项目融资等方式，参与经营性基础设施项目建设。7 月 16 日，省政府召开新闻发布会，公布广东省一批重大建设项目面向民间投资公开招标，推出项目共 44 项，总投资 2 353 亿元，力争打破民间投资的“玻璃门”和“弹簧门”。

（五）政府投资决策审批机制日益健全

通过改革投资体制，合理界定政府投资范围和项目审批权限，健全政府投资项目决策机制，进一步强化政府投资项目审批监督，规范政府投资行为和资金管理，完善重大项目稽查制度，对政府投资项目进行全过程监管。同时大力推进省属非经营性项目代建制，从体制机制和政策法规上逐步完善建立省属非经营性项目代建制。

（六）财政投融资及杠杆作用充分发挥

广东省充分利用财政投资乘数效应和杠杆作用，科学

筹集和调度资金，有效保障省财政投资重大项目的资金需求。自2009年以来，省财政通过发行地方政府债券，建立国有资本收益、交通、水利等融资平台，多方筹集资金支持广东省各项重点项目建设。通过运用现有的财政资金现金流，建立起国有资本收益、交通、水利等融资平台，共新增融资500亿元；2009－2012年，广东省共通过财政代理发行或自主发行地方政府债券筹集建设309亿元。筹集资金主要投入城际轨道交通省级资本金、高等级公路建设、港珠澳大桥省级资本金、社会主义新农村公路建设、病险水库除险加固、重点水利工程新增支出以及省政府确定的其他重点支出等方面。此外，为加快推进欠发达地区污水处理厂建设，2008－2012年省财政投入资金25亿元，采用BOT特许经营模式，委托省属大型公司统一设计、融资、施工、运营，一揽子解决投入资金瓶颈问题，成为通过运用财政杠杆支持重点项目建设的典型范例。

（七）地方政府性债务管控有效

广东省通过建立健全地方政府性债务管理制度，加强审计和监督检查，不断出台文件促进地方政府性债务管理逐步转向制度化、规范化，严格控制新增债务，积极筹措资金落实偿债责任，形成全方位、多层次的债务监管体系，既合理利用债务资金推动经济建设和社会事业发展，又注重防范和化解债务风险。截至2011年，广东省地方政府性债务余额6 776亿元，地方政府性债务率（年末债务余额/当年综合财力）和债务负担率（年末债务余额/当年综合财力）分别为93.37%和15.25%，均低于国际通行的警戒线标准（100%和20%），表明广东省债务风险基本可控，总体情况较好。

二、广东省政府投融资体制改革存在的问题

（一）投融资规章制度及体制机制不完善

早在2004年，《国务院关于投资体制改革的决定》（国发〔2004〕20号）已颁布出台；2010年又出台了《国务院关于鼓励和引导民间投资健康发展的若干意见》，但目前广东省关于投融资领域的规章制度及体制机制建设相对滞后，缺乏政府投资项目管理条例等相关地方性法规。尽管在2011年2月，省政府出台《关于进一步鼓励和引导民间投资的若干意见》，但更多是提出了一些原则性意见以及部门分工，相关部门和系统尚未出台具体实施细则和操作方案。省政府虽指定省有关部门抓紧研究出台《广东省人民政府关于鼓励和引导民间投资健康发展的实施细则》，但何时能正式颁布尚未能确定。虽然很多行业领域已没有法律、法规规定民间投资禁止进入，但由于缺乏相关配套政策或配套政策不完善，实践中缺乏指引，难以操作，在行政审批、投资安排和贷款贴息补助等方面仍然存在着差别待遇，国家和省出台的相关扶持政策也难以全部落实，鼓励和引导民间投资的体制机制障碍在不同程度上还存在。

（二）各级政府相关部门没有形成工作合力

横向各部门及纵向各级政府未形成有效的衔接机制，职责“缺位”和“越位”并存；同时，实施任务分工不明确，协调配合不完全到位，工作相互脱节；此外，在利益分配、土地使用、项目配套设施统筹等方面缺乏沟通协调，未形成共建、共享、共负盈亏的运作机制，重大项目建设资金到位参差不齐，建设进度缓慢，影响政府投资项目的整体有效推进。

（三）融资渠道狭窄，金融创新工具运用不足

广东省重大项目投资大部分是靠银行直接或间接融资，社会资金和民间投资参与不足，贡献度不高，企业项目建设基本是靠银行贷款，负债率普遍超过60%，风险隐患较大，影响企业的发展。同时，直接融资的方式和手段较单一，一些成熟的融资模式和金融创新工具运用不足，如资产证券化、房地产投资信托基金（REITs）、产业和股权投资基金、土地增值融资、TOD建设模式等，上海、天津、重庆等省、市已经运用娴熟，而广东省运用得较少。

（四）全省国有资产尚未充分盘活运用，国有企业对省重大项目、重大基础设施、重点民生投资的责任义务不明确，贡献有待提高

到2011年12月底，全省国资监管企业资产总额22 744.06亿元，归属于母公司的所有者权益总额5 296.17亿元，其中：省属企业资产总额6 718.24亿元，归属于母公司所有者权益1 585.45亿元，但上述资产和所有者权益未能综合统筹，未能通过适当方式由某家平台公司持有，增加平台公司的资本金，以获得融资的基本条件，盘活资产。再如：广东省持有的中国南方电网38.4%的股权（净值约420亿元）、持有中广核集团10%的股权和未来拟上市股份公司10%的股权（净值约120亿元）至今沉淀在央企，未能确权使用。

（五）“借用管还”机制不健全，部分地方债务风险不容忽视

尽管截至2011年年底，广东省地方政府性债务余额6 776亿元，债务风险总体基本可控，但仍存在风险隐患。个别地区急功近利，举债不量力而行，只考虑借而不考虑还，盲目举债、过度负债，债务负担较重，融资平台公司资产负债率过高，而且资金使用分散，投入产出效率不高，偿债能力较弱，“借用管还”机制不健全、不完善，对区域结构性债务风险隐患需引起重视，防止出现区域性债务风险。特别是近两年到期债务比较集中，进入还贷高峰期。2012年和2013两年全省到期应还直接债务达1 713亿元（其中：省级153亿元，各市1 560亿元），偿债压力较大，存在财政“兜底”的偿债风险。

三、当前及“十二五”期间融资需求和任务目标

为贯彻落实省政府近期出台的《关于促进稳增长 调结构 惠民生工作的若干意见》，2012－2014年需省财政统筹安排各项资金1 593亿元，其中：统筹在2012年集中使用的资金共1 147亿元、新增资金411亿元。对于需新增安排的411亿元，除通过发行2012年地方政府债券86亿元及省财政增加安排解决25亿元外，其余300亿元需分别通过增加省

级水利融资平台100亿元和交通融资平台和200亿元融资规模方式解决。另据省交通运输厅测算，省级公路、航道水路交通建设、养护和还贷资金缺口达350亿元。此外，仅城际轨道项目建设需要投入资本金就超过1 000亿元。再加上按财政部最新确定的县级政权基本财力保障标准年人均7.6万元的精神，广东省2012年缺口额增加到124亿元。仅上述四项工作，当前亟待落实资金已将近1 800亿元。此外，从当前全省经济运行态势来看，要实现省领导提出的全年力保GDP增长8.5%、全省财税收入分别增长10%的预期目标，要付出艰苦卓著的努力，保障各项基本支出任务也面临极大挑战，多方筹措融资解决需求紧迫。

从整个"十二五"期间看，全省财政民生需投入2万多亿元；另据省发展改革委初步匡算，广东省自2011年起规划的省重点项目280项，估算总投资高达3.15万亿元。与上述巨额资金需求不相适应的是，经测算，"十二五"期间省级新增债务规模应控制在600亿元左右。同时，由于全省各地今明两年到期的直接政府性债务已高达1 560亿元，集中进入还本付息的高峰期，考虑到全省各地经济发展不平衡，财力分布不均，要将整体债务风险保持在规范、可控的范围，全省各地安全、合理的举债空间已不大，投融资矛盾十分突出。

由此可见，随着广东省经济社会各项事业的全面发展，所需的项目资金投入越来越大，财政收支矛盾十分突出，单纯靠财政投入显然是杯水车薪，必须调整和改变支持项目实施和经济社会发展的方式，通过进一步深化投融资体制改革加以解决。从当前看，必须进一步提升投融资能力，充分运用财政杠杆，通过政策引导、资金扶持等手段，放大财政资金的投资引导效应，确立政府引导、民间为主的多元化投融资格局，满足广东省重大产业项目、重大基础设施建设和重大民生工程等项目以及各项民生项目支出的巨额融资需求，缓解政府直接投资压力，确保广东省各项建设事业顺利开展，促进经济社会的健康发展。从长远看，必须坚持社会主义市场经济改革方向，通过深化改革和扩大开放，建立起与社会主义市场经济相适应的新型投融资体制，从制度设计及实践操作上确保投融资体制的顺畅运转，从根本上促进形成投资主体多元化、资金来源多渠道、投资方式多样化、项目建设市场化的新局面。

（经济建设处供稿，朱胜亚执笔）

广东省会计从业资格无纸化考试

广东省会计从业资格无纸化考试从2009年开始试点，至2011年在全省全面实施。2012年，省财政厅继续改革创新、深入挖潜，通过对考生考试需求的民意调查，一线考务工作的调研分析，设计并实践了更加科学、合理的常态化考试新模式。

经过多年不断探索和实践创新，广东省会计从业资格无纸化考试的改革工作取得了一定成果。广东省从考生的实际需求出发，运用最新的技术手段，为考生提供网上缴费、资料后审、二代身份证扫描和常态化报考等多种直接便利、行之有效的服务，得到社会公众的一致好评，也得到财政部会计司的肯定，部分兄弟省市财政会计管理部门曾多次到广东省开展会计从业资格无纸化考试调研。

一、改革背景

广东是会计大省，每年约有50万人次的考生参加会计从业资格考试。传统笔试模式组织难度大、试卷存放空间大、保密风险高、每次考试需要考场数量多，管理工作效率相对较低。作为会计行业的准入考试，会计从业资格考试必须寻找新的出路，实行无纸化考试势在必行。广东省目前已在全省范围内完成无纸化考试改革和推广，考生反应热烈，报考人数大幅增长，其中省直地区的报考人数以每年15%的幅度增长，但同期组织考试投入的资源却保持稳定。

二、改革措施

（一）科目联报联考

会计从业资格考试作为会计行业入门级的考试，其性质决定了考试需要考核考生的法规制度、职业道德、理论基础和实务技能等全面的内容，以判断考生是否具备会计行业从业条件。会计从业资格考试分为专业知识考试和会计技能考试两个类别，在原考试管理模式下，考生一般需要报名两次、参加两次考试才能拿到全科成绩合格证书，并申领会计从业资格证书。本着以人为本的原则，广东省积极主动向财政部申请加入全国题库的试点工作，将考试科目联报联考功能加入无纸化考试系统中。考生报名时可以根据自己的实际情况自由选择考试科目，可三科全报也可只报单科，方便考生根据自身情况合理安排复习。同时，也减少了会计从业资格管理机构在考试组织过程中的重复性工作，有效提高了管理工作效率。

（二）网上支付，资格后审

为进一步方便考生、提升服务效能，省财政厅在充分梳理的基础上对工作流程进行了优化完善，推出"网上支付，资格后审"的全新报考模式。网上支付是新兴技术，省财政厅攻克了技术难关，与银行、非税系统、软件公司等部门进行充分沟通，最终把网上支付这一便捷功能引入会计从业资格无纸化考试报名流程，考生通过网上报名系统选择考试科目后，考生一是可直接通过网上银行缴纳考试费用，不再需要到报名点现场刷卡交费；二是通过优化工作流程，把考生资料考前审核程序调整为考后审核，只有考试通过的考生才需到现场提交资料审核。

（三）考试常态化

考试常态化旨在摆脱以往以年度为考期的考试组织思维束缚，实行不限制报名时间，考试周期按需要配置，考试时间自由选择，考试工作常态化。具体形式是在确保考试安全、规范、稳定的前提下，通过合理配置弹性的考试周期、考场座位等资源，实现考务管理流程信息化、日常化，寻找考试资源配置与考试需求的最佳平衡点，满足考生可以随时报名，且在一定范围内自主选择考试日期和考试地点的需求。

常态化考试在传统的考试概念上大胆创新，把考试的主动权部分交给考生。考生随时可以报名，考试时间地点自行决定。对会计从业资格考试管理机构来说，考务组织管理工作将实行流水化规范作业，相关的工作任务需重新规划，编制计划需更周全，对每项工作的要求将更严谨。常态化考试设计理念是依靠信息化技术手段实现“网上报名—网上缴费—自主选位—网上打印准考证—参加考试—合格考生资格审核”的报名考试模式。具体操作模式为：通过长期预订考试场地确保考场资源的日常供给，同时在考务管理系统中提前配置好未来 1 个季度内的考试座位。网上报名采用分期方式（10 - 15 天为一期）供考生选位，并按照“本期可选座位不足 20% 则自动开放下一期考试”的原则运行，省财政厅根据实际报名情况及时配置下一季度的考试座位数据，确保网上报名考试座位的正常供应。真正实现报名时间不限制，考试周期按需要配置，考试工作常态化。该考试模式在忙季基本是连续考试，与现行考试模式能实现无缝对接；在闲季则能实现弹性管理。

三、改革成效

（一）常态化考试改革成效显著

与传统考试模式相比，常态化考试模式更加注重人性化服务，带来了可喜的变化。首先是报考流程方便快捷。考生可随时登录系统进行报名，足不出户在线完成整个报名流程，还能自由选择考试日期和考试场地；其次是考后审核办证无缝对接。通过整合考试资格审核和会计从业资格证办理流程，为考生提供考后直接申请办证的简化流程，避免往返多次办理，考试报名“零接触”的理想概念在不知不觉中已经成为现实。现在考生报名会计从业资格考试，不再被繁杂的手续困扰，免去了多次的往返，也不用为了安排工作学习的时间而左右为难。

（二）考务管理工作效率更高、也更透明和更规范

一是利用信息化技术手段，提高工作效率。广东省为实现常态化考试模式，专门研发了集合自动生成准考证、自动组卷等智能化系统功能，实现各业务流程高速运作，提高了工作效率；二是公开考位，强化信息透明化。通过考场预定，系统统一公开考试座位资源，并由考生自主选择，避免了人工干预，给考生提供了公开、透明的考试报名环境；三是规范工作流程，保障考务工作质量。常态化考试模式将日常考务工作整合梳理为预定考场—系统设置—报名监控—生成考试数据—试卷组卷—部署考场—导入数据—考试监考巡考—导出成绩—生成合格信息等流程，并将流程职责规范落实到人，保障关联环节相互监督，秩序有条不紊，促进考务管理工作更加科学化、精细化。

从 2012 年 10 月 15 日开始推行常态化考试模式至 12 月 31 日，共有 42 756 名考生成功报名，其中 41 304 名考生完成缴费，41 227 名考生成功选位，34 280 名考生完成考试。

四、存在问题和改革前景

广东省的会计从业资格无纸化考试改革之路并非一帆风顺。在全国题库试点的初期，省直某考场的考试系统意外出现故障，影响考生的正常考试过程。由于缺少技术支持和实践经验，故障的原因不能马上排查清楚，而考试工作已经启动，数万位考生正在等待考试。问题必须尽快查明并及时解决，否则将直接影响广东省财政会计服务工作的形象。省财政厅迅速组织相关部门召开会议，及时制定一系列应急处理办法：一是迅速发布信息做好解释，妥善安顿好受影响的考生，合理安排善后工作；二是集中技术力量攻克难点，对产生问题的因素认真排查。经过各方面的努力，问题故障最终得到了解决，受影响的考生也能重新安排参加考试。

随着新会计从业资格管理办法的出台，广东省的会计从业资格无纸化考试下一步将继续在统一全省考务考试管理系统，推动短信服务平台和呼叫中心，整合简化会计从业资格管理服务事务等方面积极创新。

（会计处供稿，许健昶执笔）

深化财政绩效管理改革
拓展财政绩效管理范围

随着广东省绩效管理改革的不断推进，绩效管理的理念深入人心，在财政管理各项建设制度中列入绩效管理内容已成必然。广东省绩效管理的范围已从对个别项目资金绩效评价延伸到对所有一定额度财政资金项目绩效评价；从事后绩效评价延伸到全过程绩效管理；从对项目支出绩效评价延伸到对部门财政支出绩效评价；从财政支出绩效评价延伸到政府效能绩效评价，财政绩效评价的方法或指标体系也运用到广东省基本公共服务均等化、珠三角一体化绩效评价、落实科学发展观绩效评价、幸福广东绩效评价、主体功能区规划绩效评价办法中。

一、完善部门预算支出绩效目标管理机制建设

重点通过优化部门预算支出项目绩效目标管理规程和评审指标体系，完善部门预算支出项目绩效目标管理机制建设，并开展探索构建部门预算整体支出绩效目标管理机制的试点；推进绩效目标管理与预算编制管理流程的对接融合，强化绩效目标管理为预算管理服务的功能，同时探索试行部门预算支出绩效目标管理引入第三方评审机制，提高部门预算管理的科学化。

预算部门（单位）负责具体实施本部门、单位的部门预算支出绩效目标管理工作，督促、指导、检查所属单位的部门预算支出绩效目标管理工作；按经批准的部门预算及其支出绩效目标加强预算资金管理，提高预算资金使用

绩效。财政部门负责组织部门预算支出绩效目标管理工作的实施。其中，预算处（科、股）负责拟定部门预算管理总体要求，对推进部门预算支出绩效目标管理提出指导意见和批复；绩效评价处负责拟定部门预算支出绩效目标管理工作规程和评审指标体系，统一组织实施本级部门预算支出绩效管理工作，组织部门预算支出过程及支出效果的绩效自评，具体实施重点评价和绩效督查，健全绩效管理信息系统支撑；支出业务处负责部门预算项目支出绩效目标合规性等内容的评审，并配合绩效评价处完成部门预算支出绩效管理工作任务。

二、健全财政专项资金绩效管理机制建设

将以绩效为导向的竞争理念引入财政专项资金管理，覆盖资金设立、分配、支出、结果等环节。一是在资金设立环节，凡要求新设立财政专项资金的，一律按规定由主管部门同时申报绩效总体目标，经财政部门审核确认后，作为审批设立的重要依据。二是在资金分配环节，除工作性质的专项经费及可纳入因素法分配的专项资金外，原则上都要采取竞争性分配方式安排，并将绩效目标评审结果（其中内容涉及专业性较强的项目，原则上委托相关领域的专家实施专业评审）作为竞争项目安排以及绩效追踪、评价的重要依据。三是在资金使用过程，通过依托财政绩效管理信息系统，及时跟踪专项资金支出进度和使用效益，同时定期组织督查组或委托第三方实施绩效督查。在资金支出结果环节，着力完善“主管部门、资金使用单位全面实施专项资金绩效自评，提交绩效自评报告，与财政部门引入第三方评审，组织开展重点评价相结合”的评价管理机制；完善绩效管理结果应用机制，建立与预算安排挂钩的办法，探索绩效管理结果通报、公开制度，探索建立绩效责任约束机制。

资金使用单位负责具体实施本部门、单位的财政专项资金绩效管理工作，督促、指导、检查所属单位的财政支出绩效管理工作。按规定申报财政专项资金（竞争性分配资金）绩效目标，具体开展绩效自评工作，配合财政部门开展财政支出重点评价和绩效督查工作。根据经批准的绩效目标使用财政资金，根据经审定的绩效评价结果加强财政专项资金管理，及时将绩效评价过程中发现的问题以及有关的整改措施报同级财政部门备案。财政部门负责统一实施财政专项资金绩效管理工作。其中，预算处负责拟定财政专项资金管理（含竞争性分配管理）总体要求，对推进财政专项资金绩效管理提出指导意见；支出业务处负责竞争性分配资金评审，财政专项资金绩效目标合规性等内容审核，并配合绩效评价处完成财政专项资金绩效管理工作任务；绩效评价处负责拟定财政专项资金（竞争性分配资金）绩效管理工作规程，统一组织实施财政专项资金支出过程及效果的绩效自评、具体实施重点评价和绩效督查。

三、探索财政综合性支出绩效管理机制建设

一是建立涉及重大规划、政策实施的综合性财政支出绩效管理机制，包括绩效目标管理机制、绩效情况督查机制、综合考评制度和绩效考评结果应用机制等，研究考评指标和考评办法的科学性。二是通过试点探索，逐步推进财政转移支付综合绩效考评机制建设。重点突出一级财政在使用上级转移支付资金，提供基本公共服务、民生保障、环境保护等方面支出的综合绩效考评，考评结果作为转移支付资金安排的重要依据，以推进完善绩效激励型财政机制建设。三是根据建设效能政府的要求，研究一级政府整体财政支出综合绩效评价的内容、方法和标准，并在条件成熟时，探索开展一级政府整体财政支出综合绩效评价试点。

涉及财政综合支出的部门按照职能分工牵头负责相关领域的综合支出绩效考评指标选设，指导和实施考评等相关工作；财政部门负责统一组织实施财政支出综合绩效评价工作。其中，预算处负责拟定财政综合支出重点工作任务；绩效评价处负责绩效评价办法制定，评价工作的综合协调，具体组织开展财政综合支出绩效考评工作。

四、稳步推进引入第三方绩效评价改革

一是完善第三方评价管理机制。简化评价流程，优化评价指标体系及基础信息采集；在确保第三方评价独立性的前提下，强化对评价过程及结果的质量监管，提升管理水平。二是扩大第三方评价范围。逐步扩大省级层面引入第三方评价的财政支出项目范围；从事后引入第三方评价逐步涵盖预算编制、预算执行监督等环节引入第三方，从针对部分财政专项资金试点探索向逐步覆盖适宜于第三方评价的大部分财政专项资金转变，同时鼓励、引导珠三角有条件的市县探索引入第三方评价改革试点。三是积极培育第三方评价组织。扩大对中介机构的服务选购范围，强化知识培训和业务指导，大力培育第三方评价组织，健全社会评价组织体系。四是加强第三方评价理论研究。加强调查研究，探索财政支出绩效引入第三方评价的理论体系，同时理清工作思路，创新第三方评价管理机制和制度安排。

资金主管部门及资金使用单位负责绩效自评工作，配合第三方开展绩效评价工作，按要求收集、报送第三方评价基础资料，根据第三方评价结果进行整改。第三方机构按照绩效管理规定及委托协议，客观、公正、规范地开展评价，并接受财政部门的监督管理。财政部门负责第三方评价的组织管理、指导和协调，其中，预算处负责第三方评价的总体协调及评价结果应用；支出业务处负责第三方评价的具体组织、协调，印发评价通知等工作；绩效评价处负责研究制定绩效评价指标体系和标准、绩效管理信息系统建设及第三方机构管理等基础建设，制定第三方评价管理规程、办法等。

五、着力推进基本公共服务均等化绩效考评工作

围绕《广东省基本公共服务均等化规划（2009－2020年）》（以下简称《规划纲要》）的实施，建立完善评价机制，创新考评方法，并进行综合考评；适时引入外部评价机制，促进考评的民主化和公正性。各地级以上市政府负责本市基本公共服务均等化绩效自评工作。省实施《规划

纲要》工作领导小组成员单位按照职能分工牵头负责相关职能领域的基本公共服务均等化绩效考评指标选设、考评指标目标值确定和分解，指导和实施考评等相关工作。省领导小组办公室（设在省财政厅）负责考评办法的修订及考评工作的综合协调，其中，预算处负责拟定基本公共服务均等化重点工作任务，基本公共服务财政投入、支出指标口径及数据的核定、考评；绩效评价处负责基本公共服务均等化绩效评价办法制定，评价工作的综合协调，牵头组织开展考评工作。

（绩效评价处供稿，林　侃执笔）

广东省财政专项资金绩效管理优化

广东省秉承积极稳妥、循序渐进的原则，按照“自上而下”的路径推进，从个别项目评价向一定额度资金的全面评价、从事后评价向全过程绩效管理、从评价结果个别应用到多向对接多种途径的制度化应用，在不到10年的时间里，在全省初步构建起“两个覆盖”的预算绩效管理体系框架，即横向覆盖“部门预算、专项资金、财政综合支出”等财政支出，纵向覆盖“事前绩效目标审核、事中绩效监测督查，事后绩效评价和绩效问责”全过程，并大胆探索将竞争机制引入财政资金分配领域，创新形成竞争性分配财政专项资金的绩效管理机制。

一、广东省财政专项资金绩效管理情况

（一）广东省财政专项资金绩效管理的主要模式

1. 绩效目标管理。建立绩效目标管理机制，将绩效理念和手段延伸到预算管理源头，增强预算编制的绩效约束，是广东省探索财政支出全过程绩效管理的重大创新一是规定项目支出绩效目标未通过财政部门评审的不能列入部门预算；同时明确经确认的绩效目标将成为部门预算管理和绩效评价的重要依据。二是要求设立财政专项资金要明确绩效总体目标，申报项目要同时申报绩效目标，并将绩效目标评审结果作为竞争项目安排的主要依据。

2. 竞争性分配管理。建立财政专项资金竞争性分配绩效管理机制，是广东省开全国之先河，深化公共财政管理改革的重大举措。按照专项资金竞争性分配改革要求和特点，广东省以绩效目标及可量化指标为依据，以专家和公开评审方式筛选最优项目进行财政资金扶持，实现“多中选好，好中选优”。省财政厅先后制定《省级财政专项资金竞争性分配绩效管理暂行办法》、《省级财政专项资金竞争性分配监管内部工作规程》等制度，对招投标流程、专家评审程序、贯穿全过程的绩效理念以及具体评价程序等方面均做明确规定。同时，各主管部门或实施单位根据竞争性分配绩效管理办法，制定项目相应的监管办法和考评制度，真正把跟踪问效、绩效问责制度的执行落到实处。

3. 多元化绩效评价。针对财政专项资金数量大、种类多、差异明显、涉及面广特点，广东省不断推进专项资金绩效管理改革，建立了以绩效自评、重点评价与第三方评价相结合的管理机制，通过多元化的绩效评价机制反映专项资金支出的总体效率和效果，增强预算执行的跟踪问效。一是完善绩效自评管理机制。绩效自评是由部门单位对达到一定额度的支出项目进行绩效评价，经组织专家评审，财政部门确定和反馈项目绩效等级，并提出存在问题和改进建议。二是深化重点评价管理机制。重点评价是由财政部门组织专家组成评价工作小组，重点选择社会高度关注的民生项目为评价对象，经过制订评价方案、基础数据收集、整理分析、实地核查等程序，形成绩效评价报告。三是推进第三方评价机制。第三方评价是根据省领导关于“研究引入第三方评价的办法，在强化预算监督管理、提高资金使用绩效上闯出一条新路”的重要指示精神，由省财政2011年选取部分省级财政专项资金开展第三方评价试点，2012年进一步扩大改革试点范围，通过竞争性招投标的方式，整体委托符合资质要求的第三方组织独立、自主地开展财政资金使用绩效评价工作，评价报告呈报省政府，并向社会公开，接受公众监督。其选取的项目主要集中在惠及民生项目和产业扶持项目。

（二）广东省财政专项资金绩效的管理成效

广东省是中国开展财政预算支出绩效管理改革较早的省份之一，改革一直走在全国前列。在省领导与财政等有关部门的共同努力下，广东省财政专项资金绩效管理取得显著成效，主要体现在五个方面：一是财政支出绩效管理理念得到广泛认同，增强了各级部门绩效责任意识。二是有效提高财政专项资金支出效益。三是完善财政专项资金全过程绩效管理机制，增强财政支出的绩效约束性与激励性。四是丰富中国财政支出管理研究成果，促进公共财政体系的完善。五是促进政府效能建设的进步。

（三）广东省财政专项资金绩效管理的优化空间

将绩效管理与部门预算相融合是一项全新的工作，无论在中央还是地方层面仍处于探索阶段。在看到广东省财政专项资金绩效管理实践所取得成就的同时，也应不断总结改革前路面临的挑战，分析目标与现状的差距持续进行优化，深化财政专项资金绩效管理改革。全过程绩效管理机制有待进一步深化。

主要表现在：绩效目标管理仍未很好地贯穿全过程绩效管理，尚未形成健全的专项资金设立、分配、使用、评价、结果分析等的联动机制；由于绩效监测工作的复杂性及政府财政部门资源的有限性，仍存在绩效监测成本较高、效率不高等不足；评价的多样性与质量控制仍需进一步丰富；对绩效结果的有关技术分析的深度与广度不够，绩效结果应用的保障机制仍不健全。

二、专项资金绩效管理机制优化

（一）绩效目标管理

绩效目标管理是专项资金全过程绩效管理机制的基础，

财政专项资金绩效目标管理包括设计与明确绩效目标内容与目标内容完成标准，目标成果评价方法与评价标准，绩效目标总体进度计划与绩效目标阶段成果计划，以及目标完成情况的奖惩机制等。一是进一步完善绩效目标完成情况与预算下达的联动机制，并于事前达成绩效共识。二是进一步细化目标申报内容。三是进一步提高专项资金设立与分配间绩效目标的一致性。四是逐步丰富目标评审方式。五是强化目标设置的SMART原则。

（二）绩效监测与辅导

专项资金绩效监测与辅导是指绩效管理组织者在绩效目标计划实施过程中采取适当的方法，获取有关各方工作进展、已取得绩效、存在问题、潜在风险等情况，进而与有关绩效主体共同探讨与明确问题产生的原因、问题的解决办法、工作改进计划等，实现在过程中改进绩效并顺利完成项目绩效目标的各项活动。专项资金绩效监测与辅导的关键在于能够前瞻性地发现问题并加以解决，既为绩效目标按要求完成提供有力保障，也为后续绩效评价工作的有效开展提供过程基础信息。一是严格根据目标管理阶段设定的要求开展事中绩效监测评价。二是明确事中绩效监测对象的分类选择与随机抽查机制。三是在绩效跟踪监测过程中，进一步丰富绩效辅导活动，强化绩效辅导措施。四是明确专项资金各级主管部门绩效跟踪和辅导责任。五是建成统一的绩效数据报送标准体系，借助信息系统实现绩效数据的自动跟踪与异常预警。六是逐步建立统一的专项资金管理云平台，所有专项资金的使用与管理都在云平台上运行，实现专项资金管理的实时监控和完整可回溯。

（三）绩效结果评价

一是将专项资金绩效管理工作进行标准化、模块化分解，整合社会专业资源参与专项资金绩效管理工作。二是进一步加强评价方式的多样化，在当前自评、书面评价与现场评价的基础上，可积极探索应用网络评价、集中评价方式。三是根据不同项目的特点，采取不同的项目绩效结果认定方式。四是建立绩效自评与第三方评价复审机制，进一步提高评价质量与约束力。五是逐年提高绩效评价标准与要求，稳步推进专项资金项目绩效评价试点工作。

（四）绩效结果分析与应用

专项资金使用绩效的持续改进是专项资金绩效管理的根本目的，而绩效结果分析与应用对专项资金使用绩效的持续改进发挥着关键的作用。因而，绩效结果分析与应用工作的成败直接影响到专项资金绩效管理的成效。一是强化绩效结果技术分析，定期对各年度所有专项资金绩效评价结果进行系统化分析，根据绩效分析结果针对性调整下一周期专项资金的管理重点与方向。二是丰富专项资金绩效管理结果的应用。包括细化绩效管理结果与部门专项资金预算下拨的联动机制；建立专项资金使用绩效奖励基金制度；强化绩效问责机制。三是积极推行绩效改进计划。加强绩效诊断；对关键绩效问题重点评估；根据绩效诊断与分析的结果制定针对性的绩效改进策略；自上而下组建关键绩效问题改进小组；制定绩效改进目标，实施绩效改进方案；对改进结果进行评价。

三、指标体系优化

（一）现行指标体系分析

现行指标体系具有指标设置系统性较强，结构清晰；评价内容较完整，重点突出；指标设置灵活性高，可操作性较强等优点。但现行指标体系仍存在改进的空间。首先，现行指标体系无法适用于全过程绩效管理的各阶段，专项资金绩效管理各阶段的要求不同，需要进一步分解与细化指标体系，建立具有前后一致性的事前评审、事中监测及事后评价的多阶段指标体系，以满足不同阶段的管理重点。其次，指标内容与评价标准可根据各阶段的绩效管理要求和特点进一步优化，以满足事前评审、事中监测及事后评价各阶段的需求。

（二）指标体系优化建议

采取完善为主、变革为辅的策略，在现行指标体系的基础上进一步完善全过程绩效管理指标体系。即系统性构建涵盖事前评审、事中监测与事后评价的三阶段绩效管理指标体系，针对性设计各阶段指标内容，突出不同阶段绩效管理的核心内容；建立三阶段指标权重体系，将绩效管理指标体系结为统一的整体。

四、绩效管理配套体系优化

（一）健全财政专项资金绩效管理制度体系

一是出台《广东省财政专项资金绩效管理办法》。二是制定财政专项资金绩效管理结果分析与应用实施细则。三是将部门预算绩效管理的立法内容补充到《预算法》中，或制定以绩效管理为核心内容的部门预算支出绩效管理法律法规。

（二）深化专项资金绩效管理信息化应用

一是着手制定广东省财政专项资金管理信息化规划，为高效进行信息化建设奠定基础。二是构建专项资金生命周期管理平台，强化全过程绩效管理机制。三是搭建专项资金绩效预警平台，深化绩效辅导应用。

（三）完善质量控制体系

1. 平衡计分卡管理体系。在财政专项资金管理中应用平衡计分卡模式涉及的主体包括四个方面：一是专项资金（代表政府），二是财政部门与有关业务主管部门，三是资金使用单位与资金评价单位（如第三方评价机构等），四是项目责任人（包括有关政府部门与资金使用单位）。

在专项资金平衡计分卡管理模式的执行步骤包括两个方面：一是自上而下的规划。首先根据平衡计分卡四个维度明确专项资金的总体战略与目标；然后将各细分目标分别分解到财政、业务主管部门平衡计分卡的四个维度中，分解过程中要注意平衡计分卡四个维度之间的横向一致性与纵向一致性；进而，类似上一步骤，将财政、业务主管部门的细分目标按照平衡计分卡四个维度分解到资金使用单位与相应的资金评价单位，并最终落实到项目责任人；自上而下的规划保证了各级主体间目标的一致性。二是自下而上的执行，平衡计分卡每一级主体的执行有赖于下一级主体的管理支持，自下而上的执行保证专项资金绩效目标的有效落实与逐层真实反馈。

2. PDCA 闭环控制体系。PDCA 管理在操作中具体包括八个步骤：分析现状，找出存在的质量问题，确认问题，收集和组织数据，设定目标和测量方法等；分析产生绩效、质量问题的各种原因或影响因素，寻找可能的影响元素并验证；比较并选择主要的、直接的影响因素，明确影响质量的主要因素；针对质量问题的主要因素，制定措施，分析相应的资源要求，提出行动计划；施行动计划，按照既定计划执行措施，协调和跟进收集数据；分析数据，评估实施结果，包括结果同目标的相符程度、每项措施的有效性、目标与实际的差距在哪里，以及我们学到了什么等，通过分析并进一步完善与确认标准化措施和新的操作标准；采取具体措施以保证长期的有效性，将新规则文件化，设定程序和衡量方法，分享成果与优秀经验；总结这一 PDCA 循环中尚未解决的问题，并把它们转到下一个 PDCA 循环。

3. 360 度评价体系。专项资金的支出绩效可从全方位和多角度进行考评。具体来说，专项资金 360 度绩效评价可从以下几个方面引入，一是在专项资金绩效评价的不同阶段分别选择不同的评价主体；二是在绩效评价的某一阶段中同时引入多个评价主体；三是针对某些指标指定特定的评价主体等。

在现实中，360 度考评在实施常遇到考核成本相对单独考核主体考评方式较高的难题。当一个考核主体要对多个被考核主体进行考核时，或者多个考核主体同时对一个被考核主体进行考核时，时间耗费较多，并会或多或少地引起成本上升。因而，要高效地实施 360 度绩效评价方法需要首先建立完善的财政专项资金信息化管理体系，形成可以高效支撑 360 度考核所需要的网络技术平台，这能够极大地提高 360 度考评的实施效率和效果。

（绩效评价处供稿，林侃执笔）

广东大型科学仪器使用现状和共享共用机制探索

财政部《事业单位国有资产管理暂行办法》第六条规定“各级财政部门是政府负责事业单位国有资产管理的职能部门，对事业单位的国有资产实施综合管理，其中主要职责之一是组织事业单位长期闲置、低效运转和超标准配置资产的调剂工作，建立事业单位国有资产整合、共享、共用机制”和第八条规定“事业单位负责对本单位存量资产的有效利用，参与大型仪器、设备等资产的共享、共用；公共研究平台建设工作”。2012 年，新修订的《事业单位财务规则》第四十六条规定“事业单位应当提高资产使用效率，按照国家有关规定实行资产共享、共用”。可见，探索建立资产共享共用机制体制是当前资产管理的重要工作内容，它对于提高资产使用效益具有积极意义。

一、背景

大型科学仪器是科学研究和技术发展最重要的基础条件之一，近年来各方面相继推出一系列的政策、机构、法律法规等以支持和推动大型科学仪器的共建共享共用。

从国家层面上讲，《国家中长期科学和技术发展规划纲要（2006－2020 年）》提出要加强科技基础条件平台建设和共享共用，促进资源的优化配置和有效利用。大型科学仪器设备共享共用平台是国家科技基础条件平台建设的六个重点之一，大型科学仪器设备协作共用网是国家大型科学仪器设备共享共用平台的重要组成部分。

从地方层面讲，《广东省自主创新促进条例》（以下简称《条例》）是我国第一部规范自主创新促进工作的地方性法规，2011 年 11 月 30 日广东省第十一届人民代表大会常务委员会第三十次会议通过，并于 2012 年 3 月 1 日正式实施。《条例》为广东省科技自主创新提供了方向性指引，其中涉及“大型科学仪器设施共享共用”的第十二、十三、十四条对信息报送、服务管理、联合共享共用、机构支持等多个方面提出了要求。

随着广东省经济社会的快速发展，资产总量越来越大，省内大型科学仪器设备的数量和总价值已经达到相当规模，各级政府越来越重视大型科学仪器资产管理工作。如何提高资产使用效率，加强仪器固定资产管理、建立健全大型科学仪器协作共享共用制度以发挥优势资源的作用成为一个迫切需要解决问题。

二、广东大型科学仪器共享共用现状和体制探索

以大仪网为例分析大型科学仪器资产共享共用现状：据 2012 年对广东省 214 家行政事业单位及企业大型科学仪器资产的调研显示，全省账面原值 20 万元及以上的大型科学仪器设备 4 449 台（套），总值人民币 27.4 亿元。其中，原值 50 万元以上（不含 50 万元）共 1 471 台（套）、占全省仪器总量的 33%，价值 18 亿元、占全省仪器总值的 65%。以国家规定的全负荷运行时间（1 600 小时）为基准，若仪器使用率大于 100%，一律计为 100%，全省调查范围内的大型科学仪器设备整体平均使用率为 45.2%，平均对外服务率为 10%。

（一）共享共用机制

大型科学仪器协作共用网是国家六大科技基础条件平台之一，广东大型科学仪器协作共用网（以下简称“大仪网”）始建于 1997 年，是科技部支持的国家八个省市协作共用试点网之一。作为一个面向全社会开放的非营利性科技公共服务平台，由政府投入设立专项资金进行运作，其共享共用机制为通过政策引导并对入网仪器提供运行补贴，鼓励大型科学仪器入网并向社会提供优惠测试服务，促进入网仪器机组面向社会开放，激发资源的共享共用。广东

大仪网建设所提供的横向共享共用，是教育、科技等垂直系统内部共享共用的重要补充，是打破大型科学仪器条块分割、相互封闭、重复分散格局的重要措施。

1. 通过申请专项资源补贴，激励用户使用。省内凡承担国家、广东省、广州市、中科院科技计划项目的课题组利用入网仪器开展项目研究，以及广州市高新技术企业进行产品研发和技术改进的，到广东大仪网的入网机组进行分析测试，可获费用七折优惠。

2. 通过基金专项、培训资助和额外补贴等，促进仪器入网并向社会提供更好的共享共用服务。入网机组可以向大仪网设置的广州地区分析测试基金专题项目申请项目支持，共享共用工作实施效果较好的机组还可以获得机组人员业务学习（培训）的资助。此外，还设置了额外补贴机组及有关仪器管理人员补贴款项以促进其运作。

3. 以展会、交流会、年会、网络宣传等多种形式加强大仪网的推广，扩大了大仪网在相关行业及领域的影响力。

（二）运行成效

经过十多年的建设，广东大仪网形成了自己的特色，较好地发挥广东省科学仪器的资源优势，对广东经济社会的发展和地方产业的转型升级，对提高企业的市场竞争力起到重要作用，主要体现在降低研发成本，提高科研项目经费使用效率，加强科技基础条件支撑，提高了快速检测服务能力等方面。统计数据显示，2011 年度入网仪器的台均开机时数为 1 597 小时，台均服务机时数为 1 259 小时，台均对外服务机时为 411 小时，平均对外服务率为 25.7%。台均对外服务科研项目 11 项，对内服务科研项目 54 项。同时，在全省提供对外服务并且使用率为 100% 的仪器中，广东大仪网的入网仪器占据了其中的 32%，表明广东大仪网相关措施在提高仪器使用率方面是卓有成效的。

1. 为分析测试技术发展和快速检测服务能力的提升提供公共平台支持，提升科技创新能力和水平。广东大仪网自 2009 年起组织广州地区分析测试基金资助专题项目申报及验收工作，为推动本领域内的检测技术、方法、标准等研究工作提供公共支持。2012 年完成验收项目 11 个，批准立项项目 12 个，部分专题具有较高学术科研水平，评审专家给予高度评价。

2. 提高科研项目经费使用效率、降低研发成本，加强科技基础条件支撑能力。广东大仪网运行期间仪器的使用效率明显提高，1999 年仪器年开机时数为 888 小时，从 2000 年开始入网仪器年开机时数保持在 1 200 小时以上，2011 年达到 1 597 小时；入网仪器的分析服务收入和检测样品数也逐年增加。

3. 在应对社会突发事件，维护社会安定和人民利益方面发挥良好效果。入网机组关注社会需求，不断加强自身能力，为社会提供优质服务，促进社会和谐发展，尤其在 2010 年广州亚运会、2011 年深圳大运会，以及配合各级政府部门处置社会突发事件方面做了大量工作。

（三）存在问题

广东省大型科学仪器共享共用建设虽然取得一定成效，呈现良好的发展势头，但在实践中，也遇到许多障碍，存在诸多问题，具体表现在观念陈旧、体制复杂、制度缺乏、技术瓶颈等方面。

1. 资产共享共用意识淡薄。在原有的分散管理体制土壤上滋生形成的“谁占有使用就是谁所有”的“小而全、大而全”的思想和观念根深蒂固。本位主义思想严重，资源共享共用理念缺乏，在资产配置时，对资源管理缺乏顶层设计、整体规划、合理布局，实现共享共用阻力重重；单位对资产共享共用态度不积极，没有主动把支持共享共用作为职责和义务。

2. 管理体制机制的弊端。在“条线、块块”管理体制下，各行、各业、各级政府、部门的行政和业务管理中，依然存在着对单位各种考核、评级、达标的硬件资产配置要求，造成大量的资产平行配置、重复配置，效率低下、浪费严重。同时，资产共享共用制度的总体建设还很薄弱，制度的构架体系尚未形成，大多为局限于某一范围、某个领域的局部、零散规定。制度的级次不高，法律效力不够，层级性、综合性、系统性不强，没有一系列完整配套的制度体系。

3. 资产管理系统不够完善。现行的资产管理信息系统运行尚在初级阶段，资产信息的真实性、完整性、精准性不够，可供共享共用的底数不清，系统的共享共用管理平台也尚未建立；资产管理信息系统的网络化、体系化程度不够，形成资产共享共用的技术瓶颈，也限制资产共享共用的展开和实现。

4. 仪器分布结构欠合理。仪器设备资源总量较大，但分布不均衡，结构欠合理。广东省 20 万元以上的仪器设备虽然资源量较大，但大型尤其是特大型仪器设备偏少，缺乏有特色、同时仪器设备相对集中到分析测试仪器、学科分布不平衡；缺乏大型科学仪器中心。与北京、上海等地相比，由于缺乏顶层的统一设计，广东省尚未建成具有国际顶尖水平仪器的大型仪器中心。

5. 仪器运行管理不理想。部分单位的仪器使用和管理不规范，大型仪器设备日常运行缺乏记录。部分单位管理混乱，仪器设备管理缺乏相关制度或大型仪器设备日常运行缺乏记录，导致仪器设备资产状况不清，主管部门对仪器设备的使用状况不了解；设备购置的可行性论证不充分甚至流于形式，很多设备的购置仅是应一时所需，导致财政经费的极大浪费；对大型仪器的使用效益评价标准有待统一和完善。

6. 共享共用运行经费短缺。由于大型仪器的运行成本、维护成本较高，其正常运行往往需要投入大量的经费，但科研项目经费仅以解决前期设备购置费为主，没有考虑后期设备运行、维护和维修的经费需要。因此，数量众多的大型仪器设备，或者依靠设备购置人的科研经费来支撑运行，或者闲置，或者重新购置。另外，投入大型仪器共享共用激励的费用少，达不到激励效果。

7. 共享共用服务能力建设需改善。部分单位对仪器共享共用的理解仅停留在仪器购置上，忽略了能力建设。一些提供共享共用服务的科研单位由于缺乏相应的资质认证，对外测试的质量标准难以判定，也对用户的选择带来影响；仪器共享共用信息渠道狭窄。教育系统、大型科研机构都有自己内部的共享共用信息服务平台，并且互相之间不能共享共用，缺乏统一的面向普通企事业单位和社会用户的仪器共享共用信息渠道。

（行政事业资产管理处供稿，黄丹薇执笔）

严格监督检查　促进规范管理

根据省财政厅厅领导“抓好规范管理和项目监管”，“加强财政监管，既要加强日常严格审核工作，也要重视加强监督检查工作，及时发现纠正问题，依法依规予以处理”和“每年商监督局对一两个市进行专门检查不失为一个好办法”等关于农业综合开发监督检查和规范管理工作的重要批示精神，广东省财政厅把“监督检查和规范管理”作为2012年农业综合开发工作的重中之重，采取有力措施，狠抓贯彻落实，取得明显成效。

一、主要做法和措施

（一）全面深入开展监督检查，大力规范资金和项目管理

为争当财政支农样板，2012年省财政厅重点加大农业综合开发监督检查工作力度。根据资金投入规模、项目安排数量和日常工作发现问题等因素，选取典型性、代表性强的多个检查样本，全面深入开展农业综合开发资金和项目专项检查，检查范围覆盖有关市、县和省直单位，检查深度涉及2009－2012年度项目。一是重点对农发资金投入排名靠前的茂名市及所属开发县2011年度全部农发项目进行专项检查，重大问题追溯到以前年度资金和项目。二是重点对日常工作中发现资金支出进度与项目建设进度不相符的仲恺农业工程学院2009－2012年度农发项目进行专项检查。三是对2011年省级农业综合开发项目绩效考评排名末位的麻章区、陆河县和普宁市3个省级开发县的农发项目进行专项核查。四是纳入省财政厅监督检查局工作计划，对韶关乐昌市2010年度省级农发项目进行专项检查。五是配合国家农业综合开发办公室对梅州市梅县、兴宁市、五华县和河源市和平县、连平县5个国家农业综合开发县进行2012年国家综合检查。六是按照国家农发办的工作部署，开展广东省农业综合开发土地治理项目工程招投标工作专项检查。

（二）借助专业机构和专家力量，提高监督检查科学化、精细化水平

2012年，农业综合开发监督检查工作突出借助专业机构和力量进行。一是从省财政厅监督检查局确定的财政监督检查服务机构中聘请会计师事务所及财务专家，增强检查队伍人员和技术力量。如茂名市农发专项检查聘请一家长期参与财政检查工作、经验丰富的会计师事务所专门负责，派出注册会计师10多名，驻茂名市实地检查两个多星期。二是检查前期工作准备充分。如茂名市农发专项检查前，检查组专门进行集中培训，学习农业综合开发相关制度规定，查阅项目计划任务和资金安排情况，细化项目检查内容和方案。三是检查方式方法科学、深入、细致。如茂名市专项检查中，检查人员分成两个检查小组，一个小组检查项目现场，实地丈量工程建设情况，一个小组查阅项目建设档案和财务资料，两个小组每天交换检查情况，研究分析存在问题，以地毯式开展全面深入检查，不放过任何问题，不遗漏任何死角。如省财政厅监督检查局对乐昌市的农业项目检查，认真细致进行现场拍照取证，图文并茂分析工程背后隐藏的“拦河坝抬高水位不足，蓄水引水灌溉效果不佳”等问题。四是保持检查工作独立性。检查组严格执行监督检查工作制度和规定，严明工作纪律、廉洁自律，自行安排食宿，不接受当地任何接待，维护检查工作的独立性、权威性和严肃性，对发现问题认真取证，由被检查单位签名确认，确保检查结果的真实、准确、公正。

（三）有法必依，违法必究，执法必严，严肃处理检查发现问题

强化检查结果执行，奖优罚劣、警钟长鸣、规范管理、激发活力是2012年加强农业综合开发监督检查工作的出发点和落脚点。省财政厅根据财政部《农业综合开发财政资金违规违纪行为处理办法》，对2012年农业综合开发检查发现的问题作出严肃处理。一是对存在挤占项目财政资金和大额现金支付等较多问题和问题性质较严重的茂南区和茂港区采取暂停安排2013年土地治理项目资金的严肃处理。二是对经核实仲恺农业工程学院农发项目的问题资金作出收回财政的严肃处理。三是对于整改到位的麻章区恢复纳入2012年省级农业综合开发范围；对未整改到位的陆河县和普宁市，暂停项目安排。四是对于检查发现的大小问题，全部依法依规作为扣分因素，纳入“综合因素分配法”，在分配2013年农业综合开发财政资金时予以扣减有关单位的财政投资指标。

（四）以监督检查为契机，推进制度和机制改革创新

针对检查发现的问题和薄弱环节，为加强农业综合开发资金和项目监管，加快制度和机制改革创新的步伐。一是为确保重点项目监管到位，创新建立高标准农田项目省级督办制度。从2012年增量资金项目起，省财政厅对农业综合开发高标准农田项目进行重点督办，定期对项目计划批复、财政资金到位、工程招投标、工程建设进度、工程监理、资金报账、资金支付、项目竣工验收等资金和项目管理情况进行全程跟踪监督，努力把高标准农田项目建成财政支农的样板和示范工程。二是为加强项目前期工作，严把项目立项关，建立专家评审结果复评制度。改变以前农业综合开发项目直接交由专家评审，并直接采用专家评审结果的做法，改为项目先经农发办初审再交由专家评审，

对于专家评审结果进行先复评再采纳的做法，既加强对专家评审工作的跟踪监督，又提高评审结果的和项目立项的准确性。三是根据监督检查发现的问题，改革优化农业综合开发财政资金“综合因素分配法”有关指标及权重。将“财政配套资金落实、财政有偿资金回收、资金管理制度执行、项目建设进度、理顺农发管理体制”等重点工作作为重要分配指标并加大其分配权重，对各地加强重点工作和彻底整改重大问题形成强大的压力和动力，促进农业综合开发工作有效开展。

二、主要经验和体会

2012 年，广东农业综合开发监督检查和规范管理工作取得了显著的成效，全省顺利完成财政投资 11 亿多元，申报各类项目 100% 通过了国家农业综合开发办公室的审批，建成各类项目 254 个，建成高标准农田 31.04 万亩，扶持农业龙头企业和农民专业合作社 89 家（次），在全省打造一大批财政支农样板和示范工程，直接带动受益农民约 80 多万人，年新增农民纯收入 4 亿多元，总体工作以优异的成绩顺利通过了财政部国家农业综合开发办公室 2012 年度全国综合检查。

（一）领导重视是监督检查和规范管理取得重要成效的前提

省财政厅领导高度重视，亲自就农业综合开发监督检查工作作出多次重要批示和指示，为农业综合开发监督检查和规范管理工作指明了方向。在厅领导的关心指导下，农业综合开发办公室精心组织、周密部署全面监督检查工作，农业综合开发办公室主任亲自带领检查组深入检查现场指挥、协调和督办，推进了监督检查工作深入开展。在省财政厅大力开展农业综合开发检查监督工作的推动下，各地领导高度重视农业综合开发工作，纷纷采取有力措施，针对薄弱环节，彻底整改存在问题，加快完善制度机制，大力规范资金和项目管理工作。

（二）严格监督检查是促进资金和项目规范管理的关键

第一，严格监督检查是规范资金和项目监管的重要抓手和有效途径，深入开展监督检查，掌握管理的真实情况，了解存在问题，分析问题产生的根源，才能有针对性地研究采取规范管理的有效政策措施。第二，严格监督检查才能及时跟踪监管项目的建设进度和资金运行状况，及时发现和纠正项目运行过程中出现的问题，确保项目和资金安全。第三，严格监督检查才能强化现行政策制度的贯彻落实执行，确保政策执行不走样、不打折，达到规范管理的目的，实现提高项目和资金效益的目标。

（三）严格监督检查和促进规范管理应逐步形成长效机制

2012 年，农业综合开发监督检查中，借助专业检查机构和专家力量、加强检查工作培训和检查工作前期准备、实施地毯式精细化检查、严肃处理发现问题、强化检查结果运用于财政投资指标分配、推动创新建立高标准农田省级督办制度和项目专家评审复评制度等均是农业综合开发严监管促规范工作的宝贵经验，今后应进一步研究探索，改革完善，逐步形成长效制度机制，推动农业综合开发工作更上新水平、新台阶。

（厅农业综合开发办公室供稿，董辉龙执笔）

广东省财政厅深入开展创先争优活动取得突出成效

2010 年 4 月启动创先争优活动以来，省财政厅直属机关委员会以“党员创先进、组织争优秀、群众得实惠”为总要求，着力抓好组织领导，创新活动载体，营造活动氛围，解决突出问题，推动创先争优活动扎实有序开展，分别应邀在全国财政系统党建工作会议、省直机关创先争优活动座谈会、“机关党建走在基层组织建设前头”理论研讨会上作经验介绍。2011 年 7 月 1 日，厅直属机关党委被中共中央授予“全国先进基层党组织”荣誉称号，在庆祝中国共产党成立 90 周年大会上受到表彰；2012 年，预算处党支部获得了“省直机关创先争优活动先进基层党组织”荣誉称号。

一、突出组织保障，加强领导、落实责任

一是强化组织领导。厅党组高度重视创先争优活动的开展，厅党组书记、厅长曾志权亲自担任厅创先争优活动领导小组组长，对厅创先争优活动做出“要结合省委、省政府及厅的中心工作，提出几件实实在在的事开展创先争优”、“要抓出财政特色、抓出工作亮点”等多个批示，相继为全厅党员干部作《立足本职　创先争优》、《加快财政工作转型　给力幸福广东建设》、《加强党性修养　弘扬优良作风》等专题辅导报告，为深入推进创先争优活动指明了方向。二是明确工作责任。各厅领导作为厅创先争优活动领导小组成员，分工抓督促指导，落实创先争优活动联系点制度，并结合落实厅领导参加非分管处室支部组织生活制度，对厅各基层党组织进行点对点的工作指导。厅党组成员开展点对点的工作指导累计达 80 次。厅各基层党组织负责人也坚持落实“一岗双责”，积极发挥示范带动作用，形成一级抓一级、层层落实创先争优活动有关工作职责的良好局面。三是细化实施方案。按照厅党组有关工作部署和要求，分年度印发实施创先争优活动实施方案，明确围绕“加快转型升级、建设幸福广东”，落实省委、省直机关工委开展创先争优活动的年度主题和年度计划的具体措施和有关要求。根据厅的统一部署，全厅 34 个基层党组织分年度制订细化推进创先争优活动的具体措施。

二、突出营造氛围，宣传引导、全员发动

坚持把营造氛围摆在突出位置，着力开展系列宣传发

动工作，统一思想、全员发动，营造了立足本职创先争优及在新起点上实现广东财政改革发展新突破的良好氛围。一方面，丰富形式，全方位多角度宣传。在厅互联网站、厅机关办公自动化系统和《广东财政理论与实务》杂志上开设创先争优活动专栏，编印创先争优活动简报，并通过汇编学习资料、张贴横幅标语、制作活动宣传栏等形式，对创先争优活动进行全方位、多角度的宣传报道。自活动开展以来，累计编发创先争优活动简报116期，在厅内挂贴横幅和标语300条。特别是2011年，以厅直属机关党委荣获全国先进基层党组织为契机，配合《人民日报》、《中国财经报》、《南方日报》、广东电视台、南方电视台等媒体开展专题宣传报道活动，为厅创先争优活动的顺利开展形成了强大的舆论合力。另一方面，紧扣主题，着力提升宣传层次。紧扣创先争优主题，将宣传重点放在广东财政在促进发展、改善民生、深化改革等方面，狠抓经验成果的宣传报道，着力提升宣传层次。在对机关党建工作经验成果进行深刻总结提炼的基础上，撰写一系列经验总结提升材料，其中《立足主业抓机关党的建设　为广东财政当好排头兵提供坚强动力》入选“机关党建走在基层组织建设前头”理论研讨会论文集，曾志权厅长在会上作发言交流；《创新机制　规范考评　扎实推进机关党建工作责任落实》一文在《紫光阁》2011年第12期上刊发；《着力建设适应科学发展的服务型财政机关》被省直工委选报上级部门作为理论研讨材料；曾志权厅长署名文章《创新党建文化　服务财政转型——关于财政机关党建文化建设的几点思考》在《广东党建》、《南粤机关党建研究信息》等杂志刊发并入选“机关党建文化”研讨会论文集。同时，注重发挥群团组织联系干部群众的桥梁纽带作用，协助做好宣传引导工作，努力做到全员发动、全员参与。

三、突出创新载体，打造品牌、增强实效

紧密结合财政业务，着力创新活动载体，增强开展创先争优活动的感召力、吸引力、针对性，打造品牌，增强实效。一是创新性地开展“八个一”活动。组织厅各基层党组织和广大党员干部开展作一次公开承诺、树一个先进标杆、建一套工作机制、定一个工作亮点、做一次调查研究、开一期民主生活会、写一篇读书心得、帮一户贫困农户等八项活动，呈现出内容丰富、措施扎实，特色鲜明、亮点纷呈的生动局面。2010年8月5日，中央政治局委员、时任中央书记处书记、中央组织部部长、中央创先争优活动领导小组组长李源潮作出重要批示：“广东省财政厅在创先争优中用‘八个一’的办法将活动变成可量化、可考核的行动很好，请创先争优办注意推广。”2010年8月12日，中央政治局委员、时任广东省委书记汪洋批示：“请小丹、玉妹同志阅，我省要做好推广工作。”2010年8月18日，时任广东省政府常务副省长朱小丹批示：“源潮同志重要批示对省财政厅是极大的鞭策，要认真贯彻批示精神，运用‘八个一’经验，推动创先争优活动取得更显著成效。”二是深入开展创建财政“八大标兵”活动。在2010年创先争优活动取得显著成绩的基础上，着力在深入上下工夫，在实效上求突破，组织厅各基层党组织和广大党员干部进一步践承诺、立标杆、建机制、创亮点、重调研、读好书、转作风、筑根基，争当“五带头”、“五个好”，学先进、讲奉献，重规范、严管理，促转型、惠民生，敢创新、破难题，勤思考、强素质，践宗旨、抓落实，讲党性、作表率等八个方面的标兵，推动创先争优活动的深入有效开展。三是深入开展“机关党建走在前”主题实践活动。围绕进一步推动机关党建走在基层组织建设前头，以及加快财政工作转型、推进财政改革发展目标的全面实现，组织开展深化学习型、效能型、创新型、服务型、和谐型、廉洁型“六型”机关建设，激励厅各基层党组织和广大党员干部继续创先争优，争当坚定理想信念、科学发展、改革创新、为民造福、促进和谐、清正廉洁六个方面的排头兵，推动厅机关党建在理论武装、服务大局、固本强基、服务群众、文化建设、廉政建设六个方面走在基层组织建设前头。此外，在开展创先争优活动中，厅直属机关党委还结合实际组织开展了“创先争优迎亚运”、“改革创新当好排头兵学习讨论”、“学党史、强党性、比贡献”、“结合实际学标准、立足岗位当先锋”、“三服务”、“窗口单位为民服务创先争优”、“创先争优学雷锋、志愿服务我先行”等系列活动，厅各基层党组织也根据厅的统一部署，积极创新活动载体，开展形式多样的创先争优活动，使厅创先争优活动呈现出了内容丰富、措施扎实、特色鲜明、亮点纷呈的生动局面。

四、突出精心部署，狠抓重点、全面推进

针对创先争优活动内容丰富，基本涵盖机关党建、业务工作方方面面的实际，突出围绕“八个一”、“八大标兵”、“六型机关建设”的重点工作及重点环节，精心部署安排，全面深入推进创先争优活动。

一是抓承诺践诺，激励各基层党组织和广大党员干部创先进、争优秀。结合《优秀共产党员的具体标准》，形成易懂、易记的175字厅创建“五个好”先进基层党组织和争当“五带头”优秀共产党员的基本要求，组织开展公开承诺、自我讲评、领导点评、群众评议、落实承诺等系列活动，推动厅各党组织履职尽责创先进、广大党员干部立足岗位争优秀。每一个基层党组织都作出公开承诺，提出争创的具体措施，每一名党员都作出个人承诺，党组织承诺汇编成册在厅内公开，个人承诺在基层党组织扩大会宣读。深入开展领导点评，包括厅党组书记、厅党组成员、厅直属机关党委书记、厅直属机关党委委员等在内，全厅共有549名党员参与了领导点评。

二是抓标杆树立，激励各基层党组织和广大党员干部学先进、讲奉献。组织开展“树一个先进标杆”及学习文建明、杨善洲、李林森等“学习标杆行动”等活动，使厅各基层党组织和广大党员实现比有标杆、学有榜样、赶有目标、超有方向，提高学先进、讲奉献的思想认识。总结提炼省财政厅获得各类表彰的先进典型事迹，结合迎接建党90周年等活动进行了大力宣传推广，

如对获得先进基层党组织称号的厅办公室等党支部的先进事迹，在《广东财政理论与实务》上进行专题宣传；对部分基层党组织通过创先争优活动推动财政业务工作取得明显成效的做法，在《创先争优活动简报》进行分期刊载。组织开展争创“先进基层党组织”、“党员先锋岗”、“优秀青年先锋岗”、“五星服务岗”活动，颁发“党员先锋岗”流动岗牌和“先进基层党组织”流动红旗，2010－2011 年共建立党员先锋岗 97 人（次）、先进基层党支部 9 个（次）。

三是抓亮点创建，激励各基层党组织和广大党员干部促转型、惠民生。围绕加快转型升级、建设幸福广东，先后组织开展了“建一套工作机制”、“定一个工作亮点”、“做一次调查研究”以及“转方式先锋行动”、“惠民生先锋行动”、“亮点擦亮行动”、“创新性机关建设”等系列活动，激励引导厅各基层党组织开拓创新，积极打造业务工作亮点、党建工作亮点。活动期间，进一步完善岗位定职定岗和业务流程，重新修订《广东省财政厅机关工作制度汇编》，涉及相关制度 110 项；落实各级领导干部下基层调研的时间规定，2011 年起建立厅党组成员专题调研工作制度，共完成 25 个重点调研选题并形成高质量的调研报告，其中所提政策建议部分已形成财政政策；率先开展并深化推进大量的重点改革和创新性工作，推进改革的力度大、领域广，成效显著。厅各基层党组织积极行动，创建大量亮点工作，如预算处党支部围绕更好地服务人民群众，开展为民办事问民意试点工作；国库处（支付局）党支部修订完善一系列制度，并采取强基础、理账户、抓检查等措施，有效强化财政资金管理；人事教育处党支部把开展提高选人用人公信度创建示范活动作为创先争优的平台和手段，初步形成特色鲜明的综合考核体系。

四是抓读书学习，激励各基层党组织和广大党员干部勤思考、强素质。推进学习型党组织建设，落实厅党组理论中心组学习、“三会一课”等学习制度，积极创新活动方式、创新活动载体，激励各基层党组织和广大党员干部勤思考、强素质，强化理论武装，提高创先争优能力。组织开展“读一本好书、写一篇心得”，以及“提高执行力”、“加快转变经济发展方式”、“加快财政工作转型，给力幸福广东建设”、“以人为本，执政为民”、“牵手幸福、拥抱快乐”，“学习雷锋精神”、《新论语》、《工业革命》、《大数据》等系列专题读书活动和学习交流活动，举办“广东财政大讲堂”，自 2011 年开讲以来累计举办 20 期，场均参加人数超过 350 人；创办《读书园地》内部刊物，累计出版《读书园地》13 期，刊登干部职工读书心得体会文章 152 篇。

五是抓作风转变，激励各基层党组织和广大党员干部践宗旨、作表率。积极推进效能型、服务型、和谐型、廉洁型机关建设，激励各基层党组织和广大党员干部践宗旨、抓落实、转作风，讲党性、重品行、作表率，进一步提高为民服务的宗旨意识，筑牢拒腐防变的思想防线，增强为财政事业努力奋斗的坚定信心。组织开展“开一期民主生活会”活动，全厅 34 个基层党组织共召开 200 次民主生活会。组织开展“帮一户贫困农户”活动，将对口帮扶大沙村 78 户贫困户任务分解到 118 位厅处级干部，至 2010 年年底即初步实现脱贫目标，提前完成省委、省政府规定的帮扶任务。组织实施以“强化‘四种’意识，深化服务型财政机关建设”为主题的厅党组“书记项目”，进一步强化党员干部“预则立”、“资金不足以服务和效率弥补”、“规范服务程式”、“主动买单”等意识，形成了独具财政特色的“服务文化”。开展庆祝中国共产党成立 90 周年系列活动，包括举办了全省财政系统庆祝建党 90 周年文艺汇演，开展“学党史、强党性、比贡献”学习教育活动、以学习《党章》为主题上一次党课活动，举办党史讲座等，强化党员干部爱党、爱国、爱财政的热情。扎实推进机关党风廉政建设，在财政工作紧张繁忙的情况下，连续两年组织全厅处以上干部集中开展党纪政纪法纪教育，特别是危金峰案件发生后，先后组织开展了厅党组书记上党课、党员干部大会、“三纪”教育座谈会等一系列学习教育活动，厅党组书记、厅长曾志权提出“增强八种意识，弘扬八种作风”、“四个主动接受监督”、“四个决不”、常算“七笔账”，“八个严格问责”等一系列要求，切实提高党员干部廉洁从政的思想意识。

五、突出财政特色，破解难题、推动工作

通过深入开展创先争优活动，坚持把创先争优活动与财政业务工作紧密结合起来，同部署、共推进，省财政厅创先争优活动取得了党建、业务两促进、双丰收的突出成效。

一是有力地促进了广东财政科学发展。积极把完善财政工作思路、落实财政惠民实践、推进财政发展改革作为开展创先争优活动的目标任务，找准机关党建融入业务工作的切入点和结合点，有力地促进广东财政科学发展。在完善财政工作理念上有了新共识，探索形成建设法治、民生、绿色、绩效、阳光“五大财政”，构建以民本、法治、创新、科学、竞争、绩效为主要内容的新型财政分配文化，确立“凭能力定使用、靠实绩求进步”的财政干部队伍建设导向，推动财政工作“四个转型”即在工作理念、理财模式、投入机制和财政管理上加快转型等新共识。在促进加快转型升级上有了新思路，研究制定“十二五”时期省财政累计安排 220 亿元扶持战略性新兴产业发展和安排 49.5 亿元加快推动产业转移等政策措施，并积极创新支持方式，综合运用多种政策手段，发挥财政资金“四两拨千斤”效应。在支持幸福广东建设上有了新举措，不断加大民生投入，2008－2011 年全省财政投入近 12 000 亿元用于公共教育、公共卫生、社会保障等民生领域，预计“十二五”期间将累计投入 2 万亿元。在全国率先编制实施《广东省基本公共服务均等化规划纲要》和《珠江三角洲基本公共服务一体化规划》，构建民生保障的总体工作框架。在创新财政体制机制上亮点纷呈，调整分税制财政管理体制，建立县以下政权基本财力保障机制，建立了财政生态补偿机制，探索建立了横向财政转移支付机制，推进省直管县

财政改革；创新性地建立“多中选好，好中选优”的项目优选机制，在完善财政分配机制方面取得重大突破；财政管理改革创新措施近40项，推进部门预算、国库集中支付、“收支两条线”、政府采购为主要内容的财政支出管理制度改革，探索引入了第三方评价财政资金使用绩效，探索推进了政府购买社会服务改革、预决算公开及“三公”经费公开、为民办事征询民意工作，开展营改增试点、试编国有资本经营预算等，在探索具有广东特色公共财政管理模式方面取得重大突破。

二是有效地提高了省财政厅机关党建科学化水平。坚持以深入开展创先争优活动为抓手，加强领导，建章立制，强化落实，切实提高机关管理的科学化、制度化、规范化水平，推动省财政厅机关党建走在了基层组织建设前头。实施厅基层党组织“书记项目”，建立“书记抓、抓书记”的工作机制，强化基层组织负责人抓党建、带队伍的职责，进一步完善省财政厅加强机关党建工作的领导机制。在建立基层党组织建设考评机制的基础上，制定实施《广东省财政厅基层党组织工作通报制度》，要求各基层组织定期报送党建工作落实情况，厅直属机关党委进行造册登记、汇总统计，逐项点评，全厅通报，并采取约谈支部书记、与年度考评挂钩等措施，建立健全抓机关党建工作落实的长效机制。全面推进党务公开，成立由厅党组书记、厅长曾志权任组长的厅党务公开工作领导小组，创建厅党组成员党务公开工作联系点，颁发党务公开实施办法及公开目录，明确党务公开的形式、范围、时限、程序、责任部门，建立并实行例行公开、依申请公开、监督考评、责任追究、检查考核等制度，累计编发《党务信息简报》17期。

三是形成在新起点继续创先争优的长效机制。厅各基层党组织在全面回顾总结开展创先争优活动丰富实践的基础上，紧密结合自身实际，着力提炼在创先争优价值理念的教育培养、党员承诺践诺、树先评优典型示范、为民服务创先争优等方面的好经验、好做法，积极探索建立在新起点继续创先争优的长效机制。如：办公室、法规处、外经金融处、绩效评价处、党委办、省直行政事业单位物业管理中心等党支部探索建立加强党员教育管理的长效机制，国库处（支付局）、农业处、人事教育处等党支部探索建立了加强基层组织建设的长效机制，预算处、工贸发展处、社会保障处、农村财务管理处等党支部探索建立了为民服务创先争优的长效机制，行政政法处、综合处、教科文处、政府采购处、离退休人员服务处、政务服务中心、省财政科学研究所、省注册会计师协会、省评估协会等党支部及省财校党委探索建立强化党员承诺践诺的长效机制，经济建设处、行政事业也资产管理处、农业综合开发办、监督检查局、国际金融组织债务管理办公室、投资审核中心、票据监管中心、农业综合开发评估中心等党支部探索建立推进业务工作继续创先争优的长效机制。

广东省财政厅创先争优活动扎实开展，形成以下几点特色鲜明的经验做法：一是坚持把服务财政中心工作作为开展主题实践活动的基本任务，将开展主题实践活动与推进财政工作紧密结合起来，着力引导党员干部立足本职创先争优，推动广东财政改革发展在新起点上实现新的突破。二是坚持把提高素质建设队伍作为开展主题实践活动的重要目标，将开展主题实践活动与推进学习型机关建设紧密结合起来，着力加强党员干部思想政治、业务知识的学习教育，夯实广东财政发展根基。三是坚持把加强组织领导作为开展主题实践活动的重要保障，将开展主题实践活动与强化党建“主业”意思紧密结合起来，着力执行好考评制度、通报制度，狠抓各项工作的落实。四是坚持把创新活动载体作为开展主题实践活动的重要举措，将开展主题实践活动与打造党建品牌紧密结合起来，着力创新可量化、可考核的活动载体，切实增强主题实践活动的感召力、吸引力和针对性。

（厅机关党委办公室供稿，刘柏文执笔）

广东省财政厅“书记项目”

2012年，为贯彻落实中共广东省委组织部关于抓好基层党建创新书记项目的工作部署，广东省财政厅开展实施由厅党组书记、厅长曾志权领办的，以“强化‘四种’意识，深化服务型财政机关建设”为题的书记项目，并列入省级书记项目库的八个省直项目之一。

一、真抓实干，扎实推进“书记项目”

（一）着力加强组织领导，增强活动实效

成立书记项目实施领导小组，由曾志权厅长任组长，各厅党组成员任小组成员。领导小组下设办公室，办公室主任由中共广东省财政厅直属机关委员会办公室负责同志兼任。制订《省财政厅“书记项目”相关工作分工方案》，将任务细化分解到各党支部（党委），落实具体责任人和时间要求，构建起由厅党组书记领办、厅直属机关党委主办、厅各党支部（党委）承办的“三办”机制。在项目实施过程中，曾志权厅长带头深入调研，多次召开厅党组会议、厅长办公会议等就项目实施有关工作进行研究部署，充分发挥领导带头作用，确保了项目的顺利实施并取得实效。

（二）着力开展党员干部教育，强化理论武装

制定实施《关于进一步加强干部教育的意见》，突出抓好党员干部的理想信念、法制道德、政风行风、廉洁从政和能力素质等“五项教育”，创新机制载体，提高教育质量；深入开展“读书·思考·进步”专题读书活动，举办18期财政大讲堂和5次专题讲座，引导党员干部把思想和行动统一到中共中央和中共广东省委、广东省人民政府对形势的正确判断和决策部署上来，增强“预则立”意识，提高服务省委、省政府的自觉性和坚定性。

（三）着力完善实施奖惩机制，提高执行力

开展创先争优活动，评选表彰了5个先进基层党组织和49名优秀共产党员，树立先进典型，激发创先争优的内生动力；建立健全抓落实的工作机制，实行重点工作“限时办结制”和督办制度，提高工作质量和效率；坚持“凭能力定使用、靠实绩求进步”的用人导向，完善实施干部综合考核指标体系，深化干部人事制度改革，通过公开竞岗选拔12位副处级领导干部，为优秀年轻干部成长成才创造条件；强化风险防控，组织全厅副处以上干部集中2天开展“三纪”教育，制订“八个严格问责”，开展风险排查到人到岗，规范权力运行。

（四）着力加强作风建设，密切联系群众

开展“加强党性修养，弘扬优良作风”学习活动，曾志权厅长带头围绕主题给全厅党员干部上党课，全厅35个党支部（党委）积极组织开展学习讨论，引导党员干部增强八种意识、弘扬八种作风，坚持以人为本、执政为民；开展党务公开，按规定及时公开党内事务，扩大党内民主；深化政务公开，扎实推进网上办事大厅建设，方便人民群众办事。

（五）着力落实党支部书记责任，强化主动作为

组织实施党支部（党委）书记项目，全厅35个党支部（党委）书记分别主抓一项与落实重点工作相结合的党建创新项目，落实党支部（党委）书记“一岗双责”，以党建促业务；各党支部（党委）建立健全创先争优的长效机制，明确党支部（党委）书记为第一责任人，发挥“领头羊”的作用；加强党支部书记培训，提高履职能力，牢固树立和落实“主动作为”的意识。

（六）着力总结提炼经验做法，打造特色文化

深刻总结省财政厅在加强党员干部管理方面的经验做法，提炼形成时刻自醒的“危机文化”、转变作风的“服务文化”和以实绩创先争优的“竞争文化”、“绩效文化”，并在全厅广泛推广，夯实全厅党员干部自觉提高能力素质，服务好省委、省政府、预算单位、市县及社会群众的思想基础。该“四种”文化在省委组织部《广东党建》、中共广东省直属机关工作委员会《南粤机关党建研究信息》等杂志进行了推介，并在省直机关工委等四单位联合举办的党建文化研讨会上进行了汇报。

二、履职尽责，做好“四个服务”取得实效

（一）服务好省委、省政府决策部署

坚持立足全省经济社会发展大局，加快理财理念转型，牢固树立民本、法治、创新、科学、竞争、绩效等理念，着力推动财政与经济社会互促共进，良性发展，切实服务好省委、省政府决策部署。厅党组成员牵头开展建立健全县级基本财力保障机制、建立生态保护补偿机制研究等17项专题调研，积极配合开展省委统一部署的8项重点工作调研，增强财政工作的预见性；建立和完善财政运行监测分析机制，密切关注宏观经济和税源情况变化，重点监测主体税种及重点税源、行业、地区收入和经济结构调整情况，深入分析、准确判断影响财税收入增长的关键因素和问题，增强财政调控经济的针对性。

（二）服务好预算单位和市、县工作

面对财政收支矛盾突出的形势，坚持加快理财模式转型，以积极主动的工作态度和更优的资金安排效率，努力服务好预算单位和市、县工作。建立县以下政权基本财力保障机制，多方筹措资金顺利完成2012年124亿元的市县基本财力保障缺口消化任务；推进省直管县财政改革，改革试点县（市）新增10个，总数达15个，省以下财政体制进一步完善；出台培育发展社会组织专项资金管理和竞争性分配评审管理办法，初步建立财政支持社会建设的支撑和引导机制；出台了政府购买服务办法并公布首批政府购买服务目录，将262项服务项目纳入第一批政府采购服务范围。

（三）服务好社会群众办事

坚持以人为本、执政为民，加快财政管理方式转型，大力推进绩效财政、阳光财政建设，创造享受“吃蛋糕”的良好环境，更好地为社会群众办事服务。在省级选取了村级公益事业建设“一事一议”、小型农田水利项目、农村危房改造和基层医疗机构建设等4项民生决策事项开展为民办事征询民意试点工作；积极稳妥推进预决算公开及“三公”经费公开，比以往年度提前一个月于6月份开始编制部门预算，为人大代表提供多一个月的审议时间；深化行政审批制度改革，行政许可事项取消4项、转移3项、下放2项，非行政许可行政审批事项取消3项、转移6项、下放2项；系统梳理了全厅467项行政权力运行规程并向社会公开；引入第三方实施财政支出绩效评价，项目由2011年的4项扩展到7项，资金类型从民生类扩展到经济类。

（四）服务好重点工作落实

加快投入机制转型，坚持“有所为有所不为，在有所为的领域倡导主动作为”，做到在支持重点工作上不仅“舍得花”，而且“花得好”。狠抓增收节支，建立和完善抓收入的工作机制，并在全省实行最严格的“十个严控”支出控制措施。2012年，广东财政收入在面对严峻经济形势和结构性减税双重压力下，保持了平稳增长，来源于广东财政收入完成14 724亿元，同比增长7.73%；全省地方公共财政预算收入完成6 228亿元、同比增长12.96%。省委、省政府对抓收入工作充分肯定，中央政治局委员、时任广东省委书记汪洋作出重要批示：“来之不易，努力巩固好的态势，但绝不收‘过头税’”。同时，按照稳增长调结构惠民生的要求，统筹安排各项资金近1 600亿元，通过集中投入及差别化扶持政策支持经济增长；深入推进基本公共服务均等化综合改革工作方案（2012－2014年），以惠州市为试点市开展综合改革，惠州市全年财政民生支出100亿元；支持落实省十件民生实事，全省各级财政部门共投入资金1 649.81亿元，超额完成年初预算；探索建立生态保护补偿机制，省财政安排用于生态补偿资金达7.57亿元

（其中中央3.07亿元），推动绿色发展；稳步推进营业税改征增值税改革，认真落实提高个人所得税税前免征额，实施减免小微企业税费等税制改革措施，在全省范围内对小型微型等四类企业减免缓征37项涉企行政事业性收费等，改进税源培植方式。

（厅机关党委办公室供稿，许琪扬执笔）

广东省财政厅廉政风险防控工作

2011年10月，按照财政部和省纪委关于开展廉政风险防控管理工作的部署，省财政厅以排查廉政风险点为切入点，以规范权力运行为保障，以确保财政资金和干部队伍“两个安全”为目标，领导重视、组织有力、责任明确、措施扎实，全面开展廉政风险防控管理工作，初步建成以领导干部为重点，分层次、分岗位覆盖厅机关各处室、单位的廉政风险防控基本框架，廉政风险防控工作取得阶段性成效。

一、加强组织协调，有序推进廉政风险防控管理工作

（一）全面周密部署，做到“三个结合”

省财政厅党组多次召开党组会、厅长办公会专题研究，统筹谋划，精心安排，做到“三个结合”。一是全面规划与分步实施相结合。省财政厅成立廉政风险防控管理工作领导小组，厅党组书记、厅长曾志权担任组长，党组成员、驻厅纪检组组长邓桂明担任副组长，党组成员按照分工加强对廉政风险防控管理工作的领导。领导小组下设办公室，由办公室、法规税政处、监督检查局、人事教育处、党委办、驻厅监察室的相关领导和工作人员组成。2011年10月，省财政厅制定印发《广东省财政厅廉政风险防控管理工作实施方案》，明确指导思想、工作目标、工作范围、工作内容，并按照组织廉政教育学习、增强廉洁意识，依规对照自查、清理“红包”礼金，排查廉政风险、完善防控措施以及评审总结提高、建立长效机制四个阶段分步组织实施，增强广大党员干部的纪律意识和廉洁自律意识，确保取得实效。二是查找廉政风险点与规范权力运行相结合。省财政厅坚持以制度管人、以制度管事，通过开展梳理权力事项、规范权力运行工作，绘制全厅各处室、单位架构职能和权力事项运行流程图，制定完善《工作运行规程》并主动向社会公开接受监督，取得良好效果。为进一步促进财政权力的规范运行，有效预防腐败，省财政厅廉政风险排查防控工作结合队伍思想实际，以各项权力事项和业务工作流程为载体，全面查找思想道德、岗位职责、业务流程、制度机制、外部环境“五类”风险，着力建立健全前期预防、中期监控、后期处置“三道”防线，实行风险等级管理，着力加强对财政权力运行的监督制约。三是抓好厅机关“龙头”与抓全省财政系统联动相结合。2012年2月组织召开全省财政反腐倡廉建设工作会议，研究部署“横向到边、纵向到底”的廉政风险排查和防控工作，以切实抓好省财政厅机关廉政风险防控管理工作为重点，建立调研督导制度、印发《纪检通讯》等方式，指导和督促各地财政部门积极有效开展廉政风险防控管理，做到上下联动，着力构建全省财政系统廉政风险防控管理体系，形成预防腐败、促进全省财政改革发展的整体合力。

（二）认真排查防控，做到“三个落实”

查找风险点是开展廉政风险防控管理工作的基础，省财政厅彻底排查风险点，防范风险切实做到“三落实”。一是落实岗位职责。按照“一岗双责”的原则，将各项廉政风险防控任务进行分解，落实到处室，落实到每名责任人，做到层层抓落实、人人有责任。同时，以普遍关注的部门、环节、岗位为重点，制定《查找廉政风险目录》，将财政权力类别划分为政策制定、预算分配、预算执行、资金管理等八大类，对每一类又进行分解细化，共梳理权力类型60多项，并采取两步走的方式，明确风险排查责任。首先，从排查个人风险入手，广泛发动，人人参与，明确排查个人风险责任要求。其次，在个人排查风险的基础上，各处室、单位按照业务工作链条，全面梳理排查本处室、单位每个岗位、每个环节的潜在风险。二是落实排查程序。廉政风险排查严格按“三上三下”程序执行。第一，厅各处室、单位按照统一要求理清权力事项，查找风险点，确定风险等级，制定防控措施，按统一格式上报厅领导小组办公室。厅领导小组办公室对各处室、单位报送的风险评估报告进行审核并将审核意见反馈各处室、单位。第二，厅各处室、单位根据厅领导小组办公室的审核意见进行修改和查漏补缺后，报送分管领导审核，分管领导审核后将意见反馈各处室、单位。第三，各处室、单位根据分管领导意见进行修改完善，报送厅领导小组核准后实施。三是落实督导检查。为确保工作实效，省财政厅切实加强对各处室、单位推进廉政风险防控管理工作的督查。把建立健全廉政风险防控管理列入2012年厅党组成员调研课题，由厅党组成员、驻厅纪检组组长邓桂明同志负责的调研组分赴汕头、潮州、揭阳、汕尾、惠州、湛江、茂名和阳江等10多个地市进行调研，督促指导各市财政部门廉政风险防控工作。领导小组办公室多次深入到各个处室，了解财政业务、权力运行的风险点并研究探讨防控措施。同时，根据工作实际借鉴省内、外单位的好经验、好做法，健全省财政厅廉政风险防控管理机制，有力地促进了廉政风险防控管理工作的有序开展。

（三）务求取得实效，突出“三个重点”

省财政厅按照财政部、省纪委关于开展廉政风险防控管理工作的要求，紧密结合财政工作实际，突出查找风险、评估风险、防控风险三个重点，把握关键环节，以求真务实的作风、高度负责的态度，扎实开展廉政风险防控各项工作，务求取得实效。一是查找廉政风险，力求找

对。在规范权力的基础上，围绕每项工作中各个岗位的权力运行这个核心，联系产生岗位廉政风险的主客观原因，通过自己查找、群众评议、专家评估、案例分析和组织审定等方式，以工作运行规程和业务工作流程为载体，依据权力事项的重要性、权力行使的频率、对权力监督制约的严密程度及自由裁量权大小、腐败现象发生的可能性及危害程度，重点查找权力行使、制度机制和思想道德等方面可能出现廉政问题的关键点和关键环节。二是评估风险等级，力求定准。各处室、单位认真分析评估每个风险点，依据权力的重要程度、自由裁量权的大小、腐败现象发生的概率以及危害程度等因素，对查找出来的岗位廉政风险点，召开会议综合评估并确定廉政风险等级。将风险等级划分为高、中、低3个风险等级，并编制《岗位廉政风险等级目录》。三是健全廉政风险防线，力求到位。在查找风险的基础上，针对思想道德风险、制度机制风险和岗位职责风险，健全前期预防措施防线；对财政工作人员履职行为、制度机制运转、权力运行过程实施有效监控，及时发现苗头性、倾向性问题，健全中期监控机制防线；采取警示提醒、诫勉纠错、责令整改、严肃纪律等办法，及时处置风险，及时纠正权力运行中的失误和偏差，堵塞漏洞，避免发生违法违纪行为，健全后期处置机制防线。通过前期的探索和实践，省财政厅廉政风险防控管理工作取得一定的成效。厅各处室、单位共梳理权力事项八大类371项，查找出512个廉政风险点，其中一级风险点133个，二级风险点174个，三级风险点205个。全厅处以上党员干部和厅各处室、单位组长共查找出廉政风险点2 962个，其中思想道德风险678个、岗位职责风险724个、业务流程风险587个、制度机制风险569个、外部环境风险404个。针对查找出的廉政风险，省财政厅有针对性地制定防控措施2 329项，修订完善制度105项，并汇编《广东省财政厅廉政风险防控手册》和《广东省财政厅廉政风险防控文件汇编》。

二、健全完善防控措施，加强监督制约

省财政厅高度重视财政权力的规范运行和廉政风险防控管理，把加强反腐倡廉建设与财政业务工作紧密结合，建立健全制度机制，加强监督制约，实现党风廉政建设与财政改革发展两促进、双丰收。

在加强财政资金监督管理方面，一是建章立制，切实加强财政资金管理制度体系建设。不断完善财政资金分配、调度、存储、支付等问题易发部位和环节的管理制度和措施，建立完善相互制衡、相互监督、公开透明的财政资金管理制度体系和运行机制，保证财政资金安全高效使用。二是创新财政监督机制。在内部监督方面，以事前审核把关、事中监控检查、事后绩效评价为目标，建立财政内部循环监督工作制度；在各级之间，建立垂直跟踪监督工作系统；同时，树立财政“大监督”理念，建立完善“预算编制、预算执行、财政监督、绩效评价”四位一体的监督管理机制，促进监督关口前移。三是深化改革创新，着力建立健全以制度防腐的长效机制。不断深化部门预算、国库集中支付、政府采购、“收支两条线”、绩效评价等各项改革及“小金库”专项治理工作，重点推进财政专项资金竞争性分配改革，主动减少财政部门自由裁量权。四是积极稳妥推进预决算信息公开工作。印发《关于进一步推进省级预决算信息公开的意见》和《关于进一步推进市县预决算信息公开的指导意见》，明确省级和各市县的政府总预决算信息公开、部门预决算信息公开、“三公”经费信息公开、重大民生支出信息公开以及基层财政专项支出信息公开工作要求；及时在厅门户网站公开省级“三公”经费情况，督促通知省直各部门做好部门“三公”经费和部门预决算公开工作，预决算信息公开工作继续走在全国前列。

在加强财政干部监督管理方面，一是注重事前预防，做好对新提任领导干部的廉政谈话。按照《广东省财政厅关于实行谈话制度的暂行办法》的规定，驻厅纪检组组长及时对新提任的处级干部进行了廉政谈话。二是做好离任审计，加强财政内部管理。2010－2012年，省财政厅共对14位处级干部进行离任审计。三是加强配偶境外定居干部的监督管理。对配偶子女均已出国（境）定居的领导干部进行谈话，并及时组织厅副处级以上干部进行了申报登记，进一步加强组织监督。四是做好党员领导干部个人有关事项报告工作。认真组织党员领导干部填写《党员领导干部个人有关事项报告表》，做好登记备案工作。五是实行量化打分，建立科学考评干部的有效机制。研究制定《广东省财政厅综合考核体系试行办法》，突出工作实绩和廉政建设，对干部实行分类考核，量化考核指标，并组织开发综合考核信息系统，实现网上考核测评，加强对党员干部的监督管理。

三、注重巩固深化工作成果，加强廉政风险防控长效机制建设

廉政风险防控工作是一项系统工程，难度大，要求高，责任重，需要在长期实践中不断探索完善。省财政厅将把廉政风险防控工作与每年的党风廉政建设相结合，把“动态查找风险、预警防控风险、制度化解风险”的理念贯彻始终，按照计划、执行、考核和改进四个环节开展廉政风险防控动态管理工作，推动建立长效机制，不断提高廉政风险防控管理水平。一是健全完善“三道防线”，抓好风险防控计划执行。认真落实廉政风险防控工作各项措施，继续健全完善前期预防措施防线、中期监控机制防线和后期处置机制防线“三道”廉政风险防线，防止违法违纪行为的发生。二是建立职责分明的工作制度，加强廉政风险防控的约束力。编印《广东省财政厅廉政风险防控手册》，人手一册发放到每位党员干部手中，以“风险定到岗、制度建到岗、责任落到岗”的工作制度来规范每项财政权力的行使，切实做到权责明确、有序执行。三是依托科技信息化手段，建立健全实时、动态的廉政风险监控和预警系统，进一步加强预警处置和动态监管。在已经建立的实时在线财政预算监督系统、国库集中支付系统等五大平台的基础上，继续推进“金财工程”建设，利用先进的科学技术和

信息化手段，对业务工作流程实行“标准化再造”，改造优化权力运行流程，将制度化为程序，对权力运行实行动态监控、实施预警。四是建立健全考核机制，促进风险防控工作落实。建立健全党风廉政建设责任制考核办法，通过各处室、单位自查和组织集中检查考核等方式，对厅各处室、单位廉政风险防控工作质量进行评估，把检查考评结果作为评价厅各处室、单位领导班子落实党风廉政建设责任制情况、集体和个人评优以及年度工作绩效考核的重要依据。

（省监察厅派驻省财政厅监察室供稿，耿洪波执笔）

广东省世界银行贷款农村经济综合开发示范镇项目签署实施

2012年11月5日，广东省世行贷款经济综合开发示范镇项目正式生效，标志着项目进入实施阶段。该项目利用世界银行贷款5 000万美元，旨在与世界银行的合作，培育示范小城镇主导产业，促进示范镇经济社会可持续发展，为全国小城镇健康发展提供良好经验。此次获得国家和世界银行批准的示范镇项目省包括甘肃、湖南和广东三省，广东是唯一获批的东部省份，也是广东省首个镇级世界银行贷款项目。

一、项目的基本原则

项目以科学发展观为指导，借鉴世界银行的先进管理经验，以公共基础设施的发展和加强相关机构的能力建设为落脚点，着重培育示范镇主导产业，促进示范镇经济发展，带动城乡居民增收、改善城乡居住环境，实现示范镇包容性增长与可持续发展，并通过示范镇的辐射带动作用，探索建立小城镇合作发展平台，逐步完善促进小城镇发展政策，为广东小城镇健康发展提供良好经验。项目在规划设计阶段就确定“六个坚持”的基本原则：一是坚持以培育小城镇主导产业集群为示范镇建设的首要发展目标；二是坚持以“成长型”小城镇作为示范镇项目的主要培育对象；三是坚持把为培育产业集群发展而配套的公共服务平台和基础设施作为重点扶持的项目；四是坚持分类指导，分层次、有重点地逐步推进全省示范镇均衡发展；五是坚持“高起点规划、高标准建设、高效能管理”的原则，强化项目建设管理；六是坚持以“市场主导、政府扶持”为原则，多渠道、多形式整体推进项目建设。

二、项目建设内容和目标

项目由省发展改革委负责组织实施，共涉及全省7个小城镇，覆盖了粤东、粤西、粤北和珠三角地区，在地域分布和经济发展水平上都具有一定的代表性，具体包括中山的古镇、汕头澄海市的东里镇、韶关乳源县的乳城镇，肇庆德庆县的悦城镇、阳江阳东县的东城镇、梅州兴宁市的福兴镇、云浮罗定市的附城镇。主要建设内容包括：培育小城镇主导产业相关的道路、供水、污水处理等公共基础设施；产业服务中心、研发中心、产业协会等公共服务平台；产业规划与战略研究和政策研究、产业集群协作发展机制和社会参与试点；为培育主导产业和项目管理开展的培训、考察和研讨、监测评价等。目标是探索三种不同形式的城镇产业发展模式，包括产业转型升级型、产业转移集聚型和模式关联。

产业转型升级型，是指珠江三角洲的小城镇及粤东西北地区较为发达的小城镇，具有一定的产业基础，已形成一定产业集群，新一轮的发展过程中在保持其他支柱产业发展的同时，通过提高主导产业的技术创新能力、完善产业的现代服务配套能力等手段，促进主导产业转型升级，提升主导产业集群的竞争力，进而带动城镇全面快速发展的模式。珠江三角洲地区中山市古镇等均属于这种类型。根据升级动力机制的不同，产业转型升级型发展模式又可细分为培育新兴主导产业集群型和推进主导产业集群升级型。

产业转移集聚型，是指东西两翼和北部山区的部分小城镇，产业基础虽然较弱，但在新一轮的发展过程中，通过承担珠江三角洲和国际产业转移，引进新的产业和技术，形成引入产业的重新集聚，从而带动小城镇加快发展的模式。根据产业转移因素和培育主导产业的要求的不同，产业转移集聚型发展模式又可细分为资源优势引入产业集聚型和内生扩张导入外部转移型。

模式关联，是指上述各种目标模式并非完全独立，有的城镇会同时存在两到三种类型的发展特征，不同发展模式的小城镇之间相互关联。珠江三角洲地区的小城镇和东西两翼及北部山区的小城镇通过建立上下衔接、前后互动的产业链条，充分发挥地方比较优势，构建共同的产业体系。示范项目力图改变珠江三角洲重制造，轻研发和营销，东西两翼及北部山区仅仅为珠江三角洲劳动力及原材料的传统模式，形成珠江三角洲重研发、重营销，传统的产业生产环节转移到东西两翼及北部山区的生产格局，建立珠江三角洲与东西两翼及北部山区的新型协作关系（见图1）。

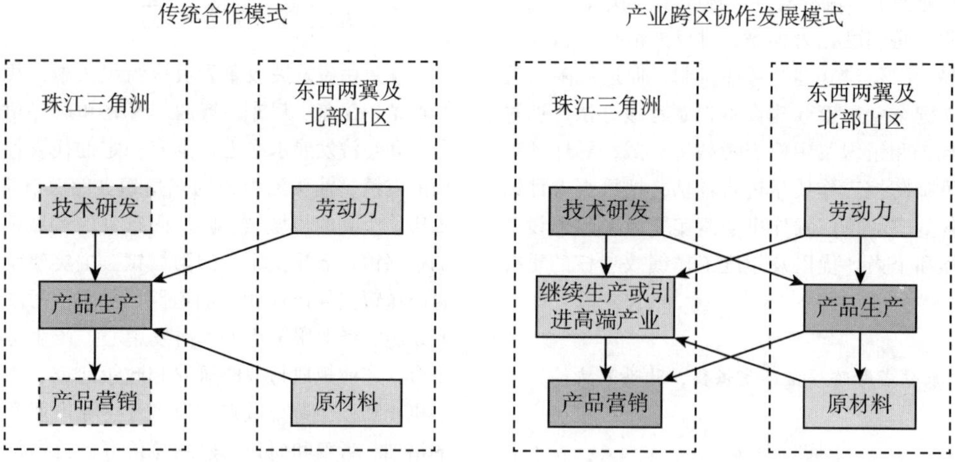

图1　珠江三角洲与东西两翼及北部山区小城镇协作发展模式比较

项目力图通过促进经济综合开发示范镇建设，培育城镇主导产业发展，探索小城镇发展思路和建设模式，进而带动更多的小城镇科学发展。综合分析当前广东小城镇的发展态势，市场环境、技术环境、基础设施环境、社会文化环境、劳动力环境和制度法制环境，是影响小城镇主导产业发展的六大重要因素。政府、企业、金融机构、大学和研究机构、中介服务机构等是影响主导产业培育的五大主体。示范项目要重点处理好上述六大因素和五大主体之间的关系。通过政府或企业投入，进一步完善地区的基础设施环境，改造生产条件。通过大学和研究机构的引入，提升技术发展水平，提高劳动力素质，优化市场环境。通过中介服务机构的引入，加强市场拓展、技术引进、人员培训等各项职能，通过世界银行等金融机构的支持，推动地区发展等。各示范镇在发展过程中，主要通过理清发展思路，明确主导产业，制定战略规划，引导产业集聚，建设基础设施，完善服务平台，突破制度瓶颈，健全长效机制等措施，来弥补各城镇当前存在的不足，促进主导产业发展和城镇化水平提升（见图2）。

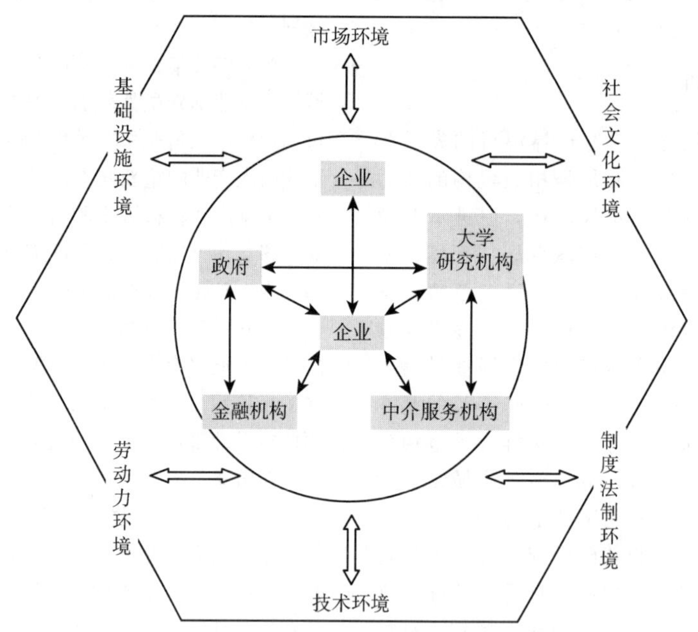

图2　产业发展网络关系

三、项目投资和签署

项目2008年被列入世界银行2009－2011财年项目规划，总投资67 503万元，其中：利用世界银行贷款5 000万美元，其余由省、市、县财政和项目镇自筹解决。项目总贷款期限为25年（含5年宽限期），贷款利率以6个月LIBOR为基础，加上世界银行综合筹资成本的浮动利差。贷款本息由项目镇负责偿还，各级财政予以担保。经过两年多的规划、设计、论证，项目顺利通过世界银行各个阶段的评审。2012年4月5～6日，财政部、世界银行和广东等三省代表进行项目谈判，5月24日世界银行执董会正式批准谈判文本，并在各方签署后于2012年11月5日正式生效实施。随后，财政部与省政府签署转贷协议；省财政厅、省发展改革委分别与七个项目所在市政府签署了项目转贷协议。同时，为支持示范镇建设，省财政厅和省发展改革委还分别安排了部分财政配套资金用于项目实施及相关管理工作。

四、项目的创新和示范意义

项目的创新和示范意义在于以“成长型”小城镇为培育对象，通过比较科学的评价指标体系合理选择确定项目镇；围绕全省构建现代产业体系要求，合理选择项目镇拟培育的主导产业；以产业集聚和价值链理论为指导，合理规划项目镇的具体建设内容；以产业和劳动力双转移为契机，建立项目镇产业协同发展新机制；以项目前期工作为基础，建立项目管理和技术支撑体系；以社会参与试点为契机，推进项目镇社会管理创新，具有重要的创新价值和示范意义。项目设计中的软支撑的内容，可以凸显世界银行知识银行的功能，把国内外先进的发展模式、管理理念、技术设备、品牌传播等，通过广东示范镇项目建设这个载体和平台得到创新和拓展，实现示范项目价值的不断增值升值，为其他发展中国家和地区的小城镇发展提供良好示范。

（国际金融组织债务管理办公室供稿，郭馨　陈旭执笔）

加强监督管理　切实搞好财政票据核销工作

为进一步加强财政票据监管，规范财政票据使用行为，推进财政票据科学化、精细化管理，发挥“以票管费、票款同步”的作用，票据监管中心加强监督管理，切实搞好财政票据核销工作。

一、开展检查

在财政票据核销之前，对用票单位进行严格检查，检查核销票据包括已使用的政府非税收入票据（通用行政事业性收费票据、非税收入票据、罚没收据、代收罚款收据等）、捐赠票据、资金往来结算票据等财政票据。

此外，还要对已经使用但尚未核销的财政票据进行检查，应按有关程序和要求予以核销；保存满5年及以上的财政票据存根或已经作废尚未使用的空白财政票据，经审核后监督销毁。

二、检查方式

财政票据检查方式，一般有两种，一是验旧领新。在用票单位购领财政票据时，财政票据监管部门对其使用过的财政票据进行检查和审核。二是重点检查。财政票据监管部门为搞好财政票据核销工作或者受上级财政票据监管部门的委托而组织检查组，到有关单位和有关市、县，开展重点检查核销工作。

（一）做好重点检查准备工作

票据监管机构要高度重视重点检查核销工作，组织检查组成员认真学习财政票据检查涉及的相关文件和政策规定，研究制定详尽科学的检查方案，切实做好检查前的准备工作，确保检查成效。

（二）检查步骤

督促被检查的用票单位做好检查准备工作。主要步骤包括：一是要求将被检查的用票单位于检查组进驻前将检查范围内的财政票据集中到其直属机构或就近的市、县。二是要求被检查的用票单位被检票据按照票据种类、票据号段进行分类整理，摆放整齐。三是要求被检查的用票单位编制财政票据汇总表，汇总表应包括财政票据名称、数量、号段、各号段金额合计等信息。四是要求被检查的用票单位准备好该单位收取政府非税收入的依据、非税收入上缴凭证、财政票据管理台账、管理制度等相关文件资料。

（三）检查时间

重点检查核销工作的时间，由本级财政票据监管机构根据财政票据核销工作的需要或者受上级财政票据监管部门委托组织检查核销工作的需要而决定。

三、检查内容

一是用票单位是否存在自立收费项目、擅自扩大征收范围、提高征收标准等现象。二是是否严格执行财政票据管理制度：是否有专人管理财政票据，是否建立了票据登记制度，设置了票据管理台账；严格审查用票单位填报的《广东省财政票据盘点、核销表》和使用过的财政票据。财政票据各栏目填写是否规范、准确、完整，票据填开金额与实际收取金额是否一致；是否存在财政票据相互串用或混用行为；是否存在擅自印制或买卖、转让、转借、涂改、伪造财政票据的行为；对使用完毕的财政票据，是否按顺序整理票据存根，分年并按规定妥善保管；是否存在遗失损毁财政票据行为，如有丢失，是否按如下规定办理：发现丢失财政票据应及时查明原因，在市级以上的日报刊登作废声明（在广州以外丢失票据，须同时在《南方日报》刊登）；并书面报告财政票据监管部门。三是是否存在用财政票据收取经营服务性收费行为。四是收取的行政事业性收费、政府性基金、罚没收入等非税收入是否按规定及时足额上缴国库或财政专户，实行“收支两条线”管理。五是否存在违反非税收入管理和财政票据管理规定的其他行为。

四、认真开展检查核销工作

（一）规范开展重点检查核销工作

1. 检查组实施检查核销时，要出示工作证、执法证。受上级财政票据监管部门委托组织检查核销工作的检查组要出示财政票据重点检查核销委托书。

2. 要完整记录检查核销的票据名称、数量、号段、各号段金额合计等信息。

3. 做好财政票据检查工作底稿工作。要严格按照有关规定，认真做好底稿登记工作。如在检查中发现问题，要及时与被检查单位交换意见，提供文件依据，完整记录存在问题的票据名称、号码、开具的收费项目名称、收取的金额等，并复制原始凭证。做到事实清楚，手续完备。

（二）销毁有关财政票据

为提高管理效能，减少库存积压，票据监管机构可对被检查单位保存满5年及以上财政票据存根、已经作废尚未使用的空白财政票据，经审核无误后，按有关规定监督销毁。

（三）重点检查核销工作总结

重点检查核销工作结束后，检查组应认真进行工作总结，撰写检查核销工作报告，写明本次检查核销的基本情况，归纳汇总检查核销中发现的票据使用、管理等问题，并提出相应的处理意见和建议。

五、接受社会监督

为了更好地加强监督管理，搞好财政票据核销工作，票据监管中心设立举报电话，公开网址、邮箱，接受社会监督，及时处理群众来信、来电、来访，以便及时发现用票单位违规使用财政票据的情况，也便于监督和纠正在财政票据核销工作的不正之风。

（票据监管中心供稿，吴文春执笔）

扎实做好财政信息化工作 积极推进财政大数据战略

2012年，中央政治局委员、时任广东省委书记汪洋提出：全省财政系统干部应更加重视数据的收集、分析和使用，坚持用数据说话、用数据改进管理、用数据推动创新，提高工作的针对性和有效性，不断提高财政收入、改进财政支出、提升财政工作水平，使政府运行更有效率、决策更为科学。

为切实加强财政数据的收集、分析、使用和现代信息技术手段的运用，不断提高财政工作水平，广东省财政厅在深入学习研究的基础上，多次召开厅长办公会议专门研究部署广东省财政大数据工作，研究制定《广东省财政大数据战略实施方案》（以下简称《实施方案》），并于2012年12月报省政府领导批准。

一、广东财政大数据战略方案的建设内容

根据《实施方案》，广东省将在3年内建立财政实施大数据战略的基本框架，具体建设内容包括财政大数据的收集、分析、运用和公开四个重点环节。

（一）大数据收集

一是建立健全全省财政业务数据收集网络；二是全面收集经济社会发展各领域管理数据、民意数据、环境数据，收集数据的颗粒度细化到收集数据对象个体的详细信息；三是建成完善的财政数据中心，形成包含各类主题数据的数据仓库。

（二）大数据分析

一是建立与相关科研机构、高校、企业的合作机制，加强财政科研力量；二是依托财政数据仓库，建立数据联机分析和决策支持系统；三是将数据可视化技术广泛应用于预算报告等各类财政分析、汇报材料中。

（三）大数据运用

一是实现财政决策能科学、准确地依靠数据分析支持，实现用数据决策、用数据改进管理和用数据推动创新；二是建立数据使用公开平台，实现与省直各部门的互联互通，通过对财政部门数据资源的共享，强化对省委、省政府和各部门决策的有力支撑。

（四）大数据公开

一是财政等管理数据以及民意数据、环境数据的全面公开；二是调动社会力量，加强对财政工作的监督，提高财政工作的民主化、科学化程度；三是调动社会力量参与相关财政数据分析和挖掘利用，充分发挥财政数据对经济社会活动和人民群众生产生活的服务作用。

二、实现广东财政大数据战略目标的工作保障

（一）加强组织领导

全省各级财政部门高度重视，切实加强领导，精心组织，周密部署，制订具体实施方案，明确目标，理清思路，完善措施，狠抓落实。根据实际研究成立相应的实施大数据战略工作机构，充分发挥现有财政研究机构和专家咨询机构在工作推进中的积极作用。

（二）加强分工协作

打破数据部门封闭化、层级分割化的状态，在数据的收集、分析、使用、公开环节统筹协调、密切配合、明确责任、分工落实，建立上下联动工作机制，建立部门横向配合机制，形成改革合力，确保战略实施顺利推进。

（三）加强队伍培养

加强财政干部队伍专题教育和培训，帮助广大干部职工进一步树立数据管理意识、增强数据收集观念、改进数据利用手段，真正做到用数据说话、用数据改进管理、用数据推动创新，不断提高工作效率和水平。注重培养一批具有国际视野、掌握尖端技术、具备突破能力的财政数据专业人才，打造抢占科学决策、竞争创新制高点的生力军。

（四）加强技术支撑

强大的技术支撑是财政部门从海量数据和纷繁的现象中发现真相、挖掘有用信息的基础。要建立一套硬件体系，适应大数据收集、分析、使用和公开需求；建立一套运行系统，通过顶层设计促进实施各个环节的有序运行；建立一套数据标准，为实现各级各类信息系统的网络互连、信息互通、资源共享奠定基础；建立一个共享平台，打破目前数据部门封闭化、层级分割化的有限状态，实现信息数

据交换和共享的最大便利化；建立一个反馈机制，对平台数据的真实性和准确性予以有效监督和检查，确保数据来源真实、基础数据准确、分析结果可靠。

（五）加强宣传引导

加强对财政部门工作推进情况、创新举措及成效的宣传报道，强化舆论引导，提高社会对财政部门实施大数据战略的认识，调动社会各方面参与的主动性、积极性，为大数据战略的深入实施提供良好的社会环境和舆论氛围。及时报道，总结、推广财政部门的先进典型、成功案例、好经验、好做法，形成比学赶超、改革争先的良好局面。

（六）加强经费保障

加大全省财政部门财政投入和统筹力度，支持大数据系统软硬件建设和大数据技术的开发应用。积极引导资金、技术、管理等资源的投入，建立稳定多元和灵活高效的大数据战略投入机制。

三、推进财政大数据战略的工作思路

为实现广东财政大数据战略目标，广东省财政厅以规划为先、科学实用、适当超前为原则，依托“金财工程”已建成的信息化现有成果，重点做好财政大数据的基础性工作。

（一）做好数据需求分析及规划

明确数据应用需求，规划数据模型，设计科学的数据结构。

（二）做好数据的收集和管理

一是充分利用已建成的省、市、县级应用支撑平台，根据财政业务管理需要，明确财政部门最小数据集，收集全省各地财政业务数据；二是开发与有关单位的接口，收集经济领域、社会领域管理数据，解决数据来源多，技术接口复杂等问题；三是拓展省级应用支撑平台功能，做好标准编码管理、元数据管理、ETL及构建ODS等，做好对财政业务数据和相关领域的数据的整理和清洗，提高数据质量。

（三）构建数据仓库，科学设置分析主题

一是立足长远，建设较完善、稳定且具有扩展性的数据仓库；二是科学设置分析主题，认真挖掘和使用平台数据；三是针对社会反映强烈、高度关注的经济财政相关领域问题进行数据分析。

（四）加强人才培养，突破人才限制

一是建立政研企合作平台，加强与相关科研机构、高校、企业的合作，采取专家咨询、委托研究、合作共建等方式，利用先进的数据挖掘和分析技术，为财政管理服务；二是完善财政决策咨询委员会工作机制，强化对专家委员的数据提供和分析使用，提高数据使用水平；三是加强教育和培训，在日常工作中真正做到用数据说话、用数据改进管理、用数据推动创新，不断提高工作效率和水平。

（省财政数据信息中心供稿，李海威执笔）

扎实推进行业信息化战略
努力实现行业管理与服务的“四化”

2012年，根据中国注册会计师协会的要求，全国注册会计师行业开展“网络建设年”活动。省注册会计师协会（以下简称“省注协”）认真落实《中国注册会计师行业信息化建设总体方案》和《广东省注册会计师行业信息化建设实施方案》的有关要求，结合广东省行业发展实际，全面实施信息化发展战略，努力实现行业管理与服务的网络化、规范化、精细化、科学化。在2012年9月召开的全国注册会计师行业创先争优总结暨“网络建设年”交流推进会上，推广广东行业信息化建设方面的经验，财政部、中注协有关领导先后给予肯定，山西、上海、浙江等全国10多个省协会相继来粤学习交流。

一、加强领导，统一认识

省注协要求各级注册会计师协会和会计师事务所一把手亲自抓落实，重点工作亲自部署，薄弱环节亲自协调，成为全局性一把手工程，形成各级注册会计师协会统筹、会计师事务所和个人会员配合支持的良好局面，同时要求各级注册会计师协会各部门、各会计师事务所负责人带头学习信息化技术知识，提高领导信息化工作的能力和水平，走在前面，树立榜样。

2012年初，省注协先后召开协会办公会议、五届五次常务理事会议和全省各市协会秘书长工作座谈会，研讨有关信息化建设方案。针对广东省注册会计师行业数据集成交换程度偏低，信息技术应用水平不高，行业发展面临信息化业务环境转型升级等复杂问题，会议要求各级协会统一认识，明确目标，大力推进行业信息化建设，用现代信息技术装备注册会计师行业，提高行业管理和服务效能，增强行业核心竞争力。

二、理清思路，明确任务

广东省注册会计师行业信息化建设的总体思路是：“一个平台，两个网络，三个层面，四个互联，五个中心”，即全省行业建设一个统一的信息平台，运行在行业内网和外网两个网络上，由省、市协会、会计师事务所三个层面数据支持，发挥协会员工、市协会、会计师事务所、个人会员四个方面积极性，组建信息交流、质量监管、知识管理、技术服务、产学实训五个中心，通过统一平台实现行业统一服务、统一管理、统一实施、统一领导，为省、市协会、会计师事务所、注册会计师、从业人员、相关政府监管部门、高校、企事业单位提供信息管理与服务的全面支撑。

根据行业信息化建设思路，省注协对照《行业信息化建设主要工作任务分解表》，结合广东行业实际，明确了以下任务：对于由中国注册会计师协会亲自督办或指明由地方注册会计师协会协同配合的任务，如大型会计师事务所（证券资格会计师事务所）信息化建设以及考试管理系统、

行业党建系统、综合评价系统等，全省行业各级协会应接受指导、服从安排、积极配合；对于省级行业管理与服务的公共平台，推进中小会计师事务所信息化建设等，则应主动谋划、积极探索、大胆创新，为全国行业信息化建设全面推进立标杆，作示范，取经验。

三、扎实推进　成效显著

经过共同努力，全省行业已形成覆盖省市注册会计师协会、会计师事务所、注册会计师、政府监管部门的信息化网络，协会日常行政管理、信息发布、会员注册、年检、考试、后续教育培训、执业质量监管、党群建设等工作全面转向信息化管理模式，提升行业管理与服务的效率和质量，变革和创新行业管理与服务的方式和手段。

（一）以数据服务为手段，实现行业服务的网络化

1. 通过将各类信息综合归纳，形成可分级查阅、统计、分析的树形结构，消除传统办公方式中各部门数据分散、查找不便、难以综合利用的粗放管理方式，实时动态掌控行业明细状况。

2. 建设会员自助服务终端，提供自助考勤、自助打印、自助查询三大功能，打造无人值守服务窗口。

3. 采用“共建、共享、共用”的维基百科模式，建立法律法规库，为会员执业提供法规指引。

4. 有重点地推动部分会计师事务所完成管理 ERP 系统建设，500 多家会计师事务所领用 5 500 套审计作业软件，全省行业已全面推行计算机审计。

（二）以数据标准为杠杆，实现行业管理的规范化

1. 通过存储会员继续教育学时、出具报告、惩戒情况等个人信息，对比系统设定任职资格条件进行分析汇总，生成通过年检等各类名单，强化注册会计师任职资格年检管理手段，为开展现场书面检查提供参考数据。

2. 通过智能对比收费标准与政策、分析业务报备数据发现会计师事务所“接下家、批发报告”行为，特别通过加强对会计师事务所审计收费的实时监控，较有效地预防和遏制行业不正当恶性低价竞争，引导会计师事务所规范执业。

3. 加强行业党团群建的信息化，为行业党组织、党员、统战、群建等相关基础数据的录入、查询统计和数据分析提供在线平台。

4. 建设监管作业软件，以报备和监管投诉数据为基准确定检查重点，通过行业执业质量检查底稿在线作业、检查问题在线问答，有效实施检查工作的事中控制。

（三）以数据监控为导向，实现行业管理的精细化

1. 建立行业执业能力评价指标，观测行业会员转所频率、平均年龄、会计师事务所的平均注册会计师数、完成继续教育情况和类型等动态，为会员继续教育、日常管理等工作提供指导。

2. 建立行业执业质量评价指标，通过会计师事务所人均注册会计师报告率、平均收费、未检查年度、投诉次数、低于基准价和接下家报告数量等综合打分，为行业监管找准精细的目标。

3. 紧密结合行业创先争优活动，在完善综合评价指标体系的同时对会计师事务所党组织进行科学分类定级，有效推动党的基层组织建设再上一个新台阶。

（四）以数据建设成果，实现行业服务社会的科学化

1. 建立公文流转体系，实现办公各环节流程化，省注协秘书处协同办公，各类文件信息及时在省、市注协和会计师事务所之间无纸化传送，行业信息快速高效发布，提高行业的工作效率。

2. 向相关政府监管部门提供业务报告防伪报备查询等信息服务，实现行业信息数据的多方共享，提高行业运行的透明度与公信力。

3. 推进防伪查询与诚信档案一体化，强化行业惩戒效果，营造会计师事务所诚信执业的外部氛围，实现行业诚信信息的“全面记录、实时监控、有效披露”。

随着信息化发展战略的全面实施，注册会计师行业在实践中仍然面临体制、机制、制度和人才等方面上的各种困难和挑战，省注协将紧紧围绕行业发展的战略目标，以《中国注册会计师行业信息化建设总体方案》为指引，以优化行业管理和服务理念、方式和流程为重点，以广东省行业发展需求为引领，加大信息化基础设施建设投入，深化整合应用，切实提高行业综合服务管理水平，提升会计师事务所核心竞争力，使信息化建设成为推动行业业务转型升级和服务经济社会建设的强力引擎。

（省注册会计师协会供稿，魏　硕执笔）

推进“政府购买评估服务”业务

2013 年 3 月，李克强总理曾在回答政府机构改革和职能转变问题时指出：“转变职能则是厘清和理顺政府与市场、与社会之间的关系。说白了，就是市场能办的，多放给市场。社会可以做好的，就交给社会。政府管住、管好它应该管的事。”随着政府职能转变力度不断加大，社会组织承担的社会职能也将逐步增多。资产评估行业属于社会中介组织的重要组成部分，并作为财政部门主管的现代服务业，将积极发挥专业特长，为社会提供更多、更好的专业服务。

一、开展“政府购买评估服务”业务的意义

（一）资产评估在社会管理工作中的重要性

党的十八大在 2012 年 11 月胜利召开，党的十八大报告在论述加强社会建设的时候，特别强调围绕构建中国特

色社会主义社会管理体系，加快形成党委领导、政府负责、社会协同、公众参与、法治保障的社会管理体制。其中，创新和加强社会管理，引导社会组织健康有序发展，充分发挥群众参与社会管理的基础作用，实现社会协同、公众参与的社会管理体制，这充分体现了党和国家要改变以往政府大包大揽、建设“小政府、大社会”决心。党的十八大召开之际，财政部发布《中国资产评估行业发展规划》，首次将资产评估行业定义为对市场主体的各类资产价值及相关事项，提供测算、鉴证、评价、调查和管理咨询等各种服务的现代服务业。资产评估行业作为专业性强、具有社会影响力、公众认可度较高的社会中介组织，是为社会提供专业化中介服务的中介行业，长期服务于诸多重要经济领域和经济活动，在规范交易行为、降低交易成本、维护经济秩序、保障金融安全、促进经济发展等方面发挥着重要的作用。同时，资产评估行业具有承担社会管理职能的专业能力和专业人才。截至2012年年底，全国资产评估行业共有资产评估机构3 500多家，注册资产评估师3万多人，资产评估从业人员8万多人。

（二）政府购买评估服务业务拓展的必要性

随着财政发展改革工作的全面推进，财政资金竞争性分配、财政支出绩效评价管理、引入第三方评价财政资金使用绩效改革等新型财政管理方式，正推动财政管理向科学化和精细化方向发展。这些财政改革措施需要专业技术的支持，而资产评估行业作为财政部门主管的现代服务业，积极参与财政资金绩效评价、行政事业资产管理、税基及涉税业务等领域，为财政等政府部门提供资产评估专业支持。2012年，财政部的《中国资产评估行业发展规划》明确指出，资产评估行业作为现代服务业的组成部分，在完善市场经济体制、引导资源合理配置、优化公司治理结构、服务政府管理方式创新、规范市场经济秩序、维护公共利益中发挥着重要作用。同时，财政部在发布的《预算绩效管理工作规划（2012－2015年）》中提出建立中央、省、市三级符合预算绩效管理工作需要的社会中介机构库，加强对包括会计师事务所、资产评估、行业咨询等机构在内的社会中介力量的引导和培训，强化管理和规范。对于资产评估行业，积极参与社会管理工作，主动拓展政府购买评估服务相关业务新领域，不仅是促进行业加快发展的内在要求，也是加快政府职能转变的必然要求。

（三）开展“政府购买评估服务”业务的可行性

广东省资产评估行业诞生于20世纪80年代末。随着经济体制改革的不断深入和广东省社会主义市场经济的逐步建立，广东省资产评估行业逐步发展成为独立的专业化市场服务中介，在规范市场交易秩序、促进资源合理配置、促进国有资产保值增值、服务经济发展、维护社会公平、促进社会和谐等方面发挥重要作用，成为广东省市场经济发展不可或缺的重要力量。经历20多年的发展，资产评估服务对象已由国有产权主体扩展到多种所有制产权主体，在企业上市、资产重组、产权交易及企业信息披露、公允价值计量等领域，扮演了价值发现、价值判断、价值实现的重要角色，业务领域逐步向企业价值评估、金融资产评估、知识产权资产评估、森林资源资产评估等诸多领域延伸。截至2013年2月，广东省资产评估机构134家（不含深圳市，下同），注册资产评估师1 300多人，从业人员约4 500人。此外，省评协不断完善行业的管理，为开展政府购买服务活动打下坚实的基础。主要体现在：一是日益完善的资产评估行业制度体系为行业向政府提供高质量的专业服务奠定坚实的制度保障。二是逐步壮大的行业人才队伍为政府购买评估服务提供雄厚的专业人才资源保障。三是管理能力显著提升的省评协将成为政府购买评估服务活动中联结政府和评估机构的重要平台。

二、开展“政府购买评估服务”业务的主要情况

（一）政府购买评估服务的主要内容

2012年，财政部企业司刘玉廷司长指出，落实产业结构调整、企业改革改制和国有产权转让、中外合资合作和实现管理创新等领域的资产评估法定业务要求，将评估报告和专业意见作为必备的形式要件。同时，要加大政府购买服务力度。在财政资金绩效评价、行政事业资产管理、税基及涉税业务等领域，引入资产评估等中介机构提供专业支持。由此可见，政府在国有资产管理、财政资金管理、税务管理、国有企业财务管理评价等管理工作中凡涉及需要资产评估专业技术支持，都可通过政府购买服务的方式引入资产评估。

（二）存在问题

1. 政府购买评估服务政策制度不健全。政府购买服务是一种新型政府提供社会服务的方式，虽然有部分地方政府正研究制定相关的政策、制度，但大多都处于探索阶段，尚未能形成统一、完善的制度体系。就广东省而言，广东省财政资金绩效评价工作相比全国其他省份要走得早、走得前，但仍缺乏完整的指标体系和操作规程等指引性、规范性文件。虽然资产评估行业目前已形成一系列完善的准则体系，但是由于政府购买评估服务属于新型的服务方式，其所服务对象、服务内容、服务实现方式，与传统评估业务具有很大的差别。因此，行业或相关政府部门尚未对政府购买评估服务制定一套统一、科学和完善的制度体系，也没有形成一套完善的操作规程、指标体系。随着政府职能转变逐步推进，政府购买评估服务的范围将逐步扩大，内容也将逐步多样化，如果没有科学、统一、规范的操作指引或制度，这势必会给服务提供者带来困扰，一定程度上也会影响购买服务的质量。

2. 政府购买评估服务现有规模范围较小。广东省购买评估服务的实践范围仅限于财政部门，主要针对资金绩效评价改革试点工作，而政府购买评估服务的发展空间其实很大，且政府部门也不仅限于财政部门，如政府购买公共服务的事后评价工作，承接项目的社会组织的服务绩效评价工作，行政事业单位资产管理、税基评估等许多相关领

域都应可涉及，这也将有待今后进行拓展。

3. 政府对评估行业协会等社会组织的扶持有待加强。评估行业协会属于非营利性社会组织，经费来源单一，长期面临经费不足、人手不够的问题。因此，对于尚缺乏独立性的评估行业协会而言单靠其加强自身建设和积累难以解决问题，政府的“输血”性扶持非常重要，也亟须加强。

三、推进“政府购买评估服务”业务的措施

（一）建立健全政府购买评估服务制度

由政府有关部门牵头制定政府购买评估服务相关政策、规定，明确政府购买评估服务的购买主体、购买对象、购买内容和范围，发布购买评估服务目录。充分发挥行业协会的专业优势，研究制定“政府购买评估服务操作指引”，规范服务行为和程序，具体可围绕社会工作服务流程、专业方法、质量控制、监督管理、需求评估、成本核算、招投标管理、绩效考核、能力建设等环节。加快相关服务标准研制步伐，逐步建立科学合理、协调配套的政府购买服务标准体系，为政府购买评估服务提供有力技术保障。建立健全政府购买评估服务监督管理制度，形成完善的政府购买评估服务项目文件档案，制定具体、翔实、严格的专业服务、资金管理及效果评价等方面指导标准，有效提高政府购买评估服务的效率和效果。

（二）培育发展评估服务载体

资产评估行业是知识密集型的行业，开展各项政府购买评估服务涉及的知识范围广泛，需要专业机构组织各类专业人才参与方能实现较高水平和较高质量的服务。要推动政府购买评估服务，一是研究制定促进评估专业机构发展政策，引导机构完善内部治理结构，健全规章制度，加强管理服务队伍建设，提升资源整合、项目管理和评估服务水平，增强承接政府购买评估服务的能力。培育发展一批具有较强专业能力的评估机构，为更好地开展政府购买评估服务提供专业支持。二是充分发挥评估行业协会桥梁作用。制定配套文件，研究建立稳定的公共财政专项投入保障机制，积极扶持评估行业协会加快发展。以评估行业协会作为平台，加强与政府部门沟通，充分了解政府对评估服务的需求，集合更广泛的评估服务机构参与政府购买评估服务。同时，充分发挥评估行业协会对行业实施自律监管的作用，由其肩负起评估服务机构选聘责任，规范招投标行为，切实抓好评估机构的招标聘用工作。遵循公开、公平、公正的原则，从信息发布、购买规则、评标程序、标准、方法等各环节进行制度规范，从而保障选聘评估服务机构的科学性和严谨性，促进评估结果的科学性和可靠性。三是加强资产评估行业人才队伍建设。重视行业专家库的建设，有效形成行业高端人才储备。加强评估行业协会与省内高校的合作，积极开展政府购买评估服务理论和实践相关研究，对政府购买评估服务工作提供专业指导和行业规范，促使行业更好地服务于社会。

（三）加大政府购买评估服务经费扶持

财政部门要在逐步推进政府购买评估服务的基础上，适当给予财政资金补助，扩大政府购买评估服务范围和规模，带动建立多元化评估服务投入机制。严格资金管理，确保资金使用安全规范、科学有效。财政部门安排一定的财政补助资金扶持评估行业协会健康加快发展，规范自律监管行为，加强评估行业协会自身建设，增强评估行业协会的专业能力和服务能力。

（四）加强政府购买社会工作服务宣传交流

积极发挥各类新闻媒体作用，加强对政府购买评估服务的宣传。由评估行业协会定期组织开展优秀评估服务机构评选，提高评估行业的社会公信力，增强社会各界对政府购买评估服务的认同与支持；建立健全评估行业信息管理平台，依托信息网络技术，开展需求调查、计划发布、项目管理、政策宣传、信息公开等工作，提升政府购买评估服务管理水平；定期举办评估诚信执业宣传周、评估沙龙等活动，为政府、评估服务机构创建沟通交流平台，交流经验、推广项目、争取资源创造条件。

（省资产评估协会供稿，黎雪瑜执笔）

第四部分

各市财政工作概况

广州市

2012年，广州市面对国际政治经济环境复杂多变、国内经济下行压力不断加大的不利局面，坚持稳中求进的总基调，实施一系列重大举措，全力稳增长、促转型、惠民生、增后劲，经济社会持续协调发展。全市实现地区生产总值（GDP）13 551.21亿元，比2011年增长10.5%。其中，第一产业增加值220.72亿元，增长3.3%；第二产业增加值4 713.16亿元，增长9.9%；第三产业增加值8 617.33亿元，增长11.1%。全社会固定资产投资3 758.39亿元，增长10.1%。全市实现商品进出口总值1 171.31亿美元，同比增长0.8%。其中，出口589.12亿美元，增长4.3%。外商直接投资实际使用金额45.75亿美元，同比增长7.1%。城市居民消费价格（CPI）同比增长3.0%，涨幅比2011年回落2.5个百分点，物价水平保持稳定。

2012年，广州地区组织的财政一般预算收入4 300亿元，增长8.09%，其中：中央库收入2 693亿元，增长6.19%；省库收入505亿元，增长9.07%；市库收入1 102.25亿元，增长12.54%。市库收入中，市本级财政一般预算收入511亿元，增长15.6%；区、县级市一般预算收入591.3亿元，增长10.01%。全市财政一般预算支出1 343.8亿元，增长13.3%；市本级一般预算支出576.9亿元，增长12.61%。

一、积极应对不利因素影响，财政收支平稳运行

2012年，受宏观经济增速放缓、房地产市场调控、实施新个人所得税法和营业税改征增值税试点改革等因素影响，广州市经济增长面临诸多困难。上半年，全市财政收入仅完成年度预算的45%，是5年间的最低水平。为扭转不利局面，市委、市政府陆续出台了一系列稳增长促发展的措施，积极推进“三个重大突破”，加快101个市重点项目建设投入，加大重点区域、重点领域扶持力度，落实扶持民营及中小微企业发展政策，开展“暖企”行动，改善营商环境。各级财税部门加强沟通协调，完善联动机制，强化预测分析，分解收入任务，通过加强对重点税源的跟踪服务、对各区、县级市财政收支进度对口督导等，有效提高征管效能。随着“促转型、稳增长”系列政策效果的显现，以及各项增收节支措施的落实，广州市经济逐步走出不利局面，财政收入实现逆势增长。

支出安排上，各级财政部门进一步优化支出结构，细化支出任务，加快新增财力、转移支付资金的项目安排和资金拨付，全力保障市委、市政府重点工作有序开展，重点保障省、市十件民生实事贯彻落实，大力支持战略新兴产业、民营企业和小微企业快速发展，促进教育、文体、医疗、交通、社会保障等领域不断改善，有力保障广州市经济稳定增长、环境改善和人民生活水平不断提高。同时，继续压减一般性支出，公务购车和用车经费、会议费、公务接待费、考察费等方面实现“零增长”。

二、全力服务经济社会发展，努力建设“幸福广州”

按照“稳中求进”的工作总基调，充分发挥财政职能作用，全力稳增长、调结构、惠民生，积极推进广州市委、市政府重点工作开展，为全市经济社会稳定发展提供了坚实的财力保障。

（一）全力服务经济转型升级

整合安排40亿元战略性主导产业发展专项资金，加快推进“三个重大突破”，支持广州市“9+6”战略性主导产业发展。根据“扶优扶强”的原则，支持推进国有资产战略性重组和国有资本运营。积极落实国家、省、市涉企行政事业性收费减免政策，全年减收行政事业性收费1.82亿元。贯彻落实市委、市政府“暖企行动”部署，落实扶持民营及中小微企业发展政策，积极协调解决企业反映的问题，改善营商环境。积极推进“营改增”试点工作，安排“营改增”财政扶持资金5亿元，专项用于对营业税改征增值税试点企业的财政扶持，减轻企业负担。全力支持南沙新区建设，根据国务院批准的《广州南沙新区发展规划》，研究提出支持南沙新区发展的财税优惠政策。充分发挥战略性主导产业发展资金的引导作用，确保中新广州知识城、广州国际金融城、天河智慧城等重大平台建设资金需求，推动经济结构优化升级，增强广州市经济社会发展后劲。

（二）着力推动区域财力均衡

结合简政强区各项改革，吸收借鉴北京、上海等城市的先进经验，制定《关于进一步完善市对区（县级市）财政管理体制的方案》及四个配套文件印发各区（县级市）执行。新一轮财政体制方案通过财政横向转移等方式，逐步解决区域间财力分配不均衡的问题，促进财政支出向公共服务倾斜，增强基层政府履行职责和提供公共服务的能力。

（三）大力改善民生

按照市委、市政府的决策部署，将保障民生作为财政政策实施的出发点和落脚点，进一步调整优化支出结构，压减一般性支出，加大对教育、社会保障、医疗卫生、保障性住房、“三农”、文化体育、环境保护等民生和各项公用事业的投入，认真落实十件民生实事，推进基本公共服务均等化，民生福祉得到保障和改善。全市约70.2万名学生享受免费义务教育，138所民办中小学和472所普惠性民办幼儿园获得资助，边远及贫困地区约3 000名农村教师得到教育扶持；全市基本养老保险参保人数约722万人，城镇企业退休人员月平均基本养老金水平增至2 614元，城镇平均低保标准提至530元，农村平均低保标准提至467元；建成并投入使用19所社区卫生服务中心，资助211万农民参加新型农村合作医疗、217万城镇居民和困难群众参加基本医疗保险，全市基本医疗保险参保人数约973万人，基本公共卫生服务标准提至每人每年40元；新开公交线路50

条，惠及100多万市民群众交通出行；筹集保障性住房4.7万套，新增解决1.6万户家庭住房困难问题。2012年民生和各项公共事业投入385.1亿元，增长6%，占市本级支出总额的75.2%。

三、大力加强财政监督管理，资金使用安全高效

积极探索和掌握财政管理的客观规律，坚持事前规范、事中约束和事后监督并重，建立健全管理制度和运行机制，有效防范财政风险，提高管理效能。

（一）强化内外监督检查

组织开展部门预算、财政专项资金、会计信息质量、会计师事务所执业质量、重大工程项目、非税收入等监督检查工作，并运用信息化技术实行实时、动态监督，取得了显著效果。不断完善内部监督机制，建立并完善内部循环监督、财政资金垂直跟踪监督、重大公共项目全过程监督等工作机制。每年对有预算管理职能的处室（单位）按照每年不低于30%的比例进行重点检查，促进履行职责、提高管理水平。

（二）强化财政资金管理

建立健全对国库财政资金收纳、分配、存储、调度和支付各个环节的风险控制机制，明确资金拨付流程，按程序办理财政资金的审批和支付，确保资金拨付安全。推进财税库行横向联网系统建设，提高财政资金收缴入库和支付清算的效率和安全。推广国库动态执行监管和财务核算信息集中监管改革，实现对预算单位财政资金运行的全过程监管。财政资金专户全部归口国库部门管理，实现资金统一管理、调度、核算。深化公务卡改革，全面实施公务卡强制结算目录，16项支出强制使用公务卡结算，保证财政资金安全。

（三）强化政府性债务管理

制定《广州市政府性债务管理办法实施细则》、《投融资主体债务风险预警办法》等风险评价和预警管理办法，初步建立企业债务规模的动态监控机制，完善政府性债务“责、权、利”和“借、用、还”相统一的管理机制，有效防范企业债务风险。与此同时，在积极化解存量债务、严格控制新增债务方面，通过节约使用资金、加大盘活资产力度、增加企业收益、促进企业自身的良性发展等措施，积极做好还本付息工作，减少债务余额，化解政府性债务风险。

（四）强化国有资产管理

积极开展国有资本经营预算，起草《市本级国有资本经营预算试行办法》报市政府审批，首次编制2013年国有资本经营预算，稳妥衔接2012年国有资本经营收支工作。研究国有资产经营、资源使用、资本运作的有效措施，做大财政“蛋糕”，开辟新财源。推进经营性国有资产统一监管体系建设，对未纳入市国资委统一监管的市属国有企业进行全面摸查，提出“分步移交、分类监管”的意见。

（五）强化政府采购监管

拟定《广州市政府采购评审专家管理办法》、《关于规范政府采购单一来源方式审批的通知》等政府采购监管文件。强化信息公开力度，政府采购文件、行政处理文书、采购当事人不良行为等信息在政府采购门户网站公开。强化政府采购信息化建设，进一步规范政府采购监督管理和操作执行两大平台以及专家库、供应商库、商品信息库和代理机构库4个基础数据库，增强政府采购公平性和公信力。2012年，全市政府采购预算总额283.20亿元，实际采购256.47亿元，节约财政资金26.73亿元，节约率约为7.6%。

（六）强化资金使用绩效

探索开展第三方评价工作，选取市政府十件民生实事和人大、政协提出加强监督管理的“城乡义务教育（免书杂费）补助资金”等5个重大项目（涉及当年财政安排资金57.6亿元），尝试开展第三方评价。拓展绩效评价范围，对市级财政2011年及跨年度安排500万元以上的财政支出项目开展绩效评价，全年共有48个部门的169个预评项目纳入自评范围，涉及市财政资金123.08亿元。推进竞争性分配改革，白云等区（县级市）的8个现代农业发展园区通过竞争分配了市本级财政5 000万元的现代农业发展平台专项资金。

四、主动深化财政改革，财政体制机制更加完善

2012年，重点开展并深化财政体制、竞争性分配、财政绩效、营改增试点等20项改革，在体制调整、制度创新等方面实现新突破。

（一）完善财政管理体制

制订《关于进一步完善市对区（县级市）财政管理体制的方案》，2012－2016年实行新一轮财政体制。结合市下放区（县级市）管理事权，按照“财随事转”的原则，在财力上给予保障。理顺市与区的分配关系，继续适当集中部分区的共享收入增量，增强市级宏观调控能力。进一步加大财政激励机制和横向转移支付力度，逐步缩小区域间财力差距，促进区域基本公共服务均等化。扩大区参与土地出让收入等专项收入分配，科学合理分配堤围防护费、教育费附加、城建税收入，充分调动和发挥各级政府创收增收积极性，增强各区域科学发展、持续协调发展等方面的能力。

（二）完善土地出让收入分配办法

从2012年开始，广州市实行新的土地出让收入分配办法，萝岗、南沙、从化、增城四区（县级市）实行土地出让金自收自支；越秀、天河、海珠、荔湾、白云、黄埔六区自行储备的地块在市区之间按4：6比例进行分成；番禺、花都两区土地出让收入在市区之间按2：8比例分成；市土地开发中心自行储备的地块土地出让收入全部缴入市财政，区财政不参与收入分成。

（三）完善教育附加收入分配办法

从2013年起，由市财政统筹10个区地方教育附加收入，统一缴入市国库，专项用于2013年起立项的区义务教育、高中教育（普通高中和职业技术教育）、学前教育等各

类的教育基础设施新建和总投资额3 000万元以上（含3 000万元）教育基础设施的改扩建（不含中新知识城），采取统筹规划、统一建设、分步实施，由市和区按1∶1的资金配套比例建设。

（四）完善堤围防护费收入分配办法

2012年，开始执行新一轮市对区（不含从化、增城市）堤防费分配办法，实行市、区一区一率分成，专项用于水利建设和工程维修养护。市分成比例对比原办法减少了12.18个百分点，区增加了12.18个百分点。以2011年相关数据计算，市本级将3.8亿元通过体制性转移支付给各区。同时，各区的分成比例与来源于各区的堤防费收入挂钩，调动各区培植税源、增加收入的积极性。

（五）完善城市维护建设税收入分配办法

按照各区城建税收支以及实际承担的城市维护工作量，完善了市对区（不含从化、增城市）城市维护建设税收入分配办法。城建税收入扣除上缴“省大电网”、“多做贡献”等资金后，以2011年市、区市政维护（包括城市排水设施维护）、园林绿化、公园维护、环境卫生工作量为测算数，确定城建税收入分配比例，市、区实行一区一率分成。完善后的办法既增强市本级宏观调控能力，又调动各区组织收入的积极性，解决部分区城市维护建设工作量与资金缺乏日益突出的矛盾，增强各区的基本公共服务能力和区域共同持续协调发展的能力。

（六）完善激励型财政机制

一是对市固定收入的个人所得税、契税、土地增值税，当年收入实绩高于2011年实绩部分，市财政给予区35%的奖励。二是对区的属地一般共享收入增长幅度超过全市平均水平的，超出部分按市本级分成收入的30%奖励给区。三是加大对特色功能区的扶持力度，对来源于南沙区、中新知识城、民营科技园、天河软件园的市库税收收入实行全额返还或超基增量返还政策；对纳入市战略性发展平台的开发区、主体功能区和产业园区，从市战略性主导产业和战略性新兴产业发展专项资金中安排资金给予补助。

（七）深化财政预算支出改革

一是全面推行“零基预算”。科学制定编制标准，以定员定额为主，兼顾单位资产占有状况核定公用经费，通过建立单项定额标准、综合定额标准、行业定额标准，实现资产管理与定额管理相结合。二是加强部门预算项目库建设。完善部门预算项目库，实行滚动式项目预算申报，对项目支出预算实施预审制度，引入第三方专业机构参与项目支出审核，选择重大民生项目资金先征询民意后安排预算。三是强化预算执行。建立预算支出进度责任制和考核通报制，提高资金安排计划性，加大清理结余结转资金力度，提高预算支出执行的时效性和均衡性。四是加大对“两新”组织的扶持力度。制定政府向社会组织购买服务目录，研究专项资金扶持“两新”组织的措施，促进政府职能转变。

（八）深化财政投资评审改革

进一步强化对财政性资金投资项目概算、预算、结算及竣工财务决算的评价与审查，对财政性资金投资项目资金使用情况进行核查及追踪问效，拟定《广州市财政投资管理办法》，规范财政投资评审行为。从2013年1月1日开始实行评审预受理制度，实现管控关口前移，降低评审风险，提高评审效率。2012年，全市财政投资评审共计受理概、预、结、决算数目6 530项，累计受理项目金额约1 060.82亿元，共计完成工程项目评审5 089项，送审金额421.56亿元，审结金额370.77亿元，共计核减50.79亿元，核减率12.05%。

五、不断推进政务公开，财政透明度进一步增强

加大推进部门预决算公开力度，进一步细化公开内容，统一公开格式，统一公开时间，部门预、决算公开工作日益规范化。2012年，全市有105个部门通过政府门户网站、单位门户网站等途径公开了2012年部门预算，市政府41个工作部门和25个直属机构全部公开了本部门2011年部门决算（含“三公经费”）。改进为民服务方式，加大网上审批、网上办事力度，加强办事窗口建设，简化办事手续，提高服务质量和效率。加强与人大代表、政协委员的沟通联系，制定了《关于进一步加强我局与“两代表一委员”联系沟通制度化、常态化的意见（试行）》，并聘请了12名特约财政监督员，在重要决策、文件出台前主动征求代表、委员、财政监督员以及社会各界的意见，不断提高财政工作的民众参与度。

（广州市财政局供稿，龚平执笔）

深圳市

深圳市全年全口径公共财政收入达到4 502亿元，比2011年增长11%。实现中央级收入3 020亿元，比2011年增长11.2%，增收304亿元；实现深圳地方公共财政收入1 482亿元，增长10.6%，增收142亿元，税收收入占财政收入比重达90%。

一、坚持稳中求进的工作基调，促进经济保持平稳、较快发展

2012年，深圳市财政委员会按照中央要求继续实施积极的财政政策。加大政府投资力度，市本级用于政府投资的财政性资金达到306.3亿元，比2011年增加24%，增加59亿元。向中央积极争取发行地方政府债券27亿元，主要用于保障性安居工程，公立医院建设、重点河流整治等重点公益性项目支出。提前启动一批深圳市“十二五”期间重大项目建设，鼓励和支持社会资本参与医院、公共文体场所等公共服务和公用事业领域经营建设。加大结构性减税力度，认真做好深圳市在交通运输业和部分现代服务业实行的营业税改征增值税试点工作。认真落实国家对高新技术企业等各项税收优惠扶持政策，全年共为符合条件的高新技术企业、技术先进性企业、软件企业和动漫企业等

减免税款198亿元。加大企业扶持力度，致力于改善中小企业尤其是小微企业融资环境，创投引导基金需做修改：做实创投引导基金，地方财政累计投入1.2亿元，引导中央财政和社会资本投入13.75亿元，与国家发展和改革委员会、财政部联合设立信息、生物、新能源等6只创业投资基金，参股设立1只天使投资基金。利用自主创新信用再担保平台开展再担保业务；企业互保政府增信平台累计通过60笔预审贷款，涉及项目总金额达48亿元，超过430家企业加入互保池。全年共安排财政资金8.96亿元用于支持中小企业放贷，支持并鼓励委托银行使用自有资金配套贷款，市财政对贷款进行贴息，降低中小企业融资成本。加大内外需协调发展，2012年深圳辖区共办理出口退税945亿元，其中深圳市地方财政负担56亿元，比2011年增长7.8%，安排商贸、会展、外经贸发展、“主打两个市场”等专项资金4.7亿元，积极落实促进经贸发展33条，支持开展市政府批准的61个境外展览、经贸推广和招商推介活动，支持1 496家民营及中小企业参加国内经贸科技展会。帮助企业拓展国内国际市场，促进内外贸均衡发展。

二、实施可持续发展战略，推动产业结构调整取得明显成效

大力推进经济结构战略性调整，构建现代产业体系。2012年，深圳市财政共安排生物、互联网、新能源、新材料、新一代信息技术、文化创意等六大战略性新兴产业专项资金39.94亿元，资助项目达2 691个。安排产业转型资金7亿元（含原产业技术进步资金2亿元），区级安排16亿元，共同推进低端企业清理淘汰、优势传统产业改造提升、加工贸易转型升级、社区集团经济转型等重点工作。强力推动节能减排工作，2012年深圳市节能减排财政政策综合示范实施方案获批，落实中央财政提前下达节能减排财政政策综合示范城市奖励资金5亿元支持深圳市国际低碳城建设及原特区内污水管网建设接驳和排水管网改造工程。加快构建前海合作区有利于现代服务业聚集的财税政策环境，推动前海合作区纳入国际现代服务业综合试点范围，推动前海合作区境外高端人才和紧缺人才个人所得税财政补贴办法和企业所得税税收优惠管理暂行办法制定，前海合作区鼓励类产业实施15%企业所得税税率。2012年，市财政预算安排科技创新和人才投入47.4亿元，比2011年增长20.5%，资助324个重点实验室、工程中心、基础研究、技术标准研究等各类项目，资助和奖励新引进13个海外高层次创新团队、93名海外高层次人才，为10万名人才提供租房货币补贴，自主创新支撑服务体系更趋完善。

三、支持提高基本公共服务均等化水平，加快以改善民生为重点的社会建设

坚持尽力而为、量力而为，保基本、可持续，主动服务民生改善。建立健全与经济发展水平和政府财力水平相匹配的民生投入保障机制。2012年市本级用于教育、医疗卫生、社会保障和就业、住房保障等九大类民生事项的支出达到518亿元，比2011年增长14%，较本级公共财政收入增幅高4.5个百分点。目前，深圳市已全部实现国家“十二五”规划提出的属地方事权的65项基本公共服务，其中53项提前达到2015年规划目标水平。2012年全市财政教育支出246亿元，比2011年增长25%，共同完成全市教育支出比例达15%的目标任务。加快解决就学难问题，出台向民办教育购买学位补贴办法、学前教育财政补贴政策，有力保障新增1.55万个义务教育学位、7 750个普高学位，推动义务教育生均拨款制度。2012年医疗卫生支出104亿元，增长32%，推进公立医院管办分离、医药分离、取消药品加成和医疗服务收费降价工作，推进公共卫生重点项目和社区健康服务网络建设。2012年社会保障和就业资金支出67亿元，增长29%，加大就业再就业投入，建立城镇居民社会养老保险制度，实现基本养老保险全覆盖。2012年，全市拨付公交补贴49.2亿元，增长20%，原特区外500米公交覆盖率由78%提高到90%。2012年新增5亿元用于深圳市困难群体帮扶，及时拨付各项补贴款项，确保各项财政政策落实到位。加强公共文化服务体系建设，推进深圳市“图书馆之城”建设，保障公益性文化设施免费开放。制定第四轮市区财政体制改革配套实施细则和龙华、大鹏新区财政体制方案。

四、全面加强财政管理，提升财政工作科学化、精细化管理水平

强化预算绩效管理，在建立预算绩效管理制度和指标体系的基础上，对部门预算新增500万元以上的项目支出绩效目标进行重点审核、指导和修正，绩效管理理念不断注入财政管理的各个环节，全面提高财政管理效益。细化预算编制，预算年初到位率继续提高，加强预算支出执行管理，确保各单位依法依规用好财政资金，切实提高财政资金支出规范化水平。扩大国库集中支付范围和规模，实现财政预算资金、基建资金、政府采购、预算内资金、集散账户和社保基金的统一支付。完成2011年度市本级权责发生制政府财务报告试编和专题研究工作。基本实现原有各区区级集中支付改革全覆盖。推进非税收入征管改革全覆盖和公务卡制度改革，301家执收（罚）单位上线使用非税收入征管系统，全市非税收入全面纳入预算管理，大运会资产（物资）处置工作基本完成。积极制定和推动深圳经济特区政府采购条例实施细则的审批工作，陆续推出预选供应商、商场供货、战略合作伙伴、评定分离等特色改革，实现政府采购廉洁高效运转。创新财政资金监管方式，将部门预算编制执行检查、财政支出绩效评价和会计信息质量检查三项工作合为一体，保障各项民生政策的有效落实。全方位推进各项会计准则贯彻执行，加强对会计师事务所的检查、管理和服务工作，推动会计行业规范运行。党风廉政建设和干部队伍建设进一步增强。

（深圳市财政委员会供稿，陈强执笔）

珠海市

2012年，珠海市围绕“生态文明新特区、科学发展示范市”的发展定位，大力实施“蓝色珠海、科学崛起”发展战略。2012年实现地区生产总值（GDP）1 503.81亿元，同比增长7.0%。其中，第一、第二、第三产业分别实现增加值38.84亿元、796.28亿元、668.70亿元，同比增长3.9%、6.5%和8.0%，三次产业的比重为2.6∶52.9∶44.5，第二产业比重下调1.5个百分点，第三产业提升1.5个百分点，产业结构有所优化。2012年，在港珠澳大桥、横琴市政工程等交通、水利基础设施建设项目带动下，珠海完成固定资产投资787.62亿元，同比增长23.6%，增速领跑珠三角，快于全省平均值8.1个百分点。全年外贸进出口总额456.69亿元，同比下降11.6%。其中，出口额216.31亿元，下降9.8%；进口额240.38亿元，下降13.1%。全年实际吸收外商直接投资14.47亿美元，同比增长8.2%。2012年，珠海完成社会消费品零售总额635.20亿元，同比增长12.7%。全年珠海CPI同比上涨2.8%，呈逐月递减态势，通胀压力逐步缓解。

2012年，珠海财政工作以“稳定增长、平衡收支、厉行节约、保障民生”为总要求，并结合珠海实际，在狠抓增收节支、力促经济发展、增进民生福祉、深化财政改革、健全监管制度等方面作了积极有益的探索，整个财政收支运行情况良好。一是财政收入总量实现平稳较快增长。2012年，来源于珠海的财政总收入完成5 082 686万元，同比增长4.3%。全市上划中央收入完成1 585 256万元，比2011年同期增长3.6%，其中：国内增值税962 682万元，国内消费税17 690万元，企业所得税466 544万元，个人所得税138 340万元；上划省收入完成522 020万元，比2011年同期增长9.3%，其中营业税232 597万元，企业所得税154 960万元，个人所得税46 113万元，土地增值税86 372万元。二是全年预算收支目标任务顺利完成。全市公共财政预算收入累计完成1 625 997万元，完成预算102%，同比增长13.4%。全市公共财政预算支出累计完成2 122 023万元，完成预算的114%，同比增长11.5%，按可比口径增长22.7%。其中，市本级公共财政预算收入完成790 509万元，完成预算100.2%，同比增长10.2%；市本级公共财政预算支出完成1 086 309万元，完成预算123.1 %，同比增长4%，按可比口径增长15.7%。2012年，全市共计收到上级补助收入536 901万元，市本级财政补助下级支出230 377万元。三是区级财政保障能力不断增强。2012年，全市公共财政预算收入区级比重从2008年的44.7%逐年上升至51.4%，区级财力稳步增强。现行“放水养鱼”的市、区财政体制增强了区级财政保障能力。四是民生财政进一步彰显。2012年，教育支出438 450万元，同比增长39.0%；文化体育和传媒支出28 082万元，同比增长23.4%；社会保障和就业支出170 421万元，同比增长2.8%；医疗卫生支出81 445万元，同比增长9.8%；节能环保支出58 084万元，同比增长35.7%；农林水事务支出107 860万元，同比增长42.6%；科学技术支出88 762万元，同比增长20.8%；城乡社区事务支出230 871万元，同比增长79.4%；住房保障支出18 474万元，同比增长98.5%。

一、努力增收节支，财政收支实现平稳增长

面对内需不足、外需萎缩，全市经济保持低位增长的严峻形势，珠海财政部门以高度的大局意识和责任意识，主动作为，狠抓收入，严控支出，财政收入实现平稳较快增长。

（一）在组织收入方面

2012年，受内外经济环境、房地产调控、结构性减税政策和收费减免、广东省对“四税”统筹力度的加大，以及从土地出让净收益中计提农发金、水利建设基金、教育基金等诸多因素的影响，珠海财政收入组织形势严峻。对此，珠海各级财税部门，狠抓收入征管，确保全年收入目标的顺利完成。一是及早将区级收入总任务进行分解，并作为全市各区主要经济指标完成情况中“财政一般预算收入”项目的考核指标，确保完成全年公共财政预算收入任务。二是建立班子成员分片抓收入的责任机制，对完成收入任务有困难的区，主动靠前工作、上门服务。三是依托财税联席会议平台，加强收入动态监控和预测，着力提高收入调控的预见性和主动性，制定切实有效的应对措施，堵漏增收，提高收入质量。四是充分发挥税务稽查以查促管、以查促收的作用，加强部门之间的协调配合，发挥综合治税的作用。五是加强税收征管创新，做好固定资产投资和新业务的分析研究，深挖税收增收潜力。六是继续规范非税收入管理，确保土地出让收入、国有资本经营收益、国有资源有偿使用收入等项目按照预算计划及时足额上缴入库，尤其是加大土地出让招商力度，以及加大土地出让收入催缴力度。七是抢抓横琴新区大开发、港珠澳大桥建设、第九届航展等政策机遇，加大向上争跑力度，积极主动与上级部门联系，力争把更多的项目列入上级政策资金扶持计划。2012年，累计争取上级部门专项补助资金36.3亿元，地方债转贷资金5.8亿元。

（二）在支出管理方面

进一步加强预算支出管理，强化预算刚性，该控的控，该压的压，该减的减，该保的保，不断调整和优化支出结构，集中一切财力保民生、保信用、保重点建设。一是严格预算执行，强化预算约束，从严控制预算追加，切实做到“有预算不超支，无预算不开支”。二是继续贯彻落实中央厉行节约、严格控制行政经费支出及“五项费用零增长”的相关措施和要求，加大管理措施严控公务购车、公务出国和公务接待支出；加强市直党政机关和事业单位会议费管理，进一步控制和精简会议，规范领导公务活动安排，节约行政经费开支。三是进一步优化财政支出结构，切实做好扶持经济发展各项措施的落实，同时，确保珠海市委、

市政府重大决策和市人大议案、政协提案等新增支出以及重点建设支出的资金落实。2012 年，通过开拓财源、压缩支出等多项措施，统筹资金 29.9 亿元，稳妥解决因土地出让收入预算调减带来的巨大收支缺口。四是加强与预算单位之间的信息交流，及时掌握预算单位用款特点，严格按照预算进度合理安排支出，同时，指导各区加强支出管理，将该花的钱及时花出去，确保支出均衡性，避免年终突击花钱。

二、充分发挥财税职能作用，力促财税发展和经济发展良性互动

按照珠海市委、市政府的工作部署，以“加快转型升级、建设幸福珠海”为核心任务，适时调整财税工作的思路和重点，灵活运用财税杠杆，不断加大对经济建设的支持力度，努力形成经济发展与财税发展的良性互动。

（一）积极筹措重大项目建设资金

一方面积极与各融资单位、金融机构沟通协调，全力以赴筹集资金确保重大项目顺利推进。2012 年，签订融资合同 1.67 亿元，提款 21.11 亿元；配合交通集团成功发行 18 亿元企业债券，协助交通集团成功续发 4.5 亿元信托产品；积极配合华发集团采用 BOT 方式建设拱北地下交通换乘中心。另一方面，通过“开源节流、挖潜削峰”、清理整合财政专项资金和历年经费结余等措施筹措建设资金，利用财政资金“存贷挂钩”机制撬动信贷资本参与政府投资项目建设。

（二）贯彻落实省政府稳增长、调结构、惠民生的政策措施

积极落实产业发展财政扶持资金，切实推进战略性新兴产业发展，着力构建高端制造业产业体系，加快外经贸转型升级步伐，积极运用“四位一体”融资平台缓解企业融资困境，加强分类指导，扶优扶强，以更加灵活有效的财政手段促进经济平稳健康可持续发展，实现财政与经济互促共进，良性发展。2012 年，珠海市财政按照扶优、扶强、促转型的要求积极落实各类产业扶持资金 11.5 亿元。

（三）将结构性减税政策和收费减免政策落实到位

着力减轻企业负担、优化企业经营环境，切实帮助企业克服困难。按照省财政厅的要求和部署，扎实有序推进“营改增”试点各项工作，确保改革试点如期顺利启动，确保试点期间税收征管体制平稳过渡。针对小部分企业“营改增”后可能会出现税收负担增加的情况设立财政专项资金予以补贴。

三、加快发展成果普惠于民，基本公共服务水平不断增强

全面贯彻“以人为本、关注民生”的理念，按照“保民生、保信用、保重点建设”的支出原则，不断调整和优化支出结构，始终坚持把保障和改善民生作为公共财政建设的出发点和落脚点，以推进基本公共服务均等化规划建设为平台和抓手，切实加大对民生领域的支持和保障力度，重点向“十项民心工程”建设、基本公共服务均等化和社会建设倾斜。2012 年，按照省九项民生支出统计口径，珠海教育、科学技术、文化体育与传媒、社会保障和就业、医疗卫生、节能环保、城乡社区事务、农林水事务、住房保障等九项民生支出（剔除上级财政高效节能补助 68 040 万元）为 1 222 459 万元，占全市公共财政预算支出的 59.5%，增长 34.7%。基本公共服务支出累计 576 977 万元，占公共财政预算支出的 27.2%，同比增长 21.2%。

四、围绕财政管理抓改革，财政监管水平不断提升

始终保持锐意创新的改革势头，积极探索建立财政管理新体制、新机制，扎实推进财政科学化、精细化管理，财政监管水平稳步提升。

（一）扎实推进公共财政管理改革

一是根据珠海市委书记李嘉在市财政局调研时的指示精神，围绕贯彻落实汪洋书记对珠海提出的“科学发展走新路，‘十二五’崛起看珠海”的总要求，积极开展新形势下珠海财政发展策略调研，形成既有理论高度，又有创新性和可行性的调研报告。二是为适应预算管理改革的要求，提高部门预算管理信息化水平，对现有的预算管理系统和国库集中支付系统进行升级改造，构建以基础信息库和项目信息库为基石，预算编制管理、预算绩效管理和国库集中支付管理架构一体化的业务系统，全面提升综合预算管理水平。三是进一步深化财政绩效管理改革，逐步构建“花钱必问效”的运行机制，引入人大代表、政协委员参与绩效管理，汇集各方智慧，提高财政资金使用的科学性、民主性和公信力。四是创新专项资金分配方式和理念，积极探索推进竞争性资金分配方式在珠海市本级社会主义新农村建设专项资金上的运用。五是进一步解放思想，开拓创新，以完善制度体系和技术手段为保障，创新行政事业单位资产的管控机制，探索新形势下行政事业单位资产管理的新举措，不断推进行政事业资产管理改革。

（二）进一步加大财政监管力度

一是坚持“规范与效率并重”的原则，在规范政府采购程序的同时，进一步加强政府采购行政效能建设，着力提高政府采购效率。二是进一步规范操作，完善专项资金支出的申报、审核、执行和监督程序，对专项资金实施严格的过程监控，真正做到财政资金运行到哪里，监管工作就延伸到哪里。同时，不断加强对重点领域、重点单位的监督，定期或不定期地对项目资金进展情况进行监督检查。三是严把会计审核关，在做好会计核算工作的基础上，注重提高工作效率，牢固树立服务意识，热情服务，不断向前推进国库集中支付各项工作。四是坚持以财政投资审核作为履行行政管理职能的重要手段，全面开展财政性投资项目审核工作，积极为财政节支增效作出贡献。2012 年，珠海财政投资审核中心共完成预、结算审核项目 323 个，送审金额 83.11 亿元，审定金额 80.90 亿元，审减金额

2.21 亿元（结算不含一审）；完成竣工财务决算审核项目 69 个，办理竣工结转资产 15.68 亿元，审减金额 0.13 亿元，上缴国库金额 2 070.21 万元。五是积极开展清理整顿工作，切实加强和规范财政专户管理；稳步推进国库集中支付系统升级工作，积极推动出口退税信息化系统建设工作；出台《市直预算单位公务卡强制结算目录》，加强和规范公务支出管理；加强财政收支执行监控工作，拓展预算执行分析的深度和广度。六是采取各项措施规范非税收入征收管理，挖掘增收潜力，加强收入征管，积极追缴欠款；大力推动非税收入管理系统建设工作，全面推进区级非税收入管理系统建设和推广应用工作。七是结合珠海乡镇财政管理实际，制定《关于进一步加强和规范乡镇管理实施方案的通知》，指导基层财政所试点建设，进一步推进基层财政科学化、精细化管理。八是积极推进预算信息公开，204 家市直预算单位按要求在珠海政府网集中公开了 2012 年部门预算信息，占应公开单位的 81%。

五、推进干部队伍建设，全面提升财政服务效能

按照大力推进发展型财政、民生型财政、创新型财政、绩效型财政和法制型财政的建设要求，全面提高干部队伍综合素质和行政执行力。一是加强机关作风建设，努力营造勤政廉洁、优质高效、规范务实、作风优良的机关政务环境，创新服务方式，精简办事环节和程序，提高办事效能。二是加强党风廉政建设，进一步增强财政干部队伍的党性观念、纪律意识、廉洁意识，一方面，经常开展纪律教育，加强党性修养，增强依法行政、廉洁从政的自觉性，要求广大党员干部严格遵守《廉政准则》的 8 个禁止、52 个不准，做到令行禁止，自我约束；另一方面，以财政系统典型违法违纪案件为反面教材，加强示范教育和警示教育，“用身边事教育自己人”，不断提高教育实效。同时，大力宣扬系统内部廉政勤政先进事迹，弘扬新风正气，在全局上下形成日益良好的反腐倡廉舆论氛围。三是加强学习型机关建设，努力营造良好的学习氛围，通过开展干部教育培训，进一步提升全体干部职工把握大局的能力、服务和创新能力。2012 年，全市举办财政系统业务培训班 3 期，对 116 名财政干部职工进行了公共财政理论、绩效管理改革、宏观经济形势、应急处置能力等业务培训。四是加强财政文化建设，充分发挥工青妇的重要作用，组织开展丰富多彩的群众性文体活动。在第四届珠海合唱节暨“爱国歌曲大家唱”活动、巾帼文明岗第九套广播操比赛等活动中，取得了优异的成绩。

（珠海市财政局供稿，熊向武执笔）

汕头市

2012 年，汕头市各级财政部门深入贯彻落实科学发展观，以特区扩围为契机，积极发挥财政职能作用，抓收入、保运转、促转型、惠民生，全力服务汕头经济社会发展。

一、基本经济状况

2012 年，全市生产总值 1 415.01 亿元，比 2011 年增长 9.5%。其中，第一产业增加值 82.18 亿元，增长 5.5%；第二产业增加值 728.78 亿元，增长 11.8%；第三产业增加值 604.05 亿元，增长 7.3%。三次产业结构由 2011 年的 5.8 : 50.9 : 43.3 调整为 2012 年的 5.8 : 51.5 : 42.7，第一产业保持稳定，第二产业比重略有提高，第三产业比重略有下降。在第三产业中，批发和零售业增长 8.8%，住宿和餐饮业增长 4.6%，金融业增长 5.7%，房地产业增长 8.5%。民营经济增加值 1 000.15 亿元，增长 11.3%。全市工业用电量 94.01 亿千瓦时，增长 3.1%。2012 年完成固定资产投资额 611.92 亿元，增长 39.7%，新一轮大投资、大建设的热潮初步形成。其中，城镇投资 519.20 亿元、农村投资 92.72 亿元，分别增长 43.4% 和 21.8%。从投资经济类型看，国有经济投资 120.39 亿元，增长 42.6%；民营经济投资 455.13 亿元，增长 45.6%。从三次产业看，第一产业投资 4.21 亿元，增长 10.2%；第二产业投资 325.71 亿元，增长 39.2%。其中工业投资额 323.16 亿元，增长 40.8%；第三产业投资 282.00 亿元，增长 40.7%。其中房地产开发投资额 83.35 亿元，增长 13.4%；交通运输业投资额 36.14 亿元，增长 70.2%；现代服务业投资额 225.93 亿元，增长 28.4%。全市进出口总额 88.02 亿美元，增长 0.2%。其中，进口总额 26.38 亿美元，下降 6.9%；出口总额 61.63 亿美元，增长 3.5%。全年实际吸收外商直接投资金额 13 051 万美元，下降 62.2%；新签投资项目 18 个，其中投资规模在 500 万美元以上的项目 5 个，下降 44.4%。2012 年居民消费价格总水平上升 2.6%。中心城区居民人均可支配收入 20 023.54 元，农村居民人均纯收入 9 032 元，分别增长 14.6% 和 14.4%，人民生活水平逐步提高。

2012 年来源于汕头市财政总收入 2 205 396 万元，比 2011 年增长 2.07%，增收 44 980 万元。其中：上划中央收入 677 180 万元，上划省收入 289 949 万元，公共财政预算收入 963 447 万元，政府性基金收入 274 820 万元。全市公共财政预算收入 963 447 万元，完成年度预算的 95.40%，增长 12.57%，增收 107 618 万元。其中：税收收入 614 078 万元，完成年度预算的 86.68%，增长 10.08%，增收 56 243 万元；非税收入 349 369 万元，完成年度预算的 115.91%，增长 17.24%，增收 51 375 万元。

汕头市公共财政预算收入 963 447 万元，加上税收返还收入 139 677 万元、上级补助收入 621 116 万元、债券转贷收入 18 482 万元、公共财政预算上年结余收入 129 784 万元（根据省批复决算结转下年使用的专项资金）、公共财政预算调入资金 44 438 万元（其中潮阳区、潮南区调入资金 43 749 万元），收入总计 1 916 944 万元。全市公共财政预算支出完成 1 720 051 万元，完成年度预算的 104.32%，加上上解上级支出 48 778 万元、增设预算周转金支出 1 425 万元、结转下年支出 144 356 万元（结转下年使用的专项资

金），支出总计1 914 610万元。全市财政收支相抵，净结余2 334万元。

市本级公共财政预算收入完成369 809万元，完成年度预算的90.93%，按可比口径（财政体制调整因素）增长8.69%，增收25 170万元。其中：税收收入242 952万元，完成年度预算的83.29%，增长7.26%，增收12 362万元；非税收入126 857万元，完成年度预算的110.33%，增长11.23%，增收12 808万元。市本级公共财政预算收入369 809万元，加上税收返还收入139 677万元、上级补助收入621 116万元、债券转贷收入18 482万元、公共财政预算上年结余收入55 218万元（根据省批复决算结转下年使用的专项资金）、下级上解收入503万元，市本级收入总计1 204 805万元。市本级公共财政预算支出完成435 578万元，按可比口径（支出核算方式调整）增长6.06%，完成年度预算的94.80%，加上补助下级支出676 769万元（其中市补助区、县支出115 895万元，省经市本级转拨区、县560 874万元）、上解上级支出19 514万元、结转下年支出71 811万元，市本级支出总计1 203 672万元。市本级公共财政预算各主要支出项目完成情况：（1）一般公共服务支出41 229万元；（2）国防支出1 565万元；（3）公共安全支出68 995万元；（4）教育支出49 390万元；（5）科学技术支出9 823万元；（6）文化体育与传媒支出11 791万元；（7）社会保障和就业支出63 671万元；（8）医疗卫生支出32 554万元；（9）节能环保支出18 888万元；（10）城乡社区事务支出18 128万元；（11）农林水事务支出16 911万元；（12）交通运输支出42 034万元；（13）工业商业金融等事务支出13 252万元；（14）国土资源气象等事务支出3 390万元；（15）住房保障支出28 784万元；（16）国债还本付息支出686万元；（17）其他支出14 487万元。市本级财政收支相抵，净结余1 133万元。

二、财政工作情况

2012年，汕头市各级财政部门积极组织收入，严格预算执行，优化支出结构，坚持改革创新，着力做好六方面工作：

（一）着力做好聚财文章，增强财政保障能力

1. 推动公共预算、国土基金、国有资本经营及公共资源利用、政府投融资“四轮齐转”，多渠道聚集发展资金，为社会发展和民生改善提供财力支撑。

2. 积极促产培财，千方百计支持重点项目建设，促进经济发展，夯实税源基础。

3. 面对严峻的经济形势和结构性减税双重压力，上半年财政收入曾一路走低，市财政局对预算执行进行认真分析，对任务进行测算、分解、下达，区县财税部门全力以赴挖潜增收，下半年收入企稳回升，增幅逐月提高，实现全年平稳增长。

4. 积极争取上级支持。全年中央和省对汕头市转移支付补助76.08亿元。潮阳区、潮南区列入全国县级基本财力保障范围，每年可获中央、省、市补助资金9.33亿元。

（二）着力创新机制，扶持产业转型升级

1. 出台市级财政专项资金竞争性分配绩效管理暂行办法，开展财政资金竞争性分配试点，切块由发改、经信、科技部门牵头组织多中选好，好中选优，重点扶持高科技创新型企业发展。通过竞争，27个战略性新兴产业、现代服务业、高科技创新型项目获得3 950万元财政扶持资金。

2. 抓住汕头创建国家电子商务示范城市契机，设立电子商务等专项扶持资金，支持新兴产业和新型业态发展。

3. 市财政拨付6 400万元资金扶持中小微企业，通过资金引导、税费优惠、融资支持以及完善公共服务等方面扶持企业发展。

4. 市财政落实拨付省市产业转移专项资金1.38亿元，争取重点园区贷款贴息对口扶持资金1 692万元，促进产业转移园区发展。

5. 扎实推进交通运输业和部分现代服务业“营改增”试点工作。

（三）着力加大民生保障力度，全面推进社会事业发展

全市财政投入民生领域资金124.96亿元，占财政支出72.1%，比2012年提高4个百分点，切实解决民生热点难点问题，推进城乡基本公共服务均等化。

1. 落实资金办好十件民生实事。落实1.75亿元开展千村环境卫生整治，改善村容村貌；拨付资金1.66亿元推进城乡保障性住房建设；拨付资金2 700万元，对全市373所贫困山区、边远农村小学7499位在编在岗教师每人每月发放300元生活补贴；拨付资金3 000万元新增100辆小型公交车，改善市民出行条件；发放临时价格补贴762万元，缓解物价上涨对低收入群体的影响；落实资金500万元支持中心城区公园免费开放；全面启动城区燃气管网建设；启动村村通自来水工程，潮阳区、潮南区获省2.6亿元“村村通自来水示范县”竞争性扶持资金；落实资金448万元支持乡镇文化设施达标建设；支持“全民健身广场”建设，免费开放运动场，发挥公益服务功能。

2. 落实各项强农惠农政策。市财政拨付支农资金3.65亿元，加大对农村水利、农业生态环境等基础设施投入，推进名镇名村示范村建设，做好扶贫“双到”帮扶工作。

3. 落实教育优先发展战略。全面实施义务教育经费保障机制，安排7 800万元落实提高城乡义务教育公用经费标准政策，拨付5 500万元支持重点职业学校建设，落实1 000万元支持汕头职业技术学院创建国家示范高职院校。

4. 积极推进城乡一体化社会保障体系建设。对全市60周岁以上未定期领取退休养老金的居民发放标准基础养老金。汕头市本级落实配套资金1.07亿元，把基本医疗保险、补充医疗保险、城乡医疗救助和优抚对象医疗补助纳入医保范围，使城乡居民平等享受医保待遇。各级财政拨付基本公共卫生支出1.35亿元，支持预防保健、社区卫生、地方病防治、收治救助及全民低成本健康工程等建设。

（四）着力科学化、精细化管理，提升财政改革水平

1. 制定政府购买社会服务第一、二批指导目录，开展政府购买服务试点。汕头市级政府购买服务采购金额7 576万元，比2011年增长55.9%。

2. 国库集中支付制度改革基本实现“纵向到底，横向到边”目标，财政性资金基本实现以国库单一账户体系为核心、以直接支付方式为主的管理模式。

3. 全面铺开市本级公务卡改革，公务卡报销还款金额比2011年增长50%。

4. 推进政府投资评审管理改革，2012年核减政府投资项目造价2.92亿元，核减率9%。

5. 加强对就业、中心城区“城中村”和涉农社区供水直抄到户、农村饮水安全等重点民生项目资金绩效评价。

（五）着力依法理财，构建高效、安全理财机制

1. 推进财政“大监督”体系建设，积极构建“职责明确、科学规范、运行高效、制衡有力”的内控体系。

2. 完善国库管理制度。全面启用财政业务一体化管理信息系统，实现以预算指标控制用款计划、用款计划控制资金支付。

3. 加强预算约束。严格按照市人代会批准的预算执行，提高预算支出执行的均衡性，严格控制追加支出的资金总量。设立部门机动经费解决预算执行中不可预见事项的支出，一定程度上减少部门频繁要求追加资金现象。

4. 强化服务意识，提高办事效率，公开办事制度，打造“阳光财政”。

（六）着力加强队伍建设，取得较好成果

深入贯彻落实党的干部路线方针政策，建立健全公开、公正、平等、民主的选人用人机制。汕头市财政局通过全市公选处级干部，引进经济学博士等高层次人才，有3位年轻科级干部被提拔外单位任职，一批干部在局内部交流轮岗，使既有专业知识又有实践经验的业务骨干得到锻炼和成长。

（汕头市财政局供稿，廖赞燊执笔）

佛山市

2012年，全市生产总值实现6 709.02亿元，比2011年增长8.2%。其中，第一产业增加值129.31亿元，增长3.8%；第二产业增加值4 191.01元，增长9.2%；第三产业增加值2 388.70亿元，增长6.4%。全年社会消费品零售总额2 019.50亿元，增长11.6%。居民消费价格总水平比2011年上涨2.6%。全社会固定资产投资2 128.33亿元，增长10.1%。全市进出口总额610.58亿美元，比2011年同期增长0.3%，其中出口401.5亿美元，增长2.7%，进口209.08亿美元，下降4.1%。居民生活水平稳步提高，全市城镇居民人均可支配收入34 580元，增长12.6%。

2012年，全市地方公共财政预算收入完成384.08亿元，为年初各级人大通过预算的102.56%，比2011年增收42.34亿元，增长12.39%；全市公共财政预算支出完成432.96亿元，完成年初各级人大通过预算的103.80%，增长11.39%。2012年，佛山市上划中央“两税”和省与市共享“四税”的税收收入总额为334.05亿元，其中上交中央209.28亿元，上划省124.77亿元，分别比2011年增长6.18%和12.91%。

2012年，佛山市各级财政部门紧紧围绕市委、市政府的中心工作和决策部署，抓住财政综合管理改革这“一个核心”，统筹运营、优化配置各种财政资源，通过“六个优化”措施，取得“六个进一步”的成效，促进财政、经济、社会民生事业的持续、平稳、健康发展。

一、优化收支管理手段，财政保障能力进一步增强

2012年，受国际、国内经济形势复杂多变，以及外需减少、内需减弱双重因素叠加影响，佛山市经济运行面临较大困难，加上结构性减税、政策性减收以及经济、社会民生的刚性支出快速增长，佛山市财政收支平衡难度加大。面对严峻的形势，佛山市各级财政部门攻坚克难，开源节流，提高财政持续保障能力。一是建立健全抓收入工作机制。进一步落实完成收入目标任务责任考核与激励机制，密切与各区、各征收部门沟通协作，形成工作合力。二是创新税收征管方式。支持配合税务部门在全省率先启用综合治税办公室工作平台，推广运用征管与税源状况监控分析一体化平台，以及实施房地产税收一体化管理系统，多方面应用涉税信息，优化征管，努力做到应征尽收。三是开拓非税收入渠道。通过推动小汽车号牌网上公开竞价、开征专项基金、开拓广告牌经营权收益等工作，积极拓宽收入来源。四是大力支持国土资源运营。安排市级土地收储专项资金，探索建立市级土地储备财力保障机制，推动市、区联动土地储备，加大土地收储与出让工作力度，增加政府后备财源。五是落实厉行节约措施。严格执行人大审议通过的年度预算，并在市级压减单位年初预算公用经费5%、各区结合实际实行节约措施的基础上，通过严把支出追加关，严控新增一般性支出，以监管促节约；同时，大力清理闲置结余结转资金，增加可支配财力。

二、优化整合财政政策工具，支持经济发展力度进一步加大

通过有效整合和优化财政资源配置，充分发挥财政资金“四两拨千斤”的乘数效应和导向作用，促进现代产业发展、传统优势产业提升，加快经济发展方式转变，增强经济发展后劲。一是加大对关键行业和关键领域的投入。全市投入扶持经济科技发展方面资金24.94亿元，重点支持自主创新、技术改造、节能减排等创新驱动战略的关键领域，加快佛山高新区、院市合作、产业转移园等项目建设，推动“三旧”改造促进工业提升，增强产业核心竞争力。二是大力支持产业链招商三年行动计划。市级安排重

点产业链招商项目扶持资金2亿元，全力引进现代服务业、战略性新兴产业和先进制造业重点项目，加速产业转型升级。同时，积极稳妥地开展佛山市交通运输业和部分现代服务业营业税改征增值税试点工作，推动第三产业尤其是现代服务业的发展。三是促进产业、科技、金融融合发展。全市投入扶持金融及融资担保资金1.1亿元，安排0.6亿元设立“中小企业信用担保基金”，累计为1 630家企业提供担保贷款49.12亿元，促进现代金融体系建设，加快产业、科技、金融的融合发展。四是积极支持佛山市“服务企业暖春活动”。重点落实中央和省扶持中小微型企业的税费减免政策，积极组织企业申报项目争取上级的资金支持，全市共3 736个企业项目争取到18.15亿元补助资金；成功申报全国首批电力需求侧管理试点城市，获得中央补助0.83亿元。五是促进佛山市内外需市场发展。落实家电、摩托车下乡补贴，截至2012年12月底，佛山市累计兑付家电、摩托车下乡补贴0.92亿元，促销家电19.85万台、摩托车5.64万台，刺激消费需求增长。

三、优化城市管理建设投入机制，城市升级发展进一步加快

围绕实施城市升级三年行动计划，充分考虑政府财力状况，开拓资金投入渠道，全面提升城市环境形象和品质。一是全力推进城市升级三年行动计划。及时安排财政资金保障城市三年升级重点项目，着力加快轨道、公路、铁路、生态景观林、汾江河综合整治、黄标车治理、空气污染控制等重点项目建设。2012年，全市财政投入城市升级重点建设项目资金共87.35亿元。二是大力推进佛山新城建设。全年财政投入佛山新城建设资金36.20亿元，并加快推进佛山中德工业服务区建设。三是有力支持城市管理工作。通过落实节能环保、城乡社区事务方面的专项支出，重点支持市场市容整治、城乡垃圾处理等工作，积极推进城市管理智能化和整洁化水平。

四、优化民生保障机制，经济社会发展成果进一步惠及民生

以实现基本公共服务均等化为目标，以构建稳固的民生保障体系为抓手，加大民生领域投入，全市财政民生方面支出完成262.58亿元，占公共财政预算支出的60.65%，促进各项社会事业发展。一是围绕“学有优教”，全市教育方面支出资金102.60亿元在全省范围内率先实行残疾儿童少年15年免费教育，积极推进学前教育三年行动计划，妥善解决好义务教育阶段非户籍人口子女读书问题，通过省推进教育现代化先进市验收，加快迈向教育现代化。二是围绕“病有良医”，全市医疗卫生方面支出资金22.34亿元，主要用于深化医药卫生体制改革、完善基层医疗卫生服务网络和体制机制、推进公立医院综合改革试点，以及探索创新平价医院、平价诊室、平价药包“三平价”医疗服务，进一步解决“看病难、看病贵”问题。三是围绕“老有善养”，全市社会保障和就业支出34.01亿元，进一步完善高龄老人津贴制度，建立低保标准动态调整机制，统一全市城乡低保标准并提高标准至430元/人·月，并提高低收入群众临时价格补贴，落实就业培训与劳动力转移政策，不断完善社会就业与社会救助体系，为家庭养老奠定基础。此外，通过社保基金两次提高企业退休人员养老金标准，月人均养老金从1 570元提高到1 940元，惠及全市38万企业退休人员；在全省范围内率先合并新农保与城镇居民社会养老保险制度，提前实现两项社保全覆盖。四是围绕“住有宜居”，全市住房保障支出18.54亿元，落实好阶段性的住房保障建设任务，重点加大公共租赁住房和保障性住房建设，切实保障低收入群体的住房需求。五是围绕“行有通衢”，全市交通运输支出33.13亿元，在推动交通基础设施建设的同时，落实城市公共交通优先发展战略，提升公共交通出行分担率。六是围绕“治以法尊”，全市公共安全方面支出51.20亿元，大力支持武警、公、检、法、司机构提供公共安全服务，支持“三打两建”工作，助力创造公平公正、和谐安稳的生产生活环境。七是围绕文化强市战略，全市文化体育与传媒支出7.94亿元，着重支持佛山新城文化场馆建设、艺术惠民工程，扶持十大重点文化产业、文化产业集聚区以及文化企业发展，实现全国文化信息资源共享工程基层服务点覆盖全市所有镇（街），农家书屋实现行政村全覆盖。八是围绕城乡一体化，全市投入农业及扶贫方面资金32.84亿元，落实强农惠农政策，加强农村基础设施建设，促进农业现代化、产业化，深化农村综合改革；同时，落实村级公益事业一事一议财政奖补以及“双到”扶贫开发、高明革命老区建设和援疆援藏资金，促进城乡公共服务均等化以及欠发达地区发展。

五、优化监管方式，财政综合管理水平进一步提升

充分发挥财政在相关改革工作的统筹作用，进一步加大财政改革和监管力度，不断提高财政管理的科学化、精细化水平，确保财政资金安全高效运转。

（一）财政改革发展领域进一步拓展

佛山市财政部门坚持“预则立”的思想，积极创新工作政策措施和路径方法，拓展了财政改革发展的领域。一是政府公共财政综合管理平台建设实现良好开端。成立佛山市政府财政综合管理平台建设领导小组及其执行机构，在深入调研的基础上，制定平台建设方案和业务基础数据规范，确定了支撑平台运行的硬件平台框架方案，启动财政业务流程梳理再造工作，为搭建综合管理平台夯实根基。二是预算执行力进一步加强。加大正常经费保障力度，制定结余结转资金管理、市级专项业务经费补助以及差旅费管理等制度，进一步完善预算管理；同时，加强支出进度监控，强化预算单位预算执行主体责任，强化预算执行的刚性和严肃性。三是财政绩效管理改革不断深化。市区不断加大预算绩效管理工作的创新力度与工作深度，在省财政厅对地级以上市开展财政绩效管理工作情况综合考核中，佛山市以总分第一位居榜首。四是国库管理制度改革向纵深发展。市区加大改革力度，将市区本级所有预算单位全

部纳入国库集中支付改革与公务卡结算制度改革，并着力推进公务卡强制结算目录，实现两个改革的全覆盖，阶段性完成“横向到边，纵向到底”的改革目标。五是资产管理改革深入推进。运用资产管理信息系统，开展行政事业单位资产处置情况的专项检查，重点督促部分行政事业单位规范资产处置。市级推行行政事业富余资产集中管理，高明区探索资产预算管理模式，有效节约财政支出，同时进一步完善资产管理。六是启动政府向社会组织购买服务改革。发挥财政职能作用，研究提出政府购买服务与培育社会组织的思路，并先后制定政府购买服务的实施办法、工作方案、指导目录（第一批）、绩效评价办法和扶持资金管理办法等制度，探索推进政府向社会组织购买服务。

（二）财政监督管理力度进一步加大

以安全和效率为核心，充分发挥财务总监派驻制度、政府采购制度、基建工程造价评审工作以及财政监督检查对财政支出的事前、事中、事后监管作用，扎实推进财政监督管理工作。一是监督检查方面，进一步清理整顿地方财政专户，开展会计信息质量、会计服务机构防治腐败巡查、专项资金、镇街资金、行政事业性收费等专项检查，加大监管力度。其中，佛山市“小金库”专项治理工作受到上级部门的肯定，市、区多名干部获得中央、省、市的通报表彰。二是社保基金管理方面，从加强研究分析、调整优化社保基金征收费率、扩面征收考核机制入手，进一步完善社保基金管理机制。三是财务总监方面，市财政局制定《财务总监办公室工作规程》、《财务总监勤政廉政若干规定》和《财务总监服务承诺制度》，进一步完善财务总监制度建设。四是政府采购方面，加强对政府采购活动的监管，通过充实专家库，推广电子化政府采购管理交易平台，进一步规范政府采购行为。全市完成政府采购金额92.57亿元，节约资金6.29亿元。五是基建评审方面，大力开展工程概、预、结算审核工作，提高基建工程审核效率和质量。全市完成财政性投资基建工程概、预、结算编审额117.45亿元，核减不合理工程费用8.42亿元。六是外部监督方面，佛山市财政局制定《政务微博工作制度》和《政务信息公开与保密处理暂行办法》，进一步规范并稳妥推进预算信息公开工作；同时，积极配合各级监督部门对佛山市财政的审计检查工作，切实做好网络发言人、民声热线、行政审批和投诉电子监察、12345热线以及人大建议政协提案的办理答复工作，及时、主动按规定将预算信息挂网公开，自觉接受监督。

六、优化人才资源配置，干部队伍士气进一步激活

佛山市财政部门以深入推进创先争优活动为契机，加大队伍建设力度，树立刻苦钻研、敬业奉献、务实创新、风清气正的新风尚。佛山市财政局机关党委荣获“2010－2012年佛山市创先争优先进基层党组织”称号。一是成功举办“财‘言’广进谋发展”财政大讲坛系列活动。通过邀请专家学者举办专题讲座以及局班子成员、正科长和部分业务骨干言传身教，形成传、帮、带、学的良好氛围，为干部职工提供一个彼此交流、互相学习、共同促进提升的平台。二是财政科研宣传再创佳绩。市财政学会将财政信息宣传和科研工作考核奖励机制从市级推广至各区，有效鼓励和调动起全市财政干部科研宣传的积极性。2012年全市财政系统共上报省财政信息82篇，比2011年增长22%；在“中山杯”财政征文、会计文化建设征文大赛以及省财政科研、重点会计、政府采购等课题研究评审中，佛山市、区多名财政干部或调研集体荣获多达16个奖项，财政科研宣传工作结出硕果。三是充分发挥工青妇组织和各社团的积极作用。开展形式多样、内容丰富的文化体育活动，促进干部职工身心健康，提高队伍凝聚力；指导各学会、协会召开会员代表大会和理事会，适时增补和调整学会（协会）领导班子，加强社团组织建设。四是多渠道提升干部综合素质。广泛宣传发动佛山市财政干部、财会人员及社会各界参加全国财政“六五”普法法规知识竞赛，并对全市150多名区、镇财政干部开展培训，加强“两基”建设；积极支持受委派干部参与支援新疆伽师县建设、派驻高明区更合镇香山村扶贫和挂职锻炼“双百工程”等工作，拓宽财政干部实践锻炼的渠道。

（佛山市财政局供稿，黄长明执笔）

韶关市

2012年，着力转方式、惠民生、增后劲，保持了经济社会平稳健康发展。2012年年末，韶关市常住人口286.87万人，比2011年增加1.87万人。城镇人口比重53.3%，比2011年提高0.53个百分点。户籍人口326.49万人，其中非农业人口118.35万人。全市生产总值（GDP）888.48亿元，比2011年增长9.8%。其中：第一产业增加值125.14亿元，增长6%，对GDP增长的贡献率为8.1%；第二产业增加值373.3亿元，增长11.7%，对GDP增长的贡献率为51%；第三产业增加值390.05亿元，增长9%，对GDP增长的贡献率为40.9%。三次产业结构为14.1∶42∶43.9。按常住人口计算，全市人均生产总值3.11万元，比2011年增长9.1%，按平均汇率折算为4 922美元。分区域看：韶关市区生产总值449.64亿元，增长9.7%，占全市生产总值的50.3%，人均生产总值4.48万元；县域生产总值443.61亿元、增长10.5%，占全市的49.7%，人均生产总值2.39万元。2011年年末金融机构本外币各项存款余额1 117.81亿元，增长11.2%。其中，城乡居民本外币储蓄存款余额701.41亿元，增长13.1%。年末金融机构本外币各项贷款余额497.9亿元，比2011年增长17.1%。全年工业增加值315.22亿元，比2011年增长10.9%。2011年年末规模以上工业企业482个，比2011年年底增加74个，工业增加值261.46亿元，增长11.6%。民营经济增加值450.2亿元，增长13.6%，占全市生产总值的50.7%。全年完成固定资产投资548.47亿元，比2011年增长16.2%。其中：第一

产业完成投资31.42亿元，增长34.6%；第二产业中的工业投资215.53亿元，增长14.9%；第三产业完成投资301.52亿元、增长16.2%。开展“百项工程兴韶关”，在建市以上重点项目46个，完成投资275.55亿元，比2011年增长17.2%。发行企业债券14亿元，承接产业转移项目到位资金101.8亿元，新丰越堡水泥建成试产，乐昌城市广场投入使用，广乐高速公路建设加快推进，翁源华彩涂料城，以及曲江商务中心、南雄东方广场等商业综合体建设进展顺利，大广高速公路新丰段、韶能生物质能发电等项目开工建设，国电粤华煤矸石发电、南水水库供水工程、原曲仁矿棚户区改造等项目取得新进展。消费继续扩张，全社会消费品零售总额增长14.1%。外贸逆势增长，进出口总额增长14.4%，增幅居全省第二位。创新驱动更加有力，专利申请量连续7年居全省山区市首位，高新技术产品产值增长18%，产学研工作荣获中国产学研结合促进奖。据居民家庭抽样调查，全市城乡居民人均收入13 761元，比2011年增长14.6%。其中：城镇居民人均可支配收入18 350元，增长14%；农民人均纯收入8 580元，增长15%。城乡居民收入差距继续缩小。农村居民人均住房面积33.1平方米。韶关市区中心城区居民人均可支配收入23 184元，比2011年增长14%。居民家庭人均消费性支出16 290元，增长13.2%。居民家庭食品消费支出占消费总支出的比重（恩格尔系数）为39.7%。居民人均住房建筑面积35.8平方米。

一、全市公共财政预算执行情况和财政收入特点

2012年，韶关市财政工作紧紧抓住“坚持绿色发展，振兴工业经济”这一核心，牢固树立“生财有道、聚财有方、理财有规、用财有效”的理念，把握稳中求进的工作总基调，扎实推进法治财政、民生财政、绿色财政、绩效财政和阳光财政建设，抓收入、稳增长、调结构、惠民生、推改革，圆满地完成了市十三届人大一次会议通过的全年财政预算目标任务，有力地促进了全市经济社会平稳较快发展。2012年，来源于韶关财政总收入完成182.83亿元，增长12.81%。其中中央级收入完成69.96亿元，增长7.55%；省级收入完成18.12亿元，增长20.43%；地方级收入完成94.76亿元，增长15.58%。全市上划中央收入完成61.07亿元，增长6.49%；上划省“四税”收入完成13.12亿元，增长11.34%。上划中央、省收入均完成全年考核任务。2012年全市地方公共财政预算收入完成61.48亿元，完成年初代编预算的103.15%，增长14.04%。其中税收收入完成41.29亿元，增长10.86%。市本级完成26.19亿元，完成年初编预算的104.63%，增长13.26%；县级完成35.29亿元，完成年初代编预算的102.08%，增长14.62%。2012年，全市公共财政预算支出完成147.75亿元，完成年初代编预算的157.53%，增长14.75%。市本级公共财政预算支出完成48.97亿元，完成年初代编预算的171.34%，增长12.99%；县级完成98.78亿元，完成年初代编预算的151.48%，增长15.65%。

2012年，韶关市各级财政收入呈现“三个跨越、两个加快、一个优化”的特点。三个跨越即来源于韶关财政总收入、上划中央收入、地方公共财政预算收入均实现跨越发展。2012年，全市财政收入稳步回升，来源于韶关的财政总收入、上划中央收入以及地方公共财政预算收入分别跨越180亿元、60亿元和60亿元台阶，增幅比三季度提高8.69、10.06和4.79个百分点。其中全市地方财政收入完成61.48亿元，超过2004年来源于全市财政收入总量，增幅比全省平均水平（12.96%）高1.08个百分点，全省排位由三季度的18位上升至11位。曲江地方财政收入突破5亿元大关，乐昌、南雄均突破4亿元，新丰突破2亿元大关。

两个加快即财政收入增速和支出进度加快。一是财政收入增速加快，各级财政协调发展。2012年，全市财政收入呈现前低、中稳、后升的态势。1～2月，在经济运行下滑、政策性减收较多等因素影响下，全市财政收入连续两个月出现负增长，近半税种出现减收，3月份开始回升趋稳，6月份在2011年收入基数较高因素影响下增幅回落，此后随着抓收入各项措施的逐步落实，收入增幅稳步回升，全年回升至14.04%。分级次看，全年中央、省、地方三级财政总收入分别增长7.55%、20.43%、15.58%，分别比三季度提高7.72、8.22、8.99个百分点。分区域看，韶关市积极落实“双转移”政策措施，加大对县域经济扶持力度，落实各项激励型财政政策，有效促进县级财政的发展，各县（市、区）财政实力不断加强。县级公共财政预算收入平均增长14.62%，高于全市平均水平0.58个百分点，除乳源外各县（市、区）均实现两位数增长，处于上升态势。2012年县级公共财政预算收入占全市的57.40%。二是支出进度加快，较好完成各项支出任务。今年以来，全市各级财政部门通过加强预算执行管理，加快预算执行进度，加大对民生事业的保障力度，较好地完成了各项支出任务。2012年，全市公共财政预算支出完成年度预算157.53%。如按照省财政厅的要求，市财政支出达到全年支出预计数的102.24%，在全省21个地市进度排名第12位，较好地完成全年支出任务。

一个优化即财政支出结构不断优化。2012年，全市用于保障和改善民生事业资金102.85亿元，同比增长18.9%，比全市公共财政预算支出增幅高4.15个百分点；民生支出占财政支出的比重达69.61%，比2011年同期高2.43个百分点。11类民生支出中，教育、农林水事务、交通运输等重点支出增幅均超过全市支出平均水平。十件民生实事资金拨付进度加快，全市各级财政部门共投入十件民生实事资金31.1亿元，完成年度预算的181.86%。其中千方百计扩大就业完成年度预算的524.06%、提高社会保障水平完成477.12%、深入开展价格惠民完成年度预算的244.69%、优化城乡基本医疗卫生服务完成228.87%、推进文化惠民完成年度预算的2 123.67%、促进城乡教育协调发展完成年度预算的2 161.05%，抓好食品安全完成年度预算的2 228.47%，均超额完成年度任务。2012年全市投入基本公共服务资金57.85亿元，同比增长23.84%，增幅高于公共财政预算支出9.09个百分

点，占比达到39.15%。

二、财政各项工作取得新进展、新成效

（一）拓宽收入渠道，狠抓增收节支

2012年，各级财政部门科学谋划，挖掘税源。一是狠抓收入征管。强化收入运行监测，密切关注宏观经济和税源情况变化，组织召开县（市、区）局长座谈会，分析研究收入工作；落实领导分片抓收入工作机制，深入县（市、区）指导工作，解决增收困难和问题；加强同税务部门的沟通配合，切实做好协税护税工作，抓好重点税源的监控和征收工作，做到依法应征尽收；拓宽增收渠道，落实土地使用税、房屋租赁税等地方税收的清理检查，着重抓好芙蓉新城和莞韶园区地方税费的征缴入库，组织已征土地的耕地占用税、契税和土地开垦费等清收入库，加强城市配套费、公检法罚没收入、行政事业单位资产清查收入、审计整改入库等征缴工作。二是强化财政预算约束。严控财政新增支出，除中央和省、市确定的重大支出项目，以及法律规定增长的支出和民生项目支出等重点支出外，原则上不再追加部门和单位预算。继续实施市直单位行政经费节约考核办法，完善争取上级资金、政策激励机制，鼓励市直部门主动开源节流。三是严控一般性支出。全面做好全市工程建设领域突出问题专项治理工作，推进行政经费使用管理改革和公务接待费改革，严格控制“三公”经费。深化公务卡改革，从2012年11月1日起实施公务卡强制结算目录，已覆盖所有县级预算单位。

（二）发挥财政杠杆调控作用，促进经济结构调整和转型升级

注重发挥财政政策和资金的导向作用，推动绿色发展，大力推进经济结构战略性调整，加快经济发展方式转变。一是支持产业转型升级。投入资金支持实施战略性新兴产业培育工程、先进制造业提升工程、传统优势产业升级工程、企业创新能力提升工程等项目。二是促进投资拉动消费。坚持扩大内需的战略取向，认真落实各项财政惠民补贴政策；做好油价补贴工作，全年共拨付家电、摩托车下乡补贴资金3 200万元，补贴资金兑付率约94%，排名全省前列。三是支持产业转移园区建设。大力支持“百项工程兴韶关”活动，全年投入1亿元资金，加快推进产业转移；向省争取重点园区重点产业贷款贴息资金1 000多万元，优先扶持重点区域、重点园区、重点产业加快发展。工业园区税收收入达3.8亿元，同比增长21%。四是扶持中小企业发展。为缓解中小企业发展中遇到的资金难题，减轻外部大环境对中小企业的冲击，加大对中小企业的扶持力度，加强引导银担企之间的合作，积极推进中小企业服务体系和担保体系建设，2011年全市融资担保公司共办理融资担保业务138笔，累计担保79 714万元；小额贷款公司共办理融资担保业务765笔，累计投放79 413万元，为企业解决了发展的资金困难。五是支持现代服务业发展。安排资金1 700万元，用于丹霞山旅游景点建设贷款贴息资金、现代服务业发展引导、广东省山区（生态）旅游产业园区扶持资金竞争筹备、3A级旅游产业品牌一次性奖励资金。

（三）落实强农惠民政策，努力构建和谐韶关

一是大力推进基本公共服务均等化。在公共教育方面，及时拨付城乡免费义务教育公用经费补助资金，落实教师工资待遇“两相当”政策，筹措资金化解农村义务教育债务，下达村人均年纯收入1 500元以下困难家庭义务教育阶段学生生活费补助资金。在公共卫生方面，落实乡镇卫生院和社区卫生服务机构实施补助，及时下达村医补贴专项资金，实施积极的财政补助政策，积极支持公立医院改革发展。在公共文化方面，采取以奖代补方式，对基层公共文化服务设施建设达标县给予补助，316个20户以下通电自然村实现广播电视“村村通”。建成29个乡镇农民健身广场。成功创建第九届全国双拥模范城。在公共交通方面，安排农村客运站亭建设资金，投入资金建设自然村公路562公里。在生活保障方面，安排城乡低保补助资金，支持年人均纯收入1 500元以下的家庭纳入低保范围，安排专项资金缓解物价上涨的影响；大力推进新农保扩面。在就业保障方面，安排再就业资金9 045万元，比2011年提高20.1%。筹集农村劳动力培训转移就业等专项资金近1 000万元。在医疗保障方面，新农合、城居保筹资标准由200元提高到240元，新农合支付上限由10万元提高到16万元；安排基本医疗救助金，保障城乡特困群体的医疗救助。在住房保障方面，全年市区投入保障性住房建设资金预计达到7亿元，帮助低收入农户改造住房4 870户为解决低收入家庭住房困难问题提供有力支撑，乡村清洁美工程深入开展，完成村庄整治363个。二是着力支持“三农”建设。进一步加强财政投入力度，支持农业农村基础设施建设和粤北现代农业园区建设，高标准完成农田建设33.7万亩；投入各类扶贫专项资金15 638万元，积极推进全市扶贫开发；投入水利建设专项资金32 757万元，支持民生水利工程建设；安排新农村建设专项资金，支持农业科技推广、农村沼气、农产品质量安全体系建设等项目；投入林业发展专项资金28 031万元，建设生态公益林、生态景观林带、水源涵养林工程等。安排政策性农业保险补贴、能繁母猪保险补助、农房保险补助、基层组织补助等资金，提高农村农业保障水平。三是抓好十件民生实事资金落实工作。全市各级财政部门共投入十件民生实事资金达206 926万元，完成年度预算的120.99%，超额完成全年任务。

（四）推进财政改革，提高管理效能

不断推进改革创新机制，提升财政管理科学化、精细化水平。一是建立资金使用与绩效挂钩的机制。制定《韶关市中介机构参与财政支出绩效评价工作管理办法》等相关规章制度。开展财政支出绩效评价项目25个。二是加强非税收入管理，完善管理机制。成立市非税收入征收管理局筹备领导小组，完善相关制度，拟定《韶关市政府非税收入管理办法》、《韶关市本级非税收入收支预算管理暂行办法》和《韶关市本级非税收入纳入预算管理暂行规定》等。三是加强国有资产管理，对市直行政部门、事业单位

国有资产进行全面普查。并完成市直行政事业单位经营性资产和市城区市场物业管理中心划归移交工作。四是探索建立完善政府购买服务机制。市政府审批通过确定全市第一批政府购买服务目录共15项，确定开展政府购买服务6个试点项目，预算安排120万元专门用于政府购买服务工作。五是建立健全财税征管特别是政府协税的多部门联动机制，协助地税部门建设“存量房交易价格评估和税收征管一体化系统”，并于3月1日正式启动，7月底各县（市、区）全部上线。六是改革优化财政审核拨付新流程。修订完善国库集中支付工作流程，新流程已于11月19日开始执行。全市实现国库集中收付制度对所有预算单位全覆盖，财政性资金实行国库集中支付的比例从2011年41%提高到10月份71%。七是实施派出第一批财务总监，2012年年初向市莞韶工业园开发公司、曲仁矿棚户区改造项目等五个单位派驻了财务总监。八是健全完善财政投资评审工作机制，建立信息系统，提高信息化水平。健全市本级政府性债务的统筹管理与风险控制机制。九是优化内部机构设置，新组建两个科室，有效加强全市行政事业单位资产统管和政府债务管理工作。

（五）铸造高素质干部队伍，增强财政活力

一是提高干部财政业务素质。完成局机关干部财政业务研修班学习培训。提高调研工作水平，针对全市财政工作面临的困难和问题，开展一系列的调研活动，形成一批高质量调研报告，得到市领导的充分肯定，《加强财政工作的调研报告》被市政府采纳并以韶府［2012］60号文印发实施。二是加大干部选拔任用和交流力度。2011年1月至2012年10月期间，根据《党政领导干部选拔任用工作条例》，严格选拔程序，公平、公正、公开提拔机关和下属单位科级干部共30人。通过提拔、平级调动、转任等方式，轮岗交流干部15名。三是强化廉政建设，确保财政资金和财政干部前途安全。通过开展“道德讲堂”、“三打两建”、“警示身边人和事，走好人生每一步”巡展以及预防职务犯罪等教育，增强干部队伍的廉洁意识。完善监控机制，共查找出廉政风险点77个，完善防控措施104条。四是转变作风，开展纪律教育月活动，加强纪律教育，提高工作效率和服务水平。认真做好民声热线和网络问政工作，至目前已答复41条。

2012年，市局获得了省创业就业先进单位、市保密工作先进单位、市爱国拥军模范先进单位、市创先争优先进基层党组织、市实施妇女儿童发展规划先进集体、爱国歌曲大家唱比赛一等奖、市直机关运动会女子篮球第一名、男女子4×400米跑第二名、广播体操第二名等荣誉和成绩。

（韶关市财政局供稿，杨文乐执笔）

河源市

河源市以“三个主题年”为工作重点，着力“保增长、调结构、强基础、促转型、惠民生”，扎实推进经济、生态、文化“三大崛起”，全市经济实现平稳较快发展，各项社会事业取得新的进步，为打造“广东绿谷”、建设幸福河源奠定良好的基础。2012年，全市实现地区生产总值（GDP）615.26亿元，比2011年增长11.6%，增速比全国、全省分别快3.8和3.4个百分点。分产业看，第一产业增加值78.48亿元，增长5.8%；第二产业增加值319.07亿元，增长16.4%；第三产业增加值217.71亿元，增长6.5%。三大产业结构由2011年的12.5∶52.9∶34.6调整为12.7∶51.9∶35.4，第三产业占比提高0.8个百分点。全年固定资产投资278.59亿元，比2011年增长18.0%。全市规模以上工业总产值995.57亿元，比2011年增长17.2%，工业增加值229.92亿元，增长18.2%。全年社会消费品零售总额209.37亿元，比2011年增长13.3%。全市完成进出口总额29.3亿美元，比2011年增长4.7%。市区居民人均可支配收入16 520元，增长12.1%。农民人均纯收入7 772元，增长15.4%，城乡居民收入比（以农村居民人均纯收入为1）由2011年的2.19∶1缩小为2.13∶1。居民消费价格指数下降2.4%，民营经济持续较快发展。全市民营经济实现增加值347.93亿元，比2011年增长12.7%，民营经济增加值占全市生产总值的比重达56.6%，比2011年提高0.8个百分点。

2012年，全市预算执行情况良好，实现收支平衡、略有结余的目标。全市公共财政收入完成170.81亿元，同比增长27.16%；地方公共财政收入完成37.64亿元，比2011年同期增收6.27亿元，增长20%；财政收入的增量主要来自税收收入，地方库税收收入，全年增长19.37%，税收收入占公共财政预算收入比重为75.95%。全市地方公共财政支出完成139.4亿元，比2011年同期增支26.77亿元，增长23.77%，支出增幅在全省排第1位。全市民生支出完成102.49亿元，增长24.1%，占全市支出比重达76.0%，比2011年提高了0.89个百分点。十件实事支出超额完成年初预算，省十件实事支出26.9亿元，完成年初预算安排的150.94%；市十件实事支出16.74亿元，完成市本级年初预算安排的155.24%。

一、突出增收节支，严格收支管理，确保财政收支实现平衡

市委、市政府高度重视财政工作，市委、市政府领导多次亲临调研指导，为财政工作把脉、指明方向；针对财政运行态势，市委、市政府还多次召开专门会议听取工作汇报，研究工作新情况，解决工作难题，要求各级各部门千方百计完成全年收入任务。全市财政坚决贯彻市委、市政府、市人大的工作部署，服务大局，主动作为，狠抓增收节支。在收入组织上，一是深化预算执行分析，准确把握收入形势变化。在第一季度财政收入高速增长的情况下预判下半年收入增幅会大幅回落，提出要居安思危、未雨绸缪，尽早采取措施，把握组织收入工作的主动权。积极做好省以下财政体制改革、“营改增”等对河源市财力影响的测算和研究工作，制定切实有效的应对措施。二是继续

执行“分工分片”抓收入工作机制，建立收入目标任务倒排制度，明确责任、强化考核，促进全市收入增长。三是加强与税务部门的工作衔接，积极配合税务部门开展税务征管工作，如市、区财政部门协助清缴契税和耕地占用税0.9亿元；各县财政局积极抓好政府投资重点项目的税收征收工作；支持国税部门向上级争取免抵调指标等，有效促进税收增收。四是深入挖掘非税收入潜力，强化城市资源经营管理。深入推进非税收入财政集中审核征收改革，并积极拓展收入范围。全力支持土地收储工作，对土地储备的融资、资金和资产运作方面予以全力配合，确保顺利实现土地出让收入，进一步增强政府可用财力。同时，加大向上级争取资金力度，2012年全市获得上级专项补助资金101.98亿元，同比增加15.42亿元，增长17.8%。在保障支出上，牢固树立过紧日子思想，不断优化支出结构，认真贯彻落实“十个严控”规定，大力压缩一般性支出。民生支出、基本公共服务均等化支出占公共财政支出的比重分别比2011年提高了0.9、2.4个百分点。坚持统筹兼顾，在保运转、保民生、保稳定等基本支出的基础上，切实做好扶持经济发展各项措施的落实，确保市委、市政府重大决策和市人大议案、政协提案等新增支出以及市重点支出的资金落实到位。在财政收支矛盾突出、资金调度困难的情况下，财政部门坚持依法理财，强化预算约束，深化和推进支出管理改革，提高财政资金使用效益。同时，坚持主动向人大汇报预算执行情况，认真听取人大代表、政协委员对财政工作的意见和建议，并抓好贯彻落实；高度重视并积极配合做好审计工作；有力促进全年财政收支平衡。

二、突出绿色转型，落实资金保障，支持打造“发展之谷”力度不断增强

贯彻落实市委、市政府工业富市、强化绿色转型发展、致力打造“发展之谷”的决策部署，发挥财政资金的导向功能和乘数效应，为打造“发展之谷”提供必要的财力支撑。一是全力保障市委、市政府重大决策及重大项目建设资金。积极配合开展省旅游产业转移园扶持资金的竞争工作；支持做好水利示范县资金竞争，获得省补助资金8.8亿元；市本级财政投入4.3亿元支持文化教育和医疗卫生重点项目建设。积极争取地方政府债券3亿元，安排用于重点项目建设配套。二是创新投融资，积极破解城市发展资金短缺难题。强化经营城市理念，成功筹集城建资金18.5亿元。根据国家鼓励债券融资的金融政策，完成发行城投债券申报工作。三是加大扶持力度，促进企业发展。积极协助企业争取上级扶持资金7 085万元；市本级统筹安排3 500万元落实企业扶持政策，促进企业扩大投资和再生产；认真落实结构性减税政策，2012年全市共减免中小微企业税费约1.6亿元。四是积极营造良好的经济发展环境。加快完善园区基础建设，优化园区发展环境。落实外贸扶持政策，扩大利用外资规模；制定奖励措施，鼓励各部门积极争取上级或外市专项资金。五是着力增强消费需求拉动力。全年兑付“家电和摩托车下乡”、“家电以旧换新”补助资金8 200万元，拉动商品销售总额达7.2亿元。六是促进农村经济和水利发展。整合各类财政支农资金，加快农综开发步伐，促进农村生产力发展。全年兑付各项强农惠农富农补贴资金1.39亿元。落实农综开发配套资金338万元。市本级连续5年每年安排940万元扶持名镇名村和生态发展镇建设。支持建立健全水利投入稳定增长机制，投入2.17亿元加强水利基础设施建设。

三、突出以人为本，抓好民生倾斜，支持打造“幸福之谷”能力不断提升

全市财政始终坚持把保障和改善民生作为公共财政建设的出发点和落脚点，切实加大对民生领域的支持和保障力度。2012年，全市民生支出102.49亿元，同比增长23.80%。具体体现在：一是优先发展教育文化事业。全市教育文化支出31.72亿元，同比增长19.78%。安排专项资金支持“教育创强”工作，及时兑现教育强镇奖励资金。健全完善义务教育经费保障，配套资金按政策纳入财政预算，支持提高农村义务教育生均公用经费标准。制定奖补措施支持发展学前教育。完善扶困助学机制，拨付补助资金1 332万元，惠及33 319名困难学生。积极筹集资金，支持市卫生学校新校区、市博爱学校建设。加大对城镇及农村中小学教育基础设施建设投入，推进全市中小学校舍安全工程建设。全面推进教师绩效工资改革。落实奖励措施支持清理化解农村义务教育债务工作，确保化债任务全面完成。推动文化事业发展，完善公共文化服务体系，建成农家书屋442家，不断丰富群众精神文化生活。二是完善城乡社会保险体系。全市社会保障和就业支出18.49亿元，增长22.6%。严格执行社保基金专户管理制度，确保社保基金安全运作。推进新型农村合作医疗和新型农民养老制度，全市参加农村合作医疗人数达到283万人，各级补助资金达到6.79亿元；市级财政安排新型农民养老保险配套资金3 076万元，有70万人参加新型农村养老保险。加大就业援助力度，帮助困难就业对象实现稳定就业。三是加快公共卫生体系建设。全市公共卫生支出13.40亿元，增长20.1%。落实资金3.8亿元加快推进医药卫生体制改革，五项重点改革取得阶段性成果。支持建立健全基层医疗卫生服务体系，基本建立全市基本药物制度。支持公共卫生与基层医疗卫生事业单位实施绩效工资。四是支持解决群众关注的“热点民生”问题。投入政府“十件实事”资金28.1亿元。支持市区道路升级改造、打通“断头路”，有力提升群众宜居满意度。推进扶贫开发“双到”工作，提高农村农民人均收入水平。及时拨付资金3.41亿元落实水库移民后期扶持政策。筹集、拨付农村低收入困难户农房改造资金3.08亿元。支持生态景观林建设。加大“平安河源”建设资金投入，全力保障“三打两建”工作经费，促进社会安定稳定。

四、突出财政改革，坚持科学理财，构建有利于科学发展的体制、机制实现新突破

全市财政按照“两基”、“两化”建设的要求，继续加大财政改革力度，在巩固成果上抓发展，在总结经验上抓

完善，并敦促指导各县区加快推进财政改革步伐，促进各项财政管理机制的健全和完善。一是扎实推进财政体制改革。积极推进市与区、市与高新区财政管理体制改革，新体制于2013年1月1日执行。制定《市对源城区经济社会发展激励型财政体制考核办法》，保障市区经济健康发展。落实县以下政权基本财力保障机制，全面完成三个基本财力保障缺口县消化财力缺口，各县人均基本财力保障水平达到7.6万元以上。龙川县纳入“省直管县”改革。二是深化部门预算改革。预算编制科学化和精细化水平不断提高。逐步扩大预算公开的项目范围，积极准备“三公”经费和行政经费等支出信息公开工作。实行市直单位按季度报送“三公”经费报表制度和单车核算制度。三是加快国库集中支付制度改革。国库集中支付范围不断扩大，国库管理体系逐步完善，开展财政资金专户全面清查，相应修订有关管理制度。加快推进公务卡改革，全市公务卡改革覆盖面达到100%，全面推行预算单位公务卡强制结算目录。实时在线财政预算监督、财务集中监管、非税收入系统上线等系统建设扎实推进，财务集中监管上线单位137个，非税收入系统上线单位94个，覆盖面分别达到72%和100%。四是推进行政事业单位资产管理改革。行政事业单位资产管理信息化建设取得明显成效，市直220个行政事业单位全面实现资产管理上线。五是深化政府采购改革。推进政府采购的电子信息化平台建设，将市直单位专项规划编制、物业管理、园林绿化、工程设计、公务车保险等服务类项目列入政府采购目录，完善采购制度。六是积极开展财政支出绩效评价改革。开展引入第三方评价财政资金使用绩效试点。严格大宗财政性资金绩效评价，资金的导向作用不断增强。

五、突出依法理财，加强财政监管，精细化管理水平呈现新面貌

全市财政注重财政监管，积极完善财政监督机制，创新财政监督的方式和方法，实现由检查向服务的转变，把监督检查与建章立制、堵塞漏洞相结合，切实提高财政监管效果，确保财政资金安全、高效运行。一是推进依法理财依法行政。认真研究落实建议、提案。涉及财政的34份建议、提案均全部按时办结，均实现百分百沟通。根据代表反馈情况，暂无不满意意见。健全完善财政行政权力运行规则，推进依法行政。加强财政执法和监督，严格财政行政问责。积极参与民生热线上线直播，努力解决群众反映的突出问题。二是加大财政监督检查力度。完成对财政政策落实、2012年省级专项资金、民生实事、强农惠农、转型升级、节能减排等共6大项的专项资金检查工作，有效规范了专项资金的使用和管理。开展全市会计核算单位的会计信息质量专项检查，纠正违规资金1 727万元。三是抓好财政监管机制创新。推进建立财政监督检查联动机制，使各监督检查部门形成合力。开展财政风险防控机制建设工作。实行专项资金季度统计制度，并将统计情况上报纪检监察和审计部门。四是加强重点项目资金监管。制定《河源市财政性资金投资建设项目概（预）算控制实施办法》，严格实行财务总监制度和全面加强基建财务监管。加强财政投资评审，推广项目“代建制”，2012年市财政审核项目702个，其中送审金额10.49亿元，审定额9.48亿元，核减额1.01亿元，核减率9.64%。

六、突出队伍建设，狠抓作风转变，全面提高干部队伍综合素质

一是加强学习增能力。坚持把能力建设贯穿于财政干部队伍建设的始终，更加注重学习的针对性和实效性。注重政治理论学习，完善财政干部队伍教育培训机制，通过组织党组理论中心组（扩大）学习、集中学习、个人自学等多种形式，不断提高干部政治素质和职业道德。认真组织学习贯彻落实党的十八大精神，迅速在全局掀起学习热潮，用十八大精神武装头脑、推动工作。注重财政业务学习，举办河源市北京大学财政管理专题培训班、全市基层财政干部财政业务知识专题培训班，参训人员500多人次，有力提升干部队伍业务知识水平。二是改进作风树形象。深入推进服务型机关建设，健全作风建设制度，优化工作流程，提高工作效率。深入开展作风建设年活动，集中精力解决干部队伍中存在的“庸、懒、散”问题。提出“十个一”的活动内容和要求，认真组织开展纪律教育月活动，有力促进干部职工作风建设，提高了服务能力。扎实推进扶贫开发“双到”工作和开展“扶贫济困日”活动，增强干部职工服务群众的自觉性和坚定性。三是廉洁自律保安全。深入开展理想信念、宗旨观念、党风党纪、勤政廉政教育。采取集中教育与分散教育相结合，警示教育与示范教育相结合等多种形式，积极实践党风廉政建设，组织干部职工到连平监狱开展警示教育，取得良好效果。开展了财政风险防控机制建设工作。将全局所有在编在岗干部职工和所有科室（单位）纳入此次排查范围，排查率100%。按照A、B、C三级风险等级，确定了科室（单位）和岗位（个人）的廉政风险点，并分别制定了针对性的廉政风险防控措施。四是丰富广大干部职工业余生活。开展多项文体活动，增强系统内部交流，丰富干部职工的业余生活。注重发挥市财政局工会、妇委会、团总支等作用，切实做好关心干部职工、退休人员以及青年和妇女同志的各项工作。

（河源市财政局供稿，具瑞新执笔）

梅州市

2012年，面对经济下行的较大压力，梅州市各级在市委、市政府的正确领导下，坚持调结构、稳增长、惠民生、促和谐，较好完成了各项目标任务。全市生产总值、公共财政预算收入、固定资产投资分别达745.98亿元、56.27亿元和230.14亿元，比2011年分别增长10.7%、20.0%和16.4%，增速均超过全省平均水平。一是经济总量和质量有新提升。加快烟草、电力、建材等传统产业改造升级，三次产业比例调整为21.3：36.4：42.3。深入开展“暖企

行动”，支持民营经济发展。梅州市工业增加值227.3亿元，同比增长14.7%。社会消费品零售总额403.5亿元，比增11.8%；进出口总额15亿美元，同比增长10.1%。银行存款突破千亿元，被评为全省首个“金融生态市”，被确定为“粤东北与港澳金融合作试验区”，农村金融改革创新工作经验在全省推广。二是园区建设和招商引资有新成效。高新技术产业园区迁址和广州（梅州）产业转移园扩园工作获省批准，园区开发面积拓展到11.76平方公里，一批项目建成投产。东莞石碣（兴宁）产业转移园、五华经济开发区等工业园区建设步伐加快。大力实施乡贤回乡投资兴业工程，引进法国欧尚、香港毅德等世界500强企业和伊利集团、大百汇等一批优质项目。三是文化旅游特色区建设有新进展。出台创建广东梅州文化旅游特色区的政策。完成雁洋核心区规划，启动一批重点项目的建设。成功举办首届客家文化艺术节，彰显世界客都风采，初步打响“休闲到梅州，享受慢生活”品牌。继梅县之后，大埔成功创建省旅游强县。全市旅游接待人数和旅游总收入分别达1 457.98万人次和150.12亿元，同比增长28.7%和29%。四是农业增效农民增收有新进步。农业总产值、农村居民人均纯收入分别达256.91亿元和9 036元，同比增长5.7%和15.5%。建成国家、省农业标准化示范区26个。新增省市农业（扶贫）龙头企业31家、农民专业合作社376个。新增省名牌产品9个，新认证无公害农产品、绿色食品、有机食品25个。梅州金柚、平远慈橙、嘉应茗茶等品牌知名度提高。五是重点民生问题得到较好解决。财政支出进一步向民生倾斜，投入民生资金占公共财政预算支出的72.8%。2012年，农村劳动力技能培训转移就业目标责任制考核获全省第一。全市共培训劳动力8.5万人，新增转移就业10万人，城镇登记失业率控制在2.4%以内，城镇居民人均可支配收入18 699元，增长11.6%。全市镇（街）人社公共服务平台全面建成。县级公立医院和基层医疗卫生机构综合改革有效推进。“五大险种”综合参保193万人次，社保费征缴收入50亿元、同比增长50%。新型农村合作医疗和城镇居民医疗保险实现整合。32.3万农村群众饮水安全问题得到解决。保障性安居工程建设任务如期完成。

2012年，梅州各级财政部门紧紧围绕“全力加快绿色经济崛起，建设富庶美丽幸福梅州”这一核心任务，以经济建设为中心，坚持包容开放，勇于改革创新，大力实施“一园两特带动一精”产业发展战略，遵循“生财有道、聚财有方、理财有规、用财有效”的原则，牢固树立“跳出财政看财政，转变观念抓落实”的理财观念，充分发挥财政职能抓收入、稳增长、调结构、惠民生、保重点，促进梅州经济和各项社会事业持续稳定较快发展。

一、预算收支执行情况

2012年，梅州公共财政预算收入完成56.27亿元，同比增收9.38亿元，增长20.02%；梅州公共财政预算支出完成175.46亿元，同比增支27.24亿元，增长18.38%。其中：市本级公共财政预算收入完成18.96亿元，同比增收3.25亿元，增长20.69%；市本级公共财政预算支出完成33.6亿元，同比增支4.75亿元，增长16.47%。

梅州公共财政预算收入加上上级补助、上年结余、调入资金，收入总计202.32亿元；梅州公共财政预算支出加上专项上解、增设预算周转金，支出总计179.35亿元。收支相抵，年终滚存结余22.97亿元（含专项结转22.72亿元），净结余2 537万元。其中：市本级公共财政预算收入加上上级补助、上年结余、县上解收入等，收入总计55.88亿元；市本级公共财政预算支出加上市补助县支出、专项上解支出，支出总计42.38亿元。收支相抵，年终滚存结余13.5亿元（含专项结转13.48亿元），净结余196万元。

二、财政主要工作情况

2012年，梅州市认真贯彻落实市委、市政府各项决策部署，重点做好以下五个方面的工作。

（一）强化收入征管，确保财政收入持续稳定增长

立足于早协调、早安排、早部署，采取积极措施确保财税收入任务完成，做到“收足、收实、收好”，“收足”是加强对重点区域、重点企业、重点税源的管控，做到依法征收，应征尽收，把经济发展的成果体现到财政增收上。“收实”是切实加强财、税、库、银和协税部门的信息沟通和协调配合，不断提高财税征收管理信息化水平，及时分析情况，掌握税源动向，防止跑冒滴漏。“收好”是规范组织收入行为，正确处理发展经济、完成任务与依法治税的关系，不断提高收入质量，优化收入结构。2012年，梅州公共财政预算收入突破50亿元大关，增幅跃居全省第6位，圆满完成市六届人大一次会议下达的任务。

（二）发挥职能作用，不断推进经济加快转型升级

充分发挥财政资金、财政政策的导向和杠杆作用，大力推进经济结构战略性调整，促进经济稳定增长。一是积极支持发展实体经济。积极推进广州（梅州）产业转移工业园的扩园工作和招商引资工作；认真落实好市委、市政府扶持中小微企业发展和促进民营经济发展的政策措施，及时兑现市委、市政府扶持园区企业发展的优惠政策；深入开展“暖企行动”，落实困难中小微企业社会保险补贴、岗位补贴和职业培训补贴措施，减轻企业负担，稳定企业生产。二是积极支持企业调整和优化产业结构。支持水泥企业上大压小，淘汰落后产能，一批水泥企业获得中央财政关闭小企业专项补助，顺利实现调整升级；积极争取省支持，梅州市可再生能源建筑应用示范项目和园区金太阳项目等获得战略性新兴产业专项资金1.05亿元扶持。三是大力支持特色宜居城乡建设，加快推进城区扩容提质。支持完善公共交通，构建发达的公交网络；支持广州（梅州）产业转移工业园区、江南新城等“三区三城”建设；支持环境保护、绿化重点工程和城镇污水处理设施配套管网等建设。四是积极支持旅游业发展，全力争取上级旅游项目建设扶持资金，积极筹集资金加大景区建设投入，支持旅

游宣传推广工作，推动文化旅游特色区建设。五是足额兑现城市公交、渔业、林业等各项补贴政策，拉动消费促进内需。六是科学整合资源，发挥融资平台作用。2012年，财政融资平台公司融资总额达18亿元，有力地支持了基础设施和重点项目建设。

（三）加大民生投入，不断推进基本公共服务均等化

财政支出坚持以人为本，集中财力，加大投入，重点保障市委、市政府民生实事支出需要，财政的公共性进一步凸显。2012年，梅州财政民生支出共完成127.79亿元，同比增长15.71%，占公共财政预算支出的72.83%。一是大力支持教科文事业发展。支持教育创强和公共教育均等化建设工作，促进文化体育繁荣，推进文化强市建设。梅州教育、科学技术、文化体育与传媒支出完成42.57亿元，同比增长15.27%。二是大力促进就业和社会保障体系建设。全面落实免费职业介绍、职业培训和社会保险补贴等促进就业政策；完善社会保障机制，进一步推进城乡社会养老保险制度建设，确保60周岁以上城乡居民享受养老保险待遇，实现老有所养；全面落实城乡居民最低生活保障、“五保”供养、高龄老人津贴和孤儿生活保障等社会福利救济政策，帮助特殊困难群众解决生活问题。2012年，梅州财政社会保障和就业支出达25.73亿元，同比增长12.76%。三是积极推进公共卫生体系建设。支持深化医药卫生体制改革和基层医疗卫生机构综合改革，支持完善城乡居民基本医疗保险和特困居民医疗救助制度建设，落实优抚对象医疗保障等，实现病有所医。梅州医疗卫生支出17.69亿元，同比增长6.19%。四是加大财政支农力度，推进城乡统筹发展。全面推进“以工促农、以城带乡”，持续加大“三农”投入，落实扶贫双到、新农村建设专项资金，确保各项强农惠农政策落实到位；全面推动标准农田整治、农业综合开发、现代农业生产发展，支持发展精致高效农业；继续采取有效措施促进农村综合改革；大力推进民生水利工程建设，着力支持省级水利建设示范县建设；抓好生态景观林带、森林围城、林分改造、碳汇林和绿网建设资金拨付，支持“城是宜居区、乡是生态园”建设。梅州农林水事务共完成支出23.83亿元，占梅州一般预算支出的13.58%，比2011年同期增长24.25%。

（四）深化财政改革，全力提升财政管理水平

积极推进财政改革，着力破解制约科学发展的体制机制问题，财政发展活力进一步增强。一是继续深化部门预算改革，夯实预算编制基础，提高预算编制质量。二是配合做好省直管县财政改革，对实行改革的兴宁市和五华县继续给予指导、帮助和大力支持，确保改革试点工作顺利实施和平稳过渡。三是继续推进国库管理制度改革，拓宽国库集中支付改革覆盖面，完善管理制度，优化业务流程，规范支付行为，全年国库集中支付金额203.42亿元，占财政支出的96.71 %；扩大公务卡制度改革和财务核算信息集中监管改革覆盖面，促进预算单位财务管理水平和规范化程度的提高。四是进一步提升政府采购竞争的充分性和公平性，实现“阳光采购”，全年完成采购预算8.21亿元，实际采购金额7.6亿元，节约财政资金0.61亿元，节支率为7.43%。五是国有资产交易坚持采用招标、拍卖、竞价等公开的市场方式，进一步规范国有资产监管、营运等工作。六是进一步规范和完善政府投资工程项目预算、结（决）算审核管理制度，借助信息化手段提升管理水平。2012年，梅州完成工程审核项目2019项，完成送审总金额52.09亿元，核减金额5.25亿元，核减率为10.1%。七是进一步完善非税收入管理系统建设，扩大“收支两条线”管理范围，挖掘增收潜力，确保非税收入依法征收、应收尽收。

（五）加强队伍建设，积极培育新型财政文化

始终把干部队伍和作风建设摆到重要位置抓紧抓好，坚持强素质树形象。梅州各级财政部门高度重视抓好政治理论和各种新思想、新知识、新文化、新业务的学习，切实加强思想道德建设，提升财政干部的综合素质能力。大力倡导和发扬踏实肯干、勇于担当、敬业奉献和讲政治、守纪律、顾大局的作风，深入基层开展各类专题调研，积极建设“务实、高效、创新、廉洁、和谐”的新型机关文化。坚持抓业务与抓党风廉政建设相结合，加强廉政风险防控，规范权力运行，强化内部监督，推进党风廉政建设和机关作风建设。

（梅州市财政局供稿，黄定锋执笔）

惠州市

2012年，惠州市各级财政部门以加快转变经济发展方式为主线，以建设幸福惠州为核心，以推进基本公共服务均等化综合改革试点为抓手，狠抓增收节支，促进转型升级，完善财政体制，深化财政改革，推进基本公共服务均等化，为全市经济社会平稳健康发展作出积极贡献。

2012年，惠州市经济运行稳中趋快，全市生产总值2 368亿元，增长12.6%，增幅居全省第4位，珠三角首位。其中，第一产业增加值127.6亿元，增长4.3%；第二产业增加值1 375.4亿元，增长15.5%；第三产业增加值865.1亿元，增长9%。三次产业结构的比例为5.4：58.1：36.5。全市固定资产投资完成1 208.7亿元，增长18%。全市进出口总额495亿美元，增长27.5%。实际吸收外商直接投资17.3亿美元，增长10.2%。全市社会消费品零售总额754.2亿元，增长15.5%。全市居民消费价格指数上涨2.8%，涨幅与全省平均水平持平。全年城市居民人均可支配收入29 965元，增长12.6%。

2012年，全市地方财政一般预算收入完成200.88亿元，为年初代编预算的110.28%，同比增收38.05亿元，增长23.37%，增幅比全省平均水平（12.96%）高出10.41个百分点。全市地方财政一般预算支出累计完成274.07亿元，为年度代编预算107.82%，同比增支46.74

亿元，增长20.56%。2012年，市本级一般预算收入完成79.66亿元，为年度预算的114.57%，同比增收14.47亿元，增长22.20%。一般预算支出累计完成81.01亿元，为年度预算的130.12%，同比增支10.68亿元，增长15.19%。

一、优化收支管理，财政保障能力再上新台阶

2012年，全市各级财政部门围绕市委、市政府在“进”字上做文章，在“快”字上下工夫的工作要求，进一步健全完善财政收支管理体系。一方面加强收入组织工作，坚持依法征收、应收尽收；加强预算执行分析，密切关注经济形势变化和税制改革动向，主动应对；培植财源，遵循市场经济规律，合理运用财政政策手段，促进经济平稳健康可持续增长。另一方面，实行严格的预算管理，制定实施专项资金分类清理处置办法；落实厉行节约措施，大力压减一般性财政支出，腾出财力空间确保市委、市政府重大项目和民生支出的财力需要。

（一）收入规模不断扩大，财政实力再上新台阶

全市地方公共财政预算收入首次突破200亿元，达到200.88亿元，创出历史新高，实现重大跨越，增长23.37%，增幅在全省21个地级以上市中居第2位，珠三角9市中居第1位。从时间上看，从2006年44.45亿元到2009年101.57亿元，3年翻一番；从2009年到2012年，3年再翻一番；与省内兄弟市比较，呈现不断赶超的态势，财政收入进入高速稳定增长期。

（二）县域财政收入增长均衡，财力进一步增强

从总量看，大亚湾区、惠城区、惠阳区和博罗县的财政收入均首次突破20亿元，县域财力呈历史最好水平。从增速看，7个县（区）中6个县（区）增长达到20%以上，其中仲恺高新区在TCL企业成功转型，三星电子企业高附加值产品扩产，科锐照明等一批新兴企业在投产的带动下财政收入实现了40.11%的高增长。

（三）支出结构持续优化，民生支出保障有力

在财政实力壮大的基础上，各级财政调整优化支出结构，将财力向民生倾斜。2012年全市公共财政民生支出达到183.33亿元，增长26.2%，增幅高出同期公共财政预算支出5.7个百分点，占预算支出比重66.9%，比2011年提高3个百分点，各项民生事业快速推进，民生质量显著提高。

二、创新保障机制，深入推进基本公共服务均等化综合改革试点开创新局面

2012年，省委、省政府选择惠州作为全省深入推进基本公共服务均等化综合改革首个试点市。市委、市政府高度重视，成立以市政府主要领导为组长的全市基本公共服务均等化综合改革试点工作领导小组，并将领导小组办公室设在市财政局。全市各级财政部门以高度的责任感和使命感，科学统筹规划，专题研究落实，积极推进基本公共服务均等化综合改革试点各项工作。在改革试点中，不搞拼财力，着重建立机制，通过系统性、整体性的制度安排，逐步提升基本公共服务的质量和效率。2012年，全市公共财政基本公共服务支出95.85亿元，同比增长29.5%，增幅高出同期公共财政预算支出9个百分点。全市12个专题208项年度目标任务、七个县区1189项目标任务，均100%完成，全市基本公共服务水平显著提升。

为确保综合改革试点所需的资金投入，全市各级财政部门坚持需求与可能相结合，尽力而为与量力而行相统一，立足于可持续发展，初步建立起与经济发展水平相适应的基本公共服务投入体系，为推进基本公共服务均等化综合改革试点提供资金保障。

（一）建立财政投入稳定增长机制

确保每年基本公共服务支出增长高出公共财政预算收入增长2-3个百分点，实现财政投入的稳定增长。

（二）建立“底线均等”保障机制

通过确定30个基本标准保障项目，市级财政优先保障，建立起全市统一的、合理的基本公共服务标准体系。

（三）建立横向转移支付机制

各县（区）按上年公共财政预算收入的3%安排专项资金上解到市级统筹，建立5亿元的市级基本公共服务专项统筹资金，实行横向转移支付、富裕县区帮助落后县区，促进不同县区基本公共服务水平均衡。

（四）建立国有资产收益收缴机制

突出国有资产公益属性，改革国有资产授权经营方式，建立经营性国有资产收益收缴机制，2012年收入规模达到0.9亿元，为基本公共服务投入拓宽了渠道。

（五）建立资金科学分配机制

推行竞争性分配，使优质的公共服务项目优先建设，优胜的供给主体优先得到财政资金支持，实现更高的资金效益水平；推行均衡性分配，对达不到全市“底线保障”水平的地区实行倾斜保障，支持实现底线均等；推行绩效性分配，重点引入第三方独立绩效评价，评价结果作为资金安排的重要参考依据，以绩效压力激发效益潜力。

三、坚持以人为本，支持幸福惠州建设

全市各级财政部门找准落实民生财政的着力点，加大民生投入力度，通过存量调整和增量配置，进一步优化财政支出结构，将财力向以保障和改善民生为重点的社会事业倾斜。2012年，全市公共财政民生支出183.33亿元，增长26.2%，增幅高出同期公共财政预算支出5.7个百分点，占预算支出比重66.9%，比2011年提高3个百分点，有力推进幸福惠州建设。

（一）优先支持公共教育事业

2012年，全市财政教育支出62.55亿元，增长47.17%。其中，安排2 998万元新建东江高级中学，推进优质学校创建；安排607万元补助统一城乡免费义务教育公用经费标准，加强底线均等项目保障；安排1 500万元对按期通过省教育强镇督导验收的乡镇实施奖补，实现全市“镇镇皆强镇”目标；补助县区764万元实施外省籍随迁子

女入读义务教育民办学校资助政策，保障外来工子女入读权益；安排500万元用于现代学校制度试点补助，在全省先行先试理事会领导下的校长负责制，支持学校治理机制改革；仲恺高新区在全省先行先试电子公共教育券制度，发放补助资金460万元；30万以上户籍人口的县（区）标准化特殊学校覆盖率达到100%，在全省领先。

（二）大力推进文化体育事业

认真落实市委、市政府建设文化惠州、推进文化惠民的决定，市财政继续设立文化产业发展专项资金1 000万元，实行竞争性分配，提高资金分配的科学性；安排1 150万元用于500个村级文化室建设和实施乡镇农民体育健身等项目工程支出，支持文化产品惠民行动；安排400万元启动市数字图书馆建设，实施“数字图书馆及一卡通”推广工程，实现文化服务形式从“传统型”向“数字型、科技型”方向转变；统筹安排600万元用于推行惠州“文化消费卡”（公共文化券）工程，对特殊人群实行文化消费补贴；“三馆一站”免费开放工作全面实施，初步形成惠州城市“十分钟文化圈”和农村“十里文化圈”的格局。

（三）加快建设覆盖城乡居民的社会保障体系

2012年，全市财政社会保障与就业支出21.96亿元，增长11.83%。其中，市财政安排7 593万元城乡居民养老保险补助资金，全市城乡居民社会养老保险基本实现全覆盖，45周岁以上和60周岁以上城乡居民社会养老保险率均达到100%，比省规定全覆盖时间提前半年完成；足额安排低保资金，保障低保对象的基本生活，将人均收入低于2 550元的困难家庭全部纳入低保范围，并安排低保资金5 781万元用于补助惠东、博罗、龙门三县。全市在2012年年底实现城乡低保标准一体化，标准达每人每月385元，处于全省前列水平。

（四）深化医药卫生体制改革

2012年，全市财政医疗卫生支出21.8亿元，增长21.45%，为医药卫生体制改革提供坚实财力保障。其中，安排1.04亿元，大幅提高城乡居民基本医疗保险财政补助标准，城乡居民医保的补助标准从2012年起提高到每人每年252元，高于国家和省规定的标准12元；安排基本公共卫生服务经费5 115万元，基本公共卫生服务经费标准达到每人每年35元，高于国家和省规定的标准10元；安排基层医疗卫生服务体系建设资金5 980万元，免费提供婚前医学检查、新生儿疾病筛查等服务，母婴安全保障工作持续全省领先；率先实行重性精神疾病患者免费管理治疗。

（五）支持改善城乡发展环境

统筹安排G324线惠州段路面大修工程资金1.06亿元，改善山区及乡镇发展环境，缩小区域发展的差距；安排通自然村公路硬底化市补助资金5 575万元，提前完成392公里的省级贫困村通自然村公路硬底化任务，解决农村“行路难”问题；实现全市100%镇有站、100%符合通客车条件的行政村通客车和100%有候车亭的目标；实现城市公交县城至周边乡村50%覆盖，缩小城乡公共交通服务差距；老年人免费乘坐公交车范围扩大，进一步提升惠州民生交通建设质量。

四、强化财政引导调控职能，促进产业转型升级迈出新步伐

大力支持战略性新兴产业和现代产业发展，发挥财政资金导向功能，全力支持产业转型升级。

（一）注重加快产业转移，着力推进建设现代产业体系

进一步加大财政投入，积极落实《中共惠州市委 惠州市人民政府关于大力推进产业转移工作后来居上的实施意见》，2012年市财政预算安排1亿元推进产业转移，其中：两个省级园区基础设施建设资金8 000万元，产业引导及奖励专项资金2 000万元。

（二）注重加大自主创新，着力推进建设科技强市

2012年，市财政安排技术研究与开发资金3 560万元、现代产业100强项目扶持资金1 000万元、战略性新兴产业发展专项资金1 500万元，大力发展高新技术产业，加快培育民营科技企业，加大高新技术产品的研发和认定力度，加快科技成果转化的步伐；积极推进平台建设，安排拨付国家光电产品检测中心（惠州）和国家数码电子检测重点实验室（惠州）市级补助资金各1 000万元。

（三）注重生态文明建设，着力推进建设生态惠州

建立污水处理设施“以奖代补”机制，市财政安排奖励资金2 000万元，拨付省级奖励资金1亿元，推动全市建成30座污水处理设施，城镇污水处理率达到90%以上，处于全省先进水平；投入1.76亿元，其中省级配套2 508万元、市级配套7 186万元、县区配套7 877万元，落实生态景观林带项目建设用地81 125亩，完成生态景观林带项目建设里程238公里，建设面积81 125亩，生态景观林带建设全省领先。市财政安排市属林场体制改革补助资金1 330万元、市级公益林补偿资金1 260万元，有力支持全市生态建设，促进可持续发展。

（四）着重加强国有企业改革，着力推进建设和谐惠州

市级财政安排国有劣势企业退出市场专项资金500万元，完成市属国有劣势企业退出市场7户，拨付职工安置费用443.8万元，维护社会和谐稳定。

五、促进城乡统筹协调发展，社会主义新农村建设进入新层次

全市各级财政进一步加大投入力度，支持农村农业改革发展，完善强农惠农政策体系，深化农业财政管理改革，全力服务“三农”发展大局，为统筹城乡发展提供物质基础和制度保障。

（一）提高农民收入

2012年，下达直接补贴农民的资金18 694万元，其中：农村困难户住房改造补贴11 475万元、农作物良种补

贴2 779万元、农机具购置补贴及发展资金3 325万元、能繁母猪补贴1 115万元。

（二）推进扶贫开发工作

2012年，市财政投入790万元，继续实施扶贫开发“规划到户责任到人”工作，巩固全市74个省级贫困村扶贫开发成果；安排883万元，建立村级组织工作经费保障激励机制，保障村级组织的基本经费和正常运转；安排1 244万元，进一步改善革命老区和相对贫困村群众生产生活条件。

（三）推动农业基础设施建设

2012年，市财政投入5 400万元用于农田水利建设，投入200万元配套资金实施农村饮水安全工程，安排农业综合开发配套资金608万元。

（四）推动农业产业化发展

2012年，市财政安排支持农业产业化发展资金1 250万元，有力推动全市农业产业化进程和特色农业的发展，全市拥有各种农业龙头企业达到220家。

六、深化财政改革，财政管理水平实现新提高

全市各级财政部门通过创新管理体制机制，完善各项管理制度，不断提升财政科学化、精细化管理水平。

（一）加大对政府投资重点工程项目的监管改革

通过加强工程变更的监督管理，规范建设项目的资金管理，完善监管流程，使财政监管无缝对接，全年对惠州市粮食储备直属库、白盆珠水库大坝加固工程等26个重点工程项目派出财务总监，涉及金额41.03亿元；监管在建工程24项；节约财政资金1 625万元。

（二）深化政府采购制度改革

创新监管方式，强化关键环节监管，建立采购代理市场准入与退出机制，提高监管水平；优化政府采购运行模式，建立统一规范的公共资源交易市场，强化集中监管；落实联动工作机制，推进政府采购诚信体系建设；积极推进电子化政府采购建设，实现政府采购业务“一站式”管理，实行“网上采购”，“电子反拍”网上竞价方式，完善监控体系。2012年度全市完成实际采购总金额17.82亿元，与采购预算18.46亿元相比节约资金6 367万元，资金节约率为3.45%，其中市本级完成实际采购总金额5.78亿元，与采购预算5.98亿元相比节约资金2 050万元，资金节约率为3.42%。

（三）深化国库集中收付制度改革

扩大国库集中支付改革范围，按照“横向到边、纵向到底”的要求，将市直44个基层预算单位全部纳入国库集中支付改革。全面推进公务卡结算制度改革，在原有10个预算单位试点的基础上，从2012年5月起扩大到市直157个预算单位，并制定了《关于实施市直预算单位公务卡强制结算目录的通知》，自2012年10月1日起市直预算单位实行公务卡强制结算目录。

（四）开展政府购买服务改革

制定《政府向社会组织购买服务工作方案》，对购买服务的购买范围、程序与方式、资金安排与支付，以及组织保障等方面作了具体规定；出台《2012年度政府向社会组织购买服务项目实施计划》，整合项目评审、审计、绩效评估、社工服务、培训等现有政府购买服务项目，推进政府向社会组织购买服务试点工作，进行规范化管理。创新支持社会建设的投入机制，制订《政府向社会组织购买服务目录（第一批）》，将购买服务划分为5项一级目录，49项二级目录和262项三级目录。2012年，全市社会组织新增183个，达到1 567个。在政府购买社会服务改革中引入竞争性分配，让资质优良、社会信誉好的社会组织通过科学合理的竞争程序优先得到财政支持。

（五）强化工程预结算审核改革

在做好基本建设项目工程造价评审的基础上，着力健全和完善财政评审程序、研究和建立科学适用的评审质量控制机制，完善审核、复核、复审、审等环节的质量控制，重点对评审行为、评审实施过程、差错率、评审工作底稿、评审结论、评审档案等方面进行规范和约束，并制定对评审质量考核的量化标准及处罚办法，稳步拓展评审范围。2012年，共评审财政投资项目316项，涉及送审金额56.76亿元，审定金额46.21亿元，核减10.55亿元，平均审减率18.59%。

七、支持配合开展“三打两建”，推进“平安惠州”建设呈现新面貌

根据市委、市政府工作部署和“抓三打、创平安、促发展、惠民生”的要求，市财政重点安排“三打两建”专项工作经费2 781万元，确保“三打两建”各项工作顺利开展。同时，将开通的视频监控点的租赁费列入年度财政预算予以保障，市财政预算安排4 662万元，支持启动社会治安视频监控系统升级改造工作。加大信访维稳等经费投入，安排化解社会矛盾应急资金等401万元，有效化解社会矛盾，维护社会稳定。安排见义勇为和打击“两抢一盗”奖励金299万元，营造弘扬正气、见义勇为的良好社会氛围。安排安全生产专项资金510万元，为全市经济平稳较快发展提供安全保障。

八、加强干部队伍建设，打造和谐财政机关实现新气象

积极开展“职业道德、家庭美德和社会公德”活动，着力推进和不断完善惩腐体系建设，落实廉政建设责任制，深入推进反腐倡廉建设工作。通过加强机关作风建设和强化队伍建设，机关工作效能不断提高，财政服务质量明显提升。

（一）全面铺开乡财建设，提升财政管理水平

立足乡镇财政工作实际，以试点财政所为抓手，按照抓点带面、分类实施、完善制度、巩固成效、全面提升的工作思路，统筹推进城乡财政“两基”建设（基础工作和基层建设）、“两化”（科学化和精细化）管理工作。在2011年7个试点财政所的基础上，2012年将“乡财建设”

在全市范围内铺开，整体效能全面提升。

（二）开展廉政风险防控“回头看”工作，提升财政干部反腐抗变能力

按照中央、省、市关于建立健全惩治和预防腐败体系的工作部署，落实党风廉政建设责任制，组织全局各科室（单位）进行廉政风险点再排查，不断创新防控措施，完善防控长效机制；开展“加强思想道德建设、保持党的纯洁性”纪律教育月活动，营造廉洁从政的良好氛围。

（三）注重实效，提升财政服务水平

完善服务功能和办事流程，改进会计服务大厅各项工作，增加办事指南和索引，方便群众的办事需求；进一步完善内部的各项管理制度及办事操作流程，改进服务方式，提高服务质量。建立农村财会人员培训长效机制，进一步落实财政支农政策，重点抓好村两委换届以后新增财会人员的培训工作，完善历年培训人员的资料及建档工作。

（四）开展财政法制宣传教育工作，提升依法理财水平

以宪法为核心、财政法规和依法行政法律知识为重点，形成领导抓组织，机构抓落实，专人抓普法的形式多样、效果突出的有效机制，并编印《惠州市财政系统2012年度学法用法材料汇编》，创建学习型机关。

（五）强化和谐建设，提升财政队伍整体合力

以开展“三德”教育建设年活动为契机，组织“职业道德”知识演讲比赛及诚信守约承诺活动；邀请市委宣传部讲师团作专题辅导报告，在全局形成讲诚信、讲团结、讲奉献和有理想、有道德、有纪律的良好氛围，推动财政事业健康发展。

（惠州市财政局供稿，刘群执笔）

汕尾市

2012年，面对严重的经济下行压力，汕尾市认真贯彻落实中央、省的各项决策部署，紧紧围绕“主题主线”和科学跨越发展、建设幸福汕尾的核心任务，按照稳中求进的总基调，锐意创新，攻坚克难，狠抓落实，经济运行继续保持良好势头，主要表现为“五快”、“五稳”。

“五快”：一是总体经济保持较快增长。全市生产总值610.41亿元，增长13.5%，增幅排在全省首位。二是规模以上工业快速增长。全市规模以上工业总产值752.94亿元，增长31.3%；规模以上工业增加值183.57亿元，增长28.3%；规模以上工业企业用电量1.88亿千瓦时，增长20.7%。三是公共财政预算收入快速增长。全市公共财政预算收入41.09亿元，增长25.61%，其中税收收入25.11亿元，增长24.81%。四是居民收入较快增长。市区居民人均可支配收入18 422元，增长17%；人均消费支出13 800元，增长15.2%；农民现金收入8 569元，增长16%。五是企业利润快速增长。规模以上工业企业实现利润总额25.2亿元，增长126.3%，经济效益综合指数达205.8%，同比提高39.9个百分点。

“五稳”：一是农业稳步增长。全市农业总产值164.38亿元，增长6%。二是固定资产投资稳中有升。全市固定资产投资391.56亿元，增长18.8%。三是消费市场稳步发展。全市社会消费品零售额424.32亿元，增长11.9%；居民消费价格总指数上升2.4%，涨幅比2011年回落0.4个百分点。四是外贸出口平稳增长。全市外贸出口总值14.7亿美元，增长15%。五是金融信贷稳中有升。2012年年末，全市金融机构各项存款余额416.27亿元，贷款余额188.08亿元，分别比年初增长13%和20.3%。

2012年，全市公共财政预算收入完成410 919万元，完成年度预算的100.12%，比2011年增收83 792万元，增长25.61%；全市公共财政预算支出完成878 511万元，完成年度预算的171.94%，比2011年增支144 714万元，增长19.72%。

市级（不包括市城区、红海湾开发区和华侨管理区，下同）公共财政预算收入完成95 672万元，为年度预算的100.12%，比2011年增收19 229万元，增长25.15%；市级公共财政预算支出完成142 734万元，为年度预算的130.8%，比2011年增支16 841万元，增长13.38%。

2012年，全市各级财政部门在市委、市政府的正确领导下，在省财政厅的大力支持下，坚定发展不动摇、咬定目标不放松，立足本市实际，抢抓发展机遇，扎实工作，进一步推动汕尾财政科学发展、跨越发展。重点做好七方面工作：

一、以增收节支为主题，全力确保预算任务的完成

一是完善抓收入情况分析制度，加强对财税收入运行形势的分析研判，创新分析方式，提高预算执行分析水平。二是完善和落实抓收入的工作机制，采取收入情况通报和局领导分片抓收入等工作措施，加强对有关地区、相关行业的督促指导，重心下沉，工作前移，注重成效。三是认真落实积极财政政策，继续推进重大项目建设。密切关注国家的政策动态，积极支持做好新增项目资金申报争取工作，支持新上一批重大项目，增强发展动力；积极落实配套资金，加快项目建设进度，强化资金监管，力争尽早发挥经济效益。四是支持实施创新驱动发展战略。大力支持企业特别是中小企业技术改造与自主创新，进一步推进“营改增”试点工作，落实各项企业减税减费政策，减轻企业负担，优化企业发展环境。五是支持实施扩大内需战略。保持政府投资合理增长，支持基础设施和重点项目建设，拉动汕尾市经济增长。六是积极支持旅游产业发展。充分发挥滨海旅游产业园区竞争性扶持资金作用，通过红海湾开发区重点景区景点建设的龙头效应，辐射提升汕尾市旅游产品综合配套水平；积极扶持开发和培育旅游品牌，打造旅游精品，增强汕尾市旅游竞争力。七是认真贯彻十八大精神，严格执行中央关于改进工作作风，密切联系群众的“八项规定”，把八项规定有关要求贯彻到财政预算编

制、执行、审批工作中，落实厉行节约措施，严格控制一般行政性支出、“五个零增长”、降低楼堂馆所建设标准等措施，集中有效的财政资金支持社会事业发展。

二、以强农惠农为目的，稳步推进新农村建设

认真落实强农惠农政策，着力解决人民群众最关心、最直接、最现实的利益问题，推动和谐社会建设。2012 年，全市“三农”投入资金 110 121 万元，在加快转变农业发展方式，完善现代农业产业体系，提高农业综合生产能力，加快推进新农村建设等方面加大投入。全年安排水利基本建设及小型水库除险加固资金 15 400 万元，景观林带和造林抚育支出 4 700 万元，农田基本保护支出 3 100 万元，农村基层组织保障支出 5 300 万元、农村低收入住房改造支出 9 000 万元，发放种粮直补资金 679 万元，农资综合直补资金 8 376 万元，兑付家电下乡及汽车摩托车下乡补助 1 400 万元。

三、以突出改善民生为着力点，全力支持社会事业发展

严格按照《预算法》规定的支出程序，严肃财政支出管理，严把财政支出口子，在财政资金运作上，突出保障和改善民生，将财政资金投向民生之基的教育、民生之本的就业、民生之保的卫生、民生之安的社保、民生之盾的维稳、民生之助的文化等社会事业。一是支持教育优先发展，加大教育投入。2012 年，全市教育支出 231 389 万元，占公共财政预算支出的 21.86%（剔除省教育专项资金），超额完成省下达汕尾市教育支出占比任务 1.22 个百分点。其中，安排全市免费义务教育经费保障和农村困难家庭子女义务教育阶段生活费补助 33 779 万元，发放中等职业技术学校国家助学金 2 400 万元，实施农村中小学校校舍安全工程建设补助 5 135 万元，拨付规范化学校建设补助资金 2 966 万元，清理化解农村义务教育债务资金 15 300 万元。进一步优化教育支出结构，改善全市基础教育办学条件，促进城乡教育协调发展，使汕尾市教育事业再上新台阶。二是支持公共卫生体系建设，全年医疗卫生支出 85 565 万元。推动实施十项基本公共卫生服务项目和六项重大公共卫生服务项目，健全城乡基层医疗卫生服务体系，加强乡镇卫生院和村卫生站建设，全市所有乡镇卫生院和社区卫生服务中心全部实施国家基本药物制度。三是支持社会保障体系的建设，全年社会保障和就业支出 118 613 万元。按照“广覆盖，保基本，多层次，可持续”的原则，完善社会保障体系建设，2012 年 8 月，汕尾市制定《汕尾市提高城乡低保补贴五保供养标准的实施方案》，建立低保补贴和五保供养标准自然增长机制，确保补贴水平稳定增长，低保资金及时足额发放到位。四是支持公共安全体系建设，全力支持“平安汕尾”建设，全年公共安全支出 48 326 万元，增长 13.88%。五是支持住房制度改革。建立健全廉租房制度，全年住房保障支出 11 688 万元，有力推动项目建设。六是落实省、市十件民生（惠民）实事。2012 年，全市财政共拨付 59 881 万元落实和配合实施省十件民生实事，完成年初预算的 122.37 %，拨付 43 091 万元用于市十件惠民实事，完成年初预算的 129.79%。

四、以突出科学理财为主线，全力推进财政改革创新

一是深化部门预算改革。按照“以收定支、收支平衡”的原则，继续深化部门预算，细化支出项目，完善支付管理，进一步推进政府收支分类改革。在预算编制形式上，按照“零基预算”要求，将单位的预算内、外资金全部纳入预算管理，统筹使用，通过实行部门综合预算管理，提高预算的准确性。在预算资金安排上，严格按照“统筹兼顾、量入为出、确保重点”的原则和建立公共财政的要求，努力保证人员工资经费和重点支出需要。二是深化国库集中收付改革。将所有财政性资金都纳入国库集中收付系统进行管理。2012 年，国库集中支付金额 121 152 万元，其中：直接支付 50 207 万元，占总支付金额的 41.4%；授权支付 70 945 万元，占总支付金额的 58.6%。三是深化政府采购改革。扩大采购规模，充分发挥集中采购优势，扩展政府采购领域，最大限度地实现财政资金的使用效益。全年政府采购规模 25 786 万元，实际采购金额 24 765 万元，节约资金 1 021 万元，节约率 3.96%。四是深化政府非税收入管理改革。规范行政事业性收费、政府性基金、国有资源（资产）有偿使用收入、国有资本经营收益、罚没收入及其他收入等行为，进一步加强票据管理，完善以非税收入项目和标准审核、收费票据核发、核销、非税收入收缴为核心内容的征管制度，确保非税收入信息化管理系统正常运行，督促各执收单位将非税收入及时足额上缴国库和财政汇缴专户，实现政府非税收入管理的规范化、科学化。全年政府非税收入累计完成 159 795 万元。五是进一步加强国有资产监管。全面推广行政事业资产管理信息系统，对资产从购建、使用到处置的全过程动态监管和网上审批，确保资产安全完整，提高资产管理水平。

五、以工作转型为抓手，全面提升财政管理的科学化、精细化水平

“天下大事，必作于细”。提升财政管理水平，推动财政科学跨越发展，必须加强财政科学化、精细化管理，必须按照“依法依规依程序、公开公平公正”的原则，推进依法理财，规范财政运行，提高财政工作绩效。一是坚持集中财力办大事和“大钱大方、小钱小气”的理财原则，分清轻重缓急，“主动埋单”，财政支出优先保障促进发展转型和民生政策落实的支出需要。二是进一步加强预算管理。进一步增强预算执行刚性，提高预算严肃性。进一步加强对财政专项资金的整合，集中财力办大事。进一步树立预算绩效管理理念，建立全过程预算绩效管理机制。三是加强调查研究，提升决策参谋水平。建立健全班子成员专题调研制度，加强对重大问题的调查研究，提出政策建议，增强财政工作的主动性和前瞻性，更好地服务于市委、市政府的中心工作。四是加强财政专项资金管理，对专项资金的申请、使用和拨付严格按规定程序办理，保证财政

资金使用安全高效。五是继续完善财政内部监督制度和惩防体系建设，逐步建立长效监控机制，确保财政资金的规范、安全和高效运作。

六、以全省财政工作会议为风向标，抓好贯彻落实

一是省财政将完善财政转移支付机制，加大对欠发达地区的转移支付力度。各级财政部门密切关注省财政机制调整，积极落实对策，争取补助最大化。二是省政府确定先富帮后富的对口帮扶关系，财政部门主动参谋，明确思路，规划方案，力求帮扶出成效，造活血。三是省财政厅正在考虑通过财政体制上的设计安排，建立稳定和提高收入质量的长效机制，要求控制非税收入增速和规模，各级财政部门加大协助税务部门挖掘税收潜力力度，做大“财政蛋糕”，提高收入质量。四是省明确省级项目支出结余原则上全部收回，对持续安排2年以上仍未使用完毕的专项资金，按程序报经批准同意后原则上收回。各地财政部门高度重视，加紧清理省级项目资金，主动协调项目管理部门，加快项目实施。五是高度关注中央有关的税收改革动向，抓紧做好税制改革的准备工作。

七、以强素质树形象为目标，切实加强财政干部队伍建设

强化人才是第一资源的理念，坚持以人为本，内强素质，外树形象，努力抓好干部职工的政治学习和业务培训工作，着力提升全市财政干部综合素质，不断增强队伍的凝聚力和战斗力。一是进一步加强思想建设，坚定理想信念。引导干部树立正确的世界观、权力观、事业观，干净做事，明白做人。二是进一步加强纪律建设，严格执行局机关工作规则及各项规章制度，强化纪律管理，确保财政系统上下政令畅通、工作高效有序。三是进一步加强廉政建设，确保队伍和资金“双安全”。深入推进党风廉政建设，健全权力运行监督和问责机制，强化廉政风险防控，切实筑牢反腐防线。

（汕尾市财政局供稿，谢岚执笔）

东莞市

2012年，东莞市各级各部门围绕市第十三次党代会确立的“加快转型升级、建设幸福东莞、实现高水平崛起”战略目标，按照市第十五届人大一次会议审议通过的预算，依法组织财政收入，认真落实各项预算支出，加强管理，深化改革，圆满完成全年预算任务，促进东莞市经济企稳回升，社会和谐稳定。

2012年，东莞市生产总值（GDP）5 010.14亿元，比2011年增长6.1%，其中：第一产业实现增加值19.19亿元，增长1.2%，占0.4%；第二产业实现增加值2 351.78亿元，增长5.6%，占46.9%；第三产业实现增加值2 639.17亿元，增长6.7%，占52.7%。全年全社会固定资产投资1 180.35亿元，比2011年增长9.4%。全年全市进出口总额1 444.16亿美元，比2011年增长6.8%。其中进口总额593.5亿美元，增长4.3%；出口总额850.66亿美元，增长8.6%。全年合同利用外资38.1亿美元，比2011年增长8.6%。实际利用外资33.69亿美元，增长10.5%。全年全市社会消费品零售总额1 354.58亿元，比2011年增长9.3%，居民消费价格总水平比2011年上升2.9%。2012年城市居民人均可支配收入42 944元，比2011年增长8.7%；城市居民人均消费性支出31 369元，增长14.1%。

2012年来源于东莞的财政收入845.6亿元，比2011年增长0.9%，其中：上划中央202.6亿元，下降7%；上划省140亿元，增长20.5%；市一般预算收入356.3亿元，增长13.8%；市基金收入146.7亿元，下降23.4%。市一般预算收入和市基金收入加上上级税收返还收入29.3亿元，上级补助收入34.4亿元，地方政府债券转贷收入1.1亿元，上年结余35亿元，2012年东莞市可支配财力为602.8亿元。2012年东莞市财政支出572.6亿元，其中：镇街分成支出248.5亿元，市本级安排支出265.3亿元，省追加支出29.4亿元，专项上解（缴省支出）28.3亿元，地方政府债券转贷资金支出1.1亿元。收支相抵，结余30.2亿元，其中一般预算结余20.4亿元，基金预算结余9.8亿元。

一、狠抓财政收入征管，超额完成全年收入任务

2012年，东莞市努力加强财源建设和收入征管，促进财政收入增长与经济发展相协调，进一步优化财政收入结构。认真落实涉企收费减免政策，打造最佳营商环境，实现用财力培育新财力，形成经济发展、产业结构优化和财政收入稳定持续增长的良性循环。坚持依法治税、应收尽收，加强对重点镇街、重点行业和重点企业的税源监控和税收征管，密切关注经济运行情况和“营改增”等国家结构性减税政策调整对财政收入的影响，做好应对措施。加强非税收入征管，进一步完善非税收入征管系统和以票控费机制，挖掘政府性物业、小汽车号牌使用权、广告牌等公共资源的收入潜力。经过全市各级各部门的努力，2012年来源于东莞的财政收入845.6亿元，其中市公共财政预算收入完成356.3亿元，稳居全省第四位，增长13.8%，超出2012年年初确定的10%的增长目标3.8个百分点，收入增幅在全省排名第12，在珠三角9市排名第2。市公共财政预算收入中，税收收入完成279.3亿元，占比78.4%，比2011年提高0.7个百分点，财政收入质量进一步提高。非税方面，尽管面临取消和免征减征部分收费项目等政策因素影响，市财政等部门通过依法加强征收管理，努力挖掘收入潜力，全年非税收入完成77.3亿元，比预算增收7.5亿元，增长10.7%。

二、全力优化支出结构，保障各项工作顺利开展

2012年，东莞市财政局按照“压一般、保重点、保民生”的原则，牢固树立过“紧日子”的思想，从严控制和

规范公务接待经费、因公出国（境）经费、公务用车购置运行费用以及由财政出资举办的庆典、节会、论坛等方面的经费支出，集中财力对科技创新、“三重”建设、科技金融产业“三融合”，建设“六个东莞”、水乡统筹等重点工作给予重点支持，对教育、社会保障、医疗卫生、就业等民生领域给予重点保障。2012 年市财政支出 572.6 亿元，其中镇街分成支出 248.5 亿元，东莞市本级安排支出 265.3 亿元。

（一）突出转变发展方式，加快产业转型升级

投入“科技东莞”工程专项资金 20 亿元，推进北京大学东莞光电研究院、华南协同创新研究院、中科院云计算产业技术创新和育成中心、莞台合作生物技术产业基地等重大平台和重点项目建设；与中科招商集团合作设立中科中广股权投资基金，推动科技、金融与产业融合；鼓励镇村加强重大项目招商引资，支持企业技术更新改造，对科技创新项目、名牌名标项目和总部企业给予重奖；资助企业开拓国际和内销市场，在全国率先推出加工贸易管理服务平台，支持举办首届中国加工贸易产品博览会，继续办好台博会和漫博会等转型载体，带动全市产业转型升级。投入“人才东莞”专项资金 10 亿元，用于加快引进集聚我市产业发展急需的创新型、高层次人才，鼓励全体市民加强进修学习和职业技能培训，努力提高全体劳动者素质。启动新一轮中小企业融资支持计划，全年累计为 305 户企业贴息 2 370 万元，并安排区域集优直接债务融资风险补偿准备金 1 亿元，提高金融机构支持中小企业融资积极性，缓解企业资金困难。全面取消治安联防费和减半收取使用流动人员调配费，为企业年减负 3.4 亿元。投入 2 191 万元，强力实施“三打两建”专项工作，全面铺开商事登记制度改革，努力打造法治化、国际化营商环境，推动企业扎根东莞，做大做强。

（二）加大镇村扶持力度，夯实镇村发展基础

2012 年，市对镇街均衡性转移支付 7 亿元，提高财力薄弱镇街落实各项民生政策的保障能力。拨付 5.5 亿元，建设全市 95 项水利防灾减灾工程，建成镇际、村际联网路 44.4 公里。拨付 2.4 亿元，用于“三旧”改造土地税费返还，鼓励镇街开展旧城、旧村、旧厂连片拆迁改造项目。拨付 2.4 亿元，对经济综合实力排名靠后的 285 个村（社区）给予行政管理及公共服务补助。拨付 1.9 亿元，继续落实好欠发达镇村扶贫贷款政策。拨付 1.7 亿元，对承担基本农田和非经济林地保护任务的村（社区）给予生态补偿。按经常性财政收入的 5.8‰设立市内帮扶专项资金 1.4 亿元，支持发展欠发达村优质项目、基础设施建设和激励低保困难户就业。

（三）全力保障和改善民生，支持建设幸福东莞

投入 49.6 亿元，优先保障教育经费投入，补助镇街经常性教育经费支出，提高公用经费补助标准，加大学前教育财政投入。投入 21.9 亿元，努力改善城乡生态环境，提高群众生活质量，包括支持推进运河、内河涌、水库等水环境综合整治，开展全市污水、污泥处理和截污管网工程，完善森林公园及市植物园、绿道网建设，补助垃圾填埋场整治等。投入 21.5 亿元，用于社会保障、医疗卫生和就业支出，包括将 10 万名从未缴费老人的养老金发放标准从每人每月 200 元提高到 250 元；对低保家庭等困难群体发放最低生活保障金、基本医疗救助金、在读子女助学金和寄宿补助；将高龄老人生活津贴发放范围扩大到 70 周岁以上老人，提高居家养老服务政府补助标准；对低保、五保对象等困难群众发放临时物价补贴和食品、燃气及用水补助，开展春节慰问；进一步加大对残疾人生活保障、康复治疗、子女教育、就业创业等方面的帮扶力度；为市民免费提供建立健康档案、健康教育、儿童保健、孕产妇保健、老年人保健等 9 项公共卫生服务，为全市 15 万名妇女免费提供乳腺癌和宫颈癌筛查服务等。投入 1.2 亿元，优化公共文化服务体系，包括实施提升公共文化服务水平工程，为村（社区）配备公共文化管理服务队伍，建设公共电子阅览室 364 个，开发东莞文化惠民网和东莞学习中心两个全市性的数字文化服务平台；组织实施“百场培训、千场演出、万场电影”到基层、到村（社区）、到企业，承办中国图书馆年会等。投入 8 853 万元，加强创新社会管理服务，资助 45 个社区综合服务中心示范点建设运营，购买 302 个社工岗位服务和聘请香港社工督导，设立“社会组织发展扶持专项资金”，规范和培育社会组织参与社会管理建设，积极创建全省创新社会管理的引领区。

三、稳步推进改革创新，科学理财再上新台阶

2012 年，东莞市财政局进一步加强部门预算与政府采购、资产管理、绩效评价以及国库集中收付的有效衔接；逐步推行公务卡强制结算目录，对市级预算单位银行账户实行动态管理；引入第三方机构参与重点项目绩效评价，进一步强化各有关单位的绩效意识与支出责任；制定出台了政府采购市级工作程序、申请单一来源采购审核前公示操作程序等文件，进一步规范政府采购工作；推动“小金库”治理工作转入常态化，全面开展市财政补助镇街专项资金检查工作，进一步堵塞财政管理漏洞；组建东财投资控股有限公司，强化经营城市理念，创新城市建设发展投融资体制；完善镇街政府性债务评价指标体系，建立政府性债务规模和风险预警机制，严格控制镇街政府性债务风险；制定财政投资建设项目支出预算管理、前期工作专项经费使用管理暂行办法，完善供电设施迁改残值处理原则和资金负担办法、工程单方结算程序，有效提高基建项目资金管理水平；积极探索研究设立村（社区）基本公共服务专项资金，进一步减轻村（社区）在治安、环卫、行政管理等方面的负担。

四、努力加强作风建设，财政服务水平不断提升

2012 年，东莞市财政局严格执行各项管理制度，切实保证财政工作规范高效运行。通过对内部岗位职责进行再梳理，对工作流程进行再优化，进一步改进了服务方式和方法，提高工作效率。重新修订《东莞市财政局工作效能量化考核试行办法》，对各科室工作情况、队伍建设情况以

及工作作风等考核细则进行了完善，平均办文时间缩短2个工作日，整体工作效能得到进一步提升。全年认真办理110份人大代表建议和政协委员提案，主动加强与人大代表和政协委员的沟通。广泛征求预算单位对财政工作的意见建议，对提出的问题逐一改进、逐一解决。深入推进政务公开，通过东莞财政网、财政微博等渠道主动公开财政政策和财政活动，自觉接受社会各界和服务对象的监督，打造阳光透明财政。2012年，东莞财政网累计发布政务信息3 752条，受理各类财政咨询热线电话4 760个，对部门和群众的各类咨询和问题给予了细心解答。

五、狠抓干部队伍建设，管财、理财能力进一步增强

2012年，全局共有12名同志进行工作轮岗，18名同志获得提拔任用，其中通过笔试、演讲和民主推荐三个阶段的综合考核，竞争性选拔了一批优秀工作骨干。局领导班子带头学习、倡导学习、坚持学习，营造了良好的学习氛围。全年共举办6期专题讲座，组织7期赴中山大学集中培训班，邀请知名院校专家学者授课；选派3名年轻干部赴财政部进行为期1年的借调实习；鼓励财政干部学历进修、取得职业技术等级以及利用业余时间读书学习。2012年，东莞市财政局还注重发挥局工会、妇委会、团总支等作用，组织网球、羽毛球、足球、篮球、太极拳、瑜伽等兴趣班和兴趣小组，组织“三八”、“五四”拓展活动等，丰富财政系统干部职工的业余文体生活。

六、紧抓纪律教育，有力促进财政干部廉洁从政

东莞市财政局坚持把反腐倡廉工作放在突出的位置，抓好领导干部党风廉政建设责任制以及反腐败专项工作任务的贯彻落实，切实加强廉政教育，引导党员干部自觉廉洁从政。围绕纪律教育学习月活动主题，认真开展财政系统“三纪”教育学习，组织观看廉政教育片、参观治理商业贿赂图片展，开展主题党课活动，集中学习党的十八大精神，为财政干部职工常敲廉政警钟。东莞市财政局注重加强财政廉政风险防范，认真梳理全局权力事项以及职务犯罪风险点，出台内部监督检查办法，完善内部控制机制，开展财政部门廉政风险防控机制研究，规范权力运行。2012年，未发现东莞市财政工作人员有违法违纪等行为。

（东莞市财政局供稿，徐栋栋执笔）

中山市

2012年，中山市生产总值（GDP）2 441.04亿元，比2011年（下同）增长11.0%。三次产业结构比重为2.5∶55.5∶42.0。民营经济增加值1 236.34亿元，增长10.2%，占全社会GDP的比重达50.6%。全市人均GDP达77 527元，增长10.5%。全年累计灰霾天气日数100天，平均日照时数1 752.5小时，下降13.8%；平均降雨量2 102毫米，增长44.0%；居民消费价格总水平上涨2.3%；农业总产值106.35亿元，增长2.2%；工业增加值1 291.47亿元，增长14.5%，3 170家规模以上工业企业完成增加值1 232.09亿元，增长15.5%；固定资产投资893.43亿元，增长16.5%；社会消费品零售总额809.33亿元，增长10.3%；进出口总值335.18亿美元，下降2.0%；交通运输、仓储和邮政业增加值45.20亿元，增长17.4%；旅游总收入180.70亿元，增长19.3%；农村居民人均纯收入19 347元，增长12.6%；城镇居民人均可支配收入31 130元，增长12.4%；2012年年末常住人口315.50万人，城镇化水平87.92%；国地两税收入440.33亿元，增长5.0%。2012年年末全市金融机构本外币各项存款余额3 469.71亿元，比年初增长16.0%。

2012年，中山市各级财政部门积极组织收入，保障重点支出，深化财政改革，促使全市经济增长稳中有进，发展质量不断提升，出色完成了各项财政工作任务。2012年，全市公共财政预算收入首次突破200亿元大关，累计完成201.9亿元，比2011年同期增长10.2%；公共财政预算支出累计完成215.2亿元，比2011年同期增长12%。财政收支总量在全省保持第五位，顺利实现保位争先的目标，并以两位数的增幅推动财政收支规模跃上一个崭新的台阶。

一、强化征管，实现收入再创佳绩

2012年，中山市各级财政部门从提高收入质量入手，多措并举，确保实现全市财政收入增长目标。一是大力组织非税收入。通过推广城市道路停车泊位收费工作、加大历年欠费追缴力度、推进智能交通管理系统工程建设、深化预算外资金纳入预算管理改革和非税收入收缴管理改革、制定非税收入预算执行通报制度等等举措，使非税收入在依法征收的基础上，应收尽收，及时足额入库。二是积极盘活政府资产。加大资产处置和回收力度，全年以公开处置物业、收回资金等方式增加财政收入1亿多元。各级财政部门加大沟通协调力度，完善收入通报制度，加强收入分析预测，制定一系列行之有效的增收措施，实现全市财政收入稳步增长。

二、严控支出，确保预算收支平衡

2012年，中山市各级财政部门严格执行年度预算，严把经费审核关，努力做好节支文章，确保预算收支平衡。一方面，市级财政实施两个“严控”、两个“压减”，即：严控临时新增支出和非生产性支出；压减一般性行政经费和预算单位历年结余规模。对市直行政事业预算单位公用经费统一压减5%，并统一提取市直单位50%历年结余资金统筹调入预算，确保财政收支平衡。另一方面，坚持落实预算追加联审制度。全年共对357项预算追加申请进行审议，申请追加9.5亿元，核减金额6.7亿元，核减率达71%。此外，借助绩效预算和绩效评价等手段，有效控制财政资金的使用。2012年，对大型政府投资项目试行绩效预算，完成56个预算追加及信息化项目绩效预算审核，进

一步提高财政资金使用效益。

三、改善民生，促进社会和谐发展

2012年，中山市各级财政部门坚持把服务民生放在首位，强化民生优先理念，调整优化财政支出结构，集中财力办好十件民生实事、支持"三农"发展，加快省市十项重点民生工程资金拨付，确保民生项目支付进度。全市十一类民生支出累计完成156.7亿元，较2011年增加21.91亿元，支出增加额占公共财政预算支出增加额90%以上。2012年，全市各级财政部门共拨付省十件民生实事资金66亿元，拨付市级十件民生实事资金24亿元，全面完成预算任务，优化城乡基本医疗卫生服务、促进城乡教育协调发展、改善外来务工人员生活条件、推行绿色出行、丰富基层文化、推行全民健身等重点项目经费预算执行率均超过110%以上。市镇两级共安排城乡低保补助4 248万元、低保家庭危房改造及解决优抚对象住房难建房难资金5 315万元；累计发放物价补贴795万元，使近3万名低收入群众受惠；免费开放一批体育场馆、博物馆、文化馆等公共文体设施，使广大群众受惠。

四、强农惠农，改善农村发展环境

2012年，市镇两级共安排7.2亿元加大农业基础设施投入，改善农业生产条件。市级财政拨付3亿元，重点支持水利等农业设施建设；拨付2 300万元，推进农业龙头企业、现代农业园区发展，扶持农业机械化发展和农业科技推广。完善惠农补贴政策，及时兑付省市级种粮直补和农资综合直补资金，兑付率达到100%；市本级安排惠农类补贴增幅达110%，安排现代化农业发展资金增至4 068万元。贯彻落实好各项下乡补贴政策，市镇两级共兑付家电下乡、摩托车下乡财政补贴2010万元。同时，各级财政拨付"一事一议"财政奖补资金用于支持村级公益事业建设。市镇两级整合各类专项资金2.48亿元，投入秀美村庄建设，加强农村环境综合整治。

五、转型升级，加大产业扶持投入

2012年，市财政安排产业扶持资金5亿元，比2011年同期增长25%，争取上级对中山市企业财政扶持3.9亿元。拨付5 800万元保税物流中心和中山温泉贷款贴息，帮助企业做大做强。拨付1.2亿元，共建中山（肇庆、河源）产业转移园区和全省产业转移园区产业项目贷款贴息，促进产业结构调整和企业优化发展。通过加大财政投入，对重点企业、重大项目给予重点支持，提升全市经济综合竞争力。同时，实施支持中小微企业发展政策和贯彻提高增值税、营业税起征点等结构性减税政策，帮助企业转型发展，取消减免收费近320项，合计减免税费约12.8亿元，为企业舒危解困。特别对中小微企业从减负、搭建融资平台等多方面给予支持，鼓励企业加快发展，为产业转型升级奠定基础。

六、多元共治，加大社会管理投入

2012年，各级财政部门从多方入手，积极加大社会管理投入。一是加快发展教育事业，整合优化教育资源。2012年，全市教育总投入59.68亿元，增长11.31%，占公共财政支出的27.72%。全市下拨1.9亿元补助经费，推进义务教育公共服务均等化，拨付各类助学金、励志奖学金3 000万元，保障困难学生享受公平教育的权利。二是健全完善就业再就业服务体系，市财政发放各类促进就业扶持资金5 200万元，重点用于职业培训、劳动力的引进和高校毕业生创业、困难人员再就业等工作。三是支持深化医药卫生体制改革，各级财政共安排9 878万元用于开展基本公共卫生服务项目，并对基层医疗机构收支情况开展调查，积极推动公立医院改革；市镇两级拨付1.9亿元补助城乡居民参加基本和门诊医疗保险，促进全民医疗保障体系不断完善。四是拨付社会工作专项经费3 300万元，推进社区管理"2+8+N"模式等省社会创新观察项目和枢纽型社会组织建设，形成社会管理多元共治。

七、协调城乡，加大基层帮扶投入

2012年，结合简政强镇改革和新一轮财政体制的实施，加大对镇区的扶持力度，全年拨付镇区税收、非税分成和公共支出专项补助共117.7亿元，对镇区的转移性支出占公共预算支出约58%。其中：一是拨付各镇区（含火炬区）税收及非税分成110亿元。二是拨付交通系统下放镇区经费基数、教师待遇"两相当"和农田水利保护等政策性转移支付1.4亿元。三是拨付民政、农业、水利等专项转移支付支出约3.2亿元。按照统筹兼顾，适当向扶持类镇区倾斜的原则分配专项资金，对临时困难救助、优抚对象生活困难补助、住房补助、儿童福利津贴等补助比例重新进行调整。四是在市级税收减收、收支形势严峻的情况下，腾出3.1亿元财力专项用于均衡性转移支付，有力推进基层财政建设，为提供底线均等的公共服务和民生支出给予体制及资金保障。

八、保障重点，加大基础设施建设投入

2012年，面对多项重大民生工程集中上马，基建资金供应链紧张的局面，通过多渠道筹集资金加快重大工程建设，及时调整基建项目资金计划，严格控制资金追加申请，统筹调度资金安排，确保一批重大项目加快推进。一是加快市域公路、市政道路建设。拨付9.1亿元用于广珠中期二线、东部快线、小榄快线、古神公路三期等全市多条重要交通干线公路建设，拨付1.4亿元用于博爱路悦来南路下穿隧道等中心城区市政道路建设。二是加快推进教育、文化、医疗、卫生基础设施建设。投入1.8亿元用于纪念中学、华侨中学、实验高中扩建等教育民生工程，拨付6 000万元，加快建设139文化街区、漫画馆、中山纪念图书馆等公共文化设施。筹集3.5亿元，解决中医院迁建和运营资金困难。三是推动翠亨新区进入实质性开发建设阶段。拨付4 200万元用于翠亨新区空间发展战略规划与总体概念城市设计等前期规划。四是落实绿色发展战略。拨付2亿元，推进树木园、生态景观林等大型生态系统建设，拨付4 000万元，完善中心城区绿道，为市民营造良好宜居环境。

九、深化改革，推动财政管理创新

2012年，市财政各部门不断强化自身职能，完善工作机制，规范业务操作流程，积极探索新的管理方式和手段，提高科学理财水平。一是推进预算管理“三项改革”。第一，推行基本支出实名制管理改革。对人员支出实行“实名制”管理，严格按照机构编制核定的实有人数编制经费预算，按照定额标准核定公用经费；第二，推行预算编制项目库管理改革。在全市选取的18个预算单位改革试点中，共申报400项支出项目，经审核入库285项，项目核减率为29%，将其按轻重缓急合理排序后择优选用，建立科学的项目遴选机制。第三，推行专项资金二次分配试点改革。选取农口线的农业、水务、渔业部门部分专项资金项目及市地方公路总站危桥改造项目资金试行二次分配改革试点，制订资金分配量化指标，对试点资金实行联审，对分配方案进行公示。二是创新三大领域管理模式。第一，创新资产管理模式，出台统一的公用设施配置标准，建立物业配置联审机制、租金标准第三方评估机制，严格审核行政事业单位租金支出和办公设备、公车购置更新申请，节约财政资金分别达30%以上。第二，创新政府采购代理机构管理模式，推出购买政府集中采购招标代理服务，积极探索建立统一政府采购监管平台，提高政府采购监管水平。第三，创新投资项目评审管理模式，通过制定投资评审项目标准工作流程，推进评审程序规范化，实行三级复核制和双联签，多层把关，确保评审质量。

十、强化监管，提高资金使用效益

2012年，市财政局以透明化、效益化为着力点，强化财政监督管理。一是实行“三查”制度（自查、巡查、重点检查），对中央、省、市财政专项资金组织开展专项检查，确保资金使用符合相关规定。二是完善公务卡结算和预算执行动态监控，将预算单位公务卡开卡率和使用情况纳入单位绩效考核指标，将预算单位提现行为、资金支付方式、零余额账户情况作为预算执行动态监控重点，加强资金安全管理。三是深化绩效管理改革，扩大绩效预算审核范围，加强绩效评价结果的应用。2012年度绩效预算共审核315个项目，涉及金额11.5亿元，核减3.6亿元，预算实际安排6.4亿元，评价结果应用率为80%。四是推进预算信息公开。强化各部门预算信息公开主体责任，倒逼部门加强预算编制与执行的科学性、合理性。

十一、内强素质，加强机关作风建设

2012年，中山市财政局从加强干部教育管理和抓好党风廉政建设两方面入手，力主“四抓”：一是抓财政干部的思想政治教育。落实党风廉政建设责任制和中层干部廉政谈话制度，抓好纪律教育学习月和警示教育等活动，促进干部廉洁自律。二是抓风险防范。将防控工作与财政业务紧密结合，突出重点环节，深入查找评估风险点。重点围绕制度机制、业务流程等关键环节，要求科室对潜在风险进行全面自查，并针对风险点制定防控措施，堵塞管理漏洞。同时，完善内部权限制衡，严控内部审批流程，建立双岗双责联签制和内部交叉复核机制。三是抓行政提速。推动网上政务建设，开发网上缴费系统和企业办证审批、会计从业资格无纸化考试等功能系统，方便、服务群众。四是抓财政业务培训。举办面向镇、村和市局财政人员及预算单位、企业财务人员的业务培训讲座，完成各类人员的培训共计47 843人，提高中山市财务工作者和全体财政干部的服务水平、业务素质。积极开展演讲比赛等财政文化活动，加强财政系统精神文明建设。

（中山市财政局供稿，张巧云执笔）

江门市

2012年江门市实现地区生产总值（GDP）1 910.08亿元，比2011年增长8.1%，其中：第一产业增加值增长3.6%，第二产业增加值增长11.3%，第三产业增加值增长3.9%；三次产业结构的比例为7.8：53.5：38.7；人均GDP4.27万元，增长7.7%。全年全社会固定资产投资850.41亿元，比2011年增长14.6%。全年海关进出口额187.72亿美元，增长6.1%，其中：进口总额58.01亿美元，增长6.7%；出口总额129.71亿美元，增长5.9%。实际利用外商直接投资8.70亿美元，增长10.2%。全年社会消费品零售总额807.21亿元，比2011增长10.0%。全年居民消费价格总水平（CPI）上涨2.7%，其中食品类价格上涨5.0%。全市规模以上工业增加值605.49亿元，增长12.1%。农村居民人均纯收入11 345元，比2011年增长13.5%；市区城镇居民人均可支配收入27 017元，增长12.9%。

2012年，在江门市委、市政府的正确领导下，全市各级财政部门积极应对严峻的财政经济形势，紧紧围绕“真抓实干 建设幸福侨乡”核心任务和财政中心工作，扎实推进法治财政、民生财政、绿色财政、绩效财政、阳光财政“五大财政”建设，有力促进全市经济社会平稳发展。2012年，全市三库收入（地方公共财政预算收入+中央库收入+省库收入）262.52亿元，较2011年可比口径增长11.97%，其中：中央库收入完成83.80亿元，增长9.51%；省库收入完成43.69亿元，按可比口径增长12.73%。全市地方公共财政预算收入完成135.03亿元，较2011年增收15.86亿元，增长13.31%，高于GDP（8.1%）增长5.21个百分点；市本级地方公共财政预算收入完成27.1亿元，占全市地方公共财政预算收入的20.1%，同口径增长10.82%。在市本级及四市三区8个收入单位中，有3个单位地方公共财政预算收入增长幅度高于全市平均增长水平（13.31%），分别是恩平市、新会区、开平市，其中恩平市增幅最大（18.20%）；2012年全市镇级财政收入继续保持平稳较快的增长势头，按财政决算口径计算，即按现行各市（区）镇（街）财政体制口径计算，全市镇级地方财政收入64.8亿元，占全市地方公共财政预算收入的48.02%，按可比口径增长14.72%，高于全市地方公共财政预算收入增长1.41个百分点。全市79个镇（含街道办事处、海侨经济管理区）中，财政收入超亿元镇有20个。

面对严峻的财经形势，各级财政部门在党委政府的正确领导下，紧密围绕《珠江三角洲地区改革发展规划纲要（2008－2020年）》和市委、市政府中心工作，认真贯彻落实科学发展观，加强宏观预测，构建部门协调联动机制，贯彻扩大内需各项政策措施，切实执行积极的财政政策，狠抓增收节支，优化支出结构，全市财政进一步发挥对经济的调控职能，积极推动经济发展方式转变和经济结构调整，同时保障对民生的投入力度，改善投资环境、生活环境、教育环境。2012年，全市地方公共财政预算支出完成1 881 150万元，比2011年同期增支228 122万元，增长13.80%，其中市本级地方公共财政预算支出完成332 134万元，比2011年同期增支35 170万元，增长11.84%。全市重点支出得到较好保障，其中教育支出完成440 191万元，增长24.15%；医疗卫生支出完成150 118万元，增长16.90%；社会保障和就业支出完成246 746万元，增长11.85%；农林水支出完成205 841万元，增长27.51%；科技支出完成54 117万元，增长40.37%；节能环保支出完成27 610万元，下降1.40%。

一、加强财政收支管理，确保财政收支平衡

（一）狠抓收入，顺利完成年度目标任务

受整体经济放缓以及结构性减税政策影响，2012年江门市财政收入持续增幅偏低、回落大、进度慢等问题较为突出，全市财政收入减收增支压力进一步增大，财政经济保持平稳较快发展面临较大挑战。面对困难，各级财政部门始终坚持把组织收入作为财政工作的重中之重，强化大局观念和责任意识，采取积极有效措施抓组织收入工作：一是提早谋划，制定措施，加强沟通协调，全市一盘棋共同抓组织收入工作；二是强化收入分析预测和调研，深入研究增收举措；三是定期召开财税工作联席会议，加强财税协调，督促税收征收入库，强化收入征管，做到应收尽收，确保财税收入稳定增长。通过各级各部门全力以赴抓收入，2012年全市地方公共财政预算收入逐月呈前低后升的态势，全年总量达到135亿元，增长13.31%，超额完成年初人大通过的代编全市年度预算增长13%的目标，其中恩平市、新会区财政收入保持较快增长，分别增长为18.2%、16.16%。同时，全市财税收入在增收任务较重的情况下保持了较高质量，税收收入占地方公共财政预算收入比重为78.2%。

（二）强化支出管理，加强预算执行

各级财政部门坚决贯彻稳增长、保民生的战略决策，不断加大投入力度，落实教育中长期规划纲要、加快实现全市新型农村养老保险三年全覆盖、推进医疗卫生体制改革、应对物价上升保障低收入群体基本生活、帮助农民持续增收等，严把预算审核关，制定公务卡强制结算目录，规范预算单位结算行为，严控一般性支出，坚持厉行节约，着力抓好节约机关事业单位行政经费，加强对“三公”费用监管，确保2012年公务接待经费、因公出国（境）经费、公务用车购置及运行费用支出零增长；继续从严控制楼堂馆所建设、办公楼维修项目，严禁超预算标准装修办公用房；严格控制和规范庆典、节会、论坛等方面的经费支出；持续推进党政机关节能减排。为进一步提高资金运行效益，财政部门多措并举加强支出管理。一是召开全市财政局长座谈会议，要求各市、区财政局切实做好预算执行工作。二是对预算项目进行逐个梳理，通过下达文件和集中支付督促预算单位加快预算支出进度，对已实施项目及时做好结算。三是对部分支出进度缓慢、且结余较大的项目进行调整，并在编制2013年部门预算时，充分考虑2012年预算执行情况，充分发挥财政资金最大效益。四是定期向本级政府反映财政支出执行情况，对财政支出进度缓慢的原因进行分析并提出建议。五是抓好资金调度，督促各市、区加快支出进度，确保全市整体支出进度。通过上述措施，强化各市（区）政府及各部门（单位）预算支出执行责任的主体意识，全市支出进度明显加快。2012年全市地方公共财政预算支出完成187.92亿元，比2011年增支22.62亿元，增长13.68%。

二、增强财政调控能力，推动经济发展转型升级

以贯彻落实《珠江三角洲地区改革发展规划纲要（2008－2020年）》为契机，充分发挥财政职能，积极推动经济发展方式转变和经济结构调整，促进经济社会协调发展水平不断提高。

（一）加快推进重点项目建设，促进培育战略性新兴产业

全市各级财政通过不断加大投入，推动高端装备制造、绿色光源等战略性新兴产业发展，广东南车、高新区LED基地、富华重工、台山清洁能源（核电）装备产业园等一批大项目建设进展顺利，江门市成为省、市共建战略性新兴产业绿色光源和轨道交通装备基地。市本级设立（LED）产业发展专项资金5 000万元，支持LED封装应用项目投资优惠、科技创新、品牌标准和专利、市场开拓等；对购置生产LED零件的MOCVD设备给予财政补贴；江海区财政局多渠道筹集资金做好LED博览中心、现代物流产业园等重点基础建设项目，中国江门国际绿色光源博览交易中心建设启动；新会区财政局统筹整合财政资金，落实税收奖励政策，优化投资和发展环境，加快推进南车项目、李锦记集团、亚太纸业基地和崖门环保电镀基地等重点项目建设和发展。

（二）支持重点工业园区建设，服务经济发展大局

加快推进江门高新区、江门产业转移工业园（开平翠山湖园区、恩平米仓园区）、江门先进制造业江沙示范园、鹤山工业城、银洲湖纸业基地、省轨道交通产业园、省清洁能源（核电）装备产业园等核心工业园建设。从财政体制、税

收留成、贷款贴息，基础设施建设、融资担保等方面重点扶持核心工业园区建设，产业转移和产业转移园区建设工作被省评为优秀等级，台山清洁能源（核电）纳入省产业转移园区，江沙示范园区棠下片区和雅瑶片区完成统一规划。江门市本级财政投入江门市先进制造业江沙示范园启动资金5 000万元，协助园区筹集资金4亿多元，积极研究园区建设资金良性循环机制，协助园区制定和落实相关配套政策，对入园企业在基础设施建设、企业再发展和自主创新等方面给予支持；蓬江区财政局落实政策和资金安排，全力推进江门市先进制造业江沙示范区、杜阮镇化工专区、骑龙山工业基地等三大园区建设，加快推进海信、康师傅、华电等一大批重大工业项目建设；恩平市财政局积极争取上级财政部门支持，整合扶持经济发展专项资金，加快基础设施建设，提高园区软硬件水平，培育经济新的增长点，已有98个项目落户园区，总投资额达144亿元；开平市财政局投入资金1.15亿元用于翠山湖园区的基础设施、配套设施、招商引资、优惠政策兑现等，并协助园区获得污水处理项目贷款5 000万元，园区已投产企业22家，投资总额42.85亿元，在建企业33家，投资总额27.18亿元，动工报批企业10家，投资总额15.81亿元；台山市财政局积极应对财力紧张情况，多方筹集资金3 300多万元加大对台山市清洁能源（核电）装备产业园投入，已入园企业的法国ACPP项目与深圳龙电门业项目已动工建设厂房。

（三）大力扶持企业发展，鼓励企业自主创新

全市拨付科学技术资金5.39亿元，增长39.90%。为鼓励企业加大自主创新科技项目的投入，提升经济核心竞争力，2012年江门市本级财政安排科技专项资金4 750万元，用于推动企业加大自主创新科技项目的投入，支持企业信息化建设、物流信息技术改造、知识产权保护以及有关重大科技项目建设等；开平市财政局设立专项资金扶持民营企业增资扩产，推动广东泰宝聚合物、联新（开平）高性能纤维等20多家企业增资扩产；鹤山市财政局加大涉企收费的监督检查力度，从2012年开始免征小微型企业27项国家、省定行政事业性收费项目，切实减轻企业负担，优化发展环境。

（四）整合扶持经济发展专项资金，加大中小微企业扶持力度

为贯彻国家和省出台的有关扶持中小微企业发展的政策措施，市本级财政通过统筹整合财政资金8 350多万元，加大对全市中小微企业的扶持力度；新会区财政局有针对性地制定各类中小微企业扶持政策，进一步扶持中小微企业和村级经济发展，培植壮大地方财税源。

三、重点保障民生发展，加快推进幸福侨乡建设

积极应对财政收支矛盾突出的形势，坚持“取之于民，用之于民”，不断调整优化财政支出结构加大民生投入。2012年全市民生投入84.92亿元，比2011年增长18.49%，着重用于落实省、市承诺为民办的十件实事具体措施，其中：拨付省十件民生实事资金26.73亿元，完成年度计划的122.09%；拨付市十项民生实事资金22.52亿元，完成年度计划的104.02%。进一步强化公共服务供给，稳步推进全市基本公共服务均等化和一体化工作，逐步完善城乡教育、医疗、社会保障、就业、文化等体系，确保全市人民群众分享改革发展成果。

（一）加大强农惠农政策力度

全市各级财政“三农”投入57.96亿元，比2011年同期增长20.35%。重点推动各项农业综合开发工作，加快发展现代农业，推进农田水利工程建设，落实各项支农惠农强农补贴政策；加大扶贫开发投入力度，全市落实105条省定贫困村（含恩平市）10 736户贫困户投入帮扶资金4.04亿元，推动“规划到户，责任到人”扶贫开发工作顺利开展；实施村级公益事业一事一议工作，全年落实奖补资金1.22亿元，完成项目591个，受益人口51万人，完成省下达江门市的年度项目任务投资的100%；及时下达农业综合开发资金，全市开发土地面积4.95万亩，总投资8 270万元，建立江门市财政涉农补贴政策信息服务机制，设立“12316”三农服务热线。

（二）促进教育优先发展

全市拨付教育资金42.67亿元，比2011年同期增长20.35%。重点推动教育现代化，加大对学前教育的专项补助，巩固完善城乡免费义务教育经费保障机制，贯彻执行普通高校、高中阶段教育学校国家资助等政策，提高本科、高职院校国家助学金资助标准，落实对普通高中家庭经济困难学生的资助，加大投入提前实现中小学教师工资福利待遇“两相当”，落实好农民工子女积分制入读公办学校、中等职业学校，农村家庭经济困难学生和涉农专业学生免学费等政策。

（三）提高公共医疗卫生服务水平

全市拨付医疗卫生资金15.25亿元，增长18.75%。重点支持医药卫生体制改革，推进城乡居民基本医疗保险，实现新型农村合作医疗和城镇居民基本医疗一体化，2012年度全市276万多人参加城乡居民基本医疗保险，参保率达到97.84 %，超额完成江门市政府下达的年度参合目标任务，蓬江区、江海区、新会区、鹤山市、台山市、开平市和恩平市的人均筹资标准（含个人缴费）达到290元以上；落实人均基本公共卫生服务经费标准达到25元，逐步完善基本药物“零差率”补偿机制，对村卫生站医生提供的基本医疗服务给予补贴，落实基层医疗卫生机构经常性收支差额补助，全市实现一个镇设有一个卫生院、卫生站服务覆盖所有行政村的目标，城市社区卫生服务基本覆盖城镇居民。

（四）健全社会保障体系

全市拨付社会保障和就业资金25.36亿元，增长14.98%。重点推动新型农村社会养老保险试点全面实施，惠及全市145万人，参保率达99.47%；推进被征地农民与全征地农民养老保险工作，实现城乡居民养老保险全覆盖；加强就业服务工作，落实各项就业扶持政策，兑现各项就业优惠扶持政策补助补贴，全市享受就业扶持政策共

66 984人次，落实援企稳岗政策，进一步稳定就业形势；通过建设廉租住房、经济适用住房和公共租赁住房等多种形式的保障性住房，进一步完善全市住房保障供应体系，全市4 971套保障性住房已全部开工，新增廉租住房补贴244套（户），竣工保障性住房3 725套，合计8 940套（户），占考核目标数8 737套的102.32%；积极稳定物价，建立低收入家庭物价补贴与价格指数联动机制，运用市区价格调节基金对市区低收入家庭进行临时物价补贴，切实保障困难群众的基本生活。

（五）支持文化名市建设

全市拨付文化体育与传媒资金2.16亿元，增长56.98%。构建支持文化产业发展的财政投入机制、引导机制和保障机制，推动江门市成功承办第三届世界江门青年大会、全国册页书法作品（开平）展、中国台山玉雕刻创作大赛、第七届广东（江门）国际温泉旅游节，向世界全方位展示和宣传江门文化资源的丰富与独特，同时支持打造江门市民大讲坛、侨乡阅读文化节等文化品牌，丰富市民业余文化活动；促进文化产业发展，市本级财政安排1 000万元文化产业发展专项资金，用于包括动漫等文化创意产业、文化旅游产业和世界文化遗产保护开发、传媒广告、印刷、图书出版等优势文化产业。

（六）加快建设宜居城乡

各级财政部门多渠道筹集资金，加强城市区域间发展协作，推动加快融入珠三角一体化步伐，采用BT方式推动建设江顺大桥、建设路—迎宾路立交及周边环境整治、公安智能交通系统、广佛江快速干线等工程；通过建立公安智能交通系统，维持江门市区良好的交通秩序、巩固创文成果起到重要的作用。支持市区公共交通发展，完善公共交通服务，市本级财政拨付公交优先发展资金5 000万元，落实市民乘车优惠补贴以及更新购置公交车补贴；加快滨江新区基础设施建设，滨江体育中心已经动工，东华大桥建成通车，胜利大桥建成即将通车，进一步完善蓬江、江海两区交通环境，极大改善两区市民出行硬件环境；开平市侧重在城市环境、完善交通设施上加大投入，新建赤马线三期改造工程、东深公路工程、潭江大桥改造、苍江两岸长堤改造及灯饰工程，进一步美化城市环境。保障绿色环保投入，推动城市生态园林规划，支持园林增色添彩，加强市区日常绿化养护管理，促进“森林围城、树林进城”，推动江门市顺利通过国家环保模范城市复检。

四、深化各项财政改革，全面推进科学化、精细化管理

围绕构建完善公共财政体系的目标，坚持把解决现实问题与建立长效机制紧密结合，继续深化公共财政改革，构建有利于科学发展的财政体制机制。

（一）强化预算执行管理，完善财政国库管理

继续完善预算编制、执行管理、绩效管理和监督制度，积极推动零基预算、绩效预算，不断提高财政资金的使用效益和效率。推进预算执行动态监控改革；进一步优化实时在线监督系统功能，强化人大监督，增设专项资金支出预警功能，简化查询步骤，优化系统监督功能，强化财政资金监管；积极推进预算绩效管理改革，江门市本级扩大评审覆盖面，将市直预算单位除基本支出及水电费、物业管理费、缴纳税金、上缴中央、省规费等项目支出外，单位申报支出预算100万元（含100万元）以上的220个项目全部纳入2013年度预算绩效管理范围，委托第三方机构专家对涉及33个市直预算单位63个项目进行评审，资金总量达2.75亿元，建议金额1.7亿元，核减1亿多元，核减率为36.72%，评审覆盖单位范围之广为历年之最，项目数和申报金额分别是2011年的3.15倍和1.7倍。蓬江区、新会区等县、区也开展绩效管理试点工作，其中新会区在编制2013年部门预算时邀请第三方首次进行预算绩效评审。

（二）推进财政管理体制改革，促进财力与事权相匹配

切实做好省以下财政体制改革实施有关衔接工作，完善市区财政管理体制，进一步推动完善大部制改革，研究制定蓬江区、江海区大部门体制改革行政管理职责调整相关的财政收支划转方案，加强江门市与区行政管理职责调整后财政收支划转有关事项管理，理顺市高新区与江海区行政管理体制，落实高新区市一级财政管理权限。

（三）创新投融资方式，加快城市建设工作

整合资源扩大融资平台，大力推进债券融资、项目融资，探索对城市建设采取DBO、BOT、TOT等方式；按照江门市的要求认真做好经营城市中政府投融资改革有关调研工作和提交有关报告和方案。

（四）深化政府采购制度改革

不断扩大政府采购规模，完善相关规章制度，发挥政府采购政策功能作用，研究制定江门市政府采购促进中小企业发展的措施，积极发挥政府采购在促进中小企业发展的政策功能。2012年，全市政府采购预算金额为（不含工程交易）35.32亿元，实际采购金额32.94亿元，节约资金2.38亿元，节约率为6.74%。

（五）规范行政事业单位国有资产管理

加强行政事业国有资产管理，制定完善各项管理办法，实行经营性资产公开招租；加强行政事业资产收益“收支两条线”管理，组织行政事业单位经营性资产租金收入和资产处置收入入库。其中恩平市财政局积极推进国有企业资产整合管理，将市属工业、商贸、交通能源三大资产经营公司整合重组为市公有资产经营有限公司，增加上缴财政国有资产收益。

（六）加强农村“三资”监督管理

各级财政部门深入贯彻落实省、市纪委加强农村“三资”监管工作会议精神，积极履行财政“三资”管理职责。新会区睦洲镇“三资”管理创造一系列经验，成为全省的示范点；恩平市财政局将农业集体“三资”管理平台与“一事一议”工作紧密结合起来。

（七）严格财政监管，继续推进财政联动监督检查工作

江门市财政局深入开展联动监督检查工作，加大对民生投入的检查力度，提高民生投入的绩效，同时指导和督促各市、区规范财政联动监督检查工作；开平市财政局、江海区财政局高度重视联动监督检查工作，将该项工作列入年度重点工作任务；2012年全市各级财政监督机构共对100户单位开展联动监督检查，有效发挥财政监督上下联动和横向联动的优势。

五、加强财政干部队伍建设，促进和谐财政机关建设

坚持与时俱进，加大财政干部队伍建设力度，适应经济社会发展要求，进一步增强财政干部队伍的凝聚力和战斗力，提高财政干部队伍的创新力和执行力。

（一）抓好财政法治文化建设

江门市财政局创新普法形式，举办2012年《财政管理相关法律法规》学法考试，局领导带头参加学法考试，全体工作人员参考率达到100%；江海区财政局将普法宣传与党风廉政建设相结合，探索财政法治文化创作，就实际工作经历取材，自编自导自演法制文艺小品《道高一尺》，在江海区党风廉政建设文艺汇演中成功演出，充分发挥法制文化的教育引导作用，收到良好成效；开平市财政局开展财政系统“建言献策”活动调动干部职工谋划财政发展大计的积极性和创造性。

（二）抓好党风廉政和机关作风建设

全市各级财政部门以开展“三打两建”工作和机关作风建设年活动为契机，认真做好财政部门党风廉政和机关作风建设。江门市财政局编制廉政风险防控机制，全局工作人员认真开展廉政风险个人自查登记，查找廉政风险875项，制定廉政风险防控措施175项，各科室（单位）梳理权力事项119项，查找风险点156条项，制订廉政风险防控措施119条项；精心编排党风廉政小品《珍惜》，在江门市纪委举办的“五邑清风”文艺汇演上获得广泛好评；组织开展纪念建党91周年系列活动，制作建党91周年宣传栏，开展党建摄影比赛，举办“喜迎十八大”演讲比赛；开展“支部联建”活动，在做好扶贫解困义工活动，对8户困难家庭开展挂钩一对一结对帮扶的基础上，在蓬江区、江海区中选择5个困难基层党支部开展支部联建活动；坚持党建带团建，创新培训形式，组织团员青年开展拓展培训，通过开放体验式的教育培训，培养青年干部团队合作精神。鹤山市财政局被江门市委“创先争优”活动领导小组授予“先进基层党组织”荣誉称号，恩平市财政局被恩平市委授予“恩平市创先争优先进基层党组织”荣誉称号。

（三）抓好干部教育培训建设

各级财政部门切实落实推进“两基”建设，结合财政工作特点，加强干部政治思想、社会道德和业务素质的教育培训。举办全市财政系统“财务管理、会计与审计实务知识”重点专题业务培训班，进一步加强财会基础知识教育，提高财政干部素质；开展全市农村财会人员财政支农政策培训工作，全年全市共培训3 495人，其中：村会计441人，代理机构会计59人，村干部1 277人，其他人员1 718人。

2012年江门市财政运行情况总体平稳，各项财政工作任务顺利完成并取得新成效，同时财政运行和财政管理仍面临加快转型的困难和挑战：一是区域间财政经济发展仍不够平衡，人均经济和财力水平与珠三角平均水平存在较大差距；二是财政促产培财的方式有待完善，仍需不断探索创新配置财源、促进转型的方式方法；三是对财政资金的监督管理和绩效管理仍需加强。

（江门市财政局供稿，杨联光执笔）

阳江市

2012年，阳江市着力调整经济结构和转变经济发展方式，经济实力进一步加强，经济效益进一步提高，人民生活水平提高，各项社会事业取得进步。全市生产总值实现877.0亿元，比2011年增长13%，其中，第一产业增加值175.5亿元，增长5.0%；第二产业增加值400.6亿元，增长18.9%；第三产业增加值300.9亿元，增长9.8%。三大产业比例由2011年的20.9：442：34.9转变为20.0：45.7：34.3。全市固定资产投资483.7亿元，比2011年增长20.7%。社会消费品零售总额467.0亿元，剔除价格因素后实际增长12.4%。外贸出口19.6亿美元，增长2.3%；进口2.6亿美元，增长12.0%。实际吸收外商直接投资1.5亿美元，增长－36.1%。年末金融机构人民币各项存款余额725.3亿元，增长13.6%；城乡居民储蓄存款余额494.6亿元，增长14.3%。村居民人均纯收入9 202元，增长16.3% 。全年居民消费价格指数上涨2.6%。

2012年，全市地方公共财政预算收入完成431 221万元，为年度预算412 460万元的104.5%，比2011年收入实绩349 503万元增收81 718万元，增长23.4%。加上上级补助收入601 644万元，地方政府债券转贷资金收入9 838万元，2011年结余（含省批复决算增加数）136 925万元，调入资金41 105万元，全年总计收入1 220 733万元。全市公共财政预算支出完成1 013 014万元，比2011年支出实绩810 523万元增支202 491万元，增长25.0%。加上上解上级支出11 334万元，增设预算周转金支出3 654万元，调出资金3 821万元，债券还本支出21 067万元，全年总计支出1 052 890万元。收支相抵结余167 843万元，减除结转下年的支出166 649万元，净结余1 194万元。

2012年，市本级（含市直、海陵岛试验区、阳江高新区，下同）地方公共财政预算收入完成188 383万元，为年度预算184 992万元的101.8%，比2011年收入实绩152 106万元增收36 277万元，增长23.8%。加上上级补助收入601 644万元（根据财政部文件要求，2012年市本级反映的上级补助收入为全市合计数，相应在支出方反映对下级补助的合计数；支出方反映的上解上级支出也为全市合计数），县（市、区）上解收入21 080万元（含上解省财政的收入），2011年结余（含省批复决算增加数）102 949万

元，调入资金 32 755 万元，地方政府债券转贷资金收入 6 838 万元，总计收入 953 649 万元。市本级公共财政预算支出 291 564 万元，比 2011 年支出实绩 217 146 万元增支 74 418 万元，增长 34.3%。加上补助县（市、区）支出 514 557 万元，上解上级支出 11 334 万元，调出资金 1 244 万元，债券还本支出 18 077 万元，总计支出 836 776 万元。收支相抵结余 116 873 万元，减除结转下年的支出 116 379 万元，净结余 494 万元。

一、加强收入征管，实现财政收入稳定增长

面对全国经济增速放缓压力和各种减税政策的不利影响，全市各级财税部门在市委的坚强领导和职能部门的积极配合下，切实采取有效措施，千方百计组织收入工作，全市地方公共财政预算收入以 23.4% 的增长超额完成年初计划增长 18 % 的目标。一是加强财政部门沟通联系，积极实施财政联席会议制度，加强工作责任制，深入分析收入完成情况，共同解决组织收入工作中存在的问题。二是加强税源调查工作。深入挖潜，加大对存量房交易、工业园区土地交易、交通运输、建安房地产业等薄弱环节的税收征管力度，做到应收尽收；严格依法治税，做好重点税源的跟踪管理，确保重点企业和重点项目的税收及时足额入库。三是进一步规范非税收入的征收管理。以深入开展“三打两建”工作为契机，配合有关部门做好罚没财产处置工作，确保非税收入及时足额入库。

二、贯彻落实厉行节约，严格控制一般性财政支出

积极倡导厉行节约，勤俭办事，牢固树立“过紧日子”的思想，坚持有所为、有所不为，加强预算控制，强化预算约束，保障政府正常运作和重点支出的需要，做到花小钱办大事，精打细算，合理安排好财政资金，切实提高财政资金的使用效益。采取有效措施大力压缩一般性财政支出，认真落实中央、省、市关于厉行节约的各项政策规定，严格控制“人、车、会”和楼堂馆所等支出，取得明显效果。2012 年，市直一般公共服务支出为 22 725 万元，比 2011 年减少 5 886 万元，下降 20.57%。

三、大力支持经济发展，扩大内需促进经济增长

坚持保增长与调结构、促转型并举，继续实施积极的财政政策，从解决影响经济发展的结构性问题入手，综合运用财政政策工具，强化财政政策对经济发展的支撑、引导和保障作用。

（一）继续推进扩大内需新增中央投资项目建设

积极争取中央、省财政扩大内需专项资金，2008 年至今累计争取到扩大内需新增中央投资项目 499 个，资金 212 893 万元，其中：中央投资 69 014 万元，省配套资金 43 720 万元，阳江市投入配套资金 16 681 万元。2012 年争取到扩大内需新增中央投资项目 246 个，资金 78 005 万元。此外，2012 年，争取到地方政府债券资金 9 838 万元，用于基础设施项目及民生项目建设。

（二）着力支持推进产业和劳动力“双转移”

管好用好省示范性产业园区资金和省产业园区基础设施配套资金，认真做好 2012 年产业转移园区基础设施配套资金 1 亿元和 2012 年现代产业发展引导资金 5 000 万元的分配方案，以提高资金的使用效能。2011 年，阳江市广州（阳江）产业转移工业园被评为全省重点园区，2012 年获得省级补助专项资金 3 767 万元。

（三）积极扩大消费需求，增强经济发展内生动力

继续贯彻落实“家电汽车摩托车下乡”和“以旧换新”政策。及时拨付补贴资金。全市共补贴下乡汽车摩托车 27 989 辆，兑付补贴资金 1 631 万元；补贴下乡家电 120 868 台，补贴资金 3 878 万元。

（四）落实结构性减税政策，发挥财政资金引导和带动作用，大力促进科技进步和自主创新，加快产业结构调整步伐

2012 年，市财政继续安排 500 万元中小企业发展专项资金，与科技三项费用等专项资金结合使用，扶持企业做大做强，促进阳江市经济发展。

（五）落实节能减排政策

2012 年，全市安排节能环保支出资金 16 156 万元，加快高效节能产品推广、实施节能产品惠民工程，推动重点行业、重点领域节能减排。

四、突出保障和改善民生，推进幸福阳江建设

（一）大力推进基本公共服务均等化的实施

2012 年，全市财政在教育、医疗、卫生、住房保障等涉及民生的公共领域方面投入 670 765 万元，占公共财政预算支出的 66%。一是支持教育优先发展。2012 年，全市享受免费义务教育的学生人数为 224 631 人，共拨付免费义务教育补助经费 17 771 万元。加强对普及高中及职业教育支持力度，2012 年，共安排 22 228 万元用于支持高中教育，安排 11 597 万元用于支持职业教育。同时，做好阳江市第一中学迁建和阳江市第一职业技术学校新建的各项工作，2012 年初两校工程完工并实体移交使用。二是做好市医药卫生体制改革工作。2012 年，市财政安排 2 600 万元解决市公共卫生医院工程建设和医疗设备购置。安排 2 046 万元给市中医医院偿还新院项目建设资金银行贷款及地方债券本息。健全基层医疗卫生服务体系。2012 年，市财政补助乡镇卫生院改造资金 350 万元，基层医疗卫生机构基本补助 800.6 万元。三是加快推进和完善基本医疗保障制度建设。2012 年，各级财政对城镇居民医保和新农合的补助标准提高到每人每年 240 元，市财政投入 3 542.5 万元用于支持该项工作的开展。四是推动新型农村和城镇居民社会养老保险全市全覆盖。2012 年，市财政已拨付新型农村和城镇居民社会养老保险补助资金 3 521.26 万元。

（二）加大财政支农力度，做好“三农”工作

2012年，全市完成农林水事务支出167 296万元，同比增长35.48%。基本保证重点农业项目的资金需要。一是认真落实涉农财政补贴政策。全市共拨付农资综合直补资金9 414万元，拨付种粮直补资金1 143万元，新增农资综合直补2 808万元，两项补贴惠及32.44万农户，126.95万农民；落实农机购置补贴和农作物良种补贴等直补政策，市以上财政共投入补贴资金6 875万元，进一步调动农民种粮的积极性，促进农民增收，确保国家粮食安全。二是贯彻执行一事一议财政奖补政策，着力支持村级公益设施建设。全市共上报项目2 860个，总投资10.56亿元，筹资筹劳总额7亿元，申请中央及省财政奖补资金2.8亿元，是全省申报项目及奖补资金最多的地级市。

（三）不断推进实施省、市十件民生实事

按照省政府关于为人民群众办好十件实事的部署，以及市委、市政府向全市人民承诺办好十件民生实事的要求，全市各级政府高度重视，狠抓落实，取得良好成效。2012年，省、市承诺为民办的十件实事共45项具体措施，涉及社会保障、医疗卫生、教育、文化、住房保障等方面。各级财政部门集中财力，拨付资金共233 918万元，其中：中央、省补助资金80 334万元，市本级资金51 438万元，各项民生实事的资金全部落实到位。

（四）管好、用好扶贫“双到”资金

2012年，省、市安排扶贫“双到”专项资金4 672万元，用于改善农村生产生活条件和发展环境，帮助困难群众脱贫致富。

五、深化财政管理改革，全面推进科学化、精细化管理

2012年，阳江市财政以科学发展观为指导全面深化改革创新，积极推进科学、阳光、民主理财，强管理、促转变、推改革，有力促进全市经济社会平稳发展。

一是从2012年开始实施市与江城区、海陵区、阳江高新区新的财政管理体制，推动市区两级共同加快发展、科学发展。二是调整财政转移支付体制，做好省直管县试点改革工作。三是制定《阳江市财政性资金存放商业银行改革实施方案》，建立财政性资金存放商业银行评价激励机制，引导商业银行积极支持地方经济发展。四是在部门预算中贯彻绩效性原则，进一步扩大绩效评价的项目范围，制订《阳江市市级部门预算项目支出绩效目标管理规程》，强化绩效评价管理，增强财政支出的科学性。五是国库集中支付改革继续深化，不断扩大市级预算单位国库集中支付改革单位范围和资金范围。六是大力推进县级非税系统建设，深入推进非税收入管理制度改革。七是市级预算单位财务核算信息集中监管和公务卡结算改革进展顺利，预算单位财务管理进一步规范。八是积极支持政府购买社会服务改革。根据上级部门相关工作的通知精神，印发《阳江市财政局关于政府向社会组织购买服务供应方竞争性评审的管理办法》，制定阳江市政府购买社会服务试点项目目录、规程和标准，扶持以公益性服务组织为主的社会组织发展。九是按照省财政厅的部署，加快预算支出进度，建立预算支出进度通报考核机制。十是不断完善财政监督机制。进一步加强对政府投资项目财政建设资金使用的监督，保障财政资金安全。配合省级有关部门做好产业转移补助资金以及农业、社保、教育等专项资金的审计和检查工作，确保资金专款专用。做好财政性资金投资项目的工程审核工作。全面落实公共工程代建制，有效控制工程造价，节约财政资金。

六、扎实做好市属国企改革等各项工作

一是认真做好市属困难国有企业改革资金审核拨付工作，2012年共投入3 331万元用于安置困难国企职工。二是重点抓好市公用事业集团建设，完善法人治理结构，积极探索改革投融资体制，做大做强市属国有企业。积极组建市城投公司，以市恒财公司为基础，整合市自来水公司、市铁路公司等市属优质的国有企业，同时注入储备土地，搭建具有雄厚实力的融资平台。三是盘活企业资产。改制企业土地全部由市征地储备中心收储，将工交公司属下改制企业市面粉厂和饲料厂土地（包括厂房）纳入土地储备；做好市工交公司属下投资集团债权包的收购和该集团其他债务的处置工作。四是积极做好政府还贷二级公路收费站撤站债务核定工作。

七、严抓自身建设，提高财政队伍素质

继续深化财政机关作风建设，强化行政管理，进一步健全完善机关管理有关规章制度，促进财政科学化、精细化管理取得显著成效。一是深入学习十八大精神。把学习好党的十八大精神作为当前和明年工作的首要任务，把学习党的十八大精神与各项工作结合起来。二是加强业务知识培训和政治学习，不断提高财政干部的综合素质，为做好新形势下的财政工作提供智力支持和组织保障。三是进一步加强党风廉政建设。认真贯彻落实党风廉政建设责任制，开展廉政风险防控机制建设，廉政风险防控工作进一步加强。严格控制“三公”经费的开支，加强公务用车的管理，加强廉洁从政教育，推动机关廉政建设，树立良好的形象。四是继续做好扶贫开发“规划到户、责任到人”工作，加大帮扶力度，想方设法多种渠道筹集资金，管好用好资金，发挥帮扶资金的最大效益。五是完善干部选拔任用程序、积极实行轮岗交流制度。2012年，阳江市财政局重点对部分在同一职务任职5年以上中层干部进行轮岗交流，并对空缺岗位进行了择优选任。同时，面向广东省范围内公开选调公务员5名，进一步充实了财政队伍。

（阳江市财政局供稿，李珊珊执笔）

湛江市

2012年，湛江市全面贯彻落实党的十八大精神，围绕开创湛江大工业时代、全力推动“五年崛起”的奋斗目标，

采取各种有效措施，攻坚克难，经济总体呈现平稳增长态势。全市生产总值达到1 900亿元，比2011年增长10%，高于全国、全省增长水平。其中第一产业增长6.6%，第二产业增长13.0%，第三产业增长8.4%。人均生产总值26 782元，增长9.0%。固定资产投资572.28亿元，增长16.6%。产业结构优化升级，三次产业结构由2011年的20.2∶41.8∶38.0调整到19.7∶42.1∶38.2；严格执行国家产业政策，禁止耗能、耗水以及污染物排放量高于全国平均水平的项目立项，落实节能减排目标责任制，节能减排成效显著，单位生产总值能耗下降3.66%，二氧化硫、化学需氧量实现达标排放。

全年外贸进出口总额46.9亿美元，比2011年增长6.4%。其中出口总额22.1亿美元，增长5.4%；进口总额24.8亿美元，增长7.3%。主要出口产品中，机电产品、纺织纱线、服装及衣着附件出口增速放缓，家具、鞋类、纸及纸板、成品油、天然硫酸钡大幅增长。招商引资成效显著。成功举办北京、上海投资说明会和海口旅游推介会，力促招商实现新发展。实际利用外资8 726万美元，增长64.1%，增速居全省前列。

农业总产值608亿元，比2011年增长6.5 %，调整优化农作物结构，大力发展热带、南亚热带特色型现代农业。粮食、糖蔗、蔬菜、水果、花生等总产量增加。加快现代渔业建设，创建农业部健康养殖示范场11家。硇洲和乌石国家级中心渔港项目主体工程全面完成并投入使用。推进农业品牌化、标准化成效显著，湛江市有效期内国家绿色食品认证64个，广东省名牌产品（农业类）75个。

加快推进名镇名村示范村建设，累计筹集投入建设资金8.5亿元，完成村镇整治建设项目352个，规划建设2个省级名镇、28个省级名村和56个市级示范村。建成21宗农村饮水安全工程，解决28万人饮水安全问题。建设水库移民新村85个。完成农村公路硬底化改造1 156公里。扶贫开发力度明显加大，建成扶贫开发项目3 096个，完成困难户住房改造33 000户，全市有劳动能力的贫困户已100%实现脱贫。

全年完成重点项目建设260.5亿元，比2011年增长15.2 %。开工建设保障性住房4 053套，完成年度目标任务的102%。渤海农业菜籽综合加工项目、半岛科技麻章生产基地项目、粤电徐闻勇士风电场、城镇污水处理设施项目等7个项目竣工。东海岛石化基地填海工程、东海岛港区通用杂货码头、湛江产业转移园、湛江东兴乙苯－苯乙烯项目、中电投徐闻和安风电场、湛江（遂溪）养老休闲产业基地（首期）、湛江中心人民医院新院等10个项目开工建设。湛江钢铁基地项目获得国家发展改革委核准，自备电厂、30万吨原料码头及厂东区生产配套工程正在加快建设。中科炼化项目稳步推进，海域、陆域初勘工作基本完成。晨鸣林浆纸一体化二期项目可行性研究报告编制完成，平面布置、用地规模、红线已确定。“三环四通”项目建设加快，环雷州半岛一级公路项目已纳入国家战备公路用地计划，南线徐闻段启动建设。茂湛铁路加快推进，东海岛铁路可行性研究报告已获得铁道部批复。京信东海岛热电联产项目和大唐国际雷州火电项目获得国家能源局“路条”，启动粤电湛江电厂环保迁建以及京能集团徐闻火电项目前期工作。迁建湛江机场已进入预选场址比选阶段。

城市框架进一步拉开，海东新区首期土地征用工作已全面完成。省运会主场馆建设进展顺利，已完成总体工程的60%以上。中央商务区、港城新区前期建设工作加快推进。开展港湾清障专项大行动，完成海域面积185.5平方公里、岸线243里的港湾清障任务。建成奋勇大道、疏港大道二期，海滨大道改扩工程正在加快建设。综合整治市区北桥河等14条河渠。建成城区绿道25.6公里。全市已完成“三旧”改造项目107个。升级改造市区38个农贸市场，大力整治城市“六乱”“六小”，环境卫生明显改善，基本达到国家卫生城市标准。加快建设污水处理厂及管网设施，市区生活污水处理率达90.6%，空气质量和环境综合质量在全国重点城市中位居前列。

居民收入快于经济增速，城镇居民人均可支配收入达20 227元，增长15.0%。农村居民人均纯收入达9 637元，增长16.7%。人口自然增长率7.8‰，完成省下达的目标任务。就业和社会保障工作进一步加强。城镇新增就业7.1万人，城镇登记失业率2.75%。新增转移就业13.2万人。“教育创强”工作顺利推进，赤坎、霞山区成为粤西地区首批验收通过的教育强区，创建教育强镇（街）26个。义务教育均衡发展取得阶段性成效，高中阶段毛入学率达90.1%。全面完成20户以下广播电视“村村通”的任务，基层公共文化设施建设任务基本完成。市直3家文艺团体和2家电影公司的转企改制工作完成。在伦敦奥运会上，湛江市运动员取得了1银2铜的佳绩。

社会保障水平进一步提高，全市城乡居民社会养老保险参保人数229.8万人，完成年度任务的102.2%，实现了城乡居民养老保险制度全覆盖和人群的基本全覆盖。城乡居民医疗保险参保率达到98.7%。医药卫生体制改革工作成效显著，完善城乡居民医保“湛江模式”，提高大病保障水平，对患重大疾病的参保人在基本医疗保险报销的基础上实施再次补助，全年最高报销一档25万元，二档30万元。开展“三个平价”医疗服务，推进“平价医院、平价门诊、平价药包”医疗服务。

2012年，在市委的正确领导下，全市财政部门坚持以科学发展观为统领，贯彻落实市委第十次党代会总体要求和市委十届三次全会精神，按照市十三届人大一次会议的要求和部署，围绕做大做优经济“蛋糕”、建设“公共型财政和发展型财政”目标，主动转变财政发展方式，大力拓展财源，积极组织财政收入，不断调整和优化支出结构，推进财政改革创新，切实提高财政运行的质量和效率，全市公共财政预算执行情况良好。

一、2012年全市公共财政预算执行情况

2012年，全市地方公共财政收入92.09亿元，完成预算的100.09%，比2011年增长15.07%，其中：税收收入完成52.31亿元，完成预算的87.48%，比2011年增收3.79亿元，占公共财政收入的比重为56.81%；非税收入

完成39.77亿元，完成预算的123.52%，比2011年增收8.27亿元，占公共财政收入比重为43.19%。全市地方公共财政收入加上上级补助及上年结余收入，全市财政总收入275.03亿元。

2012年全市上划中央“两税”585 642万元，比2011年增收57 044万元，增长10.79%；上划省共享“四税”197 137万元，比2011年增收15 772万元，增长8.7%。全市获得省级财政补助收入1 439 998万元，市财政对各县（市、区）补助支出183 527万元。

全市地方公共财政支出218.92亿元，完成预算的100.96%，加上上解省支出5亿元，总支出为223.92亿元。收支相抵，剔除结转下年支出后，实现收支平衡，略有结余。支出方面，贯彻落实省政府10件民生实事和市政府工作报告中18件民生实事，多渠道筹措并按进度拨付资金，进一步加大教育、社会保障、医疗卫生等民生领域的投入，确保惠民工程的顺利实施，尤其是加大对县区的补助，保障基层政权顺利运转，民生建设效果显著。全市公共财政支出中用于教育、科技、文化体育与传媒等11项民生资金达156.91亿元，比2011年增支22.26亿元，增长16.53%。

二、2012年市本级公共财政预算执行情况

湛江市本级公共财政收入41.97亿元，比2011年增长11.77%，加上上级补助收入、上年结余收入、下级上解收入等，市本级可安排使用的财政收入总计106.16亿元。市本级公共财政支出58.68亿元，加上补助县区及上解省支出，总支出为88.68亿元。收支相抵，剔除结转下年支出后，净结余3 000万元，实现收支平衡，略有结余。

三、2012年财政预算执行的主要措施及成效

（一）着力完善增收节支机制，确保完成全年预算任务

2012年，受国内外经济环境不利因素的影响，全市财政组织收入工作面临较大压力。为实现全年财政收入增长目标，财税部门加大对税收收入形势的调研分析，做好经济运行情况和税收趋势的监测，科学编制非税收入收缴计划，确保非税收入应收尽收。

在支出管理方面，严格控制行政经费，强化制度建设和预算执行，严格预算约束，厉行节约，努力降低行政成本，确保做到“五个零增长”，即公务购车和用车经费、会议经费、公务接待费用、党政机关出国（境）经费、办公经费零增长。

（二）着力扶持重点产业发展，促进经济增长方式转变

支持发展现代工业。拨付钢铁项目等征地补偿资金2.58亿元，投入1亿元大力支持产业转移工业园区基础设施建设，安排5 000万元招商引资奖励资金，开展“三讲三评”考核工作，拨付8 600万元扶持中小民营和外经贸企业发展，组织申报广东省产业转移工业园重点园区重点产业贷款贴息项目，获得省贷款贴息扶持7个项目共4 303万元。

支持发展现代农业。投入农业综合开发土地治理项目资金1.05亿元，夯实农业基础；发放种粮补贴2.88亿元、中央农作物良种补贴5 870万元、农机购置补贴3 776万元，促进粮食生产；下达省级小型农田水利基本建设专项资金、重点县（示范镇）建设补助资金共6 129万元，整治农田面积1.92万亩，小陂头14个；安排专项资金1 380万元，支持渔民转产转业，扶持14个渔民专业合作社，涵盖繁育养殖、加工扩建、设备购置等环节。

支持发展现代服务业。积极参与广东省旅游产业园区扶持资金竞争性分配，成功竞得3亿元的扶持资金发展滨海旅游业；安排220万元用于引导各类金融企业、银行机构等积极参与到经济发展中来，提高金融业对地方经济的支撑力；成功申请政银企合作专项资金1 919万元，涉及企业申报贷款金额5.3亿元；积极向中央、省争取扶持资金1 958万元，用于供销系统平价商店、现代流通服务“农超对接”以及霞山水产品批发市场基础设施等项目建设，进一步促进湛江市现代服务业及物流项目的发展。

（三）着力调整优化支出结构，全力办好各项民生实事

支持教育强市工作。2012年，全市教育支出占公共财政支出比例进一步提高，较好地完成省下达湛江市的目标任务。足额落实城乡免费义务教育统一公用经费7.02亿元；全面化解省级审计的农村义务教育债务6.14亿元，促进农村教育事业的健康发展；安排市级教育创强经费5 400万元，奖励每个达标县（市、区）500万元、达标镇（街）100万元；安排36 46万元用于落实中小学教师工资福利待遇“两相当”政策；安排义务教育规范化学校建设资金1 560万元，建设75所学校共173个项目。

切实加强社会保障工作，支持医疗卫生体制改革。市级累计拨付城乡居民基本医疗保险补助资金1.72亿元，补助城乡居民养老保险资金7 967万元；拨付城乡低保、农村五保供养等专项资金1.84亿元，确保26.9万名城乡困难群众基本生活得到保障；发放11家关闭企业职工安置资金2 210万元，解决企业职工生活困难问题；拨付就业扶持资金1 134万元，下达技工学校省市补助资金6 634万元；筹措资金3.11亿元，完善公共卫生保障机制，支持基层医疗卫生机构综合改建。

支持科技创新、节能环保和文化体育事业发展。安排1 360万元开展科技三项经费的竞争性分配工作，共96个项目获得资金扶持；获得省LED公共照明示范项目资金1 200万元，推进节能改造工作；拨付8 068万元开展环保测评、城镇污水处理设施配套等多项工作；安排文化事业、社会科学、干部教育等各类资金共1.42亿元，为促进文化事业发展提供经费保障；安排2.92亿元保障省运会体育场馆工程建设。

完善交通运输投入机制。全年安排港口建设专项资金1.2亿元，用于支付航道工程款及支持港口建设；安排航班补助2 500万元，用于补助经湛飞行的航线；安排疏港公路建设资金2 000万元，保障工程建设；安排农村公路建设资

金1 500万元，用于配套建设农村道路。安排公共交通支出2 562万元，其中用于拨付老年人免费乘车补助469万元，企业设备更新补助、坡头方向等边远线路补助及特殊群体乘车补贴300万元，小公交车亏损补贴1 542万元。

保障农村基础生活设施和基层组织建设。下达历年中央水库移民扶持资金1.86亿元，补助22万人；安排农村饮水安全工程省级补助资金4 528万元，解决近30万人饮水安全问题；拨付中央、省和市级农村低收入住房困难户住房改造建设资金2.8亿元，改建2.3万户；下达扶持不具备生产生活条件贫困村庄搬迁省级补助资金1 272万元，扶持村庄38条，涉及搬迁移民6 414人；下达各级扶贫“双到”资金1.05亿元，对全市253条村进行补助；下达基层组织保障资金7 200万元，有效地保证基层组织正常运作。

积极利用价格基金平抑市场物价。安排价格调节基金4 000万元，对市区低保、五保等低收入群体实行临时价格补贴、煤气补贴，以及开展平价市场、平价超市和扶持蔬菜生产基地建设等工作。

扎实做好市区保障性安居工程工作。多方筹措落实保障性住房建设资金1.3亿元，全年开工建设4个项目共1 035套住房。

（四）着力加大公共安全支出，确保社会和谐稳定

加大公共安全保障力度，推动“平安湛江”建设，保障经济社会平稳较快发展。全市共投入资金超过6 000万元，深入开展“三打两建”行动。加大政法部门公用经费投入，落实从优待警政策，安排公安系统经费5.2亿元，比2011年增长12.74%；安排民警加班补助和绩效考核资金2 167万元；投入1 000万元用于社会治安视频监控系统建设；安排5 135万元用于市中心看守所、交警职能指挥中心和法院审判综合楼等项目征地、前期准备及工程建设。

（五）着力完善城市建设维护，增强城市综合服务功能

以完善基础设施建设为重点，提高经济发展承载力。财政部门创新思路，多渠道开展融资工作，积极推动平台公司发债，破解筹融资困难的局面。2012年累计融资23.58亿元，用于钢铁项目村民搬迁安置小区、“两路一桥”项目、海湾大桥连线二期工程等基础设施项目建设。拨付湛江港湾清障资金3亿元，清理非法渔业设施及拆除碍航物，还海于民，创建安全美丽港湾。

加大城市维护资金投入，支持“五城同创”。投入城市建设维护费2.42亿元，加强基础设施维护，确保市容环境干净整洁，提升城市品位；安排6.8亿元“创卫”资金，为“创卫”工作提供资金支持，清理南柳河、赤坎江等城区水道，对市区44个农贸市场升级改造，积极创建麻章卫生镇。核拨创模经费2 000多万元，确保创模工作顺利开展。

（六）着力深化改革创新，推进财政科学化、精细化管理

预算编制更加民主科学。采取“走出去，请进来”等形式，充分听取各界的意见，使预算管理更加精细、编制方法更加科学、支出安排更加合理。财政机制体制更加完善。按照财权与事权相统一、充分调动湛江市与区两级政府积极性的原则，科学研究市与区财政管理体制调整方案，确保市、区持续协调发展。非税征收管理工作更加规范。在9个县（市、区）实现非税上线征收，杜绝财政资金在征收单位滞留的现象。乡镇财政管理基础工作不断推进。强化基层财政建设，提升服务质量，加强农村财务管理和审计监督，完善民主理财机制。国库支付改革继续深化。将预拨经费、暂付款、暂存款、省级交通融资户资金纳入国库集中支付，全市财政账户全部实现财政国库管理。继续推行公务卡改革，237家市直预算单位全部纳入公务卡制度改革范围。绩效管理改革推向纵深。逐步将绩效管理向事前、事中环节拓展，引入第三方评价，逐步建立绩效问责与激励机制。政府采购改革不断深化。继续完善政府采购制度，加强监管，加快推进电子采购平台向县区扩展，进一步提高政府采购效率。行政资产管理改革成效显著。开展市直行政事业单位国有资产管理考核工作，规范经营性资产招租程序。支持文化系统事业单位的转企改制，强化行政事业单位利用国有资产对外投资的管理工作。财政监督、评审机制更加完善。建立健全覆盖财政运行全过程的监督机制，重点对中央、省、市专项资金进行监督检查；完善项目工程造价管理评审系统，全年完成审核项目572项，涉及金额19.11亿元，核减金额2.98亿元，核减率15.6%，有效节约财政投资资金。

（湛江市财政局供稿，左　芳执笔）

茂名市

2012年，茂名市全力推进“滨海发展战略”，着力兴交通、办工业、造新城、惠民生，全市经济社会发展呈现稳中有进的良好态势。2012年，全市实现地区生产总值1 951.2亿元，比上年增长10.6%。其中，第一产业增加值349.0亿元，增长4.9%，对GDP增长的贡献率为8.0%；第二产业增加值799.6亿元，增长16.2%，对GDP增长的贡献率为62.0%；第三产业增加值802.6亿元，增长7.5%，对GDP增长的贡献率为30.0%。三次产业结构为17.9∶41.0∶41.1。人均地区生产总值32 931元，增长9.3%。全年居民消费价格总水平上涨3.0%。全年完成工业增加值740.8亿元，增长16.4%，其中规模以上工业增加值432.9亿元，增长22.0%。全年工业经济效益综合指数448.0%。全年固定资产投资427.4亿元，增长96.7%。全年社会消费品零售总额902.2亿元，增长14.8%。全年进出口总额10.40亿美元，增长12.7%。其中，出口总额6.29亿美元，增长5.1%；进口总额4.11亿美元，增长26.7%。实际利用外资金额8 005万美元，增长126.6%。2012年年末全市金融机构人民币存款余额1 328.3亿元，增长12.1%。年末金融机构人民币贷款余额539.4亿元，增长21.6%。全年城市居民人均可支配收入18 034元，增长11.9%。农村居民人均纯收入9 506元，增长16.1%。

2012年，全市公共财政预算收入78.12亿元，完成年初预算的101.8%，增长18.2%。其中税收收入44.04亿元，增长19.3%；非税收入34.08亿元，增长16.8%。在税收收入中，国内增值税11.44亿元，增长13.1%；营业税6.52亿元，增长10.8%；企业所得税1.96亿元，增长17.3%；个人所得税0.83亿元，下降12%；其他地方各税23.29亿元，增长27.1%。在非税收入中，专项收入2.85亿元，增长19.7%；行政事业性收费收入10.47亿元，增长5.6%；罚没收入2.73亿元，下降16.1%；其他收入18.03亿元，增长32.2%。全市公共财政预算支出192.27亿元，增长18.8%。其中一般公共服务支出25.41亿元，增长21.9%；公共安全支出11.58亿元，增长37.6%；教育支出50.68亿元，增长10.5%；文化体育与传媒支出1.93亿元，增长23.3%；社会保障和就业支出25.44亿元，增长19.2%；医疗卫生支出23.45亿元，增长24.2%；农林水事务支出19.89亿元，增长17.5%；交通运输支出10.07亿元，增长62%。

2012年全市财政公共财政预算收入加上级补助收入115.80亿元、转贷地方政府债券收入7.75亿元，国债转贷资金上年结余670万元、上年结余25.01亿元、调入资金5 882万元，财政总收入227.33亿元，增长20.34%。全市财政公共财政预算支出加上解上级支出1.35亿元、地方政府债券还本支出1.93亿元、增设预算周转金9 354万元，公共财政预算总支出196.48亿元，收支相抵国债转贷资金结余670万元，年终滚存结余30.78亿元，其中结转下年支出28.10亿元，净结余2.68亿元，实现了收支平衡。市级和各县（市、区）财政均实现了收支平衡。全市政府性基金收入15.02亿元，加上补助收入10.17亿元、上年结余6.05亿元，总收入31.25亿元；全市政府性基金支出22.57亿元，加上调出资金5 882万元，基金预算总支出23.16亿元。收支相抵，年终结余8.09亿元，实现了收支平衡。全市财政专户管理资金收入10.63亿元，加上上年结余6 777万元，总收入11.31亿元；全市财政专户管理资金支出10.58亿元。收支相抵，年终结余7 234万元，实现了收支平衡。全市完成上划中央“两税”（不包括中央省属企业上划数）22.09亿元，增长65.3%；完成上划省“四税”10.92亿元，增长12%。四个县（市）综合增长率为：化州市25.3%、电白县23.9%、高州市7.5%、信宜市4.7%，在全省66个县市中排名分别为第9名、第12名、第52名、第60名。

一、财政收入增长较快，收入质量逐步提高

全市各级财政部门充分发挥牵头协调作用，认真执行财税联席工作会议制度，充分发挥县（市、区）经济考核机制和新一轮市、县财政体制激励作用，促进了财政收入增幅稳步提升，财政收入的亮点体现为：“总量上新台阶、质量有所提高、县域竞相发展”。一是全市地方财政收入首破70亿元大关。全年公共财政预算收入增长18.2%，比前三季度提高了6.8个百分点。全市地方公共财政预算收入完成78.12亿元，首次突破70亿元大关，向80亿元大关挺进。二是税收实现快速增长，财政收入质量得到改善。全市税收收入增长19.3%，超过全省平均水平7.7个百分点，除个人所得税因为政策性减收外，其余各税种均实现两位数增幅。经过连续11个月的追赶，税收增幅终于赶超非税增幅，非税增幅从最高点的41.1%平稳回落到16.8%，非税收入比重比2011年下降0.6个百分点，财政收入质量得到改善。三是县区级财政收入更上一层楼，竞相发展势头强劲。按照省、市加快县域经济发展的战略决策，各级财政继续从政策上、体制上、资金上大力支持县域经济发展，市政府每季度对县（市、区）实行经济发展考核，各县（市、区）发展经济的积极性和主动性不断增强，推动县域经济快速发展，对财政收入激励机制的作用逐渐显现。全市6个县（市、区）公共财政预算收入完成43.1亿元，占全市财政收入的比重由2011年的53.6%提高到2012年的55.2%，增长21.7%，比全市平均水平高出3.5个百分点。各县（市、区）财政收入均有两位数的增幅，其中茂南区增长33.0%，茂港区增长30.1%（2011年决算数剔除高新区七迳镇收入200万元），信宜市增长10.5%，高州市增长18.0%，化州市20.1%，电白县增长25.6%。电白县公共财政预算收入完成10.1亿元，成为茂名首个地方公共财政预算收入突破10亿元大关的县（市）。

二、积极筹集各类资金，大力支持重点项目建设

一是多渠道筹集资金，大力支持重点项目建设。积极争取省财政支持，获得2012年地方政府债券资金7.75亿元，统筹安排2011年地方债券资金2.94亿元，主要用于滨海新区基础设施建设、茂名大道改造、市政工程建设等。引进广东粤财信托有限公司股权融资资金5亿元，主要用于广湛高速茂名出口南片区路网及小商品集散市场项目和茂港歌美海路网及物流园项目建设。拨付茂石化炼油厂、乙烯厂区卫生防护距离内居民搬迁经费1.86亿元，为茂石化炼油扩建项目建设奠定基础。二是大力支持园区建设。拟定省产业转移工业园1亿元发展专项资金、省补助市配套现代产业发展引导专项资金1.2亿元及市安排珠海（茂名）产业转移工业园1.5亿元的分配使用计划。及时拨付珠海（茂名）产业转移工业园等园区各类资金1.58万元。认真做好应对省2011年产业转移目标责任考评工作和珠海（茂名）产业转移园的扩园工作，出台扶持入园企业的资金管理办法。三是积极扶持民营经济发展。市级安排科技三项资金1 600万元，通过竞争性方式分配扶持16个项目。市级安排中小企业发展专项资金1 000万元、科技型中小企业技术创新专项资金100万元、名牌产品和名牌商标奖励资金420万元、工业强镇（街道）资金300万元。四是大力推进现代农业建设。市财政安排水利建设资金6 931万元。全市投入7 650万元支持小型农田水利重点县和示范镇农田水利建设。拨付财政资金3 600万元，对全市23个油茶项目、种植面积27 100亩进行扶持。市级财政安排农业产业化专项资金3 000万元，推动农业产业化发展。五是积

极支持生态保护与建设。市级财政安排资金1 500万元，继续加强对高州水库水资源保护。市级从地方债券中安排资金3 000万元，推进水东湾专项治理工作。

三、优化支出结构，重点保障民生支出

由于实行最严格的支出控制，全市用于维持政权运转的经费支出比重进一步下降，从2007年的22.6%下降到2012年的11.6%，节约的支出全部用于改善民生。全市70%以上支出用于改善民生，财政民生支出143.4亿元，增长15.6%，占全市公共财政预算支出的74.6%。其中，全市交通运输支出增长62%、医疗卫生支出增长24.2%、文化体育与传媒支出增长23.3%、社会保障和就业支出增长19.2%，均超过公共财政预算支出增幅。全市教育支出完成50.68亿元，占公共财政预算支出的26.4%，完成省财政厅核定目标。全市各级财政部门重点保障省十件民生实事资金支付，为落实和配合省十件民生实事工作拨付资金32.5亿元，完成年度预算的100%。全市发放粮食直补资金1 318万元，农资综合直补资金2.35亿元，补贴农户106.24万户。全市销售“家电下乡”产品27.20万台，总销售金额6.63亿元；补贴用户购买27.18万台，补贴财政资金6 548万元，对付率为89.8%。下达省级扶贫开发“规划到户，责任到人”补助资金8 030万元，对省认定的贫困村以及农村家庭年人均纯收入1 500元以下的农户予以补助。省、市财政共安排2.06亿元，对农村困难住房户建房进行补助；省、市财政共安排1 027万元，对不具备生产生活条件贫困村庄搬迁进行补助。全市免费义务教育投入资金6.42亿元。全市筹措资金5.44亿元，全面完成义务教育化债任务。全市下达教育创强专项资金1 950万元，补助教育强镇14个。全市实现了城乡居民社会养老保险制度全覆盖，其中市级财政城乡居民社会养老保险补助支出5 750万元。市级财政支出高龄老人津贴1 218万元。市级支出低保资金2 477万元，城乡居民最低生活保障制度进一步完善。全市安排优抚对象生活和医疗补助专项经费1.35亿元，补贴标准进一步提高。市级紧急拨付自然灾害补助资金1 430万元，灾害预警和应急响应能力不断增强。市级拨付保障性住房建设资金5 092万元，全市竣工保障房1 071套，竣工率为105%，提前完成省下达的建设任务。

四、全面深化财政改革，严格规范资金监管

一是不断创新财政体制。编制《茂名市财政改革与发展“十二五”规划》，2012－2016年市与县（市、区）新一轮财政体制开始执行，完善市对县（区）、县对镇财力保障机制，县镇经济发展、财税增收活力不断增强。二是积极推进完善“两上两下”部门预算编制改革，提高预算编审的透明度和规范化。三是推进国库管理改革。做好国库资金调度工作，完善对县（市、区）资金调度办法，缓解国库资金压力。清理整顿财政专户，完善国库单一账户体系。进一步简化资金拨付流程，实现了市级预算单位授权支付业务的“两票合一”，积极推进基建资金纳入集中支付范围。稳步推进公务卡制度改革，市本级258个预算单位按改革任务全部纳入改革范围。四是深化“收支两条线”改革，扩大非税收入“收支两条线”征管范围，全面铺开县级非税征收管理系统建设。五是加强政府采购监管。制定《关于进一步加强市级政府采购监督管理工作的通知》，从规范采购方式执行、严格采购项目申报时效、加强政府采购监管等方面对进一步加强监管力度。做好2013－2014年度公务车辆维修、印刷、办公设备等项目协议采购的供应商资格招标工作。全市实际采购金额10.24亿元，平均节约率为7%。六是加强行政事业单位资产管理。市直政事业单位经营性资产的监管工作取得突破性进展，实现经营性资产的规范统一管理，行政事业单位经营性国有资产经营收入实行“收支两条线”管理，规范行政事业单位经营性国有资产招租行为，加大行政事业单位经营性资产收益的征缴力度。七是加强财政支出绩效评价。开展市级财政支出项目绩效自评单位62个，涉及项目100个，引入第三方开展财政支出绩效重点评价。八是加强财政投资项目评审。出台《茂名市投资审核中心审核资料登记暂行办法》和《茂名市投资审核中心评审工作一次性告知制度》，全市审核1267个项目，送审造价80.3亿元，审定造价70.14亿元，平均核减率达12.7%。九是加强财政监督检查。对2012年全市落实十件民生实事资金13.36亿元、2010－2011年度下达茂名的小型病险水库加固资金等18项7.76亿元中央政府公共投资预算资金、2010－2011年省级财政拨付茂名市的义务教育规范化学校建设专项资金等六项省级财政专项资金进行自查。配合省财政厅对全市2010－2011年度农业科技推广专项资金等8项省级财政支农专项资金的管理和使用情况进行检查。抽选25个单位开展会计监督检查。健全防治“小金库”长效机制，加强注册会计师行业管理。

五、切实改进工作作风，队伍面貌焕然一新

一是全市财政系统深入开展了为期半年的“学业务、强素质、树形象”专题教育活动。召开动员会议204次，张挂宣传横幅299条，制作宣传专栏205期，在各类媒体报道活动52次。统一印制《财政业务知识汇编》，召开集中学习会议1 108次，撰写心得体会文章2 680篇，编印学习资料3 311册，购发学习书籍8 457册，发放读书笔记本1 746本。举办各类培训班、专题讲座、报告会107期（次），7 236人次参加，平均每人参加培训近4次。除了与浙江大学、广东商学院等高等院校联合办班之外，还通过建立学习联系点制度、举办业务知识竞赛、演讲比赛、金点子征集活动等方式，不断增强学习成效。在全市财政系统抽取693名财政干部进行了闭卷考试，考试人数超过总人数的1/3，市平均分为92.8分。二是加强党风廉政建设，扎实开展纪律教育学习月活动，加强保持党的纯洁性教育，建立廉政风险防控长效工作机制。三是加强财政法制建设，抓好财政“六五”普法宣传教育，加强财政税政管理，圆满完成75件人大代表建议、政协委员提案答复工作。四是积极推进政务公开。积极做好金财工程应用支撑平台实施项目验收工作，推进预决算、重大民生资金、三公经费公

开，打造阳光财政。编印《茂名财政专报》79 期、《茂名财政简报》12 期，被省财政厅、市委、市政府等信息部门采用信息共计 29 条。

（茂名市财政局供稿，梁建旭执笔）

肇庆市

2012 年，肇庆市围绕建设成为代表珠三角科学发展成果城市的奋斗目标，全面落实《珠三角规划纲要》，大力实施“两区引领两化”战略，全力保增长、促转型、保稳定、惠民生，实现全市经济社会健康、稳定发展。2012 年，全市实现地区生产总值 1 453.84 亿元，增长 11%，增幅列珠三角第 2、全省第 7 位，其中第一、第二、第三产业增加值分别增长 5.8%、17.2% 和 6.1%；全年完成固定资产投资 852.60 亿元，增长 20.1%；全年实现社会消费品零售总额 433.39 亿元，增长 15.1%；全年完成进出口总额 63.52 亿美元，增长 11.2%，其中出口总额 37.81 亿美元，增长 14.3%；实际利用外商直接投资金额 11.52 亿美元，增长 11.9%；商品零售价格指数增长 2.4%；居民消费价格总指数增长 2.8%。

2012 年，肇庆市财政部门深入贯彻落实中央、省、市的决策部署，采取一系列扎实有效的工作措施，成功实现“稳增收、提质量、促发展、惠民生、推改革”五大方面的成效，为肇庆经济社会发展作出了积极贡献。全年地方公共财政预算收入完成 103.81 亿元，增收 11.58 亿元，增长 12.6%。其中，税收收入 65.57 亿元，增长 16.2%，占地方公共财政预算收入的 63.16%，占比较 2011 年提高 1.95 个百分点。全市上划中央“两税”收入完成 30.53 亿元，比 2011 年同期增收 1.18 亿元，增长 4.02%。上划省“四税”收入完成 23.19 亿元，比 2011 年同期增收 1.95 亿元，增长 9.19%。全市地方公共财政预算支出（含省追加支出）完成 176.62 亿元，增长 11.84%。

一、多措并举稳增长

各级财政部门建立领导分片抓收入的督导机制，落实层级责任，积极增收挖潜，努力破解税收征管难题，有效遏制了上半年收入不断走低的态势，实现全年收入企稳回升。在增收压力较大的情况下，仍坚持把提升收入质量作为组织收入的工作重点，研究制定了提高肇庆市财政收入质量的办法，分片指导、分步实施，努力实现财政收入量增质升。2012 年，全市地方公共财政预算收入非税比例为 36.84%，比 2011 年下降 1.95 个百分点，四个山区县平均下降 6.1 个百分点，财政收入结构明显优化，财政增收后劲得到提升。

二、支持转型促发展

各级财政多渠道筹集资金 23.2 亿元，从支持新型工业化、“一区多园”建设、招商引资、重大项目带动、高新技术和新型产业发展、外贸进出口工作、扩大内需和拉动消费等八个方面，促进经济转型升级，为实施“两区引领两化”战略提供财力支持。共争取中央投资项目 273 个，总投资 16 亿元，已完成投资 5.89 亿元，带动信贷资金、企业资金和社会资本投入 1.96 亿元。

三、集中财力惠民生

认真执行厉行节约的若干规定，严控新增支出，集中财力推进民生事业发展。全市十一类民生支出 119.25 亿元，同比增长 17.5%，高于公共财政预算支出增幅 5.66 个百分点，占地方公共财政预算支出的 67.52%，比 2011 年提升 3.25 个百分点。省政府十件民生实事投入 30.71 亿元，完成年初计划的 266.28 %，支出完成情况位居全省前列。市政府十件惠民实事投入 6.97 亿元。

四、优化支出显均等

牵头制定《肇庆市推进基本公共服务均等化综合改革工作方案（2012－2014 年）》，优化支出结构，凸显均等惠民。一是教育投入 41.8 亿元。全市 55 万名中小学生全部享受免交学杂费政策，建立校舍维修改造长效机制，推进创建教育强市工作。二是投入 17 亿元深化医药卫生改革提升公共医疗卫生服务水平。新农合和城镇居民医保政府补助标准由每人每年 200 元提高到 240 元，人均基本公共卫生服务经费标准由 15 元提高到 25 元，重大疾病患者医疗救助标准由 6 000 元提高到 2 万元，救助病种由 13 种增加到 18 种。三是投入 2.74 亿元建设文化强市。完成了市图书馆主体建设工程，启动了市博物馆建设前期工作。加大对“农家书屋”建设，农村电影放映等文化惠民工程的支持力度，完成 583 个盲点自然村广播电视村村通工程。四是投入 7.06 亿元推进公共交通建设和服务。完成国省道建设 45.25 公里，完成农村公路建设 360 公里，累计完成 1 135 个村客运服务均等化。五是投入 4.34 亿元完善城乡居民社会保障体系。对参加新型养老保障缴费的城乡居民每人每年补助 30 元（其中市补 10 元），对领取养老金的城乡居民每人每月补助 55 元（其中市补 6.875 元）。落实五保供养政策，提高五保供养标准，至 2012 年年底，全市五保供养标准不低于当地 2011 年度农村居民人均纯收入的 60%。安排价格调节基金 935 万元补助全市 113 家平价商店。向低收入群众发放临时价格补贴 4 097 万元。六是投入 7 652 万元落实国家、省、市的各项就业补助政策。七是投入 3.03 亿元保障住房建设。支持开工建设各类保障住房 3 363 套，全面完成 9 693 户农村低收入住房困难户住房改造。

五、落实政策兴“三农”

投入水利项目建设资金 3.64 亿元，全面加强水利基础设施建设。投入 6 228 万元推进“一事一议”筹资筹劳工作，引导村民开展农村公益项目建设。投入生态公益林项目资金 6 801 万元，推进生态建设。落实良种补贴、种粮直补、农机具购置补贴、农资综合补贴、能繁母猪饲养补贴等涉农政策，直接补贴到农民个人资金 2.99 亿元。投入 8 122 万元全力支持“规划到户责任到人”工作。

六、创新思路推改革

改革完善后的市与端州区、高新区新的财政管理体制顺利实施。省直管县财政改革试点工作有序推进。营业税改征增值税改革试点工作按时成功启动。部门预算改革工作继续深化，财政科学化精细化管理水平不断提升。全市 832 个预算单位全部纳入国库集中支付改革，县级非税收入管理系统建设全面完成。政府采购制度和财政投资评审制度不断强化，全市实行招标采购项目登记立项 7 653 个，节约采购资金 2.18 亿元，节约率 7.64%。全市财政投资评审项目 4 470 个，核减金额 7.7 亿元，核减率 10.16%。

七、强化队伍提效率

努力提升财政系统领导班子执行力和号召力，健全公文办理制度，简化办事流程，提升工作效率。积极推进廉政风险防控试点工作，强化基层财政干部业务培训，认真办理人大议案和政协提案，自觉接受人大、政协、审计和社会公众监督。积极推动财政预决算信息公开、网络问政工作，阳光财政建设取得新进展。

（肇庆市财政局供稿，谢伟莹执笔）

清远市

2012 年，面对严峻的发展困境，清远市委、市政府把握稳中求进的总基调，采取一系列稳增长的举措，促进经济平稳健康发展。2012 年，全市实现国内生产总值 1 029 亿元，同比增长 5.1%。其中，第一产业完成 151.8 亿元，增长 4.9%；第二产业完成 420.6 亿元，增长 3.4%；第三产业完成 456.6 亿元，增长 6.9%。人均国内生产总值 2.74 万元，增长 4.3%。2012 年，全市规模以上工业产值和增加值仍然实现增长，工业增加值率由 16.7% 提高到 20.9%，工业的整体质量得到提升。扣除结构性减税因素，非税收入占财政收入的比重实际降低 8 个百分点，财政收入结构得到优化。城镇居民人均可支配收入 19 514 元，增长 10.5%；农村居民人均纯收入 8 612 元，增长 16%；扣除价格因素实际增长分别达到 7.4% 和 12.7%，明显快于全市经济增长速度。

2012 年，清远市财政系统着力深化财政改革，优化收支结构，强化财政监督，为全面实施“桥头堡”战略提供坚实的财力保障。2012 年，来源于清远市的财政总收入 207.5 亿元，地方公共财政预算收入累计完成 86.9 亿元，总量在全省 21 个地级以上市中排名 12 位，比增 3.04%，其中：税收收入完成 56.61 亿元，比增 2.33%；非税收入完成 30.26 亿元，比增 4.4%，占公共财政预算收入比重为 34.83%。公共财政预算支出累计完成 171.88 亿元，比增 9.24%，总体运行良好。收入方面：一是收入增幅进入调整期。增幅比 2011 年回落 18.44 个百分点，比全省平均水平低了 9.92 个百分点，增幅为六年间最低。部分生态县出现了负增长的情况。二是非税占比得到有效控制。虽然非税占比依然高达 34.83%，且北部四县中有三个县区的非税占比在 40% 以上，但与去年相比，仅仅上升 0.45 个百分点，而且这是在结构性减税的影响下实现的，剔除该因素影响，非税占比降低约 8 个百分点。支出方面：去年全市民生支出 117 亿元，占比 68.2%。市县两级财政安排十项民生实事资金 2.79 亿元；安排卫生医疗和教育资金 55.6 亿元，对比 2010 年增支 9 亿元；落实农林水支出 21.15 亿元，同比增加 40%。

一、突出科学发展，全力推进区域协调发展

为解决区域发展不平衡问题，清远市采取以下措施：一是摒弃过去以 GDP 为唯一评价标准的考核体系，建立符合科学发展观要求的差异化考评机制。二是认真落实主体功能区规划，引导各县（市、区）采取差异化的发展策略。三是大力推进基本公共服务均等化，出台清远市《关于推进基本公共服务均等化的意见》，制订教育和医疗卫生等两个基本公共服务均等化实施方案。四是大力推进城乡统筹发展。采取城市带动农村发展的策略，确立“一心两核”的城镇发展布局，集中打造中心主城区和英德、连州两个次中心城市，除着力增强中心城区的带动能力外，把连州市作为北部地区的区域性中心城市，大力扶持其扩容提质，带动北部地区均衡协调发展。与此同时，围绕区域协调发展，通过积极探索，建立了促进区域协调发展的公共财政体系，缩小地区间基本公共服务的差距，缓解生态发展县的财政压力。

（一）着力建立生态补偿机制

出台《清远市主体功能区财政政策实施办法》，针对生态发展区实施支持—补偿型财政政策，新增安排超 5 000 万元用于建立生态补偿机制。新建立的生态补偿机制坚持奖补结合，以补为主，奖励为辅，其中 3 000 万元用于基本财力保障，2 000 万元用于激励型补偿。

（二）着力探索差异化配套机制

为解决清远市目前基本公共服务水平不均的问题，出台《清远市本级财政资金差异化配套机制试行办法》。依据清远市新一轮的经济发展布局和功能区定位，将全市划分成三个区域档次，以人口数量作为权重因素，设定市本级对三个区域档次的配套比例，其中针对财力薄弱的生态区市财政配套比例不低于 70%，着重缓解生态区和财力薄弱区的配套压力。清远市是全省第一个提出差异化财政配套改革的地级市。

（三）着力完善财力下沉机制

为推进中心区域扩容提质，增强承载力和带动力，促使区级政府更好地履行经济管理和社会管理职能，出台《清远市中心区域利益共同体体制调整方案》。通过调整税收分成比例，中心区域利益共同体财力分配将进一步下沉，2012 年市直新增转移财力达 1 亿元，预计未来 5 年累计达

到8.2亿元。同时，做好财力测算和各项衔接工作推进中心区域城管、教育体制改革。

（四）注重发挥财政杠杆作用，促经济又好又快发展

在推动转型升级方面，安排信用担保资金1亿元，上市公司奖励和扶持专项资金2千万元，大力扶持企业发展。在支持重点项目建设方面，投入“十个一批”项目，截至9月底累计安排38.8亿元（其中：财政性资金14.3亿元，融资资金24.5亿元）；推进BT项目建设，出台《清远市中心区域政府投资项目BT模式暂行办法》，启动6大项目约总投资90亿元。在推动投融资方面，对四大投融资公司注入资金3.21亿元。

（五）配合推进主体功能区建设

一是建立市重大项目利益共同体财税征管体制，为推进全市主体功能区建设筹集财力。二是探索建立生态发展区财力保障机制，确保生态发展区在保运转水平上的正常增长。三是完善转移支付制度。建立市对县区的转移支付机制，主要以人均财力、供养人口，基本公共服务均等化水平，以及主体功能区考评情况为依据进行分配，着力缓解县区财政困难问题。

二、突出创新改革，全力落实财政改革措施

按照国家和省的财政改革要求，结合清远市的实际情况，清远财政认真探索，积极推动财政改革。

（一）推进非税执收单位经费供给改革工作

受历史条件、传统思维所限，清远市存在非税收支挂钩现象，导致部门之间财力悬殊，存在利益部门化、片面追求收费罚没等问题。为此，经市委、市政府同意，2012年实施非税执收单位经费供给改革。此次改革的主要亮点有：一是提高财政供给标准，公益一类单位人员津贴由人年均1.6万元提高至5.12万元；公用经费由人年均0.5万元提高至1.5万元，全部由财政负担，减少单位对非税收入的依赖。二是对非税返还政策作适当调整，行政事业性收费由返还75%降至5%，罚没收入由返还70%降至10%，减少单位对非税收入的非理性追求。三是按“保工资、保运作、保市委市政府决策落实”的原则予以保障，确保单位合理支出需求。该项改革力度之大，位居全省前列。

（二）推进零基预算改革

2012年年初，清远市财政部门创新预算编制思路，对专项资金进行梳理，不再简单进行切块管理，对没有具体支出项目、没有具体使用计划的，一律不再安排；需要安排的专项资金细化到具体的项目，共清理3.8亿元专项资金。2012年8月开始，在部门专项清理工作的基础上，对2013年预算的编制采用“零基预算”方式，并注意收集反馈信息，进一步探讨及完善，探索形成“基本支出标准化、项目支出绩效化”的预算编制方式。通过“零基预算”，清远市从部门手中“收回”6亿多元，重新统筹安排，约占清远市本级财政支出的15%，有力保障市委、市政府新出台的政策性支出。推进零基预算改革，使年初预算专项资金得以具体细化，资金切块管理的现象得以改变；使以往执行率较低的项目得以清理或压缩规模；使部门竞争意识和资金使用绩效意识进一步增强，扭转资金部门化的现象。该项改革实现与省本级同步，走在地级市的前列。

（三）推进财政“大监督”管理改革

在全省范围内率先构建“预算编制、预算执行、监督检查、绩效评价”四位一体的财政“大监督”工作机制，着力构建“全员参与、全面覆盖、全程监督”的财政监督工作体系。同时，清远市财政局还注重对政府采购、投资审核的规范管理，对投审机构采取政府购买公共服务的方式进行摇珠、轮号。

三、突出改善民生，全力支持社会事业发展

市财政进一步加大对民生事业的支持力度，努力使发展成果惠及群众，2012年，清远全市民生领域资金投入117.14亿元，占公共预算支出的68.2%。在“十项民生实事”方面，各级财政主动加快支出进度，共安排的2.72亿元资金，确保各项实事的推进。在推进扶贫双到工作方面，全市302个省定贫困村2012年累计投入“双到”资金9.02亿元。三年累计投入帮扶资金24.68亿元，共扶持发展集体经济项目1 607个，帮扶户项目达5万多个。在强农惠农工作方面，2012年争取新增上级支持油茶产业带、优质稻产业带建设6 550万元；清新和英德分别于年初和10月通过省级水利建设示范县项目评审，竞得资金4亿元和4.8亿元。

四、突出队伍建设，全力提升财政管理水平

一是加强班子建设。抓学习、抓党廉、抓勤政。制定局领导班子AB岗制度、党组讨论决定干部任免事项守则、党组询问和质询、领导干部述职述廉、党员领导干部民主生活会等多项制度。二是加强廉政建设。紧紧围绕以“加强思想道德建设、保持党的纯洁性”为主题，以“廉风和畅”教育行动为载体，结合全市的“工作落实年”和“正风”行动的活动，深入开展“公述民评”、“五个一”活动，继续开展廉政风险防范点活动，对党员干部进行党性教育、党风教育、反腐倡廉教育和从政道德教育，强化廉洁和谐的工作氛围。三是加强干部培训。邀请市检察院刘祥福检察长、中山大学张宁教授授课；组织正科以上干部前往江西财经大学进修；到东莞、惠州等珠三角地市学习先进工作经验；全员竞岗工作顺利完成，通过竞岗激发内生动力。

（清远市财政局供稿，黎敏执笔）

潮州市

2012年，潮州市财政工作紧紧围绕“加快转型升级，建设幸福潮州”这一核心，坚持生财有道、聚财有方、理

财有规、用财有效和集中财力办大事的理财原则，转变作风，强化落实，圆满完成了各项财政工作目标任务，全市财政改革和发展取得了明显成效。

2012 年，潮州市实现地区生产总值（GDP）706.5 亿元，同比增长 10.6%，增速居全省各市第 10 位；第一、二、三产业投资分别增长 31.1%、16.3% 和 4.8%；全社会固定资产投资总额 224.2 亿元，增长 12.7%，增速居全省各市第 16 位。其中：工业投资支撑作用明显，全市完成投资额 140.7 亿元，增长 16.3%，对全市投资增长的贡献率达 77%。房地产开发投资增势较好，全年完成投资额 28.6 亿元，增长 20.9%，拉动全市投资增长 2 个百分点。2012 年，受外部需求减弱影响，潮州市出口持续低迷，全年海关进出口总额 42.3 亿美元，增长 1.2%，其中，出口总额 27 亿美元，下降 0.5%；各大市场中，对美国和东盟出口分别增长 6.6% 和 25.6%，欧盟和日本出口则分别下降 14.6% 和 6.4%。出口商品中，食品、服装及纺织品出口分别增长 24.7% 和 1.9%；陶瓷和高技术产品则分别下降 7.1% 和 47.9%；全市社会消费品零售总额 317 亿元，增长 14%，增速居全省各市第 10 位；其中，批发零售业和住宿餐饮业分别实现零售额 289.5 亿元和 27.5 亿元，同比分别增长 14.1% 和 13%。城乡消费同步增长，城镇和乡村消费品零售总额分别增长 13.9% 和 14.4%。2012 年，全市地方公共财政预算收入完成 319 336 万元，为汇总预算数的 100.77%，比 2011 年增收 46 620 万元，增长 17.09%。2012 年，全市地方公共财政预算支出完成 777 099 万元，为汇总预算数的 148.16%，比 2011 年增支 142 064 万元，增长 22.37%。2012 年，全市地方公共财政预算收入加上省税收返还、各项补助款和上年预算结转、结余，减去支出以及上解省款项后，全市地方公共财政实现了收支平衡，有所结余。2012 年，市级地方公共财政预算收入完成 126 597 万元，为年初预算的 101.26%，比 2011 年增收 18 128 万元，增长 16.71%。2012 年，市级地方公共财政预算支出完成 178 101 万元，比 2011 年增支 24 809 万元，增长 16.18%。

一、财政收支总量质量“双提高”，财力保障明显增强

2012 年，潮州市财政部门采取切实有效措施，保增长、促增收、调结构、优支出。一是狠抓收入，确保完成任务。严格执行财税联席会议制度、分片抓收入制度、收入目标考核制度，确保收入总量稳步增长。2012 年，来源于潮州财政收入完成 73.58 亿元，增长 25.54%。二是提高收入质量，做大财政“蛋糕”。认真做好财税收入运行的监测，抓分析、查变化、重质量，积极配合税务部门做好征收工作，确保税收依法应征尽收。与此同时，强化“收支两条线”管理，完善非税收入收缴电子信息化平台建设，拓展收入范围，提高政府调控能力，增加可支配财力。2012 年，仅市直非税系统实现网上征收就达到 3.17 亿元。三是增强发展后劲。培育和壮大税源，改善发展软硬环境，加大对城市基础设施建设的投入，加大招商引资和促产培财力度，积极支持产业园区建设和城镇化建设，助推经济发展。四是强化预算约束，优化支出结构。潮州市财政部门认真贯彻落实中央、省以及市关于加大民生投入、压缩“三公”经费的有关规定，除党委、政府确定的重大支出项目，法律规定增长的支出以及民生项目支出等重点支出外，原则上不再追加部门和单位的支出预算。2012 年，市级在预算执行中继续对财政拨款机关事业单位的公用经费压缩 5% 后进行拨付。

二、财政资金扶持调控“双加强”，助推经济转型升级

2012 年，潮州市财政部门贯彻落实《关于促进工业企业转变发展方式提升发展水平的实施意见》和《进一步促进中小微企业健康发展的若干措施》等规定，加大服务和扶持力度，通过设立财政专项资金，制订扶持企业发展的优惠奖励措施，引导企业积极开展自主创新和技术改造，鼓励企业做大做强，提高企业竞争力，推动产业升级和结构调整，促进转变经济发展方式。一是助推企业转型发展。把财政扶持企业专项资金列入年度预算，充分发挥财政资金支持引导和放大作用。2012 年，统筹安排市级财政扶持企业“六大专项资金”3 000 万元，帮助企业加快科技创新、壮大品牌和加快上市等，推动产业转型升级。二是助推内外贸易共同发展。坚持扩大内需的战略取向，认真落实各项财政惠民补贴政策，全年共发放油价补贴 7 808 万元，“家电和摩托车下乡”财政补助资金 9 465 万元。同时，完善外贸扩大出口各项优惠措施，支持和鼓励企业“走出去”，提高外贸企业国际竞争力。2011 年，帮助外贸出口企业申报省外贸扶持资金 7 312 万元，省中小企业国际市场开拓资金 420 万元。三是助推“双转移”产业园区建设。围绕“双转移”工作重点，合理统筹资金，加大力度推进园区基础设施建设。2012 年，市财政拨付产业园区建设专项资金 1.5 亿元，重点加强径南产业园、临港产业园、亚太码头物流配送基地等项目建设。

三、财政投入惠民强农“双促进”，社会事业发展加快

2012 年，潮州市财政部门坚持立足大局、系统保障，切实加大对民生领域的支持和保障力度，全年财政民生支出 55 亿元，同比增长 25%，占全市公共财政预算支出 70.9%。

1. 抓好十件民生实事资金落实工作。按照市委、市政府部署，加大对“2012 年十件民生实事”的支持力度，全年共投入十件民生实事专项资金 18.9 亿元，占全市财政民生支出的 34.3%。

2. 大力推进基本公共服务均等化建设。一是优先发展公共教育。注重普通教育、职业教育和学前教育投入，加大补助城乡免费义务教育公用经费、困难家庭义务教育阶段学生生活费、教师工资待遇“两相当”经费、中等职业技术教育实训中心建设，全年公共教育支出 19.66 亿元，教育支出占公共财政支出比例为 22.49%，比省下达的考核

指标高出1.18个百分点。二是加快发展社会保障和社会建设事业，发挥公共财政职能，加强和创新社会管理。多渠道筹集资金，加大对城乡群众社会保障、医疗保障、生活保障、就业保障的投入力度，谋民生之利，解民生之忧。2012年，全市社会保障和就业支出8.43亿元，着力解决人民群众最关心、最直接、最现实的公共财政社会保障问题。三是支持住房保障工作。全年住房保障支出1.09亿元，支持廉租房、公租房等保障性住房的建设和供给，逐步建立多层次、全方位覆盖的新型保障房体系。四是支持公共医疗卫生、文化和科技等事业的发展。全市公共医疗卫生支出9.05亿元，用于推进基层医疗卫生机构管理体制改革，对乡镇卫生院、乡村卫生站和社区卫生服务机构进行补助等，方便居民就近接受医疗服务；全市公共文化体育与传媒等支出7 000多万元，支持民生文化建设、基层公共文化服务设施建设和公共体育设施建设。全市科学技术支出1.49亿元，着力提高科技自主创新能力和产业竞争力，加快培育发展战略性新兴产业等。

3. 推进强农惠农措施的落实。积极实施财政强农惠农政策，深化农业财政管理体制机制改革，推动城乡统筹发展。全市农林水事务支出9.54亿元，比2011年增长28.98%。一是加快农业农村基础设施建设。加快标准农田建设、农田水利基本建设、农业综合开发、改造中低产田等建设。二是支持农业生产，建立现代农业产业体系。加强农业产业设施和农业机械化设备补贴、能繁母猪保险补贴等；拨付新农村建设专项资金2.57亿元，进一步改善农业生产基础设施和条件。三是继续支持农村社会经济发展。充分发挥财政激励政策引导效应，推进农村综合改革深入开展；扶持农村公益事业“一事一议”，推进名镇名村示范村建设和扶贫“双到”工作。

四、深化改革严格监督“双推进”，财政管理精细、科学

2012年，潮州市财政部门按照公共财政科学化、精细化管理要求，通过一系列财政改革，建立健全涵盖预算编制、执行、监督以及绩效全过程的支出管理体系，力保各项财政资金安全高效。

1. 积极推进各项财政改革。一是深化部门预算管理改革，提高预算编制的科学性。坚持走综合预算路子，预算内外资金统筹安排，提高预算编制的科学化和精细化，全市共有448个单位纳入部门预算编制范围。二是推进国库集中支付改革。积极扩大财政资金直接支付范围，完善国库管理体系，全市纳入国库集中支付资金达到18.89亿元，比2011年增长24.52%。市级全面铺开公务卡试点改革，在市级预算单位实施公务卡强制结算目录，加大源头治腐力度，规范公务支出管理，共有160个单位纳入公务卡改革试点。三是推进财政支出绩效评价改革。加强市级项目绩效管理，规范项目申报、绩效目标审核、过程监督和评价结果应用等要求，全年共组织66个项目开展绩效自我评价，涉及财政资金支出2.75亿元。同时，积极推行财政支出绩效第三方评价试点工作，健全社会评价体系，提高绩效评价的透明度和公信力。

2. 严格财政监督和管理。认真执行《财政部门监督办法》，强化事前审查审核、事中跟踪监控、事后检查处理的全程监督，促进财政监督检查由“纠错型”向“预防型”转变。一是发挥财政职能，全力支持“三打两建”工作。按照市委、市政府的部署，加大财政资金统筹力度，增加“三打两建”宣传教育、执法执勤、检查检测等专项经费投入，确保“三打两建”工作顺利开展。发挥政府采购监督职能，通过完善管理体制和运行机制，提高采购人和采购代理机构抵制商业贿赂和廉洁从政从业意识，进一步遏制商业贿赂行为。建立健全财政部门支持打击制假售假工作的长效监管机制，为打击制假售假专项工作提供财力支持。二是加强财政监督，保障资金安全。强化财税政策执行力，通过财政日常监管与专项检查、业务监管与专职监督相结合，积极开展财政专项资金和单位会计信息质量检查。开展2012年省级财政性专项资金自查，重点对义务教育规范化学校建设、中小企业发展等专项资金在拨付、使用及管理上的情况开展自查。坚持严格监督、持续管控，推进防治“小金库”常态化管理的长效机制建设。继续加强政府投资工程的预结算审核工作，确保财政资金安全并发挥应有的效益。2011年，全市完成工程审核项目903项，送审造价30.9亿元，核减金额3.74亿元，核减率12.1%。

五、财政队伍素质能力“双提升”，勤政廉政全面加强

2012年，潮州市财政部门注重加强干部队伍建设，着力提升执行力。按照适应新形势新任务要求，努力打造一支“政治坚定、业务精通、勇于创新、作风正派”的干部队伍。一是加强理论学习，提高队伍整体素质。通过开展财政业务培训、党风廉政教育培训、思想道德理论学习、机关文化建设大讨论、党的理论学习讲座等，创建学习型党组织，提高党员队伍素质，增强运用理论指导财政工作的能力。二是加强作风建设，提高机关整体效能。认真执行《关于改进工作作风、密切联系群众的八项规定》，加强和改进机关作风建设，大力弘扬踏实肯干、爱岗敬业、雷厉风行、谦虚谨慎、团结奉献之风，以主动服务、优质服务带动财政机关形成为民理财的高效务实作风。三是加强廉政建设，提高廉洁从政水平。以纪律教育活动月为依托，加强党风廉政教育，推进财政惩治和预防腐败体系建设；认真落实“四个主动接受监督”和“四个决不”的要求，加强和规范财政权力运行，筑牢反腐倡廉防线，切实提高干部队伍廉政从政水平。

（潮州市财政局供稿，李炼执笔）

揭阳市

2012年，揭阳市生产总值1 374亿元，增长11.3%，人均生产总值22 352元，增长10.6%，其中：第一产业增

加值141.25亿元，增长5.1%，第二产业增加值842.40亿元，增长14.6%，第三产业增加值396.50亿元，增长6.8%，三次产业比例调整为10.2：61.1：28.7；规模以上工业增加值660.43亿元，增长22%，全社会固定资产投资总额660.43亿元，增长23%，社会消费品零售总额503亿元，增长16%。新增贷款余额180.45亿元，社会融资规模268.24亿元，存贷比提高至47.2%，居粤东首位。城镇居民人均收入18 901元，增长12.0%，居民消费价格指数为102.6%。2012年4月，中委合资广东（揭阳）石化炼油项目开工建设，空港经济区获省批准设立管委会并列入省重大产业平台建设计划，“两港”经济引擎全面启动；全面实施民营经济转型升级“6166”行动计划，加快转变经济发展方式迈出重大步伐；111个市级年度重点项目完成投资181.31亿元，经济发展呈现“跨越”与“转型”齐头并进局面。

在经济稳中快进的基础上，全市各级财政部门推动财政增收节支、改革创新、稳中求进，实现收支规模再创新高、理财绩效稳步提升、财政运行平稳健康，促进揭阳经济社会加快科学发展。2012年，揭阳财政收入完成56.7亿元，增长22.32%，增幅在全省21个地级以上市排名第5位，总量赶超梅州，排名全省第15位。全市财政一般预算支出149.48亿元，增长20.63%。理财方式加快转变，以调结构和提质量为中心加强和改进财政综合管理，提高财政的统筹和保障能力，促发展、惠民生、推改革，财政工作实现与社会经济建设同步发展、协调互促。

一、加大征收力度，财税实现稳步增收

面对严峻收入压力，坚决贯彻落实全省财税工作会议精神，切实强化财税征管，全市财政一般预算收入增幅从第1季度的6.21%稳步攀升到全年的22.32%，实现前低后高的增长预期。一是推动责任化分解，加强收入组织工作。抓早研究制订全市预算收入计划，分地区分口分解征收任务，落实党政一把手责任制，层层落实。二是推动信息化联管，健全协税护税机制。积极推动完善协税护税工作机制，加强涉税信息交换与共享，构建协税联管机制，提高税收征管到位率。全市全年实现地方税收收入37.81亿元，增长14.43%。完成并运行县级非税收入管理系统，推动非税收入勤征细管，全市实现非税收入18.89亿元，增长41.9%。三是推动精细化征管，加强收入监测分析。落实财政收入增长监测分析机制，通过GDP增速、工业用电量的比对分析，按照公平税负思路研究征管强化措施，及时为市政府加强财税征管提出对策建议，促进完善财税工作考核组织措施，加强挖潜查漏，实现应收尽收、公平税负。四是推动常态化督促，加快财税入库速度。落实财税库联席会议和局领导分片抓收入制度，狠抓财税序时进度统计和通报，督促各地各口加快财税收入入库速度，防止财税收入滑出增长预期，实现财税增幅稳步走高、全面增收。

二、发挥杠杆作用，促进经济转型发展

按照打造粤东发展极的战略部署，发挥财政杠杆撬动作用，推动经济稳增长、产业调结构。一是聚焦重大平台建设，促进启动经济引擎。制订《揭阳市高新技术开发区财政利益分配调整方案》，初步理顺揭阳（惠来）大南海国际石化综合工业园财税收入分配机制，强化利益激励导向，调动各方积极性推进海港经济区和高新技术开发区建设。安排地方政府债券转贷资金5亿元用于中委合资南海（揭阳）石化炼油项目建设，安排专项资金1 000万元支持潮汕机场民航发展，投入8 000多万元用于产业转移园区基础设施建设，安排890万元作为空港、海港经济区办公配套、高端招商和专项工作等经费，加快打造“两港”经济引擎和经济战略平台。二是聚焦支柱产业建设，加快产业转型升级。落实《关于扶持我市民营经济发展促进产业转型升级的意见》，把握经济稳增长和产业调结构双重目标，全年市财政安排和多渠道筹集专项资金1.96亿元扶持民营经济发展，推动支柱产业聚合转型，增强产业集群效应。三是聚焦农业基础工作，加快建设现代农业。健全完善财政支农长效保障机制，2012年市财政共安排和筹措支农资金16亿多元，支持“三农”发展。支持加强民生水利建设，拨付水利除险加固、中小河流域治理、小型农田水利重点项目、小型农田水利示范镇资金11 631万元、惠来县东水西调引水项目资金2亿元，完善城乡防灾减灾体系。支持加强现代农业建设，投入农业综合开发资金5 938万元，筹集投入一镇一品补助资金400万元，落实油茶产业带中央资金3 000万元，优化农业资源布局，转变农业发展方式。强化扶贫开发工作，市财政安排和筹集投入扶贫资金1.15亿元，确保基本完成扶贫开发“双到”任务。四是聚焦关键领域投入，拉动扩大内外需求。发挥财政投融资机制，加快市政建设，市级财政投入市政基础设施建设资金达8亿多元，推进文化中心、水利市政BT、市区重点市政道路等建设，推动市区扩容提质，优化投资营商环境。加强和规范价格调节基金征缴、使用，市级价格调节基金征缴入库948万元，发放群众临时价格补贴86万元、补助商业储运物资贸易15万元，稳定消费价格总水平、保障困难群众基本生活。切实提高下乡补贴工作兑付率，全市兑付资金7 863万元，刺激民生消费。全市安排出口退税（含免抵调库）地方承担部分资金2.6亿元，市级安排中小企业开拓国内外市场专项资金450万元，扶持企业开拓市场，缓和经济下行形势对外贸出口的冲击。

三、加强民生保障，共建共享幸福揭阳

按照“大社会、好社会，小政府、强政府”的思路，进一步厘清供给范围，优化支出结构，促进社会共建善治，服务幸福新揭阳建设。2012年，全市民生支出111.69亿元，占公共财政预算支出74.72%，超全省平均水平9个百分点。一是推进基本公共服务均等化。牵头编制实施《揭阳市推进2012年基本公共服务均等化工作实施方案》，全市基本公共服务支出完成71.27亿元（快报数），约占公共财政预算支出的47.83%，比2011年提高1.96个百分点。二是聚力办好民生实事工程。把“省政府10件民生实事”资金纳入预算，加大资金投入，2012年，全市共拨付省10

件民生实事共支出33.97亿元，完成预算的317.86%，全年支出进度列全省第1位，确保民生实事实办，以惠民实效取信于民。三是支持完善社会保障体系。规范社会保险基金运行管理，全市全年实现基金收入44.36亿元，支出32.94亿元，结余33.49亿元。加快推进城乡居民基本养老保险全覆盖，筹集安排补助资金4.03亿元，参保人数达200万人。实施《揭阳市落实广东省城乡低保补贴五保供养标准达到全国前十名水平的实施方案》，对城乡低保标准各提高20%，全市全年共发放低保补助资金约2.56亿元。四是推进基础教育均衡发展。完成教育支出法定增长目标任务，全市共安排教育支出38.65亿元，占公共财政预算支出的25.86%，确保教育经费“三个增长”，稳步推进教育创强工作。全年落实义务教育公用经费补助资金5.85亿元、家庭经济困难学生补助资金4 696.7万元，市直安排1 169万元用于义务教育学校示范化建设和改善办学条件，促进城乡免费义务教育均衡发展。五是优化城乡公共文化服务。全年全市共安排文化体育与传媒支出1.5亿元，占公共财政预算支出的1%，进一步完善城乡公共文化服务体系。筹集456万元，分三年投入“乡乡乐起来”文化活动，丰富群众精神文化生活。六是支持稳定和扩大劳动就业。全市安排财政就业专项资金支出6 562万元，其中安排公共就业服务支出755万元、职业介绍补贴232万元、各类培训补贴3 047万元。七是支持加强保障性住房工作。市财政共筹集资金9 967万元，支持今年计划2 450套市保障性住房建设。落实农村低收入困难住房改造补贴5 119万元，改善农村农民住房条件。八是支持创新社会管理机制。制订出台《揭阳市市级政府向社会组织购买服务目录（第一批）》，筹措资金350万元，专项用于支持政府购买社会组织服务和扶持示范社团组织建设，创新社会管理机制。

四、深化改革创新，完善公共财政体系

围绕构建制度约束、管理科学、保障有力的公共财政体系，深化改革创新，推动科学理财。一是规范财政专户管理。制订出台《揭阳市财政专户管理暂行办法》，推动财政专户管理制度化。完成市级财政专户归口管理，市级非税收入、社会保障基金、教育、水利、国债转贷、财政周转金等21个财政专户全部移交国库科归口管理；扎实推进财政专户清理整顿，全市共撤并财政专户68个，规范财政专户管理，加强资金安全风险防范。二是深化部门预算改革。运用金财工程应用支撑平台，实现市直部门预算定员、定额、标准控制，规范“二上二下”编制流程，达到部门预算编制公开透明，实现预算编制与执行相互统一。细化预算编制科目，2013年，部门预算编制将部门“三公经费”“行政经费”纳入预算编制内容，建立健全预算控制机制，为节约行政经费支出和规范财政预决算公开夯实基础。三是完善电子支付平台。国库集中支付覆盖市直全部146个预算单位和9个县（市、区）792个预算单位，规范支付方式，提高资金支付的时效性和安全性。市级全面推进146个预算单位的财务核算信息集中监管改革和预算执行动态监控改革，将支付环节改革延伸到单位预算执行环节，规范政府财务管理。实现市直146个一级预算单位公务卡改革全覆盖，建立公务卡强制执行制度，规范公务支出，加强党风廉政建设。四是加强政府采购监管。完善管理制度，贯彻执行省政府采购目录，引进采购代理机构的竞争机制，推行协议供货制度，加强对采购中心、采购单位的监督管理，严格控制采购预算，提高采购节约率。2012年，全市实施政府采购733宗，采购预算6.98亿元，实施采购额6.63亿元，节约资金3 539.75万元，节约率为5%。五是强化非税收入管理。推动完成并启动县级非税收入管理系统建设，推进县级非税征管信息化，提高非税征缴效率。制订实施《揭阳市本级政府非税收入代收银行综合考评办法》，建立考评、奖惩、续退相挂钩的考评结果运用措施，优化代收银行服务质量。完善综合财政预算管理模式，加大预算外资金纳入预算管理力度，提高预算统筹能力。六是开展支出绩效评价。引入第三方评价机制，提高绩效评价的公信力。积极推进市级财政支出项目的绩效自评工作，加强和改进支出项目管理，提高资金管理水平。此外，行政事业单位资产管理和农村财务管理制度进一步完善，有效完善公共财政管理制度体系。

五、加强财政管理，提高财政支出绩效

以法治为依归、以绩效为导向，不断加强财政管理，提高财政支出绩效。一是统筹调度保平衡。加强和改进预算管理，加强统筹调度，把“保工资、保运转、保稳定、保民生、保平衡”作为整个财政支出工作的着眼点，按照收入进度安排支出，督促预算单位按照预算规定用途使用资金，把紧新增支出口子，除国家政策规定民生支出和省、市重大决策部署需要外，预算执行不再追加支出，分清轻重缓急，优化支出结构，力保预算平衡。二是厉行节约保重点。支出安排坚持压一般、保重点，建立健全“三公”经费和行政运行成分预算控制机制，严格控制“人、车、会”开支，实行公务购车和用车经费、公务接待费用、党政机关出国（境）费用“三公”经费“零增长”约束，集中有限财力支持惠民生、保稳定、利发展的工作，把钱用在刀刃上。三是精打细算保效益。加强财政审核监督，财政资金安排坚持量效为出，精打细算，向无用支出开刀、向低效项目收箍，严把支出政策关、安全关和效益关。如在加强财政投资审核方面，市级共审核各类投资项目129项，送审总造价8.39亿元，审定总造价6.9亿元，平均核减率达17.8%，提高财政资金使用效益。四是加强监督保安全。制定实施《市财政局关于落实“打造粤东发展极，建设幸福新揭阳”监督检查工作分工的方案》，严格执行《揭阳市财政专项资金监督检查暂行办法》，加强对各项加快转变经济发展方式和改善民生财政专项资金检查的“问效”和“问责”，提高资金使用效益，确保市委市政府重大决策部署落实。

六、坚持从严治队，夯实理财工作保障

坚持以人为本、从严治队，提高队伍执行力，为工作落实提供坚实保障。一是加强思想建设，夯实政治基础。

认真学习贯彻党的十八大、省第五次党代会、市第五次党代会和市委五届一次、二次和三次会议精神，深入开展学习实践社会主义核心价值体系和新时期广东精神、揭阳精神等项活动，夯实理财工作的思想政治保障。二是加强班子建设，增强龙头作用。在任党组书记期间，坚持抓龙头、强核心，制订实施《揭阳市财政局开展“五好”领导班子创建活动实施方案》，完善领导科学民主决策、带头调研工作，率先推动工作、实践惠民服务等工作机制，提高班子的领导水平和龙头作用。三是加强作风建设，推动工作落实。深入开展以“正作风、促发展”为主题的机关作风作风整顿活动，提高队伍执行力，转变作风抓落实。树立科学绩效考评机制，营造公正选人用人之风，让埋头苦干之人不被埋没，激励干部发扬实干作风，狠抓各项财政工作落实。四是加强党的建设，强化组织引领。强化机关党建的主业意识，不断优化“三会一课”活动内容和组织方式，探索推进学习型组织建设，丰富活动载体，强化机关党支部对党员的思想指导和引力行动号召力。结合财政管理工作建立健全创先争优长效机制，推动党员在基层帮扶惠民实践中接地气转作风。五是加强廉政建设，规范权力运行。深入开展廉政学习教育，提高队伍拒腐防变的意识和能力，筑牢队伍廉洁自律的思想防线。积极开展财政廉政风险排查和防空管理工作，认真制订实施《揭阳市财政局重点权力事项廉政风险点及防控措施》，加强重点权力事项内控监督，规范财政权力运行，加强廉洁理财。

（揭阳市财政局供稿，方松坚执笔）

云浮市

2012 年，云浮市年末全市户籍总人口为 286.97 万人，比 2011 年年末增加 0.85 万人。生产总值 540.45 亿元，按可比价计算，比 2011 年增长 12.8%。其中：第一产业增加值 129.16 亿元，增长 5.8%，对 GDP 增长的贡献率为 10.4%；第二产业增加值 238.76 亿元，增长 20.3%，对 GDP 增长的贡献率为 70.7%；第三产业增加值 172.53 亿元，增长 7.5%，对 GDP 增长的贡献率为 18.9%。三次产业结构为 23.9：44.2：31.9。全年居民消费价格指数为 102.9%，比 2011 年回落 2.7 个百分点。社会消费品零售总额完成 180.31 亿元，比 2011 年增长 11.6%。固定资产投资完成 463.66 亿元，比 2011 年增长 31.3%。进出口总额 4.57 亿美元，同比增长 4.8%。其中出口额 9.34 亿美元，同比增长 5.6%，进口额 5.23 亿美元，同比增长 3.4%。年末金融机构本外币各项存款余额 658.93 亿元，比年初增加 77.27 亿元，增长 13.3%。城镇居民人均年可支配收入 18 332 元，比 2011 年同口径增长 13.9%；农村居民人均纯收入达 9 219 元，比 2011 年增长 13.2%。人均居民储蓄存款达 19 268 元，比 2011 年增长 14.7%。

2012 年云浮市财政总收入为 99.41 亿元，比 2011 年增长 24.28%。地方公共财政预算收入完成 36.76 亿元，比 2011 年增长 23.36%。其中：税收收入完成 21.66 亿元，比 2011 年增长 25.78%，占公共财政预算收入的 58.92%；非税收入完成 15.10 亿元，比 2011 年增长 20.03%，占公共财政预算收入的 41.08%。云浮市本级财政总收入为 19.43 亿元，比 2011 年增长 28.34%。云浮市市本级公共财政预算收入完成 9.89 亿元，增长 25.83%；其中：税收收入完成 5.93 亿元，比 2011 年增长 28.91%；非税收入完成 3.96 亿元，比 2011 年增长 21.47%，占公共财政预算收入的 40.04%。2012 年云浮市财政总支出为 97.90 亿元，比 2011 年增长 24.89%。云浮市公共财政预算支出完成 95.15 亿元，比 2011 年增长 23.28%。云浮市本级公共财政预算支出完成 18.3 亿元，比 2011 年增长 24.49%。

一、财政支持社会各项事业发展

（一）突出支持转型升级，加快经济发展方式转变

全市财政拨付 7 亿多元贯彻落实促进转型升级、加快经济发展方式转变的各项政策。一是支持现代服务业逐步发展壮大。拨付 1 073 万元，积极支持发展金融、保险、商贸、物流等现代服务业；拨付 280 万元支持发展旅游业。二是支持引导发展战略性新兴产业发展。共拨付 4 539 万元，突出支持“三网融合”应用、生物制药、创意文化、健康休闲等新兴产业体系。三是支持扩内需保增长。兑付家电、摩托车下乡、家电以旧换新资金 17 109 万元；落实油价补贴资金 5 646 万元，对林业、渔业、城市公交、出租车、农村道路客运的补贴。四是大力支持“双转移”。安排“园区”建设资金 20 000 万元；拨付再就业资金和智力扶贫资金 8 000 多万元；安排 100 万元工作经费支持市重点项目建设。五是大力推进自主创新，支持加强优势产业关键技术的研究、开发和应用。突出支持中小企业加快发展，拨付中小企业发展专项资金 3 722 万元；支持外经贸稳定增长，拨付财政资金 499 万元；支持节能减排和环境保护，拨付节能环保资金 7 230 万元，加快高效节能产品推广、实施节能产品惠民工程，推动重点行业、重点领域节能减排。六是继续优化政府融资平台。加强与人行、银监等监管部门配合，引导金融机构加大对地方经济建设信贷资金投放，2012 年获得农业银行 100 亿元授信协议以及建设银行、北方投资集团 200 亿元授信协议。推动市政府与四大商业银行省分行、国开行省分行签订支持我市建设的政银战略合作协议（共授信 566.8 亿元）信贷资金的落实。至 2012 年，已落实签约信贷资金 462.82 亿元，占授信总额的 81.65%。

（二）坚持民生优先、保障发展，建设幸福云浮

一是优化和调整财政支出结构，把更多财政资源用于加强经济社会发展薄弱环节、用于改善民生和发展社会事业。全市 11 大类民生支出（教育、文化体育与传媒、社会保障和就业、医疗卫生、节能环保、城乡社区事务、农林水事务、交通运输、住房保障、粮油物资储备事务等）完成 65.48 亿元，增长 27.49%，占公共财政预算支出的比重

为70.90%。其中，市级11大类民生支出完成8.52亿元，增长32.17%，占公共财政预算支出的比重为52.43 %。全市发展类支出（交通运输、国土资源气象、资源勘探电力信息等事务、商业服务业）完成9.23亿元，增长38.15%，占公共财政预算支出的10%。其中，市级发展类支出完成5.18亿元，增长30.55%，占公共财政预算支出的31.88%。二是想方设法筹措资金落实十件民生实事。2012年，全市各级财政（包括上级财政资金）共计投入24.75亿元推进实现市十件民生实事建设，其中：加大扶贫开发力度投入1.24亿元，千方百计促进就业投入2 506万元，提高社会保障水平投入11.97亿元，健全住房保障制度投入7 615万元，推进基本公共教育均等化投入3.27亿元，健全城乡医疗卫生服务体系投入1.12亿元，推进文化体育惠民工程建设投入1 969万元，着力保持物价稳定投入3.8亿元，加强农田水利设施建设投入10 008万元，推进宜居环境建设投入1.14亿元。

（三）落实强农惠农政策，力促农村综合改革

继续加大“三农”投入，进一步完善公共财政支农体系，加强财政支农资金管理。2012年，全市公共财政预算支出用于“农林水”事务支出9.73亿元，比2011年增长25.8%。一是继续落实农资综合直补等支农惠农补贴政策。2012年，全市落实农资和种粮直补资金1.28亿元，受益农民达到217.25万人；落实水稻保险保费222万元，实现水稻保险全覆盖。二是大力推动农村各项事业发展。2012年，全市共统筹资金7.1亿多元用于农业水利基础设施、现代农业附属设施、农村人居环境建设。三是大力推进农村“一事一议”。作为全省首推的村级公益事业建设一事一议财政奖补示范市，开展村级公益事业建设一事一议财政奖补工作取得显著的成效，为全省村级公益事业建设创造新鲜经验，得到汪洋书记和刘昆副省长的充分肯定。2012年，规划实施项目776个，建设地点涉及全市63个镇（街）508个行政村。项目总投资30 134.08万元，其中村民筹资筹劳19 534.31万元；全市财政安排配套补助资金1 950多万元，申请上级奖补资金7 800多万元，安排其他财政资金849.6万元。四是大力支持扶贫开发“双到”工作。2012年全市投入帮扶资金1.24亿元，其中全市各级财政投入帮扶资金6 804万元；投入农村“两委”基层组织经费854万元，加强农村“两委”建设。五是大力实施农业综合开发。加强农田基础设施建设，大力扶持农业龙头企业，2012年，共争取上级项目资金5 297万元，比2011年增长9.44%。其中：土地治理项目资金3 791万元，产业化项目资金290万元，部门项目资金共1 216万元。

二、财政各项改革

（一）深化财政各项改革

部门预算改革方面，细化预算编制，将单位预算外收入、事业收入和其他各类收入编入部门预算；积极推进部门预决算公开。“收支两条线”改革方面，2012年在全市全面铺开电子化征管，市级所有执收执罚单位纳入电子化征管，2012年征收收费项目210项，征收金额约13亿元。国库集中支付改革方面，深入推进财政支出管理电子平台建设，2012年全市各级预算单位“100%”纳入国库集中支付、“100%”纳入公务卡改革、“100%”纳入了预算执行动态监控；全市纳入国库集中支付资金59.32亿元，比2011年增长41.88%；全市预算执行动态监控系统共监控资金量50.98亿元，核实违规资金量3.89亿元，纠正违规资金量3.89亿元，纠正率为100%。政府采购改革方面，积极推行办公用品、办公设备协议供货简易操作办法，实行市直单位公务用车辆定点投保。2012年，全市政府采购金额78 756万元，节约资金3 464万元，节约率4.56%，其中市级政府采购金额44 770万元，节约资金1 744万元，节约率3.75%。绩效评价方面，进一步扩大绩效评价的范围，2012年对50万元以上的项目支出开展绩效自评，列入绩效评价范围有40个部门单位共71个项目，资金总额1.5亿元。农村财务管理方面，以统一核算软件，统一会计核算，统一报账时间，统一报账程序，统一公布流程，统一档案管理“六个统一”，规范全市镇级财政结算中心会计代理记账工作的建设，2012年全市共63个镇（街）、965个村（居）委会的财务账务全部纳入财政结算中心代理记账，占总数的100%。加强民主理财骨干培训，全市完成民主理财培训5 636人。扎实做好农村“三资”监管工作，全市开展清产核资的村居965个，建立台账965个。

（二）深入开展行政审批事项清理工作

加快转变政府职能，建设法治财政和高效财政。2012年，根据新一轮行政审批事项清理要求，重新核实清理市财政局行政审批事项，保留行政审批事项5项，委托对使用财政信用保证或承担还本付息的借贷资金项目概、预（结）算审核建设项目等1项行政审批事项，下放代理会计记账机构的设立审批等1项行政审批事项，取消1会计师事务所的设立初审、资产评估机构设立初审、契税的减免、耕地占用税的减免、住房公积金管理机构经费审批等5项行政审批事项。顺利完成市委、市政府提出压减40%的要求。

（三）开展为民办事征询民意试点工作

提高人民群众对政府为民办事的满意度，完善为民办事决策机制。2012年，选取以公共租赁住房为主的保障性住房建设、镇（街）规范化中心幼儿园建设两项民生决策事项开展为民办事征询民意试点。

（四）积极推进财政体制改革

积极协调、组织实施罗定市纳入省直管县财政改革试点工作，成立工作机构，制订工作方案，核定基数。积极理顺佛山（云浮）产业转移工业园区财政管理体制，明确佛山（云浮）产业转移工业园财政体制与资金管理划拨等有关问题，确保2013年市财政局相关管理职能的顺利过渡。稳步推进实施营业税改征增值税试点，2012年，对交通运输业和部分现代服务业试点，做好营业税改征增值税试点的收入划分、缴库、退库、科目修订及服务贸易出口

退税等准备工作，积极分析研究营业税改征增值税试点对财政收支运行的影响。

三、财政监督管理

（一）加强资金监督检查

对2011年省财政厅下达云浮市中央政府公共投资节能减排类项目资金3 970万元进行检查；完成中央扩内需新增投资部分项目财政检查落实整改工作；对2010年、2011年义务教育规范化学校建设专项资金、民生实事高中阶段学校建设项目资金、中等职业学校国家助学金、中小企业发展专项资金、海洋渔业科技推广专项资金、旅游扶贫专项资金等6个省级专项资金共17 006万元进行检查；对2010年、2011年中央政府公共投资项目资金共34 494万元进行检查。

（二）加强会计管理

积极推动企业内部控制规范体系的贯彻实施，全面提升企业管理水平；扎实推进企业会计准则的贯彻实施，提高经济管理和监督信息质量；规范注册会计师行业管理，促进注册会计师行业加快发展；贯彻实施《会计行业中长期人才发展规划（2010－2020年）》，加快会计人才队伍建设步伐。组织开展2012年全市会计监督检查工作，检查21个单位。大力配合开展云浮市个人信用建设专责小组工作，推进会计从业人员信用建设。

（三）加强财政投资审核监管工作

2012年，共审结项目166个，审定投资额1.77亿元，其中在结算项目审减1 650万元，核减率为13.05%。

（四）加强财政执法

加强法制培训，大力开展财政“六五”普法宣传教育，增强财政干部依法理财、依法行政的自觉性。依法加强财政资金、会计行业、票据申领、政府采购等行政执法，认真办理人大代表、政协委员建议提案。2012年办理市人大代表建议2项，办理政协委员提案6项；政府采购收到供应商投诉5件，成功调解1件，受理4件，接供应商举报3件，依法调查核实并处理3件。

四、财政队伍建设

2012年，制定有关资金请示文件办理及资金拨付的规章制度，规定资金请示文件办理及资金拨付的办结时限，使资金请示文件办理及资金拨付工作依法依规。同时，按照市纪委的部署，认真组织开展廉政风险防控工作，成立领导小组及工作机构，制订工作方案。梳理出廉政风险点60多个，提出防控措施100多条，明确个人廉政风险等级，编制权力目录清单和业务工作及职权运行流程图，制定市财政局工作规则、岗位问责、干部交流轮岗、程序监控、责任追究制以及廉政风险防控实施及考核细则。通过开展廉政风险防控工作，推动法规制度上规定的“不准”向财政权力运行规范下的“不能”深化，以制度规范形成抓资金安全、干部安全的工作机制。2012年，市财政局还在行政服务中心窗口开通会计办证窗口，更好地为群众提供便捷和优质服务环境，为打造服务型财政打下基础。

（云浮市财政局供稿，陈耀福执笔）

第五部分

市县财政工作专题

广州市

探索开展幸福社区建设专项资金竞争性分配改革

2012 年，为使有限的公共资源更好地满足社会公共需求，集中财力办大事，办民生实事、好事，给基层干部干事创业提供条件和舞台，天河区参照省市做法引入专项资金竞争性分配方式，以“幸福社区”建设项目为试点，创新财政支出管理机制，强化绩效优先观念，建立竞争性分配机制，由各街道提出工作方案，实行财政专项资金竞争性分配改革，取得较好成效。

一、财政专项资金竞争性分配改革背景

在天河区第八次党代会上，天河区作出建设幸福天河的战略部署。在深入分析广东省、广州市开展的财政专项资金试行竞争性分配改革的基础上，天河区在广州市各区（县）中率先行动起来，紧扣建设“幸福天河”的核心任务，结合广东省政府《转发省财政厅关于省级财政专项资金试行竞争性分配改革意见的通知》以及广州市财政局《关于广州市本级财政专项资金试行竞争性分配改革的意见（征求意见稿）》的规定，试行幸福社区建设财政专项资金竞争性分配，积极探索财政专项资金分配新途径。经天河区委、区政府批准，2012 年安排 2 000 万元财政资金通过竞争性分配专项用于幸福社区建设。

二、竞争性分配改革的主要做法

为确保竞争性分配工作顺利进行，天河区财政局高度重视，始终秉持“竞争择优，公平公开”的原则，认真谋划，精心组织，周密部署，狠抓落实。

（一）积极开展调研

天河区财政局组成幸福社区建设专项资金竞争性分配调研组，先后到天园街、五山街、车陂街、元岗街道办事处等单位开展调研，了解相关街道对幸福社区建设专项资金竞争性分配工作的意见，并就竞争性专项资金、实施范围、分配程序、评审工作、资金使用、绩效考评等情况进行详细说明，为改革充分宣传“预热”。

（二）科学制定流程

为确保竞争性分配顺利实施，整个工作规范有序，确定“组织申报、资格审查、召开评审会、项目确定、项目实施”五阶段工作流程。在要件准入方面，天河区发改局对固定资产投资项目、天河区科信局对信息化建设项目、天河区财政局对其他项目进行要件准入审查（三个部门根据本部门的职能、有关法律法规、标准等对项目进行审查），符合扶持范围和申报条件的取得竞争性评审资格；在资格审查过程中，各审查部门根据职能可对项目进行实地勘察；在程序设计方面，将整个评审会分为公开抽签、公开演讲、现场答辩、专家评审、不记名投票等环节进行，增强评审工作的竞争性和互动性；在机构组织方面，专门成立领导小组、评审小组、监督小组、评审计票小组，确保公平、公正、公开。

（三）召开评审会

2012 年 9 月 14 日，天河区幸福社区建设专项资金竞争性分配评审会在天河区机关大院北会场举行。共有 19 条街道上报项目 31 个，申报资金共 6 316.6 万元。经幸福社区建设专项资金竞争性分配领导小组讨论通过，13 条街道 16 个项目取得评审资格，竞争 2 000 万元财政资金打造幸福社区。经过激烈角逐，棠下街“幸福广场”、元岗街南兴社区“元侨楼”加装安防系统和消防设施工程、车陂街广氮社区爱心扶手工程等 11 个项目最后胜出，赢得幸福社区建设专项资金。

三、竞争性分配改革的主要成效

（一）突出民生为重

坚持民生优先原则，新增 2 000 万元幸福社区建设专项资金全部投入引水工程、爱心扶手工程等可迅速改善软硬件环境、提高居民幸福感的“雪中送炭”项目，切实满足社区群众最直接、最现实、最紧迫的需求。

（二）突出竞争分配

摒弃“吃大锅饭”，由各街道自主申报项目，经过初审和现场考察，从 31 个项目中选出 16 个项目入围评审会，由相关街道主要负责人通过 PPT 演示、演讲答辩方式推介

项目，经评审小组投票选定 11 个入选项目。在财政专项资金分配管理环节引入竞争机制，将资金分配从以往“一对一”单向审批安排，转为“一对多”选拔性审批安排，使有限的公共资源更好地满足社会公共需求。

（三）突出权威公正

评审小组 23 名成员包括区领导、区人大代表、政协委员、职能部门代表及来自省社科院等单位的社会管理专家。区人大代表、政协委员在区人大、政协系统中抽取产生，职能部门代表由有关部门派专家组成，相关领域专家从专家库中抽取或由相关部门及大专院校推荐产生。评审采用一人一票无记名投票，避免“一言堂”和“暗箱操作”。

（四）突出绩效导向

资金分配根据项目实际情况安排，入选项目金额从 14.64 万 - 318 万元不等，资金使用由审计、监察、财政等部门全程跟踪监管考核，将专项资金经费绩效评价结果作为年度预算安排和完善预算管理的重要依据。

（五）突出强化街道的主体责任

竞争性机制的引入，使财政资金主要是根据项目的合理性、可行性及效益性进行分配。因此，这种分配方式在一定程度上强化了街道的竞争意识和主体责任，有效打破传统的路径依赖和思维定式，极大激发街道干事创业的主观能动性，以获得资金支持，并带动形成各单位干事创业、力争上游推动新型城市化发展的全新局面。

四、专家评价

天河在全市各区（县）中首次实施财政专项资金试行竞争性分配制度改革，得到专家的高度肯定。华南农业大学公共管理学院院长张兴杰说，财政专项资金分配制度改革，有利于确保把有限的财政资金用到刀刃上，用到真正需要的项目上，有利于提高资金的使用效率，有利于促进街道科学决策。财政局主动把专项资金审批权从少数人、个别人手中让给 20 多个评委，体现“阳光行政”的原则，公开、透明，有利于防止腐败。广东省社科院综合开发中心主任黎友焕说，财政专项资金竞争性分配评审会是一个创新，很有特色，体现了公平、公正的原则，起到了很好的示范作用。并建议要好好总结经验，为今后的财政专项资金竞争性使用提供借鉴。

（广州市天河区财政局供稿，叶微执笔）

汕头市

推动科学发展　加快澄海玩具产业转型升级

澄海区是著名的“中国玩具礼品城”，玩具产业既是澄海区最具有特色的行业，也是澄海区工业经济的支柱产业之一。近年来，澄海区财政部门紧紧围绕区委、区政府发展战略，发挥财政政策的导向功能和保障作用，大力支持实施名牌带动战略，加快推进澄海区玩具产业转型升级。澄海区先后被评为“中国玩具礼品城”、“中国玩具礼品出口基地”和“广东省玩具产业集群升级示范区”。2010－2012年，澄海玩具产业产值年均以14%的速度增长，有70%的产品出口到世界各地（140多个国家和地区）。2012年，澄海区外贸进出口比增7.9%，增幅列全市前茅。主要出口商品中玩具礼品出口额占全区出口总量的50%，玩具外贸出口稳步增长。

一、推动传统玩具产业向文化创意产业发展

澄海区积极推动传统玩具产业转型升级，以建设“省玩具礼品转型升级专业型示范基地”为新起点，以创建“国家外贸转型升级专业型示范基地”为新目标，坚持“集聚发展、创新驱动、品牌带动、服务支撑”发展模式，以奥飞动漫、骅威玩具为龙头，着力培育和打造一批具有较强实力、竞争力和影响力的创意文化企业，发展壮大动漫（玩具）创意产业集群，有效推动传统玩具产业转型升级。2012年，澄海区被列入第二批“国家外贸转型升级专业型示范基地”。

（一）支持玩具产业走集群化发展道路

为切实推动传统玩具产业转型升级，澄海区通过制定《汕头市澄海区玩具礼品产业集群发展规划》，以岭海、莱美等工业园区为载体，配套税费优惠、用地优先等扶持措施，有效促进玩具企业入园集聚发展，扩张基地产业规模。截至2012年年底，全区从事玩具及其配套生产的企业15 000多家，从业人员超过20万人；拥有4家玩具上市公司、20多家年产值5 000万元和上百家年产值1 000万元以上的骨干企业，基地的企业数、产值规模、产业链配套等均远多于国内其他玩具生产基地。

（二）扶持玩具产业向创意产业发展

为大力扶持发展动漫创意产业，推动玩具业转型升级，澄海区先后制定出台多项扶持玩具（动漫）产业发展的政策措施，从财政投入、土地供给等方面给予大力扶持，推动动漫文化产业升级。2008－2010年，每年由区财政安排600万元扶持企业发展动漫文化产业。同时，与央视动画有限公司协议建立战略伙伴关系，构筑动漫玩具发展服务平台，提供玩具企业发展动漫玩具及其衍生产品服务，推动玩具产业向创意产业等发展。截至2012年年底，澄海区已有18家企业进入动漫文化领域，通过发展壮大动漫（玩具）创意产业集群，带动动漫衍生品的生产和销售。2011年，动漫产业产值达33亿元。

（三）支持玩具产业实施品牌带动战略

澄海区以创建“国家外贸转型升级专业型示范基地”为契机，一方面实施以质取胜战略，在全面实施玩具产品3C认证的同时，推动企业申报各类质量管理体系认证，提高产品质量档次。截至2012年年底，全区666家玩具终端生产企业全部申领3C认证证书，证书数2 349张，约占全国玩具企业认证数量的1/3。另一方面，澄海区财政部门安排专项资金，用于对企业实施品牌建设的奖励。凡注册商标、产品被新认定为中国驰名商标、国家重点扶持出口品牌产品、国家出口免验产品的，且该企业向区税务部门缴纳税款达到300万元以上（含300万元）的，一次性给予20万元奖励；凡注册商标、产品被新认定为广东省著名商标、广东省名牌产品、广东省重点扶持出口品牌产品的，且该企业向区税务部门缴纳税款达到300万元以上（含300万元）的，一次性给予10万元奖励。截至2012年年底，全区出口玩具企业拥有省名牌产品11个，中国驰名商标3件、省著名商标21件，境外注册商标367件，并成功注册“澄海玩具”国内集体商标和西班牙马德里国际商标，实现玩具企业品牌与区域品牌的良性互动。

（四）重视提升玩具产业核心竞争力

为推动企业技术创新，澄海区出台《扶持企业健康发展的若干措施》等一系列政策，鼓励支持企业自主创新，2012年预算安排科技三项经费1 900万元专项用于扶持重点骨干企业研究和开发，建设玩具礼品技术创新中心等6个公共服务平台。通过一系列举措，新增了一批高新技术

企业和省民营科技企业；奥飞动漫被评为广东省百强创新型企业，产品荣获中国专利优秀奖；星辉车模、群兴玩具被评为广东省自主创新标杆企业；飞轮科技被批准组建广东省国际科技合作基地。

二、支持玩具企业进军国内外市场

为积极应对国际金融危机的影响，澄海区委、区政府致力于引导企业创新产品，提升技术含量，优化销售服务，在拓展国外市场的同时“深耕”国内市场，建立健全营销网络，支持和组织企业组团参展，抱团发展，实现大小联合、强强联合，增强“澄海玩具”的市场效应。

（一）支持玩具企业抱团参加各类专业展会

为减轻企业开拓国内外市场压力，自2009年起澄海区委、区政府每年安排500万元作为企业开拓市场的引导资金，组织企业抱团参加各类专业展会，支持玩具企业联手开拓国内外市场。2012年以来，澄海区先后组织企业抱团参加德国纽伦堡玩具展、香港玩具展和“中美玩具交流会”等热门国际展会，扩大“澄海玩具”的国际影响力。

（二）设立中国澄海（迪拜）玩具展示中心

迪拜不仅是世界旅游城市，而且是贸易集散地，市场辐射面较广。为有效宣传澄海区域品牌，搭建澄海玩具销售新平台，推动澄海玩具产业实现新的飞跃，2010年澄海区成功设立“中国澄海玩具迪拜展示中心”。为减轻企业参展压力，澄海区安排资金，专项用于补贴澄海参展企业和扶持项目的宣传推介。“中国澄海玩具迪拜展示中心”占地3 000多平方米，设立标准展位255个，常年开放营业，从事产品展示和接受订货，自运营以来，受到中东、东欧、非洲等国家的专业客户的高度赞誉和认可，取得良好的效果。

三、构筑玩具产业发展服务平台

澄海区始终坚持将“服务支撑”作为推动玩具产业健康、持续发展的重要内容，致力优化物流、营销、融资等服务。坚持每年举办中国澄海国际玩具礼品博览会，建立玩具巴巴等一批业内影响较大的网站，为玩具企业搭建电子商务服务平台，有效拓宽了玩具企业销售渠道。

（一）强化金融机构助推器作用

截至2012年年底，澄海区拥有8家上市公司中玩具企业就占了1/2，共有奥飞动漫、星辉车模、骅威股份、群兴玩具4家玩具上市公司。2012年，澄海区政府和民生银行汕头分行签署《共建汕头市澄海区玩具产业金融合作社协议》和《中小微企业金融服务合作协议》。根据澄海区区域内玩具行业发展特点和产业链特征，由民生银行汕头分行在两年内安排20亿元专项信贷额度，以与澄海区政府共建玩具产业金融合作社的方式，把分散的玩具客户整合成一个富有活力的组织，鼓励和帮助行业重点中小微企业抱团发展和共同抵御风险，促进企业转型升级，助推地方经济发展。

（二）充分发挥“玩博会”的影响力

澄海区按照“创新思路、准确定位、提高档次、扩大影响、务求实效”的指导思想，举办14届中国澄海国际玩具礼品博览会。每届博览会均吸引来自欧洲、美洲、中东、东南亚等60多个国家和国内80多个城市客商前来洽谈贸易，成为中国内地最具国际性、商业性、专业性的玩具礼品展会之一。2012年，顺利举办的第十四届中国澄海国际玩博会，规模、档次和贸易总额均超过往届，协议贸易总额达16.15亿元。

（澄海区财政局供稿，张茵执笔）

佛山市

加强政府购买服务　促进政府职能转变

2012年以来，为促进政府职能转变，佛山市通过认真梳理部门职能、建立绩效评价机制、扶持社会组织发展、规范购买服务程序等方式，积极开展政府购买服务改革。

一、开展政府购买服务改革的背景

长期以来，政府在公共服务中扮演着“主角”，对提高公共资源配置水平起到关键作用。然而，由于公共服务缺位、价高质次等“政府失灵”现象的产生，以及政府一些行政部门难以割舍已有的职能，没有向社会组织主动移交管理职能的愿望，本来应该由社会组织和市场承担的一些工作，一直由政府承担，消耗了政府大量的人力、物力、财力，政府不堪重负，群众也不满意。因此，开展政府购买服务改革势在必行。

2012年3月19日，时任国务院总理温家宝在第十三次全国民政会议上指出：“政府的事务性管理工作、适合通过市场和社会提供的公共服务，可以适当的方式交给社会组织、中介机构、社区等基层组织承担，降低服务成本，提高服务效率和质量。”这为政府向社会组织购买服务，促进政府职能转变指明了方向。

政府向社会组织购买服务，是指将政府直接承担或通过事业单位承担的技术性、服务性、辅助性的公共服务事项，交由有资质的社会组织来完成，并定期按照市场标准相互建立提供服务产品的合约，由该社会组织提供公共服务产品，政府按照一定的标准进行评估履约情况来支付服务费用。政府向社会组织购买服务是符合市场经济和公共财政要求的一种改革和创新，对于促进政府职能转变，健全“党委领导、政府负责、社会协同、公众参与”的社会管理格局，进一步降低行政成本，提高财政资金使用效益和公共服务供给质量具有重要意义。

二、佛山市推进政府购买服务的主要做法

（一）统一思想，转变政府包办观念

为顺利推进行政体制改革，让政府部门主动转变观念，佛山市委、市政府迅速传达省委、省政府《关于加强社会建设的决定》、省委办公厅、省府办公厅《关于发展和培育我省社会组织的意见》、《印发〈关于加快推进社会体制改革建设服务型政府的实施意见〉等七个加强社会建设文件的通知》等文件精神，要求各部门贯彻落实。同时，市委、市政府结合佛山市实际，印发《关于加强社会建设的决定》，其中强调要“完善政府向社会组织购买服务实施办法，明确政府向社会组织购买服务的基本原则、实施范围和主体、承接对象和条件、购买形式、操作流程、支付方式和职责分工，编制出台社会组织目录，明确具备资质条件承接政府转移职能和购买服务的社会组织”，从而“加快政府职能转变”。

刘悦伦市长在全市行政体制改革试点工作动员大会上的讲话中进一步指出，“要适应市场经济的深入发展、整个社会的经济基础已发生巨变的现实，加大‘转权’的力度，即把不该由政府管的职能，转移给有资质的社会组织承担，把政府从大量社会性、公益性、事务性的社会管理中解放出来，腾出精力做政府应该做的事情，让政府职能归位。同时，这次是‘打开门来改革’，与社会组织发展、向社会组织‘转权’结合起来”。

（二）认真梳理部门职能，明确政府购买服务的范围

公共服务事业种类繁多、性质各异，必须明确哪些项目由政府部门直接提供，哪些项目可以通过向社会组织购买服务而实现。佛山市财政局按照市委、市政府的部署，结合市级部门职能清理工作，通过全面梳理市级政府各部门、群团组织以及承担公共管理事务的事业单位职能，归集各部门需向社会组织转移和购买服务的各类事项，形成《佛山市级政府向社会组织购买服务指导目录（第一批）》，明确政府购买服务的范围。《目录》包括三级，其中：一级目录5项（基本公共服务事项、社会事务服务事项、行业管理与协调事项、技术服务事项、政府履职所需辅助性和技术性事项），二级目录51项，三级目录254项。由于佛山市社会组织的发展水平有待进一步提高，各类社会组织发展水平参差，目录内的事项暂不能全部马上转移给社会组织实施。因此，佛山市要求各部门认真研究将本部门各类事项转移给社会组织的可行性，并根据市级部门预算安排情况，结合佛山市社会组织的承接能力，按照“成熟一件，推出一件”的原则，逐步将本部门符合条件的事项转

移给社会组织实施。

（三）建立绩效评价机制，重视评价结果应用

政府向社会组织购买服务不等于政府“卸包袱”，放弃管理责任。在购买服务后，相关部门必须承担和履行监督责任，加强对购买服务项目的质量和效果进行指导与监督。佛山市财政局在财政绩效管理改革的基础上，为政府向社会组织购买服务制定专门的绩效评价办法。即通过委托第三方优质中介机构，根据事先设定的绩效目标，设置、选择合适的评价指标和评价标准，运用科学、合理的评价方法，对政府购买服务资金使用全过程及其支出的经济性、效率性、效果性和公平性进行客观公正的综合评判。

绩效评价办法很重视评价结果的应用。办法明确，将评价结果报告市人大和市政府，加强市人大和市政府对政府购买服务资金项目的监督。同时，评价的结果反馈给购买服务的部门，促使部门进一步加强政府购买服务资金管理，提升绩效管理水平，达到优化政府购买服务资金支出结构和资源配置的效果。通过建立绩效评价机制，形成职责到位、协调配合、违法必究的管理和监督体系。

（四）设立专项资金，扶持社会组织发展

政府购买服务改革的重要内容是政府向社会组织“转权”。只有加大培育社会组织的力度，使全市社会组织充分活化，着力解决社会组织承接政府职能能力不足的问题，才能确保政府职能放得下、接得住、管得好。佛山市社会组织不断发展壮大，截至2012年年底，全市登记和备案的社会组织共有3 549个。但是，这些社会组织良莠不齐，其发展仍然面临资金短缺等因素的制约。为此，佛山市专门设立社会组织专项扶持资金，并出台相关管理办法，重点培育和优先发展公益慈善类、社会福利类、社区服务类和工商经济类等社会组织。资金管理方面，以项目的实施效果确定扶持对象，以公平、公正的专家评审方式评定扶持对象，以绩效考核的结果兑付扶持资金，努力实现扶持资金的效益最大化。同时，要求社会组织向社会公开专项资金的使用管理情况，提高透明度。

（五）出台实施办法，规范政府购买服务程序

为规范政府向社会组织购买服务程序，佛山市出台《佛山市政府向社会组织购买服务实施办法》（以下简称《办法》）。《办法》明确政府向社会组织购买服务的基本原则，即“权责明确、竞争择优、财随事转、注重绩效”；明确资金来源，即购买主体购买服务所需资金从其部门预算安排的公用经费或经批准使用的专项经费中解决。重大项目、重大民生事项或党委、政府因工作需要临时确定的重要事项，按照财政专项资金管理规定和“一事一议”原则，专项研究确定购买服务资金规模和来源。在明确各部门的组织分工的同时，《办法》细化从编制预算、立项申请、审批、履行合同、支付款项至绩效评价的完整流程，为政府部门实施向社会组织购买服务提供了详细的指南。

（佛山市财政局供稿，陈志海　李健霞　李强执笔）

财政绩效管理改革工作取得新进展

佛山市围绕着提高财政资金效益不断加大预算绩效管理工作的创新力度与工作深度，进一步拓展财政绩效管理改革的范围、深化绩效评价结果应用、完善财政绩效管理改革体系，取得新进展。在省财政厅对地级以上市开展财政绩效管理工作情况综合考核中，佛山市以总分第一位居榜首。

一、财政绩效管理范围进一步拓展

2012年，佛山市财政局扩大2011年度财政支出绩效评价的范围。将项目起评金额标准由2011年的200万元以上调整为150万元以上，纳入自评范围项目达到213个，涉及金额约15.31亿元，分别比2011年增长115%和89%。同时，在推行部门预算与预算绩效申报同步布置、同步上报、同步下达、同步考核“四同步”的基础上，将拟列入2013年度财政支出的项目全部纳入预算绩效评审范围，并根据资金属性和预算金额进行分类评审，提高绩效管理的覆盖面和评审质量。

南海区财政将竞争性分配范围从经济领域扩展到体育、民政、规划和文化等领域，并向镇街延伸。大沥、桂城等镇（街道）参照区级财政资金竞争性分配的做法，开展街坊会、“熟人社区”特色项目竞争性分配。狮山镇和盐步中学在获得竞争性分配项目资金后，从中拿出部分资金在单位内部实行再竞争分配，竞争性分配改革得到深化和延伸。

二、财政绩效管理制度进一步完善

佛山市各级财政部门结合自身地方实际，边摸索边总结，逐步制定较为完善的绩效管理制度。其中，既包含对绩效管理工作的宏观指导意见，亦有针对资金使用特点制定的专项资金绩效管理操作办法、工作规范、操作流程等。市级先后出台《佛山市财政支出绩效评价试行方案》、《佛山市市级预算单位项目绩效预算工作方案》、《佛山市市级财政资金支出绩效考核实施意见》、《佛山市市级政府向社会组织购买服务绩效评价暂行办法》等。南海区出台《佛山市南海区财政支出绩效评价试行方案》、《佛山市南海区项目绩效预算管理试行办法》；三水区出台《佛山市三水区财政支出绩效评价试行方案》、《佛山市三水区项目绩效预算管理暂行办法》等。

三、绩效评价结果应用进一步深化

一方面，将绩效评价结果应于财政专项资金分配，即竞争性分配。在财政专项资金分配环节，引入竞争机制，以绩效目标及可量化指标为依据，以专家和公开评审方式筛选最优项目进行财政资金扶持，实现“多中选好，好中选优”。在项目实施环节实施绩效督查，以绩效目标为导向对项目实施进行跟踪管理，在项目完工后实施绩效评价，作为衡量资金使用效益和预算管理的重要依据。自2009年在市级开展试点以来，财政资金竞争性分配工作已在市、区两级有序展开。2009－2012年，全市共安排2.62亿元实施竞争性分配。其中2012年安排9 789万元，涉及科技、工业、体育、民政、文化、教育等领域（见图1）。

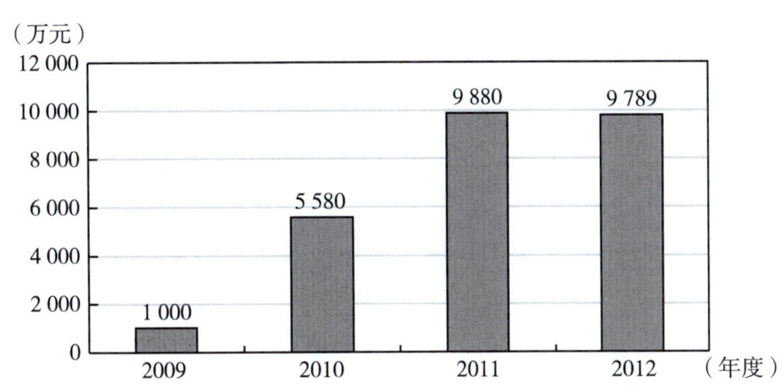

图1　2009－2012年佛山市竞争性分配资金情况

另一方面，积极探索财政支出绩效结果问责机制。市级将财政资金支出绩效考核工作纳入机关绩效与作风建设考评范围，并将核查评价结果提交市人大作为问责调研项目，强化了人大、监察、审计等部门的监督问效。南海区和三水区通过建立绩效问责制度，将单位财政资金使用绩效纳入区机关作风和效能建设考核范围。2012年，佛山市作为省确定8个试点城市之一，率先开展政府绩效管理工作，财政绩效管理成为其中的重要组成部分。

四、财政绩效管理体系进一步完善

经过财政绩效管理改革，佛山市已基本建立包括“事前”绩效评审、“事中”绩效监控、“事后”绩效评价、结果绩效问责的“四位一体”财政绩效管理体系，贯穿财政预算编制、执行、监督全过程。初步形成从部门预算申报到财政预算评审、预算执行监控、财政绩效评价、结果作用于下年预算安排的闭环式管理模式（见图2）。

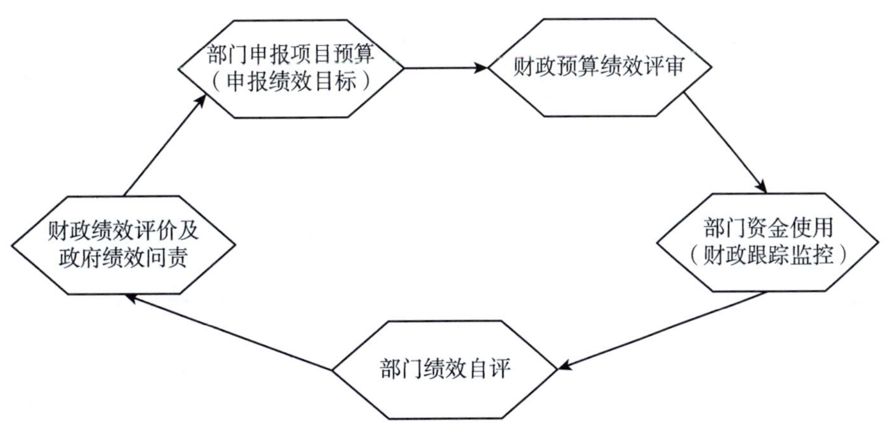

图2　闭环式财政绩效管理体系

五、财政绩效管理改革成效进一步彰显

（一）提高预算编制科学化水平

通过推进财政绩效管理，各部门认识到申请财政资金不易，使用财政资金又要追踪问效，所以自觉提高了申报要求，盲目申报已经大为减少，转而在申报前先做好可行性研究，选择比较成熟的项目实施，在申报阶段便做实预算，增强财政预算编制的合理性，从而进一步节约了财政资金，提高资金的使用效益。2011－2013年全市累计预算绩效评审项目3 232个，评审金额319.73亿元。经过专家评审，累计核减项目929个，金额136.52亿元，核减率从2011年的41.04%提升至2013年的46.33%（见图3）。

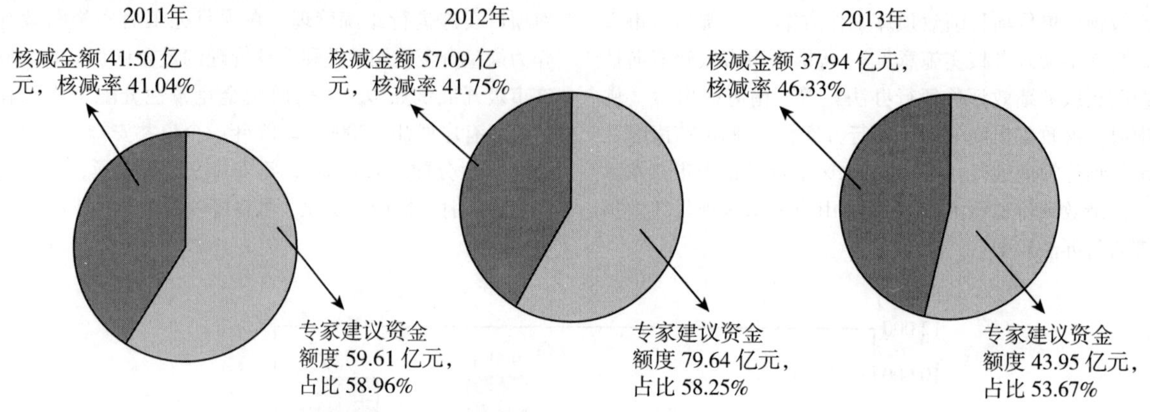

图3　2011－2013年度全市累计预算纯净评审情况

（二）增强财政资金使用部门的责任意识和绩效意识，加强项目管理

通过设定绩效目标，部门清楚地了解实施项目所要取得的经济效益和社会效益，其职能和目标得到进一步明确。同时，绩效评价结果与预算资金分配和问责相结合，形成有效的激励机制，促使部门自我约束意识及责任意识明显提高，初步改变了长期以来各单位“重预算轻管理、重使用轻效益”的现象。此外，通过有中介机构、专家和绩效评价人员的把脉，被评价单位能发现项目管理上存在的不足，项目的管理得到进一步改善。

（三）推动效能政府建设，取得良好的社会效应

财政绩效管理改革实施后，随着部门的参与，社会舆论的宣传，绩效理念逐步深入人心，效能政府和民生政府的形象逐渐在更多市民心中树立起来。2013年3月，监察部《监察工作》专刊刊登文章《佛山市完善政府投资项目绩效管理强化财政资金分配使用廉政风险防控》，介绍佛山市财政绩效管理工作的做法。每年都有来自全国各省、市的兄弟单位来佛山市学习财政绩效管理工作经验。

（佛山市财政局供稿，陈志青　李霆执笔）

探索财政科研创新路子　共建地方改革研究基地

2012年5月23日，南海区财政局与财政部财政科学研究所正式签署协议共建“中国地方财政改革研究基地南海基地”，成为省内第一个与财政部科研所（以下简称“财政部科研所”）合作的地方财政机构。

一、顺应发展要求，创设财政科研基地

南海区财政管理的精细化、科学化水平不断提高，财政收入“蛋糕”不断做大，财政实力明显增强。2012年，南海完成财政总收入470亿元，地方公共预算收入129亿元，成为有力推动南海跨越式发展的助推器。但随着国内

外市场形势复杂多变，经济社会也到了转型升级的重要时期，财政运行承受前所未有的压力，主要表现在：财源支撑点较薄弱，地方公共财政预算收入增速放缓；各种政策性、民生项目等刚性支出不断加码，财政收支矛盾日益突出；群众要求民主理财、科学理财的呼声越来越高，公共预算分配制度改革迫在眉睫。

聚焦一系列财政改革与发展的热点、难点问题，除了南海自己“摸着石头过河”大胆尝试外，还可以通过扎实开展财政科研工作，积极探索财政发展和改革问题，为地方经济发展提供有价值的对策思路和决策参考意见，从而降低改革成本，提高改革效率。在此背景下，财政部科研所与南海区财政局携手合作，既可以充分借助财政部科研所的专家、学者的专业优势和学术专长为南海经济发展、财税改革和财政政策把脉。又可以发挥其“授业者”的作用，充分借助财政部科研所的师资力量为南海培养高层次的财经专业人才，提升南海财政干部的整体实力。

二、凝聚专家力量，创新科研合作机制

2012 年，基地主要从团队建设、政策研究、人才交流、平台建设等方面，着力构建有效的运行机制。

（一）组建一流研究团队

财政部科研所是中国财政科研的权威机构，在财经理论政策研究以及培养高级财会人才领域均有着举足轻重的地位。为全力助阵基地建设，财政部科研所负责提供具体的智力支持，每年会根据南海区年度财政工作的实际需要，派出专家组参与南海区公共财政改革实践项目，务求打造一流研究团队。同时，基地合作双方共同组建基地管理委员会，由财政部科研所所长、知名财经专家贾康亲自挂帅，与南海区财政局常务副局长同任主任，副主任和办公室人员均由双方派出业务骨干组成，课题研究工作坚持所长负责机制，由专家学者和科研基地同志共同组建研究团队，力求科研成果多出精品。

（二）专注应用性财政政策研究

基地在组织形式上是一个开放性研究平台，它立足于南海的财政改革实践，以重大科研项目的调研和推进为载体，确立打造专注于应用性财政政策研究高端智库的目标。主要内容包括：一是根据最新的财经形势或政策指引，以南海的财政改革实践为对象，定期或不定期设立若干研究课题，创建开放式合作的创新研究群体，实现学术资源与实践的融合。二是开展南海区公共财政改革实践项目，工作重点集中在政策可行性分析、适当的措施体系、绩效预测、评价与改进建议四个层面。三是就南海财政工作中的重大决策和突出问题举办专门的研讨会，财政部科研所派遣专家组参与初步方案的研究与规划。

（三）创新人才培养和交流模式

合作双方根据重大财政改革的动态，结合实际工作的需要，采取双向互动形式，深化人才培训与交流工作的开展。具体包括：一是部科研所以南海基地为依托，根据重大财经改革动态，有针对性地为南海区财政局提供改革动因、改革主体内容、下一步工作思路与创新等培训工作。二是财政部科研所根据南海基地的组织管理和课题研究需要，派遣科研骨干赴南海区财政局挂职进行中短期的组织、研究工作。三是南海区财政局选派的业务骨干到所内进行学习、研究工作，财政部科研所为其提供适当的科研课题参与研究，并向其开放博士硕士课程、国际和国内的学术交流会议，提供国内、国际前沿财经理论资源。

（四）搭建与国内外接轨的平台

依托财政部科研所的广阔平台，借助财政部科研所强大的外部引力，举办具有前瞻性、科学性、应用性的财经工作研讨会和论坛，适时归纳和总结南海区的改革经验和创新精神，将南海区的成功经验与全国各地优秀成果沟通融合，为推进南海区财政的科学发展和深化改革服务。

三、推进深度结合，实现共建双赢

基地以重大科研项目的调研和推进为载体，以南海公共财政改革实践为对象，以应用性财政政策研究与创新人才培养和交流为框架，开展了多种形式的合作，一定程度上推动了理论实践的创新，实现了双方的优势互补、互惠双赢。

（一）开创产学研一条龙的财政科研模式

一方面，财政部科研所作为权威的科研机构直接参与南海区的财政改革设计和实践，使南海财政改革找到有力的“外脑”，有了厚实的理论和人才资源支撑。另一方面，南海基地为科研所提供了发达地区基层财政工作的观察研究样本，成为财政部科研所成熟前沿理论成果的试点应用和实践检验的重要载体，使财政部科研所能够及时总结研究地方财政改革与实践成果，为国家决策提供可靠依据，从而使财政理论和科研实践找到最佳结合点。2012 年，基地通过推进理论与实践的深度结合，使这种产学研一条龙的财政科研模式收到较好成效。如基地合作双方立足南海实际，借鉴发达国家及中国其他地区已有经验，对构建政府购买公共服务机制进行专题研究，提出不少具有前瞻性的、操作性较强的对策和建议，为区领导决策提供重要参考依据，并被区委作为专题信息刊发。

（二）推进人才开发与培养

基地的建立使南海区能够及时了解国家最新的财税政策，掌握宏观经济形势，加强与财政部各司局的联系，学习兄弟地区先进的财政管理经验提供便利条件，开阔财政干部职工的视野。同时，基地为南海财政系统提供良好的人才学习进修平台，对于培养南海区财政专业管理人才，提高地方财政科学化、精细化管理水平具有重要意义。2012 年，基地组织南海区财政系统 80 多名业务骨干分两批

赴财政部科研所北京基地进行专题培训学习。这个专项培训班特邀财政部科研所及国务院发展研究中心专家以及知名教授，紧贴财政法规、财税改革和理论前沿，对新《预算法》、长三角珠三角区域经济发展现状等内容进行详细解读。

（三）推动南海新一轮财政改革创新

2012年，南海区计划通过“资源整合、流程再造”，整合南海区会计结算中心和预算单位资源，通过信息化手段构建区直行政单位财政监督平台。根据南海区财政工作的实际需要，财政部科研所专门派出专家组参与这项财政改革实践项目，提供权威、专业的意见，并为南海区的财政改革设计最优方案，充分发挥“智囊团”的作用，指导南海区财政改革创新工作，促进经济社会的全面发展。

（佛山市南海区财政局供稿，梁倩虹执笔）

创新分配机制　打造民本财政
推进“为民做主”转变为“让民做主”

——顺德率先试水“参与式预算”实现良好开局

2012年，顺德在全省率先开展“参与式预算”试点工作，让老百姓主动参与到民生事项的讨论、实施、监督过程中。这不仅是创新预算分配机制、推进“让民做主”预算编制机制改革的破冰尝试，更是政府体察民情、倾听民声、落实民意、推进政府决策科学民主和阳光透明的重要举措。

一、实施过程

参与式预算在国内属新鲜事物，既要鼓励社会参与，又要确保理性监督，更面临与现有体制衔接问题，因此在推进试点工作过程中，区财税局重点抓好以下三方面工作，稳步、有序、高效推进改革工作。

（一）实现制度设计本地化

借鉴浙江温岭市、黑龙江哈尔滨市的做法，顺德在推进参与式预算中更多地从本地实际出发去设计、创新整项改革工作。一是模式内化。结合顺德区财政推行的专家评审、部门面谈、绩效管理等多项管理制度，在推进参与式预算改革中，顺德区财税局继续引入相关制度，进一步完善改革制度，丰富改革内容，使参与式预算制度导入制度框架之内，与顺德区财政管理体系实现无缝对接，成为顺德财政管理体系的有机组成部分。二是创建特色。顺德参与式预算重点强调“政府主导”和“公众参与”两个部分，因此，在制度设计上，顺德采取自上以下模式，在区一级财政推广改革，并创新性地增设公众咨询、代表回访、验收审计等环节，在预算编制、执行、决算上进行引入监督，使参与式预算更具有民意性和可监督性。

（二）提高实施运作的科学性

主要体现在三方面：一是在方案制定上，积极借鉴国内外先进地区科学理念和成功做法，按照“政府主导，群众参与”的思路，配套制定《顺德区参与式预算工作方案（试行）》、《参与式预算操作指引》等多项文件，按照全过程、体系化的管理模式，将参与式预算流程分为项目确定、信息发布、选取代表、召开面谈会、项目执行与跟踪监督、项目验收审计、绩效评价、情况通报等8个环节，并确定各个工作节点和责任单位，从制度保障、协作机制、过程监督上确保试点工作顺利推进。二是在项目选定上，将“关系社会民生、群众关注度高、适合群众参与”作为项目选取原则，从2013年区属单位申报的500多个新增预算项目进行筛选，最终确定区人口和卫生药品监督局的“孕前优生健康检查项目”和区委社会工作部的“残疾人辅助器具适配、居家无障碍改造”两个项目作为试点项目。试点项目数量先少后多，项目规模先小后大，待运作成熟后逐步扩大改革范围，确保改革试点工作顺利推进。三是在代表选取上，为确保项目面谈会的组织有效性和意见广泛性，经过充分考虑和研讨，顺德区财税局在项目代表委员会上采取“456”组成模式，即4名人大代表、政协委员，5名专家、行业代表，6名社区群众，确保代表委员会既具有一定的代表性，又具有一定的参政议政能力，并组织举行抽签仪式，民主产生顺德区第一批参与式预算试点项目代表委员会。

（三）增强公众知晓参与度

一方面，运用报刊、电台、电视台、微博、论坛等多个平台，开展各时期工作宣传，实现全过程公开，扩大改革工作社会影响面，提高公众对改革的认知度和信任度。

中央、省、市、区媒体对顺德区参与式预算的宣传报道稿件多达20多篇。另外，新华网、人民网、搜狐网、新浪网等多家国内主流网络媒体还对报道内容进行转载，转载量多达近百篇。另一方面，设立代表面谈、代表回访、情况通报等机制，拓宽民意收集、反馈、监督的渠道，广泛收集各方意见，使民主决策机制在参与式预算改革中得到充分发挥。

二、主要成效

参与式预算的实施，实现了部门、政府、市民的多方共赢：对项目单位来说，有利于提高项目单位对预算编制的重视，促进预算工作的科学化、精细化和透明化，进一步提高财政资金使用效果；对政府来说，参与式预算不但能提高资金使用效益，促进基本公共服务水平提升，而且创新政府管理模式，实现政府决策的民主化和科学化，将有效推动“阳光政府”建设；对广大市民来说，参与式预算有助于市民公民意识的觉醒，让市民更积极、主动地参与地方治理，汇聚民智推动地方发展。

经过面谈、回访等环节后，区财税局根据代表、媒体、部门、社会机构等单位所反馈的意见和建议，对两个项目的预算编制进行调整，并要求项目单位补充完善有关申报资料。经人大批复，目前，两个试点项目2013年经费预算已下达项目单位，其中“孕前免费优生健康检查项目”下达预算资金613万元，调减申报资金247万元；“残疾人辅助器具适配、居家无障碍改造经费项目”下达预算资金360万元，调增申报资金22万元。按照区出台的“参与式预算”改革文件规定，项目单位需定期将试点项目的推进情况和实施效果通过政府网站及时向社会公布，全面接受社会监督。

（顺德区财税局供稿，郑志勇执笔）

韶关市

加强会计师事务所行业党建工作推动行业管理再上新水平

按照中央和省市的部署和要求，在广东省注册会计师协会党工委和韶关市财政局机关党委的正确领导下，韶关会计师事务所行业适应行业发展的新形势、新任务，满足经济社会快速发展对行业提出的新要求，2010年正式成立中共韶关市注册会计师协会（以下简称“注协”）总支部委员。韶关市注协党总支紧紧围绕行业中心工作，结合行业实际，认真组织我市行业内的各会计师事务所积极参与创先争优“制度建设年”、“基层组织建设年”等活动，扎实推进各项工作。韶关市会计师行业党建工作取得可喜成绩：中共韶关市注册会计师协会总支部委员被广东省注册会计师协会委员会授予“先进行业党组织”，直属的中共韶关市中一会计师事务所有限公司党支部授予省注册会计师行业十大“先进会计师事务所党组织”，还有多人被省财政厅、韶关市直工委评为“积极支持党建工作（党外）合伙人”、“优秀党员”等荣誉称号。

一、加强组织领导，周密部署安排，全力推进行业党建工作

为贯彻落实中共中央组织部和中共财政部党组《关于进一步加强注册会计师行业党的建设工作的通知》文件精神，根据行业的实际和工作的需要，2010年4月22日正式建立行业党总支委员会，负责管理市属的中一会计师事务所有限公司和公信会计师事务所有限公司党支部，并协调县（市、区）的曲江智杰、乐昌鹏程、新丰新审会计师事务所三个党支部。

为尽快打开局面，韶关市注协党总支迅速深入调研，摸清情况，组织召开总支委员会会议，认真研究和制定《韶关市注册会计师行业深入开展创先争优活动实施方案》，并成立韶关市注册会计师行业创先争优活动领导小组。同时，在各会计师事务所抽调骨干力量，加强组织协调，抓好各项工作；韶关市注协统一为直属的中一、公信两支部定做牌匾、公章、党旗、购买党建书籍发放下去，主动帮助建立党员活动室、图书资料柜、档案资料盒，设立创先争优宣传栏，指导各支部实行党务公开、张贴宣传标语等。及时将省、市、局有关创先争优活动的文件和领导讲话材料发至事务所。

二、委派党建工作指导员，推进行业党建深入推进

行业党建工作的重点是逐步从抓党的组织和工作的覆盖向发挥党组织和党员的作用转变，向强化和扩大党建工作影响力转变，向健全党建工作的长效机制转变。为此，韶关市注协党总支，从实际出发，向各支部委派党建工作指导员，重点在党组织与无党员事务所之间构建一个传达党的宗旨、思想和精神的桥梁，指导事务所更好地理解、领会和执行党的路线、方针、政策，并为实现党组织覆盖创造条件，从而建立党建工作的长效机制。

党建工作指导员的主要职责概括为六个“抓”：一是抓宣传。宣传贯彻党的各项路线，方针，政策和国家的法律法规，传达上级党组织的工作部署。二是抓群建。指导和帮助会计师事务所成立工会、青年团等组织，扩大党的群众基础，创建工作抓手。三是抓发展。积极发现、培养入党积极分子，把主任会计师、合伙人作为重点发展对象。四是抓结合。把党的工作和业务工作结合起来，将党建工作纳入事务所发展来考虑，着眼于促进事务所发展抓党建工作。五是抓活动。结合行业党的重大活动部署，依托群众组织开展活动，促进事务所文化建设，提高党在会计师事务所中间的号召力和影响力。六是抓创新。认真开展调查研究，摸清会计师事务所特点，针对工作中存在的问题和不足，探索新的工作方法和工作思路，创新工作机制。

三、突出行业特点，党建工作做到“四个结合”

（一）党的组织建设与会计师事务所行业特点相结合

党的组织建设主要包括民主集中制建设、干部队伍建设党员队伍建设等。会计师事务所各业务部门独立性相对较强，员工队伍具有年轻化、专业化等特点，必须将合伙人队伍建设和党的干部队伍建设相结合，将业务骨干队伍和党员队伍建设相结合，将内部管理机制和民生集中制相

结合。为此，韶关市注册会计师协会党总支明确提出，事务所建到哪里、党就覆盖到哪里，党的工作就开展到哪里，选好配强行业基层党组织书记，大力实施“双培”（把党员培养成业务骨干，把业务骨干培养成党员）工程，开展领导班子好、党员队伍好、工作机制好、工作业绩好、各方反映好和带头学习提高、带头争创佳绩、带头服务群众、带头遵纪守法、带头弘扬正气的“五个好”、“五带头”，以及“争时代先锋、推动新业务发展”、“为党旗添光彩，为审计铸辉煌”等活动，充分发挥基层党组织和党员作用，通过“党建带群建、群建促党建”，带动共青团、工会、妇委会等其他各类基层组织建设。

（二）党的思想文化建设与会计师事务所内部治理相结合

着重从思想上建党，是中国共产党建设的一条基本经验，是毛泽东建党思想的突出特点，是党保持工人阶级先锋队性质和坚强战斗力的根本保证。为此，结合韶关会计师事务所实际，韶关注协党总支，坚持以马列主义、毛泽东思想、邓小平理论和“三个代表”重要思想武装头脑，贯彻落实科学发展观，提高内部政治理论修养，开展“三比三创”、“三学两比一提升”为载体，组织党员“学习革命传统，坚定理想信念”，认真组织学习贯彻落实党的十七、十八大精神，到井冈山、南昌、瑞金等实地接受革命传统教育的活动；到革命烈士陵园，全体党员重温入党誓词；开展优秀共产党员具体标准讨论活动，组织党支部引导所属党员立足岗位，以工作争先、服务争先、业绩争先为目标，自觉履行社会责任，严守诚信执业、客观公正的原则，做到“四个者”即理想信念的坚定者、社会服务的践行者、诚信执业的先行者、公平正义的维护者。通过事务所内部举办业务培训及参加协会举办的后续教育等渠道，提高员工的职业道德及专业水平。与此同时，加强内部业务质量监管工作，通过加强三级复核工作力度，降低报告差错率，提高审计报告的整体质量。

（三）党员的教育管理与推动业务发展相结合

韶关市注协党总支把党员教育管理作为提高行业党员队伍素质和能力建设相结合，并作为培养注册会计师行业高端人才的重要途径，切实发挥行业党员先锋模范作用，增强注册会计师行业党组织的创造力、凝聚力和战斗力。韶关市注协重点开展学习型党组织教育，按照“分级负责、分类培训、上下联动、全面覆盖”的原则，有步骤、有重点地进行不少于16学时的党员轮训，运用学习讲坛、读书会、报告会、知识竞赛、技能比赛、参观考察等手段，落实“三会一课”制度，组织各种形式主题学习实践活动，不断增强教育培训的吸引力和实效性。如，韶关中一党支部始终把业务发展情况作为衡量事务所党建工作是否卓有成效的重要标准。紧扣业务工作主题，提出从党员队伍中培养业务骨干，将业务骨干发展为党员的口号，充分发挥党员在事务所发展中的先锋模范带头作用。截至2012年年底，已有8人写了入党申请书，2人列为发展对象，1人为预备党员，2人参加入党积极分子培训班。

（四）党风廉政建设与行业职业道德相结合

韶关市注会协党总支以打造廉洁审计、诚信执业作为职业道德建设的突破口，将服务市场、恪守国家赋予的行业职能为最高理想，切实做好合伙人（股东）和员工思想工作，引导和监督恪守职业道德，积极践行社会主义核心价值体系，推动形成事务所先进文化，开展党员领导干部实行“公开承诺”、“党员示范岗”、“迎建党90周年创佳绩”等，重点是立足本职岗位，落实推动科学发展、促进诚信和谐、服务客户社会、提高服务质量。同时，在落实党风廉政建设责任制的基础上，开展“践行科学发展、争做诚信模范，打造社会信赖、让党放心的注册会师行业”，切实加强对事务所的管理和监督，预防会计中介腐败，督促执业注师加强职业道德和新审计准则的学习，提高执业质量，维护社会公众利益。2011年3月，广东省中小企业局授予韶关中一会计师事务所为“广东省中小企业公共服务示范平台”称号，成为韶关同行业中最具规模和影响力的综合型专业服务机构。

四、抓体制机制创新，激发动力和活力，努力创先争优

韶关市注册会计师协会党总支把创新放在重要位置，强化制度约束力和执行力，努力探索形成职责明确、落实有力、运转灵活的工作机制，积极探索体现时代性、富有实效性的工作新载体。

（一）创新组织领导机制

“火车跑得快，全靠车头带”。韶关市注册会计师协会党总支之所以能在短时间内取得比较好的成效，从根本上说，关键在韶关市财政局党组的高度重视，切实把加强行业党组织建设作为财政总体工作的重要组成部分，切实充分发挥局党组的领导核心作用、基层党组织的战斗堡垒作用、共产党员的先锋模范作用，建立层层抓落实的工作责任制。实行机关“党组统一领导、一把手负总责、分管领导具体抓、机关党委抓落实”的领导机制，努力做到“三个不放松”，即狠抓机关党建工作不放松、狠抓党（总）支部建设工作不放松、狠抓创先争优不放松，积极引导干部树立强烈的责任意识，切实提高工作能力和水平。

（二）创新教育培训机制

为让各种形式的学习活动取得实实在在的效果，韶关市注协党总支根据各种活动的具体情况，创新学习教育督促工作机制：一是制定学习规划，围绕政治理论、业务知识学习以及技能培训、廉政教育等内容，制定科学的合理的学习规划，增强学习的目的性、计划性。二是进一步修订和完善注册会计师协会理论学习制度、丰富民主生活会制度、党员三会一课制度等，让学习作为党员干部的每年一门经常性的课程。三是根据党员干部的知识结构、工作

经历等，有针对性地把党的基本路线、基本知识以及党风、党纪教育作为必修课，同时根据促进工作实际的要求，广泛开展多种形式的学习。四是坚持学以致用、用有所成，注重和注册会计师业务工作实际相结合，切实增强会计师执业自觉性、自律性。

（三）创新督促检查机制

韶关市注协党总支根据形势发展变化，不断完善监督检查的方式方法，提升党员的层次和空间。一是党总支负责人不定期听取指导员开展党建的情况汇报，做到党建工作和业务工作同规划、同部署、同检查。二是强化党建目标管理，按照“两年一考评”的工作部署，对各党支部落实党总支制定的目标落实情况开展不定期工作检查或抽查，使工作做到层层有责任，事事有落实。三是制定评优奖励与通报的激励措施，对员工撰写学习心得体会、调研报告等文章，进行评优和评先；对在针对检查考核过程中发现的问题，进行通报，切实抓好整改落实。

（韶关市财政局供稿，杨文乐执笔）

发挥财政职能作用　促进园区快速发展

为着力推进珠三角地区相关产业加快向粤东西北地区转移，推进农村劳动力向城市和第二、第三产业转移，实现产业转移和劳动力转移有机结合，广东省委、省政府提出“产业转移”和“劳动力转移”两大战略。东莞（韶关）产业转移工业园作为韶关经济发展和改革的试验田，在全省新一轮解放思想的大潮中取得丰硕成果：2008 年，竞得省产业转移竞争性扶持资金 5 亿元；2010 年，竞得省专业性扶持资金 1 亿元；2011 年，东莞（韶关）产业转移工业园跻身全省十大重点园区；2009－2011 年连续三年被省评为优秀园区。

一、抓住“三个重点”，在关键节点上弹奏园区发展的和谐音

（一）保运作

这是园区财政最基本的工作，也是园区稳定和发展的前提。在园区发展过程中，财政分局提出《关于规范行政支出管理的建议》和《关于贯彻落实增收节支工作的意见》。控制随意开支、不按项目预算开支、超预算开支等现象发生，坚持勤俭办事业，让有限的资金发挥最大的效应，全力保重点支出。同时，坚持“有预算不超支、无预算不开支”原则，严格部门预算，严控预算外支出。

（二）促建设

既要吃饭，也要建设，这是财政工作的基本原则。有钱没钱，都要配合园区管委会，筹集资金搞建设。财政预算安排，除保证园区基本运作外，其余资金均用于园区建设，每年用于园区建设的资金超过财政收入的 70%。土地出让收入，除政策性须上缴和项目运作本身的费用支出外，也全部用于园区建设。大投入，方能有大发展。园区财政现有资金远远满足不了快速发展的要求，必须通过项目融资。财政通过贴息的办法，撬动银行资金近 10 亿元，每年贴息支出 5 000 万元以上。

（三）筑平台

园区提出“搭建 5 个平台”的措施，韶关工业园区财政分局也一直围绕这些工作而努力。注资成立鼎盛担保公司，为中小企业提供贷款担保；支持生物医药和耐磨材料孵化基地建设，推动产学研合作进程；划出专项资金支持《莞韶园》报创刊，创新宣传信息服务平台；支持广东装备论坛的举办；促进创业服务中心建设；启动“校园对接产业园工程”。

二、做好“三篇文章”，书写 8 亿元专项资金管理新篇章

（一）“吃透政策”，这是专项资金管理的红线

为便于了解和熟悉园区相关财政政策和管理制度，分局编辑了一个便于查阅园区财政工作的管理手册——《园区财政管理文件汇编（2002－2011 年）》（以下简称《汇编》）。《汇编》按照管理类别对园区财政管理制度进行分类：财政专项资金管理、共建资金管理、市对园区财政管理体制、园区财政管理、综合管理五部分。对于这些管理制度，韶关工业园区财政分局要求相关工作人员认真学习。除对园区财政管理制度进行汇编和学习外，还在韶关工业园区财政分局信息平台的“文件管理”一栏发布最新签发的政策性文件，供学习参考。专门管理财政专项资金的经济建设股每年整理装订一本《韶关工业园 2010 年度建设情

况汇报材料》，收集大量原始、详细的佐证材料和有关资料。

（二）“选好项目”，这是专项资金发挥效益的着力点

园区基础设施建设、污水处理厂建设工程、比亚迪项目配套基础设施、园区创业服务中心大楼建设、高新技术产业服务平台建设，专项资金推动建设的每一个项目，都预示着园区美好的发展前景，这些项目，为园区的发展打基础、挖潜力、增后劲。

（三）“用好资金”，开展园区专项资金检查和绩效工作是用好资金的关键所在

财政分局主动要求韶关市财政局监督检查办，在园区开展园区会计基础信息、专项资金使用、资金流向、资金用途的检查工作。通过检查，加大韶关工业园分局对园区专项资金的管理力度。在做好专项资金检查的同时，认真做好专项资金绩效评价工作。根据财政专项资金的走向，按使用项目立项、可研、实施、绩效评价等程序操作。2009－2012年期间，财政分局认真做好东莞建设资金、专业性竞争性扶持资金、重点园区资金等专项资金的绩效评价工作。在组织申报和考评专业性竞争性资金工作时，韶关工业园分局组织业务骨干加班加点积极落实上报材料。

三、实现“三个对接”，开创园区发展新局面

（一）目标对接

韶关市市长到园区调研时，明确提出“园区2012年要争取实现工业增加值和税收增长30%的目标”。根据这一目标，韶关工业园财政分局积极配合园区制定具体措施，以落实“三个目标”为基点，力保实现园区税收的稳定增长。一是落实园区主要纳税企业税收收入增长目标。对园区纳税100万元以上的“纳税大户”实行领导挂点负责制度，积极主动为园区企业生产经营排忧解难，保证主要企业实现稳产增收。根据调研情况，园区工业企业，特别是机械类重点企业都有15%以上的增长。二是落实园区新投产企业税收增长目标。对2011－2012年园区新投产的企业采取贴、奖、补的园区财政政策性措施，帮扶企业破解发展难题。新投产招商引资项目共20户，实现新增税收3 000万元。三是落实园区挖掘潜力，盘活存量目标。对园区耕地占用税和园区企业土地使用税进行全面清理。根据韶关市财政的工作要求，全年共清理园区耕地占用税8 483万元。2012年，工业园区实现税收收入4.1亿元，同比增加9 500万元，增长30.16%。

（二）思想对接

财政分局认真地分析所面临的管理环境和形势，结合分局在管理体制上的定位，把分局管理的出发点放在如何更好地为园区发展提供优良服务上，把分局管理的关注点放在如何把握和认识园区发展的方向上，把分局管理的落脚点放在如何处理和解决工作中面临的各种矛盾上，把分局管理的侧重点放在如何确保园区建设资金的安全有效上。时刻保持清醒头脑，着重解决好以什么样的眼光来看待园区发展中的矛盾，着重解决好以什么样的管理来支持和促进园区科学发展，着重解决好以什么样的路径来选择适应园区发展的管理模式，把分局管理工作提高到一个新的水平。

（三）资金对接

巧妇难为无米之炊，园区发展离不开财政资金的支持。为加快园区建设与发展，财政分局在资金的筹集和管理上下工夫。一是系统地研究产业政策、产业转移政策、财政政策和“十二五”计划等现行有关政策，紧紧结合产业转移园的工作实际和园区发展特点，支持配合园区积极争取申报国家、省各项专项资金。二是围绕园区发展需要，做好财政预算工作，合理安排各项园区财政资金，实现资金安排跟着项目走的要求。三是实行园区财政财务实时监督制度。按照“经费跟着项目走”的要求，实行“责权对等、奖罚结合”的项目考核奖罚制度，利用分局信息平台，实行园区财政财务的实时监督管理。四是大力支持园区重点项目的融资工作，积极推动园区融资项目借用还计划。五是加强园区债务管理，有计划、多渠道筹集资金，全面落实由园区财政直接承担偿还的债务。六是根据各类专项资金的使用方向和管委会的工作要求，落实园区财政贴息工作。

（韶关工业园区财政分局供稿，李美蓉执笔）

梅州市

全力推动城乡居民社会养老保险工作上新台阶

2012年以来，梅州市新型农村和城镇居民社会养老保险工作成绩显著，得到国家和省的充分肯定，平远县、梅县、大埔县、梅江区、蕉岭县先后被评为“广东省新农保全覆盖试点县区”。《人民日报》、《南方日报》、《南方农村报》、《梅州日报》以及省、市电视台等媒体先后作了专题报道，宣传推广梅州市城乡居民社会养老保险工作的主要做法和成效。2012年，全市参保人数达152.97万人，基金累计收入20多亿元，累计支出10多亿元，52.7万人领取了养老待遇，广大人民群众共享了经济社会发展的“惠民蛋糕”。

一、坚持敢想敢试，探索完善制度体系

在推进城乡居民社会养老保险工作中，发挥敢想敢试、敢闯敢干精神，在空白上建章立制，在困难中创新工作，使山区的社保工作亮点纷呈、不断超越。一是率先启动新农保试点。2012年3月，在国家和省没有出台制度的情况下，梅州市平远县在全省山区县中率先启动试点，先行先试，大胆创新，按照“低起步、广覆盖、能提高、可持续”原则，积极探索“政府主导、个人缴费、财政补贴、百姓实惠”模式，建立具有梅州特色、符合山区发展实际的新农保制度。二是率先实现试点全覆盖。探索取得成功后，2012年1月，梅州市率先在全省山区市中全面铺开新农保工作，广大农民群众反响热烈、参保热情高涨，试点范围不断扩大，使梅州市于2012年7月1日率先在全省实现了新农保国家和省试点全覆盖，“梅州模式”与中央、省试点制度成功对接。三是率先探索城乡全覆盖。根据中央、省关于加快建设覆盖城乡的社会保障体系的精神，梅州市大胆创新，率先将梅江区城镇无业居民纳入新农保覆盖范围，探索构建城乡一体化养老保险制度。2012年1月，出台《城乡居民社会养老保险试行办法》，将新农保和城镇居民养老保险制度并轨实施，打破城乡二元界限，实现养老保险城乡全覆盖。

二、坚持民生为重，上下联动强力推进

牢固树立“小财政办大农保、办好农保惠民生”的理念，把城乡居民养老保险工作列入重要议事日程，狠抓责任落实，全力推进工作开展。一是领导重视到位。市、县、镇三级成立了由党政主要领导任正副组长的城乡居民养老保险工作领导小组，建立政府领导、人力资源和社会保障部门主管、财政和邮政等相关部门密切配合的工作机制，并定期组织召开部门联席会议，及时研究解决工作中遇到的困难和问题，协调各方力量共同推进城乡居民养老保险工作。二是宣传发动到位。采取“拉网式、地毯式”宣传攻势，充分运用广播、电视、报纸、横幅等宣传手段，举办形式多样、生动具体、影响巨大的宣传活动。同时把宣传重心下移到镇、村、社区，组织工作人员走村入户，把政策送到居民家中、田间地头，有力激发广大城乡居民的参保热情。三是示范带动到位。在每个县（市、区）打造1个以上适龄人群全员参保的“城乡居民养老保险全覆盖示范镇”，以示范点建设为平台整体推进工作开展。四是资金保障到位。努力克服财政困难，千方百计加大投入，确保基金高效运转、待遇足额发放。截至2012年年底，市、县两级财政划入城乡居民养老保险的基础养老金补贴已达3亿多元。五是责任考核到位。把推进城乡居民养老保险工作列入年度考核的重要内容，出台目标考核办法，层层落实任务，对完成全年任务的给予奖励，形成了上下联动、齐抓共管、合力推进的工作格局。

三、坚持开拓创新，积极构建长效机制

在推进城乡居民社会养老保险工作中，立足当前，着眼长远，在制度建设上狠下工夫，建立有效的工作机制。一是建立“双轨”运行机制。由于梅州市原新农保模式先于中央试点制度出台，为更好地与中央、省试点制度对接，采取“双轨”运行方式，即对年满60周岁的人群给予两种选择：积极引导城乡居民通过自己缴费后，享受到更高的养老待遇；对无能力或确实不愿意缴费的农村居民，在其符合条件的全部子女参保缴费后，直接发放基础养老金，增强制度的吸引力。二是建立保障帮扶机制。针对困难群体面广、人多的实际，把解决困难群体参保问题与推进扶贫开发“双到”工作结合起来，积极组织各级扶贫单位出资帮助扶贫对象参保，加快脱贫奔康步伐；采取“政府投入、单位筹集、社会

赞助”等办法，通过举办慈善捐款晚会、设立侨界仁爱帮扶基金等方式，先后筹集城乡居民统筹救济资金2 000多万元，专项用于帮助城乡贫困家庭、残疾、孤寡老人及困难归侨等特殊群体参保。截至2012年年底，梅州市有12万多贫困人口参加了新农保，3万多60周岁以上的贫困人口全部享受了养老待遇。三是建立经费激励机制。专门出台了城乡居民征收经费管理办法，落实资金保障和工作责任，实行工作经费与工作进度挂钩制，充分调动各级各部门的工作积极性，促进城乡居民工作的顺利开展。截至2012年年底，市、县两级财政核拨工作经费1 300多万元。四是建立督查通报机制。建立工作督查和信息通报机制，不定期督查和研究工作情况及困难，促进各县（市、区）之间、部门之间你追我赶、统筹协调、互助推进。

四、坚持以人为本，建立健全服务体系

着力在服务管理上狠下工夫，以人为本，提供优质服务，建立起规范有效的经办服务体系。一是打造便捷平台。率先在全省整合镇级人力资源和社会保障服务所，在中心镇设立办事大厅，在2 040个行政村成立服务站，构建县、镇、村三级新农保经办服务平台，把服务延伸到农村基层，让广大农民不出镇村就能办理农保业务。二是开展特色服务。针对部分边远地区农村居民年龄偏大、居住分散、交通不便等问题，各级人力资源和社会保障部门专门组织服务工作队进村入户，上门为群众办理参保等手续，得到群众的广泛好评。三是提高经办水平。在国家和省的新农保系统投入使用前，研发了新农保专用信息系统，有效满足了业务经办需求；不断对系统进行升级改造，并入“五险合一”系统，实现了全市数据联网，加强实时监控和分析；并通过专用网站为城乡居民提供参保缴费、待遇领取等查询服务。同时，不断规范缴费程序、简化办事环节，做到内部管理流畅有序、经办服务简便快捷。

（梅州市财政局供稿，黄定锋执笔）

大力推动建设特色宜居城乡　推进新型城市化

2012年，梅州市财政局围绕“全力加快绿色的经济崛起、建设富庶美丽幸福新梅州”的核心任务，坚持包容开放，勇于改革创新，以最快的速度、实干的作风，坚持统筹城乡促和谐，积极筹措资金，全力支持搞好宜居城乡建设。

一、充分发挥财政职能，着力提高促进新型城市化发展的能力

按照公共财政的改革方向，充分发挥财政的资源配置、收入分配、调控经济、监督管理的职能。综合运用预算、税收、转移支付、补贴等多种调控手段，加强财政政策和资金引导作用，大力实施“一园两特带动一精”产业发展战略，努力创建广东梅州文化旅游特色区，夯实财源基础，不断增强经济发展的内在动力，加强后续财源培植，坚持全面的财源建设观点，构筑多元化的财源体系，把全市财政收入增长建立在经济增长和效益提高的基础上。

二、强化统筹兼顾，着力提高城乡协调发展能力

充分发挥政府性投资的导向作用，推进城乡共同繁荣。大力推进规范乡村的建设，财政建设性资金增量部分要向农村重点倾斜，突出城乡环境卫生大整治，全面改善生活和投资环境，发挥财政支农资金的导向作用，逐步形成乡村建设稳定的资金来源。按照新型城市化建设的要求，全力推进中心城区建设为重点，突出客家特色乡村建设，着力构建村野大公园。一是积极支持发展实体经济。积极推进广州（梅州）产业转移工业园的扩园工作和招商引资工作；认真落实好市委、市政府扶持中小微企业发展和促进民营经济发展的政策措施，及时兑现市委、市政府扶持园区企业发展的优惠政策；深入开展“暖企行动”，落实困难中小微企业社会保险补贴、岗位补贴和职业培训补贴措施，减轻企业负担，稳定企业生产。二是积极支持企业调整和优化产业结构。支持水泥企业上大压小，淘汰落后产能，一批水泥企业获得中央财政关闭小企业专项补助，顺利实现调整升级；积极争取省支持，梅州市可再生能源建筑应用示范项目和园区金太阳项目等获得战略性新兴产业专项资金1.05亿元扶持。三是大力支持特色宜居城乡建设，加快推进城区扩容提质。支持完善公共交通，构建发达的公交网络；支持广州（梅州）产业转移工业园区、江南新城等“三区三城”建设；支持环境保护、绿化重点工程和城镇污水处理设施配套管网等建设。四是积极支持旅游业发展，全力争取上级旅游项目建设扶持资金，积极筹集资金

加大景区建设投入，支持旅游宣传推广工作，推动文化旅游特色区建设。五是足额兑现城市公交、渔业、林业等各项补贴政策，拉动消费促进内需。六是科学整合资源，发挥融资平台作用。2012 年，财政融资平台公司融资总额达 18 亿元，有力地支持了基础设施和重点项目建设。

三、加强民生投入，着力创建文明和谐新环境

财政支出坚持以人为本，集中财力，加大投入，重点保障市委、市政府民生实事支出需要，财政的公共性进一步凸显。2012 年，全市财政民生支出共完成 127.79 亿元，同比增长 15.71%，占公共财政预算支出的 72.83%。一是大力支持教科文事业发展。支持教育创强和公共教育均等化建设工作，促进文化体育繁荣，推进文化强市建设。全市教育、科学技术、文化体育与传媒支出完成 42.57 亿元，同比增长 15.27%。二是大力促进就业和社会保障体系建设。全面落实免费职业介绍、职业培训和社会保险补贴等促进就业政策；完善社会保障机制，进一步推进城乡社会养老保险制度建设，确保 60 周岁以上城乡居民享受养老保险待遇，实现老有所养；全面落实城乡居民最低生活保障、“五保”供养、高龄老人津贴和孤儿生活保障等社会福利救济政策，帮助特殊困难群众解决生活问题。2012 年，全市财政社会保障和就业支出达 25.73 亿元，同比增长 12.76%。三是积极推进公共卫生体系建设。支持深化医药卫生体制改革和基层医疗卫生机构综合改革，支持完善城乡居民基本医疗保险和特困居民医疗救助制度建设，落实优抚对象医疗保障等，实现病有所医。全市医疗卫生支出 17.69 亿元，同比增长 6.19%。四是加大财政支农力度，推进城乡统筹发展。全面推进“以工促农、以城带乡”，持续加大“三农”投入，落实扶贫双到、新农村建设专项资金，确保各项强农惠农政策落实到位；全面推动标准农田整治、农业综合开发、现代农业生产发展，支持发展精致高效农业；继续采取有效措施促进农村综合改革；大力推进民生水利工程建设，着力支持省级水利示范县建设；抓好生态景观林带、森林围城、林分改造、碳汇林和绿网建设资金拨付，支持“城是宜居区、乡是生态园”建设。全市农林水事务共完成支出 23.83 亿元，占全市一般预算支出的 13.58%，比去年同期增长 24.25%。

（梅州市财政局供稿，黄定锋执笔）

努力解决“三就一保”等重点民生问题

2012 年，梅州市各级财政部门紧紧围绕“全力加快绿色经济崛起，建设富庶美丽幸福梅州”这一核心任务，以经济建设为中心，坚持包容开放，勇于改革创新，大力实施“一园两特带动一精”产业发展战略，遵循“生财有道、聚财有方、理财有规、用财有效”的原则，牢固树立“跳出财政看财政，转变观念抓落实”的理财观念，充分发挥财政职能抓收入、稳增长、调结构、惠民生、保重点，促进全市经济和各项社会事业持续稳定较快发展。在财政支出方面坚持以人为本，集中财力，加大投入，重点保障市委、市政府民生实事支出需要，财政的公共性进一步凸显。2012 年，全市财政民生支出共完成 127.79 亿元，同比增长 15.71%，占公共财政预算支出的 72.83%。

一、采取的措施

（一）公共教育，“学有所教”，进一步提高义务教育质量和水平

2012 年，梅州市教育支出 42.57 亿元，同比增长 15.27%。2012 年，梅州市小学适龄儿童入学率为 100%，初中教育毛入学率为 100%，高中阶段毛入学率从 2009 年的 76.2% 提高至 89.34%，覆盖率为 27%，全部指标都达到或超过 2012 年目标值。

（二）就业保障，“劳有所得”，进一步健全公共就业服务体系

积极推进城乡就业一体化工作进程，社会保障与就业支出 25.8 亿元，同比增加 7.72 亿元。为广大城乡劳动者提供均等化的公共就业保障服务，有效地促进了城乡的就业工作。城镇登记失业率 2.48%，低于目标值 1.02 个百分点。公共就业服务信息网络建设基本实现全覆盖率，全市共有镇（街）113 个，实现网络覆盖有 113 个，覆盖率达 100%。共有村（居）2 157 个，实现网络覆盖有 2 104 个，覆盖率达 98%，高于目标值 18 个百分点；公共就业服务体系建设水平，市、县、镇、村四级全面超过目标值，所有指标值为 100%。

（三）医疗保障，“病有所医”，进一步缓解群众“看病难、看病贵”问题

城镇职工基本医疗保险参保率达128.3%，远远超过99.8%的目标值；城镇居民基本医疗保险参保率100.8%，超过99.8%的目标值；2012年新型农村合作医疗保险参保覆盖率为98.4%，比2010年90.4%的覆盖率大幅提升，有效解决了老百姓“因病返贫”的问题。

梅州市率先在全省实施市级定点医疗机构记账式即时补偿制度，积极推行门诊统筹制度，其中6个县采取了门诊统筹方式，并对白血病、血友病、地中海贫血等17种特殊病种的门诊治疗给予补偿，大大提高了农民参保积极性。

（四）生活保障，“老有所养”，进一步完善惠及全民的社会保障体系

狠抓社保扩面征缴，加快市级统筹步伐，扎实推进新农保工作，全面完成2012年生活保障服务均等化任务。全市低保覆盖率达100%，及时提高五保供养标准，达到2012年的目标值；广东省户籍二、三产业从业人员养老保险参保率70.6%，比目标值58%高出12.6个百分点。

（五）住房保障，“住有所居”，进一步解决城乡低收入家庭的住房困难问题

城镇户籍低收入家庭人均住房建筑面积为10平方米，达到2012年目标值；廉租住房保障率为100%，比目标值70%高出30个百分点；政策性农房保险覆盖率，全市承保农户91.33万户，达到应保尽保，政策性农房保险覆盖率达到100%。

梅州财政把工作的出发点和落脚点放到民生上，放到关注人的生存和发展上，切实实现从“物本财政”到“人本财政”根本转变，使民生支出更多关注中低收入群体，更多倾听群众意见，更多符合基层实际。除平时结合各项政策加强到基层调研和听取意见外，还充分结合各专项工作和活动载体，扎实开展以民生调研促财政管理。如结合扶贫“双到”干部下基层驻农村活动，精心选派干部深入进驻挂钩联系点——五华县新丰村。经过两年多的帮扶，梅州市财政局累计投入资金583万元，使村集体收入达到8.9万元；村道硬底化率为100%；实现了农村新型合作医疗保险全覆盖，全村60周岁以上老人的新型农村养老保险全覆盖；2011年，贫困户人均纯收入达到6 496元，全村50户贫困户100%实现脱贫；对全村23户低收入住房困难户进行住房改造，实现住房困难改造100%的目标。新丰村在强党建、促发展、保稳定、解民困等方面发生可喜变化。梅州市财政局不为扶贫而扶贫，而是通过扶贫检验财政服务基层的各项政策和管理。局党组坚持班子成员基层联系点制度，确保每月都有局领导到驻村现场办公，了解和把握驻村的实情和困难，研究帮扶的思路和重点，并联系财政工作实际，调研财政政策在基层的落实情况，切实推进财政为基层服务的各项工作。

二、取得的成效

（一）提高政府的宏观调控能力，推动公共财政发展

财政加大对民生的投入大大增强了政府的宏观调控能力，在保障基层合理支出需要前提下，实现了集中财力办大事的目标，通过逐步加大对基础设施、医疗卫生、教育、文化等设施建设的资金投入，不断完善社会公共服务体系，实现与经济发展同步协调推进社会各项事业。

（二）推动基本公共服务均等化进程

加大民生资金的投入，使基层政权更专注于执行政府的管理职能和为群众提供更好的服务，有利于精简机构，提高行政效率，为基本公共服务均等化创造条件。同时，有效地均衡各县（市、区）之间的公共服务水平和社会保障能力，缩小地区间总财力和人均财力差距；有效控制基层新增债务，实现整个社会的统筹协调发展。

（三）推动服务型政府建设

把加大民生资金的投入，与部门预算、国库集中支付、非税收入管理、政府采购管理、财政支出绩效评价、财政监督等多个方面的财政改革紧密联系在一起，构成梅州市公共财政改革的整体，并作为突破口引领教育管理体制改革、卫生管理体制改革、投资管理体制改革等经济社会全面改革。

（梅州市财政局供稿，黄定锋执笔）

惠州市

创新体制机制　深入推进基本公共服务均等化综合改革试点

2012年，惠州被省委省政府确定为全省推进基本公共服务均等化综合改革唯一试点市，寄望惠州“抓出样子，走出路子，为全省面上推广打好基础”。为确保综合改革试点所需的资金投入，全市各级财政部门坚持需求与可能相结合，尽力而为与量力而行相统一，立足于可持续发展，初步建立起“政府主导”的多元投入机制、“问需于民”的需求反应机制、“底线均等”的服务保障机制和“均衡发展”的资源配置机制等与经济发展水平相适应的基本公共服务投入体系，为推进基本公共服务均等化综合改革试点提供资金保障。全市12个专题年度安排的208项目标任务、七个县区1 189项目标任务，全部100%完成。2012年，全市公共财政基本公共服务支出达到95.8亿元，同比增长29.5%，增幅高出同期公共财政预算支出9个百分点。

一、注重基本，筑网托底

按照“底线均等”的原则，坚持统筹兼顾，重点突破，区分轻重缓急，优先保障人民群众最基本的公共服务需求，编织起基本公共服务保障网，努力实现“底线公平”。

（一）界定范围，明确保障底线

既尽力而为，又量力而行，坚持全面推进和重点突破相结合，突出“保基本”特点，将有限的财力优先用于“底线民生”、“基本民生”、“热点民生”等基本公共服务，解决人民群众最关心、最迫切的需求。建立起免费义务教育公用经费、城乡居民医保财政补助标准等30项底线均等保障项目，努力在“学有所教、劳有所得、病有所医、老有所养、住有所居”方面有所突破。如，在全省率先实施城乡教师待遇“两持平一鼓励”，率先对全市农村学校住宿学生提供住宿费补助；推出“一个都不能少”贫困家庭大学生资助项目，通过社会资金资助了全市1 253名学生，实现“确保不能有人因为贫困上不起大学”的目标；推进乡镇中心幼儿园和村级幼儿园建设，全市67个乡镇实现规范化中心幼儿园覆盖率100%，提前一年完成乡镇中心幼儿园建设工作任务；在全省第一个完成30万以上户籍人口的县（区）全部建成一所特殊学校的任务，特殊学校毛入学率达到93.5%，基本解决残疾人群的入学问题。全面实施“一村一站一医一护补贴一万元”，免费提供婚前医学检查、孕前优生健康检查、新生儿疾病筛查、农村妇女叶酸补服等服务，全市孕产妇死亡率、婴儿死亡率远低于国家和省的要求，达到发达国家水平，新生儿代谢病、听力筛查率、婚检率全省领先。在全省率先实行重性精神疾病患者免费管理治疗，全市计划2012－2014年累计投入2 000多万元，为全市9 000余名贫困重性精神疾病患者提供免费抗精神疾病基本药物治疗，为500余名关锁肇事肇祸病人提供免费住院服务。提前实现城乡居民社会养老保险全覆盖，全市城乡居民社会养老保险参保人数达到99.6万人，45周岁以上参保率达到100%；60周岁以上领取待遇人数100%。

（二）系统设计，编织保障网络

按照“全面覆盖、制度对接，标准提高、差距缩小，质量改善、持续高效”的总体要求，设置公共教育、公共卫生、公共文化体育、公共交通、生活保障、住房保障、就业保障、医疗保障、生态环保、农村公用设施、社会安全、社会管理等12个专题，共有48大类208项目标任务，全面涵盖省方案提出的所有项目和目标任务，其中65项在全省率先实施，56项高于省定标准，87项按省标准实施，编织成一张托底的基本公共服务保障网。如，在全省率先推进民办义务教育学校规范化建设，2012年全市30%民办义务教育阶段学校已经建成规范化学校；统一全市城乡免费义务教育公用经费补助，小学不低于550元/生·年，初中不低于750元/生·年，鼓励有条件的县（区）在省定标准上有所突破。实现医疗机构门诊病历“一本通”、儿童预防接种“一地建卡、异地接种”全覆盖；市、县、区急救半径5－10公里以内，农村急救半径10－30公里以内，120急救服务全覆盖；将孕产妇、儿童、老年人、企事业单位人员及公务员、异地务工人员和艾滋病、肺结核、高血压、糖尿病、六种重性精神疾病等慢非病人纳入健康管理工作，基本实现健康管理全覆盖。农村客运服务提前实现全市100%镇有站、100%符合通客车条件的行政村通客车和100%有候车亭，提前100%完成县道改造和省级贫困村通自然村公路硬底化任务；公交“一卡通”运营平台全市统一，有效降低居民出行成本，方便群众出行。大病保险高于国家规定，全省领先，出台《惠州市商业保险机构承办大病二次补偿工作方案》，将大病保险二次补偿的起付线从1.5万元降低至1万元，报销比例从50%提高到95%，处于全省领先地位。在全省率先试点建成100所农村邮政服务站，依托邮政信息流、资金流、实物流“三流合一”的网络优势，成为村民家门口的民生综合服务中心。

二、优化供给，提升服务

以“保基本”的“托底网”编制为基础，通过从服务供给的角度入手，提升服务水平。

（一）健全沟通机制，找准服务需求

在选取服务事项时，通过建立公共服务需求反映网络平台，召开书记、市长与人大代表、政协委员、网友见面会，做到“问需于民”、“问政于民”，广泛汇集民意、凝聚共识，初步构建起基本公共服务群众需求反应机制。如，推行现代学校制度改革，出台《关于加快惠州市现代学校制度建设的决定》，在部分市直学校和县区学校试点现代学校制度，试点校拥有人事管理权、自主招生权、财务自主权，彻底简政放权，去除学校行政化，释放办学活力。针对老年人乘车难问题，制定《惠州市老年人免费乘坐公交车服务及补贴管理办法》，实现老年人免费乘车范围和补贴企业范围双扩大。听取住房困难群众呼声，出台《惠州市公共租赁住房建设管理办法》，将住房保障范围扩大到城镇中等偏下住房困难家庭、在城镇稳定就业的无房职工和在城镇稳定就业的异地务工人员。推广“社区约请部门现场办公制度”，现场解决群众反映强烈的生产生活问题，成为中组部全国科学发展最新案例。

（二）优化服务流程，提高服务效率

在服务需求形成之后，通过制度设计，在基本公共服务提供主体上实现多元化和竞争性，在提供流程上实现简约化和高效性，在提供方法上实现信息化和专业性，不断提升服务效率。如，实行变财政补助服务提供者为补贴消费者的制度，对保障性住房提供者的补助转为对保障对象的差异化补助，实现对保障对象的直接补助，从以前的“补砖头”变为现在的“补人头”。在全省先行先试电子公共教育券制度，制定《基本公共教育服务与居住证制度对接工作方案》、《惠州市仲恺区推行电子教育券工作方案》，截至2012年年底，仲恺高新区已统计造册的符合条件的非广东省户籍务工人员随迁子女1.5万人已通过公共教育券获得补助，发放补助资金460万元。在全国率先推出文化消费卡，主要针对五保、低保、困难学生等社会弱势群体和外来务工人员等特殊群体发放；实施“数字图书馆及一卡通”推广工程，组成覆盖全市的数字图书馆虚拟网，实现为全市人民提供“一卡通用、通借通还、普遍均等、惠及全民”的公共图书服务馆网络。

（三）改革考评机制，保障服务质量

建立惠州市基本公共服务均等化评估指标体系，引入第三方机构来开展绩效考评，突出“为民办事问民意”的原则，实现“服务项目群众说了算”与“服务质量群众说了算”相结合。将基本公共服务纳入县（区）党政正职和职能部门“一把手”考核范围，引导各级政府以更大的力度推进基本公共服务，形成多方监督常态化机制，确保服务供给质量。在项目建设上，邀请社会各界共同监督。比如，邀请人大代表、政协委员和住房保障家庭代表，对金石花园二期、火车西站、古塘坳尖峰山等保障住房项目定期开展检查和监督，形成保障性住房建设社会多元监督机制。

三、缩小差距，促进均等

通过统一城乡服务标准、均衡区域资源配置、打破群体身份界限等方式，不断缩小基本公共服务在城乡间、县区间、不同群体间的基本公共服务的差距。

（一）统一服务标准，强化城乡均等

促进城乡基本公共服务制度衔接、标准统一，推动城镇基本公共服务向农村延伸，推进城乡基本公共服务均等化。如，制定《惠州市深化城乡医疗保障体制改革方案》，基本医疗保险制度间的转换通道被打通，职工医保与城乡居民医保制度实现有效衔接和转换，不同制度之间在缴费年限、待遇享受等方面相互确认。在全省率先推进城镇职工医保、居民医保、新农合“三网合一”，形成城乡一体化的社会基本医疗保险制度，基本医疗保险实现市级统筹，从根本上解决医疗保险长期存在的制度“碎片化”、管理方式“多元化”、参保人群“户籍化”的问题。在全市范围内实行城乡低保标准一体化，达到人均每月385元；五保供养标准达到当地上年度农村居民人均纯收入的70%，高于省定60%的标准。进一步提高全市城乡居民社会养老保险基础养老金标准，达到每人每月70元，高于国家和省定标准。

（二）均衡资源配置，强化区域均等

通过构建公共服务要素流转机制，促进区域均等。如，在全省率先实施“城乡教育联动发展计划”和“县管校用”的巡教制度，打破城市中小学与农村中小学属地管理、条块分割的格局，不同县（区）教师的“一对一”学习与交流制度，实现教育资源的在不同区域间有效流动。出台《惠州市综合医疗卫生单位对口帮扶乡镇卫生院实施方案》、《惠州市医护人员在城乡间、县区间定期交流工作方案》和《惠州市大型医用设备共建共享实施方案》，建立公立医院医护人员在城乡、区域间定期交流制度，促进优质医疗卫生资源向基层倾斜，形成重大医疗设备共享机制，实行医师多点执业，组织专家名医下基层，较好地满足群众的就医需求。在全省率先实现每个镇都有社会保险办理机构，

全市201个社区100%建立社区人力资源和社会保障服务站，1 041个行政村100%设立农村劳动力转移服务站，市、县（区）、镇（街）、村（居）四级就业服务工作网络初步实现，城乡居民在“家门口”就可办理就业服务、职业培训、社会保险、劳动关系调处，享受到“办事不出村（居），享受待遇不出镇”的优质服务。

（三）打破身份界限，强化人群均等

全力保障异地务工人员公平享有基本公共服务的权利，促进不同群体间基本公共服务均等化。在全省率先实现异地务工人员随迁子女与户籍子女中考权益均等，异地务工人员随迁子女参加中考，与户籍子女按同等分数条件录取，按同样程序报到注册，按同样标准缴交学费、书杂费、住宿费等。在全市中小学、幼儿园就读的异地务工人员随迁子女，由所在学校（或幼儿园）组织参加居民医保，与该市户籍的城乡居民享受同等财政补助及居民医保待遇。将符合补种条件的外来农民工子女（15岁以下儿童）纳入乙肝疫苗免费补种范围。对实行计划生育的流动人口提供与户籍人口同等的优生优育、避孕节育、生殖保健服务。设立流动文化服务点，在外来务工人员较集中的区域设立了以送演出、送电影、送图书、送展览、送培训为主要内容的文化服务。

四、政府主导，多元保障

充分发挥公共财政主导作用，建立适应于基本公共服务均等化要求的多元投入保障体系，确保基本公共服务可持续。

（一）建立财政投入稳定增长机制

坚持“民生财政”理念，确保每年市级新增财力75%、县级新增财力50%用于民生，确保每年基本公共服务支出增长高出公共财政预算收入增长2~3个百分点。

（二）建立横向转移支付机制

各县（区）按2011年公共财政预算收入的3%安排专项资金上解到市级统筹，建立5亿元的市级基本公共服务专项统筹资金，实行横向转移支付、富裕县区帮助落后县区，促进不同县区基本公共服务水平均衡。

（三）建立国有资本收益收缴机制

改革国有资产授权经营方式，除继续收缴国有股利收入、利润收入外，建立国有资产保值增值收入收缴制度，2012年收入规模达到0.9亿元，拓宽了投入渠道。

（四）建立引导社会资金投入机制

发挥财政资金杠杆作用，运用财政贴息、补助及奖励等方式，引导社会资金投入基本公共服务领域。如，在保障住房建设上，形成政府主导、代建、危旧房改造、大型企业自建、企业筹资建设等多元化建设模式，累计以企业自建等形式筹建公租房5 907套。在污水处理上，建立污水处理设施“以奖代补”机制和“多元化资金募集”机制，调动社会资金积极性，在九个月时间内完成13座污水处理设施建设，截至2012年年底，全市污水处理能力达到129.65万吨/日，城镇污水处理率达到91%以上，处于全省先进水平。

（五）建立资金科学分配机制

推行竞争性分配，使优质的公共服务项目优先建设，优胜的供给主体优先得到财政资金支持，实现更高的资金效益水平；推行均衡性分配，对达不到全市“底线保障”水平的地区实行倾斜保障，支持实现底线均等；推行绩效性分配，重点引入第三方独立绩效评价，评价结果作为资金安排的重要参考依据，以绩效压力激发效益潜力。

（惠州市财政局供稿，熊佰楚　刘　群执笔）

加强社区建设投入　不断提高社区服务均等化水平

自基本公共服务均等化综合改革工作启动以来，惠州市惠城区紧紧围绕全市基本公共服务均等化综合改革的总体要求，以“服务民生、保障供给、缩小差距、全面覆盖”为宗旨，全面推进基本公共服务均等化综合改革各项工作，全面完成2012年工作任务，资金投入和基本公共服务公众满意度两项指标，列全市各县（区）第一位。特别是在社区建设方面更是走在全市的前列。

一、惠城区大力加强社区服务建设工作，努力提高社区服务均等化水平

2009－2012年，区本级财政累计投入7 484万元用作

全区社区工作站的经费。主要体现在：一是将社区建设和工作经费列入财政预算。对社区工作人员工资进行全面调整，参照事业单位标准由财政通过银行实行实名制统发，并不断提高工资待遇标准，现社区工作人员工资水平相比成立工作站以前有了大幅度提高；社区办公经费标准由每人每月200元提高到每人每年5 000元。区政府根据社区规模每年投入3万~5万元，使每个社区的人员报酬和工作经费从2007年的15万元提高到2012年的53万元。二是实施城市社区"五个一"配置。根据惠州市委书记提出的"五个一"目标，区财政投入300多万元，为每个社区配备一辆工作用车及一套音响，使社区公共服务风雨无阻；整合公安资源，为每个社区配备一辆警用摩托车，加强警用装备，提升社区治安水平；安排专项经费，建立健全党员活动经费机制，切实推进社区党建工作；将社区专职工作人员继续深造补贴经费列入财政预算，切实推进社区人才队伍建设。三是大力开展规范化建设，通过政府协调、财政出资等方式，全面提高社区办公用房和服务、活动场所条件；在全区开展社区设施配置示范建设，社区办公用房全部按"十化六统一"的标准设置，各社区基本设置了警务室、社区卫生服务站、劳动保障工作站、文化活动室、文体小广场。

二、主动为社区群众提供各类政务、党务和事务服务

区委、区政府以创建全国文明城市为契机，以建设"六好"平安和谐社区为抓手，在充分调研和借鉴先进经验的基础上，集中出台《关于全面创建平安和谐社区的实施意见》、《惠城区加强社区建设工作方案》等一系列规范性文件，重点抓服务、促和谐、保发展。从抓好群众最关心的事情、最迫切需要解决的问题入手，优化工作机制，主动为社区群众提供各类政务、党务和事务服务。如，统筹人口计生、困难人员帮扶、法制宣传服务等业务工作，开展"进百家门、知百家情、解百家难、暖百家心"等活动，建立社区志愿者服务队伍，组织志愿者上门为老年人、残疾人等特殊群体开展服务。在社区推进便民服务大厅建设，建立起集社会事务、社会保障、计生指导、法律咨询、社会救助、信访调解等一体的"一站式"服务平台，运用电子信息网络全面启动居民来电、来信、办事"一站式"处理系统，制定"一站式"服务工作人员监督制度，落实首问责任制、一次性告知制和限时办结制等制度，在社区工作站设立便民热线，试行晚间及节假日办公制度，方便上班族居民办事，确保为社区居民提供及时、优质的服务。精心组织社区约请市、区部门单位现场办公。2012年，全区共举办"社区约请部门现场办公"9场，解决了无证废品回收站、小区供电、巷道路灯等问题。2009年，荣获"全国和谐社区建设示范区"称号，其中，桥东街道东湖社区被评为"全国和谐社区建设示范社区"。截至2012年年底，全区51个社区被授予省"六好"平安和谐社区称号。

三、实行社区全科医生、家庭保健医生上门服务等惠民制度

根据《惠城区全科医师团队式社区卫生服务工作实施方案》，将建立覆盖全区居民的责任医师团队服务网络，使社区卫生服务进入社区，深入家庭，服务居民，实现从居民上门求医到医生上门的送医转变。社区卫生院医生组成医疗小组，分片区给居民建立健康档案，促进基本医疗和基本公共卫生服务进社区、进家庭，使社区居民能够享受主动、连续、全程、便捷、可及的服务，开创全省先河。

（惠州市惠城区财政局供稿，温卫华执笔）

农民住房政府买保险　农房系上"安全带"

博罗县县委、县政府要求各镇、各有关部门坚持以人为本，深入贯彻落实科学发展观，精心组织开展政策性农村住房保险，加快博罗县农村社会保险体系建设，增强广大农民群众的综合抗灾能力，完善政府救灾保障机制。

一、基本情况

博罗县政策性农村住房保险实行"政府主导、农户自愿、市场运作"的原则。各镇以行政村为单位（即投保单位），组织参保农户统一向中国人民财产保险股份有限公司博罗支公司进行投保。2012年博罗县全县17个乡镇、1个管委会、2个林场共有12.96万户农户参加农村住房保险，参保率达到100%，总保费达107.5万元，全部由政府补贴。2012年，共赔付因火灾、暴雨、龙卷风等灾害受损房屋135户，保险总赔款金额31.75万元。

二、主要做法

（一）加强领导，健全机构，精心部署

为确保政策性农村住房保险的顺利开展，博罗县成立了以县政府分管领导为组长的博罗县政策性农村住房保险协调小组，成员由县委农办、县民政局、县财政局、县公安局、县农业和林业局、保险经办机构等部门组成。各镇政府成立由分管领导任组长的领导小组，加强对政策性农村住房保险工作的领导和协调，组织有关部门和行政村协调保险机构做好农户住处核实、办理投保手续、农房查勘定损和发放理赔款项等工作，及时调节争议纠纷；保险经办机构建立健全承保、理赔服务、保险报案登记、现场查勘、赔案理算和案卷管理环节的管理制度，对保险事故做到快速查勘定损和优先理赔，让农户尽快拿到赔款，及早恢复生产生活。

（二）结合实际，制定政策，落实措施

为切实做好政策性农村住房保险工作，博罗县制定《博罗县2012年政策性农村住房保险实施工作方案》，明确2012年博罗县开展政策性农村住房保险的原则要求、实施内容、实施步骤和保障措施等，为全县开展政策性住房保险工作提供制度保障。政策性农村住房保险每户每年保费8.3元，由财政全额补助。投保对象必须是具有博罗县农业户籍的农户自有的生活居住房屋，包括主体建筑之内的所有房屋，不包括附属于房屋外部或者独立于房屋的围墙、院门、车库、厕所、禽畜间、柴草间、杂物间、简易搭盖、单独的店面、作坊等建筑物。如果一户有多处房屋的，仅限投保一处常住房屋。在保险期间，若农户的住房受到自然灾害或意外事故造成倒塌或损毁的，每户农户最高可获1万元的赔偿。

（三）开展宣传，提高认识，营造氛围

为使广大农户全面理解政策性农村住房保险，博罗县把政策性农村住房保险操作流程、补贴政策、赔付责任等一系列政策通过新闻报道、会议传达等方式宣传和发动，提高广大农民群众对这项惠农政策的认识。

（四）深入基层，服务农户，及时理赔

政策性农村住房保险工作涉及全县农民，博罗县各乡镇、有关部门克服交通不便、农户外出等困难，在时间上、保险手续上、理赔工作上等方面给予群众最大的方便，对发生房屋倒塌的农户，相关部门接到报案后迅速到现场进行勘察鉴定，对符合赔付标准的及时兑现理赔款。

三、取得成效

（一）开展政策性农村住房保险，为农房系上了“安全带”

博罗县地处广东省东南部，珠江三角洲东北端，东江中下游北岸，属亚热带气候，经常为台风、洪涝等自然灾害所困扰。农房是农民的重要财产，也是农民安身立命的重要保障。农民家庭风险抵御能力较低，一旦遭受台风、洪涝等自然灾害对农房造成的严重损失，他们的生活就会失去基本的依靠。政策性农村住房保险政策的实施，使得农民在遭受到自然灾害后，能够及时得到救助，减少财产损失，尽快重建家园，既增强农民抵御自然灾害和意外事故的能力，又有利于调动农民生产积极性。

（二）开展政策性农村住房保险，缓解政府灾后救助的工作压力

中国的灾害救助主要有自救、政府救助、保险理赔和社会捐助四种途径，其中商业保险因资金来源稳定，在四种途径中起关键作用。实施政策性住房保险，每户每年保费8.3元，其中省财政负担每户4元、市财政负担每户1.3元、县财政负担每户3元，总保费107.5万元。每户受灾农民年度最高可获赔付额为1万元，即博罗县12.96万参保农户共可获得12.96亿元的风险保障，放大了政府财政投入的边际效应，减少了各级政府的救灾应急投入，提高了财政投入的使用效率，起到了四两拨千斤的作用。

（三）开展政策性农村住房保险，为稳定民生、民心和构建和谐社会提供保障

“衣、食、住、行”是人们生活的四个基本需求，正所谓“民以食天，民以住为先”，要先安居才能乐业。政策性农村住房保险是政策性农业保险之一，也是社会公共服务均等化的主要内容，是一项民生工程、惠民工程。开展政策性农村住房保险工作，增强农民抵御自然灾害和意外事故的能力，充分发挥政策性农业保险的经济“助推器”和社会“稳定器”功能，为稳定民生民心、构建和谐社会提供有力的保障。

（惠州市博罗县财政局供稿，刘晓娟执笔）

全面实施公务卡制度改革
规范财政资金支出管理

公务卡结算制度是国库集中收付体系的组成部分，它以银行贷记卡为载体，使用财政授权支付方式进行还款申报，通过预算单位零余额账户和国库单一账户与银行清算系统进行结算，是预算单位替代现金结算的一种结算制度。2009年6月，惠州市大亚湾区开展公务卡制度改革试点工作，积极探索建立以公务卡结算方式逐步替代现金结算方式的崭新消费模式。2009年11月，区一级预算单位100%纳入公务卡结算改革，有效规范了财政资金支出管理。

一、基本情况

2005年，大亚湾区通过开展国库集中支付制度改革，形成国库单一账户体系及全网络覆盖。2009年6月，大亚湾区按照“先易后难，由点及面”的原则，选择10个区一级预算单位作为试点，开展第一批公务卡制度改革工作，成为广东省县（区）级率先推行公务卡结算方式改革试点县（区）。至2009年11月，将公务卡制度改革全面推广至全区38个一级预算单位，全区财政供养的在职在岗人员共办理公务卡1 740张，占总人数的59.18%。

二、主要做法

（一）积极推进改革工作

大亚湾区采取“五强化”措施，全面铺开区直预算单位公务卡结算改革工作。

1. 强化组织领导。大亚湾区区管委会多次召开会议，专题研究公务卡结算改革工作，成立以大亚湾区委常委、纪委书记为组长的公务卡改革工作领导小组，明确大亚湾区纪委、监察局、财政局、工商银行等成员单位的职责任务。38个区直一级预算单位也相继成立由党政“一把手”为组长的公务卡使用管理工作领导小组，明确专人负责公务卡的使用管理工作，切实加强组织领导。

2. 强化宣传培训。在大亚湾区管委会门户网站和大亚湾区电视台开设了公务卡改革的专栏，并不定期编制简报，大力加强公务卡改革的政策知识宣传。同时，通过举办专题讲座、培训班等方式，加强分管领导、会计、出纳等人员的业务培训。全区共举办公务卡专题讲座3次、公务卡结算业务及管理系统操作培训班5期，培训人员900多人（次），分发《大亚湾区公务卡结算知识问答》3 200多份。

3. 强化制度建设。一是制定《大亚湾区级预算单位公务卡结算管理暂行办法》，对公务卡的适用范围、日常管理、支付结算、财务报销和部门职责等作明确规定。督促指导区直单位建立健全财务管理制度和公务卡内部报销制度30多项，明确报销操作程序，提高各单位的财务管理水平。二是积极推行“中央预算单位公务卡强制结算目录”工作。扩大公务卡使用范围，切实减少公务支出中的现金提取和使用，大亚湾区从2012年12月起实施公务卡强制结算目录，将往常使用现金开支比例较大的日常公用经费纳入强制结算目录。

4. 强化基础服务。建立协调沟通工作机制，每月定期召开用卡环境协调会，及时解决公务卡管理使用存在的实际问题。定期加强公务卡网络应用系统和支出监控系统的维护和改进，不断提高系统功能和处理能力。加大POS机和电话通在餐饮、酒店、零售等领域的布设数量和密度，不断改善用卡环境。

5. 强化督导检查。定期组织大亚湾区纪委、财政、审计等部门开展督导工作，实地检查预算单位使用公务卡情况，加强公务卡支付结算动态监控，及时发布情况通报和督促整改落实。对于严格按规定运作的单位，及时予以通报表扬，对于发现恶意透支、拖欠还款、违规使用公务卡和办理报销业务的单位和个人，依法追究有关单位和经办人的责任。

（二）取得成效

1. 规范预算单位财务管理，节约公务消费支出。实行公务卡结算，各单位根据《大亚湾区预算单位公务卡结算管理暂行办法》规定，结合各单位实际，制定公务卡结算报销内部制度，正确使用公务卡，做到事前领导批准，事后财务审核，规范报销程序，有效把握各单位公务经费支出和资金流向。

2. 强化财政资金支出管理。实行公务卡结算，使财政资金的流向、项目、数额等更加清晰可控，避免单位违规划转资金和使用现金，提高财政支出的透明度，有利于减少和控制不合法、不合理的公务支出，避免浪费和腐败。

公务支出情况表

单位：%

项目＼年份	2009	2010	2011	2012
现金结算占公务支出比例	55	55	22.30	8.43
公务卡结算占公务支出比例	45	45	77.70	91.57

以上统计数字显示，大亚湾区实施公务卡结算制度改革以来，改革措施由松到紧，至2012年财政资金支出现金结算额度大幅减少，这对预防廉政风险、保障财政资金安全、提升财务管理水平等都起到了积极的促进作用。

（三）存在问题

1. 刷卡环境有待优化。大型酒店和商场有POS刷卡机，但接待消费和购买办公用品消费价格偏高，无形中增加公务消费开支；大亚湾区内有POS刷卡机的办公用品商店较少，大商场销售办公用品不够齐全，零星办公物品购买刷卡较困难；通信、供水、供电部门缴交问题较多，缴交水费没有刷卡机，电信、供电有POS机，但因银联公司要收刷卡费用，增加费用开支，所以不接受单位刷卡结算业务；工作人员下乡到基层工作需产生公务费用开支，但乡镇和农村地区普遍存在无刷卡机的现象。

2. 个别单位仍然存在现金或转账的方式结算。一些大额的接待费使用转账方式结算；个别单位从零余额账户支取现金，造成现金结算比重大；财会人员集中负责单位办公零星采购、代交代缴费用等业务，需要的报销资金较大，有时会超出透支额度现象，结余部分用现金结算。

（惠州市大亚湾区财政局供稿，张伟华执笔）

东莞市

健全“三社”联动机制　加强和创新社会管理

2011年，中央和省委先后下发《中共中央 国务院关于加强和创新社会管理的意见》和《中共广东省委　广东省人民政府关于加强社会建设的决定》。东莞市认真贯彻中央和省委关于加强和创新社会管理的决策部署，提出创建全省创新社会管理引领区，把创新社会管理作为市委、市政府重点工作，根据创新社会管理的要求全面推进各项工作。在市委、市政府的正确领导下，东莞市财政部门会同民政部门，全力以赴，抓住重点，逐步健全具有东莞特色的社会组织、社会工作和社区平台三者联动机制，加强和创新社会管理，打造“幸福东莞”。

一、主要架构

东莞特色的“三社”联动机制，是指引入社会组织，利用社会工作方法，以社区为平台提供服务，努力满足居民需求，不断提升服务水平。

（一）培育社会组织作驱动

为培育社会组织，东莞市在2010年出台《东莞市关于进一步发展和规范社会组织的意见》，其后采取一系列培育扶持措施。一是开展公益创投活动。2011年年底，东莞市财政投入1 000万元，向社会广泛征集公益项目，通过项目资助扶持社会组织建立和发展。通过两轮专家评审，最后选出16个社会组织的28个公益项目予以资助；在资助的同时，聘请恩派非营利组织发展中心和现代社会组织评估中心分别对受资助的项目及社会组织提供能力支持和开展考核评估。二是建立社会组织孵化基地。从政府物业中划拨2 600多平方米的业务用房建设社会组织孵化基地，制定《东莞市社会组织孵化基地管理暂行办法》，采取壳内孵化结合壳外孵化形式，共孵化30家社会组织，将聘请专业团队提供专业培训、技术孵化、投资融资、管理咨询等服务。三是设立社会组织发展扶持专项资金。2012年，东莞市财政安排1 000万元的专项资金，并制定《东莞市社会组织发展扶持专项资金管理暂行办法》。专项资金用于支持构建枢纽型社会组织体系、社会组织孵化基地建设、向社会组织购买公共服务、社会组织能力建设、社会公益宣传等。四是完善向社会组织购买服务的相关制度。东莞市财政部门草拟《东莞市政府向社会组织购买服务工作暂行办法》和《2013年东莞市级政府向社会组织购买服务目录（第一批）》。至2012年年底，已登记注册的社会组织达2 200多家，其中公益性社会组织110多家。

（二）发展社会工作为手段

东莞市从2009年11月开始社会工作试点，在全国率先将社会工作相关经费纳入财政预算，促进社会工作迅速发展。一是购买社工服务。东莞市开展社会工作以购买社工岗位服务起步，在社会救助、妇女家庭、青少年、医疗卫生等民生领域设置社工岗位，通过政府采购确定提供服务的社工机构，由社工机构派出社工提供服务。至2012年年底，全市购买社工岗位765人，购买标准为每个岗位每年7.2万元。二是建立督导制度。东莞市参照深圳市的经验，按市级购买社工岗位数量12∶1的比例聘请香港社工督导，对东莞市社工给予业务指导和情感支持，每名督导每年27.6万元。同时，东莞市按社工12∶1的比例，选拔培养本土社工督导，市财政给予每人每月1 500元的督导助理补贴。三是安排配套经费。除购买社工服务和聘请督导外，东莞市财政在社工岗前培训、社工活动、社会工作宣传、考核评估等方面均安排相应的项目经费，保证社会工作发展的需要。

（三）加强社区建设作平台

东莞市财政在社区服务方面投入大量的资金，促使社区服务设施不断完善。一是连续十年的“星光计划”社区老人活动中心资助建设。2002－2012年，市财政投入资金超过1亿元，采取市资助一点、镇村自筹一点的形式，资助全市社区（村）建设老人活动中心，为社区老人提供休闲、娱乐和文艺活动的场所。二是通过文化“五个有”工程的实施，实现社区文化体育设施的全覆盖。东莞市从2011年起实施“文化东莞”工程，其中支持全市近600个社区实现文化“五个有”，即有一个总面积不少于200平方米的综合文化活动室；有一个不少于60平方米的公共图书阅览室；有一个建筑面积在1 000平方米以上的文体广场；有一个面积不少于40平方米的文化信息共享工程服务网点（公共电子阅览室）；有一批文化活动和体育健身器材。三是推动社区综合服务中心示范点建设。2011年下半年，东莞市开始着手社区综合服务中心示范点建设。社区综合服务中心一般设有老人日间照料室、青少年活动室、社会工作室及志愿者活动室、图书阅览室、体育活动室、残疾人康复室、市民学校、家政服务室、家庭服务室、计生服务室，以及舞蹈、书画、曲艺、棋牌、工艺作坊、爱心超市、社区餐厅等功能室，市财政每个补助160万－200万元，其中场所装修和设备购置等补助100万－130万元，购买社会组织运营服务60万－70万元。社区综合服务中心通过市统一的政府采购确定进驻运营的社会组织，社会组织会同社区居（村）委会对居民需求进行调查，按照居民需求整合并进一步完善各项服务设施，建成以后由社会组织派驻社工及相关工作人员，运用社区社会工作等专业方法，依托社区综合服务中心的平台，逐步形成“三社联动”机制，为社区居民提供高效专业的服务，提高社会管理服务水平。

二、主要成效

（一）社区服务概念逐步推广

受中国传统文化的影响，从社区管理者至普通居民，对社区服务的概念都缺乏深入的认识和理解，社区居委会更多是落实各项行政管理任务。政府引入公益服务类社会组织运营社区综合服务中心，开展各类社区服务活动，居民对社区服务的认识逐步提高，社区服务的概念也逐渐为居民所认同，享受服务是社区居民的福利和权利。

（二）社区服务平台建设初具规模

在示范点建设过程中，各社区积极参与，为社区综合服务中心建设提供了必要的场地和服务硬件支持。20家示范点均选址在居民聚居区，方便使用；场地面积大，功能室齐全，并配备了必要的服务设施。部分运作较好的中心，已经能够做到以社区综合服务中心为依托，整合社会各类服务资源，注重发挥社区居民的自助互助功能，初步将社区综合服务中心建设成为一个资源整合平台与服务综合输出平台。

（三）社区服务队伍不断壮大

一支结构合理、分工明确、协同能力强的专业队伍是提升社区服务质量的重要保障。东莞市以社区综合服务中心建设为依托，逐步形成一支以专业社会工作者为主导，综合各类专业服务人才，社区志愿者积极参与的社区服务队伍，也是一支既具有一定专业水准又能紧密贴合东莞特色的本土化社区服务人才队伍。

（四）居民需求得到有效回应

承接社区综合服务中心运作的社会组织在进驻之初，即对所在社区的需求进行了广泛调查，在此基础上设计专业化的服务计划和方案，根据不同社区的特点开展老年人、青少年、残疾人、妇女家庭等方面的服务活动，服务内容广泛、类型多样，尽管目前各类服务仍处于初级阶段，但从一定程度上弥补过去在专业服务方面的空白，社区弱势群体和普通居民的紧迫需求在一定程度上得到回应。

（五）社区服务模式初步形成

社区综合服务中心由社会服务组织作为主体运营，有效整合社区原有服务资源，搭建社区服务平台，在运营过程中不断进行自我总结和反思，工作思路逐步明确，管理架构逐步清晰，初步形成了社会组织承接社区服务中心运营、专业社区工作者引领社区服务、社区多方参与的社区服务新模式。

三、经验总结

（一）不断完善制度

坚持依法理财，以制度管钱，会同职能部门制定“三社”联动的各项制度，如社会工作方面的“1＋15”文件、社会组织方面孵化基地和社会组织发展扶持专项资金管理办法、“文化东莞”专项资金管理办法、社区综合服务中心建设方案等，以制度的完善促进“三社”联动机制的规范发展和有序运行。

（二）切实加大投入

从公共财政向民生倾斜的大局出发，不断加大财力保障。2009－2012年市镇两级财政投入超过1.8亿元发展社会工作；投入2.3亿元建立45个社区综合服务中心示范点，加快社区服务设施建设；投入超过2 000万元培育社会组织。

（三）加强考核评估

在社区综合服务中心投入运营后，市财政安排专项资金引入独立第三方评估，从社区居民、社区居（村）委会、政府职能部门等各方面对社会组织运营社区综合服务中心服务群众的情况进行综合评估，评估结果反馈给社会组织，促使其进一步改进服务方法，提升“三社”联动机制的效果。

（四）严格检查监督

一方面在考核评估中加入资金使用规范性指标，提高财政资金效益；另一方面财政等部门进行不定期直接抽查，并聘请会计中介机构对社会组织进行审计，确保财政资金安全。

（东莞市财政局供稿，万亮德执笔）

中山市

积极推进专项资金二次分配改革

2012年，中山市财政局牵头会同相关专项资金主管部门推行“中山市财政专项资金二次分配改革”，选取农口线的农业、水务、渔业部门预算安排纳入市级财政专项资金管理的项目及市地方公路总站危桥改造项目资金试行二次分配改革试点。市财政局牵头制定《中山市财政专项资金二次分配改革试点方案》，并将此项工作作为该年度实施基层党建创新“书记项目”。

一、主要做法

（一）梳理农业项目专项资金分类

市财政局积极配合专项资金主管部门，组织财政专项资金二次分配联审小组，对2012年市级预算安排的专项资金进行全面梳理，摸清现有专项资金的扶持方向、使用对象、资金性质等基本情况，将专项资金分成强农惠农补贴、扶持企业、公共基础设施建设和促进镇区协调发展四类，根据不同类别资金的性质确定各类分配方式。

（二）制定资金分配量化指标

为增强财政资金分配的科学性，中山市财政局配合专项资金主管部门根据各专项的特点制定量化的分配标准及评审指标，严格规范专项资金使用范围、分配原则、分配对象、分配标准等重要分配要素，并对纳入试点范围的专项资金，按其项目性质分别实行按标准数量系数法、综合因素法、竞争性分配等方式进行分配。

（三）组织联审

市财政局积极配合专项资金主管部门，分类分批召开财政专项资金二次分配联审会议，对各镇区、各单位申请专项资金的材料进行审核，按照确定的分配标准、评审指标、系数进行评分后，按得分高低确定分配对象及金额，形成各类专项资金的二次分配方案。

（四）分配方案公示

为提高人民群众对财政分配的参与度，中山市财政局配合主管部门将联审后形成的二次分配方案按照规定的预算信息公开途径实行公示，其中水利专项资金分配方案在中山市水务门户网站、农业、海洋渔业专项资金分配方案在中山市农业信息网公示，公示期均为7天。经公示无异议的分配方案上报市政府，并经分管业务及分管财政的副市长联合审批后实施。

二、二次分配改革试点内容

2012年，纳入二次分配改革试点的财政专项资金共有21项，涉及资金共计3亿元，9月底全面完成二次分配联审工作，并在10月底前全部分配至二次分配方案确定的分配对象（见下表）。

二次分配对象

主管部门	专项资金名称	专项资金规模	审批时间	分配标准类型	专项资金类别			
					强农惠农补贴类	扶持企业	公共基础设施建设类	促进镇区协调发展类
地方公路总站	危桥改造	587	2012年9月	标准数量系数分配法			587	
水务局	内河涌整治	9 845	2012年4月	标准数量系数分配法			9 845	
水务局	农田水利建设	360	2012年4月	标准数量系数分配法			360	
水务局	重点堤围管养费	260	2012年4月	标准数量系数分配法			260	
水务局	镇区水利工程	9 900	2012年4月	标准数量系数分配法			9 900	
农业局	农业新品种新技术引种试验示范推广经费	305	2012年9月	综合因素法		111		194

续表

主管部门	专项资金名称	专项资金规模	审批时间	分配标准类型	专项资金类别			
					强农惠农补贴类	扶持企业	公共基础设施建设类	促进镇区协调发展类
农业局	基层动植物防疫体系建设及防疫检疫经费	292	2012年9月	综合因素法		12		280
农业局	农产品质量安全检验检测体系建设补助经费	232	2012年9月	综合因素法		118		114
农业局	购置引进先进农业机械配套资金	350	2012年9月	标准数量系数分配法	350			
农业局	基本农田整治经费	629	2012年9月	标准数量系数分配法			629	
农业局	镇区农业现代小区建设补贴	300	2012年9月	综合因素分配法		175		125
农业局	农路硬底化建设资金	3 970	2012年9月	标准数量系数分配法			3 970	
农业局	开通大面积农田的路桥资金	390	2012年9月	标准数量系数分配法			390	
农业局	农业科技及培训	195	2012年9月	综合因素分配法		98		97
农业局	恢复和发展粮食生产	270	2012年9月	标准数量系数分配法		21		249
农业局	粮食直补	962	2012年9月	标准数量系数分配法	962			
海洋与渔业局	基塘整治	770	2012年9月	标准数量系数分配法		139		631
海洋与渔业局	水产品流通与加工	265	2012年9月	综合因素法		265		
海洋与渔业局	渔民转产专业	50	2012年9月	标准数量系数分配法	50			
海洋与渔业局	渔民转产专业	105	2012年9月	综合因素法		80		25
海洋与渔业局	现代渔业机械化	83	2012年9月	标准数量系数分配法	83			
海洋与渔业局	现代渔业机械化	107	2012年9月	综合因素法		98		9
海洋与渔业局	水产苗种示范基地建设	100	2012年9月	综合因素法		100		

三、改革试点成效

（一）推动专项资金主管部门形成科学分配的新思路

通过建立专项资金二次分配联审机制，有效推动专项资金主管部门形成科学分配的新思路，使资金分配权由部门内部决定转为由各部门共同研究决定，由单纯行政意志向科学民主的方式转变，使有限的财政资金投入到涉及群众切身利益最需要、最迫切的领域，为建立科学合理、高效公平的财政专项资金分配机制和日后的全面推广奠定坚实基础。

（二）实现财政专项资金分配的科学化和理性化

通过制定各专项资金的分配标准、评审指标、系数，克服以往资金分配过程中的随意性，采用科学、理性方式进行优化配置，扩大资金分配的决策范围，增强分配的科学性和透明度。同时，量化的分配指标可有效引导项目资金申报单位通过详细阐述工作方案，设置明确的绩效目标和反映绩效目标实现程度的具体指标，避免出现项目申报单位为争取专项资金的安排而虚报项目规模和内容等情况，最大限度地减少自由裁量权的空间，有效体现资金分配的科学化和理性化，从而提高财政专项资金使用效益。

（三）实现财政专项资金管理模式的转变

通过建立专项资金二次分配联审机制，探索建立科学合理、高效公平的专项资金分配管理新模式，由内部决策转变为择优分配。专项资金二次分配引入联审、集体研究、竞争性分配机制，采用择优分配方式，实现“多中选好、好中选优”，从项目申报、项目审批、资金分配、绩效考核等环节进行改革和探索，树立竞争意识、创新管理思路，建立健全科学合理、高效公正、奖优罚劣的专项资金管理机制，促进中山市专项资金的效益和管理水平进一步提高，使有限的公共资源更好地满足社会公共需求。

（四）建立分配结果公示机制，有效发挥人民群众的监督作用

按照经市政府批复的《中山市财政专项资金二次分配改革试点方案》，首次将联审后形成的专项资金二次分配方案实行网上公示，有效发挥人民群众的监督作用，提高人民群众对财政分配的参与度，实现向透明公开的转变。

（五）明晰各部门资金分配的职责

通过建立二次分配联审的机制，明确部门和部门之间、

部门与下级之间的工作职责，如明确对申报材料的真实性负责；镇区业务主管部门负责审核申报项目的可行性及所附相关材料的真实性和完整性；镇区财政部门负责对所报项目及所附相关材料的合规性和完整性进行审核；专项资金主管部门负责牵头会同财政部门发布申报指南；负责对申报项目的可行性及申报材料的真实性审核并初拟分配方案，召集联审小组召开联审会议；市级财政部门负责审核资金分配方向的原则性、资金分配是否公平合理。联审小组按财政专项资金确定的分类分配方式研究确定二次分配方案报市政府审定。从而有效提高和完善部门协同、上下级联动，加强资金投入和政策的有机衔接，提高强农惠农资金使用的整体效益。

从试点情况来看，二次分配改革已显成效，联审机制运行畅顺有效。时间进度、预算执行进度和项目（工程）实施进度基本相匹配，确保资金专款专用，有力地推动项目建设，较好体现二次分配改革的成果。

（中山市财政局供稿，朱柱雄执笔）

积极推进基本公共服务一体化 让百姓共享公共财政阳光

几年来，中山市财政部门通过深化财政体制改革，加大资金投入和加强绩效考评等措施，努力推进基本公共服务均等化，促进社会和谐发展，取得良好工作成效。

一、集中财力，统筹兼顾，构建科学合理的财力保障体系

（一）加大财政对基本公共服务的投入

2012 年，全市财政基本公共服务支出达 72.1 亿元，同比增加 12.32 亿元、增长 20.61%，基本公共服务支出占公共财政支出比为 33.5%，较 2011 年同期增加 2 个百分点。同时，2012 年，市财政一般预算支出中，计划用于改善民生的占 66%，新增财力 90% 用于民生建设和公共服务。截至 2012 年年底，全市基本实现基础设施“三个覆盖”（交通通信、公共卫生、教育文体）、公共服务“三个共享”（社区服务、社会保障、社会救助）和基本民生“三个关注”（困难群众基本生活、农村社区就业服务、低保家庭住房需求）。

（二）完善市、镇两级财政体制，提高公共服务供给水平

以推进基本公共服务均等化为出发点，报请中山市政府出台《中山市调整完善市与镇区财政管理体制实施方案》，进一步完善促进市与镇区财政收入同步增长的机制，保障基层政权基本公共服务供给水平，建立科学、合理的转移支付体系，均衡镇区财力，缩小镇区间基本公共服务能力的差距，为在全市范围内建立“底线均等”的基本公共服务制度提供财力保障。

二、全面推进中山市基本公共服务一体化工作

（一）加快公共卫生医疗体系建设，促进基本公共卫生服务均等化

一是推进基本公共卫生服务项目。为加强管理，2012 年组织中山市的基本公共卫生服务项目培训班；将慢性病、重性精神病分别交由第二、第三人民医院管理，逐步理顺管理方式；督导居民健康档案、高血压、糖尿病、重性精神疾病患者规范管理等医改任务的落实。二是促进基层医疗卫生服务体系不断健全。中山市大力推行一体化管理，全市三级医疗卫生服务体系完善，社区卫生服务站和镇区医院诊疗人次占全市医疗机构总诊疗量的 70%。

（二）统筹发展各级各类教育，教育体系进一步完善

整合、优化基础教育资源，教育结构、规模、质量、效益实现有机统一，城乡教育齐头并进，教育公平得到有效促进。进一步完善《流动人口积分制管理办法》，公办学位指标数由去年的 6 000 个增加为 8 000 个，全市义务教育阶段公办学校共招收非户籍学生 16 005 人，其中通过市级积分入读中山市公办学校 7 599 人，其余是通过镇（区）一级积分安置或政策性借读入读公办学校的学生。截至 2012 年年底，全市现有全日制普通中小学 324 所（含技校），学龄儿童入学率、巩固率均达 100%；全市初中毛入学率达 113%；“三残”儿童入学率为 97.5%。积极探索市级统筹高中阶段教育，完成市级统筹高中阶段教育初步方案的拟订。高中阶段教育毛入学率达 100%，杨仙逸中学通

过广东省国家级示范性普通高中初期督导验收，龙山中学、濠头中学、小榄中学、东升高中通过广东省国家级示范性普通高中终期督导验收，形成基本满足人民群众需求的优质教育资源集群。

（三）推动中山市文体事业双发展，提高城乡综合素质

一是着力提升城乡公共文化设施建设，加快推进重点基建项目进度。场馆实现免费开放后，服务管理水平进一步提升。中山市博物馆积极开展送展下乡和藏品赴省外巡展活动，社会效益良好。中山市文化馆主动将文艺演出、暑期公益培训、群文业务培训送到镇村基层，全年受益人数达17万人次；二是镇村两级文化阵地建设有所提升，2012年采取各种有效措施，确保了在全省文化站复评定级中，全市24个镇区文化站全部达到省特级文化站标准，在全省率先实现农家书屋和农村文化室全覆盖，被国家文化部列入创建国家公共文化服务体系示范项目。2012年全市共建成7家镇区图书分馆，超额完成市下达的任务。

（四）不断完善公共交通网络，积极推进公共交通一体化

推进公共交通服务均等化，公交惠民成效显著。整合成立公交集团，小榄公共汽车公司纳入“六个统一”管理，三乡公共汽车公司实现资产重组，市公交集团与隆都客货运输公司签订资产收购框架协议，全市“公交一盘棋”基本实现。推广实行镇区购买公交服务模式，已有民众、神湾、五桂山、阜沙、东升等镇区购买这种新型公交服务模式。新增公交线路13条，优化调整线路14条，开通加密珠海等跨市公交线路。顺利完成出租车经营权招投标，新投放100辆CNG出租车及92辆LNG公交车运力。2012年5月1日前实现中山通IC卡乘车全市全覆盖，全省一卡通完成部分设备兼容改造工作。

（五）统筹城乡就业，积极推进城乡就业保障一体化

在国内外经济环境严峻复杂、就业工作压力加大的情况下保持就业形势的总体稳定，中山市连续5年城镇新增就业人数均超5万，城镇登记失业率控制在2.3%以内，统筹城乡就业，鼓励市民创业取得明显成效。一是抓服务平台建设，实现服务对象全覆盖。坚持统一规划和分类指导相结合，统筹规划就业服务主体功能分区和体系空间布局，全力打造“市、镇、村（社区）公共就业服务圈”。打破“城镇劳动者”与“农村劳动力”，“本市户籍劳动者”与“外省市户籍劳动者”的身份界限，实施统一就业失业登记、求职登记、创业服务和就业援助四项制度，将就业资金、就业政策和就业服务向基层延伸、向农民覆盖。二是大力推进信息网络上联下延，实施“镇镇通”、“村村通”工程。各村（社区）服务站的工作经费由同级财政负担。中山市根据工作需要开发就业管理信息系统软件，整合规范各项业务模块，下延直达到镇区和行政村（社区），上联直接到省，覆盖城乡、资源共享的就业信息网络，实现就业信息的“一点登陆、全市查询”。三是强化督查考核。将就业工作目标考评、农村劳动力转移就业考核列入对镇区党委政府实绩考核指标体系，建立工作实绩与补助资金相挂钩的激励机制，组织中山市就业联席会议制度成员单位定期开展督促检查，扎实推进全市公共就业服务体系建设。

三、积极推动珠海、中山、江门区域基本公共服务制度对接

（一）签署珠海、中山、江门三地检验影像结果互认协议

中山市卫生部门与珠海、江门两市卫生局相关部门起草《广东省珠三角地区医学检验影像检查结果互认协议书》，44家二级以上医疗机构的医学检验影像检查结果实行互认。2012年11月1日，三市在珠海正式签署协议并联合召开新闻发布会，标志着珠中江成为珠三角九市签署《广东省珠三角地区医学检验影像检查结果互认协议书》以来率先对社会公开并实现医学结果区域内互认的城市。

（二）组织珠海、中山、江门三市公共卫生领域学术交流活动

5月18日举行由珠海、中山、江门三市卫生局主办、三市医学会和预防医学会协办、三市性病防治机构承办的第一届皮肤性病学术研讨会。

（三）深入贯彻《珠江三角洲地区改革发展规划纲要》

深中通道完成项目工程报告编制及专家评审，省政府已同意中山市为深中通道珠江西岸主登陆点。深中通道广珠连接线、中顺连接线已上报省政府立项。广中江高速即将开展施工招标。正在开展优化中开高速公路线位研究。与珠海、江门合作完成《珠中江交通基础设施一体化规划》，推动中珠两市政府签署《中珠跨界道路建设合作协议》。做好首次国庆长假期间免收小型客车通行费工作，保证中山市地方收费公路及收费站安全畅通。配合实施珠三角区域车辆通行费年票互通工作，促进珠三角一体化协同发展。

（四）实现珠三角地区九市年票互认

2012年12月31日24时起，司属各收费站对珠三角地区九市行政区域的车辆，即车牌号码开头为“粤A”、“粤B”、“粤C”、“粤E”、“粤J”、“粤H”、“粤S”、“粤T”、“粤L”、“粤X”（佛山顺德区）、“粤Y”（佛山南海区），给予免费放行。上述九市车辆通过中山市境内高速公路收费站时，免缴代收的通行费次票。其中，因广州、东莞和中山三市摩托车还没实施年票制，摩托车通过司属各收费站仍需缴费通行。

（中山市财政局供稿，龚利辉执笔）

江门市

建立涉农财政补贴政策信息服务机制切实维护农民切身利益

2012年，江门市为做好惠农民生热线服务，建立涉农财政补贴政策信息服务机制财政部门会同涉农部门创新政府服务方式，以关系农民切身利益的财政补贴为重点，建立涉农财政补贴政策咨询、查询、业务指导、投诉办理电话、网络、服务窗口三位一体的综合服务平台；目标构建横向部门互动、纵向市县镇村四级联动，点面结合，全面覆盖到村、村小组（合作社）的涉农财政补贴政策信息有效服务机制。

一、建立涉农财政补贴政策信息服务机制的背景

江门市各级党委和政府高度重视“三农”工作，出台一系列惠农政策，不断加大财政惠农资金投入。但由于各方面原因，当前财政惠农政策宣传和落实成效还需提高，群众对惠农资金分配情况的了解也还不够。

在广东电台主办的“民声热线”等惠民热线节目中，许多农民纷纷通过电话咨询有关财政惠农补贴政策有关问题，反映出农民对涉农财政补贴信息的渴求和财政惠农信息机制的不足。受“民声热线”的启发，江门市设立24小时不断线的“民声热线”，建立长期有效的财政惠农信息服务机制，把“民声热线”工作经常化、日常化，把信息主动送到农民身边，推进惠农信息公开透明。

二、建立涉农财政补贴政策信息服务机制的主要做法

（一）建立和完善财政涉农补贴综合服务平台

1. 建立全市统一的电话热线服务平台。建立以江门市“12316三农服务热线”（以下简称“12316热线”）电话作为全市统一涉农财政补贴政策信息服务电话、主要服务平台和对外窗口，参照江门市政府“12345”热线管理要求，将其纳入江门市政府热线管理中心统一管理，并以江门市政府“12345”热线工作管理机制为规范。

2. 完善网络信息服务平台。以全市“农村信息直通车”网站和江门市财政局等网站为主平台，完善功能，加强管理，提升信息服务水平。一是增加内容。在网站上增设“财政惠农政策”专栏链接，公开主要的涉农补贴政策项目、办事程序、申请条件、补贴标准、发放方式等。二是强化服务功能。在网站上设置“在线咨询”和“网上问答（回音壁）”功能，实现网上实时受理咨询业务，并反映各级财政、各级涉农部门回复内容，供群众了解。三是与全市农村“三资”管理信息平台相结合，涉农补贴项目信息，特别是与当地群众有关的项目信息要在“三资”信息平台上宣传公示。各市（区）要利用好该地有关政府政务、财政、农业信息（农村信息直通车）、党风廉政建设平台等网站，结合当地实际，加大惠农政策宣传力度，设立财政涉农补贴专栏链接，并提供涉农补贴政策相关资料的查询、投诉回复等服务。

（二）建立健全涉农财政补贴政策信息服务的长效工作机制

1. 建立财政涉农补贴项目资料库。市县两级财政、农业部门根据当地实际，牵头分别建立财政涉农补贴项目资料库供各级服务平台共享，保证为农民全面、详细、具体的涉农补贴信息服务。并建立经常性更新机制，确保热线电话和网络服务信息的及时有效、业务办理及时高效。

2. 建立联络员制度。市直和各市（区）涉农部门指定分管领导和联络员，作为日常办理惠民政策咨询、投诉业务的主要联系人，确保市热线服务中心转办业务可以在最短时间内得到办理。

3. 建立、健全业务办理制度。“12316热线”的接处和“农村信息直通车”、财政信息网咨询业务和各地各单位关于涉农补贴的咨询、来电、来访、投诉的办理和时限，均按照“12345”政府热线的有关制度和要求执行。要严格执行“12316热线”电话和网络咨询业务的办理制度，规范办理流程，建立登记、跟踪办理、回复的机制，确保“事事有着落，件件有回音”。对于其他来电咨询、现场询问，根据各部门提供资料可以当场回答的要立即回应；不能当场回应的和投诉事项，应当按规定程序记录，并转有关部门办理。

4. 建立涉农服务平台运行保障机制。建立办理责任追究制度，对群众咨询，来电、来访、投诉要按江门市首问、

首办责任制要求，限时答复，限时办结。建立检查督办机制，对于群众咨询、投诉的办理、答复，各单位要全部列入的内部督办事项，由专人跟进，限期办理。建立定期通报机制，对“12316热线”电话转办的业务，由热线办按政府热线管理有关规定跟进；对通过农村信息直通车和财政信息网办理的业务，由江门市财政局、农业局参照市政府热线办网络咨询业务管理的要求，定期通报有关情况。

（三）强化责任，保障措施落实

1. 加强领导，分工负责。由各级财政、农业部门负责牵头，各相关涉农部门紧密配合，强化协作，加强联络沟通，联合互动，形成有效信息服务体系，及时协调解决工作中遇到的矛盾和问题，确保机制有效运行。财政部门负责与业务主管部门共同研究确定并负责提供关系农民切身利益的财政补贴政策项目资料库内容。负责完善江门市财政局网站惠农补贴政策内容和功能，维持其运行，按要求接处有关咨询事项。负责办理直接由财政部门安排的补贴或审批的业务咨询和投诉事项；办理其他部门负责审批的，涉及资金拨付方面的业务咨询和投诉事项。江门市市政府热线服务中心负责接听“12316热线”，即时解答群众咨询问题，对未能当场解答问题、投诉要及时登记、记录、转有关部门办理，并跟踪办理情况，通报办理情况。监察部门负责监督涉农财政补贴政策信息服务平台的建设与运行有关情况，监察有关咨询和投诉业务办理情况。农业部门（农业信息中心）负责完善“农村信息直通车”网页内容和功能，增设“各部门涉农惠农政策问题查询与回复”等栏目和功能，维持其运行，按要求接处有关咨询事项。各相关涉农部门负责依据职能负责提供并及时更新相关惠农政策资料库（包括：补贴政策项目名称、文件依据、补贴对象、申请条件、申请途径、具体程序、补贴标准、发放方式等），并安排专门联络员加强电话热线服务平台和网络信息服务平台业务的联络沟通，及时办复有关咨询、投诉回复，解释群众问题。

2. 扩大宣传，加强引导。一是加大惠农财政补贴服务平台的宣传。各级财政、农业部门联合涉农政策管理部门，通过该地电台、电视台、挂横幅、发放宣传单、编印宣传小册子等方法，重点加大对“12316热线”、“农村信息直通车”网站和江门市财政局网站等惠农补贴政策服务平台的宣传力度，让广大农民群众掌握了解支农惠农财政补贴政策渠道方法，知道用热线电话咨询，学会查询网页、网上咨询等。二是加大对涉农补贴政策的宣传。充分利用各级政府政务公开信息网页、电台、报纸等宣传媒体，以及乡镇政务宣传栏目等宣传平台，广泛宣传现行新公布的财政涉农惠农各项补贴政策实施办法、方案等，并有计划、有重点地开展支农惠农财政补贴政策宣讲活动。

3. 强化督查，严格考核。由江门市财政局、农业局、监察局对各市（区）建立惠农补贴政策信息服务机制情况进行检查、督促。江门市“12316热线”全面纳入市政府热线服务中心统一管理，执行《关于印发江门市12345政府服务热线工作实施意见的通知》和《印发关于进一步提高12345政府服务热线接处工作质量和效率的通知》等有关规定和要求，并将其办理情况纳入江门市直机关作风奖考核范围。

（江门市财政局供稿，陈友发执笔）

以制度建设巩固完善农村集体“三资”规范管理

江门市新会区是全省和江门市开展农村集体资金、资产、资源（简称农村集体“三资”）管理试点较早的地区之一。2008年7月，新会区选择崖门镇为先行点，率先实施农村集体“三资”规范管理试点工作。2009年4月，崖门镇农村集体“三资”规范管理试点工作通过上级有关部门的验收，得到上级的充分肯定和群众的衷心拥护，为全区和全市开展农村集体“三资”规范管理提供良好的示范。2009年5月起，“崖门经验”先后在全区和全市进行推广，并分别被财政部和广东省财政厅网站进行转载。经过多年实践探索和不断完善，2012年新会区出台《新会区农村集体资金资产资源管理暂行办法》，进一步完善八项制度建设，巩固完善农村集体“三资”规范管理，实现制度管权、管事、管人，巩固完善农村集体“三资”规范管理，维护农村集体经济组织及其成员的合法权益。2012年6月和9月全省“三资”监管工作现场会和江门市财政系统加强农村“三资”管理工作座谈会分别在新会区召开，新会区农村集体“三资”规范管理工作做法经验再次在全省、全市进行推广。

一、农村集体“三资”清查、登记与保管制度

一是镇（街）“三资”办组织辖区农村集体经济组织按照“三资”清查、界定产权、核实价值、公开公示、建立台账等步骤对所有资金资产资源进行全面盘点，逐项清

查，逐一核实，造册登记，全面摸清农村集体“三资”的存量、种类和分布。二是在界定产权时，按照“谁投资、谁所有、谁受益”的原则划清镇（街）与经济联合社、经济联合社之间、经济联合社与经济合作社等层级之间的所有权归属关系。对存在纠纷的，按照“尊重历史、照顾现实、平等协商、有利发展”的原则妥善处理。资产、资源、构成较为复杂，其产权一时难以界定清楚的，列为待界定资产资源，作专项登记，暂不界定，继续按原方式管理，确保资产资源安全，不受侵占、流失。三是建立农村集体资产资源日常保管登记、定期盘查制度。健全集体“三资”台账管理制度，分门别类对集体资金、资产、资源进行产权登记，以村为单位建立村、组的“三资”台账。农村集体的耕地、鱼塘、山地（林权）、固定资产，以及各项债权债务，全面进入“三资”管理台账；建立农村集体资产资源日常保管登记、定期盘查制度，村、组所有订立的生产承包合同、租赁合同、工程项目合同，都要统一纳入镇经管站登记，实现动态管理，镇（街）“三资”办定期组织对农村集体经济组织台账和文书档案管理情况进行核实，每年至少组织一次全面盘点，做到账实相符、账账相符；建立健全民主管理制度，建立村、组经济合作组织章程，把年度财务收支预算、重大财务开支、土地征用款的使用和收益分配方案、经济项目发包、资产处置等纳入农村集体“三资”规范管理民主议事事项。

二、农村集体资产资源评估制度

成立农村集体经济组织自主评估工作组，人员组成经过成员大会或成员代表会议讨论通过，并报镇（街）“三资”办审查备案；对账面值或初步估算值在限额以下的农村集体资产资源由农村集体经济组织成立评估工作组进行自主评估；对账面值或初步估算值在限额以上的农村集体资产资源，委托有资质的评估机构进行评估；各农村集体经济组织“三资”管理细则明确规定“限额”，管理细则和评估结果分别经成员大会或成员代表会议研究通过和确认，报镇（街）“三资”办审查备案后严格执行。

三、农村集体资产资源处置制度

农村集体资产资源处置，是指村集体资产资源转让、变卖、出售、出借、报废、报损、发包、租赁、入股投资等所有权、使用权或经营权变动。农村集体资产资源处置要事先按照有关规定进行科学、合理的评估；农村集体资产固定资产报废、债权债务核销须经农村集体经济组织成员大会或成员代表会议研究通过并公示，报镇（街）“三资”办审查备案后方能执行，执行结果应报镇（街）“三资”办。

四、农村集体资产资源交易管理制度

农村集体资产资源交易必须进入镇（街）农村集体资产资源交易中心交易。包括：农村集体物业（含厂房、仓库、办公室、商铺、市场等）使用权出租、转租的交易；农村集体建设用地和集体物业（含厂房、仓库、店铺、办公楼、市场等）使用权出让或转让的交易；农村集体资源性资产（含土地、山岭、荒地、滩涂、水面等自然资源）发包等的交易。农村集体资产资源交易时，应有村务监督委员会成员到场监督；农村集体资产资源交易方案在实施前必须按有关办法规定的民主议事制度进行表决和公示；农村集体资产资源交易时，出让方（发包方）应当向镇（街）交易中心提交真实、完整材料；竞投人在交易时须提交相关材料和缴纳一定交易保证金，交易中心在规定时间内进行审查并答复，组织交易，交易成功，办理相关手续；交易情况和结果要在新会区农村集体资产资源交易监管平台、农村集体经济组织信息公开栏等公布，接受村务监督委员会成员监督。

五、民主议事和公示、公开制度

一是全面实行民主议事制度。凡涉及成员切身利益的事项，包括：资产资源评估、固定资产报废、债权债务核销，以及“一事一议”筹资投劳等事项，必须经成员大会或成员代表会议讨论决定，通过后方可办理。二是全面实行公示制度。包括：清产核资公示、资产资源评估结果公示、固定资产报废、债权债务核销公示以及资产资源交易事前事后公示。资产资源交易前，经民主议事程序讨论决定通过的事项必须在该集体经济组织信息公开栏公示；交易成功后，签订的合同复印件及相关情况也必须在本集体经济组织信息公开栏公示。三是全面实行公开制度。公开的内容、形式、时间、程序等按农业部、监察部关于印发《农村集体经济组织财务公开规定》的通知执行。同时，凡是涉及村民切身利益的规章制度、人事安排、资金使用、资产管理、资源开发等，都要按照规定在新会区农村集体资产资源交易监管平台和江门市农村党风廉政信息公开平台公开。四是全面强化监督制度。把监督贯穿于“三资”管理的事前、事中、事后，充分体现农村基层民主管理要求，发挥村民民主理财监督小组和村民代表大会的作用，切实保障村民的知情权、参与权、表达权、监督权。

六、农村承包合同管理制度

一是凡涉及农村集体资产资源交易的，条件达成一致后，交易双方必须签订承包合同，明确双方的权利和义务，保护双方的合法权益。二是订立承包合同必须遵守国家法律、法规和政策，不得损害国家、集体、社会公共利益和他人合法权益。贯彻平等自愿、协商一致的原则，实行民主、公开的方式，并采取书面形式。三是镇（街）农村集体资产资源交易中心负责本辖区农村承包合同的管理，承包合同应采用全区统一的合同模板，合同当事人双方协商并在合同上约定需要鉴证的，镇（街）资产资源交易中心按程序对承包合同进行鉴证，并对鉴证的承包合同进行回访或检查，监督合同的履行；农村集体经济组织和镇（街）资产资源交易中心对已签订的合同及时进行登记造册，建立合同管理纸质台账并录入新会区农村集体资产资源交易监管平台，建立合同管理电子台账等；镇（街）资产资源交易中心、各农村集体经济组织建立合同档案，并指定专人统一管理；在城堡合同履行过程中，当事人双方发生合同纠纷时，按照相关办法通过协商、调解、仲裁和诉讼等途径解决。

七、农村集体资产资源保值增值制度

一是对农村集体资产资源进行分类梳理和定性、定量评价，合理确定良性、中性、不良资产和可开发利用、不可开发利用资源，分别采取措施进行处理，在完成保值的基础上努力实现增值。二是建立内部考核机构，制定考核具体办法，落实奖惩措施，做好保值增值跟踪考核。

八、农村集体“三资”责任追究制度

一是强化监督机制。建立健全村民监督、职能部门监督和社会监督三项监督措施，构筑事前监督、事中监督和事后监督三位一体的监督体系，各级财政所、结算中心、纪检监督等部门，按照部门职责分工合作，互相交流，加强对农村财务管理工作的检查监督；二是建立责任考核机制。从镇、村、组三个层面明晰农村集体“三资”管理部门和人员的岗位职责，落实镇、村、组三级责任管理机制。对违规行为有关责任人员视情节轻重分别责令整改、通报批评、责令书面检查、赔偿损失、警告或建议罢免职务、停职检查（待岗）、调离工作岗位、责令辞职、免职、辞退等；构成违纪的，给予党纪、政纪处分；涉嫌犯罪的，移送司法机关追究法律责任。

（江门市新会区财政局供稿，谢致光执笔）

推进“一事一议”财政奖补工作
加快社会主义新农村建设步伐

自开展村级公益事业“一事一议”财政奖补工作以来，恩平市坚持秉承公平、公开、公正的原则，坚持因地制宜，充分尊重农民意愿，让农民自己来决定“一事一议”财政奖补项目，实行村民自治。恩平市财政局充分发挥职能作用，积极筹措资金，强化资金监管，规范操作流程，推进村级公益事业建设，提高农民的生产、生活水平，加快社会主义新农村的建设步伐，受到省、市有关部门的充分肯定和群众的认可。

一、基本情况

2012 年，恩平市共实施项目 217 个，项目总投资 3 852.64 万元，其中村集体投入 1 062.15 万元，社会捐赠 720.12 万元，村民筹资捐资 786.62 万元，财政奖补资金 1 283.75 万元。全年预算执行数为 1 833 万元，完成进度的 150.12%。新建村内水渠 2.48 千米、村内硬底化道路建设 61.78 千米，架设人畜饮水管道 33.17 千米，建设篮球场、文化室、塘坦、游乐场等公共活动场 74 551 平方米、公共厕所 10 座、垃圾池 9 个、堰塘水窖 135 立方米，安装路灯 82 盏。惠及 11 个镇（街）、107 个村委会、271 条村（组），受益户数 15 237 户，受益人口 62 609 人。

二、主要做法

（一）加强组织领导，明确责任

恩平市市委、市政府，把“一事一议”作为农村工作的一件大事来抓。市委主要领导每月定期听取“一事一议”工作开展情况汇报，分管领导经常深入乡村项目现场检查指导工作开展，及时解决工作中遇到的困难和问题。同时，为加强对此项工作的领导和统筹协调，成立以分管农业农村工作的市委常委为组长，纪检监察、发改、财政、农业、规划、建设、水利等部门主要领导为成员的恩平市村级公益事业建设“一事一议”财政奖补工作领导小组，领导小组办公室设在市农业局，主要负责农村“一事一议”工作的具体实施。各镇（街）也相应成立“一事一议”工作的领导机构和工作机构，做到领导到位，分工明确，责任到人。

（二）落实配套资金，及时拨付

为确保“一事一议”项目实施工作顺利开展，恩平市在财政不宽裕的情况下，在年初财政预算安排“一事一议”财政奖补资金和工作经费，确保配套资金足额及时到位。

同时，在上级财政奖补资金下达后，恩平市及时组织项目实施和项目竣工验收工作，按省、市奖补资金执行进度的要求按时将资金拨付到项目所在单位的银行账户。

（三）加强宣传培训，提升氛围

“一事一议”是一个新课题，为让群众更了解工作内容和程序，发动广大群众主动投入到项目建设当中来，恩平市结合实际，将“一事一议”奖补政策、工作方案及实施细则等通过电视、电台、恩平政府信息网、恩平农业信息网和简报、标语、墙报、专栏等多种形式，广泛宣传到镇、到村、到户、到人。同时，为让基层干部能够准确把握政策和工作程序，还多次举办各镇（街）业务骨干参加的业务培训班，深入学习《广东省村级公益事业建设一事一议财政奖补项目管理暂行办法》、《广东省村级公益事业建设一事一议财政奖补资金管理暂行办法》和《广东省村级公益事业建设一事一议财政奖补工作指南》以及“一事一议”财政奖补各项政策规定，进一步提高他们的政策和业务水平。

（四）规范工作程序，科学运作

在“一事一议”工作中，恩平市严格按照“民主议事、项目申报、项目审批、项目实施、考核验收、资金拨付、项目管护”的程序进行申报和实施。

1. 在项目议事筹资中，坚持实行民主议事，阳光操作，跟踪问效。由群众民主议定建设项目，并把“一事一议”奖补项目建设内容、村民筹资筹劳数量、社会捐赠和工程开支情况、工程管理情况、财政奖补资金使用情况等及时全面向群众公布，让村民全程参与“一事一议”的决策管理和实施，有效调动村民参与公益事业建设的积极性。

2. 在项目审批实施中，建立村级公益事业建设项目库。年度建设项目优先从项目库中选取，重点支持农民需求最迫切、反映最强烈、利益最直接的项目，按照“村民议定、村级申报、镇级初审、县级审定”的程序，自下而上进行，经审定批准的奖补项目，在镇政府和“一事一议”财政奖补工作领导小组办公室的监督管理下，由村委会组织实施。项目竣工后，市、镇、村三级及时做好资料的整理工作，归档管理。

3. 在项目验收中，建立市、镇、村三级验收制度。项目完工后，先由村民选派的代表进行验收，再由镇（街）组织专人验收，最后上报到市“一事一议”奖补工作领导小组办公室，由多部门抽调人员会同市财政投资评审中心专业人员组成验收小组实地进行项目验收。对于涉及房屋、桥梁、涵洞等建设项目必须严格按有资质的建筑设计机构出具的施工图施工。

4. 在资金拨付中，实行县级报账制。由项目单位按规定内容、文本格式填报议事项目建设审批件、项目竣工验收报告、出资人交款凭证、工程施工发票等资料送村委会、镇、市农业局、市财政局逐级审核，确保实际建设项目与申报奖补项目相符；实际筹资额度与筹资方案相符、实际投入额度与工程决算相符。由市财政局将财政奖补资金按国库集中支付流程，直接拨付到项目所在单位的银行账户，由镇“三资管理服务中心”代理记账并监督使用。

5. 在项目管护中，按照“谁投资、谁受益、谁所有、谁养护”的原则，确定村级公益事业建设设施的所有权归议事主体，并明确村级组织为管理和养护主体。为确保村级公益设施发挥应有的效能，让群众长期受益，各项目村坚持建管并重的原则，在项目建设中严格按规划设计施工，强化监管，注重绩效；建设项目竣工后，建立一系列加强管理和养护的长效机制。

恩平市在开展“一事一议”财政奖补工作中，严格执行“一事一议”财政奖补的各项政策规定，未发现有加重农民负担，截留挪用资金等违规违纪情况发生。

三、主要成效

（一）加快农村基础设施建设，改善民生

恩平市以“一事一议”筹资筹劳为基础，以政府财政奖补资金为引导，大力开展村级公益事业“一事一议”财政奖补项目建设，建设一大批村内道路、人畜饮水、文化娱乐设施、村容美化亮化等项目。

（二）激发村民及社会各界参与建设的热情

恩平市在开展一事一议财政奖补工作中，按照“谁积极、支持谁”的原则，对农村公益事业建设实行奖补，充分调动干部群众和海外华侨港澳台同胞参与“一事一议”工作的积极性，特别是激发海外华侨、港澳台同胞积极参与家乡公益事业建设的爱国爱乡热情，形成“人人齐参与、村村争建设”的可喜局面。在2011年“一事一议”建设筹款工作中，全市各村干部群众和海外华侨、港澳台积极拥护和响应。村民筹资捐资786.62万元，社会捐赠720.12万元，推动全市“一事一议”工作的开展。

（三）促进村务公开和民主管理

恩平市在实施村级公益事业建设过程中，按照“一事一议”财政奖补的基本原则，村组通过村民选举产生工程建设管理小组，负责资金物资的管理使用和工程的实施，及时公布项目申报情况、群众筹资情况和建设资金使用情况，村民全程参与管理和决策，知情权、参与权、管理权和监督权得到有效保障。

（四）进一步密切党群、干群关系

通过村级公益事业建设“一事一议”财政奖补工作的实施，将各级党委政府的社会主义新农村建设设想与农民的意愿凝聚在一起，形成合力，为在新农村建设中村“两委”服务群众找到了新的切入点，也为塑造村“两委”干部新形象找到结合点，各级干部主动与群众商量制定规划和研究实施，切实为群众办实事，解难事，从而进一步密切党群干群关系。

（恩平市财政局供稿，吴健明执笔）

湛江市

农业综合开发科学化　精细化管理显成效

湛江农业综合开发紧紧围绕“改水治旱”的总体思路，创新农业开发机制，实行科学化、精细化管理，真抓实干，开拓创新，项目投资规模和开发范围显著扩大，项目质量和效益不断提升。2011－2012年，全市争取立项的农业综合开发项目47个，财政总投资22 398万元。其中：土地治理项目22个，财政投资18 676万元，开发治理面积16.2万亩；产业化经营项目23个，财政投资3 612万元，扶持农业龙头企业14个和农民专业合作社9个；科技推广项目2个，财政投资110万元。农业综合开发项目，注重解决水源工程、完善灌排渠系和机耕道路，加强农业基础设施建设，努力改善农业生产条件，不断提高农业综合生产能力。

一、湛江农综开发的主要做法

（一）抓好集中投入，大力拓展开发规模

湛江农业综合开发坚持大投入、大产出，走规模开发的新路子，在择优选定农业综合开发建设地点时，十分注重把农业综合开发资金与公路建设、水利堤围、科技推广、小型农田水利等支农资金整合起来，统筹安排、相互补充、相互配合。湛江农业综合开发平均每个土地治理项目财政投资达500万元以上、高标准农田示范工程项目财政资金在1 200万元以上。

（二）抓好项目管理，大力提高项目建设水平

湛江农业综合开发项目管理已形成一套行之有效的制度，主要包括：一是抓竞争立项。以开发县为单位，采取公平竞争方式，在县级范围内组织所属乡镇积极申报土地治理项目，通过“室内评审、实地考察、演讲答辩”等环节，并经市级组织专家进行实地考察，优选出拟申报的土地治理项目。二是抓规划设计。确定项目建设地点后，按照《广东省农业综合开发规划设计指南》，认真编写农业综合开发土地治理项目规划设计方案，实现土地治理项目规划的标准化、专业化。三是抓宣传公示。在项目区实行“建立一个宣传栏、竖立一个竣工公示牌、设置一批单项工程标识牌、张贴一套宣传挂图、制作一组宣传标语”等一整套的标识规范，在田间地头树立新形象。四是抓检查验收。按照项目管理办法，从实际出发，实行专项检查、中期检查和竣工验收相结合，确保检查验收常抓不懈。五是抓项目管护。项目竣工验收后，设立项目标志牌，及时办理产权移交手续，明确项目管护的主体，建立项目管护制度，做到措施、人员、经费三个落实，发挥项目工程效益。

（三）抓好资金管理，大力提高开发效益

严格执行农业综合开发资金管理制度，做到规范化管理。一是严格落实地方财政配套资金。坚持优先保障农业综合开发财政配套资金和事业费，根据项目财政资金投资规模，确定年度财政预算方案，确保及时足额配套到位。二是项目资金实行“三专”管理。严格执行农业综合开发资金会计制度，实行分账核算、专人管理、专款专用的管理制度，加强会计基础工作，做到规范化、标准化。三是实行县级财政报账制。严格执行农业综合开发资金县级报账制的规定，进一步加强资金报账管理。报账资金申请及有关凭证经农发办和财政部门审核同意后，由财政部门直接拨付资金，减少资金拨付环节、加快资金拨付进度，从拨付环节强化资金监管。四是深入开展绩效评价。建立农业综合开发绩效评价机制，开展对开发县（市、区）进行综合考评，对照“资金管理、项目管理、综合管理和项目效益”考核指标量化打分，进一步提高财政资金使用绩效。

（四）抓好监督检查，大力提高科学化、精细化管理水平

首先，认真开展自查自纠。组织对已立项实施的农业综合开发项目和资金进行排查，重点排查农业综合开发资金管理制度的执行情况，各类项目资金到位、拨付及使用情况、会计核算情况；农业综合开发项目管理制度的执行情况，项目前期准备工作情况，工程招投标、工程预（决）算、工程管护情况，项目建设任务完成、工程质量和效益情况等，通过内部督查，主动查找并及时纠正存在的问题，规范资金和项目管理。其次，积极配合审计监督。2012年，湛江市审计部门对湛江农业综合开发资金使用效益情况进行专项审计，通过审计监督，指出存在问题，采取措施认真整改，保证项目资金

合理与安全使用。再次，主动接受农民群众的监督。湛江市推行资金和项目公示制，在公示牌上详细列明项目区总投资情况、改造面积、具体的工程措施以及各项措施的财政投资情况，让项目区广大农民群众了解掌握资金使用的具体情况，真正将项目实施和资金使用置于广大群众的监督之下。

（五）抓好作风建设，大力提高管理和服务水平

以作风建设为突破口，以能力建设为核心，以提高整体素质为目标，切实加强全市农业综合开发干部队伍建设，认真组织开展深入学习实践科学发展观等活动，大力开展调查研究，坚持求真务实，实实在在地为农民办好事、办实事。加强廉政纪律教育，做到警钟长鸣；邀请审计部门、人大代表、政协委员、新闻媒体等社会各界广泛监督，建立健全全方位的监督体系，倡导清正廉洁之风。

二、湛江农综开发的主要成效

（一）建设现代标准农田，提高农业综合生产能力

农业综合开发从各地实际出发，科学规划，规模开发，高标准、高质量建设一批现代标准农田。2011－2012年，全市7个开发县（市、区）累计投入财政资金1.5亿多元，衬砌排灌渠道210公里，修建渠系建筑物300多座，新打机电井286眼，修建机耕路215公里，建设现代标准农田9.75万亩，改造中低产田6.45万亩。土地治理项目实施后，项目区新增灌溉面积10.6万亩，新增节水灌溉面积8.6万亩，改善治涝面积5.8万亩，新增机耕面积5.2万亩，年新增种植业总产值13 100多万元，增加农民收入总额5 300多万元。

（二）扶持开发特色农业，推动产业化经营快速发展

按照“围绕龙头企业建设基地，围绕产业扶持龙头企业”的思路，坚持“公司＋基地＋农户”的发展模式，大力扶持开发特色农业，积极发展农业产业化经营，建立利益联结机制。2011－2012年，全市共争取各级财政投资3 612万元，扶持农业龙头企业14个和农民专业合作社9个，实施财政贴息项目14个、财政补助项目9个。项目达产后可增加营业收入18.54亿元，实现利润总额1.5亿元，税金7 663.7万元；直接带动农户38 578户，直接带动基地面积419 574亩，新增就业16 820人，直接带动农民增收6.6亿元，经济效益和社会效益十分显著。

（三）大力推广先进适用科技，增强农业的创新能力

2011－2012年，全市农业综合开发财政投入科技推广费612万元，各地通过与省内农业大专院校和科研单位合作，以县、镇基层农技推广机构为平台，举办各类农业种养技术培训班和技术讲座，聘请专家、教授讲课并到田间现场指导，共培训农民1.2万人次，印发农科知识讲义资料3万多份，建立示范推广基地1.4万亩，引进推广一批农业优良新品种和先进适用技术。如以徐闻县为重点，在项目区大力推广机电井、喷滴灌、微灌、灌溉施肥等节水技术，建设喷滴灌示范基地1.6万亩，辐射带动节水灌溉面积6万亩，使用该技术节水30%，节肥50%，节省人力50%，每亩节约成本500元，走出一条节水技术配套、精细效益农业的新路子。2011－2012年，湛江市农业综合开发累计在项目区推广优新品种29个，推广先进适用技术10项，示范推广面积2.6万亩，辐射面积达到20多万亩。

（四）调整优化农业产业结构，促进农民增收

在搞好农业综合开发项目区基础建设的同时，结合改土增肥，推广良种良法，合理开发和利用农业资源，以发展优势农产品为主线，积极引导调整产业结构，大力实施冬季开发，新建一批冬种生产示范基地，做到“人无我有、人有我优、人优我早、人平我奇”，项目区由两茬耕种变为了三茬、四茬，成为全国农业综合开发效益最为显著的项目区之一。徐闻县项目区大力推广节水技术，规模化推广种植香蕉、菠萝、北运菜等，亩产值超1万元；雷州市项目区推行洋田改制的试点，改变传统耕作制度，使项目区由一年两熟变成一年三熟；其他开发县项目区通过调整农业生产布局，引导农民改种蔬菜、蚕桑、西瓜等效益较高的作物，使农民尝到了甜头，得到了实实在在的实惠。

（五）推动社会主义新农村建设，促进农村和谐发展

以新农村示范点建设为载体，在农业综合开发基本政策的前提下，统筹其他支农资金，支持示范点的农业基础设施建设和产业结构调整，探索农业综合开发参与支持新农村建设的新路子。一方面，通过集中资金办大事，实现乘数效应，改水治旱改善农业生产条件，强力推动农业发展、农民增收。另一方面，通过积极推广节约型、生态型生产模式，改善农村生态环境，有效地化解农村争水、争地等矛盾纠纷；推行以农民为主体的开发机制，提高农民素质，树立农村新风貌。

（湛江市财政局供稿，肖淞文　潘锦明执笔）

着力加强财政所规范化建设

湛江市认真贯彻落实省财政厅《印发关于加强财政基础工作和基层建设 推进财政科学化精细化管理实施意见的通知》和《印发关于进一步加强和规范乡镇财政管理实施意见的通知》要求，着力推进基层财政所规范化建设，规范乡镇财政管理，实现办公设施标准化、内部管理制度化、信息建设一体化、群众服务优质化，充分发挥乡镇财政服务基层、服务“三农”的职能作用，深化农村综合改革，推进城乡统筹发展。

一、主要做法

（一）调查摸底，掌握财政所基本情况

在推进财政所规范化建设前，湛江市财政局通过调查统计，对基层财政所工作职能定位情况、基层设施建设情况、工作人员编制、年龄结构、学历和技术资格情况进行调查；选取城区近郊和远郊、经济较发达和欠发达等地区有代表性的财政所进行实地调研，充分掌握财政所基本情况和存在问题。截至2010年12月，湛江市共有101个财政所，其中2个直属所，99个基层所；工作人员1 006人，其中本科及以上学历102人、大专594人、中专94人、高中及以下学历216人；负责代理记账的村（社）1 847个、学校2 270间、机关事业单位770个。在2003年农村税费改革后，乡镇财政所的税收职能终结，财政所赋予新的工作职能：编制与执行镇部门预算，管理发放涉农补贴资金，管理与监督专项资金使用，管理乡镇机关事业单位、村（社）财务等等。财政所职能在公共财政框架下不断延伸，在巩固基层政权、服务基层群众、维护农村社会稳定方面发挥了重要作用，但在调查中也发现各地不同程度存在办公条件落后、基础工作薄弱、人员素质偏低等与新形势不相适应的情况。推进乡镇财政所规范化建设，实现基层财政管理科学化精细化，成为促进农村经济发展和社会稳定的客观需要和必然要求。

（二）周密部署，推进财政所规范化建设

湛江市财政局成立乡镇财政所规范化建设领导小组，制订工作方案，明确工作内容、要求和措施。坚持上下联动、突出重点、统筹兼顾的原则，根据构建公共财政体制、加强财政基层基础建设、推进科学精细管理的要求，从规范机构职能建设、完善基础设施、加强预算管理、推进绩效评价、严格财政监督、加快信息化建设、加强队伍建设等七方面开展财政所规范化建设。各县（市、区）在2012年年初上报的规范化建设财政所计划，经市财政局审批同意后，根据方案要求实施。

（三）检查验收，确保财政所规范化建设成效

湛江市财政局制定验收方案和验收标准，成立财政所规范化建设验收小组，对列入年度规范化建设计划的财政所进行验收。验收小组成员根据规范化建设内容逐条检查落实，并签名确认，汇总提交规范化建设领导小组。领导小组召开会议，根据验收结果，集体审议通过规范化建设财政所名单。对每个验收合格的财政所，按以奖代补方式，给予30万－50万元资金奖励。

二、主要成效

（一）加强基础设施建设，做到办公设施标准化

按照量力而行、履行节约、简朴美观、实用第一的原则，进行财政所基础设施建设，配备现代化办公设备，设置便民服务设施，美化办公环境。乡镇财政所根据实际需要，按照规定的项目申报程序，建设和改造办公场所、职工宿舍和文体活动室，实行宿办分离。在办公场所悬挂统一的财政标识，便于群众识别。财政所办公面积不低于350平方米，合理划分为群众服务大厅、会议室、档案室、票证室、办公室等办公区域，设置必需的防盗、防火等安全设施。在档案票证室配备专门的防潮设备。在服务大厅设置办事群众等待休息区，配备座椅和报刊阅读架，提供饮用水，方便群众休息等待。在便于群众查看的地方设置政务公开栏，宣传国家法规政策，进行各项政务、财务和支农惠农资金信息的公开。按照现代化、信息化的要求，配备和更新必需的办公设施，包括电脑、打印机、复印机、传真机、档案柜等，根据工作性质购置必需的交通工具。对办公场所和院落内外以“明亮、整洁、庄重”为标准进行改造修缮，种花植树，美化环境，改善办公环境。

（二）健全各项管理制度，做到内部管理高效、业务流程规范

1. 建立健全各项管理制度。从内部管理和业务管理两

个方面完善各项制度，将各项制度和流程图悬挂上墙，编印成册，通过制度管人、管事、管财，强化制度约束，促进基层财政工作的规范化、科学化。在内部管理方面细化工作纪律、会议纪律、出勤考核、学习教育等规定。健全岗位责任制，严格责任追究，实行首问责任制、责任追究制。在业务管理方面不断完善预算管理、资产管理、非税收入管理、专项资金管理、惠农资金管理、政务公开制度等财政制度。

2. 制定业务流程，规范业务操作。根据财政所职能，梳理分析各项财政业务工作特点，遵循有效监督和方便办事的原则，设置各个岗位的管理权限，修订规范各项业务办理的流程，制定标准化流程图。完善预算编制、资金审批拨付、票据管理、核算管理、监督检查、惠农资金补贴等业务的办理程序和时限要求。

3. 规范会计代理工作制度，加强会计监督。加强基础台账管理，规范凭证审核、凭证处理、账务处理、报表编制、档案保管等基础工作操作程序，明确每种业务的标准要求。严格报账资料的审核，根据财政法规、财务制度的有关要求，对不合规、审批手续不全的财务收支票据，一律不准入账报销。定期对各代理记账单位的会计账簿设置、会计科目使用、账务处理、档案管理进行检查。

（三）加强数据采集管理，夯实财政管理基础

科学建立一整套细致的财政管理基础工作账表和台账，对预算管理、财政收入管理、惠农补贴资金管理、财政专项资金管理、国有资产管理和代理记账单位基本情况、财务信息等各类基础数据进行采集管理。如：建立《重点纳税企业税收管理台账》，对镇内重点纳税企业实行跟踪监控；建立《财政供养人员管理台账》，动态管理财政供养人员变动及增资情况；按月编制《综合月算指标台账》、《预算拨款计划表》、《预算收支分析明细表》，严格预算管理；建立《票据领、销、存登记簿》，严格票据管理；建立镇、村两级《债务管理台账》，监控镇村债务增减变动情况；建立各类惠农资金管理台账，对享受补贴人员实行动态管理；定期汇总农村财务报表，分析财务数据，服务农村集体经济发展。

（四）建立监督体系，确保财政资金运行安全和有效

对外充分发挥就近管理优势，建立资金管理办法，加强资金监管。对直接管理的资金，严格执行“收支两条线”政策，实行综合预算管理；惠农补贴资金，通过“一卡通”发放，做好信息公开工作，接受群众监督；对财政专项资金，制定管理办法和实施细则，建立台账，加强项目基础信息和资金信息管理，对项目建设情况开展抽查巡检，及时向上级部门反馈信息。

对内实行内部约束和社会监督相结合的办法，建立内部审计、廉政制度，设立行风监督员，定期听取和收集镇人大代表、政协委员、乡直单位、村干部和广大群众等社会各个层次对财政工作的意见。及时公开社会关注、群众关心的热点问题，接受社会监督。确保财政管理工作规范，程序合法，树立乡镇财政在地方社会经济管理活动中的良好形象。

（五）加强信息化建设，提升管理水平

以强化信息管理、提高工作效率的理念为基础，在确保数据信息安全为前提，建设财政所内部局域网和县级信息管理中心，以内网形式连接县镇财政信息网络。将现代化信息技术运用到乡镇财政各项业务管理工作中，建立计算机网络管理制度，统一使用乡财管理系统、省财政报表管理系统、一折通系统、OA办公自动化系统等主要软件管理系统，通过液晶屏幕、触摸查询机进行信息公开和查询，建立起信息畅通、数据安全、程序规范、运行高效的县镇信息化运行机制，实现乡镇财政业务与信息技术的相互促进、协调发展，提高乡镇财政管理水平。

（六）加强队伍建设，不断提高基层财政服务质量

加强工作人员岗位管理。根据财政所管理职能，制定《财政所岗位责任与量化考核办法》，科学合理地实行定编、定人、定岗。确定岗位职责，量化工作任务和考核分值，年终对各个岗位工作完成情况进行考核验收。考核结果与评优评先、年终奖金挂钩，以考核促工作，营造比学赶超的良好氛围。建立定期轮岗制度，增强财政干部综合业务能力。建立培训学习机制。定期对在岗人员分期分批、分层次年龄段开展针对性的培训学习，鼓励财政干部参加学历和职称自学考试，不断提升理论政策和财政业务水平、工作能力，增强服务意识，树立爱岗敬业、勤政廉洁、拼搏进取、务实创新的良好形象。

提升群众服务质量。建立窗口值班制度，设置服务岗位，标明服务事项。完善服务形式，制定规范、简洁的窗口办事流程和指引。建立接访负责制，增强服务观念，对群众办事和来访制定首问责任制和限时办结制度。接待群众态度礼貌，用语文明。对群众反映的问题，积极了解核实，按规定解答和办理。做到“六个不让”：不让服务对象在这里受冷落，不让工作在这里延误，不然差错在手中出现，不让事情在这里中断，不让违法违纪行为在身上发生，不让财政形象在这里受到损害，打造“环境整洁、设施完备、管理规范、服务优质”的规范化财政所。

（湛江市财政局供稿，唐胜渊执笔）

推进国库动态监控系统建设 保障财政资金安全高效运行

财政国库动态监控管理是国库集中支付制度改革重要环节，是创新的财政预算执行监管模式和方法，是通过财政国库动态监控系统，对财政国库集中支付资金执行信息进行判断、核实，及时纠正预算单位及代理银行的违规支付行为，以达到控制、反映、纠偏、规范、警示目的预算执行监管工作。吴川是湛江市率先实行财政国库动态监控管理的试点县市，经过4年的积极探索和实践，全市85个预算单位全部纳入国库动态监控管理，初步形成一套相对成熟的工作流程和操作体系。4年间，吴川市国库监控授权支付7.2万笔，及时规范、纠正、拒付违规支付行为1.2万笔，有效化解了国库资金支付风险，确保国库资金安全高效运行。

一、主要做法

吴川市于2009年开展财政国库动态监控工作，按照上级财政部门的统一部署，经过4年的探索和实践，初步形成符合吴川市实情、操作性较强的国库动态监控管理体系。

（一）建立动态监控框架体系

国库动态监控系统紧紧依托大平台作为技术支撑，以国库单一账户体系为基础，以财政资金活动监控为重点，充分利用现代信息网络技术，实时接收预算单位信息，全程监控财政资金支付活动，实现预警高效和信息集成，基本达到系统实时动态、智能预警、综合分析、实用兼容等功能目标。吴川市高度重视国库动态监控工作，把该项工作作为财政预算规范执行有效手段，明确提出完善机制、突出重点，构建全覆盖的监控体系总体思路，建立对国库支付资金事前、事中、事后的全方位监督和部门共同参与的具体化监控机制。配备多名审核经验丰富的人员，按照分工设置了监控、初审、复审、终审业务岗位，形成系统预警—实时监控—综合核查—违规处理—部门整改—跟踪反馈的工作程序。

（二）推进监控系统改造与升级

4年间，根据不同时期的业务需要，结合吴川市监控工作重点与特性，吴川市对国库监控系统进行改造与升级，逐步形成了高效、智能、科学的管理系统。2012年，结合推进新中大公共财政管理系统平台升级和“金财工程”建设，在湛江市率先完成国库动态监控系统升级，统一集中支付、动态控制、公务卡系统平台，增设账户监控、人工阻止、系统冻结等监控功能，修订10条预警机制，提升监控效率和质量。

（三）建立监控工作运行机制

一是建立监控管理机制。制定《吴川市直财政国库动态监控管理办法》，明确动态监控目标，界定财政国库动态监控的对象、范围和基本要素，确定了财政国库动态监控的基本原则、业务流程、监控方式和职责分工。二是建立动态监控基础业务联动机制。监控人员按照系统预警实时查询，发现疑点采用电话核查与预算单位沟通，确认违规事项及时冻结，并调取相关支付手续，同时通知代理银行拒绝支付款项。三是建立与代理银行合作机制。对代理国库集中支付业务的银行签订相关协议，定期对代理银行办理的国库集中支付业务进行检查，依据检查结果每3年重新招标代理行，促使代理行规范办理国库集中支付业务。四是建立运行轨迹监控机制。每项核查的监控业务都有相应的监控工作底稿，底稿上有分级负责的人员签字，形成有迹可寻的监控权力运行轨迹档案。五是建立监控信息分析报告机制。定期编制财政授权支付动态监控月报、季报、年报和监控信息分析简报，建立预算单位监控信息档案，把问题频现的单位纳入重点监控范围。

二、主要成效

通过4年探索和实践，吴川市国库动态监控管理体系逐步完善，在预算执行中纠偏、警示、规范和威慑作用日益凸显。4年间，吴川市国库动态监控体系共纠正、拒付各类违规资金8 000万元，预算单位规范使用资金的意识日益强化，国库沉淀资金逐年递增、调控资金能力不断增强、管理制度改革日趋完善，推进财政管理科学化、精细化、制度化，确保财政资金安全、规范、有效使用。

（一）完善财政授权支付功能，确保国库改革总体目标的实现

动态监控对财政授权支付行为的全程跟踪和有效监管，丰富和完善对财政授权支付方式的管理职能，使财政授权支付与财政直接支付两种支付方式具有相同的管理效果，能够有效阻止预算单位擅自转移财政资金行为，有效防范财政资金流出国库单一账户体系形成“体外循环”和“库

款转移”的现象。国库年末资金沉淀量由改革之初的4 358万元猛增到2011年的4.42亿元，且连续两年超过2亿元以上，2012年上半年预算单位沉淀资金3个亿，确保国库改革总体目标的实现和改革效益的充分发挥。

（二）创新财政监督管理模式，确保专项资金专款专用

国库动态监控的实时预警、事前止付和指标追溯功能，使国库部门增强了预算执行管理的主动性，能够及时发现预算单位在预算执行中擅自改变资金用途、违规使用财政专项资金等问题，将财政监督的重点和关口从事后前移到事前和事中，创新财政监管模式，确保项目资金专款专用。2011年，国库动态监控配合局内各业务股室跟踪监督各专项资金使用行为1.7万多笔，金额达7.8亿元。2012年上半年，有效监管项目资金专款专用8.5千笔，金额4.2亿元，确保吴川市各项目建设专项资金的安全运行。

（三）严格规范政府采购行为，不断提升财政资金节约率

严格执行《政府采购法》和《国务院办公厅关于进一步加强政府采购管理工作的意见》，坚持应采尽采，管采分离，将政府采购纳入预算管理，对公务用车维修、保险和集中采购限额内的采购项目在采购手续齐全的前提下，均通过财政直接支付方式办理，对采用财政授权支付方式自行办理的集中采购业务，动态监控系统自动阻止。4年间纠正未集中采购支付行为4 800万元，使吴川市直部门政府采购资金节约率提高到12.8%。

（四）规范现金使用范围，扫除财政监管盲点

通过动态监控对现金使用的事前阻止、事中审核、事后跟踪全程监管，严格界定现金使用范围，规范非统发工资发放形式，规范预算单位现金支付行为，减少超范围提现业务，有效遏制预算单位以提现方式向其他账户转移资金的现象，扫除国库动态监控的盲点和难点。通过动态监控规范现金行为，吴川市现金流量平均每月减少1 000万元，现金提取比例比同期减少21个百分点。同时，有利于津补贴管理规定的严格执行，推进公务卡结算改革工作，避免预算单位乱发津补贴的现象，促使预算单位使用公务卡报账额增长，增强了财政资金支付的透明度。

（五）规范预算单位账户管理，有效控制垫付资金的预算执行

账户监控功能的设置，垫付资金事前审核备案制度的建立，杜绝了预算单位向未经财政审批账户划转资金的行为，有效控制垫付资金的预算执行。2011年，吴川市启用账户监控功能后，查处预算单位隐瞒、私设账户6起，办理预算指标下达前急需开工、重大紧急突发事项备案垫付资金业务1 800多万元，有效提高预算执行能力。

（六）规范支付业务核算功能，促进预算单位财务管理水平不断提高

国库动态监控对授权业务的全程监管，有效预防和减少财政资金违规使用，为从源头上制止和预防腐败提供强有力的手段。同时，动态监控对预算执行核算的准确要求，促使预算单位逐步转变“重分配、轻管理、轻预算执行”的观念，规范操作意识显著增强，财务管理和会计核算水平明显提高。4年间，拒付金额累计达120多万元，从2011年开始实现了零拒付。

（吴川市财政局供稿，黄　海执笔）

茂名市

建立与事权改革相适应的财政管理体制 激发县域经济发展活力

为应对省以下财政体制调整，茂名市调整市与县（市、区）财政管理体制，并建立市对镇基本财力保障机制和市对生态发展镇财政保障补偿机制，财政体制在激活经济活力、夯实财源基础、保障基层运转方面的成效逐步显现，县域经济发展势头强劲，财政收入增长较快。2012 年，县（市、区）一般预算收入增长 21.7%，比全省高出县级 13.9%的平均增幅 7.8 个百分点，确保实现“保工资、保运转、保民生”的政策目标，基层政权提供基本公共服务能力进一步提高。

一、调整完善市对县（市、区）及经济功能区财政体制

为充分调动各级政府发展经济、培植财源的积极性，体现市与县（市、区）“责任共担、利益共享”的原则，建立与事权改革相适应的财政管理体制，大力扶持和壮大经济功能区财力，推动全市经济协调发展，在 2008 - 2011 年财政体制执行期结束后，茂名市财政局认真总结体制执行过程中的经验和成效，结合省对市体制改革的实际，制定《2012 - 2016 年茂名市财政管理体制调整方案》，配合事权综合改革，财力适度向县（市、区）基层财政倾斜，促进各级财政的共同繁荣、共享发展成果。

（一）继续实行对县（市）级财政的返还性财力扶持

2012 - 2016 年，继续按县（市、区）2011 年的财力上解基数 100% 安排县（市、区）专项困难补助 2 602 万元，用于县（市、区）以下政权基本财力保障。此外，耕地占用税全部留给县（市、区）。

（二）实行市级与茂南区、茂港区基本一致的财政管理体制

根据 2008 - 2010 年三年税收决算数总和，市级税收（包括下放 66 户固定收入企业）与茂南区税收（包括茂南区固定收入企业）所占比例计算的税收分成比例为市级 68.7%、茂南区 31.3%。为加大对茂南区的扶持力度，市级在税收增量分成比例上让利 1.9 个百分点，仍按上一轮体制期的分成比例执行，分成比例为市级 66.8%、茂南区 33.2%，市与区共享的地方教育费附加分成比例参照税收分成比例执行。

茂港区保持与茂南区一致的财政管理体制，在扣除市级与茂南区分享的 33.2% 后，市级与茂港区税收所占比例计算的税收分成比例为市级 82%、茂港区 18%，实现市级与茂港区财政的共同发展。

（三）市级加大对茂南区、茂港区的扶持力度

市级只保留茂名石化公司、茂名热电厂、茂名瑞能热电有限公司、茂名臻能热电有限公司等 4 家固定收入企业，其余 66 户原市级固定收入企业全部下放与区级（不含高新区）共享，财力大幅向两区倾斜。

为了扶持两区城市建设和教育事业发展，市级每年按市级城市维护建设专项支出的 5%、排污费支出的 8% 安排资金支持茂南区，每年按市级城市维护建设专项支出的 5%、排污费支出的 8%、教育费附加支出的 5% 安排资金支持茂港区。

（四）市级加大对茂南区、茂港区的激励力度

2012 - 2016 年的 5 年内，茂南区、茂港区属地内（不含高新区）区级自主招商的新办生产型企业，每年缴纳地方税收在 100 万元以上的，其市级分成税收全部返还两区。从 2012 年起，茂名石化公司入市级库增值税比上年增收部分，市级每年提取 10% 用于区级提高财政供养人员津补贴专项补助，分别补助两区各 50%，作为市级对区级基本财力保障机制的奖补资金，并作为共享茂名石化发展成果的体现。

为调动茂南区和茂港区发展经济、增加税收收入的积极性，市级向茂南区让利 26.8 个百分点，即市级分成比例由 66.8% 降为 40%、茂南区分成比例由 33.2% 提高到 60%。市级（扣除与茂南区分成及让利后的净收入）与茂港区当年共享税收收入比上一年实绩增长部分，参照市级对茂南区基本一致的让利幅度，向茂港区让利 27 个百分点，即市级分成比例由 82% 降为 55%、茂港区分成由 18%

提高到45%。

（五）充分考虑各方利益，大力扶持高新区发展

高新区园区内企业及七迳镇的地方税收收入作为高新区共享税收，市级、高新区、茂港区按2∶4∶4的比例分成，中央、省和地方出台的税收优惠政策也参照税收分成比例由三方分担。为鼓励茂港区继续支持高新区发展，该轮体制期间内，仍按原体制保留茂港区40%的分成比例，下一轮体制再作调整。参照市级对县（市、区）的扶持政策，高新区耕地占用税全部留给高新区。

在高新区成立初期，根据高新区园区建设和社会事务管理的需要，2012－2014年市级财政从高新区取得的税收分成和茂港区上划基数全额返还给高新区，支持高新区发展，2015年后市级分成部分根据高新区财政收支情况进行适当补助，对高新区的发展“扶上马，送一程”。

（六）有效激励属地政府积极参与滨海新区建设

根据广东省茂名滨海新区筹建方案，为调动电白县参与建设茂名博贺湾经济区（即原电城镇和北山岭港区）的积极性，2012－2016年5年内茂名博贺湾经济区范围内新增的市级招商引资企业缴交的地方税收，按市级分成60%、电白县分成40%的比例执行。

二、建立市对镇基本财力保障机制

为进一步增强基层政府和基层组织提供基本公共服务的能力，按照“省保县、市保镇、县保村”的隔层保障要求，认真落实省对县基本财力保障机制，2011年6月制定《茂名市镇级基本财力保障机制试点方案》，主要内容包括：

（一）建立市对镇级基层运转的长效保障机制

根据农村税费改革后镇级基层政权运转困难的实际，为保障镇级基层政权的正常运转，2009－2010年市级财政每年安排专项资金，对全市所有的镇每年补助镇级基层政权运转经费10万元。从2011年开始，市级财政安排镇（街道）基层政权运转专项资金1 100万元，把全市街道办也纳入镇级基层政权运转保障范围。为继续帮助缓解镇（街道）财政困难，从2011年起继续执行镇级基层运转经费补助政策，一定3年。

（二）建立对财力薄弱镇的保障机制

从2011年开始，市级财政安排财力薄弱镇保障专项资金200万元，在全市选择10个财力最薄弱的镇作为试点镇，根据财力薄弱镇承担的基本事权核定基本支出范围，市级财政给予专项保障补助，以后年度根据试点情况逐步扩大试点范围。

（三）建立对镇级财力增长激励机制

从2011年开始，市级财政安排镇级财力增长激励专项资金100万元，对2011年镇级税收收入增长率排名全市前5名的镇给予奖励，从第1名到第5名分别奖励30万元、25万元、20万元、15万元、10万元。奖励资金专项用于镇级基本财力保障，以后年度根据情况逐步扩大奖励范围和提高奖励标准。通过建立激励机制，鼓励镇级通过加快自身发展，不断增加财政收入，逐步提高镇级财力保障水平。

（四）加强镇级政府性债务管理

在对镇级政府性债务进行认真核实的基础上，探索建立债务管理长效机制，严格控制镇级新增债务，鼓励镇级采取措施化解历史债务。

三、建立生态镇财政补偿机制

为进一步贯彻落实省政府关于推进山区县农村综合改革指导意见和省财政厅相关文件精神，茂名市2011年7月制定《关于建立生态镇财政保障补偿机制，促进农村综合改革的意见》。通过建立适合茂名的生态示范镇财政补偿机制，为茂名市创建省级乃至国家级生态示范镇打下坚实的基础，努力把茂名市建设成为生态文明的生态和谐型城市，特别是有针对性地对茂名市高州水库、罗坑水库及信宜三江（鉴江、黄华江、南江（罗定江））重点水源地乡镇进行财政扶持，通过财政补偿机制促进重点水源地生态保护体系的建立，对保护重点水源水质，保证正常工农业生产、城市生活用水需要，促进农村综合改革，实现经济增长与生态环境和谐发展都具有十分重要的意义。全市共选择15个生态发展镇作为享受市级财政保障补偿的生态发展镇试点，安排建立生态发展镇财政保障补偿专项资金300万元，对纳入保障补偿的15个生态发展镇正常运作经费给予保障性和补偿性补助。

四、改革成效

（一）构建利益分享、融合发展的新型市、县（市、区）财政关系

通过下放权力为发展创造更加优越的条件，通过改革事权财权激发基层发展活力。对县（市）级财政的返还性财力扶持，缓解县域财政运转困难，增强基层政府和基层组织提供基本公共服务的能力。坚持放权让利，调整市与茂南区、茂港区的税收分成比例，充分调动茂南区和茂港区发展经济、增加税收收入的积极性。对高新区的发展“扶上马，送一程”，有效激励属地政府积极参与滨海新区建设，为打造茂名转型发展新平台注入强劲动力。

（二）强化县域经济发展的激励机制

市级加大对县一级的激励扶持，2012年对6个县（市、

区）各项拨款和配套资金达 7.87 亿元，比 2011 年增长 28.5%。制定政策措施对发展经济有办法、有成绩的各级领导干部给予每人每年 5 000 元至 5 万元不同档次的奖励。市财政对全市镇（街）原来每年补助 10 万元的基础上，2012 年起再增加补助 10 万元。对镇级税收收入增长率排在全市前 5 名的镇，给予 10 万元至 30 万元不等奖励，解决了干部干与不干一个样、干多干少一个样、干好干坏一个样的问题，激活干部的干事创业激情。

（三）激发县域经济发展活力

2012 年 6 个县（市、区）实现生产总值 1 595.18 亿元，增长 14.9%，占全市总量的 81.8%，比 2011 年提高 4.8 个百分点，县域经济呈逐季攀升态势，对全市经济拉动作用增大。6 个县（市、区）规模以上工业增加值 192.4 亿元，占全市 44.4%，比 2011 年提高 5.8 个百分点；固定资产投资 370.1 亿元，占全市 86.6%，比 2011 年提高 3.8 个百分点。

（四）实现县域财税收入的快速增长

2012 年全市 6 个县（市、区）公共财政预算收入 43.1 亿元，占全市财政收入的比重由 2011 年的 53.6% 提高到 55.2%，增长 21.7%，高出全省县级 13.9% 的平均增幅 7.8 个百分点。6 个县（市、区）公共财政预算收入均实现两位数的增长，5 个县（市、区）增幅高于全省县级平均增幅，其中茂南区增长 33.0%，茂港区增长 30.1%，电白县增长 25.6%，化州市 20.1%，高州市增长 18.0%，信宜市增长 10.5%，各县（市、区）财政竞相发展势头强劲。其中，电白县公共财政预算收入完成 10.1 亿元，成为茂名首个地方公共财政预算收入突破 10 亿元大关的县（市）。

（五）提升县域公共服务均等化水平

随着县域财力的增强，县域公共服务水平不断提升。2012 年全市公共财政预算支出 192.27 亿元，县域公共财政预算支出 141.74 亿元，占全市的 73.7%。其中，县域一般公共服务支出 19.21 亿元，占全市的 75.6%；县域教育支出 44.03 亿元，占全市的 86.9%；县域社会保障和就业支出 20.87 亿元，占全市的 82.0%；县域医疗卫生支出 16.95 亿元，占全市的 72.3%；县域农林水事务支出 17.14 亿元，占全市的 86.2%。

（茂名市财政局供稿，梁建旭执笔）

肇庆市

关注底线民生　保障困难群众基本生活

几年来，肇庆市财政高度重视保障困难群众的基本生活，完善制度，加大投入，不断提高城乡最低生活保障对象的保障水平，低保标准和低保补助标准逐年提高，困难群众基本生活得到有效保障。

一、最低生活保障的基本情况

（一）最低生活保障制度情况

最低生活保障制度是保障城乡困难群众基本生活的一项保障制度。自建立最低生活保障制度以来，肇庆市通过不断完善制度，确保低保对象应保尽保，低保标准和低保补助标准随当地经济社会发展不断提高。2000 年肇庆市政府印发《肇庆市城乡居（村）民最低生活保障制度管理规定》，2005 年中共肇庆市委农办、市财政局、市民政局印发《关于进一步落实我市农村最低生活保障制度的工作方案》，2007 年中共肇庆市委组织部、市民政局、市财政局发出《关于进一步加强最低生活保障工作的通知》，将城乡低保工作纳入县镇党政正职和班子分管领导工作实绩考核的内容。

（二）最低生活保障的现状

肇庆市逐步建立城乡低保标准自然增长机制，将低保标准同城镇居民可支配收入（或最低工资标准）和农民纯收入挂钩，研究确定低保标准占城镇居民可支配收入（或最低工资标准）和农民纯收入合理的比例，低保标准随居民（农民）收入的增加而增长。补助水平与物价值指数挂钩，物价指数上涨到一定幅度，对低保对象发放临时生活补助或提高补助标准等。低保标准和补差水平逐年提高，2011 年，肇庆市先后提高城乡低保标准，城镇低保标准达到 250—350 元，农村低保标准达到 185—350 元。肇庆高新区城乡低保标准从 300 元提高到 350 元，分别提高 50 元；鼎湖区城镇低保标准从 280 元提高到 300 元，农村从 210 元提高到 250 元，分别提高 20 元和 40 元；德庆县城镇低保标准从 220 元提高到 260 元，农村从 170 元提高到 200 元，分别提高 40 元和 30 元；封开县城镇低保标准从 230 元提高到 260 元，农村从 160 元提高到 200 元，分别提高 30 元和 40 元；怀集、广宁两县城镇低保标准从 225 元提高到 250 元，农村从 160 元提高到 185 元，分别提高 25 元。

截至 2012 年 2 月底，肇庆市城乡低保对象 39 376 户，共 86 226 人，其中：城镇 4 234 户，共 9 450 人，农村 35 142 户，共 76 776 人，占全市户籍人口的 2%。肇庆市低保标准人均月城镇为 273 元，农村人均月为 226 元。城镇低保补差每人均月为 151 元，农村人均月为 95 元。

二、关注底线民生，保障困难群众基本生活的基本做法

（一）建立低收入群众临时价格补贴与物价上涨联动机制

为进一步完善肇庆市保障援助体系，及时缓解价格上涨对低收入群众基本生活的影响，按照国务院、省政府关于建立健全低收入群众临时价格补贴与价格上涨联动机制的要求，肇庆市民政、财政、物价等部门制定《关于建立肇庆市低收入群众临时价格补贴与价格上涨联动机制的通知》，并经市政府批准印发给各地执行。该通知规定当 CPI 同比涨幅连续 3 个月超过 3%，或食品类价格同比涨幅连续 3 个月超过 7%，或居住类中水、电、燃料类价格同比涨幅连接 3 个月超过 7% 时，即启动联动机制，向城乡收入群众发放临时价格补贴。全市累计向低收入群众发放临时价格补贴达 4 400 多万元（包括春节前中央和省一次性生活补贴及临时性价格补贴），受惠群众达 10.8 万人，缓解价格上涨对低收入群众基本生活带来的压力。

（二）建立肇庆市城乡低保标准制定与调整机制

由于肇庆市制定低保标准没有建立统一、规范的调整执行机制，各地的低保标准差异性较大，同当地经济社会发展水平不一致。为进一步规范肇庆市城乡低保标准的制定和调整工作，切实保障城乡困难群众的基本生活，促进低保工作健康发展，根据省民政厅、省财政厅、省统计局、省物价局、国家统计局广东调查总队《转发关于进一步规范城乡居民最低生活保障标准制定与调整工作的指导意见的通知》要求，肇庆市结合地方实际，建立肇庆市城乡低保标准制定与调整机制，经市人民政府同意印发给各县

（市、区）执行。

1. 合理测算低保标准。肇庆市城乡低保标准按照消费支出比例法进行测算，城镇低保标准参照不低于当地上年度城镇居民人均消费支出25%的比例，农村低保标准参照不低于当地上年度城镇居民人均消费支出20%的比例确定，具体测算公式为（个位数取“0”）：

城镇低保标准（元/月）=上年度当地城镇居民人均消费支出×25%÷12

农村低保标准（元/月）=上年度当地城镇居民人均生活消费支出×20%÷12

2. 科学确定调整程序。城乡低保标准的调整根据城镇居民消费水平变化情况，肇庆市当年城镇居民人均消费支出如果低于上一年度的相关数据，城乡低保标准维持不变；如果城镇居民人均消费支出高于上一年度的10%时，及时调整城乡低保标准。

根据《关于进一步完善我市低收入群众临时价格补贴和保障标准与价格上涨联动机制的通知》要求，连续发放临时价格补贴6个月时，3个月内及时调整城乡低保标准。

从2012年起，根据国家统计局广东调查总队、省统计局公布的肇庆市上年度城镇居民人均消费支出的数据，由民政部门牵头会同财政、物价、统计、调查队等部门，测定并提出当年城乡低保标准调整的意见，报政府批准后公布施行。

（三）制定提高五保标准的实施意见，明确目标任务

肇庆市以实施《广东省城乡低保补贴五保供养标准达到全国前十名水平的实施方案》为契机，对提高低保补贴五保供养标准提出具体的目标任务和实施步骤。按照实施计划，至2014年，肇庆市各县（市、区）、肇庆高新区城乡最低生活保障标准每人月均城镇最低要达到470元，农村最低达到300元；每人月均补差水平城镇最低达到319元，农村最低达到150元。2012年年底，五保供养标准不低于当地上年度农村居民人均纯收入的60%。在完成达标任务后，要根据物价上涨幅度、经济发展速度、居民收入增长水平基本同步的要求，确保补贴水平稳定增长。

1. 采取分步实施的办法，明确各阶段的标准，不断提高低保补贴水平，确保城乡低保对象生活水平不降低。第一阶段（2012年）：建立城乡低保标准制定与调整机制，肇庆市城镇低保标准参照不低于当地上年度城镇居民人均消费支出25%的比例确定，农村低保标准参照不低于当地上年度城镇居民人均消费支出20%的比例确定，全市城乡最低生活保障标准每人月均城镇最低达到290元，农村最低达到230元；每人月均补差水平城镇最低达到185元，农村最低达到115元。规范家庭收入核查工作，研究城乡低保、五保供养制度与城乡居民社会养老保险制度的配套衔接机制。

第二阶段（2013年）：全市城乡最低生活保障标准人月均城镇最低达到380元，农村最低达到250元；每人月均补差水平城镇最低达到242元，农村最低达到125元。各地要按照低保对象应保尽保要求和补差标准、负担比例，做好资金测算和筹集工作，提高城乡低保补贴水平。

第三阶段（2014年）：全市城乡最低生活保障标准人月均城镇最低达到470元，农村最低达到300元，每人月均补差水平城镇最低达到319元，农村最低达到150元。各地根据要求，增加落实城乡低保资金，进一步提高城乡低保补贴水平。

第四阶段：在完成达标任务后，各地要按照《关于进一步规范肇庆市城乡低保标准制定与建立调整机制的通知》的有关要求，根据物价上涨幅度、经济发展速度、居民收入和消费支出增长水平基本同步的要求，确保补贴水平稳定增长。

2. 提高五保供养标准。从2012年起，各县（市、区）、肇庆高新区政府要按照《广东省农村五保供养工作规定》，每年按照不低于当地上年度农村居民人均纯收入的60%确定和调整农村五保供养标准，足额安排落实五保供养资金，并按月及时发放。全市所属县（市、区）五保供养标准已全部达到省政府规定标准。

3. 做好基础数据收集。为确保低保对象应保尽保，防止错保、漏保、骗保现象发生，肇庆市高度重视低保对象基础数据的收集和家庭收入的核查工作。加强部门协作，规范家庭收入核查工作，与地税、人社、房管、工商、公安等部门的财产收入信息进行比对，检验申请家庭是否隐瞒财产收入，初步判断其是否符合低保条件，对该地区的城乡低保、五保对象进行专项核查，确保低保、五保对象身份真实可靠。为及时收集、核实低保、五保相关资料，肇庆市各地开展对低保对象家庭收入的核查工作，采取政府购买服务的方式，聘请社会救助工作人员、社工、在校大学生，开展入户核查工作，确保低保对象能进能出、动态管理、应保尽保。

4. 落实财政补助资金。财政补助资金的能否落实，是最低生活保障制度、五保供养制度能否顺利实施的关键。肇庆市各级财政部门根据本地低保人数、补贴金额和负担比例，在预算中优先安排本级负担的低保资金，根据五保供养人数和供养标准，优先安排五保供养资金。并结合本地实际和全面落实最低生活保障制度的要求，将最低生活保障工作经费足额列入年度预算安排，确保当地低保信息管理、核查工作的实际需要。为推进各地低保工作的开展，市财政建立奖补机制，对低保工作突出的地方，市财政通过“以奖代补”的形式给予补助。2012年省财政对各县（市、区）给予440万元的奖励，肇庆市级财政给予了相应金额的奖励。

三、肇庆市低保工作中存在的问题及对策

（一）监督管理机制有待进一步健全

肇庆市对居民收入的监控体系还不够完善，加之当前就业的多样性、流动性、财产的多样性，如何准确、真实地核算低保家庭收入是最大的难题，所以低保申请对象的

家庭财产、家庭收入难以核实清楚。申请人在申请低保过程中瞒报家庭财产、收入情况，不如实上报，将导致村（社区）对申请人家庭收入进行调查了解时难以掌握，造成部分收入超标家庭人员被纳入低保范围。因此，必须进一步建立完善由民政、人力资源社会保障、住房和城乡建设、公安、银行、税务、工商等相关部门共同配合的低保对象家庭财产和收入的核查机制，各司其职，各负其责，堵塞漏洞。

（二）保障对象的界定有待进一步规范

在低保资格确认过程中，最大的问题是对收入缺乏有效的审核手段，或者隐性收入问题比较严重，难以货币化。由于农村居民收入中粮食等实物收入占相当比重，在价值转化过程中，存在较大的随意性。由于中国的个人所得税制度尚未完善，在农村更是个空白，并且主要采用人工手段进行收入审核。各地普遍采用“人均纯收入”的办法计算，人均纯收入低于当地政府确定的低保标准的家庭列入保障对象，且重点是无生活来源、无劳动能力、无法定赡养人或抚养人的人员，因病致贫人员，因灾及其他原因致贫人员。但实际上，这种“人均纯收入”办法的计算由于程序复杂、项目繁多、计算繁琐，使得在收入界定上存在一定困难。

（三）低保核查工作力量有待进一步加强

肇庆市对低保对象的审核审批程序是先由个人提出申请，社区、村（居）委审核，镇（街）复核，县级民政部门批准，每半年复核一次。低保对象核查工作量大，政策性强，基层低保工作人员的严重不足，影响工作的开展。社区、村（居）委对低保对象家庭财产、收入的核实工作尤其重要，关系到低保对象是否能真正实现动态管理、应保尽保，关系到参否有效防止错保、漏保、骗保等现象。全市纳入低保对象8万多人，一个县（市、区）少则上千名多则上万名低保对象，仅家庭收入核查都已应接不暇，更不用说实行动态管理，因此工作处于超负荷运转状态。为完成工作，基层工作人员只有采取应付的方式，造成低保核查工作不到位。因此，必须进一步加强基层低保核查工作力量，规范工作管理，才能实现低保对象的动态管理、应保尽保。

（肇庆市财政局供稿，谢远广执笔）

创建“和美乡村”　打造魅力鼎湖

鼎湖区位于广东省中部偏西，珠江三角洲北部，西江下游，是肇庆市现代化花园式旅游城市的中心区之一，因辖区内坐落有“天然氧吧”之称的鼎湖山而得名。

为抓好全区快速稳步发展的良好势头，争创省市名村名镇示范村，2012年3月15日鼎湖区创建“和美乡村”活动在“岭南古树第一村”——蕉园村拉开序幕。鼎湖区以完善农村基础设施功能为突破口，以优化村容村貌、美化家园为重点，以构建和谐新型农村为目标，采取“政府主导、城乡联动、全民参与、属地管理、科学考核”的工作机制，把农村综合改革、卫生村创建、生态文明村创建、扶贫开发、基层组织建设及“创先争优”等工作有机结合，统筹推进，进一步改善农村生产生活环境，计划在5年内投入财政资金1.5亿~1.8亿元打造具有时代风貌、地域特色的“和美乡村”，努力开拓创建魅力鼎湖的新路子。

一、背景

鼎湖建区以来，农民收入逐年增加，生活水平不断提高。但农村环境治理滞后，“脏乱差”现象在一些村庄表现仍比较突出，严重影响村容、村貌和农民的幸福感。主要表现在：畜禽粪便、柴草、生活垃圾堆放无序；一些村的房子破败，与周边砖瓦房形成鲜明对比，危险之余也影响美观；禽畜区紧挨居住点，污水横流，堵塞河道，臭气熏天；村干道规划差，遇雨天便坑洼难行。造成这些现象的主要原因：一是有些农民的公共卫生意识比较差，只管室内不管室外；二是缺乏环境治理的硬措施，对垃圾的处理投入不足；三是对村庄缺乏统一规划，致使空心村现象和人畜“同居”现象得不到治理。不解决这些问题，农村环境难以得到根本改善，提高农民生活质量和幸福指数便成一纸空文。

二、主要做法

（一）通盘考虑，统筹规划

“和美乡村”是一项系统的民心工程。为做好该项工作，鼎湖区按照共谋、共建、共管、共享的原则，充分调研，因地制宜，做好“和美乡村”前期启动工作。一是宣传动员。2012年3月，鼎湖创建“和美乡村”活动在“岭南古树第一村”——蕉园村召开动员大会，部署总体创建任务。同时，各镇（街道）和创建村也分别召开动员会议和村民代表会议，通过多种宣传手段和形式，全方位、立体式开展宣传动员活动，营造全民自觉参与的创建氛围。二是规划先行。对划定的“和美乡村”以及省级卫生村，组织有关部门和各镇（街道）在充分调研的基础上，按照工作标准，因地制宜编制创建方案。三是尊重民意。各级各部门深入农村一线，问计于民，问需于民，倾听群众的意见，尊重群众的意愿，充分调动村、组干部和群众的积极性，发动和组织群众参与建设。四是村庄规划因应自然风貌特点和生态宜居特色进行，合理开发自然资源，注重保护历史古迹、名人故居、古建筑等历史遗产，促进传统优秀文化和现代文明相融合；注重在有条件的乡村拓展生态观光农业，发展特色农业，让农民在家门口实现创业就业，增收致富；实现农村综合改革、卫生村创建、扶贫开发、基层组织建设和“创先争优”等工作有机统一，整体规划有序推进。

（二）深入推进城乡生活垃圾一体化处理

鼎湖区通过把城乡环境整治好、管理好，来增强其对外的吸引力和竞争力，确保城乡的协调发展。

1. 完善农村垃圾清运机制。为使农村生活垃圾的实现减量化、资源化和无害化处理，鼎湖区采取“户定点、村收集、镇运转、区处理”的农村生活垃圾处理模式和环卫保洁制度，即：村民对生活垃圾实行粗分类后，将可回收垃圾收集变卖，将不可回收垃圾送至村固定的垃圾收集点；自然村自聘请保洁员对道路进行保洁，并将垃圾收集送至镇垃圾收集点；各镇（街道）负责将辖区内自然村垃圾统一运至镇（街道）垃圾中转站；区负责派车将各镇（街道）垃圾中转站的垃圾运至市垃圾填埋场按无害化标准集中处理，推动全区农村垃圾清运通过公开招投标实行市场化运作。根据当地实际，各自然村至少设置一个垃圾收集点，镇（街道）设置1～2个垃圾中转站，并全部实施硬底化、有排污管、设置自来水冲洗等。截至2012年12月30日，鼎湖区已建成垃圾中转站8个，投入财政专项资金60万元（未含坑口、桂城中转站建设费用）；购买垃圾压缩车6台，投入财政资金282万元；支付镇（街道）垃圾运转费60万元（从2012年7月开始实行，每月划拨10万元），共计投入财政资金402万元。

2. 落实农村日常保洁长效管理制度。各镇（街道）、村按照“属地负责、辖区管理”的原则，实行农村日常保洁长效机制。一是全面落实农户“门前屋后三包”要求，引导生产垃圾和生活垃圾分类，实现农村垃圾集中、统一、规范和无害化处理。二是建立健全环境卫生管理和清扫保洁长效机制，落实清洁队伍、环卫设备和人员经费，做到定期定时保洁。自然村按自治原则，自聘保洁员，并支付劳动报酬。各镇（街道）组建环境卫生监督管理队伍，负责本辖区环境卫生检查，并对村保洁员实行月督查、月考核制度。

（三）开展农村突出环境问题专项整治

1. 深化农村生活污水治理。对村庄内外溪河及沟渠池塘进行全面清淤、净化洁化及绿化美化，全面推进垃圾污染、生活污水、畜禽污染和水体污染“四大整治”，提高农村生活污水的收集率和处理率。截至2012年12月底，鼎湖区的乡村已基本实现家家有户厕，无害化户厕达80%以上。

2. 开展农村乱堆乱放、乱搭乱建专项整治。坚持整体推进、突出重点的原则，广泛开展农村乱堆乱放、乱搭乱建专项整治活动，改变农村杂物乱堆乱放和房前屋后、路边乱搭乱建现象，实行农村人居环境干净整洁，一改“垃圾靠风刮、污水靠蒸发”的传统旧习。

3. 加强畜禽养殖污染防治。切实加强畜禽养殖污染防治，限期关闭、搬迁禁养区内的畜禽养殖场。对50头以上的规模化畜禽养殖场，要确保污染物达标排放，畜禽粪便治理率达到100%。同时，通过村规民约，教育引导等方式，规范农村分散养殖管理，全面实行农户家禽、家畜圈养。

（四）加大农村基础设施建设投入

1. 加强农村水利及排污工程建设，解决农村安全饮水和污水处理问题。一是鼎湖区结合现行农村饮水工程，改造供水设施确保村民用水和用水安全达标人口全覆盖。2011－2012年，鼎湖区共投入农村安全饮水工程专项资金303.19万元，建设安全饮用水工程项目9个，惠及3个镇，6 475人。二是加强农田水利工程建设，解决生产用水问题。2012年，鼎湖区落实上级农田水利专项资金308.56万元建设农田灌溉工程。三是采取整修和改造结合的方式，改造或新建下水道排污系统，确保下水道密封和排水畅通，使村内污水得到密封排放和处理；建设垃圾临时存放场所（垃圾屋），避免垃圾雨天堆放。

2. 美化村庄环境，发展特色产业。鼎湖区充分结合各自然村的特点，通过在乡村建设公共绿化广场，在村内主干道路、街巷两旁以及村前村后种植各种绿化植物，鼓励村民进行庭院绿化，加大森林植被、生态公益林保护、经济林生态修复力度、加强对耕地复耕指数的监测及大力发展旅游观光基地等措施，控制闲置荒废土地，打造良好的生态环境和优美的田园风光。一是建设省名村、示范村。2012年，鼎湖区着力将蕉园村打造为省名村。该村建村至今已有700年历史，村里有国家一级、二级、三级古树50余棵，其中国家一级古树就有10多棵。包括树龄100～600多年不等的榕树、白银香、五味子、仁面子、木棉树、秋枫等国家级古树十多种，被誉为“岭南古树第一村”。同时，村内保留大量的古建筑，名人故居和传统的习俗。其中较为有名的苏真人诞，至今已有300多年历史。经过规划和修缮，蕉园村已成为集生态文明、观光旅游和历史文化为一体的省名村，是鼎湖区生态旅游资源的一道美丽风景。二是发展特色农业，大力推进该区粉葛专业合作社示范社的建设。为促进农民增产增收，鼎湖推行“广利砚洲粉葛专业合作社”，采取“龙头企业+农户+基地”模式运作，把分散的农民组织起来，产品主要供产农贸市场、超市等大型消费单位。

3. 推进村路改造提升工程，解决农村“行路难”问题。根据村庄建设规划、农村住宅布局、村民经济社会活动需要以及乡村特点，因村、因路制宜开展村内道路建设，实行村村通公路，村主干道全面覆盖硬底化。截至2012年年底，鼎湖乡村干道、巷道已基本实现硬底化。同时，为满足村民夜间照明的要求，鼎湖区积极实施村庄亮化工程，在村内主干道路和公共活动场所，安装路灯，解决群众出行安全问题。

4. 推进“幸福社区”建设，建设和谐家园。为改善人民居住的生活环境，大力提升居民的幸福指数，鼎湖区积极落实专项资金，推进“幸福社区”的建设。2012年，选择5个村（居）作为推进“幸福社区”建设先行点和示范点。对启动“幸福社区”建设工程的村（社区）每个给予启动资金20万元，其中市财政配套资金10万元，区财政配套资金10万元。截至2012年年底，100万元的“幸福社区”建设资金已全部到位，确保“幸福社区”创建工作的顺利推进。

5. 支持农村清洁能源工程建设。为发展农村循环经济，保护农村生态环境质量，鼎湖区大力推广沼气清洁能源，带动农村改厨、改厕、改圈，进一步改善生态环境。2011－2012年，鼎湖区争取到省级扶持资金200万元，建成沼气池4个。

（五）加强农村精神文明建设，建设文明和谐村庄

1. 深入推进文化惠民工程，丰富农村居民文化生活。为保护好、服务好、满足好人民群众的基本文化权益，鼎湖区着实加强公共文化设施网络和公共文化服务体系建设。一是加强公共文化服务设施建设，完善文化中心配备工程。二是加强文化设施达标建设，建好、管好、用好体育中心、文化中心、健身广场、村居文化室等文化设施场所。三是积极开展丰富多彩、健康向上的群众性文化体育活动，传承发展优秀民俗文化，进一步加强区特色文化建设，让普通老百姓享受经济文化发展的成果。

2. 维护农村和谐稳定。鼎湖区高度重视并着力解决好因宗族矛盾、工程建设、土地征用引发的利益纠纷。做到及时调处矛盾纠纷和不稳定因素，将“事中化解”转变为“源头防控”，达到和谐共建的美好目标。一是严厉打击农村盗窃、抢夺、抢劫及农村地方恶势力，维护群众根本利益。二是加强治安防控，力争实现乡村无重大恶性案件，无群众性突发事件，无邪教活动，无贩毒吸毒情况发生。官民同心协力，创造农村安全和谐、安居乐业的环境。

（六）推行“精品”工程，发挥示范带动作用

按照抓点、串线、成面的推进方法，鼎湖区将在村级基础条件好、村民建设积极性高的村庄中率先开展“和美乡村”建设，通过合理规划村庄布局，进行绿化美化，大力完善通村公路、饮水工程、排污工程、沼气能源等基础设施，加强精神文明建设，全面完成村庄整体提升。同时，依托鼎湖区深厚的人文底蕴和优美的自然风光，充分挖掘乡村人文特色，选点培育“和美乡村”精品工程，同步发展乡村休闲观光生态游，以此带动农村发展。同时，出台《和美乡村验收标准》，对村（居）居住条件、社区服务、社会救助和保障覆盖率以及文体活动设施配备等方面进行验收。

（七）多方面、多渠道筹集建设资金，确保“和美乡村”工程顺利推进

为解决巨大的建设资金问题，鼎湖区在制定“和美乡村”创建方案的初期，就以政府扶持，村民筹资，社会捐助为主导思想，采取区、镇支持一点，村集体、外出务工、经商人员筹集一点等多种方式，筹集创建资金，得到村民和社会各界热心人士的热烈响应，纷纷自发组织捐款活动筹措创建资金。如鼎湖区沙浦镇沙四村，群众及创业成功人士创建热情高涨，一天之内，便筹集捐款超30万元，前后共筹集捐款40万元，充分体现村民积极参与建设和美乡村的急切心情。

三、初步成效

自“和美乡村”活动启动以来，鼎湖区共投入“和美乡村”建设经费1 940万元，创建活动取得初步成效。一是鼎湖区农村村容村貌得到初步改善，人民群众幸福感不断提升。2012年，全区基本实现通路、通电、人畜分离和生活垃圾一体化处理，一改从前“脏乱差”的现象。乡村道路增加了绿化带和文化室、幸福社区等公共场所，丰富人民群众的文化生活。二是农村生活生产条件不断改善。2011－2012年，鼎湖共投入农村安全饮水工程专项资金303.19万元，建设安全饮用水工程项目9个，惠及3个镇，6 475人，有效解决饮水难问题。截至2012年年底，鼎湖区新农合参合率高达100%，基本实现全覆盖，新农合基金收入3 596万元，支出2 244万元，为5 042人次参合农民支付医疗待遇，城镇居民医疗保险基金收入283万元，支出245万元，惠及2 016人次，有效减轻城乡居民的医疗负担。按照省委、省政府的要求，建立城乡居民最低生活保障标准自然增长机制，2012年全年发放低保金414万元，有2 015人享受了政策补贴。三是创建省市名村示范村取得阶段性成果。截至2012年年底，鼎湖区21条创建村已进入“和美乡村”实施阶段，其中已通过考核的卫生村8条，生态文明卫生村4条。

（肇庆市鼎湖区财政局供稿，赵海珍执笔）

清远市

积极探索促进区域协调发展的公共财政体系

作为欠发达地区，清远的财力较弱，经济社会发展欠账较多，存在着很多的问题和困难。其中，区域发展不平衡，是清远的突出问题。广东省的16个省级贫困县有4个在清远，其中3个在清远北部地区。全市人均公共财政预算支出仅有3 700元，是全省平均水平的71%，全国的67%。北部四县（市）（均为生态发展地区）有3个属于基本财力缺口县，人均支出3 256元，仅为南部地区的83%，全市平均水平的88%、全省的60%、全国的57%。2011年，北部四县（市）以占全市44.4%的土地、25.5%的常住人口，完成20.3%的生产总值、5%的工业增加值、15.7%的地方公共财政预算收入。以北部的连南县和南部的清城区为例，2011年连南县人均GDP仅为清城区的41.2%，城乡居民收入分别是清城区的70.4%和53.5%。

针对区域发展不平衡问题，清远市采取一系列的措施，尤其是在建立和完善促进区域协调发展的公共财政体系方面做了一些积极的探索，取得初步的成效。

一、探索建立促进区域协调发展的公共财政体系情况

（一）解决区域发展不平衡的主要措施

一是摒弃过去以GDP为唯一评价标准的考核体系，建立符合科学发展观要求的差异化考评机制。二是认真落实主体功能区规划，引导各县（市、区）采取差异化发展策略。三是大力推进基本公共服务均等化，出台清远市《关于推进基本公共服务均等化的意见》，制订教育和医疗卫生等两个基本公共服务均等化的实施方案。四是大力推进城乡统筹发展。采取城市带动农村发展的策略，确立“一心两核”的城镇发展布局，集中打造中心主城区和英德、连州两个次中心城市，除着力增强中心城区的带动能力外，把连州市作为北部地区的区域性中心城市，大力扶持其扩容提质，带动北部地区均衡协调发展。与此同时，该市围绕区域协调发展，通过积极探索，建立促进区域协调发展的公共财政体系，缩小地区间基本公共服务的差距，缓解了生态发展县的财政压力。

（二）四项财政机制

1. 建立差异化的财政配套机制。按广东省主体功能区规划，清远市是全省唯一一个主体功能区试点市，全市共有5个县36个乡镇列入生态发展区。该市根据主体功能区的划分和财力情况，将全市划分为三类地区，对各项配套资金，市财政按财力差异分别给予70%、25%和15%比例的配套，着重缓解生态发展区和财力薄弱区的配套压力。

2. 建立生态补偿机制。为丰富市对县的转移支付体系，有效引导县级政府转变观念，开展生态保护工作。该市按照奖补结合的原则，安排5 000万元建立生态补偿机制，其中3 000万元用于基本财力保障，将36个生态乡镇纳入保障范围，占全市乡镇数量的42.3%，面积的41.2%，人口数量的25%；2 000万元用于激励型补偿，将转移支付和生态环境挂钩，按基本财力需求和生态保护指标综合增长率计算确定。

3. 建立基本公共服务财政保障机制。为保障基本公共服务支出需求，清远市着力建立基本公共服务财政保障机制，通过非税改革，打破原来按比例返还的做法，实现非税收支脱钩管理；通过零基预算方式编制公共财政预算，打破“基数＋增长”的惯例，并根据重点工作部署和保障民生支出需求，实行有保有压；把公共财政预算与基金预算综合统筹起来考虑，打破资金部门化的倾向。这些举措使政府统筹近6亿元的资金，有力保障了各项基本公共服务的支出需求。加强专项资金管理，清远市构建“预算编制、预算执行、监督检查、绩效评价”四位一体的财政“大监督”工作机制，着力构建“全员参与、全面覆盖、全程监督”的财政监督工作体系，并对50万元以上的项目进行自我绩效评价，100万元以上的进行重点评价，提高资金使用效率。

4. 完善财力下沉机制。为推进中心城区扩容提质，增强中心城市的承载力和带动力，推动生态发展区从容发展，2011年市级财力下沉5.5亿多元，主要是用于县的配套及民生支出。预计2013年市级新增转移支付2亿元，总量达8亿元，占公共财政预算收入的22%。

二、建立促进区域协调发展的公共财政体系存在的困难和问题

（一）市级财力薄弱，统筹能力差

2012年，市本级公共财政预算收入26亿元，可支配财

力只有33亿元，剔除市本级各项刚性支出，能够统筹用于扶持生态发展区的资金十分有限，2012年仅可安排5 000万元用于生态发展区补充财力不足，与生态发展区基本公共服务支出的需求相比，显得杯水车薪。

（二）生态发展区基本支出缺乏保障

由于财力薄弱，生态发展地区的可用财力中，用于“保工资、保运转”的占70%以上，且仅能维持较低水平。其中，干部收入年人均津贴3万元，约为南部地区的60%；公用经费年人均4 000元，约为南部地区的50%，属于典型的“吃饭”财政。同时，该市县乡债务余额达45.3亿元，如连山县2012年公共财政预算收入1.13亿元，地方债务余额也达到1.35亿元。这些都导致该市生态发展县“保工资、保运转”的水平偏低，与南部地区相比，干部职工的收入差距很大，相当程度上影响当地干部的工作积极性，进而影响到基层政府落实上级政策和提供公共服务的能力。

（三）生态发展区基本公共服务水平比较低、资金缺口大

2011年，清远市基本公共服务均等化考评得分仅排全省第18位，公共教育、公共卫生、公共文化、公共交通、生活保障、住房保障、就业保障均未达到省设定的目标值。在医疗卫生方面，清远市人均卫生支出416元，是全省平均水平500元的83%；北部地区支出360元，是全省平均水平的72%。全市95个乡镇卫生院有13个业务用房未达省定标准，45个卫生院需要购置或更新救护车、X光机、B超、心电图机等必要的检查治疗设备。在教育方面，清远市人均教育支出827元，是全省平均水平1 082元的76%；北部地区支出753元，是全省平均水平的69%。义务教育规范化学校覆盖率连山县为69.6%、阳山县为31.3%、连州市为21.8%。高中阶段教育北部地区优质学位占比只有19%。农村学校功能场室和设备设施配备与城镇学校差距明显，存在着数量不足、设备简陋陈旧等问题，农村学校接入基础教育网的比例仅为20%（城区为100%），计算机生机比为30∶1（清城区为10∶1）。在交通方面，清远市是广东省石灰岩面积最大的地区，交通不便，环境恶劣，贫困面广，被喻为广东的“寒极”，高速公路只有335公里，仅占全省的6.6%。

（四）专项转移支付的比重较大，地方配套能力不足

针对清远市财力薄弱的状况，上级给予了大力支持，2012年上级补助清远市资金达89亿元，有效缓解清远市的财政支出压力。但由于上级补助中的58.2%属于专项转移支付，地方配套资金的支出压力很大。比如，2012年上级要求清远市的刚性配套资金达11.3亿元。尤其是生态发展县的专项转移支付占比超过60%，配套资金的支出压力更大。

（清远市财政局供稿，宣晴彩执笔）

潮州市

加强管理 提高预算管理水平

潮州市财政部门高度重视预算管理工作，夯实基础、改革创新，财政科学化、精细化管理水平不断提高，财政职能作用得到更好发挥，推动财政工作科学发展。2011 年，潮州市被省财政厅评为预算管理先进单位。

一、健全政府预算体系

潮州市按照完善社会主义市场经济的要求，逐步建立由公共财政预算、政府性基金预算和社会保障预算组成的有机衔接的政府预算体系，积极探索和实施国有资本经营预算，通过建立完整的政府预算体系，全面地反映政府收支总量、收支结构和管理活动，加大了资金的统筹和调配力度，通过预算编制形成资金合力，促进政府预算管理规范、完整、透明、高效。

（一）完善公共财政预算

提高公共财政收入质量，按照强化税收、规范收费的原则，充分发挥税收在筹集地方财政收入中的主渠道作用，优化财政收入结构，提高收入质量。增加公共服务领域的投入，结合潮州市实施《广东省基本公共服务均等化规划纲要（2009－2020 年）》的情况，按照“保增长、保重点、保运转、保民生”的支出原则，调整和优化支出结构，大力压减一般性支出，不断加大对基本公共服务的投入力度，优先保障和改善民生。2012 年，财政民生支出 55 亿元，同比增长 25%，各项重点民生支出得到有力保障。

（二）规范政府性基金预算

为进一步加强和规范政府性基金管理，潮州市按照财政部规定的基金项目范围和收支科目编制了市本级政府性基金预算，并随公共财政预算由人大批准执行，通过编制政府性基金预算，清晰地反映各项政府性基金的收入来源和支出总量、结构和方向，基金预算项目支出全部细化到具体事项，确保政府性基金预算的完整和准确。

（三）建立、健全社会保险基金预算制度

认真落实广东省人大颁布的《广东省社会保险基金监督条例》，按照对社会保险基金预算管理的编制要求和原则、内容、方法、执行和调整等方面的规定，与社会保险基金主管部门合理分工，各司其职，按照规范统一、专款专用、相对独立、收支平衡的原则，编制了社会保险基金年度收入和支出预算。

（四）探索国有资本经营预算编制

根据国家宏观经济政策及不同时期国有企业改革和发展任务，研究国有资本经营预算收支政策。建立健全财政部门与国资监管部门协调互动工作机制。结合地区实际情况，研究规范国有资本收益范围，确定国有企业利润收缴基数和上缴比例，合理安排国有资本经营预算支出。

二、加强预算编制管理

（一）提高收入预算编制的科学性和准确性

坚持实事求是、积极稳妥、留有余地的原则，结合地区社会经济发展情况，做到审慎稳妥、量入为出、统筹兼顾，合理测算和编制财政收入预算，实现财政收入与国内生产总值、物价水平及财政收入的增长相适应，确保各项重点工作的资金需要。

（二）细化支出预算编制

部门预算要全部细化到“项”级科目和落实到具体执行项目。加强预算编制与基础信息的衔接，充分利用财政供养人员数据、决算数据、工资发放数据、资产管理数据等基础信息，提高预算编制数据的准确性。根据单位的实际情况合理确定单位的基本支出，完善定员定额管理。项目支出安排经过严谨科学的论证，重大项目支出广泛征求各方意见，明确项目实施的绩效目标，制订详细的实施计划，并建立重大项目支出预算事前评审机制。

（三）增强地方预算编制的完整性

市级财政部门将省对市的各项固定性补助收入（含中央补助收入）纳入年初预算编制，将对下级的返还性支出、财力性转移支付和专项转移支付预计数提前告知各县（区），转移支付安排尽早细化到具体项目，并指导各县（区）将其纳入预算编制，提高预算编报的完整性。

（四）推进财政预算信息公开

采取措施使财政预算信息的公开透明成为依法理财的一项基本制度，按照《中华人民共和国政府信息公开条例》和《财政部关于进一步推进财政预算信息公开的指导意见》、《财政部关于进一步做好预算信息公开工作的指导意见》的要求，积极稳妥推进预算信息公开。一是公开年初预算。逐步细化、规范和完善报送同级人民代表大会审批的政府预算体系。及时报送预算草案并提交与此相关的材料，公开的政府预算主要表格包括一般预算收支预算表、一般预算收支决算表等。二是公开预算执行情况。及时向人大报告预算执行情况，做到每月报送预算收支报表和预算收支执行情况分析，每年9月份向人大常委会汇报1～8月份财政预算执行情况；执行中碰到重大事项和政策调整及时向人大报告。

（五）加强部门预算专项结转和净结余资金统筹使用

在编制部门预算时，要求延续项目有专项结转资金的部门在申报下一年度预算时，应结合项目进展情况首先使用专项结转资金，再向财政部门申请财政拨款。对延续项目专项结转资金较多的部门，财政部门在下一年度适当减少其有关项目支出预算。基本支出净结余原则上可以结转下年继续使用，用于批准的增人增编等人员经费支出和日常公用经费支出，更好地盘活和利用了单位存量资金。

（六）认真开展绩效评价，建立预算执行与下年预算编制的有效衔接

根据《潮州市财政支出绩效评价试行方案》和《潮州市财政局财政支出绩效评价内部工作制度（暂行）》有关规定，做好财政专项资金的绩效评价工作，将预算单位上年的项目支出预算执行情况作为编制下年预算的重要参考依据。对连续年度安排的项目，如当年未能执行或未能全部执行，编制下年预算时应压缩项目支出预算规模。同时建立健全部门预、决算相互反映、相互促进的机制。

三、强化预算执行管理

（一）狠抓增收节支确保预算收支平衡

加强收入组织管理，牢固树立经济到财政的思想，加强对经济运行的关注监测，认真分析经济运行变化对财政收入的影响。建立健全财政与税务部门沟通协调的工作机制，支持其依法征税、应征尽收。加强非税收入管理，建立规范的非税收入体系。同时，加强预算外收入管理，积极推进行政事业性收费、罚没收入纳入预算管理工作。认真贯彻落实厉行节约各项规定，坚持勤俭办一切事务，坚持“压一般、保民生”，严格控制行政事业单位经费，严把预算审核关，大力压减一般性支出，严格控制“人、车、会”和楼堂馆所等支出，为惠民、涉农政策以及重大项目配套腾出财力空间。

（二）提高财政性资金支付效率

各部门和预算单位根据该地区工作和事业发展计划，认真做好预算执行的各项前期准备，根据年度预算安排和项目实施进度等认真编制分月用款计划，及时提出支付申请。严格执行国库集中支付制度，及时审核、办理预算单位提出的用款需要，加强资金调度管理，确保国库资金总量满足支付要求。对于应急性、突发性的预算资金，实行特事特办、随到随办，缩短审批时间、加快拨付速度。加强资金支付管理，避免年底集中下达、集中拨付资金，防止超预算、超进度拨款。

（三）建立预算执行管理责任制

部门是预算执行的主体。在预算执行中，进一步加强部门预算执行管理，与部门一起强化预算执行工作。强化预算执行主体的责任意识，建立预算执行管理责任制，充分发挥预算单位加强预算执行管理的主动性和积极性，提升预算执行管理水平。

（四）建立预算执行情况通报制度

建立健全预算执行情况分析通报制度，深入分析本地区预算执行情况取得的成效和存在问题，对本级部门和下级财政部门预算执行情况进行及时总结、通报，并及时将预算执行情况分析报送省厅及市有关部门。指导、督促本级部门和县（区）财政部门在依法、合规的前提下加快预算执行进度，切实提高预算执行时效性和均衡性。

四、加强预算管理基础工作

（一）加快财政管理信息化建设

加快“金财工程”建设进度，规划和建立流程通畅、业务协同、数据共享的一体化管理系统，实现预算编制、执行及监督监控全方位的科学规范管理。加大应用支撑平台的推广实施力度，实现支撑平台所具有的确保财政部门上下级之间、本级各业务系统之间以及财政部门与本级预算单位之间的业务信息通畅。强化标准规范的建设和执行，推进基础信息库建设，实现财政经济数据的集中存储和统一管理。完善网络基础建设，确保符合财政业务系统资源共享、应用连贯和信息流畅的要求。加强信息安全保障体系建设，确保物理安全、网络安全、系统安全和数据安全。

（二）做好基础数据整理工作

全面掌握预算单位的人员和编制、工资及津补贴、存量资产和配置标准、收费项目和标准，各级财政的供养人口、财源财力、政府债务，以及宏观经济运行、社会经济发展情况等基础数据。建立健全基础数据体系，完善部门和财政系统基础信息数据库，逐步实行动态管理，加强对数据的分析整理，有效发挥基础数据作用，在编制预算及

制订各项财政政策中结合实际加以利用。

（三）积极做好省布置的各项报表、材料的报送工作

认真按照省财政厅的部署和要求，及时、准确报送有关报表及各项文字材料送工作，及时反馈和反映下级财政在预算管理上的工作动态，突出亮点、反映问题，从而不断完善和提高预算管理水平。

（潮州市财政局供稿，蔡彦雄执笔）

完善财政文化 开展创先争优 全面提高财政事业发展水平

潮州市财政部门在加强财政文化建设中，坚持把创先争优作为财政文化建设的一项重要政治任务来抓，以“加快转型升级、建设幸福潮州”为目标，积极构建活力财政，取得显著成果。

一、加强财政文化建设对于推进创先争优的意义

加强财政文化建设和创先争优两者是相辅相成，互为共进的，在财政部门中开展创先争优，从而形成一种你争我超，向先进看齐的动力和意识，与此同时，逐步在创先争优活动中形成更加突出的科学发展主题、鲜明的工作中心，独特的财政文化。加强财政文化建设和创先争优是新形势下党的先进性建设的有效载体和有力抓手，对于进一步提高党建工作科学化水平具有现实意义。

（一）加强财政文化建设是财政部门党组织和党员创先争优的具体要求

财政文化建设是财政事业的重要组成部分，在全面推进财政事业发展中承担着重要历史使命，这更需要充分调动各级党组织和广大党员的主动性、积极性、创造性，在工作中形成创先争优的常态化、长效化；更需要财政部门党组织和党员充分发挥战斗堡垒和先锋模范作用，在工作中追求先进、创造优秀，做出表率。

（二）加强财政文化建设是财政部门创先争优、贯彻落实科学发展观的具体表现

党的先进文化衍生众多具有特色的文化，财政文化就是其中之一。财政部门要深刻把握贯彻落实科学发展观对财政工作提出的根本要求，推动党员干部牢固树立科学发展理念，围绕贯彻落实财政工作重大决策部署，把创先争优融入财政工作大局，为完成财政工作提供动力和保证。

（三）加强财政文化建设是财政部门创先争优，推进党组织建设的必需之举

财政部门开展创先争优，最终是要推进财政部门的思想建设、组织建设、作风建设、反腐倡廉建设和制度建设的共同发展。财政基层党组织的广大党员干部必须积极投身于财政文化建设中来，立足本职岗位，使创先争优贴近岗位实际，融入岗位职责，化为岗位行动，形成和保持人人争先进当优秀、努力干事创业的浓厚氛围。努力把财政党建工作的成效体现到服务、保障和促进财政中心工作上来。以更加务实、更加扎实的工作态度做好各项财政工作和党建工作。

二、加强财政文化建设、推进创先争优主题实践活动是财政事业发展的重要保障

加强财政文化建设，必须加强干部素质和文化水平，加强干部成长环境文化建设，提高服务水平。加强财政文化建设，开展创先争优，对于改进机关党建、激发党组织和党员生机活力，加快财政改革步伐、发挥财政促进经济社会发展调控作用，提高执行力，推进以务实、创新、高效、廉洁、和谐为核心的财政文化建设，具有十分重要的意义。

（一）以财政文化建设和创先争优实践，推进财政工作转型

坚持把财政文化建设和创先争优实践放到财政工作的突出位置，坚持继承和创新并举，加快财政工作转型。一是注重财政文化建设和创先争优实践促进理财模式上加快转型。构建以满足社会公共需求为根本目的的公共财政体系，切实将工作中心转向重视和尊重人的全面发展，让广大人民群众共享发展成果。二是注重财政文化建设和创先争优实践促进工作理念上加快转型。构建以民本、法治、

创新、科学、竞争、绩效为主要内容的新型财政分配文化，切实处理好“做蛋糕”、“分蛋糕”和“吃蛋糕”的关系，在做好做大“蛋糕”的基础上分好“蛋糕”，创造“吃蛋糕”的良好环境。三是注重财政文化建设和创先争优实践促进投入机制上加快转型。发挥财政支持经济发展“四两拨千斤”的杠杆作用。四是注重财政文化建设和创先争优实践促进财政管理上加快转型。坚持管理与服务并重，融管理于服务中，加快阳光财政建设，提高人民群众对财政工作的满意度和幸福感。

（二）以财政文化建设和创先争优实践促进收支健康、平稳运行

发展和繁荣财政文化，归根结底还是要使之服务于财政事业，服务于人民群众。财政干部必须从政治和全局的高度，置身于财政文化大实践之中，更好地服务好财政工作大局。首先要确保财政预算执行健康平稳发展，这就要求要认认真真、千方百计做好财政增收节支工作，确保转方式、调结构、惠民生各项重点支出需要。从潮州财政工作实践上来说，收入方面，要大力加强培植税源、壮大税基，执行行之有效的抓收入措施，确保应征尽收。坚持可持续发展观，充分发挥财政职能作用，积极支持经济结构调整和企业改革，大力支持潮州市发展“特色经济、文化经济、港口经济、民营经济、县域经济”，促进全市经济持续快速健康发展；切实加强与税务部门、县区财政部门的工作联系和信息交流，密切配合，加强对重点税源、重点税种的分析和监控。通过加强非税收入管理，挖掘非税收入增收潜力，进一步拓宽理财视野；加强政府资源（资产）使用收益的征收管理，扩大管理覆盖面，拓宽了财政增收渠道，为加快转型升级，建设幸福潮州提供强有力的财力保障。支出方面，要进一步坚持有保有压，积极调整支出结构，充分发挥财政公共支出职能，坚持把有限的财政资金用在民生民本上，让全市人民享受改革发展成果和公共财政的阳光。在保机关运转保工资发放的基础上，确保对市重点项目、“三农”、社保医疗、教育和文化等重点支出的投入。2012年，潮州市切实加大对民生领域的支持和保障力度，民生支出达到55亿元，同比增长25%，占全市公共财政预算支出的70.9%。其中，对的支持力共投入“2012年十件民生实事”专项资金18.9亿元，占全市财政民生支出的34.3%。

（三）以财政文化建设和创先争优实践构建更具活力的财政体制机制

要坚持在探索创新、推进改革上下工夫，着力构建与以财政文化建设和创先争优实践相融合的公共财政基本框架，建立起更透明、更阳光、更高效的财政体制。一是深化部门预算改革。健全和完善各项财政管理信息系统，细化部门预算编制内容，提高预算编制的系统性、科学性和完整性，实现“事事有预算”。二是深化国库集中支付制度改革。加快构建完善的国库管理制度体系，推进改革向纵深发展，实现“支付有安全保障”。积极开展财务核算信息集中监管改革试点、公务卡改革试点。三是扎实推进政府采购信息化建设。认真完善政府采购领域的电子化平台建设，增强政府采购透明度，预防和抑制政府采购过程中的腐败现象，实现“采购有计划监督”。四是进一步推进绩效评价监督体系建设。完善绩效评价机制，加强财政支出绩效评价结果的运用，全面实施市级部门预算单位财政支出项目自我绩效评价工作，积极推进财政支出项目绩效评价与部门预算编制有机结合，实现“花钱有效益评价”。五是加强制度建设，规范权力运行。严格执行《潮州市财政局工作运行规程》，明确岗位职责和关键环节，建立规范权力运行的长效机制，达到增强权力制约、强化岗位责任、完善权力运行机制、推进政务公开的目的，树立廉洁、规范的机关新形象。

（四）以财政文化建设和创先争优实践提升财政干部理财能力和水平

要坚持抓好队伍建设，以加强“两基”、“两化”建设、“学习型党组织”建设等活动为契机，推进财政文化建设和创先争优实践深入发展，进一步提高财政管理水平，提升干部队伍素质。一是必须强化宗旨意识，做到服务为民。始终坚持服务大局、服务基层、服务群众，永远和人民群众在一起。做到寓服务于财政惠民、财政管理实践中，创新服务方式，精简办事环节和程序，提高办事效能，加强文明服务意识，真正做到便民、利民、惠民。二是必须强化实干意识，做到勤政有为。敦促干部职工坚持学习，提升素质，提高理论、业务水平探索财政工作新路径。积极发动干部参与“书香潮州”读书活动和“建设文明潮州”征文活动，鼓励多读书、读好书，营造良好的学习氛围。三是强化纪律意识，做到清正廉洁。坚持把反腐倡廉建设贯穿于财政体制机制建设和改革的总体设计之中，构筑源头治本的公共财政体制制度防线，打造一支清廉的高素质干部队伍。要开展法制教育，组织开展“五五普法”、“六五普法”知识培训，提高干部职工的法制观念，牢固树立起依法行政、依法理财，遵纪守法、廉洁奉公、甘于奉献的职业意识。

（潮州市财政局供稿，李炼执笔）

揭阳市

立足固本强基　加大农村基层组织工作经费保障力度

揭阳市委、市政府大力落实省委、省政府关于进一步加大农村基层组织工作经费保障力度的工作部署，立足于基层党组织固本强基和基层农村长治久安的工作目标，印发实施《中共揭阳市委关于进一步加强农村基层党组织建设的若干意见》（下称《意见》），在经济欠发达和财政运行困难的情况下，进一步完善保障和激励机制，加大财政投入力度，加强农村基层组织工作经费保障，为农村基层党组织“输血”，克服农村基层党组织工作“缺氧”问题，逐步建立稳定规范的农村基层组织工作经费保障机制。2011－2012年，全市共投入农村基层组织经费财政资金达25 549.71万元，其中2012年投入12 294.01万元，其中村（社区）“两委”干部补贴资金8 584.72万元，社保养老补助资金1 779.98万元，村级办公经费补助资金1 495.52万元，其他资金433.79万元，有效提升农村基层党组织战斗力和执行力，充分发挥农村基层组织在农村经济社会发展中的引领作用，有效统筹推进城乡协调发展。2012年，省委书记汪洋在揭阳市报送的加强农村基层组织工作经费情况信息上作出重要批示：“揭阳的做法对于巩固基层组织，调动基层干部积极性意义重大，请组织部跟踪效果。”

一、提高村官生活补贴待遇，落实守业之本

贯彻落实省委办公厅、省政府办公厅《关于建立稳定规范的农村基层组织工作经费保障制度的意见》的精神，把提高村（社区）“两委”干部生活补贴水平作为完善农村基层保障和激励机制、加强农村基层组织建设的一项重要工作来抓，各级财政克服财力困难，切实加大投入力度，千方百计提高村（社区）“两委”干部生活待遇，落实村（社区）“两委”干部守业之本，调动村（社区）“两委”干部工作的积极性。按照《意见》部署，实施村（社区）“两委”干部生活待遇翻番计划，从2010年7月起，村（社区）党（总）支部书记兼任村委会主任的，生活补贴从原来每人每月450元提高到1 200元，村（社区）党（总）支部书记和村委会主任没有一肩挑的，村（社区）党（总）支部书记和村委会主任的生活待遇从原来每人每月450元提高到1 000元，其他村（社区）“两委”干部的生活补贴从原来每人每月450元提高到800元。同时，按照政府适当补助和村级集体补贴相结合的原则，各村（社区）结合自身集体经济能力，在村（社区）集体经济中安排资金适当“补给”村（社区）“两委”干部的生活待遇，稳步提高村（社区）“两委”干部生活待遇，有效发挥村（社区）“两委”干部在农村基层经济社会发展中“带头人”的作用。此外，建立村（社区）党组织书记体检制度，关注基层带头人身体健康状况，从2010年起，每年组织村（社区）党（总）支部书记健康体检一次，费用在农村基层组织工作经费中解决。

二、健全村官养老保险制度，排除后顾之忧

根据《意见》要求，积极建立健全村（社区）“两委”干部基本养老制度，自2010年7月起对全市村（社区）“两委”干部实施社保全覆盖，参照事业单位养老保险制度参保缴费，费率为单位17%，个人8%，费基800元，单位缴费部分由地方财政承担，资金列入年度财政预算，退休按事业单位退休制度执行，切实解决村（社区）“两委”干部退休养老“后顾之忧”。为确保村（社区）“两委”干部社会养老保险工作落到实处，揭阳市加强制度保障，印发实施《揭阳市村（社区）“两委”干部社会养老保险实施办法（试行）》，规定参加村（社区）“两委”干部养老保险的参保人，男性年满60周岁，女性年满55周岁，缴费年限累计满15年的，可按月领取基本养老金。2011年村（社区）“两委”换届后，为对接社会养老保险的新政策，重新完善村（社区）“两委”干部社会保险制度，从2011年7月起，全市8 462名村（社区）“两委”干部全部参加国家企业职工养老保险，其中个人按缴费基数的8%承担，其余的由地方财政承担。对于正常离任的村（社区）“两委”干部，男性年满60周岁、女性年满55周岁且缴费年限累计满15年的，可在所在县（市、区）人力资源和社会保障局按月领取基本养老金；对缴费年限累计未满15年的，则根据个人意愿可继续缴费，费用由个人全部负责，缴费年限累计满15年，可领取基本养老金；对不愿继续缴费的，则根据个人在职期间缴纳的社保金一次性返还。

三、加强村级办公经费保障，确保运转之需

针对各县（市、区）经济基础不均衡、大部分村级集

体经济底子薄、不少村正常办公经费难以筹措的实际情况，按照因地制宜、实事求是的原则制订完善村级组织办公经费保障制度，以县（市、区）为单位建立村级办公经费保障长效机制，财政把村级办公经费补助资金列入年度财政预算，确保农村基层组织正常运转，提高农村基层组织的建设水平和战斗力，确保党和政府农村基层政策方针在基层落实。从2010年7月起，各县（市、区）立足各地区实情建立村级办公经费保障长效机制，如揭西县和揭东县对村级办公经费行定额补助，补助资金列入财政预算，人口1 000人以下（含1 000人）的行政村每年补助6 000元，1 000~5 000人（含5 000人）的行政村每年补助10 000元，5 000人以上的行政村每年补助14 000元；人口6 000人以下（含6 000人）的社区每年补助8 000元，6 000~10 000人以下（含10 000人）的社区每年补助10 000元，10 000人以上的社区每年补助12 000元。又如普宁市对全市行政村办公经费按村干部编制每人月100元的标准核定，由市财政统一拨付到各行政村。

同时，按照公共财政适度补助和农村集体自我保障相结合原则，通过加强财政支农惠农、扶贫开发“双到”等工作，着力改善农村生产生活条件，发展农村集体经济，增加村级收入，增强农村基层组织经费自我保障能力，不断提升村级办公经费保障水平，确保农村基层组织正常有序运转。

四、完善困难党员扶助制度，解决燃眉之急

按照《意见》，建立农村困难党员政策性生活补助和党员补助金相结合的农村困难党员扶助制度，着力解决农村困难党员的基本生活保障问题。如在落实政策性生活补助方面，2012年春节期间，按照省财政厅《关于下达2013年中央财政春节期间城乡困难群众一次性生活补贴补助资金的通知》，对建国前入党的农村、享受低保待遇的农村困难老党员，按每人360元给予一次性困难生活补助、按每人150元给予一次性临时生活价格补助，各级财政筹措资金并将补助资金及时拨付到农村困难老党员的个人银行账户，解决农村困难老党员生活的燃眉之急。建立以村镇两级为主体的党员互助金制度，用于农村无职老党员发放“荣誉金”，及时慰问困难党员，支持贫困党员发展生产，加强农村困难党员帮扶。同时，结合扶贫开发“双到”和城乡基层党组织互帮互助实行挂钩帮扶和结对帮扶，及时慰问和扶助农村生活困难党员。

（揭阳市财政局供稿，方松坚执笔）

加大投入 整建制推进粮食高产创建

揭东县是一个农业大县，人口129万，耕地面积47万亩。常年粮食播种面积51万亩，其中水稻播种面积31万亩，占粮食播种面积的61%。自2008年开展粮食高产创建活动以来，该县认真按照上级的要求，加强组织领导，采取得力措施，全方位开展粮食高产创建活动。截至2012年年底，全县13个乡镇创建的高产示范片26个，面积26万亩，占水稻总面积的82.2%。

一、整建制粮食高产创建工作的主要做法

（一）成立机构，加强领导

从2008年开展粮食高产创建之初，成立揭东县粮食高产创建领导小组和专家技术指导组。揭东县粮食高产领导小组组长由县长担任，副组长由主管农业的副县长担任，成员由农业局、财政局等相关部门主要负责人组成。全县上下形成主要领导亲自抓、分管领导具体抓、相关部门合力抓，业务部门抓落实的工作机制。专家技术指导组负责制订工作方案、技术方案和技术培训，分别挂钩到各示范片开展技术指导。确保组织领导、工作督导和各项措施到位。

（二）以点带面，平衡增产

根据农业部和省农业厅粮食高产创建工作的文件精神，结合揭东县粮食生产实际，制定《揭东县粮食高产创建活动实施方案》和《揭东县粮食高产创建及产粮大县建设工作方案》，以炮台、霖磐、登岗、锡场作为示范镇，率先在这几个镇创办万亩高产示范片，以点带面，带动全县粮食稳步增产。

（三）落实任务，强化责任

粮食高产创建工作从农业部门职责提升为政府负责制，县政府把粮食高产创建工作任务目标、计划分解下达到各镇各村，同时印发《揭东县关于推进整建制粮食高产创建实施工作方案的通知》，建立有效的监督机制，强化粮食生产绩效考核，把粮食高产创建工作和“双增一百”稳定粮食生产、产粮大县建设有机结合起来。严格实行粮食工作考评制度和耕地保护指标，明确粮食高产创建任务，形成

一级抓一级、层层抓落实的工作机制。

（四）整合资源，加大投入

1. 做好各项强农惠农政策落实。通过整合粮食高产创建、现代标准农田、农业综合开发、产粮大县建设、测土配方施肥、农作物病虫防控等项目，投入资金2 000多万元发展粮食生产。同时，每年将中央、省级、市、县级农资综合补贴、种粮直补、良种补贴、农机具补贴等强农惠农政策资金2 800多万元及时足额发放到农民手中。

2. 加大水利设施的投入。从2004年以来，加大重点水利设施的建设力度，投入12 273万元（其中省级4 883万元）对磐岭围24.267公里的防洪堤进行加固培厚，投入22 409万元（其中省级2 138万元）对榕江大围等重点水利项目进行建设。2011年揭东县争取中央补助5 500多万元，对全县30宗重点小二型水库进行加固。2012年揭东县又竞争到小型农田水利示范镇2 400万元。

3. 建设现代高标准农田。1998－2012年，充分利用国家农业综合开发项目的实施，加大土地治理力度，全县共投入土地治理资金15 361万元，其中各级财政投入12 753万元，治理面积28.71万亩。

（五）集成技术，强化服务

技术服务上，揭东县按照统一整地播种、统一肥水管理、统一病虫防控、统一技术培训、统一机械作业的“五统一”技术路线，重点抓好下面四项措施：一是推广优良品种。推广主导品种有合美占、华航31、华优86、深优9516等国家超级稻品种。示范片全面推行统一供种，示范片良种覆盖率达到100%。二是组装集成高产技术，重点推广超级稻强化栽培技术、水稻“三控”栽培技术、水稻病虫害综合防控技术、测土配方施肥技术、机械插秧技术等。示范片先进技术应用达到100%。三是综合防控病虫鼠害。针对南方双季稻病虫发生量大，病虫发生种类多的具体情况，组织专业技术人员认真做好病虫监测与预报，科学制定防控预案，指导农民开展病虫害综合防治。四是实施专业化服务。按照“五统一”技术服务要求，全县成立统防统治专业合作社5个和防治专业队8个，机耕服务专业合作社3个，开展统防统治、统耕统种服务。全县开展机耕服务面积从2008年17.5万亩次到2012年28万亩次、机插秧面积从2008年0.3万亩次到2012年4.5万亩次，植保专业化统防统治服务实现“0”的突破，面积从2008年的0万亩次到2012年的3万亩次。

（六）加强培训，提高技术

县农业局经常组织技术员和专家深入田头，开展苗情、墒情、灾情和病虫情况的调查，巡回指导。每年组织专家下乡驻点指导达200人次以上，每镇开展技术培训2场次以上，印发各类技术资料10 000多册，培训乡村农民技术员、种粮大户等3 000多人次；每年组织各镇农业站技术员、有关村主管生产干部、种粮大户等人员开展现场观摩、技术交流会2－4场次，参加人数200多人次。

通过高产创建活动，2012年全县粮食播种面积51.57万亩，比创建前的2007年增加0.92万亩；单产519公斤/亩，比创建前的2007年的每亩478公斤增加每亩41公斤；粮食总产量26.76万吨，比创建前2007年的24.21万吨增加2.55万吨。2012年，揭东县农民人均纯收入8 650元，比2007年的每人每年4 508元增加4 142元。

二、当前整建制粮食高产创建工作存在问题

（一）生产发展后劲不足

1. 资金投入不足。由于该县很多农田水利设施陈旧落后，严重制约着粮食生产的发展，急需投入大量资金修建，而单靠本级财政投入远未能满足。

2. 土壤地力贫瘠。由于多年来大量施用化肥，少施有机肥，甚至出现掠夺性生产，造成地力严重退化。

3. 农技推广力度不足。目前由于农技推广队伍装备落后、知识老化、队伍断层，造成农业技术推广难以有效开展。

4. 从事农业生产人员素质低下。目前农村从事农业生产的主力军是老人、妇女，整体素质低下，难以掌握科学技术，更谈不上科学种田。

（二）土地分散，难以形成规模化、集约化经营

家庭联产责任制在一定程度上促进了生产力的发展，但现在已成为制约农业发展的瓶颈。由于人均不到几分地，一些农民只得弃农从工或从商，而多数农民又视土地如宝，不愿流转，造成欲耕者无田，不耕者丢荒的现象，难以形成规模化、集约化经营。

（三）种粮效益低

由于农资价格的提高直接影响种粮成本，而粮食价格较低，年亩利润只有300元左右，少数种粮农民出现亏本现象，因此难以调动农民种粮积极性。

（揭东县财政局供稿，蔡宏生执笔）

云浮市

以“信用云浮”构建普惠金融

2012年，云浮市以“信用云浮”建设为载体和抓手，积极筹措资金、加大投入，通过建设社会信用体系，使企业信用、个人信用、个人资产与金融资本，与市场有效对接，运用金融资源来促进农业产业化，破解中小企业融资难、“三农”融资难等难题，拓展农村消费市场、加快特色产业发展，推动新农村建设，推动经济社会实现跨越赶超。

一、坚持强化统筹、明确责任，以实施一把手工程来推进社会信用体系建设

在2011年12月召开的市第五次党代会上，云浮市提出要推进信用云浮建设，其后成立由市委书记任组长的工作领导小组，出台有关意见和方案。2012年3月，召开信用云浮建设动员大会，在全省率先推进社会信用体系建设等工作。2012年8月，省“三打两建”电视电话会议后，市党政主要领导对社会信用体系建设进行动员部署，要求将之作为改善经济秩序、创新社会管理、建设幸福云浮的重要抓手，作为一把手工程来实施；并成立由市委书记任组长，市委副书记、市长，市委副书记等任副组长的“两建”工作领导小组，下设由60多个部门组成的统筹协调小组。市政府制定、印发工作方案，并与社会信用体系建设12个专责小组牵头部门签订责任书。各地和各专责小组也分别成立工作机构和制订工作方案。在推进中，市党政主要领导定期听取汇报，亲自研究部署。

二、坚持因地制宜、彰显特色，以突出三个试点项目来引领社会信用体系建设

云浮市被省选定为社会信用体系建设试点市，结合实际制订试点工作方案，重点推进公共联合征信系统建设、农村信用体系建设和中小微企业信用体系建设等三个试点项目建设，取得突破性进展。

（一）以拓展征信应用为核心，构建公共联合征信系统

一是搭建起联合征信系统基本框架。2009年，云浮市就开始探索建设征信中心，在郁南率先成立全省第一个县级征信中心，之后市县两级征信中心相继成立，并以此为平台开展采集信息数据、建立信息共享平台等工作。从2012年开始，云浮市在进一步完善征信中心建设的基础上，重点推进“一网两平台”建设，探索将企业和农户非银行信用信息查询系统应用及数据库迁移至电子政务网络平台，提供政府内部交换共享和社会公开对外查询两个平台。政府内部交换共享平台为各政府部门提供数据报送共建和信息查询共享服务，社会公开对外查询平台供公众直接查询公开信用信息。公共联合征信系统于2012年11月27日正式上线测试运行，已完成公共联合征信系统子系统——企业信用信息系统（暂名）的改造升级。“信用云浮网”征询有关部门意见，提出网页设计思路，抓紧建设。至2012年年底，征信中心已采集全市所有在册登记企业和个体户7.69万家的信用信息合计24.87万条，企业系统信息量比2011年增长108.26%农户系统收录全市农村人口共57.62万户的户籍信息，100%入库；收录农户的经济和社会信息共24.21万条，农户系统信息量比2011年增长995.18%。二是积极探索和拓展征信应用。市中院筹划推广郁南法院诉讼信用体系建设经验；工商部门把征信数据应用到市场准入、商标申报认定、企业评选活动和企业监管等环节；食品药品监管部门研究对餐饮服务单位和药械经营单位进行信用评级；安监部门建立安全生产企业诚信承诺机制、信用评级机制和信用分类监管机制；人社部门抓紧研究率先从公务员、道路运输从业人员入手探索个人信用建设。三是积极引进信用服务机构，探索征信建设的“政府主导，市场运作”新模式。与深圳宝能集团合作，2012年12月注册成立广东云信资信评估有限公司，建设云信征信中心展示厅。

（二）以创新金融服务为核心，加快农村信用体系建设

一是全面加快信用村建设。至2012年年底，全市已建成信用村593条，占全市行政村的70.01%，对21.85万户农户进行信用等级评定，其中16.37万户农户被评为信用户，参加评级农户中信用户占比74.92%。金融机构对信用户授信6.32亿元，累计为9 963户信用户发放小额信用贷款2.52亿元。同时，大力完善农村金融服务基础设施建设。至2012年年底，在766个行政村开通967个银行卡助农取款服务点（乡村金融服务站、“三农”保险服务站），累计发生助农取款业务金额423.07万元，有效缓解群众取款难等问题。二是以信用建设为抓手创新农村金融服务。各地积极探索将农民的资产和信誉转化为资本，分别探索“小城镇建设＋信用”、“基础授信＋产业化组织联保”、“公司＋农户＋政银保”等模式。创新农村金融产品和服务方式，推广“扶贫小额贷款”、“妇女创业小额担保贷款”等新型农村金融产品，着力解决农民贷款难等问题，促进农村经济和农业产业化发展。至2012年年底，全市金融扶贫累计发放贴息贷款3 562.12万元，惠及3 816户贫困户。三是以信用建设为载体创新农村社会管理。结合农村熟人社会实际，大力弘扬诚信文化，发挥信用户的示范带动作用，使信用村在社会维稳、新农村建设、党建等方面发生积极变化。

（三）以培育诚信市场为核心，构建中小微企业信用体系

率先从云浮市第一大产业石材业入手，建设中小微企业信用合作平台。大力推动政银企合作，出台守信激励和失信约束措施，金融机构对守信企业给予激励性授信，解决中小微企业融资难等问题。2012年12月5日，市政府举行发布会发布国内首部石材企业信用等级的划分与评定标准、全省第一个地方性中小微企业信用评定标准——《云浮市石材企业信用等级的划分与评定》。开发《云浮市石材企业信用评级平台》，制定《云浮市石材中小微企业信用合作平台建设工作指引》。2012年，完成3 224家石材企业的信用等级评定。12月29日，市中小微石材企业信用合作平台正式启动，100家石材企业代表共同在《诚实守信承诺宣言》上签名。2012年7月，农业银行对石材市场授信100亿元；10月，建行对国际石材城授信200亿元。至2012年年底，云浮市新增中小微型企业贷款36.87亿元，增长21.03%，高出同期各项贷款增速5.56个百分点。同时，大力推进信用服务市场建设。今年1月18日，云信资信评估有限公司及云信征信中心展厅正式对外揭牌运营。2012年，省领导和云浮市有关领导先后对云信征信中心进行了考察。云信公司相关工作，包括团队建设、编制企业制度流程及制定业务开展模式等正在有序开展。

三、坚持抓点带面、创新实践，以突破关键环节为抓手来推动社会信用体系建设

云浮市在社会信用体系建设中，以解决经济发展和社会管理中的突出问题为切入点，务求突破关键环节，带动工作全面铺开。

（一）抓好示范带动，推进信用示范点建设

因地制宜地从“点、线、面”三个层面推进信用示范点建设。其中，郁南县古勉村在全省率先探索农村建房担保贷款工作，勿坦村创新建立由18人组成的信用评级“大评委制”；罗定市创新探索“龙头企业＋农民＋银信订单循环信贷合作模式”模式；新兴县创新建立“基础授信＋产业化组织联保”模式，培育温氏金融示范点、农户专业合作社；云城区建设石材企业信用合作平台示范基地；云安县探索“公司＋农户＋政银保”模式发展高效园艺绿化产业。推动农村建房贷款逐步转向市场化运作。

（二）建立“三大机制”，推进事业单位信用试点建设

选取邓发纪念中学、市行政服务中心、市妇幼保健院等3个单位为试点，探索建立以信用制度建设为重点的约束规范机制、以信用档案建设为基础的考核评议机制、以信用管理建设为核心的多重监督机制，提升工作水平和服务质量。

（三）试行信用等级评定，推开社会组织信用建设

制定《云浮市全市性社会组织评估管理暂行办法》和《云浮市全市性行业协会商会评估评分细则》，以石材商会、道路运输协会为试点，以信用建设为切入点协调解决会员纠纷、融资和服务等问题。

（四）加快网上办事大厅建设，打造法治、廉洁、高效的服务型政府

以网上办事大厅建设为抓手推进信用政府、效率政府建设，规范行政权限，加强权力监督。云浮市网上办事大厅已于2012年12月28日正式开通运行。

（五）探索商业保险担保模式，推动农村建房贷款转向市场化运作

研究制定《郁南县农村建房贷款引入“政银保”合作模式试点实施方案》，以“有信用”作为其中一项必备条件，在郁南县农村建房贷款模式的基础上，探索引入商业保险作担保模式，使农村建房贷款逐步转向市场化运作。

（云浮市财政局供稿，陈耀福执笔）

规范农村财务管理制度 切实加强群众监督作用

2012年，云浮市云城区围绕基层财政管理改革要求，积极推进“村财镇管”改革进程，通过“四个规范”、“六个统一”进一步推进农村财务管理，大力打造“阳光四务”，切实加强群众监督作用。2012年，云城区110个村居（委）会会计账务已全部纳入各镇（街）的财政结算中心代理记账，占总数的100%。2011年，云城区获省财政厅表彰为“农村财务规范化建设示范区”称号。2012年3月，广东省委常委、省纪委书记黄先耀就此到云城区进行专题调研，省纪委宣教室也曾组织《南方日报》、广东电视台等记者到该区进行实地调研及采访。

一、进一步规范农村集体“三资”管理

农村集体的资金、资产、资源简称为“三资”，发展农村经济、实现农民共同富裕离不开农村集体“三资”管理，“三资”管理是农村发展的重要物质基础，它涉及农民群众最直接、最现实的利益。云城区把加强农村集体资金、资产、资源管理当做一项重要的中心工作来抓。从2012年起，云城区以云城街作试点，将由原来云城街道办自行管理的农村集体“三资”账务全部纳入该街财政结算中心管理，通过“三个规范”来对“三资”进行管理。

（一）规范资产账务管理

把所有“三资”账务资料纸质原件全部分类归档，并建立健全的纸质文件资料库，以方便群众查阅。同时，也建立同步的电子文档资料库，将所有“三资”账务资料一一录入计算机，统一设置文档、明细账目，由专人、专机、专项管理。

（二）规范村级资源管理

把村集体的所有财产（包括办公楼、办公设备、公务用车、土地、厂房、商铺、鱼塘等）统一定上编码，标明坐落位置，并建档立册，同时，将已开发的或待开发资源也统一登记在册，并将所有资源财产建立详细的可查阅图片资料和文字说明资料。

（三）规范账务（资金）公开制度

在村委会设置橱窗，定期公布“三资”账务管理工作情况，使整个“三资”账务管理能及时、准确、全面向群众公开，切切实实让群众清楚知道整个“三资”账务管理，接受群众监督，有效遏制违纪违法现象滋生。

二、进一步规范农村财务管理模式

2012年，云城区下大力气强化制度建设，对农村财务管理模式作了进一步规范，大力打造“阳光四务”（即阳光村务、阳光财务、阳光账务、阳光政务）制度。

（一）在财务管理方面，实行农村财务报账制度模式

农村财务核算统一由财政结算中心负责代理，各村只设一名报账员，负责每月向财政结算中心报送村级财务工作，取消村委会会计，实行日清月结的报账制度。改变以往村账务管理混乱的局面，使账目由“浑”变“清”，由“糊涂账”变成“明白账”，统一会计账簿、会计科目、会计票据、会计报表，规范账、表、册、据和会计核算、会计档案的管理。

（二）在资金管理方面，实行备用金制度模式

村委会资金统一由财政结算中心管理，并设立村级备用金专户，使村委资金得到合理和有效使用。根据以往村级经济规模与距离远近确定备用金限额，如有特殊情况需要领取备用金的，必须经村支部书记审批，并在事情处理结束后当月结账，各村平时所收到的资金必须及时、足额上交村级备用金专户，村组不得坐收坐支，严禁私设小金库和账外账。

（三）在票据管理方面，实行专票专用专管制度模式

根据《云城区农村财务管理试行办法》规定，统一使用《云城区农村财务管理内部结算凭证》和《云城区农村财务管理专用票据》，严禁使用自制票据或白条收款，实行统一购置、统一领用、统一发放、统一核销制度，原则上村组票据实行一本一领，一本一结，并且每月缴验，如一份票据遗失，必须由付款单位出具付款证明，才能予以核销，如整本票据遗失，当事人应及时向财政结算中心报告情况，并在相关报刊或媒体上公告声明作废。

（四）在业务管理方面，实行培训班学习制度模式

积极开展财政支农政策和相关的村级财务知识的业务

培训，确保每年举办一次以上的培训班学习，2008－2011年先后对全区各村级财务监督小组、村支书、村主任、村级报账员进行《村集体经济组织财务管理》、《村集体经济组织会计》等相关农村财务会计制度的业务培训，培训人数累计达1 000多人次，使村级会计队伍素质逐步实现由“低”变“高”的转变。

三、进一步规范“村财镇管”制度建设

为进一步推进“活力民主，阳光村务”工程，云城区实行村级财务“民主管理、民主决策、民主监督”的阳光“村财镇管”管理制度，制定《云浮市云城区农村财务管理规范化建设联系点工作方案》、《云城区农村财务管理制度（试行）》示范文本。同时，印刷《云城区农村财务管理制度（试行）》小册子发放到全区的各个村（居）民委员会，并在各个财政结算中心制作了公示牌，把财务制度和报账流程公示上墙。

（一）统一核算软件

财政结算中心配备专用计算机和打印机等办公设备，用于村级财务核算，统一安装村财务会计核算软件，实现会计操作电算化。计算机由专人使用，持证上岗，不允许无关人员上机操作。同时，加强操作系统和计算机数据保密工作，按月进行一次密码更新。未经批准，任何人不得将软件、会计资料转借他人，作废的数据资料要及时销毁。

（二）统一会计核算

加强对农村会计凭证票据的监督管理，规范农村会计凭证的使用。各村（居）委财务必须使用合法票据和云城区根据省财政厅要求统一印制的村级现金支出凭证和村集体经济组织内部结算凭证，不得随意乱用、滥用，不得自行印制或通过其他途径购买有关票据，杜绝“白条”入账。各种票据由专人保管，并实行统一的领、发、核、销、验制度管理。

（三）统一报账时间（段）

村级报账员在每月（季首月）10日前对所有上月（季）发生的收支原始凭证进行分类，报送到镇级各财政结算中心进行统一记账。各村（居）委会的账目和单据原则上不得隔月（季）报账，按季报账的必须经镇级纪委书记批准。做到日清月结（月清季结），账款相符，账实相符。报账员由村干部兼任或由通过民主程序产生的村民担任，主要负责村级收入、支出原始凭证的收集整理，村级备用金的领取、保管及定期报账工作。

（四）统一报账程序

各村（居）委会的开支，应按各村（居）自行制定并获相关民主程序通过的规定程序和《关于阳光村务工程和村级会计镇级代理若干问题的意见》进行审批。对于大额支出（含专项拨款），各村（居）委要填写大额支出表并提供合法的原始凭证（或材料），报财政结算中心办理支付手续。

（五）统一公布流程

财政结算中心应每月（季首月）15日前向各村（居）委会和镇级廉政直通车信息员提供详细、完整的村（居）委会财务信息。村（居）委会应定期（及时）在本村（居）公示栏上进行公开公布财务信息情况，接受广大群众的监督。

（六）统一档案管理

财政结算中心要对村级财务会计制度会计档案进行整理，装订成册，对委托代理档案管理的村（居）委会的财务会计档案实行分柜管理，保管期限一般与村（居）委会任期（3年）一致，在村（居）委会干部换届并进行离任审计后，要将村级财务会计档案交由村自行保管。采用会计电算化的，中心要保存好备份磁盘。

四、进一步规范农村财务档案资料管理

规范农村财务档案资料管理，对于整个农村财务管理的成功与否起到至关重要的作用。过去，由于种种原因或受条件限制，大多数村（居）委的财务档案资料都没有正确的分类、整理、归档，致使很多财务档案资料受到不同程度的损坏或遗失。为此，云城区通过“四个规范化”来管理农村财务档案资料。

（一）归档范围规范化

凡是纳入镇（街）财政结算中心管理形成的办理完毕具有查考保存价值的各种农村财务文件资料，均立卷归档。包括文件材料、会计材料、会计凭证、账簿等，文件材料还包括定稿与正本，正件和附件，转发件与原件，以及领导同志的重要批示，都必须齐全和完整。

（二）归档类别规范化

镇（街）财政结算中心从各村（居）委接收来的全部档案，按照国家档案行政管理部门的要求进行分类、整理、编号和保管。档案分类有：按组织机构分类、按专业分类、按文种保管期限分类。档案编号有：文书档案按保管期限编流水号、业务档案按性质编号、会计档案按文种保管价值编号。

（三）归档时间规范化

实行一年一度立卷归档制度。镇（街）财政结算中心办理完毕属于归档范围的文件材料，于次年六月底前清理立卷，集中档案柜统一保管，任何个人不得据为己有。会计材料由会计人员按年度整理立卷编目。

（四）归档保管规范化

档案室要符合国家档案管理要求，保持整洁、通风。切实做好防盗、防火、防虫、防鼠、防潮、防尘、防强光高温的“七防”工作。要定期检查档案保管状况，调节温湿度，对破损、退变档案应要及时采取措施修补、复制。

（云浮市云城区财政局供稿，郭华执笔）

第六部分

统计资料

2011 年度广东省财政一般预算收支决算总表

单位：万元

预　算　科　目	决算数	预　算　科　目	决算数
一、税收收入	45 486 603	一、一般公共服务	8 074 058
增值税	7 011 677	二、外交	395
营业税	14 311 603	三、国防	130 411
企业所得税	8 278 993	四、公共安全	5 698 458
企业所得税退税		五、教育	12 278 673
个人所得税	3 413 980	六、科学技术	2 039 152
资源税	111 229	七、文化体育与传媒	1 705 638
固定资产投资方向调节税		八、社会保障和就业	5 486 493
城市维护建设税	2 954 502	九、医疗卫生	4 337 495
房产税	1 454 011	十、节能环保	2 326 191
印花税	744 196	十一、城乡社区事务	5 181 570
城镇土地使用税	1 041 136	十二、农林水事务	4 203 375
土地增值税	2 952 136	十三、交通运输	5 334 018
车船税	306 298	十四、资源勘探电力信息等事务	1 471 169
耕地占用税	508 350	十五、商业服务业等事务	918 833
契税	2 384 443	十六、金融监管等事务支出	146 065
烟叶税	14 049	十七、地震灾后恢复重建支出	186 133
其他税收收入		十八、国土资源气象等事务	537 692
二、非税收入	9 661 824	十九、住房保障支出	1 464 183
专项收入	1 797 834	二十、粮油物资管理事务	217 546
行政事业性收费收入	3 696 369	二十一、储备事务支出	39 716
罚没收入	1 123 323	二十二、预备费	
国有资本经营收入	860 876	二十三、国债还本付息支出	1 523 125
国有资源（资产）有偿使用收入	1 027 070	二十四、其他支出	3 823 583
其他收入	1 156 352		
本年收入合计	55 148 427	本年支出合计	67 123 972
上级补助收入	13 152 342	上解上级支出	1 784 520
返还性收入	6 560 707	一般性转移支付	1 555 568
增值税和消费税税收返还收入	3 531 575	体制上解支出	268 282
所得税基数返还收入	1 631 032	出口退税专项上解支出	1 287 286
成品油价格和税费改革税收返还收入	1 398 100	专项转移支付	228 952

续表

预　算　科　目	决算数	预　算　科　目	决算数
一般性转移支付收入	1 737 472	专项上解支出	228 952
民族地区转移支付补助收入	3 517		
农村税费改革转移支付收入	12 154		
县级基本财力保障机制奖补资金收入	184 492		
结算补助收入	97 607		
资源枯竭型城市转移支付补助收入	31 500		
企业事业单位划转补助收入	155 279		
成品油价格和税费改革转移支付补助收入	522 700		
工商部门停征“两费”转移支付收入	53 081		
公共安全转移支付收入	63 108		
教育转移支付收入	287 435		
社会保障和就业转移支付收入	153 274		
医疗卫生转移支付收入	136 258		
农林水转移支付收入	27 129		
产粮（油）大县奖励资金收入	8 838		
其他一般性转移支付收入	1 100		
专项转移支付收入	4 854 163	增设预算周转金	153 853
财政部代理发行地方政府债券收入	910 000	拨付国债转贷资金数	394
国债转贷资金上年结余	5 502	国债转贷资金结余	5 108
上年结余	14 685 089	安排预算稳定调节基金	172 000
调入预算稳定调节基金	121 384	调出资金	187 619
调入资金	2 457 964	年终结余	17 053 242
1. 政府性基金调入	104 187	其中：本级	
2. 财政专户管理资金调入	208 548	减：结转下年的支出	15 270 895
3. 其他调入	2 145 229	其中：本级	
地震灾后恢复重建调入资金		净结余	1 782 347
预算稳定调节基金调入		其中：本级	
收入合计	86 480 708	支出合计	86 480 708

注：此表由省财政厅国库处提供。

2012年度广东省公共财政收支决算总表

单位：万元

预　算　科　目	决算数	预　算　科　目	决算数
一、税收收入	50 738 839	一、一般公共服务	8 926 236
增值税	7 938 435	二、外交	
营业税	15 568 022	三、国防	147 040
企业所得税	8 910 255	四、公共安全	6 213 858
企业所得税退税		五、教育	15 012 157
个人所得税	3 227 142	六、科学技术	2 467 101
资源税	120 465	七、文化体育与传媒	1 376 447
固定资产投资方向调节税		八、社会保障和就业	6 110 374
城市维护建设税	3 383 108	九、医疗卫生	5 051 423
房产税	1 754 177	十、节能环保	2 354 391
印花税	811 557	十一、城乡社区事务	6 232 778
城镇土地使用税	1 100 685	十二、农林水事务	5 395 580
土地增值税	4 080 080	十三、交通运输	5 035 658
车船税	413 549	十四、资源勘探电力信息等事务	1 847 464
耕地占用税	696 737	十五、商业服务业等事务	687 489
契税	2 718 288	十六、金融监管等事务支出	276 720
烟叶税	16 339	十七、地震灾后恢复重建支出	1 228
其他税收收入		十八、援助其他地区支出	229 810
二、非税收入	11 552 965	十九、国土资源气象等事务	628 905
专项收入	2 025 607	二十、住房保障支出	1 803 735
行政事业性收费收入	3 916 203	二十一、粮油物资储备事务	267 800
罚没收入	1 399 864	二十二、预备费	
国有资本经营收入	1 200 834	二十三、国债还本付息支出	983 080
国有资源（资产）有偿使用收入	1 422 424	二十四、其他支出	2 829 291
其他收入	1 588 033		
本年收入合计	62 291 804	本年支出合计	73 878 565

注：此表由省财政厅国库处提供。

2012 年度广东省公共财政

预算科目	收入					
	决算数合计	省级	地级	其中：地级直属乡镇	县级	乡镇级
一、税收收入	50 738 839	12 826 095	19 616 384	1 396 666	13 958 587	4 337 773
增值税	7 938 435	251 054	3 713 717	406 651	2 869 448	1 104 216
营业税	15 568 022	6 605 742	5 192 625	261 288	2 864 974	904 681
企业所得税	8 910 255	3 513 398	3 117 362	147 827	1 789 425	490 070
企业所得税退税						
个人所得税	3 227 142	917 978	1 495 312	44 717	683 631	130 221
资源税	120 465		13 459	375	62 787	44 219
固定资产投资方向调节税						
城市维护建设税	3 383 108		1 069 060	142 065	1 874 003	440 045
房产税	1 754 177		854 528	68 293	636 206	263 443
印花税	811 557		227 343	36 761	473 222	110 992
城镇土地使用税	1 100 685		376 843	63 233	444 817	279 025
土地增值税	4 080 080	1 537 923	1 539 674	65 897	725 963	276 520
车船税	413 549		217 385	22 025	132 240	63 924
耕地占用税	696 737		176 824	15 000	443 770	76 143
契税	2 718 288		1 622 252	122 534	942 380	153 656
烟叶税	16 339				15 721	618
其他税收收入						
二、非税收入	11 552 965	990 680	5 673 305	8 102	4 508 674	380 306
专项收入	2 025 607	238 596	1 059 458	1 161	659 579	67 974
行政事业性收费收入	3 916 203	401 510	1 860 104	1 883	1 470 379	184 210
罚没收入	1 399 864	100 770	748 753	43	523 142	27 199
国有资本经营收入	1 200 834		878 742		291 375	30 717
国有资源（资产）有偿使用收入	1 422 424	130 301	487 619	2 704	780 376	24 128
其他收入	1 588 033	119 503	638 629	2 311	783 823	46 078
本年收入合计	62 291 804	13 816 775	25 289 689	1 404 768	18 467 261	4 718 079

注：此表由省财政厅国库处提供；《广东财政年鉴（2012）》本表最上一栏收入误为支出，在此更正。

收支决算分级表

单位：万元

预算科目	支出					
	决算数合计	省级	地级	其中：地级直属乡镇	县级	乡镇级
一、一般公共服务	8 926 236	1 244 482	2 769 244	258 189	3 866 466	1 046 044
二、外交						
三、国防	147 040	41 792	43 629	59	59 492	2 127
四、公共安全	6 213 858	961 648	2 414 119	349 788	2 600 560	237 531
五、教育	15 012 157	1 752 432	4 248 529	830 461	6 795 465	2 215 731
六、科学技术	2 467 101	267 577	1 329 383	31 807	806 712	63 429
七、文化体育与传媒	1 376 447	207 614	636 422	83 547	482 391	50 020
八、社会保障和就业	6 110 374	483 960	1 969 329	250 390	2 968 316	688 769
九、医疗卫生	5 051 423	318 130	1 582 466	115 761	2 769 920	380 907
十、节能环保	2 354 391	84 082	1 620 456	86 332	502 948	146 905
十一、城乡社区事务	6 232 778	9 109	3 139 102	299 798	2 727 696	356 871
十一、城乡社区事务	5 395 580	664 265	1 506 555	218 571	2 401 772	822 988
十一、城乡社区事务	5 035 658	1 503 065	2 760 995	85 966	724 495	47 103
十一、城乡社区事务	1 847 464	117 272	1 220 987	14 574	477 412	31 793
十一、城乡社区事务	687 489	51 989	261 348	5 511	345 471	28 681
十一、城乡社区事务	276 720	6 089	249 708	2 052	20 874	49
十一、城乡社区事务	1 228	977	251	177		
十一、城乡社区事务	229 810	99 658	106 128		23 573	451
十一、城乡社区事务	628 905	88 661	191 619	13 653	298 692	49 933
十一、城乡社区事务	1 803 735	2 307	930 913	28 122	804 795	65 720
十一、城乡社区事务	267 800	85 778	104 518	1 779	75 965	1 539
十一、城乡社区事务	983 080	1 750	973 571	29	7 758	1
十一、城乡社区事务	2 829 291	633 722	794 044	90 566	1 303 382	98 143
本年支出合计	73 878 565	8 626 359	28 853 316	2 767 132	30 064 155	6 334 735

2012 年度广东省地市县

地　　区	收								
	收入合计	税　　收							
		小计	增值税	营业税	企业所得税	个人所得税	资源税	城市维护建设税	耕地占用税
广东省	62 291 804	50 738 839	7 938 435	15 568 022	8 910 255	3 227 142	120 465	3 383 108	696 737
广东省本级	13 816 775	12 826 095	251 054	6 605 742	3 513 398	917 978			
广东省地市合计	48 475 029	37 912 744	7 687 381	8 962 280	5 396 857	2 309 164	120 465	3 383 108	696 737
广州市	11 023 961	8 254 510	1 758 311	1 747 616	1 075 045	439 592	2 313	924 150	95 078
广州市本级	5 110 334	3 621 867	559 074	707 282	447 727	425 484	59	190 825	
广州市区县合计	5 913 627	4 632 643	1 199 237	1 040 334	627 318	14 108	2 254	733 325	95 078
越秀区	432 550	316 278	34 522	89 057	41 392			56 300	
海珠区	399 871	259 093	32 635	85 739	34 691			40 431	228
荔湾区	378 042	281 801	87 913	59 646	17 132			64 419	1 629
天河区	491 587	413 762	60 968	112 523	43 022			79 109	889
白云区	444 982	344 538	67 771	100 573	29 134		426	50 450	18 217
黄埔区	121 903	95 115	21 843	13 176	15 850			20 189	548
花都区	575 115	464 630	140 225	110 428	71 481		1 648	67 789	11 658
番禺区	799 619	573 313	152 138	185 143	63 820			76 658	8 555
南沙区	379 926	311 825	98 958	46 762	50 116			77 613	2 486
萝岗区	1 098 945	1 008 314	405 323	98 752	216 502			147 176	28 607
从化市	261 777	157 966	22 247	38 157	17 289	6 258	56	10 517	10 535
增城市	529 310	406 008	74 694	100 378	26 889	7 850	124	42 674	11 726
深圳市	14 820 800	13 299 766	1 875 512	4 210 150	2 697 311	1 391 188		861 289	
深圳市本级	8 790 168	7 685 253	898 110	2 956 965	1 848 965	819 603		-209	
深圳市区县合计	6 030 632	5 614 513	977 402	1 253 185	848 346	571 585		861 498	
福田区	936 220	843 028	59 082	199 051	161 233	109 824		177 900	
罗湖区	560 199	522 359	55 872	129 766	96 369	55 776		103 626	
盐田区	222 018	206 320	17 107	67 336	45 110	14 003		14 946	
南山区	888 864	850 723	97 933	197 140	125 861	59 050		157 196	
宝安区	1 971 387	1 832 872	461 435	399 073	258 078	88 171		238 834	
龙岗区	1 451 944	1 359 211	285 973	260 819	161 695	244 761		168 996	
珠海市	1 625 997	1 226 177	322 810	232 597	155 711	46 113		136 441	
珠海市本级	1 106 302	799 394	187 256	159 121	101 199	32 162		90 849	
珠海市区县合计	519 695	426 783	135 554	73 476	54 512	13 951		45 592	
香洲区	206 664	160 237	47 411	29 595	28 957	6 488		18 165	
金湾区	136 657	120 131	37 824	21 797	13 648	2 783		14 660	
斗门区	176 374	146 415	50 319	22 084	11 907	4 680		12 767	
汕头市	963 447	614 078	173 406	99 397	71 578	19 387	2 595	60 519	11 203
汕头市本级	369 809	242 952	57 249	40 089	27 470	8 639	44	22 638	1 537
汕头市区县合计	593 638	371 126	116 157	59 308	44 108	10 748	2 551	37 881	9 666
金平区	81 982	51 465	15 386	8 913	6 808	3 045	567	5 715	
龙湖区	92 421	63 873	16 398	14 929	8 305	2 441	548	7 244	
澄海区	146 323	90 456	31 371	11 745	10 518	2 281	444	8 730	1 292
濠江区	43 085	24 231	5 991	5 232	3 597	300	293	2 375	2 305
潮阳区	130 733	76 041	25 030	10 683	9 391	1 101	378	7 672	2 753
潮南区	86 114	54 506	21 119	5 038	4 529	1 433	208	5 586	3 311

公共财政收支情况表（1－1）

单位：万元

收入										支出合计
收入			非税收入							
契税	烟叶税	其他各项税收收入	小计	专项收入	行政事业性收费收入	罚没收入	国有资本经营收入	国有资源（资产）有偿使用收入	其他收入	
2 718 288	16 339	8 160 048	11 552 965	2 025 607	3 916 203	1 399 864	1 200 834	1 422 424	1 588 033	73 878 565
		1 537 923	990 680	238 596	401 510	100 770		130 301	119 503	8 626 359
2 718 288	16 339	6 622 125	10 562 285	1 787 011	3 514 693	1 299 094	1 200 834	1 292 123	1 468 530	65 252 206
581 872		1 630 533	2 769 451	445 748	722 190	277 397	723 352	310 245	290 519	13 436 451
519 408		772 008	1 488 467	163 302	451 577	160 192	626 501	73 174	13 721	5 768 831
62 464		858 525	1 280 984	282 446	270 613	117 205	96 851	237 071	276 798	7 667 620
		95 007	116 272	17 883	16 428	17 573		36 141	28 247	655 539
		65 369	140 778	15 184	18 478	12 241		16 048	78 827	805 282
		51 062	96 241	20 458	11 054	4 113		25 616	35 000	541 266
		117 251	77 825	25 651	15 139	6 319		11 470	19 246	605 577
		77 967	100 444	24 881	26 274	13 659		14 289	21 341	653 750
		23 509	26 788	5 512	5 538	5 262		1 104	9 372	248 227
		61 401	110 485	29 803	48 315	14 087		7 782	10 498	614 622
		86 999	226 306	35 984	40 661	22 676	89 788	9 246	27 951	999 697
		35 890	68 101	33 655	3 045	2 953		12 728	15 720	445 332
		111 954	90 631	39 217	18 965	3 508	7 063	18 801	3 077	1 028 537
15 335		37 572	103 811	6 724	21 344	6 126		64 089	5 528	396 412
47 129		94 544	123 302	27 494	45 372	8 688		19 757	21 991	673 379
510 026		1 754 290	1 521 034	382 587	398 482	209 042	3 691	140 928	386 304	15 690 071
271 717		890 102	1 104 915	377 816	262 368	165 074		62 985	236 672	8 746 470
238 309		864 188	416 119	4 771	136 114	43 968	3 691	77 943	149 632	6 943 601
20 307		115 631	93 192	5	9 645	3 469		30 306	49 767	1 025 120
15 553		65 397	37 840		5 409	100		19 151	13 180	686 862
9 052		38 766	15 698	2 576	2 786	6 828		2 935	573	231 011
31 912		181 631	38 141	184	20 121	2 564	860	14 412		1 028 071
98 098		289 183	138 515	1 668	21 823	20 334	2 831	6 003	85 856	2 171 216
63 387		173 580	92 733	338	76 330	10 673		5 136	256	1 801 321
97 223		235 282	399 820	61 524	130 859	41 536	85 789	50 587	29 525	2 122 023
75 978		152 829	306 908	41 082	94 214	34 825	84 664	26 688	25 435	1 513 616
21 245		82 453	92 912	20 442	36 645	6 711	1 125	23 899	4 090	608 407
		29 621	46 427	8 189	11 707	3 794	1 125	17 850	3 762	259 562
7 989		21 430	16 526	6 361	3 808	1 014		5 015	328	138 479
13 256		31 402	29 959	5 892	21 130	1 903		1 034		210 366
43 477		132 516	349 369	39 233	109 728	52 312	28 289	30 253	89 554	1 729 327
31 114		54 172	126 857	19 202	47 500	28 193	2 431	11 066	18 465	435 578
12 363		78 344	222 512	20 031	62 228	24 119	25 858	19 187	71 089	1 293 749
		11 031	30 517	2 433	5 234	774		177	21 899	151 555
		14 008	28 548	3 942	2 815	774	14 876	269	5 872	150 816
7 388		16 687	55 867	4 909	10 059	9 111		134	31 654	238 542
		4 138	18 854	1 078	2 266	865	8 382	541	5 722	88 195
3 276		15 757	54 692	3 616	20 880	4 586	2 600	17 863	5 147	324 004
605		12 677	31 608	3 672	20 193	6 857		91	795	245 288

2012 年度广东省地市县

部　　分									
									支
一般公共服务	国防	公共安全	教育	科学技术	文化体育与传媒	社会保障和就业	医疗卫生	节能保护	城乡社区事务
8 926 236	147 040	6 213 858	15 012 157	2 467 101	1 376 447	6 110 374	5 051 423	2 354 391	6 232 778
1 244 482	41 792	961 648	1 752 432	267 577	207 614	483 960	318 130	84 082	9 109
7 681 754	105 248	5 252 210	13 259 725	2 199 524	1 168 833	5 626 414	4 733 293	2 270 309	6 223 669
1 396 058	19 823	1 055 448	2 234 976	521 165	274 347	1 264 558	748 842	192 310	2 214 490
479 158	134	360 522	458 223	134 824	151 221	582 331	294 085	110 605	1 164 452
916 900	19 689	694 926	1 776 753	386 341	123 126	682 227	454 757	81 705	1 050 038
70 231	923	75 987	173 586	32 751	4 157	114 662	38 318	1 428	40 494
87 014	1 164	68 109	188 319	23 287	6 809	66 856	51 947	1 987	263 104
55 021	665	64 688	140 660	13 403	10 105	67 583	34 179	1 946	71 996
77 713	1 377	68 688	145 157	52 984	9 255	55 009	29 221	1 565	82 059
86 662	512	62 011	165 740	27 926	6 893	83 001	45 555	2 899	52 486
33 001		25 589	53 245	8 580	3 904	26 125	10 217	1 247	17 193
96 580	1 848	58 909	148 938	21 366	10 778	50 557	46 163	12 559	43 424
93 099	4 611	102 199	254 913	29 816	10 373	83 663	65 651	12 633	124 750
64 960	1 070	40 205	83 782	13 106	7 879	12 273	24 662	12 945	92 971
116 355	7 024	46 483	157 361	133 169	34 828	30 321	30 315	20 846	197 947
66 181	495	30 026	99 205	4 444	4 658	38 213	35 919	1 145	13 993
70 083		52 032	165 847	25 509	13 487	53 964	42 610	10 505	49 621
1 433 805	13 392	1 215 645	2 461 343	792 651	328 388	667 785	1 052 925	1 080 036	1 998 352
602 737	6 593	469 673	1 098 787	695 772	152 726	242 409	616 657	989 217	783 582
831 068	6 799	745 972	1 362 556	96 879	175 662	425 376	436 268	90 819	1 214 770
73 601	1 188	104 976	220 033	34 494	19 023	73 061	72 993	1 986	181 511
95 899	1 077	86 047	155 620	8 619	4 545	85 085	30 706	10 447	71 579
38 406		33 794	39 603	5 933	6 820	18 990	16 613	3 804	26 381
64 148		106 717	211 891	15 138	50 498	78 980	68 193	37 355	127 174
307 094	50	249 508	438 316	20 061	74 791	103 352	135 178	30 502	526 336
251 920	4 484	164 930	297 093	12 634	19 985	65 908	112 585	6 725	281 789
270 806	9 118	225 054	438 581	88 312	28 143	170 172	81 445	126 133	230 870
169 328	6 056	197 187	237 609	62 935	20 064	106 356	58 030	113 180	171 649
101 478	3 062	27 867	200 972	25 377	8 079	63 816	23 415	12 953	59 221
36 438	1 052	12 640	91 296	12 487	3 551	31 745	13 977	2 483	39 071
31 339	1 489	8 166	33 898	8 892	2 295	10 392	3 594	2 923	11 664
33 701	521	7 061	75 778	3 998	2 233	21 679	5 844	7 547	8 486
210 625	3 116	128 835	446 549	23 952	19 598	191 158	195 376	42 254	82 093
41 229	1 565	68 995	49 390	9 823	11 791	63 671	32 554	18 888	18 128
169 396	1 551	59 840	397 159	14 129	7 807	127 487	162 822	23 366	63 965
23 015	267	4 260	54 864	3 353	670	18 451	18 235	300	13 978
37 826	506	5 828	52 456	5 047	921	14 751	11 233	491	10 602
37 535	333	17 754	65 919	3 245	1 963	22 209	26 266	7 149	10 560
7 299	149	2 028	25 353	1 254	416	7 945	10 233	161	18 033
29 795		14 750	111 949	379	2 245	35 438	52 333	5 708	3 895
23 209	198	11 575	81 541	547	1 088	25 554	41 160	8 443	3 773

公共财政收支情况表（1－2）

单位：万元

出											
农林水事务	交通运输	资源勘探电力信息等事务	商业服务业等事务	金融监管等事务支出	地震灾后恢复重建支出	援助其他地区支出	国土资源气象等事务	住房保障支出	粮油物资储备事务	国债还本付息支出	其他支出
5 395 580	5 035 658	1 847 464	687 489	276 720	1 228	229 810	628 905	1 803 735	267 800	983 080	2 829 291
664 265	1 503 065	117 272	51 989	6 089	977	99 658	88 661	2 307	85 778	1 750	633 722
4 731 315	3 532 593	1 730 192	635 500	270 631	251	130 152	540 244	1 801 428	182 022	981 330	2 195 569
635 455	602 983	689 885	142 906	95 308		34 696	142 719	673 117	34 492	6 968	455 905
186 917	507 777	512 301	18 817	90 645		34 696	28 109	371 308	24 909	6 912	250 885
448 538	95 206	177 584	124 089	4 663			114 610	301 809	9 583	56	205 020
7 021	420	11 018	7 764	4 492			7 866	40 210			24 211
8 095	606	7 380	5 150				4 782	19 804			869
12 731	498	11 950	13 431				3 620	29 870	16		8 904
16 621	319	15 646	10 782	306			1 310	35 958	138		1 469
51 845	1 292	8 341	2 714				10 979	25 377	345		19 172
26 130	645	3 323	9 187				768	19 007	33		10 033
41 701	14 563	6 491	4 775				28 626	25 316	1 913		115
66 598	27 270	31 185	9 605	118			27 899	49 634	2 566	2	3 112
30 711	4 926	27 481	4 409				4 515	11 630	855		6 952
36 242	10 135	40 398	44 846	－331			13 756	19 486	5	54	89 297
59 577	15 176	8 184	3 204				4 460	7 072	1 378		3 082
91 266	19 356	6 187	8 222	78			6 029	18 445	2 334		37 804
446 591	1 000 381	462 168	147 054	148 937		53 816	58 692	522 926	42 384	923 564	839 236
318 805	791 470	383 071	107 040	144 383		44 147	50 846	263 880	32 988	923 564	28 123
127 786	208 911	79 097	40 014	4 554		9 669	7 846	259 046	9 396		811 113
9 639	24 050	8 131	33 575	1 311			100	11 080			154 368
3 529	17 932	1 089	1 044				410	51 443			61 791
3 244		1 133	835					19 274			16 181
35 593	50 200	7 469	50	467				45 000			129 198
24 648	85 281	53 997	2 425	958		8 685	2 197	79 956	4 279		23 602
51 133	31 448	7 278	2 085	1 818		984	5 139	52 293	5 117		425 973
107 933	130 977	50 245	21 159	569			11 812	18 474	4 826	966	106 428
79 937	124 841	46 662	20 308	569			10 799	10 447	2 581	966	74 112
27 996	6 136	3 583	851				1 013	8 027	2 245		32 316
3 998	100	1 743	74				350		685		7 872
7 825	5 192	1 043	43				323	6 511	757		2 133
16 173	844	797	734				340	1 516	803		22 311
189 316	71 424	14 044	11 455	1 870			13 734	44 161	8 614	1 063	30 090
16 911	42 034	3 493	3 441	1 417			3 390	28 784	4 901	686	14 487
172 405	29 390	10 551	8 014	453			10 344	15 377	3 713	377	15 603
7 207	3	1 120	631	53			87	1 677		18	3 366
6 552	19	2 329	1 104				319	400			432
21 887	4 938	3 869	2 881	205			1 701	6 932	956	176	2 064
7 519	1 683	1 141	352	55			507	202	67	25	3 773
54 979	3 201	1 400	1 512				1 592	2 480	1 300	33	1 015
36 199	3 690	354	855	133			1 763	3 288	1 136	64	718

2012 年度广东省地市县

地　区									
									收
	收入合计	税　收							
		小计	增值税	营业税	企业所得税	个人所得税	资源税	城市维护建设税	耕地占用税
南澳县	12 980	10 554	862	2 768	960	147	113	559	5
佛山市	3 840 803	3 002 463	661 429	517 326	397 531	103 701	436	301 958	60 428
佛山市本级	247 823	192 927	39 415	34 348	23 973	6 405	33	18 743	5 154
佛山市区县合计	3 592 980	2 809 536	622 014	482 978	373 558	97 296	403	283 215	55 274
禅城区	609 643	483 835	87 169	96 565	58 927	23 627		49 170	1 527
南海区	1 192 014	897 785	183 797	159 868	97 746	25 579		83 710	33 876
顺德区	1 365 188	1 099 305	267 279	173 850	183 914	39 649	102	114 532	8 889
高明区	179 869	130 982	35 684	18 811	12 675	3 067	252	13 660	5 250
三水区	246 266	197 629	48 085	33 884	20 296	5 374	49	22 143	5 732
韶关市	614 765	412 945	95 913	80 373	21 862	10 585	10 894	51 388	32 137
韶关市本级	261 885	167 265	39 770	19 745	6 027	4 030	1 183	29 955	19 101
韶关市区县合计	352 880	245 680	56 143	60 628	15 835	6 555	9 711	21 433	13 036
浈江区	28 903	18 696	3 412	8 136	1 188	720	130	2 060	
武江区	27 739	19 968	2 788	9 701	1 974	1 010	646	2 311	
曲江区	55 398	36 041	8 959	8 898	2 895	899	478	4 020	
乐昌市	44 560	30 473	6 421	9 384	1 603	636	721	2 792	103
南雄市	40 018	27 735	3 208	4 564	1 083	436	514	1 626	3 480
仁化县	45 348	31 780	12 315	3 643	1 331	607	3 253	2 925	2 132
始兴县	25 025	18 047	3 115	3 254	913	380	486	999	1 614
翁源县	26 881	19 553	3 570	3 955	970	782	1 210	1 130	3 449
新丰县	23 020	17 298	4 361	4 024	765	386	2 041	1 287	1 870
乳源瑶族自治县	35 988	26 089	7 994	5 069	3 113	699	232	2 283	388
河源市	376 403	285 887	65 859	60 558	25 261	5 056	10 534	22 371	20 394
河源市本级	129 520	104 555	22 751	19 182	14 554	1 931	436	8 853	3 322
河源市区县合计	246 883	181 332	43 108	41 376	10 707	3 125	10 098	13 518	17 072
源城区	54 755	44 806	7 820	13 532	2 397	1 032	510	3 760	2 000
东源县	47 406	34 413	8 897	7 343	2 318	604	1 999	2 397	1 797
和平县	26 328	19 383	4 075	4 451	818	288	1 649	1 292	2 321
龙川县	36 250	23 680	4 929	5 553	1 699	467	253	1 819	2 994
紫金县	36 618	26 657	5 246	5 578	1 900	406	976	1 637	5 090
连平县	45 526	32 393	12 141	4 919	1 575	328	4 711	2 613	2 870
梅州市	562 701	397 088	86 131	60 289	25 270	9 126	20 778	49 112	60 003
梅州市本级	189 638	123 585	27 795	12 594	6 790	2 607	255	28 596	24 601
梅州市区县合计	373 063	273 503	58 336	47 695	18 480	6 519	20 523	20 516	35 402
梅江区	39 473	26 765	5 080	6 136	1 669	571	215	4 278	2 262
兴宁市	44 962	34 498	6 955	8 312	2 370	678	1 026	2 911	2 777
梅县	116 805	81 803	14 903	12 696	6 716	2 395	1 085	4 822	19 865
平远县	34 119	27 435	9 312	3 211	921	481	7 663	2 216	92
蕉岭县	35 152	25 761	5 066	3 061	1 502	766	5 749	1 217	2 606
大埔县	41 033	30 278	5 414	5 574	1 157	529	4 261	1 945	1 045
丰顺县	34 817	26 521	7 241	4 595	2 451	627	256	1 987	4 019
五华县	26 702	20 442	4 365	4 110	1 694	472	268	1 140	2 736

公共财政收支情况表（2－1）

单位：万元

收										支
入										
收　入			非　税　收　入							支出合计
契税	烟叶税	其他各项税收收入	小计	专项收入	行政事业性收费收入	罚没收入	国有资本经营收入	国有资源（资产）有偿使用收入	其他收入	
1 094		4 046	2 426	381	781	1 152		112		95 349
317 197		642 457	838 340	160 723	420 915	111 625	52 836	60 913	31 328	4 339 550
21 827		43 029	54 896	6 489	23 134	10 798		8 028	6 447	503 760
295 370		599 428	783 444	154 234	397 781	100 827	52 836	52 885	24 881	3 835 790
61 213		105 637	125 808	26 148	54 065	24 294		21 176	125	543 847
109 373		203 836	294 229	47 414	135 500	30 808	37 226	19 224	24 057	1 297 711
98 922		212 168	265 883	59 191	164 029	29 825	12 000	838		1 482 487
10 883		30 700	48 887	7 726	18 960	7 394	3 610	10 498	699	214 092
14 979		47 087	48 637	13 755	25 227	8 506		1 149		297 653
27 962	11 317	70 514	201 820	36 527	47 080	34 448	20 028	39 129	24 608	1 480 357
15 627		31 827	94 620	21 311	14 446	13 613	18 042	11 869	15 339	484 100
12 335	11 317	38 687	107 200	15 216	32 634	20 835	1 986	27 260	9 269	996 257
		3 050	10 207	69	1 242	1 365		4 178	3 353	66 455
		1 538	7 771	56	2 194	1 616		2 834	1 071	52 781
2 112		7 780	19 357	3 147	5 557	1 813	443	8 397		100 815
2 421	1 562	4 830	14 087	2 933	4 886	2 764		3 504		148 408
1 417	7 357	4 050	12 283	981	4 287	1 867		3 808	1 340	145 566
1 317		4 257	13 568	2 183	4 922	1 485		3 058	1 920	98 919
1 762	1 766	3 758	6 978	1 262	1 693	2 571	643	809		89 482
1 363		3 124	7 328	1 213	2 098	3 967		50		107 780
887		1 677	5 722	991	1 450	2 089	900	37	255	82 738
1 056	632	4 623	9 899	2 381	4 305	1 298		585	1 330	103 313
25 833		50 021	90 516	17 588	40 129	13 192	2 258	12 140	5 209	1 344 731
13 686		19 840	24 965	6 621	11 376	3 805	1 000	1 686	477	284 492
12 147		30 181	65 551	10 967	28 753	9 387	1 258	10 454	4 732	1 060 239
3 922		9 833	9 949	2 226	3 995	641		569	2 518	119 289
2 354		6 704	12 993	2 358	7 143	750		2 741	1	188 765
1 933		2 556	6 945	993	3 545	1 581		826		154 860
1 533		4 433	12 570	1 312	5 029	3 106		3 003	120	236 402
1 469		4 355	9 961	1 322	3 923	1 020	1 258	345	2 093	209 038
936		2 300	13 133	2 756	5 118	2 289		2 970		151 885
21 424	4 279	60 676	165 613	31 570	47 706	12 613	7 846	37 816	28 062	1 755 253
6 231		14 116	66 053	14 836	16 958	2 686	4 458	6 495	20 620	337 334
15 193	4 279	46 560	99 560	16 734	30 748	9 927	3 388	31 321	7 442	1 417 919
1 444		5 110	12 708	1 378	1 395	662		8 635	638	87 060
2 458		7 011	10 464	1 765	4 307	2 013	2 000	379		278 187
5 174	701	13 446	35 002	3 979	7 326	1 439		15 634	6 624	236 824
572	702	2 265	6 684	1 923	3 392	1 024	139	206		105 951
1 009	560	4 225	9 391	3 652	2 343	836	687	1 780	93	96 176
2 407	1 081	6 865	10 755	1 610	3 163	1 434	562	3 929	57	150 777
610	169	4 566	8 296	1 349	5 757	453		707	30	173 501
1 519	1 066	3 072	6 260	1 078	3 065	2 066		51		289 443

2012 年度广东省地市县

部　分									
									支
一般公共服务	国防	公共安全	教育	科学技术	文化体育与传媒	社会保障和就业	医疗卫生	节能保护	城乡社区事务
10 717	98	3 645	5 077	304	504	3 139	3 362	1 114	3 124
682 877	10 009	512 034	966 523	168 320	72 387	319 352	223 344	217 365	269 686
78 032	3 652	87 409	73 559	12 260	30 980	43 482	35 098	7 308	12 870
604 845	6 357	424 625	892 964	156 060	41 407	275 870	188 246	210 057	256 816
95 953	1 619	71 235	119 501	22 489	3 802	45 555	23 543	18 342	45 199
192 453		156 282	342 073	48 274	14 936	85 561	67 319	61 787	80 039
215 750	3 779	143 904	313 962	66 661	17 474	97 203	68 696	119 703	107 188
42 245		25 391	49 768	9 021	2 548	17 279	15 071	6 576	7 615
58 444	959	27 813	67 660	9 615	2 647	30 272	13 617	3 649	16 775
252 106	2 844	99 661	309 564	26 210	19 889	182 263	119 093	28 468	50 407
66 615	753	48 235	66 676	12 690	6 728	68 056	15 981	9 227	31 107
185 491	2 091	51 426	242 888	13 520	13 161	114 207	103 112	19 241	19 300
14 778	120	2 365	23 210	712	797	9 257	7 070	32	1 055
15 400	43	2 368	17 449	734	377	4 525	4 905	55	722
16 458	198	5 738	22 150	1 457	1 221	18 461	11 358	2 173	2 106
23 703	415	8 428	35 113	1 935	1 686	15 991	15 611	7 481	3 930
24 692	366	6 770	32 238	1 494	2 364	17 386	16 096	2 583	2 289
17 809	233	4 428	21 229	1 237	2 003	7 733	9 079	1 140	2 672
14 926	334	6 740	17 893	977	1 019	11 616	10 031	1 475	2 894
24 065	21	5 773	25 323	1 710	1 192	10 611	11 598	777	1 149
15 474	165	3 787	23 079	1 276	925	10 814	7 638	403	938
18 186	196	5 029	25 204	1 988	1 577	7 813	9 726	3 122	1 545
177 886	2 133	77 866	300 538	11 970	14 596	188 828	133 722	25 096	53 565
44 324	1 603	27 398	42 318	3 196	2 809	13 915	12 685	10 402	16 654
133 562	530	50 468	258 220	8 774	11 787	174 913	121 037	14 694	36 911
20 854		4 145	26 400	1 223	2 544	15 419	10 118	1 158	8 256
26 043	50	8 941	42 935	1 944	1 504	35 038	17 198	2 880	2 205
18 360		7 865	37 817	2 019	1 296	25 163	17 125	1 374	3 634
27 885		11 026	64 281	663	1 700	44 822	32 920	3 516	8 124
24 976	480	11 070	51 501	768	3 028	34 226	27 299	4 277	8 713
15 444		7 421	35 286	2 157	1 715	20 245	16 377	1 489	5 979
250 886	5	98 384	384 374	24 303	23 073	260 578	178 932	25 593	44 730
46 994	5	32 859	34 034	12 353	7 218	34 755	12 550	3 241	12 923
203 892		65 525	350 340	11 950	15 855	225 823	166 382	22 352	31 807
13 181		2 823	26 081	494	870	18 696	9 224	450	1 078
34 776		12 208	75 572	3 491	2 224	48 550	34 043	3 026	4 945
38 442		11 376	54 965	1 122	3 691	37 291	25 565	3 737	5 088
20 155		6 095	19 845	1 385	1 356	12 891	10 079	2 809	2 978
12 404		5 892	15 895	556	1 215	16 460	8 409	4 969	1 512
28 107		7 023	34 272	287	2 438	18 862	17 716	2 125	6 704
23 522		8 645	40 994	853	1 640	32 894	24 283	3 206	2 897
33 305		11 463	82 716	3 762	2 421	40 179	37 063	2 030	6 605

公共财政收支情况表（2－2）

单位：万元

出											
农林水事务	交通运输	资源勘探电力信息等事务	商业服务业等事务	金融监管等事务支出	地震灾后恢复重建支出	援助其他地区支出	国土资源气象等事务	住房保障支出	粮油物资储备事务	国债还本付息支出	其他支出
38 062	15 856	338	679	7			4 375	398	254	61	4 235
268 497	180 147	120 036	46 207	5 971		16 415	27 095	99 061	16 369	15 014	102 841
15 838	42 424	3 330	2 135	188		2 060	3 429	14 337	4 422	15 009	15 938
252 659	137 723	116 706	44 072	5 783		14 355	23 666	84 724	11 947	5	86 903
23 886	34 594	12 394	6 632	310		1 184	1 769	11 154	1 507		3 179
90 163	34 661	30 959	9 102	4 208		7 604	14 719	22 987	4 086		30 498
95 112	58 256	58 443	24 593	190		4 167	3 967	39 432	3 600	5	40 402
18 042	5 155	3 760	895	612		590	2 021	1 476	1 016		5 011
25 456	5 057	11 150	2 850	463		810	1 190	9 675	1 738		7 813
180 615	81 646	18 453	11 805	532			8 527	63 135	4 938	2 199	18 002
23 359	58 736	10 089	3 883	323			2 613	49 931	2 187	535	6 376
157 256	22 910	8 364	7 922	209			5 914	13 204	2 751	1 664	11 626
4 395	139	596	791				80	845		13	200
3 299	110	390	490				95	466			1 353
8 058	929	2 243	921	8			650	3 962	419	1	2 304
23 675	3 018	642	1 222	50			1 960	1 607	242	46	1 653
27 659	5 336	1 004	1 135	38			517	1 793	766	737	303
19 212	5 071	497	424				1 017	618	292	66	4 159
15 420	1 802	318	607	26			459	2 027	350	71	497
18 898	3 272	644	1 321	50			330	695	111		240
13 126	2 263	668	482				563	690	281		166
23 514	970	1 362	529	37			243	501	290	730	751
180 152	77 291	11 332	15 882	266			9 095	28 029	4 628	1 894	29 962
18 784	63 710	4 601	4 405	158			1 822	7 340	826	926	6 616
161 368	13 581	6 731	11 477	108			7 273	20 689	3 802	968	23 346
11 085	987	1 200	2 747				256	4 302	653	326	7 616
38 380	2 865	1 368	2 523	68			841	1 750	811	134	1 287
29 907	1 160	792	1 952				1 781	2 622	515	166	1 312
28 243	1 963	763	1 695				1 149	4 148	508	47	2 949
21 765	4 816	1 678	1 641				1 098	5 139	690	243	5 630
31 988	1 790	930	919	40			2 148	2 728	625	52	4 552
235 837	105 341	24 655	23 156	1 008			18 685	21 722	5 203	1 846	26 942
17 618	88 455	9 618	2 667	451			1 583	7 280	1 719	1 160	9 851
218 219	16 886	15 037	20 489	557			17 102	14 442	3 484	686	17 091
8 087	769	731	1 523	11			24	396		2	2 620
35 585	7 593	3 726	3 659	26			5 846	1 262	726	204	725
40 611	1 046	2 034	4 384	287			1 548	1 357	372	36	3 872
21 611	699	1 751	1 327	16			843	943	526	52	590
16 295	565	681	1 217	23			3 715	910	337	120	5 001
22 024	907	1 705	1 856	152			798	1 404	445	138	3 814
23 216	963	1 115	2 498	30			1 867	3 794	549	66	469
50 790	4 344	3 294	4 025	12			2 461	4 376	529	68	

2012年度广东省地市县

地区									收
	收入合计	税收							
		小计	增值税	营业税	企业所得税	个人所得税	资源税	城市维护建设税	耕地占用税
惠州市	2 008 762	1 542 002	408 479	292 884	113 695	31 308	11 293	155 565	8 119
惠州市本级	1 112 949	888 889	298 433	135 927	74 726	17 539	3 703	105 841	
惠州市区县合计	895 813	653 113	110 046	156 957	38 969	13 769	7 590	49 724	8 119
惠城区	225 387	172 809	17 899	43 905	10 258	4 633	832	13 239	
惠阳区	217 507	174 413	31 474	38 771	7 881	3 377	641	14 705	2 816
惠东县	172 029	116 313	14 844	33 477	9 161	2 490	490	7 033	1 391
博罗县	220 340	156 738	37 485	33 471	9 817	2 572	980	12 549	3 679
龙门县	60 550	32 840	8 344	7 333	1 852	697	4 647	2 198	233
汕尾市	410 919	251 124	29 162	33 472	14 463	3 425	1 316	12 535	41 984
汕尾市本级	108 466	75 372	15 800	5 563	6 767	1 086	178	5 093	14 956
汕尾市区县合计	302 453	175 752	13 362	27 909	7 696	2 339	1 138	7 442	27 028
城区	45 886	28 098	3 017	3 201	2 291	564	106	2 108	7 565
陆丰市	116 670	61 934	2 714	6 455	1 661	435	324	1 930	4 204
海丰县	113 459	70 611	6 379	15 599	3 300	1 185	577	2 835	15 259
陆河县	26 438	15 109	1 252	2 654	444	155	131	569	
东莞市	3 563 245	2 792 882	830 244	518 165	296 277	89 047	91	275 779	31 718
东莞市本级	3 563 245	2 792 882	830 244	518 165	296 277	89 047	91	275 779	31 718
中山市	2 018 859	1 457 047	403 236	293 914	152 044	43 330	42	130 727	8 658
中山市本级	2 018 859	1 457 047	403 236	293 914	152 044	43 330	42	130 727	8 658
江门市	1 350 341	1 055 514	267 673	172 506	102 036	30 451	5 561	99 389	45 188
江门市本级	271 504	218 672	46 677	37 359	21 033	8 625	124	21 848	7 586
江门市区县合计	1 078 837	836 842	220 996	135 147	81 003	21 826	5 437	77 541	37 602
蓬江区	134 881	105 822	20 113	18 965	10 370	4 661	36	10 416	3 610
江海区	53 689	43 947	12 890	6 320	3 848	982		4 628	1 630
新会区	319 240	257 257	85 945	29 678	27 402	6 910	3 210	26 984	8 845
台山市	176 125	127 575	30 107	26 328	13 189	3 744	616	10 101	3 538
开平市	164 891	122 707	29 998	19 404	13 344	2 256	8	10 119	8 548
鹤山市	159 483	125 209	33 588	24 439	10 435	2 524	382	11 716	2 695
恩平市	70 528	54 325	8 355	10 013	2 415	749	1 185	3 577	8 736
阳江市	431 221	286 271	51 557	71 611	24 977	6 771	2 905	21 474	22 102
阳江市本级	188 383	112 893	10 776	29 064	8 990	2 649	492	7 742	16 844
阳江市区县合计	242 838	173 378	40 781	42 547	15 987	4 122	2 413	13 732	5 258
江城区	34 889	21 893	5 627	7 024	1 794	715	105	2 059	
阳春市	83 542	59 269	12 271	12 705	4 855	1 433	1 765	4 581	2 134
阳东县	85 301	60 944	15 090	14 272	6 750	1 387	358	4 613	2 713
阳西县	39 106	31 272	7 793	8 546	2 588	587	185	2 479	411
湛江市	920 866	523 130	124 334	121 479	39 000	16 765	836	55 409	30 721
湛江市本级	514 150	273 421	71 270	60 631	19 701	8 970	24	30 508	13 759
湛江市区县合计	406 716	249 709	53 064	60 848	19 299	7 795	812	24 901	16 962
赤坎区	36 641	21 621	4 202	6 177	2 037	822		2 419	188
霞山区	56 014	34 355	6 183	8 417	4 882	1 685	7	6 204	580

公共财政收支情况表（3－1）

单位：万元

收										支
入										
收　入			非　税　收　入							
契税	烟叶税	其他各项税收收入	小计	专项收入	行政事业性收费收入	罚没收入	国有资本经营收入	国有资源（资产）有偿使用收入	其他收入	支出合计
266 226		254 433	466 760	78 520	159 721	61 373	13 919	37 691	115 536	2 740 831
131 182		121 538	224 060	41 802	66 477	37 919	7 197	8 136	62 529	1 280 153
135 044		132 895	242 700	36 718	93 244	23 454	6 722	29 555	53 007	1 460 678
47 090		34 953	52 578	12 428	18 264	1 097		9 756	11 033	322 983
37 902		36 846	43 094	6 789	25 189	10 827		289		272 823
24 733		22 694	55 716	5 901	22 542	5 028		1 008	21 237	343 302
23 086		33 099	63 602	8 738	22 726	4 377	6 722	11 989	9 050	358 257
2 233		5 303	27 710	2 862	4 523	2 125		6 513	11 687	163 313
58 806		55 961	159 795	10 758	40 370	10 047	10 893	22 486	65 241	879 872
14 887		11 042	33 094	4 838	9 950	4 009	5 152	2 927	6 218	174 899
43 919		44 919	126 701	5 920	30 420	6 038	5 741	19 559	59 023	704 973
3 591		5 655	17 788	862	3 206	517		49	13 154	95 258
32 213		11 998	54 736	1 232	13 511	2 353	500	18 139	19 001	308 220
3 916		21 561	42 848	3 383	9 469	2 241	5 000	52	22 703	197 107
4 199		5 705	11 329	443	4 234	927	241	1 319	4 165	104 388
246 352		505 209	770 363	159 582	410 773	113 223	40 000	41 404	5 381	3 855 844
246 352		505 209	770 363	159 582	410 773	113 223	40 000	41 404	5 381	3 855 844
131 218		293 878	561 812	80 972	192 511	43 827	15 076	116 200	113 226	2 153 155
131 218		293 878	561 812	80 972	192 511	43 827	15 076	116 200	113 226	2 153 155
86 235		246 475	294 827	57 722	124 233	70 207	24 618	13 704	4 343	1 881 150
20 200		55 220	52 832	12 523	15 074	22 081	1 500	1 654		332 134
66 035		191 255	241 995	45 199	109 159	48 126	23 118	12 050	4 343	1 549 016
10 617		27 034	29 059	4 454	15 578	7 481	1 500	46		185 863
2 786		10 863	9 742	2 018	3 348	4 149		227		70 558
16 987		51 296	61 983	15 825	23 114	11 404	8 137	3 503		385 247
8 332		31 620	48 550	6 758	21 515	7 376	6 692	1 866	4 343	302 815
10 679		28 351	42 184	6 149	20 382	6 828	5 950	2 875		255 379
11 061		28 369	34 274	7 020	15 911	8 249		3 094		182 198
5 573		13 722	16 203	2 975	9 311	2 639	839	439		166 956
30 285		54 589	144 950	23 949	64 601	35 953	6 658	6 930	6 859	1 029 023
15 413		20 923	75 490	15 940	30 265	22 959	2 913	1 754	1 659	305 502
14 872		33 666	69 460	8 009	34 336	12 994	3 745	5 176	5 200	723 521
		4 569	12 996	919	8 139	1 343	129	2 176	290	134 828
7 621		11 904	24 273	2 506	12 414	5 317	1 609	2 427		273 662
4 990		10 771	24 357	2 949	11 142	2 924	2 007	470	4 865	164 831
2 261		6 422	7 834	1 635	2 641	3 410		103	45	150 200
51 748	14	82 824	397 736	42 371	163 676	52 042	34 849	24 486	80 312	2 182 446
30 421		38 137	240 729	26 445	82 692	20 882	34 510	15 538	60 662	701 363
21 327	14	44 687	157 007	15 926	80 984	31 160	339	8 948	19 650	1 481 083
		5 776	15 020	1 645	2 625	2 022	32	533	8 163	67 901
		6 397	21 659	2 250	16 665	794	14	674	1 262	99 161

2012 年度广东省地市县

部　　分

支									
一般公共服务	国防	公共安全	教育	科学技术	文化体育与传媒	社会保障和就业	医疗卫生	节能保护	城乡社区事务
389 550	2 675	210 476	626 047	51 031	38 158	219 605	218 197	75 020	214 986
168 032	441	119 871	190 895	30 158	10 832	89 803	74 325	60 990	157 460
221 518	2 234	90 605	435 152	20 873	27 326	129 802	143 872	14 030	57 526
62 351	526	10 231	108 796	5 798	5 326	32 572	32 788	3 019	12 268
47 515	437	24 221	79 030	5 065	2 215	19 781	23 144	3 985	12 942
45 200	568	24 501	95 928	4 643	7 112	34 948	36 182	2 269	14 711
49 909	356	22 036	108 666	4 901	9 160	30 405	34 227	3 432	11 866
16 543	347	9 616	42 732	466	3 513	12 096	17 531	1 325	5 739
102 128		48 383	231 324	6 822	10 056	118 854	85 565	22 049	24 562
30 783		18 275	21 089	1 937	2 134	16 255	9 470	2 343	3 204
71 345		30 108	210 235	4 885	7 922	102 599	76 095	19 706	21 358
11 147		1 662	25 874	884	1 145	14 602	8 802	242	1 484
25 463		12 647	90 496	1 683	3 813	42 296	43 325	14 465	13 363
26 069		12 107	62 978	1 692	2 209	33 342	12 375	1 124	4 741
8 666		3 692	30 887	626	755	12 359	11 593	3 875	1 770
361 982	7 766	494 280	927 975	185 411	111 080	241 938	128 648	144 895	309 170
361 982	7 766	494 280	927 975	185 411	111 080	241 938	128 648	144 895	309 170
204 713	808	149 439	596 808	100 951	61 429	170 100	74 028	48 411	222 098
204 713	808	149 439	596 808	100 951	61 429	170 100	74 028	48 411	222 098
259 998	10 045	171 087	440 191	54 117	21 591	246 746	150 118	27 610	54 210
47 480	3 138	48 519	43 026	15 109	5 769	30 951	17 100	4 180	18 343
212 518	6 907	122 568	397 165	39 008	15 822	215 795	133 018	23 430	35 867
27 634	463	18 997	51 592	8 492	1 054	25 388	7 747	505	7 920
16 034	324	9 363	16 412	2 569	524	7 412	5 166	405	1 115
43 443	831	24 912	101 438	14 999	2 327	47 110	29 817	9 495	6 375
37 122	3 672	20 581	85 390	3 668	5 355	36 742	29 744	2 441	2 096
37 076	796	20 331	63 820	3 357	3 597	44 995	24 821	2 585	6 696
24 945	632	17 171	41 316	4 622	1 523	26 587	16 282	4 514	8 044
26 264	189	11 213	37 197	1 301	1 442	27 561	19 441	3 485	3 621
140 474	335	63 371	238 597	13 108	14 611	114 326	102 518	16 728	30 275
49 557	260	31 288	39 700	6 245	8 817	25 615	18 197	9 334	15 217
90 917	75	32 083	198 897	6 863	5 794	88 711	84 321	7 394	15 058
9 543	75	2 338	55 984	888	1 353	20 062	17 448	399	695
35 947		13 126	65 788	3 065	1 567	40 634	33 806	3 500	6 245
30 877		8 023	38 051	1 904	1 612	14 454	16 250	2 178	6 767
14 550		8 596	39 074	1 006	1 262	13 561	16 817	1 317	1 351
268 652	5 383	139 391	532 741	15 815	33 066	276 480	280 807	43 948	69 918
69 853	3 579	74 874	101 307	9 575	23 442	78 340	41 915	28 745	47 259
198 799	1 804	64 517	431 434	6 240	9 624	198 140	238 892	15 203	22 659
14 207	355	3 463	20 729	408	387	8 303	6 506	526	2 780
14 201	269	4 197	35 231	1 501	393	13 233	7 014	2 231	6 519

公共财政收支情况表（3－2）

单位：万元

出											
农林水事务	交通运输	资源勘探电力信息等事务	商业服务业等事务	金融监管等事务支出	地震灾后恢复重建支出	援助其他地区支出	国土资源气象等事务	住房保障支出	粮油物资储备事务	国债还本付息支出	其他支出
260 628	116 742	31 024	29 525	2 158			26 906	34 721	9 419	2 603	181 360
63 358	91 700	22 668	10 287	1 950			12 142	24 136	3 990	2 543	144 572
197 270	25 042	8 356	19 238	208			14 764	10 585	5 429	60	36 788
27 775	850	2 253	11 681	20			122		1 433	25	5 149
28 498	9 254	1 882	1 550	100			3 258	6 705	1 334	14	1 893
47 148	6 763	1 948	1 318	30			5 658	786	1 065	18	12 506
64 388	6 245	2 048	3 911	58			4 822		1 165	2	660
29 461	1 930	225	778				904	3 094	432	1	16 580
111 252	40 593	4 382	6 267	189			13 783	11 688	3 974	246	37 755
12 926	25 676	2 315	2 413	159			2 509	2 899	1 566	146	18 800
98 326	14 917	2 067	3 854	30			11 274	8 789	2 408	100	18 955
18 968	2 144	137	271				205	177	371	3	7 140
37 475	3 514	750	801				8 529	7 230	693	53	1 624
27 732	2 115	612	2 295	30			1 539	313	887	41	4 906
14 151	7 144	568	487				1 001	1 069	457	3	5 285
296 891	332 270	119 541	32 936	1 596	177	24 262	24 598	31 842	5 422	1 038	72 126
296 891	332 270	119 541	32 936	1 596	177	24 262	24 598	31 842	5 422	1 038	72 126
259 041	108 408	25 198	23 333	5 466		963	14 106	20 597	5 502	1 483	60 273
259 041	108 408	25 198	23 333	5 466		963	14 106	20 597	5 502	1 483	60 273
205 841	85 816	22 377	21 495	1 087			14 091	47 130	7 452	440	39 708
15 194	57 058	4 684	2 123	505			3 350	9 515	2 481	5	3 604
190 647	28 758	17 693	19 372	582			10 741	37 615	4 971	435	36 104
15 430		3 536	2 652				692	2 910			10 851
4 580	50	2 457	798	54			61	1 440		76	1 718
58 029	9 893	5 320	4 811	50			3 109	9 030	1 263	273	12 722
46 350	8 121	2 208	2 698				2 954	8 187	1 077	2	4 407
21 635	4 786	2 218	4 168				899	8 625	837	1	4 136
21 446	3 315	809	2 657	275			1 346	5 361	1 112	83	158
23 177	2 593	1 145	1 588	203			1 680	2 062	682		2 112
166 943	58 023	10 566	13 170	134			13 532	13 941	4 140	1 080	13 151
26 369	40 927	4 232	6 614	20			4 630	7 406	1 412	970	8 692
140 574	17 096	6 334	6 556	114			8 902	6 535	2 728	110	4 459
22 503	110	525	1 251	8			239	154	692	4	557
42 753	9 493	1 027	2 991	10			7 160	3 842	759	6	1 943
31 983	3 827	4 156	1 348	96			1 030	431	794	32	1 018
43 335	3 666	626	966				473	2 108	483	68	941
244 436	145 408	12 768	16 354	751			29 669	36 385	3 801	3 264	23 409
35 460	130 204	5 679	7 151	693			10 724	19 067	2 094	3 035	8 367
208 976	15 204	7 089	9 203	58			18 945	17 318	1 707	229	15 042
1 087		380	832				678	830			6 430
2 312	90	912	3 145				3 238		166	4	4 505

2012 年度广东省地市县

地　　区	收入合计	收							
		税　收							
		小计	增值税	营业税	企业所得税	个人所得税	资源税	城市维护建设税	耕地占用税
麻章区	30 186	21 736	5 295	3 821	1 338	501	7	1 907	2 425
坡头区	30 117	19 293	2 255	5 067	582	595	248	1 300	3 524
雷州市	53 210	28 467	6 835	7 780	1 527	995	138	2 843	187
廉江市	67 338	44 020	10 027	9 195	2 179	760	113	3 831	5 108
吴川市	46 188	28 182	6 008	6 230	2 396	742	100	2 299	1 914
遂溪县	52 230	30 373	9 069	6 949	2 120	838	72	2 518	1 705
徐闻县	34 792	21 662	3 190	7 212	2 238	857	127	1 580	1 331
茂名市	781 229	440 381	114 425	65 154	19 610	8 264	7 226	62 903	31 732
茂名市本级	350 159	198 928	83 157	20 657	6 142	3 562	170	42 412	
茂名市区县合计	431 070	241 453	31 268	44 497	13 468	4 702	7 056	20 491	31 732
茂南区	60 835	38 498	4 910	9 241	2 606	1 243	84	3 492	5 451
茂港区	32 368	24 921	4 166	5 894	1 919	223	24	1 785	12
信宜市	62 600	35 504	5 120	5 643	977	434	1 042	4 690	4 916
高州市	93 071	48 087	6 841	7 986	1 836	1 053	1 322	4 293	9 230
化州市	80 746	41 895	5 273	5 977	1 515	641	2 922	2 960	5 404
电白县	101 450	52 548	4 958	9 756	4 615	1 108	1 662	3 271	6 719
肇庆市	1 038 088	655 677	96 129	127 497	36 038	12 977	11 518	42 983	96 258
肇庆市本级	258 865	179 988	23 293	44 047	9 926	4 119	16	14 265	11 631
肇庆市区县合计	779 223	475 689	72 836	83 450	26 112	8 858	11 502	28 718	84 627
端州区	102 365	67 783	6 615	16 639	3 679	1 694		5 041	
鼎湖区	42 482	33 989	6 206	7 808	2 126	475	10	2 893	3 303
四会市	172 995	109 133	17 330	21 069	5 926	2 021	248	7 512	18 910
高要市	192 203	121 221	21 775	15 233	6 890	2 176	2 791	6 862	21 719
广宁县	58 367	31 113	4 164	5 977	1 450	598	875	1 429	6 660
德庆县	64 427	34 292	5 443	5 437	1 652	534	2 003	1 781	9 055
封开县	56 307	30 025	3 594	3 973	2 161	346	3 290	1 115	10 898
怀集县	90 077	48 133	7 709	7 314	2 228	1 014	2 285	2 085	14 082
清远市	868 722	566 133	85 899	140 580	50 564	12 161	16 637	42 609	17 108
清远市本级	259 589	185 862	18 379	50 875	15 826	4 376	1 426	14 056	2 651
清远市区县合计	609 133	380 271	67 520	89 705	34 738	7 785	15 211	28 553	14 457
清城区	140 774	91 543	9 051	25 057	7 794	2 157	702	6 924	1 305
英德市	153 976	93 066	17 864	20 170	9 629	1 525	7 677	7 041	5 751
连州市	55 615	31 698	5 903	6 936	2 561	846	1 188	2 549	3 108
佛冈县	80 413	45 786	8 849	10 161	5 260	684	267	3 695	280
清新县	110 027	79 249	18 229	18 450	6 866	1 276	2 942	6 004	67
连山壮族瑶族自治县	11 288	7 030	1 643	2 011	399	207	20	529	990
连南瑶族自治县	14 837	7 849	2 069	2 157	636	279	234	644	469
阳山县	42 203	24 050	3 912	4 763	1 593	811	2 181	1 167	2 487
潮州市	319 337	254 965	87 742	26 262	27 102	8 003	8 421	25 174	8 581
潮州市本级	155 995	121 161	42 778	16 438	15 576	4 719	3 559	11 387	
潮州市区县合计	163 342	133 804	44 964	9 824	11 526	3 284	4 862	13 787	8 581
湘桥区	27 842	21 843	5 104	3 260	1 616	913	403	2 223	2 031

公共财政收支情况表（4－1）

单位：万元

收										支
入										
收　入			非　税　收　入							支出合计
契税	烟叶税	其他各项税收收入	小计	专项收入	行政事业性收费收入	罚没收入	国有资本经营收入	国有资源(资产)有偿使用收入	其他收入	
1 683		4 759	8 450	782	5 091	1 200		1 078	299	64 385
2 968		2 754	10 824	607	8 160	771		573	713	87 239
3 213		4 949	24 743	2 192	9 777	4 590	26	3 636	4 522	272 855
6 803	14	5 990	23 318	2 405	15 831	4 707	200	175		289 688
2 977		5 516	18 006	1 989	7 652	4 086	67	208	4 004	210 251
1 963		5 139	21 857	2 529	10 022	7 143		1 476	687	225 853
1 720		3 407	13 130	1 527	5 161	5 847		595		163 750
28 974		102 093	340 848	28 470	104 693	27 340	12 981	137 664	29 700	1 922 682
8 840		33 988	151 231	20 560	28 400	7 672	2 951	65 605	26 043	513 127
20 134		68 105	189 617	7 910	76 293	19 668	10 030	72 059	3 657	1 409 555
4 388		7 083	22 337	1 281	5 133	2 612	－5	12 605	711	132 076
3 723		7 175	7 447	1 042	5 109	1 039		257		83 398
1 809		10 873	27 096	810	17 636	3 052	215	5 383		261 856
2 635		12 891	44 984	1 628	24 179	4 101	8 445	6 631		342 569
2 781		14 422	38 851	1 527	10 130	5 262	1 375	18 016	2 541	286 401
4 798		15 661	48 902	1 622	14 106	3 602		29 167	405	303 255
78 768		153 509	382 411	37 086	101 831	33 263	63 738	131 596	14 897	1 764 897
23 469		49 222	78 877	8 878	23 690	13 290	18 240	14 039	740	393 856
55 299		104 287	303 534	28 208	78 141	19 973	45 498	117 557	14 157	1 371 041
13 126		20 989	34 582	2 773	2 676	810		28 323		133 774
4 515		6 653	8 493	1 686	4 722	465		1 620		63 926
12 901		23 216	63 862	5 226	14 226	6 229	30 720	6 866	595	233 554
12 556		31 219	70 982	10 968	24 805	3 335		27 774	4 100	275 738
4 090		5 870	27 254	1 550	12 568	2 388	761	8 017	1 970	141 999
3 327		5 060	30 135	1 629	3 775	1 546	14 017	7 260	1 908	153 857
1 594		3 054	26 282	1 759	3 404	2 623		18 319	177	136 356
3 190		8 226	41 944	2 617	11 965	2 577		19 378	5 407	231 837
72 097	729	127 749	302 589	33 002	100 380	41 621	9 396	38 616	79 574	1 720 102
30 277		47 996	73 727	12 374	31 611	13 792		10 186	5 764	320 850
41 820	729	79 753	228 862	20 628	68 769	27 829	9 396	28 430	73 810	1 399 252
14 913		23 640	49 231	3 366	8 809	5 718		2 286	29 052	248 678
9 614		13 795	60 910	5 016	21 767	5 625		21 607	6 895	343 374
2 196	729	5 682	23 917	1 873	4 226	6 247	8 115	667	2 789	150 230
5 442		11 148	34 627	2 827	6 339	2 675		736	22 050	141 875
6 673		18 742	30 778	5 446	15 160	2 720	1 281	1 489	4 682	252 016
274		957	4 258	567	1 559	803		1 329		50 061
448		913	6 988	495	5 017	1 419		57		77 730
2 260		4 876	18 153	1 038	5 892	2 622		259	8 342	135 288
9 233		54 447	64 372	15 934	24 347	11 936	1 491	1 946	8 718	778 125
6 146		20 558	34 834	7 402	11 144	7 043	44	1 033	8 168	220 670
3 087		33 889	29 538	8 532	13 203	4 893	1 447	913	550	557 455
918		5 375	5 999	950	3 828	241	941	39		58 062

2012年度广东省地市县

部　　分

支									
一般公共服务	国防	公共安全	教育	科学技术	文化体育与传媒	社会保障和就业	医疗卫生	节能保护	城乡社区事务
9 133	147	1 786	17 490	1 568	488	8 144	9 430	135	1 918
13 428	250	2 315	23 952	556	542	9 214	14 710	650	1 591
34 181		10 709	82 099	356	1 680	38 073	47 651	1 926	247
30 164	116	12 179	86 972	300	1 700	45 670	60 947	884	2 044
25 510	233	10 860	61 006	405	1 887	28 264	37 470	3 157	3 352
32 102	189	9 903	60 872	561	1 529	26 714	33 945	3 059	3 621
25 873	245	9 105	43 083	585	1 018	20 525	21 219	2 635	587
254 130	1 940	115 750	506 828	10 198	19 266	254 435	234 463	36 083	45 816
63 117	1 940	35 147	68 313	3 354	7 460	47 501	66 891	19 678	28 825
191 013		80 603	438 515	6 844	11 806	206 934	167 572	16 405	16 991
29 981		9 842	32 384	460	920	19 783	13 538	129	1 390
9 738		5 296	22 377	603	388	11 593	10 441	1 078	863
30 742		16 993	88 558	424	1 990	44 686	34 916	1 677	2 374
38 567		15 971	104 167	941	1 956	51 221	48 271	2 333	5 836
32 617		14 481	87 016	384	1 959	46 377	48 170	1 509	1 984
49 368		18 020	104 013	4 032	4 593	33 274	12 236	9 679	4 544
312 719	7 086	118 918	418 212	38 605	29 013	177 785	161 916	23 790	86 444
61 655	1 614	33 077	43 678	13 756	6 662	36 798	24 239	6 528	32 347
251 064	5 472	85 841	374 534	24 849	22 351	140 987	137 677	17 262	54 097
35 252	983	13 052	35 839	3 367	1 227	11 307	6 480	83	16 642
12 850	651	5 672	16 491	2 439	649	5 820	4 405	1 846	955
38 005	1 250	16 535	62 007	3 722	4 133	20 062	29 100	4 172	17 797
55 284	1 433	19 021	74 500	6 480	6 880	28 461	24 477	3 376	8 000
25 242	352	8 119	38 073	2 097	3 513	17 088	15 398	958	2 599
16 700	373	6 388	38 545	2 471	1 868	16 832	11 455	3 028	2 341
31 789	179	5 183	35 300	1 973	1 088	18 650	14 247	1 671	569
35 942	251	11 871	73 779	2 300	2 993	22 767	32 115	2 128	5 194
261 864	3 922	138 038	403 473	19 610	15 464	181 867	175 174	24 644	84 003
60 844	1 911	43 926	57 342	3 133	4 495	20 008	12 287	9 477	11 459
201 020	2 011	94 112	346 131	16 477	10 969	161 859	162 887	15 167	72 544
47 404		23 673	54 494	3 666	1 719	28 427	29 769	1 745	21 183
31 750	1 384	16 480	89 188	4 658	1 932	41 694	40 721	2 786	16 597
19 841		11 556	36 446	1 988	1 811	15 117	18 553	1 662	10 480
26 288	92	9 893	33 536	1 882	825	15 189	19 934	1 794	6 462
34 012	499	14 906	65 023	3 402	1 186	27 183	23 826	3 790	10 654
6 805	36	4 340	12 810	113	618	7 607	6 169	264	1 290
10 209		5 567	20 188	127	1 746	11 142	5 108	666	2 811
24 711		7 697	34 446	641	1 132	15 500	18 807	2 460	3 067
101 032	1 046	41 848	196 790	14 860	7 273	84 546	90 911	27 262	23 990
38 300	768	22 602	39 743	5 165	3 537	19 894	10 874	12 810	8 176
62 732	278	19 246	157 047	9 695	3 736	64 652	80 037	14 452	15 814
8 990		2 386	18 452	915	832	7 683	9 434	793	2 528

公共财政收支情况表（4－2）

单位：万元

出											
农林水事务	交通运输	资源勘探电力信息等事务	商业服务业等事务	金融监管等事务支出	地震灾后恢复重建支出	援助其他地区支出	国土资源气象等事务	住房保障支出	粮油物资储备事务	国债还本付息支出	其他支出
9 294	643	1 036	389	16			1 608	139	3		1 018
8 717	866	2 244	360	33			6 376	764			671
51 176	590	570	512				1 335	1 391	40	27	292
39 996	1 038	268	209	5			1 357	4 981		92	766
28 781	1 036	620	1 486				1 146	3 986	604		448
42 463	2 730	527	1 453	4			1 624	3 260	623	26	648
25 150	8 211	532	817				1 583	1 967	271	80	264
198 874	100 664	19 837	14 568	518	55		40 040	33 390	5 061	12 155	18 611
28 203	74 401	13 309	2 607	363	55		3 446	20 198	2 577	11 722	14 020
170 671	26 263	6 528	11 961	155			36 594	13 192	2 484	433	4 591
15 562	688	1 624	2 966				1 268		731	37	773
15 414	37	1 875	1 253				505	908	144	34	851
26 122	1 049	643	1 558	12			6 555	2 700	83	65	709
57 748	2 754	982	2 865	20			3 606	3 307	686	150	1 188
42 346	2 161	528	264	2			2 481	3 827	148	84	63
13 479	19 574	876	3 055	121			22 179	2 450	692	63	1 007
181 543	71 809	17 927	13 809	329	19		19 714	35 327	4 220	1 129	44 583
24 397	41 533	8 385	3 304	56	19		1 644	21 662	1 185	642	30 675
157 146	30 276	9 542	10 505	273			18 070	13 665	3 035	487	13 908
1 686		963	1 483	97			2	2 585	588	40	2 098
6 712	2 311	564	663				353	887	199		459
17 270	6 707	834	2 031				2 809	5 141	370	53	1 556
28 188	7 897	1 735	1 448	23			2 660	2 051	455	170	3 199
18 931	4 150	801	1 284				2 055	658	228	20	433
40 386	2 902	2 495	1 651	102			1 623	146	316	43	4 192
19 647	1 900	560	360				1 452	1 442	131	27	188
24 326	4 409	1 590	1 585	51			7 116	755	748	134	1 783
207 795	84 120	20 556	10 536	50			15 047	21 627	3 767	301	48 244
28 587	48 696	6 921	1 656				3 095	3 634	1 610	28	1 741
179 208	35 424	13 635	8 880	50			11 952	17 993	2 157	273	46 503
10 281	6	2 069	2 052				151	4 668	364		17 007
40 701	14 488	6 420	1 504				6 310	6 112	245	62	20 342
22 303	3 333	440	934				1 479	429	382		3 476
14 744	5 801	802	1 473	50			1 409	838	106		757
52 954	3 510	1 716	1 898				1 538	2 463	385	18	3 053
6 972	1 106	391	235				123	633	115	149	285
16 089	1 686	860	286				539	225	309		172
15 164	5 494	937	498				403	2 625	251	44	1 411
95 446	22 509	9 386	9 531	2 556			7 360	10 850	617	1 018	29 294
9 168	15 853	4 573	3 058	140			1 635	3 834	192	838	19 510
86 278	6 656	4 813	6 473	2 416			5 725	7 016	425	180	9 784
3 038	4	635	1 111	14				332	367		548

2012 年度广东省地市县

地区	收入合计	收 税收 小计	增值税	营业税	企业所得税	个人所得税	资源税	城市维护建设税	耕地占用税
饶平县	40 474	32 835	11 962	2 879	3 967	437	1 082	3 729	2 017
潮安县	95 026	79 126	27 898	3 685	5 943	1 934	3 377	7 835	4 533
揭阳市	566 950	378 084	113 140	47 232	37 720	11 868	2 681	36 079	39 515
揭阳市本级	183 153	114 212	29 710	18 324	9 441	4 465	887	11 966	7 429
揭阳市区县合计	383 797	263 872	83 430	28 908	28 279	7 403	1 794	24 113	32 086
榕城区	54 899	34 166	13 146	4 603	2 744	1 500	235	3 929	33
普宁市	150 302	103 319	34 090	9 766	14 088	3 117	451	11 241	13 085
揭东县	103 201	74 237	20 718	6 772	5 811	1 391	544	5 441	12 692
揭西县	33 395	23 991	5 934	3 569	3 293	790	324	1 233	3 474
惠来县	42 000	28 159	9 542	4 198	2 343	605	240	2 269	2 802
云浮市	367 613	216 620	35 990	43 218	13 762	10 046	4 388	15 254	35 810
云浮市本级	98 893	59 259	8 544	12 335	4 208	1 964	737	7 186	7 877
云浮市区县合计	268 720	157 361	27 446	30 883	9 554	8 082	3 651	8 068	27 933
云城区	41 548	23 001	3 565	5 542	1 769	882	331		3 539
罗定市	66 625	39 337	6 660	8 272	1 793	972	811	2 559	9 195
新兴县	88 211	53 263	10 258	9 337	3 323	5 077	239	3 235	5 941
郁南县	39 253	24 081	3 535	4 740	1 155	621	98	1 225	6 948
云安县	33 083	17 679	3 428	2 992	1 514	530	2 172	1 049	2 310

注：此表由省财政厅国库处提供。

公共财政收支情况表（5－1）

单位：万元

收										支
入										
收 入			非 税 收 入							
契税	烟叶税	其他各项税收收入	小计	专项收入	行政事业性收费收入	罚没收入	国有资本经营收入	国有资源（资产）有偿使用收入	其他收入	支出合计
518		6 244	7 639	2 576	2 303	2 307	－250	153	550	240 627
1 651		22 270	15 900	5 006	7 072	2 345	756	721		258 766
13 530		76 319	188 866	24 473	68 018	33 452	13 663	23 925	25 335	1 494 776
3 864		28 126	68 941	7 958	22 879	16 423	6 398	4 584	10 699	344 573
9 666		48 193	119 925	16 515	45 139	17 029	7 265	19 341	14 636	1 150 203
927		7 049	20 733	1 665	8 379	1 100	1 412	6 875	1 302	91 964
4 157		13 324	46 983	7 914	11 459	9 162	604	7 812	10 032	379 635
1 989		18 879	28 964	3 743	12 677	4 497	1 270	3 478	3 299	253 483
1 933		3 441	9 404	827	5 609	1 376	1 450	142		198 685
660		5 500	13 841	2 366	7 015	894	2 529	1 034	3	226 436
19 802		38 350	150 993	18 672	42 450	12 645	29 463	13 464	34 299	951 540
4 395		12 013	39 634	9 525	13 065	6 447	7 665	2 568	364	183 009
15 407		26 337	111 359	9 147	29 385	6 198	21 798	10 896	33 935	768 531
1 975		5 398	18 547	1 494	3 635	1 092	7 229	424	4 673	85 387
3 386		5 689	27 288	2 213	6 794	1 114	300	124	16 743	268 980
6 330		9 523	34 948	2 660	6 506	1 307	5 739	9 842	8 894	180 136
1 886		3 873	15 172	1 456	9 419	1 063	2 643	167	424	136 565
1 830		1 854	15 404	1 324	3 031	1 622	5 887	339	3 201	97 463

2012 年度广东省地市县

部　　分

支

一般公共服务	国防	公共安全	教育	科学技术	文化体育与传媒	社会保障和就业	医疗卫生	节能保护	城乡社区事务
22 066	4	8 111	59 889	2 959	1 515	31 271	32 030	5 221	3 809
31 676	274	8 749	78 706	5 821	1 389	25 698	38 573	8 438	9 477
205 090	1 021	92 909	386 506	16 475	15 011	175 970	188 069	26 117	84 895
48 308	221	33 409	45 104	4 243	4 476	25 071	18 323	6 660	66 159
156 782	800	59 500	341 402	12 232	10 535	150 899	169 746	19 457	18 736
11 391		6 056	24 831	608	1 222	15 761	11 620	385	3 125
60 969		23 071	114 673	3 962	2 179	51 596	58 790	9 944	119
34 557	105	12 982	75 869	6 429	1 845	31 725	35 935	2 565	3 212
25 121	393	8 027	58 746	403	3 220	25 856	27 540	3 050	11 065
24 744	302	9 364	67 283	830	2 069	25 961	35 861	3 513	1 215
144 373	2 781	55 393	211 785	15 638	12 394	119 068	109 200	16 497	29 109
36 203	822	17 134	12 953	6 493	2 752	12 080	8 529	4 337	8 020
108 170	1 959	38 259	198 832	9 145	9 642	106 988	100 671	12 160	21 089
15 151	405	3 178	26 966	1 562	547	14 159	7 675	432	2 564
36 618		13 036	71 305	1 617	2 833	37 986	44 599	3 016	5 921
25 735	1 194	9 497	46 715	3 687	2 989	23 455	18 258	3 665	4 741
18 749		6 998	31 271	1 171	1 521	20 442	17 675	1 947	4 213
11 917	360	5 550	22 575	1 108	1 752	10 946	12 464	3 100	3 650

公共财政收支情况表（5－2）

单位：万元

出												
农林水事务	交通运输	资源勘探电力信息等事务	商业服务业等事务	金融监管等事务支出	地震灾后恢复重建支出	援助其他地区支出	国土资源气象等事务	住房保障支出	粮油物资储备事务	国债还本付息支出	其他支出
55 006	2 158	2 259	3 130	78			4 783	3 197			3 141
28 234	4 494	1 919	2 232	2 324			942	3 487	58	180	6 095
157 846	60 366	16 894	17 146	74			19 702	18 111	3 969	2 178	6 427
22 676	42 073	8 230	2 295	39			2 230	8 162	1 336	1 276	4 282
135 170	18 293	8 664	14 851	35			17 472	9 949	2 633	902	2 145
3 865	185	1 428	9 579					959	320		629
29 680	4 862	1 185	975				13 179	3 525	400	319	207
33 231	5 207	4 440	1 484				1 197	1 596	311	414	379
25 730	3 145	486	1 341	35			1 320	1 554	1 302	8	343
42 664	4 894	1 125	1 472				1 776	2 315	300	161	587
100 383	55 675	28 918	7 206	1 262			11 337	15 194	3 224	881	11 222
6 116	32 749	22 087	875	587			4 919	4 654	618	87	994
94 267	22 926	6 831	6 331	675			6 418	10 540	2 606	794	10 228
7 651	560	587	1 323	35			170	1 111	355	16	940
31 780	9 143	1 830	1 476	520			2 091	3 563	620	251	775
22 377	4 739	1 917	2 447	15			2 152	3 154	870	226	2 303
18 649	4 223	2 035	581	55			1 242	1 907	389	160	3 337
13 810	4 261	462	504	50			763	805	372	141	2 873

2012年度广东省非税收入规模及结构情况表

单位：万元

项　　目	决算数	备　　注
一、纳入地方公共财政预算管理的非税收入小计	11 552 965	
1. 行政事业性收费收入	3 916 203	
2. 罚没收入	1 399 864	
3. 专项收入	2 025 607	
4. 国有资源（资产）有偿使用收入	1 422 424	
5. 国有资本经营收入	1 200 834	
6. 其他收入	1 588 033	
二、纳入预算管理的政府性基金收入小计	22 650 224	
1. 农网还贷资金收入		
2. 散装水泥专项资金收入	7 127	
3. 新型墙体材料专项基金收入	42 879	
4. 文化事业建设费收入	114 874	
5. 新菜地开发建设基金收入	10 894	
6. 国有土地使用权出让收入	17 538 117	已修正科目名称
7. 国有土地收益基金收入	376 738	
8. 农业土地开发资金收入	175 244	
9. 新增建设用地土地有偿使用费收入	620 649	
10. 育林基金收入	22 842	
11. 森林植被恢复费	74 037	
12. 地方水利建设基金收入	120 499	
13. 残疾人就业保障金收入	318 892	
14. 政府住房基金收入	117 345	
15. 城市公用事业附加收入	356 945	
16. 大中型水库库区基金收入	4 716	
17. 小型水库移民扶助基金收入	14 602	
18. 彩票公益金收入	379 224	
19. 城市基础设施配套费收入	586 132	
20. 贸促会收费	1 833	
21. 国家电影事业发展专项资金收入		
22. 车辆通行费	661 889	
23. 船舶港务费	87	
24. 地方教育附加收入	1 055 615	已修正科目名称
25. 港口建设费收入	42 337	
26. 大中型水库移民后期扶持基金收入		
27. 无线电频率占用费	1 266	
28. 其他基金收入	5 441	
三、纳入预算管理的非税收入合计	34 203 189	
四、纳入财政专户管理收入小计	5 137 041	
1. 行政事业性收费收入	1 955 697	
2. 政府性基金收入		
3. 国有资本经营收入		
4. 国有资产（资源）有偿使用收入		
5. 其他收入	3 181 344	
五、非税收入合计	39 340 230	

注：此表由省财政厅国库处提供。

2012 年度广东省地方公共财政预算收入超亿元县（市）统计表

单位：万元

序号	单位名称	公共财政预算收入	序号	单位名称	公共财政预算收入
1	增城市	529 310	35	雷州市	53 210
2	从化市	261 777	36	遂溪县	52 230
3	博罗县	220 340	37	东源县	47 406
4	高要市	192 203	38	吴川市	46 188
5	台山市	176 125	39	连平县	45 526
6	四会市	172 995	40	仁化县	45 348
7	惠东县	172 029	41	兴宁市	44 962
8	开平市	164 891	42	乐昌市	44 560
9	鹤山市	159 483	43	阳山县	42 203
10	英德市	153 976	44	惠来县	42 000
11	普宁市	150 302	45	大埔县	41 033
12	梅 县	116 805	46	饶平县	40 474
13	陆丰市	116 670	47	南雄市	40 018
14	海丰县	113 459	48	郁南县	39 253
15	清新县	110 027	49	阳西县	39 106
16	揭东县	103 201	50	紫金县	36 618
17	电白县	101 450	51	龙川县	36 250
18	潮安县	95 026	52	乳源瑶族自治县	35 988
19	高州市	93 071	53	蕉岭县	35 152
20	怀集县	90 077	54	丰顺县	34 817
21	新兴县	88 211	55	徐闻县	34 792
22	阳东县	85 301	56	平远县	34 119
23	阳春市	83 542	57	揭西县	33 395
24	化州市	80 746	58	云安县	33 083
25	佛冈县	80 413	59	翁源县	26 881
26	恩平市	70 528	60	五华县	26 702
27	廉江市	67 338	61	陆河县	26 438
28	罗定市	66 625	62	和平县	26 328
29	德庆县	64 427	63	始兴县	25 025
30	信宜市	62 600	64	新丰县	23 020
31	龙门县	60 550	65	连南瑶族自治县	14 837
32	广宁县	58 367	66	南澳县	12 980
33	封开县	56 307	67	连山壮族瑶族自治县	11 288
34	连州市	55 615			

注：此表由省财政厅国库处提供。

2012 年度来源于广东省的财政收入和上划中央“四税”情况表

单位：亿元

来源于广东省的财政收入	上划中央“四税”			
	合计	上划“两税”	上划企业所得税	上划个人所得税
14 728.04	4 905.73	2 955.16	1 466.50	484.07

注：此表由省财政厅国库处提供。

2012年度广东省省级财政投资重大项目情况表

单位：亿元

序号	项目名称	省财政总投资	省财政已下达预算	省财政已累计拨款	备注
	合计	654.7976	519.4696	512.6856	
一	部省合作铁路建设专项资本金	94.2000	86.3900	86.3900	
二	珠三角城际轨道交通项目专项资金	280.6000	183.5600	183.5600	
三	广州白云国际机场扩建工程	24.4500	11.0000	11.0000	
四	梅县机场扩建项目	2.0000	2.0000	2.0000	
五	港珠澳大桥	30.0000	30.0000	30.0000	
六	省疾病预防控制中心迁建项目	5.0600	4.3700	4.0200	
七	省残疾人教育基地	1.6700	0.6920	0.6870	
八	高校教学行政设施贴息贷款一次性清偿资金	149.2000	139.1100	139.1100	根据省府常务会议决定，省财政安排高校教学行政设施贴息贷款一次性清偿资金149.2亿元
九	广东科学中心	19.0000	16.9700	15.5400	
十	文化大省项目：				
	1. 博物馆新馆	9.0000	8.3000	7.6500	
	2. 中山图书馆改造	5.0000	3.6000	3.5800	
	3. 广东社会科学中心	2.0000	2.0000	1.2900	
	4. 广东星海演艺集团新址项目	1.0500	1.0500	1.0200	
	5. 广东演艺中心（含群众艺术馆）	1.5500	1.5500	1.1800	
	6. 广东粤剧院－粤剧中心演艺大楼	0.9500	0.9500	0.6500	
	7. 广东粤剧院－粤剧学校排练场	0.3000	0.3000	0.2900	
	8. 友谊剧院改造工程项目	1.1900	1.0700	1.0700	
	9. 广东海上丝绸之路博物馆	1.9700	1.9700	1.7800	
	10. 广东画院	1.0000	1.0000	0.7700	
	11. 广东文艺职业学院二期	0.7000	0.7000	0.6600	

续表

序号	项目名称	省财政总投资	省财政已下达预算	省财政已累计拨款	备　注
十一	省广播电视微波改造	2. 2100	2. 2100	2. 0810	
十二	2010 年亚运会省级新建场馆	5. 9400	5. 9400	4. 5200	
十三	亚运会原有省属场馆维修改造项目	5. 0000	4. 8000	4. 3600	
十四	省政法信息网（一期）	6. 8800	6. 0600	5. 7000	
十五	省人力资源市场	3. 8776	3. 8776	3. 7776	
十六	乐昌峡水利枢纽工程	34. 1151		18. 5900	项目总投资概算 34. 12 亿元。其中：中央补助 4. 5 亿元、省财政补助 18. 96 亿元，银行贷款 10. 66 亿元。至 2012 年底省财政已累计下达预算指标 20. 27 亿元，实际拨款 18. 59 亿元
十七	湛江市鉴江供水枢纽工程	31. 4300	5. 9100	5. 9100	市属项目，“省财政总投资”一栏按项目总投资金额填列，“省财政已下达预算”按当年省已下达补助金额填列
十八	湛江市雷州青年运河灌区	14. 5890	1. 0000	1. 0000	
十九	高州水库灌区改造工程	12. 0015	1. 0000	1. 0000	
二十	清远水利枢纽工程	16. 3748	1. 7000	1. 7000	

注：此表由省财政厅经济建设处和农业处分别提供资料编辑而成，截至 2012 年底。

2012年度广东省国有企业资产主要项目构成

单位：亿元

项　目	金　额
流动资产	13 241.53
非流动资产	17 930.34
其中：长期股权投资	2 942.37
固定资产净额	7 128.05
无形资产	1 887.44
其他非流动资产	503.25
资产总计	31 171.87

2012年度广东省国有企业负债主要项目构成

单位：亿元

项　目	金　额
流动负债	9 593.73
非流动负债	9 550.04
负债合计	19 143.77

2012年度广东省国有企业所有者权益主要项目构成

单位：亿元

项　目	金　额
实收资本	3 368.95
资本公积	4 497.51
盈余公积	558.40
未分配利润	665.68
少数股东权益	2 958.73
其他所有者权益	-20.02
所有者权益合计	12 028.10

注：其他所有者权益包括专项储备、一般风险准备和外币报表折算差额。

2012 年度广东省国有企业主要财务指标

地　　区	汇编企业户数（家）	资产总额（亿元）	负债总额（亿元）	所有者权益总额（亿元）	国有资本及权益总额（亿元）	营业总收入（亿元）	利润总额（亿元）	净利润总额（亿元）	资产负债率（%）	净资产收益率（%）
广东省	8 355	31 171.87	19 143.77	12 028.10	8 905.64	11 975.16	781.51	570.44	61.41	5.02
省直国	2 649	8 403.94	5 286.72	3 117.22	2 221.16	4 076.00	197.85	123.55	62.91	4.29
地市国	5 706	22 767.92	13 857.05	8 910.88	6 684.48	7 899.16	583.66	446.88	60.86	5.27
广州市	1 922	10 257.22	6 444.24	3 812.98	2 995.67	4 091.82	247.30	182.72	62.83	4.99
深圳市	1 149	5 594.49	2 804.74	2 789.75	1 898.73	1 078.81	198.36	154.53	50.13	5.79
珠海市	341	2 205.24	1 396.83	808.41	545.93	1 121.17	100.43	83.61	63.34	11.38
汕头市	263	222.34	210.77	11.58	11.58	103.21	-6.29	-7.58	94.79	-51.13
佛山市	93	1 234.80	809.79	425.01	428.44	79.85	4.05	3.39	65.58	0.88
韶关市	98	155.59	78.47	77.12	76.26	30.70	1.01	0.67	50.43	0.89
河源市	79	53.29	33.51	19.78	19.35	8.25	0.22	0.17	62.88	0.90
梅州市	95	39.84	26.17	13.67	13.57	16.22	-0.02	-0.15	65.70	-1.08
惠州市	332	1 217.26	907.64	309.62	110.29	829.02	20.17	15.62	74.56	5.32
汕尾市	108	29.27	26.01	3.26	3.27	9.27	0.01	-0.02	88.87	-0.56
东莞市	13	227.23	131.59	95.64	93.97	18.82	-1.57	-1.69	57.91	-1.79
中山市	91	434.31	266.52	167.79	142.54	28.71	6.34	5.64	61.37	3.59
江门市	156	128.95	90.12	38.84	34.66	28.30	1.80	1.57	69.88	4.08
阳江市	65	64.38	28.06	36.33	35.95	11.60	1.53	1.47	43.58	5.44
湛江市	171	399.34	231.51	167.83	136.17	169.56	6.74	5.12	57.97	3.07
茂名市	89	50.57	32.56	18.02	16.12	77.68	0.64	0.12	64.37	0.67
肇庆市	150	277.05	188.36	88.69	81.36	154.29	1.80	1.01	67.99	1.13
清远市	46	40.25	23.49	16.77	16.77	7.00	0.71	0.51	58.35	3.15
潮州市	172	57.27	70.53	-13.26	0.49	10.96	-0.42	-0.61	123.14	4.82
揭阳市	221	58.66	44.94	13.72	14.00	13.69	0.66	0.63	76.61	4.75
云浮市	52	20.56	11.22	9.34	9.34	10.22	0.18	0.16	54.56	2.92

注：以上 4 个统计表由省财政厅绩效评价处提供，由于四舍五入的原因，造成小数点后第二位数不符。

2012 年度广东省外商投资企业资产负债总表

金额单位：万元　企业单位：家

项　目	合　计	其中		
		合资	合作	外商独资
一、汇编企业户数	38 829	5 230	1 580	32 019
二、资产总额	600 543 673	215 534 505	33 635 300	351 373 867
流动资产	390 315 906	126 049 481	19 622 377	244 644 048
其中：货币资金	74 769 042	26 365 023	2 802 440	45 601 580
应收账款	83 939 969	22 251 578	1 803 713	59 884 679
存货	91 605 237	29 007 468	6 157 305	56 440 464
固定资产原值	184 997 948	78 350 174	13 024 049	93 623 724
固定资产净值	107 480 484	47 301 173	6 402 732	53 776 579
固定资产净额	106 432 437	46 668 073	6 355 444	53 408 919
工程物资	409 731	260 285	42 082	107 364
在建工程	14 736 878	7 228 857	1 107 798	6 400 224
固定资产清理	118 662	46 752	32 259	39 651
无形资产及其他资产	17 083 584	6 728 137	4 256 052	6 099 395
递延税款借项	2 028 555	1 016 978	142 431	869 145
三、负债总额	371 093 445	133 239 254	22 521 678	215 332 513
流动负债	312 384 271	103 356 558	14 120 116	194 907 597
其中：短期借款	41 836 850	18 099 014	1 814 155	21 923 682
应付福利费	474 247	305 601	7 246	161 400
其中：职工奖励及福利基金	286 421	247 919	1 960	36 543
应付账款	96 483 225	26 020 267	2 447 563	68 015 396
非流动负债	58 709 174	29 882 695	8 401 562	20 424 917
其中：长期借款	44 394 209	19 915 657	7 314 454	17 164 098

续表

项　　目	合　　计	其中		
		合资	合作	外商独资
应付债券	3 315 895	3 198 558	18 988	98 348
长期应付款	5 744 920	3 200 040	715 942	1 828 937
递延税款贷项	505 472	168 933	99 281	237 257
四、所有者权益（或股东权益）总额	229 450 228	82 295 252	11 113 622	136 041 354
实收资本（或股本）	152 496 929	45 389 229	9 180 849	97 926 852
其中：中方	29 988 340	21 819 207	3 147 495	5 021 638
外方	122 508 590	23 570 022	6 033 354	92 905 214
减：已归还投资	395 080	−2 930	391 738	6 272
实收资本（或股本）净额	152 101 849	45 392 159	8 789 111	97 920 580
资本公积	19 296 883	14 072 541	752 306	4 472 036
盈余公积	12 516 818	5 963 964	580 935	5 971 919
其中：法定盈余公积	2 873 821	1 494 662	148 521	1 230 638
任意盈余公积	481 006	364 243	4 511	112 252
储备基金	2 997 435	917 526	97 292	1 982 618
企业发展基金	812 105	519 270	40 363	252 472
利润归还投资	34 371	22 068	9 495	2 808
提取的其他准备	276 864	181 260	7	95 597
未分配利润	46 111 190	16 958 049	980 224	28 172 917
外币报表折算差额	−1 305 459	−695 928	3 683	−613 215
* 少数股东权益	442 937	423 360	2 476	17 101

注：此表数据由省财政厅外经金融处提供，由于修正到个位，合计数与分项数可能有 1 的差别。

2012 年度广东省外商投资企业利润表

金额单位：万元　企业单位：家

项　　目	合　　计	其中		
		合资	合作	外商独资
一、营业总收入	510 097 898	170 949 360	15 003 139	324 145 400
其中：营业收入	509 400 869	170 769 210	14 973 357	323 658 303
其中：主营业务收入	499 176 983	165 994 122	14 741 439	318 441 421
其他业务收入	10 223 887	4 775 088	231 917	5 216 881
二、营业总成本	489 709 665	163 449 045	13 715 794	312 544 826
其中：营业成本	430 787 936	142 746 493	11 131 903	276 909 540
其中：主营业务成本	423 707 848	138 944 995	11 024 492	273 738 362
其他业务成本	7 080 088	3 801 499	107 412	3 171 178
营业税金及附加	5 644 764	2 426 742	739 433	2 478 589
销售费用	21 720 450	8 136 630	494 680	13 089 140
管理费用	26 776 451	7 795 774	860 083	18 120 594
其中：研究与开发费	1 325 394	596 723	15 949	712 722
财务费用	3 415 636	1 787 038	432 946	1 195 652
其中：利息支出	2 841 836	1 323 540	352 015	1 166 281
利息收入	1 348 212	525 597	40 451	782 163
汇兑净损失	−192 464	−46 237	−7 161	−139 066
Δ资产减值损失	916 585	441 283	19 546	455 756

续表

项目	合计	其中		
		合资	合作	外商独资
其他	4 849	915	1 530	2 405
加：公允价值变动收益	228 640	63 659	50 229	114 751
投资收益	3 976 663	2 167 031	116 577	1 693 055
其中：对联营企业和合营企业的投资收益	302 999	215 611	−2 113	89 501
三、营业利润	24 613 164	9 730 991	1 454 151	13 428 022
加：营业外收入	2 663 649	1 493 476	64 741	1 105 433
其中：非流动资产处置利得	113 890	37 098	1 514	75 278
非货币性资产交换利得	1 737	273		1 464
政府补助（补贴收入）	1 001 059	761 824	22 529	216 705
债务重组利得	23 107	14 471	16	8 620
减：营业外支出	1 207 846	298 228	57 245	852 373
其中：非流动资产处置损失	200 765	71 673	8 853	120 240
非货币性资产交换损失	445	58		387
债务重组损失	−1 708	−2 503		796
四、利润总额	26 068 966	10 926 239	1 461 646	13 681 081
减：所得税费用	5 834 573	2 105 449	385 505	3 343 620
五、净利润	20 234 393	8 820 790	1 076 142	10 337 461

注：此表数据由省财政厅外经金融处提供，由于修正到个位，合计数与分项数可能有 1 的差别。

2012年度广东省外商投资企业补充资料总表

金额单位：万元　企业单位：家　人数单位：人

项　目	合　计	其中		
		合资	合作	外商独资
一、汇编企业户数	38 829	5 230	1 580	32 019
其中：产品出口企业户数	21 359	2 318	563	18 478
先进技术企业户数	3 005	781	112	2 112
高新技术企业户数	1 406	460	78	868
已交所得税企业户数	19 870	2 814	863	16 193
二、合同投资总额	278 319 676	78 666 008	21 716 822	177 936 846
其中：计划外资额	224 106 526	39 622 966	12 595 158	171 888 402
三、实际投资总额	201 143 387	63 730 098	19 609 623	117 803 667
其中：实际外资额	158 637 998	33 131 467	11 846 324	113 660 207
四、注册资本	162 336 929	48 697 093	9 442 406	104 197 430
其中：外方	135 439 212	24 065 131	7 176 651	104 197 430
五、进出口总额	322 483 294	70 407 071	6 124 071	245 952 152
其中：进口总额	135 296 358	34 854 342	3 115 313	97 326 703
出口总额	179 295 555	34 989 124	2 929 040	141 377 391
六、缴纳税收合计	27 112 487	10 558 792	2 016 439	14 537 256
1. 关税	1 195 468	363 880	16 225	815 363
2. 增值税	12 034 068	4 878 363	618 516	6 537 190
其中：进口环节增值税	5 527 444	2 321 886	373 324	2 832 234
3. 消费税	1 291 202	863 625	355 708	71 869
其中：进口环节消费税	84 173	37 603	883	45 687
4. 营业税	1 710 436	658 875	186 359	865 202
5. 企业所得税	6 051 114	2 195 737	440 212	3 415 165
6. 个人所得税	1 416 773	463 509	30 751	922 513
7. 其他税金	3 413 426	1 134 803	368 669	1 909 954

续表

项　　目	合　　计	其中		
		合资	合作	外商独资
其中：土地增值税	917 286	286 660	206 935	423 692
资源税	7 697	774	269	6 654
印花税	209 344	63 606	5 671	140 066
契税	14 387	4 306	662	9 419
城镇土地使用税	198 482	65 148	22 648	110 686
其他	2 066 230	714 308	132 484	1 219 438
七、中方职工各项社会保险	3 776 736	996 175	114 575	2 665 986
其中：养老保险	2 580 389	647 321	73 625	1 859 443
医疗保险	809 423	238 101	27 936	543 386
失业保险	140 253	43 005	5 807	91 440
工伤保险	145 299	30 393	3 523	111 383
生育保险	52 678	18 452	2 136	32 091
其他	48 695	18 902	1 549	28 244
八、住房公积金	995 102	395 372	27 545	572 185
九、场地使用费	214 067	35 352	6 154	172 560
十、海域使用金	221	209	30	-18
十一、土地出让金	452 681	208 301	4 580	239 801
十二、实际工资总额	38 604 422	8 969 473	980 773	28 654 175
其中：外方职工实际工资总额	1 465 773	214 288	36 582	1 214 903
十三、全年平均职工人数	55 072 773	3 363 497	423 420	51 285 855
其中：外方职工人数	587 017	9 599	12 250	565 168
十四、年人均工资	176 632	24 345	6 205	146 081
其中：中方职工年人均工资	136 679	18 749	9 577	108 353
外方职工年人均工资	237 112	25 694	6 176	205 241

注：此表数据由省财政厅外经金融处提供，由于修正到个位，合计数与分项数可能有 1 的差别。

2012 年度广东省外商投资

项　　目	农林牧渔业	采矿业	制造业	电力、燃气及水的生产和供应业	建筑业	交通运输、仓储和邮政业	信息传输、计算机服务和软件业
一、汇编企业户数	396	65	26 093	191	328	1 007	980
二、资产总额	3 450 276	1 236 180	323 215 044	18 662 658	7 964 891	35 533 935	9 449 138
流动资产	2 140 610	652 962	213 351 193	7 416 639	5 514 922	7 771 762	7 082 167
其中：货币资金	297 838	95 036	40 002 361	2 410 385	614 619	3 024 826	3 396 970
应收账款	941 875	68 898	68 589 945	1 008 429	425 993	1 611 497	1 011 552
存货	355 790	78 968	52 312 142	681 142	2 031 318	516 012	263 213
固定资产原值	490 474	308 453	127 167 055	13 674 442	713 378	26 267 699	1 352 844
固定资产净值	323 844	173 261	73 902 410	5 243 899	510 751	17 133 662	806 826
固定资产净额	322 380	173 036	73 259 227	5 090 192	510 424	16 958 136	801 623
工程物资	58		338 178	17 772	256	2 980	19
在建工程	69 673	21 419	7 856 188	595 016	338 955	3 332 034	146 481
固定资产清理	483		56 131	48 427	-14	8 182	152
无形资产及其他资产	48 772	13 126	7 300 198	1 894 046	1 006 009	4 201 206	251 696
递延税款借项	33 150	133	1 239 953	21 432	14 346	153 529	22 771
三、负债总额	1 982 401	671 729	185 794 431	9 972 535	5 768 614	22 428 400	3 962 141
流动负债	1 600 577	520 981	169 214 749	6 134 385	4 166 452	10 814 650	3 553 646
其中：短期借款	187 669	254 576	28 088 274	1 720 088	364 972	2 188 027	263 282
应付福利费	486	192	385 075	30 025	633	8 653	11 968
其中：职工奖励及福利基金	69	191	237 563	27 633	320	5 868	1 305
应付账款	529 876	44 019	76 341 339	1 118 141	650 431	2 277 989	606 711
非流动负债	381 824	150 747	16 579 682	3 838 150	1 602 161	11 613 750	408 495
其中：长期借款	334 532	140 104	11 684 091	3 059 928	1 453 255	8 024 498	311 280
应付债券	831		1 878 541	309 414	78 931	267 394	50 514
长期应付款	40 417	10 643	1 481 884	139 224	68 871	2 596 032	9 226
递延税款贷项	125		46 234	31 014	12	55 811	8 549
四、所有者权益（或股东权益）总额	1 467 875	564 451	137 420 613	8 690 123	2 196 277	13 105 536	5 486 997
实收资本（或股本）	1 115 042	462 309	92 066 770	5 765 048	1 793 958	8 794 053	2 329 840
其中：中方	208 752	93 444	14 273 569	3 312 979	631 715	3 764 344	295 900
外方	906 290	368 865	77 793 200	2 452 069	1 162 243	5 029 709	2 033 939
减：已归还投资			18 973	201 548	2 284	94 600	
实收资本（或股本）净额	1 115 042	462 309	92 047 797	5 563 500	1 791 674	8 699 453	2 329 840
资本公积	215 913	37 640	10 336 717	1 427 394	292 533	2 002 564	239 486
盈余公积	36 795	28 203	8 184 114	973 119	60 152	870 350	154 096
其中：法定盈余公积	8 000	6 204	1 462 529	220 305	28 622	246 651	29 710
任意盈余公积	42		115 213	246 488	85	79 987	2 200
储备基金	1 709	8 951	2 347 221	114 120	2 991	192 425	30 421
企业发展基金	1 244	9 266	600 781	41 104	1 144	83 888	6 493
利润归还投资			4 831	6 449		20 328	666
提取的其他准备							
未分配利润	94 351	43 763	27 246 437	959 412	49 710	1 767 191	2 766 495
外币报表折算差额		-7 464	-763 541	-234 698		-272 934	-3 431
*少数股东权益	5 774		357 710		2 207	32 920	512

注：此表数据由省财政厅外经金融处提供，由于修正到个位，合计数与分项数可能有 1 的差别。

企业分行业资产负债表

金额单位：万元　企业单位：家

批发和零售业	住宿和餐饮业	金融业	房地产业	租赁和商务服务业	科学研究、技术服务和地质勘察业	水利、环境和公共设施管理业	居民服务和其他服务业	教育	卫生、社会保障和社会福利业	文化体育和娱乐业	公共管理和社会组织
4 671	489	118	1 440	1 310	477	39	1 043	20	18	127	17
33 743 376	5 281 684	27 966 478	103 787 832	16 231 272	2 728 952	698 865	8 003 151	72 325	369 207	1 921 448	226 961
28 144 454	2 179 344	15 221 726	83 394 586	10 359 265	1 733 299	477 790	3 781 871	61 140	229 231	709 087	93 860
5 552 910	434 476	5 680 279	9 080 819	2 327 417	429 376	92 971	965 991	22 393	35 947	288 503	15 924
6 119 019	66 643	1 871 042	787 225	634 692	193 991	162 045	398 501	716	7 580	37 275	3 050
5 208 372	117 242	5 206	28 531 646	1 107 651	49 788	123 905	162 948	704	2 819	46 428	9 946
2 911 350	3 468 410	281 390	4 362 522	1 069 425	316 323	111 310	1 248 384	5 162	66 727	1 172 648	9 951
1 739 197	1 882 832	140 477	3 261 116	714 390	201 740	88 102	680 462	2 465	56 529	614 367	4 153
1 730 652	1 852 801	140 477	3 258 080	714 258	201 730	84 982	678 952	2 465	56 529	592 338	4 153
489	1 434	84	45 682	1 170	163		155	1 283	1	5	
197 383	291 866	3 898	1 131 129	141 035	51 484	61 851	275 042	2 600	39 955	180 863	7
510	1 110		268	2 672	230	6	445		48	15	
331 355	235 208	38 035	1 096 557	182 055	87 143	30 114	143 801	937	8 773	212 762	1 791
82 839	21 245	32 788	354 993	20 937	2 463	1 192	21 807	317	104	4 502	52
23 083 822	3 852 723	23 882 929	72 656 848	8 523 013	1 865 701	334 572	4 758 665	74 475	218 827	1 064 170	197 449
21 851 367	2 326 475	21 291 796	57 284 029	7 002 881	1 813 381	218 059	3 427 158	67 285	133 264	765 686	197 449
3 338 625	356 749	1 436 903	2 107 373	688 478	89 573	92 779	362 694	321	22 002	115 664	158 800
4 111	2 087	1 139	17 219	1 103	8 927	57	902	17		1 653	
1 282	688	232	8 249	-84	3 061		-1			44	
8 607 871	221 513	441 950	4 584 514	512 575	79 032	30 220	351 257	1 001	23 744	53 729	7 314
1 232 455	1 526 248	2 591 133	15 372 819	1 520 132	52 320	116 514	1 331 507	7 190	85 564	298 485	
805 248	1 238 507	985 955	13 786 055	1 377 225	36 137	110 960	772 315	7 190	81 416	185 515	
	2		549 768	1 179			179 319				
335 149	157 049	24 661	672 107	71 812	12 619	5	39 917		4 148	81 156	
29 291		20 856	188 172	2 308	95	592	122 414				
10 659 554	1 428 961	4 083 549	31 130 984	7 708 259	863 252	364 292	3 244 487	-2 150	150 380	857 278	29 512
7 273 380	2 087 563	2 810 487	19 914 627	3 992 707	743 527	250 513	2 040 332	17 128	159 708	851 803	28 135
968 959	582 707	424 936	3 689 566	896 886	150 302	89 362	414 121	3 332	10 089	176 456	917
6 304 422	1 504 856	2 385 550	16 225 061	3 095 822	593 225	161 150	1 626 211	13 796	149 618	675 347	27 217
1 775	12 941	4 082	7 506		-5 884		46 180			11 076	
7 271 606	2 074 621	2 806 405	19 907 121	3 992 707	749 411	250 513	1 994 152	17 128	159 708	840 728	28 135
757 278	184 673	84 929	2 439 748	749 959	33 783	1 862	366 023	2 895	1 963	121 665	-140
473 503	50 692	108 526	1 116 026	237 935	32 810	17 966	136 614	237	610	35 051	18
183 351	12 582	74 474	464 879	67 576	8 554	4 060	52 457	237	36	3 594	
11 415	4 027	1 956	11 942	5 856	410	731	154			500	
24 600	10 412	23 577	103 680	110 111	5 996	923	6 583			13 715	
12 782	2 016	1 426	34 820	3 879	1		415			12 846	
	492						1 562			44	
		276 754		110							
2 165 334	-894 995	824 466	7 659 924	2 715 075	48 298	93 952	746 649	-22 409	-11 951	-142 008	1 498
-8 322	13 971	-24 410	-5 049	-310	-1 051				51	1 729	
151			29 832	12 782			1 050				

2012 年度广东省外商投资

项　　目	农林牧渔业	采矿业	制造业	电力、燃气及水的生产和供应业	建筑业	交通运输、仓储和邮政业	信息传输、计算机服务和软件业
一、营业总收入	1 660 436	446 403	400 299 990	9 208 737	2 191 265	18 024 354	5 115 917
其中：营业收入	1 660 436	446 403	400 309 754	9 208 736	2 191 265	18 024 354	5 115 917
其中：主营业务收入	1 630 765	430 421	392 318 568	9 034 872	2 168 372	17 835 019	5 091 059
其他业务收入	29 671	15 982	7 991 186	173 864	22 893	189 335	24 859
二、营业总成本	1 589 840	431 338	387 641 943	8 521 757	2 089 548	16 804 270	3 747 975
其中：营业成本	1 370 834	371 455	348 497 505	7 747 316	1 734 322	14 333 610	2 338 132
其中：主营业务成本	1 345 336	360 053	342 071 157	7 649 596	1 726 563	14 250 511	2 332 747
其他业务成本	25 498	11 402	6 426 349	97 719	7 759	83 099	5 385
营业税金及附加	12 326	4 803	2 734 176	39 007	79 581	340 066	115 911
销售费用	64 044	8 957	14 810 421	118 817	49 451	759 219	405 213
管理费用	103 418	26 260	19 391 721	278 754	149 113	876 055	923 268
其中：研究与开发费	5 166	1 286	1 158 274	881	17 567	5 048	106 204
财务费用	26 348	19 521	1 604 367	315 886	75 976	434 644	-39 516
其中：利息支出	4 756	23 002	1 346 006	325 822	21 199	422 668	10 664
利息收入	4 280	3 915	830 623	59 455	2 503	55 177	70 218
汇兑净损失	-266	-329	-157 015	-6 603	-6 246	-15 561	-34
Δ资产减值损失	12 719	341	594 004	21 976	890	60 682	5 822
其他	151		7 086		214	-6	-857
加：公允价值变动收益	1 000		20 879	265	146	452	45 847
投资收益	13 579	23 659	1 260 146	181 034	21 086	197 962	62 367
其中：对联营企业和合营企业的投资收益	-3 735	-103	111 691	63 823	-90	65 344	-4 197
三、营业利润	85 175	38 724	13 949 594	868 279	122 949	1 418 498	1 477 911
加：营业外收入	12 501	1 925	1 630 118	367 912	4 275	356 213	79 683
其中：非流动资产处置利得	270	1 084	86 101	11 882	14	6 578	1 277
非货币性资产交换利得	307		1 144				
政府补助（补贴收入）	3 778	277	492 908	206 048	1 351	249 454	33 626
债务重组利得			18 157	4	277	4 183	58
减：营业外支出	6 805	399	938 334	46 158	4 603	28 647	8 028
其中：非流动资产处置损失	451	191	159 247	12 240	322	12 094	2 031
非货币性资产交换损失	156		-121	2		1	275
债务重组损失			-809				19
四、利润总额	90 871	40 250	14 641 379	1 190 034	122 621	1 746 064	1 549 567
减：所得税费用	18 098	8 346	3 572 929	251 453	32 643	349 802	128 218
五、净利润	72 773	31 904	11 068 450	938 581	89 979	1 396 262	1 421 349

注：此表数据由省财政厅外经金融处提供，由于修正到个位，合计数与分项数可能有1的差别。

企业分行业利润表

金额单位：万元　企业单位：家

批发和零售业	住宿和餐饮业	金融业	房地产业	租赁和商务服务业	科学研究、技术服务和地质勘察业	水利、环境和公共设施管理业	居民服务和其他服务业	教育	卫生、社会保障和社会福利业	文化体育和娱乐业	公共管理和社会组织
48 323 254	3 202 677	1 928 405	12 598 887	3 058 606	949 273	169 683	2 266 243	41 735	117 649	472 077	22 305
48 320 922	3 202 677	1 225 191	12 598 182	3 058 184	949 272	169 585	2 266 224	41 735	117 649	472 077	22 305
47 495 406	2 697 675	1 198 758	12 271 502	3 007 392	938 084	168 872	2 247 245	41 453	117 264	462 257	21 999
825 516	505 002	26 433	326 681	50 791	11 188	712	18 980	282	385	9 820	307
47 208 721	3 174 598	1 609 503	10 180 100	2 855 379	838 400	141 933	2 243 304	43 271	121 087	443 061	23 636
41 910 908	1 255 228	470 519	6 203 788	1 952 860	550 722	95 113	1 599 831	13 347	93 314	232 292	16 840
41 697 748	1 251 264	459 932	6 048 585	1 937 849	534 254	94 991	1 593 163	13 259	93 292	231 010	16 537
213 161	3 965	10 587	155 202	15 011	16 468	122	6 668	88	21	1 281	302
160 655	179 079	69 857	1 686 927	100 336	26 312	2 077	61 236	1 430	4 157	26 405	425
3 224 005	1 163 702	39 280	639 982	140 958	35 938	7 877	164 902	9 166	2 608	74 754	1 156
1 653 801	503 742	476 600	1 045 460	588 987	241 683	27 816	357 392	18 916	13 976	96 937	2 552
8 149	97	1 326	3 085	779	14 672		1 946			885	29
191 187	69 812	12 858	593 027	49 361	-16 721	4 185	51 919	413	7 032	12 671	2 664
94 802	30 825	5 917	437 686	63 481	2 112	2 747	42 860	100		4 255	2 936
83 777	7 295	6 249	129 450	53 492	20 522	946	14 356	41	21	5 592	300
-5 552	2 116	3 107	-3 340	-1 722	-70	-853	-13			-81	-2
77 433	3 020	92 434	9 285	24 492	596	4 865	8 024			3	
-9 265		8 937	601	-1 881	-130		1				
1 105	-63	7 691	47 279	1 147	17		103 013			-137	
304 325	3 797	95 786	973 747	740 388	17 944	10 826	61 924	180	263	1 660	5 989
16 223	-1 873	35 909	-18 848	12 555	-721		27 610	-46		-564	21
1 419 964	31 812	430 024	3 439 538	944 762	128 835	38 576	187 855	-1 356	-3 174	30 539	4 658
83 218	11 993	3 395	41 894	31 117	6 349	3 411	8 980	161	9 366	10 411	727
1 413	208	770	-3 316	5 052	1 352		446		-36	88	706
287			-3				1				
5 598	517	474	2 562	2 837	303	258	495		21	553	
95			103		225		3			1	
40 292	13 845	1 878	86 014	11 349	4 194	7 185	8 113	115	187	1 603	98
4 893	1 778	142	4 067	601	625	1	1 257	1		779	46
112	12						7				
-1 002							82			2	
1 462 890	29 959	431 542	3 395 418	964 531	130 989	34 802	188 722	-1 310	6 005	39 346	5 287
415 753	41 805	93 084	710 108	100 606	31 152	3 810	61 347	271	1 582	12 199	1 367
1 047 137	-11 846	338 458	2 685 310	863 925	99 838	30 992	127 375	-1 581	4 423	27 147	3 920

2012 年度广东省外商投资

项　　目	农林牧渔业	采矿业	制造业	电力、燃气及水的生产和供应业	建筑业	交通运输、仓储和邮政业	信息传输、计算机服务和软件业
一、汇编企业户数（家）	396	65	26 093	191	328	1 007	980
其中：产品出口企业户数	118	19	18 698	22	61	123	208
先进技术企业户数	30	5	2 411	24	12	30	136
高新技术企业户数	19	5	1 147	11	14	23	64
已交所得税企业户数	89	27	15 370	89	142	522	253
二、合同投资总额	1 477 082	689 260	174 462 765	14 595 673	3 147 198	19 170 489	2 528 884
其中：计划外资额	1 276 095	564 318	146 450 881	9 825 426	1 943 710	10 553 845	2 345 915
三、实际投资总额	1 809 350	483 051	110 980 241	13 075 523	2 573 979	16 659 637	2 250 536
其中：实际外资额	1 193 405	406 098	91 061 994	9 003 706	1 535 054	9 343 974	2 113 683
四、注册资本	1 591 058	498 268	96 175 453	5 783 958	1 823 149	8 194 084	2 334 250
其中：外方	1 180 862	398 519	81 440 314	3 200 890	1 241 900	5 316 882	2 170 501
五、进出口总额	501 451	89 995	307 927 295	1 589 208	63 539	2 355 520	782 183
其中：进口总额	157 703	32 721	127 545 599	769 855	16 893	1 146 423	226 241
出口总额	326 328	57 148	172 670 257	818 792	46 646	1 149 605	554 810
六、缴纳税收合计	50 408	71 243	19 192 867	571 926	124 024	1 054 616	556 382
1. 关税	1 393	833	992 763	9 506	157	25 789	1 035
2. 增值税	14 888	42 629	9 964 794	273 110	13 911	199 842	144 719
其中：进口环节增值税	7 363	1 786	4 787 061	64 226	290	130 369	19 945
3. 消费税	4		1 264 000		7	6	
其中：进口环节消费税	4		59 381			5	
4. 营业税	7 788	3 522	193 617	10 862	46 435	319 905	104 900
5. 企业所得税	18 287	8 290	3 986 166	217 606	27 304	372 805	160 641
6. 个人所得税	2 098	2 392	822 683	21 319	6 467	87 709	111 369
7. 其他税金	5 950	13 578	1 968 844	39 523	29 743	48 561	33 718
其中：土地增值税	1 649	22	21 990	23	15 113	1 352	284
资源税	31	38	7 240	122	50		4
印花税	600	120	168 715	3 306	799	4 761	1 483
契税	11	277	6 278	14	228	939	377
城镇土地使用税	502	245	133 779	4 807	6 047	7 911	443
其他	3 157	12 876	1 630 842	31 252	7 506	33 598	31 127
七、中方职工各项社会保险	8 007	5 569	2 912 276	41 882	14 464	124 574	147 856
其中：养老保险	5 157	4 480	2 029 635	25 356	8 743	78 210	92 903
医疗保险	1 888	729	587 027	9 247	4 027	32 114	42 741
失业保险	287	135	104 102	957	694	5 934	5 890
工伤保险	226	94	126 173	974	550	2 840	2 740
生育保险	145	52	36 285	695	310	2 440	2 474
其他	304	79	29 054	4 653	140	3 036	1 107
八、住房公积金	1 051	1 097	613 154	32 813	2 835	133 541	45 105
九、场地使用费	352	225	81 494	2 903	159	8 457	9 964
十、海域使用金			-18	38	117	54	
十一、土地出让金			59 743		632	14 798	7 757
十二、实际工资总额	95 540	27 418	31 499 312	260 663	136 261	1 298 294	1 014 409
其中：外方职工实际工资总额	2 570	1 500	1 056 907	2 297	2 868	28 019	38 623
十三、全年平均职工人数	25 901	3 299	49 538 947	28 541	30 055	217 681	152 117
其中：外方职工人数	207	51	279 245	130	252	1 447	1 754
十四、年人均工资	959	262	102 157	1 268	1 618	17 494	4 762
其中：中方职工年人均工资	699	349	84 372	992	1 182	3 585	4 598
外方职工年人均工资	653	434	173 617	971	1 354	4 826	4 183

注：此表数据由省财政厅外经金融处提供，由于修正到个位，合计数与分项数可能有 1 的差别。

企业分行业补充资料情况表

金额单位：万元　企业单位：家

批发和零售业	住宿和餐饮业	金融业	房地产业	租赁和商务服务业	科学研究、技术服务和地质勘察业	水利、环境和公共设施管理业	居民服务和其他服务业	教育	卫生、社会保障和社会福利业	文化体育和娱乐业	公共管理和社会组织
4 671	489	118	1 440	1 310	477	39	1 043	20	18	127	17
1 708	12	3	29	124	83	4	123	2		14	8
180	6	3	13	42	53	7	49		1	2	1
45	4	1	18	16	16	1	17			3	2
1 607	188	66	529	426	138	14	348	4	4	48	6
9 193 142	3 409 569	4 264 975	32 762 507	5 508 656	989 246	1 414 445	2 737 635	21 575	336 778	1 581 496	28 301
8 173 348	2 580 918	3 642 474	27 170 401	4 691 246	778 306	379 392	2 221 914	18 118	276 673	1 185 928	27 618
7 922 922	2 773 545	3 471 554	29 652 925	4 330 787	796 570	296 501	2 559 931	23 916	156 116	1 298 049	28 256
7 202 527	2 153 689	2 903 043	23 890 037	3 683 002	698 983	205 006	2 016 429	13 508	143 557	1 042 732	27 573
7 387 023	2 195 578	3 604 560	24 226 563	4 176 851	819 805	544 336	2 059 266	18 877	181 845	693 654	28 349
6 809 712	1 782 113	2 903 217	21 861 887	3 618 057	669 797	333 159	1 750 188	14 858	149 641	569 049	27 666
8 438 879	3 368		7 519	62 341	37 607	821	369 788			143 012	110 768
5 071 268				2 355	18 903	290	180 590			56 661	70 857
3 309 718	216		－15	59 394	18 704	532	183 276			86 135	14 009
2 130 641	235 353	211 775	2 244 602	297 590	106 486	21 441	177 008	2 867	6 618	55 738	899
158 380			6	298	1 110	2	4 055			136	4
1 286 126	5 207	456	2 556	21 939	10 095	13 825	36 086	5	32	3 562	286
500 718		5		1 232	3 569		10 448			424	9
26 780			293	55			57				
24 783											
60 452	146 028	67 616	580 822	71 801	24 927	1 073	47 599	1 213	3 695	18 046	139
395 313	42 374	92 971	555 881	83 708	27 616	4 309	43 865	276	1 604	11 868	231
86 662	11 834	38 746	87 291	71 478	37 865	1 340	23 168	1 313	422	2 515	104
116 929	29 910	11 986	1 017 754	48 313	4 874	891	22 179	60	866	19 611	136
2 327	482	307	852 872	18 356	1		2 503			6	
100	47		55		9						
16 187	767	1 111	7 827	2 066	373	67	944	3	64	140	12
188	198	104	4 084	1 302	39		99		248		
1 530	2 344	147	22 493	5 071	206	131	1 778		38	10 959	52
96 596	26 073	10 316	130 423	21 518	4 246	694	16 856	57	516	8 506	72
214 710	61 278	18 786	60 323	63 192	41 826	2 020	48 545	1 578	1 041	8 656	153
136 494	41 786	11 726	35 994	41 340	28 734	1 621	30 651	993	692	5 779	94
55 336	13 239	5 269	16 338	16 353	10 110	297	11 927	440	309	1 993	40
9 346	2 923	812	2 872	2 607	1 102	52	2 110	79	16	331	3
5 065	1 375	358	1 603	1 179	786	23	994	36	11	262	11
3 979	1 169	347	1 614	1 248	722	19	976	30	9	165	
4 489	787	272	1 901	464	372	9	1 889	1	4	127	4
60 659	13 804	8 624	21 999	21 214	21 941	1 049	12 829	504	75	2 790	18
26 525	57 746	4 204	2 095	13 862	2 457		3 169	4	200	253	
										30	
2 932	11 850		341 244	2 527	1 220		218		9 759		
1 670 756	433 455	224 627	602 267	507 335	323 031	18 137	393 625	14 272	12 821	70 361	1 838
115 811	13 285	28 576	25 603	93 464	25 217	2 526	23 327	1 178	99	3 789	115
2 859 574	125 857	15 078	320 638	98 339	1 265 797	1 135	367 496	1 297	2 342	17 906	775
89 718	834	1 644	1 385	1 967	204 725	17	3 252	82	14	283	10
20 293	1 663	1 588	9 161	7 183	2 451	245	4 810	69	78	510	61
16 417	1 335	1 357	11 220	4 818	1 729	183	3 375	50	72	298	50
22 677	2 419	2 632	5 536	8 276	3 233	372	5 047	99	38	695	49

2012年度广东省国家农业综合开发县名单

序　号	市县	序　号	市县	序　号	市县
	珠海市	18	惠阳区	36	茂港区
1	斗门区	19	博罗县	37	高州市
	汕头市	20	惠东县	38	化州市
2	潮阳区	21	龙门县	39	电白县
	韶关市		汕尾市	40	信宜市
3	南雄市	22	陆丰市		肇庆市
4	始兴县	23	海丰县	41	高要市
5	翁源县		江门市	42	封开县
6	仁化县	24	开平市	43	怀集县
7	乐昌市	25	新会区		清远市
	河源市	26	台山市	44	清新县
8	紫金县	27	恩平市	45	英德市
9	连平县		阳江市		潮州市
10	和平县	28	阳春市	46	饶平县
11	东源县	29	阳东县		揭阳市
	梅州市		湛江市	47	揭东县
12	梅　县	30	廉江市	48	揭西县
13	兴宁市	31	吴川市	49	惠来县
14	五华县	32	徐闻县		云浮市
15	蕉岭县	33	遂溪县	50	罗定市
16	平远县	34	雷州市	51	新兴县
17	大埔县		茂名市	52	云安县
	惠州市	35	茂南区	53	郁南县

2012年度广东省省级农业综合开发县名单

序　号	市　县	序　号	市　县	序　号	市　县
	珠海市	6	龙川县	11	德庆县
1	高栏港经济区		梅州市	12	四会市
	汕头市	7	丰顺县		清远市
2	澄海区		惠州市	13	清城区
3	潮南区	8	仲恺高新区	14	连州市
	韶关市		湛江市	15	阳山县
4	新丰县	9	麻章区	16	连山县
5	曲江区		肇庆市		潮州市
	河源市	10	广宁县	17	潮安县

2012年度广东省国家和省级农业综合开发财政投资情况表

金额单位：万元

项目	任务量（万亩）	财政资金总额	中央财政资金	省级财政资金	市级财政资金	县级财政资金
总计	76.75	111 016.2	53 689.0	46 632.2	5 555.5	5 139.5
一、国家农业综合开发项目	70.72	101 860.0	53 689.0	39 032.2	4 757.4	4 381.4
（一）土地治理项目	70.72	80 882.0	40 441.0	32 818.0	3 968.0	3 655.0
1. 存量土地治理项目	56.62	63 990.0	31 995.0	26 001.0	3 123.5	2 870.5
省直集中安排科技推广项目		1 520.0	760.0	760.0		
省农科院水稻所水稻新品种新技术示范推广项目		120.0	60.0	60.0		
省农科院作物所特色作物品种及配套技术推广项目		80.0	40.0	40.0		
省农科院植保所水稻疫病防控技术示范推广项目		80.0	40.0	40.0		
省农科院蔬菜所高效益蔬菜新品种及配套生产技术示范推广项目		100.0	50.0	50.0		
省农科院土肥所花生、马铃薯高效施肥技术示范推广项目		60.0	30.0	30.0		
省农科院土肥所稻田地力提升及其配套栽培技术示范推广项目		80.0	40.0	40.0		
省农科院情报所稻薯轮作新品种新技术集成示范推广项目		70.0	35.0	35.0		
仲恺农业工程学院优质水稻新品种“齐丰占”示范推广项目		50.0	25.0	25.0		
仲恺农业工程学院花生新品种及其配套技术示范推广项目		50.0	25.0	25.0		
仲恺农业工程学院“仲糯”系列糯玉米新品种示范推广项目		80.0	40.0	40.0		
广东海洋大学北运辣椒新品种示范推广项目		80.0	40.0	40.0		
广东海洋大学香蕉标准化生产技术示范推广项目		60.0	30.0	30.0		
华南农业大学高产优质丝苗型系列水稻新品种示范推广项目		80.0	40.0	40.0		
华南农业大学优质高产抗病水稻新品种“华航31号”示范推广项目		60.0	30.0	30.0		
珠海市特色玉米、新优蔬菜品种种植技术示范推广项目		100.0	50.0	50.0		
汕头市冬种包心大芥菜品种及标准化栽培技术示范推广项目		50.0	25.0	25.0		
韶关市农科所秋植花生与配套高效栽培技术示范推广项目		50.0	25.0	25.0		
惠州市优质水稻新品种及配套高产栽培技术示范推广项目		50.0	25.0	25.0		
江门市优质甜玉米和冬种蔬菜品种及其配套技术示范推广项目		60.0	30.0	30.0		
阳江市农作物技术推广站花生良种引进及栽培技术示范推广项目		50.0	25.0	25.0		
湛江市农科所湛薯01-2新品种及栽培技术示范推广项目		60.0	30.0	30.0		
茂名市超级稻“合美占”品种及其配套栽培技术示范推广项目		50.0	25.0	25.0		
珠海市	0.90	800.0	400.0	320.0	40.0	40.0
斗门区	0.90	800.0	400.0	320.0	40.0	40.0
斗门区斗门镇中低产田改造项目	0.67	600.0	300.0	240.0	30.0	30.0
斗门区莲洲镇中低产田改造项目	0.23	200.0	100.0	80.0	10.0	10.0
汕头市	1.00	1 200.0	600.0	480.0	60.0	60.0

续表

项　　目	任务量（万亩）	财政资金总额	中央财政资金	省级财政资金	市级财政资金	县级财政资金
潮阳区	1.00	1 200.0	600.0	480.0	60.0	60.0
潮阳区金灶镇高标准农田建设示范工程项目	1.00	1 200.0	600.0	480.0	60.0	60.0
韶关市	4.85	5 340.0	2 670.0	2 306.0	267.0	97.0
始兴县	0.92	980.0	490.0	441.0	49.0	
始兴县罗坝镇中低产田改造项目	0.92	980.0	490.0	441.0	49.0	
仁化县	0.81	860.0	430.0	387.0	43.0	
仁化县石塘镇中低产田改造项目	0.81	860.0	430.0	387.0	43.0	
翁源县	1.26	1 340.0	670.0	536.0	67.0	67.0
翁源县坝仔镇蓝河片中低产田改造项目	0.75	800.0	400.0	320.0	40.0	40.0
翁源县坝仔镇芙蓉片中低产田改造项目	0.51	540.0	270.0	216.0	27.0	27.0
乐昌市	0.56	600.0	300.0	240.0	30.0	30.0
乐昌市廊田镇中低产田改造项目	0.56	600.0	300.0	240.0	30.0	30.0
南雄市	1.30	1 560.0	780.0	702.0	78.0	
南雄市古市镇高标准农田建设示范工程项目	1.30	1 560.0	780.0	702.0	78.0	
河源市	3.71	3 920.0	1 960.0	1 568.0	196.0	196.0
紫金县	0.94	1 000.0	500.0	400.0	50.0	50.0
紫金县中坝镇中低产田改造项目	0.94	1 000.0	500.0	400.0	50.0	50.0
连平县	1.23	1 320.0	660.0	528.0	66.0	66.0
连平县田源镇东灌区中低产田改造项目	0.56	600.0	300.0	240.0	30.0	30.0
连平县田源镇西灌区中低产田改造项目	0.67	720.0	360.0	288.0	36.0	36.0
和平县	0.94	1 000.0	500.0	400.0	50.0	50.0
和平县礼士镇中低产田改造项目	0.94	1 000.0	500.0	400.0	50.0	50.0
东源县	0.60	600.0	300.0	240.0	30.0	30.0
东源县曾田镇中低产田改造项目	0.60	600.0	300.0	240.0	30.0	30.0
梅州市	6.06	6 500.0	3 250.0	2 600.0	325.0	325.0
梅　县	1.11	1 200.0	600.0	480.0	60.0	60.0
梅县白渡镇石子岭灌区中低产田改造项目	0.37	400.0	200.0	160.0	20.0	20.0
梅县白渡镇嵩溪灌区中低产田改造项目	0.37	400.0	200.0	160.0	20.0	20.0
梅县梅南镇中低产田改造项目	0.37	400.0	200.0	160.0	20.0	20.0
大埔县	0.56	600.0	300.0	240.0	30.0	30.0
大埔县枫朗镇中低产田改造项目	0.56	600.0	300.0	240.0	30.0	30.0
五华县	1.46	1 560.0	780.0	624.0	78.0	78.0
五华县横陂镇中低产田改造项目	0.88	940.0	470.0	376.0	47.0	47.0
五华县双华镇中低产田改造项目	0.58	620.0	310.0	248.0	31.0	31.0
平远县	0.56	600.0	300.0	240.0	30.0	30.0

续表

项　　目	任务量（万亩）	财政资金总额	中央财政资金	省级财政资金	市级财政资金	县级财政资金
平远县石正镇中低产田改造项目	0.56	600.0	300.0	240.0	30.0	30.0
蕉岭县	0.92	980.0	490.0	392.0	49.0	49.0
蕉岭县文福镇中低产田改造项目	0.92	980.0	490.0	392.0	49.0	49.0
兴宁市	1.45	1 560.0	780.0	624.0	78.0	78.0
兴宁市罗浮镇中低产田改造项目	0.65	700.0	350.0	280.0	35.0	35.0
兴宁市大坪镇中低产田改造项目	0.80	860.0	430.0	344.0	43.0	43.0
惠州市	4.10	4 500.0	2 250.0	1 800.0	225.0	225.0
惠阳区	1.04	1 100.0	550.0	440.0	55.0	55.0
惠阳区良井镇中低产田改造项目	0.51	540.0	270.0	216.0	27.0	27.0
惠阳区永湖镇中低产田改造项目	0.53	560.0	280.0	224.0	28.0	28.0
博罗县	1.60	1 840.0	920.0	736.0	92.0	92.0
博罗县龙华镇高标准农田示范项目	1.00	1 200.0	600.0	480.0	60.0	60.0
博罗县麻陂镇中低产田改造项目	0.60	640.0	320.0	256.0	32.0	32.0
惠东县	0.56	600.0	300.0	240.0	30.0	30.0
惠东县平山街道办中低产田改造项目	0.56	600.0	300.0	240.0	30.0	30.0
龙门县	0.90	960.0	480.0	384.0	48.0	48.0
龙门县龙江街道办中低产田改造项目	0.90	960.0	480.0	384.0	48.0	48.0
汕尾市	1.38	1 480.0	740.0	592.0	74.0	74.0
海丰县	0.56	600.0	300.0	240.0	30.0	30.0
海丰县公平镇中低产田改造项目	0.56	600.0	300.0	240.0	30.0	30.0
陆丰市	0.82	880.0	440.0	352.0	44.0	44.0
陆丰市湖东镇中低产田改造项目	0.82	880.0	440.0	352.0	44.0	44.0
江门市	3.83	4 220.0	2 110.0	1 688.0	211.0	211.0
新会区	0.50	540.0	270.0	216.0	27.0	27.0
新会区西江流域九子沙段中低产田改造项目	0.50	540.0	270.0	216.0	27.0	27.0
台山市	1.08	1 140.0	570.0	456.0	57.0	57.0
台山市都斛镇中低产田改造项目	0.53	560.0	280.0	224.0	28.0	28.0
台山市海宴镇中低产田改造项目	0.55	580.0	290.0	232.0	29.0	29.0
开平市	0.50	540.0	270.0	216.0	27.0	27.0
开平市蚬冈镇中低产田改造项目	0.50	540.0	270.0	216.0	27.0	27.0
恩平市	1.75	2 000.0	1 000.0	800.0	100.0	100.0
恩平市牛江镇高标准农田建设示范工程项目	1.00	1 200.0	600.0	480.0	60.0	60.0
恩平市大槐镇中低产田改造项目	0.75	800.0	400.0	320.0	40.0	40.0
阳江市	2.02	2 260.0	1 130.0	904.0	113.0	113.0
阳东县	1.52	1 760.0	880.0	704.0	88.0	88.0

续表

项　　目	任务量（万亩）	财政资金总额	中央财政资金	省级财政资金	市级财政资金	县级财政资金
阳东县合山镇高标准农田建设示范工程项目	1.00	1 200.0	600.0	480.0	60.0	60.0
阳东县新洲镇中低产田改造项目	0.52	560.0	280.0	224.0	28.0	28.0
阳春市	0.50	500.0	250.0	200.0	25.0	25.0
阳春市陂面镇中低产田改造项目	0.50	500.0	250.0	200.0	25.0	25.0
湛江市	5.73	6 400.0	3 200.0	2 560.0	320.0	320.0
遂溪县	1.23	1 320.0	660.0	528.0	66.0	66.0
遂溪县建新镇中低产田改造项目	0.67	720.0	360.0	288.0	36.0	36.0
遂溪县草潭镇中低产田改造项目	0.56	600.0	300.0	240.0	30.0	30.0
徐闻县	1.00	1 200.0	600.0	480.0	60.0	60.0
徐闻县曲界镇高标准农田建设示范工程项目	1.00	1 200.0	600.0	480.0	60.0	60.0
廉江市	0.50	540.0	270.0	216.0	27.0	27.0
廉江市新民镇中低产田改造项目	0.50	540.0	270.0	216.0	27.0	27.0
雷州市	1.73	1 980.0	990.0	792.0	99.0	99.0
雷州市杨家镇中低产田改造项目	0.60	640.0	320.0	256.0	32.0	32.0
雷州市附城镇高标准农田建设示范工程项目	1.00	1 200.0	600.0	480.0	60.0	60.0
雷州市南兴镇种粮大户中低产田改造项目	0.13	140.0	70.0	56.0	7.0	7.0
吴川市	1.27	1 360.0	680.0	544.0	68.0	68.0
吴川市长歧镇中低产田改造项目	0.69	740.0	370.0	296.0	37.0	37.0
吴川市塘缀镇中低产田改造项目	0.58	620.0	310.0	248.0	31.0	31.0
茂名市	8.52	9 590.0	4 795.0	3 836.0	479.5	479.5
茂南区	1.59	1 900.0	950.0	760.0	95.0	95.0
茂南区山阁镇高标准农田建设示范工程项目	1.59	1 900.0	950.0	760.0	95.0	95.0
茂港区	0.84	900.0	450.0	360.0	45.0	45.0
茂港区羊角镇中低产田改造项目	0.84	900.0	450.0	360.0	45.0	45.0
电白县	1.75	2 030.0	1 015.0	812.0	101.5	101.5
电白县马踏镇高标准农田建设示范工程项目	1.20	1 440.0	720.0	576.0	72.0	72.0
电白县林头镇中低产田改造项目	0.55	590.0	295.0	236.0	29.5	29.5
高州市	1.92	2 040.0	1 020.0	816.0	102.0	102.0
高州市大井镇中低产田改造项目	0.88	940.0	470.0	376.0	47.0	47.0
高州市根子镇中低产田改造项目	0.51	540.0	270.0	216.0	27.0	27.0
高州市曹江镇中低产田改造项目	0.53	560.0	280.0	224.0	28.0	28.0
化州市	1.86	2 120.0	1 060.0	848.0	106.0	106.0
化州市同庆镇高标准农田建设示范工程项目	1.00	1 200.0	600.0	480.0	60.0	60.0
化州市中垌镇中低产田改造项目	0.86	920.0	460.0	368.0	46.0	46.0
信宜市	0.56	600.0	300.0	240.0	30.0	30.0

续表

项　　目	任务量（万亩）	财政资金总额	中央财政资金	省级财政资金	市级财政资金	县级财政资金
信宜市贵子镇中低产田改造项目	0.56	600.0	300.0	240.0	30.0	30.0
肇庆市	4.37	4 890.0	2 445.0	1 956.0	244.5	244.5
怀集县	1.65	1 980.0	990.0	792.0	99.0	99.0
怀集县冷坑镇高标准农田建设示范工程项目	1.65	1 980.0	990.0	792.0	99.0	99.0
封开县	1.36	1 450.0	725.0	580.0	72.5	72.5
封开县谷圩河灌区中低产田改造项目	0.68	730.0	365.0	292.0	36.5	36.5
封开县杏花河灌区中低产田改造项目	0.68	720.0	360.0	288.0	36.0	36.0
高要市	1.36	1 460.0	730.0	584.0	73.0	73.0
高要市活道镇中低产田改造项目	0.73	780.0	390.0	312.0	39.0	39.0
高要市蛟塘镇中低产田改造项目	0.63	680.0	340.0	272.0	34.0	34.0
清远市	3.08	3 450.0	1 725.0	1 380.0	172.5	172.5
清新县	1.10	1 180.0	590.0	472.0	59.0	59.0
清新县浸潭镇大树墩片中低产田改造项目	0.50	540.0	270.0	216.0	27.0	27.0
清新县浸潭镇高华塘片中低产田改造项目	0.60	640.0	320.0	256.0	32.0	32.0
英德市	1.98	2 270.0	1 135.0	908.0	113.5	113.5
英德市大湾镇高标准农田建设示范工程项目	1.20	1 440.0	720.0	576.0	72.0	72.0
英德市大湾镇中低产田改造项目	0.67	720.0	360.0	288.0	36.0	36.0
英德市英红镇农民专业合作社中低产田改造项目	0.11	110.0	55.0	44.0	5.5	5.5
潮州市	0.75	800.0	400.0	320.0	40.0	40.0
饶平县	0.75	800.0	400.0	320.0	40.0	40.0
饶平县上饶镇中低产田改造项目	0.75	800.0	400.0	320.0	40.0	40.0
揭阳市	2.56	3 000.0	1 500.0	1 200.0	150.0	150.0
揭东县	1.00	1 200.0	600.0	480.0	60.0	60.0
揭东县桂岭镇高标准农田建设示范工程项目	1.00	1 200.0	600.0	480.0	60.0	60.0
揭西县	0.56	600.0	300.0	240.0	30.0	30.0
揭西县风江镇中低产田改造项目	0.56	600.0	300.0	240.0	30.0	30.0
惠来县	1.00	1 200.0	600.0	480.0	60.0	60.0
惠来县隆江镇高标准农田建设示范工程项目	1.00	1 200.0	600.0	480.0	60.0	60.0
云浮市	3.76	4 120.0	2 060.0	1 731.0	206.0	123.0
新兴县	0.50	500.0	250.0	200.0	25.0	25.0
新兴县东成镇中低产田改造项目	0.50	500.0	250.0	200.0	25.0	25.0
郁南县	0.93	1 000.0	500.0	450.0	50.0	
郁南县东坝镇中低产田改造项目	0.93	1 000.0	500.0	450.0	50.0	
云安县	0.62	660.0	330.0	297.0	33.0	
云安县富林镇中低产田改造项目	0.62	660.0	330.0	297.0	33.0	

续表

项　目	任务量（万亩）	财政资金总额	中央财政资金	省级财政资金	市级财政资金	县级财政资金
罗定市	1.71	1 960.0	980.0	784.0	98.0	98.0
罗定市金鸡镇中低产田改造项目	0.71	760.0	380.0	304.0	38.0	38.0
罗定市朗塘镇高标准农田建设示范工程项目	1.00	1 200.0	600.0	480.0	60.0	60.0
2. 增量土地治理项目	14.10	16 892.0	8 446.0	6 817.0	844.5	784.5
韶关市	2.00	2 400.0	1 200.0	1 020.0	120.0	60.0
韶关市南雄市湖口镇高标准农田建设示范工程项目	1.00	1 200.0	600.0	540.0	60.0	
韶关市乐昌市廊田镇高标准农田建设示范工程项目	1.00	1 200.0	600.0	480.0	60.0	60.0
河源市紫金县古竹镇高标准农田建设示范工程项目	1.00	1 200.0	600.0	480.0	60.0	60.0
惠州市博罗县柏塘镇高标准农田建设示范工程项目	1.00	1 200.0	600.0	480.0	60.0	60.0
江门市开平市百合镇高标准农田建设示范工程项目	1.00	1 200.0	600.0	480.0	60.0	60.0
汕尾市海丰县梅陇镇高标准农田建设示范工程项目	1.00	1 200.0	600.0	480.0	60.0	60.0
湛江市雷州市松竹镇高标准农田建设示范工程项目	1.00	1 200.0	600.0	480.0	60.0	60.0
茂名市	5.00	6 000.0	3 000.0	2 400.0	300.0	300.0
茂名市信宜市金垌镇高标准农田建设示范工程项目	1.00	1 200.0	600.0	480.0	60.0	60.0
茂名市茂南区山阁镇高标准农田建设示范工程项目	1.00	1 200.0	600.0	480.0	60.0	60.0
茂名市化州市南盛街道高标准农田建设示范工程项目	1.00	1 200.0	600.0	480.0	60.0	60.0
茂名市高州市石鼓镇高标准农田建设示范工程项目	1.00	1 200.0	600.0	480.0	60.0	60.0
茂名市电白县林头镇高标准农田建设示范工程项目	1.00	1 200.0	600.0	480.0	60.0	60.0
揭阳市	2.10	2 492.0	1 246.0	997.0	124.5	124.5
揭阳市普宁华侨农场高标准农田建设示范工程项目	1.10	1 292.0	646.0	517.0	64.5	64.5
揭阳市惠来县隆江镇高标准农田建设示范工程项目	1.00	1 200.0	600.0	480.0	60.0	60.0
（二）产业化经营项目		10 098.0	7 808.0	1 842.2	291.4	156.4
1. 财政补助项目		4 580.0	2 290.0	1 842.2	291.4	156.4
（1）种养殖项目		2 870.0	1 435.0	1 148.0	179.5	107.5
汕头市金平区90吨青蟹养殖基地改建项目		140.0	70.0	56.0	14.0	
汕头市潮南区1万头种猪繁育扩建项目		100.0	50.0	40.0	5.0	5.0
湛江市雷州市1万头优质瘦肉型种猪繁育扩建项目		100.0	50.0	40.0	5.0	5.0
湛江市雷州市9 000头种猪繁育扩建项目		170.0	85.0	68.0	8.5	8.5
湛江市吴川市50万只肉鸭养殖扩建项目		160.0	80.0	64.0	8.0	8.0
湛江市吴川市300亩绿色蔬菜种植新建项目		80.0	40.0	32.0	4.0	4.0
茂名市茂南区36万只肉鸽养殖扩建项目		150.0	75.0	60.0	7.5	7.5
茂名市高州市2万头种猪繁育扩建项目		120.0	60.0	48.0	6.0	6.0
惠州市博罗县1万头瘦肉型种猪繁育扩建项目		120.0	60.0	48.0	12.0	
梅州市大埔县500亩单枞茶种植新建项目		140.0	70.0	56.0	7.0	7.0
梅州市平远县1 000亩脐橙种植改建项目		40.0	20.0	16.0	2.0	2.0

续表

项　　目	任务量（万亩）	财政资金总额	中央财政资金	省级财政资金	市级财政资金	县级财政资金
梅州市兴宁市200万羽优质蛋鸡种苗繁育基地扩建项目		100.0	50.0	40.0	5.0	5.0
汕尾市陆丰市8 000吨木瓜种植扩建项目		140.0	70.0	56.0	7.0	7.0
河源市东源县500亩优质蔬菜种植扩建项目		100.0	50.0	40.0	10.0	
河源市东源县500亩优质高山茶种植新建项目		140.0	70.0	56.0	14.0	
河源市东源县2 000亩油茶种苗繁育与种植示范新建项目		100.0	50.0	40.0	10.0	
河源市紫金县600亩食用玫瑰种植扩建项目		80.0	40.0	32.0	4.0	4.0
河源市连平县1 000吨鹰嘴水蜜桃种植扩建项目		60.0	30.0	24.0	3.0	3.0
河源市和平县1 000亩优质椪柑种植扩建项目		100.0	50.0	40.0	5.0	5.0
河源市和平县60吨淡水鱼养殖扩建项目		60.0	30.0	24.0	3.0	3.0
阳江市阳春市20万公斤优质蚕茧养殖扩建项目		80.0	40.0	32.0	4.0	4.0
清远市清城区1.5万头优质种猪繁育基地扩建项目		120.0	60.0	48.0	12.0	
潮州市潮安县3 000亩香橄榄种植改建项目		100.0	50.0	40.0	5.0	5.0
潮州市饶平县400吨优质海水鱼养殖扩建项目		100.0	50.0	40.0	5.0	5.0
揭阳市揭东县500亩无公害高山茶种植扩建项目		150.0	75.0	60.0	7.5	7.5
揭阳市惠来县6 000头商品猪养殖扩建项目		120.0	60.0	48.0	6.0	6.0
（2）加工项目		1 412.0	706.0	575.0	92.5	38.5
广州市白云区2 000吨果汁加工扩建项目		102.0	51.0	51.0		
韶关市仁化县160吨茶叶加工扩建项目		140.0	70.0	56.0	7.0	7.0
珠海市香洲区1 000吨对虾加工扩建项目		120.0	60.0	48.0	12.0	
汕头市澄海区1.6万吨特种水产饲料加工扩建项目		100.0	50.0	40.0	5.0	5.0
肇庆市广宁县300万件竹制包装产品加扩建项目		100.0	50.0	40.0	10.0	
梅州市梅县4 000吨稻谷加工新建项目		80.0	40.0	32.0	4.0	4.0
梅州市大埔县100吨茶叶加工新建项目		110.0	55.0	44.0	5.5	5.5
梅州市五华县600吨果合柿加工扩建项目		120.0	60.0	48.0	6.0	6.0
阳江市海陵区600吨猪肉制品加工扩建项目		100.0	50.0	40.0	10.0	
阳江市高新区500吨冻条虾加工扩建项目		100.0	50.0	40.0	10.0	
东莞市20 000吨优质大米加工扩建项目		120.0	60.0	48.0	12.0	
潮州市潮安县600吨肉脯加工扩建项目		100.0	50.0	40.0	5.0	5.0
云浮市新兴县2 000吨罗非鱼片加工扩建项目		120.0	60.0	48.0	6.0	6.0
（3）流通设施项目		298.0	149.0	119.2	19.4	10.4
惠州市惠东县2 000吨马铃薯储藏流通新建项目		90.0	45.0	36.0	9.0	
梅州市梅县6 000吨柚果保鲜流通扩建项目		80.0	40.0	32.0	4.0	4.0
梅州市梅县8 000吨柚果保鲜流通新建项目		128.0	64.0	51.2	6.4	6.4
2. 贴息项目		5 518.0	5 518.0			
（1）与农业发展银行合作项目		498.0	498.0			

续表

项　目	任务量（万亩）	财政资金总额	中央财政资金	省级财政资金	市级财政资金	县级财政资金
东莞市五十万吨小麦加工贷款贴息项目		326.0	326.0			
茂名市电白县2万吨罗非鱼加工固定资产贷款贴息项目		172.0	172.0			
（2）与农业银行合作项目		248.0	248.0			
惠州市惠东县30吨珍稀食用菌生产基地固定资产贷款贴息项目		248.0	248.0			
（3）其他项目		4 772.0	4 772.0			
广州市千万枚种蛋收购流动资金贷款贴息项目		84.0	84.0			
汕头市大洋冷冻4 000吨牛蛙腿、南美白对虾收购加工流动资金贷款贴息项目		39.0	39.0			
汕头市澄海区佳盛180吨紫菜原材料收购项目		35.0	35.0			
南雄市8万吨优质稻米加工流动资金和固定资产贷款贴息项目		233.0	233.0			
韶关市翁源县1 450吨优质茧、丝加工建设流动资金贷款贴息项目		173.0	173.0			
曲江区1 000万尾罗非鱼、鳗鱼繁育及养殖固定资产、流动资金贷款贴息项目		96.0	96.0			
韶关市曲江区壹万吨优质稻谷收购加工流动资金贷款贴息项目		32.0	32.0			
河源致富猪场5万头安全健康瘦肉型猪养殖示范基地流动资金贷款贴息项目		64.0	64.0			
河源果品加工流动资金贷款贴息项目		122.0	122.0			
河源市500吨优质灵芝深加工固定资产与流动资金贷款贴息项目		34.0	34.0			
梅州市丰顺县日产45吨食用菌扩建固定资产贷款贴息项目		66.0	66.0			
梅州市大埔县2 500吨茶青收购流动资金贷款贴息项目		35.0	35.0			
梅州市优质稻谷收购流动资金贷款贴息项目		40.0	40.0			
梅州市平远县20 000吨脐橙收购流动资金贷款项目		90.0	90.0			
梅州市梅县3 000吨大米收购流动资金贷款贴息		28.0	28.0			
惠州市博罗县2.1万吨家禽收购加工流动资金贷款贴息项目		108.0	108.0			
惠州市博罗县3.3万吨大米加工收购流动资金贷款贴息项目		48.0	48.0			
惠州市龙门县8 500吨柑桔农贸市场建设固定资产贷款贴息项目		30.0	30.0			
惠东县3 600吨马铃薯和2 500吨稻谷收购流动资金贷款贴息项目		61.0	61.0			
阳春市2万吨饲料加工原材料收购及生猪养殖流动资金贷款贴息项目		91.0	91.0			
阳江市7 000吨罗非鱼收购加工流动资金贷款贴息项目		112.0	112.0			
阳江市10万头生猪养殖流动资金贷款贴息项目		85.0	85.0			
阳江市高新区8万吨研发型禽畜饲料原料收购加工流动贷款贴息项目		54.0	54.0			
湛江旭骏水产流动资金贷款贴息项目		44.0	44.0			
湛江市霞山区2.5万吨冷库工程固定资产贷款贴息项目		360.0	360.0			
湛江市徐闻县芦荟产业化综合加工贷款贴息项目		23.0	23.0			
湛江市遂溪县50万吨甘蔗原料收购流动资金贷款贴息项目		312.0	312.0			
雷州市5万吨（菠萝、芦荟、木瓜等）原材料收购流动资金贷款贴息项目		193.0	193.0			

续表

项 目	任务量（万亩）	财政资金总额	中央财政资金	省级财政资金	市级财政资金	县级财政资金
湛江市雷州市3万吨农产品收购流动资金贷款贴息项目		313.0	313.0			
湛江市雷州市1万吨水产品收购流动资金贷款贴息项目		112.0	112.0			
湛江市麻章区5 000吨对虾收购流动资金贷款贴息项目		153.0	153.0			
湛江市1万吨原料虾收购流动资金贷款贴息项目		176.0	176.0			
湛江市吴川市680吨禽羽原料毛收购流动资金贷款贴息项目		58.0	58.0			
湛江市廉江市32万吨甘蔗收购流动资金贷款贴息项目		289.0	289.0			
湛江市雷州市55万吨甘蔗收购流动资金贷款贴息项目		280.0	280.0			
高州市2 000吨热带水果深加工扩建流动资金贷款贴息项目		20.0	20.0			
茂名市电白县4万吨罗非鱼、南美白虾精深加工项目		110.0	110.0			
广宁县年产10 000吨饲料、7 500吨沙糖桔、1 250吨沙糖桔保鲜加工扩建基地固定资产中央财政贷款贴息项目		118.0	118.0			
肇庆市端州区年产11 000吨饲料采购加工流动资金中央财政贷款贴息项目		65.0	65.0			
饶平县海水网箱养殖优质鱼高值加工流动资金贷款贴息项目		28.0	28.0			
揭阳市揭东县1 200吨猪肠加工流动资金贷款项目		32.0	32.0			
揭阳市惠来县1.5万吨荔枝收购流动资金贷款贴息项目		144.0	144.0			
云浮市新兴县12万头生猪收购流动资金贷款贴息项目		65.0	65.0			
云浮市新兴县3.5万公斤茶叶加工固定资产贷款贴息项目		117.0	117.0			
（三）部门项目		10 880.0	5 440.0	4 372.0	498.0	570.0
1. 林业部门项目		3 840.0	1 920.0	1 536.0	156.0	228.0
和平县丰产林示范基地项目		240.0	120.0	96.0		24.0
东源县丰产林示范基地项目		240.0	120.0	96.0		24.0
龙川县丰产林示范基地项目		240.0	120.0	96.0		24.0
兴宁市丰产林示范基地项目		240.0	120.0	96.0		24.0
平远县丰产林示范基地项目		240.0	120.0	96.0	12.0	12.0
五华县丰产林示范基地项目		240.0	120.0	96.0	12.0	12.0
梅县天草农业发展有限公司油茶丰产林		240.0	120.0	96.0	12.0	12.0
丰顺县丰产林示范基地项目		240.0	120.0	96.0	12.0	12.0
罗定市丰产林示范基地项目		240.0	120.0	96.0	12.0	12.0
惠州市丰产林示范基地项目		240.0	120.0	96.0	24.0	
乳源县丰产林示范基地项目		240.0	120.0	96.0	12.0	12.0
连州市丰产林示范基地项目		240.0	120.0	96.0		24.0
梅县徐梅农林发展有限公司油茶丰产林		240.0	120.0	96.0	12.0	12.0
河源市油茶丰产林示范基地项目（新增）		240.0	120.0	96.0	24.0	
汕尾市陆河县油茶丰产林示范基地项目（新增）		240.0	120.0	96.0	12.0	12.0
梅州市平远县油茶丰产林示范基地项目（新增）		240.0	120.0	96.0	12.0	12.0

续表

项　　目	任务量（万亩）	财政资金总额	中央财政资金	省级财政资金	市级财政资金	县级财政资金
2. 农业部门项目		1 240.0	620.0	516.0	52.0	52.0
广东省优质玉米原原种扩繁基地建设项目		200.0	100.0	100.0		
潮州市饶平县岭头单丛茶良种繁育及生产示范基地建设项目		300.0	150.0	120.0	15.0	15.0
廉江市湛绿农业蔬菜标准化生产示范基地建设项目		300.0	150.0	120.0	15.0	15.0
惠州市优势出口鳗鲡养殖基地建设项目		220.0	110.0	88.0	11.0	11.0
高要市罗非鱼养殖出口基地建设项目		220.0	110.0	88.0	11.0	11.0
3. 水利部门项目		5 100.0	2 550.0	2 040.0	255.0	255.0
汕尾市陆丰市龙潭灌区项目（2011 立项）		1 000.0	500.0	400.0	50.0	50.0
云浮新兴县共成水库灌区项目（2011 立项）		2 000.0	1 000.0	800.0	100.0	100.0
肇庆市怀集县三坑水库灌区项目（2012 立项）		700.0	350.0	280.0	35.0	35.0
江门市台山市大隆洞灌区项目（2012 立项）		700.0	350.0	280.0	35.0	35.0
阳江阳春市西山陂灌区项目（2012 立项）		700.0	350.0	280.0	35.0	35.0
4. 供销部门项目		700.0	350.0	280.0	35.0	35.0
潮州市凤凰镇 400 亩名优茶叶种植项目		150.0	75.0	60.0	15.0	
河源市和平县 90 吨香菇种植扩建项目		130.0	65.0	52.0	6.5	6.5
汕尾市 3 000 吨优质蔬菜初加工新建项目		130.0	65.0	52.0	13.0	
惠州市龙门县 500 吨蜂蜜产品生产加工扩建项目		130.0	65.0	52.0	6.5	6.5
广州市荔湾区 3 000 吨农产品物流仓储新建项目		280.0	140.0	140.0		
二、省级农业综合开发项目	6.03	9 156.2		7 600.0	798.1	758.1
（一）省级土地治理项目	6.03	8 866.2		7 310.0	798.1	758.1
珠海市	0.35	520.0		400.0	60.0	60.0
珠海市高栏港经济区平沙镇省级土地治理项目	0.35	520.0		400.0	60.0	60.0
汕头市	0.61	912.0		760.0	76.0	76.0
汕头市潮南区陇田镇省级土地治理项目	0.33	492.0		410.0	41.0	41.0
汕头市澄海区隆都镇省级土地治理项目	0.28	420.0		350.0	35.0	35.0
韶关市	0.61	897.6		748.0	74.8	74.8
韶关市曲江区马坝镇省级土地治理项目	0.24	354.0		295.0	29.5	29.5
韶关市新丰县丰城街道办事处省级土地治理项目	0.37	543.6		453.0	45.3	45.3
河源市	0.30	456.0		380.0	38.0	38.0
河源市龙川县通衢镇省级土地治理项目	0.30	456.0		380.0	38.0	38.0
梅州市	0.47	699.6		583.0	58.3	58.3
梅州市丰顺县埔寨镇省级土地治理项目	0.47	699.6		583.0	58.3	58.3
惠州市	0.33	494.0		380.0	57.0	57.0
惠州市仲恺高新区陈江街道办省级土地治理项目	0.33	494.0		380.0	57.0	57.0

续表

项　　目	任务量（万亩）	财政资金总额	中央财政资金	省级财政资金	市级财政资金	县级财政资金
湛江市	0.32	480.0		400.0	40.0	40.0
湛江市麻章区太平镇省级土地治理项目	0.32	480.0		400.0	40.0	40.0
肇庆市	1.40	1 961.8		1 588.0	186.9	186.9
肇庆市广宁县江屯镇马口垌省级土地治理项目	0.35	480.0		400.0	40.0	40.0
肇庆市广宁县横山镇高村垌省级土地治理项目	0.14	136.8		114.0	11.4	11.4
肇庆市德庆县莫村镇富源垌省级土地治理项目	0.41	614.4		512.0	51.2	51.2
肇庆市四会市下茆镇省级土地治理项目	0.50	730.6		562.0	84.3	84.3
清远市	1.54	2 295.2		1 946.0	194.6	154.6
清远市清城区源潭镇省级土地治理项目	0.43	630.0		525.0	52.5	52.5
清远市阳山县大崀镇省级土地治理项目	0.31	465.6		388.0	38.8	38.8
清远市连山县小三江镇省级土地治理项目	0.30	440.0		400.0	40.0	
清远市连州市东陂镇省级土地治理项目	0.50	759.6		633.0	63.3	63.3
潮州市	0.10	150.0		125.0	12.5	12.5
潮州市潮安县江东镇省级土地治理项目	0.10	150.0		125.0	12.5	12.5
（二）连南高寒山区农业综合开发项目		290.0		290.0		
1. 中低产田（62 个，不含种粮大户和合作社试点）	39.44	41 900.0	20 950.0	16 935.0	16 935.0	2 095.0
2. 省直科技推广（22 个）		1 520.0	760.0	760.0	760.0	
其中：省直单位		1 050.0	525.0	525.0	525.0	
下达市县		470.0	235.0	235.0	235.0	
3. 高标准（存量 15 个 + 增量 14 个）	31.04	37 212.0	18 606.0	15 023.0	9 050.5	1 800.5
其中：存量 15	16.94	20 320.0	10 160.0	8 206.0	8 206.0	1 016.0
增量 14	14.10	16 892.0	8 446.0	6 817.0	844.5	784.5
4. 种粮大户承担土地试点（雷州 1 个）	0.13	140.0	70.0	56.0	56.0	7.0
5. 合作社承担土地试点（英德 1 个）	0.11	110.0	55.0	44.0	44.0	5.5

注：以上两个表由省财政厅农业综合开发办公室提供。

第 七 部 分

地方财经法规选编

广东省物价局　广东省教育厅　广东省财政厅关于《幼儿园收费管理暂行办法》的实施细则

广东省物价局　广东省教育厅　广东省财政厅2012年2月16日发布（粤价〔2012〕47号）

第一条　为进一步加强幼儿园收费管理，规范收费行为，维护幼儿、家长和幼儿园园方的合法权益，促进学前教育健康持续发展，根据《中华人民共和国价格法》、《中华人民共和国教育法》、《中华人民共和国民办教育促进法》、《广东省实施〈中华人民共和国民办教育促进法〉办法》和《幼儿园收费管理暂行办法》（发改价格〔2011〕3207号）等有关规定，结合我省实际，制定本实施细则。

第二条　本实施细则适用于我省行政区域内所有依法设立的公办和民办全日制、寄宿制幼儿园（含托儿所、幼儿班、学前班，下同）。

第三条　幼儿园收费实行省定项目，各级各类幼儿园可对幼儿家长收取保育教育费（以下简称“保教费”，寄宿制幼儿园保教费含住宿费）、服务性收费和代收费。

第四条　公办幼儿园收费实行政府定价管理。公办幼儿园保教费标准由各地级以上市教育行政部门提出，经同级价格主管部门会同财政部门审核，报同级人民政府同意后，由省价格、财政、教育主管部门审核并报省人民政府审定。服务性收费和代收费标准由各地级以上市教育行政部门提出，经同级价格主管部门会同财政部门审核，三部门联合报同级人民政府批准后执行，并报省政府教育、价格、财政主管部门备案。各县（市）行政区域内公办幼儿园收费标准由当地价格、教育、财政部门按照幼儿园等级与保教类型在不超过所属市规定的收费标准范围内制定。

第五条　民办幼儿园收费实行备案制管理。

享受政府财政补助（包括政府购买服务、减免租金和税收、以奖代补、派驻公办教师、安排专项奖补资金、优惠划拨土地等）的民办幼儿园，可由当地人民政府有关部门以合同约定等方式确定最高收费标准，由民办幼儿园在最高标准范围内制定具体收费标准，报当地价格、教育、财政部门备案后执行。

民办幼儿园收费备案具体实施细则由省级价格主管部门会同教育、财政部门另行制定。

第六条　保教费应体现公益性和普惠性。公办幼儿园保教费按照非义务教育阶段家庭合理分担教育成本的原则，在统筹考虑政府投入、经济社会发展水平、办学成本和群众承受能力等基础上，分不同类型、不同等级核定全日制、寄宿制幼儿园收费标准。不同地区、财政拨款经费占办园经费比重不同的幼儿园，保教费标准可有所区别。

民办幼儿园保教费实行成本补偿机制，保教费标准主要根据幼儿园保育教育成本、办学质量，结合幼儿园评定等级确定。

幼儿园保育教育成本包括：公务费、业务费、固定资产折旧费（包括幼儿在园生活、学习、游戏、运动、用餐所需的器材、教材图书和设备设施）、房屋租金、修缮费、水电费、取暖费、卫生保健费（卫生防疫）、教职工人员经费（包括离退休人员）等正常办园费用支出；不包括灾害损失、事故、校办产业支出等非正常办学费用支出。

第七条　各级各类幼儿园在寒暑假、周六、周日及国家规定的公众假期继续对在园幼儿提供保育教育的，保教费可在平时收费标准基础上上浮不超过50%。

第八条　幼儿园经审批或备案的保教费标准应至少保持学年内稳定。

第九条　新登记或调整等级的公办幼儿园提出制定或调整收费标准的申请，应提交下列材料，并经县级以上教育、价格主管部门确认。

（一）幼儿园的有关情况，包括学校名称、地址、法定代表人以及教育行政部门颁发的审批注册登记证明；

（二）申请制定或调整收费标准的具体项目；

（三）现行收费标准和申请制定的收费标准或拟调整收费标准的幅度，以及年度收费额和调整后的收费增减额；

（四）申请制定或调整收费标准的依据和理由，包括办园平均年成本测算资料；

（五）申请制定或调整收费标准对幼儿家长负担及幼儿园收支的影响；

（六）幼儿园近三年的收入和支出状况，包括教职工人数、按规定折合标准的在园幼儿人数、生均教育培养成本，财务决算报表中的固定资产购建和大修理支出情况、教育设备购置情况、工资总额及其福利费用支出等主要指标；

（七）教育行政部门、价格主管部门要求提供的其他材料。

幼儿园提供的材料应当真实有效。

第十条　各级各类幼儿园保教费由地级以上市价格主管部门会同教育主管部门确定按学期或按月收取，幼儿园不得在幼儿注册前或跨学期（月）预收保教费。

采取按学期收取的，每个学期按5个月计算。幼儿因请假、转学、退学、插班等原因学期内累计在园时间不满10天（含10天，以工作日计算，下同）的，幼儿园按保教费缴费额的80%退还；超过10天但未满30天的，按保教费缴费额的50%退还；超过30天但不满50天的，按保教费缴费额的30%退还，超过50天的，不退还所缴保教费。

采取按月收取的，学期与假期交叉月份，保教费执行学期内标准。由于放假、请假、转学、退学、插班等原因幼儿当月在园天数不足4天（含4天）的，按保教费缴费额的80%退还；超过4天但不足当月法定工作日数一半（含一半。向下取整天数，下同）的，按保教费缴费额的50%退还；超过当月法定工作日数一半的，不退还所缴保教费。

因园方原因造成停课的，幼儿园应按实际天数退还保教费。

因幼儿园刊登、散发虚假招生简章（广告）或其他违反国家规定的行为造成幼儿退园的，幼儿园应全额退还所缴保教费，造成幼儿损失的应依法承担赔偿责任。

第十一条　幼儿园服务性收费是指幼儿园完成正常的保教任务外，向在园幼儿提供可供家长选择的服务而产生的费用，包括：

（一）伙食费（含营养餐点）。幼儿园收取的伙食费只能用于支付与幼儿膳食有关的食物费用，不得用于支付其他间接费用。幼儿园应于次月15日前向家长公布伙食费收支情况，学期末（转、退园幼儿在离园时）将结余部分全部退还幼儿家长。

（二）托管费。全日制幼儿园幼儿每天正常在园保教时间不少于8小时。幼儿园受家长委托，在周一至五闭园后（仅限全日制幼儿园）对在园幼儿提供托管服务的，可收取托管费。

（三）校车费。幼儿园自设或租用校车接送在园幼儿的，可收取校车费。

服务性收费必须遵循幼儿家长自愿、据实结算的原则，不得营利。公办幼儿园服务性收费标准以“元/人·天”为单位制定。幼儿园可根据幼儿实际需要按月收取服务性收费，在园时间不足月的，以幼儿正式请假天数计退。

第十二条　幼儿园代收费指幼儿园为方便在园幼儿的教育和生活或为完成正常保育教育任务而产生的、由幼儿园统一代为支付并由幼儿家长负担的费用。包括：

（一）生活用品费。生活用品费是指实行统一管理的幼儿园为幼儿集中代购被褥、园服、洗漱用具等收取的费用。

（二）外出活动费。幼儿园组织幼儿外出参观游玩所产生的费用，由幼儿园按实统一收取并支付。

（三）体检费。幼儿园按照卫生部门规定统一组织在园幼儿定期体检，可代收体检费用。

代收费项目可集中预收，实行定期按实结算、多退少补。

第十三条　除本办法规定的保教费、服务性收费和代收费外，各级各类幼儿园不得在保教费外以开办实验班、特色班和兴趣班等为由，另外收取费用；不得收取与入园挂钩的捐资助学费、借读费、赞助费等；严禁收取“报名费”、“入园资料费”、“营养费”、“建园费”、“管理费”、“留位费”、“接送卡费”或“育儿报刊费”及各种形式的押金、备用金等。

因幼儿保育教育及幼儿园管理需要，所产生的暖气、空调、家长开放日、亲子活动、信息服务、课本（学习）资料等费用，从幼儿园公用经费中开支，不得设立收费项目。

第十四条　幼儿园应按照国家学前教育扶困资助的有关规定，对符合条件的在园幼儿给予相应的资助。

第十五条　公办幼儿园经批准的收费，必须按照隶属关系到县级以上价格主管部门申领《广东省收费许可证（教育收费）》。

第十六条　幼儿园应在显著位置通过设立公示栏、公示牌、公示墙等形式，向社会公示收费项目、收费标准、收费金额、收费依据等相关内容。幼儿园招生简章或招生信息中，须写明幼儿园办园性质、办学条件、定价方式、收费项目、收费标准和对贫困子女的减免规定或其他救助办法。

幼儿园必须严格按照公示的收费标准实施收费。

第十七条　各级各类幼儿园要按照规定和要求建立健全财务管理和会计核算制度，做好成本核算工作。按国家有关规定实行“收支两条线”管理的公办幼儿园保教费应及时全额上缴财政，支出由财政部门核拨。

幼儿园服务性收费、代收费以及民办幼儿园保教费必须单独立账，使用财政、税务行政部门规定的票据。

第十八条　各地价格主管部门要加强对幼儿园收费的管理和监督，督促幼儿园严格执行国家和省的教育收费政策规定。对不按规定的收费项目和收费标准收费的，或违反规定巧立名目乱收费的，要依照有关法律法规予以严肃查处。

第十九条　各级教育行政部门应加强对幼儿园办园行为的监督检查和经费使用管理，提高办学质量。对不按规定备案收费标准或未严格按照备案标准执行的民办幼儿园，由价格主管部门进行约谈并限期整改，对逾期不整改或未达到整改要求的，由教育主管部门给予年检“不合格”的结论。对挤占挪用保教费收入、不按规定使用票据等违规行为由财政主管部门按照相关规定查处。

第二十条　集体办幼儿园参照公办幼儿园收费的有关规定执行。

第二十一条　各地级以上市人民政府价格、教育、财政部门可根据本实施细则制定具体实施办法。

第二十二条　上述规定自2012年2月1日起施行。

广东省物价局　广东省教育厅　广东省财政厅关于民办幼儿园收费备案的实施细则

经省人民政府同意，广东省物价局　广东省教育厅　广东省财政厅
2012 年 2 月 16 日发布（粤价〔2012〕47 号）

第一条　根据《广东省实施〈中华人民共和国民办教育促进法〉办法》、《民办教育收费管理暂行办法》（发改价格〔2005〕309 号）等有关规定制定本细则。

第二条　本细则适用于依法登记设立、取得《办学许可证》的各类民办幼儿园（含托儿所、幼儿班、学前班）。

第三条　民办幼儿教育是我省学前教育的重要组成部分，提供保教服务和实施收费，应坚持公益性原则。

各地应鼓励建设和大力扶持面向大众、收费合理、办学规范的普惠性民办幼儿园。

第四条　民办幼儿园实行保育教育费（以下简称“保教费”）成本补偿机制，保教费标准主要根据幼儿园保育教育成本、办学质量，结合幼儿园评定等级确定，收费项目统一为保教费、服务性收费和代收费，具体项目按《广东省物价局广东省教育厅广东省财政厅关于〈幼儿园收费管理暂行办法〉的实施细则》执行。

第五条　民办幼儿园收费实行备案制管理。民办幼儿园应提交以下备案材料：

（一）申请幼儿园的有关情况，包括学校名称、地址、法定代表人、法人登记证书以及教育部门批准的办学许可证、民政部门批准的民办非企业单位登记证、质量技术监督部门批准的组织机构代码证、税务部门批准的税务登记证；

（二）申请备案收费标准的具体项目，填写《民办幼儿园收费备案表》（附表）；

（三）现行收费标准和拟调整收费标准的幅度，年度收费额和调整后的收费增减额，对幼儿家长负担及幼儿园收支影响的预期评价；

（四）新备案或调整收费标准的依据和理由，包括生均保育教育成本测算资料，民办幼儿园保育教育成本包括：公务费、业务费、固定资产折旧费（包括幼儿在园生活、学习、游戏、运动、用餐所需的器材、教材图书和设备设施）、房屋租金、修缮费、水电费、取暖费、卫生保健（卫生防疫）费、教职工人员经费（包括离退休人员）等正常办园费用支出，不包括灾害损失、事故、校办产业支出等非正常办学费用支出；

（五）申请幼儿园近三年的收入和支出状况，包括财务报表中的固定资产购建和大修理支出情况、教育设备购置情况、工资总额及其福利费用支出等主要指标；

（六）价格、教育主管部门要求提供的其他材料。

第六条　首次申请收费标准备案，应自办学许可证发证之日起 2 个月内提交；调整备案标准，春季起实施的应在上一年 11 月底前提交；秋季起实施的须在当年 5 月底前提交。经备案的保教费标准应至少保持学年内稳定。

第七条　备案报告及材料由申请幼儿园盖章并由法定代表人签字确认真实有效，经县级教育行政部门加具意见后报同级价格主管部门备案。

第八条　各级教育、价格主管部门应认真审核民办幼儿园提交的有关材料。存在以下情形之一的，备案机关不予受理：

（一）未能按要求提供资料的；

（二）没有建立健全财务管理和会计核算制度、真实核算教育培养成本的；

（三）提供虚假或无效资料的；

（四）服务性收费和代收费项目没有独立核算或没有按实计收、结余退款的；

（五）经查实有违反法律法规规定行为但没有按要求整改的。

第九条　对不存在第八条规定情形的备案申请，价格主管部门如有异议，应在自正式收到材料之日起 20 个工作日内提出，可要求申请备案的幼儿园提供有资质的会计师事务所参照《广东省物价局关于公办幼儿教育机构教育培养定价成本监审的办法》（粤价〔2009〕254 号）对保育教育成本进行审计的报告；逾期未提出不同意见的，视为同意。补充提供资料时间不计入办理时限。

第十条　各级价格主管部门应按照幼儿园分类管理规定，每 3 年对当地民办幼儿园的保育教育成本进行监审，并向社会公布各类幼儿园的平均保育教育成本，积极引导民办幼儿园合理确定保教费标准。

第十一条　行政区域内经确认的各幼儿园收费备案信息，由各级教育、价格主管部门在政府网站集中公示。对不按规定备案收费标准或未严格按照备案标准执行的民办幼儿园，价格主管部门将进行约谈并限期整改，对逾期不整改或未达到整改要求的，由教育主管部门给予年检“不合格”的结论。

第十二条　本实施细则自二〇一二年二月一日起施行。

广东省卫生厅　广东省财政厅　广东省食品药品监督管理局关于《广东省预防接种异常反应补偿办法（试行）》的实施细则

广东省卫生厅　广东省财政厅　广东省食品药品监督管理局2012年3月9日发布（粤卫〔2012〕34号）

为进一步明确《关于印发〈广东省预防接种异常反应补偿办法（试行）〉的通知》（粤卫〔2011〕128号，下称《补偿办法》）有关要求，保证我省预防接种异常反应补偿工作顺利实施，结合我省实际，特制定本实施细则。

一、原则

按照“分级管理，逐级审核；分项核算，总额封顶”原则，由省财政对第一类疫苗预防接种异常反应给予一次性补偿。

二、职责

省、市、县（区）级卫生部行政部门成立预防接种异常反应补偿办公室（下称“补偿办”，设在相应疾病预防控制中心）负责本辖区预防接种异常反应补偿具体管理工作。

三、申请

（一）申请人。受种者或其监护人、法定继承人（下称“受种方”）。

（二）申请时限。受种方在收到《预防接种异常反应调查诊断书》或《预防接种异常反应鉴定书》之日起90日内，向疫苗接种单位所在地的县（区）级补偿办提出补偿申请。疫苗接种单位所在地无设县（区）级补偿办的，可直接向所在市级补偿办申请。逾期不予受理。

（三）申请材料。受种方需提供下列材料原件及其复印件一份，并保证提供材料的真实性，复印件应与原件内容相符。

1. 广东省预防接种异常反应补偿申请书（下称“补偿申请书”，见附表1，原件一式四份）；

2. 受种者本人身份证明（身份证、出生证或户口本）；

3. 监护人或法定继承人身份证明；

4. 受种者发生预防接种异常反应后的就诊治疗经过；

5. 受种者诊治病历复印件；

6.《预防接种异常反应调查诊断书》或《预防接种异常反应鉴定书》；

7. 预防接种异常反应损害程度等级评定结论；

8. 受种者医疗费、残疾用具费、伤残鉴定费、交通费等发票或行政事业收据；

受种者本人提出申请的，可以不提交前款第3项材料；受种者委托监护人或法定继承人以外其他人代为申请的，应提交授权委托书。

四、受理和审核

县（区）级补偿办受理补偿申请书后15个工作日内完成以下工作：

（一）填写编号：按县（区）国标码+年（4位）+流水号（3位）格式填写。

（二）核对材料：核对补偿申请书内容及所提供的材料完整性，检查复印件内容与原件是否相符，确认无误后在每张复印件上加盖“与原件相符”或经办人签章，将申请材料原件退还申请人，向申请人出具回执（附表2）。对不符合要求的材料退回申请人并一次性告知申请人补充修改。

（三）审核材料：对补偿申请材料内容进行审核，判断是否符合《补偿办法》补偿范围和要求，并出具审核结果意见（附表3），在7个工作日内通知受种方。

（四）核算补偿金额。

1. 补偿项目和计算时限。

预防接种异常反应补偿项目：医疗费、误工费、残疾生活补助费、残疾用具费、伤残鉴定费、死亡抚恤金和交通费。其中医疗费、误工费、交通费计算时限：从受种者出现预防接种异常反应后开始治疗之日起，至受种方提出补偿申请之日止；国家在疫苗预防接种异常反应相关病例的诊疗规范中有明确恢复期的，医疗费、误工费、交通费计算时限为最长恢复期。

2. 补偿项目计算方法。

按照分项目核算、总额不超过补偿金额上限原则进行核算。

（1）医疗费。医疗费是指受种者出现预防接种异常反应后，由于造成一定的健康损害，为恢复健康而需要就医诊治，按照医院对当事人恢复健康治疗所必需的基本医疗费用。医疗费主要包括挂号费、检查费、化验费、手术费、治疗费、住院费和药费等，但不包括原发疾病医疗费用和预防接种异常反应补偿后继续治疗的医疗费用。医疗费可以为住院医疗费，也可以为门诊医疗费。

在医疗机构治疗的基本医疗费用，以申请者提供的“医疗机构门（急）诊、住院收费有效票据”为准。

医疗费计算公式：

医疗费补偿金额 = 诊疗费 + 医药费 + 住院费 + 其他

（2）误工费。误工费是指预防接种异常反应发生后，受种者需要住院接受诊治，相关亲属需要参加护理，无法正常参加工作或者从事日常的经营活动，因此造成经济收入的减少，按照一定的标准对该项减少的收入给予补偿。受种者年龄小于16周岁或无工作的，补偿1人误工费；受种者年龄大于16周岁（含16周岁）且有工作的，补偿2人误工费。

住院治疗时间以住院病历显示的住院时间或住院医院开具的证明为准。

误工费计算公式：

误工费补偿金额 = 住院治疗时间（天）× 上一年度广东省城镇单位在岗职工年平均工资（元）/365天 × 人数

（3）残疾生活补助费。残疾者生活补助费是指受种者因预防接种异常反应致残，不仅影响了其以后的生活能力，而且影响了其获取经济收入的能力，为了维持基本生活，需要对其进行基本生活补助，按照一定标准对受种者进行补偿。

按照上一年度广东省城镇居民人均消费性支出标准，依据伤残等级一级乙等至三级戊等的伤残等级系数为100%递减至10%，每等级相差10%计算。

残疾生活补助费计算公式：

残疾生活补助费 = 上一年度广东省城镇居民人均消费性支出（元）×20年 × 伤残等级系数

（4）残疾用具费。残疾用具费是指受种者因异常反应致残的，其组织、肌体的某项功能全部或者部分丧失而需要配备具有补偿功能的器具而支出的费用，按照一定标准对该项费用进行补偿。

残疾用具费的计算，以补偿受种者残疾功能的必要用具所需费用为限，不能要求残疾用具费的支出足以达到残疾用具可以恢复身体残疾前的功能。普通适用器具属于统一品种的、被广泛或被普遍使用的残疾用具，以国产的用具为优先。

凭医疗机构证明，单价以生产或销售企业的发票为准。

残疾用具费计算公式：

残疾用具费 = 按照国产普通型器具的单价 ×4

（5）伤残鉴定费：以地级市以上医学会出具收费凭据为准。

（6）死亡抚恤金：对于出现死亡的预防接种异常反应，给予20万元的死亡抚恤金。

（7）交通费。交通费，是指预防接种异常反应发生后，受种者以及亲属因需到医院就医、转院治疗而发生乘车乘船等交通费用，按照一定标准给予补偿。

交通费根据受种人和1名陪护人员因就医或转院治疗实际发生的交通费用计算。交通费应当以正式票据为凭；有关凭据应当与就医地点、时间、人数、次数相符合。最高限额不超过1万元。

交通费计算公式：交通费补偿金额 = 实际发生的费用

（五）一次性补偿金额上限。

1. 一级甲等（死亡）一次性补偿费（含医疗费、误工费、死亡抚恤金和交通费）总金额上限为《广东省统计年鉴》的《城镇居民家庭基本情况》表中上一年度广东省城镇居民人均消费性支出的15倍。

2. 一级乙等一次性补偿费总金额上限（含医疗费、误工费、残疾生活补助费、残疾用具费、伤残鉴定费、交通费项目，下同）为上一年度广东省城镇居民人均消费性支出的30倍。

3. 二级甲等一次性补偿费总金额上限为上一年度广东省城镇居民人均消费性支出的27倍。

4. 二级乙等一次性补偿费总金额上限为上一年度广东省城镇居民人均消费性支出的24倍。

5. 二级丙等一次性补偿费总金额上限为上一年度广东省城镇居民人均消费性支出的21倍。

6. 二级丁等一次性补偿费总金额上限为上一年度广东省城镇居民人均消费性支出的18倍。

7. 三级甲等一次性补偿费总金额上限为上一年度广东省城镇居民人均消费性支出的15倍。

8. 三级乙等一次性补偿费总金额上限为上一年度广东省城镇居民人均消费性支出的12倍。

9. 三级丙等一次性补偿费总金额上限为上一年度广东省城镇居民人均消费性支出的9倍。

10. 三级丁等一次性补偿费总金额上限为上一年度广东省城镇居民人均消费性支出的6倍。

11. 三级戊等一次性补偿费总金额上限为上一年度广东省城镇居民人均消费性支出的3倍。

12. 四级一次性补偿费（医疗费、误工费、伤残鉴定费、交通费）总金额不超过上一年度广东省城镇居民人均消费性支出。

（六）撰写审核报告。经充分告知受种方一次性补偿金额核算明细和金额后，撰写广东省预防接种异常反应补偿申请审核报告（下称“审核报告”，附表5），包括受种者基本情况、一次性补偿费用核算情况、补偿金额和审核意见，逐级呈批。

（七）材料上报。审核报告原件、补偿申请书原件和申请材料复印件等相关材料（一式三份），上报至市级补偿办。

五、审核及审批

（一）市级补偿办在收到审核报告等材料后，在15个工作日内进行审核，在审核报告上加具审核意见并加盖公章；审核报告原件、补偿申请书原件和申请材料复印件等相关材料（一式三份）上报省补偿办。

（二）省补偿办在收到审核报告等材料后，在10个工作日内进行审核，在审核报告上加具审核意见并加盖印章，呈省卫生厅在10个工作日内审批；将审核报告等材料（一式两份）送达市级补偿办，一份留省补偿办存档，并复印一份抄送省财政厅备案。

（三）市级补偿办收到审核报告后，在7个工作日内将审核报告及相关材料（一式一份）送达县（区）级补偿办，一份留市级补偿办。

（四）未通过审核的审核报告，所有材料退回在上述规定时限内逐级重新计算审核。

六、签订补偿协议书

县（区）级补偿办收到审核报告后，由县（区）卫生行政部门在7个工作日内和受种方、垫支单位（如有垫支情况）签订“广东省预防接种异常反应补偿协议书”（下称“补偿协议书”，附表6），确认一次性补偿金额和应分别支付申请人、垫支单位的金额。在7个工作日内，将补偿协议书原件（一式五份）报市级补偿办。

市级补偿办收到补偿协议书，审核无误后由市级补偿办负责人签字确认盖章，在7个工作日内将补偿协议书（一式五份）上报省补偿办。

七、补偿款支付

省补偿办收到补偿协议书（一式五份）审核无误，呈省卫生厅在20个工作日内审批确认后，按财务管理规定，将一次性补偿费用支付到县（区）级卫生行政部门。同时，将协议书分送市级补偿办一份、县级补偿办三份（其中一份交受种方、一份交垫付单位）。

县（区）级卫生行政部门收到一次性补偿费用后，在7个工作日内将一次性补偿费用支付到收款人和垫付单位账户。

八、资料管理

预防接种异常反应补偿所有资料应按照档案管理要求，整理装订成册、归档管理，并保存20年。

九、监督与检查

（一）负责预防接种异常反应补偿工作人员要严格按照《补偿办法》和本实施细则，认真做好补偿工作，不得故意刁难、拖延、不按规定发放补偿款。

（二）预防接种异常反应补偿经费专项管理，专项专用，不得挪用。

（三）省卫生厅将联合省财政厅、省食品药品监督管理局定期对各地执行《补偿办法》实施情况进行督导检查。

十、其他

（一）第二类疫苗预防接种异常反应补偿按《补偿办法》第十八条执行。

（二）本细则由广东省卫生厅、广东省财政厅、广东省食品药品监督管理局负责解释。

（三）本细则自发布之日起实施。

广东省人力资源和社会保障厅　中共广东省委组织部　广东省发展和改革委员会　广东省经济和信息化委员会　广东省科学技术厅　广东省财政厅　广东省知识产权局关于广东省战略性新兴产业首席专家评选的管理办法

广东省人力资源和社会保障厅　中共广东省委组织部　广东省发展和改革委员会　广东省经济和信息化委员会　广东省科学技术厅　广东省财政厅　广东省知识产权局2012年3月19日发布

（粤人社规〔2012〕1号）

第一章　总　则

第一条　为激发战略性新兴产业领域专家的创造活力，充分发挥他们的科技引领、榜样示范作用，积极营造有利于我省战略性新兴产业发展和人才成长的社会氛围，根据省委、省政府《关于加快吸引培养高层次人才的意见》、《广东省中长期人才发展规划纲要》和《关于加快经济发展方式转变的若干意见》，制定本办法。

第二条　广东省战略性新兴产业首席专家是广东省战略性新兴产业领域的高层次专业技术人才。

第三条　广东省战略性新兴产业首席专家（以下简称“首席专家”）的评选坚持业内评价和社会评价相结合，实行公开、公平、公正和实事求是的原则。

第四条　根据省政府关于战略性新兴产业发展规划和政策所确定的重点领域中评选产生。每两年评选一届，每届评选不超过40名。每届到期重新申报、评选，可以连选连任。期满未继续评选通过的首席专家，可以称“广东省第×届战略性新兴产业首席专家”。

第五条　首席专家评选工作在省委组织部、省人力资源和社会保障厅、省发展和改革委员会、省经济和信息化委员会、省科学技术厅、省财政厅和省知识产权局领导下进行，由省人力资源和社会保障厅负责组织实施。

第二章　标准和申报

第六条　首席专家候选人必须具备下列条件：

（一）具有中华人民共和国国籍，热爱祖国，遵纪守法，具有良好的职业操守；

（二）在我省工作，具有高级专业技术资格，年龄在65周岁以下；

（三）在本行业领域掌握关键核心技术，取得重大科技发明成果，达到国内领先或国际先进水平，或作为主要发明人获得我国或美日欧发达国家发明专利授权，或具有深厚的理论功底和重要的学术地位，公开发表、出版高水平的学术论文、著作；

（四）为我省战略性新兴产业发展做出创造性的成就和重大贡献，取得显著经济或社会效益，在全省乃至全国范围内产生重大影响。

第七条　申报首席专家，应提交下列材料：

（一）首席专家申报表一式两份；

（二）自荐报告（限3000字以内）；

（三）学历证书、高级专业资格证书复印件；

（四）其他需要提供和说明的材料。

第八条　个人提交申报材料，所在单位审核后送当地人力资源和社会保障部门，逐级审核上报到省人力资源和社会保障厅。

第九条　省人力资源和社会保障厅收取申报材料截止时间为评选年度的6月30日。

第三章　评选程序

第十条　省人力资源和社会保障厅聘请省内外有关专家组成首席专家评选委员会。评选委员会设主任委员1名、副主任委员4名、委员8名，并设若干个专家评审组。评选委员会和专家评审组成员实行聘任制，一届一聘。

第十一条　由专家评审组以无记名投票的方式进行初选，得票过半数者提交评选委员会进行票决。评选投票须由三分之二以上评选委员会成员参加方为有效，获得评选委员会到会成员半数以上赞成票者按应选名额和得票多少排序，确定评选通过名单。

第十二条 省人力资源和社会保障厅将评选通过名单公示10个工作日。公示期间，任何单位和个人有异议，可向省人力资源和社会保障厅提交异议书，异议书应加盖单位公章或署个人真实姓名。对有异议的，有关部门会同其所在单位进行核查。

第十三条 通过公示的名单经省委组织部、省人力资源和社会保障厅、省发展和改革委员会、省经济和信息化委员会、省科学技术厅、省财政厅和省知识产权局批准后公布，并颁发广东省战略性新兴产业首席专家证书。

第四章　权利与义务

第十四条 首席专家享有的权利：

（一）同等条件下，相关部门优先推荐参加中央人才工作协调小组“千人计划”、“新世纪百千万人才工程国家级人选”、“享受国务院特殊津贴专家”、“省引进创新科研团队”、“省引进领军人才”、“南粤功勋奖”、“南粤创新奖”和“南粤百杰培养工程”等的评选；

（二）所在单位和部门应优先支持其申报科研项目、申请科研经费，并为其开展工作提供资金、设备、人员等保障；

（三）同等条件下，优先参加国家举办的高研班学习，获得省继续教育专项经费资助。

第十五条 首席专家应履行的义务：

（一）组织或主持开展重大项目研究，解决产业发展关键技术难题；

（二）参加相关公益性咨询活动，应邀参与产业发展规划的制定、重大科技事项的论证和科技成果评价工作，并承担相应的技术责任；

（三）每年提交一份产业分析报告，为省委、省政府正确决策提供科学依据，为产业发展提供重要参考。

第五章　纪　律

第十六条 评选实行回避制度，与申报人有近亲属或利害关系的评选委员会及评审组成员应当回避。

第十七条 剽窃、侵夺他人成果或以其他不正当手段通过评选的，由省人力资源和社会保障厅会同有关部门取消其证书。

第十八条 评选委员会和专家评审组及其他工作人员，在评选过程中有接受请托、弄虚作假、徇私舞弊等违反评选纪律情形的，应当终止其参与评选工作，并根据情节轻重，依法依规追究责任。

第六章　附　则

第十九条 本办法由省人力资源和社会保障厅会同有关部门负责解释。

第二十条 本办法自发布之日起施行。

广东省物价局　广东省教育厅　广东省财政厅关于进一步规范我省高等学校收费管理的补充通知

广东省物价局　广东省教育厅　广东省财政厅2012年7月26日发布（粤价〔2012〕169号）

各地级以上市物价局、教育局、财政局，深圳市发展改革委、市场监管局、财政委，佛山市顺德区发展规划和统计局、教育局、财税局，各高等学校：

2007年我省印发了《关于进一步规范我省高等学校收费管理的通知》（粤价〔2007〕186号），对进一步加强我省高校收费管理、规范高校收费行为、促进教育事业发展发挥了重要作用。但近年来，不少学校的办学条件、办学水平、学科和专业建设都发生了较大变化，根据国家及省中长期教育改革和发展规划纲要“完善高等学校的分类定位与指导”的要求，为体现“优质优价”原则，经省人民政府同意，现就我省公办普通高校及其学费分类归档问题明确如下：

一、广东省公办普通高校学费分类归档标准：

第一类：第一批次（含相应提前批次，下同）招生录取本科院校（专业）

第二类：具有硕士及以上学位授予权（含试点单位）、非第一批次招生录取的本科院校

第三类：不具有硕士及以上学位授予权的本科院校

第四类：高等职业院校及普通高校高职类专业（大专）

第五类：普通艺术院校及普通高校艺术类专业

二、各类别不再罗列具体学校。

三、各类别各专业的原学费标准不变。

以上规定自2012年新生入学起执行，2008－2011级学生学费维持入学时标准不变。本通知未涉及的其他事项，

仍按粤价〔2007〕186号文执行。因类别变动导致收费标准变更的学校，请提供具体类别档次证明材料，重新办理《广东省收费许可证》（教育收费），实行亮证收费，并做好收费公示。

附件：广东省公办普通高校学费标准表

附件：

广东省公办普通高校学费标准表

单位：元/生·学年

<table>
<tr><th>学校类别</th><th colspan="2">专业类别</th><th>学费标准</th><th>备　注</th></tr>
<tr><td rowspan="3">第一批次（含相应提前批次，下同）招生录取本科院校（专业）</td><td colspan="2">文史、财经、管理专业</td><td>4 560</td><td rowspan="20">1. 艺术类一类专业为美术艺术设计、广告、声乐、钢琴、社会音乐、管弦、作曲、音乐音响导演；二类专业为音乐学、民乐、绘画、雕塑；三类专业为上述两类专业之外的专业。
2. 第二学位、第二专业、辅修、复读专业学费＝所需的学分×该专业学年学费标准×学制÷该专业毕业应完成的学分总数。
3. 网络学院学费、自学考试自考班学费可按本校普通教育同类专业学费标准上浮不超过50%。</td></tr>
<tr><td colspan="2">理工、农林、地矿、外语、体育专业</td><td>5 160</td></tr>
<tr><td colspan="2">医学专业</td><td>5 760</td></tr>
<tr><td rowspan="3">具有硕士及以上学位授予权（含试点单位）、非第一批次招生录取的本科院校</td><td colspan="2">文史、财经、管理专业</td><td>4 180</td></tr>
<tr><td colspan="2">理工、农林、地矿、外语、体育专业</td><td>4 730</td></tr>
<tr><td colspan="2">医学专业</td><td>5 280</td></tr>
<tr><td rowspan="3">不具有硕士及以上学位授予权的本科院校</td><td colspan="2">文史、财经、管理专业</td><td>3 800</td></tr>
<tr><td colspan="2">理工、农林、地矿、外语、体育专业</td><td>4 300</td></tr>
<tr><td colspan="2">医学专业</td><td>4 800</td></tr>
<tr><td rowspan="5">高等职业院校及普通高校高职类专业（大专）</td><td colspan="2">文史、财经、管理专业</td><td>4 500</td></tr>
<tr><td colspan="2">理工、农林、地矿、外语、医学、体育专业</td><td>5 500</td></tr>
<tr><td colspan="2">一类艺术专业</td><td>10 000</td></tr>
<tr><td colspan="2">二类艺术专业</td><td>8 000</td></tr>
<tr><td colspan="2">三类艺术专业</td><td>6 000</td></tr>
<tr><td rowspan="6">普通艺术院校及普通高校艺术类专业</td><td rowspan="2">一类艺术专业</td><td>本科</td><td>10 000</td></tr>
<tr><td>专科</td><td>8 000</td></tr>
<tr><td rowspan="2">二类艺术专业</td><td>本科</td><td>8 000</td></tr>
<tr><td>专科</td><td>6 000</td></tr>
<tr><td rowspan="2">三类艺术专业</td><td>本科</td><td>6 000</td></tr>
<tr><td>专科</td><td>4 000</td></tr>
</table>

广东省人力资源和社会保障厅 广东省民政厅 广东省财政厅关于我省事业单位社会组织参加工伤保险有关问题的通知

广东省人力资源和社会保障厅 广东省民政厅 广东省财政厅2012年8月3日发布（粤人社规〔2012〕6号）

各地级以上市人力资源和社会保障局（人力资源局、社会保障局）、民政局、财政局（财政委员会），顺德区人力资源和社会保障局、民政宗教和外事侨务局、财税局，省社会保险基金管理局：

根据国务院修订的《工伤保险条例》（根据国务院令第586号修改，自2011年1月1日起施行）以及修订的《广东省工伤保险条例》（广东省第十一届人大常委会第二十八条次会议修订通过，自2012年1月1日起施行）有关规定，结合本省实际，现将事业单位、社会组织参加工伤保险的有关问题通知如下，请遵照执行：

一、本省行政区域内的事业单位、社会组织应当依照《工伤保险条例》和《广东省工伤保险条例》规定为本单位全部职工（不含参照公务员法管理的事业单位、社会团体的工作人员，下同）参加工伤保险、缴纳工伤保险费。

本通知所称社会组织，是指按规定在各级民政部门登记注册的社会团体、基金会和民办非企业单位。

二、中央、省直驻穗事业单位、社会组织参加省本级工伤保险统筹，其他事业单位、社会组织按照属地管理原则，参加所在统筹地区工伤保险统筹。

三、初次核定的事业单位、社会组织工伤保险缴费费率按照一类行业基准费率执行，以后按国家和省工伤保险费率有关政策进行调整。事业单位、社会组织应当按时缴纳工伤保险费，职工个人不缴纳工伤保险费。缴纳工伤保险费所需费用在单位的社会保障缴费中列支。

事业单位缴纳工伤保险费所需资金，纳入该单位的部门预算，按现行的经费供给渠道在单位公用经费中解决。社会组织缴纳工伤保险费所需资金，在该单位的自有经费中解决。

四、事业单位、社会组织职工因工作遭受事故伤害或者患职业病的，依照《工伤保险条例》、《广东省工伤保险条例》的规定实施工伤认定、劳动能力鉴定、支付工伤保险待遇等。

五、事业单位、社会组织依照《工伤保险条例》和《广东省工伤保险条例》规定应当参加工伤保险而未参加，其职工发生工伤的，由该单位按照《工伤保险条例》和《广东省工伤保险条例》规定的工伤保险待遇项目和标准支付费用。

事业单位、社会组织为本单位全部职工参加工伤保险并补缴自2011年1月1日起应当缴纳的工伤保险费、滞纳金后，由工伤保险基金和所在单位依照《工伤保险条例》和《广东省工伤保险条例》的规定支付新发生的费用。

六、事业单位、社会组织职工已依法参加工伤保险和基本养老保险，被认定为工伤并被鉴定为一级至四级伤残的，按照《广东省工伤保险条例》第二十九条规定办理。

事业单位、社会组织职工已依法参加工伤保险但尚未参加基本养老保险，被认定为工伤并被鉴定为一级至四级伤残的，由工伤保险基金按规定支付工伤保险待遇。工伤职工达到退休年龄、办理退休手续并按规定计发退休费的，停发伤残津贴。退休费低于伤残津贴的，单位应向社会保险经办机构提供退休待遇审核部门出具的退休费核定数额以及每年退休费调整数额的证明材料，由工伤保险基金补足差额。

七、妥善解决参加工伤保险后事业单位、社会组织的原工（公）伤人员有关待遇问题。

（一）原工（公）伤人员范围：2011年1月1日（不含本日）前，在事业单位、社会组织发生工（公）伤并由本单位负责支付工（公）伤待遇的工（公）伤人员和工（公）亡职工供养亲属。

已由工伤保险基金依法支付工伤保险待遇的工伤职工、工亡职工供养亲属以及原已按照规定通过一次性支付补偿金等办法终结工（公）伤待遇关系的人员不列入原工（公）伤人员范围。

（二）办理程序。

1. 单位申报。所在单位向统筹地区社会保险行政部门提出原工（公）伤人员纳入工伤保险基金支付范围的确认申请，并应提供原已确认为工（公）伤的文书或者档案材料，由社会保险行政部门进行确认。

2. 审核确认。经社会保险行政部门确认同意后，符合伤残津贴、生活护理费申领条件的原工（公）伤人员，可以向统筹地区劳动能力鉴定委员会提出申请，由劳动能力鉴定委员会根据现行标准对其劳动功能障碍程度和生活自理障碍程度进行审核确认。

原已依法完成劳动能力鉴定的原工（公）伤人员以及已享受基本养老保险待遇或者退休费待遇的原工（公）伤人员，不再进行劳动功能障碍程度和生活自理障碍程度审核确认。

3. 申领待遇。所在单位或者原工（公）伤人员按照现行规定向统筹地区社会保险经办机构申领有关工伤保险待遇。

（三）待遇支付。原工（公）伤人员经确认同意纳入工伤保险基金支付范围后新发生的工伤保险待遇费用（不含一次性伤残补助金、丧葬补助金和一次性工亡补助金），由工伤保险基金按照《工伤保险条例》以及《广东省工伤保险条例》有关规定支付。

已享受基本养老保险待遇或者按规定计发退休费的原工（公）伤人员，继续按原渠道领取基本养老保险待遇或者退休费，不办理享受伤残津贴，其新发生的其他工伤保险待遇纳入工伤保险基金支付范围。

原工（公）伤人员纳入工伤保险基金支付范围后，工伤保险待遇与相应的原工（公）伤待遇不重复享受。如果工伤保险待遇支付标准低于原工（公）伤待遇标准的，应由原渠道补足至原工（公）伤待遇标准。

（四）资金渠道。各地可以通过工伤保险基金统筹调剂、单位一次性缴纳费用、同级财政补助等多渠道筹集事业单位、社会组织原工（公）伤人员纳入工伤保险基金支付范围所需资金。

八、有条件的地区也可以将公务员和参照公务员法管理的事业单位、社会团体的工作人员纳入工伤保险参保范围，所需资金在单位公用经费中统筹解决。

九、本通知从下发之日起执行。《转发劳动和社会保障部、人事部、民政部、财政部关于事业单位、民间非营利组织工作人员工伤有关问题的通知》（粤劳社〔2006〕33号）同时废止。

广东省省级培育发展社会组织专项资金管理暂行办法

广东省财政厅2012年6月20日发布（粤财行〔2012〕245号）

第一条　为规范省级培育发展社会组织专项资金管理，充分发挥资金使用效益，根据《中共广东省委　广东省人民政府关于加强社会建设的决定》（粤发〔2012〕17号）及财政资金管理规定，制定本办法。

第二条　本办法所称省级培育发展社会组织专项资金（以下简称“专项资金”），是指省财政设立用于扶持社会组织发展的资金。

第三条　专项资金管理使用应遵循以下原则：

（一）分类扶持。综合考虑本地区经济发展与社会建设的需要，以及社会组织的功能属性、社会作用、能力建设等因素，对社会组织实行分类扶持。其中：重点扶持发挥枢纽型作用的社会组织。

（二）公开透明。专项资金的申请、审核、分配以及社会组织财政资金使用情况等信息应以适当方式向社会公开，广泛接受社会监督。

（三）绩效导向。通过专项资金扶持，充分发挥资金激励效应，培育发展一批符合国家和省的规划布局、社会需求度高、影响力大、品牌效果突出的非营利性社会组织。

第四条　专项资金对新设立并符合一定条件且具有提供社会服务能力的公益服务类、行业协会类、学术联谊类、公证仲裁类、群众生活类等非营利性社会组织，特别是发挥枢纽型作用的社会组织给予一次性补助。申请专项资金补助的社会组织应当具备如下条件：

（一）依法经登记管理机关登记（含备案，下同），资金申请日期距登记设立日期不足36个月，具有独立承担民事责任的能力；

（二）独立于行政机关和事业单位；

（三）法人治理结构、财务和人事管理制度健全，依法纳税；

（四）具备提供社会服务能力并在特定领域发挥引领或示范作用；

（五）有固定办公场所和合法的收入来源；

（六）依法开展国家法律法规允许的业务事项，无违法违规行为，社会信誉良好；

（七）未以任何形式向举办者（出资人）、会员分配各项收入；

（八）省委、省政府明确的其他条件。

第五条　专项资金原则上按公益服务类每家30万元，行业协会类每家20万元，学术联谊类、公证仲裁类、群众生活类等每家10万元给予补助。每年择优补助200家。补助标准及补助数量每年可视实际情况适当调整，以公开发布的申报指南为准。

第六条　专项资金由相关社会组织统筹用于办公场地租金、社会服务项目成本费用以及培训费用等支出。具体如下：

（一）办公场地租金。包括社会组织为其固定办公场地支付的租金和物业管理费等。

（二）社会服务项目成本费用。即社会组织实施社会服务项目相关包括人员费用在内的成本费用支出。

（三）能力建设费用。包括为提升社会组织专职工作人员素质，提高社会组织自我发展和社会服务能力而组织的培训项目，以及社会组织能力建设理论研究所需费用。

第七条 省财政厅于每年年初综合考虑专项资金预算规模、社会公益事业发展需要和年度政府转移（委托及授权）职能、政府购买服务等因素和补助标准确定当年社会组织补助数量及补助资金额度，并会同有关部门于每年3月中旬前，通过公开招投标确定初审及终审的第三方机构各1家，分别负责资金申报受理及初审、资金竞争性分配终审工作。同一个或相关联的不同第三方机构不得同时作为初审和终审的第三方机构。

第三方机构应为各级人民政府设立的集中采购机构或社会代理机构。社会代理机构应具备政府采购代理乙级或以上资格。

第八条 省财政厅会同有关部门依照扶持社会组织的政策和政府采购的有关规定，拟定专项资金申报指南和评审标准，并向社会公开发布。明确受理申报的第三方机构和扶持标准、数量、政策、评分标准等内容。

评分标准应包括：扶持社会组织政策因素、社会组织类别、服务能力、质量、诚信、预期社会效益等。

第九条 申报受理。社会组织申报专项资金，应按申报指南要求将申报资料分别送负责受理申报的第三方机构、省财政厅、省民政厅各一份。

第十条 负责资金申报受理及初审、终审的第三方机构评审程序必须达到以下要求：

（一）抽取专家。第三方机构在省财政厅和监察部门监督下，按规定从政府采购专家库中抽取专家，组成评审小组。

（二）制订评审规则。第三方机构评审应根据省财政厅会同有关部门公布的评分标准，设定客观科学的评审指标体系和评审规程。

（三）回避。第三方机构和评审小组成员在评审中，如发现与申报扶持的社会组织有直接利益关系，应主动向省财政厅说明，按规定申请回避。

第十一条 项目审核。第三方机构应按照政府采购及相关规定对社会组织申报材料组织评审。

（一）初审。负责资金申报受理及初审的第三方机构按规定对社会组织申报材料进行资格审查和评审，按照申报指南规定的扶持社会组织数量和比例分类确定通过初审的社会组织名单，提交省财政厅，由省财政厅交负责终审的第三方机构。

（二）终审。负责终审的第三方机构对通过初审的社会组织进行评审，提出拟扶持的社会组织名单，并提请省财政厅确认。

（三）公示。第三方机构应分别出具评审报告，将评审结果报送省财政厅，省财政厅会同有关部门确认后，即时在省政府采购网站和省财政厅门户网站公布评标结果和相关情况。公告时间不少于7个工作日。

（四）评标结果确定和资金拨付。公告结束后，省财政厅应及时将扶持社会组织建议名单和补助金额报省政府审定，并按规定采取国库集中支付方式将资金拨付经批准的社会组织。

第十二条 建立信息公开制度。专项资金的申报、分配、拨付等信息应主动向社会公开。社会组织应当向社会公开专项资金的使用管理情况，提高透明度，接受财政、登记机关、纪检监察、审计等部门及社会监督。

第十三条 建立监督检查制度。省财政厅应会同登记机关、纪检监察部门、审计部门加强对专项资金的分配和使用管理进行监督检查，社会组织应自觉执行有关部门依法进行的监督检查。发现有弄虚作假以及挤占、截留或挪用专项资金等行为的，按《财政违法行为处罚处分条例》予以处罚或处分，涉嫌犯罪的，移交司法机关处理。

第十四条 建立绩效管理制度。省财政厅根据财政支出绩效管理有关规定，委托第三方机构对专项资金使用绩效实施评价，评价结果向社会公开，并作为以后年度分配专项资金的重要参考依据。

第十五条 省财政厅根据本办法制订专项资金竞争分配评审管理办法。

第十六条 本办法由省财政厅负责解释。

第十七条 本办法自印发之日起实施。

广东省财政厅关于政府向社会组织购买服务供应方竞争性评审的管理办法

广东省财政厅2012年8月29日发布（粤财行〔2012〕367号）

第一章　总　则

第一条　为规范政府向社会组织购买服务（以下简称“政府购买服务”）供应方竞争性评审，根据《中华人民共和国政府采购法》和《政府向社会组织购买服务暂行办法》（粤府办〔2012〕48号），制定本办法。

第二条　省直单位向社会组织购买服务实施供应方竞争性评审，适用本办法。

本办法所称省直单位，是指使用国家行政编制、经费由省财政承担的机关单位，纳入行政编制管理、经费由省财政承担的群团组织，以及依法行使行政管理职能或公益服务职能、经费由省财政全额保障的事业单位。

第三条　政府购买服务供应方竞争性评审（以下简称“竞争性评审”）应当遵循公开公平、竞争择优、绩效导向原则，更加注重供应方提供服务的质量和效益。

第四条　政府购买服务项目分为一事一议事项、常规事项项目。

（一）一事一议事项，指资金来源按照“一事一议”方式解决、预算金额300万元以上的项目、重大民生事项或省委、省政府因工作需要临时确定的重要事项；

（二）常规事项，指资金来源已经明确在部门预算安排的公用经费或经批准使用的专项经费中解决、属于公布的《省级政府向社会组织购买服务目录》范围的政府购买服务项目。

第五条　政府购买服务项目区别不同情况分别选择确定供应方：

（一）一事一议事项由省财政厅委托第三方机构通过公开招标方式选择确定供应方。

（二）常规事项由省直单位按有关规定组织竞争性评审选择确定供应方。

第六条　省财政厅、省直单位作为一事一议事项、常规事项竞争性评审实施主体，按照职责做好以下工作：

省财政厅负责组织一事一议事项竞争性评审，会同有关单位制订购买一事一议事项评审指南、规则及要点，按规定委托代理机构实施竞争性评审，会同省监察厅、省审计厅对政府购买服务进行监督。

省直单位负责组织常规事项竞争性评审，制订常规事项评审指南、规则及要点，按规定组织评审，并接受省财政厅、省监察厅和省审计厅的监督。

第二章　代理机构

第七条　竞争性评审实施主体应当委托代理机构通过竞争性评审确定供应方。

第八条　接受委托的代理机构应当具有政府采购代理资格，其中：

（一）一事一议事项代理机构应为集中采购机构或通过省级政府采购监管部门在具有乙级以上资格的社会代理机构中随机抽取。

（二）常规事项代理机构应通过省级政府采购监管部门在确定的备选代理机构中随机抽取。

第九条　竞争性评审实施主体应当与代理机构签订委托代理协议，依法确定委托代理事项，约定双方的权利、义务和责任。

第十条　委托代理协议中应当约定代理机构的义务：

（一）编制受理项目政府购买服务相关内容招标文本，按时提交省直单位审核、确认；

（二）公告受理项目政府购买服务相关内容招标文本并受理登记；

（三）按规定对参与竞争性评审的社会组织资质进行审查，具备合法资质的社会组织方可进入竞争性评审环节；

（四）组织竞争性评审，维护评审纪律，做好相关服务；

（五）答复供应方询问、质疑；

（六）向竞争性评审实施主体出具评审报告，经确认后，发布结果公告。

第三章　一事一议事项供应方选定

第十一条　一事一议事项竞争性评审由省财政厅负责。省财政厅应会同负责实施该事项的省直单位，按规定选取代理机构，并根据一事一议事项具体内容和要求明确评标要点。

第十二条　省财政厅与代理机构签订委托代理协议，依法确定委托代理事项，约定双方的权利、义务和责任。

第十三条　代理机构应按照《中华人民共和国政府采购法》规定组织招标评标工作，包括编制招标文件、发布招标公告、组织开标及评审等工作，评审结束后，及时将评审结果报送竞争性评审实施主体确认，发布中标结果。

招标文件应包括具体的评标指标体系和标准、评审规则，评标指标体系和标准应根据省财政厅明确的评标要点制定。

第十四条　代理机构应当及时复核或答复在招标评标工作期间收到的有关质疑，并将相关结果抄送省财政厅。

第十五条　负责实施该事项的省直单位应按规定与中标供应方签订购买服务合同。

第四章　常规事项供应方选定

第十六条　常规事项竞争性评审根据省府办公厅《政府向社会组织购买服务暂行办法》（粤府办〔2012〕48号）和《广东省政府集中采购目录及政府采购限额标准》，区别不同情况分别实施：

（一）预算金额在公开招标数额标准以上的，按照现行公开招标规定实施。

（二）预算金额在公开招标数额标准以下但不低于10万元的，按本办法第十七条至第二十二条规定实行竞争性评审。

（三）预算金额低于10万元的项目，省直单位可按照“节约、效能、公开、公正”原则，自行选择其他合规的竞争性方式确定供应方。

第十七条　代理机构应当根据委托方确定的评审要求设定具体评审指标体系和标准、评审规则，按照有关政府采购规定公布，作为实施竞争性评审的依据。

第十八条　代理机构应当在书面评审开始前按规定组建评审小组。评审小组应由省直相关单位代表和有关政府采购专家共5人以上单数组成，其中专家人数不得少于成员总数的三分之二，负责实施该事项的省直单位代表由省直有关单位指派一名人员担任，但不得担任评审小组组长。

第十九条　评审小组成员应按规定签署承诺书，严格按照评分要点、评审指标体系开展评审工作，并于评审结束后现场向代理机构提交评审报告。

第二十条　代理机构应当将评审报告在指定的政府采购信息发布媒体上公示，公示时间不少于3天，并于公示结束之日起2个工作日内将评审报告送交省直单位，省直单位应当自收到评审报告之日起2个工作日内，按照评审报告推荐的候选供应方确定供应方。

确定供应方后，省直单位应当在1个工作日内向中标、成交供应方发出中标、成交通知书，向未中标、成交供应方发出采购结果通知书。

参与竞争性评审的社会组织提出的质疑、投诉事项，按《中华人民共和国政府采购法》等有关规定执行。质疑、投诉的处理，参与组织评审工作的机构和有关人员应当回避。

第二十一条　省直单位与供应方应当自结果公告发出之日起30日内签订购买服务合同。合同签订之日起7个工作日内，省直单位应将合同副本报送省财政厅备案。

第五章　监督管理

第二十二条　竞争性评审实施主体应当完善内部控制制度建设，加强对本单位相关岗位工作人员的监督。

第二十三条　参与竞争性评审供应方应当对其提供材料的真实性、合法性负责，自觉接受省财政厅、省监察厅、省审计厅依法实施的监督检查。

第二十四条　对代理机构、评审专家的管理监督按照有关政府采购规定执行。

第二十五条　省财政厅会同省监察厅、省审计厅加强对竞争性评审过程的监督。对违反本办法的有关行为，依据《中华人民共和国政府采购法》、《财政违法行为处罚处分条例》、《广东省实施〈中华人民共和国政府采购法〉办法》等法律法规规定追究有关单位和责任人员的法律责任。

第六章　附　则

第二十六条　各市、县可参照本办法，制订本级政府向社会组织购买服务供应方竞争性评审办法。

第二十七条　本办法由省财政厅负责解释。

第二十八条　条本办法自印发之日起实施。

广东省省级培育发展社会组织专项资金竞争性分配评审管理办法

广东省财政厅　广东省民政厅　广东省监察厅2012年9月5日发布
（粤财行〔2012〕363号）

第一章　总　则

第一条　为规范省级培育发展社会组织专项资金（以下简称“专项资金”）竞争性分配管理，提高专项资金使用效益，根据《广东省培育发展社会组织专项资金管理暂行办法》（以下简称《办法》）等规定，制定本办法。

第二条　本办法适用于专项资金竞争性分配评审管理。在广东省登记（含备案）注册且符合《办法》规定的扶持范围与条件的社会组织，根据省财政厅每年发布的专项资金申报指南申请专项资金扶持的，应按照本办法进行竞争性评审。

第三条　专项资金竞争性分配评审应遵循以下原则：

（一）公开公平。专项资金评审应制定统一、规范的评审方法和评审程序，评审过程公开透明，广泛接受监督。

（二）竞争择优。专项资金评审通过设定客观科学的评审指标体系，体现竞争择优的评审要求，借助专家评审，实现“多中选好、好中选优”。

（三）分类扶持。专项资金评审按公益服务类、行业协会类、学术联谊类、公证仲裁类、群众生活类和枢纽型社会组织进行。在初审、终审环节应遵循分类原则，对不同类型社会组织实行扶持。

（四）绩效导向。专项资金竞争性评审要增强绩效观念，以提高资金使用效益为基本导向，通过资金扶持培育发展社会组织，提高社会组织自我发展和社会服务能力。

第二章　评审职能部门与第三方机构

第四条　专项资金竞争性分配评审由省财政厅会同省民政厅、监察机关等有关部门负责。

省财政厅负责专项资金预算管理，会同省民政厅等相关部门制定扶持社会组织资金标准，发布申报指南和评分标准，确定负责专项资金竞争性分配评审的第三方机构（以下简称“第三方机构”），确认第三方机构提出的评审规则和出具的评审结果，负责专项资金拨付，对专项资金使用情况进行监督检查和绩效评价。

省民政厅及各地财政部门、登记机关根据《办法》和申报指南的规定，负责组织社会组织申报资金扶持，配合相关部门对社会组织开展社会服务情况和专项资金使用情况进行监督检查，并配合省财政厅开展绩效评价。

监察机关依法对专项资金竞争性分配评审活动的国家机关及其工作人员实施监察。

第五条　省财政厅依照《中华人民共和国政府采购法》等规定，会同有关部门于每年第一季度末，通过公开招投标确定负责受理专项资金申报和初审、终审的2个第三方机构，分别负责受理申报和初审、终审。第三方机构应相互独立。

相关联的机构不得作为负责受理申报和初审、终审的机构。

第六条　第三方机构应为各级人民政府设立的集中采购机构或具备政府采购代理乙级及以上资质的社会代理机构。

第七条　省财政厅与第三方机构签订委托代理协议，约定双方的权利、义务和责任。

第三方机构接受委托开展竞争性评审，应维护评审纪律，做好相关服务，并向省财政厅出具评审报告。

第三章　评审规则与程序

第八条　省财政厅应会同有关部门根据政策情况制定并发布申报指南，社会组织根据申报指南规定提交申报资金扶持材料。申报指南应明确评分要点。评分要点包括：社会组织类别、服务能力、质量、诚信、预期社会效益等要素以及权重分值。

第九条　第三方机构应根据本办法分别制订评审规则，并在经省财政厅确认后公开。评审规则应包括评分标准和评审规程。其中：评分标准应根据省财政厅公布的评分要点，细化各项要素并设定客观科学和操作性强的量化评分评审指标体系以及评分办法；评审规程应包括评审程序及专家责任等内容。

第十条　第三方机构应在行政主管部门监督下，按规定从规定的专家库中抽取专家，组成评审小组负责具体评审。此外，评审小组还应包括工青妇等人民团体枢纽型组织代表。

第十一条　第三方机构和评审小组成员在评审中，如发现与申报扶持的社会组织有直接利益关系，应主动向省财政厅说明，按规定申请回避。

第十二条 负责资金申报受理和初审的第三方机构按《办法》和申报指南规定受理社会组织专项资金申报，组织评审小组对社会组织主体资格进行审查，对申报材料进行初审。

对通过资格审查的社会组织由评审小组进行量化评分排序。根据得分高低，按照申报指南规定的扶持社会组织数量和比例分类确定通过初审的社会组织名单，并在评审结束后即时向省财政厅提交评审报告以及相关材料。

第十三条 省财政厅将通过初审的社会组织名单及其申报材料转交负责终审的第三方机构。负责终审的第三方机构按规定组织评审小组对通过初审的社会组织进行量化评分排序，按照申报指南规定的扶持社会组织数量确定终审胜出的社会组织名单，并在评审结束后即时将名单连同终审评审报告交省财政厅。

第十四条 负责终审的第三方机构应在提交评审报告后，立即组织评审小组从终审胜出的社会组织中按5%的比例抽取进行实地核查，抽取的社会组织少于3个的，按3个进行实地核查，并向省财政厅提交核查报告。对书面材料与实地核查结果不一致的，取消扶持资格，由评审成绩靠前的社会组织按顺序递补。

第十五条 省财政厅会同省级社会组织登记机关等相关部门对初审和终审评审报告及核查报告进行确认，并在省政府采购网站和省财政厅门户网站上公示，公示时间为7个工作日。

公示期间如收到对初审和终审评审报告及核查报告的质疑或投诉，第三方机构应及时按规定处理，并将处理意见报省财政厅。

第十六条 省财政厅、省民政厅根据公示结果，提出扶持社会组织名单及社会组织扶持方案报省政府确认，确定最终获得专项资金扶持的社会组织。

第十七条 社会组织扶持方案经省政府批准后，获得政府扶持资格的社会组织应向省财政厅出具按规定使用专项资金的承诺书，确保达到预期绩效目标。

第十八条 专项资金由省财政厅按国库集中支付有关规定拨付给最终获得补助资格的社会组织。

第四章 监督检查与法律责任

第十九条 省财政厅、省监察厅及登记机关等在职责范围内对评审活动进行监督。

省财政厅对社会组织使用专项资金实行绩效管理，并引入第三方进行绩效评价，并向社会公开评价结果。

第二十条 第三方机构应当按规定组织实施竞争性评审，依法处理有关质疑和咨询事项，自觉接受监督。

第二十一条 社会组织应当对其提供材料的真实性、合法性负责，自觉接受有关部门依法实施的监督检查。

第二十二条 对违反本办法的有关行为，视情节严重，依法进行以下处理：

（一）责令限期改正；

（二）不受理违反本办法规定的社会组织提出的专项资金扶持申请；

（三）三年内不予承接政府购买服务；

（四）依据《财政违法行为处罚处分条例》（中华人民共和国国务院令第427号）对相关人员或单位予以处理，情节严重涉嫌犯罪的，移送司法机关。

第五章 附则

第二十三条 本办法由省财政厅会同省民政厅、省监察厅负责解释。

第二十四条 本办法自印发之日起施行。

广东省财政厅关于省直行政事业单位软件资产管理的暂行办法

广东省财政厅2012年9月7日发布（粤财资〔2012〕24号）

第一章 总 则

第一条 为了切实加强省直行政事业单位软件资产管理，确保软件资产安全完整，根据《行政单位国有资产管理暂行办法》（财政部令第35号）、《事业单位国有资产管理暂行办法》（财政部令第36号）和财政部《关于进一步规范和加强政府机关软件资产管理的意见》（财行〔2011〕7号）等有关规定，制定本办法。

第二条 本办法适用于省直党的机关、人大机关、行政机关、政协机关、审判机关、检察机关、各民主党派机关、参照公务员制度管理的事业单位和社会团体及省直其他执行事业单位财务和会计制度的事业单位（以下简称“各单位”）。

第三条　本办法所称软件资产，是指以软件载体、许可、信息化成果的拷贝（含文档资料）等形式存在的，单位价值在1 000元以上的资产，或者授权使用期限一年以上的批量同类资产。

软件资产载体包括光盘拷贝、软磁盘拷贝、硬盘拷贝、移动存储拷贝、互联网下载文件的源文件等；许可证包括产品外包装或者载体盘面上的安装序列号、原始设备制造商产品的内置信息，以及电子文档格式的授权码等。

第四条　各单位软件资产管理应当做到合法授权、科学配置、有效使用、规范处置，确保信息安全，实现软件资产管理与预算管理、政府采购、财务管理、信息技术管理相结合。

第五条　软件资产配置必须使用正版软件，不得安装使用非正版软件。自行开发的软件应当拥有完全自主知识产权，开发过程中应用第三方软件产品应当取得合法授权。

第二章　配置管理

第六条　软件资产配置方式包括购置、自主开发、调剂、受赠等。各单位软件资产能通过调剂解决的，原则上不得新增购置。

第七条　软件资产配置遵循勤俭节约、经济适用的原则，从严控制，合理配置。

第八条　配置软件资产时，各单位应根据实际需要，结合软件资产配备标准、授权期限以及现有同类软件资产存量，综合考虑兼容性、升级、后续服务和信息安全等因素，提出拟配置软件资产的品目、用途、数量等计划，测算经费额度，明确经费来源。

第九条　购置的软件资产应该纳入政府采购范围的，必须按照政府采购有关规定执行。

第三章　使用管理

第十条　各单位应当明确软件资产管理机构和人员，健全软件资产验收、入账、领用、保管、使用、清查、维护等内部管理制度，规范工作规程，加强日常管理。

第十一条　软件资产作为固定资产分类中计算机及软件类项目进行管理，建立软件资产卡片，按照下列规定登记入账：

（一）单独购买的软件资产，根据发票据实记入固定资产；连同实物资产一同购买，没有单独发票的软件资产，可根据实物资产发票合并入账。

（二）在原有基础上重新开发、改版或者升级的软件，依据研制开发部门的项目决算，确定发生的支出，增记固定资产。

（三）自行开发的信息系统应用软件，与硬件分别入账。对没有原始价格凭证的软件资产，应当参照市场价格评估后入账；依照国家有关规定需要评估的信息化成果，可以参照开发费用和市场情况进行预估，条件允许的，可以委托评估机构评估后入账。

（四）各单位取得上级或同级部门统一配发、使用期限在一年以上的软件，应当视同无偿调拨的固定资产进行登记入账。

第十二条　使用软件资产应当办理领用手续，使用人应妥善保管软件资产，不得擅自转移安装、转借和处置。使用后按照领用清单上的内容退还，各单位软件资产管理机构应当认真核对。

软件资产涉及出租出借事项的，按照省财政厅有关省直行政事业单位国有资产使用管理规定执行。

第十三条　各单位应当定期进行软件资产清查盘点，做到账实、账卡、账账相符。对清查盘点中发现的问题，应当查明原因，说明情况，并在国有资产年度统计报告中反映。

软件资产清查盘点工作应当符合国家有关信息安全和保密的各项要求。

第十四条　各单位应当加强软件资产档案信息管理，保证软件资产安全。档案信息包括资产代码、软件载体、许可证、自开发软件源代码、开发档案、验收文件、安装说明、使用说明、流转记录等内容。

第四章　处置管理

第十五条　符合下列条件之一的软件资产可以处置：

（一）闲置不用超过一年以上的；

（二）达不到业务要求需要淘汰、报废、删除的；

（三）版本陈旧已不再使用的；

（四）已超过授权期限无法使用的；

（五）其他特殊情况需要处置的。

拟处置的软件资产，应当按照有效使用的原则，优先整合利用。确实无法整合利用的，经专业技术鉴定后进行处置。

第十六条　软件资产处置方式包括转让、捐赠、调剂、报废等。

第十七条　软件资产处置权限和程序，按照省财政厅有关省直行政事业单位国有资产处置管理规定办理。

包含涉密信息的软件资产应当按照国家安全保密有关规定进行处置。

第十八条　各部门依据资产处置批复文件和资产处置交易凭证调整资产与财务账卡。

第十九条　软件资产处置收入应当按照政府非税收入管理的规定上缴省财政，实行“收支两条线”管理。

第五章　监督检查

第二十条　各单位应当定期开展软件资产管理检查工作，并对检查过程中发现的问题及时整改。

第二十一条　各单位应当自觉接受财政、审计等部门的监督检查，对违反规定的，依据国家有关国有资产管理的法律、法规进行处理。

第六章　附　则

第二十二条　各单位应根据本办法制定本单位软件资产管理具体实施办法。

第二十三条　本办法由省财政厅负责解释。

第二十四条　本办法自2012年10月15日起施行。

广东省实施《水利建设基金筹集和使用管理办法》细则

广东省财政厅　广东省发展和改革委员会　广东省水利厅

2012年10月11日发布（粤财农〔2012〕390号）

第一条　为加快我省水利建设，提高水利防洪减灾和水资源配置能力，缓解水资源供需矛盾，适应我省国民经济和社会发展的需要，促进经济长期平稳较快发展和社会和谐稳定，根据《财政部　国家发展改革委　水利部关于印发〈水利建设基金筹集和使用管理办法〉的通知》（财综〔2011〕2号），结合我省实际，制定本实施细则。

第二条　水利是国民经济的基础设施和基础产业。各级地方人民政府必须加快水利建设发展，积极筹集水利建设基金，并运用政策，鼓励和组织社会各界及外资参与水利建设。

第三条　水利建设基金属于政府性基金，是用于水利建设的专项资金。我省水利建设基金由省、市、县（含县级市、区，下同）水利建设基金组成。

第四条　水利建设基金的来源。

（一）省级水利建设基金的来源：

1. 从省收取的政府性基金和行政事业性收费收入中提取3%。应提取水利建设基金的政府性基金和行政事业性收费项目包括：车辆通行费、征地管理费及省政府确定的其他政府性基金和行政事业性收费项目。省收取的政府性基金和行政事业性收费收入包括市、县上缴上述部分。

2. 经财政部批准，省向企事业单位和个体经营者征收的水利建设基金。

3. 按规定从中央对地方成品油价格和税费改革转移支付资金中足额安排资金（按照2009年成品油价格和税费改革确定的应计提水利建设基金规模），划入水利建设基金。

4. 经省人民政府批准从其他渠道划转的用于水利建设基金的资金。

（二）市、县级水利建设基金的来源：

1. 从市、县收取的政府性基金和行政事业性收费收入中提取3%。应提取水利建设基金的政府性基金和行政事业性收费项目包括：城市基础设施配套费、征地管理费、缴入地方国库的车辆通行费及省政府确定的其他政府性基金和行政事业性收费项目；车辆通行费涉及省级分成、直接上缴省财政的，地方水利建设基金由省财政厅按规定提取后按地方分成比例返拨的资金。

2. 有重点防洪任务的城市要从征收的城市维护建设税中划出15%的资金，用于所在城市防洪建设和水源工程建设。

有重点防洪任务的城市包括广州市、深圳市、珠海市、汕头市、佛山市、韶关市、河源市、梅州市、惠州市、汕尾市、东莞市、中山市、江门市、阳江市、湛江市、茂名市、肇庆市、清远市、潮州市、揭阳市、云浮市人民政府所在地城市（指城区）以及省人民政府确定的其他有重点防洪任务的城市。县防洪任务较重的城市由地级以上市人民政府确定。

3. 按规定从省对地方成品油价格和税费改革转移支付资金中足额安排资金（按照2009年成品油价格和税费改革确定的应计提水利建设基金规模。原地方没有对交通规费计提水利建设基金的不得重新计提），划入水利建设基金。

4. 经财政部批准，市、县向企事业单位和个体经营者征收的水利建设基金。

5. 经市、县人民政府批准从其他渠道划转的用于水利建设基金的资金。

第五条　水利建设基金专项用于：大江大河主要支流、中小河流、湖泊治理；病险水库除险加固；城市防洪设施建设；水资源配置工程建设；重点水土流失防治工程建设；农村饮水和灌区节水改造工程建设；水利工程维修养护和更新改造；防汛应急度汛；其他经省、市、县人民政府批准的水利工程建设项目。

第六条　水利建设基金收支纳入政府性基金预算管理，按照“以收定支、收支平衡、专款专用”的原则使用，年终结余结转下年度安排使用。

每年年初分别由各级水行政主管部门根据年度水利建设投资计划，编制年度水利建设基金支出预算，经同级财政部门审核后，纳入政府性基金预算。财政部门根据批准的水利建设基金预算和基金实际征收入库情况拨付资金。其中，用于固定资产投资项目的水利建设基金，要纳入固定资产投资计划。

每年年度终了后分别由各级水行政主管部门根据年度水利建设基金预算执行情况，编制水利建设基金决算，报同级财政部门审核。

第七条 财政部门要建立健全水利建设基金的收支核算和日常管理制度。发展改革部门要对水利基本建设项目进行审查和审批。水行政主管部门应按财政隶属关系，在年终编制水利建设基金收支决算表；属于基本建设的支出，还应按规定编制基本建设财务决算，报同级财政部门审批。

第八条 各级人民政府应采取有力措施，保证水利建设基金足额征收。任何部门和单位不得擅自提高水利建设基金的征收标准，不得多征、减征、缓征、停征，或者侵占、截留、挪用水利建设基金。各级财政、发展改革、审计部门要加强对水利建设基金筹集、拨付和使用管理的监督检查，违反规定的要严肃处理。

第九条 各市、县可根据本实施细则，结合当地的实际制定水利建设基金筹集和使用管理具体的实施细则，报上一级财政、发展改革、水行政主管部门备案。

第十条 本实施细则自2011年1月1日起实行，到2020年12月31日止。

第十一条 本实施细则由省财政厅会同省发展改革委、省水利厅解释。

广东省财政厅关于在珠海市横琴新区工作的香港澳门居民个人所得税税负差额补贴的暂行管理办法

广东省财政厅2012年12月27日发布（粤财法〔2012〕93号）

第一章 总 则

第一条 为规范在横琴工作的香港、澳门居民个人所得税税负差额补贴管理，根据《中华人民共和国个人所得税法》及其实施条例，制定本办法。

第二条 对在横琴工作的香港、澳门居民实际缴纳的个人所得税税款与其个人所得按照香港、澳门地区税法测算的应纳税款的差额，按本办法给予补贴。

第三条 本办法所称的在横琴工作，是指因工作关系而在横琴任职、受雇或在横琴提供独立个人劳务。

本办法所称的香港、澳门居民，是指拥有香港、澳门居民身份的个人。

本办法所称的个人所得，是指按照《中华人民共和国个人所得税法》及其实施条例规定的十一项应税所得。

本办法所称的补贴，是指对上述个人所得在横琴实际缴纳的个人所得税税款和上述所得按照香港、澳门地区税法测算的应纳税款的差额给予的全额补贴。

第四条 在横琴工作的香港、澳门居民个人所得税税负差额补贴资金，分别由省级和市县各负担50%。

省级负担部分，由省财政厅根据珠海市汇总上报的审批金额和相关申请资料核定，并通过省级批复决算方式将资金下拨至珠海市财政局，再由珠海市财政局转拨至横琴财政部门。

珠海市财政局应于每年8月31日前，向省财政厅申报下一年度预算资金，由省财政厅审核后按规定编报支出预算。

第二章 申 请

第五条 可享受补贴的纳税义务人，应向横琴财政部门提出申请。

申请可以由纳税义务人本人提出，也可委托代扣代缴义务人或代理人提出。

第六条 申请每年度办理一次，对上一年度补贴的申请截止日为下一年度的6月30日。

第七条 纳税义务人提出申请时应提交以下资料：

（一）个人所得税税负差额补贴申请表；

（二）香港、澳门居民永久性身份证或者香港、澳门相关部门出具的居民身份证明；

（三）在横琴工作的劳动关系证明或劳务合同；

（四）横琴地税部门提供的上一年度的个人所得税完税证明；

（五）香港、澳门地区税务部门或者注册会计师事务所出具的应纳税额的税务鉴证报告；

（六）香港、澳门居民在中国内地开户的银行账号；

（七）任职单位（代扣代缴义务人）营业执照和税务登记证（代扣代缴义务人申请适用）；

（八）提供独立个人劳务的需提供临时税务登记证明材料；

（九）书面授权委托书（代理人申请适用）。

第三章 受理、审核与执行

第八条 横琴财政部门负责受理、审核申请，并负责补贴的执行工作。

第九条 横琴财政部门应当自收到申请之日起5日内分别进行如下处理：

（一）申请材料齐全且表述清楚的，决定予以受理，并书面出具受理回执；

（二）申请材料不齐全或者表述不清楚的，应当书面告知申请人补正。补正通知应当载明需要补正的事项和合理的补正期限。补正申请材料所用时间不计入申请审理期限。逾期不告知的，自收到申请材料之日起即为受理。

第十条 有以下情形之一的，决定不予受理，并书面告知申请人：

（一）申请人、申请事项不符合本办法第三条规定条件的；

（二）申请材料不齐全或者表述不清楚，无正当理由逾期不补正的；

（三）重复申请差额补贴的。

第十一条 横琴财政部门应当自申请受理之日起60日内予以审核并作出决定。

情况复杂，不能在规定期限内予以审核并作出决定的，经横琴财政部门负责人批准，可以适当延长，并告知申请人，但是延长期限最多不超过30日。

第十二条 补贴资金实行国库集中支付，由横琴财政部门按国库集中支付管理规定拨付给申请人。

第十三条 横琴财政部门应当结合工作实际制定相关管理规定，并接受珠海市财政局、审计局等部门依法实施的监督检查。

珠海市财政局应当定期将补贴的申请及支付情况上报省财政厅，并接受省财政厅、审计厅等部门依法实施的监督检查。

申请人提交的申请材料必须真实有效，存在骗取补贴行为的，按照《财政违法行为处罚处分条例》予以处理。

第四章 附 则

第十四条 按本办法规定填报或提交的资料应采用中文文本。相关资料原件为外文文本且横琴新区财政部门根据有关规定要求翻译成中文文本的，申请人应按照要求翻译成中文文本。

第十五条 纳税义务人根据本办法规定取得的补贴款免征个人所得税。

第十六条 本办法关于申请审理期间有关“5日”的规定是指工作日，不含节假日。

第十七条 本办法自2013年1月1日起施行。

第八部分

财经文选

坚定理想信念　筑牢制度防线
不断开创我省财政反腐倡廉工作新局面

（节选）

省财政厅党组书记、厅长　曾志权

一、从全局和战略的高度，深刻认识深入推进财政反腐倡廉建设的重大意义

中纪委十七届七次全会、省纪委十届六次全会和全国财政反腐倡廉建设工作会议对下一阶段反腐倡廉建设作了全面部署，我们必须认真学习，深刻领会，从全局和战略的高度，深刻认识加强反腐倡廉工作的重大意义，把加强财政反腐倡廉建设放在更加突出的位置，积极采取措施，不断开创我省财政反腐倡廉建设工作新局面。

（一）深入推进财政反腐倡廉建设，是坚持立党为公、执政为民、保持党的纯洁性的重要内容

坚持“立党为公、执政为民”，始终保持党的纯洁性，是我们党始终立于不败之地的重要保证。长期以来，我们党始终以旗帜鲜明地反对腐败作为加强和改进党的建设、保持党的纯洁性的重要手段，有力地维护了党的肌体健康。在世情、国情、党情发生深刻变化的新形势下，我们党要应对长期执政的考验、改革开放的考验、市场经济的考验和外部环境考验，必须毫不动摇地推进反腐倡廉建设，不断提高自我净化、自我完善、自我革新和自我提高能力，确保党的纯洁性，有效迎接挑战、化解风险。财政系统党员干部和组织能否保持纯洁性，真正做到“为民、务实、清廉”，直接关系到党和政府路线方针政策能否真正落到实处，直接影响党和政府在人民群众中的形象。我们必须从加强和改进党的建设的政治高度，深刻认识推进财政反腐倡廉建设的重要性、必要性和紧迫性，坚决遏制和克服各种消极腐败现象，始终保持党员干部思想纯洁、队伍纯洁、作风纯洁、清正廉洁。

（二）深入推进财政反腐倡廉建设，是服务我省加快转型升级、建设幸福广东的必然要求

当前我省正处在经济社会转型的关键时期，既是加快发展的黄金时期，也是经济结构、社会结构剧烈变动的时期。省委在科学判断我省发展的历史方位，准确分析国际国内形势的基础上，作出了加快转型升级、建设幸福广东的战略部署。财政是党和政府履行职能的物质基础、体制保障、政策工具和监管手段，财政部门在促进加快转型升级、建设幸福广东的伟大实践中责无旁贷，肩负着重要职责和任务，必须坚持不懈地加强财政反腐倡廉建设，提升工作效能，更好地围绕中心、服务大局。一方面，构筑财政权力安全运行的监督制约防线，消除“暗箱操作”、“权力寻租”和“灰色地带”，更加科学、合理、透明地配置财政资源；另一方面，通过完善公共财政体制和加强监督制约，从制度设计上堵塞滋生腐败的漏洞，更加充分地发挥源头治腐的作用。我们必须从服务于我省加快转型升级、建设幸福广东的战略全局和高度，充分认识加强财政反腐倡廉建设的必要性，以十分清醒、一以贯之的态度，不断推进财政反腐倡廉建设再上新水平。

（三）深入推进财政反腐倡廉建设，是破解改革发展难题、推动我省财政事业发展的重要保障

财政反腐倡廉建设既是从机制上、源头上防治腐败的重大举措，又是推进财政改革发展的必然要求。近年来，我省财政改革与发展取得了显著成绩，其中一条重要的经验就是我们始终注重加强反腐倡廉建设，努力构建具有广东特色的财政惩防体系建设，深入推进部门预算、国库集中支付、政府采购、“收支两条线”、绩效评价、资产管理、财政监督等财政管理改革，为财政事业健康发展保驾护航。可以说，广东财政每前进一步，都有对反腐倡廉工作的促进；每一项成绩的取得，都包含了反腐倡廉建设的成果。应当看到，当前及今后一个时期我省财政改革发展的任务仍然十分艰巨，只有坚持不懈地加强财政反腐倡廉建设，才能确保财政改革与发展的正确方向，为开创我省财政事业新局面提供坚强的政治保证。我们必须从破解财政改革发展难题、实现财政事业持续发展的高度，充分认识加强财政反腐倡廉建设的紧迫性，以坚定不移的态度，不断把反腐倡廉工作推向前进。

二、准确把握我省财政反腐倡廉建设面临的形势任务

准确把握我省财政反腐倡廉建设面临的形势任务，是

深入推进财政反腐倡廉建设并取得实效的前提和基础。我们必须结合财政工作实际，深入剖析推进党风廉政建设面临的问题和形势，准确把握新时期新形势下推进财政反腐倡廉建设的任务要求，切实做到思路清晰、目标明确、措施有力。

（一）准确把握我省财政反腐倡廉建设面临的新情况新问题

2011年，我省财政包括反腐倡廉建设在内的各项工作都取得了较好的成绩，得到了省委、省政府的充分肯定和社会各界的好评。但在成绩面前，我们必须保持清醒头脑，要看到推进反腐倡廉建设是一项长期的艰巨任务。从我省财政部门来看，反腐倡廉建设还面临一些新情况新问题。

一是面临的外部环境考验更加复杂。广东地处改革开放的前沿和先行先试的“试验区”，广大党员干部面临的市场经济考验更加严峻，对强化反腐倡廉教育、提高拒腐防变能力提出了更高的要求。特别是财政部门权力相对集中，一些市场主体为获取有限资源、追求利益最大化，不择手段拉拢腐蚀党员干部，广大财政党员干部面临的外部环境考验更加严峻。据统计，“十一五”时期，全省各级纪检监察机关共查处财政系统违纪违法案件192件，涉及201人，受处分199人，刑事处理37人，其中受处分最重的被判处死刑缓期两年执行。被查处人员中，属失职渎职有59人，属贪污受贿46人，属挪用公款21人。2011年，驻厅纪检组和全省各地市财政系统共收到群众来信来访68件，其中驻厅纪检组50件，地市财政系统18件。各地财政部门对信访案件认真组织核实，共立案5件10人，已给予党纪政纪处分9人，移送司法机关1人，追缴公款88.2万元。同时，从日常群众来信来访来电的情况看，财政部门在收受“红包”，卡、拿、要、占，铺张浪费，资金安排等方面都不同程度地存在一些问题，尤其是一些关键领域体制机制制度的改革不到位，导致腐败现象在财政部门仍然时有发生，这对加强风险防控、实现“制度防腐”提出了更高要求。

二是承担的源头治腐任务更加繁重。公共财政承担着源头防治腐败的重要任务。从财经领域违法犯罪的大小案例来看，腐败分子违法犯罪固然与本人思想滑坡、修养缺乏、要求不严有关，但制度缺失、机制软化、约束不力也是一个重要原因。党和人民赋予了我们依法分配财政资金的权力，权力运作的规范程度、制度建设的科学程度不仅直接关系到财政部门本身能否正确运用权力，也影响和制约着相关职能部门和相关经济领域的廉政建设。特别是随着社会主义民主政治建设的不断推进，无论人大代表、政协委员，还是广大纳税人、财政补贴对象、普通老百姓，民主意识不断提高，参与意识和监督意识不断增强，对财政工作的关注度越来越高，对监督政府预算执行的意识越来越强，这对财政部门推进反腐倡廉建设提出了新的更高要求。

三是加强财政队伍建设的要求更加紧迫。当前我省正处于经济社会的转型时期，各项社会思想活跃，各种价值观念相互交织，不良社会风气和价值取向很容易就会影响到财政干部队伍，财政干部尤其是领导干部面对形形色色的诱惑，稍有不慎，就会思想错位、行为出轨。特别是当前我省财政部门年轻干部较多，思维活跃而实践经验相对不足，自觉抵制各种诱惑的能力更需要提高。同时，财政干部队伍的教育、管理方面仍然存在一些薄弱环节。例如，在思想道德和工作作风方面，有的财政干部理想信念不够坚定，信仰缺失，“淡、满、庸、虚、畏、挑、浮、迂、散、软”的问题仍不同程度的存在；有的不能深刻理解权力来自群众，对群众感情不深，无法真正体会人民群众的疾苦；有的事业心和责任感不强，主动服务意识不够；有的党组织对党员干部教育、管理、监督不够；极少数干部不能正确面对进退留转，错误地认为“有权不用、过期作废”等。这些问题严重损害了财政干部队伍的纯洁性，在一定程度上也影响到财政事业的健康发展。对此，我们一定要高度警醒，坚持加强思想建设，坚定理想信念，保持财政党员干部和组织的纯洁性。

四是财政改革发展新的形势任务对财政反腐倡廉建设提出了更高的要求。首先，公共财政涉及面越来越广，财政部门服务的对象也由过去主要面向部门和企业，扩展到面向全社会、面向千家万户，由主要涉及经济领域扩展到经济社会生活各个领域。其次，财政监管的任务越来越重。随着国库集中支付改革的不断推进和对民生投入力度的不断加大，更多的资金拨付直接面对基层和个人，如种粮直补、综合直补、农机购置补贴、“全倒户”重建住房补助等，点多面广，监管链条长，加大了财政监管的难度。再次，保证财政资金安全特别是存放安全面临新的挑战。当前银行业发展很快，竞争也非常激烈，各个银行的经营方式不同，规模大小不一，如何保证财政资金存放的安全，保证干部队伍的安全，需要财政部门充分重视、深入研究。财政工作面临的这些新情况、新问题，迫切需要进一步健全机制、完善制度，加快推进财政反腐倡廉建设，这样才能使财政工作更加科学、规范，使广大干部经得起各种考验。

以上这些都表明当前我省财政部门面临的反腐败斗争形势依然严峻，党风廉政建设任务依然繁重。我们一定要深刻认识反腐倡廉建设的长期性、复杂性和艰巨性，以更加坚定的信心、更加坚决的态度、更加有力的措施、更加扎实的工作，扎实推进反腐倡廉建设，确保党员干部思想纯洁、队伍纯洁、作风纯洁、清正廉洁。

（二）准确把握新时期推进财政反腐倡廉建设的任务要求

在新时期新形势下，反腐倡廉建设面临诸多的新的任务要求。这些新的任务要求，概括起来就是“一个坚定不移、四个更加注重、四个牢固树立”，即坚定不移推进反腐倡廉，更加注重治本、更加注重预防、更加注重制度建设、更加注重惩治腐败，牢固树立宗旨意识、实干意识、责任意识和纪律意识。

坚定不移推进反腐倡廉，就是要自觉把思想和行动统一到中央和省委、省政府关于深入开展党风廉政建设的决策部署上来，坚持推进财政反腐倡廉建设不动摇，不断完善财政反腐倡廉工作方针、工作格局和工作机制，健全完善具有广东特色的财政惩防体系，为我省财政服务与加快转型升级、建设幸福广东提供坚实的保障。

更加注重治本，就是要在解决廉政建设具体问题的基础上，由此及彼，由表及里，发现、分析、解决体制、机制、制度上的漏洞和薄弱环节，做到"釜底抽薪"、源头治腐，根绝问题的产生。关键是要管好人、管好钱、管好权，使容易滋生腐败的管人、管钱、管权的部门和人员知道"风险"、不敢"冒险"、力求"保险"。

更加注重预防，就是要解决教育不扎实、制度不完善、监督不得力的问题，治病于未发之前，使财政干部少犯错误，不犯大错误。"万事防为先"，要从加强教育入手，坚持抓好教育这一基础，切实筑牢拒腐防变的思想道德防线，"防患于未然"，不断提高党员干部拒腐防变能力。

更加注重制度建设，就是要坚持用制度管权、管事、管人，建立健全决策权、执行权、监督权既相互制约又相互协调的权力结构和运行机制。制度带有根本性、全局性、稳定性和长期性，要坚持全面规划、统筹兼顾、稳步推进的原则，紧紧围绕教育、监督、改革、惩治等各个方面和环节，加快构建惩治和预防腐败体系基本框架，逐步建立全面系统、具体明确、功能齐全、机制完善的财政反腐倡廉制度体系，切实从源头上堵住产生腐败的漏洞。

更加注重惩治腐败，就是要严肃查办各类违法违纪案件，绝不手软，绝不迁就。"法严则人思善，法弛则心生恶"。必须坚定不移地贯彻从严治政、依法理财的方针，坚决惩治腐败，严肃查处贪污受贿、挪用公款、以权谋私等违法违纪案件，维护党的纪律的严肃性，确保案件查办的威慑力。

四个牢固树立，就是要坚定理想信念，牢固树立宗旨意识、实干意识、责任意识和纪律意识。要牢固树立宗旨意识，切实增强"执政为民"的观念，将以人为本作为财政工作的核心，坚持做到发展为了人民，发展依靠人民，发展成果由人民共享；要牢固树立实干意识，切实增强"勤政有为"的观念，不断提高干事成事能力，真正把科学发展观的要求落实到财政工作的方方面面；要牢固树立责任意识，切实增强"廉政有责"的观念，更好地统筹反腐倡廉建设与财政改革发展的关系，加快健全完善公共财政体系，构筑源头治本的公共财政体制制度防线；要牢固树立纪律意识，切实增强"遵纪守法"的观念，严守党的政治纪律、组织纪律、经济工作纪律和生活纪律，做到清正廉洁。

以上"一个坚定不移、四个更加注重、四个牢固树立"是一个完整的整体，不可分割，不可偏废。总地来说，贯彻落实这些任务要求，应如扁鹊治病，惩前毖后，既要治病于未发之前，加强教育引导，加大预防力度；也要治病于初起之时，早打招呼，警示提醒；还要治病于严重之时，坚决惩处严重违纪违法人员。

三、突出重点，落实措施，扎实推进反腐倡廉建设工作

开展反腐倡廉工作不仅是确保财政事业健康发展的必然要求，更是保持党员队伍的纯洁性的重要基础性工作。我们必须始终把反腐倡廉工作作为重大的政治任务抓紧抓好，坚持"标本兼治、综合治理、惩防并举、注重预防"的方针，扎实推进反腐倡廉建设各项工作，筑牢廉洁从政防线。重点要做好以下"七个下工夫"：

（一）在抓落实上下工夫，确保中央和省委、省政府重大决策部署贯彻实施

各级财政部门要把认真落实党的十七届五中、六中全会和中央经济工作会议以及省委十届十一次全会精神放在突出位置来抓，并认真履行监督检查职责，重点加强对结构性减税、扩大内需、促进经济发展方式转变等政策实施情况的监督检查，深入开展对社保基金、扶贫救灾、涉农补贴、教育、科技、医疗卫生、文化、社会保障、保障性住房、节能减排等涉及人民群众切身利益专项资金使用情况的监督检查，确保中央和我省各项决策部署的有效落实。同时，要改进和加强监督检查工作：一是要加强整合，建立健全财政监督检查部门、国库资金监控部门和财政纪检部门以及审计机关的工作协调机制，增强工作协调性和有效性；二是要创新方式，积极创新财政监督理念及方式方法，健全财政垂直监督工作系统，完善民生资金监督管理机制；三是要严肃纪律，健全对各项财政政策执行情况的定期检查和专项检查制度，严肃查处违纪违规行为，坚决纠正有令不行、有禁不止行为，确保政令畅通。

（二）在抓教育上下工夫，筑牢反腐倡廉思想防线

思想纯洁是马克思主义政党保持纯洁性的根本。财政部门掌握资金分配和监管权力，经常处于利益的焦点、市场经济发展的前沿，面临的各种挑战和诱惑较多，要求财政系统广大党员干部必须坚定理想信念，加强党性修养，牢固树立正确的权力观、价值观、政绩观，始终牢记为人民服务的宗旨，诚心诚意为人民谋利益。一是切实做到"权为民所用"。要深刻认识到一切权力来自人民，立志做大事，在其位谋其政，带着党的嘱托、为人民谋福利的责任感和使命感，用好手中的权力，认认真真、扎扎实实、善始善终地做为人民做好事、办实事。二是切实做到"情为民所系"。要"立身不忘做人之本、为政不移公仆之心"。特别是财政工作直接面对人民群众的政策越来越多，财政收支活动涉及广大人民群众的切身利益，我们要怀着对人民群众的深厚感情去工作和办事。三是切实做到"利为民所谋"。财政资金"取之于民、用之于民"，我们必须认真履行好工作职责，使人民的钱更好地为人民谋福利。特别是许多财政体制、政策、措施涉及

千千万万广东人民的民生福祉，其涉及的是一个面而不是一个点，我们从事这样的工作，既要感到由衷的自豪，又要增强工作的责任感和使命感，用心工作，造福于民。

（三）在抓队伍建设上下工夫，提高干部队伍纯洁性和执行力

党的纯洁性归根到底要靠广大党员干部的纯洁性来体现和保证。必须加大力度抓好党员队伍建设，保持纯洁，提升素质。首先，要抓好班子，带好队伍。俗话说“根子就在主席台，问题出在前三排”。虽然不一定准确，但也十分警醒我们要切实抓好领导班子建设，正确对待手中的权力，做勤政、廉政、善政的表率。各级财政部门及厅各处室、单位领导要发挥好表率作用，以身作则，廉洁自律，认真落实党风廉政建设责任制的各项规定，切实履行“一岗双责”，“耕好责任田、看好自家门”。本人再一次承诺，绝不利用手中的权力为自己及亲友谋取私利，请全省各市县财政部门及全厅干部职工监督。凡打我的名义来厅或到各市办事的，必须严格审核，不符合规定的，一律不办。其次，要重点把好“四关”：一是把好思想教育关。事实一再证明，理想信念的缺失最危险，思想道德的滑坡最致命。必须加强对广大党员、干部的思想教育，坚定理想信念，为建设幸福广东而奋斗，珍惜财政这一干事创业的舞台而努力工作，用自己的心血和汗水为人民群众谋福利。二是把好选人用人关。坚持“凭能力定使用、靠实绩求进步”，积极稳妥推进财政干部人事制度改革，完善干部考核指标体系，以品德选人，以能力取人，以实绩用人，让肯干事、能干事的同志有舞台，绝不让实干的人、老实的人吃亏。要加大干部交流轮岗力度，为干部提供学习锻炼的机会，激发队伍活力，提高综合素质。要加强教育、强化监督，对动机不纯、党性不强、作风不正、为政不廉、工作不力的党员要坚决进行淘汰。三是把好政治纪律关。是否服从大局、遵守纪律，是衡量机关领导干部党性强不强、政治上成不成熟的重要标准。要引导和督导广大党员干部坚定政治立场和方向，增强政治敏锐性和政治鉴别力，讲政治、顾大局、守纪律，自觉同党中央和省委在思想上政治上行动上保持高度一致。要完善内部监督制约机制，既加强内部权力制衡，又促进同志间工作生活的互相提醒、互相监督、互相补台，营造团结、齐心、和谐的工作氛围。四是把好廉洁从政关。要加强对党员干部的廉政教育，对党员干部行为规范提出更加严格的要求。积极营造以廉为荣、以贪为耻的文化氛围，自觉恪守从政道德，做到慎独、慎微、慎初、有耻，不断提高鉴别力，明白什么事情可以做，什么事情不可以做，牢牢守住思想防线、法纪红线和从政底线。要教育党员干部为做事而做官，切实用好手中的权力为人民办事，做一个正直、善良、诚信的人，切实做到为民、务实、清廉。

（四）在抓作风建设上下工夫，切实维护群众利益

财政部门必须继承和发扬党的优良传统和作风，以优良的作风来树立形象、密切群众、赢得支持，形成推动科学发展的强大动力。一是大力弘扬密切联系群众之风。坚持把人民拥护不拥护、赞成不赞成、高兴不高兴、答应不答应作为制定各项财税政策的出发点和落脚点，办好顺民意、解民忧、惠民生的实事。二是大力弘扬理论联系实际之风。认真落实党员领导干部联系基层制度、党建联系点制度，深入基层、深入群众，了解百姓心声，不断提高发现问题和解决问题的能力。三是大力弘扬为民务实之风。在预算安排中着力体现以人为本、执政为民的要求，财政支出进一步向民生、“三农”和欠发达地区倾斜，切实实现财力“下沉”和工作重心“下移”，深入基层了解情况，帮助基层解决实际困难，大力推进年轻干部到基层锻炼，确保财政政策措施落实到位。四是大力弘扬艰苦奋斗之风。发扬不畏艰难、奋力拼搏、克己奉公、甘于奉献的作风，坚持勤俭节约、艰苦创业，切实反对铺张浪费和大手大脚花钱。五是大力弘扬批评与自我批评之风。坚决反对党内生活庸俗化，深入开展批评和自我批评，推广民主作风，教育党员干部，及时纠正错误，发扬优良作风。

（五）在抓规范权力运行上下工夫，有效防范消极腐败行为

清正廉洁是党员干部政治前途的生命线和必须坚守的纪律底线。尤其是财政部门是管钱的部门，廉政建设更要时时抓，长期抓，一刻都不能掉以轻心。一要防思想松懈。要教育广大党员干部对党纪政纪法纪心存敬畏，常怀律己之心，切不可有侥幸心理，始终牢记“莫伸手，伸手必被抓”。各级财政部门要加强对领导干部落实廉洁从政有关规定的监督检查，发现苗头性问题及时予以纠正；对权钱交易、滥用职权、侵害群众利益等违法违纪行为，不论涉及谁，必须严查到底，绝不姑息。二要防亲情、友情变味。无论在何时都要把好亲情关、友情关，绝不能为情所困、为所谓的“面子”所误，坚持原则底线。特别是要慎交友、交益友，坚持“友直、友谅、友多闻”，培养健康的生活情趣，脱离低级趣味，“心不贪、嘴不馋、手不长”，对阿谀奉承、搞歪门邪道别有用心的人，时刻保持高度的警惕。三要防工作交流错位。财政部门上下级沟通及与外单位业务交流必须注意方式方法，严禁通过各种跑关系、拉人情、送红包要政策、争资金的行为，清风正气，预防腐败。广大财政干部要正确认识手中的权力，坚持依法依规、按章办事，对于在工作中吃、拿、卡、要的违纪违规行为，发现一起，查处一起。四要防制度缺位。“制度防腐”具有根本性和长期性。要更加注重财政系统廉政风险防控机制的顶层设计和总体规划，不断强化对财政权力运行的制约监督。要完善资金分配办法，尽量使用竞争性分配或因素法分配。省财政厅已明确，今后省财政安排的各专项资金，除人头经费及可纳入因素法分配的工作经费外，原则上都要采取竞争性分配方式安排，杜绝“暗箱操作”，确保资金分配的科学、公开、透明。五要防微杜渐。要警记“小节不修、大节必失”，慎小事、重小节，自觉从小节做起、从

小事防起，不搞“小圈子”、不占“小便宜”、远离“小兄弟”，洁身自好，不在腐败问题上迈出“第一步”。

（六）在抓源头治腐上下工夫，建立健全财政体制、机制

制度建设在保持党的纯洁性上具有根本性、全局性和长期性。财政部门要按照中央和省委、省政府关于建立健全惩治和预防腐败体系的工作部署，继续深化财政体制机制改革，扎实推进“阳光财政”、“绩效财政”建设，逐步实现由“权力反腐”转向“制度反腐”。重点推进以下11项改革：一是深化竞争性分配改革，完善“多中选好、好中选优”的分配机制，提高财政专项资金分配的科学化、民主化水平。二是深化引入第三方绩效评价改革，完善财政支出绩效社会评价体系，强化财政支出监督，提高政府公信力。三是探索开展为民办事问民意工作，确保“群众的幸福由群众做主”，切实使民生工程变成人民群众的福祉工程。四是深化预算编制改革，进一步细化部门预算编制，建立完善标准化的人员经费分配和项目管理机制。五是实行零基预算改革试点工作，改善财力分散、财力固化的现状，提高财政资金使用效益。六是研究探索公务接待费改革试点工作，从制度上形成经费节约的内生动力。七是加快完善国有资本经营预算体系，完善政府预算体系，强化对国有资本经营收益使用的监管。八是积极稳妥推进预决算公开及“三公”经费公开，逐步规范预算公开的程序、内容等，提高政府部门预决算透明度。九是深入开展新一轮行政审批改革，全面清理部门职能和审批事项，简政放权，利民惠民。十是积极开展财政专家咨询工作，提高财政决策科学化、民主化水平。十一是会同有关部门集中开展党政机关公务用车问题专项治理，积极推进公务用车制度改革。同时，继续推进各项公共财政管理改革及其他改革工作，包括：继续开展党政机关厉行节约工作，严格控制“三公”等一般性支出；深入推进国库集中支付改革，规范行政事业单位账户管理；深入推进政府采购制度改革，规范党政机关政府采购行为；深入推进“收支两条线”管理改革，杜绝乱收费、乱罚款行为，规范政府非税收入秩序；深入开展行政事业性资产管理改革，规范党政机关事业单位资产管理；深入开展省级财务核算集中监管改革，加强预算单位会计核算监管；持续深入开展“小金库”专项治理，规范机关财务管理。

（七）在抓纪检监察自身建设上下工夫，为完成全年各项任务提供组织保证

长期以来，全省财政各级纪检监察部门和广大纪检监察干部恪尽职守，任劳任怨，为促进财政改革发展做了大量工作，作出了重要贡献。在新的形势下，随着财政改革的不断深入，全省财政系统纪检监察部门要积极适应新形势新任务要求，加强学习，注重研究新情况，探索新问题，不断提高纪检监察工作水平。要加强党性锻炼和作风养成，进一步增强政治意识、宗旨意识、表率意识、法制意识和创新意识。要注重加强制度建设，完善工作机制、议事规则和决策程序，坚持秉公用权，规范监督。全省各级财政部门要更加重视纪检监察工作，加强工作指导，创造良好条件，支持纪检监察工作人员依纪依法履行监督检查职责。要加大对纪检监察干部的培养、交流、选拔、任用力度，努力建立一支与财政事业发展相适应的高素质的纪检监察干部队伍。

（本文系作者2012年2月16日在全省财政反腐倡廉建设工作会议上的讲话）

吸取教训　举一反三
坚定不移抓好财政反腐倡廉建设

（节选）

省财政厅党组书记、厅长　曾志权

一、通报近期我省财政系统违法违纪案件，传达省领导重要批示讲话精神

近日，我省财政系统接连发生两起违法违纪案件。对此，省委、省政府高度重视，汪洋书记、朱小丹省长和徐少华常务副省长多次作出重要批示和讲话。现通报如下：

（一）危金峰涉嫌严重违纪案件有关情况

6月18日下午两点左右，省纪委副书记王兴宁等同志到我厅和我通报了危金峰涉嫌严重违纪问题接受组织调查有关情况，并对危金峰采取措施，带走调查。危金峰被省纪委带走调查后，我第一时间向徐少华常务副省长作了汇报。徐少华常务副省长立即作出重要指示，要求我厅把确保厅机关工作和干部队伍稳定摆在首要位置。当日晚，省纪委在省纪检监察网站正式发布了“广东省财政厅副厅长危金峰同志因涉

嫌严重违纪问题，正在接受组织调查”的消息。6月18日晚、19日上午、20日晚厅党组相继召开三次会议，统一思想认识、研究应对措施，并于19日上午召开全厅副处级以上干部会议进行了情况通报，有关案件的情况也迅速传达到每位干部职工，并采取措施，积极支持配合省纪委开展工作，确保机关人心不乱、队伍稳定、工作不断。

6月20日晚，徐少华常务副省长在百忙中亲临我厅看望干部职工和指导工作，组织召开副厅级以上干部座谈会，在充分肯定财政工作取得成绩以及在危金峰案件发生后我厅所采取工作措施的同时，对妥善配合处理案件工作提出了具体要求：一要统一思想。坚决拥护省委作出的决定，支持和配合省纪委做好案件的取证查处工作，要注意把个人的消极腐败问题和省财政厅的工作成绩、厅班子整体形象，以及广大干部优良作风区别开来。要注意防止造谣、猜疑、抹黑。二要保证运转。要做好相关工作的衔接安排，保证工作的平稳过渡和机关的正常运转。三要稳定队伍。做到人心不散、队伍不乱。特别要注意，不要以和危金峰关系的亲疏来论是非、作判断，发现不好的言论要及时制止和疏导。四要举一反三。按照党风廉政责任制和惩防体系建设的要求，厅班子成员要切实肩负起配合处理这次事件的责任，及时查找各自思想上和工作上可能存在的漏洞，引以为戒、亡羊补牢，举一反三、警钟长鸣。

徐少华常务副省长强调，全省财政系统要从案件中吸取教训，采取有效手段和措施，避免类似事件发生，主要是要做到“四个主动接受监督”和“四个决不”。“四个主动接受监督”，即：一是主动接受党纪国法监督，加强财政工作相关法纪教育，确保各项法规贯彻执行到位；二是主动接受规章程序监督，严格遵守各项业务流程和规章制度，不断查漏补缺、修正完善；三是主动接受各方监督，包括人大、政协、审计、媒体以及下级对上级的监督；四是主动接受自我内省的监督，严于自律、做到警钟长鸣。“四个绝不”，即：第一，绝不搞权钱交易，不能把手中的权力当成谋取私利的工具；第二，绝不插手任何工程，坚持原则，维护公正；第三，绝不插手任何政府采购，确保监管的底气，保证资金的安全；第四，绝不为“人情审批”开绿灯，秉公用权，按章办事。

6月21日，我厅党组向省委报告了配合处理危金峰涉嫌严重违纪案件的工作情况。当日，中央政治局委员、省委书记汪洋同志作出重要批示：要把危金峰个人的问题同其工作区别开来，与财政厅的干部队伍区别开来。同意厅党组的意见、做法。朱小丹省长也作出重要批示：请省财政厅认真贯彻落实汪洋书记重要批示。严格掌握政策，加强党风廉政建设，变坏事为好事。

汪洋书记、朱小丹省长和徐少华常务副省长的亲切关怀和指导，极大地提振了我厅干部职工的信心，稳定了人心；汪洋书记、朱小丹省长和徐少华常务副省长的重要指示和讲话，站位高，针对性强，非常符合实际，对当前我厅妥善处理危金峰案件的不良影响，化解困难、走出困境、推进工作、深化改革、带好队伍，指明了方向，提供了动力。6月21日下午，我厅召开厅长办公会议，及时传达学习省领导重要指示讲话精神，研究布置我厅贯彻落实意见。有关配合处理危金峰涉嫌严重违纪案件的工作措施要求，我在6月19日上午全厅副处级以上干部大会上已作了强调，要求传达到厅每位干部职工，并于20日晚向徐少华常务副省长作了汇报。在此，我再强调四点：一是坚决拥护省委决定，在思想上、政治上、行动上自觉与省委保持高度一致，支持和配合纪委做好有关工作；二是坚持履职尽责，放下思想包袱，要按照汪洋书记、朱小丹省长和徐少华常务副省长的批示讲话要求，把个别案件的发生与全省财政系统工作成效和干部队伍作风区别开来，按照省委、省政府及厅党组的工作部署，坚守岗位、恪尽职守，保持全厅及全省财政系统工作的平稳、正常、有序开展，维护财政改革发展稳定的良好局面；三是要明辨是非，不信谣、不传谣，一切以省纪委公布的情况为准；厅党组各成员已于19日至20日到各分管处室召开座谈会，厅各处室、单位主要负责同志也要承担起第一责任，切实加强干部思想教育和引导工作，确保我厅和全省财政系统干部队伍稳定；四是吸取教训，举一反三，积极采取措施进一步加强机关廉政建设。

（二）五华县“6·16赌博案件”有关情况

据梅州市财政局提供的情况，6月16日，包括梅州市五华县政协副主席兼财政局局长朱汉军及其妻子在内的8名领导干部（其中五华县财政局干部共3人）因参与赌博，被梅州市警方查获，现场缴获赌资8.15万元。6月21日下午，梅州市召开常委会决定免去朱汉军的五华县政协副主席职务；21日晚，五华县委召开会议决定免去朱汉军等8名参赌人员的职务。目前，梅州市、五华县纪委已组成工作组，对涉赌人员的赌博行为依法依规查处。

6月22日，五华县“6·16赌博案件”发生后，徐少华常务副省长在南方日报《五华县政协副主席赌博被免职》报道上批示：志权厅长：此事整个财政系统也要引以为戒。

总地来说，多年来我们始终将反腐倡廉建设摆到突出位置来抓，我厅和全省财政系统绝大多数干部是依法行政、清正廉洁的，各级领导班子是公道正派的，省委、省政府对此充分肯定。但是，“树欲静而风不止”，我们十分不愿意、十分不希望、也十分痛心的看到，仍有极个别干部罔顾党纪国法，步入歧途，以至于自毁前程。我们在感到痛心和愧疚的同时，也要深刻认识到新时期财政部门推进反腐倡廉建设的长期性、复杂性和艰巨性。当前和今后一个时期，全厅及全省财政系统干部职工要把深入学习领会和贯彻落实省领导重要指示讲话精神作为一项重要政治任务抓紧抓好，必须始终绷紧廉洁从政这根弦，倍加珍惜党委、政府和人民赋予的理财管财职责，扎实工作、开拓进取，坚定不移推进我省财政改革发展及反腐倡廉建设，争取以更大成绩回报省委、省政府对财政工作的信任和厚爱。

二、吸取教训，举一反三，坚定不移抓好财政反腐倡廉建设

近期两起案件的发生表明，反腐倡廉建设是一个长期

而艰巨的系统工程，靠单一的手段和简单的措施往往难以奏效，必须系统谋划、整体推进。要始终坚持“标本兼治、综合治理、惩防并举、注重预防”的方针，坚定反腐败决心，切实把教育的说服力、监督的制衡力、制度的约束力、纪律的威慑力、纠风的矫正力、改革的推动力有机结合起来，确保反腐倡廉建设取得实效。

（一）坚定不移抓“教育”，坚定理想信念

理想信念是思想和行动的“总开关”，也是干部从政的精神支柱。全心全意为人民服务是我们党的宗旨，党委、政府和人民赋予我们管财理财的职责权力，必须为人民服务，这些最基本也是最重要的理念必须在全厅干部职工的内心扎根。近期我省财政系统发生的重大违纪案件，从根源上讲就是理想信念出了问题。因此，理想信念并不虚无缥缈，而是实实在在、非常深刻的教训。当前我省财政系统干部队伍总体来说作风是好的、纪律是严的，但在思想观念上仍存在一些误区，不及时纠正将十分危险，突出体现在以下六种不良心态上：

一是“有权不用、过期作废”的庸俗心态。把人民赋予的权力作为谋取私利的工具，这完全丧失了党性原则；有的同志“升官”无望就“谋财”，这其实是在自毁前程。须知“欲如火，不遏则自焚”。二是“吃点喝点拿点不算什么”的麻痹心态。有的同志认为“喝点小酒、收个小礼、拿个小利是”不违法、不乱纪，丧失了警惕。但“小节不保、大节必失”，每一位党员干部都必须慎初、慎微。三是“人生苦短及时行乐”的享乐心态。所谓玩物丧志、玩人丧德。追求感官享受、沉迷于灯红酒绿，往往是滑入贪污腐化深渊的重要特征。四是“现在社会风气是这样”的从众心态。如果认为社会传统人情很重而在收取一些“小恩小惠”上无所顾忌，那最终必将为人情所累；如果因为社会风气不好而在聚众赌博等行为上打擦边球，一旦揭发，则为党纪国法所不容。五是“别人怎样是别人的事、管好自己就行了”的老好人心态。如果领导干部和同事碍于情面，或是有所顾忌，对一些错误的言行风气不加以批评和制止，那么不好的苗头就容易演变为不正风气，放纵的欲望必将导致腐败盛行。其实，提醒和警示就是最好的保护，保护干部最好的方式就是让他不犯错误。六是“偶尔河边走一走不会湿了鞋”的侥幸心态。有少部分同志认为反腐败斗争是“隔着墙扔石头，砸着谁谁倒霉”，比坏不比好，看到的是腐败分子事发前的奢靡生活，而没看到他事发后追悔莫及的忏悔；看到的是暂时的逍遥法外，而没意识到“天网恢恢、疏而不漏”，多少腐败分子深陷牢笼、悲惨一生。今天不出事，不代表明天不出事。如最近原省发展研究中心主任谢鹏飞，退休了还被带走调查，回过头来想想，这值得吗？俗话说：“广厦千间，睡不过三尺；良田万顷，吃不过三餐。”钱财乃身外物，生不带来，死不带走；权乃民赋，权力越大，责任越大。我再次强调，自警内省要常算“七笔账”，就是：算好政治账，不要断送自己的前程；算好经济账，不要做金钱的俘虏；算好名誉账，不要毁了自己的名声；算好家庭账，不要让家人担惊受怕；算好亲情账，不要弄得众叛亲离；算好自由账，不要深陷牢笼失自由；算好健康账，不要终日惶恐伤身心。算好以上七笔账，自觉加强自律意识，保持廉洁本色。

为避免厅各处室（支部）出现廉政建设说起来重要、做起来次要，业务建设和廉政建设“一手硬、一手软”的问题，我再次强调，厅各级领导干部要严格落实“一岗双责”，认真执行“三课一会”等廉政教育制度，各党支部原则上每一月左右召开一次支部党员大会和支委会，党支部书记每半年精心准备和上一次党课，厅监察室要加强检查，厅党委办要加强考核，切实采取措施，加强干部队伍建设，强化对干部职工的思想教育和监督管理，切实带好队伍，培育廉洁从政良好风气。

（二）坚定不移抓“监督”，主动接受各方监督

不接受监督的权力必然导致腐败。加强监督是确保正确行使权力的重要保障，自觉接受监督是领导干部应有的政治胸怀。从根本上讲，监督也是对干部的爱护和保护。要按照徐少华副省长提出的“四个主动接受监督”的要求，自觉接受社会各方的监督。一是主动接受党纪国法监督。一方面，要自觉接受普遍适用于党员干部和机关公务员的各类党纪国法的监督。另一方面，要加强财政工作相关法纪教育，确保各项法规贯彻执行到位。二是主动接受规章程序监督。首先，要按规程办事，除抢险救灾等重大突发性事件特事特办外，凡事严格遵守各项业务流程和规章制度。其次，要完善制度建设，做到资金使用到哪里，制度建设就延伸到哪里，规范管理就覆盖到哪里，力求“全覆盖”，包括预备费和省领导掌握的专项资金，以及各处室掌握的专项资金，也要认真研究加强管理，进行绩效评价。再次，要加强对资金使用全过程的规范管理，从预算编制、执行、资金分配、使用到绩效评估及反馈，力求实现监管“无盲点”。三是主动接受各方的监督，包括人大、政协、审计、媒体以及下级对上级的监督。首先要转变被监督的理念，增强主动接受监督的意识，因为监督之中有爱护、批评之中有真理。一个为民的政府不应该怕人民监督，一个有为的政府也无需怕媒体监督。有些批评的声音尽管很出格、很刺耳，但仍要摆正心态，作为一种提醒、一种警示，以免重蹈他人覆辙，使接受监督的过程成为提高认识、改进工作的过程。同时，要不断创新接受监督的方式，畅通信息沟通渠道，不怕揭短，不回避问题，把各方监督的压力转变为深化财政改革发展的强大动力。厅各级领导班子也要自觉接受干部群众和下级的监督。我作为厅党组书记、厅长，在这里郑重承诺：我将严格按照规定开展工作，请全厅和全省财政系统干部职工监督我。也请全厅和全省财政系统干部职工监督全体厅党组成员的工作。四是主动接受自我内省的监督。监督不能仅靠外部，因为再完善的监督机制也会有疏漏，再严厉的惩罚，在巨大的诱惑和利益面前也会有人铤而走险。因此，加强自律自省、坚持做官与做人、修身与立业相统一十分重要，这是最根本的、

也是最后的防线。筑牢思想防线最有效的办法就是持之以恒地加强学习。有句话说得好：一天不学习，自己知道；两天不学习，对手知道；三天不学习，大家都知道。因此，学习贵在坚持。人们常说，读书使人明智，读史让人明理，读政治以养大气，读文学以陶情操，读数学以敏思辨，读诸子百家以思圆行方。通过读书学习，“博学之、慎思之、明辨之、笃行之”，学得越多，眼界越开阔，品格认知越完善，思想境界自然也就越高，对个人的名利、地位等问题就会看得透一些、淡一些。

（三）坚定不移抓“规范”，正确使用权力

权力是柄双刃剑，用得好则造福社会，用得不好则不仅危害社会，而且断送个人前程。财政作为管财理财的部门，很多岗位在资金分配、行政审批、项目审核、政府采购等方面具有一定的权力。有权力就有风险，防范权力运行风险要把好三个环节，切实做到防得住、控得好、用得当：一是科学配权。按照有利于风险防控和相互制衡的原则，要把科学的制度设计贯穿于权力运行的全过程，进一步完善和深入推进内部循环监督、廉政风险防控管理等工作。二是阳光示权。通过权力运行政务公开、数据大集中信息化监控、行政审批电子监察等方式，让权力在阳光下操作、资金在网络上监管、风险在流程内控制。三是监督用权。要自觉接受人大、政协、审计、媒体等外部监督，通过外届压力的倒逼，使我们的干部少犯错误。同时，全厅党员干部要认真贯彻徐少华常务副省长重要讲话精神，郑重向社会承诺落实“四个决不”的要求：第一，绝不搞权钱交易。我们的权力来源于人民，人民赋予的权力只能用来为人民谋利益，而不能用来为个人、为少数人、为小团体谋利益。特别是在市场经济条件下，坚决防止权力与资本相勾结、搞任何形式的权力“寻租”，或者利用财政的影响力谋取个人私利。要坚持依法依规、按章办事，我再次重申，对于在工作中吃、拿、卡、要等违纪违规行为，发现一起，查处一起，决不姑息。第二，绝不插手任何工程。坚持原则，维护公正，坚决打击各种在明规则掩盖下的各种“暗箱操作”行为。在此，我本人再一次承诺：绝不利用手中的权力为自己及亲友谋取私利，凡打我的名义来厅或到各市县办事的，必须严格审核，不符合规定的，一律不办。请全省各市县财政部门及全厅干部职工监督。第三，绝不插手任何政府采购。切实履行好对政府采购的监管职责，严厉打击政府采购领域的各种商业贿赂问题。第四，绝不为“人情审批”开绿灯。顶住各种亲情、友情、恩情、同窗情及各种私情的压力，“人情难却也要却”，辩公私、明是非，坚持秉公用权，按章办事，让跑关系、走门路的人在这里找不到市场。

（四）坚定不移抓“纪律”，加强纪律建设

邓小平同志曾说过，革命和建设的胜利，一靠理想，二靠纪律，这说明了纪律的重要性。2010 年中央颁布实施了《廉政准则》，提到 8 个禁止、52 个不准，在此我予以再次重申，使之真正成为厅干部职工的“高压线”和“防火墙”：一是禁止利用职权和职务上的影响谋取不正当利益；二是禁止私自从事营利性活动；三是禁止违反公共财物管理和使用的规定，假公济私、化公为私；四是禁止违反规定选拔任用干部；五是禁止利用职权和职务上的影响为亲属及身边工作人员谋取私利；六是禁止讲排场、比阔气、挥霍公款、铺张浪费；七是禁止违反规定干预和插手市场经济活动，谋取私利；八是禁止脱离实际，弄虚作假，损害群众利益和党群干群关系。这八个方面对当前的反腐倡廉形势而言依然十分适用。财政既是重要的经济综合部门，又是管财的部门，以上八个方面更需要我们时刻铭记于心，作为从政的一个基本准则落到实处。结合当前存在的一些突出问题，按照以上“八个禁止”的总要求，我再提“八个严禁”和“八个严格问责”，希望大家严格遵守。

——“八个严禁”，即：一是严禁拉“山头”、搞“小圈子”、弄“小动作”，特别是严禁互相猜疑、互相攻击、互相告状，甚至无中生有、无事生非，毫无根据地诬陷、攻击他人，败坏机关风气；二是严禁以人情往来的名义送礼、送物、送钱；三是严禁在领导的亲朋好友中找门路、托关系，向领导提出超越政策和原则的个人要求；四是严禁赌博或以赌博名义收受财物；五是严禁利用公款大吃大喝、外出旅游及进行高消费娱乐活动；六是严禁酒后驾车；七是严禁使用公务用车走亲访友、办理私事；八是严禁以调研等名义下基层旅游休闲消费，增加基层负担。在这里，我特别指出极个别同志在对待升迁流转方面存在浮躁和功利心理，干活时推三阻四、无所用心，提拔干部时比谁都积极，跑门路、托关系，没有得到理想的“位置”就牢骚满腹，甚至背后搞“小名堂”、打“小报告”。我再次强调，我厅选拔任用干部始终坚持“凭能力定使用、靠业绩求进步”，有为才有位，有付出才有收获，我们绝不让埋头苦干、不跑不要且业绩突出的优秀干部吃亏，也绝不让那些不干工作、一门心思跑找要的人有利可图。“群众心里有杆秤”，工作是“干”出来的，不“干”半个“位置”也没有。“桃李不言，下自成蹊”，实现理想抱负最好的方式就是干出成绩、干好工作，为组织和领导分忧。

——“八个严格问责”，即对以下八种行为进行严格问责：一是凡是对省委、省政府和厅党组的重大决策部署和重要批示消极应付，搞“上有政策、下有变通”，造成政令不通的；二是不履行或者不正确履行工作职责，造成时机延误，重要工作和重大项目不能按时完成的；三是工作效率低下，工作纪律松弛，“吃拿卡要”的；四是执行改革方案态度不积极、措施不到位，引起严重后果的；五是工作纪律不落实，休假、外出等重大事项不报告，影响工作正常开展的；六是因工作不力、反应不迅速、措施不到位，导致发生重大事故、事件、案件及群众投诉的；七是对损害人民群众合法权益的问题久拖不决，群众反映强烈的；八是服务质量差，态度不好，对待来访来电干部群众“门难进、脸难看、话难听、事难办”引起投诉的。以上工作不实、作风不好的工作行为，一经查实，必须按规定程序予以严格问责。厅人教处也要抓紧研究修订年度考核办法，

在考核中体现业绩，严格纪律要求。

（五）坚定不移抓“作风”，培养健康情趣

腐败行为不外乎权、财、色交易，其本质就是以公共权力谋取私利，最初的表现往往是作风不正，其中最突出、最普遍的就是生活作风不严的问题。财政干部面临的各种诱惑形形色色，在生活情趣上稍有放松和懈怠，就可能会被腐朽生活方式所侵蚀，被金钱美色所诱惑，被不三不四的朋友所拉拢，就可能滑向腐败的泥潭。因此，培养健康的生活情趣，看似生活细节的小事，其实对于干部的健康成长十分重要。一是要调好心态。有些干部之所以走向腐败，心态失衡是一个起因。有的认为从政之路太艰辛，付出太多、收入甚少，有“吃亏”心理，以权谋私作“补偿”；有的认为工作贡献这么大、辛辛苦苦这么多年，吃点拿点没关系。这些思想苗头千万要不得，本质上是什么是幸福、如何寻找快乐的问题。如果我们的幸福和快乐是建立在为民办事的成就上，那么人民得实惠、生活得改善，你就会幸福快乐，就不会心态不平衡。黄埔军校大门上有这么一对对联：“升官发财请走别路、贪生怕死莫入此门”。做公务员也是如此，我们既然选择了这份职业，就应该沉心静气，稳得住心神，经得起考验。退一步来讲，目前的公务员收入水平，即使不能荣华富贵，过好日子还是可以的。二是要张弛有度。党员干部要培养健康的生活情趣，特别是领导干部为公众和下属所关注，其爱好会影响许多人，甚至很多人会投其所好，这就不仅是个人问题，而是关系到党和政府的形象。大家在紧张工作之余需要休闲娱乐、劳逸结合，但必须掌握一个度，防止“玩物丧志”，更不能选择聚众赌博等不恰当方式，或是沉迷于灯红酒绿、流连于声色犬马，让别有用心的人所利用。三是要交好朋友。交友是情趣的重要方面。有什么样的朋友就有什么样的生活圈子，就有什么样的生活情趣。交什么样的朋友本无可厚非，但如果涉及工作就必须提高警惕、坚持原则，有时候“今天不翻脸、明天就翻船”，事实证明，有许多出事的领导干部当初就是在生活作风上被所谓的“朋友”拉下水的。因此，交友不得不慎重，要把握好分寸。

（六）坚定不移抓“改革”，完善工作制度

要不断深化财政自身建设和改革，完善工作制度、堵塞工作漏洞，强化内部制衡和规范运行，从根本上解决财政自身廉政建设问题。按照“吸取教训、举一反三”的要求，今后一个时期，我厅要重点加强以下8项内部建设工作：一是深化竞争性分配改革，完善“多中选好、好中选优”的分配机制，各处室掌握的专项资金，除了不具备竞争性分配条件的，原则上都要采取竞争性方式分配；不具备竞争性分配条件的也要采取因素法分配等方式，积极采取措施减少资金分配自由裁量权，促进资金分配的规范管理。二是完善岗位职责设置，有条件的处室、单位要在重要岗位实行“AB角”制度，强化相互监督。三是人、财、物等各项管理制度要重新梳理、补充、完善，加强厅机关内部管理。四是深入开展新一轮行政审批制度改革，全面清理部门职能和审批事项，简政放权，利民惠民。五是强化内部监督制衡，建立覆盖所有政府性资金和财政运行全过程的监督机制，完善内部循环监督工作制度，建立健全财政系统内预算、执行、监督既相互制约又相互协调的权力结构和运行机制。六是进一步加强财政资金管理制度体系建设，完善财政资金分配、调度、存储、支付等各环节监督管理，确保“资金安全”。七是推进服务型机关建设，强化主动服务、换位思考意识，深入开展“五个服务到位”和“五个一服务程式”等活动。八是深入开展执行力建设，进一步提高办事效率，严格按照规定程序时限办理省领导和厅领导批示件、厅党组决策部署及厅长办公会议决定事项。此外，厅机关在抓好自身建设和管理的同时，要发挥作用、做好表率，切实加强对全省财政改革工作的指导，加大力度推进财政系统廉政建设，上下联动，形成合力，不断开创我省财政工作新局面。

（本文系作者2012年6月25日在全厅干部职工大会上的讲话）

创新党建文化　服务财政转型

——关于财政机关党建文化建设的几点思考

省财政厅党组书记、厅长　曾志权

文化，对一个人来说是导向，对一个组织来说是旗帜，对一个民族来说则是灵魂。当一种文化和事业连接在一起的时候，这种文化就会对事业发展产生广泛、根本、长期的影响。党建文化就是党的建设事业与文化的连接，创新

党建文化是推动党建事业跨越发展的核心内容。财政作为党委和政府领导下的重要职能部门，必须把创新党建文化作为加强新时期机关党的建设的重中之重，努力以党建文化的繁荣进步，扎实推进加强机关党的建设，为加快财政工作转型，推动广东财政科学发展提供更加强大的精神动力和智力支撑。

一、内涵是党建文化的核心，要把坚持“五个融合”挖掘党建文化内涵作为创新党建文化的首要任务

文化是人类在社会历史发展过程中所创造的物质财富和精神财富的总和。一般而言，广义文化主要包括物质、制度和精神三个层面，狭义文化则仅包括制度和精神两个层面。从党建工作的性质来看，党建文化应主要从狭义角度来理解。据此，党建文化可界定为党的建设实践所承载、创造的精神财富的总和，包括党在加强自身建设过程中所展示出来的，为各级党组织和广大党员共同信守的理想信念、价值取向、行为规范等各种要素，是一个内涵非常丰富、外延十分宽广的复杂体系。在党建文化概念刚刚兴起的当前，深入挖掘内涵是创新党建文化的首要任务。

深入挖掘广东财政机关党建文化的内涵，既要考虑机关党建的一般性，又要考虑广东财政的地域、职能等特殊性。具体来说，要重点坚持以下五个“融合”：一是要与党建融合。党建文化承载了作为中国先进文化前进方向代表的中国共产党的建党思想，党的建设过程就是用党的先进文化不断改造党的过程。因此创新党建文化，在内容上要包含党的先进文化，在方法上要突出党的先进文化的引领作用，在目的上是要不断完善改进党的自身建设。二是要与机关融合。相比企业、社团、农村，机关是党员干部高度集中的地方，不仅是党先进文化的重要承载、传播地，还是党的执政机构，密切党与人民群众联系的重要阵地。同时，机关党的建设还承载了服务中心、建设队伍，走在基层组织建设前头的重任。创新党建文化，要融合上述机关特性，既要能体现中国共产党执政为民的理念，又要能引领基层党组织建设走在前，引领党员干部发挥先锋模范作用。三是要与职能融合。加强党的建设是为了更好地服务人民群众，而财政部门承担了资源配置、收入分配、促进经济发展等重要任务，创新党建文化要融合上述财政职能。具体来说，就是要与广东省财政厅党建、业务同部署、共落实、相促进的有效做法，以民本、法治、创新、科学、竞争、绩效为主要内容的新型财政分配文化，加快理财模式、工作理念、投入机制、管理方式等“四个”转型，建设法治财政、民生财政、绿色财政、绩效财政、阳光财政等“五大财政”，促进财政职能作用的充分发挥等有机融合起来。四是要与时空融合。任何文化的形成都具有时代特征和地域特性。广东地处岭南，毗邻港澳，经过多年的改革开放，国际化、开放化程度较高，形成了务实创新、敢闯敢试的优良岭南文化。创新党建文化，应融入这些时代、地域特性，特别是要融入中共广东省委第十一次代表大会提出的“厚于德、诚于信、敏于行”的新时期广东精神。五是要与特质融合。即要把省财政厅长期积累形成的、经实践证明行之有效的做法进行提炼并融入党建文化。例如：坚持通过分解任务，落实厅党组、直属机关党委、党支部书记抓党建工作的职责，引导党员领导干部强化党建“主业”意识的有效做法；坚持以每年开展的党建主题实践活动为契机，创新党建载体、打造党建品牌、增强党建工作感召力、吸引力、针对性的有效做法；以及坚持以“务实、创新、高效、廉洁、和谐”为核心，打造广东财政机关文化的有效做法等。

二、人是创新党建文化的关键，要把全面提高财政党员干部素质作为创新党建文化的重要基石

人既是文化的创造者，也是文化的实践者，要把全面提高财政党员干部素质作为创新广东财政机关党建文化的重要基石。结合实际，省财政厅牢牢把握“抓党建、带队伍、促发展”的工作思路，把党员教育、管理和服务有机结合起来，着力抓好党员干部思维的创新、知识的丰富、本领的增强和思想道德水平的提高，扎实推进党员干部队伍建设，取得了突出成效，得到了汪洋、黄华华、朱小丹、徐少华等广东省委、广东省人民政府领导同志的充分肯定和高度评价。

从党建文化的角度，总结起来，省财政厅通过加强财政党员干部队伍建设，形成了以下四种独具特色的文化：一是“危机”文化。面对经济体制的深刻变革、社会结构的深刻变动、利益格局的深刻调整、思想观念的深刻变化，时刻要求全厅党员干部要有强烈的本领恐慌，保持不进则退的危机意识，并利用厅内外网、简报、宣传标语等进行大力宣传，形成了时刻自醒的“危机”文化。“危机”文化的形成，激发了党员干部加强学习、提升自我的高昂热情，统一了党员干部加快“四个”转型、建设“五大财政”的思想认识，成为了财政改革不断深入推进、实现跨越发展的重要力量源泉。配合“危机”文化的创建，省财政厅大力推进学习型党组织建设，2010－2012 年先后组织开展了平均每季度一期的“读一本好书、写一篇心得”、“好书共赏”等读书学习活动，开展了每月一期的广东财政大讲堂，创办了《读书园地》并累计出版 13 期、刊登党员干部读书心得体会文章 152 篇。二是“服务”文化。结合财政工作特点，提出了把省财政厅建设成为党和政府密切联系群众重要“窗口”的目标任务，打造独具财政机关特性的“服务”文化。在深入开展“三服务一促进”、“转变作风抓落实”等主题实践活动的基础上，2012 年组织实施以“强化‘四种’意识，深化服务型财政机关建设”为主题的“书记项目”，要求全厅党员干部进一步强化“预则立”意识，加强对经济财政的预研、预判、预测，服务好省委、省政府决策部署；强化“资金不足服务和效率弥补”

意识，努力以积极主动的工作态度和更优的资金安排效率，服务好预算单位和市县工作；强化“服务程式”意识，按照“一张笑脸相迎、一张椅子让座、一杯清茶暖心、一腔热忱办事、一句好言相送”的程式要求，服务好社会群众办事；强化“主动买单”意识，综合运用多样化财政政策手段，构建多元化供给机制，服务好省委、省政府各项重点工作落实。三是“竞争”文化。坚持在干部选拔任用上实行竞争，财政资金安排上实行竞争性安排，形成了坚持以实绩创先争优的“竞争”文化。干部选拔任用上，实行公开竞争，坚持凭能力定使用、靠实绩求进步的选人用人导向，按照以德选人、以能取人、以绩用人的原则，重视选拔敢于改革、善于改革、改革有成效的干部。财政资金安排上，引入竞争机制，按照“公平、公开、公正”的原则，采取招标投标、专家评审等形式，建立好中选好、优中选优的竞争优选机制。截至2011年年底，全省共有89项财政专项资金实施了竞争性分配改革，涉及财政资金超过170亿元。四是“绩效”文化。坚持资金管理讲效益，落实工作讲效率，形成了绩效优先的管理文化。资金管理上，围绕进一步提高资金使用效益，省财政厅先后开展了深化部门预算、国库集中支付、政府采购、“收支两条线”管理、绩效评价、资产管理、财政监督等各项支出管理改革，推进了财政科学化精细化管理。特别是财政管理改革创新步伐逐步加快，2011－2012年每年重点推进的财政管理改革创新工作都在20项以上。落实工作上，围绕进一步提高工作效率，按照目标倒逼进度、时间倒逼程序、督查倒逼落实的原则，先后建立了覆盖全面、要求明确的督办工作机制，出台了进一步整合全厅人、财、物等资源的办法，有力确保了省委、省政府各项部署的迅速落实到位。这四种“文化”，是广东财政机关党建文化的重要组成部分，既是省财政厅加强财政党员干部队伍建设成功经验的概括总结，更是省财政厅进一步打造高素质财政党员干部队伍的重要法宝。

三、制度是推动党建文化发展的保障，要把完善制度体系作为创新党建文化的重要抓手

制度具有强制性、规范性和长效性，既是文化的重要组成部分，也是推动文化发展的重要保障。创新党建文化，必须在制度设计上多做文章、多下工夫，使制度作为推动党建文化发展的重要保障作用得以充分发挥。

自2010年以来，省财政厅以贯彻落实《中国共产党党和国家机关基层组织工作条例》和省委《实施意见》为契机，在对已有制度进行梳理的基础上，全方位推进机关党建制度建设，积极构建加强基层组织建设的制度体系，以及抓机关党建工作落实的长效机制，初步形成了务实创新、管理规范的制度文化。一是着力落实党建工作职责。坚持通过分解任务，明确分工，落实党建工作职责。在厅领导层面，建立了“党组统一领导、一把手负总责、分管领导具体抓”的领导机制，以及厅领导干部“双重”组织生活制度；在机关党委层面，制定机关党委工作制度明确各党委委员分工，建立机关党委委员活动联系点制度；在党支部书记层面，实行“一岗双责”责任制，制订基层党组织负责人述职制度，明确各部门主要负责人在履行行政领导责任的同时，必须认真履行党支部书记的责任。通过层层落实机关党建工作责任制，有效强化了各级党员领导干部的狠抓党建“主业”的价值取向。二是着力健全完善加强基层组织建设的制度体系。修订完善《广东省财政厅基层党组织工作规则》，从职责、分工、内容、时限等方面提出了加强基层党组织建设的具体措施，明确厅各基层党组织全面实行委员会集体领导下的委员分工负责制度、会议制度、党课制度、民主生活会制度、思想情况分析制度、民主评议党员制度、报告制度，建立起较为完整的加强基层组织建设的制度体系，进一步推动了机关党建工作的规范化。三是着力建立健全抓机关党建工作落实的长效机制。充分发挥考评、通报、分析制度的“指挥棒”作用，推动党建工作落实。建立考评制度，从5大类23个方面，对机关党建工作实行量化考评，并严格依据最终考评得分，评选年度先进基层党组织；建立通报制度，对各基层组织党建工作落实情况实行造册登记、逐项点评、全厅通报；建立分析制度，及时总结分析各基层党组织落实党建工作的情况，查找存在问题，提出改进意见。通过实施考评、通报、分析制度，进一步强化了各基层党组织的职责，增强了基层党组织加强自身建设、创先争优的内在动力，激发了广大党员学先进、争当先进的高昂热情。

创新党建文化，是个十分复杂的系统工程，任务艰巨但使命光荣。从省财政厅实际来看，创新广东财政机关党建文化已有坚实的人才、制度基础，并形成了广东财政机关文化、新型财政分配文化以及加强财政党员干部队伍建设的“危机”文化、“竞争”文化、“服务”文化、“绩效”文化，但也还存在党建文化的内涵尚未深入挖掘、加强党员干部管理的制度体系尚待完善等一些不足，关键是要更加注重机关党建文化与推进工作、建设队伍的融合，在机关党建文化创新上更加注重体现时代特征和财政事业发展要求。下一步，省财政厅机关党建文化创新工作将围绕加快理财模式、工作理念、投入机制、管理方式等“四个”转型，建设法治财政、民生财政、绿色财政、绩效财政、阳光财政等“五大财政”，构建完善与社会主义市场经济相适应、有利于科学发展的财政机制体制，服务好省委、省政府“深化改革开放、加快转型升级、建设幸福广东、从严管党治党”的核心任务，重点抓好以下两方面的工作：一方面，在进一步总结提炼省财政厅机关党建文化建设的丰硕成果，发扬经验做法的基础上，从人才管理、团队建设、完善制度、服务群众、落实工作以及发展目标、共同愿景等方面，深入挖掘党建文化的丰富内涵，形成省财政厅各级党组织和广大党员共同信守的理想信念、价值取向、行为规范，构建完整的省财政厅机关党建文化体系；另一方面，发挥人才、制度对党建文化建设的“双轮”驱动作用，突出抓好党员干部的教育管理，扎实推进

学习型党组织建设，着力建立健全提高党员干部思想政治素质、工作能力水平、加强党员干部管理的长效机制，推动形成党员管理层面的制度文化。同时突出抓好党建文化载体建设，开展形式多样、内容丰富的文体活动，加大宣传力度，积极营造推进党建文化建设的浓郁氛围，努力以省财政厅机关党建文化的繁荣进步，为广东省切实当好推动科学发展、促进社会和谐的排头兵，率先全面建成小康社会，率先基本实现社会主义现代化作出新的更大贡献。

（原载《广东党建》2012 年第 6 期）

振奋精神　狠抓落实
努力完成全年财政工作任务

（节选）

省财政厅党组书记、厅长　曾志权

一、关于会议精神的贯彻落实

贯彻落实好省财税工作汇报会、全省经济形势分析会和此次会议精神，是当前和今后一个时期我省财政工作的重要任务。我们重点要从以下三个方面着力，真正把会议精神落到实处、收到实效。

一要统一思想，提高认识。省财税工作汇报会、全省经济形势分析会和这次全省财税工作会议是在我省财政工作面临严峻形势和艰巨任务的情况下召开的重要会议，对做好全年财政工作意义重大。我们要认真学习领会会议精神，切实把思想认识统一到省第十一次党代会的精神上来，统一到省委、省政府对财政工作的各项决策部署上来，统一到朱小丹省长和徐少华常务副省长的重要讲话精神上来，统一到这次会议的安排部署上来，紧紧围绕当前及今后一个时期财政工作重点任务，精心部署，抓好落实。

二要理清思路，突出重点。要在做好财政管理各项日常工作的基础上，落实好朱小丹省长“稳定增长、平衡收支、厉行节约、保障民生”的总要求，落实好徐少华常务副省长提出的推进增收节支、转型升级、改善民生和主动深化改革、接受监督、加强自身建设等重点任务，做到“三个结合”，即要把加强收入组织与强化支出节约有效结合起来，既要“开源”，也要“节流”；要把加大资金投入与管好用好资金有效结合起来，既要集中财力支持办好关系国计民生的大事、实事，又要强化管理，提高资金使用效益；要把主动接受监督与加强自身建设有效结合起来，内强素质，外树形象，不断提升理财能力和水平。

三要结合实际，真抓实干。各级财政部门既要按照这次会议的部署和要求，不折不扣地抓好各项工作任务的落实，又要因地制宜，紧密结合本地实际，认真研究，创新思路。特别是针对经济财政运行出现的新情况、新问题，深入分析，制定有针对性的措施并抓好贯彻实施，稳定财税收入增长，推动各项工作不断迈上新台阶、开创新局面。

二、关于当前要突出抓好的有关财政业务工作

在最近召开的部分省份经济形势座谈会上，温家宝总理强调要全面准确地把握当前经济形势，坚持实施积极的财政政策，特别要注重完善结构性减税政策。在省财税工作汇报会及全省经济形势分析会上，朱小丹省长均对全年财税工作提出了明确要求。今天上午，徐少华常务副省长深刻阐述了财政税收的重大作用，辩证分析了财税工作需要把握好的几大关系，强调了做好当前财政工作要把握的重点和加强队伍建设的具体要求，非常深刻，非常符合我省财政工作实际，我们一定要认真抓好贯彻落实。当前，有关财政业务工作要突出抓好以下八项：

（一）千方百计抓好收入组织工作

朱小丹省长和徐少华常务副省长在讲话中都对当前的形势和任务进行了深入分析，强调了抓收入的极端重要性。今天上午，我在汇报全省财政运行情况时提出，财政部门要在认真做好本职工作、进一步加强非税收入征管同时，积极配合税务部门进一步挖掘增收潜力，依法治税，应征尽收。这里，我再强调几点要求：一是要切实增强抓收入的紧迫感和忧患意识。确保财政收入稳定增长，始终是财政工作的首要任务和基本职责。上半年，我省财政收入增幅低于 10% 的预算目标，仅高于 2009 年金融危机时的同期水平，是 1994 年分税制改革以来的历史次低点，低于全国平均水平 5.76 个百分点，排在全国 27 位，增幅已经连续七年低于全国平均水平，即使剔除结构性减税因素减收的 282 亿元后，上半年收入增幅仍低于全国平均水平 4.36 个百分点。全省 21 个地级以上市收入增速比上年同期全面回

落，回落幅度最高的（清远市）达到 45.55 个百分点。由于预算编制的时序原因，地方财政预算经本级人大通过后，中央陆续出台相关增支政策，这些支出必须通过超收安排。根据以往年度经验，为落实国家和省出台的增支政策，省财政每年需筹措新增资金约 200 多亿元，其中需在超收收入安排解决约 100 亿元。如果收入持续低增长，连收入预算都完成不了，就更谈不上超收了，全省各级财政将面临巨大的收支平衡压力，既影响省委、省政府稳增长促转型惠民生各项政策措施的顺利实施，中央新增支出政策也无法落实，我省连续 22 年的收入排头兵地位更将难以维持。对此，各级财政部门必须切实增强抓收入的紧迫感和忧患意识，按照朱小丹省长指出的“防止财税收入增幅跌落至预期范围之外”的要求，采取有效措施，千方百计做好收入组织工作。二是要提高财政收入质量。抓收入必须建立在收入质量的基础上。目前我省财政收入质量整体水平较高，但税收占比下降明显，收入质量有下滑的趋势，上半年全省财政收入中税收收入占比为 81.1%，比上年同期回落了 3.4 个百分点，是分税制改革以来的最低水平，低于北京（94%）、浙江（92.64%）、上海（90.49%）等沿海省市，在全国排名滑落至第 7 位。部分地区非税收入比重和增长率过高，上半年有 3 个地级以上市非税收入比重超过 40%，最高的（汕尾市）达到 43.68%；有 4 个市非税收入增长率超过 50%，最高的（惠州市）达到 93.56%。连山、怀集、广宁、高州、龙门、阳山等 6 县（市）税收占比甚至低于 50%。对此，有关地区要高度重视，认真分析原因，既要坚持依法征收、应征尽收，又不能盲目为了实现增长目标征收“过头税”或充大非税收入，更要防止“以费代税”，逐步提高收入质量，使收入增长建立在真实、可靠、可持续的基础上。三是要建立完善抓收入的工作机制，坚决完成全年的收入任务。按照年初预算，全省地方公共财政收入全年增长 10% 和省级地方公共财政收入全年增长 9% 的最低目标必须实现。考虑到落实年度执行中已确定的增支政策，全省要力争达到 12% 的增长目标，省级要力争达到 11% 的增长目标，即全省地方公共财政收入要完成 6 175.3 亿元，比年初预算增加 124 亿元；省级地方公共财政收入要完成 1 330 亿元，比年初预算增加 24 亿元。各级财政部门要结合当地实际想办法、定举措，形成一套符合实际、行之有效的抓收入机制。要继续落实好领导分片抓收入、收入情况通报等制度，建立部门间横向沟通的信息共享机制；要加强对财税收入运行形势的分析研究，密切关注经济结构、税源结构的变化，注重分析影响收入增长的政策及经济因素变化情况，特别要抓住主体税种及重点税源、重点行业、重点地区，对收入进行及时监测，更加准确地判断影响财税收入增长的关键因素和问题，确保财政平稳运行。

（二）认真落实好稳增长调结构惠民生各项政策措施

徐少华常务副省长强调指出，财政工作要增强全局性，认真贯彻落实好省政府稳增长调结构惠民生的政策措施。全省各级财政部门必须坚决把这一要求贯彻落实到位。一是落实好省政府《关于促进稳增长调结构惠民生工作的若干意见》各项政策措施。按照意见的要求，2012－2014 年，省财政将统筹安排各项资金近 1 600 亿元，通过集中投入及差别化扶持政策支持经济稳定增长。各级财政部门要积极筹措资金，切实用好资金，确保资金发挥最大效益。二是严格落实各项税费优惠政策。要认真落实结构性减税政策和收费减免政策，加大对中小微企业的扶持力度。近期，省政府决定在全省范围内对小型微型等四类企业减免缓征 37 项行政事业性收费，目的就是减轻企业负担、优化经营环境，各级财政要确保该项政策落实到位。三是支持产业转型升级。下半年，针对经济形势的发展变化，要按照朱小丹省长指出的“防止财税工作偏离转变发展方式主线”的要求，进一步灵活运用财政杠杆，重点支持战略性新兴产业发展和现代产业体系建设，促进加快转型升级，确保经济平稳较快发展。四是支持重点项目建设。要抓住国家放松银根的机遇，有效利用水利、交通等投融资平台，积极筹措资金支持水利、交通等基础设施重点项目建设。

（三）想方设法加快预算支出进度

预算支出进度是衡量财政工作水平的重要指标，社会各界对此也高度关注。今年以来，我省财政支出总体进度偏慢。1～6 月，全省公共财政预算支出完成 2 858.94 亿元，为年度预算的 39.05%，慢于序时进度 10.95 个百分点，支出进度在全国地方排名倒数第 1 位。全省 21 个地级以上市有 15 个市支出进度慢于时间进度，最慢的（东莞市）支出进度落后于时间进度 8.64 个百分点。对此，我们必须进行深入分析，采取有效措施，加快支出进度，防止支出进度不均衡而被社会解读为“突击花钱”。一是要加快支出进度。要在保证资金安全、规范、高效使用的基础上加快预算执行进度，不能简单地为快而快，而是严格按照预算计划、项目进度、支出程序执行，不断提高预算执行的均衡性、安全性、及时性和有效性。二是要全力落实好十件民生实事资金。上半年，全省 21 个地级以上市中，资金拨付进度快于时间进度的有 10 个，其中最快的为揭阳市，已拨资金 13.63 亿元，完成年初预算的 127.54%；资金拨付进度慢于时间进度的有 11 个，其中最慢的为佛山市，已拨资金 7.17 亿元，慢于时间进度 24.63 个百分点。各地要抓紧对本地配套资金落实情况和资金拨付进度进行总结分析，对于已列入今年预算的十件民生实事，要重点保障资金拨付，做实经费保障。省级十件民生实事资金原则上将在 9 月 30 日前下达，各地级以上市在收到省补助资金指标一个月内，要将资金拨付至县（市）。各县（市）要对民生资金加快支出安排，原则上在年底前列支完毕。地级市要加大对所辖县（市）资金调度力度，帮助缓解基层资金困难。三是建立完善抓支出的工作机制。建立抓支出工作责任制，继续推行并完善支出进度任务分解、预算执行通报、提前下达转移支付资金等行之有效的办法，并探索开展预算支出分类管理、加强结余结转资金管理等改革举措，在制度上完善预算管理，加快预算执行进度。要积极做好与各部门的沟通协调和主动服务工作，采取约谈、上门等方式，督促各部门及时做好资金支出计划，及时办理请款，确保各项资金在依法依规的前提下尽早拨付使用。省级已经明确规定年底项目支出结余原则上全部收回省级总预算。各地也要适当建立约束机制，形成加快支出的倒逼机制。四是扎实开展财政会计核算权责发生制改革。结合我省实际情况，主动研究部分事项采取权责发生制核算的范围、内容、方式和方法，确保更加科学、真实、准确地反映预算结余。推进权责发生制政府综合财务报告试编工作，不断扩大试点范围，探索建立直接反映一级政府的资产负债和收支运行情况的工作机制，夯实科学评价政府运行状况的会计信息基础。广州及部分市在这些改革方面已进行了积极的探索，有条件的地方也可以考虑开展改革试点。

（四）坚定不移抓好压支工作

当前和今后一个时期，财政收支矛盾仍将十分突出，支出安排必须要按照“压、控、减”的要求，进一步挖掘节支潜力，硬化预算执行，腾出财力空间确保重点支出。一是要努力压缩行政经费支出。继续实行公务购车和用车经费、会议经费、公务接待费用、党政机关出国（境）经费、办公经费等公用经费“零增长”。从2012年7月1日起省直行政事业单位公用经费将按全年额5%压支，公务接待费原则上不得超过上年决算数的80%，公务用车运行维护费用在近三年平均数的基础上降幅不低于10%。各地也要参照制定相应的压支措施。二是要从严控制新增支出。坚决纠正部门随意要求追加预算等问题，维护预算的严肃性。各级财政要严格执行本级人大审议通过的年度预算，年度中除中央、省和本级党委、政府确定的重点民生支出外，一律不再追加支出预算，确保全年预算收支平衡。三是要坚决削减一般性的软支出。对于以党政机关名义主办的晚会、展览、庆典、论坛、纪念会、首发首映式等活动，以及未经批准制发各种图册、刊物、宣传片和纪念品的，一律不予安排资金。按照省领导实行最严格支出控制的要求，省厅制定了《关于厉行节约的若干规定》，明确了“十个严控”的要求，并将建立行政事业单位经费节约考核机制，考核不合格的，超支额相应抵减下年预算；超支幅度超过20%的单位，由审计部门进行重点审计。可以说，这是近年来我省最为严厉的节支措施。各级财政部门必须严格把关，认真落实好省委、省政府厉行节约各项规定，同时要结合本地区实际，研究制订行之有效的节支措施，并形成制度安排和长效机制。

（五）加大力度推进财政改革创新

改革始终是推动我省财政事业发展的根本动力。朱小丹省长和徐少华常务副省长都对深化财政改革、加强财税创新提出了明确的要求。关于近期我省财政改革创新工作，这里我重点强调九点：一是要落实好新的分税制财政体制。自2011年我省实施新的分税制财政体制以来，总体运行平稳，但也存在一些不容忽视的问题。最近，我省审计部门对有关市2010年度财政决算进行了审计。从审计的情况看，存在部分地区欠缴省级分成收入，部分市把应缴国库的部分预算资金存放在预算外财政专户核算，少列一般预算收入等问题。对此，有关地区要正确认识，抓好整改，确保分税制财政体制平稳运行。二是要落实好财政生态补偿机制。根据省政府印发的《广东省生态保护补偿办法》，从今年起，省财政将安排生态保护补偿转移支付资金，对重点生态功能区的县（市）给予补偿和激励。为保障生态保护补偿机制的实效，市县财政要加大生态环保投入力度，提高生态区基本公共服务保障能力。各地级以上市要根据本地生态环境保护特点，研究制定所辖地区的生态补偿办法，按规定及时足额向所辖县（市）分配省级生态保护补偿资金。三是要落实好县级基本财力保障机制。按照财政部通知要求，2012年县级基本财力保障标准将提至年人均7.6万元，比上年增加1万元。按照新的保障标准，我省缺口额将在2011年的基础上再增86亿元，总缺口额达124亿元，缺口县（市）达33个，县均缺口约4亿元。要在2012年年底前全面完成消化财力缺口的任务，压力很大。为有效落实县级财政消化自身缺口的责任，省将根据各县（市）年初预算收入增长率测算，并以缺口总额的1/4为上限核定并下达县（市）自身消化任务数。各地级以上市应安排资金对县（市）消化缺口予以支持，省将按照不低于省级安排缺口县（市）转移支付资金增量10%的比例核定地级市帮扶任务数，各地要认真落实，加大对缺口县（市）的补助力度，上下合力确保完成缺口消化任务。四是要扎实推进省直管县财政改革。从今年7月1日起，省直管县财政改革试点新增了10个县（市）。有关试点县（市）及其所在地级市要认真做好省直管县财政改革试点的有关实施工作。市级财政部门要切实履行职责，从支持县域发展、缓解基层财政困难的角度出发对试点县给予支持和倾斜。五是要深化预算编制改革。省级财政今年准备在预算编制方面重点推进八项改革，包括探索零基预算改革和公务接待费改革；开展重点单位部门预算细化及重点审核；选择部分民生项目征询民意后再安排预算资金；对申请财政专项资金前先行开展绩效评估；建立完善预算编制专家咨询机制等。这些都是对加强预算编制管理具有重要意义的措施，希望各地高度重视，予以支持与配合，同时结合本地区实际，深入研究加强预算编制管理的有效措施，积极推进预算编制改革，构建规范、科学、明晰、民主的预算编制制度。同时，要加强与人大代表的沟通联系，通过征询意见等方式，争取对预算编制工作的理解和支持。六是做好营业税改征增值税改革试点准备工作。在部分省份经济形势座谈会上，温家宝总理强调要加快推进营业税改增值税试点，有序扩大试点范围，合理增加减税规模。对此，我省各级财政部门要认真准备，积极应对，密切跟踪了解试点地区改革的进展情况实施动态，关注中央完善改革的后续政策措施，积极稳妥地做好改革各项准备工作。七是扎实推进为民办事征询民意工作。按照省委、省政府的决策部署，2012 年省级将选取村级公益事业建设“一事一议”、小型农田水利项目、农村危房改造和基层医疗机构建设等四项民生决策事项，开展为民办事征询民意试点工作。各地也要根据本地实际，选择若干民生决策事项开展试点，积极探索为民办事征询民意的有效方式和规范程序，提高人民群众对政府为民办事的满意度。八是创新财政资金投入方式。2009－2011 年，省财政通过各种资金来源共安排用于经营性领域的资金达到 502 亿元，如何创新投入方式，用好用活这些资金，是财政工作的一个大课题。近期，按照汪洋书记的指示精神，省财政厅正在研究开展经营类财政资金实施股权化经营的改革，探索运用股权投资等有偿使用方式支持企业发展的政策。各地也要加强对财政支持经济发展方式的研究，创新思路，通过股权投资、贷款贴息、以奖代补、分期拨付等形式，充分发挥财政资金的激励导向和放大作用。继续做好财政资金竞争性分配改革工作，增强财政资金分配的科学性，提高财政资金使用效益。九是全面推进国库管理制度改革。按照财政部的工作部署，今年年底前要全面完成深化国库集中支付制度、公务卡制度、预算执行动态监控等三项改革任务。各地要采取各种有效措施，确保实现各项改革覆盖到所有预算单位、所有财政性资金目标。

（六）强化管理切实加强财政自身建设

我着重强调一下资金安全问题。一是要加强财政资金存放管理，根据形势的发展变化，不断研究完善资金存放管理制度，探索通过竞争方式选择定期存款存放银行等办法，规范财政性资金存放管理，确保资金存放管理安全和支出使用的及时、高效。二是进一步规范库款的调度和支用。今年以来，由于财政收入形势不理想，有不少地方特别是东西北欠发达地区反映资金周转紧张，汕尾等市甚至工资发放等正常资金安排都出现困难，省级财政已经加大了支持力度，上半年共拨付各类调度资金约 768 亿元。各地也要立足自身，增强工作的预见性和计划性，对工资发放、保证运转等刚性支出，以及对地方债还本付息等可以预见的大额支出，一定要提前做好支出计划和还款规划，对国库款的支出必须严格按规定办理，不得出现账、款不符等问题，确保正常支付能力，避免出现被动局面。三是要健全规范财政内部制约机制，针对财政资金分配、调度、存储、支付等环节，完善操作细则，明确岗位权限，严格资金审核、拨付程序，创建科学规范、监督制衡、管理有序的财政资金内部管理制度，努力建立健全覆盖国库管理各环节的风险控制机制。四是加强财政资金使用的监督检查，健全事前审核、事中监控、事后检查相结合的全过程财政监督机制，对资金的去向和使用实行有效监控。五是进一步规范财政专户管理。要严格执行财政部关于财政专户设置权限和数量的规定，从今年起各地区新开设财政专户应报财政部核准；今年年底前要将本级财政所有财政专户 100% 转归财政国库部门统一管理。

（七）加强地方政府性债务管理

截至 2011 年，我省地方政府性债务余额 6 776 亿元，地方政府性债务率（年末债务余额/当年综合财力）和债务负担率（年末债务余额/当年综合财力）分别为 93.37% 和 15.25%，均低于国际通行的警戒线标准（100% 和 20%），表明我省债务风险基本可控，总体情况较好。但个别地区债务负担较重，融资平台公司资产负债率过高，偿债能力较弱，对区域结构性债务风险隐患需引起重视，防止出现区域性债务风险。特别是近两年到期债务比较集中，进入还贷高峰期。据统计，今明两年全省到期应还直接债务达 1 713亿元（其中：省级 153 亿元，各市 1 560 亿元），偿债压力较大，存在财政“兜底”的偿债风险。对此，各地要按照中央的统一部署，树立风险意识，举债和还贷要一并研究，一并计划，妥善处理债务偿还和在建项目后续融资问题，继续抓紧清理规范融资平台公司，研究建立规范的地方政府举债融资机制，并探索建立债务规模控制和风险预警机制，巩固和完善偿债准备金制度，切实防范债务风险。要积极研究将政府债务余额、每年新增政府债务、当年还本付息等纳入地方年度财政预算。

（八）积极稳妥地推进预算公开

预算公开是加强预算管理的重要手段，也是主动接受监督的重要内容。当前，随着人民群众的民主参与意识日益增强，社会各界对推进预算公开高度关注。去年大部分省级部门已按要求向社会公开了部门预算以及“三公”经费信息，但从全省来看，预算公开的情况还不理想。下一步，要认真贯彻国务院《关于 2012 年政府信息公开重点工作安排》的要求，积极稳妥推进财政预算公开。一是做好财政总预算、总决算公开工作，报经同级人大或其常委会审查批准的财政总预算、总决算原则上都要向社会公开，并要进一步扩大公开范围、细化公开内容。公开内容原则上应包括公共财政预决算收支情况和政府性基金预决算收支情况。预决算表格应细化到“款”级科目，教育、医疗卫生、社会保障和就业、农林水事务及保障性住房等支出要细化到“项”级科目。二是积极推进部门预决算公开和“三公”经费公开。落实好部门预决算公开和“三公”经费公开的主体责任，地方财政要加强对同级部门公开工作的指导，原则上应将提交各级人大审核的部门预算表格细化到“款”级支出科目公开，其中：教育、医疗卫生、社会保障和就业、农林水事务及保障性住房等民生支出必须细化到“项”级支出科目；“三公”经费公开内容应包括总额和分项金额，并细化到“项”级支出科目，以及因公出国（境）团组数量及人数、车辆购置数量及保有量、公务接待有关情况等信息。三是及时公开重大民生支出。各级财政部门要及时将教育、医疗卫生、社会保障和就业、农林水事务及保障性住房等涉及民生的重大财政专项支出的相关政策、补助标准、管理办法、分配因素等内容向社会公开。四是结合各地实际，制定本地区财政专项资金公开目录，采取多种有效形式，深入推进基层财政专项支出预算公开，与民生实事有关的投入原则上都要纳入公开范围。在公开过程中，要注意引导舆论，防止过度炒作。由于部门职能职责的差异，不同部门的支出、结构和项目安排上存在差别，如果不注意公开内容、公开范围的统一规范，势必会引起部门之间的简单类比和社会公众的质疑，因此，对公开的口径，包括内容、范围、格式等基本要素进行严格界定。省级将加强对地方的指导，地方也要强化与省财政厅的沟通协调，确保该项工作按照中央的要求，积极稳妥地推进。

三、坚持内强素质、外树形象，切实加强干部队伍建设

做好财政工作，一靠依法理财，二靠从严治队。从严治队是依法理财的基础和保障，财政干部的素质水平直接决定了依法理财的水平和贯彻程度。近期，我省财政系统出现了危金峰涉嫌严重违纪和某些县财政部门领导干部违法违纪案件。对此，省委、省政府高度重视，汪洋书记、朱小丹省长和徐少华常务副省长多次作出重要批示和讲话。汪洋书记批示："要把危金峰个人的问题同其工作区别开来，与财政厅的干部队伍区别开来。同意厅党组的意见、做法"。朱小丹省长也作出重要批示："请省财政厅认真贯彻落实汪洋书记重要批示。严格掌握政策，加强党风廉政建设，变坏事为好事"。6月20日，徐少华常务副省长在百忙中亲临省财政厅主持召开副厅级以上干部会议，强调全省财政系统要从案件中吸取教训，采取有效手段和措施，避免类似事件发生。今天上午，徐少华常务副省长再次对财政干部队伍建设提出了要求。按照省领导的批示指示精神，我厅对近期我省财政系统的违法违纪案件进行了深刻反思。我们认识到，这些案件的发生，既有其本人信念动摇、疏于自律的原因，也暴露出我省财政干部队伍建设上存在的一些问题和不足。新的形势下，如何加强干部队伍建设，做到"两手抓，两手都要硬"，保持干部队伍的纯洁性，是一项艰巨而意义重大的任务。全省财政系统要积极适应新形势新任务要求，按照汪洋书记、朱小丹省长的批示精神和徐少华常务副省长提出的"四个注重、四个提升"要求，认真吸取教训，切实加强队伍建设，努力打造一支"政治坚定、业务精通、勇于创新、作风正派"的财政干部队伍。

（一）按照在"学习"上下工夫的要求，切实加强思想和能力建设

首先，要加强思想政治学习，坚定理想信念。近期我省财政系统发生的重大违纪案件，从根源上讲就是理想信念出了问题。全省财政系统干部都必须加强思想政治学习，坚定理想信念，坚决抛弃以下六种不良心态，即"有权不用、过期作废"的庸俗心态、"吃点喝点拿点不算什么"的麻痹心态、"人生苦短及时行乐"的享乐心态、"现在社会风气是这样"的从众心态、"别人怎样是别人的事、管好自己就行了"的老好人心态和"偶尔河边走一走不会湿了鞋"的侥幸心态。其次，要加强业务学习，提高能力素质。要深入推进学习型机关建设，引导干部树立"本领恐慌"意识，多一些读书学习、少一些交际应酬，防止出现"能力不足的危险"，不断提高管财用财的能力和水平。要紧跟形势，进一步加强对财政经济运行的分析，及时发现苗头性、趋势性问题，为党委、政府当好决策参谋。

（二）按照在"服务"上下工夫的要求，切实加强作风建设

要牢固树立主动服务的意识，切实转变作风，加强调查研究，深入了解群众的真实想法和真正需求，把群众呼声作为第一信号，把群众需要作为第一选择，坚持问政于民、问需于民、问计于民。要大力倡导服务为民之风，进一步创新服务方式，精简办事环节和程序，提高办事效率，让各项民生政策真正便民、利民、惠民。要把换位思考、主动服务的要求贯彻落实到具体工作中，各级财政部门既要敢于坚持原则，在资金分配上公平公正公开，做到有理有据，又要创新工作理念，提升服务水平和质量，加强沟通协调，讲究工作方式方法，设身处地换位思考，互相尊重，取得理解和支持。

（三）按照在"落实"上下工夫的要求，切实加强实践能力建设

当前，社会发展对财政工作的要求越来越高，经济形势对财政工作的考验越来越大，时间、效率比任何时候都显得更加重要，全省财政干部一定要牢固树立实践观点，增强实干意识。尤其要通过选派干部到上级机关和基层锻炼培养等"上挂下派"方式，加强干部历练，增强应对复杂局面的能力，造就一批肯干实干、素质过硬的财政干部。要不断完善干部选拔机制，坚持以实绩用人，鼓励干部脚踏实地、埋头苦干、勇于奉献，把主要精力投入干事创业中，养成务实平和的心态，形成干事创业、奋发向上的导向。要建立严格的问责制，对工作不落实、态度消极的行为，一经查实，要按规定程序予以严格问责。

（四）按照在"管理"上下工夫的要求，切实加强廉政建设

廉洁从政始终是财政事业良性发展的重要保证。全省财政系统必须从近期发生的危金峰等违法违纪案件中吸取教训，举一反三，切实加强廉政建设。一是要加强管理，严格执行党风廉政建设责任制，认真落实各项廉政教育制度，认真执行各项廉洁从政规定，对干部尤其是年轻干部要严格要求、严格管理、坚决不打擦边球，不搞下不为例，切实带好队伍，培育廉洁从政良好风气。二是要强化监督，既要监督财政资金的分配程序、管理状况和使用效果，也

要对财政干部的职务行为进行监督，超前防范，把权力的行使置于有效的监督之下。各级财政部门要按照徐少华副省长提出的“四个主动接受监督”和“四个决不”的要求，自觉接受社会各方的监督，权力运行防止“暗箱操作”。三是要自警内省，常算“七笔账”，即政治账、经济账、名誉账、家庭账、亲情账、自由账和健康账，常思贪欲之害，自觉加强自律意识，保持廉洁本色。

在此，我代表省财政厅重申办事纪律：一是严禁利用职务和工作之便吃、拿、卡、要；二是严禁以人情往来的名义接受可能影响职务行为的礼品馈赠和宴请；三是严禁赌博或以赌博名义收受财物；四是严禁收取各种形式的回扣、中介费、好处费；五是严禁为家属、亲友及他人的政府采购、资金拨付等事项打招呼、说情；六是严禁到下级财政部门报销由个人支付的各种费用；七是严禁以调研等名义下基层休闲消费，增加基层负担；八是严禁经商、办企业及在企、事业单位中入股分红。希望各级财政部门严格监督省财政厅。全省财政系统上下间往来要坚持依法依规、遵章办事，省财政厅坚决反对各种通过跑关系、拉人情要政策、争资金的行为，尤其是逢年过节期间，禁止没有任何公务任务的迎来送往，希望各市、县财政部门予以支持配合。

（本文系作者2012年7月16日在全省财税工作会议上的讲话）

加强纪律教育　增强队伍纯洁性

（节选）

省财政厅党组书记、厅长　曾志权

一、认清形势，坚定信念，深刻认识加强纪律教育的重要意义

加强纪律教育，是一个老生常谈且历久弥新的重要话题。今年，我厅开展纪律教育活动一定要结合当前我省面临的经济社会发展形势和财政工作实际，与时俱进，践行“厚于德、诚于信、敏于行”的新时期广东精神，深刻认识开展纪律教育活动的重大意义。

（一）加强纪律教育，是深入推进财政改革与发展的重要保障

财政是党和政府履行职能的物质基础、体制保障、政策工具和监管手段。近年来我省财政改革发展之所以不断取得新成绩，其中一条重要的经验就是始终注重加强党员干部尤其是领导干部的理想信念教育和纪律教育，始终高度重视反腐倡廉工作，坚持把反腐倡廉建设纳入财政工作全局之中，寓于各项财政改革和工作举措之中，各项财政管理改革协调配套推进，监督制约机制不断完善，为财政改革发展提供精神动力和思想保障。当前，我省正处于加快转型升级、建设幸福广东的关键时期，财政面临着职能转变、工作转型的繁重改革任务，我们要从保障我省财政事业科学发展和促进全省经济社会发展的高度，深刻认识加强纪律教育对促进财政事业发展的重要意义，进一步增强抓好纪律教育的政治责任感和工作紧迫感，做到纪律教育常抓不懈，两手抓、两促进，深入推进财政改革与发展。

（二）加强纪律教育，是促进机关作风转变的重要途径

优良的作风是队伍的纯洁性的具体体现，也是做好工作的重要保证。好的队伍、好的作风，往往是靠经常的教育、完善的制度、良好的纪律来支撑和保障。当前我厅干部队伍作风总体来说是好的，工作雷厉风行、战斗力强，广大党员干部认真贯彻落实省委、省政府的各项决策部署，积极推进财政改革发展。但是，我们也要清醒地看到，作风不实、心浮气躁、群众观念淡薄、工作缺乏干劲等问题仍然存在，必须引起高度的重视。加强作风建设，促进机关作风转变，需要纪律教育来支撑；增强宗旨观念和责任意识，牢固树立和坚持正确的事业观、工作观、政绩观，需要纪律教育来引导；深入查找和解决党性党风党纪方面存在的突出问题，需要纪律教育来推动。只有充分发挥纪律教育的引导和勉励作用，着力解决党员干部作风方面存在的突出问题，不断加强干部队伍建设，营造风清气正的环境，保持良好的党风政风，才能培养造就一支作风优良、业务精通的财政干部队伍，为确保财政部门各项任务的顺利完成提供坚强的思想政治和组织保障。

（三）加强纪律教育，是促进财政干部廉洁从政的重要举措

严明的纪律是维护队伍的纯洁性、增强队伍凝聚力战斗力的重要保障。我省地处改革开放前沿，在经济社会转

型中先行一步，各种深层次矛盾和问题更加凸显，党员干部廉洁从政面临的社会环境越来越复杂，人们思想的活跃程度、价值取向的多样性、差异性明显增强，正确与错误、先进与落后思想彼此并存、相互交织。特别是财政部门掌财管财、处在反腐败的“风口浪尖”，财政干部尤其是领导干部必然面对更多形形色色的诱惑，稍有不慎，就会思想错位、行为出轨。近期，我省财政系统接连发生的危金峰涉嫌严重违纪案件和部分县、市财政部门出现的一些案件，严重损害我省财政改革发展工作，严重损害财政部门的整体形象，深刻暴露出我省财政系统干部教育、管理和工作制度依然存在着漏洞和薄弱环节。加强纪律教育，以党纪政纪法纪来增进财政队伍的纯洁性，增强广大党员干部的廉洁从政意识，显得更为必要、更为紧迫。我们要以纪律教育学习月活动为平台，加强纪律建设，强化纪律观念，引导党员干部严格执行各项纪律规定，以对自己、对家庭、对人民群众和对财政事业高度负责的态度践行廉洁自律各项要求，自觉做到政治上不出格、经济上不出轨、生活上不出丑。

二、增强党性，严肃纪律，以纪律教育的成果推动财政工作再上新台阶

“加强思想道德建设，保持党的纯洁性”是今年纪律教育学习月活动的主题。新的形势下，如何加强财政干部队伍建设，做到“两手抓，两手都要硬”，保持干部队伍的纯洁性，是一项艰巨而意义重大的任务。我们要紧扣主题，切实加强教育学习，着力解决党员干部在思想作风方面存在的突出问题，进一步增强党性观念和纪律意识，始终保持思想纯洁、作风纯洁、队伍纯洁、清正廉洁，筑牢拒腐防变的思想道德防线，着力打造政治坚定、业务精通、作风优良、纪律严明、服务意识强的财政干部队伍。

（一）加强理想信念教育，牢固树立全心全意为人民服务的公仆意识

理想信念是“总开关”，理想远大才能产生无穷力量，信念坚定才能成就伟大事业。一个人的工作能力固然重要，但更重要的是理想信念和品德修养。只有那些理想信念坚定、品德高尚而又有真才实学的人，才能履行好党和人民赋予的神圣职责。反之，一个人如果缺乏理想信念，必然精神空虚、方向迷茫。一个领导干部如果理想信念动摇，必然对党的事业缺乏热情，必然丧失改造自己、抵御腐蚀的警惕，也就不能坚持全心全意为人民服务的根本宗旨。近期我省财政系统发生的违法违纪案件，从根源上讲就是忽视了党性锻炼，理想信念出了问题。因此，我们一定要增强宗旨意识，严格克服六种不良心态，即“有权不用、过期作废”的庸俗心态，“吃点喝点拿点不算什么”的麻痹心态，“人生苦短及时行乐”的享乐心态，“现在社会风气是这样”的从众心态，“别人怎样是别人的事、管好自己就行了”的老好人心态和“偶尔河边走一走不会湿了鞋”的侥幸心态。我们每一位党员干部现在拥有着良好的工作环境，都是组织的长期培养、同事的全力支持和自身的不懈努力而获得的，来之不易，我们一定要好好珍惜目前拥有的工作，常怀感恩之心，常思贪欲之害，知足常乐、警钟长鸣。在思想上，要牢固树立群众观点和公仆意识，始终坚持人民的利益高于一切。在行动上，要主动深入基层、深入群众，加强调查研究，真诚倾听群众呼声，真实反映群众愿望，真情关心群众疾苦，多为群众办好事、办实事。特别是针对经济财政运行出行的新情况、新问题，深入分析，制定有针对性的措施并抓好贯彻实施，切实保障民生。要大力倡导服务为民之风，不仅要把服务当做一种工作态度，更要把服务变成一种良好心态，严格按照“五个服务程式”办事，进一步创新服务方式，精简办事环节和程序，提高办事效率，使各项民生政策真正便民、利民、惠民。

（二）加强组织纪律教育，牢固树立讲政治、讲大局的全局意识

严明的组织纪律，是保证各个历史阶段党和政府贯彻落实其路线、方针、政策的坚强基石，是保证民主集中制原则，发挥集体领导智慧的有力法宝，是保证在思想和行动上的高度统一，坚持批评与自我批评的思想武器。要确保财政事业快速健康发展，必须有一支政治坚定、组织纪律严明的干部队伍作保证。要打造一支组织纪律严明的财政干部队伍，一是要加强班子建设。认真落实厅、处两级领导班子建设工作责任制，班子主要负责人承担抓班子、带队伍的责任，厅、处班子其他成员要各负其责，在抓自身建设的同时，认真抓好分管范围内的班子和队伍建设工作；坚持民主集中制，保证班子的创造活力和团结统一；落实厅党组成员重点工作抓落实制度和牵头开展专题调研制度，健全完善和贯彻落实领导班子民主生活会和谈心谈话制度，加强沟通协调。二是要强化全局意识。牢固树立全厅“一盘棋”的整体意识，自觉维护集体形象，做到顾大局、识大体、讲团结、促和谐。对于厅党组或厅长办公会议已经确定的工作任务要坚决落实，做到有令即行，有禁即止；广大党员干部职工要努力营造团结、高效、和谐的良好干事氛围，团结共事，彼此信任，心往一处想，力往一处使，凡事从维护全厅形象的角度去思考、研究和处理，努力保持财政改革发展与机关和谐稳定的良好局面。三是要提高执行力。我省正处于加快转型升级、建设幸福广东的重要历史阶段，这不仅为财政改革发展提供了更广阔的空间，也对财政工作提出了更高的要求。为适应新的形势和要求，继续改革创新当好排头兵，广大党员干部要切实提高执行力，把贯彻落实《廉政准则》与落实省委、省政府工作大局和重大决策结合起来，与促进加快经济发展方式转变和惠民财政政策措施落实结合起来，与厅党组中心工作安排结合起来，围绕中心、服务大局、身体力行，严禁有令不行、有禁不止，以更加扎实高效的工作，为建

设幸福广东作出应有的贡献。四是要严格工作纪律。“没有规矩不成方圆”，要严格执行厅机关工作规则及各项规章制度，坚决反对自由涣散和各行其是；严明组织工作纪律，绝不允许个人凌驾于组织之上，绝不允许有不服从纪律的“特殊党员”、“特殊干部”；提高执行政策的能力和水平，着力构建完善“职责明确、行为规范、运转有序、奖罚分明”的工作制度体系。要认真落实好问责制的有关规定，做到有错必纠、有责必问、问责必严。

（三）加强党纪国法教育，牢固树立遵纪守法的法治意识

党无纪不立，国无法不治。一切组织和个人都必须严格遵守法律，这是现代法治社会的基本要求。依法治国，是我们党领导人民治理国家的基本方略，是国家长治久安的重要保证。对党员干部而言，遵守国家法律就是时时处处模范践行国家法律，遵守党的纪律就是要遵守党的政治纪律，自觉同党中央和省委保持一致，坚决贯彻中央和省委的决策部署。当前，我省正处于社会转型和经济结构调整的重要时期，财政增长面临的不确定因素较多，财政收支平衡的压力较大。面对复杂多变的国内外环境，面对艰巨繁重的改革发展稳定任务，我们只有不断增强纪律和法治观念，自觉遵守党纪国法，才能更好地增强党和国家的创造力、凝聚力、战斗力，为改革发展稳定营造良好环境，为我省加快转型升级、建设幸福广东提供坚实保障。因此，必须把学习贯彻、自觉遵守、切实维护党纪国法和反腐倡廉制度，作为反腐倡廉宣传教育的重要内容，教育党员干部牢固树立党纪面前没有特权、法律面前人人平等、制度面前不得例外的意识，切实增强党员干部组织观念和遵纪守法、按章办事意识，提高拒腐防变的能力。当然，正常的人文关怀也是必要的。对干部职工的合理诉求及存在的困难，组织上也应尽量在符合政策的情况下予以关心和帮助解决。

（四）加强反腐倡廉教育，牢固树立廉洁自律的廉政意识

是非明于学习，名节源于党性，腐败止于正气。党员干部既是人民群众监督的对象，也是糖衣炮弹攻击的靶子，如果不洁身自好，缺乏防范意识，没有防身之术，最终就会“败走麦城”、栽大跟头。从身边发生危金峰的案件就足够我们吸取教训。案件发生后，不仅危金峰自己身陷囹圄，走入万劫不复的深渊，同时也给财政系统带来难以挽回的影响。我们一定要吸取教训，警钟长鸣、防微杜渐，牢固树立职业风险意识，时刻认清自己的身份，检点自己的言行，珍惜自己的政治生命，切实做到稳得住神、管得住身、抗得住诱惑，堂堂正正做人，清清白白从政。一是要不断提高鉴别力，加大自控力，增强免疫力，明白什么事情可以做，什么事情不可以做，牢牢守住思想防线、党纪政纪法纪红线和从政底线。二是要以廉立身，以廉正人。常算政治账、经济账、名誉账、家庭账、亲情账、自由账、健康账“七笔账”，绝对严禁利用财政资金分配权、调度权、监督权和行政审批权谋取私利，严禁利用职权和职务上的影响为亲属及身边工作人员谋取私利，严禁违反规定干预和插手市场经济活动，谋取私利。要把好亲情关、友情关，讲亲情不能错位，重友情不能变味。三是要从小处着眼，从小节着手，不搞“小圈子”，不占“小便宜”。有的同志存在侥幸心理，认为节假日收送“红包”、跑跑关系是人情习俗、“喝点小酒、收个小礼、拿个小利是”不违法、不乱纪，丧失了警惕。“蚁贪”害一生，中央和省委对严禁领导干部和国家工作人员收送“红包”一向规定明确、态度坚决，“红包”问题在财政部门是一个必须整治的重点问题，广大党员干部要提高认识，严于律己，严禁通过各种跑关系、拉人情、送“红包”要政策、争资金的行为，慎初，慎微，做到自警、自省、自重。四是要坚持正常的工作交往。财政系统上下工作联系，必须严格按规定办理。五是要认真学习和践行《廉政准则》“八个禁止”、“52个不准”和法律法规等规定，坚决落实好徐少华常务副省长提出的“四个决不”要求和我在全厅干部职工大会上提出的“八个严禁”要求。这些规定和要求涉及领导干部和干部职工工作和生活的方方面面，看似平凡、琐碎，实则关乎大节，是领导干部和全体干部职工安身立命之所在，是必须坚守的纪律底线，设定了公职人员滥用权力的“高压线”，标示了公职人员自我保护的“安全区”。在此，我本人再一次承诺：绝不利用手中的权力为自己及亲友谋取私利，凡打我的名义来厅或到各市县办事的，必须严格审核，不符合规定的，一律不办。请全省各市县财政部门及全厅干部职工监督。广大党员干部尤其是领导干部，一定要从我做起，从小事做起，严格执行廉洁从政各项规定，守住纪律红线。

（五）加强思想作风教育，牢固树立包容进取的自律意识

俗话说，做官一张纸，做人一辈子。德是立身之本、从政之基。作为一名财政干部，要注重修身养性，砺练浩然正气。一方面，要强化修身立德，增强品质意识。在物欲横流、诱惑众多的社会转型时期，要正确看待自己，客观评价自己，牢牢把握自己，绝不能因为个人的一些想法得不到满足，就怨天尤人、心态失衡。只有多想想组织的要求，比比自己的作为；多想想群众的期待，比比自己的贡献；多想想他人的优点，比比自己的差距，才能平衡心态，找准定位，坚守忠诚。常怀知足之心。心胸宽广的人没有痛苦，欲望无穷的人没有快乐，幸福来自于自己良好的主观感受。要坚持克己奉公，把个人的名利得失放在党和人民的事业中来思考，不汲汲于浮华，不戚戚于名利。要正确对待自己，自信而不自负，淡然而不浮躁，谦虚而不自傲。常怀感恩之心。要认识到自己的每一次成长进步，虽然有自身努力的因素，但更离不开党组织的培养，离不开各级领导的关怀，离不开广大群众的支持。要常想“受之于人者太多，出之于己者太少”，努力做好本职工

作，回报组织，报答社会。另一方面，要培养健康的生活情趣，弘扬优良作风。党员干部要自觉提升个人品德，培养健康情趣，发展健康爱好，提高文化素养，正确对待名利得失，培育知足、感恩、包容、进取的机关文化。大家在紧张工作之余需要休闲娱乐、劳逸结合，但必须掌握一个度，防止“玩物丧志”，绝不能从事聚众赌博、嫖娼等不良行为，或是沉迷于灯红酒绿、流连于声色犬马，被别有用心的人所利用。交友是情趣的重要方面，有什么样的朋友就有什么样的生活圈子，就有什么样的生活情趣。特别是涉及工作就必须提高警惕、坚持原则，有时候“今天不翻脸、明天就翻船”，事实证明，有许多出事的领导干部当初就是在生活作风上被所谓的“朋友”拉下水的。在培养健康生活情趣的同时，要大力弘扬优良作风。我们要结合践行新时期“广东精神”，注重修身立德，弘扬优良作风，增强品质意识，进一步凝聚形成做好各项财政工作的强大精神力量，推动财政事业科学健康发展。

（六）加强正确的权力观教育，牢固树立主动接受监督的履职意识

权力不受监督，必然导致腐败。我们要认真贯彻党内监督条例，严格执行党内监督各项制度，既要监督财政资金的分配程序、管理状况和使用效果，也要对财政干部的职务行为进行监督，超前防范，把权力的行使置于有效的监督之下；既要加强自律自省、坚持做官与做人、修身与立业相统一，也要转变被监督的理念，增强主动接受监督的意识，把各方监督的压力转变为深化财政改革发展的强大动力。广大财政党员干部要按照徐少华副省长提出的“四个主动接受监督”的要求，自觉接受社会各方的监督，强化监督，使权力运行防止“暗箱操作”。一是要结合廉政风险防控管理工作，建立完善制度机制，强化监督制约，建立健全决策权、执行权、监督权既相互制约又相互协调的权力结构，确保正确行使权力，有效预防腐败的发生。二是要注重建章立制，关口前移，进一步加强财政资金管理制度体系建设。不断研究完善财政资金存放管理制度，规范财政性资金存放管理；进一步规范库款的调度和支用，不得出现账、款不符等问题；完善财政资金分配、调度、存储、支付等各环节监督管理，进一步规范财政专户管理；进一步减少有关资金分配的自由裁量权，深化竞争性分配改革，在资金分配上坚持公平公正公开，建立完善相互制衡、相互监督、公开透明的财政资金管理制度体系和运行机制。三是要加强对资金使用全过程的规范管理，从预算编制、执行、资金分配、使用到绩效评估及反馈，力求实现监管“无盲点”。

（七）加强问责制的落实，牢固树立有权必有责的责任意识

推行党政领导干部问责是深入贯彻落实科学发展观、加快转变经济发展方式的迫切需要，也是新形势下坚持党要管党、从严治党方针的必然要求。我厅已于2010年年底印发了《广东省财政厅实行处级领导干部问责的实施意见》，要严格抓好问责制的贯彻落实，规范权力，依法行政，加大责任追究力度，做到有权必有责，问责必从严。要通过实施问责制，不断提高财政干部自我完善、自我提高的紧迫感和危机感，不断增强责任意识，提高能力素质。通过问责形成的“倒逼机制”，不断改进机关作风，提高部门执行力。结合当前形势，要突出问责重点，严格“八个问责”，对以下八种行为进行严格问责：一是凡是对党委、政府和厅党组的重大决策部署和重要批示消极应付，造成政令不通的；二是不履行或者不正确履行工作职责，造成时机延误，重要工作和重大项目不能按时完成的；三是工作效率低下，工作纪律松弛，“吃拿卡要”的；四是执行改革方案态度不积极、措施不到位，引起严重后果的；五是工作纪律不落实，休假、外出等重大事项不报告，影响工作正常开展的；六是因工作不力、反应不迅速、措施不到位，导致发生重大事故、事件、案件及群众投诉的；七是对损害人民群众合法权益的问题久拖不决，群众反映强烈的；八是服务质量差，态度不好，对待来访来电干部群众“门难进、脸难看、话难听、事难办”引起投诉的。以上工作不实、作风不好的工作行为，一经查实，必须按规定程序予以严格问责。

三、加强领导，精心组织，扎实开展纪律教育学习月活动

做好财政工作，一靠依法理财，二靠从严治队。当前，社会发展对财政工作的要求越来越高，经济形势对财政工作的考验越来越大。我们要坚定信心，振奋精神，坚持内强素质、外树形象，认真开展纪律教育学习月活动，以纪律教育成果促进财政干部队伍建设，努力推动各项工作不断迈上新台阶、开创新局面。

（一）加强领导，落实责任

教育工作抓得好不好，能不能取得实效，关键在组织领导。厅各党支部（党委）要提高思想认识，深刻认识开展纪律教育的重要性、紧迫性，从加强党的建设和财政反腐倡廉建设的大局出发，高度重视纪律教育学习月活动，精心组织，做好计划安排，一级抓一级，层层抓落实。处以上干部要带头学习，带头作辅导报告，带头参加教育活动，保证教育活动扎实有效地进行。

（二）精心组织，注重创新

开展学习教育活动，要注重结合财政实际，坚持继承与创新相结合，不断丰富形式和载体，多渠道、多角度、多手段开展活动，增强纪律教育的吸引力和感染力。要坚持自律与他律相结合，教育与管理相结合，继承传统与创新教育形式相结合，增强反腐倡廉教育的针对性和有效性；要深入开展示范教育和警示教育，既大力宣传勤政廉政、

作风扎实的正面典型，又深刻剖析近期我省财政系统发生的党员干部违纪违法典型案例，积极运用正反两方面的典型开展教育。同时，要注重创新教育载体和方式方法，寓教于文，寓教于理，寓教于乐，营造浓厚的廉洁文化氛围，增强教育效果，努力使教育活动有特色、有亮点、有成效。

（三）巩固成果，完善制度

通过纪律教育月活动，厅各处室、单位要剖析危金峰及部分市、县财政干部的案件，举一反三，梳理和完善现有的制度。在纪律教育月活动的最后阶段，厅监察室要结合各自实际，牵头研究制定加强廉政建设的各项工作制度。通过完善制度，堵塞漏洞，进一步建立健全我厅反腐倡廉的长效机制。

（四）督促检查，加强指导

驻厅纪检组、厅直属机关党委要对全厅纪律教育情况进行指导、督促检查，确保教育活动扎实进行。对教育活动搞得好的单位，要及时总结推广他们的做法和经验。对教育活动流于形式、成效不明显、群众不满意的处室、单位，要予以批评，责成补课。

（本文系作者2012年7月31日在纪律教育学习月动员暨辅导报告会上的讲话）

统一思想认识　采取有力措施
坚决完成消化县级基本财力保障缺口任务

（节选）

省财政厅党组书记、厅长　曾志权

一、提高认识，切实增强消化县级基本财力保障缺口的责任感和紧迫感

“郡县治，天下安”。县级基本财力保障机制作为保障基层政府基本公共服务需求的一项重要政策，根据经济社会发展对保障标准进行动态调整，并有效消化缺口，是落实稳增长、调结构、惠民生的要求，也是促进区域协调发展，从而推动科学发展的重要举措。

（一）建立县级基本财力保障机制，有效消化财力缺口是推进基本公共服务均等化的必然要求

国家“十二五”规划纲要明确提出，要推进基本公共服务均等化，逐步缩小城乡区域间生活水平和公共服务差距。要实现这一目标，区域间财政保障能力的均衡是重要的前提。而长期以来，县乡基层财政保障能力不足已成为我国经济社会发展的突出矛盾，其教育、医疗卫生、社会保障、交通通讯、农田水利等基本公共服务无论在投入数量、质量等方面均与推进基本公共服务均等化的要求存在较大差距。2010年1月8日，胡锦涛总书记在中共中央政治局第十八次集体学习时强调“积极建立县级基本财力保障机制，增强基层政府提供公共服务能力”。9月，财政部下发财预〔2010〕443号文，明确在全国建立完善县级基本财力保障机制，保障基层政府实施公共管理、提供基本公共服务以及落实各项民生政策的基本财力需要。这项政策的实施，有利于缓解当前基层财政困难状况，为实现均等化目标奠定基础。我省作为改革开放的先行地，在全国率先编制并实施基本公共服务均等化规划纲要。我省规划纲要从教育、卫生、文化体育、交通、生活保障、住房保障、就业保障、医疗保障等八个方面明确提出了实现均等化的目标。要实现这些目标，就必须在财力的均衡方面有所作为，而落实中央要求，建立并实施县级基本财力保障机制则是一个重要的举措。通过建立县级基本财力保障机制，将有效增强基层财政特别是欠发达地区县域财政保运转、保民生的能力，努力实现基本公共服务“底线均等”，为县域经济社会加快发展，进而最终实现全省均等化的发展目标创造条件。

（二）建立县级基本财力保障机制，有效消化财力缺口是推进欠发达地区民生事业发展的重要途径

县级基本财力保障机制是一项落实保基层、惠民生的重要举措，该机制以有效地增强基层政府保障民生能力为主要目标，通过对教育、医疗、社会保障等各项基本民生领域分项设立保障标准，明确了基层民生政策落实的底线，并通过奖补等措施，为实现保基层、保民生的目标构筑了财力基础。同时，国家每年根据经济社会发展需要，对民生保障标准进行动态调整，如2012年将农村、城镇义务教育生均公用经费从2010年的350元、550元分别提高到2012年的550元、750元，新型农村合作医疗和城镇居民医保的补助标准从2010年的120元提高到2012年的240元等。通过保障标准的动态调整，保证了人民群众生

产生活条件的持续改善，有利于推动社会民生事业健康发展，实现经济社会稳步发展和人民生活水平同步提高的良性循环。

（三）建立县级基本财力保障机制，有效消化财力缺口是协调区域发展的重要举措

广东省虽是财政总量大省，但也是人均财力偏低的省份，发展不平衡、县域财力薄弱。2010 年，全省 67 个县（市）一般预算收入仅占全省一般预算收入总额的 8.5%。人均可支配财力仅为 4.52 万元，不足全省市县级平均人均可支配财力水平的四成。县级基本财力保障机制作为公共财政管理体制改革的延续与深化，是财政支持县域和基层发展的一项重要政策，对促进区域城乡协调发展的积极作用十分明显。2010 年，按照财政部建立县级基本财力保障机制的工作要求，经报省政府批准同意，省财政厅以粤财预〔2010〕304 号文印发各市、县，在明确建立省级财政奖补办法的基础上，制订了一揽子计划消化县级财力缺口，并积极采取措施分年度实施，取得了明显成效，县域财力水平显著增强。2010 年、2011 两年，我省累计消化缺口 167 亿元，占应消化缺口额的 81.46%。全省缺口县（市）人均可支配财力（按财政供养人口）也从 2010 年的 3.72 万元/人提高到 2011 年的 4.36 万元/人，同比增长 17.2%。因此，建立县级基本财力保障机制，并有效消化县级财力缺口有利于加快解决我省欠发达地区基层财政困难，对促进区域协调发展将发挥重要的促进作用。

二、明确要求，全面准确把握县级基本财力保障相关政策规定

从前两年的实施情况看，建立县级基本财力保障机制为缓解县级财政困难、推动区域协调发展和实施基本公共服务均等化发挥了积极作用，各市县都高度重视和积极推进该项政策的落实，特别是 20 个县（市）通过积极努力已完成财力缺口的消化工作。但部分地区对该项政策的理解仍有偏差，过于依赖上级财政的帮扶，自身努力不够、挖潜不够，部分县（区）离中央年内消化完县级财力缺口的目标任务还有较大差距。下面，我就如何领会和落实好县级基本财力保障机制的政策措施再强调几点要求。

（一）保基本是县级基本财力保障的主要内容

根据中央文件精神，建立县级基本财力保障机制是保障基层政府实施公共管理、提供基本公共服务以及落实党中央、国务院各项民生政策的基本财力需求，实质是按“国标”对“保工资、保运转、保民生”实行“托底式保障”。这里需要重点说明两个问题：一是县级基本财力保障机制要“保”基本支出。根据粤财预〔2010〕304 号文规定以及 2012 年财政部核定的保障标准，县级基本财力保障范围包括人员经费、公用经费、民生支出等。其中，人员经费包括国家统一出台的职工工资、奖金和津贴、在职工资附加性支出等 4 个项目；公用经费包括办公费等商品和服务支出以及办公设备购置等其他资本性支出；民生支出主要包括农业、教育文化、社会保障、医疗卫生等 11 大类、42 项支出。二是县级基本财力保障机制要“保”底线水平。县级基本财力保障标准，是按财力与事权相匹配的原则，维护县乡政权机构正常运转，保证县乡政府履行公共职能和提供公共服务的最基本的财力标准需要，也称之为最低的保障标准。县级基本财力保障机制是保障基本支出、保障底线水平，而不是对所有项目支出“大包大揽”或满足县级财政支出的最高需求。因此，各市县一定要正确理解县级基本财力保障机制的覆盖范围和保障标准，对当前本地基本财力保障水平进行认真对照，在当前财力情况以及上级财政支持下，按中央和省的统一政策，对未达到保障标准的支出项目要优先安排财力，给予重点倾斜，切实提高保障水平。

在明确上述基本财力保障内容的基础上，为更好地研究完善县级基本财力保障缺口的消化措施，这里需要对县级基本财力保障缺口的计算办法再作进一步说明。目前，中央财政是按照县级财政支出实际完成数考核基本财力保障缺口消化情况的，如某县的财政支出相关科目完成数达到了规定的基本财力保障需求，则认定该县完成了财力缺口消化任务。而这个基本财力相关科目的口径范围，粤财预〔2010〕304 号文已明确规定，是根据政府收支分类科目，剔除一些不宜列作基本保障支出的项目后确定的，剔除的项目包括矿产资源专项收入安排的支出、教育费附加支出等专项收入列收列支项目和行政事业性收费以及外交、国防、文化体育与传媒等 11 个类级、23 个款级、8 个项级支出。各地 2012 年一般预算支出构成及基本财力保障相关支出完成情况对是否能消化完全部县级基本财力保障缺口非常重要。大家要对目前本地一般预算支出情况进行梳理分析，研究出台进一步调整优化预算支出结构，加快相关支出进度的政策措施，确保有效消化财力缺口。

（二）落实责任是消化县级基本财力保障缺口的重要保证

消化县级基本财力保障缺口是一项系统性工作，必须明确主体责任，确保各级共同努力实现政策目标。根据预算法和分税分成的财政体制，一级政府一级财政，各级政府的财政收支平衡由各级政府自行负责。粤财预〔2010〕304 号文也明确规定，县级财政是落实县级基本财力保障的责任主体。因此，消化县级基本财力保障缺口任务主要应由各县（市）自身努力。但由于区域发展不平衡，部分县（市）在落实民生支出政策上确实存在困难。考虑到这一情况，省出台了奖补政策，但这是一项帮扶措施，是在县（市）充分挖掘潜力，积极筹集资金消化财力缺口的基础上，中央、省、地级以上市给予缺口县（市）的适当帮扶。为更好地落实责任，这里再强调以下三点：

一是要落实县（市）消化缺口的主体责任。县（市）要清楚认识到从根本上解决财力缺口问题必须立足自身，摒弃“等、靠、要”的消极观念，充分发扬自力更生的精神，大力发展壮大县域经济实力，做大做强财政“蛋糕”，强化自我约束和管理，合理规范安排预算，努力做好消化基本财力保障缺口的各项工作。为有效落实县级财政消化自身缺口的主体责任，省将根据各县（市）年初预算收入的增长率测算，合理核定并下达县（市）自身消化任务数。这是必须完成的任务数。如没有完成，省将扣减奖补资金。各县（市）要积极采取措施，加大保障力度，通过自身新增财力有效消化缺口，确保年底完成全年消化缺口任务。

二是要落实地级以上市的帮扶责任。地级以上市作为所辖县（市）行政和经济社会管理的上级部门，要充分认识所辖县（市）的发展问题对于本市优化资源配置、拓展市场腹地和统筹区域经济的重要意义，应主动承担均衡辖区内财力分布、提高困难县（市）保障水平的帮扶责任。为落实地级以上市的帮扶责任，省将按照省级安排缺口县（市）有关转移支付资金增量的一定比例核定地级以上市帮扶任务数。地级以上市要从全局出发，在财力上加大对缺口县的帮扶支持力度，积极筹措资金，确保完成帮扶任务。通过中央、省、地级以上市共同努力，加大对县级的支持和帮扶力度，形成上下各级政府共同发展、协调联动的合力，有效增强县级财力水平，确保实现全年消化完县级基本财力保障缺口的任务目标。

三是加大中央、省的帮扶力度。为帮助县（市）完成基本财力保障缺口消化任务，省财政厅按照省委、省政府的决策部署，迅速组织力量进行测算，研究制订工作方案，多渠道筹集资金，切实加大县级基本财力保障力度。一是从鼓励帮助市县消化缺口的实际需要出发，进一步加大县级基本财力保障机制奖补力度。具体额度将视省级财政收入的情况另行确定。二是从增强县级统筹财力的现实需要出发，按现行激励型财政机制，进一步加大对市县的一般性转移支付力度。三是从民生事业发展的迫切需要出发，在安排农田水利建设、农村饮水工程、城镇居民生活养老保险和新农保、城镇居民基本医疗保险和新农合等重大民生项目时加大对缺口县（市）的专项转移支付补助力度。具体帮扶资金数额以省财政厅正式印发文件为准。

三、做实做细，落实消化县级基本财力保障缺口各项工作

（一）迅速制订消化方案

一是各缺口县（市）要按照全年消化缺口目标，统筹省级奖补资金、上级相关转移支付补助以及自身新增收入，落实资金来源，抓紧制订本地消化缺口的具体方案，并抓紧实施。有关消化缺口方案请在8月20日前报经同级政府批准后由地级以上市汇总报送省财政厅。二是各地级以上市要按照省的要求，对缺口县（市）给予支持和倾斜。既要在近年中央、省出台的各项民生增支政策上足额配套安排资金，又要按照省下达的帮扶任务数，细化资金测算，落实财力来源，加大对缺口县（市）的转移支付补助力度，确保完成帮扶任务。有关帮扶任务落实方案请一并在8月20日前报送省财政厅。三是市、县财政部门在开展相关工作过程中要加强沟通联系，齐心协力克服困难。地级以上市要加强对缺口县（市）的业务指导和督促，统筹布置本市所辖县（市）各项消化缺口工作并抓好落实。各市县在项目资金安排上要建立与有关部门单位的沟通协调机制，优先将更多的财力用于弥补基本财力保障缺口，确保省下达任务的落实。

（二）抓好增收节支

各市县要按照近期召开的全省经济形势分析会和全省财税工作会议的有关部署要求，按照“稳定增长、平衡收支、厉行节约、保障民生”的总方针，做好今年县级基本财力保障缺口消化工作。一方面，各市县要立足自身，稳定财政收入增长，进一步挖掘增收潜力，确保应收尽收，同时要依法治税，坚决杜绝出现收过头税、“寅吃卯粮”等虚增收入行为，坚决防止收“过头税”等行为。另一方面，各市县要树立过紧日子的思想，按照省政府《关于厉行节约的若干规定》要求严格把关，落实最严格支出控制各项政策，确保全年预算收支平衡。同时，坚持统筹兼顾、有保有压、突出重点的原则，调整优化支出结构，合理安排财政资金，有针对性地使更多财力投入到规定的基本财力保障范围，集中财力用于促发展、保民生的重点领域，通过调整结构、集中存量等途径消化缺口。

（三）加快支出进度

各市县要在保障资金安全、规范、高效使用的基础上加快预算执行进度，提高稳增长、调结构、惠民生资金的拨付效率，使政策和资金及早发挥效益，加快缺口消化进度。各地级以上市在收到省补助资金指标后半个月内，要将全部资金拨付至县（市）。各缺口县（市）要加快对民生资金的支出安排，原则上要在11月30日前列支完毕，确保有效消化缺口。

（四）强化监督约束

省财政将建立健全县级基本财力保障的责任制和监督考核机制。一是省财政厅将与各缺口县（市）及其所属地级市签订县级基本财力保障缺口消化工作的责任书，进一步落实各项目标任务和责任措施，确保年内消化全部县级基本财力保障缺口。二是根据县（市）消化缺口进度情况，同步安排相应的省级奖补资金。对今年未能完成消化缺口任务的县（市），省将按规定扣回奖补资金；对未能完成帮扶任务的地级以上市，省将扣减转移支付补助，直接下达到缺口县（市）。三是省将建立市县基本财力保障支出进度每月通报制度，督促市县加快缺口消化进度。各市县也要

相应建立消化缺口的监督考核制度，地级以上市加强对所辖缺口县（市）消化缺口工作的监督和指导，缺口县（市）要将消化缺口工作分解落实到具体科目和相关科（股）室，落实责任，强化考核，对消化进度偏慢的进行重点核查，确保消化缺口工作有序进行。

（本文系作者2012年8月8日在全省县级基本财力保障机制座谈会上的讲话）

深化教育谋共识 立足本职抓落实

——在厅副处以上干部“三纪”教育学习会上的讲话

（节选）

省财政厅党组书记、厅长 曾志权

我们在繁忙的工作之中，集中两天时间对全厅副处以上干部及部分管钱管审批岗位的同志进行“三纪”教育，非常必要和及时。这次活动是继去年之后，我厅再次在纪律教育学习活动月期间举办全厅副处以上干部“三纪”教育学习会。这次教育活动主要目的是结合当前形势深化反腐倡廉的认识，认真回顾我厅反腐倡廉建设工作，剖析近期在我省财政系统发生的违法违纪案件，研究部署进一步加强我厅反腐倡廉建设。就我厅来说，按照“一岗双责”的要求，处级以上领导干部既是抓好反腐倡廉教育的组织者，又是反腐倡廉教育的重点，平时的业务工作虽然很繁忙，但“磨刀不误砍柴工”，作出这样的安排也是非常必要和及时的，这样的教育学习活动要常态化，使之成为我厅廉政建设的制度性安排。大家对这次学习高度重视，作了充分的准备，一共有42位同志作了发言，都说得不错，从不同的角度谈体会、查不足、谋举措，纷纷表示要不断加大反腐倡廉的工作力度，我听后很受启发。这次学习时间虽短，但成效明显，从这两天学习交流的情况看，达到了深化认识，交流情况、总结经验，查摆问题、研究措施的目的。我们要将这次教育学习的好经验好做法、好思路好举措进一步总结提升、抓好落实，切实做到认识到位，措施到位，使领导干部和整个干部队伍都保持统一的意志和严明的纪律，深入推进党风廉政建设。下面，我讲三点意见。

一、提高认识，进一步增强反腐倡廉的自觉性和坚定性

反腐倡廉，是古今中外的共识，也是被历史证明的规律。反腐倡廉是与治国理政紧密联系在一起的，翻开中国历史，倡导为政清廉、惩治贪污腐败始终是历代王朝治理国家、管理社会的重要方略。汉代有个大臣叫陆贾，给朝廷上书的时候说：“治国治众者，当须履公正，蹈公清，不可以图私利。图私利则教化不行，而政令不从。”意思是，治理国家和管理社会，必须公正清廉，不能以谋取私利为目的，否则朝廷的教化就不能实现，国家的政策法令民众也不会服从。我国历代都重视对官吏贪腐的惩治。如秦律规定贪污与“盗”同罪；唐律规定官吏收受钱财而枉法者“加役流”（即劳役3年，流放3 000里，是唐代最重的一种流刑）；宋律除重申唐律对贪污行为的规定外，还利用“准敕（皇帝核准）”的形式加强对赃罪的惩处；明代对贪腐的惩处尤为严厉，明律规定犯赃官吏，官除名，吏罢役，永不续用。同时，我国历代都把考廉作为官吏考核制度的重要内容，凡属贪、酷、浮躁等不合格者，轻则罢官，重则终身流放甚至斩首弃市。这些反腐倡廉措施都对当时社会的繁荣产生了积极的作用。近现代以来，随着市场经济的形成和发展，腐败问题已经成为阻碍一个国家政治、经济、文化和社会发展的重要因素，引起了各国政府的高度重视，并在反腐倡廉上取得了一些成功经验。如新加坡把廉政建设融入实现国家发达的目标之中，建立健全严密的监督制度，同时既推崇儒学，又吸纳西方先进文化，把国家不断推向现代文明法治，使新加坡成为了世界廉政建设的典范。又如古巴共产党在廉政方面一直坚持对党员干部严格要求，令行禁止，不搞特殊化，使党执政40多年在美国“后院”高举社会主义旗帜而政权稳固。反过来看，前苏联和东欧前社会主义国家，20世纪七八十年代，由于权力过度集中，党内贪污腐败严重，形成了特权阶层，执政党与群众离心离德，最终被赶下台。由此可见，反腐倡廉，廉洁兴政，是古今中外治国理政的客观规律，是人类社会发展和政治文明进步的共同成果，不因时代变迁和社会制度的差异而转移。

反腐倡廉是我们党实现长期执政的重要保证。任何执政党只有廉洁从政，才能巩固和加强执政地位，实现政治上的可持续发展。我们党历来高度重视党风廉政建设，新

中国成立前夕，毛泽东同志告诫全党要做到“两个务必”，警惕敌人“糖衣炮弹”的袭击。新中国成立后，我们党多次开展整党整风运动，清除了刘青山、张子善等一批腐化堕落分子。改革开放以来，党中央对惩防腐败和反腐倡廉建设作出了一系列的部署，对贪污腐败分子坚决惩处。广东仅2007年以来就查处了厅级干部132人，处级干部974人。回顾历史，我们党始终高扬反腐败斗争旗帜，致力于提高领导干部抵御风险和拒腐防变能力。从最近发生在财政系统及省内外的一些腐败案例来看，当前，我们正处于经济社会加快转型的关键时期，干事创业面临的环境越来越复杂，各种价值观相互碰撞、价值取向相互交织，不良的社会风气和价值取向很容易就会影响到党员干部，使反腐倡廉建设面临许多新课题、新考验。胡锦涛总书记指出，执政基础最容易因腐败而削弱，执政能力最容易因腐败而降低，执政地位最容易因腐败而动摇。我们必须清醒看到各种腐败现象和不正之风，对动摇干部理想信念、违背全心全意为人民服务根本宗旨等造成的各种不利影响，如果不坚决防范和惩治，最终将导致各项事业举步不前。我们必须有忧患意识和责任意识，深刻认识加强反腐倡廉建设的重要意义，入脑入心，付诸实践，坚决把反腐倡廉各项要求落到各项工作之中。

廉洁从政是保持财政干部队伍纯洁性的重要手段。财政作为政府的重要综合部门，财政干部尤其是领导干部必然面对更多形形色色的诱惑，如果我们在党性上、思想上把关不严，放松了对世界观、人生观、价值观、权力观的改造，那么在市场经济的冲击、腐朽思想的侵蚀下就很可能败下阵来，就会倒在“糖衣炮弹”之下。特别是当前我厅年轻干部较多，思维活跃而实践经验相对不足，较容易浮躁，常常感到幸福感不足，焦虑感上升，自觉抵制各种诱惑的能力更需要提高。同时，我省财政干部队伍的教育管理方面仍然存在一些薄弱环节。从近期我厅危金峰案件及我省财政系统所发生的违法违纪案件来看，既有其本人思想滑坡、信念动摇、自律不严的原因，也暴露出我省财政干部队伍建设上存在的一些问题和不足。新的形势下，如何加强反腐倡廉建设，做到“两手抓，两手都要硬”，保持干部队伍的纯洁性，是一项艰巨而意义重大的任务。

当前，财政改革发展新的形势任务对财政反腐倡廉建设提出了更高的要求。首先，公共财政涉及面越来越广，财政部门服务的对象也由过去主要面向部门和企业，扩展到面向全社会、面向千家万户，由主要涉及经济领域扩展到经济社会生活各个领域，由此带来多种情形的社会诱惑，各种诱惑性引致更多权力寻租的可能性，势必带来更多的廉政风险。其次，财政监管的任务越来越重。随着国库集中支付改革的不断推进和对民生投入力度的不断加大，更多的资金拨付直接面对基层和个人，如种粮直补、综合直补、农机购置补贴等，点多面广，监管链条长，加大了财政资金监管的难度。再次，财政承担的源头治腐任务更加繁重。随着社会主义民主政治建设的不断推进，无论人大代表、政协委员，还是广大纳税人、普通老百姓，民主意识不断提高，参与意识和监督意识不断增强，对财政工作的关注度越来越高，对提高财政透明度要求越来越强，对监督政府预算执行的意识越来越浓，这对财政部门推进反腐倡廉建设提出了新的更高要求。如果财政干部不能做到廉洁从政，甚至“监守自盗”，就会严重损害党和政府的公信力。如果财政部门不能做到率先垂范，逆民意而行，就会严重阻碍财政事业发展。财政工作面临的这些新情况、新问题，迫切需要进一步健全机制、完善制度，加快推进财政反腐倡廉建设，这样才能使财政工作更加科学、规范，使广大干部经得起各种考验。

二、找准问题，进一步明确推进党风廉政建设的新任务

找准问题、认清形势，是推进反腐倡廉建设的必要前提。多年来我厅始终高度重视党风廉政建设，将反腐倡廉摆到突出的位置来抓。我担任厅党组书记、厅长以来，多次在全厅各种会议上强调加强财政反腐倡廉建设的重要性，针对党员干部中存在的一些苗头性问题和个别不良现象反复警醒，要求全体党员干部始终绷紧廉洁从政这根弦，做到警钟长鸣，常抓不懈。应该说，我厅绝大多数干部是依法行政、清正廉洁的，一些苗头性问题得到遏制，一些不良现象得到改正，制度体系更加完善，工作作风不断改进，执行力和“精气神”明显提升，干事成事的劲头更足，各级领导班子和全厅党员干部团结共事、克难奋进的氛围浓厚。但仍有极少数同志对组织的警醒、要求无动于衷、置若罔闻，甚至有极个别干部枉顾党纪国法，步入歧途，以至于自毁前程。最近，我省财政系统先后出现危金峰涉嫌严重违纪、部分县财政局领导干部违法违纪案件等，令人痛心，发人深省。对一些不好的现象和问题，必须引起我们的高度重视。

一是思想认识不到位。应该说，我厅绝大多数党员干部对加强反腐倡廉建设都有着清醒的认识，但仍有极少数同志没有做到入脑入心、触动灵魂，在思想观念上仍存在一些误区。一是对反腐倡廉工作持虚无论。例如，有的处室、单位领导干部认为抓业务工作是“硬任务”，而反腐倡廉是纪检部门的事，是“软任务”，因而抱着搞形式、摆样子、走过场的态度；有的同志认为“腐败风险防控是领导的事”，自己职务不高，权力不大，要犯错误也不具备条件，存在“腐败与我无关，离我很远”的思想，主动防范的意识不强。二是对反腐倡廉工作持无所谓论。有的处室、单位领导干部或是碍于情面，或是有所顾忌，对一些错误的言行风气不加以批评和制止；有的同志认为别人怎样是别人的事，只要管好自己就行了；有的同志认为“喝点小酒、收个小礼、拿个小利”不算违法，丧失了应有的警惕。

二是观念更新不到位。在两个方面表现得尤为突出：一是创新意识淡薄，墨守成规。工作中惯性思维十足，长年累月沿用老办法、老套路、老框框，不能根据新的形势和任务去创新工作方式方法，堵塞制度和工作的漏洞。例

如，有的处室、单位对一些专项资金的管理还是沿用几年前甚至十几年前的老规定、老办法，这对一些管用的制度当然无可厚非，但有的形势已经发生了很大的改变，旧的制度、办法执行起来漏洞百出、弊端丛生，说到底就是惯性思维作祟。又比如，反腐倡廉建设各种措施、手段和方式方法拘泥于旧框框，教育学习形式化、制度执行表面化、惩治手段简单化，没有随着形势的变化、干部管理的现状去创新手段，更新内容，针对性不够，操作性不强，实效性不大。二是服务意识淡薄，优越感强。有的同志，特别是个别处室、单位的领导干部衙门气息浓厚，缺乏主动服务意识，“管理”的办法多，“服务”的办法少，工作中自以为是，口大气粗，盛气凌人，给厅机关形象带来了负面影响。我反复强调，身处财政工作岗位，是一个光荣的岗位，也是一个高风险的岗位，切不能被手中的权力冲昏了头脑，被他人的恭维迷失了方向。要正确对待岗位，岗位成就了我们，但岗位不是专属的，如果在岗位上养成了一些意识不良思维观念，久而久之就会脱离群众，甚至出现消极腐败，走上犯罪的道路。

三是责任落实不到位。在落实党风廉政建设责任制方面，个别处室、单位存在“一手轻一手重”现象，没有将党风廉政建设与业务工作紧密结合，存在着抓临时、抓突击、抓表面的问题，原则要求多，有力措施少；个别处室、单位的主要负责同志没有认真履行“一岗双责”，抓管理、带队伍存在不足，图表面的一团和气，遇到问题不敢抓、不敢管；有的领导干部不能以身作则，带头表率作用不够，甚至带头搞一些“小动作”，比如公车私用、收受“红包”等，这样的干部根本就不可能有底气去管好处里的干部职工；个别干部能力有限却“霸气”十足，对厅党组的决定、要求，合意的就执行，不合意的就不执行，工作中听不进任何不同意见，不愿接受别人的监督，甚至为了个人或小团体利益，放弃党性原则，奉行好人主义和庸俗的关系哲学。

四是制度执行不到位。在规范权力运行方面，个别处室、单位内部管理不规范、权力约束不严格。在执行力方面，有的同志执行力不强，政策执行不到位，办事效率不高；有的同志缺乏实干精神，爱搞形式主义，在工作中无所用心，互相扯皮，互相推诿，甚至互相拆台。在纪律问题上，有的同志执行纪律意识不强，不调查研究，人云亦云，怪话连篇，对党的号召、组织的安排反应迟钝，各项制度规定束之高阁，对机关工作产生了一些不良的影响。我厅已制定了比较完备的工作制度，最新修订汇编的我厅工作制度，涵盖了政务管理、业务办理、事务管理、人事管理、党务建设等各方面，纳入汇编的制度约有100多项，而且很多方面的制度还在不断完善。但有制度不等于有落实，比如限时办结制度、首问责任制度、领导干部外出报告和请假制度等，有的同志不自觉地忽视了这些制度规定的贯彻执行；有的处室、单位对领导批示和指示，不及时办理，过于强调客观条件，或者固执自己的见解和看法，贻误了工作的开展等；有的领导干部大局意识不强，“只见树木不见森林”，眼睛盯着自己的“一亩三分地”，忽视了全厅的工作大局，影响了中心工作的推进。

五是自我约束不到位。加强自我约束是确保廉洁从政的重要条件。在这方面，我厅绝大多数党员干部是好的，但仍有个别同志在工作中放松了对自我的约束，自律不严，算不清腐败的“政治账、经济账、名誉账、家庭账、亲情账、自由账和健康账”，对一些“寻租”现象无动于衷，存在利用职务之便“吃拿卡要”、收受“红包”的问题。个别同志不能做到“慎微、慎独”，认为自己辛辛苦苦工作，收一点拿一点，是人之常情，是小节，无伤大雅，正是在这种小节无害的心理驱使下，渐渐放松了自我约束，滋长了放任心理，最后越陷越深，难以自拔，结果是“小节不保、大节必损”。有的同志“人前一套，人后一套；台上一套，台下一套”，搞一些自以为无人知晓的“小动作”，最后也必然会在腐败的道路上越滑越远。

以上五个方面的问题，虽然只是极少数极个别现象，但其消极影响和危害不可低估，如果不及时加以剖析、整顿、改进，就会影响到我们干部的成长和进步，进而影响财政事业的发展。我们必须高度警惕，积极采取有效措施，通过完善制度，深化改革，加强管理，努力加以解决，绝不能任这些不良的苗头发展下去。

三、立足本职、真抓实干，切实抓好财政党风廉政建设和反腐败工作

财政部门掌握着资金分配权和部分行政审批权，相对而言属于权力集中和资金密集的部门，处在反腐败的“风口浪尖”。随着我省进入经济社会加快转型的关键时期，各种深层次的社会矛盾和问题更加凸显，财政干部尤其是领导干部面对着社会上形形色色的诱惑，稍有不慎就会思想错位、行为出轨，面临的廉政风险越来越严峻。推进党风廉政建设，加强队伍纯洁性，对于财政部门显得更为必要、更为紧迫。我们要始终坚持“标本兼治、综合治理、惩防并举、注重预防”的方针，严格按照徐少华常务副省长提出的“四个主动接受监督”和“四个决不”的要求，进一步完善工作制度、堵塞工作漏洞、强化内部制衡、规范权力运行、加强廉政风险防控、推进惩防体系建设，从根本上解决财政自身廉政建设问题，切实抓好财政党风廉政建设和反腐败各项工作。

（一）立足当前，着眼长远，全面加强财政党风廉政建设

近期，我省财政系统发生的危金峰涉嫌严重违纪案件和部分县、市财政部门出现的一些案件，深刻暴露出我省财政反腐倡廉建设方面依然存在一些薄弱环节。我们要坚持立足当前，着眼长远，结合自身工作实际，吸取教训、举一反三，及时查漏补缺，“短中长”相结合，深入推进财政改革发展与党风廉政建设。

一是立足当前，切实提高制度执行力。首先是要落实

好现有各项制度规定。制度的效用取决于执行，如果制度不落实，再好的制度也是一纸空文。厅各处室、单位要进一步增强制度执行意识，坚持依法依规、秉公用权、按章办事、保持廉洁，提高工作效率、提高工作质量，切实提高制度执行力。其次，要认真查摆问题，吸取教训，举一反三。近期，厅各处室、单位要认真开展深入排查和剖析，对照岗位职责要求和有关管理制度规定，深入剖析本处室单位工作质量、工作程序、工作作风和个人在履职履责、廉洁从政等方面存在的问题和不足，采取有针对性的措施整改提高。

二是规范权力，进一步完善管理制度体系。要根据形势变化和业务职能，重新梳理、补充、完善人、财、物等各项管理制度，进一步对现有制度办法进行全面清查和梳理，查漏补缺。要以推进权力规范运行为取向，深入开展廉政风险防控，加强程序性、操作性制度建设，推动法规制度上规定的“不准”向财政权力运行规范下的“不能”深化，减少自由裁量权，最大限度压缩“寻租”空间，以制度规范形成抓资金安全、干部安全的工作机制。

三是预防为主，着力推进惩防体系建设。要按照惩防并举、预防为主的要求，继续深化干部思想道德教育、理想信念教育、作风教育、法制教育和岗位廉政教育，健全与财政改革发展相适应的反腐倡廉制度体系。不断深化财政管理体制改革，形成统筹推进、协调发展的惩治和预防腐败体系基本制度规范，不断建立健全具有广东财政特色的反腐倡廉长效机制。

（二）加强教育，坚定信念，筑牢反腐倡廉思想防线

理想信念的动摇是最危险的动摇，思想道德的滑坡是最危险的滑坡。反腐倡廉，必须从加强教育入手，坚持抓好教育这一基础，切实筑牢拒腐防变的思想道德防线。

一是要突出关键。理想和信念是有层次的，党员干部和老百姓不一样，领导干部和普通干部不一样，因此，理想信念教育必须突出关键，始终抓住领导干部这个关键，深入进行马克思主义中国化最新成果教育，深入进行社会主义核心价值体系教育，使广大财政系统领导干部坚定理想信念，进一步树立正确的世界观、人生观和价值观，树立科学的发展观和正确的政绩观，教育和引导领导干部讲党性、重品行、作表率，做到自重、自省、自警、自励，切实打牢廉洁从政的思想基础。

二是要突出学习。要树立“本领恐慌”的意识，加强学习。十年前胡锦涛总书记就告诫各级领导干部：“要做合格的领导者和管理者，必须大力加强学习，努力用人类社会创造的丰富知识来充实自己。”也就是说，一名干部如不刻苦读书，不勤奋学习，很难说自己是合格的干部。干部读书关乎公众对政府的信心。一方面大家要勤读、泛读。如最近汪洋书记推荐大家读的两本书《新论语》和《第三次工业革命》，我也应要求推荐了《市场的逻辑》。另一方面，要读业务知识和与业务相关的知识。认真组织业务学习，增强学习的驱动力。

三是要建立机制。要把反腐倡廉教育列入干部教育培训规划，把教育贯穿于干部培养、选拔、管理、奖惩等各个环节，建立起反腐倡廉教育的长效机制。廉政教育要紧密联系实际，紧贴党员干部的思想实际和工作实际，坚持经常性教育与集中教育相结合，示范教育与警示教育相结合，并针对形势的变化和党员干部的现实思想情况开展专题教育。

四是要创新形式。既要依靠党组织进行教育，又要引导广大党员进行自我教育；既要积极开展专题教育，又要坚持不懈抓好日常教育。通过创新载体、丰富手段、活跃形式，及时总结反腐倡廉教育形式的好经验、好做法，切实增强党风廉政教育的实效性。总之，全厅要把反腐倡廉教育工作作为一项基础性工作来抓，使广大财政干部特别是领导干部带头遵守、模范执行各项廉洁自律规定，正确行使手中的权力，依法行政，切实做到为民、务实、清廉。

（三）落实责任，强化约束，进一步增强班子领导力和队伍执行力

党风廉政建设是一项长期的、系统的工程，需要一个政治坚定、真抓实干、率先垂范的领导班子，需要一支作风优良、业务精通、纪律严明的财政干部队伍，共同营造风清气正的机关环境，树立良好的队伍形象，使反腐倡廉建设和财政改革发展目标同向、责任同担、行动同步。

一是厅党组成员要坚定政治立场，进一步增强政治敏锐性和鉴别力，严格遵守党的纪律，始终与党中央、省委省政府和厅党组保持高度一致。要坚持求真务实、民主决策，讲团结、多沟通，自觉维护领导班子威信和工作大局。班子成员之间要真正成为政治上志同道合的同志、思想上肝胆相照的知己、工作上密切配合的同事、生活上互相关心的挚友。要认真履行职责、依法用权，做好“三个结合”，即把推进党风廉政建设与规范权力结合起来，与处理各项业务结合起来，与抓好分管处室、单位的干部队伍建设结合起来，当好“三个表率”，即重品行、守纪律和讲廉洁的表率。在此我本人再次郑重承诺：凡是要求大家做到的，我首先要做到。绝不利用手中权力谋取私利。请大家监督我。

二是处级领导干部要强化责任意识，不折不扣地执行好省委、省政府各项方针政策和厅党组的各项决策部署，完成好布置的各项工作任务。要率先垂范，要求处内同志做到的，自己要带头做到；同时，要认真落实“一岗双责”，带好队伍，管好下属，看好自己的门，管好自己的人。作为处级干部，要强化危机意识，不断提高改革创新、增强实效的能力素质。要强化效率意识，在工作中做到“有主见不主观、勤工作不争功、重落实不越位”，对厅党组布置的工作要雷厉风行、抓紧实施、减少差错、提高质量效率。

三是党员干部要坚持立足本职，从我做起，从小事做起，从身边的事做起，凡事从大局出发，维护“大我”，珍

惜集体荣誉和财厅形象，做到在集体成就中体现自我、发展自我、提升自我。其次，要视工作为事业，干一行，爱一行，钻一行，精一行，忠于职守，脚踏实地，高标准把自己的岗位工作做好。再次，要严于律己，心怀感恩，处处注重自身形象，事事严格要求自己，无论在哪个工作岗位上，都要从自身做起，做好服务全局的工作。

四是全省财政系统上下往来要坚持依法依规、遵章办事。工作联系必须严格按规定办理，严格遵守“八个严禁”的办事纪律，坚决反对各种通过跑关系、拉人情要政策、争资金的行为，尤其是逢年过节期间，禁止没有任何公务任务的迎来送往。

（四）严格规则，建章立制，进一步促进阳光财政建设

在新形势下推进党风廉政建设，建设阳光财政，要紧紧围绕教育、制度、纠风、惩处等各个方面和环节，加快构建具有广东财政特色的惩治和预防腐败体系，逐步建立全面系统、具体明确、功能齐全、机制完善的广东财政反腐倡廉长效机制。

一是规范权力运行，最大限度减少自由裁量权。财政作为管财理财的部门，很多岗位在资金分配、行政审批、项目审核、政府采购等方面具有一定的权力。有权力就有风险，防范权力运行风险、规范权力运行要把握三个环节。第一，科学配权。深入开展新一轮行政审批制度改革，全面清理部门职能和审批事项，简政放权，利民惠民。按照有利于风险防控和相互制衡的原则，把科学的制度设计贯穿于权力运行的全过程，进一步完善和深入推进内部循环监督，构建完善“职责明确、行为规范、运转有序、奖罚分明”的工作制度体系。第二，阳光示权。资金分配坚持公平、公正、公开，进一步深化竞争性分配改革。厅各处室、单位掌握的资金，除公用经费、人员经费外，原则上都要采取竞争性方式分配；不具备竞争性分配条件的也要采取因素法等分配方式，尽可能减少资金分配的自由裁量权，促进资金分配的规范管理，最大限度压缩“寻租”空间。要通过权力运行政务公开、数据大集中信息化监控、行政审批电子监察等方式，让权力在阳光下操作、资金在网络上监管、风险在流程内控制。第三，监督用权。自觉接受人大、政协、审计、媒体等外部监督，严格落实徐少华常务副省长提出的“四个主动接受监督”和“四个决不”的要求，通过外界压力的监督倒逼，杜绝违法违纪行为的发生。

二是建立限时定质办结制度。深入开展执行力建设，进一步提高办事效率，既要限定时限，又要保证质量。厅各处室、单位对省领导和厅领导批示件、厅党组会议及厅长办公会议决定事项、群众信访件等，必须严格按照规定程序、规定时限办理。要严格执行抓落实的工作机制，继续坚持重要批示重点督查、领导交办事项专项督查的原则，做到事事有回声、件件有落实。加快推进网上办事大厅建设，建立重要工作限时办结制和倒逼机制，确保工作落实到位，不断提升行政效能。

三是建立立体多层次廉政防控体系。包括三个方面：首先，要完善岗位职责设置。厅各处室、单位对重要岗位特别是涉及资金分配、行政审批的岗位，要实行“AB角”制度，强化相互监督。其次，要规范财政资金分配管理。厅各处室、单位掌握的大额资金和机动资金分配使用，除按规定程序实行公开竞争或集体研究决定外，在报分管厅领导审核后必须报厅长核准；对于超越规定范围的资金安排、特殊事项，如省直部门出国经费安排等事项，必须说明具体理由，在报分管厅领导审核后报厅长核准。厅各处室、单位掌握的专项资金，包括预备费和省领导掌握的专项资金，要认真研究加强管理，进行绩效评价。最后，要加强重点岗位廉政风险排查防控。深入查找重点岗位、重点业务的廉政风险，有针对性地完善防控措施，构建“分岗查险、分险设防、分权制衡、分级预警、分层追责”的预警防控模式。对于重要岗位，可缩短干部交流期限，厅人教处要抓紧研究制定相关办法。

四是严格落实惩处规定。进一步加强惩处的威慑力，坚决整治在行政审批、审核和财政资金的分配、调度、存储、支付等环节收受“红包”礼金问题。对于“红包”问题，纪律有要求，会议有强调，但现在仍发现有些人对此无动于衷，置若罔闻，这里再次强调，今后要严格执行有关规定，对收受“红包”的，发现一个查处一个。要严格执行领导干部离任审计规定，建立常态化监督机制，强化离任审计监督。认真执行党政领导干部问责制，严格落实“八个严格问责”的要求，对工作不负责任、失职失误导致工作滞后、落空或出现严重后果的，坚决追究其责任，发挥警示作用。

五是切实加强作风建设。牢固树立以人为本、执政为民理念，深入开展“五个服务到位”和“五个一服务程式”等活动，大力加强党员干部的作风建设，以治理“庸懒散”问题为突破口，引导广大党员干部强化主动服务意识，牢固树立为民服务理念，坚持换位思考，寓服务于各项惠民实践和财政管理工作之中。要推进财政干部人事制度改革，坚持“凭能力定使用、靠实绩求进步”的用人导向，完善干部考核指标体系，加大干部交流轮岗力度，激发干部队伍活力。在干部选拔任用、评先评优中对廉政方面有问题的实行廉政一票否决。

（五）严明纪律，加强自律，自觉遵守廉洁从政各项规定

严明的纪律，既是我们党的光荣传统，也是我们各项事业取得成功的重要保障。财政部门管财理财，对财政干部特别是领导干部在严守纪律这个问题上尤其要从严要求。一是要严守政治纪律。始终在政治上与党中央保持高度一致，在厅党组的统一领导下，坚决贯彻落实中央和省委、省政府和厅党组的各项决策部署。服从大局，个人利益服从组织的利益，坚决服从工作安排。二是要严守组织纪律。在组织人事问题上，要克服功利浮躁心态，绝不能“想着

位子干”、“盯着位子干”、“挑着位子干”。团结共事，彼此信任，心往一处想，力往一处使，努力保持财政改革发展与机关和谐稳定的良好局面。三是要严守工作纪律。严格按照既定的各项制度办事，对于厅党组会议或厅长办公会议已经明确的工作任务要坚决落实，不搞阳奉阴违；要自觉遵守各项工作规则、工作运行规程、领导干部外出报告、车辆使用等各项制度。四是要严守经济纪律。要严格遵守依法行政廉洁从政的职业操守和行为准则，紧紧绷住法纪这根弦，牢牢守住廉政的底线。认真学习贯彻《廉政准则》“52个不准”的规定，坚决执行徐少华常务副省长提出的“四个决不”要求和我在全厅干部职工大会上提出的“八个严禁”要求，严于律己，洁身自好，常算人生“七笔账”。

这里，我还要强调一点，党员干部尤其是领导干部一定要“有所畏惧”。古语云：“官有所畏，业有所成”。有所畏，才能奉公守法、廉洁自律，恪尽职守。从查处的一些腐败分子身上不难看出，他们在为官之初，尚能兢兢业业，有所成就，但随着职务越来越高，权力越来越大，就开始无所“畏惧”起来，最后官丢名毁，害己害人。“有所畏惧”，首先是道德层面的“畏”，畏惧自己的内心良知和道德格操。常修为政之德，常思贪欲之害，常怀律己之心。“有所畏惧”，更应该体现在制度层面的“畏”，体现在对制度不折不扣的执行上，体现在对纪律的严格遵守上。

（本文系作者2012年8月21日在厅副处以上干部“三纪”教育学习会上讲话）

认识到位　措施到位
切实抓好我厅反腐倡廉建设工作

——在全厅干部职工大会上的讲话

（节选）

省财政厅党组书记、厅长　曾志权

一、省第十一期领导干部党纪政纪法纪教育培训班主要精神

8月27－29日，省第十一期领导干部党纪政纪法纪教育培训班在广州举行。培训班的主题为“加强思想道德建设、保持党的纯洁性”。中共中央政治局委员、省委书记汪洋，省委副书记、省长朱小丹，省委副书记、政法委书记朱明国，省委常委、纪委书记黄先耀出席培训班并作重要讲话，各地级以上市党政主要负责人，县（市、区）委书记，省直厅局、省属企业、高校主要负责人参加了培训班。培训班主要精神如下：

（一）汪洋书记重要讲话精神

汪洋书记作了题为“严明党的政治纪律，保障幸福广东建设”的重要讲话。汪洋书记强调，要进一步加强党性修养，强化纪律观念，严明党的政治纪律，为深入推进加快转型升级、建设幸福广东提供有力保障。汪洋书记在讲话中对严明党的政治纪律重点强调了三点：

1. 严明党的政治纪律是我们党事业兴旺发达的生命线。一是严明政治纪律是立党之纲。一个政党只有执行严明的政治纪律，才能保证党的纲领和目标顺利实现。二是严明政治纪律是治党之需。严明的政治纪律，是党所有纪律的基础，也是保持党的纯洁性，提高管党治党水平前提条件。三是严明政治纪律是强党之要。

2. 严明党的政治纪律是我省实现“加快转型升级、建设幸福广东”核心任务的保障线。第一，坚定正确的政治方向，在深化社会主义市场经济改革上下工夫。继续以大无畏的勇气深化改革；要以高度的政治自觉系统推进改革。第二，充分发挥政治优势，在自觉坚持和严格执行民主集中制上下工夫。要充分发扬民主，确保决策的科学性；要强化集中统一，提升工作的执行力。第三，不断强化政治意识，在提升依法执政水平上下工夫。要坚持法律至上，严格依法办事；要推行良法善治，维护公平正义。第四，勇于担当政治责任，在提高管党治党水平上下工夫。要严抓理论武装，加强思想建设；要严管党员干部，加强组织建设；要严格整风肃纪，加强作风建设；要严惩腐败分子，加强反腐倡廉建设；要严肃党内生活，加强制度建设。

3. 严明党的政治纪律是党员领导干部必须坚守的底线。第一，要带头加强党性修养，牢固树立党的意识。要做到理想信念坚定不移；要做到政策理论了然于胸；要做到大是大非界限分明；要做到敏感问题清醒警惕。第二，要带头坚持政治原则，坚决维护党的声誉。要善于坚持真理；要敢于纠正歪理邪说；要严于惩治违纪行为。第三，

要带头坚持以大局为重，坚决维护党的权威。要强化决策执行；要注重改革全局；要维护班子团结。第四，要带头坚持严格自律，坚决维护党的形象。要严把权力关；要严把言论关、礼节关、爱好关、社交关、亲情关。

（二）朱小丹省长重要讲话精神

朱小丹省长作了题为“规范行政权力运行、推进廉洁法治政府建设”的重要讲话。朱小丹省长在讲话中，深入阐述了规范行政权力运行、建设廉洁法治政府的重大意义，并强调要坚持“六个牢牢把握”，规范行政权力运行。

1. 从全局和战略的高度，充分认识规范行政权力运行、建设廉洁法治政府的重大意义。首先，这是坚持“主题主线”、加快经济社会发展促进转型升级的必然要求。其次，这是坚持社会主义市场经济的改革方向、进一步转变政府职能的迫切需要。第三，这是坚持全心全意为人民服务宗旨、更好地为人民谋福祉的重要保证。第四，这是推进反腐倡廉建设、巩固党的执政基础的内在要求。

2. 肯定成绩，正视问题，切实增强规范行政权力运行、建设廉洁法治政府的信心和责任。一是政府制度建设不断加强；二是依法行政成效明显；三是政务公开不断规范；四是政风行风明显改进；五是领导干部廉洁从政监督管理得到加强。

3. 牢牢把握规范行政权力运行、推进廉洁法治政府建设的重点任务。一是必须牢牢把握权力科学配置这个基础，加快推进政府职能转变。要积极深化大部门制改革，继续推进新一轮行政审批制度改革，大力培育和发展社会组织。二是必须牢牢把握运行程序规范这个原则，加快推进科学民主依法决策和规范行政执法。一方面，要规范行政决策程序，推进依法科学民主决策；另一方面，要加快行政程序建设，规范行政执法行为。三是必须牢牢把握源头防腐治腐这个保证，不断完善行政权力运行的重点法规和制度。一方面，要大力推进政府法制建设；另一方面，大力推进事关行政权力运行的重要制度建设。四是必须牢牢把握权力全程监督这个关键，建立健全行政监督体制机制。包括深化政务公开、强化内部监督、完善外部监督、强化监督的科技支撑、完善行政责任追究机制。五是必须牢牢把握为民掌权用权这个宗旨，不断加强政风建设。坚决纠正损害群众利益的不正之风，积极推进节约型机关建设，下大力气解决好“文山会海”问题。六是必须牢牢把握反腐倡廉教育这个根本，不断筑牢防止行政权力蜕变的思想防线。

（三）省委常委、纪委书记黄先耀重要讲话精神

黄先耀书记作了题为“坚持从严管党治党、永葆党的纯洁性”的专题辅导报告，从四方面阐述了从严管党治党问题。

1. 从党的历史看，必须深刻认识从严管党治党的重要性和必要性。历史和现实充分表明，治国必先治党，治党务必从严。如果党不管党或治党不严，就会使党员懈怠、党组织涣散，党的干部队伍就缺乏凝聚力和战斗力，就会丧失人民的支持和拥护，最终会危及党的执政地位和党的生命。

2. 从当前反腐败斗争的形势看，必须切实增强从严管党治党的责任感和紧迫感。一是索贿受贿仍然比较突出。包括利用审批权寻租谋私、索贿受贿；以提供“帮助、斡旋”等方式索贿受贿；以借用、投资、占股、收利息等貌似市场等价交换的方式索贿受贿。二是违法违纪领域出现新变化。一方面，权力集中、资金密集、资源稀缺部门和岗位仍是腐败“重灾区”；另一方面，教科文卫、食品药品卫生、环境保护等民生和社会领域的腐败问题也不断暴露出来。三是农村基层党风廉政建设不容忽视。四是“官商勾结”更加隐蔽多样。五是窝案串案明显增多。

3. 着力构筑三道防线，把从严管党治党的要求落到实处。一是要严格教育管理党员干部，努力筑牢“不想腐败”的思想道德防线。二是严格监督制约公共权力，努力筑牢“不能腐败”的制度防线。三是严肃惩处腐败分子，努力筑牢“不敢腐败”的法纪防线。

4. 做好表率，领导干部要在从严管党治党中率先垂范。一是坚定理想信念，防止思想滑坡。二是坚持勤奋学习，防止精神空虚。三是坚持民主集中制，防止独断专权。四是坚持廉洁自律，防止蜕化变质。

二、通报危金峰涉嫌严重违纪案件的有关情况

（略）

三、认识到位，措施到位，切实抓好我厅反腐倡廉建设工作

财政部门掌握着资金分配权和部分行政审批权，相对而言属于权力集中和资金密集的部门，处在反腐败的“风口浪尖”。随着我省进入经济社会加快转型的关键时期，财政干部尤其是领导干部面对着社会上形形色色的诱惑，面临的廉政风险越来越严峻。推进党风廉政建设，对于财政部门显得更为必要、尤其紧迫。我们要坚决贯彻落实省党纪政纪法纪教育培训班精神，从危金峰涉嫌严重违纪案件中吸取教训，举一反三，进一步完善工作制度、堵塞工作漏洞、强化内部制衡、规范权力运行、加强廉政风险防控、推进惩防体系建设，从根本上解决财政自身廉政建设问题，切实抓好财政党风廉政建设和反腐败各项工作。

（一）提高认识，坚定决心

反腐倡廉建设是一个长期而艰巨的系统工程。多年来，我们始终将反腐倡廉建设摆到突出位置来抓，我担任厅党组书记、厅长以来，在全厅各种会议上都在强调加强财政

反腐倡廉建设的重要性，针对党员干部中存在的一些苗头性问题和个别不良现象反复警醒，要求全体党员干部始终绷紧廉洁从政这根弦，做到警钟长鸣，常抓不懈。应该说，我厅和全省财政系统绝大多数干部是依法行政、严守纪律的，各级领导班子是公道正派、清正廉洁的。但是，仍有极个别干部罔顾党纪国法，步入歧途，以至于自毁前程。我们必须深刻认识到新时期财政部门推进反腐倡廉建设的长期性、复杂性和艰巨性。8 月 20 – 21 日，我厅召开了“三纪”教育学习会，我在会上强调了加强反腐倡廉建设的重要性，指出了当前我厅存在的思想认识不到位、观念更新不到位、责任落实不到位、制度执行不到位、自我约束不到位“五个不到位”的一些不好的现象和问题，并对下一步我厅反腐倡廉建设提出了具体措施和要求。厅领导和各处室、单位主要负责同志分别作了发言，深入交流体会心得，对加强财政反腐倡廉建设的认识有了新的提高。

当前和今后一个时期，全厅及全省财政系统干部职工要把深入学习领会和贯彻落实省第十一期领导干部“三纪”教育培训班精神、进一步推进党风廉政建设作为一项重要政治任务抓紧抓好，把加强学习、深化认识的效果体现到行动上，切实防止把反腐倡廉只停留在会议和文件上，挂在嘴巴上，贴在墙上，真正做到思想上有触动，作风上有转变，行动上有效果。全厅党员干部必须进一步强化政治意识，坚定正确的政治方向，把严明党的政治纪律作为党员领导干部必须坚守的底线；必须牢固树立依法行政意识和法纪意识，在提升依法执政水平上下工夫，坚持法律至上，严格依法办事，规范权力运行，维护公平正义；必须始终绷紧廉洁从政这根弦，倍加珍惜党委、政府和人民赋予的理财管财职责，坚持“标本兼治、综合治理、惩防并举、注重预防”的方针，坚定反腐败决心，继续深入推进我省财政改革发展及反腐倡廉建设，切实把教育的说服力、监督的制衡力、制度的约束力、纪律的威慑力、纠风的矫正力、改革的推动力有机结合起来，着力构建“不想腐败”、“不能腐败”、“不敢腐败”三道防线，确保反腐倡廉建设取得实效。

（二）严格规则，落实制度

制度落实不力、执行不到位、落实制度走样是我们必须下决心解决的问题。在规范财政权力运行、加强党风廉政建设方面，我们过去制定了许多好的制度，现在关键是要执行好、落实好，充分发挥好制度的作用，提升制度落实的效果。当前，要突出抓好以下几项重点工作制度的落实：一是要严格执行抓落实的各项工作机制。继续坚持对重要批示、领导交办事项的重点督查和专项督查制度，建立限时定质办结制度，既要限定时限，又要保证质量。加大治懒治庸力度，严肃查处对省委、省政府重大决策和厅党组工作部署顶着不办、拖着慢办、敷衍漏办等行为，坚决制止有令不行、有禁不止行为，确保政令畅通。坚决反对自由涣散现象，继续整治极少数党员干部乱猜测、乱议论、乱告状等不良风气。二是严格贯彻落实好党风廉政建设责任制。厅各级领导干部要认真贯彻《中国共产党领导干部廉洁从政若干准则》，严格落实“一岗双责”，认真执行“三课一会”等廉政教育制度，各党支部原则上每一月左右召开一次支部党员大会和支委会，党支部书记每半年上一次党课，切实强化对干部职工的思想教育和监督管理，切实带好队伍。厅监察室要加强检查，厅党委办要加强考核。三是严格落实领导干部报告个人有关事项制度。把住房、投资、配偶子女从业等情况列入报告内容，严肃查处隐瞒不报、弄虚作假等行为。厅监察室、人教处要加强监督检查。四是严格执行行政问责制。对不履行或者不正确履行工作职责，造成时机延误，重要工作和重大项目不能按时完成的；工作效率低下，工作纪律松弛，“吃拿卡要”的；工作纪律不落实，休假、外出等重大事项不报告，影响工作正常开展的等行为进行严格问责。厅人教处要抓紧研究修订年度考核办法，在考核中体现业绩，严格问责要求。

（三）吸取教训，堵塞漏洞

从危金峰严重违纪案件的情况来看，索取回扣是主要违纪行为之一，这反映出在财政资金分配管理上存在漏洞。我们要针对危金峰严重违纪案件所暴露出来的廉政制度建设存在的漏洞和不足，吸取教训，认真开展深入排查和剖析，对照岗位职责要求和有关管理制度规定，深入剖析工作规程、工作职责等方面存在的问题，采取有针对性的措施整改提高、堵塞漏洞。一是要建立重大事项集体研究制度。对重大事项要进行集体研究，包括预算编制、年初安排预算总额但没有明确到项目的专项资金、大额度财政资金分配等，要坚持集体研究制度，提高重大事项决策的科学性和民主化，有效防止少数人说了算甚至一个人说了算的情况。二是要规范财政资金分配管理。厅各处室、单位掌握的资金，除公用经费、人员经费外，原则上都要采取竞争性方式分配；不具备竞争性分配条件的也要采取因素法等分配方式，尽可能减少资金分配的自由裁量权，最大限度压缩“寻租”空间，最终目标是要实现年初预算一次下达，少留机动财力。三是要加强对专项资金使用的监督检查。除加强对教育、社会保障、医疗卫生、住房保障等民生领域的专项资金使用监督检查外，重点要研究加强对用于经营性领域、支持企业和产业发展等方面专项资金使用监督检查的措施办法，确实做到专款专用，有效防止“专用专款”的现象，堵住利益输送的渠道，消除“寻租”的空间。四是要完善岗位职责交叉设置。合理分解配置行政权力，对重要岗位特别是涉及资金分配的岗位，要实行“AB 角”制度，对资金分配事项，坚持一人经办、另一人复核，两人共同签名后报处领导审核，以强化相互监督。五是要加强重点岗位廉政风险排查防控。近期，厅各处室、单位要进行一轮全面的廉政风险排查，重点检查资金分配有无“暗箱操作”和“吃回扣”现象，资金安排有无“人情项目”、“拍脑袋项目”和随意调整变更的现象，在行政审批、政府采购、投资评审、工程招投标等方面有无“徇私情、得好处”的索贿受贿行为，并有针对性地完善防控措施，构建“分岗查险、分险设防、分权制衡、分级预警、分层追责”的预警防控模式。六是要推进权力运行公开。坚持资金分配、行政审批、政府采购、投资评审等方面实行制度、政策、项目、预算、办事程序“五公开”，切实防止“人情款”、利益输送的现象发生。七是要加大重点岗位干部交流力度。对于重要资金管理和掌握审批权限的岗位，要缩短干部交流期限，原则上，科级以下干部，在处室内部要2－3年交流一次，处室之间要3－5年交流一次；处级以上干部，处室之间要4－5年交流一次。厅人教处要抓紧研究制定相关办法。

（四）按章办事，规范运行

推进实质性监督必须以完善程序监督为基础和前提。要牢牢把握权力全程监督这个关键和运行程序规范这个原则，从程序上把权钱交易的空间压缩到最低。要按照《广东省财政厅工作规则》的要求，认真落实科学民主决策、依法行政、政务公开、行政监督、会议制度、公文审批、纪律作风等各项工作规程，这是我厅落实行政首长负责制和民主集中制，规范权力运行和工作运转的总“纲”。把住了《工作规则》的各项基本要求，凡事依法依规、按章办事，就是抓住了规范权力运行的关键。在此，我就若干重要程序事项再作强调：一是严格遵循公文审批程序。公文的审批和签发要严格按照厅长和分管厅领导签发权限划分进行，特别是涉及预算或重大资金安排的文件，必须由厅长核准签发；涉及处室、单位掌握的大额资金和机动资金分配的文件，除按规定程序实行公开竞争或集体研究决定外，在报分管厅领导审核后必须报厅长核准签发；对于超越规定范围的资金安排、特殊事项，如省直部门出国经费安排等事项，必须说明具体理由，在报分管厅领导审核后报厅长核准签发。二是严格遵循内部循环监督程序。围绕财政资金运行的全过程，健全完善分工制衡的内部控制制度和内部自我业务监督制度，促进源头监管和同步跟踪，事前审核、事中监控检查、事后稽核评价相结合，形成上一环节监督下一环节的有效监督链条。三是严格遵循专项资金分配程序。认真落实各专项资金管理办法，履行竞争性分配或因素法分配及有关绩效评价程序，促进资金分配的公开、公平、公正和科学规范。厅各处室、单位掌握的专项资金，包括预备费和省领导掌握的专项资金，要认真研究加强管理，进行绩效评价。四是严格遵循国库资金管理程序。国库资金安全管理是廉政风险防控的重要环节。近期我厅制定完善了一系列国库管理制度办法，包括国库资金调度、存储、拨付及银行账户管理等各环节工作规程，必须严格执行。国库处要抓紧制订实施优化财政资金拨付流程管理的工作意见，切实防范隐性风险，确保财政资金安全。五是严格遵循监督程序。包括人大预算监督程序、审计监督程序以及预决算公开和“三公”经费公开程序，积极有序推进网上办事大厅建设，按要求在网上受理办理事项及公布办事指南、办理进程和办结情况。此外，近年来我厅先后制定出台了多项内部业务管理规程，如预算指标管理、绩效评价、支出管理、结余结转资金管理、行政审批、行政执法、机关财务管理、印章管理等规程，对处室分工、岗位职责、运行程序及监督要求等作了具体的规定，这些都要在日常工作中严格执行，并结合工作实际不断进行优化完善，堵塞漏洞，规范运行。

（五）严明纪律，提高觉悟

强化纪律性既是维护领导权威性和统一性的必然要求，又是我们事业不断推进的重要保障。我们的领导干部必须要有这样的觉悟，无论在哪个岗位、哪个时间、哪个场合，都必须在政治上与厅党组保持一致，严守政治纪律、组织纪律、工作纪律和生活纪律。一是讲政治顾大局，增强工作主动性。始终保持政治上的清醒，任何一项工作都必须从全厅工作的大局出发，为全厅而不是为部门、为工作而不是为个人去思考和决策，厅党组一旦作出决策必须严格执行、不折不扣落实到位。同时，充分发挥个人聪明才智，增强工作的主动性和预见性，提高工作质量和效率。二是严守组织纪律，敢于坚持原则。坚持个人服从组织，下级服从上级，绝不允许自由涣散和各行其是，切实做到有令必行、有禁必止。在分配工作时不挑三拣四、拈轻怕重，在职务升迁等事关个人利益上不讨价还价、计较得失，听从和信任组织的安排。同时，要避免毫无原则的好人主义和实用主义，对错误的现象听之任之，或者在原则问题上态度暧昧、回避矛盾。一时的纵容只会造成更大的错误，只有坚持原则才能有所担当。三是要加强上下级之间的互相监督。作为领导干部，必须率先垂范，作勤学习、善实践、重品行、守纪律、讲廉洁的表率，并以更高的标准严格要求自己，这样才能有底气、有办法管好、用好干部。同时，要按照徐少华常务副省长所指出的，在适当的时候和场合，下级也要在坚持实事就是的前提下，对上级作善意的提醒或提示，敢于对领导交办的违法违纪违规的事说不，这是对工作、对领导、对自己真正负责任的态度。领导干部要清醒地认识到，组织的教育、同事的提醒、群众的监督不仅仅是一种约束，更是对领导干部的关心和爱护。要主动接受监督，养成在监督下工作生活的习惯，闻过则喜、有过则改，真正让监督成为自己廉洁从政、拒腐防变的“防火墙”。四是要严把礼节关、爱好关、社交关、亲情关。我们并不是生活在无菌的真空中，而是会受到社会上各种各样的诱惑，在工作生活和朋友交往中要坚持有礼、有节、有度，净化工作圈，纯洁生活圈，不要让人情往来、个人爱好、亲情友情被别有用心的小人所利用。在这里我要再次强调收“红包”的问题，“红包”就是“糖衣炮弹”，是使人上瘾迷心的“鸦片”。每个领导干部都要牢记党纪法规，提高警惕，对每一个送“红包”的人，都要想一想他为什么给你送，收了会有什么后果。做到想缘由、想纪律、想后果，在思想上筑起拒"红包"、拒腐蚀的防线。今后，对收红包、吃回扣等腐败行为要实行"零容忍"，有案必查、有贪必惩，坚决把腐败分子清除出党、清除出公务员队伍。在清醒把握以上四个方面认识的基础上，要认真落实徐少华常务副省长提出的"四个决不"要求和我在近期全厅干部职工大会上提出的"八个严禁"要求，坚持原则，严于律己，洁身自好。

（六）转变作风，提升修养

事物的发展有内因和外因，但主要还是由内因所决定。"莫伸手，伸手必被抓"。是否做出"伸手"的第一步，个人境界和内省监督是关键。古人云："养心修身治国平天下。"把个人修养放在第一位，可见这是非常重要的。对于公务员而言，我认为以下四个方面的思想作风是最重要的，要培育"四心"，做到"四个不忘"：一是要有感恩之心，不忘组织重托。我厅的许多领导干部都是来自农村，走到今天的领导岗位实属不易。像危金峰就是从梅州市平远县一个中学教师做起，到梅州市团委，再到我厅农业处、工贸处等处室工作，一步步走到副厅级领导干部岗位，其中付出了多少艰辛和努力，到头来却因违法违纪问题深陷牢笼，还累及家人。我们每个人进步既有个人的努力，但更多的是组织的培养和干部群众的信任。如果在党纪国纪法纪上出了问题，首先是辜负了组织的期望和群众的信任，这是非常不应该、不值得的。只有怀着感恩之心去努力工作，常念百姓之疾苦，常思组织之重托，才能在工作中始终保持正确的方向和前进的动力。二是要有敬业之心，不忘造福于民。汪洋书记一再强调，要"为了做事而做官"、"先做人后做官"，讲的都是为"官"从政的道理。如果一个领导干部心思不在工作上，整天心猿意马、想入非非，把大量精力花在应酬上、耗在享乐上，精神必然空虚，私心杂念必然滋生，最终就会误入歧途。只有立志做事，才能为民造福，不会将做"官"作为谋取个人私利的手段；只有把人民放在心上，不忘为民造福，才会有工作的责任、干事的劲头，就不会被权钱色的诱惑所惑、行差踏错。只有爱岗敬业，心思花在干事上，才能保持理性平和与拼搏进取并行不悖的健康心态。特别是要以平常心对待职务变动、进退留转，切忌心浮气躁、急功近利，关键在于平常扎实做好工作、加强知识积累。从这次副处级干部竞争性上岗考试情况来看，通过考试的都是平时工作用心、善于思考总结的干部。三是要有敬畏之心，不忘原则底线。古人云："官有所畏，业有所成。"古人誓师远征前拜祭天地，尚且知道敬畏祖先和鬼神；我们作为党的干部、人民的公仆，首先就要身怀敬畏之心，永不狂妄自大，懂得敬畏党、敬畏人民、敬畏历史、敬畏人生。如果无所畏惧，不清楚违纪违法的严重后果，行事无所顾忌，明目张胆、为所欲为，那必将失去原则底线，最终受到党纪国法的惩罚。只有有所畏惧才能谨言慎行，行得端、走得远。四是要有自省之心，不忘自警自励。当今社会价值趋于多元，生活方式趋于多样，形形色色的思潮和价值取向时刻侵蚀着我们的精神世界，必须加强自省自励，清除思想上的"杂草"。古人云："吾日三省吾身"。我们必须时刻警醒自己，常算人生"七笔账"，慎独、慎微、慎初，决不能迈出错误的第一步。

（本文系作者2012年9月10日在全厅干部职工大会上的讲话）

积极履行职责　扎实推进营业税改征增值税试点工作

（节选）

省财政厅党组书记、厅长　曾志权

一、及早研究，积极准备，认真做好前期有关工作

营业税改征增值税试点启动以来，我们密切关注，特别是今年初汪洋书记、朱小丹省长、徐少华常务副省长就我省加紧研究探讨营改增试点作出重要批示指示后，我们高度重视，认真学习研究，深化对营改增重大意义的认识，成立了专项工作小组，由厅长担任组长，有关处室主要负责同志为成员，积极发挥牵头部门职能作用，协调推动各项工作开展。

（一）认真开展测算分析工作，为省委、省政府决策提供参考依据

会同省地税局、省国税局对我省开展营改增试点进行深入研究，测算分析这项改革对我省行业税负、财税收入、财税体制和征管职能等方面的影响，理清工作思路。在财税收入方面，按照上海方案，我省预计减收约66亿～100亿元。我们认为，作为全国经济大省和改革"试验田"，我

省有责任也能承受及早试点，因此，向省委、省政府提出了积极申请试点以及抓紧开展前期有关工作的意见。

（二）积极跟进试点地区情况，努力争取我省及早开展试点

我省提出试点申请后，我们加强与财政部的联系沟通，先后由曾志权厅长、欧斌副厅长率队赴京汇报工作，争取财政部的支持指导。并跟踪了解上海先行试点的情况、其他申请试点省份有关情况及国家有关工作部署，组织人员赴试点地区考察调研，学习借鉴相关工作经验，为研究做好我省试点工作提供参考。经常召集有关会议研究商讨问题，通报工作进展情况，督促抓紧做好有关工作。

（三）协调启动领导小组工作，切实加强对试点工作的组织领导

积极履行牵头协调部门职责，做好成立省营业税改征增值税改革试点工作领导小组的工作。按照省领导小组的部署和人员到位的要求，协调启动领导小组办公室工作，从各成员单位抽调25名同志集中办公，分为综合协调组、税源调查测算组、征收管理组和政策保障组，明确工作职责和工作制度，并细化具体工作事项，落实到具体责任人，做到每项工作有专人经办，责任到位。

（四）扎实开展各项准备工作，努力确保试点顺利实施

一是梳理工作任务。梳理出试点前后需完成的8大类58项具体工作事项，并明确了每项工作的责任单位和时间安排，印发各有关单位贯彻执行。二是建立督办制度。对各项工作实行跟踪督办，指定专人负责，及时了解、记录和报告办理情况。三是拟订实施方案。按照以方案带动工作的要求，组织草拟我省营业税改征增值税试点实施方案，为各项工作开展提供指南。四是衔接财政体制。对省以下财政体制进行相应的调整，明确原归属各级的营业税收入改征增值税后归属级次不变，保证财政体制平稳运行。五是设立专项资金。落实省政府有关设立试点财政专项资金的工作安排，研究制定具体操作办法，对税负增加企业给予过渡性财政扶持。六是协调征管衔接。及时联合省国税局、省地税局将省政府有关试点税收征管主体调整的决定传达到各地。协调征管数据迁移工作，力争征管工作无缝对接。

（五）妥善开展宣传引导工作，积极营造有利于改革试点的良好氛围

拟订试点宣传方案，明确试点宣传的原则和方式。落实省领导小组办公室统一对外发布试点信息的工作部署，在省财政厅门户网站设立专题栏目，发布有关政策信息、工作动态；举办试点新闻通报会，组织10多家中央和省内主要媒体开展宣传报道。做好对试点行业企业的政策宣传解释，多次组织与有关行业和企业代表进行座谈，宣讲有关政策规定，引导形成广泛支持改革的舆论氛围。

二、吃透精神，突出重点，坚持围绕试点实施方案推进具体工作

按照省领导小组的工作安排，我省试点实施方案经省政府常务会议审议通过后，要抓紧召开全省工作会议部署落实。因此，这次会议是贯彻落实试点实施方案的一项重要工作安排，学习领会试点实施方案的有关精神，是这次会议的一项重要任务。省财政厅是试点实施方案的牵头起草部门，借此机会，我简要介绍我省试点实施方案的有关情况。

（一）关于试点实施方案的起草目的

营业税改征增值税是一项重大税制改革措施，政策性强、牵涉面广、利益调整复杂，必须严格按规定推进实施。因此，在省领导小组第一次会议上，徐少华常务副省长明确要求按照国家政策规定、参考上海试点情况、结合本省工作实际，制定内容详尽的实施方案，以方案作协调带工作，围绕方案有序推进具体事项。

（二）关于试点实施方案的起草过程

我省高度重视试点实施方案的制定工作，主要经过了以下环节的工作：一是省委、省政府主要领导亲自部署。今年以来，汪洋书记、朱小丹省长多次作出重要批示指示，为方案的制订实施明确了要求。二是徐少华常务副省长亲自布置和组织。今年以来，徐少华常务副省长多次召集有关部门研究布置试点工作。两次主持召开省领导小组会议，第一次会议对制定试点实施方案提出明确要求，第二次会议对省领导小组办公室提出的方案稿进行了审议，逐项研究并提出了修改完善的意见。三是省领导小组办公室协调各有关部门扎实开展工作，草拟并提出方案稿。四是向财政部、国家税务总局汇报并接受指导。徐少华常务副省长率队赴北京向财政部王军副部长、国家税务总局解学智副局长并相关司局汇报了我省推进试点工作情况，就方案稿征求部局领导意见。五是到上海调研和学习借鉴经验做法。徐少华常务副省长率队到上海进行了调研，与上海市政府有关领导及有关部门进行座谈，听取经验介绍，吸纳相关做法。

（三）关于试点实施方案的框架内容

共分五个部分。第一部分是目标任务。第二部分是原则要求。第三部分是试点内容，一是试点范围与时间；二是主要税制安排；三是试点期间过渡性政策，包括试点税收收入归属、财税优惠政策过渡、跨地区税种协调、增值税抵扣政策衔接等；四是配套措施，包括成立试点工作领导小组、明确征管主体、省以下财政体制衔接、设立试点财政专项资金、加强税务稽查等。第四部分是工作安排，

包括基础工作、征管衔接、纳税准备、模拟运行、组织实施、政策保障、效果评估七方面的工作，分别明确了相关工作任务及负责单位、完成时间。第五部分是保障措施，包括统一思想认识、加强组织协调、加强基础工作、加强配合支持、加强宣传解释等。

总结而言，我省试点实施方案具有以下几个特点：一是突出可行性，各环节工作安排细致具体；二是突出系统性，以本方案为主体，配套制订一系列子方案；三是突出实践性，针对地方实际明确了相关衔接的内容。试点实施方案为在全省推进试点明确了目标、任务、措施和要求，充分体现了以方案作协调带工作的要求，得到财政部、国家税务总局领导的充分肯定。9月11日，财政部税政司在珠海召开营改增试点工作座谈会，再次对我省细致的工作给予高度评价。我们要认真学习，吃透精神，按照方案推进试点各项工作。

三、积极履责，加强协调，扎实推进试点各项工作

现在距离我省正式试点时间已不多，各项工作必须按计划抓紧推进。全省财政系统应学习领会好徐少华常务副省长的讲话精神，积极履行职责，抓紧做好以下工作。

（一）加强沟通协调

前期省领导小组办公室抓协调很有成效，为各项工作的顺利开展提供了有力的保障，也为我们下一步工作积累了经验。市县财政部门要在市委、市政府的领导下，发挥牵头部门的协调作用，主动跟踪了解各项工作开展情况，协调配合推进工作落实。

（二）加强督查督办

近期徐少华常务副省长就有关跟踪了解培训、开票等方面准备工作作了重要批示，各级财政部门要切实抓好对各项重点工作的督查督办工作，及时向上级部门报告有关情况。省领导小组办公室将编印试点工作动态，及时将各项工作进展信息呈报省领导阅示。

（三）加强宣传引导

今年以来不断有行业协会、企业反映对这项改革的认识和意见，其中交通运输行业企业居多，反映的多是试点将增加其税收负担，有的反响很激烈。经过深入了解分析，他们反映的许多问题实际上国家试点政策中已有针对性的规定，有的问题是对试点政策规定理解不到位。各级财政部门要协调做好宣传引导工作，并把宣传与培训结合起来，把试点政策宣传解读到位，努力争取更多的理解和支持，确保试点顺利实施。

（四）抓紧完善有关试点的财政配套政策措施

一是抓紧出台试点财政专项资金管理使用办法及有关资金申报、拨付的操作办法。这项措施对试点的顺利实施十分重要，各方面普遍关注，我们正在抓紧完善，目前已完成起草工作。市县财政部门要结合实际认真贯彻落实，发挥好这项过渡性扶持政策的效应。二是抓紧明确我省试点有关预算管理问题。近期财政部等三部门印发了明确试点有关预算管理问题的通知，我们已结合我省实际研究提出贯彻落实意见，正在抓紧转发，市县财政部门要跟进落实。三是抓紧印发省以下财政体制衔接的意见。我省试点实施方案已明确有关要求，我们将抓紧下发专门文件，做好财政体制衔接的工作。四是抓紧组织清查我省地方支持企业发展的财税政策。我省试点实施方案明确，试点期间地方现有支持企业发展的财税扶持政策不变。市县财政部门应认真组织清查，提供政策清单，确保试点期间政策继续落实到位。

（五）继续跟踪营业税改征增值税改革试点工作情况

我们将加强向财政部的工作沟通汇报，及时了解国家相关工作部署情况，争取上级的工作指导。经常与上海、北京、江苏、安徽等其他试点地区交流工作开展情况，了解其推进改革试点的有关工作安排，学习借鉴经验做法，完善我省相关工作措施。加强对我省各地试点情况的调查研究，以及对市县财政部门工作的指导督促，实现上下联动，增强工作合力，抓紧落实试点各项工作安排。

（六）逐项落实省领导小组办公室牵头承办的工作

继续做好省领导小组办公室工作，将抓紧逐项梳理试点实施方案中规定由省领导小组办公室牵头承办的工作，分析完成情况，按规定时限倒排时间安排。指定专人负责，尽快编报工作任务清单，并明确具体落实的方案。对照试点实施方案和任务分工表，编列由省有关部门牵头承办的工作任务清单，逐项明确跟踪督办责任人，以一周为期，定期逐级将各项工作进展情况向上级报告。

（本文系作者2012年9月18日在全省营业税改征增值税试点工作会议上的讲话）

坚决贯彻落实好十八大精神　不断提升财政服务全面建成小康社会能力和水平

（节选）

省财政厅党组书记、厅长　曾志权

一、深入学习和全面把握党的十八大精神实质

学习贯彻落实好党的十八大精神，是当前的首要政治任务。全厅各党支部要按照党中央的要求和省委的部署，迅速掀起学习贯彻落实党的十八大精神的热潮，把党的十八大精神学得更加深入，领会得更加透彻，贯彻得更加自觉。

党的十八大报告旗帜鲜明、思想深刻、求真务实、内涵丰富。全厅党员干部职工在学习贯彻落实过程中，要深刻领会和准确把握好以下十个方面：一是要深刻领会和准确把握好十八大的主题，高举中国特色社会主义伟大旗帜，坚定道路自信、理论自信、制度自信。二是要深刻领会和准确把握好过去五年和十年党和国家取得的新的历史性成就。十年来，我国经济持续发展、民主不断健全、文化日益繁荣、社会保持稳定，为我国全面建成小康社会打下了坚实基础。三是要深刻领会和准确把握好科学发展观的历史地位和指导意义。科学发展观是马克思主义同当代中国实际和时代特征相结合的产物，是指导党和国家全部工作的强大思想武器，同马克思列宁主义、毛泽东思想、邓小平理论、“三个代表”重要思想一样，是党必须长期坚持的指导思想。四是要深刻领会和准确把握好中国特色社会主义的丰富内涵，中国特色社会主义道路是实现途径，中国特色社会主义理论体系是行动指南，中国特色社会主义制度是根本保障，三者统一于中国特色社会主义伟大实践。五是要深刻领会和准确把握好夺取中国特色社会主义新胜利的基本要求，牢牢把握“八个必须坚持”，扎扎实实夺取中国特色社会主义新胜利。六是要深刻领会和准确把握好全面建成小康社会和深化改革开放的目标和任务，确保到2020年要实现国内生产总值和城乡居民人均收入比2010年翻一番、实现全面建成小康社会的宏伟目标。七是要深刻领会和准确把握好建设中国特色社会主义“五位一体”的重大部署，把生态文明建设融入经济建设、政治建设、文化建设、社会建设各方面和全过程，着力推进绿色发展、循环发展、低碳发展，切实节约资源和保护生态环境。八是要深刻领会和准确把握好以保障和改善民生为重点加强社会建设的工作部署，加强和创新社会管理，在学有所教、劳有所得、病有所医、老有所养、住有所居上持续取得新进展，努力让人民过上更好生活。这充分体现了我党代表最广大人民群众根本利益的本色，鞭策和指引我们必须坚持以人为本，加快公共财政建设，把更多财力集中到保障和改善民生上来。九是要深刻领会和准确把握好全面提高党的建设科学化水平的艰巨任务，牢牢抓住加强党的执政能力建设、先进性和纯洁性建设这条主线，全面部署、落到实处。大会通过了党章修正案，新党章体现了党的工作和党的建设的新经验，折射了新形势新任务下对党的建设提出的新要求。十是要深刻领会和准确把握好十八大对财政改革发展的新要求。报告针对财政工作提出了新目标、新要求，要求加快改革财税体制，健全中央和地方财力与事权相匹配的体制，完善促进基本公共服务均等化和主体功能区建设的公共财政体系，构建地方税体系，加快健全以税收、社会保障、转移支付为主要手段的再分配调节机制，建立生态补偿制度，加强和创新社会管理，基本公共服务均等化总体实现等。

我们要全面把握机遇，深入贯彻落实十八大精神，把学习十八大精神的成果贯彻到财政改革发展各项工作中去，注重探索创新，不断完善思路举措，切实抓好贯彻落实。

二、认清形势，明确财政工作目标任务

党的十八大精神既包括对我国社会主义经济建设、政治建设、文化建设、社会建设和生态文明建设的总体布局，也包含对财政工作的许多新目标、新任务、新要求，对我们解放思想、凝聚力量、攻坚克难、奋勇向前，推动我省财政改革发展事业具有十分重要的指导作用。我们一定要在深刻学习领会十八大精神的基础上，结合广东实际，立足财政工作，科学研判当前面临的发展机遇和风险挑战，准确把握当前的工作目标和重点任务，认真谋划下一步的工作思路和总体要求，为推动我省财政改革发展事业迈上新台阶提供坚实的思想保障和科学的路径指引。

（一）准确把握新时期财政工作目标和重点任务

党的十八大对财政各项改革发展工作指明了新方向、树立了新目标、作出了新部署。全省各级财政部门一定要在此基础上，结合当前广东经济社会发展实际情况，准确把握新的时代背景下我省财政工作的新目标和新任务，主要有以下八个方面：一是加快财税体制改革，完善公共财政体系，研究探索地方税体系的政策措施，形成具有地方特色的产业结构和税源结构。二是提高调控能力，优化调控手段，支持转变经济发展方式，激发经济活力。三是深化财政部门行政体制改革，加快财政职能转变和工作转型，积极支持和配合人大、政协工作，调动公众参与决策和监督的积极性，建立健全财政权力运行制约和监督体系。四是在加大对农村和欠发达地区文化建设帮扶力度、完善公共文化服务体系的同时，优化文化支持结构，推动文化产业发展，促进文化经济做大做强，增强文化整体实力和竞争力。五是继续加强保障和改善民生，继续推进基本公共服务均等化，深化收入分配制度改革，健全再分配调节机制。六是改进政府提供公共服务方式，建立财政支持社会建设的支撑和引导机制，支持现代社会组织体制建设，加强和创新社会管理。七是探索完善生态保护补偿机制和资源有偿使用制度，加快实施主体功能区战略。八是建立健全稳定的人才工作经费保障制度，确保各方面优秀人才集聚到党和国家发展事业中来。

（二）明确新时期财政工作总体思路和具体要求

从贯彻落实党的十八大精神、适应我省发展转型期需要和财政工作自身改革发展要求出发，今后五年全省财政工作的总体思路是：深入贯彻落实党的十八大精神，坚持以科学发展观为指导，坚持社会主义市场经济的改革方向，坚持有所为、有所不为，解放思想、改革创新，凝聚力量，攻坚克难，充分发挥财政职能作用，支持经济社会发展，优化调控能力手段，推动保障改善民生，促进社会管理创新，深化财政体制改革，加强干部队伍建设，努力建设“五大财政”，构建完善与社会主义市场经济相适应、有利于科学发展的财政机制体制，为我省切实当好推动科学发展、促进社会和谐的排头兵，率先全面建成小康社会，率先基本实现社会主义现代化作出积极的贡献。具体要做到以下“四个坚持”：

一是坚持“胸怀全局”的工作理念。党的十八大对财政工作提出的众多新任务、新要求，充分体现了财政工作在经济社会发展中的重要作用和地位。我们一定要胸怀全局，算好政治账、经济账，社会账，围绕中心，服务大局，把财政政策制定、财政体制调整、财政预算安排等财政改革发展工作纳入全面建成小康社会工作全局谋划，融入我省“加快转型升级，建设幸福广东”工作大局思考，切实服务好党中央和省委、省政府的各项决策部署。

二是坚持“以人为本”的工作原则。党的十八大提出的全面建成小康社会的目标，是我党立党为公，执政为民的集中体现。我们要深刻理解和全面把握以保障和改善民生为重点加强社会建设的要求，充分发挥财政职能，加大保障和改善民生工作力度，加强和创新社会管理，努力在使全体人民学有所教、劳有所得、病有所医、老有所养、住有所居方面持续取得新进展。

三是坚持“锐意创新”的工作方法。党的十八大对“改革创新”强调的次数之多、分量之重，前所未有。对财政改革的重点领域和关键环节，提出了“加快改革财税体制”、“构建地方税体系”；“深化收入分配制度改革”、“规范收入分配秩序”；“深化资源性产品价格和税费改革”，“建立资源有偿使用制度和生态补偿制度”等要求。我们要坚持社会主义市场经济改革方向，形成时不我待的改革共识，按照党的十八大提出的目标方向，用改革破解前进中的难题，以创新开创发展的新局面。

四是坚持“主动服务”的工作作风。党的十八大对未来发展的宏伟蓝图已经绘就，需要我们脚踏实地去实现。要继续发扬我省财政工作坚持“预则立”的优良传统，进一步增强财政工作的主动性和预见性，准确把握经济社会发展形势趋势，未雨绸缪，“主动买单”，牢牢把握工作的主动权，争当学习贯彻党的十八大精神的排头兵。

三、突出重点，真抓实干，全面落实党的十八大各项工作部署

根据党的十八大工作部署，结合财政工作实际，我们必须坚持统筹兼顾、突出重点、真抓实干，不断增强工作的原则性、系统性、预见性、创造性，扎实做好各项工作，为今后一个时期广东财政改革发展奠定坚实的基础。重点是要落实“九个注重”：

（一）注重财政可持续发展，增强财政保障能力

一方面，切实加强收入组织工作。围绕征管关键领域、重点地区、重点税源，加强工作督导，挖掘增收潜力；强化收入运行监测和分析，创新分析方式，提高预算执行分析水平。同时，综合运用国债、税收、财政贴息等政策手段，促进经济平稳健康可持续增长，实现财政与经济良性互促共进。另一方面，实行严格的预算管理。对财政存量资金进行分类清理，制定实施专项资金分类清理处置办法；坚决压减一般性财政支出，继续落实厉行节约各项措施，腾出财力空间确保中央和省委、省政府重点项目和民生支出的财力需要。

（二）注重发挥财政杠杆作用，支持加快转变经济发展方式

一是突出支持实施创新驱动发展战略。大力支持企业

自主创新，加快形成鼓励企业自主创新的利益导向；支持实施人才强省战略，认真落实好我省财政支持人才引进工作的各项政策措施。二是突出支持推进经济结构战略性调整。着力支持扩大内需，保持政府投资合理增长，支持基础设施和重点项目建设，认真落实国家各项直补政策和结构性减免税费政策。着力支持实体经济发展，落实好支持战略性新兴产业发展综合性财政政策措施。着力促进区域协调发展，研究促进产业转移园区扩能提质和劳动力培训转移新路径的意见措施。三是突出支持推动城乡发展一体化。完善城乡发展一体化的财政体制机制，促进城乡要素平等交换；加快公共资源包括财力安排向农村的倾斜，缩小城乡基本公共服务水平差距；着力促进农民增收，通过加强农村劳动力培训，增强农村劳动力在就业市场的竞争力，进而提高农村居民的劳务收入。四是突出支持全面提高开放型经济水平。采取适度优惠的财政政策支持广州南沙、深圳前海、珠海横琴等重大对外开放平台建设，培育带动区域发展的开放高地；支持对外贸易平衡发展，落实支持扩大进口的财政政策措施，积极支持企业“走出去”。

（三）注重支持社会事业发展，着力保障和改善民生

一是按照党的十八大对保障和改善民生的总体部署，结合国家基本公共服务体系“十二五”规划要求，抓紧推进我省基本公共服务均等化规划纲要修编工作并抓好贯彻实施。二是加快推进基本公共服务均等化综合改革试点，在惠州市试点取得积极成效的基础上，扩大试点范围，力求在关键环节和重点领域取得突破，形成示范效应。三是支持“十件民生实事”实施，着力解决好人民群众最关心最直接最现实的利益问题。四是创新保障和改善民生的举措，逐步建立为民办事征询民意的机制，促进民生资金从“舍得花”向“花得好”转变，促进民生项目从“事务型”向“服务型”转变。

（四）注重发挥财政二次分配作用，着力支持收入分配改革

一是加快健全以税收、社会保障、转移支付为主要手段的再分配调节机制，实现收入、消费、再创收、再消费的良性循环过程。二是支持推进企业工资协商制度，提高劳动报酬在初次分配中的比例。三是多渠道增加居民财产性收入，加快推动农村劳动力向城市迁移，支持发展现代服务业等第三产业，扩大中等收入者规模，提高城乡居民总体收入水平。四是有效运用财政再分配杠杆规范收入分配秩序。通过转移支付、补贴等手段，提高低收入群体收入水平；通过税收等手段，调节过高收入。

（五）注重支持行政体制改革，加快政府职能转变

一是全面推进依法理财。建立和完善财政决策规则、程序，依法实行公示、听证等制度，保证决策的科学、民主。落实权力规范运行，明确和规范岗位的权力内容、范围和责任。二是深化财政部门行政审批制度改革，按照加快转变政府职能、深化行政审批制度改革的要求，落实压减行政审批事项。三是通过开展专家咨询、为民办事征询民意、第三方评价财政支出绩效等，建立健全权力运行制约和监督体系，让公共财政在阳光下运行。四是支持政府购买社会服务改革，完善省级政府购买社会服务目录，落实扶持公益性社会组织发展措施。

（六）注重支持教育文化事业发展，促进文化强省建设

一是支持教育优先发展。建立健全教育投入保障机制，继续落实城乡免费义务教育，支持办好学前教育和普及高中阶段教育，加快发展现代职业教育；合理配置财政教育投入资源，推动教育投入重点向农村、边远、贫困地区倾斜；建立健全教育资助政策体系，提高家庭经济困难学生资助水平，积极推动农民工子女平等接受教育，让每个孩子都能成为有用之才。二是建立健全文化事业发展财政保障机制。到2015年，确保全省财政的文化事业经费支出占财政总支出的比例达到1%以上。三是积极支持现代文化产业体系建设。重点加强对文化产业重点建设项目的引导和扶持，支持我省文化产业做大做强。四是积极支持文化体制机制改革。落实支持加快文化体制改革的政策措施，切实提高公益性文化单位经费保障水平。改革财政对文化事业的投入方式，逐步将政府对文化经营单位的无偿投入转为国有资本金的投入。

（七）注重支持生态文明建设，推进节能减排和环境保护

一是完善支持生态文明建设的财政支出政策。支持实施重点节能减排工程和节能服务产业发展；积极支持我省开展国家低碳省试点工作，支持开展碳排放试点。二是探索实施生态保护财政转移支付制度。认真落实财政生态补偿机制，逐步探索基于生态补偿的横向转移支付制度。三是建立实施有利于节能减排和环境保护的政府采购政策。四是完善生态文明财政制度体系。探索建立绿色财政指标体系，在绩效评价和财政竞争性分配中提高生态环保指标评分比重。

（八）注重体制机制创新，深化财政体制改革

一是密切关注十八大报告中提到的“健全中央和地方财力与事权相匹配的体制”改革动向，做好各项准备工作。二是高度关注中央有关税制改革工作情况，稳步推进营业税改征增值税等税制改革工作。三是按照党的十八大关于建立地方税体系的要求，结合广东实际，在国家财税体制框架内，研究探索建立地方税体系的政策措施。四是继续调整完善省以下财政体制，认真落实好新的分税制财政管理体制，积极推进建立生态保护补偿机制、实施县以下政权基本财力保障机制、扩大省直管县财政管理改革试点等工作。

（九）注重财政管理的科学规范，提高财政管理科学化精细化水平

一是深化预算改革。继续深化部门预算、国库集中支付、政府采购、“收支两条线”管理、绩效评价、资产管理、财政监督和财政竞争性分配机制改革。二是积极稳妥推进预决算公开。进一步扩大公开范围，细化公开内容，积极公开政府性基金预决算和国有资本经营预决算，扎实推进“三公经费”和行政经费公开。三是提高管理信息化水平。抓紧制定《广东省财政大数据战略实施方案》，加强财政数据的收集、分析和运用。四是加强财政基础工作和基层财政建设，提高财政管理科学化精细化水平。

四、转变作风，抓好党建，切实提高财政干部队伍执行力

党的十八大指出，新形势下党面临的执政考验、改革开放考验、市场经济考验、外部环境考验是长期的、复杂的、严峻的，精神懈怠危险、能力不足危险、脱离群众危险、消极腐败危险更加尖锐地摆在全党面前。这“四大考验”是对全党提出的警醒和要求，“四大危险”在我省财政系统机关党建和干部队伍建设中也不同程度地存在，一些党员干部改革创新意识薄弱，推动科学发展能力不强、办法不多；一些党员干部心浮气躁，作风不实；个别党员干部作风不正，以权谋私；一些基层党组织党建工作落实不到位，存在形式主义、党建业务“两张皮”的问题，等等。“打铁还需自身硬”。这些问题必须引起我们的高度重视，按照汪洋书记提出的“胸有全局、工作主动、锐意创新”要求，狠抓机关党建和干部队伍建设，努力打造政治坚定、业务精通、作风优良、纪律严明、廉洁从政的干部队伍，不断提高机关党建科学化水平，为财政事业发展提供坚强的人才保障和政治保障。重点要抓好以下六个方面的工作：

（一）加强思想建设，坚定理想信念

党的十八大报告提出“对马克思主义的信仰，对社会主义和共产主义的信念，是共产党人的政治灵魂，是共产党人经受住任何考验的精神支柱”，这对加强干部理想信念教育提出了明确要求。我们要切实加强思想道德建设，引导干部职工以德修身，牢固树立正确的世界观、权力观、事业观，坚定政治立场，明辨大是大非。一是要教育干部正确对待责任与使命，坚守共产党人的精神追求，增强为党和人民事业不懈奋斗的自觉性和坚定性，咬定青山不放松，真正做到坚定不移、矢志不渝。二是要教育干部正确对待工作与事业，牢记“有为才有位”，切实把心思集中在想干事上、把胆识体现在敢干事上、把能力展现在会干事上、把工夫下在干成事上。三是要教育干部正确对待名利得失，保持感恩知足、心平气和、开拓进取、奋发有为的健康心态；特别是要正确对待个人职务变动、进退留转，远离浮躁与功利。四是要教育干部正确对待公务员职业与工作岗位，恪守从政道德和职业道德，坚持言与行、做事与做人、修身与立业相统一，努力做社会主义道德的示范者、诚信风尚的引领者、公平正义的维护者。

（二）坚持正确用人导向，建设高素质干部队伍

党的十八大报告提出“坚持和发展中国特色社会主义，关键在于建设一支政治坚定、能力过硬、作风优良、奋发有为的执政骨干队伍”。我们必须以此为要求，坚持“凭能力定使用、靠实绩求进步”的选人用人导向，使各方面优秀干部充分涌现、各尽其能、才尽其用。一是建好班子，带好队伍。厅领导班子是全厅工作的领导核心，要按照民主集中制的要求，严格执行有关工作规则和制度规定，重大事项由集体研究决定。认真落实厅、处两级领导班子建设工作责任制，班子主要负责人承担抓班子、带队伍的责任，厅、处班子其他成员要各负其责，在抓自身建设的同时，认真抓好分管范围内的班子和队伍建设工作。二是选好用好干部。坚持以品德选人，以能力取人，以实绩用人，不让老实人吃亏，不让投机钻营者得利。深入开展提高选人用人公信度示范单位创建活动，认真完善和实施干部考核指标体系，褒贬有据，奖勤罚懒，激发干部队伍活力。三是进一步深化干部人事制度改革，加大力度探索实行竞争性选拔、交流轮岗、下派基层锻炼等干部选拔任用方式。注重培养青年干部，为有能力的优秀年轻干部提供舞台。

（三）坚持执政为民，切实改进作风

党的十八大报告强调要“坚持以人为本、执政为民，始终保持党同群众的血肉联系”。我们必须始终把人民群众放在最高位置，坚持勤政为民、实干富民、造福于民，寓服务于各项惠民实践和财政管理工作之中。一是深入开展以为民、务实、清廉为主要内容的党的群众路线教育实践活动，着力解决人民群众反映强烈的突出问题，提高做好新形势下群众工作的能力。二是大兴调查研究之风。认真落实厅党组成员年度专题调研等工作制度，按照十八大报告中提出的一系列新目标、新思路、新举措，深入开展调查研究，努力找准新形势下推动改革创新、完善体制政策的思路举措。三是改进为民服务的方式与水平。扎实推进网上办事大厅建设，加大网上审批、网上办事的力度，加强办事窗口建设，简化办事手续，清理不合时宜的办事程序和规定，切实方便人民群众办事，提高服务质量和效率。四是加强机关作风建设。大力宣传和实践“厚于德、诚于信、敏于行”的新时期广东精神，培育“务实、创新、高效、廉洁、和谐”的财政机关文化。大力弘扬立足本职、踏实肯干、敬业奉献之风，以机关干部的辛苦指数提升人民群众的幸福指数。

（四）强化纪律意识，切实提高执行力

党的十八大报告强调“纪律面前人人平等、遵守纪律

没有特权、执行纪律没有例外”。为此，我们必须进一步强化纪律意识，坚决在思想上政治上行动上同党中央和省委保持高度一致，同时强化自我约束，严格执行厅机关工作规则及各项规章制度，确保全厅上下政令通畅、工作高效有序。一是强化组织纪律。牢固树立全厅“一盘棋”的整体意识，凡事从维护全厅荣誉的大局去思考、研究和处理。坚持下级服从上级，对于厅党组或厅长办公会议已经确定的工作任务要坚决落实，严禁“上有规定、下有变通”。二是强化工作纪律。针对少数干部存在的“庸、懒、散、浮、差”等问题，深入开展治庸问责工作，认真落实我在全厅干部大会上提出的“八个严格问责”的要求，对不履行或者不正确履行工作职责，或者工作效率低下、工作纪律松弛等行为，进行严格行政问责。三是强化政治纪律。认真落实我在全厅干部大会上提出的“八个严禁”的要求，严禁拉“山头”、搞“小圈子”、弄“小动作”，特别是严禁互相猜疑、互相攻击、互相告状，甚至无中生有、无事生非，毫无根据地诬陷、攻击他人，败坏机关风气、影响机关形象。同时，严禁以人情往来的名义送礼、送物、送钱，严禁利用公款大吃大喝、以调研等名义下基层旅游休闲消费等，在全厅形成风清气正的良好氛围。四是强化生活纪律。督促全厅干部职工抵制各种不正之风，保持崇高精神追求，远离低级趣味，纯洁工作圈、净化生活圈。

（五）规范权力运行，坚持廉洁从政

党的十八大报告提出要“坚定不移反对腐败，永葆共产党人清正廉洁的政治本色”。近期我省财政部门发生的极个别领导干部违法违纪案件表明，反腐倡廉工作具有长期性、艰巨性和复杂性，必须时刻绷紧廉洁从政这根弦，认真落实徐少华常务副省长提出的“四个主动接受监督”和“四个决不”的要求，筑牢反腐倡廉各条防线。一是加强干部教育，筑牢思想防线。厅各党支部要创新教育方式，经常性教育与重点教育、警示教育相结合，引导广大党员干部树立对组织的感恩之心、对党纪国法的敬畏之心、为民造福的责任之心以及对自身前途命运的自省之心。二是规范权力运行，筑牢制度防线。更加注重以制度管权、管事、管人，在决策方式、资金分配、工作安排、程序规范上，都要着眼于强化内部监督与制衡，确保资金和干部的“双安全”。三是加大惩处力度，筑牢法纪防线。不断完善财政廉政风险防控机制建设，在专项资金分配、行政审批、政府采购、工程项目和投资评审等领域全面开展廉政风险排查，重点检查有无“人情项目”、“暗箱操作”和“吃拿卡要”等现象，发现一起，查处一起，绝不姑息，并以此完善制度设计，规范权力运行，压缩“寻租”空间。四是发挥职能作用，促进源头防腐。按照我省构建惩防腐败体系的工作部署，扎实推进国库集中支付、部门预算、政府采购、“收支两条线”管理、财务核算集中监管、绩效评价、资产管理、财政监督等各项财政管理改革，不断完善财政预算编制、执行、监督、绩效评价及资金分配管理制度，最大限度减少腐败滋生的“土壤”。

（六）抓好机关党建，强化组织保障

新时期机关党建面临许多新情况新挑战，必须按照党的十八大提出的“以改革创新精神全面推进党的建设新的伟大工程，全面提高党的建设科学化水平”的要求，进一步创新机关党建思路举措，努力在新起点上实现新突破。一是突出以改革创新精神抓党建。要按照党的十八大提出的“建设学习型、服务型、创新型的马克思主义执政党”目标要求，及时转变思路观念，完善考核激励等工作机制，创新党建载体，打造党建品牌，提升党建工作感召力和吸引力。二是突出财政特色。坚持以党建促业务、以业务检验党建，立足经济财政发展全局谋划党建工作，切实把党建工作落实到完善工作思路、落实惠民政策、促进财政改革上来。三是突出抓好基层党建工作。发挥厅党组抓党建的龙头作用，实行党组统一领导、一把手负总责、分管领导具体抓、机关党委抓落实。厅各级党组织要进一步增强抓党建的“主业”意识，做到党建工作和业务工作同规划、同部署、同检查。

五、突出重点、联系实际，把学习宣传贯彻党的十八大精神引向深入

当前，摆在我们面前的首要政治任务，就是学习宣传贯彻好党的十八大精神，把全厅党员干部的思想和行动统一到十八大精神上来。全厅各党支部和全体党员干部，要按照中央和省委的部署，迅速掀起学习贯彻落实十八大精神的热潮。

（一）把学习宣传贯彻党的十八大精神引向深入

一要加强组织领导。厅机关党委要发挥组织作用，全力抓好学习贯彻工作。各党支部要高度重视学习宣传贯彻工作，加强组织领导，精心部署安排。特别是厅领导干部和各党支部书记要率先垂范，带头学早一点、学深一点、用好一点、用活一点，带动全厅以及各个支部把党的十八大精神学得更加深入，领会得更加透彻，贯彻得更加自觉。二要做好宣传解读。全厅各党支部要注重学习宣传内容的全面性、准确性，全面系统阐释、准确把握党的十八大精神实质；要注重学习宣传形式的多样性、针对性，采取宣讲、座谈、交流、征文等形式，把集中学习和自学结合起来，突出重点内容，确保学习效果，使十八大精神深入人心。三要深入调查研究。全厅各党支部和全体党员干部，要按照十八大报告中提出的一些新目标、新思路，立足我省财政工作实际，结合厅党组成员专题调研活动等形式，抓紧制订明年专题调研计划，深入开展调查研究，提出新课题、拿出新举措，使我省财政事业改革发展更切合十八大精神要求，更符合我省发展现实需求。四要坚持联系实

际。全厅各党支部和全体党员干部要发扬理论联系实际的优良作风，把十八大对财政工作提出新目标、新任务、新要求与推进我省财政事业改革发展，与推动加快转型升级、建设幸福广东结合起来，学以致用，学用结合，切实以十八大精神武装头脑、指导实践、推动工作。

（二）要切实做好年底前各项工作

一是做好2013年预算编制工作。统筹好2013年的财力安排，科学编制2013年预算，优先保证涉及民生的资金需要，确保预算有安排、资金有准备。对各项重点支出，特别是关系保稳定、保改革、保发展的支出，要重点保证。同时，要创新预算编制方法，增强预算报告的可读性、科学性。二是抓好预算支出进度工作。从9月、10月预算执行情况看，我省财政支出进度回落明显，已经落后于时间进度5个百分点，在全国的排名也不乐观。厅各处室、单位务必高度重视，增强责任感和紧迫感，认真排查各支出项目，采取有效措施切实加快预算支出进度。各有关处室、单位主要负责同志作为预算执行的第一责任人，必须亲自抓预算支出进度工作，制订详细的支出任务完成计划，并将任务层层分解，落实到人，哪个环节滞后就追究哪个环节的责任。三是抓好增收节支工作。积极支持税务部门依法治税，实现应征尽收，努力完成今年财政收入目标任务。切实加强对地方财政工作的指导，帮助解决部分地区非税收入比重偏高的问题，坚决防止以各种形式收“过头税”或虚增非税收入的现象。继续落实国家和我省厉行节约各项制度措施，大力压减一般性支出，确保预算收支平衡。四是进一步加大保障和改善民生力度。抓紧推进基本公共服务均等化规划纲要修编工作；认真梳理十件民生实事资金落实情况，确保各级财政资金保障到位；要认真检查各项强农惠农富农政策措施落实情况，尽早下拨各项补贴资金和农业生产、水利建设资金。五是做好与人大代表的沟通交流工作。省人大将于明年一月换届，我们要高度重视做好与换届后省人大代表的沟通交流工作，重点要配合省人大做好新任代表培训工作以及2013年预算草案报告的情况说明。要通过丰富预算草案报告内容、编辑公共财政政策读本等方式，帮助人大代表更好地审议预算草案报告，同时要指导市县财政部门切实做好向人大代表的宣传解释工作，提高人大代表对财政工作的满意度，使财政工作赢得人大代表更大的支持。

（本文系作者2012年11月20日在省财政厅传达贯彻党的十八大精神大会上的讲话）

精心组织　突出重点　稳步推进
治理“小金库”专项工作和会计监督工作

（节选）

省财政厅党组成员、驻厅纪检组组长　邓桂明

一、加强领导，精心组织，三年来广东省“小金库”治理工作成效显著

2009年以来，我省严格按照中央对“小金库”专项治理工作的统一部署和步骤要求，稳步推进治理“小金库”专项工作。据统计，全省纳入“小金库”专项治理范围的单位共计59 048户，其中：党政机关12 737户，事业单位24 762户，社会团体11 091户，公募基金会95户，国有企业10 363户。经过自查自纠、重点检查、“回头看”、摸底排查、全面复查、督导抽查等工作，全省共发现“小金库”1 006个，涉及金额5.38亿元，目前已基本得到纠正和处理1 000个，占发现“小金库”总数的99.40%。三年来，全省上下周密部署，狠抓落实，积极开展“小金库”专项治理，取得重要成果。在“小金库”专项治理期间，中央专项治理工作领导小组组长、财政部长谢旭人同志曾到我省视察指导，中央治理办督查组三次到达广东督导检查，中纪委和中央治理办在广东召开了部分省市长效机制建设调研座谈会，均对广东专项治理工作给予充分肯定。省委、省政府领导对我省“小金库”治理工作专门作了批示，高度肯定了我省专项治理卓有成效。

（一）加强组织领导，营造浓厚氛围，形成齐抓共管局面

1. 组织领导有力。广东省委、省政府高度重视“小金库”专项治理工作，将其作为落实党风廉政建设责任制、推进惩防体系建设的重要任务。省委、省政府领导作出指

示，强调全省一定要认真做好“小金库”专项治理工作。参照中央专项治理领导机构模式，省里成立了由省财政厅党组书记、厅长曾志权担任组长，省纪委常委、省委巡视办主任姜斌和省审计厅副厅长何丽娟担任副组长，有关部门领导参加的领导小组，下设办公室，抽调专人负责日常工作。各级都成立了由财政部门主要负责人任组长、纪检监察、审计部门负责人任副组长，组织、宣传、公安、民政、银行、税务、银监和国有资产管理等部门领导为成员的治理“小金库”工作领导小组及办公室。各级纪检监察、财政、审计、民政和国资管理等牵头单位高度重视“小金库”治理工作，主要领导亲自过问，分管领导亲自挂帅，部门密切配合，为顺利开展治理工作提供了组织保证。

2. 责任落实到位。各地区各部门分级负责、分口把关，注意调动各方面积极性、主动性，形成一级抓一级、层层抓落实的治理工作机制，切实保证各项任务的落实。各级纪检监察、财政、审计、民政和国资管理等牵头部门高度重视“小金库”治理工作，成员单位之间通力协作，相互配合，分工明确，各司其职，每年制订工作计划、检查方案，确定工作目标，落实检查人员，在全省范围内形成有计划、有组织的行动方案，确保治理工作取得实效。

3. 广泛发动宣传。开展专项治理工作以来，我省各级治理机构认真学习、贯彻落实胡锦涛总书记和贺国强同志关于“小金库”治理工作的讲话精神，学习三次全国电视电话会议精神和谢旭人部长的指示要求，进一步提高认识，统一思想。各地充分利用报纸、广播、电视等各种新闻渠道，多形式、多层次、多角度地宣传“小金库”专项治理工作的重要意义、工作内容和政策规定，在全省形成良好的工作氛围。2011 年，各级治理机构还积极组织开展防治“小金库”知识竞赛活动。湛江、清远等地市精心组织党员干部及社会各界人士积极参与防治“小金库”知识竞答，在社会上营造出关注和支持“小金库”治理的良好氛围，为继续深化“小金库”专项治理工作打下了坚实的群众基础。为保证“小金库”专项治理工作的落实，我省先后印发了《关于印发〈广东省党政机关和事业单位开展“小金库”专项治理工作的实施方案〉的通知》（粤纪发〔2009〕16 号）、《关于印发〈广东省社会团体“小金库”专项治理工作方案〉的通知》（粤纪发〔2010〕16 号）、《关于印发〈广东省国有及国有控股企业“小金库”专项治理工作方案〉的通知》（粤纪发〔2010〕15 号）、《关于印发〈2011 年广东省“小金库”专项治理工作实施方案〉的通知》（粤纪发〔2011〕14 号）等一系列有关政策性文件，明确工作要求，同时认真组织培训，抓好布置落实及工作督导检查，确保工作有序进行。

（二）精心组织部署，狠抓重点环节，治理工作开展有声有色

1. 自查自纠百分百覆盖。2009 年以来，我省各地区、各部门、各单位按照中央和省的部署要求，先后开展党政机关、事业单位、社会团体和国有企业“小金库”专项治理自查自纠、重点检查、“回头看”、摸底排查、全面复查、督导抽查等工作，全省自查自纠及全面复查面达到 100%，实现了自查自纠全覆盖，取得明显成效。

2. 重点检查突出针对性。2009 年全省共成立 596 个检查组，组织 2 834 人参加重点检查工作，对 3 087 个党政机关和事业单位开展了重点检查，其中检查重点领域、重点部门、重点单位 2 083 个，全省重点检查面达到 8.56%。2010 年，全省共成立 386 个检查组，组织 2 369 人次，对 1 212个社会团体进行了重点检查；成立 792 个检查组，组织4 605 人次，对 1 890 个国有及国有控股企业进行了重点检查。2011 年，为了确保专项治理工作不重不漏、覆盖到位，我省在工作布置和资料上报方式等方面进行了细化和明确：各单位主要负责人是全面复查工作的第一责任人；各单位必须将全面复查情况在本单位公示 7 天；各单位在报送《“小金库”全面复查报告表》和文字说明的同时，必须一并报送《关于“小金库”治理工作的承诺》，确保责任落实，工作到位。

3. 加强督导整体推进。我省各级治理机构通过召开布置会、座谈会、个别约谈、通讯督导、实地督查等方式方法，加大“小金库”专项治理工作巡查督导力度。2009 年，省治理办连续派出督导组分赴我省 9 个地市开展工作督导。2010 年，着重将党政机关、事业单位“小金库”专项治理自查自纠“零申报”、重点检查“零问题”的“双零”县（市、区）列为重点督导抽查对象；在对工作薄弱的地区和单位开展督导抽查的同时，重点关注各地区各单位2009 年以来“小金库”专项治理工作成效和防治“小金库”长效机制建设等情况，省治理办先后派出督导组分赴省内 14 个地级以上市开展了督查，带动和促进了全省的治理工作。经过督查，2010 年 8 月，全省消除“双零”问题。2011 年，我省结合督导抽查、整改落实、机制建设和总结验收工作，分别由省纪委、省财政厅、省审计厅、省民政厅和省国资委等部门的有关领导带队，对全省 21 个地级以上市进行了全面巡查督导，有效地推进了我省防治“小金库”长效机制建设。

4. 严肃办案取信于民。为更好地掌握“小金库”的具体线索，我省各地区、各部门通过扩大宣传，设立举报信箱，设置举报电话、实行奖励举报等，拓宽举报渠道，规范举报办理，发动广大人民群众参与到“小金库”治理中来，为“小金库”检查提供明细线索，增强举报的威慑作用。2009 年以来，我省共受理举报 506 件，其中署名举报 113 件；核查举报 491 件，其中核查属实举报件数 80 件。仅 2011 年就受理举报 78 件，核查举报 75 件，核查举报发现“小金库”19 个，涉及金额 1 083.70 万元，因设立“小金库”和使用“小金库”款项受行政处罚和党纪政纪处分 15 人，移交司法机关处理 2 人。全省在三年“专项治理”期间，因“小金库”问题被追究责任的近 400 人。其中，被党纪政纪处分的 188 人，移送司法机关处理的 68 人。公开通报了 20 起典型案件，严格维护财经纪律。

（三）注重源头治理，狠抓整改落实，建立完善长效机制

1. 切实抓好整改落实。为确保我省的“小金库”专项治理工作顺利进行，2009年5月，省纪委印发了《关于在“小金库”专项治理工作中严肃纪律的通知》（粤纪发〔2009〕19号），对做好“小金库”专项治理工作提出了纪律要求。在“小金库”治理工作中，我省坚持边清查、边整改，发现什么问题就纠正和解决什么问题，强调抓好问题的整改落实，及时堵住漏洞，加强管理。按照中央治理办的工作要求，2011年，我省各级治理机构对2009年以来专项治理发现“小金库”问题的整改落实情况重新进行了检查梳理。在加强对违规资金进行处理的同时，加大对违纪违规责任人员的惩处力度。因设立“小金库”和使用“小金库”款项受单位内部处理66人，行政处罚69人，组织处理41人，党纪政纪处分188人，移交司法机关处理68人起到了震慑作用，有力地推动了问题整改的落实。

2. 全力推进机制建设。2009年以来，我省在继续深化和完善源头治理做法的基础上，坚持标本兼治、纠建并举，按照“边治理、边研究、边总结、边完善”的工作思路，将防治“小金库”长效机制建设贯穿于“小金库”治理全过程，努力构建和完善我省防治“小金库”的制度体系，在源头上防止“小金库”问题的发生。在2009年、2010年工作基础上，2011年，全省着力抓好“小金库”治理长效机制的推进工作，先后3次召开“小金库”专项治理工作会议，明确我省防治“小金库”长效机制建设工作方案，研究推进办法和措施。9月30日全国防治“小金库”长效机制建设经验交流电视电话会议之后，我省紧接召开了全省电视电话会议，贯彻落实全国会议精神，省治理“小金库”工作领导小组组长曾志权同志在会上作了讲话，提出了贯彻要求。10月开始，我省积极开展对省直部门和各地级以上市及所属单位“小金库”专项治理长效机制建设督导抽查和总结验收工作。为总结全省“小金库”专项治理工作成功经验，交流防治“小金库”长效机制建设先进做法，确保“小金库”治理工作由专项治理顺利转入常规防治，组织编撰《广东省防治“小金库”长效机制建设制度精选》，以供各地学习借鉴交流，促进各地推进长效机制建设。2009年以来，我省建立和完善防治“小金库”长效机制61 605项，包括加强教育15 657项，完善制度20 323项，深化改革10 651项，强化监督13 981项；其中属于新制定的制度和办法9 312项，长效机制建设效果显著。

（四）专项治理与制度建设相结合，惩防并举，确保“小金库”治理工作成效

我省“小金库”专项治理工作得到了中央和省委省政府的充分肯定。2010年8月，财政部部长、中央治理“小金库”工作领导小组组长谢旭人同志专门到广东检查指导“小金库”治理工作，充分肯定了我省“小金库”治理工作。省委副书记、省长朱小丹、省委常委、常务副省长肖志恒指出，我省“小金库”专项治理工作卓有成效，望再接再厉，建立长效机制，防患于未然。

1. 查处了一批违规违纪案件，“小金库”易发多发势头得到明显遏制。为发挥惩治的震慑和预防作用，扩大治理工作的社会影响，我省充分利用报纸、广播、电视等新闻渠道，多形式、多层次、多角度宣传治理工作，对治理工作中发现并查处的典型案例有选择地予以公开曝光。2009年12月21日，省治理办协同省纪委、省监察厅召开新闻发布会，向社会通报2009年我省开展“小金库”专项治理工作情况和10起违规私设“小金库”典型案件，要求全省各地各单位从通报的案件中吸取教训，引以为戒，进一步深化“小金库”专项治理工作。2010年9月，省治理办协同省纪委、省监察厅再次召开新闻发布会，对10起在重点检查和“回头看”中检查发现的涉案金额大、情节比较严重、性质比较恶劣的“小金库”典型案件进行了通报，强化舆论宣传力度，产生了良好的社会效果。通过对典型案件通报，起到了“举一反三”警示作用，防止同类问题反复发生。

2. 掌握了“小金库”发生和存在的规律特点，推动了长效机制建设，促进了经济社会健康发展。全省各地在治理“小金库”工作的同时，总结经验，查找症结，对“小金库”现象和数据认真梳理分析。经过查找、比对、分析和总结，发现“小金库”主要分布在基层，资金来源、用途因单位性质不同而不同。针对这些规律特点及症结分析，有针对性地开展了源头防治工作，有力地推动了长效机制建设。按照中央治理办的统一部署，我省认真组织“小金库”长效机制征文活动，工作得到中央治理办的充分肯定，获得组织奖。各地结合实际大力推进长效机制建设。清远市结合“小金库”治理工作出台《清远市财政局建立财政“大监督”工作机制的实施意见（试行）》，全面加强防治“小金库”的力度。惠州市出台《关于进一步推进市直预算信息公开的实施方案》，把“小金库”治理与政务公开、财务公开相结合，自觉接受广大群众的监督。肇庆市出台《关于印发〈肇庆市市本级财政资金拨款管理办法〉的通知》等制度，有效防范资金截留和挪用的问题。东莞市狠抓问题整改落实和长效机制建设，巩固治理成果。广州、深圳、中山、汕头、佛山、湛江等市在“小金库”治理工作中，成效明显。全省“小金库”治理工作也增强了社会各界特别是单位领导对“小金库”问题危害性、严重性的认识；推动了财政、金融和国有资产管理体制改革；增强了企业合法合规经营意识，有效遏制了利用“小金库”资金进行不正当竞争和商业贿赂的行为，维护了市场经济秩序，促进了经济社会健康发展。

3. 筑牢四个体系，建立完善“小金库”治理惩治体系。一是加强教育，构建起防治“小金库”思想体系。我省坚持教育在先，防范在前，从加强教育引导入手，通过举办“党纪、政纪、法纪”“三纪”教育学习班、“双集”（权力相对集中、资金密集）领导干部学习班等形式，将防治“小金库”的教育纳入反腐倡廉建设总体格局，建立健全防治“小金库”教育防范机制，提高教育的制度化、规范化水平。二是完善制度，构建起防治“小金库”保障体

系。我省继续推进政府职能转变，完善部门预算管理制度、行政事业单位国有资产管理制度、政府采购制度、国库集中支付制度、“收支两条线”管理制度等，构建起防治“小金库”保障体系。三是深化改革，构建起防治“小金库”创新体系。我省进一步深化党政机关部门预算改革、事业单位改革、社会团体改革和企业改革，积极构建防治“小金库”创新体系。四是强化监督，构建起防治“小金库”执行体系。我省进一步建立完善监督检查机制，加强对权力运行的监督制约，把党内监督、群众监督和审计监督、行政监察紧密结合，增强监督的整体合力。完善单位内部控制制度，加强内部审计力度，强化社会中介机构对事业单位、社会团体和国有企业的财务审计监督。建立健全财政预决算和单位财务公开机制，不断扩大公开范围，强化阳光操作和社会舆论监督。进一步完善“小金库”违法行为责任追究法规制度，建立健全责任追究和案件移送制度，严肃对违法违规责任人的处理。

（五）我省开展“小金库”治理工作的主要经验

2009年以来，我省各级治理机构按照中央和省的部署和要求，坚持源头治理，扎实开展工作，初步构建了长期管用的防治体系，有力推动了我省“小金库”专项治理工作的深入开展，取得了明显成效，积累了宝贵经验。

1. 领导重视、部门配合是前提。省委、省政府高度重视“小金库”治理工作，省委副书记、省长朱小丹，省委副书记朱明国，省委常委、常务副省长肖志恒等省领导专门作出重要批示。省治理“小金库”工作领导小组的领导多次听取“小金库”专项治理工作阶段情况汇报，对工作作出具体指示。省纪委、省监察厅、省财政厅、省审计厅、省民政厅和省国资委等牵头单位高度重视“小金库”治理工作，主要领导经常过问指导，分管领导挂帅抓落实。全省各地专项治理领导机构做到领导到位、责任落实全省各级治理机构切实履行职责，加强组织协调和配合，确保治理工作取得实效。

2. 资产资金制度改革先行先试是基础。2001年开始，我省在全国就率先开展了清理预算单位银行账户、统一公务员津贴补贴、清理党政机关事业单位培训中心和经营性资产等专项工作，这些措施从源头上有效遏制了党政机关和事业单位私设“小金库”问题。3年来，虽然我省也查出违规私设“小金库”1 000余个，但问题主要集中在市县的事业单位、社会团体和国有企业。因此，我省特别是省级资产资金制度改革先行先试，为“小金库”专项治理工作顺利开展奠定了制度基础。

3. 教育、制度、监督三管齐下是重要举措。在专项治理工作中，我省针对诱发“小金库”的各种因素，对照相关制度办法和管理措施进行对比研究，查找不足，认真分析、研究，建立完善相关制度、实施细则和管理办法；注重建立和完善警示教育制度，利用“小金库”违法违纪典型案例，对领导干部进行提醒、告诫和警示；注重日常监督和专项监督相结合，确保“小金库”专项治理工作取得实效。

4. 各级治理办工作人员团结协作是保障。“小金库”专项治理工作政策性强，涉及面广，责任重大，任务艰巨。我省各级“小金库”领导小组成员单位顾全大局，派出业务骨干参与“小金库”专项治理工作，各级治理办工作人员认真学习政策法规，团结协作、优势互补、形成合力。2009年以来，我省各级治理机构工作人员任劳任怨，不计个人得失，为“小金库”专项治理献策献力，是我省“小金库”治理工作取得成效的直接保障。在此项工作中涌现出了许多先进个人和感人事迹，借此机会，我代表牵头部门及省治理办向全省各地各部门在“小金库”治理工作表现突出的同志表示敬意，并通过你们向参加“小金库”治理工作的全体同志表示衷心的感谢。

二、服务大局，突出重点，深入开展会计监督工作

2011年，全省财政部门坚持以贯彻落实科学发展观为指导，紧紧围绕积极财政政策的实施和财政中心工作，服务改革发展大局，加强领导，精心组织，切实加强会计监督，全面推进会计信息质量检查和会计师事务所监管工作。2011年，全省各级财政部门共对533户单位进行了会计信息质量检查，查出违规金额约6亿元，补缴税款约3 000万元；对97家会计师事务所进行了检查，责令10家会计师事务所进行整改，对1家会计师事务所和2名注册会计师给予了暂停执业的行政处罚。我省的工作得到财政部的充分肯定，财政部在《关于2011年地方财政部门开展会计信息质量检查和会计师事务所执业质量检查情况的通报》（财办监〔2012〕5号）中，在组织领导、综合考核、创新方法手段、扩大检查成效和上报总结成果等多方面点名肯定广东的做法。

（一）服务大局，突出重点，全面推进会计信息质量检查工作

1. 组织指导有方，监督检查进一步加强。严密组织，稳步推进。在开展检查前，组织检查人员学习财政部统一下发的检查软件、业务、工作纪律，细心研究制订工作计划等。在检查过程中，全面掌握被检查单位生产经营、财务管理等基本情况介绍，以尽快找准工作的切入点和突破口，做到深入了解情况、准确发现问题；科学分工、突出重点，有序推进。对检查遇到的疑难问题及时查询，对能确认的违法违规问题及时取证。检查过程确保依法依规依程序进行。在检查组结束外勤检查后，依据国家有关法律、法规，认真组织讨论，实事求是提出处理意见，在反馈意见后，及时下达处理决定。

2. 检查重点突出，大局意识进一步增强。2010年12月在深圳召开的全国会计监督检查总结交流会，财政部党

组成员、纪检组长刘建华作了重要讲话，部署加强全国会计监督工作。深圳会议后，省财政厅党组高度重视，确定在“两基”建设中由监督检查局牵头做好“强化财政预算监督，建立覆盖所有政府性资金和财政运行全过程的监督机制，强化事前和事中监督，促进监督与管理的有机融合，推进监督关口前移”，并提出我省贯彻意见，进一步明确了工作任务，突出了工作重点，即抓好宏观调控和重大财政政策贯彻落实的会计监督工作；抓好财政增收节支的会计监督工作；抓好维护会计秩序的会计监督工作；抓好会计监督的“双基”建设工作，发挥会计监督在财政监督中的基础作用。

3. 检查规模扩大，监督效应进一步凸显。2011 年，省财政厅印发了《转发财政部关于组织地方财政部门开展 2011 年度会计信息质量检查和会计师事务所执业质量检查的通知》（粤财监〔2011〕55 号），向 20 个地级以上市和 5 个省直管试点县共分配会计信息质量检查项目 500 项。全省共检查 533 户，查出会计核算不实金额约 6 亿元，补缴税款约 3 000 万元。广州市对 27 家外商投资企业开展检查，找准切入点，运用多种检查思路和方法，查出违规资金 20 681.27 万元。佛山市顺德区贯彻落实财政部今年监督检查重点，开展对当地重点中学和大型医院的会计信息质量检查。此外，清远、东莞、惠州、汕头、阳江、汕尾、中山、茂名、河源、韶关、梅州等市的会计信息质量检查工作也取得明显成效，会计信息质量检查的规模不断扩大，监督检查效应进一步凸显。

4. 严格执法检查，检查影响进一步扩大。为维护监督检查的权威性、严肃性和成效性，2011 年，我省加大跟踪问效力度。一是领导亲自带队到省属企业、市县通报财政检查情况、督导验收整改工作；二是对被检查过的单位，不定期地回访整改情况，达到以查促管的目的。此外，对检查发现的问题，在依法进行处理的同时，及时提出加强会计基础工作，建立健全内部控制制度等意见和建议，得到了各有关单位的理解和支持，发挥了会计信息质量检查的服务功能。

（二）协调统一，整合资源，强化会计师事务所防治腐败工作和日常监管

1. 严密部署，精心组织我省审计与会计服务机构防治腐败专项工作。2011 年，按照省政府、省纪委关于开展市场中介机构防治腐败工作的部署，全省财政部门开展对会计与审计服务机构为重点的防治腐败专项治理工作。经过动员部署、组织摸底调查、自查自纠、督查问题和整改落实等阶段，该项工作顺利完成。据统计，截至 2011 年 7 月，全省共有会计师事务所（含深圳）758 家，执业注册会计师 8 038 名。全省会计师事务所按要求开展自查自纠，建立健全防腐制度，规范执业行为，提高服务质量。监管部门完善制度，加强管理，强化监督检查，维护市场秩序，专项工作取得预期效果。在全省中介机构防治腐败工作经验交流会上，省财政厅、省注协分别作了交流发言，省政府、省纪委对财政部门的工作予以充分肯定。江门市作为审计与会计服务机构防治腐败工作试点单位，成效明显，得到省纪委的肯定。

2. 扎实推进，全面开展 2011 年会计师事务所执业质量检查工作。按照财政部开展 2011 年度会计师事务所执业质量检查的统一要求，会同广东省注册会计师协会组织开展了广东省 2011 年会计师事务所执业质量自查、巡查和重点检查工作，在全省范围通报会计师事务所自查情况，并利用电子信息系统对会计师事务所上报的自查资料进行汇总分析，有选择性地确定重点检查对象。全省共重点检查 97 户会计师事务所，占全省总户数 477 家的 20.33%。同时，加大对注册会计师行业违规情况的惩处力度。截至 12 月底，已对 1 家会计师事务所和 2 名注册会计师做出暂停执业处罚，对 2 家会计师事务所和 2 名注册会计师做出警告处罚，处以罚款 8.5 万元，没收违法所得 0.8 万元。同时抓好对会计师事务所的投诉、举报案件的办理。2011 年，已受理对 8 家会计师事务所的投诉举报案件，并对发现的问题进行了处理。

3. 建章立制，加强和规范对注师行业的行政监督。根据注册会计师行业发展的新形势和会计监督面临的新情况，认真组织学习《注册会计师法》、《会计法》和《会计师事务所审批和监督暂行办法》、《信访条例》等，提高监督干部的政策水平；围绕注册会计师行业监督工作法制化、规范化的目标要求，结合广东实际，在多方论证、咨询财政部和省有关专家的基础上，研究拟定了《广东省财政厅注师行业监督规程》，为加强和规范对注册会计师行业的行政监督创造有利条件。

（三）会计监督工作的主要经验

1. 领导重视。广东省财政厅党组历来高度重视会计监督工作，充分肯定会计监督成绩，多次作出部署。曾志权厅长等厅领导多次作出批示，加强工作指导，明确工作方向和要求。在工作中，省、市、县财政部门领导亲临检查第一线，给检查组同志鼓励和指导。领导重视和关怀为会计监督工作的顺利开展提供了重要的组织保障。

2. 周密计划。年初，省财政厅就制定出台了 2011 年会计信息质量检查工作方案，明确了会计监督的主要内容、目标任务、时间安排、组织方式、考核办法等，为全年工作的顺利开展奠定基础。财政部有关文件下达后，省财政厅迅速转发共下达市县会计信息质量检查项目 500 项，投入检查力量 1 174 人，组织对 533 户单位的会计信息质量进行了检查。在计划下达之后，省财政厅采取一系列措施，推动会计监督工作，如以考评促提升，根据我省制定的《广东省财政监督部门管理工作评比试行办法》，把会计监督工作完成情况纳入考评范围，每年评选 10 个先进地市在全省通报表扬；采用激励机制分配下达财政监督工作经费，为基层会计监督工作顺利开展提供经费保障。

3. 精心组织。省财政厅紧密结合我省的经济环境开

展会计监督工作，对内通过厅监督局与会计处、省注协和绩效评价处的协作和沟通，增强监管合力；对外与省纪委、省国资委、省审计厅等部门加强联系，畅通渠道，资源共享，取得较好成效。市县财政部门也参照省厅的做法做到：检查前有计划、有培训；检查中全面掌握情况，有针对性；检查后有结论、有反馈。在具体项目实施中，注意统筹协调，周密计划，精心组织，环环相扣，确保质量。

4. 加强督导。会计信息质量和会计师事务所执业质量的主要责任还是在企事业单位和事务所。为了做到点面结合，以点带面整体推进会计监督工作，省财政厅在布置自查（100%）的基础上，开展了巡查督导（10%～30%）。之后，根据自查和巡查情况，抽取少部分单位作为重点检查对象。并注重跟踪问效，标本兼治，提高监督的整体效力。一是领导亲自带队到省属企业、会计师事务所、市县巡查；二是对被检查过的单位，及时通报情况，不定期地回访整改情况，掌握第一手材料，交流情况和看法，增加了解、达成共识，达到以查促管的目的。

5. 完善程序。一是坚持自查、巡查、重点检查相结合的“三查”制度，做到自查面100%、巡查面10%－30%，有力促进了各单位和企业提高会计信息质量；二是坚持查前公示、查中督导、查后公告的信息公开制度，对自查通知、巡查通知、重点检查通知均提前于网上进行公示；三是坚持按有关规定执行检查的程序和步骤，做到依程序检查。通过不断完善会计监督程序，有力保障会计监督各项工作的顺利开展，体现了依法行政的要求。

6. 共享成果。一是监督信息共享。通过加强与专员办、审计、税务等部门的通力合作，变“单兵作战”为“协同出击”，取得了事半功倍的效果，在检查计划、工作信息上相互共享，检查结论上相互利用，有效避免了重复检查。二是加强与财政部门有关业务机构的沟通协调。在检查对象的确定、违法违纪问题的处理以及加强管理的意见和建议等方面，充分与财政部门业务机构沟通，既有利于监督机构有针对性地开展检查，也有利于各业务机构参与、理解并支持监督，切实提升了监管效能。三是加强与省“小金库”治理办的协作。把“小金库”检查与财务会计信息检查、长效机制建设有机结合起来，发挥整体效应。

三、认清形势，明确任务，扎扎实实做好2012年工作

2012年是实施“十二五”规划承上启下的重要一年，也是贯彻广东省委十届八次全会提出加快转型升级、建设幸福广东的重要之年。新的形势和任务对财政管理与改革及财政监督工作提出了更高的要求。因此，我们一定要认清形势发展变化，抓住有利机会，顺势而为，努力推进2012年各项工作。

（一）进一步提高认识，把握机遇推动监督检查工作

会计工作是经济和财政工作的重要基础，是完善市场经济体制的重要保障，发挥着信息保障、决策支持、风险预警、管理提升等重要作用。加强对会计和注册会计师行业的监管，维护市场经济秩序，是《会计法》和《注册会计师法》赋予财政部门的重要职责。“小金库”问题从会计上反映就是会计信息失真问题，加强“小金库”专项治理工作也是会计监督工作的重要任务。强化会计监督是加快转变经济发展方式的重要保障，是国际经济交流合作的必然趋势，是从源头上治理腐败、维护社会公平正义的重要手段，是财政科学化、精细化管理的根本要求，是财政监督长远发展的重要基础。

今后一个时期，各地要按照财政部的统一部署，进一步树立财政部门在会计监管和注册会计师行业行政监管方面的主导地位，将会计监督作为财政部门全面履行宏观调控、市场监管、公共服务等政府职能的重要抓手，综合运用会计信息质量检查和会计师事务所执业质量检查两种手段，健全完善重点检查和日常监管两种方式，进一步加大监督力度、树立监管权威，形成覆盖全面、运转协调、规范高效的会计监督体系，在保障财税政策执行、促进经济结构转型、服务保障民生、深化改革开放等方面发挥更加积极的作用。

（二）完善长效机制，落实“小金库”治理的制度化、规范化和常态化

“小金库”专项治理阶段性工作已圆满完成，下一步要按照中央部署和省委、省政府要求，大力推进和完善防治“小金库”长效机制建设，实现“小金库”治理工作的制度化、规范化和常态化。一是进一步明确分工，建立和完善纪检监察、财政、审计等相关部门的协调机制。财政部门侧重日常会计信息质量监管，审计部门侧重审计检查，纪检监察部门侧重监管责任落实的监督与违纪问题查处，部门之间要加强沟通协调，信息共享，形成监管合力。二是进一步深化改革，着力解决防治“小金库”的体制机制问题。继续深化财政管理体制改革，规范公务员津贴补贴和深化事业单位收入分配制度改革，规范收入分配秩序。推进社会组织管理体制改革，规范社会组织管理。三是进一步完善制度，着力堵塞财政财务和资产管理漏洞。要加强财政预算、银行账户、现金管理，建立健全行政事业单位、社会组织、国有企业和金融机构的内部控制，加强国有资产出租处置收入、会议费、培训费和劳务费等方面管理，进一步加大打击假发票力度。四是进一步加强教育培训，着力增强领导干部遵守财经纪律的自觉性。加快建立健全教育防范机制，把严守财经纪律纳入领导干部教育培训之中，建立和完善警示教育制度，切实增强广大干部特别是单位主要领导遵守财经纪律的自觉性。五是进一步强化监督，着力推动“小金库”治理的常态化。加强相关职能部门对“小金库”问题的日常监督检查，加大“小金

库”问题处理处罚和责任追究力度，并进一步推进财政预决算公开和单位财务公开，通过加强群众监督和社会监督有效遏制“小金库”问题发生。

（三）明确重点要求，扩大会计监督成效

会计监督检查具有检查深入、效果显著、社会影响大等特点，特别是全省范围的专项检查具有极强的震动效应。今后，必须进一步强化和提升，在确保一定规模的同时，必须在突出检查重点、加大检查力度、提升检查成效方面下工夫。2012年，按照财政部的统一部署，要重点抓好以下几方面会计监督工作：一是紧紧围绕积极财政政策的实施和经济发展方式转变等要求开展检查；二是紧紧围绕关系群众切身利益的社会热点难点问题和民生项目开展检查；三是紧紧围绕加强预算管理和深化财税改革，加强对行政事业单位预算执行情况的监督检查，为推进财税改革服务；四是紧紧围绕《会计审计准则》和《小企业会计准则》的贯彻实施开展检查；五是紧紧围绕强化注册会计师行业行政监管开展检查。

（四）加强资源整合，形成会计监管合力

各地要以构建会计监督长效工作机制为目标，从整合监管力量、完善监管机制入手，在全省范围内形成会计监督工作的规模效应和整体推进。一是财政部门加强与相关部门的沟通配合，形成横向联合机制。要进一步加强与税务、审计、国有资产管理、金融监管等部门的协作配合，形成齐抓共管、各负其责、综合治理的良好工作局面。二是加强财政部门内部机构的资源整合，形成内部协作机制。监督机构应加强与会计、法规、注协等内部机构的协同配合，与财政管理、会计管理工作紧密结合起来，拓展监督领域、提高检查成效，形成监管合力。三是上下级财政部门之间要按照财政部和省的要求开展联合检查，实现上下联动，切实做到“守土有责”，充分发挥就地监管的优势，扩大会计监督的影响。

（五）强化“双基”建设，提升会计监督水平

2010年，财政部印发了《关于加强财政监督基础工作和基层建设的若干意见》（财监〔2010〕81号，以下简称《若干意见》），对进一步加强财政监督基础工作和基层建设（以下简称“两基”工作）作出了重要部署。我省要按照《若干意见》的指示精神，加强财政“两基”建设，重点加强对县乡财政监督工作的指导，加强制度建设、信息化建设和队伍建设，推进财政科学化精细化管理。具体要求是：完善会计监督“三查”制度（自查自纠、巡查督导和重点检查），研究制定注册会计师行业监督办法和审理规程；建立完善会计信息质量检查公示公告制度、信息报送制度和会计监督成果运用制度；进一步完善考评方式方法；大力推进会计监督信息化工程，创新监督手段，提高工作效率；切实加强队伍建设，提高会计监督干部素质。总之，要按照财政部和省财政厅党组的部署及财政改革发展要求，牢固树立大监督理念，探索建立健全覆盖所有政府性资金和财政运行全过程的监督机制，完善财政收支监督和会计监督的工作制度，创新方式方法、不断提高财政监督水平。

（本文系作者2012年2月15日在全省“小金库”专项治理暨2011年会计监督工作总结交流会上的讲话）

提高认识 狠抓落实
深入推进财政党风廉政建设和反腐败工作

（节选）

省财政厅党组成员、驻厅纪检组组长 邓桂明

一、2011年我省财政党风廉政建设和反腐败工作的回顾

2011年，全省财政部门紧紧围绕“加快转型升级、建设幸福广东”这一核心，坚持以人为本、执政为民，坚持“标本兼治、综合治理、惩防并举、注重预防”的方针，立足“教育为先、制度为重、强化监督、惩防并举、确保安全”的工作思路，财政党风廉政建设和反腐败工作取得新的明显成效。

（一）加强监督检查，确保省委、省政府决策部署在财政部门的贯彻落实

全省财政部门认真组织开展加强对省委、省政府决策部署落实情况的监督检查。一是开展对新财政体制机制实施执行情况的监督检查。加强对推进新的分税制财政体制、县以下政权基本财力保障机制、省直管县财政改革情况的监督检查，保证财税政策的顺利实施。二是开展对加快转变经济发展方式的监督检查。着力开展对加强和改善宏观调控、加快经济结构调整、保障和改善民生等政策措施落实情况的监督检查，不断强化对社保基金、扶贫救灾、涉农补贴资金等与群众切身利益相关的专项资金的监管，确保省委、省政府办好“十项民生实事”，促进我省加快经济发展方式转变决策部署的落实。三是开展对重点专项资金分配使用情况的监督检查。加强对支持战略性新兴产业发展资金、扶持重点区域、重点园区、重点产业发展资金和促进进口专项资金资金竞争性分配的监督，促进了财政资金分配的公平、公正、公开。全省共有89项财政专项资金实施了竞争性分配改革，涉及财政资金超过170亿元。四是加强惩防体系建设情况的监督检查。组织对全省惩防体系建设省财政厅牵头实施的8项任务和40项配合工作进行逐项梳理，总结成效，扎实推进，不断深化惩防体系建设成果。

（二）全面深化财政改革，财政惩防体系建设和专项治理工作取得重要阶段性成果

财政管理制度改革不断深入。2011年，围绕健全公共财政体系，我省财政率先开展并深化推进了20项重点改革，成效显著，为确保按照省委要求提前一年全面完成惩防体系建设任务提供了坚强有力的保证。积极推进预算公开和“三公”经费公开，提高了预算透明度。2011年我省预算报告附表由9张增加到19张，并首次向社会公开了省直行政机关、事业单位2010年财政拨款开支的“三公”经费支出决算情况。国库集中支付改革全面深化，财务核算信息集中监管实现了统一电子核算平台、统一会计核算规程、统一会计核算软件的“三统一”。全省国库集中支付资金从2007年底的1 591.73亿元扩大到2011年的近5 000亿元，年均增长率近70%。政府采购监督管理进一步加强，采购规模不断扩大，全省电子政府采购平台进一步完善。新的分税制财政体制运行平稳，县以下政权基本财力保障机制、省直管县财政改革等扎实推进。不断强化对社保基金、扶贫救灾、涉农补贴资金等与群众切身利益相关的专项资金的监管，确保资金的合规使用。在全省反腐倡廉制度改革与创新会议上，曾志权厅长代表省财政厅作了经验交流发言。

专项治理工作取得阶段性成果。一是治理“小金库”工作成效显著。重点抓好全面复查、督导抽查、整改落实和机制建设等工作，认真开展督导抽查工作，做好举报受理及办理工作，研究建立长效机制。经过三年专项治理，全省检查发现“小金库”1 006个，涉及金额5.38亿元，党纪政纪处分188人，移交司法机关处理68人。各地各部门共建立完善防治“小金库”长效机制61 605项，其中加强教育15 657项，完善制度20 323项，深化改革10 651项，强化监督13 981项，有力推进治理工作制度化、规范化和常态化，巩固专项治理成果。我省“小金库”专项治理工作得到中央专项治理领导小组组长、财政部部长谢旭人、省长朱小丹、常务副省长肖志恒等领导和中央督查组的高度肯定。二是认真开展市场中介组织防治腐败工作。从宣传发动、摸底调查、自查自纠和开展督查四方面，对以会计师事务所为重点的财政监管的中介机构开展专项治理。2011年共检查会计师事务所97家，其中责令整改10家，对违法违规机构和人员依法予以行政处罚，提高了从业人员对防治腐败工作重要性的认识，积极营造防治腐败工作的良好环境和氛围，工作得到省专责小组领导和省纪委检查组的充分肯定。在全省会议上，省财政厅、省注协分别做了工作交流发言。三是推进落实厉行节约有关规定。通过采取加强预算管理等措施，严格控制会议、出国、公车费用及公务接待等行政支出，努力降低行政成本。肇庆、东莞、湛江修订完善公务费用管理办法，加强监督；广州市对定编车辆出台新的管理措施，不断规范公务用车行为。

（三）扎实推进廉政文化建设，进一步增强财政干部的拒腐防变意识

全省各级财政部门结合财政业务和干部队伍实际，坚持把廉政文化建设贯穿于干部日常教育全过程，不断加强廉政教育的引导性、针对性、有效性和实效性。一是开展“三纪”教育，增强教育的有效性。省财政厅召开厅党组党风廉政建设专题学习会，进一步增强厅党组加强党风廉政建设的核心作用；组织厅各处室单位党支部认真开展反腐倡廉的专题学习活动，促进财政资金和财政干部两安全；举办处以上干部“三纪”教育学习班，曾志权厅长亲自作“三纪”教育报告，组织全厅党员干部近500人到监狱进行廉政警示教育活动，增强自警自律意识。二是深入剖析财政“十一五”案件，增强教育的针对性。将“十一五”时期我省财政系统发生违法违纪典型案件按照案件性质、案件特点、案发原因以及案件整改措施等进行深入剖析，研究案发规律，排查廉政风险点，探索防治对策，开展以案说法、以身边事教育身边人活动。三是认真开展纪律教育学习月活动，增强教育的引导性。全省各级财政系统积极创新教育形式，开展丰富多彩的纪律教育活动。省财政厅围绕“以人为本、执政为民”主题，邀请有关专家作学习辅导报告，结合《广东财政大讲堂》开展廉政专题讲座，编印《纪检通讯》，在做好规定动作的同时开展“自选动作”。深圳、中山、惠州组织党员干部参加党建知识竞赛等活动，增强党员干部的廉洁自律意识；梅州、茂名、云浮、汕尾把纪律教育学习与机关作风建设紧密结合，机关作风和党风廉政建设取得了明显成效；阳江、清远、佛山举办反腐倡廉书画摄影作品展、开设“廉政影院”和廉政文化阅览室等主题活动，以廉载文，营造风清气正的良好氛围。

四是加强节日党风廉政教育，增强教育的实效性。结合元旦、中秋、春节等传统节日，向党员干部发送节日廉政短信，增强党员干部的廉洁自律意识。

（四）开展廉政风险防控机制建设，建立健全反腐倡廉各项制度规定

2011年，我省各级财政部门不断深化制度建设，着力建立健全财政源头治腐的长效机制。一是建立健全制度体系，提高制度执行力。吸取发生在其他省市财政系统违法违纪案例教训，针对财政资金的分配、调度、存储、支付等问题易发部位和环节，开展财政资金安全检查。2011年，省财政厅共修订和完善各项财政资金分配管理制度42项。揭阳、珠海、河源、汕头认真开展财政资金在商业银行开设账户情况清理，江门、韶关、潮州加强财政专项资金的监管制度，确保资金的安全运行。二是认真开展制度廉洁性评估工作。按照省纪委开展制度廉洁性评估试点工作要求和部署，认真组织开展制度廉洁性评估工作，对省财政厅牵头实施和公布实施以及正在起草制订中的地方性财政法规、政府规章和其他规范性文件进行全面清查和梳理，全厅各处室、单位共梳理统计现行规范性文件59件，确定为评估对象的19件，开展评估8件，及时上报评估工作结果，工作得到省纪委的充分肯定。三是组织开展廉政风险防控管理。按照财政部工作要求，省财政厅在2009年权力排查和规范权力运行的基础上，制定印发《广东省财政厅廉政风险防控管理工作实施方案》，将厅各处室、单位及各工作岗位，所有财政业务权力和内部行政管理权力纳入廉政风险防控范围，加强重要权力事项、关键环节和重点岗位的廉政风险防控管理，逐步建立健全前期预防措施防线、中期监控机制防线和后期处置机制防线“三道”廉政风险防线，促进依法理财和依法行政。

（五）深入贯彻《廉政准则》，加强对党员干部的监督

全省各级财政部门以深入贯彻落实《廉政准则》为抓手，切实加强对党员干部的监督，促进权力规范运行。一是加强反腐倡廉各项规定执行情况的监督。认真组织学习《廉政准则》、《关于实行党风廉政建设责任制的规定》和财政法律法规。认真执行《广东省财政厅工作运行规程》，严格抓好《关于实行党政领导干部问责的暂行规定》和《广东省财政厅实行处级领导干部问责的实施意见》的贯彻落实。2011年，省财政厅组织全厅140名处以上党员干部进行个人有关事项的申报登记并建立廉政档案，进一步加强对领导干部配偶、子女出国（境）定居报告制度执行情况的监督，落实新招录公务员上岗廉政教育制度。二是加强对干部选拔任用的监督。切实加强对厅工作人员招录和选拔提任的监督工作，驻厅纪检组参与新招录人员笔试、面试等15场次，对提任的32名干部进行廉政考察和任前谈话，着力提高“凭能力定使用，靠实绩求进步”的选人用人公信度。三是认真开展离任审计工作。组织离任审计小组对4名正处级干部进行了离任审计，针对发现的问题，提出整改意见，堵塞漏洞。四是认真组织开展“民声热线”上线工作。省财政厅于去年12月分两期参加了“民声热线”上线直播节目，及时组织核实22件群众反映的热点问题，落实责任，督促及时整改并回复投诉人，有效促进了作风建设。五是积极配合省委巡视工作。认真配合省委第四巡视组做好对省财政厅的巡视回访工作，积极组织协调巡视组与省财政厅领导班子成员、厅机关和直属单位处以上干部进行个别谈话47人次，协助巡视组到2个地级市进行巡视考察。

（六）认真做好信访和查办案件工作，维护党纪政纪的严肃性

全省财政系统把做好信访工作和查办案件作为从严治党、惩治腐败的重要手段，坚持依法依规，精心筛选案件线索，积极开展初查核实，加大查办案件力度，切实做到有诉必核，有案必查。2011年，驻厅纪检组和全省地市财政系统共收到群众来信来访68件，其中驻厅纪检组50件、地市财政系统18件。对涉及省财政厅的信访举报件，驻厅纪检组及时组织核查，对群众反映的一些苗头性问题，及时找有关人员谈话，进行提醒教育；对举报失实的及时予以澄清，履行保护干部职能；对经初查核实确有违纪违法问题的，从严查处。2011年，驻厅纪检组通过直接查办和转办报结果的形式，共对7个信访件进行了核查。各地财政部门对信访案件认真组织核实，共立案5件10人，已给予党纪政纪处分9人，移送司法机关处理1人，追缴公款88.2万元。同时还积极配合上级纪检监察机关和司法机关做好案件检查的协调工作，驻厅纪检组协助有关部门、单位协查案件10多件次。

（七）加强财政纪检监察队伍自身建设，不断提高工作水平

全省各级财政纪检监察部门高度重视队伍建设，从进一步强化政治观念、大局观念、责任观念、群众观念和自律观念“五个观念”着手，加强自身干部队伍建设，为财政工作的有序开展提供了有力的纪律保证。一是加强思想政治教育。严格要求纪检监察干部始终在政治上、思想上、行动上与党中央保持高度一致，始终保持正确方向，坚定政治立场，严守政治纪律，增强为大局而谋、为大局而干的自觉性和坚定性。二是健全内部管理制度。建立健全内部管理制度规定，进一步修订完善信访核查、纪检监察工作调研等制度，不断提高自身的业务能力和水平。三是加强调研学习。开展多种形式的政治理论和业务知识学习，认真开展工作调研、扶贫、创先争优和“读廉政幸福书”等各项活动，举办第六期全省财政系统纪检监察干部培训班，努力提高纪检监察干部工作能力。

2011年是全省财政系统反腐倡廉建设工作取得新成效的一年，为全面落实省委、省政府的各项重大决策部署发挥了重要保障作用。但是，当前工作还存在的一些问题：

预算、执行、监督还存在相互脱节的问题，对财政权力运行的监督制约有待加强；财政改革仍然面临不少矛盾，治本抓源头任务艰巨；廉洁自律有关规定落实还不够，反腐倡廉制度执行力仍需强化；干部队伍作风方面仍存在一些问题，查办案件的能力还有待进一步提高。对这些问题，我们必须高度重视，认真研究解决与改进。

二、2012 年我省财政反腐倡廉建设的主要任务

2012 年是全面实施“十二五”规划承上启下的重要一年，我省财政改革发展任务繁重，做好财政反腐倡廉工作使命光荣、意义重大。今年工作的指导思想是：全面贯彻十七届中央纪委七次全会、全国财政反腐倡廉建设工作会议、十届省纪委六次全会和全省财政工作会议精神，深入贯彻落实科学发展观，紧紧围绕“加快转型升级、建设幸福广东”的核心任务，坚持标本兼治、综合治理、惩防并举、注重预防的方针，以廉政风险防控机制建设为载体，加强对财政权力运行的监督制约，加强财政干部思想作风建设，促进财政改革发展，深入推进惩防体系建设，为广东财政当好推动科学发展、促进社会和谐的排头兵作出新贡献。重点抓好以下工作：

（一）严明党的政治纪律，确保省委、省政府重大决策部署的贯彻落实

1. 严格执行党的政治纪律。加强对党的政治纪律、组织纪律、经济工作纪律和群众工作纪律落实情况的监督检查，坚决维护党的纪律的严肃性和权威性，用严格的纪律保障党的纯洁性。各级财政部门要把严明党的纪律作为贯彻执行党风廉政建设责任制的重要内容，引导和督促广大财政干部自觉同党中央在政治上思想上行动上保持高度一致。各级财政纪检监察机构要加强对党的政治纪律执行情况的监督检查，严肃查处违反政治纪律的行为。

2. 加强对中央和我省重大决策部署贯彻落实情况的监督检查。紧紧围绕“加快转型升级、建设幸福广东”，更好地把稳增长、控物价、调结构、惠民生、抓改革、促和谐有机结合起来，加大对转变经济发展方式、财政政策措施落实情况的监督检查力度，着重开展对加强和改善宏观调控、加快经济结构调整、保障和改善民生等政策措施落实情况的监督检查。进一步加强对积极财政政策落实情况以及“三农”资金、民生支出和转移支付资金分配使用情况的监督检查，保障财税政策有效落实，维护改革发展稳定大局。

3. 健全监督检查机制。进一步建立覆盖所有政府性资金和财政运行全过程的监管机制，建立财政监督成果与预算管理挂钩机制，将预算安排与资金使用效益挂钩，将监督结果落实到具体责任单位或责任人。加强财政监督检查和行政监察协调配合，增强监督合力，健全长效机制和纪律保障机制，提高监督工作绩效。

（二）进一步落实党风廉政建设责任制，不断推进反腐倡廉建设

各级财政部门要切实增强忧患意识、责任意识和风险防控意识，按照统一领导、统一部署、统一组织和重在落实的要求，把反腐倡廉建设作为重点工作来抓，列入重要议事日程，纳入财政事业发展的整体规划、寓于各项财政改革和重要政策措施之中。从制定规划、组织领导、制度保障、督促检查等方面采取措施，建立健全反腐倡廉建设的领导机制和工作机制。要始终坚持“两手抓、两手都要硬”的方针，做到推动工作、加快发展坚定不移，预防腐败、端正党风毫不放松，及时发现和解决反腐倡廉建设方面的苗头性、倾向性问题，以加强反腐倡廉建设的实际成效推进工作。要严格执行党风廉政建设责任制的各项规定，领导班子成员要继续按照“抓好责任教育、强化责任意识，抓好责任分解、明确责任主体，抓好责任考核、严格责任追究”的要求，坚持实行“一岗双责”，既要抓好业务工作，也要抓好所属范围内的党风廉政建设和反腐败工作，切实把从严治党的方针贯彻到各项工作中去，努力建立起一级抓一级，层层抓落实的工作局面。各级财政纪检监察机构是协助财政部门党组（党委）抓党风廉政建设和反腐败工作的专门机构，必须认真履行党章和行政监察法赋予的职责，充分发挥组织协调、监督检查作用。

（三）强化对财政权力运行和党员干部的制约和监督，建立健全财政廉政风险防控机制

1. 扎实推进财政廉政风险防控机制建设。要认真贯彻落实中共中央纪委《关于加强廉政风险防控的指导意见》，按照财政部的要求，把推行廉政风险防控工作作为落实党风廉政建设责任制、加强惩治和预防腐败体系建设的一项重要任务，列入领导班子重要议事日程，认真组织落实。建立健全预算编制、执行和监督既相互协调又相互制约的权力结构和运行机制，构建“分岗查险、分险设防、分权制衡、分级预警、分层追责”的预警防控模式，确保权力行使安全、资金运用安全和干部成长安全，真正使党员干部知道“风险”、不敢“冒险”、力求“保险”。加强对重点单位、重点环节、重点岗位防控措施的评审和实施，以点带面全面推进。通过查找廉政风险点，有针对性地加强风险防控管理，健全权力运行机制、全方位全过程监督制约机制和干部管理机制，构建廉政风险防控管理的长效机制。

2. 加强对领导干部的监督。认真执行党内监督条例，认真落实《关于进一步加强和改进领导干部监督工作的意见》，切实加强对领导干部的监督。坚持和完善民主集中制，提高民主生活会质量，严格执行领导干部述职述廉、诫勉谈话、质询函询等制度。认真执行领导干部离任审计规定，强化审计监督，严格执行领导干部问责制度。加强对干部选拔任用的监督，坚持“凭能力定使用、靠实绩求

进步”的用人导向，在干部选拔任用、评先评优中对廉政方面有问题的实行廉政一票否决。

3. 加强党员领导干部贯彻执行《廉政准则》的监督。全面落实《廉政准则》，认真执行领导干部报告个人有关事项和对配偶子女均已移居国（境）外的国家工作人员加强管理等制度，加强对“裸官”的监督管理。认真贯彻落实省委《关于贯彻落实〈廉政准则〉，深入开展治理收送“红包”问题工作的意见》，大力整治党员干部违规收受礼金、有价证券、支付凭证、商业预付卡问题。积极推进公务活动、接待消费改革，全面推行公务卡结算制度。严禁参加可能影响公正执行公务或用公款支付的高消费活动。

（四）加强反腐倡廉教育和宣传，推进财政廉政文化建设

按照始终保持党的纯洁性的要求，以社会主义核心价值体系教育为主题深入开展各项教育活动，结合推进“五大财政”建设，努力构建“务实、创新、高效、廉洁、和谐”的财政机关文化。要认真开展以“加强思想道德建设、保持党的纯洁性”为主题的纪律教育学习月活动，提高党员干部的政治思想水平；开展以党的宗旨为主要内容的党性教育，永葆共产党员的政治本色；开展以党的优良传统为主要内容的党风教育，密切党群干群关系；开展以廉洁从政为主要内容的反腐倡廉教育，筑牢拒腐防变的思想防线；开展以勤奋敬业为主要内容的岗位职业教育，培育开拓进取、勇于担当的实干精神。深入推进廉政文化建设，把培育廉洁价值理念贯穿于干部培养、选拔、管理和使用的全过程，形成具有财政特色的廉政文化。

（五）履行查办案件职能，加大信访举报和案件查办工作力度

严肃查办案件是贯彻从严治党方针的重要体现，是惩治腐败和端正党风政风的重要措施，也是纪检监察机关最重要的职责。各级财政部门纪检监察机构要进一步提高对查办案件工作重要意义的认识，改进方法，加大力度，不断取得办案工作新进展、新突破。一要严肃查办发生在重点领域和关键环节的违纪违法案件。要结合在全省开展的“三打两建”活动，严肃查办发生在财政系统的贪污贿赂、挪用侵占、以权谋私、失职渎职案件以及严重损害群众利益的案件；严肃查办在财政资金的分配、调度、存储、支付等环节收送“红包”礼金的案件；严肃查办财政干部插手工程建设、房地产开发、土地管理和矿产资源开发等领域的腐败案件以及严重违反政治纪律和组织人事纪律的案件；严肃查办政府采购、中介机构执业以及财政行政管理等方面的商业贿赂案件。二要提升办案能力和水平。要充分发挥信访主渠道作用，发现线索，整合办案资源，强化业务培训，加强查办案件力量。三要重视发挥查办案件的治本功能。要通过通报典型案例等方式，有针对性地开展警示教育和岗位廉政教育。加强制度建设，健全防止同类问题发生的长效机制。

（六）继续深化财政改革和专项治理工作，推进财政部门惩治和预防腐败体系建设

1. 进一步健全完善财政部门惩治和预防腐败体系。当前，贯彻落实《工作规划》已进入关键时期。要认真组织开展对财政惩防体系建设2008－2012年工作规划落实情况的监督检查，对照《工作规划》及分工方案，逐项盘点梳理承担任务的进展情况，加大落实力度，确保《工作规划》提出的各项目标任务如期完成。同时，要深入调查研究，加强科学论证，规划好下一个5年的惩防体系建设工作。

2. 深化财政管理体制改革。推进完善省以下财政体制，稳步推进省直管县财政体制改革试点，健全县级基本财力保障机制。深化预算管理制度改革，大力推行预算绩效管理，探索推进零基预算改革。将国库集中收付制度改革和公务卡制度改革覆盖到各级政府及所属预算单位，完善预算执行动态监控机制。完善政府采购制度，强化政府采购操作执行规范化管理。深化竞争性分配改革，完善竞争程序，扩大试点范围。积极稳妥推进预决算及“三公”经费公开。加快完善国有资本经营预算体系，健全社会保险基金预算体系，完善政府预算体系等。

3. 加大专项治理力度。对已经取得阶段性成果的“小金库”等专项治理，要巩固成果，建立健全长效机制，落实各项制度，努力推动工作常态化。对配合有关部门开展的专项治理，要履职尽责，积极推进，重点是深入推进工程建设领域突出问题专项治理，健全工程建设领域财务法规制度；深化庆典、研讨会、论坛过多过滥问题专项治理，严把预算审批关；继续开展党政机关厉行节约、制止奢侈浪费工作，严格控制“三公”经费预算规模，从严控制楼堂馆所建设；深化公务用车问题专项治理，完善和落实公务用车经费预算管理制度，积极稳妥推进公务用车制度改革等。

（七）严格管理，进一步加强财政纪检监察队伍自身建设

进一步加强思想政治建设。巩固深化学习实践科学发展观和“做党的忠诚卫士、当群众的贴心人”主题实践活动成果，深入开展创先争优活动，加强党性修养和作风养成，全面提高政治素质、理论水平和业务能力，努力建设一支政治坚定、公正清廉、纪律严明、业务精通、作风优良的纪检监察干部队伍。严格管理和监督，加强财政纪检监察干部队伍建设。要加强各级财政纪检监察机构领导班子和干部队伍建设，坚持选优配强。没有单设纪检监察机构的市（地）、县（市）财政部门要确定专门领导和专职人员具体负责反腐倡廉工作，保证反腐倡廉工作有人抓。各级财政部门党组（委）要支持财政纪检监察工作，关心爱护财政纪检监察干部，为他们的学习、工作、生活创造条件，同时要加强对财政纪检监察干部的培训、管理和监督。切实加强内部监管。督促财政纪检监察干部牢固树立监督者更要带头接受监督的意识，自觉接受党组织和社会

各方面监督，严格执行政治、工作、办案、保密和廉政纪律，严肃处理违法违纪问题，切实维护纪检监察干部可亲、可信、可敬的良好形象。

（本文系作者2012年2月16日在全省财政反腐倡廉建设工作会议上的工作报告）

统一思想　再接再厉
努力开创我省政府采购新局面

（节选）

省财政厅党组成员、驻厅纪检组组长　邓桂明

一、统一思想，深刻认识推行政府采购制度改革的重要意义

政府采购制度改革作为财政支出管理体制改革的核心内容之一，与部门预算、国库集中支付互为条件，相辅相成。10年来的改革实践表明，以《政府采购法》为基础确立的政府采购管理基本制度，顺应我国社会主义市场经济体制建设的客观要求，符合行政管理体制改革的方向，作为公共财政管理的一项重要制度安排，不仅节约了大量财政资金，而且对于创造公平竞争的市场环境、促进反腐倡廉，以及推动实现国家经济社会目标发挥着重要的作用，具有十分重大的意义。

（一）推行政府采购制度改革是实行社会主义市场经济的必然要求

政府采购制度最早形成于18世纪末的西方自由资本主义国家，其主要特点就是对政府采购行为进行法制化的管理。我们现在所说的政府采购制度，从根本上说是现代市场经济发展的产物。发达国家的经验表明，在现代市场经济阶段，市场不是万能的，它本身存在着缺陷，必须通过政府的宏观调控对公共资源配置发挥基础性作用，而建立政府采购制度，规范政府采购行为，加强对财政支出的管理，正是建立和完善政府的宏观调控体系的重要内容。建立社会主义市场经济体制是我国经济体制改革的目标和方向，社会主义市场经济所具有的平等性、法制性、竞争性和开放性等特征，决定了推进政府采购制度改革必须要顺应社会主义市场经济发展的客观要求，在市场经济条件下积极发挥合理、科学的宏观调控作用。

（二）推行政府采购制度改革是强化财政支出管理的重要内容

财政支出是财政资金活动的一项基本内容，没有科学规范的支出管理机制，财政资金分配就难以实现优化资源配置、调控经济运行等职能。长期以来，我们对财政支出的管理重点放在支出分配上，但对其使用管理重视不够，尤其是忽视了对政府采购的管理。推行政府采购制度改革前，各行政事业单位依据预算向财政部门申请资金，财政部门负责审核和拨款，资金从国库划拨出去后，完全由预算单位支配，预算单位是否按照预算用途开展采购，或者如何开展采购，缺乏相应的监控措施，以致采购行为处于自由、分散、无约束、无秩序的不良状态，不仅使数额巨大的采购支出缺乏政策目标，形不成合力，没有体现规模效益，而且产生了很多弊端，盲目采购、重复采购、随意采购的现象非常普遍，截留、挪用资金的现象时有发生，最终造成预算目标不能实现，财政资金使用效益不高。实行政府采购制度改革是强化财政支出管理的重要方式和有效手段，通过遵循公开透明、集中统一的原则，发挥集中采购规模优势，从而有利于规范财政支出管理，提高财政资金使用效益。

（三）推行政府采购制度改革是从源头上防治腐败的有效手段

从源头治理腐败，是党中央、国务院确定的反腐败斗争的重要指导方针，也是党风廉政建设的客观要求，有着重要的政治、经济意义。政府采购法的立法初衷就是为了规范采购行为，遏制腐败。推行政府采购制度改革是从源头上防止和治理腐败的一项治本之策。实践证明，推行政府采购制度改革，以“公开、公平、公正”原则为前提，以完善的制度为保障，通过加大政府采购监督执法力度，实施规范化、透明化操作，促使政府采购监督管理部门、采购单位、采购代理机构和供应商之

间形成相互制衡和相互监督的关系，既有效地遏制了权力寻租行为和暗箱操作的发生，也有效加强了对财政权力运行的监督制约。

（四）推行政府采购制度改革是实现政府宏观调控目标的重要方式

通过政府采购来促进本国经济社会发展的目标是各国政府普遍做法，也是世界上大多数国家实行严格的政府采购制度的重要原因之一。实行严格的政府采购制度，一国政府可以通过采购规模的增减调节经济运行，促进产业结构调整，拉动经济增长；也可以通过优先购买本国产品，保护国内产业，支持国内企业发展；还可以通过扶持中小企业发展，不断提升中小企业的核心竞争力。国际资料表明，一个国家的政府采购规模一般占年度 GDP 的 10% 以上，或者财政支出的 30% ~40%。规模如此巨大的政府采购，对实现社会和经济政策目标发挥重大的导向作用。目前，我省一年的政府采购规模可达 1 000 多亿元，自推行政府采购制度改革以来，全省累计完成政府采购 5 700 多亿元，政府采购在促进我省经济社会发展目标实现上发挥了重要作用，日益成为省委、省政府进行宏观调控的重要手段。随着经济的不断发展和社会建设的加快，客观上要求进一步强化政府采购的政策功能，积极发挥政府采购对优化产业结构、保护民族产业发展、支持中小企业发展的政策杠杆作用，促进经济社会的可持续良性发展。

（五）推行政府采购制度改革是应对经济全球化的现实需要

我国在 2001 年加入 WTO 时承诺，在成为 WTO 成员后将尽快加入 GPA（WTO 框架下的政府采购协议）谈判。2006 年再次承诺，在 2007 年年底前向 WTO 提交加入 GPA 申请和初步出价清单，正式启动加入 GPA 谈判。去年，我国已提交第三份出价清单。表明了我国政府是一个重承诺、守信用、负责任的政府，也表明了我国深化改革、扩大开放的决心和魄力。为顺应我国自身深化改革开放的需要以及在欧美等 WTO 成员国家的进逼下，我国加入 GPA 将是势在必行。我省是重要的次中央实体，也是改革开放的前沿阵地，随着我国加入 GPA 谈判的步伐加快，我省加入 GPA 的步伐也必然加快，政府采购市场也必将由封闭逐步走向开放。加入 GPA 对于国家及区域产业的发展是一把“双刃剑”，既存在机遇也面临挑战，必将会对我省改革和发展战略造成一定的冲击和影响，但从长远看，将有利于我们更新观念、增强市场竞争意识，提高核心竞争力，推动产业结构升级。推行政府采购制度改革，逐步调整和完善政府采购各项政策制度，就是顺应政府采购市场日益开放、逐步实现与国际规则接轨的需要。

二、再接再厉，努力开创我省政府采购制度改革新局面

我省自 2000 年开始实行政府采购制度改革。十多年来，在省委、省政府的高度重视和正确领导下，在社会各界的关心和大力支持下，以科学发展观为指导，以机构建设、制度建设和信息化建设为主线，不断创新政府采购监督管理方式和方法，政府采购管理制度和管理体系日趋健全，采购操作行为进一步完善，依法采购、公开透明的运行机制逐步形成，有效促进了政府采购各方当事人不断提高依法采购意识，规范采购行为，积极发挥了政府采购从源头上预防和治理腐败，加强党风廉政建设，服务经济社会发展大局的重要作用，有力维护了政府采购的公开、公平、公正原则，社会认可度和满意度日益提高。

目前，我省政府采购范围已由单纯的货物类采购扩大到工程类和服务类采购，一些公益性强、关系民生的采购项目，成为政府采购规模扩大中的亮点。政府采购规模保持了快速增长，由 2002 年的 24 亿元增加到 2011 年的 1 041 亿元，年均增长率达到 48%，资金节约率达 12%。2002 - 2010 年我省政府采购规模连续 9 年位居全国首位。2011 年，江苏省紧追上来，我省位居全国第二。全省基本实现了政府采购监督管理机构与操作执行机构相分离，做到“管采分离、管办分离”。全省 21 个地级市财政部门均设立了政府采购监督管理机构，有 18 个地级以上市设立了政府集中采购中心。机构设置的规范为政府采购制度的改革和发展提供了组织保障。我省已形成了以《政府采购法》和《广东省实施〈政府采购法〉办法》为基础，《广东省政府采购工作规范》等政策法规为相关配套的全方位、多层面的政府采购法律法规制度框架，有效地保障了政府采购活动的规范运行。我省按照全面规划、统一标准、分布实施、试点先行的原则基本建成了包括管理和执行两大功能的统一电子政府采购平台，为全省政府采购监督管理部门、采购人、采购代理机构、供应商、专家等用户提供了一个统一的电子化、标准化、规范化的“一站式”服务。通过深入推进“两个竞争机制一个制约机制”，引导社会代理机构参与政府采购代理市场的竞争，完善制约机制，有效地减少了政府采购当事人不规范行为的发生。我省始终把监督管理作为政府采购工作的重心，建立健全了财政、监察、审计联合监督检查的工作机制，加强专项检查，形成监管合力；建立健全了政府采购各方当事人的责任体系，依法处理政府采购方面的投诉，加大行政处罚力度，规范采购行为，维护公开、公平、公正。我省始终严格贯彻落实国家有关优先或强制采购节能环保产品、环境保护标志产品等政府采购政策，积极落实促进和扶持中小企业发展的相关政府采购政策，制订出台具体办法和措施，积极发挥了政府采购的政策功能，为全省经济社会科学发展作出了贡献。

过去的 10 多年，我省政府采购制度改革虽然取得了显

著成就，但与社会主义市场经济体制建设的客观要求，与贯彻落实科学发展观、推进政府职能转变的现实要求，还存在一定差距。当前，我国正处于重要的战略机遇期，改革开放处于攻坚克难阶段。省委、省政府非常重视政府采购工作，汪洋书记、徐少华常务副省长多次提到政府采购工作，并作出重要指示。贯彻落实省委、省政府的总体部署，推动科学发展，实现我省“十二五”规划纲要提出的经济社会发展目标，“加快转型升级、建设幸福广东”，深化改革开放等对政府采购制度改革提出了新的更高的要求。当前和今后一个时期，我省要进一步统一思想，坚定信心，深入贯彻落实科学发展观，以《中华人民共和国政府采购法》实施十周年为契机，以构建“廉洁、高效、安全、规范”的政府采购监督管理体系、“公开、公平、公正”的政府采购执行操作体系、“调控、促进、支持”的政府采购政策功能体系为总目标，进一步深化政府采购制度改革，努力做好“四个坚持，四个促进”，开创我省政府采购制度改革新局面。

（一）坚持依法采购，促进政府采购进一步公开、公平、公正

坚持依法采购，是贯彻《政府采购法》的基本要求，也是做好政府采购工作的基本前提。要在四方面下工夫：一是要在强化依法采购意识上下工夫。要把学习贯彻《政府采购法》与贯彻依法治国、依法行政结合起来，多渠道、多形式的开展政府采购宣传和培训，充分认识《政府采购法》的重大意义，准确把握各项规定的精神实质，严格执行政府采购法律法规制度，不断强化依法采购意识和观念，消除认识上的误区，形成依法采购共识。各级财政部门、采购单位要坚决贯彻执行徐少华常务副省长关于“四个绝不”（即绝不搞权钱交易、绝不插手任何工程、绝不插手任何政府采购、绝不为人情审批开绿灯）的重要指示精神，切实做到“应采尽采”，严禁规避政府采购或插手政府采购的行为。二是要在完善制度建设上下工夫。“没有规矩不成方圆”，任何一项工作都离不开制度的保障。政府采购活动的规范、健康、有序的运作，其根本保障在于制度建设。全省各级财政部门要把制度建设工作放在第一位，下大力气研究和制定相关制度办法，坚持用制度管权、管事、管人，切实保障政府采购活动健康有序地运行。三是要在规范运作上下工夫。规范包含两层含义：一是政府采购监管的规范，二是政府采购行为的规范。全省各级财政部门，要严格依法行政，坚持秉公用权、按章办事，做到依法管“采”、依法治“采”。作为采购单位，要严格按照“公开、公平、公正”的原则，遵照法定程序，依法组织实施采购活动。四是要在加强监督检查上下工夫。没有监督的权力必然走向腐败，强有力的监督约束机制是政府采购工作健康、规范、高效运行的重要保障。全省各级财政部门要始终把加强对政府采购活动的监督检查放在工作的首位，通过监督检查，加大对违法违纪行为的行政处罚力度，促进采购单位依法采购，切实提高《政府采购法》的权威。各级财政部门、采购单位自身也要主动接受监督，认真贯彻落实徐少华常务副省长提出的“四个主动接受监督”的要求，即主动接受党纪国法的监督，主动接受规章程序的监督，主动接受包括人大、政协、审计、媒体以及上级对下级在内的社会各方的监督，以及主动接受自我内省的监督。

（二）坚持改革创新，促进政府采购管理进一步科学化和精细化

当前我省政府采购制度改革已进入全面深化发展阶段，新阶段、新形势和新情况既给政府采购提供了新的机遇，也提出了更高的要求，要不断深化改革、创新工作理念和方式，从体制机制上谋求发展之道。一是抓好制度设计的创新。以政府采购增量扩面为目标，积极推进政府向社会组织购买服务，规范政府向社会组织购买服务的行为。认真研究批量集中采购和政府采购信用担保试点具体措施和办法，建立健全采购代理机构管理和考核评价、政府采购市场诚信管理等各项管理制度，积极参与和支持统一公共资源交易市场的建设。二是抓好监管手段的创新。充分利用现代科学技术，不断完善和拓展电子政府采购功能，建立健全电子化动态监控体系，逐步实现采购活动的事前、事中和事后的全过程监督，及时预警、发现和纠正采购操作执行中的偏差，提高监督的有效性。着力完善分工制衡的政府采购监管机制，建立健全以财政部门全流程监管为主导、以纪检监察部门纪律监督和审计部门审计监督为支撑的“三位一体”监管体系，发挥监管合力。三是抓好采购操作流程的创新。建立健全权责明晰、制约有效、操作规范的政府采购运行机制，探索采购需求和采购文件编制标准化管理，不断推进政府采购业务流程的规范化。

（三）坚持宏观调控，促进政府采购进一步服务经济社会发展大局

政府采购制度是政府调控经济、促进经济社会发展的一项重要政策工具，政府采购制度改革要深入发展，必须立足发挥宏观调控职能，进一步体现公共财政政策目标要求。一是要科学制定政府采购政策的调控目标、实施办法和配套措施，坚持规模和效益并重，进一步发挥政府采购政策功能，不断增强政府采购促进经济社会发展的引导调控职能。二是要加强政府采购政策与其他相关政策协同配合。从政策设计、政策执行到跟踪问效，都要注意与包括产业政策、贸易政策、社会政策、区域政策、相关财税政策等在内的各项政策相互协调衔接，形成政策合力。

（四）坚持统筹兼顾，促进政府采购进一步适应经济全球化发展趋势

随着全球经济一体化和我国加入 GPA 进程的不断加快，我省作为重要的次中央实体加入 GPA，开放政府采购市场已不可避免。在这一新形势下，需要统筹兼顾，立足于国内改革和对外开放，把应对 GPA 谈判和深化政府采购制度改革有机地结合起来。一方面要抓紧学习 GPA 相关规

则，加快研究进程，明确责任和分工，密切协作和配合，积极稳妥地开展 GPA 研究和谈判应对工作。另一方面要结合加入 GPA 的谈判空间，进一步深化政府采购制度改革和其他相关配套改革，不断调整和完善我省的政府采购相关制度，积极培育政府采购市场，努力提高本省企业尤其是中小企业在国际政府采购市场上的核心竞争力。

（本文系作者 2012 年 8 月 14 日在全省政府采购工作会议暨业务培训班上的讲话）

在改革创新中锤炼素养

（节选）

省财政厅党组成员、驻厅纪检组组长　邓桂明

一、深刻认识改革创新的重大战略意义

所谓改革创新，就是指改掉旧的、不合理的部分，使其更合理完善，并在此基础上开创新事物、新局面。改革创新是社会主义核心价值体系的重要内容之一，也是实现科学发展观的重要动力。我们要深刻认识和理解改革创新的重大战略意义。

（一）改革创新是人类进步的灵魂

“惟进取也故日新”（出自梁启超《少年中国说》）。人类生存繁衍、不断进步的历史是一部以改革创新贯穿全过程的宏伟巨作。纵观人类历史，每一次的发展和进步无不以改革和创新为契机和突破口。从宏观上看，人类从蒙昧时代到今天的高度文明，其发展和进步的前提就是不断地改革和创新。正是人类社会一个又一个的改革创新活动构成了人类从愚昧走向科学，从野蛮走向文明的辉煌发展历程。世界之宏大，万物之无穷，在客观上为人类对未知世界的探索和不断创新提供了广阔的时空条件。通过实践发现，人类对于任何事物的认识都是要经历一个不断地探索、思考、实践、判断，再思考、再实践、再判断的过程。换言之，人类在向未知领域的探索过程中，必须要有敢为天下先的英勇无畏精神。没有无数的改革创新实践活动，人类社会就难以发展，我们就不可能拥有现在这样丰富多彩的精神和物质世界，享受不到今天的社会文明成果。正如马克思所说“在科学的道路上，没有平坦的大道可走，只有那些在崎岖小路的攀登上不怕劳苦、不畏艰险的人，才有希望到达那光辉的顶点”。从某种意义上讲，我们每一位享受到前人先驱改革创新成果的人，都理应由衷地向那些先驱者致敬，心怀感恩，充分认识到改革创新是一项艰难而又崇高的事业，并积极投身到改革创新大潮中去，奋勇争先、建功立业。

（二）改革创新是国家繁荣的源泉

中华民族是富有创造精神的伟大民族，中国人民历来勇于改革创新。新中国成立以后，特别是改革开放三十多年来，在中国共产党的坚强领导下，经过全国人民艰苦奋斗，我们的综合国力正逐渐赶上甚至超越世界老牌强国。当今世界、日新月异，改革创新能力已越发成为综合国力强弱的决定性因素，越发成为一个民族兴旺发达的决定性因素。在日益错综复杂的国际国内形势下，我们只有坚持改革创新才能不断前进，只有不断前进才能始终掌握主动，一切畏首畏尾的思想和故步自封的观念，都是没有前途的。我们一定要弘扬敢于改革创新、善于改革创新的优良国家精神和民族传统，树立雄心壮志，勇攀改革创新高峰，坚定不移地走中国特色社会主义伟大道路，坚持改革创新，实现我国体制改革和技术创新的跨越式发展，永葆国家民族繁荣昌盛。

（三）改革创新是国家经济发展的动力

改革与创新，是经济社会发展的两个引擎。我国改革开放实践经验证明，只有深化改革，才能逐步解决阻碍发展的体制机制问题，充分调动人民群众的积极性创造性，进一步解放和发展生产力；只有锐意创新，才能夯实经济内生发展基础，才能将过去主要依靠成本优势的发展方式转向主要依靠效率优势来拉动经济的发展方式，使发展跃升到更高水平和层级。目前，我国经济发展中仍存在不平衡、不协调、不可持续等问题，长期矛盾和短期困难相互叠加，结构性因素和周期性因素相互作用，经济金融等领域也存在一些潜在风险。产生这些矛盾和问题的原因是多方面的，但最根本的还在于体制机制改革不够到位、创新能力还不够强。保持经济平稳较快发展，加快经济发展方式转变，需要我们以更大魄力和智慧深化改革、推进创新。改革未有穷期，创新正当其时，我们要牢牢把握改革创新

这一强大动力，用改革的办法破解发展难题，以创新的姿态抓住发展机遇，推动经济社会转型跨越。

（四）改革创新是国家核心竞争力的保障

十八大报告明确提出，加快转变经济发展方式就要实施创新驱动发展战略，着力构建以企业为主体、市场为导向、产学研相结合的技术创新体系。有专家认为，中国之所以还未出现像微软、苹果这样具有国际影响力和行业领袖气质的跨国公司，就是因为中国制造业许多仍处于产业链低端，缺乏核心竞争力，只有创造有利于创新的社会体制，促进企业通过科技创新进军产业链高端，才能增强核心竞争力，从而占据全球经济的主导地位，领航发展潮头。尽管经过30多年改革开放高速发展，中国已成为世界第二大经济体和世界工厂，但是在全球产业链上，以贸易加工为主，科技含量低、利润率低的中国制造业依然处于世界产业链低端。以苹果公司风靡全球的手机产品（iPhone系列）价值构成为例，虽然是在中国组装，但事实上中国工厂所获得的价值微乎其微，仅占生产成本的1.8%。而与此形成鲜明对比的是，拥有核心技术和知识产权的苹果公司却获得巨额利润，据估算每部苹果手机为美国GDP贡献达400美元。客观上看，中国企业如果没有自己的核心技术，不掌握生产制造的关键环节，就只能给西方跨国公司打工，甚至陷入低端产业的"比较优势陷阱"（"比较优势陷阱"是指一国，尤其是发展中国家，完全按照比较优势，生产并出口初级产品和劳动密集型产品，在与技术和资本密集型产品出口为主的经济发达国家的国际贸易中，虽然能获得利益，但贸易结构不稳定，总是处于不利地位，不能缩小与发达国家的经济差距，从而落入"比较优势陷阱"），在全球产业链和价值链上始终处于弱势地位。只有加大改革创新力度才是增强核心竞争力的保障，我们要贯彻落实党的十八大提出的创新驱动发展战略，就要着力从要素驱动、投资驱动转向通过技术进步来提高劳动生产率的创新驱动，从过度依赖人口红利和土地红利转向靠深化改革和锐意创新来形成制度红利，从根本上提高我国的核心竞争力。

总之，改革创新既是人类历史发展的传承，更是当今社会发展潮流。作为一名有志的青年财政干部，应当响应时代呼唤，毫不犹豫地投身于财政改革创新的事业，投身于社会发展潮流之中。

二、推动财政改革创新是财政青年干部的历史使命

（一）财政对经济社会发展所起的重要推动作用

财政是庶政之母，财政事关国泰民安、国富民强，是国家宏观调控和政府全面履行职能的重要物质基础、政策手段和体制条件。财政首先是经济范畴，财政通过以强制性为主要特征的手段，集中一部分社会资源用于满足社会公共需要；财政又是一个政治范畴，它是随着阶级社会的产生而产生的，是与国家政权与生俱来的，是为国家政权服务的，是政治的经济表现。无论在经济范畴还是政治范畴，财政都发挥着重要的职能作用，主要体现在四个方面：

第一，资源配置职能。资源配置职能就是将一部分社会资源（即国内生产总值）集中起来，形成财政收入；然后通过财政支出分配活动，由政府提供公共服务，引导社会资金的流向，弥补市场的缺陷，最终实现全社会资源配置效率的最优状态。在市场经济中，财政不仅是一部分社会资源的直接分配者，而且也是全社会资源配置的调节者。这一特殊地位，决定了财政的资源配置职能既包括对用于满足社会共同需要的资源直接分配，又包括对全社会资源的间接调节两个方面。

第二，收入分配职能。收入分配职能是指财政收支活动对各个社会成员收入在社会财富中所占份额施加影响，以实现收入分配公平的目标。在政府对收入分配不加干预的情况下，一般会以个人财产的多少和对生产所做的贡献大小等因素，将社会财富在社会成员之间进行初次分配，这种分配可能是极不公平的，而市场对此无能为力，只有依靠政府的力量，对这种不公平现象加以调整。财政收入分配职能的机制和手段主要有：一是划清市场分配和财政分配的界限和范围，二是规范工资制度，三是加强税收调节，四是通过转移性支出，改善生活水平和福利水平。

第三，调控经济职能。财政的调控经济职能，是指通过实施特定的财政政策，促进较高的就业水平、物价稳定和经济增长等目标的实现。财政调控经济职能的实现方式有四种：一是在经济发展的不同时期，分别采取不同的财政政策，实现社会总供给和总需求的基本平衡。二是通过发挥累进的个人所得税制度的"内在稳定器"作用，帮助社会来稳定经济活动。三是通过财政投资和补贴等，加快农业、能源、交通运输、邮电通信等公共设施和基础产业的发展，为经济发展提供良好的基础和环境。四是逐步增加治理污染、生态保护以及文教、卫生等方面的支出，促进经济和社会的可持续发展。

第四，监督管理职能。在财政的资源配置、收入分配和调控经济各项职能中，都体现了监督管理的职能。在市场经济条件下，由于利益主体的多元化、经济决策的分散性、市场竞争的自发性和排他性，所以需要财政的监督和管理。特别要看到，我国是以公有制为基础的社会主义国家，必须保证政令统一，必须维护国家和人民的根本利益，这就更需要强化财政的监督管理职能。一是通过对宏观经济运行的监督管理，跟踪、监测宏观经济运行指标、及时反馈信息，发出预警信号，为国家宏观调控提供决策依据，从而为经济正常运行创造良好的市场环境。二是通过对微观经济运行的监督管理，规范经济秩序。三是通过对财政工作自身的监督管理，不断提高财政分配效益和财政管理水平。

由此可见，财政对于国家兴衰和社会各项事业发展起到非常重要的作用。作为一名财政干部，要正确理解和把

握财政的职能，增强履行职责的意识与自觉性。

（二）改革创新对于财政工作意义重大

财政工作是政府全局工作的重要组成，财政调控是政府宏观调控的重要手段，财政工作改革创新意义重大、影响深远。财政工作改革创新是一个持续深入、永无止境的过程，不会一劳永逸，必须与时俱进。当前，我省正处于转变经济发展方式的关键时期，其实质是社会资源配置方向的再调整、再聚集、再分配，从而进一步解放和发展生产力。推动发展转型，政府和市场“两只手”的作用都不可或缺。一方面，我们要加快完善社会主义市场经济体系，充分发挥市场机制在资源优化配置方面的基础性作用，提高资源配置的效率；另一方面，更要充分发挥政府的主导作用，通过公共资源、经济杠杆、政策手段的优化组合，激励和保障发展转型。财政兼具经济杠杆和政策手段双重功能，体现着党委和政府的意志，体现着工作用力的方向，财政工作改革创新的成效如何直接影响到转型升级的成败。因此，我们厅的每一位同志，特别是富有朝气、勇于改革创新的年轻同志们，必须从发展的大局出发，认识新阶段财政工作改革创新的极端重要性，必须从经济转型升级和政府职能转变的现实需要出发，认识新阶段财政改革创新的极端紧迫性。全面推动财政改革创新，服从服务于省委、省政府中心工作，以科学发展为主题，以加快转变经济发展方式为主线，从战略上解决好速度总量与结构质量之间的关系，全面提升我省综合竞争力和可持续发展水平。

近年来，应对美国次贷危机和欧债危机的经验和教训深刻启示我们，在科学发展的问题上，总量速度是表象，结构质量才是深层症结；总量速度是阶段性问题，结构质量才是长期性关键。我省发展面临的矛盾，绝不是简单的总量速度问题，主要矛盾在于结构和质量问题。解决主要矛盾，意味着全局发展资源必须聚焦到调整优化经济结构、整体提升发展质量的方向上来，财政必须有效发挥职能作用，对经济社会发展起到调控、引导、促进和保障作用。

我省经济社会建设的实践证明，财政改革创新的力度越大，全局发展转型的力度就越大、速度就越快、成效也必然越明显。近年来我们厅在财政改革创新方面加大力度、狠抓落实、成效显著、亮点多多。一是在深化财政管理体制改革方面，按照财力与事权相匹配的原则，努力建立科学、规范、稳定的财力分配格局。从2004年起，对县级财政建立“确定基数、超增分成、挂钩奖罚、鼓励先进”的财政激励机制，2008年在维持总体框架不变的前提下，对政策设计进行了适当调整，通过调整权重、降低“门槛”、调增基数等，进一步增强机制的激励和财力保障作用。2011年，将省级与市县营业税、企业所得税、个人所得税和土地增值税（地方部分）分享比例，由“四六”调整为“五五”，提高省级财力集中度，增强了省级财政调控区域经济、促进经济协调发展的能力。二是在专项资金的分配和管理方面，大力实施财政资金竞争性分配改革。以绩效目标及可量化指标为依据，采取公开竞标和专家公开评审方式筛选最优项目，提高财政资金配置效率。自2008年首次实施以来已有122项财政专项资金实施竞争性分配改革，涉及财政资金超过230亿元。三是在推进区域均衡协调发展方面，自2009年开始实施基本公共服务均等化规划，从公共教育、公共卫生、公共文化体育、公共交通、生活保障、就业保障、医疗保障、住房保障等方面推进实施基本公共服务均等化，推动建立保障和改善民生的长效机制。我省财政工作改革创新有许多走在了全国的前列，发挥了排头兵作用，得到了财政部、省委省政府的肯定。

在看到成绩的同时，我们也应该清醒地认识到，当前正处于财政改革创新工作攻坚克难的关键时期，在深化财税体制改革、深化财政管理改革、深化财政自身改革等方面遇到很多新挑战新任务，延续传统的财政工作思维模式和政策手段，根本不可能有效发挥财政职能作用推动经济社会转型，必须革新观念、创新思路，紧扣转变经济发展方式的紧迫要求和现代财政管理的发展规律，培养造就一支思想解放、富有改革创新精神的财政干部队伍，全面推进财政工作改革创新，提升财政工作效能，为实现加快转型升级、建设幸福广东的宏伟目标，做出更大贡献。

三、在改革创新过程中要注重锤炼个人素养

年轻是最可贵财富，代表一种积极向上的力量，更象征未来无限的可能。党的十八大报告明确指出：中国特色社会主义事业是面向未来的事业，需要一代一代有志青年接续奋斗。广大青年要积极响应党的号召，树立正确的世界观、人生观、价值观，永远热爱我们伟大的祖国，永远热爱我们伟大的人民，永远热爱我们伟大的中华民族，在投身中国特色社会主义伟大事业中，让青春焕发出绚丽的光彩。作为一名从事财政工作的年轻干部，要用发展的眼光看问题，用严谨的态度做事情，坚持发展为上、民生为先、稳定为重。要充分激发自身的潜在优势，以“等不起”的紧迫感、“慢不得”的危机感、“坐不住”的责任感积极投身到财政改革创新的大潮中去。年轻干部在改革创新过程中要注重锤炼素养，这是一个长期的艰苦的过程，大家必须提高认识、厘清思路、掌握本领。那么，我们青年干部在改革创新过程中需要注重锤炼哪些素养呢？我想给大家五点建议。

第一，锤炼坚定牢固的理想信念。年轻干部要坚定理想信念。树立正确的世界观和人生观，无论过去、现在和将来，对于每一位干部来说，都是首要的问题。这也是年轻干部的立身之本、立德之本。一是要锤炼党性。年轻干部要不断加强党性锻炼，在改造客观世界的同时，努力改造主观世界。这些年来，一些领导干部在酒色财气面前，经不起考验，蜕化变质，跌入了腐败的深渊，一个重要的原因，就是这些人放松了世界观的改造，丧失了党员干部

的革命气节。许多警示案例表明，党员干部之所以发生腐败问题，最根本的原因是放松了思想改造，放松了党性修养，理想信念发生动摇，世界观、人生观、价值观发生扭曲。年轻干部要注重加强党性修养和世界观改造，守住根本，筑牢防线。要正确运用手中权力，时刻牢记权力是人民赋予的，只能用来为人民谋利益，而不能与此相悖离，这是对每一个机关干部、公务人员的基本要求，也是每一个年轻干部奉公为民的原则和底线，把权力用在实现老百姓的利益上，就会赢得群众的信任；把权力当成谋求私利的手段，就是忘本和背叛，就会被人民所抛弃。要遵纪守法、廉洁从政、扎实做事。“三百六十行，行行出状元”，无论在哪一个岗位上，都能做出出色业绩。要牢固树立马克思主义的世界观、人生观、价值观，以工作实绩实现人生追求，不辜负组织的信任和人民的重托。要自觉加强思想政治修养。常修为官之德，常想立身之本，常思贪欲之害，常怀律己之心，始终牢记“两个务必”，自觉进行党性锻炼，不断坚定自己的理想信念，锤炼意志品质，做一名党的好干部，人民的好公仆。二是要牢记宗旨。全心全意为人民服务是我们党的根本宗旨。毛泽东同志在《为人民服务》中指出：我们这个队伍完全是为了解放人民的，是彻底地为人民的利益工作的。人民群众是我们党的力量源泉，坚持群众路线是做好各项工作的基础。党员干部是人民的公仆，绝不能高居群众之上，而要始终置身群众之中，时刻心系群众，坚定地相信和依靠群众，倾听群众的呼声。大家熟知的焦裕禄、孔繁森、杨善洲等党的优秀干部用自己的行动践行了党的宗旨，在平凡的岗位上做出不平凡的事迹，给我们留下了巨大的精神财富。他们之所以能够成为实践党的宗旨的楷模，就在于他们对党的宗旨理解深刻，践行深入。年轻干部一定要牢记，联系群众，宣传群众，组织群众，团结群众共同奋斗，这是我们党的优势所在，也是我们各项工作的取胜之道。“权小不忘责任重，位卑不移公仆心”。任何时候，都不能在感情上疏远和脱离群众；任何时候，都不能干损害和侵犯群众利益的事。要牢固树立“群众利益无小事”的观念，把为人民服务作为自己的终身追求，为群众诚心诚意办实事，尽心尽力解难题，坚持不懈做好事。要深入基层、深入群众，体察民情，倾听呼声，把为民之责落实到日常工作中，切实承诺与践行发展为了人民、发展依靠人民、发展成果由人民共享。

第二，锤炼锐意进取的改革创新精神。改革创新是当今时代精神的核心，是可持续发展的必然要求，历史和现实都证明，任何地区和单位，无论实力多强、存在时间多长，如果因循守旧、故步自封，其创造力就会衰竭，生命活力就会泯灭。随着我省经济体制深刻变革，社会结构深刻变化，利益格局深刻调整，思想观念深入解放，大量新的难题需要去破解、新的挑战需要去应对、新的风险需要去化解，作为一名财政干部，必须时刻保持饱满的改革创新精神，永不自满、永不懈怠，不断以新的理论、新的经验、新的方法切实推动财政事业发展，使我们省财政改革与发展事业始终走在全国前列，当好排头兵。一是要打破思维定势。思维定势，即把思维固定在一种模式上，从而限制了自己的思维发展空间。所以，在思维定势已经形成的条件下，是不可能产生改革创新思维的。要打破思维定势，就必须做到不唯书、不唯上、不唯众，只唯实。如果一个干部不能打破“唯书、唯上、唯众”的束缚，把自己的思维固定于书本、上级领导、部分群体上，甚至在这些方面钻牛角尖，那就不可能体现改革创新思维。所以，年轻干部要培养改革创新思维，首先就要打破思维定势。二是要打破思维惯性。思维惯性是指根据经验和惯例去想当然地顺着某一方向想问题、办事情，从而把自己的思维封闭起来，这无疑会影响自己的改革创新思维。只根据以往的经验和做法，靠着思维惯性来思考问题，就不会有创新思维，年轻干部在实际工作中要敢于冲破传统模式和思维惯性的束缚，坚持在工作中拓宽思路、在工作中求实创新，探索新规律、拿出新举措、解决新问题，与时俱进地抓好本职工作。

第三，锤炼勤奋刻苦的终生学习品质。学习是个老生常谈的话题，也是个历久弥新的永恒主题。古语有云“学不可以已”（出自《荀子·劝学》），“少而好学，如日出之阳；壮而好学，如日中之光；老而好学，如秉烛之明。”（出自《说苑·建本》），都告诉我们学习不可以停止，学习必须常态化、终生化。练好理论功底离不开学习，实现知识更新升级离不开学习，培养改革创新精神更加离不开学习。学习方法多样，途径很多，总地来说，我建议年轻同志应坚持向书本学习、向实践学习、向群众学习。一是向书本学习。向书本学习，首先是要深入学习中国特色社会主义理论体系。中国特色社会主义理论体系是马克思主义中国化最新成果，是我们做好工作、推进发展的根本思想基础。其次是要紧密结合财政工作实际，加强财经相关专业知识的学习，同时要关注财经学科前沿的发展，不断更新知识、开阔眼界。最后是要结合自身特点，有针对性地阅读一些有益书籍，以提高综合素养和气质品质，“读书破万卷、下笔如有神”，阅读范围的大小往往决定了我们思维的广度和深度。二是向实践学习。实践是最生动的课堂，蕴含着丰富的知识。应牢固树立实践第一的观点，深入了解我省财政改革和发展事业的历史过程和当前现状，熟练掌握本处室本岗位的业务工作，在实际工作中不断深化对省委省政府提出的一系列重大战略思想和政策措施的认识，深入调查研究，及时总结经验，不断深化对经济社会发展规律的认识，坚持把学习的着眼点放到研究解决实践中的问题上，善于发现问题、敢于正视问题，用学到的新思想、新知识、新经验解决实际问题，在解决实际问题的过程中不断提升实践水平。三是向群众学习。人民群众是社会建设的主体，是社会财富的创造者。应坚持走群众路线，尊重群众首创精神，虚心向群众请教，总结群众创造的新做法、新经验，做到“问政于民、问计于民”，真心实意地听取群众的意见和呼声，在服务群众、造福群众的过程中不断提高素质和能力。

第四，锤炼踏实肯干的积极工作热情。刚参加工作的年轻同志，工作热情都很高，志向远大，很想干一番事业，实现自我价值和人生理想。但在实际工作岗位上面对的可能只是一些琐碎“小事”，一些千头万绪的“繁事”，一些无从下手的“难事”，如何正确对待和处理好这些“小事”、“繁事”、“难事”是对我们年轻同志的考验，大家要以正确的思想认识、端正的工作态度、踏实肯干的工作热情来对待。具体来说，一是要把“小事”做好。财政工作牵涉面广，社会影响大，特别是我们很多工作都直接影响到广大人民群众的福祉，同时也要看到财政工作是一个系统性的工作，它由很多环节组成，在工作中看起来的一件“小事”往往其包含着深刻的政治内涵、影响着数以万计人群，财政工作无小事，我们一定要沉下心来，事无巨细都要认真负责地做好，放眼全局、以小见大。二是要把“繁事”做细。财政工作政策性、延续性强、信息量大，而且往往一个事项涉及多个部门和岗位，年轻同志工作刚一上手，可能会感觉到工作压力大、“繁事”多，这就需要我们耐下心来，从研究最原始最基本的制度规定开始，再到细致分析、吸纳长期以来的办理方法和经验，最终将“繁事”细化分解成一个个简单过程和措施，化繁为简、循序渐进，从而增强工作可操作性，提高执行力。三是要把“难事”做通。随着财政体制机制改革不断深化、力度不断加大，财政工作所遇到的“难事”也必将越来越多，大家要做好充分的思想准备，不惧困难、善打硬仗、努力把“难事”做通。把难事做通除了需要有百折不挠、吃苦耐劳的毅力，更重要的是要有改变陈旧工作局面的勇气和办法，凭借发展的方法破解发展中遇到的困难。四是要爱岗敬业、忠于职守。爱岗敬业，就是要立足本职工作岗位，珍惜良好的工作条件，踏实认真、求真务实做好各项工作，把个人的聪明才智和精力都发挥到实际的工作中。忠于职守，就是要培养良好的职业道德和职业素养，以做一名遵守党纪国法的公民为底线、以做一名遵守规章制度的公务员为要求，以做一名廉洁奉公、公道正派的人民公仆为目标，干净干事、清白做人，在本职岗位上体现人生价值。五是要力戒不良作风。曾志权厅长曾语重心长地告诫过全厅同志，对不良工作作风必须引起高度重视，务必要力戒精神委靡不振、心态功利浮躁、大局意识不强、闯劲干劲不足、能力素质不强、群众感情不深、生活作风不严等不良作风。各位新录用同志目前正处在角色转变、习惯养成的关键时期，要力戒或不沾不良风气，树立和发扬刻苦学习、勤奋工作、谦虚谨慎、廉洁奉公、爱岗敬业、热心服务的优良作风。

第五，锤炼全面扎实的实际工作能力。“业精于勤而荒于嬉”。年轻干部是财政事业的未来和希望，是干事创业的生力军，使命使然、责任在肩，要想成为业务精通的行家里手、改革创新的标兵能手，就必须锤炼全面扎实的实际工作能力，具体来说就是要善听、能写、会说、多思。善听，就是要在认真聆听领导和同志们话语的基础上，善于领会其意图。俗话说“听话要听音”，善听能力对于贯彻落实好领导讲话精神、找准工作的方向和着力点、提高与同事间协作配合水平具有非常重要的意义。日常工作中，因为没有领会领导讲话意图而造成工作偏差、失误的教训不少，大家切不可掉以轻心，不要想当然觉得“听话”很容易，其实也是需要不断砥砺磨炼，不断“试错”，才能培养出善听的能力。能写，就是要具备适应工作需要的写作能力，新录用到厅的同志毕业于不同高校和专业，大家因为成长环境、术业专攻等因素的影响，写作能力有高有低这都正常，但是当大家进入到政府机关特别是财政这样的综合部门工作，公文写作能力就成为了特别重要的工作能力，因为政府机关与上下级的沟通、兄弟单位的交流，以及内部的运转主要都是依靠公文往来实现的，毫不夸张地讲公文的质量直接体现一个部门的工作水平、一个处室的办事能力和一个干部的业务素养。这就要求我们年轻干部务必把练好公文写作能力作为基本业务工作中最重要、最根本的能力来磨炼雕琢、精益求精。会说，就是要具备良好的语言表达能力，首先能够把事情说得清楚明白、逻辑严密、有条有理，其次要注意说话所处的不同场合，最后还要考虑不同听者的感受，“良言一句三冬暖、恶语伤人六月寒”，当然也不是要大家在工作中都只说美言好话，我们还是要坚持实事求是、实话实说的原则，注意以更加妥善更有利于听者接受的语言来表达和沟通，从而在提高沟通效率和工作效果的同时营造和谐顺畅的交流氛围。多思，就是要勤于思考新方法、善于总结经验、积极探索规律。思想是行为的先导，思考是行动的指南，我们财政人要以凡事“预则立”为导向，干事业、办业务都要经过认真思考、反复权衡、缜密筹划，确保干成事干好事。

（本文系作者2012年12月19日在省财政厅新录用人员培训班上的讲话）

统一认识 明确目标 勇于创新 深化全省医药卫生体制改革

（节选）

省财政厅党组成员、副厅长 欧 斌

一、统一认识，坚决贯彻落实全省医改工作会议精神

统一认识，就是把思想统一到省委、省政府的决策上来。医药卫生体制改革是关乎我省1亿多人民群众健康福祉的重大民生工程，对加快转型升级、建设幸福广东具有特殊意义。加快转型升级是广东经济社会未来发展的重要路径，如何转型，转型提升到什么水平，经济结构和现代产业如何推动和发展，则依靠广大群众生产和消费的信心和需求水平的提升。深化医药卫生体制改革是增强群众生产消费信心和扩大内需的重要手段。更重要的是，群众的健康是人民幸福的基础，只有将医药卫生体制改革真正搞好了，人民群众的身体健康才能得到保障，从而使人民群众真正感受到生活的幸福。从这个意义上说，新一轮医改工作意义重大。

前三年，全省财政系统不折不扣地贯彻落实省委、省政府的决策，紧紧围绕我省医药卫生体制五项重点改革工作任务，大力调整结构，积极筹措资金，推动我省如期实现医改各项工作目标。2009－2011年，全省各级财政新增用于医改的投入达781亿元，远远高于实施医改前我省明确新增420亿元的承诺，为我省医改工作的顺利开展提供了良好的财力保障。这些医改成效的取得，凝聚了我省全体财政工作者的艰辛与汗水，包含了财政系统工作者的努力与贡献。但是，我们也要清醒地看到，当前医改工作包括财政工作中仍存在一些问题，我们既要看到取得的成绩，也要对存在的问题和困难有充分认识，更要坚定信心，切实把思想和行动统一到省委、省政府的决策部署上来，真抓实干，锐意进取，为我省医改工作的顺利推进出谋划策，贡献力量。

当前，医改财政工作就是要把贯彻落实这次会议精神摆上突出的位置，坚决贯彻好汪洋书记和朱小丹省长关于医改工作的批示精神，深入学习落实好徐少华副省长的重要讲话精神。各级财政部门务必以贯彻这次会议为动力，切实增强“三个意识”。一是要增强责任意识。我们要深刻认识到，深化医药卫生体制改革是省委、省政府的中心任务，是我省涉及人数最多的一项重大民生工程，对建设幸福广东具有特殊的重大意义。如果健康这个关乎人民群众幸福的基础没有搞好的话，就谈不上幸福广东了。所以，我们要从这个角度来理解财政医改工作的意义所在，认清我们肩负的重大职责。财政工作者必须要准确把握这次会议精神，特别是徐少华副省长的重要讲话精神，增强我们的事业责任心和工作紧迫感，认清形势，明确新任务，增强信心，厘清思路，积极有为。二是要增强为民意识。徐少华副省长在讲话中多次提到，“病有所医”是老百姓应该享有的合法权益，让广大人民群众享有公共医疗卫生服务是政府理应做到的事情。我们要设身处地体会老百姓“看病难”、“看病贵”的艰辛，要清醒地认识到，我们开展医改工作，并不是对人民群众的恩赐，也不是送温暖，而是我们应尽的本分和义务。我们必须完整理解医改的要义，要在医改工作中切实增强为民意识，把党和政府“立党为公、执政为民”的重要理念体现在我们的工作上，送到广大人民群众中。三是要增强创新意识。徐少华副省长的重要讲话有很多新的内容，其中改革创新是重要内容之一。当前，医改工作处于攻坚阶段，不进则退，改革就必须创新。因此，我们要牢固树立创新意识，勇于探索，大胆改革，要准确地理解徐少华副省长的重要讲话精神，从财政管理机制改革入手，不断完善财政医改工作的机制，以推动全省医改工作的进行。

二、明确目标，充分发挥财政在深化医改中的重要作用

徐少华副省长多次强调，我们深化医药卫生体制改革的目标是什么，就是以解决人民群众的诉求作为医改的目标任务，以老百姓的利益为依归来推动医改工作。做好财政工作就必须要以解决好广大老百姓当前最迫切的诉求为立足点，以群众满意不满意为要求，求真务实，问政于民。“十二五”期间，特别是今年，我们要完成好省医改工作领导小组布置的各项任务，抓好以下“三个重点”。

（一）抓住关键保基本，落实好基本医疗保障制度补助资金

2012年，各级财政部门要继续支持健全完善全民医保体系，重点支持各项基本医疗保障制度从“扩大范围”转向“提升质量”，提高参保参合人群的补偿比例和最高封顶线，切实提高人民群众的基本医疗保障水平。一是落实好提高城镇居民医保和新农合财政补助标准所需资金。按照国家要求，2012年，各级财政对城镇居民医保和新农合的补助标准要达到每人每年240元；到“十二五”期末，各级财政对城镇居民医保和新农合的补助标准要提高到每人每年360元以上。这对广大人民群众来说是件大好事，但对于我省特别是经济欠发达地区来说，又是一个巨大的压力。现在医改责任书都已经签了，各级财政部门一定要树立全局意识，算好增支账并及时向当地政府汇报，坚定信心，克服困难，想方设法落实好资金。二是探索建立重特大疾病保障机制。各级财政部门要会同有关部门，统筹发挥基本医保、医疗救助、利用基本医保基金引入商业保险等多种保障方式的作用，有效提高重特大疾病保障范围，切实减轻重特大疾病患者的医疗费用负担。三是要配合人社部门积极推广“湛江模式”。我们要全面认识到，“湛江模式”不仅仅是简单地引入商业保险管理，更重要的是在制度上体现医疗保障城乡一体化、管理上的科学化、精细化，诊疗方面的规范化、创新医保模式等方面的积极意义。因此，财政部门要坚决响应省委、省政府的号召，积极支持“湛江模式”的推广工作，力争在基本医疗保障制度建设中更好更大地扩大财政资金的效用。四是支持推进医保支付机制改革。各级财政部门要积极配合有关部门全面实施门诊统筹和一般诊疗费政策，重点解决患者在基层医疗卫生机构发生的门诊费用问题。要大力推广按人头付费、按病种付费等支付方式，充分发挥医保基金在控制医疗费用、规范医疗行为、引导门诊“下沉”基层、对基层医疗卫生机构合理补偿等方面的作用。

（二）打牢基础强基层，完善巩固基层运行新机制

2011年，我省出台了基层医疗卫生机构补偿机制实施办法等多个基层综改配套文件，各地在推动基层综改工作不断深入上取得了明显的成效。2012年，我们要巩固基层综合改革成效，完善基本药物制度，继续支持基层医疗卫生服务体系建设和基本公共卫生服务均等化工作。

一是继续支持“网底”建设，健全基层医疗卫生机构补偿机制。2012年省财政将新增安排经济欠发达地区基层医疗卫生机构实施国家基本药物制度和综合改革以奖代补专项资金1亿元，专项用于推进基层医疗卫生机构综合改革。同时，继续安排基本公共卫生服务等项目省级补助经费，加大对基层医疗卫生机构“网底”的保障力度。各地财政部门也要切实落实补助责任，健全基层医疗卫生机构多渠道补偿机制，全面落实一般诊疗费及医保支付政策，将对基层医疗卫生机构的专项补助和经常性收支差额纳入预算并及时足额落实到位。同时，各地要认真落实清理化解基层医疗卫生机构债务政策，要摸清底数，要多渠道筹集化债资金，确保化债任务按期完成。

虽然基层综改名义上各地都已经完成了，但必须清楚，基层综改的完成，主要是指制度层面上的完成，其实际工作还有待完善，有待加强，因此，我们要继续做好巩固工作，防止“走过场”。只有基层综改这个基础性工作的各项措施都落实到位了，我们才能完成好医改工作中其他更复杂的事情。例如，目前有些地区实施的“收支两条线”是不到位的，基层医疗卫生机构上缴了多少，财政部门就返拨多少，这不是真正意义上的“收支两条线”，反而影响了基层医疗卫生机构的正常运转。真正的“收支两条线”，应该要去核定基层医疗卫生机构的经常性收支，它的经常性收入有多少，经常性支出有多少，怎样科学核定和制定经常性收支差额补偿，其“收支两条线”才实至名归，这样才能实施好绩效工资等其他相关工作，我们的财政工作才是到位的。我们财政部门一定要站在政府的角度把好关，只有掌握了医疗卫生机构的详细情况，我们才能在医改工作中以数据说话，以理服人。

关于补偿机制，这里我要强调一下资金配套问题。根据我们掌握的情况，目前经济欠发达地区部分市、县是没有按要求承担资金比例足额配套基本公共卫生服务项目经费。目前，省卫生厅、省医改办都建立了基本公共卫生服务项目的考核机制，这个考核结果都是与省级财政补助资金分配挂钩的。各地要重视这个事情。基本公共卫生服务项目是一项普惠性的政策，基本公共卫生服务项目资金也是健全基层医疗卫生机构补偿机制的重要推力；落实好补偿办法是一种责任，也是医改顺利推进的保障。因此，大家要予以重视，要补上这部分资金，不要因为配套不足导致当地医改工作无法顺利推进，影响了人民群众的切身利益，更不要因配套不足导致市里的基本公共卫生服务资金被省财政扣减甚至我省的补助资金被中央财政扣减。

二是继续支持机构建设和人才队伍建设，提升基层医疗卫生机构服务能力。2012年，省财政将进一步加大对困难地区、农村地区的转移支付力度，继续支持基层医疗卫生机构的基础设施、设备配备和信息化建设，支持通过规范化培养、转岗培训、农村订单定向委培等方式加强全科医生队伍建设。今年很重要的一条就是基层医疗卫生信息化建设，一方面是省里将积极向中央申请专项资金支持，另一方面就是各地也要重视和做好这项工作。今年，各地要按照补偿机制的要求，安排一定额度的发展建设专项资金和医务人才队伍建设经费，确保各地基层医疗卫生机构业务用房和医疗设备基本达标，确保基层医疗卫生机构就医条件不断改善。当然，更重要的是要把基层医疗卫生机构补偿机制落实好，只有基层医务人员的待遇上去了，才能留得住人才，稳定医务人才队伍。

三是支持村卫生站和非政府办基层医疗卫生机构实施基本药物制度。按照国家文件要求，下一步，我省全部政府办村卫生站要全面实施基本药物制度和一般诊疗费政策。

财政部门要配合相关部门做好村卫生站实施基本药物制度和一般诊疗费政策的衔接工作，落实好乡村医生的多渠道补偿和养老政策，确保村卫生站因实施基本药物制度导致的药品减收能通过收取一般诊疗费、承担基本公共卫生服务项目任务并获取相应的基本公共卫生服务经费等方式补偿，保证村卫生站正常运转。非政府办基层医疗卫生机构按照自愿原则实施基本药物制度，政府通过购买服务的方式给予补助。

（三）探索创新建机制，积极配合推进公立医院改革

2012年，我省医改工作要在“保基本、强基层，建机制”的基础上，全面展开公立医院改革，重点是县级公立医院改革。这是一项新而重的任务。各级财政部门要高度重视，积极配合做好这项工作。一是积极配合卫生部门完善公立医院补偿机制，落实政府办医责任。在科学制定区域卫生规划、合理确定公立医院数量和规模的基础上，认真落实政府对公立医院的基本建设和设备购置、重点学科发展、公共卫生服务、符合国家规定的离退休人员费用和政策性亏损补贴等投入政策。二是扎实推进县级公立医院综合改革。以破除“以药养医”机制为切入点，统筹推进县级公立医院管理体制、补偿机制、人事分配、采购机制、价格机制等方面的综合改革。试点医院要逐步取消药品加成，由此减少的合理收入通过调整医疗技术服务价格、增加政府投入等渠道予以补偿；提高医疗技术服务的价格时，应同步按规定纳入医保支付范围。各级财政要切实保障县级公立医院改革投入，在确保县级公立医院公益性的基础上，探索建立富有活力的县级公立医院管理机制；同时，认真做好县级公立医院改革第一手资料的收集工作，做好调查研究，做好测算，对改革需要新增的财政投入做到心中有数，把账算细、算实，为今后全面开展公立医院改革获取经验。三是大力支持“平价医院、平价诊室、平价药包”建设。按照徐少华副省长讲话精神，今年将在市、县两级开设“平价医院”，在三甲、二乙等有一定规模的医院开设“平价诊室”，在基层医疗卫生机构提供“平价药包”。各级财政部门要充分认识开展“三平”活动的重大意义，积极支持这项工作的开展，要在积极调整支出结构的基础上，充分发挥财政资金的作用，确保完成这项任务。四是大力鼓励社会资本办医。落实税收、医保定点、重点学科建设等优惠政策，引导社会资金以多种方式参与部分公立医院改制重组，鼓励社会资本多种形式的公益性投入。鼓励非公立医疗机构与公立医疗机构之间的良性竞争，促进提高医疗服务质量与效率。

三、勇于创新，加强管理，放大医改资金的效应

徐少华副省长在讲话中重点提到了财政资金投向创新的问题。创新，就是要有所突破。下一阶段，我省各级财政系统要在医改资金投入方向上开动脑筋、大胆改革、不断创新。要想方设法将财政资金投入到人民群众医疗卫生需求最迫切的领域，切实提高医改资金的使用效益。同时，在加快预算执行进度、强化绩效考核力度、加强监督检查等方面，充分发挥财政资金的杠杆作用和使用效益。

（一）加快预算执行

要促进医改各项工作顺利开展，提高医改资金使用效益，各级财政部门就要继续将加快医改资金预算执行进度作为工作重点，主动沟通协调，督促主管部门抓好预算执行工作。各地要进一步完善相关资金拨付办法，不得无故或变相滞留和延缓拨付资金，不得因资金拨付问题影响医改工作。能提前预拨的资金要提前预拨，像基本医疗保障制度补助资金和基本公共卫生服务项目资金这种普惠性的经费都要及早拨付，确保按医改任务进度及时拨付资金。

（二）激励约束，强化绩效考核

要充分发挥医改资金的使用效益，必须要大力推广绩效考核的办法。各级财政部门要在确保资金及时足额到位的基础上，逐步完善绩效考评机制、考评办法和评价指标体系，不断加大绩效考评工作力度，大力推广将预算安排、资金拨付与预算执行情况、绩效考核结果挂钩的办法。目前省里对各类基层医疗卫生机构、基本公共卫生服务项目都出台了绩效考核实施办法，明确了资金安排与绩效考核结果挂钩的具体办法。各地财政部门在参与考核时不能“走过场”，要切实发挥财政部门的职能作用，加强资金监管，对财政资金使用效益高（或低）的部门分别予以奖惩，切实提高财政资金使用效益。在财政资金投向上要探索问政于民的方法，通过绩效考核切实调整支出结构，将财政资金投放到人民群众最需要、资金使用效益最高的地方。

（三）监督检查，确保资金安全

目前新的医院和基层医疗卫生机构财务会计制度已经实施，各地要以此为契机，督促医疗卫生机构切实加强财务管理，提高财政资金使用的公开化、透明化水平。各级财政部门要积极会同有关部门，采取行政监督、财政监督、审计监督等多种方式，对医改专项资金的安排、分配、使用、后期追踪问效等全过程进行监督检查，建立起覆盖资金运行全过程的长效监督机制，杜绝发生截留、挤占、挪用、虚报冒领等问题，确保医改资金真正用于医改各项工作，确保人民群众真正得到实惠。

（四）当好参谋助手

各级财政部门要深入调查研究医改中的重点难点问题，积极提出深入推进改革的政策建议。要加强与有关部

门的沟通协调，在当地党委和政府的统一领导下，认真履行职能，当好参谋助手。各地还要加强学习、加强交流，通过学习借鉴先进地区的经验充实本地的医改工作，有什么好的政策建议，及时向当地政府、向省里提出来。

（本文系作者2012年5月7日在全省深化医药卫生体制改革工作会议上的讲话）

完善机制 强化措施 进一步做好2012年教育投入工作

（节选）

省财政厅党组成员、副厅长 沈梅红

一、充分认识做好教育投入状况分析评价工作的重要意义

首先，加大教育投入，提高教育支出占比，是实施教育优先发展战略、建设人力资源强国的物质基础，是支持国家教育长远发展的基础性、战略性投资，是保障教育各项改革和发展政策落实的财力保障。其次，2012年实现国家财政性教育经费支出占国内生产总值达到4%的目标，是党中央、国务院作出的重大决策，是今年的重要任务。再次，保障教育投入是各级政府的责任。按照教育事权和支出责任相统一的财政教育投入机制，省级政府负责统筹中央政府转移支付和本级政府教育经费，承担省直学校的经费供给，检查落实市县政府增加教育投入的责任，支持市县特别是经济薄弱地区教育事业发展。市县政府负责统筹本级政府教育经费，按规定标准、比例和教育发展的需要，承担区域内所属各类教育的经费供给。

因此，保障财政教育投入目标任务完成，是各级财政部门应尽的责任。我们要切实统一思想，提高认识，增强工作责任心、使命感，把思想统一到中央的决策部署、统一到省委省政府的目标要求上来，采取有力措施抓好贯彻落实。

二、清醒认识我省工作面临的形势和任务压力

近年来，我省各级党委、政府坚持把教育摆在优先发展的战略地位，各级财政部门认真贯彻落实国家有关规定和要求，把教育支出放在公共财政的优先位置予以重点保障，落实教育支出法定增长，保障了教育经费快速增长。据快报统计，2011年广东省教育支出1 137亿元（含深圳市），占一般预算支出16.93%、增长23.38%，有力推动了教育改革发展等及各项政策的落实。为贯彻落实进一步加大教育投入的要求，2011年，做了几项工作，一是全面开征地方教育附加，全省共征收地方教育附加80.8亿元，其中省级统筹21.1亿元。同时，实施从土地出让收益中按比例计提教育资金的政策。二是建立了省以下财政教育投入状况分析评价制度，对各地落实教育投入法定增长、提高财政教育支出占公共财政支出比重、拓宽财政性教育经费来源渠道等政策情况进行监测分析。三是在认真分析测算基础上，对财政部下达我省2011年教育支出占比目标任务进行分解，各项工作有序推进。但从刚才苏处长通报的情况看，广东教育支出占比提高目标任务完成情况不理想，在全国的位置还是比较靠后的，与财政部下达的目标任务比，还存在很大差距。

（一）教育支出增幅较大，但部分地区未能做到优先保障教育

据快报统计，2011年全省（广东地区，下同）教育支出943亿元，增长22.67%，低于一般预算支出增幅0.68个百分点。从分市情况看，有14个市的增幅低于全省平均水平。从教育支出增幅分析，各地的教育支出都比上年有所增长，但有11个市均未落实教育支出增幅高于一般预算支出增幅的要求。可见，有的地区在财政预算安排上与省委、省政府优先发展教育的战略部署仍有差距。

（二）教育支出占比与目标任务差距较大

按照财政部《关于加强对各地2011－2012年财政教育投入状况分析评价的通知》（财办〔2011〕37号）确定的口径以及对2011年快报数初步测算。2011年，我省教育支出占公共财政支出比例达到17.77%，比2010年提高0.18个百分点。但与中央下达我省的目标任务19.8%的目标任务相比仍差2.03个百分点，总额差103亿元。与省下达的

各市目标任务相比，差4个百分点以上的有4个市（梅州、茂名、阳江、湛江），3个百分点以上的有5个市（潮州、揭阳、清远、韶关、江门），2个百分点以上的有4个市（珠海、广州、肇庆、汕头），2个百分点以下的有7个市（汕尾、东莞、云浮、惠州、河源、佛山、中山）。在绝对值上，差距最大的为广州（30亿元），其次为湛江（7亿元）。在提高占比上，仅有13个市的比例不升反降。

（三）拓宽教育经费来源渠道的落实情况不甚理想

一是教育费附加征收率（参考值3%）。仍有3个市的征收率达不到3%（茂名、湛江、惠州）。二是地方教育附加征收率（参考值是2%），20个市全部达不到2%，最高的汕尾市为1.7%。三是计提教育资金，从土地出让收益计提教育资金的计提清算工作，但尚未执行计提。

我们分析各地未能完成教育支出占比的目标任务的主要原因：一是去年省分解下达任务时间较晚，部分市民生支出增支、支持转型升级增支多，一般预算支出盘子大了，但是教育支出没有同步 增加，造成占比下降。二是各地办理拨付教育支出的时候，没有及时总额安排使用中央和省财政的教育转移支付资金，省按考核口径扣减预算数后直接导致占比减少。三是没有建立工作协调机制。四是部分市存在寄希望由中央和省来“买单”的“等、靠、要”的思想。我认为，根本原因还是对教育投入执行在思想上不够重视，在措施上办法不多。

三、完善机制，强化措施，全力以赴，确保2012年目标任务完成

为保障2012年实现国家财政性教育经费支出占国内生产总值达到4%的目标，《国务院关于进一步加大财政教育投入的意见》（国发〔2011〕22号）已明确省及省以下各级财政教育投入的责任，财政部印发《关于加强对各地2011－2012年财政教育投入状况分析评价的通知》（财办〔2011〕37号），已核定我省财政教育投入2011年、2012年占比19.8%、20%的目标任务。省长朱小丹同志在近日的全省财政工作会议上要求各地落实国务院和省关于进一步加大财政教育投入的意见，积极采取措施，调整支出结构，努力增加教育经费预算，严格落实教育法定增长，明确2012年全省教育支出占财政支出的比重达21%以上，并建立督查机制，确保任务完成。按照省政府的要求，省财政厅曾志权厅长亲自部署，要求认真测算，科学分解。岁末年初还请大家来开会，讨论不是要不要完成任务，而是研究如何完成任务。主要还是想尽快落实任务，希望大家争取主动，全力以赴完成目标任务。

围绕中央下达我省的目标任务，经报省政府同意，省财政厅按照基础教育“以县为主”的管理体制，以及财权和事权相统一的原则，结合我省教育发展的现状、教育改革发展的目标要求、各地近年财政教育投入实际情况和考核要求，对各地级以上市的2011年目标任务进行分解和下达。2012年各地教育支出占一般预算支出比例任务将在近期报省政府同意后下达。曾志权厅长在全省财政工作会议上提出2012年全省教育支出占财政支出比重确保达到21.5%以上的任务要求。为此，提几点要求：

（一）要落实教育投入主体责任，科学分解目标任务

各级政府财政要履行保障教育投入的职责。目标任务由中央对省、省对市、市对县（市、区）层层分解任务，级级落实责任。省对各市分解任务时，考虑在中央核定我省占比的基础上，综合考虑了我省教育改革发展目标，各地生均教育水平，人均财力状况，近三年教育支出增幅、占比等情况，是经科学合理测算的，而非“一刀切”。由于2011年各市大多没有完成目标任务，有些市教育支出还大幅下降，这给2012年完成中央下达任务造成巨大压力。特别要提醒各地，这个目标是按考核口径分解下达，即需按预算数剔除中央和省级教育转移支付资金（建议按2011年预算数剔除）。请大家要如实反映，全面理解，做好参谋，出好主意，切实履行好职责，落实好责任。

（二）健全工作机制，做到各司其职

建立和完善好的工作机制是落实法定增长保障进一步加大财政教育投入工作和确保任务完成的前提。对内方面，我们各级财政部门的预算、综合、教科文、国库、社保、工贸等相关机构要建立沟通协调、密切合作的工作机制，明确责任、工作规程，特别是教科文机构和分管领导要做好协调和服务工作。对外方面，还要与有关部门精诚合作，与教育部门、其他部门包括人社、国土、税务、统计、审计等部门共同研究有关政策，建立健全沟通协调机制，做到各司其职，各尽所能。

（三）狠抓预算编制和执行，加快教育支出进度

目标任务的考核既有对指标的考核，也需主观的努力，措施有效。从全国情况看，今年全国预算安排要达到4%的目标，中央按教育支出（“205”科目）代编全国的预算来测算完成4%的目标，对地方预算则按分解的考核教育支出占比目标换算成增幅来代编地方教育支出预算，说明预算编制是重要的前提。第一，各地要牢牢抓住2012年年初预算这个关键节点，足额安排教育支出年初预算。在2011年已达到教育支出占公共财政支出比例目标的市，2012年不能下降，应在核定比例的基础上适度增长。尚未达到2011年比例目标的市，更要在2012年千方百计努力加大投入，实现目标。第二，各地应根据实际情况，在新增投入和资金配套安排上突出重点，讲求实效，使新增教育支出投入到“十二五”确定的重点任务、关键领域。第三，要加快教育支出进度，特别是中央财政和省财政的教育转移支付

资金的支出进度，均衡支出安排，避免支出异常增长，避免年底集中支出、结余结转过大等情况。第四，我省发达地区要努力率先完成省分解的任务，全省完成目标，也能为欠发达地区减压任务作贡献。欠发达地区要克服困难，抓好落实，推动工作目标任务完成。第五，全面推进教育经费科学化、精细化管理。严格执行国家财政管理法律、法规和财经纪律，建立健全教育经费管理的规章制度。完善各级各类教育经费支出标准，加快建立教育经费投入监督和审计管理机制，建立学校年度财务资产审计制度，确保经费使用安全、规范、有效。

（四）建立考核通报制度，加强统计监测和督查

各级都要完善加强领导、加强监测分析、加强监督检查、督促各项工作落实到位的机制，要落实好信息报告的月报制度，明确工作责任人，及时掌握教育投入落实、管理等情况，要提高月报信息质量，不得出现由上级代编、倒推、预估下级数据的情况。省财政厅将会同有关部门加强对教育经费投入、安排、使用的监督检查，坚决查处截留、挤占、挪用教育经费和学校资源等违法违规行为。为确保2012年目标任务的完成，省财政厅、教育厅要会同有关部门，实施对我省各级政府财政落实教育投入情况的监测分析和督促检查，今年中央对各省将在六月和年底进行督查，省里计划实行每季度进行一次督查，每月进行考核、通报。对思想认识不到位、工作落实不力的地市，还将根据实际情况采取约谈、通报、限期整改等措施。

2012年是落实目标任务的关键一年，任务很艰巨，我们必须要有经过努力能够达到的信心，要有更新的工作思路、更完善的工作机制、更多的手段和办法，千方百计落实任务目标。

（本文系作者2012年1月18日在全省财政教育投入情况分析会上的讲话）

继续解放思想　推进改革创新
努力开创我省财政教科文工作新局面

（节选）

省财政厅党组成员、副厅长　沈梅红

一、总结经验，认识不足

近年来，在各级党委、政府正确领导下，全省各级财政教科文部门深入贯彻落实科学发展观，充分发挥财政职能作用，不断加大教科文财政投入力度，调整优化支出结构，全力实施教育强省、科技强省、文化强省、人才强省战略，有效地促进了教科文各项事业的全面发展，体现在以下几个方面：

（一）财政教科文投入大幅增长

“十一五”时期，全省财政预算内教科文事业经费支出（包括教育、科技、文化体育与传媒、人口和计划生育事务、档案事务）累计达到4 796.31亿元，年均增长21.87%。其中，全省财政预算内教育支出3 464.61亿元、年均增长18.92%，科技支出714.51亿元、年均增长28.04%，文化体育与传媒支出444.64亿元、年均增长36.96%，年均增长幅度高于财政经常性收入增幅，达到了法定增长要求，并形成科学稳定的投入增长机制，全省各级财政部门对教科文事业真正做到保障有力。

（二）财政支持教育优先发展有新跨越

各级财政部门一直把教育放在公共财政的优先位置予以重点保障，不断加大投入，健全投入机制，推动教育跨越式发展。

1. 义务教育经费保障机制不断完善。

一是通过全面实施城乡免费义务教育、持续改善办学条件、加强师资队伍建设等一系列政策，逐步将义务教育全面纳入公共财政保障范围，建立各级财政分项目、按比例分担的农村义务教育经费保障机制，促进教育公平。基本解决“读书难”问题，基本实现“学有所教”，基本保持100%的全省小学学龄儿童入学率、小学五年保留率、初中毛入学率。

二是建立各级农村义务教育阶段中小学校舍维修改造长效机制。实施农村义务教育学校“三室一场五有”工程和中小学校舍安全工程，极大改善各级学校办学条件。

三是通过实施解决代课教师问题和义务教育绩效工资政策，落实中小学教师工资待遇“两相当”，切实提高中小学教师工资福利待遇。到2010年，欠发达地区19 403名代课教师被招录为公办教师（占原有代课教师总数的49.4%），兑现公办教师的工资待遇；全省90%以上的县

（市、区）已实现城乡教师工资福利待遇大体相当。

四是2009年起，全省一律取消义务教育阶段中小学校学生借读费。到2011年，全省共有136万随迁子女人读公办学校，占随迁子女总数的50.52%。

2. 基本普及高中阶段教育目标实现。韶关、肇庆、惠州、清远、河源、梅州、阳江、湛江8个地市提前完成新增学位和普高任务。全省高中阶段教育在校生从2005年的252.81万人增加到2010年的438.4万人，毛入学率从57.5%提高到86.2%，提前一年实现省委省政府提出的全省基本普及高中阶段教育的目标。

3. 职业教育规范化建设进一步加强。

一是实行生均综合定额为主的预算管理体制改革试点，进一步提高了职业技术学校财政资金安排的科学性、合理性和规范性。

二是印发了《广东省中等职业技术学校机构编制标准》，足额安排增编经费，有效缓解了职业教育教师编制紧缺的情况。

三是各级财政创新资金分配办法，支持各级高等职业技术学院、高技能公共实训基地和中等职业技术教育实训中心（基地）建设。自2009年以来，共有68所中职学校87个专业点通过竞争性分配获1.785亿元省级财政资金支持，带动其他投入资金2.5亿元，服务中等职业教育在校生规模达到16.5万人，增加技能型人才培养服务能力4万多个学位。同时，省级职教示范基地已选定清远市清城区。

4. 高等教育规模进一步扩大。

多项措施推动高校发展壮大。一是提高生均定额标准28所省属高校生均定额拨款标准达到6 600元/生年，高规模达到37.7亿元。二是扶持定点项目安排25亿元专项资金支持提高高等教育办学质量、高校“985”工程、“211工程”建设、引进高校人才和奖助学金等。三是化解高校债务，安排150亿元清偿广州大学城10多所高校的基建贷款债务的同时，安排13.86亿元化解其他高校债务，同时，制定了《关于加强省直高校债务管理的意见》等一系列制度，为高校的发展壮大、提高教育质量创造了条件。我省高校在校生人数稳步增长，高校毛入学率从2005年的18%提高到2010年的28%。

5. 学前教育、特殊教育和民办教育再上新台阶。

一是学前教育发展加快。省财政厅联合省教育厅制定加快我省学前教育发展的实施意见和广东省学前教育三年行动计划》安排专项补助资金1亿元，补助欠发达地区新、扩、改建规范化乡镇中心幼儿园274所。

二是特殊教育稳步推进。省财政安排特殊教育补助资金7 269万元，支持各地64所特殊教育学校完成新建扩建建设项目，并还对义务教育阶段残疾学生课本费和公用经费给予补助。

三是民办教育异军突起。“十一五”期间，省财政安排民办教育发展专项资金1.5亿元，带动各地投入民办教育建设资金总额近15亿元。支持民办学校不断提升质量、办出特色，逐步形成了不同类型的学校相互竞争、公办民办并举的良好格局。

6. 家庭经济困难学生资助政策体系不断健全。

“十一五”时期，全省各级财政部门贯彻教育公平的原则，以“奖、补、贷、助、减、免”多层次全方位建立和完善各级各类学生资助政策体系，既奖励优秀学生，也为家庭经济困难学生解决后顾之忧。如，在学前教育阶段，省财政安排奖补资金8 400万元建立资助政策。佛山市对本市户籍低保家庭子女接受学前教育实行每人每年3 000元的资助；对本市户籍在读幼儿园大班的幼儿每人补助300元保教费。在义务教育阶段，在免除学杂费和课本费的基础上，实施了家庭经济困难学生生活费补助政策，并不断提高补助标准，困难学生生活费补助所需资金全部由省级财政负担；在中等教育阶段，实施了中等职业学校助学金、“智力扶贫”工程、中等职业学校家庭经济困难学生和涉农专业学生免学费政策和普通高中助学金政策，全省各级财政部门累计拨付助学金和免学费补助资金97亿元，受益学生达到260多万人次；在高等教育阶段，实施了以助学贷款贴息、国家助学金、国家奖学金、国家励志奖学金等为主要内容的资助政策。

（三）财政支持科技创新有新思路

全省各级财政部门深刻认识到科技工作在经济社会发展的关键地位，全面贯彻实施科技强省战略，切实加大财政支持力度，创新支持方式，突出建设科技创新平台，产学研合作，提高自主创新能力，加强知识产权保护。2009－2011年，全省财政累计安排科技投入588.15亿元，年均投入196.05亿元。自2008年起，广东区域创新能力综合排名跃居全国第二，技术自给率大幅提高，从2005年的45.4%快速上升到2010年的65%。

一是支持改善科研条件，推动科技创新平台建设。全力支持应用研究和基础研究、实验室体系建设、民营科技园、专业镇、工程中心、高新区特色产业基地建设、主体科研机构建设等，促进我省科技基础条件平台建设跃上新台阶。

二是促进产学研省部、省院合作。通过专项资金扶持引导，重点吸引国家“863”和“973”等重大项目到广东省落户和产业化，获得一批核心技术和关键技术，培育和形成若干战略创新产业。截至2011年，省部院产学研合作累计实施项目2万多项。

三是实施知识产权战略，助推经济发展方式转变。在知识产权保护、国（境）外专利申请资助、战略性新兴产业专利信息资源开发等专项资金地支持推动下，发挥知识产权引领和支撑产业科学发展的作用。近年来，我省有效专利总量、发明专利授权量、PCT国际专利申请量、中国专利奖金奖数及获奖总数均居全国首位。在支持高新技术研究及粤港重点领域关键技术联合招投标工作中，带动企业和民间资本投向高新技术产业。

四是推动科技支撑新农村建设。以专项资金引导技术、管理等生产要素向农村聚集，加快农业科技成果转化和应用，推动新农村建设。

五是支持社会科学研究和科技普及。推进全民科学素质提高。

（四）财政支持文化改革发展有新成效

“十一五”期间，全省财政文化总支出年均递增28.17%，高于同期财政支出的增长幅度；全省文化事业（文化事业费和文物事业费，下同）年均递增24.5%，高于“十五”时期年均11.6%的增长速度。

一是支持以文化民生为主线的公共文化服务体系建设。支持完成覆盖农村（社区）的基层文化设施建设、文化信息资源共享、农村电影放映、广播电视村村通、广播电视无线覆盖、农家书屋、流动图书馆等农村（社区）文化惠民工程体系建设，有效缓解了广大群众听广播难、看电视难、看书难、看戏难等突出问题，丰富了群众的精神文化生活。

二是支持文化事业和文化产业发展。支持完成广东科学中心、省博物馆、省立中山图书馆三项标志性文化基础设施建设。各级财政设立专项资金奖励优秀哲学社会科学理论研究成果、文学艺术创作成果和拔尖文化人才，支持社会科学发展研究、文学艺术和影视创作、博物馆文物维护和征集。建立文化产业发展专项资金，采取贴息补助等方式，支持文化产业加快发展。

三是支持文化体制改革成效显著。支持各级文艺团体事业单位改制和人员分流安置等工作。组织开展文化体制改革试点单位清产核资、资产评估、财务审计、政策法律咨询等工作。联合国税局等单位支持开展文化体制改革试点，帮助87家企业按国家有关规定及时享受税收优惠政策。全省近40家院团完成或基本完成改制任务，在去年全国文化体制改革工作会议上，广东省荣获“全国文化体制改革工作先进地区”称号，广州、深圳、珠海、佛山、惠州、东莞、中山、江门、肇庆、清远10个市同时被评为“全国文化体制改革先进地区”。

（五）财政支持人才建设有新举措

“十一五”期间，各级财政部门不断加大对各层次人才的经费投入，支持人才引进、培养培训和奖励，不断改善和提高我省高层次人才的工作和生活条件。逐步形成了广东的人才优势。

一是支持人才引进。如省财政从2009年起对引进的创新科研团队给予1 000万元至1亿元专项工作经费；对引进的领军人才给予500万元专项工作经费和100万元（税后）住房补贴。共已安排专项资金10.34亿元，引进31个创新科研团队和31名领军人才。珠三角各市和其他地区分别按不低于省财政资金的1/2、1/3配套资金。

二是支持人才培养培训。如省财政设立百名南粤杰出人才培养工程专项经费，支持培养本土优秀中青年科研人才成长为有实力竞争中国科学院院士、工程院院士的候选人。设立专项资金，实施“千人计划”入选者资助计划、国务院特殊津贴专家“双重津贴”制度，支持高校引进人才、引进博士后和海外人才。支持实施党政人才培训工程、“双百双向”师资培训工程和农村劳动力培训转移就业工作。

三是实施人才奖励。如省财政通过落实南粤功勋奖和南粤创新奖、战略性新兴产业高层次人才奖励，建立人才激励机制。深圳市通过人才安居工程、海外高层次人才“孔雀计划”等措施构筑人才高地，广州市和东莞市通过加大投入引进和培养高层次人才，为当地经济转型升级提供强大的人才支撑。

（六）财政支持人口计生、体育、防震减灾、档案等事业发展有新成绩

一是支持人口计生重点项目的实施。2010年，全省人均人口计生事业费投入达到41.81元，实现了国家确定的投入目标。“十一五”时期，重点支持实施了农村部分计划生育家庭奖励扶助制度、城镇独生子女父母计划生育家庭奖励制度、计划生育家庭特别扶助制度、国家免费孕前优生健康检查试点项目和计划生育免费技术服务项目，建立人口计生利益导向机制，让计划生育家庭切实享受到实惠。

二是支持体育、防震减灾、档案等事业发展。支持成功举办2010年广州亚运会、亚残运会和2011年深圳大学生运动会。安排防震减灾“十一五”规划重点项目经费，着力保障地震监测预报、灾害预防工作，加强应急救援体系建设。支持档案馆馆舍建设和国家重点档案抢救和保护，提高档案保护和利用水平。

（七）科学化精细化管理水平有新提高

一是加强制度建设。各级财政结合本地实际制定工作规则并建立完善了26项专项资金管理办法，确保每项专项资金都有管理制度，切实强化对权力运行的监督与制约。

二是强化预算执行管理。采取召开座谈会、分析会、发文督促、上门督办等强有力措施，进一步增强资金经管部门的预算意识、管理意识和效率意识，加快预算执行进度。

三是探索专项资金试行竞争性分配。如省财政已联合教育、科技主管部门对中职实训中心建设专项资金、省部产学研合作专项资金（粤港招标部分）、高技术产业发展专项资金、省院合作专项资金试行竞争性分配工作，提高资金安排效率。

四是探索引入第三方绩效评价。如2011年，省财政厅通过政府采购的形式，整体委托华南理工大学（政府绩效评价中心）实施完成“2010年度广东省城乡义务教育补助资金绩效第三方评价”项目，采用单位自评、书面审核、现场核查的方式，依据既定的评价技术体系，对2010年度义务教育资金使用过程及整体绩效进行综合评判，不仅评估水平、总结经验，而是发现问题、提出措施，为进一步改进和提高义务教育专项资金管理水平和使用效益提供决策参考。

“十一五”时期，我省财政教科文管理工作取得显著成

效。这些成绩的取得，得益于省委、省政府和地方各级党委政府的正确领导，得益于各级财政部门、教科文系统各主管部门和教科文事业单位共同努力的结果，也得益于在座每一位财政教科文工作者和教科文系统财务管理行家的辛勤努力。在此，我谨代表省财政厅向全省财政教科文工作者表示亲切的慰问和衷心的感谢！

在充分肯定成绩的同时，我们也要清醒地认识到，教科文财政管理和事业发展还存在着许多亟待解决的矛盾和问题，教科文事业发展与人民群众的需求相比还相对落后，与省委省政府提出“加快转型升级、建设幸福广东”的要求相比还有不少差距，特别在教科文事业改革力度、管理提升、制度完善、政策落实及自身建设等方方面面还存在不足。主要表现在：

一是部分市县政府对教科文事业发展的主体责任认识不到位。最突出的是虽然各级党委政府都强调要支持教育优先发展，办人民满意的教育，但在落实教育以县为主的责任时，不少县（区）又以财政财力薄弱为由推卸责任，投入保障不到位。根据我省2010年基本公共服务均等化绩效考评结果，有的市义务教育规范化学校覆盖率、初中和高中阶段毛入学率没有达标，全省没有一个市按期完成文化信息资源共享工程覆盖率目标。客观上，虽然存在有财政收入的均衡增长与财政支出刚性增长的矛盾约束影响，主观上仍存在主体责任意识不强，不愿意将有限的财力更多投到不能立即出政绩的教科文事业上。

二是公共资源配置不均衡问题突出。珠三角地区对教科文事业的投入远远高于粤东西北欠发达地区，吸引教育、科技、人才优质资源向珠三角集聚。例如，2010年和2011年省财政支持引进31个创新科研团队和31名领军人才，全部集中在珠三角地区。又如城镇学校在师资、设备、办学条件均优于农村，以致出现部分城镇学校有七八十人大额班与部分农村学校仅10多人的麻雀小学并存现象。同时，我省接收进城务工人员随迁子女人数全国排名第一，解决非户籍学生义务教育问题成为各级政府巨大压力。

三是制度建设不健全，政策执行不到位。相当部分单位存在“重要钱、轻管理”的思想，许多专项资金至今仍未建立资金管理办法，或不按规定程序分配资金，资金使用效益较低。部分地方财政部门、主管部门对专项资金使用的监督检查存在薄弱环节。

四是财政财务管理有待加强。如部分地方政府、高校不顾自身财力的承受能力，在实际建设和发展中盲目追求规模的扩大，负债规模偏大，后续运行能力无法保障，资金链断裂，财务风险凸显。个别单位和地方存在违规使用资金、财务公开透明度不高等问题。

五是资金筹措和分配方式单一。教科文事业发展主要依靠财政投入，融资渠道单一，没有充分发挥社会资金支持兴办教科文事业的作用；资金分配以补助为主，存在“重规模、轻绩效”的问题，大部分专项资金没有纳入竞争性分配，通过政府购买服务支持社会发展还处在起步阶段。

上述问题需要我们以改革创新的精神、攻坚克难的勇气、积极进取的态度、求真务实的作风，在不断深化改革、不断提升管理水平、不断完善政策体系中加以解决。

二、认清形势，把握重点

当今世界正处在大发展、大变革、大调整的时期，全球经济复苏缓慢。在这样的背景下，许多国家和地区迅速将创新、人才、教育等提升到国家战略层面，加大对教育、科学、文化的投入，不断提高教育、科学、文化发展水平，不但是发达国家保持领先的战略举措，也同样成为新兴国家赶超跨越的必然选择。中央把教科文事业放在关系中国特色社会主义发展全局、关系中华民族伟大复兴的重要位置，颁布了国家中长期教育、科技、人才发展规划纲要，积极推进科教兴国和人才强国战略。

进入21世纪，广东已全面进入经济社会发展转型期，同时，人民群众追求美好生活的内容形式更丰富、标准要求更高、权利诉求更强烈。省委提出“加快转型升级、建设幸福广东”是顺应了历史发展的要求，人民的期盼的英明决策。加快转型升级，就是要着力提升自主创新能力，加快建设现代产业体系，促进城乡区域协调发展，促进经济社会协调发展。教育、科技和人才事业对加快转型升级发挥关键作用，为加快转型升级提供智力支撑。建设幸福广东，就是要坚持以人为本，维护社会公平正义，保护生态环境，保障人民权益，满足人民群众文化需求。从这个意义讲，教育、文化、体育、计生等事业的发展直接关系到幸福广东的建设成效。因此，教科文事业既是加快转型升级的推动力，又是建设幸福广东的主体工程。做好新时期的财政教科文工作责任重大，使命光荣。重点要做到“五个更加注重”：

一是更加注重把握全局，主动服务。把教科文各项工作放在国内外政治、经济和社会发展的大背景下，放在“加快转型升级、建设幸福广东”的全局中来谋划和思考，始终站在改革发展前沿，主动研究重大问题，主动提出政策建议，为党委、政府和部门领导决策当好参谋助手。

二是更加注重依法投入，完善机制。进一步明确责任主体，认真贯彻落实国家方针政策，依法依规加大财政投入，确保教育、科技、文化等经费的法定增长，实现全省财政教育支出占公共财政支出20%以上、文化事业投入占财政支出1%以上、科技投入增长明显高于经常性财政收入增幅的目标。同时，进一步创新公共服务供给方式，拓宽公共服务供给渠道，扩大政府购买服务，支持社会力量兴办教科文事业，实现教科文公共服务提供主体和提供方式的多元化。

三是更加注重以人为本，改善民生。把教科文工作的重点从对物的支持逐步转变为对人的支持，围绕实施基本公共服务均等化、缩小城乡差距和科学配置资源，优先保证基本公共服务的需要，着力解决民生问题，更加注重更多资金向农村倾斜，向基层倾斜，向困难群体倾斜，向发展的薄弱环节和重点领域倾斜。

四是更加注重解放思想，改革创新。解放思想、改革创新是破解难题，化解矛盾，做好财政工作和教科文事业健康发展的必由之路。按照“小政府、强政府，大社会、好社会”的要求，在理财模式、工作理念、投入机制和管理方式等方面加快工作转型，积极探索推进教科文事业单位分类改革，丰富和完善财政支持全省教科文事业发展的措施和手段。

五是更加注重科学理财，精细化管理。在财政教科文投入快速增长的新形势下，必须全面推进财政科学化精细化管理工作，不仅要按公共财政职能要求，做到既不缺位，也不越位，更要实现财政资金管理形式、投入机制全方位的转变，做到“四个转向”：从单纯注重增加投入转向更加注重管理和制度建设，把管理规范落实到依法和科学管理的框架内；从单纯注重增加投入转向更加注重供给方式的多样化，通过供给方式的多样化实现财政职能的不缺位；从单纯注重增加投入转向更加注重效益，通过提高管理绩效切实实现财政保障公平公正促进社会发展的基本功能；从单纯注重增加投入转向更加注重监管，通过绩效考评、第三方评价、预算公开等方式实现财政资金监督的专业化、社会化。

三、明确任务，狠抓落实

今年是党的十八大和我省十一次党代会召开的重要一年，也是实施“十二五”规划承前启后的关键一年，做好财政教科文工作有利于加快建设教育强省、科技强省、文化强省步伐，对加快转型升级、建设幸福广东具有重要促进作用。根据新的形势和任务，近期我省财政教科文工作的总体思路是：以科学发展观为统领，全面贯彻落实党的十七届六中全会以及全国财政教科文工作会议和全省财政工作会议精神，紧紧围绕“加快转型升级建设幸福广东”这一核心，把提升自主创新能力、解决民生问题作为教科文工作的着力点，加大投入，完善机制，突出重点，创新管理，促进教科文领域基本公共服务均等化，推动教育强省、科技强省、文化强省、人才强省和知识产权强省建设。

根据上述总体思路，今后一个时期，财政教科文工作主要从以下几个方面加以努力：

（一）围绕教育规划纲要，推动建设教育强省

围绕国家和省的《中长期教育改革和发展规划纲要》以及公共教育均等化的目标和要求，把教育事业摆在优先发展位置，把教育作为财政支出重点领域予以优先保障，促进公共教育均等化，办好人民满意的教育，努力促进社会和谐。

一要保障投入。教育投入是保障我省科学发展的基础性、战略性投资，对教育投入不能只算眼前账，而是要算大账、活账、长远账。要建立健全以政府投入为主、多渠道筹措教育经费的体制，保障各级教育投入。首先要落实《广东省中长期教育改革和发展规划纲要》关于提升教育经费保障能力和水平的要求，实现汪洋书记在2010年全省教育工作会议上提出的从2010年起，各级财政都要逐年提高财政一般预算支出中教育拨款比例一个百分点，力争到2012年达到22%以上，到2015年达到24%左右。到2020年，全省各级财政性教育拨款占财政总支出的比例达到25%以上目标。其次要落实“三个增长”，保障“三个优先”。即：各级人民政府教育财政拨款的增长高于财政经常性收入的增长，按在校学生人数平均的教育费用逐步增长，教师工资和学生人均公用经费逐步增长。保证经济社会发展规划优先安排教育发展，财政资金优先保障教育投入，公共资源优先满足教育和人力资源开发需要。再次，是实现2012年教育支出占公共财政支出21.5%的要求，完成教育投入分析评价各项指标任务。这个目标任务是硬任务，财政部已经明确一定要完成。朱小丹省长在全省财政工作会议上也强调要求2012年全省教育支出占财政支出的比重达21.5%，并要求建立督查机制，确保任务完成。按照省政府的要求，省财政厅认真测算，科学分解了各市的目标任务，并将于近期下达各地。请各地完成好。最后，是拓宽教育经费来源渠道，要按增值税、营业税、消费税的3%和2%分别足额征收教育费附加和地方教育附加，落实从土地出让收益中按10%的比例计提教育资金政策。

二要支持加快学前教育发展。各级财政部门要将学前教育经费列入各级政府财政预算，并逐步提高各地财政性教育经费中学前教育所占比例，完善政府与社会、家庭合理分担学前教育成本的机制，多渠道多形式扩大学前教育资源。首先，省财政将安排3亿元，支持每年建设250所示范性公办乡镇中心幼儿园和500所村级幼儿园的工作，积极扶持普惠性幼儿园发展。将对工作开展较好、实现普及目标的市县给予奖励；对普惠性、低收费、办园规范、质量较高的幼儿园给予奖励。其次，要积极扶持普惠性、低收费的民办幼儿园发展。省财政将每年安排2 000万元专项资金，以考核验收或逐年评审的方式，对普惠性、低收费的民办幼儿园予以奖补。再次，要积极探索政府购买服务、财政补助、保证合理用地、减免或返还行政事业性收费、落实国家有关扶持教育发展的税收政策等方式，扶持普惠性民办幼儿园发展，积极鼓励支持社会力量办园。同时要完善学前教育师资队伍，加强师资培训，提高师资水平。

三要推进义务教育均衡发展。第一，要以教育创强为载体，推进义务教育规范化学校建设，加大对农村薄弱学校的改造力度，建立农村中小学校舍维修改造长效机制，促进义务教育学校之间均衡发展，逐步缩小区域教育发展的差距。第二，要统一城乡免费义务教育公用经费补助标准，并逐步提高农村义务教育阶段中小学公用经费保障标准，不断提高义务教育中小学公用经费保障水平。第三，要妥善解决非户籍学生平等接受义务教育问题。中央要求，2013年将所有在本省普通中小学（包括民办学校）就读的义务教育阶段学生纳入免费范围。各级财政要按此政策做好相关预算安排工作。第四，要进一步完善中小学教师工资福利待遇保障长效机制，推进全省义务教育学校实施绩效工资，落实县域内教师平均工资水平与当地公务员平均

工资水平大体相当、县域内农村教师平均工资水平与城镇教师平均工资水平大体相当。第五，要做好农村义务教育债务化解工作，并研究建立防止新债发生的机制。经省级审计锁定，全省农村义务教育债务余额为40.01亿元，省补助资金已下达50%，截至3月20日已有7个市100%完成化债。请未完成偿债任务的地区，抓紧这项工作，尽快完成任务。省将对各地化债进行验收后再下达另50%。

四要推进职业教育改革发展。首先，巩固提高普及高中阶段教育成果，进一步推进学校布局调整，普通高中逐步向县城或中心镇集中。其次要积极推进职业技术教育改革发展。要创新职业教育管理体制，健全职业技术教育拨款机制和专项资金激励机制，加快实施以生均综合定额拨款为主的职业技术教育预算管理制度，不断提高职业技术教育经费保障水平。同时支持省级职业技术教育基地建设，支持高等职业技术学院、高技能公共实训基地和中等职业技术教育实训中心（基地）建设。

五要支持高等教育提升质量。首先，要完善高校生均综合经费试点，根据高校的办学层次、办学水平、学科类型及办学成本，不断完善科学合理的定额标准。不断创新高校筹资新渠道，引导建立多元化的高等教育投入主体机制。其次，要支持重点学科建设和高水平大学的建设，扶持若干所综合实力和竞争力强的省属重点高校向国内一流大学迈进。支持实施高校教学质量与教学改革工程，加强高校重点学科建设，建设一批重点学科、名牌专业、精品课程，加强示范院校、重点专业、重点项目建设。再次，要通过严格贷款审批、加强财务监督管理、落实责任追究制度等手段，加强高校贷款管理，防范财务风险。

六要改进和完善资助政策体系。建立和完善从学前教育、义务教育、普通高中、职业教育到高等教育等全方位覆盖的资助政策体系。一是探索建立学前教育资助制度，资助家庭经济困难儿童和残疾儿童接受普惠性学前教育。二是完善农村家庭经济困难生活费补助政策和民族地区民族班生活费补助政策，启动农村学生营养计划试点工作。三是落实普通高中国家助学金制度、中等职业教育资助制度体系。继续实施中等职业学校农村家庭经济困难学生、城市家庭经济困难学生和涉农专业学生免学费政策；继续对全日制正式学籍的中职在校一二年级农村户籍学生和城市家庭经济困难的学生给予助学补助。四是改进资助管理办法，进一步理顺国家、高校、学生、银行之间的经济关系，健全国家助学贷款管理体制。

七要加强教师队伍建设。教师是教育事业改革发展的核心力量。只有一流的教师，才有一流的教育。因此，我们要切实把教师队伍建设摆在教育事业发展的优先位置，下大力气推动教师队伍建设再上新水平。省财政将新增安排5亿元实施“强师工程”，支持提升我省各级各类教师水平的提升。各地要在加大教育经费投入的同时，把教育投入的重点从以改善办学条件为主向提高教师素质与完善办学条件并重转变。

（二）围绕科技强省建设，支持科技创新和科学普及

科技是第一生产力，创新是民族进步的灵魂。要按照建设科技强省要求，落实科技投入，完善投入结构，坚定不移地推进科技创新，加快科学普及，提高全民科学素质。

1. 完善多元化科技投入机制。各级政府要切实承担起对自主创新的投入责任，确保财政科技投入增长明显高于经常性财政收入增幅。财政科技投入主要用于支持组织重点领域前沿技术和关键技术的联合攻关、公共服务技术平台建设、基础和共性技术研究、产学研合作和知识产权保护等。要加强财政科技专项资金管理，扩大纳入竞争性分配的专项资金范围，要完善财政科技资金使用绩效评价与监督制度，探索引入第三方绩效评价。发挥财政资金对激励企业自主创新的引导作用。要通过直接投入、补贴、贷款贴息等多种形式，引导企业加大科技投入，进一步巩固企业在科技投入中的主体作用。

2. 深化科技机构体制改革。按照国家和我省事业单位分类改革的原则和指导意见，支持对现有科研机构进一步明确职能定位，分类实施改革，在工业、农业和社会发展领域组建三大创新板块，为经济发展、行业技术进步提供强大支撑。推动公益类科研机构建立现代科研院所制度，全面提升自主创新能力和创新服务能力。推动转制科研机构深化产权制度改革，加快建立现代企业制度。财政部门要将根据分类改革要求，配合科技、编制行政管理部门认真做好深化科研体制改革工作，理顺事业单位分类改革后的经费预算管理问题。

3. 推动自主创新重大专项加快实施。一是继续安排省级自然科学基金、实验室体系建设专项资金、省科技专项资金、主体科研机构创新能力建设专项资金，支持应用研究和基础研究，改善科研条件。二是继续安排产学研省部、省院合作专项资金，促进产学研结合，支持科技成果转化，完善区域创新体系，培育和形成若干战略创新产业。三是继续安排知识产权保护专项资金、战略性新兴产业专利信息资源开发专项资金，实施知识产权战略，发挥知识产权引领和支撑产业科学发展的作用，支持我省建设国家级泛珠区域专利信息中心和省政府与国家知识产权局共建专利审查协作中心。四是继续安排自主创新专项，支持高新技术研究，推动重点领域关键技术联合攻关。

（三）完善财政政策机制，建设文化强省

文化是民生之魂，公共文化是社会公众精神活动的重要载体。文化产业是投入少、见效快、低消耗低污染的“两型产业”。要按照十七届六中全会精神和建设文化强省规划纲要的要求，建立健全文化投入保障机制，抓好文化强省重点项目建设，推进文化基本公共服务均等化。

1. 建立健全文化建设投入保障机制。各级财政部门要深入贯彻落实十七届六中全会精神，按照《广东省建设文化强省规划纲要（2011－2020年）》、《广东省基本公共服务均等化规划纲要（2009－2020年）》的总体要求，确保

全省各级财政文化事业投入随着当地经济社会发展逐年增加、稳步增长，在“十二五”期间，全省各级财政投入250亿元以上，用于支持公共文化服务体系建设、文化产业发展以及文化体制改革等文化强省建设项目，提高经费保障水平；全省财政的文化事业费支出占财政总支出的比例要达到1%以上。同时，完善投入机制，创新投入方式，采取政府购买服务、项目补贴、委托生产等方式，支持文化企业生产和提供质优价廉的公共文化产品。

2. 全面实施文化强省重点项目建设。2011年11月，省委省政府召开了全省文化改革发展工作会议，对推进文化强省建设进行再动员再部署，确定了一系列推进文化改革发展新的重大举措，要求全省上下积极行动起来，力争在推动文化体制改革在重要领域和重点环节取得新突破，促进文化强省建设上新台阶。今年是基层文化设施建设的“攻坚年”，各级财政部门要按照省政府办好文化民生实事的要求，全力支持实施基层文化设施全覆盖工程；支持实施和推进欠发达地区广播电视“户户通”、文化信息资源共享、乡镇和社区综合文化站（室）、农村电影放映和农家书屋等国家重点文化惠民工程项目建设；支持公共图书馆、美术馆、文化馆（“三馆”）及乡镇综合文化站等公共文化设施免费开放；支持建设覆盖城乡的流动图书馆、流动博物馆、流动演出服务网，促进城市优质文化资源向农村和基层流动；创新支持实施农村文体协管员制度，鼓励民办博物馆免费开放，落实低保户等弱势群体文化消费补贴，支持群众广场文化活动等文化惠民举措。

3. 全力支持文化体制改革和文化产业发展。加快推进公益性文化事业单位改革，以及非时政类报刊清理整顿工作，创新投入方式，经费拨款由“养人”向保障项目和发展转变。省财政不断增加省级文化产业发展专项资金规模，重点培植数字平面传媒业、广播影视业、动漫制作等文化新业态，支持特色文化产业做大做强。支持全省欠发达地区电影院线建设、全省广电网络重组、全省新华书店整合、加快文化产品“走出去”。支持文艺精品创作，扶持和打造一批文艺精品佳作。支持省级文化事业单位改革转制。

4. 全面落实岭南文化人才发展战略。着力支持建设思想道德高地理论研究、打造“理论粤军”、培养岭南文化名家、人才引进、奖励，全面落实提高非物质文化遗产传承人补助标准。

（四）积极促进人才、人口计生、体育、防震减灾、档案等其他社会事业发展

1. 支持实施人才强省战略。落实人才资金，支持引进和培养高层次人才，提高高层次人才的经济待遇水平，改善人才的工作条件，营造鼓励和支持人才干事创业的良好环境，为“加快转型升级，建设幸福广东”提供人才智力支持。

2. 促进人口长期均衡发展。按照“财政为主、稳定增长、分类保障、分级负担、城乡统筹”的原则，建立健全稳定增长的人口和计划生育公共财政保障体系，逐年加大投入力度，到“十二五”期末，实现年度财政投入人口和计划生育事业费人均不低于50元。继续实施人口和计划生育经费转移支付制度，加大对粤东西北经济欠发达地区的投入力度。各地要多渠道筹集资金，完善计生利益导向机制，确保法律法规规定的人口和计划生育各项奖励优惠政策、免费服务项目、流动人口服务管理等专项经费及时落实到位。

3. 支持体育、地震、档案事业发展。支持开展全民健身活动。支持防震减灾工作。支持档案馆建设，做好国家重点档案抢救和保护工作。

（五）推进财政管理改革，提升公共财政管理水平

1. 进一步加强预算编制管理。一是要细化支出预算编制，重大项目支出要先编报项目实施的绩效目标，制订详细的实施计划，建立重大项目支出预算事前评审机制。二是建立预算执行与下年预算编制的有效衔接，将预算单位上年的项目支出预算执行情况作为编制下年预算的重要参考依据。三是开展重点部门部门预算细化及重点审核工作。四是开展部分民生项目资金征询民意后再安排预算工作试点。

2. 进一步加强预算执行管理。一是严格预算执行，提高预算执行刚性，各部门和单位要严格按照批准的预算安排支出，强化预算约束，减少年中追加预算。二是加快预算执行进度，建立预算执行责任制度，落实转移支付资金提前通知制度，大幅提升财政教科文预算执行的均衡性和有效性。三是按规定推进预决算公开工作，接受社会监督。加大财政宣传工作力度，提高财政工作透明度，保障人民群众的知情权、参与权、表达权和监督权。

3. 进一步加强项目资金管理。一是明确部门职责，强化主管部门项目计划实施管理和财政部门资金使用管理的职能。二是明确项目申报程序，推行入库项目制度，规范项目专家评审，确保项目资金分配公正、公平、公开。三是加强资金安全管理，规范资金管理办法，明确项目资金的补助范围、对象、标准等，确保资金的绩效和运行安全。四是整合精简，对执行慢、结余多的专项资金要压减或取消，统筹交叉设置专项资金。

4. 进一步创新财政管理。一是逐步扩大纳入竞争性分配专项资金范围，通过招投标等竞争方式，建立“多中选好，好中选优”的项目优选机制，提高资金分配和使用效益。二是推进绩效管理，教科文专项资金要继续探索引入第三方绩效评价，借助第三方力量进一步改进和提高教科文专项资金管理水平和使用效益。三是扩大政府购买服务范围，借助社会组织力量发展民生事业，支持社会建设。四是探索拓宽融资渠道，财政资金要发挥“四两拨千斤”的作用，通过制度设计，吸引更多社会资金参与教科文事业发展。

5. 进一步加强财政基础建设。一是加快财政管理信息化建设，提高财政管理的科学性、规范性。二是做好基础数据整理工作，全面掌握预算单位人员、经费标准、预算

执行等基础数据。三是推进为民办事问民意工作，提高人民群众对教科文民生事务的参与度，对涉及民生的项目多听民意，促进实现“群众的幸福由群众做主”。

6. 进一步加强队伍建设。一要抓学习，强能力。加强对党的路线、方针、政策的学习和掌握，做好教科文前瞻性政策研究，增强服务教科文事业发展的能力。二要转作风，提效率。求真务实、锐意创新、勤勉敬业、严谨细致、做好服务，提高工作效率。三要抓落实，重绩效。以坚决迅速、不折不扣抓落实的精神落实中央和省委省政府的决策部署，提高执行力。四要严法纪，促自律。加强廉政建设，开展廉政风险防控管理，严格规范权力运行。五要建机制，促沟通。建立上下联动的信息沟通机制，将信息报送制度化，地市之间也要加强横向交流互动，形成全省上下左右联动氛围。

同志们，面对新形势的要求，财政教科文工作任务更重、责任更大、使命光荣，全省各级财政教科文部门必须从我省发展全局和战略的高度，统一思想，坚定信心，攻坚克难，扎实工作，从严从细加强管理，努力开创财政教科文工作新局面，为我省经济社会发展作出新的更大贡献！

（本文系作者2012年3月30日在全省财政教科文工作会议上的讲话）

坚定信心　攻坚克难
全面完成我省国库管理制度改革任务

（节选）

省财政厅党组成员、副厅长　沈梅红

一、肯定成绩，坚定信心

近年来，全省各级财政部门按照国库改革的目标要求，坚持依法、科学、民主理财，不断推进各项国库改革，完善国库运行机制，健全国库管理职能，初步建立了规范高效的预算执行机制，强化了国库集中收付制度在财政财务管理中的核心基础性地位，有效促进了公共财政体系框架的完善，有效保障了省委、省政府重要决策措施的落实。

（一）立足完善运行机制，国库集中收付改革全面实施

一是国库集中收付改革基本实现“纵向到底，横向到边”。省、市、县（市、区）三级财政国库改革全面铺开，基本实现预算单位、财政资金两个全覆盖；国库单一账户体系全面建立，资金收付方式改革全面实施，支出支付通过财政直接支付和财政授权支付方式，实现资金直接支付到收款人（即商品和劳务供应者）或用款单位账户；收入收缴通过直接缴库和集中汇缴方式，实现收入直接缴入国库单一账户或财政专户。二是国库集中收付运行机制不断完善。实现资金高效：按照规范模式推进改革，按规范程序有效控制财政资金流入和流出，有效提高财政资金运行效率。实现运行透明：国库集中收付资金运行和预算执行管理机制不断完善，国库管理科学化精细化水平不断提高，有效推动依法理财、政务公开。实现监控有力：在资金拨付、账户管理、会计核算、资金清算、内部控制等方面制定一系列制度办法，形成了较为科学严谨的监督制衡约束体系，有效强化源头防腐功能作用。

（二）立足创新监管模式，财务核算信息集中监管改革不断拓展延伸

改革从省级、市级向县级延伸，从财政内部向预算单位延伸，从统一模式向形式多样、功能多元、特色鲜明拓展，不仅实现对预算单位执行进度、资金流向、支出结构、现金管理等的监管，而且实现从资金支付到财务核算全过程监管无“盲点”目标。省、市级财政已经开展以“两统一、一系统”为主要内容的财务核算信息集中监管改革，博罗、恩平、台山等县（市）开展了改革试点，实现对财务核算、比对纠错、数据分析于一体的“数据大集中”。

（三）立足规范支出管理，公务卡制度改革稳步推进

各地从提高财政透明度，提升单位财务管理水平以及源头防治腐败和减少违法违规行为的高度积极推进公务卡改革。从试点启动到整体推进，省、市、县三级联动，省级已实现“横向到边”、市级县级正加紧“扩点扩面”。全省开办公务卡139 666张，共5 451个基层预算单位纳入改革范围，河源市和顺德区率先在我省实行公务卡强制结算目录制度，公务支出和现金管理得到较好规范。

（四）立足强化资金监管，预算执行动态监控改革全面铺开

改革已经覆盖到省级、21个地级以上市及118个县（市、区，含功能区），基本完成财政部布置的目标任务。通过国库支付系统、财务核算信息集中监管系统、预算执行动态监控系统的有机连接，形成环环相扣、安全高效的预算执行管理监控体系，使预算单位每一笔财政资金从预算指标下达、用款计划申报审批、资金支付使用、资金使用账务处理全过程实现网络电子化，并处于财政部门实时动态监控之下，有效减少预算执行的随意性，有效强化预算约束力。

（五）立足全面推广应用，财政国库管理信息化水平全面提高

以财政支出管理电子平台建设为契机，将国库支付系统全面覆盖到各级财政国库部门，通过对国库支付系统全面升级改造，完善指标流到资金流的预算执行自动控制机制，形成涵盖预算指标管理、国库集中支付、会计核算、预算单位银行账户管理等功能的国库支付系统，确保支付数据传输快捷、安全、稳定，确保信息反馈全面、准确和及时，提高了各级财政部门对预算资金执行全过程的监控能力，改善了县级财政部门的网络和硬件条件，提升了县级财政支出管理信息化水平。

成绩值得肯定，经验值得总结。但我们也要清醒地看到，与财政部的目标任务相比、与我省财政面临的新形势新要求相比，我们的工作还有很大差距。主要是：各地改革进展不平衡，县级改革明显滞后；各项改革进度不均衡，公务卡制度改革在全国排名较后；各项改革推进点面不同步，预算单位推进不理想。如公务卡改革方面，全省仅有2个市将本级所有预算单位纳入改革范围、27个县（市、区）开展改革试点；财政专户归口管理方面，全省有3个市本级、24个县（市、区）尚未实现本级财政专户归口国库管理。主要原因：一是对改革的思想认识不到位，或因思想上存在畏难情绪而不愿改革，或因担心触及部门利益而不敢改革，缺乏攻坚克难的主动意识。二是改革的相关配套措施不到位，或因财政国库机构、人员配备不到位而难以履行国库职能，或因网络和硬件设备建设滞后而难以满足改革的技术需要，或因县级代理银行网点覆盖面不够而难以适应改革的要求等。这些问题需要我们在今后工作中努力克服和改进。

二、明确任务，突出重点

根据我省财政"十二五"发展规划，今后我省财政国库管理制度改革的指导思想是：以邓小平理论和"三个代表"重要思想为指导，全面落实科学发展观，按照财政科学化、精细化管理的全面部署，围绕加快转型升级，建设幸福广东核心任务，全面构建适应公共财政框架要求的现代财政国库管理体系，为我省各项事业持续健康发展做出积极贡献。总体目标是：全面推进和深化财政国库管理制度改革，确保改革覆盖到所有预算单位、覆盖到所有财政性资金。

今年是实施"十二五"规划承上启下的重要一年。做好今年的财政国库工作，全面完成财政国库管理制度改革的目标任务，以优异成绩迎接党的"十八大"具有重要意义。全省各级财政部门要明确目标，突出重点，同心协力，围绕最大限度地扩大改革范围，最大限度地强化财政支出监管，最大限度地实现财政管理目标，全面推进我省财政国库管理制度改革向纵深发展。

（一）全面深化国库集中支付制度改革

要求确保今年年底前将县级以上所有预算单位以及公共财政预算资金、政府性基金预算资金100%纳入改革范围。有条件的乡镇要积极开展改革，实行乡财县管的地区，可将乡镇视为县级财政的一个预算单位，为其开设零余额账户用于乡级财政资金的支付，与县级国库清算。

（二）加快推进公务卡制度改革

一是要求今年年底前将改革推进到县级以上所有预算单位，实现各级预算单位100%开办公务卡的目标。二是省级要在今年三季度、各市县要在今年四季度前制定并实施本级公务卡强制结算目录制度。三是要加大宣传力度，为公务卡改革营造良好氛围，主动加强与有关部门的沟通协调，改善用卡环境，提高公务卡使用率。

（三）着力完善预算执行动态监控机制

要求县级以上财政在今年年底前完成预算执行动态监控改革任务，将动态监控范围扩大到所有财政资金和全部预算单位，全面跟踪财政资金的申请、审核、支付、清算的操作流程，形成事前事中有效控制、事后跟踪问效的资金使用监控机制。

（四）全面完成财政专户归口管理工作

要求各地在今年年底前将本级财政所有财政专户100%转归国库部门统一管理，要严格执行财政专户设置数量规定，严格规范财政专户开设权限。要配合做好财政部组织的财政专户清理整顿"回头看"工作。

（五）全力推进财务核算信息集中监管改革

要求各地级市今年年底前将本级所有一级预算单位100%纳入财务核算信息集中监管改革范围，有条件的县（市、区）也要积极开展改革试点。要不断完善监管系统，充分发挥系统在数据集中分析、资金支付比对纠错和资金流向跟踪等方面的监管作用。

（六）积极推进部门决算公开工作

省已经明确由国库处牵头部门决算公开工作。各地要

按照财政部在全国财政国库管理制度改革推进会议和地方部门决算会审会上提出的要求，积极推进部门决算公开工作，及早做好相关准备工作，有序开展该项工作。

三、多措并举，攻坚克难

要按财政部要求在2012年年底全面完成改革的目标任务，时间紧迫、任务艰巨，各级财政部门必须高度重视、真抓实干，紧紧抓住县级改革这一重点和难点，按照“单位零遗漏，账户零余额，监管零盲点，结算零差错，服务零距离”的工作要求，采取各种有效管用的硬措施，打好改革的攻坚战。我提几点要求：

（一）加强组织领导

全面推进财政国库管理制度改革，是国务院和财政部的统一部署和整体要求，各级财政部门要充分认识全面推进改革的重要性、紧迫性和艰巨性，自觉增强全面推进改革的责任感和使命感，切实把全面推进国库改革作为一项重点工作抓紧抓好，认真制订改革方案，充分调动各方面的积极性，拿出攻坚克难的勇气和决心，坚决完成改革任务。

（二）加强基础建设

重视国库机构、人员、信息系统建设。财政国库支付中资金审核、资金拨付、印鉴管理、票据管理、会计核算等，是环环相扣的业务链条，是专业化、程序化很强的工作，各岗位人员必须相互独立、相互配合、相互制约。未单独设置国库管理机构和执行机构的，要克服困难创造条件设立。要重视发挥国库管理信息系统在保障财政资金安全、高效运作、科学精细管理的技术支撑作用，不断完善国库支付系统功能，加大信息系统的应用力度，提高国库改革工作效率。

（三）加强督查考核

一是实行考核制度。各地要制订全面深化改革的工作计划，倒排工作进度，明确阶段性目标，分解工作任务，并建立工作考评机制，督促改革按工作计划实施。二是完善通报制度。省财政厅将继续按季对全省改革进度进行通报，表扬先进，批评落后，督促各地加快改革推进速度。三是建立督查制度。继续加强对下级财政部门业务指导，开展实地督查，各地要加大力度督促所辖县（市、区）及功能区推进改革。

（四）加强沟通协调

在争取当地党委、政府支持的同时，要加强与人民银行、预算单位、代理银行等方面的协调配合，争取纪检、监察部门及社会各界的支持。加强改革宣传和业务培训，切实帮助预算单位解决实际困难。坚持以公开、公平、公正的原则择优选择代理银行，为改革提供优质服务，通过各方的支持配合，形成合力协同推进改革。

（五）加强服务管理。一要提高服务水平

要把推进改革与增强服务意识、提高服务质量、提升服务水平结合起来，通过准确办理资金收付和会计核算业务，完整反映预算执行和资金运行情况，主动为预算单位服务，为落实政策措施服务，为领导科学决策服务，为改革发展大局服务；通过规范服务行为、创新服务形式、提升服务质量树立财政国库部门的良好形象，以良好的服务推进国库改革。二是强化规范管理。按照规范模式推进国库改革，按照规范程序拨付资金，按照规范要求管理银行账户，按照规范流程开展预算会计核算，确保程序合法、流程优化，确保账证、账账、账款相符，确保资金支付准确、资金运行高效、资金管理安全，通过强化规范管理提高财政资金安全性、规范性、有效性，切实提高财政国库管理水平。

（六）加强廉政建设

保障财政资金安全是财政和财务管理的生命线，是关乎全局、代表形象、体现基础职能的重要工作。近期，我省财政系统相关案件的发生，影响财政干部在人民群众中的形象，也再次警醒我们加强财政资金和财政干部安全管理一刻也不能放松。请各级财政国库部门，特别是分管国库工作的领导要高度重视，采取有效措施，切实加强国库干部队伍的廉政建设，切实加强财政资金安全管理，确保财政资金和财政干部“双安全”。一是狠抓财政资金拨款安全，绝不拨人情钱。要完善信息系统控制体系，充分运用现代电子信息技术，实现资金支付各环节之间有效制衡，提高资金运行安全和透明度。要严格按规定程序执行资金审核、支付、核算等工作流程，将财政资金收支管理纳入信息系统严格控制，做到资金拨付流程规范有序、资金拨付岗位相互制衡。二是狠抓银行账户规范管理，绝不开人情户。要在做好财政专户归口国库统一管理的基础上，进一步规范各类财政资金银行账户管理，建立健全国库集中支付代理银行和财政资金存放银行的年度考评制度，严格按照规定和程序把好账户开设审批关和开户银行选择关。三是狠抓资金安全监督管理，绝不违规操作。要以落实岗位责任为重点，健全资金使用、监督、管理目标责任制。在岗位设置和人员配置上要采取硬措施，做到规范设置岗位、足额配备人员，确保财政资金安全管理各环节无漏洞。要加大力度开展国库内部稽核工作，对涉及资金管理各个环节和岗位进行全面梳理和风险排查，及时检查发现问题、堵塞漏洞；要加强内部岗位的工作沟通，建立高效顺畅的工作协调机制，做到资金支付信息能够及时反馈，实时共享，确保能够及时发现和纠正存在问题。要自觉接受审计、财政监督部门的定期或不定期检查，及时发现并处理违规、违纪行为；要加强对下级财政部门督查和指导，上下级之间相互联动，相互促进，把全省财政资金安全检查长效机

制落到实处。四是狠抓干部队伍廉政教育，绝不放松监督。信任不能代替监督。要经常开展思想政治教育，坚持将财政资金安全管理作为党风廉政教育、法制法纪教育、风险防范教育的一项重要内容，不断增强财政干部依法理财意识，筑牢思想道德防线，提高拒腐防变能力。要经常开展财政干部业务素质教育，提升干部政策业务水平，落实资金安全管理的各项要求，实现财政国库资金管理工作规范化、标准化和流程化排查风险，堵塞安全漏洞。要经常开展日常管理和监督，克服日常工作中麻痹、懈怠、安全意识淡漠等问题，建立健全岗位考评、奖惩、轮岗等制度，消除安全风险隐患。

四、认清形势，积极有为

（一）当前财政形势

从2011年下半年以来，欧债危机、内需疲软等不利因素对我省经济、财政的影响逐步显现。今年年初，全省财政工作会议作出了“受经济增长趋缓态势影响，今年税收增长将会趋缓，将是国际金融危机以来最困难的一年”的科学判断，从上半年情况来看，财政形势正如预期，不容乐观，呈现“增幅回落、增速过低、质量下滑、支出刚性”的特征。一是增幅回落。今年1－5月，来源于广东财政收入同比下降1.37%，全省地方公共财政预算收入、税收收入分别仅增长7.45%、2.28%。全省21个地级以上市收入增速比上年同期全面回落。二是增速过低。我省主要经济指标和财税收入增幅均低于全国。1－5月，我省公共财政收入增幅低于全国（14.7%）7.2个百分点，排在28位。全省税收收入低于公共财政收入增幅5.17个百分点。全省21个地级以上市有四成以上（9个）收入增幅不足10%，部分收入总量较大的市收入增幅低于全省平均水平。三是质量下滑。今年以来税收收入增长平缓，非税收入受政策或加强征管等因素影响增长较快，这一增一减造成收入质量明显下滑，1－5月，全省财政收入中税收收入占比仅为81.86%，比上年同期回落了4.14个百分点，是分税制改革以来的最低水平。四是支出刚性。1～5月，全省地方公共财政预算支出完成2 229.35亿元，同比增长15.72%，民生支出占比保持在60%以上的水平。在收入形势十分严峻的情况下，民生和重点支出依然得到有力保障，同时也凸显今年支出刚性压力，收支矛盾更加突出。

（二）对全年形势的预判

当前的经济和财政形势仍不容乐观，欧美地区经济持续低迷将继续对我省出口造成较大影响，房地产调控任务仍很艰巨，经济的深层次、结构性问题仍很突出，经济和财税收入运行趋稳向好的基础仍不牢固。但也要看到，近期中央和省陆续出台了多项“稳增长”的政策措施，将大大有利于经济和财税企稳向好。中央出台了促进节能家电等产品消费等一系列稳增长的政策措施。我省出台了《关于稳定经济增长政策措施》，通过实施“逆周期”的财政政策，统筹用好2012－2014年省财政各项支持经济社会发展的财政资金及融资资金，从扩大投资、鼓励消费、支持外贸、加大调结构力度、减轻企业负担、扶持中小企业发展、改善民生、厉行节约八个方面加大经济扶持力度。从5月情况来看，我省各项主要税收项目和部分地区单月增幅较4月均有所提高，6月中旬，全省和省级公共财政收入增幅已分别回升到10.61%和7.32%，财税收入初步出现企稳向好的迹象。

因此，初步判断，在经济平稳有序运行的基础上，全年财税收入有望在三季度企稳，四季度有所回升，全年呈现“前低后稳”的走势，全年全省公共财政预算收入增长10%的目标可以实现。

（三）下一步工作要求

省委、省政府高度重视今年的财税工作，4月15日，徐少华常务副省长主持召开了省直财税部门工作联席会议，专题研究财税形势，布置有关工作。下一步，我们要扎实做好以下几项工作：

1. 坚定不移稳增长。要大力支持推进全省重点工程项目建设，认真抓好中央和省稳增长各项政策资金的落实到位，加快资金拨付进度，巩固全省企稳向好的经济发展态势，支持拉动全省经济增长，增强全省经济发展后劲。

2. 千方百计保民生。一是做好十件民生实事等重点支出资金保障工作。1－5月，全省财政为落实和配合十件民生实事工作已拨付资金1 424.4亿元，完成全年预算的36.7%；其中省级财政已拨付资金198.77亿元，完成全年预算的44.53%，快于时间进度2.86个百分点。但部分地市民生实事资金支出进度仍不理想，全省21个地级以上市中，支出进度快于时间进度的仅有6个，支出进度慢于时间进度的有15个。各地、各部门要在前一阶段工作的基础上，针对存在的问题，落实经费保障、严格把握进度、加强检查督促、着力克服难点、提高办事效率、建立长效机制。下一步，省财政厅将会通过按月通报等措施，督促进度落后的市加快进度，切实保障好十件民生实事、促进转型升级以及其他各类民生的政策措施的有效落实。二是继续严格控制一般性支出。当前，受制于经济增长放缓，财政增收异常困难，财政收支平衡压力巨大，节支是缓解财政收支矛盾的最快捷、最有效的办法。因此，各级财政部门要把节支作为当前财政的重要工作来抓，要严格按照中央和省有关厉行节约、严格财政支出管理的规定，严格控制“三公”经费，继续实行“五个零增长”。财政部门不仅要带头遵守有关规定，而且要督促其他部门认真遵守节支相关规定。

3. 全力以赴抓收入。要围绕完成今年收入预算任务，落实抓收入的各项措施。在落实对中小微型企业发展的各种优惠政策，进一步提振企业发展信心，着力增强财税可持续增长能力的同时，进一步加大财税收入征管工作力度，提高收入质量，既确保应征尽收，又坚决杜绝收过头税。

4. 扎实认真强化管理。越是财政收入形势不理想的时候，越是资金周转困难的地方，越是要强化财政国库管理，合理调度好资金，科学谋划安排好可以预见的大额支出，避免出现资金调度被动困难，同时，要立足自力更生，减少对省的依赖。实际上，省级财政已经加大了支持力度，上半年共拨付各类调度资金约768亿元，同比增长13.1%。各市还是要通过强化管理缓解困难。

5. 加强预算执行分析工作。很多从事分析工作的同志都有体会，越是在形势困难的时候，越是凸显执行分析工作的重要性，执行分析也越有题材可做，有情况可写，工作也越有改进提高的空间。一是增强时效性。在当前经济财政形势瞬息万变，更需要分析人员及时获取各种信息，抓住财政经济运行中的关键特征，及时进行分析，从而形成有价值的信息供各级领导决策参考。二是提高前瞻性。今年财政经济影响因素多，形势更加错综复杂，各级领导对财税收入的走势预计的需求更加迫切，预算执行分析工作人员要进一步学会利用经验和信息手段来对财税收入进行科学预测，作出科学前瞻判断，及时给领导提供决策建议。三是善于挖掘题材。经济形势的变化给予我们更加丰富的题材和空间，要善于挖掘题材，学会以“宏观分析找潜力、微观分析找问题”的分析方法，善于抓住当前财政运行中突出问题，善于透过现象看本质，通过专题调研报告等形式深入分析预测，提出对策建议。

（本文系作者2012年6月26日在全省财政国库管理制度改革推进会暨2012年上半年预算执行分析会上的讲话）

农业综合开发与扶贫“双到”结合的政策和机制研究

（精炼版研究报告）

省财政厅农业综合开发办

当前，我省正处于“加快转型升级、建设幸福广东”和“率先建成小康社会”的关键历史时期。但是，区域发展不平衡，特别是贫困农村地区发展滞后的问题严重制约了我省共同富裕目标的实现。2009年，中央政治局委员、省委书记汪洋亲自倡导，省委省政府站在全局和战略高度创造性提出了新时期扶贫开发“规划到户、责任到人”（简称扶贫“双到”）的工作决策和战略部署，燃点起全省贫困村脱贫致富、共同富裕的希望。

农业综合开发是中央和地方各级政府加强农业基础设施建设，发展现代农业，提高农业综合生产力，促进农业经济发展和农民增收的重大战略举措，是财政支农投入的重要组成部分。扶贫“双到”启动以来，我省农业综合开发工作积极响应汪洋书记和省委、省政府的号召，在农业综合开发与扶贫“双到”相结合方面进行了积极的尝试和探索，取得了明显的成效。本课题研究报告紧紧围绕“科学回答农业综合开发与扶贫‘双到’工作二者为什么要结合、怎样结合”的问题，深入研究了农业综合开发与扶贫“双到”政策的发展历程、政策定位、目标任务、主要做法和政策交集，指出了二者结合的重大现实意义；深入分析了目前贫困农村地区发展滞后的状况和原因，特别分析指明现行各类扶持农业农村基础建设资金以“效率优先”原则为指引，不利于资源状况较差的贫困农村地区获得充足扶持，长期积累造成了贫困农村地区投入不足、发展差距不断扩大的局面；针对薄弱环节，报告进一步提出了实施农业综合与扶贫“双到”结合，加大贫困村农业基础设施建设投入，提高农业生产力，清除贫困农村农业生产发展的关键性制约因素和障碍，打破发展瓶颈，稳定形成脱贫致富长效机制的思路；着重从政策和机制两个方面，提出了农业综合开发与扶贫“双到”结合的建议，为下一步省委、省政府在实施新一轮扶贫“双到”工作中，加快推进农业综合开发与扶贫“双到”结合政策实施提供了切实可行的决策参考。

一、农业综合开发与扶贫“双到”结合的重要意义

农业综合开发与扶贫“双到”都是省委、省政府的重大决策和战略部署。农业综合开发与扶贫“双到”结合，不仅仅是农业综合开发支持扶贫“双到”工作的重要命题，更是农业综合开发履行自身职能使命，优化自身投入结构的重要命题。第一，农业综合开发与扶贫“双到”结合是贯彻落实国家和省委、省政府大政方针的根本任务和必然要求；第二，农业综合开发与扶贫“双到”相结合是农业综合开发事业向前发展的内在要求和迫切需要；第三，农业综合开发与扶贫“双到”结合，是促进农业农村发展，实现全省共同富裕目标的重要举措和有效途径。实施农业综合开发与扶贫“双到”结合对加大贫困农村地区农业资源开发力度，促进城乡区域协调发展，实现全省共同富裕，建设幸福广东具有重大现实意义。

二、农业综合开发与扶贫“双到”结合的投入情况及需求

本次专题调研对梅州、河源、韶关、清远、湛江、茂名、肇庆、揭阳8个市（以下简称“样本地区”）及其所属2 635个贫困村的调查统计表明，2009－2011年，“样本地区”投入农业综合开发财政资金14.41亿元，其中，投入贫困村3.35亿元，投入贫困村的比例达到23.25%。通过实施农业综合开发与扶贫“双到”结合项目，累计帮扶“样本地区”建成标准农田37.77万亩，其中，贫困村8.69万亩；发展种植、养殖和农产品加工等各类产业化经营项目51个，受益农户10.47万户，其中，贫困户8.73万户。农业综合开发与扶贫“双到”结合成效显著，有效加快了“样本地区”的发展。

但是，农业综合开发对贫困村地区的投入远远未能满足贫困村的发展需要。全省3 407个贫困村有耕地总面积496万亩，本次调研“样本地区”2 635个贫困村有耕地面积388.56万亩（其中，待治理耕地面积292.21万亩），有效开发利用山地面积1 846.49万亩，是耕地面积的4.7倍多，全省贫困村耕地资源和山地资源开发比例和开发程度仍然较低，可开发潜力巨大，贫困村广大干部群众要求实施农业综合开发的愿望十分迫切。

三、贫困村农业基础建设投入存在的薄弱环节

一是农田水利基础设施投入不足，贫困农村地区投入相对滞后。长期各类农田水利专项资金侧重大江大河建设，用于提高农田综合生产能力，重点促进农民增收的资金投入数量和比例偏低；在“效益优先”原则的指引下，贫困村由于资源状况差，相对其他农业发展地区，在申报各类农业农村发展资金处于劣势地位。二是贫困村产业帮扶投入不足，帮扶方式与市场机制不相适应。产业帮扶是增强贫困户自我“造血”功能，实现稳定脱贫的重要长效措施。但是目前，各贫困村产业帮扶“村村点火、户户冒烟”，缺少统筹规划的现象比较明显，并且“有本事”的帮扶单位和“能力弱”的帮扶单位帮扶效果差异较大，还有部分帮扶单位以行政手段推进为主，侧重向农户发放种子、种苗、饲料、疫苗、肥料，未能按市场机制建立帮扶长效机制。三是贫困村农业科技推广投入不足，服务体系不稳定。各帮扶单位主要采取联系农业技术专家临时到贫困村培训授课的方式开展农业技术推广，科技推广单位受邀请到贫困村开展农业技术培训大多属于义务性质，普遍贫困村存在投入不足、内容针对性不强、时间不确定、服务体系不稳定等问题。四是扶贫“双到”各类资金条块分割，整合使用存在困难。截至2011年年底，全省3 407条贫困村平均每条贫困村投入帮扶资金300万元左右，但最多的贫困村投入达到几千万元，最少的贫困村投入只有几十万元，相关部门掌握的专项资金投入缺少统筹，投入不平衡，整合投入仍然存在一些困难。

四、农业综合开发与扶贫“双到”结合可供选择的结合点

结合点之一：加大农业综合开发土地治理投入力度，弥补贫困村农田基础设施建设的“短板”。通过农业综合开发高标准农田示范工程项目、中低产田改造项目和中型灌区节水配套改造项目建设，对一个贫困村或几个贫困村连同周边非贫困村统一规划、统筹兼顾、集中投入、规模开发，分期、分批、有计划地对贫困村全部耕地进行农田基础设施建设整村推进、治理全覆盖，迅速改善贫困村的农业生产和发展能力。具体建设内容包括建设贫困村的小型水库、塘坝、拦河坝、机电排灌站、输变电设备、机电井、衬砌灌排渠道、修建农田机耕道路和改良土壤等。

结合点之二：加大农业综合开发产业化经营投入力度，帮扶贫困村发展壮大长效的主导产业。通过农业综合开发产业化经营项目扶持农业龙头企业和农民专业合作社作，通过帮扶企业带动贫困村发展主导产业，按照市场机制，在保障贫困户基本收益的前提下，建立“风险共担”责任机制和“利润分享”激励机制，实现完全市场运作，建立产业帮扶长效机制。具体扶持项目包括粮食、油料、糖料、蔬菜、花卉、蚕桑、茶叶、经济林（果）种植，畜禽、水产养殖和农副产品加工、保鲜、储藏、流通等。

结合点之三：加大农业综合开发农业科技推广投入，建立完善贫困村农业科技服务体系。通过实施农业综合开发科技推广项目，发挥农业综合开发科技推广资金来源和项目安排稳定的优势，建立了以省级科技单位为龙头、以基层科技推广单位为支撑的“立体式”农业综合开发科技推广体系，范围覆盖贫困村，长期、稳定为贫困户提供及时、到位的农业技术推广培训指导服务。

结合点之四：加大农业综合开发“综合”投入，促进贫困村建设幸福和谐新农村。结合贫困村新农村建设发展规划，采取农业综合开发的水利措施、农业措施、林业措施和科技措施等“综合”措施推进贫困村新农村建设。

五、农业综合开发与扶贫“双到”结合的政策和机制建议

一是把推进贫困地区农业综合开发作为新一轮扶贫“双到”工作的重要路径进行部署。随着实施扶贫开发2011－2020年工作方案，扶贫“双到”工作不断转型升级、深入推进，帮扶贫困村、贫困户改善农业生产条件，清除农业生产发展的制约因素和障碍，提高农业综合生产力，稳定形成脱贫致富长效机制，将成为新一轮扶贫“双到”工作的重中之重。加大农业综合开发等各类农口资金对贫困村的投入扶

持正当其时、大有可为、任务艰巨、使命光荣。

二是科学规划农业综合开发与扶贫“双到”结合工作。建议组织力量进一步摸清贫困村农业综合开发需求，在财力可能的基础上，科学制定农业综合开发与扶贫“双到”结合的总体规划，逐步对全省3 407个贫困村土地治理、产业化经营和农业科技推广等实施全面帮扶。按照“统一规划、统筹兼顾、集中投入、连片开发、综合开发”的思路，谋划高起点、高标准建设贫困村现代高标准农田，对同一个县、镇范围内的一个贫困村或多个贫困村或贫困村与非贫困村之间能集中连片的耕地，实行统一规划、连片开发、全面覆盖、集中投入、一次建设到位；谋划按照因地制宜、统筹兼顾、区域协调原则，大力扶持农业龙头企业和农民专业合作社，在种植、养殖、加工、储藏、保鲜、流通等整个农业产业链条帮扶贫困村发展农业产业化经营，建立与市场经济体制相适应的帮扶机制，全面带动贫困村发展主导产业；谋划采取“综合开发”措施，充分利用农口部门合力开发优势，对贫困村实行“田、水、路、林、山”综合治理，“农、林、牧、副、渔”综合发展，大力推广农业优良品种和先进技术，提高贫困村农业生产综合效益。

三是建立完善与贫困村实际需求相适应的农业综合开发与扶贫“双到”结合政策。建议完善包括整合同类专项资金加大贫困村集中投入力度、合理调整扶持贫困村项目地方财政配套政策、争取建立国家级农业综合开发与扶贫“双到”结合创新实验区、合理调整扶持贫困村项目的申报面积要求、切实加强对农业综合开发与扶贫“双到”工作的组织协调等具体政策措施，为加强农业综合开发与扶贫“双到”结合工作提供政策保障和有力支撑。

（课题组成员：郑贤操（组长）　翟登军　朱学荣　李国龙　董辉龙　罗婧彦　张烈君；执笔：董辉龙）

广东农村和小城镇生态环境建设研究

（节选）

省财政厅国际金融组织债务管理办公室

前言

（一）项目背景

亚洲开发银行作为国际性的金融组织和知识银行，在推动生态建设和环境保护方面具有宽阔的世界眼光和丰富的国际经验。2011年，亚行与广东省、财政部磋商并达成协议，亚行以政策与咨询技术援助（PATA）的形式，为广东省提供省级可持续发展战略技术援助，项目内容为农村和小城镇生态环境建设研究。希望通过项目合作的形式，利用亚行的知识优势，结合广东实际和“十二五”规划生态环境保护方面的工作任务，推动广东更优更快地解决当前面临的农村和小城镇生态环境问题。本技援项目将产出以下两份研究结果：一份关于改善中广东农村和小城镇环境的综合性报告，和至少8条根据主报告的成果与结论所制定的政策建议。项目确定后，亚行组成了涵盖农村环保体制机制、生活污染治理、生产污染治理、工业污染防治等农村环境保护各方面的研究团队，与广东方面积极开展研究工作。研究团队先后召开多场研讨会，赴广州、肇庆、佛山、韶关、河源、潮州、揭阳等地区，深入农村调研，与农户座谈，研究成效显著。此外，在项目研究过程中，总报告课题组还联合揭阳市、肇庆市、惠州市博罗县、韶关市始兴县、佛山市南海区等市县政研室，就农村和小城镇环境保护开展专题调研，形成了7份专题调研报告，并提交给省委省政府领导及省直有关部门，朱小丹省长、徐少华常务副省长、刘昆副省长分别在专题调研报告上作了重要批示，给予充分肯定，同时，省委政策研究室和省委农办按照省领导的批示精神，将上述7份调研报告印发给全省21个地级以上市和各县（市、区），供地方政府决策参考。

（二）研究意义

改革开放以来，广东作为中国改革开放的先行地区，经济社会高速发展，取得了巨大成就，已成为中国举足轻重的经济大省。地区GDP由1978年的185亿元，增加至2011年的52 673亿元，连续多年居全国首位，人均GDP达50 500元，按年平均汇率折算达7 819美元，跨入中上等收入国家或地区水平。伴随着经济的迅速增长，广东的城镇化实现了超常规的发展，城镇化水平由1978年的16.3%，增加至2011年的66.5%。其中，珠江三角洲城镇群是我国乃至亚洲规模最大、发展最快的城镇群之一，小城镇对珠江三角洲地区的经济贡献率约达60%－80%的比例。但是，长期以来，高投入、高消耗、高污染的粗放型发展方式直接导致了广东环境付出的代价过大，环境污染加剧、区域整体生态功能脆弱，已成为制约全省可持续发展的严重问题。特别是近年来，受农村及小城镇廉价土地和廉价劳动力的吸引，工业等产业向农村及小城镇转移，这些地区的生态环境问题尤其突出，由于城乡二元的环保体制等多种原因，农村地区往往缺乏足够的环保基础设施，政府对工业污染、生活垃圾和污水以及农村和小城镇的非点源污染的应对处理仍然比较滞后。

党的十八大把生态文明建设纳入中国特色社会主义事业总体布局，农村和小城镇环保工作是生态文明建设的重要内容，加强农村和小城镇环境保护工作，具有十分重要的长远意义和现实紧迫性，是“加快转型升级、建设幸福广东”的客观要求，是实现基本公共服务均等化的重要内容，是统筹城乡发展、实现城乡环保一体化的内在要求，是改善保障民生、维护社会和谐稳定的迫切需要。经过多年的探索和实践，广东城乡环保工作取得了历史性进步和明显成效，探索形成了一系列做法经验和体制机制，初步形成了环境保护法律制度体系。但是，从总体上看，当前农村和小城镇环境保护仍然是全省环保事业中基础最薄弱、问题最突出、任务最艰巨、诉求最迫切的领域。全面贯彻落实科学发展观，推动广东经济社会发展与资源环境相协调，就必须下决心把农村和小城镇环保工作这块短板补齐，做好农村和小城镇环境保护工作，努力探索一条农村和小城镇环境保护的新路子，既为广东人民创造良好的生产生活环境，也为全国甚至其他发展中国家和地区提供鲜活的经验和示范。

一、农村和小城镇生态环境保护的现状及问题（略）

二、农村环境保护和生态建设存在问题的原因分析（略）

三、国内外农村和小城镇生态环境建设的现金经验和启示（略）

四、加强农村和小城镇生态环境建设的对策建议

（一）指导思想和主要目标

1. 指导思想。按照农村和小城镇生态文明建设的要求，以促进农村环境质量改善为目标，将农村环境保护与促进农业可持续发展相结合，坚持以人为本和民生优先，创新农村环境保护体制机制，深化“以奖促治”和农村环境综合整治，深入开展生态示范建设，大力推进农业污染减排，不断加强农村环境监管能力建设，构建环境友好型的农村生产生活方式，保障农村生态环境安全。

2. 主要目标。到2015年，农村和小城镇环保机制体制逐步健全，生活环境日益优化，生产方式明显改善，工业污染有效防治，农村环境得到有效改善，实现农村经济社会持续发展和生态环境持续改善的良好局面。

——农村环保机制逐步健全。农村环境保护机制体制创新取得积极成效，农村环境基础设施建设得到推进，农村环境监管能力实现明显提升，广大农民群众环保意识进一步提高。珠三角地区县级环境监测站标准化建设硬件达标率达100%，其他地区达80%；珠三角地区县级环境监察机构标准化建设硬件达标率达90%，其他地区达60%。

——农村生活环境日益优化。珠三角地区镇级生活污水处理率达65%，其他地区达40%。到2015年全省各县（市）至少建成一座以上生活垃圾无害化填埋场或焚烧厂并投入正常运营，完成镇级转运站和村收集点的建设并逐步增加数量，达到合理布站。基本解决农村饮水安全问题，到2020年基本形成覆盖全省农村的供水安全保障体系，实现行政村村村通自来水覆盖率、农村自来水普及率、农村生活饮用水水质合格率均达到90%以上。全省无害化卫生厕所普及率力争达到85%，新增20-25个国家卫生镇（县城），新增40-50个省级卫生镇（县城）和一批市级卫生镇。

——农村生产方式明显改善。规模化畜禽养殖污染得到初步控制，农业污染源减排体系基本建立，全省规模化养殖场（区）废弃物资源利用率达到90%以上，种植业单位面积减少化肥使用量10%，畜禽养殖业减排8%-10%，水产养殖业单位面积投饵量减少5%。

——农村工业污染有效防治。农村工业化、城镇化进程与环境保护协调推进，全省二氧化硫、化学需氧量、氮氧化物、氨氮排放总量控制在国家下达指标之内；工业固体废物综合利用率达85%；工业废水排放达标率≥90%，重点工业企业用水重复利用率达≥65%。矿山污染治理工作取得突破，基本完成全省“三区两线”周边突出的矿山地质环境问题整治工作。废弃电气电子产品回收行业实现转型升级。

（二）建立农村生态环境建设管理体制机制

1. 完善农村生态环境保护组织管理体制。建立农村和小城镇环境保护联席会议制度。结合政府部门“大部制”改革，逐步将与农村环境保护有关的职能进行整合。要进一步完善现有的省农村环境保护联席会议制度，环保部门牵头协调，农业、住建、水利、国土等部门各司其职，利用联席会议进行政策协调、信息沟通，充分发挥农村生活垃圾管理重点建议办理工作协调小组等专项工作小组的作用。尽量克服农村环保工作政出多门的弊端，统筹整合各自的优势资源，对所有涉及改善农村生活环境、提高农村居民素质的创建活动，实行工作统一管理、资金综合使用、技术专业指导、质量严格把关，力争用较少的资金办更多的实事。各地级以上市要参照省的做法，抓紧建立本级政

府领导或分管领导为召集人的农村环境保护协调机制，明确区域内负责农村环境保护工作的部门及职责，建立部门联动、信息共享的协调机制。

2. 建立健全农村和小城镇环境监督监管机制。

（1）提高县级环保机构监督能力，逐步建立村镇两级的环保管理组织。我国法定的环境管理部门只设置到县一级，广东全省只有少数镇级政府设立了环保站，在村一级，由于缺乏经费和人员保障，环保员制度多数也并未有效发挥作用。要优先扶持环境问题突出、环保能力相对薄弱或对区域环境质量总体质量具有重要影响的农村地区，加强环境保护监管能力。首先，要重点加强县级环境监测能力建设。以监测能力建设为重点，通过完善设备、加强技术人员培训等措施，全力提高县级环境监测站及环境监察机构的标准化建设硬件达标率。其次，要完善镇村两级的环保组织机构建设。一是要在全省范围内逐步推进乡镇级环保机构建设，将环保机构纳入镇一级政府的正常工作编制和政府财务预算之中，保证每个镇级环保站至少有2－3人的专职岗位编制，并配备相应的办公经费和办公条件。二是要充实加强村级环保员制度。在经济条件比较好的地区，尽量设立专职环保员；在经济条件不允许的地区，也要确保设立兼职环保员。通过每家每户参与以及鼓励农村低保人员参与等多种形式，建设相对固定的环境保洁队伍。建立定期培训和工作检查制度，将对村级环保员的工作指导、技能培训纳入环保机构的日常工作任务之中。

（2）建立农村环境监测网络。根据广东不同地区的生态特点，逐步建立起覆盖全省村镇的环境污染监测体系，对包括土壤、水、大气，乃至生物圈等各类污染，及早出台规范性的监测指标体系和检测工作条例，用于统一指导全省的监督检测工作。在重要的饮用水水源地开展增加重金属、蓝藻等特征污染物和具有预警预报的监测项目，对存在污染隐患或风险的农村集中式饮用水水源地水质适当增加监测频次。重点开展农田和重点蔬菜基地的环境安全性划分及长期定位重金属环境质量监控，并实施基本农田和重要农产品产地种植环境适宜性评估工作。“十二五”期间，开展农村空气质量点位优化布点研究，选择不同类型、有代表性的村庄（乡镇），科学设置监测点位，各地级以上市建成3－5个农村空气点位并纳入省控管理。

3. 建立健全农村和小城镇环保科技支撑机制。农村生活环境问题的本质是经济发展与资源环境的矛盾，即人类摄取的无限性和自然供给有限性之间的矛盾。科技创新是解决问题的关键。

（1）要用技术创新来促进农村和小城镇生活环境的改善。重视环保技术在农村生态环境保护中的关键作用，加大农村环保科技投入，设立专项资金，用于支持农村环保技术的开发。联合高等学校，研发机构，企业等多方面力量，对农业面源污染控制技术，资源回用集成技术，土壤和水体污染防治技术、高新生态农业技术等农村环保关键技术进行攻关。完善农村环保科技人员的引进与培训制度，不断为农村环保提供新鲜血液，大力提高农村环保人员的整体素质。

（2）重构和完善基层农业科技服务体系。近年来，由于资金、编制等各方面原因，我省农业科技系统基层服务体系受到削弱，基础设施薄弱，财政投入严重不足。各级政府要重视基层农业科技服务机构，加强投入力度，加强人员管理和人员培训，通过政府、市场等多种渠道筹集资金，做好条件保障工作，确保基层农技部门能够有效发挥其职能目标。推进基层部门的体制改革，打破农业科技推广机构之间的条块分割现状，整合原本分属于科技、农业、水产等各个部门农技推广机构的职能。探索建立以县乡为单位的区域综合性农技推广服务中心，中心专注于以下二类职能：一是法律法规授权或者行政机关委托的执法和行政管理，如动植物检疫，畜禽水产品检验，农机监理等；二是纯公益性工作，如动植物病虫害监测、预报和组织防治，无偿对农民的培训、咨询服务，新技术的引进、推广，对农药、动物药品使用安全进行监测和预报等。提高农业技术推广的效率，以农户及农村企业为服务重点，构建自下而上农业科技推广体系，积极鼓励公益性农业科技推广机构与准公益性及商业性农业科技服务机构合作，加快农户需求与科研成果的有效结合，提高农村科研成果转化使用效率。

4. 建立健全农村和小城镇生态环境补偿机制。从本质上来看，生态补偿机制是对生态保护所获得的环境利益背后的相关利益者的经济利益分配进行调整的一种制度安排，是一种重要的环境经济政策。生态补偿的目的是通过调整生态保护相关利益者的经济利益关系，来实现保护生态环境、维护生态服务功能。我省欠发达地区多是江河源头、饮用水源涵养地区、自然保护区等重要生态功能区，承担了十分重要的生态保护和建设任务，当地的经济社会发展却因此受到了很大的条件制约，建立和完善生态环境补偿机制十分必要。严格执行《广东省生态保护补偿办法》，遵循“谁保护，谁得益”、“谁改善，谁得益”、“谁贡献大，谁多得益”以及“总量控制、有奖有罚”的原则，通过转移支付对重点生态功能区的县（市）给予适当补偿，增强其提供基本公共服务的能力，有效调动其保护生态环境的积极性。推动生态补偿立法，将城乡及各个利益主体之间的生态补偿提到法律制度实施的高度。不断完善生态保护补偿计算标准，克服目前生态补偿方面存在的行政色彩浓厚、随意性强等问题。按照不同地区的实际情况，因地制宜地探索实施货币补偿、社保安置、技术开发、实物补偿等多种补偿形式。探索建立合理的河流上下游补偿机制，逐步建立一个政府、社会、企业等多方参与的生态补偿机制。

（三）完善农村生态环境建设的政策法规体系

“法治环保”是加强环境保护、建设生态文明的重要手段。农村生活环境的保护同样也要依法进行，通过法律手段来强化对农村生活环境的保护是发达国家的共同选择。只有加强立法工作，建立健全法律法规体系，才能通过法制的教育功能，引导全社会逐步树立加强农村环保的理念，加强农村污染治理，加强对破坏农村生态环境行为的处罚，达到保护农村生活环境的目的。

1. 尽快完善农村环保政策法规体系。探索建立健全农村环境保护的法规标准体系，修订完善《广东省农业环境保护条例》及其他已明显不适应新形势需要的法律法规，明确农村生活环境保护工作的法律地位与公民在农村生活环境保护中的权利与义务。加紧制定防治农村土壤污染、农村水源污染、城市污染转移等方面的法律规范，填补这些方面存在的法律空白。在目前各部门已经出台的农村环保政策文件的基础上，以省政府的名义出台统一的加强我省农村环境保护的文件，明确统一的指导思想和总体目标，整合现有农村环保的政策和资金，提出更有力的工作措施。

2. 加强农村环境保护的行政执法和司法保护力度。重视解决环境执法处罚不力问题，要建立完备的环境执法监督体系。完善对环境违法行为处罚的政策法规，提高违法成本，依法从严从重查处环境违法行为。健全区域流域环境执法协作机制，强化部门联合执法和边界联动执法。深入开展整治违法排污企业、保障群众环保权益专项行动，以执法造福群众。建立完善行政执法与司法衔接制度，试点设立环保法庭，建立环境公益诉讼制度，完善环境污染损害赔偿机制。建立严重环境违法企业法定代表人公开道歉制度，加大对环境违法企业和责任人的民事、行政和刑事责任追究力度。

（四）强化农村环境规划，推动农村环境综合整治

1. 统筹城乡建设规划，加快村镇规划编制。城乡二元格局和农村小城镇规划布局不合理是导致广东农村小城镇生态环境污染的重要因素。一方面，二元的城乡规划格局隔断了村镇地区和大中城镇之间的环境治理系统联系，使得农村小城镇地区的生态环境基础设施投入长期滞后。另一方面，传统农村和小城镇布局分散无序，客观上也不利于生态环境保护基础设施投入和运作。

（1）加快城乡规划统筹和衔接。在珠三角等地方财力充足的地区，率先实现以“城乡统一规划、城乡统一治理、城乡统一考核”为目标的生态环境建设规划。在地方财政相对缺乏的东西两翼和北部山区，也要加快推进城乡统筹进度，通过规划引领的手段，不断增加基础设施投资中用于农村和小城镇地区的比例，改变村镇地区和城市中心地区之间环境设施投资差异过大的局面。

（2）加快村镇规划编制。各级政府应当落实《城乡规划法》的要求，将城乡规划的编制和管理经费纳入本级财政预算。继续推动省级村庄规划试点的规划编制工作，发挥试点的带动作用，逐步提高全省村庄规划覆盖率。继续扎实推进宜居城镇和宜居村庄建设，推动名镇名村示范村建设规划编制和名镇建设工作。根据广东不同地区的地形地貌特征，编制完善指导农村住宅建设的设计图集，提出几种典型性规划模板或技术标准，有效地引导农村规划建设逐步规范化发展。村镇规划制定过程中充分考虑以下因素：应该综合考虑不同区域、地貌、资源等因素，形成“一村一业、一村一品、一村一景”的新格局；应体现生态建设思路，合理布局村庄产业，突出无公害农产品、绿色食品、有机农产品示范基地等生态产业的建设；应充分体现前瞻性、实用性和集约性的要求，引导人口和生产活动集中，并根据“一次规划、分步实施”的思想，对未来的发展预留足够的空间。到2012年全省完成全部建制镇总体规划，珠江三角洲地区完成全部村庄规划，粤东西北地区完成70%以上村庄规划。以村庄规划为指导，合理布局村庄产业，注重环境卫生专项规划，实施“万村百镇”整治建设工作方案，重点抓好城镇的出入口以及主干道、国道、省道两侧1 000米以内的村镇整治建设。实施“净化、美化、绿化、亮化”工程，以县域为单位，实现每年整治10%的自然村的目标，改善农村生态条件。

2. 全面推动农村环境综合整治和生态示范创建活动。

（1）大力开展农村环境连片整治。积极实施“以奖促治”政策，加快推进重点流域、饮用水源保护区和重要湖库周边农村连片整治。重点开展人口密集区的生活污染治理、畜禽养殖污染防治、历史遗留农村工矿污染和土壤污染治理，以及农业面源污染防治等与区域环境质量改善密切相关的农村环境连片整治。力争到2015年，全省新建农村环境连片整治示范点50个以上，实现连片整治区农村环境质量的明显改善。基本解决“问题村”的突出环境问题。

（2）大力推进生态示范创建、宜居村镇创建活动。建立和完善各级生态示范创建指标体系，制定相应的考核和激励办法。因地制宜、有计划、有重点地推进生态示范建设工作。在生态文明建设试点及国家级生态市（县）创建中要注重加强生态村镇创建等基础工作及污水、垃圾处理等基础工程建设。其他地区要充分发挥本地生态自然优势，因地制宜开展各级生态乡镇和生态村的建设。力争于“十二五”期间，新建成省级以上生态乡镇50个以上、新建成省级生态示范村100个以上。积极推进宜居城镇、宜居村庄创建工作，抓好省宜居城镇、宜居村庄创建指导点的行动计划编制、实施，示范带动在全省建成一批宜居城镇、宜居村庄。

（五）以农村垃圾和污水处理为重点，优化农村生活环境

1. 加强农村生活垃圾处理。

（1）继续推广和完善“户收集、村集中、镇转运、县处理”的垃圾处理模式，鼓励探索其他经济、安全的处理方式。有集中垃圾处理处置设施的市（县）的周边村镇，以县（市）生活垃圾无害化处理场为中心，运输距离在30公里以内的，统一运到处理场进行无害化处理；超出范围或运输难度较大的，可以区域中心镇为节点，组团式建设生活垃圾无害化处理场。落实《关于全面推进我省农村生活垃圾管理工作的行动计划》等有关文件的要求，加快推

进“一县一场”、“一镇一站”、“一村一点”的建设。对于部分暂时还无法纳入城镇垃圾处理系统的村镇，可以因地制宜，合理选择经济、适用、安全的农村生活垃圾处理处置工艺和技术，例如，推行农村垃圾简易分类，采用无机渣土填埋、有机垃圾堆肥等就地处理处置等措施，降低垃圾收集处理费用。

（2）多方筹集资金。争取将垃圾清扫保洁和设施运营费用列入地方财政预算。在城镇开征生活垃圾处理费，在农村通过“一事一议”收取保洁费用，争取当地乡贤捐赠和企业资助，加快设施建设，保障设施运营管理经费。

（3）逐步建立农村环卫保洁制度。建立健全农村环卫保洁制度，制定村规民约等自律性制度，培养村民讲卫生、爱干净的良好生活习惯。加强宣传，通过每家每户参与以及聘用农村低保人员等多种形式，建设相对固定的环卫保洁队伍，争取每一条村至少配置1名专职或兼职保洁人员，并配备必要的垃圾收集工具和垃圾转运车辆，维持农村环境卫生保洁长效运行。

（4）试点推动农村垃圾简单分类收集。选取部分试点，根据农村生活条件和垃圾产生的特点，实现农村垃圾简单分类收集的方式。对金属、玻璃、塑料等具有回收价值的垃圾结合当地废弃物收购体系，进行回收利用，对农药等有害/危险废弃物应单独处理处置。无机垃圾根据成分不同，可以进行卫生填埋，或用于农村废弃坑塘填埋、道路垫土等用途。树叶、草等农村有机垃圾可以考虑采用静态堆肥处理技术进行堆肥处理，厨余垃圾、农业废弃物等有机垃圾可以根据需要结合人畜粪便，进入户用沼气池厌氧发酵。

2. 做好农村生活污水处理。

（1）加快推进镇级生活污水处理设施建设。重点推进水源保护区、具有饮用功能重点水库区范围内镇级污水处理设施建设，特别是珠江三角洲发达地区城市周边乡镇集中治污设施和配套收集管网建设。粤东西北地区乡镇可根据人口密度、经济发展情况因地制宜，采取分散和集中相结合的生活污水处理设施，鼓励雨污分流，减少处理量，降低处理成本。离城市较近的乡镇，要加快生活污水处理设施和配套污水输送管网的统一规划、统一建设、统一管理，尽可能将城乡结合部乡镇的生活污水纳入城市管网处理；离城市较远的以生活污水为主的乡镇，选择人工湿地等实用、经济、运行管理简单的生活污水处理工艺。

（2）采用适宜的户、村生活污水处理技术路线。根据户、村不同的处理规模采取不同的处理方式。对于以户为单元的生活污水，鼓励采用户用沼气池、庭院式湿地、小型净化槽等处理方式。对于以街道、村为单元的生活污水，鼓励采用源分离技术与其他污水处理相结合的处理技术。鼓励将生活污水与粪便（垃圾）处理相结合，采用黑、灰水源分离处理技术。在布局相对密集、经济条件较好或旅游业较发达的村庄，推广活性污泥法、生物膜法和人工湿地等集中处理技术。距离市政污水管网较近且符合市政管网接入要求的村庄污水，可将污水纳入邻近的集中污水处理厂处理。妥善处理沼液、污泥（沼渣）等二次污染问题，以就地消纳为主，鼓励与农业生产相结合进行资源化利用。

（3）合理选择污水排水体制。对于人口密集、经济发达，并且建有污水排放基础设施的乡镇宜采取截流式合流制；对于人口相对分散，经济欠发达的村镇可采用合流制。鼓励雨水就地净化利用，依赖植物、绿地或土壤的自然净化作用进行处理后，进入坑塘、洼地、农田等区域内的水循环系统。村镇污水应避免直接排入国家规定的功能区水体。

（4）改善以家庭为单位畜禽养殖的污水治理。以家庭为单位的畜禽养殖应逐步实现人畜分离，未实现人畜分离的畜禽粪便鼓励采用沼气池处理，同时实施“一池三改”，改善家庭环境卫生条件，形成“猪—沼—果”等农业生态模式。

3. 大力建设农村供水工程。

（1）继续完成农村饮水安全工程建设。总结农村饮水安全工程的经验，巩固现有成果，继续深入实施农村饮水安全工程。依据广东省存在饮水安全地区的自然、经济条件和社会发展状况，从城乡供水一体化的长远目标出发，注重前瞻性、可持续性，合理选择饮水工程的类型、规模及供水方式。严格项目建设管理、资金管理和工程验收，对于规模较大的集中式供水工程，实行专业化管理，明晰工程所有权，落实管理机构，明确合理的水价和收费办法，建立技术服务体系，同时积极推行用水户全过程参与，确保到2015年彻底解决我省农村饮水安全问题。

（2）大力推进村村通自来水工程建设。广州、深圳、珠海、佛山、东莞、中山等珠三角地区发达地区要将农村饮用水纳入城镇统一供水范围。其他地区要落实《广东省村村通自来水工程建设方案》，在现有农村居民饮水安全工程的基础上，通过扩网、改造、联通、整合和新建等措施，把符合国家水质标准的自来水接引到行政村和有条件的自然村，在县域内形成具有高保证率和统一供水标准的农村供水网络，基本形成覆盖全省农村的供水安全保障体系，实现农村供水由点到面、由小型分散供水到适度集中供水、由解决水量及常规水质到水量、水质、水压达标等方面的提升。对工程建设的水源配置、工程规模、建设标准和建后管理进行科学规划，打破行政区划和水系的限制，以优质水源为中心进行合理规划布局，发展规模化集中联片供水。加强工程管理，以专业化管理保证供水安全，创新运营管理机制，注重解决后续经营管理问题，加强信息化管理。

（3）切实保障饮用水水源地安全。严格依据相关法律、法规要求，对水源进行保护。划定水源保护区，逐步设立饮用水源保护区地理界标和警示标志，加强水源地防护，防止供水水源受到污染和人为破坏；特别要防止采矿、工业、化肥农药等引起的水源污染和破坏。

4. 加强农村卫厕设施建设。深入开展农村爱国卫生运动，改善农村的基础卫生设施，加快推进农村改厕建设。农村改厕工作要与创建卫生镇村、健康镇村、文明镇村等工作结合起来，要因地制宜，分类指导，落实责任，科学改厕。珠三角地区尤其是深圳、东莞、中山等市，要结合卫生村创建，继续加大农村改厕健康教育工作，加强对公厕和户厕等卫生厕所的管理，特别是避免农民工聚居地成为改厕的盲点。粤北山区和东西两翼的各市继续加快农村改厕步伐，提高无害化卫生厕所普及率。引导村镇合理选用适合当地情况的无害化卫生厕所建设模式，鼓励采用沼气池厕所，以及堆肥式、粪尿分集式等生态卫生厕所，妥善处理粪便污水。

（六）以禽畜养殖污染防治为重点，改进农业生产方式

1. 加强农村禽畜养殖污染防治。

（1）加大畜禽养殖业污染源减排工作力度，强化规模养殖污染防治。认真贯彻执行《关于加强规模化畜禽养殖污染防治促进生态健康发展的意见》，根据当地环境承载能力和总量控制要求，优化畜禽养殖发展布局，依法划定禁养区、限养区和适养区。切实加大对畜禽养殖业执法力度，定期组织开展全省畜禽养殖业污染防治专项执法检查。重点加强对饮用水源保护区的监管，全面完成禁养区畜禽养殖场（小区）清理工作。以列入“广东省重点生猪养殖场”的300家规模化生猪养殖场及列入“十二五”主要污染物总量削减目标责任书的规模化畜禽养殖场为重点，大力推进规模化畜禽养殖业污染防治和主要污染物减排。推进畜禽养殖全过程综合利用和治理，建设或升级改造治污设施，引导养殖专业户和散养户进行适度集中和统一治污。积极推动生态化、标准化养殖场（区）建设，鼓励中小规模养猪、山地养猪，将养猪废物低成本循环利用于果树或者林业，减少对水体的污染，开展生态养殖和固废综合利用试点示范，引导畜禽养殖产业发展模式向生态化转型，确保完成农业污染源COD和氨氮等主要污染物减排任务。

（2）严格规管兽药、渔药和养殖添加剂。参照管理食品添加剂的做法，制定政策法规，规定在养殖业只准使用已经审批过的兽药、渔药和其他添加剂，新的化学品进入养殖业应当先证明其安全性，从源头防止有害化学品随意进入食物链。

（3）在养殖业项目可行性论证阶段加入环保成本估算。目前在可行性论证通过后，才在环评阶段估算环保费用，难以预防环境危害大、环保成本高、实际上经济不可行的项目。建议发改等部门在工矿业项目和养殖业项目的可行性论证阶段就加入环保成本估算，更好地反映在做好环保工作的情况下的利润空间。

2. 防治农业面源污染。

（1）防治化肥、农药等面源污染，继续推进测土配方施肥工作。大力推广农作物病虫绿色防控技术，积极推进农作物病虫专业化统防统治，推广高效、低毒的农药品种和先进植保机械，提高农药科学使用水平。示范推广农药减量控害技术，建立农药减量控害示范区。探索农药包装废弃物无害化处理新模式，建立完整的农药包装废弃物回收处理体系。调整肥料结构，推进有机肥综合利用，推广微生物肥料和垃圾堆肥，普及测土配方施肥，教育和引导农民提高化肥施用技术水平，减少化肥流失。

（2）防治秸秆、农膜等污染。积极推广秸秆还田和增施有机肥技术，加强作物秸秆和有机肥资源利用，减轻由于秸秆焚烧、畜禽粪便造成的环境污染。强化农膜使用的环境管理，推广使用可降解塑料薄膜，改进农膜使用技术，减少农膜对土壤的危害。

（3）大力发展品牌农业和生态农业。发达国家食品污染事件较少发生，其中一个重要原因是大型生产经营企业非常重视长期苦心经营形成的农产品品牌形象，重视产品质量。应当鼓励农业龙头企业发展品牌农产品，培育农产品及食品安全的骨干力量。因地制宜推广和开发生态农业实用技术，加大有机农产品基地、沼气示范等工程建设投入，鼓励发展无公害农产品、绿色食品和有机农产品，推行农业标准化生产。

（4）逐步减少、取消化肥补贴，建立生态农业激励机制。逐步减少、取消化肥生产补贴，使化肥价格反映真正的成本，把相应的费用用于提高粮食保护价。这样有利于减少使用化肥，间接鼓励使用有机肥，减少农村有机废物排放，而且减少政府对生产过程的干预，有利于真正市场经济的形成。积极探索建立财政补贴、税费优惠、技术支持、免费培训等激励补偿制度，降低有机肥的生产和使用成本，鼓励农业清洁生产，科学调整农业产业结构，建立科学的种植制度和生态农业体系，建立起符合广东特色的生态农业激励机制。

3. 推进农田土壤污染防治。严格执行《广东省农产品产地土壤重金属污染防治实施方案》，推进农田土壤污染防治工作。以基本农田、重要农产品产地特别是“菜篮子”基地为重点，开展农业环境监测、风险评估。对受污染的农田土壤开展生态修复试点示范。加强农业区和农产品产地周边的工业点源监控，防止废气、废水和固体废弃物对农用土壤造成污染，严格限制主要粮食产地和蔬菜基地的污水灌溉。逐步建立农产品产地土壤分级管理利用制度，分类型制定和实施污染土壤管理对策，对土壤污染严重、不适宜种植的土地，依法调整土地用途，提高农产品安全保障水平。

（七）以产业污染防治为重点，控制工业化、城镇化对农村环境的影响

1. 严格控制产业转移过程中的环境污染。

（1）对农村产业发展进行科学规划。坚持科学规划、合理布局，加快推进电镀、鞣革、印染、造纸等重污染乡镇企业统一规划统一定点，积极引导重污染乡镇企业入园进区、整合升级、集中治污。通过规划乡镇建设，在工业园区与村民居住区之间建立隔离带与缓冲带。建设工业废（污）水集中处理设施，专门从事为工业园区、联片工业企业或周边企业处理工业废水的集中处理。工业园区的规划建设必须保证环保设施的配套。

（2）严格农村建设项目环保审批。按照主体功能区划和生态功能区划的要求，强化分区控制和分类指导，坚持

珠三角环境优先、东西两翼在发展中保护、山区保护和发展并重。严格建设项目环保审批制度，禁止在农村地区开发建设不符合区域功能定位和发展方向、不符合国家产业政策的项目，严防污染向农村转移。在产业转移过程中严格执行总量控制和区域限批工作相结合，要求各地区必须通过削减污染负荷，腾出环境容量，才能批建新项目。

（3）加强农村地区工业企业环境监管。加强对乡镇企业的环境监管，加大对工业污染源的监督管理和整治力度，逐步实施企业污染物排放在线监控，对超标排污企业实行限期治理。加大执法力度，清理违反国家环保法律法规制定的“土政策”，严厉查处违法排污企业，对工艺落后、设备简陋、污染严重的工业企业，限期治理或予以取缔、关闭，严肃查处违法处理处置危险废物的行为，坚决遏制“十五小”、“新五小”企业在农村死灰复燃，防止在城市环境综合整治中重污染企业向农村山区转移。

（4）优化农村地区产业结构。这是防治工业污染的宏观性控制措施。引导欠发达地区大力发展生态工业和特色工业，以及生态农业、生态旅游等特色产业，加快产业结构高级化和绿色经济发展进程，鼓励发展科技含量高、环境污染少的环保型项目，加快产业集聚，放大优势效应，确保省内产业转移与欠发达地区产业升级同步进行。

2. 加强矿产资源开发环境监管。

（1）加强矿山资源开发各项制度建设。坚持“矿产资源开发与生态环境保护并重，环境优先、预防为主，防治结合、综合治理”的方针，督促各地落实《关于进一步加强矿产资源开发利用生态环境保护工作的意见》。严格矿产资源开发环保准入，严禁在饮用水源保护区、生态严格控制区、自然保护区等环境敏感区、重要生态功能保护区内规划建设矿产资源开发利用项目。加强矿产资源开发监管，推进施工期环境监理，落实“三同时”制度，加强环境应急管理，严肃查处环境违法行为，初步建立国家、地方和矿山企业三级矿山地质环境监测体系，对省内的尾矿库定期进行全面排查，对于存在一定问题的尾矿库重点监控，对无主管企业尾矿库进行专项治理。坚持“谁开发、谁保护，谁污染、谁治理，谁破坏、谁恢复”的原则，认真落实矿山自然生态环境治理恢复保证金制度，督促采矿权人落实矿山自然生态保护与治理恢复措施，履行矿山自然生态环境治理恢复义务。加强全省矿山地质环境调查，全面开展我省三区两线“矿山复绿”行动。

（2）推进矿山地质环境恢复治理工程。推广和应用国内外矿山地质环境治理新技术、新方法，提高矿山地质环境整治水平。建设一批矿山地质环境保护与恢复治理成效显著的示范性矿山，按照宜林、宜景、宜草等不同情况，选择合适的治理方案，鼓励矿山公园建设，把矿山地质环境恢复治理与土地开发利用、防灾减灾、旅游开发相结合，为全省矿山地质环境保护与恢复治理树立样板。根据历史遗留、新建和生产矿山分布状况和各个矿山的地质环境问题严重程度，在全省矿山地质环境恢复治理重点区域布局的基础上，划分出重点治理区和一般治理区，有针对性地进行恢复治理。

（3）引导运用市场杠杆加快矿山治理。对于欠发达的粤北地区，将矿业治理纳入区域整体发展规划之中，改善当地经济过度依赖矿产资源的现状。通过矿业权设置和投放量调控，矿业权市场培育和规范，通过市场配套资源和宏观调控的有机结合，优化矿产资源配置和利用。充分利用和挖掘国内资源和市场，鼓励各类社会资金投资尾矿治理，实施“引进来”战略，鼓励有条件的矿业公司治理广东省各类尾矿。

3. 防止城市垃圾填埋焚烧对农村环境的破坏。

（1）坚持以垃圾资源化利用减少垃圾总量。我省在市场化垃圾处理方面的探索居全国前列，在此基础上，各级主管部门应积极总结经验教训，参考巴西等发展中国家在垃圾资源化利用中的“低成本”模式实践经验，充分利用劳动力资源优势和经济杠杆，在政策、财政、税收、金融、技术、人才等方面予以全方位扶持和倾斜，力促这一新兴、绿色、环保的“朝阳产业”在市场机制下尽快发展壮大。

（2）推动垃圾无害化处理的科技创新。加大相关领域的科学研究、技术创新与开发力度，推进垃圾无害化处理、资源化利用技术的应用与普及。加强对外交流与合作，积极引进、学习和借鉴国内外先进技术、装备和经验，进行不断的消化、吸收再创新。以科技创新、管理创新为支撑和动力，构筑起既与国际接轨，又符合我省实际的科学化、法制化、规范化、制度化的城乡垃圾污染治理体系。

（3）对垃圾填埋焚烧设施选址进行科学论证，保障农村居民的环境公平权和知情权。由于环境保护具有较强的技术性和专业性，普通公民很多情况下都无法清楚地认识到某些活动的环境影响，而农民普遍文化水平较低，对这些问题的认识更加匮乏，应当加强对生活垃圾处理技术的宣传普及。对于城市垃圾的处置方案，应当把知情同意制度扩大到乡镇级的层次，并进一步完善公众参与制度，听取并考虑垃圾接受地区的公众意见，以及损害补偿要求。从而避免公众对垃圾处理技术的科学性和政府的公信力产生质疑。

4. 实施废弃电器电子产品回收行业整治行动。

（1）加强废弃电器电子产品的源头控制。由大型电器电子生产型企业牵头，整合电器电子废品回收行业。明确生产者负责原则，通过绿色生产和强制回收从源头控制，改变当前电器电子废物总量激增和处理责任不明确的不利局面。

（2）严格控制废弃电器电子产品的流通。多部门协作从流通环节实施监管，严格控制电子垃圾进口和运输，保证废弃电器电子产品的有序流通，从生产原料供给入手对电子废品回收行业进行有效监管。

（3）鼓励现有废弃电器电子产品回收产业升级。对于业已形成的贵屿等电子废品处理集散地，应本着引导而非堵截的思想，通过提高环保准入要求，鼓励产业的健康有序发展。在这一过程中，要充分发挥民间行业协会的作用，通过财政补贴和兴建循环经济产业园区等激励措施，鼓励从业者进行技术创新，促进产业的有序发展。在对从业者实行有效监管的同时，政府应着力于产业的宏观规划，主动投资承担产业整合中的公益性和难点环节，通过建立滤网集中处理厂、贵金属加工厂、集中处理线路板提取电子元件的厂场，集中解决电子废物回收中的焚烧滤网、提取贵金属、烧烤线路板三个污染突出问题，从而确保政府投资与民营经济的合理匹配，达到既充分利用资源又有效控制污染，实现标本兼治的目的。

（八）加强组织保障，形成农村环境保护的良好氛围

1. 强化农村环境保护考核机制。

（1）逐步建立“城乡统筹”的生态环保责任考核长效机制。逐步弱化单纯以经济发展指标为主的政绩考核体系，建立包括环境质量和污染治理指标在内的、体现可持续发展目标的新的考核体系和激励机制，提高基层政府保护环境和治理污染的积极性。逐步建立“城乡统筹”的生态环保责任考核长效机制，从根本上改变各级官员的发展观和长期以来形成的城市偏好。将农村环境保护特别是农村饮用水水源地保护工作纳入各级政府目标责任制考核，全面推进农村环境保护工作。

（2）推行农村环境综合整治目标责任制。力争于“十二五”期间在全省全面推行农村环境综合整治目标责任制。开展农村环境综合整治目标责任制的地区要成立农村环境综合整治领导小组，制定具体工作方案和考核办法，重点推进镇级集中式饮用水水源保护区划分、农村环境基础设施建设、畜禽养殖污染防治、监管能力建设等工作。

2. 建立农村和小城镇生态环境多元投入体系。建立多元投入体系是破解当前广东农村生态环境建设投入不足的重要措施，争取逐步形成“财政拨款—社会资本—村民自募”三方农村生活环境保护资金保障体系。

（1）加大公共财政资金投入力度。广东地方实践表明，没有充足的政府财政就搞不好村镇的环境整治工作。充分整合与利用现有的各项与农村环境保护有关的资金，形成合力，减少重复建设和投入。逐步增加省农村环保专项资金及生活垃圾处理、农村饮水安全、生产污染防治等其他领域的专项财政投入，地方各级政府在本级预算中逐步增加资金配套，用于支持农村生态环境保护。不断完善资金使用机制，继续落实与完善“以奖促治”、“以奖代补”制度等，探索竞争性的资金分配办法。资金投入上向东西两翼和北部山区等欠发达地区适当倾斜。

（2）吸引社会资金进入，多渠道筹集资金。各地政府要坚持“民办公助，多方筹资”的原则，创新筹资方式，通过争取“上级扶持一点，政府补一点，村集体筹一点，农民出一点，挂钩联系单位帮一点，社会各界捐一点”的办法，多渠道筹集建设资金。探索运用市场化手段，制定贴息、减免税赋、信贷优惠等经济激励政策，吸引社会资本投向农村和小城镇自来水工程、污水处理等领域。争取乡贤捐助和企业支持，接受社会团体捐赠，争取世界银行、亚洲开发银行等国外金融机构项目援助，拓宽村镇生态环境保护资金筹集渠道。

（3）鼓励部分地区探索实施村民分摊费用的制度。要探索建立新型农村环境保护费用分摊机制，对农村经济发展快、有条件支付的地区居民，在生活垃圾处理、生活污水处理、自来水供应等方面，可以探索实行收费制度，适当收取一定的费用。

3. 推行农村生态环境保护全民行动计划。生态环境保护工作不可能完全由政府来承担，充分动员社会公众参与，不仅有利于提高公民的生态环境意识，同时也可以最大限度发挥社会监督力量，降低政府的环境监督成本，形成全民参与、群防群治的良好治理机制。

（1）实施村民生态环境自治行动，提高农村环保意识。随着社会经济发展和人们生活水平的提高，农村居民对优美环境的需求也不断增长，有希望农村环境质量改善、污染减少的内在需求。农村环境污染防治，应从提高农户环境意识入手。充分利用覆盖农村的各种宣传平台，加强农村环境宣传工作，引导农民革除陋习，倡导科学、文明的生活方式，自觉保护环境，美化环境。通过各种机制动员广大农村群众参与农村环境建设，发挥广大人民群众在保护农村生态环境、农业污染防控中的主体作用。加强学校环境教育内容，从下一代抓起，逐步改变农村和小城镇居民的生活卫生习惯，培育生态环境保护意识。

（2）重视发挥基层自治组织的作用。加强村级基层组织环境保护能力建设，遵照“村民事村民定、村民管、村民监督”的指导原则，充分发挥村委会在环境保护方面的自治功能，把环境保护作为村委会的重要职责。通过乡规民约的形式，鼓励村镇居民有钱出钱、有力出力，集体参加到生态环境保护工作中。对那些破坏环境的不文明行为，形成强有力的社会道德监督作用。

（3）着力发挥环保社会组织的作用，加强农村环保的公共监管。利用我省鼓励社会组织发展的机遇，发挥广东省环境保护基金会等枢纽型环保社会组织的作用，培养环保社会组织。引导环保社会组织关注农村环境问题，不断创新环保公益基金的募集机制和公益活动组织形式，鼓励环保社会组织开展环保活动，为解决农村垃圾、污水等各种环境问题出谋划策。强化环保志愿者及其志愿服务活动的指导，动员社会志愿者参与农村和小城镇生活环境保护行动，传播和倡导生态理念。发挥新闻舆论监督的重要作用，保障群众的知情权和监督权，完善对各类型环境违法行为的监督、曝光和举报机制。对农村生态环境构成重大影响的项目逐步引入听证制度，对构成重大污染的环境事故必须及时向社会公开，尽量减少对周边农村环境的影响。

（九）需要亚行支持援助项目建议

随着全社会愈加重视农村和小城镇生态环境建设，广东省政府将大力推进各项农村环保工作，在农村环保资金、技术和先进经验等方面需求巨大。可以预见，亚行与广东省在农村环保方面合作前景非常广阔，建议亚行为广东提供技术援助和项目融资贷款，加强广东环境综合整治能力，推动广东环保事业走上制度化科学化轨道。

1. 农村环保体制机制。

（1）农村环境监管能力建设工程。建议亚行为广东更全面地提供其他国家和地区这方面的成功经验，提供项目融资贷款，选择2－3个县镇村作为试点，建立镇级环境监测机构，有针对性地配备相应的基本仪器设备，选取具有代表性的村庄建设常规监测点，配备基本有效的水质采样器和化学药剂等设备，开展空气质量、饮用水水质、地表水水质、土壤环境质量的监测项目，提升农村环境监测能力水平。试点成功后，将总结经验并进一步推广。

（2）农村环保融资机制。建议亚行为广东更全面地提供其他国家和地区这方面的成功经验，提供项目融资贷款，与政府提供的财政资金一起，设立农村环保发展基金，以公开透明的方式运作，吸引社会资金，重点投向农村环保基础设施建设、农村环保产业发展等急需资金扶持的领域。

2. 农村生活污染治理。

（1）农村生活垃圾无害化处理工程。建议亚行为广东更全面地提供其他国家和地区这方面的成功经验，提供项目融资贷款，选择2－3个县镇村作为试点，重点支持县（市）无害化处理场、镇转运站、村收集点等设施建设，探索适合当地情况的生活垃圾处理模式，多渠道筹措资金，提高生活垃圾处理能力。试点成功后，将总结经验并进一步推广。

（2）农村生活污水处理工程。建议亚行为广东更全面地提供其他国家和地区这方面的成功经验，提供项目融资贷款，选择2－3个镇村作为试点，重点支持雨污分流系统、湿地净化系统等基础设施建设，探索适合当地情况的生活污水处理模式，多渠道筹措资金，提高生活污水处理能力。试点成功后，将总结经验并进一步推广。

（3）农村村村通自来水工程。建议亚行为广东更全面地提供其他国家和地区这方面的成功经验，提供项目融资贷款，选择2－3个县（市、区）为试点，根据各地地形、水资源及经济条件，整县推进实施村村通自来水工程建设，进一步改造提升现有供水工程，推进供水工程的长效管理，加强供水工程制水、管网末梢水的卫生检测。试点成功后，将总结经验并进一步推广。推动汕头市潮南区与亚行进行合作，争取亚行贷款，建设村村通自来水工程。

（4）农村卫厕工程。建议亚行为广东更全面地提供其他国家和地区这方面的成功经验，提供项目融资贷款，选择2－3个镇村作为试点，因地制宜选择合适模式，加强农村卫厕等基础设施建设，形成卫厕设施建设、维护良好的机制和习惯。试点成功后，将总结经验并进一步推广。

3. 农村生产污染治理。

（1）规模化畜禽养殖污染防治工程。建议亚行为广东更全面地提供其他国家和地区这方面的成功经验和技术，提供项目融资贷款，选择2－3个规模化畜禽养殖企业，进行综合治理与生态养殖试点，改进规模化养殖场养殖方式，发展沼气综合利用和沼液处理技术，升级改造各类畜禽养殖生产及污染物处理工艺，实施规模化畜禽养殖企业废水达标排放和废弃物的综合利用。试点成功后，将总结经验并进一步推广。

（2）生态农业建设及农业面源污染治理工程。建议亚行为广东更全面地提供其他国家和地区这方面的成功经验和技术，提供项目融资贷款，选择2－3个县镇村作为试点，鼓励建立科学的种植制度和生态农业体系，推进农业清洁生产，减少化肥、农药和类激素等化学物质的使用，积极推广普及测土配方施肥、秸秆还田和增施有机肥技术，推广使用可降解塑料薄膜。鼓励发展无公害农产品、绿色食品和有机产品，促进农产品规范安全生产。建设农业投入品、废弃包装袋（瓶）等废弃物收集设施。试点成功后，将总结经验并进一步推广。

4. 农村工业污染防治。

（1）农田土壤环境污染修复技术试点示范工程。建议亚行为广东更全面地提供其他国家和地区这方面的成功经验和技术，提供项目融资贷款，选择2－3个污染情况比较突出的地区作为试点，开展重金属低累积农作物品种筛选，土壤重金属稳定化技术示范，抑制农作物重金属吸收叶面调控技术示范，耕作方式改变以及土壤利用类型改变等工作，控制土壤重金属污染进入食物链。试点成功后，将总结经验并进一步推广。

（2）农村工业污染治理工程。建议亚行为广东更全面地提供其他国家和地区这方面的成功经验和技术，提供项目融资贷款，选择2－3个县镇村作为试点，协助其编制乡镇建设规划，引导工业进园、产业入区，合理布局工业园区和村民居住区，加强工业废（污）水集中处理设施等基础设施建设。鼓励企业开展清洁生产，引导农村发展适合当地情况的高新技术、旅游观光等产业，发展循环经济，实现能源节约和资源综合利用。试点成功后，将总结经验并进一步推广。

（3）农村矿山污染治理工程。建议亚行为广东更全面地提供其他国家和地区这方面的成功经验和技术，提供项目融资贷款，选择2－3个矿山作为试点，协助企业在资源开发过程中建立预防机制，防止对周边环境的污染，对已开采的矿山进行环境恢复治理。试点成功后，将总结经验并进一步推广。

（4）废弃电气电子产品回收行业治理工程。建议亚行为广东更全面地提供其他国家和地区这方面的成功经验和技术，提供项目融资贷款，选择2－3个电子垃圾污染情况比较突出的地区作为试点，采用环保的电气电子产品回收技术，加强污染治理设施建设，建立废弃电器电子产品处理的日常环境监测制度，开展废弃电气电子产品回收行业升级。试点成功后，将总结经验并进一步推广。

促进肇庆市县域经济发展的财政引导机制研究

（节选）

肇庆市财政局

摘要：县域经济是国民经济的基本单元，是地方综合经济实力的重要体现，县域经济的发展关系着整个国民经济发展的大局。随着党的十八大进一步强调把促进区域协调发展、推进城镇化作为重点，以及国家、省、市实施主体功能区规划的发展思路和珠三角地区改革发展的不断引向纵深，肇庆县域经济将迎来难得的发展机遇。如何发挥好财政政策的引导作用，促进县域经济发展是一个值得关注的课题。本课题从研究县域经济发展的理论和模式入手，立足肇庆实际，借鉴先进地区的做法，通过对肇庆县域经济现状和趋势的分析，找准县域经济发展的机遇和制约因素，提出建立总量调控的财政引导机制、建立结合县域功能分区的财政引导机制、建立结合产业布局的财政引导机制、建立新型城镇化引导机制，为县域经济发展提供参考和决策支持。

一、引言

“郡县治，天下安”，中国自古以来县级行政区域的经济社会发展都关乎国家的安稳和百姓的生活。目前，全国65%左右的人口，90%的土地，50%的零售商品购买力，以及大量的森林、矿产资源大多集中在县级行政区划，但县域经济的发展程度与所占有的资源、人口极不相称，县域创造的地区生产总值仅占全国51%，财政收入仅占四分之一。因此，全面建成小康社会的重点、难点、潜力在于县域经济。随着城镇化的深入发展，县域经济将在较长时期内成为推动国民经济平稳较快发展的重要增长极。县域经济的发达程度，决定国民经济运行的速度质量，更与县域内民生改善息息相关。虽然广东总体经济实力在全国位居前列，但县域经济却相对落后。2011年，广东县域地区生产总值首次突破10 000亿元，达10 167亿元，仅占全省生产总值的19%，是2008年的1.54倍，占全省经济总量的比重只比2008年提高了0.5%。县域经济在全省经济总量中的比重严重偏低，落后于江浙等沿海省份，也落后于江西等中部省份。特别是粤北山区和粤西县市发展的实力相对较弱，区域发展呈现不平衡发展态势。因此，如何破解县域经济发展这一重要课题，将更深地关系到广东经济未来发展的兴衰。随着国家加快推进城镇化和主体功能区规划等与县域经济密切相关的发展决策的实施，以及《珠江三角洲地区改革发展规划纲要（2008－2020年）》等国家及广东省一系列促进区域协调发展的规划和政策相继出台，县域经济赢来了难得的发展机遇。肇庆市在新形势下要从实际出发，找准自身的定位和优势，把握有利于自身发展的机遇，落实积极有效的政策措施，进一步增强县域经济发展的动力、活力和能力，全力推进县域经济实现跨越发展。

二、县域经济发展的理论分析（略）

三、肇庆县域经济的发展现状（略）

四、县域经济发展的比较分析（略）

五、肇庆县域经济发展的财政引导机制探索

从一定意义上讲，财政支持县域经济发展有直接手段和间接手段。直接手段包括直接投资办企业、上项目来发展县域经济，间接手段是指运用经济杠杆等来调控县域经济，发挥财税政策四两拨千斤的作用，综合运用国债、税收、财政贴息间接财政政策撬动金融资源的杠杆作用的途径，是由政府安排专项财政资金，财政资金支出主要通过补贴、贴息、提供担保和风险补偿等方式等多种政策手段，积极推进企业改革，培育和发展县域经济的各类市场主体，为它们的自我发展、自我创新，创造更加公平、开放、宽松的财税环境，不断增强县域经济发展的内在动力，促进县域经济的稳定增长。当前我国发展处于重要战略机遇期，国内经济以稳中求进为总基调，积极扩大内需，加大经济结构战略性调整力度，着力保障和改善民生，夯实农业基础，稳妥推进城镇化，实施积极的财政政策和稳健的货币政策，肇庆各县（市）应从实际出发，努力抓住当前面临的大好机遇，切实贯彻落实国家政策，大力发展经济，促

进肇庆经济社会和谐发展。

（一）建立总量调控的财政引导机制，增强县域财政对经济发展的支持力

1. 实施对县（市）区别化的增值税分成机制。增值税是我国现行以流转税为主体的税制中规模最大的税种，由于增值税主要源自工业等生产领域，与特色工业化为主导的县域经济发展息息相关，为此若能把县（市）产生的增值税更多份额留给当地，对地方经济和财政的发展壮大将极为有利。为此，建议：将县（市）产生的增值税收入，由原来中央与地方 75：25 分成，调整为 5：5 分成，并规定省、地市不再参与县（市）增值税增量的分成。具体做法是，按照“存量不变、增量调整”原则，以新机制实施前一年县（市）行政区域内所产生的增值税各级次分成情况为依据，确定相应的收入基数，在确保中央、省、市、县既得利益的基础上，实行新的分成机制，由于除了提高县级财政分成到的增值税收入份额外，不允许省和地级市对县（市）增值税的增量进行分成，将会有效增强县域财政实力，大大提升县（市）发展地方经济的积极性。

2. 提高转移支付中财力性补助的比例。中央和省通过“划分税种、分税分成”方式，从市（县）集中了一些财力，同时为调节各级政府间、地区间财力的差异，实现公共服务的均等化，初步建立了政府间转移支付制度。按照资金补助性质划分，转移支付主要有财力性补助（一般性转移支付、均衡性转移支付等）和专项补助（专项性转移支付）两种。但目前的中央和省的转移支付结构中，专项补助比例长期偏高，如中央财政 2010 年对广东省转移支付总额为 446.22 亿元，其中，专项补助占 77.91 %；财力性补助仅占 22.09% ，而 2010 年广东省本级共安排对下级转移支付补助款 864.84 亿元，其中，专项补助占 65%，财力性补助占 35%。由于市（县）获得的补助款大部分只能按照上级政府和部门既定的项目意图来实施，自由支配财力不多，必将制约了县级政府结合县域实际统筹使用的空间，不利于激发县域经济社会发展活力。建议：逐步提高中央和省对市县财力性转移支付补助占比，争取在三年内，中央补助中财力性补助占比达到 40% 以上，省补助中财力性补助占比达到 60% 以上。

3. 减少配套性政策投入的硬性规定。建议规范专项转移支付配套办法，充分考虑地方承受能力，属于中央的事权，不再要求地方配套；需要地方配套的，逐步实行按项目配套或按类别配套等办法，对于欠发达地区应基本不作“配套”要求。

（二）建立结合县域功能分区的财政引导机制，优化区域协调发展布局

根据各地经济基础、区位条件、人口分布、资源禀赋等差异，以县（市）为单位，明确“优先开发区”、“重点开发区”、“生态发展区”和“禁止开发区”四类主体功能区，并赋予各个地区不同的功能定位、职责要求，形成合理的区域经济结构和区域分工格局。根据不同的主体功能区特点，分别实施不同的财政政策。对于生态发展和禁止开发的区域，加大财政一般性转移支付力度，确保地方政府提供基本公共服务的财力需求；对于优先和重点开发的区域，实施激励性财税政策，鼓励率先发展。

1. 优化开发区的财政政策。一是出台鼓励引导产业结构优化升级的财政政策。鼓励优先发展高新技术产业、出口导向产业和现代服务业，引导发展资源消耗少、环境破坏小、附加价值高、产业带动性强的产业，对符合上述标准中一条或几条的企业实行优惠税率并对其资金需求给予财政支持，通过给予财政资助、补贴、担保等方式，引导商业银行支持优化开发区化解资源环境瓶颈。二是建立多种政策工具和财政政策组合政策体系。运用多种政策工具充分发挥财政对区域创新体系建设、高新技术产业发展、产业集群培育等方面的引导和支持作用。例如，对高新技术产业和新技术运用推广提供贴息、税收优惠等政策，包括加大对新能源开发和节能新技术利用的支持，对节能设施改造和技改提供补贴，对新能源开发设置产业引导基金。三是出台排污费征收的财政政策。扩展排污费征收范围，适当提高征收标准，研究征收碳税的可行性，并逐步探索建立排污权交易体系和节能配额交易体系。四是出台征收不动产税的财政政策。在经济和技术条件成熟的地区，率先试点开征不动产税，为基层财政提供稳定财源的同时，可以引导部分资金和要素向重点开发区流动。

2. 重点开发区的财政政策。一是出台鼓励主导产业发挥带动作用的财政政策。要因地制宜选取主导产业，优化产业结构，防止资源环境过度开发。对于国家鼓励的产业和投资领域，实施税收优惠，投资补贴加速折旧、贴息等优惠，加大对重点项目建设的财政支持力度。二是出台支持投资基础设施建设的财政政策。加大基础设施建设的投资支持力度。继续加强财政预算资金、专项拨款、基础设施定额补贴等方式支持重点开发区域的基础设施建设，扩大基础设施项目贷款贴息规模。鼓励国家政策性银行、保险公司和商业银行等金融机构给予基础设施和城市公用事业项目信贷支持。重点开发区的基础设施的投资主要用于交通基础设施、水利工程、城市基础设施、保障性住房建设、教育卫生等社会事业及灾后重建等领域。三是出台鼓励和吸引人口在重点开发区域聚集居住的财政政策。通过财政奖励形式吸引高科技人才，加大生活配套设施建设，大力发展生活性服务业。四是出台鼓励中小企业和民营企业发展的财政政策。通过财政贴息、补助等多种方式，鼓励和吸引民间资本及中小企业以独资、合资、合作等多种形式参与投资开发和经营，组建各种形式的专业合作经营组织和股份合作制企业。通过财政贴息、税收等政策措施，鼓励民营企业和中小企业加大技术改造和技术升级的力度，走集约经营之路。

3. 生态发展区的财政政策。一是建立生态补偿机制。通过制定纵向转移支付政策、横向转移支付政策、生态建设和保护性投资政策、加大对生态发展区的财政支持。以资源税和环境生态税为基础，并整合现有相关资金渠道，

建立专项资金（基金），用于生态发展区的生态补偿、环境修复和扶贫。二是出台有选择地扶持和培育特色优势产业发展的财政政策。探索采用财政贴息、投资补贴、国债资金、股票、债券等方式，扶持生态发展区域的特色优势产业发展。三是出台稳步推进生态移民的财政政策。设立生态移民专项基金，逐步提高生态移民的补助标准。建立生态移民部门间配合协作机制，加强有关移民迁出地与迁入地政府部门间的配合协作，积极促进土地、户籍、就业等移民配套政策的落实。四是出台加大对生态发展区基础设施建设投入的财政政策。建立以政府投入为主的稳定资金投入主渠道，保障这些区域在公共服务建设和基础设施建设方面的资金需求，保障这些区域的人民与其他区域的人民享有同等的基本生活条件。

4. 禁止开发区的财政政策。一是建立生态环境保护的外部效应内在化机制。对禁止开发区域从事生态建设和环境保护的活动所付出的代价和受到的损失进行经济补偿，使生态环境保护的外部效应内在化，充分调动当地政府进行生态建设和环境保护的积极性。二是建立专门的管理保障机制。加快完善禁止开发区内的各类自然保护区和国家公园等管理体制，有关管理费用和人员经费要设立专门的财政预算科目，保证其稳定的资金投入。三是建立中央财政和省级财政补助常态机制。争取中央财政和省级财政对自然保护区予以补助，补偿对因保护重要野生动植物资源和自然遗产而造成的农牧业生产损失及收入减少。四是出台鼓励扶持生态移民的财政政策。对于符合生态移民条件的迁移户，除享受国家给予的专项补偿外，肇庆市还应该给予配套补偿。同时，鼓励社会各界广泛参与移民搬迁各项工程，弥补政府投入不足。财政政策、投资政策、土地政策、产业政策、环境政策和人口政策等都是肇庆市主体功能区建设的基本保障。在具体实施过程中，不同类别的主体功能区建设难以实现一步到位、各种政策难以面面俱到。因此，肇庆市在主体功能区建设中，各类区域的政策工具选择应各有偏重，进行政策选择与组合，以达到各类区域建设的重点目标（见表1）。

表1　促进肇庆市各类主体功能区建设财政政策

区域	目标任务	财政政策组合
优化开发区	产业结构升级、资源节约利用、环境保护目标、建立现代服务业主导区	1. 制定产业、技术、行业、用地、能耗、环保等相关标准，淘汰低附加值产业，鼓励发展高附加值产业，鼓励发展现代服务业，尤其是生产性服务业 2. 制定完善有利于自主创新的财政政策，涉及产业核心技术、重大装备设计实验、重要技术标准等方面，政府通过补贴、补助、购买等多种方式给予支持，引导外资企业研发本地化 3. 制定促进资源集约利用的财政政策，满足国家规定的能耗降低标准，也可以探索更为严格的能耗标准 4. 制定严格环境保护标准，制定严格的污染物排放标准和财政奖惩机制，率先在优化开发区探索排污权交易
重点开发区	全市经济的重要增长极，主要功能是集聚产业和人口	1. 制定鼓励投资基础设施建设的相关政策。加强基础设施方面的综合规划，通过专项拨款和基础设施定额补贴以及国家预算内投资和地方财政拨款等方式给予支持，扩大基础设施项目贷款贴息规模 2. 制定有利于产业集聚的产业政策和适度的土地开发政策，促进该区域具有产业链紧密关系的各类行业及企业的集聚。在保证基本农田不减少的前提下适当扩大建设用地供给 3. 制定人性化的人口政策，为外来人口提供与当地居民同样的公共服务，并为外来人口定居创造条件。鼓励和加强对来自限制和禁止开发区域转移劳动力和其他求职人员的适岗和创业培训，提高就业能力，积极承接限制、禁止开发区的人口转移 4. 制定相关积极的投资政策，采取措施在土地、能源、水资源、环境等方面提供保障。鼓励公众参与
生态发展区	该区域的资源环境承载能力较弱，主体功能是加强生态修复和环境保护	1. 建立生态补偿机制，建立以公共支付为主、包括多种支付方式在内的生态补偿机制；制定受益者补偿政策；继续完善流域上下游之间、受益地区与保护地区之间、区域间合作和对口支援等方式进行的补偿 2. 制定规范的财政转移支付制度，保障生态发展区域的生态环境保护和日常管理有稳定的资金来源。加大对该区财政转移支付力度，进一步增加对生态发展区域用于公共服务的一般性财政转移支付和用于生态环境建设的专项转移支付 3. 建立稳健的扶贫机制，把扶贫中的基础设施建设、产业开发、生态保护等项目与社会事业发展相结合，改善该区重点城镇的生产生活发展条件 4. 建立劳动力培训和输出机制，加快完善政府扶助、社会参与的职业技术培训机制，建立培训网络。建立健全劳务输出流动网络，建设县、乡、村三级劳动力输出网络，加强劳务输出管理和配套服务 5. 制定因地制宜的产业政策，要引导发展不妨害当地主体生态功能的特色产业。在条件较好地区培育和扶持发展特色优势产业；探索“产业飞地”模式；实施财政和税收扶持性政策；整合现有的绿色食品、有机食品、无公害食品等资源和品牌

续表

区域	目标任务	财政政策组合
禁止开发区	根据法律法规规定和相关规划实行强制性环境保护，促进生态修复	1. 建立国家及省一级的财政转移支付长效机制，将国家级自然保护区的专业技术和管理人员纳入中央政府事业编制，将其日常管理所需经费纳入中央财政预算管理。省级政府对省及省以下自然保护区的垂直管理，其人员工资和运转费用纳入省级财政预算，并争取中央财政予以补助 2. 制定自然保护区核心区等区域内的人口平稳外迁政策，对国家级自然保护区的人口搬迁提供政策和资金支持，在搬迁人口的房屋修建、生产转型、就业培训等方面提供专项资金，在税收、土地和社会保障方面出台配套政策 3. 制定严格监管机制。对该区营利性和非营利性区域实行分类监管。非营利性区域，严禁各类与其主体功能不符的商业开发活动；营利性区域，禁止超出其承载能力的开发活动 4. 制定选择性的产业政策，选择地扶持和培育特色产业发展，尤其是发展旅游业。这与生态发展区一样，不再赘述

（三）建立结合产业布局的财政引导机制，促进特色优势产业发展

1. 推行新型工业化引导机制，加快建立现代产业发展新体系。利用财政政策，协调区域经济发展。一是与当地的经济发展需要相适应，投入必要的公共基础设施建设资金，加快公共基础设施的步伐，优化县域招商引资、增强市场竞争能力的外部环境和条件。二是支持、引导各地以市场为导向，扬长避短，在经济发展中确定自己的主导产业，充分发挥本地区自然资源和人力资源上的比较优势，逐步形成具有自身特点和优势的区域经济。

（1）按照“大肇庆”思路推动城乡一体化发展，积极推进行政区划调整，拉大肇庆的城市发展框架。加快推动肇庆各县（市）的重新定位，形成各具特色，相互带动，共同发展的格局（见表2）。

表2　“大肇庆”发展的区域功能定位与产业布局

区域	产业布局
四会市	先进制造业产业园（电子、生物制药、机械制造、废旧金属回收）、商贸流通业（玉器、柑橘等农产品集散）
高要市	先进制造业（精密压铸、五金制品、新型建材）、现代农业基地
广宁县	特色资源产业园（纸业、竹木加工业、塑料再生）、旅游业、特色农林业
德庆县	省级珠三角产业转移工业园、旅游业、特色农林业
封开县	特色资源产业集群区（纸业、竹木加工业、塑料再生）、旅游业、特色农林业
怀集县	省级珠三角产业转移工业园（合作办园）

肇庆市各县（市）都具有企业、名牌产品和驰名商标的拉动作用。如广宁县要积极走资源加工路子，做强做大特色支柱产业，采用高新技术和现代管理技术改造提升造纸产业，发挥龙头企业、名牌产品和驰名商标的拉动作用。德庆县要大力推进“工业强县、农业富民、旅游旺县”发展战略，突出工业发展点，紧紧围绕林产化工、木材深加工、电子机械、水泥建材四大产业，力争形成全国规模最大的林产化工生产出口基地、华南地区最大的风机及配套件生产基地、粤西地区最大的木材加工及木雕家具出口基地和粤西地区重要的新型建材基地。封开县要做好产业规划，南部片区主要功能是建材家具产业集群、产业物流区、现代港区；北部片区主要功能是矿产加工、特色种植；中部片区主要功能是特色农业、生态休闲、旅游服务。怀集县要立足打造成为珠三角产业转移集中区、珠三角“安全食品”集中区、矿业和林业资源深加工区、大西南商贸集中区和生态休闲旅游度假区。怀集县要立足打造成为珠三角产业转移集中区、珠三角“安全食品”集中区、矿业和林业资源深加工区、大西南商贸集中区和生态休闲旅游度假区。二是以传统产业的转型升级优化产业结构。加快运用高新技术和先进适用技术改造提升传统产业，促进信息化和工业化深度融合，重点支持对产业升级带动作用大的重点项目和重污染企业搬迁改造。三是以招商引资优化产业结构。在新一轮加快经济发展的激烈竞争中，把抓项目提速和抓调整促转型升级紧密结合起来，以招商引资优化产业结构，努力实现速度、结构、质量、效益的统一。四是以战略性新兴产业优化产业结构。重点发展新能源（如热电联产、风力发电、核电等）、资源循环（如塑造再生、废旧金属回收等）、节能技术、电动汽车、新材料、新医药、生物育种和信息产业，争取在发展战略性新兴产业的战略方向、技术路线、发展布局、科研攻关和政策支撑等方面取得新的突破。

（2）引导产业园区质量提升，促进县域产业集聚发展。要有针对性和前瞻性地制定园区产业发展规划，使园区真正成为县域经济发展的载体。大力支持工业园区转型升级，加大园区基础设施建设投资力度，提高工业园区的产业承载能力。在固定资产折旧、再投资退税等方面，加大对园

区内优势产业所得税扣除力度，形成错位发展、整体推进的集群发展格局。对工业园区企业科技创新、技术改造、结构调整、节能减排等项目和中小企业发展项目，优先争取国家专项资金和优先安排自治区专项资金。

（3）引导民营经济发展，增强县域经济发展活力。拓宽县域民间投资领域和范围，积极引导民间资本投向基础设施建设、重点产业发展等项目。一是降低准入门槛，凡法律法规未明确禁止准入的行业领域，积极鼓励民间资本进入。二是对于民营企业投资县域基础产业、基础设施、市政公用事业、社会事业、文化产业等微利型社会事业项目，根据相关政策，在财政、税收、贷款、土地使用等方面给予支持。三是财政政策的实施，要把推动县域经济发展与繁荣服务业结合起来，加强政策引导和体制机制创新，充分挖掘和释放其中蕴涵的发展潜力。

（4）支持各县（市）中小微企业发展，为县域经济发展拓宽道路。推动中小微企业结构优化升级，抓好“专、精、特、新”中小微企业的扶持工作。各级政府加大对县（市）中小微企业技术改造项目的支持力度，充分利用企业技术创新有关所得税优惠政策，支持中小微企业加大新产品研发。制定中小企业发展专项资金管理办法，专项资金重点用于支持中小企业管理人员培训、中小企业信用担保机构呆账补偿和奖励、创业辅导、管理咨询、市场开拓、社会化服务体系和投资项目建设等。各级财政可根据实际情况扩充政策性担保机构资本金，提高担保机构担保能力，健全中小微企业信用担保体系。

2. 建立农业产业化引导机制，推进农业现代化之路。坚持用工业的理念谋划农业发展，增加对农业、农村基础设施的投入，改善农业发展环境。用先进的物质条件装备农业，用现代科学技术改造农业，用先进的经营形式发展农业，加快传统农业向现代农业的转变。在稳定粮食综合生产能力的基础上，积极推进农业结构调整，促进农业生产规模化和标准化，培育名牌产品，增强竞争力。大力推进农业产业化，推动农产品加工转化增值，促进农业增效和农民增收。加快农业科技进步，用现代科学技术改造农业，促进农业增长方式转变。加强农村现代流通体系建设，建立新型营销体系。

积极调整国民收入和财政支出分配格局，建立财政支农稳定增长机制，切实加大财政对“三农”的投入力度。健全完善支农惠农强农政策，加大对农业的补贴力度，调动农民生产积极性。加大对农村公益事业的投入，改善农村生产生活条件。加强对农业市场主体的扶持支持，认真落实农业产业化龙头企业、农民专业合作经济组织各项优惠政策。大力推进村企挂钩，积极鼓励工商企业、农业龙头企业、农产品批发市场与村挂钩结对，实行以工带农、以工投农、以工改农。农村信用社、农业银行、农业发展银行积极加大对发展现代农业信贷投放力度，拓宽信贷支农渠道。建设农业农村综合示范区，集农业产业、农村建设、农民生活为一体，不断壮大现代农业规模，加快推进现代农业园区建设，扩大现代高效农业园区建成面积，发展特色农业基地，建设“都市型现代农企”。

（四）建立新型城镇化引导机制，促进区域协调发展

十八大报告指出，城乡发展一体化是解决“三农”问题的根本途径。因此，我们必须把城镇化作为扩大内需的最大潜力，把城乡统筹、区域联动作为重要任务来抓，促进城乡发展一体化。

1. 以强化辐射作用为重点，积极推进中心镇建设。着力推进城镇化进程，加大对各县（市）基础设施建设，特别是以交通为重点的基础设施建设的投入力度。首先要加快中心城镇建设，发挥中心城镇在县域经济发展的聚集效用和辐射作用，从而带动周边城乡结合部和广大农村的城镇化进程。坚持工业化、城镇化和农业产业化“三化”并举，充分利用县域资源优势发展特色经济，依托当地土地、生态、森林、矿产等资源，宜农则农，宜工则工，宜旅则游。用资源优势建立起主导产业，带动相关产业链的发展，培育县域优势产业，增强县域经济实力。通过加强县域基础设施建设，带动县城和中心镇建设，把小城镇发展与农村工业化结合起来，在小城镇开辟工业园区，吸引各类企业向小城镇工业园区集聚，形成产业集群优势，发展独具特色的产业型小城镇。通过发展商贸流通等服务业，使小城镇成为各类商品集散枢纽，成为城乡信息交流的平台。鼓励农民带资进入小城镇务工经商办企业，着力发展民营经济，扶持发展农村大户经济。加快推进农业产业化进程，积极发挥企业、行业协会的组织协调作用，突出发展特色经济。要通过抓龙头，壮大各具特色的产业、产品和品牌。倡导“一村一品”、“一镇一品”、“一县一业”的基地化、专业化发展模式，以特色产品形成大产业、大市场，力促农民增收。其次要加快基础交通设施建设。加强县际间和乡村间公路建设，实现以公路为纽带的区域连带效用，同时提高区域物流水平，加强区域间经济联系，以求进一步扩大县际之间的交流与合作，为农产品出村并顺利进入市场提供便利的交通条件。对此，上级政府尤其是省政府应承担起城乡基础设施投入的任务，不仅要在政策和资金方面加大支持力度，还要在今后的工作中重点安排相关项目，在充分利用现有项目加强基础设施建设的同时，更应有效发挥财政资金的杠杆作用，带动民间投资，建设基础设施，建好招商引资的硬件。

2. 引导城乡发展统筹，提高县域城乡发展一体化水平。一是以县城建设为重点，加快扩容提质步伐，推动人口、产业、资源的积聚。要把资金和项目向县级重点镇倾斜，主要支持建制镇基础设施建设，提高基本公共服务能力，解决好进城农牧民及其子女教育、就业、社保、医疗等突出问题。二是强化城镇对农村的辐射带动作用，充分发挥中心镇“上接城市、下引乡村”的综合功能；加快城市基础设施和公共服务向农村延伸，统筹推进公共服务、市政设施等城乡的共建共享。借鉴肇庆市新区的发展模式，规划和建设四个山区县的“县城新区”，拓宽县城范围，提升县城的集聚能力和城市化水平。广宁县加快城区“东进西

扩、南拓北优、再造一城”，打造绥江城镇发展轴重要节点城市；德庆县充分发挥人文生态优势，打造现代滨江旅游文化城市；封开县协同推进粤桂合作特别试验区规划建设，打造连接肇梧地区门户城市；怀集县依托广佛肇经济合作区建设，加快打造省际边界区的生态型现代化中等城市；四会市和高要市加快对接融入中心城区，建设成为人口规模20万人以上的中等城市，打造成为肇庆市中心城市副中心。结合主体功能区规划实施，加快建设一批中心镇、名镇和特大镇，运用“撤镇并村”等行政手段，促进人口、产业和资源向县城和中心镇集聚。

探索建立生态保护补偿机制研究

（节选）

省财政厅预算处、地方财政处

党的十八大把生态文明建设纳入中国特色社会主义事业总体布局，使生态文明建设的战略地位更加明确。为贯彻落实党中央、国务院的决策精神，广东省委、省政府作出了探索建立生态保护补偿机制的部署，主要领导同志多次就启动财政生态补偿机制研究工作作重要指示、批示，为新形势下财政落实主体功能区规划、建立完善生态保护补偿机制指明了正确的方向。2012年2－6月，省财政厅预算处、地方财政处就“探索建立生态保护补偿机制研究”专题开展了调研，在实地考察和汇总各方意见的基础上，分析研究了当前广东经济、社会与自然协调发展面临的突出矛盾，把握运用财政政策加强生态保护的关键环节，提出探索建立生态保护补偿机制的意见建议。

一、广东省建立生态保护补偿机制的必要性和重要性（略）

二、广东省财政近年来加强生态保护的基本情况

生态保护是一项涉及面广、影响长远的系统工程。近年来，省财政通过不断加大生态保护财政投入力度，探索并完善相关财政政策措施，努力构建范围明确、重点突出、规范有效的生态保护财政政策体系和投入机制。

（一）积极推进林业生态建设，构建绿色屏障

近年来，省财政充分发挥在生态建设上的主导作用，林业生态投入大幅增长。省以上林业资金主要用于支持我省生态公益林效益补偿、碳汇林、生态景观林带、水源涵养林、防护林等各类造林工程、森林抚育、自然保护区建设等。在生态公益林建设方面，我省从1998年起建立生态公益林补偿机制，是全国第一个实行生态公益林补偿的省份。生态公益林补偿主要针对生态公益林经营者的经济损失给予补偿，补偿标准逐年提高，从1998年省级生态公益林每年2.5元/亩的补偿标准，提高到2012年国家级和省级生态公益林统一的18元/亩补偿标准。在生态景观林带建设方面，2011年8月25日，省政府印发了《关于建设生态景观林带构建区域生态安全体系的意见》，明确从2011年起，省财政连续3年每年安排1.5亿元，3年共安排4.5亿元专项建设资金，用于补助粤北山区和东西两翼欠发达地区23条共1万公里、805万亩的生态景观林带建设。在森林碳汇建设方面，经报省政府同意，省财政新设森林碳汇重点生态工程建设专项资金，2012－2015年每年安排6亿元，4年共24亿元用于补助东西两翼、粤北山区欠发达地区消灭全省501.73万亩的宜林荒山荒地，并实施987.81万亩的树林改造，扩大森林面积，提高森林质量，全面提升森林生物量和储炭能力。

（二）积极支持节能环保产业发展，发展绿色经济

省财政厅认真贯彻落实省委、省政府的决策部署，不断加大环境保护投入，大力发展绿色经济。一是2012年安排省级节能专项资金2.6亿元，比上年增长30%，重点支持节能技术改造项目、淘汰落后产能项目，以及资源综合利用、清洁生产及循环经济项目。二是安排循环经济发展专项资金2 000万元，重点支持资源节约和循环利用新技术、新工艺、新设备的推广应用，支持企业开展技术改造、提高资源高效利用和循环利用水平，支持省循环经济工业园、省市共建循环经济产业基地等示范单位循环经济能力建设和公共服务平台建设。三是安排低碳技术创新与示范专项资金1亿元、省级低碳发展专项资金3 000万元，用于推广低碳新技术、新产品、新工艺，推动低碳经济发展。

（三）积极支持环境综合治理，建设绿色广东

在省财政资金的带动支持下，各级财政、环保部门通

过加强环境监督力量建设，创新机制，采取“以奖代补”、“以奖促治”等方式集中成片推进各项减排重点工程建设，充分发挥了公共财政对生态环境保护的保障作用。一是建立健全了环境监测体系。2010年，国家和省共补助约1.5亿元用于全省环境监管能力建设项目。2011年，省财政共投入2.3亿元用于环境监管能力建设，安排2 000万元用于补助欠发达地区环保监测执法业务用房建设，提高了监测执法能力。二是水污染治理成效明显。省财政共安排了25亿元用于东西北污水处理设施的建设，至2011年年底，全省已建成污水处理设施335座、日处理能力1 906.6万吨，居全国首位。珠三角地区73个中心镇有68个已建成污水处理设施，我省水环境质量得到明显改善。三是农村环保取得新突破。通过“以奖促治”政策，2010年，我省有13个乡镇被命名为国家级环境优美乡镇，13个乡镇被命名为广东省生态示范乡镇。佛山市获得全国环境保护模范城市称号，全省“国家环境保护模范城市”达到10个。2011年，我省有6个镇获得国家生态乡镇称号、4个村获得国家生态村称号、13个乡镇被命名为省生态示范乡镇。农村环保工作的开展改善了农村的人居环境质量、维护了群众的环境权益。四是重金属污染防治加快推进。通过重金属污染防治专项资金带动，我省开展了铅蓄电池企业专项整治，全省191家铅蓄电池企业中27家企业取缔关闭或搬迁转产，137家企业处于停产整治或停产状况。推进了粤西、粤北和广州危险废物区域处置中心的建设。积极推进解决汕头贵屿电子废物拆解污染环境的问题。优先解决了一批危害群众健康和破坏生态环境等比较突出的重金属污染问题。

作为改革开放的先行地、践行科学发展观排头兵的广东，近年来生态保护取得一定成效。但是，近年来实施的生态保护财政政策主要侧重于从不同生态功能方面加以支持和引导，而综合性的财力支持政策即生态保护补偿机制尚未建立，不利于实现对生态地区可持续发展能力的有效保障。因此，及时研究建立全省统一规范的生态保护补偿财政政策是我省进一步推进生态环境保护和建设、落实主体功能区规划的必然要求。

三、生态保护补偿的概念与理论基础（略）

四、国内外在生态保护补偿方面的探索实践（略）

五、准确把握关键环节，形成建立生态保护补偿机制的基本思路

目前，广东正处于“加快转型升级、建设幸福广东”的关键时期，建立生态保护补偿机制意义重大、势在必行。现阶段工作的落脚点应放在思路梳理和制度设计上，准确把握关键环节，形成建立生态保护补偿机制的基本思路，为研究制定具有全国性示范意义的生态保护补偿办法奠定基础，为完善我省生态保护补偿政策体系提供有益补充。

（一）补偿方向：纵向与横向的选择

从国内外通行的财政补偿生态的做法来看，主要有纵向补偿和横向补偿两种方向。前者是指由上级政府对生态地区所在地政府安排转移支付资金，包括财力性补助和专项补助；后者是指同级政府之间拨付和接受生态补偿性质的财政资金，一般而言涉及的地区之间具有生态关联性，如生态产品的输出和输入、环境保护的外部性影响等。在制度设计上，两者各有利弊。纵向补偿由上级政府统筹推进，具有稳定规范、简便易行的优势，但不利于明确生态地区和非生态地区各自应承担的责任；横向补偿充分体现“谁受益，谁补偿”的原则，但也存在如补偿主体难以界定、考核标准复杂、资金来源和额度不稳定等问题。因此，在建立生态保护补偿机制时，要根据地区实际情况，充分考虑各方面因素进行选择。就我省而言，广东处于祖国大陆的南部沿海地区，受地理因素影响，地势偏低，流经广东的跨省河流基本上都属于下游河段。按照横向补偿的一般规则，由流域下游地区补偿流域上游地区，处于我省西江、北江、东江、韩江等大河上游的广西、湖南、江西、福建等省份均有权向我省索取生态补偿资金，这对于人均实际财力逐年下降的广东来说将难以承受。因此，为避免引发有关省份效仿，向我省索取生态补偿，省内的生态补偿办法应慎重考虑采取横向的模式。其次，从财政体制角度看，当前各层级的财力分配已通过上下级财政体制予以固定，对生态地区特别是欠发达地区的帮扶责任已通过体制集中实现，而通过财政体制划分留给各区域的财力应用于落实自身的事权责任。为此，在目前财政分级管理的前提下，跨地区生态补偿不宜由区域间横向承担，而应由上级财政统筹各区域上缴的收入，加大纵向转移支付力度，帮助生态地区更好地保护和建设生态环境。再次，由于横向补偿涉及同级政府间利益关系的调整，又高度依赖于相互间生态环境考核的结果，如两地交界处断面水流水质、空气污染扩散等因素，受技术手段限制，操作难度增大，缺乏简明易用的优势。

基于此，我们认为，我省生态保护补偿机制应采取纵向补偿的模式，由省级财政统筹安排转移支付资金，在省内生态地区间合理分配。

（二）补偿范围：生态与经济的平衡

确定生态保护补偿机制的补偿范围，必须考虑生态和经济两方面的因素。最重要、也是作为前提的因素是生态因素，接受补偿地区必须是承担生态任务、提供生态产品的地区。我省主体功能区规划明确，重点生态功能区是全省重要的生态屏障、水源涵养区、生态旅游示范区和人与自然和谐相处的示范区，以保护和修复生态环境、提供生

态产品为首要任务。因此，应针对重点生态功能区中的县（市）予以补偿。在这些县（市）中还应区分层次，采取不同的补偿力度，增强针对性：一是考虑生态地区的战略地位。重点生态功能区分为国家级和省级两类，其中我省国家级重点生态功能区县（市）位于南岭山地森林及生物多样性地区，对国家生态安全具有重要意义，应享受更高层次的补偿待遇。二是考虑生态地区承担的生态任务轻重。结合生态保护区域点状分布的特点，对承担生态保护责任更重的县（市）即自然保护区、水源保护地占国土面积比重较大的地区给予倾斜支持。另一个重要因素是经济因素，接受补偿地区必须由于支持生态建设而放缓经济发展。补偿的含义是指对某方面损失或亏欠的弥补，其本身具有倾向于处于不利地位或弱势一方的内在属性。从这个角度出发，结合我省的情况，就是对生态环境保护较好、工业产业发展较慢的粤东西北经济欠发达地区予以补偿，坚定其继续保护生态环境的决心，尽可能弥补其限制工业发展的机会成本损失。

基于此，我们认为，生态保护补偿机制应以属于欠发达地区的生态县（市）为补偿对象，分类实行差异化的补偿政策，有针对性地给予不同程度的倾斜支持。

（三）补偿方式：扶持与激励并重

运用财政资金进行生态补偿，一般采取财力性补助的形式，生态地区政府可以统筹使用财政资金用于生态保护与建设、发展“绿色经济”、改善与保障民生等方面。但财政资金是有限的，特别是在目前省级财政收支形势严峻、民生等刚性增支负担沉重的情况下，不可能做到真正的“按需分配”。那么，在发挥生态保护补偿资金“量”的作用的同时，更重要的是发挥其“质”的效应，通过制度设计、结构优化，实现功效最大化。设计科学、合理的补偿方式是其中最重要的手段之一。可考虑将生态保护补偿资金分为两部分，一部分是按照现实需求适当分配的补偿资金（可称为基础性补偿），另一部分是具有效果激励性质的补偿资金（可称为激励性补偿）。其中，基础性补偿以增强生态地区基本公共服务保障能力为目标，保证其基本公共服务支出需要。同时考虑当地生态任务层次、人均财力水平、基本运转需要等成本差异因素。激励性补偿与生态地区保护和改善生态环境的成效挂钩，生态保护越好，获得奖励越多。具体可建立一套客观、科学的生态保护指标体系，综合测算生态保护指标增长率，作为确定激励性补偿的依据。这种既给予扶持，又予以激励的补偿方式，具有较强的针对性、引导性和可行性，有利于发挥财政补偿与激励互相协调、互为补充的政策效应。

基于此，我们认为，生态保护补偿机制应由基础性补偿和激励性补偿两方面组成，通过分别测算汇总得出生态地区所获得的生态保护补偿资金量。

（四）评价体系：科学化与精细化结合

在明确基础加激励的补偿方式后，如何对生态地区基本公共服务需求以及生态环境保护成效进行客观评价成为关键的环节，将作为资金分配的重要考核标准。为确保政策的统一、公平，应按照科学化、精细化管理的要求，设计科学、合理、客观的评价体系，运用严格的因素法进行分配。在基础性补偿方面，主要以生态地区基本公共服务需求为基础，结合当地实际进行适当调整。基本公共服务需求可按照“保工资、保运转、保民生”要求的各项支出标准和当地保障人口测算确定，同时考虑几项调整因素：一是前文所述的生态区类别，承担生态任务重的应予倾斜照顾；二是实际财力水平，主要通过人均财力指标体现，对水平较低的地区应适当加大补偿力度；三是政权基本运转需要，县级政府“麻雀虽小，五脏俱全”，也要对保障其基本运转支出水平加以考虑。在激励性补偿方面，主要是对生态环境保护成效的考核评价，关键是建立一套生态保护指标体系。有关省份生态补偿所运用的指标类型比较单一，反映情况较片面，数据来源也不够明确。我省建立生态保护指标体系应遵循“覆盖面广、针对性强、结构合理、数据真实”的原则，选择15－20项生态保护指标，指标范围涵盖空气质量、水资源质量、森林植被和污染物排放等各个方面，按照其反映的生态保护作用重要程度赋予不同的指标权重，指标数据由相应的省级主管部门或第三方机构测算提供，并运用能体现不同指标数据变动情况的公式汇总测算出生态保护指标综合增长率，作为分配激励性补偿资金的依据。生态保护指标体系在制度设计、数据收集、汇总测算等全过程中均应杜绝人为因素影响，确保客观公正，充分体现科学化与精细化管理的要求。

基于此，我们认为，生态保护补偿机制应按照科学化、精细化管理的要求，相应建立基础性补偿和激励性补偿两个方面的考核评价体系，运用严格的因素法测算分配资金（见图1）。

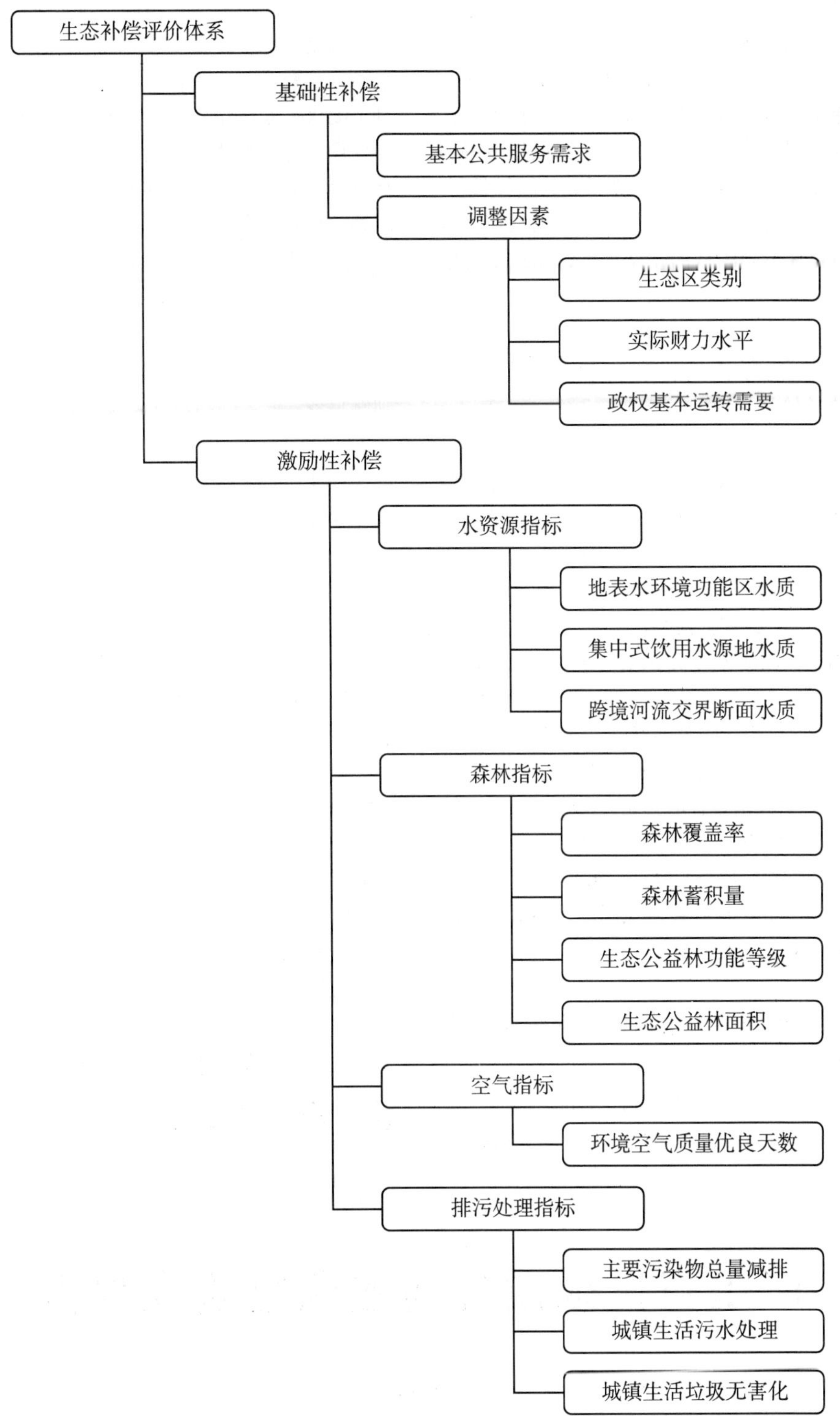

图1　生态补偿评价体系

六、探索建立生态保护补偿机制

按照上述思路，2012年，省财政厅研究拟订了《广东省生态保护补偿办法》方案，经报省政府同意后印发实施，建立起补偿和激励相结合的财政机制，加大省级财政对重点生态功能区的转移支付力度，促进经济发展与生态环境相协调，不断提高可持续发展水平。主要做法是：

（一）以主体功能区规划为导向，分类分档确定生态补偿范围

根据国家、省级主体功能区规划对有关区域的功能定位和发展目标，结合实际情况确定生态保护补偿范围，纳入补偿范围的地区须同时满足两项条件：一是属于主体功能区规划中的国家级、省级重点生态功能区；二是位于粤

东西北经济欠发达地区的建制县（市）。对符合条件的26个县（市），按照其生态战略地位，分为国家级生态区和省级生态区两个类别，对应实行差别化的补偿标准。在此基础上，结合生态保护区域点状分布的特点，对承担生态保护责任更重的地区即国家级自然保护区、水源保护地占国土面积比重较大的县（市）给予提高补偿系数的倾斜照顾。通过实施范围明确、层次分明、重点突出的补偿政策，有针对性地给予生态地区不同程度的支持力度，因地制宜地开展生态保护补偿工作。

（二）以基本公共服务均等化为目标，对生态地区放缓经济增长给予补偿

我省重点生态功能区广泛分布在粤北山区和东西两翼地区，此类县（市）生态环境维护较好、工业产业发展较慢，通过实施财政补偿，尽可能弥补其限制工业发展的损失，有利于坚定其保护生态环境的决心。围绕推进基本公共服务均等化目标，生态保护补偿办法给予重点生态功能区县（市）基础性补偿，计算办法是以县（市）基本财力保障需求作为基础，辅以成本差异系数计算确定。其中，基本公共服务需求按照“保工资、保运转、保民生”要求的各项支出标准和当地保障人口测算确定；成本差异系数考虑三项因素：一是生态区类别，对承担生态任务重的县（市）倾斜照顾；二是财政困难程度，对人均财力水平较低的县（市）适当加大补偿力度；三是基本运转需要，对政权运转压力较大的县（市）给予支持。基础性补偿有效帮助重点生态功能区县（市）增强基本公共服务保障能力，从而推动实现全省基本公共服务均等化。

（三）以生态保护绩效为依据，对生态地区改善环境予以奖励

省级财政部门会同环保、林业、统计等部门每年对重点生态功能区县（市）进行生态环境监测与评价，根据评价结果采取相应的奖惩措施。对生态环境改善的县（市），安排激励型补偿资金；对生态环境恶化的县（市），扣减基础性补偿资金。为确保政策公平，按照科学化、精细化管理的要求，专门建立了生态保护指标评价体系，按照“覆盖面广、针对性强、结构合理、数据真实”的原则，选择15项生态保护指标，指标范围涵盖空气质量、水资源质量、森林植被和污染物排放等各个方面，按照其反映的生态保护作用重要程度赋予不同的指标权重。指标数据由有关主管部门提供，并由省级财政部门运用能体现不同指标数据变动情况的公式汇总测算出生态保护指标综合增长率，作为安排激励性补偿资金的依据，综合增长率越高，获得奖励就越多。

（四）以规范资金使用管理为保障，各级共同推进生态补偿机制落实

生态保护补偿资金以一般性转移支付形式下达县（市），要求用于生态环境保护和修复、保障和改善民生、维持基层政权运转和社会稳定等用途。为保证资金使用管理的规范和高效，生态保护补偿办法规定了各级政府和财政部门承担的责任。县级政府是地方生态环境保护的责任主体，要牢固树立科学发展的观念，统筹用好本级财力和上级生态保护补偿资金，调整优化支出结构，提高生态补偿资金使用效益。市级政府根据当地生态环境特点，研究制定所辖地区的生态发展规划和生态补偿办法，加大生态环保投入力度，同时按规定及时足额将各级财政安排的生态补偿资金下达所辖县（市），强化监督，确保资金使用安全。省级财政健全完善生态保护绩效评价体系，加强对政策的跟踪问效和对资金的监督检查。

七、构建“绿色财政”，不断完善生态保护的财政政策体系（略）

广东省村级债务问题课题研究报告

（节选）

省财政厅农村财务管理处

摘要：随着我国社会主义新农村建设的逐步深入，制约村社发展的各种矛盾逐渐显现，其中村级债务问题最为普遍，甚至成为制约因素中的关键问题。过大的村级债务问题已成为制约农村经济发展、影响农村社会稳定、妨碍基层政权稳定的突出问题，也严重阻碍着农村城镇化的发展进程。广东省所辖地级市（不含深圳）普遍存在着村级债务问题，而且村级债务状况较为严重。近些年来，国内对村级债务问题的研究较多，但针对广东省及其所属地区村级债务的调查和研究却比较薄弱，因此，调查分析并研究化解广东省村级债务问题具有重要的现实意义。

根据对广东省村级债务的调查，本文深入探讨和分析了村级债务问题及其成因，并在此基础上提出了相应的化解对策，主要包括以下几个方面：(1) 广东省村级债务的现状调研。在广泛收集全省村级债务数据的基础上，重点对典型地区的36个调研村的债务情况采用问卷调查与走访座谈等方式进行调研，对调研结果进行深入的探讨与数据分析。(2) 广东省村级债务问题的成因分析。在调研结果及分析的基础上，剖析村级债务中存在的问题，寻找问题根源。(3) 利用反馈收回的数据进行村级债务风险分析。(4) 村级债务的化解对策。在借鉴省内外部分地区在化解村级债务先进经验的基础上，针对广东省村级债务的特点，分析了村级债务化解的有利条件与制约因素，给出了相应的化解对策。

本文对广东省村级债务问题的化解有较强的理论指导性和实践指导作用，有助于各级政府和各地农村有效防范村级债务风险，化解村级债务问题，维护农村社会稳定，推动农村经济发展，构建农村和谐社会。

一、绪论（略）

二、广东省村级债务的总体情况及特征（略）

三、村级债务成因分析（略）

四、广东省村级债务风险分析

村级债务数额是否适量，风险是否过大，偿债压力是否沉重，偿债能力是否与债务余额匹配等问题，必须认真予以考量和管控，否则将直接影响基层政府形象，增大基层政府债务风险。对村级债务的偿还能力和风险进行分析，目的在于为减少债务风险、消除不稳定因素能起到重要作用。

（一）村级债务风险分析指标

本课题借鉴国债风险分析理论，选取债务依存度、债务保障率、偿债率和债务负担率等指标，研究广东省村级债务的风险程度。

1. 债务依存度，是指当年债务收入占财务支出总量的比重，反映了当年村级组织支出中有多少是依靠举债来实现的。国际上一般将20%定为债务依存度的安全线。村级组织债务依存度，反映了村级组织支出对债务的依存程度。

村级组织债务依存度 = 当年村级组织债务收入额/当年村级组织支出总和

村级组织债务总额包括村级组织通过举债筹集的所有资金，既包括从银行等金融机构筹集的债务资金，也包括从其他单位、部门以及民间组织筹集的债务资金。村级组织债务依存度越高，反映了村级组织支出对债务的依靠程度越大，村级组织自有财力相对薄弱；反之，对债务的依赖程度越小，村级组织自有财力相对较强。

2. 债务保障率，是指现金流量与债务平均余额的比率。用来衡量村组织的负债总额用现金来支付的程度，如果现金流量难于取得，也可采用期末现金余额计算。

债务保障率 = 现金流量（或现金余额）/债务平均余额（或债务余额）

由于真正能用于偿还债务的是现金，通过现金与债务的比较可以更好地反映村级组织的偿债能力。该指标越高，表明偿债能力越强。

3. 偿债率，是指年度还本付息额与当年收入的比率。村级组织偿债率是指村级组织一定时期偿付债务本息额在村级组织收入中所占的比例。目前，广东省村级组织收入主要来源有以下几方面：①转移支付或补贴；②承包费，即农民承包果园、林地、房屋、村办企业或小水利设施等村集体资产所缴纳的承包费；③征地款，即乡镇部门或企业占用村里耕地向村级组织缴纳的征地款项。

偿债率 = 当年村级组织债务还本付息额/当年村级组织收入总和

这一指标反映了村级组织债务的清偿能力。偿债率高，反映了村级组织收入中用于偿还债务的比例大，村级组织可用于新公共产品提供和行使其职能的支出比例小；反之，支出比例大，债务偿还比例小。国际上一般将10%定为偿还率的警戒线。

4. 债务负担率，是指一定时期村级组织债务余额与村级组织生产总值（即农业增加值）的比率，即衡量村级债务余额相对于村级经济总量的比例。这一指标在一定程度上反映了一个地方总体经济发展水平对债务的承受能力。

村级组织债务负担率 = 村级组织债务余额/村级组织生产总值

村级组织债务负担率越高，说明村级组织通过债务筹集给乡村发展注入的资金越多，同时，也说明了村级组织偿债负担重。不同的乡村地区，经济发展水平不同，债务承受力也不同。经济发展水平越高，债务承受能力越强；反之，债务承受能力越弱。国际上一般认为政府债务负担率不应超过国内生产总值的45%。

（二）广东省村级债务风险分析

根据数据资料，计算出村级债务风险分析各指标结果见表4-1。

表4－1　　2011年广东省地级以上市村级债务风险比率计算

序号	地区	债务依存度	债务偿还率	债务负担率	债务保障率
1	惠州	33.084	0.412	36.394	5.284
2	河源	0.298	0.345	0.28	0.243
3	珠海	11.321	0.332	4.855	1.162
4	中山	1.642	0.467	1.131	0.519
5	肇庆	10.722	0.859	8.21	1.248
6	云浮	0.146	0.231	0.132	2.126
7	韶关	0.183	0.167	0.138	1.092
8	汕头	0.351	0.218	0.346	0.959
9	梅州	0.4	0.133	0.257	1.090
10	揭阳	0.278	0.178	0.267	2.330
11	江门	0.065	0.473	0.063	1.289
12	佛山	0.488	0.2	0.257	0.645
13	潮州	0.362	0.206	0.332	1.312
14	东莞	1.802	0.526	0.843	0.461
15	清远	1.557	0.323	1.42	1.742
16	茂名	0.363	0.005	0.328	0.675
17	湛江	0.0004	0.1861	0.0007	2.077
18	汕尾	1.042	0.012	0.198	0.136
19	广州	0.14	0.639	0.871	1.491
20	阳江	1.341	0.605	1.208	0.441

根据以上相关数据和指标可以看出：

（1）从债务依存度来说，除云浮、韶关和江门三个地区较低以外，全省绝大多数地区的债务依存度均超过20%，在20%～40%之间；而惠州、珠海、肇庆的债务依存度竟达10倍以上。从数据分析可以看出，2011年全省各地级以上市新增负债情况十分严重。原因主要在于不顾未来风险而追求当前农村经济发展和增加收入（见图4－1）。

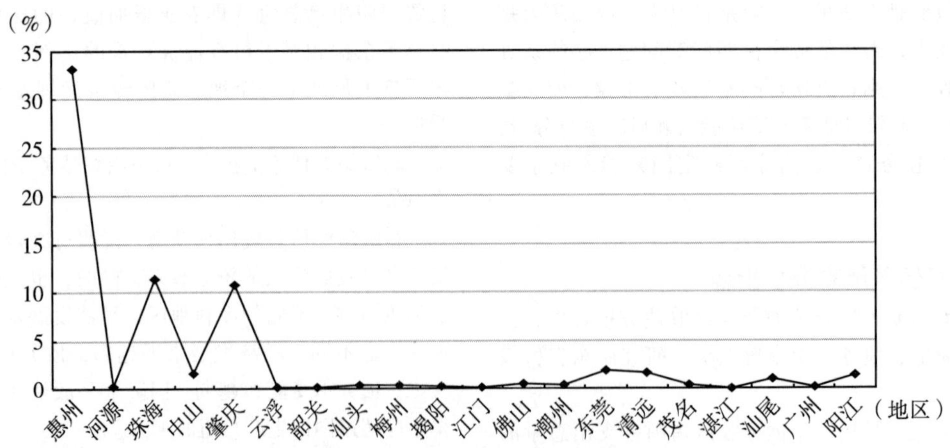

图4－1　广东省村级债务依存度

（2）从债务偿还率来看，2011年，除茂名市债务偿还率为0.5%，其余各县市的债务偿还率均高于10%，在15%～33%之间；其中以肇庆、东莞、江门、中山四个市为典型，债务偿还率接近50%甚至超过50%。这一指标说明，近几年全省各地农村对化解债务问题比较重视，严格按照有关政策、法规执行，以市场为导向，积极寻找合理有效的方法稳妥处理不良债务，收到一定的效果。总体来说，经济发达地区偿还能力较强，而经济欠发达地区因受财力影响，偿债能力较弱（见图4－2）。

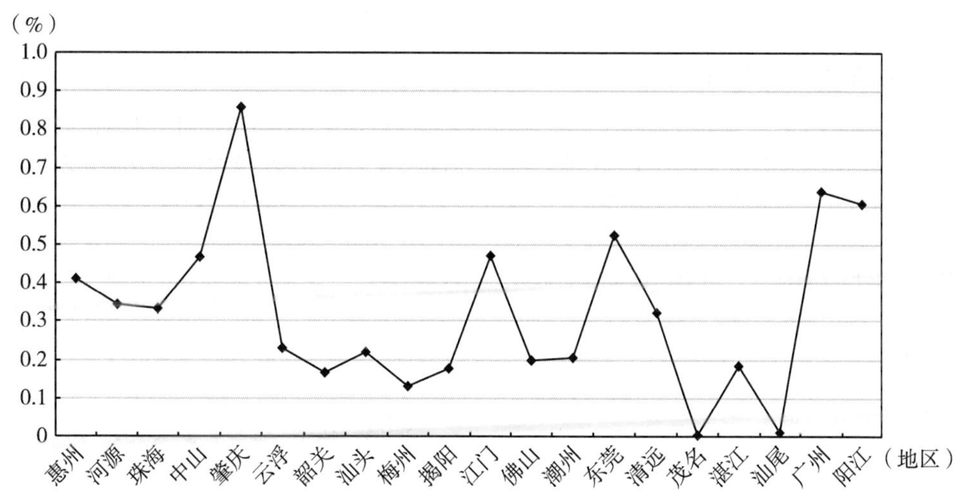

图 4－2　广东省村级债务偿还率

(3) 从债务负担情况来看，20 个地级以上市中有 6 个地级以上市的债务负担率在 45%以上，债务负担较为沉重，占到了全省乡镇比例的 35%。最严重的是惠州市，其乡镇债务负担率达到了 36 倍，已达到相当严重的地步。其余地级以上市乡村的债务负担率均在 45%以下，负担较轻；如果这些地区的村镇能积极采取有效的措施，大力发展生产，努力增加收入，坚决避免新增不良债务，未来偿还现有债务的可能性是非常大的（见图 4－3）。

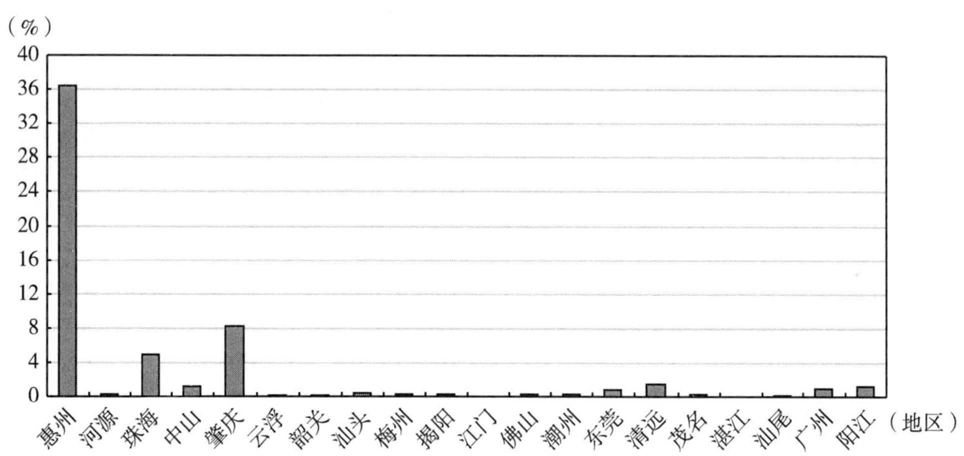

图 4－3　广东省村级债务负担率

(4) 从债务保障率来看，惠州、云浮、揭阳、湛江四个地区的现金保障度较其他地区高，均是债务余额的 2 倍以上，尤其是惠州市达 5.28 倍。通过现金与债务的比较，可见这些地区真正能用于偿还债务的现金较为充裕，也反映该地区较强的村级组织偿债能力（见图 4－4）。

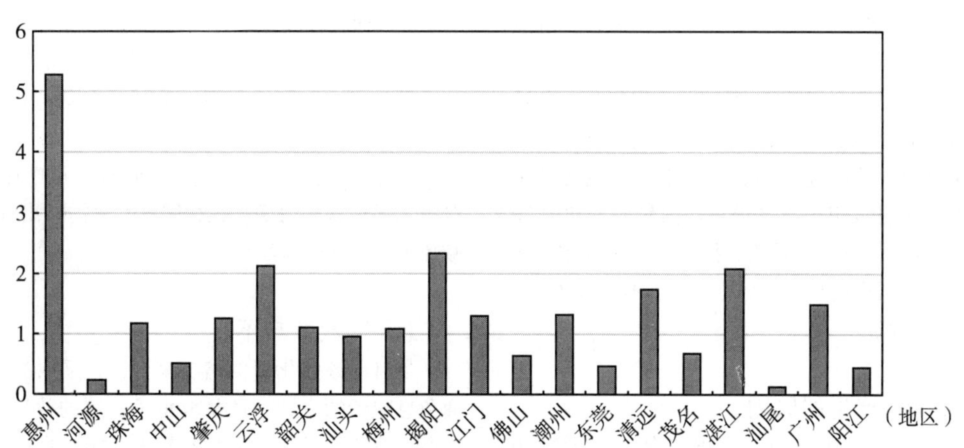

图 4－4　广东省村级债务的债务保障率

五、村级债务个案分析

调研中发现，珠三角某县村级债务虽然较为严重，但该县的化债工作卓有成效，化债方式方法有借鉴意义。因此，以该县作为个案进行深入剖析。该县的村级债务主要发生在2005年以前，其形成时间长，历史原因多，利益关系复杂，处理难度大。债务累积过重，不仅影响到村组两级集体经济的正常运行，而且容易诱发农村不稳定因素。为维护农村社会的和谐稳定，该县对化解工作极为重视，积极采取措施化解，成效较为明显。

（一）基本情况

1. 贷款和抵押情况。该县200多个村级组织涉及贷款的就有91条，贷款本息总额为22.81亿元，其中本金12.55亿元，利息10.27亿元。其中，因自身形成的贷款本息合计8.23亿元，其中本金5.33亿元，利息2.89亿元；为其下属企业贷款形成本息合计13.94亿元，其中，本金7.17亿元，利息6.77亿元；为个人贷款形成的本息合计626.84万元，其中本金345万元，利息281.84万元。

2. 担保贷款和抵押请款。该县涉及担保贷款和抵押的村级组织92条，贷款本息总额为32.22亿元，其中本金19.38亿元，利息12.84亿元。其中为其下属企业担保贷款形成本息合计17.13亿元，其中本金8.21亿元，利息8.92亿元；为个人贷款形成的本息合计325.2万元，其中本金127.8万元，利息197.4万元。

（二）特点

（1）债务涉及面广，金额大。该县共有91个村级组织发生贷款，占村级组织总数41%，贷款本息金额达22.73亿元，平均每个村负债近2 500万元。

（2）债务累积时间长，逾期多。村级债务时间跨越年度大，累积时间长，到目前为止统计，该县全县在银行贷款均逾期5年或5年以上。

（3）利息呈逐年上升趋势。村级债务大部分都有5年以上，有的甚至达20多年，利滚利，出现叠加效应，利息负担重。

（4）担保债务潜在风险大。集体为企业担保贷款，特别是为挂靠企业担保贷款，若该借款企业到期不能偿还借款时，或因经营不善，企业主逃跑，集体组织必然要负担连带责任。该县不少村级组织原本经济实力较好，却因20世纪90年代初为挂靠企业担保贷款，挂靠企业主逃跑，使集体负上连带责任，沉重的担保债务拖垮了集体经济组织，集体经济发展陷入困境。

（三）历史债务产生的原因

1. 投资决策失误，盲目上项目，造成负债。20世纪90年代初，在市场经济大潮下，由于政策导向以及利益驱动，一些村不顾自身的经济承受能力及当地的资源和市场条件，由村集体向银行贷款或为集体企业担保贷款兴办集体企业，盲目上马，经营管理又不善，大多数村办企业未见效益即倒闭，或者因为效益不佳而无法清偿债务，在当时由于没有将村集体企业与村集体实行政企分开和产权清晰，造成将村办企业的债务转嫁为村级的负担，损害了集体的利益。

2. 法制、风险意识淡薄，乱担保。有部分村居领导追求短期利益，法制、风险意识淡薄，以集体组织的名义为非直属企业担保，承担了不必要的投资风险，造成有的企业效益不佳债务无法偿还，有的业主一走了之，将债务甩给村集体。

3. 搞“挂靠”企业，形成债务。由于20世纪80年代中期至90年代初政策的影响，许多村为了发展经济，苦于自身无资金，只好搞挂靠企业，从而造成“有限收益、无限风险”，“挂靠”企业如果效益不佳，债务无法偿还，有的业主一走了之，使村集体为挂靠企业的债务负上连带责任。

4. 超出自身支付承受力，超前兴办公益福利事业形成债务。过去绝大部分农村公共设施的投入是村集体，包括教育、文明建设、道路、通水、通电等，部分村居为此负上沉重的债务。

（四）化解集体历史债务的做法

近年来，该县各村对化解历史债务十分重视，严格按照有关的政策、法规，以市场为导向，采取拍卖还债、收欠还债、盘活集体资产、大力发展集体经济等方法积极稳妥处理不良债务，收到一定的效果。

1. 活化农村集体资产。该县农村集体资产存量大，活化农村集体资产，增加集体收益，是清偿历史债务最快捷、最有效的方法，具体有以下几种方式：一是对原由集体经营又不景气的企业，通过对外发包的方式进行盘活；二是清理集体闲置资产物业，通过出租来增收；三是对一些配套设施不完善，或规模集聚效应不明显的集体资产，通过改造和提供配套服务来吸引商家前来投资，增加集体收入；四是对部分没有经营潜力的集体企业进行转制或拍卖，所得收入用于偿还债务。通过以上几种方式挖潜增收，该县多个村级组织偿还了上千万元的债务。

2. 积极与银信部门协商，免息减债。部分村级组织通过多种渠道与银信部门谈判协商，以一次性或限期内清偿欠款等方式，使银信部门减免部分本息。如该县某村级组织通过与银行签订协议，在限期内清偿债务，村集体只用了623万元，就偿还了本息1 160多万元的债务；另一个村级组织通过谈判协商，银行同意其只需按出资额承担责任，减免债务3 200多万元。

（五）成效与不足

从目前该县化债的情况来看，其采取的盘活资产、协商免息减债的方式，还是取得了一定的效果。但其由于历史原因遗留的村级债务数额较大，靠自身偿还债务的难度较大。该县政府也在考虑利用该区深化农村体制综合改革的契机，通过合法程序将原经联社的优质资产分离出来，组建新型集体经济组织，以此重新发展集体经济。

六、加强村级债务管理的对策及建议

（一）省级政府方面

1. 切实加强对化解农村债务工作的领导。化解农村不良债务是一项复杂、艰苦的系统工程，各级政府要高度重视加强乡镇债务管理工作，充分认识到这项工作对于保障村镇财政安全和维护农村社会稳定的重要意义。因此，应加强组织领导，实行党政主要领导负责制，成立由财政、农业、审计、监察、金融等部门参加的化解债务工作领导小组，由省级政府进行统筹规划，市级人民政府负责督促检查，县级人民政府负责组织实施，明确任务，落实责任。

2. 明确目标，制订工作方案。化解村级债务不能实行“一刀切”，应考虑地区之间的经济发展水平差异。各县市的乡镇要根据自身的实际情况，坚持“依法依规、实事求是、公开公正、量力而行”的原则，制定本地区的村级债务清偿工作方案，方案侧重清理核实债务规模和构成，清理化解债务的目标任务、主要政策、资金来源及补助方法、保障措施等；实行债务偿还责任制，县乡政府主要负责人为化债工作第一责任人，乡村主要负责人为直接责任人，对化债工作层层落实。

3. 加大财政扶持力度。目前，仅靠县级政府或者村级组织是无法解决乡村债务问题的，因此还需要上级特别是省级财政的财政转移支付。结合广东省村级债务的现状，加大省级财政扶持应遵循的原则：（1）省级财政不能大包大揽，而应区分村级债务性质，对于村级债务中的非经营性负债及社会公益性负债采用以奖代补和转移支付方式支持化解，对于经营性负债应在地方政府的指导下由村自行化解；（2）有所侧重。省级财政扶持应向粤西粤北等经济欠发达地区倾斜，尤其需继续加大对经济欠发达地区农村中小型基础设施、农村医疗卫生等方面的投资和转移支付；（3）分清轻重缓急，确定化债项目的先后顺序。优先选择公益性明确、与农民群众利益密切相关、债务底数相对清楚的项目，作为首批化解的债务进行重点突破。

对于农村非经营性负债及社会公益性债务应分级化解。其中，对于省级政府安排和布置的非经营项目及公益性支出形成的负债由省级财政采用以奖代补和转移支付方式进行化解，对地方各级政府安排或布置的非经营项目及公益性支出形成的负债由地方各级政府筹集资金化解。此外，对乡村在化解债务过程中出现的突出问题，要及时给予人力、财力、物力等全方位的实质性的支持；对贫困地区和债务规模较大的地方，要采取对口支援、扶持等措施，帮助解决具体问题。

（二）县市政府方面

1. 实行债务主体责任制。地方各级政府是村级债务的责任主体，要切实把化解村级债务当成一项重要工作任务来抓，坚持一把手负责制；同时，各地级以上市要成立化解债务工作领导小组，党政一把手任组长，主管领导具体负责，抽调一批政策观念强、业务熟悉、有经济头脑、善于攻坚的人员组成专业队伍，责任到人，务求实效。

2. 理清债权债务关系。化债的首要任务就是理清债权债务关系，要将它作为一项重要的基础性工作来抓。各县市政府要组织所辖乡镇开展债权债务清查工作，通过清理财产权属关系，查清债权债务的时间、类别、数额及来源、去向，理顺国家、集体、个人之间的债权债务关系；做到对乡村债权债务底数清楚，在此基础上锁定债权债务数额，并按债务来源和用途逐步登记造册，建立债务台账和债权债务数据库，实行动态管理。

3. 完善管理制度，从源头上遏制新增不良债务。为了防止新的不良债务发生，坚决防止农村新增不良债务的产生。地方各级人民政府和有关部门在安排建设项目时，要充分考虑到村级组织的承受能力，不允许超越经济实力搞建设，坚持量力而行；要加大对农村公益事业的投入力度，尽可能减轻基层配套的压力；继续深化乡镇机构改革，完善村级组织经费保障机制；进一步加强集体经济财务监管平台的建设，不断完善农村议事决策、财务管理、财务公开、资产管理等各项制度，提高农村债务管理水平，强化农村集体“三资”（即资金、资源、资源）的监管，从制度上、源头上防止产生新债。

4. 多方出资落实偿债资金。由于村级债务形成的时间长，原因复杂，县市政府应根据本地区村级债务的实际情况，研究制定由“政府出一点、乡镇出一点、村集体组织出一些”的多方出资方式落实偿债资金，逐步化解债务。如湖北省咸丰县在化解乡村债务时建立债务偿还基金制度，县财政按上年地方财政决算收入的2%列为乡村偿债基金，乡镇从本级经费中安排5%－10%的资金用于偿债，有村级企业和基地等集体经营收入的村，要把收入的绝大部分用于化债，取得良好的效果。

5. 多管齐下，处理银行信贷问题。

（1）挂账停息。对债务沉重、还债能力薄弱的村镇，建议由政府部门出面与银行、信用社等金融机构协商，争取金融部门的支持，适当予以减免或者挂账停息；对于历史贷款最好能参照银行同期综合利率标准重新核定利率和债务金额，尽量减轻村级组织的负担；对于村组及乡镇所属单位欠乡镇政府的款项，在核实无误和协商一致的基础上，可先予挂账，待时机成熟时再予以收缴。

（2）在处理担保贷款问题上，建议实行三管齐下的办法，即对仍有一定发展前景的企业，力争与企业追签反担保合同，把风险和债务划归企业承担，村集体不再承担还债责任；对已无发展前景的“夕阳企业”则强制企业关闭，将剩余资产进行拍卖，所得用于偿还债务；对已关闭破产的企业，其担保贷款由村级组织与银行协商采取适当的方法分期偿还。

（3）债转股。由于目前广东省农村尤其是部分发达地区历史遗留债务较大，常年累计造成利息额巨大，成为当前农村综合改革——政经分离的一大障碍。因此，对发达地区可以比照企业化运营的方式，将银行债务转为对村集体经济组织的投资，银行成为新的经济组织的股东，村集体经济组织和银行成为一体，能更好地促进发展。

（三）村级组织方面

1. 发展经济。要从根本上解决债务问题，只有发展农村经济，积极开辟集体经济新的收入渠道，才是防范和化解村镇债务带来的财政风险的根本途径。具体做到：

（1）因地制宜发展特色农业，延长农业产业链，积极发展农产品加工业；建立农村信息网络，为农村各产业的发展提供准确的市场信息和政策信息。

（2）积极招商引资。引导具备条件的村集体经济组织，积极改善投资环境，加大招商引资的力度，努力培植新的经济增长点。如在抓好拥有资源优势和农副产品资源优势村集体经济组织招商引资的同时，突出抓好具有区位优势特别是镇驻地村集体经济组织和公路沿线村集体经济组织的招商引资。

（3）发展个体私营经济，促进第二、第三产业的发展，壮大集体经济实力。同时组织引导有条件的村集体经济组织把发展个体私营经济与培育季节性、专业性批发市场有机结合起来，在解决农产品卖难问题的同时，增加集体经济收入。

（4）提供有偿服务。在建立健全村级服务组织，为农民提供产前、产中、产后系列化服务的基础上，通过适当收取服务费用，增加集体经济收入。

2. 挖潜增收。一是可以通过拍卖资产、盘活集体资产、出租闲置物业等方式增收，用于偿还部分债务，如河南省正阳县慎水乡的一些村办企业因原料短缺而倒闭，厂房、机器设备等长期闲置，通过乡政府动作，将这些资产出售用于偿还债务。二是划转债务，对一些应由村民组或受益群众承担的公益事业的举债，可经村民大会讨论通过后，将此债务剥离。三是可通过债务重组的方式对乡村存量债务进行化解，如河南省温县杨垒镇因类施策，疏通化债渠道，积极有效地推进化债工作，共偿还债务2 189万元，化解率为65%；大冶市汪仁镇结合村情，灵活采用“偿、抵、拨、减、削、销、划、免、控、还”的十字化债法，共化解村级债务1 314.9万元，化债率达58.1%。

3. 剥离分债。对于兴办村办企业所形成的债务，根据村企分开的要求，原则上应由企业承担；企业破产倒闭的，债权债务按照现行法律规定妥善处理，原则上应以企业的债权资产还债。对于因非公益性事业以及为个人担保或者是村干部以集体名义举债饱私利而形成的债务，按照“谁用款谁偿还，谁收益谁偿还”的原则，从集体中剥离出去。

4. 严控担保。村委会不是国家机关，也不是企业法人，但在特定情形下又代为履行集体经济组织的职能。村委会的双重身份，决定了其在本村村民或其他组织进行借贷的过程中经常提供担保。这些担保有些是经村委会慎重加盖公章担保的，有些是村委会负责人不懂法随便加盖的，有些是通过各种关系或利益驱动加盖的。由于村委会非国家机关，故无论是采用何种途径加盖村委会公章的，其担保应该均视为有效。但在债务人不能履行债务，村委会代偿履行且向债务人进行追偿无果后，应由村委会根据过错原则，向有关负责人提起赔偿诉讼。这部分担保形成的债务最终应由有关债务人或者负责人承担，其不利后果不应由村集体承受。

5. 监管财务。通过创新财务管理制度，完善村会计委托代理制，强化乡镇级监管，从源头上预防和治理村级财务混乱的现象。在坚持资金所有权、使用权不变的前提下，大力推行“村财镇代管”制度；严格财务开支审批制度，所有开支要有经手人、民主理财小组、主管财务负责人签字或者盖章才能入账报销。实行民主理财和财务公开制度，强化农村财务审计监管，促进村级财务管理规范化，防治新的不良债务产生。此外，实行乡村财务预决算制度，预算执行情况要按时公开，村委会办企业、公益事业要召开村民会议或村民代表大会讨论，公布筹集和资金使用计划，实行民主决策和民主理财；明确村集体经济组织借贷款担保制度，规范举债投资行为，对过度举债的责任人做出相应的处罚规定。

七、结论与展望

（一）结论

广东省的村级债务现状是我国农村负债情况的一个缩影，村级债务规模大、增长快、构成复杂已成为各地的普遍现象，债务的恶化给基层组织的政权运转、社会和谐和经济秩序等多方面带来不良影响。本文通过对全省各行政村及典型地区的调研，深入了解并结合广东省村级债务的整体情况，分析广东省村级债务的规模、来源及用途构成，找出其总体特征，并从政府、财务以及村级组织等方面多角度分析其形成的原因。借用债务依存度、债务保障率、偿债率、债务负担率等指标，对广东省现存的村级债务风险状况进行分析。最后在理论研究和实证研究的基础上，借鉴国内其他地区乡村化债的经验，从政府层面、村级组织自身等方面提出了化解广东省村级债务问题的对策或建议：（1）省级政府部门方面应切实加强对化解农村债务工作的领导、明确目标，制订工作方案，加大财政扶持力度；（2）县市级政府主要负责，通过理清债权债务关系、完善管理制度，从源头上遏制新增不良债务、多方出资落实偿债资金、多管齐下处理与银行的历史遗留债务问题等积极措施，妥善处理遗留债务，遏制新增债务；（3）村级组织要通过发展经济来增强财力，并加强乡村财务监管和担保债务管理，挖潜增收。

（二）不足与展望

农村债务是一个敏感的话题且较为复杂，由于一些原因，调查和统计的数据在一定程度上难免有所偏差或数据不全：一是由于债务人可能会因为某种考虑或顾忌而对实际负债情况有所隐瞒；二是因为村干部的更替，相关财务资料遗失，导致数据不齐全；三是有些村考虑到给予减免债务的可能而夸大数字。

由于村级债务不仅包含有经济的、制度的因素，而且与政治的、社会的各个层面都有联系，本文未能对其进行全面系统的论证，在论证的范围、深度等方面都存在较大的局限性。

尽管如此，本文在相当程度上较为全面和深入地阐述了广东省村级债务的现况，并提出了较为切实可行的化解对策，相信对了解掌握全省村级债务情况并做好化解工作具有一定的指导性。

地方财政资金竞争性分配改革研究

（节选）

梅州市财政局

一、绪论

（一）选题背景与意义

选题背景与意义。我国经济总量大，但区域发展却极不平衡。根据统计年鉴统计2009年的经济数据发现，占全国土地面积和人口总数分别为82.206%、54.90%的中西部地区，其GDP总量仅占全国的37.6%，人均GDP不到东部地区的1/2。长期以来，对欠发达地区的经济发展、教育、公共设备以及基础设施建设等方面进行扶持，我国一直采用平均分配的方式。在扶持资金的分配方式上重平均主义而淡化竞争，缺乏优选机制，导致资金的使用效率不高。由于政府财力有限，再加之扶持资金投向重点不突出、方向不明确，这样就造成了资金高度分散而使得集聚效应不强，最后导致公共资源配置效率低。另外，在传统的平均主义分配模式下，大量财政资金拨付后使用效率如何，没有一个科学的评价机制，对损失浪费行为不能及时追究责任，导致财政资金使用单位责任意识不强，资金使用效率不高。财税体制改革一直以来都被称为经济体制改革中最困难的一部分，在党中央领导的带领下，我国政府部门下决心推进财政体制改革，使公共财政更好地为经济结构调整和促进经济发展方式转变服务，从而实现“钱为民所用”的财政支出目标。而实施财政资金竞争性分配改革作为财政体制改革的重要组成部分，将实现财政资金有效支出的目标。

因此，实行财政资金竞争性分配改革，将竞争机制引入财政资金分配环节，即财政资金分配将从传统的单项审批转向现代的选拔性审批，这一举措具有重要的理论和实践意义。其不仅能够有效推动形成科学高效的财政资金分配机制，从而提高财政资金的使用效益和促进落后地区积极主动的发展本土经济，推动区域政府间的良性竞争和互助合作，进而更好地协调区域经济的发展，还有利于推动财政体制改革，进一步建设“阳光财政”、“民主财政”，形成依法为民理财、合理高效理财的良好氛围，让更广大人民群众沐浴公共财政的阳光。

（二）研究现状综述（略）

（三）研究的思路与方法（略）

（四）理论创新与不足之处（略）

二、相关概念的界定与理论分析（略）

三、我国财政资金实行竞争性分配机制的必要性（略）

四、广东省经验借鉴

（一）财政专项资金竞争分配改革：内容与经验

2008年，广东省财政厅经过调研并实行通过招投标等竞争方式安排扶持欠发达地区产业转移资金的做法，拉开了财政专项资金——产业转移扶持资金竞争分配改革的序幕。主要内容为：在不改变现行专项资金分配格局和省级主管部门对财政专项资金的分配权、管理权的前提下，选取部分财政专项资金进行试点，在资金分配管理环节引入竞争机制，通过招投标或专家评审等方式，选择专项资金使用效益最高或实施成本最低的项目。

1. 经验做法。

（1）财政专项资金实行竞争性分配的前期准备工作。

一是分类处理。在试点区域内实行以财政专项资金竞争性分配改革，原则上进行分类处理，具体见表4-1。

表4-1　财政资金竞争性分配改革分类处理方法

支付对象	分类要求	举例
主要为企业资金项目	要向全社会公布，做到信息透明，对所有符合条件的单位进行招标	如“装备制造业专项资金”、“农业机械化科研课题资金”等
广东省内地区间产业转移实施的资金项目	采取面向省内各地财政部门和主管部门公布→由各地主动提出具体实施条件和措施→组织各领域的学者和专家评价标的项目的办法进行	如“产业双转移扶持资金”、“动物防疫体系建设资金”
已经通过具体的总体实施规规划但根据实际情况分年	在向各地公布方案后，鼓励地方提出实施办法，根据项目重要性择优确定实施的时间顺序，遵循“条件最优，时间最快”的原则优先确定项目	如产业转移中一些已经批准的项目
一些公共服务项目	根据“公平、公正”的原则，采取向社会招标的方式，根据法定程序确定服务机构	例如，政府出资向社会购买服务的项目，如“农村劳动力转移培训补助资金”

二是制订竞争分配方案。方案应包括竞争性分配改革的具体规章制度，主要包括制定项目的竞争流程、评审方法和程序。为确保改革能够顺利进行，应以“公开、公正”、“绩效导向”和“操作简单”为原则，在项目开始运作之前应制定明确的竞争流程。像广东省的产业转移扶持资金竞争性分配改革的工作流程分为“要件准入→专家评审→政府批准”三个阶段。其中要件准入，即设定门槛。由相关部门制定好示范性产业转移工业园的具体准入门槛和认定办法，并按规定条件评选出6个候选工业园。另外，实行专家评审，则由财政厅根据评审工作要求从建立的专家库中随机抽样挑选专家进行评审，从而保证评审的客观公正。最后，如果报经省政府审定批准后，可由省财政部门直接拨付扶持资金给示范产业转移工业园。同时，通过广泛征求意见，科学制定评审要点和办法，作为开展专家评审工作的主要依据。

三是组建完善专家库。广东省财政厅创新引入专家评审机制，以现有各领域权威有丰富经验的专家库为基础，招贤纳士，逐步完善。根据企业或单位推荐—财政厅审核—省政府批准的程序组建专家库，切实履行对各主管部门、不同层次和行业的竞争性资金招标决策。专家库的管理遵循“集中管理、信息共享、有序使用、安全保密”的原则。同时，通过不定期召开专家座谈会，不失时机的把握财政专项资金实施竞争性分配改革的要点所在，并明确专家在评审的过程中要切实做到思想上高度重视、对大局有清醒认识、各专家要同心协力，尽职尽责，逐步在实践中完善好评审制度、将程序规范化，为以后的实际操作和少走弯路打下基础。

（2）财政专项资金实行竞争性分配评审中。

首先，组织召开竞标工作预备会。召开竞标工作预备会就是对竞标工作进行前期的基础工作，这一阶段需做好准备布置，做好宏观部署。主要对各参评主体参与竞标工作进行总体规划部署，向其详解整个评审工作组织的安排情况，解答其存在的疑点，说明工作要点，统一思想认识。

其次，组织召开评审预备会及评审会。在公开公平的环境下，组织召开评审预备会，布置评审会的工作。其中广东省产业转移扶持资金竞争性分配的具体做法为：使用电动摇号机摇号决定目标参评市的出场顺序和评审专家组人员，并当场公示结果。这样每一个参赛主体面临的概率是一样的，保证了公平性，参赛主体也心服口服，一旦顺序决定了就不能更改，防止有些部门在其中做“小动作”。同时，马上由抽取的评审专家签署承诺书。接着组织召开专家评审会，整个流程为：5分钟投影演示→10分钟公开演讲→35分钟现场答辩→3分钟的总结性陈述→评审专家评分。其中，陈辩过程则均由参评市市长演讲并带领强大的智囊团进行答辩，这不仅是对市长的临时演讲所做的一个考验，也是对智囊团准备是否充分的考验。在参评主体依次总结陈述后，评审专家分别对参评市进行现场评分并当即宣布得分情况，由得分排名前三者为中标参评主体，整个参评过程都由省政府办公厅、审计厅以及监察厅派专员进行监督。保证了过程的公开性，现场打分即刻宣布也迫使参赛主体做好前期准备工作，认真考虑计划的可行性和可操作性。

再次，强化社会监督，将评审置于“阳光”下。在业界主要新闻媒体上及相关网站公开发布消息，邀请广大媒体和省政府办公厅、省监察部门以及审计部门派员参加财政资金分配专家评审会和监督评审工作。同时，加强对社会公众的教育、提高公众的参与度和自觉监督的意识，切实将评审工作全过程置于社会各大主体的外部监督之下，确保整个改革过程实现“公平、公正、公开”，让参与主体在得知结果后心服口服。

最后，实施全过程绩效管理。对财政资金竞争性分配进行全过程绩效管理，即将绩效管理贯穿于整个评审过程，以做到真正把“跟踪问效、绩效问责制”的执行落到实处，这也真是绩效管理理论“3E”原则的体现。广东省财政厅在实施《广东省产业转移竞争性扶持资金绩效管理暂行办法》中，对财政专项资金的使用范围进行了明确界定，具体见表4-2。

表4－2 专项资金使用原则

时间段	具体要求	责任及处罚原则
事前	实行绩效目标备案	实行“谁主管谁负责”问责制。绩效差的地区和项目单位：提醒或红牌警告；情况严重的：给予处罚，甚至可以停止资金拨付或收回已拨付的资金等
事中	实施绩效监督和跟踪绩效	
事后	综合绩效评价	

（3）财政专项资金实行竞争性分配评审后。综合评价管理专家的素质及工作情况，并总结专家的评审质量。通过对评审结果进行分析后，有选择性的淘汰不符合规定的专家代表，从而不断优化专家人才库构成，确保评审工作的科学客观与公正。最后，要落实资金分配后的监督管理工作。资金是否实现了专款专用、是否按评审时提交的方案进行以及是否实现了财政资金的有效使用等，都是实行竞争性分配评审后应该重点关注的问题。如果资金没有按照预定的目的支出以及由于人为因素造成了资金的浪费，将对相关部门作出一定的惩罚措施。

2. 实施步骤。财政专项资金实行竞争性分配改革，是对传统资金分配模式的改革和创新，是一项复杂的系统工程。广东省结合实际管理需要，按“清理→分类→试点→评估→推广”的步骤，循序渐进、分步实施。具体见表4－3。

表4－3 广东省财政专项资金分配改革具体实施步骤

实施步骤	具体措施
一、清理分类	由省财政厅牵头，对省级预算安排的专项资金进行不定期清查，摸清现有专项资金的投资方向、使用对象以及使用情况等方面的情况，并按资金性质进行分类筛选，以确定纳入专业资金改革范围的具体对象
二、分类处理	相关部门对纳入改革范围的专项资金逐项分析研究，并有针对性提出具体的实施和操作办法，最后选取有代表性的专项资金进行试点
三、开展试点	财政厅和省级主管部门互相协作、共同实施做好财政专项资金竞争性分配改革工作。其具体分工为：财政厅对改革工作的组织、指导和协调工作负责，省级主管部门则对具体实施专项资金的竞争性分配工作负责
四、总结评估	评估试点工作完成后，财政厅将对试点工作进展情况进行评价，总结成功经验与不足，进行总结形成工作报告，为全面推广做准备
五、全面推广	财政厅根据当年预算编制要求，并结合总体评估的实际情况，提出全面展开省级财政资金竞争性分配改革的指导意见和具体实施方案，报省政府审批后再转相关部门执行

（二）取得的成效

1. 实现了财政资金分配的科学化。广东省实行财政变法后，给各地方政府、各部门带来了明显变化。据一位地方官员报道，以前的项目申请报告只有短短两三页纸，只是简单的罗列了项目名称、资金使用方向、申请原因及金额等基本情况，内容空洞且项目的可行性和可操作性没有经过严格的论证。但改革实施之后，申请报告开始变长变重，上百页的报告详细列举了项目的可行性、支出方面及范围、必要性和科学性、可操作性、预期将会实现的绩效目标等各种指标，并附上详细的文字、图表、数据进行论证和说明。同时，通过对纳入竞争性分配改革的财政专项资金进行科学合理的优化配置，一方面扩大了资金分配的决策权，提高了社会民众在财政资金监督管理方面的积极性和参与度；另一方面增强了财政资金分配的透明度和合理性，克服了资金分配过程中领导拍板的随意性，为实现民主理财、阳光财政奠定了坚实的基础。

2. 实现了财政资金管理模式的转变。改革后资金分配由“单向审批”转变为“竞争择优”，改变了传统资金分配模式的单一性，以往只是由部分领导根据相关部门的资金使用申请报告而做出决策，随意性较大，各地方政府和单位“走后门”、“争资金”等不合理局面时常出现。如今依据“大事优先”、“绩效优先”的原则，实施资金竞争性分配，不是依赖于单个领导，而是依靠评审专家的丰富经验及专业知识，对部门（地区）资金具体使用所要达到的预期目标和绩效进行评估和预测，择优选取最能实现资金使用效率最大化的项目，使决策更加科学化和民主化，此其一。由部门间内部商议转变为透明公开的专家评审，甚至向民众公开，由民众进行监督管理，改变了以往一般由相关部门和财政部门协商后决专项资金的分配，分配过程不透明，考察不充分，依据不明确，甚至可以产生寻租等状况。现依据“公平、公正、公开”的评审原则，专项资金竞争性分配升级了决策模式，专家评审机制的引入，专项资金分配程序和规则的建立，科学分配资金的完善，实现了向公开透明的转变，此其二。全过程绩效管理相比事后评价更为有效，改变了以往的专项资金管理只注重结果和形式，不注重过程的绩效管理状况。如今要实行的财政资金竞争性分配，必须把绩效管理贯穿于资金分配和使用的全过程，同时，要明确项目绩效管理的重点和关键点，此其三。

3. 有效推动了科学发展新思路的形成。通过参与竞投标，强化各部门的竞争意识，有效打破了传统的路径依赖和思维定势，极大激发了地区和部门加快发展的主观能动性，形成了推动科学发展的强大内生动力。同时，通过借助专家智慧和社会力量，引导参与竞争的主体认真审视本地区经济文化发展中存在的不足，研究和完善促进本地区科学发展的方案，挖掘潜力，把推动科学发展的正确思路转化为赢得竞争的现实优势。

（三）存在的问题和原因

1. 财政资金分配来源不足。一般而言，县乡级财政收入缺乏合理充沛的来源，特别针对广东省一些偏远的县域城市，例如，韶关、河源、梅州等县乡级地方政府。因为一个地区经济发展程度决定了其公共财政收入状况，这是地方经济对地方财政决定作用的基础和首要表现。一个地方政府的公共财政收入，有可能来自于其他地方的转移，如政府之间的转移支付。但是，来自于其他地方的地方公共财政收入仅仅是次要方面，作为地方公共财政收入的主体部分必然是来自于本地区的营业税、企业所得税、个人所得税和增值税等税收收入。由于营业税有商品课税固有的缺点，即不符合纳税能力原则、抑制消费、缺乏弹性和阻碍商品多环节流通。尤其是在当前通货膨胀、经济形势严峻等情形，征收营业税对消费和市场的负面影响更为明显。另外，就企业所得税而言，由于税务征收成本、稽查成本高，企业比较容易通过会计账簿实现偷税漏税。再加之金融危机后越来越多的中小企业亏损和倒闭，导致所得税收入更少。而增值税收入中央与地方的分配比例为3：1，分配有限。地方财政收入来源的地方性决定了资金缺乏合理充沛的来源，资金的缺乏也使得地方政府没有多大实力来实行财政资金市场竞争性分配。另外，有些地方政府长期以来积累的债务负担十分沉重。由于有些县乡级政府负债现象普遍，收支缺口大，赤字面广，债务规模庞大。再加上其承担的事务支出与责任较多，在地方财政最终支出中占有较大份额，因此县乡级政府成为地方债务的主体。自分税制改革后，“财力不断上移，事权不断下放”的现象，使得财政收支失衡，导致财政分配资金的匮乏。

2. 财政支出存在结构不合理和支出效益低下等问题。随着市场经济的发展和完善，扩张的市场和市场中人事关系的日益复杂，地方政府必须提供更多的司法和仲裁服务、社会管理和治安服务等。同时，更多的农民工进城，城市人口增加和城市规模扩大，由此产生的交通拥挤和犯罪率上升等外部负效应，需要政府进行更多的投资建设和提供更多的公共产品。另外，财政分权改革实施后，极大程度的刺激了地方政府发展地方经济和投资的积极性。这是地方财政支出不断增长的合理原因，但这并不是主要原因，导致财政支出过快的原因主要是政府职能转化滞后。主要体现在：政府机构改革不到位、不彻底，一直停留在“精简—膨胀—再精简—再膨胀—再次精简”的怪圈，人员臃肿与机构膨胀所导致的支出超出政府财政承受能力；地方财政依然承担过多的应交付市场的事务、承担过重的机关运转费；地方政府花大力气推行的改革却进展缓慢，如事业单位改革；财政供养人口增速过快等。除此之外，地方政府必须通过一定投资建设显示自己的政绩以达到上级政府的考核要求，这样财政支出就不能按客观要求和实际财力进行。这一系列的投资支出导致了财政支出快速增长，使得县区政府并没有多少项目资金来进行市场竞争性分配。而且，由于支出管理混乱和监督不到位，支出过快增长的同时也伴随着结构不合理和支出效益低下。

3. 各基层政府之间的不规范竞争。在传统的财政资金分配模式下，县乡级基层地方政府间的财政竞争大多以不太规范的形式进行。而现阶段较普遍的手段就是税收竞争优惠，例如，为了吸引外资，特别对外资企业进行减免税、实行各种形式的税收奖励，或者故意放松税收征管力度，并且实行“先征后返”的税收优惠措施等。各地方政府或是通过突破现行制度框架约束出台一些“土政策”，或是通过在税收征管中擅自运用“资源裁量权”对纳税人提供优惠等方式来实现税收优惠竞争。一般认为，税收优惠竞争对流动性要素的吸引力往往只能产生短期效应，很难使效应持续，但税收优惠政策一直是我国地方政府竞争的主要形式。税收优惠竞争事实上只不过是一种社会既定资源的争夺，它在本质上是一种零和甚至负和博弈，所以尽管税收优惠政策在短期能够促进地区的经济发展，但却不能对整个社会经济的长期发展带来明显的作用，最大的受益者便是那些外商投资企业。此外，税收优惠往往与地方保护主义联系在一起，这不仅限制了其积极作用的发挥，反而扭曲了正常的资源优化配置机制。

4. 利益集团的阻挠。对政府而言，改革既有风险，又有收益，而且改革肯定会对现存的集团产生一定的负面影响。因此，在某些领域，由于受到强势利益集团的阻挠，中国经济改革和调控显得步履阑珊。如今，如何进一步深化改革和扩大改革开放已成共识。但我们似乎碰上一个悖论：靠政府一手来推进改革，而改革的对象又是自身，这种“外科医生给自己动手术”成功的概率有多大？此次实行财政资金竞争性改革所调整的主要是政府同级各部门之间的横向利益关系，不但涉及面广，而且利益调整难度大。主要体现在两个方面：一是既得利益不愿放弃。我国一直以来实行“基期数加增长”的财政支出模式，长此以往，使得既得利益集团逐渐形成了在支出方面“只能向上增加不能向下减少”的潜意识，从而违背了竞争性分配改革要减少不必要支出，而实现资金有效利用的初衷。因此，需要厘清财政支出范围，切实调整好支出结构，这样必然会触动一些集团的利益。二是应得利益无法满足。从支出增量上看，逐步增加的财政收入，难以按照需求在政府的重点支出当中一一实现。即使实行竞争性分配改革，也只能满足个别方面的重点支出而不可能满足各项应得利益。同时，各部门要更成熟的面对媒体以及公众，进行“暗箱操作”的可能性也越来越小，这种自削权力的改革到底能走多远值得进一步关注。但可以肯定的是，只有理顺了各级部门或单位的利益关系，财政资金竞争性分配改革才能顺利进行。

5. 思想和理论的制约。改革首先就是要彻底转变思想观念。然而，传统的思维方式已成定性，在惯性上影响并支配人的行动，要彻底转变需相当长的过程。由于传统观念的根深蒂固，改革常被因循守旧的传统思想所扼杀。“重收入但轻支出”的思想一直延续至今，但如何使支出更为有效的推进力度相对来讲还是较弱。财政资金分配的传统模式已经在一些部门或单位当中根深蒂固，所谓“存在的就是合理的”，只要成为一种思维定势，要改变必定会遇到各种阻力。另外，在官场求稳思想普遍存在，创新意识相对较弱，谁也不敢成为第一个在风口浪尖的人。毋庸置疑，财政支出的革命性变化必将涉及和触动到各方面的利益，要想突然打破这种长期沿承下来的僵局，不仅阻力大而且风险高，历来我国的改革都是“摸着石头过河”。另外，许多地方政府敢为人先的意愿并不强烈。因此，对于改革试点持一种旁观态度，并不积极主动推行，也不愿意做改革的先行者，总希望事情已成定局后再采取具体行动。所以，一旦走在前列的改革出现新问题时，就很容易遭到各方质疑，从而使得改革夭折。此次广东省实行财政专项资金竞争性分配改革，在国内尚无样本可以参考。因而，需要从实际出发，吸收、借鉴和创新国外的理论，在实践中发展理论，完善理论，小心谨慎推行，为全国财政支出改革树立一个典范。

五、完善财政资金竞争性分配改革的路径选择

（一）明确改革领域

财政资金竞争性分配改革的重点在于引入竞争性机制，一个切实可行的模式就是深入推广招投标方式，由市场公开竞争来决定资金分配的最终归属。通过财政资金集中投入、择优配置，鼓励区域竞争、实现重点突破，促进各地形成科学发展的新思路，支持欠发达地区经济发展过程中最关键、最急需、辐射或带动效应最大的领域，推动欠发达地区加快形成新的经济增长点或增长极，促进区域经济协调发展。因此很明显，并不是所有的财政资金领域都适合这种竞争方式，故进行财政资金分配改革首先要明确所适用的财政资金分配领域。一般而言，那些需求弹性较大的领域适合这种机制，例如，分配对象市场化程度较高的专项资金，像新兴产业发展专项资金、民办技工教育专项资金、财政资金科技专项以及具有竞争性的各地产业园建设资金等。而对于义务教育、社保、农林及水利等这种具有公共产品性质的基本公共服务领域就必须依靠正常的财政转移支付体系才能够得以实施。另外，建立一套明确、科学、高效的流程体系必不可少，同时也是财政分配方式改革成败的关键。因此，要科学设计改革的流程。此次广东省财政转移扶持资金分配改革中明确提出的三个阶段：要件准入—专家评审—政府批准，值得借鉴。

（二）完善招投标评审制度和程序

首先，围绕竞争性改革的各个环节，建立健全评审程序制度，确保改革程序规范、制度科学，是财政资金竞争性分配改革取得成功的关键因素。借鉴广东省产业转移扶持资金竞争性分配改革的做法，此次改革之所以能够取得最后成功，并得到各媒体和各政府的高度关注，其重点是科学制定了竞争性分配中的评审办法和评审要点。制定了包括6个一级指标、21个二级指标与62个三级指标在内的指标体系，这些指标一方面注重科学导向，另一方面又确保可操作性，从要件的具备程度、是否具有形成经济增长极的潜力、是否能形成新的增长点，产业链的延长性有多大，对区域发展的带动能力、当地政府科学发展的思路、对环境的生态保护措施以及申报单位在组织申报各环节中的能力体现等全方位地考察候选园区的软、硬件。事实上，不断完善招投标评审制度，建立健全专家评标程序是实现财政资金管理科学化、规范化的必然要求，同时也是财政资金支出管理决策程序中必不可少的基础环节。考虑到评审工作的复杂性、专业性、多样性，以及现有的人员编制力量不足以承担，因此在资金进行竞争性分配时，评审专家组就必须要由涵盖多领域、多部门的专家组成。

其次，要鼓励新闻媒体和社会公众参与到评审工作中来，确保程序的公平公正，将资金完全置于“阳光”之下。在评审工作未开始之前，可以在具有广泛影响力的报纸上刊登广告，积极邀请相关知名媒体的参加，以提升评审的关注度。因为作为意识形态重要组成部分的新闻媒介，有其自身独特的优势，并且与社会文化、生活、政治、经济等各个领域紧密相连，产生着深远广泛的影响。长期以来，我国的财政监督工作重视“亡羊补牢式”的事后监督而忽略了事前的预防、准备及执行的控制约束，没有从源头控制好；重视内部管理的监督，忽略外部的社会公众和广大新闻媒体的监督。最后导致监督不实，缺乏效力。

最后，随着改革的进一步深入，政府各职能部门可加强协调力度，在原有招投标机构的基础上，成立专门的财政资金招投标管理委员会，以负责协调和统一管理其所在区域内财政专项资金的招投标分配运作工作。把评审制度与评标程序作为一个相对独立的环节，做到客观、公正，既为财政部门把关，也对政府资金投资的项目负责。在未来针对某些项目进行竞争性分配的时候，还要做到对项目所需资金进行测算评定和使用情况的审核，考察项目资金使用计划或使用结果的合规性和真实性，并进行相应的审核监督。

（三）实行绩效预算

实行财政资金的竞争性分配，就是要优化资金配置，使资金流向最具效率的地区。现代财政理论认为，政府预算具有资源配置、收入分配和经济稳定三个职能。因此，效率、公平和稳定就成为预算的目标。绩效预算就是实现

预算目标的表现形式，也就是说通过绩效预算，能够实现对资金的优化配置。而编制绩效预算的基本分析工具便是成本——收益分析法。对绩效预算采用成本——收益分析方法，实际上是模拟市场的方法，由于预算支出是非市场机制的，其成本和收益存在外部性的特点。因此，成本——收益实现内部化是预算绩效评估以及实施绩效预算的关键。绩效预算的支出可以用机会成本来衡量，也就是说预算支出项目的绩效是以放弃其他支出项目的绩效为代价的。这表明在预算安排之前就要对预算支出项目进行绩效评估，然后选择绩效较高的项目。例如，市政府为了改善城市交通，可以选择拓宽城市马路或者增开公共汽车班次，也可以选择新建地铁以及增加地铁班次和运行时间、调整商业区规划等。当存在多种方案选择时，在相同支出成本的情况下，由于不同项目的绩效不同，因此选择绩效高的项目进行预算安排是绩效预算的重要特点。

与传统的投入预算不同，绩效预算是产出预算。投入预算是根据部门的职责和任务分配资金，因此具有“部门决策”的特点。而产出预算是根据预算的社会目标来决定预算支出，因此要求打破原有的“部门壁垒”。这说明，绩效预算不是纯粹的技术问题，必然涉及体制改革。实行财政资金竞争性分配，从根本上来说，就是要保证资金使用地公平、公正。对于上级政府部门来说，就是要给基层政府提供一个公平、公正的环境。从政府构架的角度看，基层地方政府辖区内的居民可以看做是一个利益共同体，即具有共同价值财富利益和非价值财富利益的共同体，我们称之为地方利益共同体。但对于一个统一的国家来说，资源具有流动性，其中包括居民的流动性。地方利益共同体是一个完全开放的体系，开放不仅是因为存在经济外部性问题，而且是利益增加的源泉。因此，对于基层政府的上级政府来说，应该为地方利益共同体提供公平、正义的环境，而不是直接干预该地的资源配置。

同时，要在事前实行绩效预算，从源头上加大监督力度。从资金分配上加强预算编制监督，通过绩效预算对财政资金使用地合理性进行科学论证，将财政监督的关口前移。实践表明，绩效预算是目前实施事前监督的极具可操作性且行之有效的科学方法之一。如广东省佛山市南海区在全国率先开展绩效预算，初步实现了“由人分钱”到“制度分钱”，规定凡50万元以上的项目预算必须经过专家评审，科学、客观、公正地安排财政资金项目。与此同时，禁止财政部门参与预算评审工作，这样有利于避免单位求情、打招呼等走小道行为以干扰评审工作，保证正确有效用财。另外，要借助绩效预算形式进行事前监督，行政事业单位容易接受并予以配合，这就从预算分配源头上加强了监督力度，从而提高了资金使用的科学性和合理性。

（四）严格绩效评价

在实践操作中，财政资金在管理上存在着许多问题。实行财政资金竞争性分配，就是要克服传统分配模式中存在的问题，提高资金的绩效管理理念，用科学的评估体系对资金地流向进行测评。绩效评估直接影响到预算资金在跨部门之间或者部门内部之间的分配，这就要求绩效预算有相对成熟的绩效评估技术来做支撑。因此，需要建立一套系统完整且可以具体量化并且科学合理的财政资金绩效评价体系，来衡量财政资金的使用和支出效率，帮助使用主体发现资金使用和管理过程中存在的显性和隐性问题。

由于财政专项资金有特定要求的使用用途和范围，不同领域的专项性转移支出的性质又有所区别，所以首先绩效评价指标的选取要在其对象选取上进行逻辑分析的基础上进行，然后根据选取好的绩效指标制定比较完善的财政专项资金绩效评价体系框架。通过制定具体的评价指标和标准，可以对财政专项资金的管理、使用情况做出系统、全面、客观地描述。

根据专项资金的用途和适用范围，可以以“专项资金须专款专用”和“投入、产出、效果”三类来设定绩效指标。具体可以包括合规性指标和效果性指标，具体见表5－1。

表5－1　　绩效目标的设定及衡量标准

	作用	具体指标	具体用途	计算方法
合规性指标	反映专项资金专款专用的程度	专项资金拨付到位率	反映财政部门专项资金拨付的情况	＝实际拨付专项资金/应拨付专项资金
		专项资金使用到位率	反映专项资金使用部门专款使用的情况，如是非完工的定期考核可按工程进度计算	＝项目实际使用专项资金/实际拨付专项资金
效果性指标	反映专项资金实现支出目标的程度	专项资金目标实现率	反映专项资金的实现程度和效率	＝专项资金实际实现目标/专项资金预定实现目标

而在效果性指标衡量中，专项资金目标实现率可根据专项资金支出的目标性质来选择具体指标，指标既可以是单一的，也可以是综合的。如果是对单一支出目标进行考核时，就采用单一指标；在对多个支出目标进行考核时，可将目标进一步分解为单一指标，再按各分目标的重要程度给予一个加权权重，最终用一个加权平均值来衡量综合指标。

但最大的难题不在于指标地设定，而在于缺少一个判断的基准，到底达到多大比例才算合理，并没有给出一个明确的答案，由于财政资金实行竞争性分配只是在广东省、江西省等地开始试点，其数据缺乏可比性。然而财政资金绩效评价体系标准首先必须要有一定量选的样本数据作为支撑，然后可以利用数理统计、抽样等数学统计方法进行测算，进而得出一个指标标准值，这个标准值可以根据不同省份的经济条件有所不同，但是评判的标准应当是一致的。评价标准作为绩效评价体系的核心要素之一，由于当前实践经验较少，缺乏必要的数据作为支撑，使得合理的标准值体系短期内很难建立，需要经历一段时间的实践后再归纳总结。另外，为确保评价结果具有可比性，评价标准必须包含横向比较和纵向比较两方面的内容，比较可以是行业比较，也可以是区域之间的比较。为了实现这个目标，就需要建立完整的财政支出信息库，以储存不同时期和不同地区的数据资料。

考虑到财政资金分配绩效评价体系的建立是一项长期而动态变化的工作，因此既要做好长远策划，也要做好短期规划，不能因为没有历史经验借鉴而退缩。中期来看，要设定不同阶段的具体目标和实施措施，逐步推进和完善。目前，我国基本上还没有建立起一套较为完善的绩效评价的数据库，因此应抓紧时间根据当前的经验总结和前瞻性制定合理的财政性资金分配绩效评价标准体系。

（五）强化财政监督

财政监督作为政府财政的一项极其重要的职能，是确保财政资金使用和支出顺利进行的重要步骤。它是指财政部门对与国家财政分配调节和管理相对应的单位和个人的财政财务收支的合法性、真实性和有效性及其贯彻执行国家财税政策、制度情况依法实施的监督活动。财政监督作为政府财政的一项职能，是保证财政工作顺利实施的重要环节。而近几年，无论是财政监督发现的问题，还是审计部门查出的情况，其结果均说明政府财政资金管理存在严重的漏洞，强化财政资金使用监督势在必行。而在这方面，又尤以资金投向与效率地监督最为紧要，实行财政资金竞争性分配，就是要从源头上有效减少政府投资的盲目性，提高资金使用效率。通俗来讲，就是要事理财重心发生转变：从以往的重分钱转向如今的重效率。

第一，强化系统内部监督，可以尝试在事中派驻财务总监进行监管。项目进行绩效预算后，对财政资金的使用可以派驻监督员、财务总监等形式进行事中监督。如对大额财政专项资金可派驻财政总监，对用款单位资金使用的真实性、合法性、合理性等进行跟踪检查，监督是否按资金性质和规定用途使用，有无截留、挤占、挪用等行为。派员事中跟踪监督可以随时掌握资金的去向和使用情况，及时发现财务管理中存在的问题，提出整改意见，保证财政资金的安全。同时，要配合审计部门实施专门监督，积极提供执行监督检查所需与财政收支、财务收支有关的资料，尊重审计检查程序和规则，维护审计部门监督的独立性。对审计提出的问题要制定整改措施，认真进行整改，并按时上报整改情况。

第二，强化外部监督，自觉接受人大依法监督和政协民主监督，积极为其监督的实施创造条件。这其中包括坚持报告制度，依法定期报告预算安排和预算执行情况；完善送审制度；落实受理制度，对人大代表议案、建议和政协提案、质询要认真及时办理，当面征求意见，提高办理工作质量；建立信息网络系统，使人大能够实时掌握财政收支动态情况、部门预算编制的详细情况，便于人大对财政预决算报告实施有效监督。同时要接受社会公众监督，公布财政部门受理举报的机构、地址、举报电话等。建立受理申诉、控告、检举工作管理制度，安排专人接待群众来访、举报，并责成相关部门和人员认真受理。另外，还可设立专门的渠道，例如，网络在线服务，以方便群众进行政策咨询，与群众“面对面”沟通，对政府财政资金形成良好的社会监督氛围。最后，为保证政策更加公开透明，可以将近期实行的政策在网上进行发布和对项目的申报、评审和检查结果进行多次公示，避免“暗箱操作”。通过这样一系列的外部监督，最终会发现：“公布的是信息，收获的是民心”。

第三，创新财政监督方式。财政监督与财政管理和财政资金运行的每一个环节都息息相关，在当前的财政资金分配过程中起着至关重要的作用。通过表5－2可以对比发现以往的监督状况与创新监督方式的区别，其结果是资金使用效率高低与支出去向的明晰化。

表5－2　从传统到创新监督方式的转变

监督方式	方式	特点	后果
传统监督方式	集中性和突击性的专项检查方式	重检查、轻监督	单一的事后检查型的监督方式，结果存在很大偶然性而使资金的去向不明，从而造成资金的浪费
创新监督方式	监督方式灵活化、多样化	完善事前审核、事中监控以及事后检查	形成日常监督与突击监督并存、全局监督与专项监督并存的局面，提高资金使用的透明度和有效性

另外，还应加快财政监督的立法进程，并且重视对社会第三方中介机构的管理。如今我国的会计师事务所虽然有几千家，但由于日常的监督管理工作不够，不同程度的存在不按规定执行、同行之间相互采取不正当竞争手段招揽业务结果导致审计工作存在猫腻的情况、审计报告社会信誉度不高导致公众难以完全相信等问题。

（六）在公共产品中引入竞争机制

在经济学中，将物品主要分为私人物品与公共物品两类，其理论依据是在物品消费的过程中是否具有排他性和竞争性。普通的物品（如日常生活用品、食物等）在消费过程中由于具有排他性和竞争性而被称为私人物品；国防、消防、邮政、公共汽车以及公共教育等这类特殊的物品，其在消费的过程中具有非排他性与非竞争性则被称为公共物品。公共物品具有鲜明的地域性、公用性和公益性，这是其一；其二，公共物品投资大、回收期长，部分领域还具有管网运营的自然垄断特征；其三，公共物品具有普遍性，其价格涉及广大群众的切身利益，政府会以各种形式对其价格进行干预和管制。正因为公共物品具有以上几个特点，使得其供给方式一直是政府投资生产、财政补贴运营，由国有企业垄断经营，提供单一服务，由此导致机构庞大、效率低下、服务意识淡薄等大量弊端，造成的结果是一方面花费了大量的人力物力，但收到的效果微乎其微，民众的抱怨也经常出现，公共物品领域一直无法满足消费者的需求；另一方面，地方财政由于其有限的财政收入而又面对庞大的公共物品开支，财政缺口越来越大。因此，有必要在公共产品的提供中引入竞争机制和绩效观念，以提高公共产品的质量，降低地方政府运行的成本。

第一，在政府公共部门内部大力引进竞争机制。通过表5－3可以发现传统的公共服务与改革后的服务方式有本质区别：主要为在竞争方式的引入提高了资金的使用效率和民众选择权的增加。

表5－3　　公共服务提供方式的比较

公共服务提供方式	服务特点	民众的选择性	服务方式
传统的公共服务	垄断性服务	只能被动接受，无法进行主动挑选	将服务对象按区域或其他参考标准进行分割，提供集中配置服务
改革后的公共服务	引入竞争机制	有挑选的余地和自主选择的权利	迫使政府服务部门不得不以提供更好的服务来赢得客户

在公共服务市场化的过程中，可以对公共机构实施绩效管理，对下级机构放松规制，通过控制其预算总额，与之签订绩效合同，允许他们更加灵活地进行管理，同时要求他们承担完成一定的产量或实现一定成果的责任。通过用户参与、客户调查、公布行业服务标准和其他机制增强公众舆论监督，利用外部压力促进其改进服务质量（见图5－1）。使之由过去的规则驱动型转向任务驱动型。实行竞争上岗，对公共机构和人员进行量化绩效评定，与工作人员签订短期就业合同，重视对其进行物质奖励；在公共服务的市场化中，大力引进企业管理的方式和竞争理念；就某一特定的公共服务而言，可组织不同部门的竞争，获胜者将赢得生产该公共服务项目的机会，失败者将面临财政和职务上的压力。以此来激励人们提高和改进服务质量和服务态度，把竞争机制注入到提供公共产品的政府部门中来。

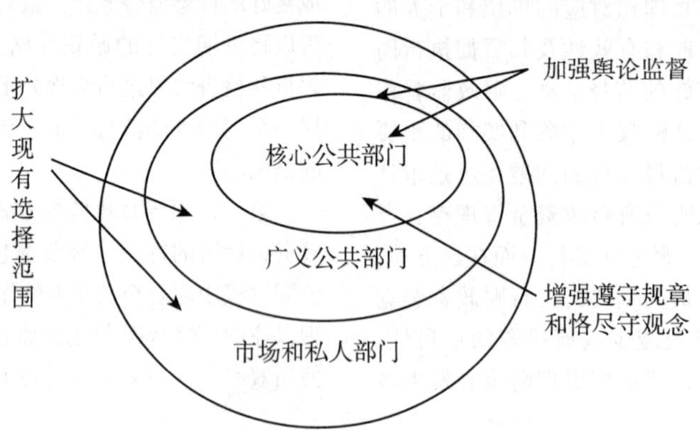

图5－1　公共机构实施的绩效管理和监督

第二，在公共部门与民营部门展开竞争。主要包括竞争招标制，把政府公告部分的事务承包给私营部门或盈利机构，开始可以在地方政府环境事务中引进竞争招标制，在垃圾分类清理、街道及社区清扫、车辆维护、环境保护、建筑物清洁等领域实行。同时可推行到会计、建筑设计，财务管理等专业领域，对此要在立法中明确规定地方特色和公共机构在制定的领域实施竞争招标制。

第三，公共物品民营化。公共服务市场应是一个由多元投资（包括企业、民间投资者和外商投资者等）主体共同参与构成的有序竞争格局，各种投资者均可以通过投标等合法的方式公平竞争成为生产者或服务者。在公共服务市场化的过程中，仅仅依靠大量扩张政府财政支出来刺激经济发展是行不通的，必须依靠民间资本的增长来推动经济的发展。实行公共物品民营化就是将国有、公营物品（如城市公交、供水、供电、供热等）的所有权和经营权转移到民间，发挥企业家作用和真正引入市场竞争性机制。公共物品民营化的过程，同时也是市场化过程，不仅能提高公共物品运营效率和规模、缓解政府财政压力、减轻地方负担，还能为民间企业拓宽发展空间。从国外经验来看，民营化改革是一个渐进的过程。各国民营化与市场化过程，都试图尝试多种方式展开政府与民营资本之间的多层次灵活合作。在公共物品民营化过程中，我国出现了BOT（Build-Operate-Transfer，建造运营移交）模式、合资模式、直接购并、纯民营模式、TOT（转让—经营—转让）等多种行之有效的实践模式。

然而，必须值得注意的是，民营资本参与一些公共产品的建设（例如，基础设施建设项目）并不能保证政府财政支出效率地提高，各级政府，特别是地方政府，需要负责保证项目有一个充足的事前回报率以及项目通过有效的方式完成。同时，必须制止地方政府对项目进行隐性担保和强迫地方性银行给无效率工程贷款的情形。

总之，财政资金竞争性分配改革是一项复杂且在不断动态变化的系统工程，各项改革之间相互关联，牵一发而动全身，所以必须稳步推进，综合配套进行。因此，改革必须从整体设计，既要从宏观层面考虑，也要考虑到政策出台后基层政府以及公众的反应，在资金运行全过程的管理体系上下工夫。同时，要稳步推进财政管理改革，可以先从试点入手，总结经验，然后总体推进。在其他层面上，一方面应继续深化类似于财政资金竞争性分配改革这样的政策创新，上级政府逐步取消对下辖基层的政策倾斜或优惠政策，打造公平、公正、公开的竞争发展环境，促进地方政府发展的积极性；另一方面，要致力于增强基层自主创新的空间和能力，推进基层民主政治建设，实质性地下放部分审批权、财权，主动帮助基层克服体制栓桔、承担公共产品成本，使各基层的主要官员将精力转到服务企业和公民上来，同时通过改善市场环境、发展平台来增强对流动要素的吸引力。

六、总结及对策建议

（一）政府间财政支出竞争可能带来的影响

通过前文的分析，我国地方政府间财政支出竞争已经存在，这种竞争性可能带来的影响可以分为积极影响和消极影响两个方面。其中积极影响有：

（1）地方政府间支出竞争是中国经济增长的动力。地方分权进程中形成并不断强大的区域利益主体的经济扩张冲动是促进和保持经济稳定增长的主要源泉之一。地方政府通过完善基础设施等环境建设，追求利益集合的最大化，这种追求利益最大化的目标不仅有助于实现本地区人民的安居乐业，同时也能促进一国集体利益的实现，有利于缩小区域间发展失衡的差距，优化经济结构，进一步促进我国经济的持续快速增长。

（2）地方政府支出竞争是促进要素的流动的主要动力之一。地方政府在公共服务水平和公共产品供给质量和数量的差异性在一定程度上促进了人、物、技术等要素在地区间的横向转移。根据要素流动理论，诸如劳动力、资本为代表的资源要素迁移不仅取决一地区的税费率，还要看该地区的生产、生活环境、公共服务水平和公共产品供给质量和数量等政府管理水平要素，为了增强对要素的吸引力，就必然会导致地方政府加大对公共服务和公共产品的供给力度，进而更加完善该地区的行政环境。

（3）地方政府支出竞争有助于实现地方的制度创新。制度创新是地方政府竞争的有效手段之一，只有制度上打破僵化界限，才能实现市场资源的优化配置，从而吸引更多的资源进入。现实中，地方政府在支出竞争的动力下，为了增加本地区的吸引力，促进人力资源、技术等流入本地区，就必然会产生创新冲动，力求及时准确地推出更优质的制度，来增加竞争力，盘活地方经济。

（4）地方政府支出竞争能有效利用外资和外来技术。外资是我国改革开放以来一直着力吸纳的资金力量。为了打破地区自身资金短缺的实际情况，外资无疑成为保障地区经济社会进步发展的重要保障。与此同时，外资还能带来先进的管理理念和管理技术。因此，地方政府有必要通过财政行为和制度创新为外资进入本地提供良好的行政环境和生产生活环境。

（5）地方政府财政支出竞争是地方企业及其配套产业链建设的助推器。促进和保持经济稳定增长的主要源泉之一就是确保企业在经济发展中的主体地位。企业的竞争力往往反映着一个地区甚至一个国家的经济竞争力。地方政府的招商引资和制度创新很可能带动整个地区不同行业的企业发展，并形成高关联度的产业集群优势，极大改善了区域经济发展的结构问题，促进产业结构优化升级。

而消极影响又可能有如下几个方面：

（1）导致地区与地区间的产业趋同，造成浪费。我国区域经济的协调发展，绝不是依靠各省的独立发展就能实现的，而是应该鼓励各省打破自身的行政区域界线，携手合作。利用空间相邻的优势，各省在因地制宜发展各自的优势项目和产业的同时，还应该争取建立科学合理的产业集群圈，就如现在京津冀环渤海经济圈、长三角经济圈等群体经济的发展，才是具备最科学配给的商业圈。但可惜的是，从近年来的实际情况看，行政疆界分化严重，省与省之间的合作并不顺畅。

就如一个省发展LED液晶屏，则其周围各省便纷纷上马LED产业，造成了当前我国LED产能严重过剩的后果，这样的产业单一、重复建设现象在各地都屡见不鲜。

（2）忽视民生事业的建设。郑磊（2008）利用1997－2007年的省级面板数据，对省级政府的教育支出比例的影响因素进行了经验研究，他指出中国当前的分权程度和地方官员的相对绩效考核机制下，地方政府为了加快经济增长而竞相开展的支出竞争会导致政府的支出结构发生偏向，政府会过于重视基础设施的投入与建设。阂婕（2009）研究了我国地方政府之间的竞争行为对公共产品供给的影响，采用统计模型分别估计了政府竞争对诸如教育、医疗等不同类别的公共产品供给的影响，对不同地区公共产品供给的影响，以及以个别省为代表进行具体分析，认为政府应提高财政运用的民生性。杜方、朱军（2009）对民生财政主动性问题进行了探讨，利用OLS模型得出地方政府对教育的投入缺乏弹性这一结论，并指出当前不科学的政绩考核指标体系以及具有歧视性的户籍制度，均导致了地方政府重经济轻民生的财政支出理念。

（3）地方政府支出竞争是地方保护主义产生及存在的温床。地方保护主义的产生与存在是财政分权和不科学的政绩评价体系所造成的危害。地方政府为了得到好的政绩评价，自然会选择对本地区有利的政策制度予以实施，并且为了减少地区财政支出的负担，还有可能采取不恰当的限制外来低端劳动力流入等不利于社会、经济发展的政策，这就是典型的为了追求个体利益，而在招商引资和吸引要素流入时所采取的不恰当竞争行为，作为公共产品的提供者和公共社会的管理者，地方保护主义的存在是对政府形象和信誉的极大伤害，而且还会造成区域经济发展不协调进一步加剧，危害到我国经济增长的根本。

（4）地方政府支出竞争往往会无限制地增加政府投入从而造成巨额赤字。地方政府的债务负担一方面来自于地方权责方面的不对称，即可供地方政府支配的税收收入要小于地方政府为支持本地经济发展所必需付出的成本，另一方面则来自于政府间财政支出竞争状态以及政绩考核压力，造成地方政府不得不利用融资、贴息等举债方式为企业发展提供便利，自身却身陷债务危机。

（二）民生支出主动性缺失的成因

前文的分析结果还认为我国政府的民生型财政支出缺乏竞争性，对老年人的扶持力度欠缺，以及城市提供优质公共产品与服务的劲头不足，再结合我国现实国情，分析其形成原因有以下几个方面：

1. 处于特定的经济发展阶段。根据世界的发展进程，人均 GDP 处在 1 000 - 3 000 美元的发展阶段，往往是人口与自然环境资源约束最为严重的时期，也是经济容易失调、社会容易失序、心理容易失衡、社会伦理需要重整的关键时期。2006 年我国人均 GDP 首次突破 2 000 美元，正处于这个调整时期。在这个阶段，工业化的推进和经济增长引发了一系列社会矛盾，并加大了公共产品需求的规模，特定的发展阶段决定对财政支出的各项需求日益增大。

身为一个发展中国家，就会存在着各种各样制度体制上的不健全亟待去完善。例如，我国存在严重的地区发展差距，行政区域的划分非常僵化，至今仍缺失一种能促进省与省间协调互惠发展的机制，以减缓各种由财政支出竞争导致的盲目上项目、建高楼、产业链条省间难以衔接的单一经济模式。与此同时，我国地方政府因具有得天独厚地与地区百姓接触的机遇，相比中央，信息优势明显，因此，地方各级政府更应该将民生建设视为自己工作的重中之重，致力于缩小社会建设与经济建设的差距。

2. 分税制改革不彻底。分税制改革以来，由于欠缺对地方合理收入规模的预测，使得地方政府缺乏稳定的收入机制，反倒是事权扩大明显。地方政府既要保证地区经济的增长和经济结构的改革优化，又要跟随中央政策，把政府转变为以民生为导向的服务性政府，为地方居民提供优质的公共产品。这两方面都迫使地方政府要想方设法解决在公共支出上的局限，从而造成政府行为和执政意志的扭曲，以不正规的、没有法律基础的方式进行着财政支出竞争。

并且由于地方财政收入处于不规范、不稳定状态，财政困难的情况愈甚。再加上我国目前的转移支付体系过于庞杂，尽管有较为科学的机制，但力度太小，很难对政府财政支出起到有力的引导。

3. 地方政府官员的任免标准不科学。当前我国地方政府的政绩评价主要集中在可以量化的经济指标上，例如，地区 GDP 的增速、失业率等硬性指标上。并且官员提拔的程序单调，上级政府对下级官员的升迁有着较大的影响力和发言权，而完成这些经济指标，也是上级政府所最希望看到的。而地方政府这种一味迎合上级的执政理念，也往往使他们背离了民心所向。

很多地方政府及其官员为了实现地区经济的大幅增长，为自己增加政绩资本，不惜一切代价吸引外商投资，盲目上一些重复建设的项目，加大基本建设投入。大量基础设施建设和面子工程的背后，是政府的巨额财政支出，这就破使地方政府围绕各种资源、资本走向了财政支出竞争呈现白热化的态势。

但我国对一些公共物品的供应一直存在巨大缺口。就社会保障而言，我国的覆盖面狭窄，到 2008 年，享受社会养老保险的只有 2.7 亿人，同时，由于财政资金不足，养老保险基金运转困难，财政面临危机。

4. 要素自由流动存在障碍。财政支出竞争存在的前提和基础是生产要素的自由流动。美国经济学家蒂博特（Tiebout，1965）在《一个关于地方支出的纯理论》（A Pure Theory of Local Expenditures）中阐述了这一问题，他认为，人们只有能自由地选择财政收入和支出结构令他们满意的地区，同时，才能让地方政府为了挽留那些在本地区具备创造税收能力的居民，而提高行政以及财政的使用效率，且想方设法提高本地区的公共品供给的满意度。

而户籍管理制度却使政府失去了吸引外来居民的动力，反而更加注重在有限的财力下，竭力控制本辖区的人口数量，使得财政支出的竞争无法真正体现在政府对居民的责任上，反而是在扩大了各地区间公共品的供给差异的同时，并没有带来资源要素的合理流动。

（三）对策建议——建立民生导向的财政支出体系

根据存在于地方政府间财政支出的竞争对我国经济社会可能产生的影响分析，以及民生财政乏力的成因分析，本文提出主旨为建立民生导向的财政支出体系的政策建议。

研究地方政府财政行为的竞争性的角度有很多，就我国实际情况而言，地方政府竞争的重点必然会从财政收入竞争转移到以财政支出为主的竞争形式。由于财政支出的功能和对象存在着很多类型，它们对地区经济增长的推动作用有大有小，有显性有隐形，并且由于我国财政预算公开制度还未规范化和制度化，因此财政支出特别是地方财政的支配和使用在很大程度上甚至只能取决于个别官员的意志和决策，因此很容易发生忽略公共服务支出的情况。在自身财政收入有限的情况下，地方政府间的支出竞争很容易造成对经济型支出过度投入，而忽略了地方公共品的提供，造成社会建设与经济建设脱节的尴尬局面。换句话说，从前我国地方政府竞争的重心一直是物质资本投资，由于具有歧视性的户籍制度的限制，地方政府对花钱提供优质服务和社会保障来吸引人才并不感兴趣。这种扭曲的财政支出结构，一直到最近，在中央大力倡导构成服务型政府，关注民生的政策引导下，有所改变，但政府需要为民生做的显然还远远不够。只有从根本上改变地方政府的执政观念，打破户籍制度，促进人才自由流动，建立以民生为导向的科学的官员政绩评价体系，才能彻底改变地方政府在经济增长竞争上的过度热情和在民生竞争上的缺乏激励、供给不足。

在目前的形势下，怎样遏制地区间产业趋同或重复建设的无序化政府支出竞争，从而提高财政支出运行效率？本文认为，解决此问题的着力点在于建立一种不仅为经济发展，更要为百姓幸福而竞争的财政竞争秩序。必须以财政支出制度化为保障，才能有效引导政府竞争行为。

第一，应当建立健全我国社会保障制度。我国社会保障支付时随着国家社会经济发展而发展的，经历了从传统国家型社会保障制度向市场经济型的社会保障制度的转变。随着我国经济体制改革的不断深入，社会竞争日趋激烈，其他一些边缘群体也正在出现。与此同时，社会在进步，人民群众急剧增长的对社会福利服务的需求与现有的福利供给严重不足的矛盾日益加剧。因此，应立足我国现有国情，尽快建立起符合现代理念的社会保障制度。

鉴于我国仍处于社会主义初级阶段，经济发展水平不高，人均国民收入仍处于较低水平，而且人口众多，待保障人口基数大，所以社会保障体系的设计在基本制度保障水平上不宜过高，在体制建立初期应坚持“低水平、广覆盖”的原则。“广覆盖”甚至于“全覆盖”的原则有利于消除当前城乡有别的现象，也为地方财政支出的民生用途作出了政策上的硬性规定。

第二，应该深化财政体制改革，地方预算要向人民公开，接受人民的意见和监督，而且还要明确界定上下级政府间的事权与财权。要想实现各级政府，各司其事，各尽其职，就必须首先明确与之相关的事情和责任，对于中央和地方如何妥善分权和分钱，需要以立法的形式来加以规定和监督。改革的重点要放在重新制定中央和地方政府的财政支出责任上，把基础教育、社会保障等民生项目明确为某级政府的责任来加以实施。

第三，建立以实现公平为准则的民生财政。在当前背景下，与漂亮的 GDP 增速不相称的，是地方教育、科文、基础医疗及养老等社会公益事业发展的迟滞。为了构建和谐稳定公平的社会，也为了巩固政府的威信，这些利国利民的社会事业必须要摆在头等位置来建设来经营。特别是对于区域发展不均衡的中西部地区和城乡发展差距大的农村地区，相应的公共产品和生活保障必须在数量上和质量上都有飞跃，才能进入吸引高级人才、资本等要素的流入，促进当地经济发展的良性循环。否则，即使依靠大量固定资产投资、基础设施建设带动了地方 GDP 的增加，也会由于地区公共服务的滞后，而吸引不到人才和资本流入，造成城市繁荣的空架子。

因此，我们应当遵循公共财政建设的总体布局，加大力度不断优化财政支出结构，提高财政支出效率，并且通过制度化建设，完善财政支出决策过程和支出途径，通过增强地方政府执政为民的理念，改变地方财政原本单一的经济特征，要以经济、社会协同发展为政府执政的目标，大力引导地方财政支出对于民生建设的主动性。

第四，必须建立合理有效科学公平的官员考核机制。科学的政绩评价指标不能只考虑经济型变量的情况，而是应该综合全面地将具有反映经济发展、社会民生的指标纳入其中。从可持续发展的角度看，公共服务均等化程度也应该被涵盖，并且成为重要指标之一。如今我国政府大力倡导和力求实现的基本公共服务均等化目标，是实现发展为了人民，让人民共享发展成果的政策计划，也是缩小社会财富、收入差距以及提高人民生活质量的现实要求。

但是，由于受到当前经济发展水平不高的现实国情限制，我国要想按计划实现各地基本公共服务均等化的目标确实有很大的难度，因为我国至今仍普遍存在着基础教育投入占 GDP 比重低于一般发展中国家平均水平，更远低于发达国家水平以及社会保障覆盖率低等一系列问题。但必须明确的是，为了实现社会的公平正义，人民的安居乐业，地方政府就必须不遗余力地推进社会建设事业，促进民生财政的主动性。

具体地，应该积极进行我国与其他发达国家民生财政事业的比较研究，结合我国实际，建立民生财政绩效评价体系，形成可供比较的指标系并将其作为地方政府领导人绩效考核的重要标准。基本公共服务均等化必须是衡量共享改革发展成果的可行标准。可以从外部约束力和比较效应两个方面提高各级地方政府民生财政事业的主动性。

第五，推进国家及地方财政的民主公开化。当前，我国部分省份，如广东，已经试行了在网上公开省级财政预算的措施，在社会上造成了极大的反响，得到了很多百姓的支持，并且也受到了人民群众的监督和政策建议，收效很好。可以看到，随着政治体制改革进程的不断深入，我国的财政决策过程也在不断变得透明，但与真正的透明还有一定的距离。

一般来说，财政竞争的规模和决策过程达到充分的透明公开，才能达到充分发挥人民代表大会的监督职能，减少暗箱操作带来的失误的效果。只有进一步完善部门预算的编制和执行制度，严格预算的管理和监督，细化预算的科目和分类，才能真正提高财政决策过程的民主程度。同时，还要推进公共部门的规范化改革，不断精简行政部门和行政审批手段，严格工作流程和秩序，为实现财政运行的规范化、科学化提供制度保障。

（课题组成员：古惠常（组长）黄定锋　古佳佳　夏淑丹　林超　曾丽芳；执笔：黄定锋）

增值税转型改革对地方经济的影响
——以广东省佛山市为例
（节选）

佛山市财政局

摘要：增值税和营业税两税并行导致增值税抵扣不彻底，重复征税，影响了经济结构转型升级；造成增值税、营业税征收范围交叉和混淆，破坏了增值税征税链条的完整性，不利于税收征管。在新形势下，逐步由增值税取代营业税，扩大增值税征收范围，是深化税制改革，促进经济发展转型升级的必然选择。佛山“营改增”试点的实证分析表明，“营改增”减负效应显著，同时有利于加速服务业发展，促进了服务业与制造业的深度融合，为制造业的发展带来“蝴蝶效应”，有利于产业结构的优化。与此同时，“营改增”改变了地方财政收入结构，短期将减少地方财政收入并增加地方财政支出，加大了地方财政收支平衡压力。为此，一是建议我省和我市以“营改增”为契机，充分发挥洼地效应，推动第三产业尤其是现代服务业的发展，促进制造业和服务业的深度融合，加快地方经济转型升级。二是建议理顺中央与地方的收入分配关系，适时调整增值税的分享比例并向地方倾斜，保持地方财政运行的稳定。三是建议针对目前试点行业中有些行业如交通运输业，短期内出现整体税负上升的现象，落实资金扶持和政策引导，保证税负稳中有降。四是建议针对一般纳税人比例偏低、零申报偏高的现象，进一步加大政策宣传力度，整合、优化办税流程，加强日常管理，完善征扣税链条机制，更好地实现“营改增”改革目标。五是建议总结试点经验，积极稳妥地在所有劳务行业开展“营改增”，以实现企业购进劳务的充分抵扣，完善增值税链，更好地发挥“营改增”促进经济发展的正效应。

一、引言

2011年11月、2012年7月，财政部、税务总局先后发布了《关于印发〈营业税改征增值税试点方案〉的通知》（财税〔2011〕110号）和《关于在北京等8省市开展交通运输业和部分现代服务业营业税改征增值税试点的通知》（财税〔2012〕71号）等文件，并在上海、北京、广东等11个省市开展交通运输业和部分现代服务业营业税改征增值税试点工作。这是继2009年增值税转型改革之后的又一重要措施。

《广东十二五规划纲要》指出，必须加快调整经济结构。坚持把经济结构战略性调整作为加快转变经济发展方式的主攻方向，推进需求结构、产业结构、城乡结构、区域结构、要素投入结构的全方位调整，促进速度质量相协调，内需外需相协调，城乡区域发展相协调，促进经济增长向依靠消费、投资、出口协调拉动转变，向依靠三次产业协同带动转变。

作为增值税转型改革的重要组成部分，营业税改征增值税是我国结构性减税的重要步骤，是财政支持经济发展的重大举措，而增值税和营业税都是地方税收的重要组成部分，这一改革将对广东和佛山的相关行业、地方经济和地方财政产生什么影响，我们又应当如何积极应对？为此，佛山市财政局组建了专题调研小组，对我市营业税改增值税试点情况进行了深入细致的调查研究，结合税收的相关理论，提出相应的对策和建议。

二、正文

（一）历史沿革——我国增值税转型历经的阶段（略）

（二）改革动因——增值税转型是适应我国经济发展的必然要求（略）

（三）实证分析——以佛山为例分析“营改增”对地方经济的影响

1. 佛山市开展“营改增”改革试点工作的主要做法。经国务院批准，财政部、国家税务总局印发了《关于在北京等8省市开展交通运输业和部分现代服务业营业税改征增值税试点的通知》（财税〔2012〕71号），明确将广东省纳入试点地区范围。为推进实施营业税改征增值税试点，佛山市根据全省的统一部署，迅速成立了“营改增”试点工作领导机构，落实试点各项工作。9月29日，我市印发了《佛山市开展交通运输业和部分现代服务业营业税改征增值税试点实施方案》。实施方案明确了目标任务、试点内容和工作安排，为试点工作的顺利实施奠定了基础。

（1）目标任务。坚持以科学发展观为指导，稳步推进实施营业税改征增值税试点，建立健全有利于科学发展的税收制度，进一步优化税制结构和减轻企业税收负担，逐步消除目前对货物和劳务分别征收增值税与营业税产生的重复征税问题，实现结构性减税目标，为深化产业分工和加快现代服务业发展、构建现代产业体系提供良好的制度支持，促进经济发展方式转变和经济结构调整，服务“民富市强，幸福佛山”建设。

（2）试点内容。

试点范围：①试点地区：在佛山市行政区域内同步实施试点。②试点行业：根据财政部、国家税务总局印发的《营业税改征增值税试点方案》（财税〔2011〕110号）、《交通运输业和部分现代服务业营业税改征增值税试点实施办法》及《关于在北京等8省市开展交通运输业和部分现代服务业营业税改征增值税试点的通知》（财税〔2012〕71号）以及《广东省开展交通运输业和部分现代服务业营业税改征增值税试点实施方案》（粤府办〔2012〕95号），将原来缴纳营业税的交通运输业和部分现代服务业改为征收增值税，具体包括：陆路运输服务、水路运输服务、航空运输服务、管道运输服务、研发和技术服务、信息技术服务、文化创意服务、物流辅助服务、有形动产租赁服务、鉴证咨询服务。③试点时间：自2012年8月1日开始面向社会组织实施试点准备工作，开展试点纳税人认定和培训、征管设备和系统调试、发票税控系统发行和安装，以及发票发售等准备工作。2012年11月1日完成新旧税制转换，开始实施试点。

主要税制安排：

① 税率。在现行增值税17%标准税率和13%低税率基础上，新增11%和6%两档低税率。有形动产租赁服务适用17%税率，交通运输业服务适用11%税率，其他部分现代服务业服务适用6%税率。小规模纳税人提供应税服务，增值税征收率为3%。适用零税率的应税服务按财政部、国家税务总局规定执行。“营改增”对应的税率见表1。

表1　“营改增”试点税率

序号	应税服务范围	营业税适用税目	税率（%）	改征增值税后适用税目	税率（%）
1	除铁路运输以外的陆路运输服务、水路运输服务、航空运输服务、管道运输服务	交通运输业	3	交通运输业	11
2	研发服务、技术咨询服务、合同能源管理服务	服务业	5	研发和技术服务	6
3	技术转让服务	转让无形资产	5	研发和技术服务	6
4	工程勘察勘探（除航空勘探、钻井（打井）勘探、爆破勘探）	服务业	5	研发和技术服务	6
5	工程勘察勘探（航空勘探）	交通运输业	3	研发和技术服务	6
6	工程勘察勘探（钻井（打井）勘探、爆破勘探）	建筑业	3	研发和技术服务	6
7	软件服务、电路设计及测试服务、信息系统服务和业务流程管理服务	服务业	5	信息技术服务	6
8	设计服务、广告服务和会议展览服务	服务业	5	文化创意服务	6
9	商标著作权转让服务、知识产权服务	转让无形资产	5	文化创意服务	6
10	货物运输代理服务、代理报关服务、仓储服务	服务业	5	物流辅助服务	6
11	航空服务、装卸搬运服务、打捞救助服务、港口码头服务、货运客运场站服务	交通运输业	3	物流辅助服务	6
12	有形动产融资租赁	金融保险业	5	有形动产租赁服务	17
13	经营性租赁	服务业	5	有形动产租赁服务	17
14	认证服务、鉴证服务和咨询服务	服务业	5	鉴证咨询服务	6

② 计税方式。试点行业一般纳税人提供应税服务适用一般计税方法计税，以当期销项税额抵扣当期进项税额后的余额为应纳税额。试点行业小规模纳税人提供应税服务适用简易计税方法计税，以按照销售额和增值税征收率计算的增值税款作为应纳税额，不得抵扣进项税额。

③ 计税依据。纳税人计税依据原则上为发生应税交易取得的全部价款和价外费用。价外费用，是指价外收取的各种性质的价外费用，不包括代为收取的政府性基金或者行政事业性收费。对一些存在大量代收转付或代垫资金的行业，其代收代垫金额可予以合理扣除。

④ 服务贸易进出口。服务贸易进口在国内环节征收增值税，出口实行零税率或免税制度。

试点期间过渡性政策：

① 税收收入归属。试点期间保持现行财政体制基本稳

定，原归属佛山市的营业税收入，改征增值税后收入仍归属佛山市。因试点产生的财政减收，按现行财政体制由各级分别负担。

② 财税优惠政策过渡。(1) 国家给予试点行业的原营业税优惠政策继续执行，具体按财政部、国家税务总局印发的《交通运输业和部分现代服务业营业税改征增值税试点过渡政策的规定》执行。(2) 对本市营业税改征增值税试点过程中因新老税制转换而产生税负有所增加的试点企业，实施过渡性财政扶持政策。(3) 试点期间地方现有支持企业发展的财税扶持政策不变。

③ 跨地区税种协调。试点纳税人以机构所在地作为增值税纳税地点，其在异地缴纳的营业税，允许在计算缴纳增值税时抵减。

④ 增值税抵扣政策的衔接。现有增值税纳税人向试点纳税人购买服务取得的增值税专用发票，可按现行规定抵扣进项税额。

配套措施：

① 成立试点工作领导小组。由分管财税工作的市政府领导任组长，市政府分管副秘书长及市财政局、市地税局、市国税局、市发展改革局、市经济和信息化局、市公安局、市外经贸局、市交通运输局、市工商局、市统计局、人行佛山市中心支行等部门负责人为成员。领导小组下设办公室，设在市财政局，办公室主任由市财政局主要负责人兼任。

② 明确由国税部门征管。按照财政部、国家税务总局印发的《营业税改征增值税试点方案》和《交通运输业和部分现代服务业营业税改征增值税试点实施方案》中明确的关于营业税改征的增值税征管工作分工，明确营业税改征的增值税由国税部门负责征管。通过制定征管衔接方案、税源衔接办法，做好税源调查统计和征管数据迁移，理顺征管机制，实现税收征管部门的平稳过渡。

③ 做好市与区财政体制的衔接。保持各级财政试点前利益分配格局，试点前属于省级固定收入的营业税，改征增值税后继续作为省级固定收入；属于省级与市区共享的营业税，改征增值税后继续由省与市区按照“五五”比例分享。市与区的税收分成仍按照相关文件执行，即市级在各区一般预算税收地方收入按10%的比例切块分成。

④ 加强组织协调。定期召开市营业税改征增值税试点工作领导小组会议，认真谋划，周密部署，通报工作进展情况，及时评估试点效果，协调解决实施中的重大问题，切实发挥领导小组组织领导作用，确保试点平稳有序推进。

⑤ 加强宣传解释。收集汇编营业税改征增值税政策资料，编写试点有关问题解读材料，做好政策宣传和解释工作，尤其是对营业税改征增值税试点意义、广东及早试点的必要性及增值税链条原理和结构性减税内容进行准确解读，及时监控分析相关舆情信息，组织媒体对试点进行宣传，营造良好舆论氛围，引导社会各界深化认识，支持试点。试点实施后，市国税局结合本部门职能进行政策解读、解疑释惑，积极听取意见建议，提高工作的针对性和有效性。

2. 佛山市“营改增”试点行业的基本情况。

① 第三产业发展情况。2011 年，佛山市的第三产业产值2 220.4 亿元，比2010 年增长10.82%；但是2012 年第三产业产值为2 388.7 亿元，仅仅比2011 年增长7.58%，增长速度下降了3 个百分点；2010－2012 年，第三产业产值占GDP 的比重一直徘徊在35%左右，呈现增长乏力的状态。另外，与发达地区、发达城市相比，明显偏低，甚至低于全国42.6%的平均水平（见表2）。因此，想方设法加速第三产业发展是我市产业结构优化升级面临的紧迫任务。

表2　2010－2012 年佛山市产业占 GDP 的比重情况　　单位：亿元，%

	2010 年	占 GDP 的比重（%）	2011 年	占 GDP 的比重	2012 年	占 GDP 的比重
GDP	5 651.52	100	6 210.2	100	6 709	100
第一产业	105.4	1.9	118.9	1.9	129.3	1.9
第二产业	3 542.49	62.7	3 870.9	62.3	4 191	62.5
第三产业	2 003.63	35.5	2 220.4	35.8	2 388.7	35.6

② 试点行业缴纳的营业税比重情况。据统计，目前的“营改增”试点涉及的行业，2011 年缴纳的营业税中，交通运输业占2.03%，部分现代服务业占4.6%，合计约占营业税收入的6.63%，比重不大，显示了中央推行“营改增”试点的慎重。见表3。

表3　2011 年佛山市营业税各税目收入情况

税　　目	占营业税收入比重（%）
合计	100.00
一、建筑业	23.62
二、交通运输业	2.03
三、邮电通信业	2.88
四、金融保险业	16.55

续表

税　　目	占营业税收入比重（%）
五、娱乐业	0.71
六、服务业（其中部分现代服务业占4.6%）	20.30
七、转让无形资产	1.20
八、销售不动产	32.17
九、文化体育业	0.42
十、税款滞纳金罚款收入	0.12

③ 试点涉及的企业分类情况。截至2012年12月31日，佛山市经确认的纳入“营改增”试点范围的企业共有13 350户，其中一般纳税人1 935户，占14.49%，小规模纳税人11 415户，占85.51%；按行业划分，交通运输业纳税人1 136户，占8.51%；部分现代服务业纳税人12 214户，占91.49%。其中：在交通运输业纳税人中，一般纳税人267户，占23.5%，小规模纳税人869户，占76.5%；部分现代服务业纳税人中，一般纳税人1 668户，占13.66%，小规模纳税人10 546户，占86.34%。见表4。

表4　试点行业分类型统计

按类型分 / 按行业分	一般纳税人	小规模纳税人	合计（户）
交通运输业	267	869	1 136
现代服务业	1 668	10 546	12 214
合计（户）	1 935	11 415	13 350

3. 佛山市“营改增”试点的减负效应明显。

① 佛山市“营改增”试点后的税负变化特征。在“营改增”首个申报期里，佛山市纳税人减税达2 773.75万元，“营改增”减负效应显著。其中，试点纳税人净减税171.23万元，减税面达95.67%（一般纳税人减税面为74.86%）。同时，非试点一般纳税人取得的交通运输业和部分现代服务业专用发票可以抵扣进项税额（其中交通运输业可多抵扣4%的进项税额），这部分纳税人净减税2 602.52万元。

改革后，纳税人的税负变化呈两个基本特征：一是小规模纳税人税负大幅减轻；二是原增值税一般纳税人因为抵扣范围扩大，整体税负呈下降趋势。从目前“营改增”试点情况看，小规模纳税人受益最快。我市纳入试点的13 350户纳税人中，中小企业（即年应税收入不超过500万元的小规模纳税人）占85.51%，首个申报期小规模纳税人减负609.83万元。

②“营改增”对佛山市各试点行业税负的影响。通过对比测算试点行业的一般纳税人与原营业税平均税负发现，交通运输业整体税收上升较多，有形动产租赁服务业整体税收略有上升，其他5个应税服务行业整体税收下降，即7个试点行业的一般纳税人税负变化是“两增五减”。基于佛山市南海区试点行业和企业的数据采集制作的《2012年11月南海区“营改增”一般纳税人企业税负变化情况》（见表5），证实了这一点。2012年11月，南海区“营改增”一般纳税人企业中，47户交通运输业企业总税负增加186.72万元；140户现代服务业（不含有形动产租赁）企业总税负减少293.36万元；4户有形动产租赁企业总税负减少1.722万元。

表5　2012年11月南海区“营改增”一般纳税人企业税负变化情况

项　目		交通运输业			现代服务业（不含有形动产租赁）			有形动产租赁		
		户数	入库增值税（万元）	税负增（减）金额（万元）	户数	入库增值税（万元）	税负增（减）金额（万元）	户数	入库增值税（万元）	税负增（减）金额（万元）
税负增加	增幅20%以下	6	12.88	0.07	62	457.88	41.41			
	增幅20%～50%	3	3.56	0.58						
	增50%～100%	4	29.56	9.72				1	0.03	0.008
	增幅100%以上	9	310.99	194.15				2	4	1.86
	小计	22	356.99	204.52	62	457.88	41.41	3	4.03	1.868

续表

项目		交通运输业			现代服务业（不含有形动产租赁）			有形动产租赁		
		户数	入库增值税（万元）	税负增（减）金额（万元）	户数	入库增值税（万元）	税负增（减）金额（万元）	户数	入库增值税（万元）	税负增（减）金额（万元）
税负降低	降幅20%以下	3	2.28	-0.55	11	35.85	-5.52			
	降幅20%~50%	3	4.99	-4.33	12	281.85	-151.2			
	降幅50%以上	12	0.37	-12.92	48	24.3	-178.05	1	0	-3.59
	小计	18	7.64	-17.8	71	342	-334.77	1	0	-3.59
税负持平	持平	7	26.3	0	7	53.9				
合计		47	390.93	186.72	140	853.78	-293.36	4	4.03	-1.722

交通运输业短期内税负增加。交通运输业是指使用运输工具或人力、蓄力将货物或旅客送往目的地的业务，具体包括陆路运输、航空运输、管道运输和装卸搬运五大类。交通运输业营业税的现行税率为3%，交通运输业的营业税应纳税额=营业额×适用税率，营业额=全程运费-支付给其他单位运费。在营业税改征增值税之前，交通运输业的营业税税率为3%，改征增值税后，交通运输企业会涉及两个税率：如果是一般纳税人，按照11%的税率征收；如果是小规模纳税人，按照3%的征收率征收。对于经营规模相对较小的小规模纳税人而言，同样取得10万元的收入，征收营业税需缴纳税款3000元（100 000×3%），征收增值税需缴纳税款2913元［100 000÷（1+3%）×3%）］，税收负担略有下降。对于一般纳税人而言，表面上税率由3%提高至11%，税负增加，其实不然。根据现行增值税政策，一般纳税人可以享受抵扣政策，也就是说交通运输业企业购进用于经营的汽车、固定资产、汽油、维修维护费用以及其他材料的进项税额可以抵扣，由于抵扣的影响，试点交通运输企业的最终税负率会远远低于上述名义税率11%。从各地试点运行的情况分析，交通运输业的税负短期会有上升，但长远来看，“营改增”是结构调整，税负稳中有降。例如：佛山市南海惠利多物流公司主要从事普通货运、仓储服务、货运代理。该企业正式从营业税改征增值税，所属期11-12月的销售收入、税负情况，与上年同期对比数见表6。

表6　南海惠利多物流公司税负对比情况　　单位：元

年份	2011	2012	2011	2012
月	11月	11月	12月	12月
营业收入	2 465 485.09	778 101.62	2 472 762.43	1 198 177.11
缴纳税金	73 964.55	85 486.56	74 182.87	约100 000
税负（%）	3	10.99	3	8.35

该企业自有货车7辆，属交通运输业中小型企业。该企业在中小型交通运输业中具有一定的代表意义，以自运为主，极少发生联运，因此征收营业税适用3%税率。改征增值税后认定为一般纳税人，税率由3%提高到11%。该公司所属期2012年11月申报应税收入77.81万元，缴纳增值税8.55万元，税负为10.99%。造成税负增加的原因包括：一是可抵扣的项目有限，主要为加油费、修理费、购置办公用品费用等，金额很小；二是由于一直没有向上游企业索取增值税专用发票的习惯，故无法及时取得进项发票进行抵扣；三是由于去年该公司已更换了运营车辆，未来几年或更长时间不会购置大额资产，享受固定资产抵扣的几率不大。该公司可抵扣进项少的情况仍会持续一段时间，但随着时间推移会有所缓解。

现代服务业税负总体减轻。此次“营改增”试点的现代服务业主要包括研发和技术服务、信息技术服务、文化创意服务、物流辅助服务、有形动产租赁服务、鉴证咨询服务6个行业。这些行业按照5%的税率征收营业税，改征增值税后，如果是一般纳税人，其中有形动产租赁服务按照17%的税率征收增值税，其他5个行业按照6%的税率征收增值税，如果是小规模纳税人，则统一按照3%的征收率征收增值税。对于小规模纳税人（年应税收入不超过500万的纳税人）而言，其税率直接由原来的5%下降到3%，税负明显减轻。对于一般纳税人而言，有形动产租赁由于其购进动产的金额较大，可以抵扣，实际税负远低于名义上的17%；其他服务业的一般纳税人，由于进项税额可以抵扣，短期税负有可能上升，长期来说，税负稳中有降。

原增值税一般纳税人税负下降。原增值税一般纳税人在“营改增”前购买交通运输服务所支付的费用可以按

7%进行抵扣，购买服务所支付的费用不能抵扣。试点政策实施后，从试点的交通运输业和现代服务业购买服务所支付的费用，分别按照11%和6%予以抵扣，由于抵扣的范围扩大，实际缴纳的税款相应减少。从佛山市首个申报期的开票情况看，“营改增”试点一般纳税人开具的专用发票中，开给省内企业的有24 676份，涉及金额3.22亿元，税额0.23亿元，分别占85.17%、71.56%、71.88%。开给省外企业的专用发票有4 293份，涉及金额1.28亿元，税额0.09亿元，分别占14.83%、28.44%和28.13%。从发票流向来看，佛山市交通运输业和现代服务业的服务对象大约70%为本省企业，30%为国内其他地区企业。

开给省内企业的专用发票中，属试点一般纳税人取得的有6 326份，涉及金额1.3亿元，税额0.09亿元，分别占25.64%、40.37%、39.13%；属非试点一般纳税人取得的有18 350份，涉及金额1.92亿元，税额0.14亿元，分别占74.36%、59.63%和60.87%；从省内企业取得的发票情况看，我市交通运输业和现代服务业提供服务的对象以工商业企业为主体（约占60%）见表7。

表7　增值税专用发票开具流向情况分析表（不含有形动产租赁服务）　单位：万份，亿元，%

发票开具流向	发票份数		发票金额		发票税额	
	份数	比例	金额	比例	税额	比例
省内试点一般纳税人	0.63	21.72	1.3	28.89	0.09	28.13
省内非试点一般纳税人	1.84	63.45	1.92	42.67	0.14	43.75
省外企业	0.43	14.83	1.28	28.44	0.09	28.13
合计	2.9		4.5		0.32	

4. 佛山市“营改增”的产业结构优化效应初步显现

① 试点加速了服务业的发展。由于能开具增值税发票，服务行业的产业链上的客户同样可以进行增值税抵扣，降低了客户购买服务的成本，扩大业务领域，提升议价能力，有力推动了现代服务业的发展。例如，广东卓维网络有限公司，主要承装电力设施，从事安全技术防范系统设计、施工服务，“营改增”后属增值税一般纳税人，由于试点后可以向下游企业提供增值税专用发票，有助于拓展业务，该企业纳入“营改增”后，开具的发票可供下游企业抵扣，有助于下游企业减轻税收负担。该公司2012年11月开具专用发票的应税服务税额为354万元，2012年12月开具专用发票的应税服务税额为205万元，两月共计为下游企业增加抵扣税额559万元。该公司2012年11月取得经营收入6 238.36万元，同比增长2.4倍。2012年该公司的经营规模较上年略有扩大，业务发展地域范围也相对广泛了许多。该企业表示，今年将会进一步借助试点的政策优势，不断拓展市场规模。

② 试点促进了企业转型升级，有力推动了产业结构调整。“营改增”突破了现代服务业发展的税制瓶颈，细化了社会专业化分工，从税制上解决了企业长期以来存在的“大而全”、“小而全”问题，不少企业主动将生产性服务业务外包，加速了生产性服务业从制造业分离。佛山市欧玛福机械工程有限公司是一家混业经营的工业企业，主要生产铝型材挤压辅助设备，同时为客户提供咨询服务和技术支持服务。2012年12月，该公司提供咨询及技术支持服务共开具专用发票11份，金额共102.46万元，税额6.15万元。由于该公司开具的发票可以抵扣，客户乐于与该公司合作，增强了企业的竞争力，有利于其扩大业务范围、开拓市场，增加业务收入。企业预计2013年研发和技术服务方面的业务会有所增加，相关业务收入也会增加，同时，企业拟在时机成熟时将技术服务业务单独剥离，成立专门的服务公司。试点政策为细化社会专业化分工提供了有效的税制保障，通过进一步打通、延伸和拉长货物与服务之间、各个环节之间、各个企业之间的增值税抵扣链条，试点企业以此为契机，着力整合业务资源、拓展业务空间、开拓市场渠道、创新服务领域，有力地促进了试点企业发展模式和经营模式的转变。一些研发、设计、营销等内部服务环节从主业剥离出来，形成效率更高的创新主体，从而使企业的主业更聚焦、辅业更专业，整体税负也有所减轻，企业的竞争力进一步增强。

③ 试点加速了服务业与制造业的深度融合，并推动服务业与制造业比翼齐飞。一是由于设备采购可以在现代服务企业内部形成增值税的抵扣，从而鼓励现代服务企业进行设备更新改造，提高资本使用规模与效率，为装备制造等产业提供了新的市场空间；二是制造企业接受专业化的生产性服务后，获得了增值税发票，可以纳入自身的增值税进项抵扣范围，降低了税费负担，大大激发了企业采购现代服务的积极性，为现代服务业的快速发展带来了大好机遇；三是制造企业的内部优势环节，在避免重复征税后，发展成独立的现代服务企业的意愿明显增强，推进了主辅分离，为现代服务业的发展提供了新的因素。

④ 试点将为制造业的发展带来“蝴蝶效应”。“营改增”的减税意义还在于它的波及效应。一方面，企业自身的业务网络的链条越长，波及效应越大，企业越得益；另一方面，“营改增”试点范围越大，覆盖的行业越广，波及效应越大，企业也会从中得益。

前面提及的佛山市欧玛福机械工程有限公司生产大型机械设备，每月都因运送货物而需要支付运输费用。“营改增”后，接受试点一般纳税人提供的货运专票可按11%的税率进行抵扣，装卸搬运等支出也可以取得专用发票抵扣，因此抵扣的金额相应增大。所属期2012年11月，共认证进项发票42份，总税额为65 676.08元，其中接受货物运输业增值税专用发票4份，税额为15 417.57元，占当月进项发票总税额的23%。2013年，企业预计在物流业务方面的抵扣税额将持续增加。在采购方面，企业更倾向于与试点地区的原材料供应商合作，以最大限度地享受到试点政策的实惠。此外，"营改增"后试点地区现代服务业纳税人开出的专用发票进项税额可以抵扣对企业来说也是一大利好消息。该公司每年都要参加上海、广州、深圳等地区的国际工业机械设备展览会，"营改增"前参加展会的展位租金、广告费、展位设计费等要完全计入企业的成本，负担较重，"营改增"后收到的进项发票税额进入抵扣环节后有利于减轻企业税负，降低税收成本。以所属期2012年11月和12月为例，企业认证抵扣了上海和北京等地区现代服务业企业开出的项目为参展费、咨询服务费、软件系统维护费、代理运费等的专用发票17份，抵扣税额3万多元，增强了企业"走出去"和扩大软实力的积极性。企业预计2013年可取的更多的现代服务业专用发票，增加抵扣税额5万元以上。"营改增"完善了产业间的抵扣链条，产业链下游制造业也因获得增值税抵扣而减负，促进了下游制造业的发展。

5."营改增"对地方财政的影响。营业税和增值税在地方公共财政收入中占有举足轻重的地位。近年来，营业税和增值税收入之和占佛山市当年地方公共财政收入、来源于佛山市的财政总收入均达30%以上（见表8和表9）。

表8　　2010－2012年佛山市营业税、增值税占佛山市地方公共财政收入的比重汇总　　单位：万元,%

年份	地方公共财政收入	增值税		营业税		增值税、营业税	
		地方部分	占比	地方部分	占比	地方部分	占比
2010	3 060 545	598 372	19.55	557 792	18.23	1 156 164	37.78
2011	3 417 326	619 265	18.12	515 749	15.09	1 135 014	33.21
2012	3 840 780	661 429	17.22	517 326	13.47	1 178 755	30.69

表9　　2010－2012年佛山营业税、增值税占来源于佛山的财政总收入的比重汇总　　单位：万元,%

年份	来源于佛山的财政总收入	增值税		营业税		增值税、营业税	
		三级收入	占比	三级收入	占比	三级收入	占比
2010	10 401 505	2 492 224	23.96	1 086 996	10.45	3 579 220	34.41
2011	11 110 561	2 579 478	23.22	1 235 023	11.12	3 814 501	34.33
2012	12 616 210	2 750 380	21.80	1 291 461	10.24	4 041 841	32.04

因此，"营改增"将对地方财政造成较大的影响，表现在：

①"营改增"将改变地方财政收入结构。"营改增"后，增值税的应税行业扩充带来税基扩大，增值税收入总量将上升；营业税的应税行业减少，营业税收入总量将下降，地方财政收入将发生结构性变化。从《佛山市营业税收入中各行业的比重改革前后变化情况》（见表10）可见一斑。随着税制改革的深入，"营改增"试点行业的进一步扩大，这种结构性变化将更加明显。

表10　　佛山市营业税收入中各行业的比重改革前后变化情况

项　　目	2011年11－12月合计	2011年11－12月（营改增前）的比重（%）	2012年11－12月合计	2012年11－12月（营改增后）的比重（%）
营业税收入合计	115 687		140 616	
一、交通运输业	2 832	2.45	0	0
二、服务业	29 729	25.70	27 969	19.89
1. 代理业	1 061	0.92	886	0.63
2. 仓储业	164	0.14	0	0
3. 租赁业（除房屋租赁）	4 085	3.53	0	0
4. 广告业	1 074	0.93	0	0
5. 其他服务业	14 332	12.39	13 565	9.65

②"营改增"短期将减少地方财政收入。"营改增"增加了进项税额抵扣，不只是试点企业整体税赋会基本持平或略有下降，而且会带动上下游的原增值税纳税人的税负水平降低。从各地"营改增"试点情况来看，绝大部分企业税负下降，总体减税效果明显。来自财政部、国家税务总局的数据显示，2012年，试点地区共为企业直接减税426.3亿元，整体减税面超过90%。其中，以中小企业为主体的小规模纳税人减税力度更大，平均减税幅度达到40%。根据测算，广东省因为企业减税带来的政策性地方财政减收约66亿－100亿元。在"营改增"的首个申报期

里，佛山市纳税人减税达 2 773.75 万元，减税效果明显。如果现有财政体制不变，企业税负下降，将直接减少地方财政收入。

③ 过渡期间“营改增”将增加地方财政支出。目前试点过程中，在同样的税率水平下，部分试点行业和企业税负会有所增加。为保证“营改增”改革的顺利推进，中央明确要求对税负增加的企业给予财政扶持，这将增加地方财政支出。目前，广东省级设立了“营改增”改革试点财政专项资金 10 亿元。按照《广东省营业税改征增值税试点改革过渡性财政扶持资金管理办法》（粤财预〔2012〕121 号）的精神，“营改增”后试点企业增加的税负由省与市县按照 50∶50 的比例负担，各地市也要相应设立专项扶持资金，规模达到 10 亿元。因佛山市经确认的“营改增”户数约为广东省的十分之一，我市拟设立 1 亿元的专项扶持资金，这将进一步加大我市财政收支平衡的压力。

（四）他山之石——国外增值税制度的借鉴

增值税自 1954 年在法国开征以来，因其有效地解决了传统销售税的重复征税问题，迅速被世界其他国家采用。目前，已有 170 多个国家和地区开征了增值税，征税范围大多覆盖所有货物和劳务。

1. 法国增值税制度。法国增值税自 1954 年开征，经过 20 多年的改革和完善，直到 1978 年才形成现行比较健全的增值税制度。法国的增值税是一种“全面的增值税”。

（1）征收范围：包括工业、农业、商业、建筑业、服务业和自由职业者，即法国境内所有有偿提供产品和服务的经营活动都应缴纳增值税。

（2）税率：法国增值税的税率目前设计为四档，即 20.6% 的标准税率、5.5% 的低税率、2% 的特殊税率（经常会随情况变化而调整）和零税率。

（3）分成比例：中央 80%，地方 20%。法国的财政收入权基本上集中在中央。

2. 德国增值税制度。德国 1968 年 1 月 1 日正式推行增值税制度，按先征后退的方式进行征收。德国将增值税作为共享税中调整联邦与各州之间财力关系的平衡性税种，协调中央与地方的平衡。

（1）征收范围：发生在德国境内的商品销售与劳务提供行为。

（2）税率：德国的增值税实行三档税率制，即 19% 的标准税率（普通税率）、7% 的低税率（特殊税率）和零税率。

（3）分成比例：联邦 50%，州 48%，地方 2%。

3. 澳大利亚增值税制度。澳大利亚的商品服务税（GST，增值税）于 1999 年开征，按先征后退的方式进行征收，是一个间接税，同时也是一个价外税，由最终的消费者承担。

（1）征收范围：对在澳大利亚国内销售的商品和劳务进行征收。

（2）税率：澳大利亚商品服务税的税率为 10%。

（3）分配方式：澳大利亚是一个彻底的分税制国家，不存在共享税。联邦政府收到商品服务税后，按均等化或“劫富济贫”的原则按比例将原本属于各州各领地政府的商品服务税转移给各州和各领地。

综上所述，一般经济发达，法制相对健全，管理手段较为先进的国家，增值税的征收范围比较广，通常都对商品和劳务共同征收增值税。在已实行增值税的 170 多个国家和地区中，我国是唯一一个实行营业税和增值税同时征收的国家。因此，我国应当加快“营改增”的步伐，将“营改增”的范围扩大到全国的所有相关行业，尽快与国际接轨。

（五）政策思考——应对增值税转型提速地方经济发展

1. 发挥洼地效应，加快地方经济转型升级。由于目前“营改增”试点只是在我国局部省市开展，“营改增”带来的减负效应，将促使更多的服务业和制造业投资向试点地区集中，形成“洼地效应”。建议我省和我市以“营改增”为契机，充分发挥洼地效应，采取以奖代补、贷款贴息和财政补助等方式，重点支持服务业的技术升级、设施改造、网点建设、系统平台建设、人员培训、公共服务等，推动第三产业尤其是现代服务业的发展，促进制造业和服务业的深度融合，加快地方经济转型升级。

2. 理顺财政体制，保持地方财政运行的稳定。为保持现行财政体制基本稳定，试点方案明确：试点期间，原归属我市的营业税收入，改征增值税后收入仍归属我市。因试点产生的财政减收，按现行财政体制由各级分别负担。但这只适合做过渡性措施。因为一方面，“营改增”的减负效应将导致地方财政整体上减收，将挫伤地方政府参与“营改增”的积极性。另一方面，假设维持现在的过渡性措施，“营改增”后对货物和劳务都征收增值税，但对货物所征收的增值税只有 25% 归地方政府，对劳务所征收的增值税基本上都归地方政府。长期来看，有些地方政府会采取措施引导当地企业过度发展服务业，或者引导企业通过“转让定价”手段来扩大劳务部分的增值税税基，这将不利于产业的良性发展。因此，为了调动地方政府参与“营改增”的积极性，同时促进产业的可持续发展，必须适时理顺中央与地方的收入分配关系，适时调整增值税的分享比例并向地方倾斜。

3. 落实资金扶持和政策引导，保证税负稳中有降。为了保障改革试点行业总体税负不增加或略有下降，针对目前试点行业中有些行业如交通运输业，短期内出现整体税负上升的现象，应及时落实过渡性财政扶持资金。最近，我省出台了《广东省营业税改征增值税试点改革过渡性财政扶持资金管理办法》，对因试点税负增加月平均超过 1 万元的试点企业给予财政资金扶持。为了扶持“营改增”试点的中小企业，建议扩大“营改增”试点税负增加的补贴范围，对部分企业实际税负增加多，但未达到规定额的企业，也考虑给予财政资金的扶持。同时积极引导企业规范业务管理，养成向上游企业索取增值税专用发票的习惯，增加进项抵扣，提高纳税遵从度。

4. 加强管理，更好地实现“营改增”改革目标。在试点过程中，我们发现，我市的一般纳税人的占比偏低，同时纳税人零申报率偏高。我市纳入“营改增”试点范围的纳税人达13 350户，纳税申报率达99.6%，无论是户数还是申报率，与先期开展试点的省市基本相同，甚至优于其他省市，但是，从纳税人资格情况看，一般纳税人的比例（14.49%）低于北京、上海、江苏等地，也低于我市非试点增值税纳税人的一般水平（22.55%），这一方面反映出我市“营改增”试点企业规模较小，但另一方面也反映了我市“营改增”试点企业对一般纳税人资格身份的认同度不高。同时，数据分析显示，有45.88%的纳税人零申报，虽然绝大部分是起征点以下的个体双定户，但也有一部分企业包括一般纳税人零申报。“营改增”使得增值税抵扣链条更加完整，其前提是一般纳税人以增值税专用发票为依据缴税，因为小规模纳税人开出的发票不能进入抵扣链条。一般纳税人的占比偏低和零申报偏高与改革的意图不相符。为了充分发挥“营改增”改革作用，需要进一步加大政策宣传力度，整合、优化办税流程，为纳税人特别是一般纳税人提供优质高效的纳税服务，努力提高一般纳税人所占比例，同时加强日常管理，抓实申报率，从征扣税链条机制上充分实现“营改增”改革的目标。

5. 总结经验，积极稳妥地在所有劳务行业开展“营改增”。从国际上看，绝大多数实行增值税的国家都是对商品和服务共同征收增值税。将增值税征税范围扩大至全部的商品和服务，以增值税取代营业税，符合国际惯例，是未来我国增值税改革的必然选择。建议中央及时总结试点经验，积极稳妥地在所有劳务行业开展“营改增”，以实现企业购进劳务的充分抵扣，完善增值税链，更好地发挥“营改增”促进经济发展的正效应。

参考文献

[1] 李萍等，财政体制简明图解［M］. 中国财政经济出版社出版，2010.

[2] 林增军，完善现行增值税制的研究［D］. 大连理工大学，2000年.

[3] 华丽军，胡海瑞. 进一步完善现行增值税制的研究［J］. 丽水研究，2009（4）.

[4] 甘家武，当前的结构性减税研究［J］. 经济师，2010（7）.

[5] 张欣，从交通运输业论增值税、营业税的合并问题，世界华商经济年鉴［M］. 2011（4）.

“财政拖累”效应及预算执行绩效管理研究

广东外语外贸大学

一、绪论

根据广东省“十二五”期间建设“五大财政”的战略部署，“绩效财政”理念正深入人心。其中，我省“财政专项资金竞争性分配方式改革”更是率先实现了财政资金由按需分配向按绩效分配的转变。然而每到年终，“有钱花不出”的老问题仍然是审计部门关注的焦点，2011年广州市人大常委会还首次对预算执行情况开展专题询问。一方面是预算执行率连年走低，大量财政资金处于闲置状态，另一方面是年底突击花钱，衍生出浪费与腐败问题。两者如一枚硬币的正反面，反映出政府财政预算过程出了纰漏，令人深思。

依据海勒（Heller）的研究，由于税收增加超过政府支出，造成年终大量未被充分使用的资金剩余，有碍经济的持续增长，称之为“财政拖累”（Fiscal Drag）。换句话说，年底大量的财政预算资金闲置同样造成了另一个意义上的“财政拖累”。即使将这些资金结转至下年使用，剩余资金存于国库同样带来了财政拖累效应。事实上，除了结余结转资金之外，如果考虑到我国因收支缺口而出现的隐性负债成本和年底突击花钱的因素，我国财政拖累效应更为明显。

基于此，我们希望本课题对支出预算闲置与预算执行绩效管理问题进行探讨，从理论层面和实践层面全方位分析财政拖累效应及影响，提出中长期性的政策建议，为实现绩效财政战略提供参考。

二、我国预算执行中的“财政拖累”效应分析（略）

三、“财政拖累”原因分析：政府预算绩效管理缺失

（一）年底突击花钱—财政预算制度的“负激励”效应

1. 财政结余资金管理制度的负激励。根据财政部《中央部门财政拨款结余资金管理办法》（财预〔2006〕489

号）的要求，规定部门结余资金按支出性质划分为基本支出结余和项目支出结余（见表1）。

表1 财政拨款结余资金管理摘录

涉及条款	具体规定
第六条	基本支出结余原则上可以结转下年继续使用
第七条	部门在编制下一年度支出预算时，如要求新增基本支出，应优先动用基本支出结余资金，结余资金不足以安排时再向财政部提出申请增加预算
第八条	对累计基本支出结余资金规模较大的部门，财政部可以按照一定比例对其结余资金进行统筹，作为安排该部门下一年度基本支出预算的资金来源
第十二条	部门连续年度安排预算的延续项目，有专项结余资金的，在申报下一年度预算时，应结合项目进展情况主动统筹部分结余资金，再向财政部申请增加预算。对延续项目专项结余较多的部门，财政部在下一年度可适当减少有关项目支出预算

站在职能部门的角度上分析，上述法规条文体现出的总体思想：基本支出结余虽然原则上留用，但需列入下年预算计划；专项支出需统筹，结余较多时可能调减预算额度。很明显，制度本身对部门节约财政资金产生出负激励，即年底资金结余或降低下年预算金额，自然各部门产生出消化预算的冲动。

尽管财政部2010年由下发《关于加强地方财政结余结转资金管理的通知》，要求各级财政部门要研究完善本级部门结余结转资金管理制度，建立结余结转资金管理与预算编制相衔接的激励约束机制。对部门结转资金，要督促部门加快支出进度。对部门结转超过预算确定期限一年以上的项目，财政部门要商相关部门通过调减部门预算等方式将资金收回本级预算，其中上级专项转移支付结转项目，参照财政结转项目中上级专项转移支付结转的处理方式办理。这种情况并没有得到缓解。

换句话说，对于一个理性部门而言，倘若在年底前不能花掉所有的经费，那么在下一年度争取经费时，就失去“叫价”的权利。于是，每逢年底，都会出现一种怪象，有关领导在公开场合强调厉行节约，但私下却逼下属部门单位尽快完成年度预算开支。譬如，中国水稻研究所曾经向辖下部门发出“紧急通知”，说如果达不到预算执行的要求，财政部与农业部将会相应核减下年度预算规模。下属接到通知，自然心领神会，尽快把手中的公帑花光。

2. 强调预算执行率，忽视预算执行效果。预算管理及绩效考核机制长期以来“只问花钱不问效果”，有时过分强调预算执行率（财务指标），容易导致预算单位年终突击花钱，但不符合效能的要求，即绩效目标是否达成，缺乏一套行之有效的激励约束机制。这意味着，我们的预算监督，很多时候是一种“负激励”，即不是鼓励预算执行者如何精打细算地节约，而是“要求”预算执行者实际上花不完也要想着法子浪费掉。“浪费有理，节约无功”，在这样的预算激励机制之下，不管有没有实际需要和价值，也是普遍出现年底突击花钱的深层次原因。

只有把预算监督的“负激励”效应，扭转成为争先恐后节约的“正激励”，才能杜绝这样的现象。

（二）预算结余大—基于政府预算全过程的考察：编制、执行及评估

1. 体制性因素：预算编制缺陷。

（1）“四个时间点”安排。

一是预算编制时间较短。从当前实际情况看，下一年度的预算编制往往是在上一年10月份左右开始启动，部分市县甚至更晚，造成部门预算编制时间偏短。

二是预算编制时间与年度计划脱节，根据现行预算法实施条例的有关规定，我国一直实行历年制预算年度，即日历年度与财政年度的起止时间都为每年1月1日至12月31日。在上一年度的10月左右编制预算，由于年度结余情况还不能确定，且下一年度的工作任务、目标计划等仍未进行安排，收支计划和许多专项支出由于目标任务不够具体，使预算编制难以细化。而且，由于不可预见性的支出的存在，部门和单位往往在部门预算不编或尽量少编历年的结余数字，预算执行追加追减的情况也经常发生。

三是预算审议时间仓促。各级政府财政预算必须经同级人民代表大会审查批复后才能下达，各级人代会在每年1-4月间召开，人代会安排审议政府预算的时间仅为几天时间。在仓促的时间内，要逐条逐项、全面细致地审议预算很难做到，只能对预算进行总体性、一般性审查，最终流于形式，导致预算草案仓促出台，质量得不到保证，客观上使年初预算编制粗糙，从而增加了年度预算执行难度。

四是预算下达时间较晚，形成预算执行法律“真空期”。由于预算年度从每年1月1日开始，而人代会审批下达当年预算时间往往都在当年3月以后，出现预算年度的执行起始日先于人代会审批日的现象，这意味着一年，有1/4的时间实际上没有预算，份致每年第一季度的财政支出预算执行形成法律“真空期”。财政部门只能参照上年同期的拨款情况安排支出，并且只安排维持单位正常运转的基本支出，专项支出基本没有安排，通常要推延到第二季度后才能执行，最终影响了全年支出进度。

（2）预算内容不够完整与细化。在编制预算时，按照有关规定，各部门和单位的收支及以前年度的各项结余都应在预算编制内容全面体现，但多数部门在编制年初预算

时，为争取更多的财政资金收入，仍继续沿用“上年基数加增长”的办法编制预算，并没有将部门和单位的历年结余，下级单位上交收入以及资产出租处置收入、利息收入、事业收入、经营收入等按规定编入部门预算，从而造成了其财政支出预算执行进度的影响。

由于项目预算的编制、立项需要大量的前期工作，一些部门和单位预算基础工作薄弱，在报送预算时，未能将项目预算落实到具体项目和实施单位。一些有预算二次分配权的部门为了增强部门的调控能力，过分专注于设立项目争取财政资金，故意将应落实到具体项目和单位的预算粗糙化，以便于在预算执行时间进行二次分配。如某些部门在编制部分专项支出预算时，有的没有明确到具体项目，只在用途上简单列为专项经费等。这些部门在一次分配过程，往往会挤占挪用、滞留应拨未拨资金，从而影响支出进度。

从编制方法上看，基层预算单位不是根据项目实际的合理需求来测算，缺乏可行性报告的有力支撑，往往凭经验、靠推测比较粗略地进行编报，影响了预算编制的合理性；部分单位甚至存有虚报预算以弥补经费不足的侥幸心理，超范围尽量多编制项目预算，最终导致预算由于没有真实用途而无法全部执行，进而产生结余。

2. 关键性因素：专项资金的设置和管理缺陷。近年来，通过分税制的财政管理体制改革，中央和省集中了大量的权力，而在权力的分配和掌握上，中央多个主管部门都掌握着大量的专项资金，条条控制安排，财政专项资金有着种类多、数额大、管理分散的特点。从总体情况看，专项资金数额也在逐年加大。

专项资金是财政用于支持经济社会事业发展方面的支出，也是财政支出的重要组成部分，是财政支出管理的重点和难点。一般情况下，由于人员经费和公用经费等基本支出都是有标准有定额的，可伸缩性不大，一般采取等额拨付的方式，容易形成均衡支出，对财政支出进度影响不大。而项目支出则存在比较大的可伸缩性，并且像基本建设支出、支农支出等很多项目一般是按照项目实施进度进行资金拨付。如果年初预算不能细化到项比或者上级补助下达时间偏晚，很容易造成资金的集中拨付或滞留，从而制约了财政支出的进度。

（1）专项资金设置过泛，多头管理，不利于财政支出进度的整体推进。

一是设置分散。财政专项资金安排涉及扶贫、农业、社保、文教、卫生、科学等各个领域，项目涉及生产、生活、社会保障等方面，零星分散。一方面，专项资金的来源渠道复杂，既有同级财政部门安排，又有上级主管部门直接下达。对于上级主管部门下达的专项资金，有时同级财政部门并不了解；另一方面，专项资金的使用主要由支出部门来管理，财政部门按部门预算切块给部门后，具体使用管理就由部门负责。专项资金设置分散，名目众多，没有一个统一的部门进行规划使用，导致资金运行的时间环节N多，资金到位率不高，同时支出责任主体不明确，缺乏有效监督，不利于项目支出进度的整体推进。如“阳光工程”是由政府公共财政支持开展的农村劳动力转移前的职业技能培训，涉及财政部门的各专业部门，培训专项资金掌握在农口，而社保口的就业资金的职业培训补贴也有该项内容。同时，对农民上培训资金的使用分别由农业部门和劳动社会保部门支配。

二是多头管理。部门为了自身的利益，争设专项资金，往往造成同一项目有多个专项资金投入，却由不同部门管理，重复交叉，也影响了项目支出进度的整体推进。如农业项目资金有许多线条，分许多口子，较大的有：水利建设，主要由水利部门安排项目投资计划；农业综合开发，主要由各级农业综合开发办公室安排项目投资计划；林业项目，由林业部门安排项目投资计划；改造低产田，由农业部门安排项目投资计划；发改委也安排许多农业项目投资计划。这么多部门各自安排农业投资项目，却又没有明确划分各自的投资范围和内容，致使一些项目交叉重复，许多地方用同一个项目向几个部门申报投资，即同一个项目使用了几个部门的资金，容易造成资金多余而被挪作他用、挤占和滞留，使项目建设无法顺利实施，影响了财政支出进度。

（2）部分上级专项补助资金下达时间偏晚，造成部分资金无法在当年支出。由于行政体制改革的滞后和事权的划分难以成为有效的约束机制，以及基层管理水平不高，条条管理在现实中还难以取消，各项上级专项补助资金还将在一定时期内存在，包括中央补助地方以及省级补助市县的各项专项资金。专项资金的安排基本上是自下而上的逐级申请，然后自上而下审批安排，通过一次性追加的形式下达项目实施单位。按现行财政体制和财政年度，专项资金基本上是当年申请当年安排，转移支付也是每年一定，专项资金的下达基本在下半年实现，并且相当一部分资金集中在10月份以后下达，有的甚至到下一财政年度才得到上年度的专项资金追加文件。与此同时，由于项目资金是自上而下审批安排的，对于下级财政部门来说，这是一个不确定因素，如果资金不落实，则项目无法实施。因此，地方财政无法将这部分资金安排编入本级财政年初预算，在支出安排上难以作出一个系统的、稳定的计划。此外，由于上级专项资金下达时间较晚，往往使得地方政府仓促进行项目实施，导致项目筹备时间不足，前期工作不够完善，影响了项目支出进度。从实际情况看，每年中央对省很多一次性追加专项补助都集中在10月或10月以后下达，省财政还要下达到单位或者市县，市县财政最后下达到具体单位和项目才能执行，因此只能在每年后几个月集中兑现这部分资金，造成年底突击用钱的现象。而且由于很多项目无法在短期内完成，相当部分资金不得不延迟至下一年度支出，由此影响了当年的资金拨付和支出进度。

（3）部分项目实施进度缓慢。财政支出包括经常性支出和专项支出，专项支出进度取决于项目的实施进展情况，因此项目实施进度慢也是影响财政支出进度的重要因素。项目实施进度缓慢除了前述预算编制质量方面的原因外，还与以下三个方面相关：

一是项目实施管理不够规范。项目实施要协调多方关系，涉及项目前期准备、实施管理、资金管理等多个环节。因此主管部门项目实施经验不足或管理不规范，对于项目的前期工作做得不扎实，基础工作不细，导致资金下达后由于各种客观条件限制，批准的申报项目无法顺利实施，或者实施后资金缺口过大，不能完成工程内容，很容易造成项目实施进度拖延。如一些农村人畜饮水项目在申报时只考虑当地缺水的实际，而对水源情况没有做细致的调查分析，当取水条件和设计不一致时，就会造成项目实施困难，或资金超出原定预算，只好调整项目计划。

二是基建工程实施上，往往出现各种不可预见的客观因素，导致工程进度缓慢或停滞。如遇到雨天、用地纠纷等现象。如6－8月雨季，这段时间农林水、公路、城市建设等基建项目的工程实施上受气候影响很大，工程进度缓慢。

三是项目实施缺乏跟踪问效机制，没能及时督促加快进度。近几年来，财政资金投入力度加大，项目点多，要做到对项目实施全方位监督还相当困难，事前、事中监督还停留在制度上，大量的财政专项资金拨付后，没有得到有效监督，更难以做到跟踪问效，一方面导致实施单位权限过大，容易滋生腐败，另一方面，不利于项目的督促实施，影响项目支出进度。由于项目实施进度缓慢，导致项目支出结余较多，影响了整个财政支出进度的推进。

其中，最为严重项目是上级补助专项资金集中在年底形成支出。上级补助的项目资金，在实施过程中因实施进度缓慢，导致项目支出结余较多，影响了整体财政支出进度的推进一是上级专项资金到位后，项目单位从规划设计、政府采购到具体实施需要一个过程，前期准备阶段资金需求量少，实施阶段需求则明显增大，相应的资金支付也是前少后多；二是受工程计划、进度和配套资金的到位情况等多种因素影响，具体实施达不到年初确定的目标，或者未达到资金拨付的要求，从而导致资金拨付滞后，影响支出进度；三是项目实施缺乏跟踪问效，大量的财政专项资金拨付后，没有得到有效监督，难以做到跟踪问效，同时项目实施期间缺乏项目的督促实施，影响了项目支出进度。

3. 常规性因素：财政超收收入安排。支出预算调整除了上级追加专项补助和下达结算补助外，还有一项是超收收入安排。按现行预算法的规定，超收收入的安排使用由政府自行决定，只需将执行结果报告人大，不需要事先报批；对于超收收入的使用，人大可提出要求，但不具有强制性。预备费虽纳入了年初预算，占年初预算的比例不高于3%，但在安排预算时，财政部门往往要考虑到经济波动、自然灾害、突发事件等客观因素的影响，一般坚持“留有余地”的原则，超收收入预算支出项目安排常常具有不确定性，执行时需要根据年度内突发事件等情况进行安排拨付，不具规律性，无法实现均衡支出。由于当年超收安排资金一般到接近年底才能较为准确地测算出来，加上还要履行调整预算手续，等这块资金调增预算后，该年度所剩工作时间已不多，如形成支出会造成12月支出金额较大，如结转下年使用，则拉低了当年支出进度。

4. 其他。客观因素导致无法按照进度支付款项。由于项目内容本身的不确定性导致未能按计划完成进度，甚至顺延至下年度才能完成，从而影响预算的顺畅执行。如某预算单位的“信息化建设”项目，项目预算执行率为19.35%。项目结余主要是上级单位对该项目的部分相关内容作了调整，造成结余。在预算执行过程中，由于上级主管部门计划的调整、项目实施中外来不确定因素的调整，使其未能按编制的计划进度来完成。由于部分项目结算款项涉及政府采购，国库直接支付，需跨年度支付，由此影响了预算执行。如某预算单位的“技术设备和集装箱检验系统运行、维护费”项目因部分专项进口设备需政府采购，国库直接支付，技术维护费结算需跨年度支付。

四、国外政府预算执行概况及考核机制（略）

五、提高预算执行绩效的路径选择

（一）化“财政拖累”为“财政红利”（Fiscal Dividend）

政府通过降低税费或增加政府支出的策略以刺激经济活动，不断化解财政拖累，促使社会效益的提高，这种现象称为财政红利。本文侧重从优化财政预算过程角度，结合“中国式”财政拖累的特征，从降低资金闲置款额度出发，最终使财政拖累化为财政红利。其中，准确而细化预算编制，尤其是项目预算编制工作，提高预算编制质量。

准确编制预算，提高部门预算到位率是影响财政支出进度的主要因素，这就要求在编制部门预算时，项目预算符合实际的用款需求，没有虚报预算，项目预算尽可能细化到部门可执行项目上，避免执行过程中因“分解”预算指标，而影响项目的组织实施，影响预算执行进度。细化预算编制既是实施国库集中支付的基本条件，也是保证支出预算顺利执行的基本要求，而清晰、细化的支出项目内容，有利于按照项目性质合理安排资金，提高支出预算安排和资金使用的科学性、准确性和及时性，有助于支出进度的顺利推进。

1. 加强审核，明确责任。细化预算编制，财政部门应加强对预算编制真实性、科学性、准确性的审核，对预算编报部门要明确第一责任人，实行部门预算编制责任制。

2. 提高部门预算编制的精细化、科学化水平。细化基本支出和项目支出预算编制，科学制定基本支出定额和项目支出定额。建立健全预算管理基础信息数据库，进一步完善基本支出预算管理办法，逐步建立和完善人员定额与实物费用定额相结合的定额标准体系。细化预算编制应在年初及时将支出预算细化到具体使用项目、具体使用单位，提高预算资金年初分配的到位率和预算的可执行性，减少预算执行中的二次分配。同时要降低待分专款的比例，年初安排的待分专款要及时分解和落实到项目单位，通过部门预算的细化管理，提高预算执行的效率和可操作性。对部门基本支出，要按照规定标准核实打足，不留缺口；对部门的项目支出，要加强事前论证和规划工作，切实提高预算编制的真实性和准确性。此外，要严格预算调整，努力减少预算执行中的调整事项。改进超收收入使用办法，逐步将超收收入转由下年预算安排使用和弥补上级扣款、偿还政府债务；对确需当年使用的超收收入，要根据收入进度情况，提前做好收入安排预案，及时下达预算追加文件。

3. 建立和健全项目库，完善科学的项目管理方法。

第一，加强项目管理要合理区分基本支出和项目支出，对项目支出不仅要有定性规定、也要有定量规定。项目经费中的专项业务费所包含的内容要有明确规定，防止预算单位把属于日常公用经费内容的支出作为专项业务经费。

第二，各部门要做好预测工作，加强对国家、自治区的大政方针、发展规划等信息资料、数据的采集整理工作，制定项目滚动发展计划，尽量减少项目的调整。

第三，编制部门预算时，预留充足的不可预见支出，主要用于突发事件等支出，逐步减少预算的追加调整数。财政部门应采用比较法、目标法及综合分析法，建立从项目事前审批到事后追踪问效的管理机制。

第四，将财政投资评审机制引入项目支出预算管理，把项目预算评审建成部门预算管理流程的必经程序；建立项目入库前评审制度，入库的基建、修缮等项目都要进行评审；通过评审的项目才能安排预算，当年财力无法安排的项目滚动到下年。评审结论作为安排项目预算的依据，凡未经审核的项目，不得进入项目库，未进入项目库的项目，不得列入部门预算。

第五，对项目库中的项目实行滚动管理。将项目库中的项目分为延续项目和当年新增项目，新增项目是指本年度新增的需列入预算的项目；延续项目是指以前年度批准的、需要在本年度预算中继续安排的项目，以保障资金安排和项目的工程进度相匹配。每年项目支出预算批复后，各部门按照财政部门的编制部门预算的要求，将延续项目和当年预算未安排的项目滚动转入以后年度，与新增项目一并申请为年度项目预算，并在同等条件下优先安排。

（二）建立绩效管理机制，使预算执行既有效率（Efficiency）又有效能（Effectiveness）

效率注重的是有限资源的充分运用，故常以降低单位成本为衡量标准。效能则注重施政目标达成，故常以民众满意度衡量。政府预算绩效管理（考核）机制，除了预算执行率之外，尤其注意施政目标是否达成。

1. 财政预算弹性改革。上述各国预算编制与执行方面的弹性授权的做法，值得借鉴。有学者问卷调查结果显示，各预算部门官员多数（超过50%）认为：

（1）计划预算的编列未能反应工作成果或产出绩效。

（2）预算经费流用限制过严。

（3）经费预算无法保留致年终消化预算现象普遍。

（4）预算编列僵化无法应对突发状况。

因此，可实行支出上限与放宽经费留用限制。如可以要求各职能部门简并部分业务计划、工作计划与用途科目，授权职能部门主管在预算额度内经费支用自行核处：同一工作计划的分支计划互相留用、经常性经费可以留用于资本经费，但受流入20%，流出30%之限制，等等。

预算执行的弹性系推动绩效基础预算所必须建立的诱因机制，只有弹性授权运用预算资源，各机关才会诚实进行绩效报告。各级政府近几年来，在预算弹性上虽有些进展，但如未来要推动绩效基础预算制度，预算执行的弹性仍需再扩大。

同时，设计一套具有诱因机制的奖惩制度。如预算执行绩效奖金、节流资金分享、绩效考核结果的应用机制，等等。

2. 技术手段完善。

（1）改革财政专项资金管理制度，实行零基预算和综合预算的原则。

合理整合现有财政专项资金，各类专项资金使用打破部门、项目的“基数”概念，在分类切块、向部门分配和部门内安排项目等各环节实行零基预算。统筹使用各类各部门的一般预算资金、政府基金和预算外资金等各项财政性资金。

一是把性质、用途相似的专项资金整合起来统一安排和管理。当前很多专项资金性质、用途相似，但通过多个部门、多渠道单独下达，造成重复浪费。如涉农补助资金，农业、林业、水利、计划、财政等部门都掌握分配权，财政部门内部又涉及预算、农业、农发、社保、经建等经办机构。部门之间各自为政，财政内部经办机构协调不足，造成资金分配零星分散，上级部门财权分散，难以做到合理和统一。因此，将这些性质、用途类似的资金集中起来，统筹兼顾，统一安排。同时取消一些过时的、与当前市场经济不相适应的专项资金。

二是厘清责任，加强财政监督。关键是理顺投资主管部门和财政主管部门在政府财政性建设资金分配管理方面的职能定位，改变某个部门既管项目又管资金的格局，建立部门间合理分工、共同协商、相互制衡和有效监督的机制，从而改变专项资金名目繁多、使用分散的状况。对于多头管理的专项资金，要根据部门职能，按照“权责统一、相互沟通、减少交叉、协调一致”的原则，厘清各部门对专项资金的管理权、审批权及使用权，加强部门沟通和协调。专项财政资金的拨付及管理，主动权应在财政部门，有关部门可结合部门职能，并根据资金的性质，掌握专项资金的审批权、使用权，以利于进一步提高财政支出进度。

（2）加快专项资金下达时间。

一是将大部分上级财力性补助作为基础性补助，要求县市财政纳入年初财力安排支出预算。

二是控制专项支出的过快增长，增加一般性转移支付补助数额并及早下达，方便地方财政及早安排各项支出。

三是加快专项补助的下达效率，在部门预算编制更加细化科学的基础上，及时将人大批准的预算批复至各预算单位；对需追加下级的资金应及时办理对下级的追加程序；如果年初确实无法确定到具体项目的，要加强与项目主管部门的沟通联系，争取在9月底前将所有预算分配到具体项目上并追加到具体市县或单位，便于下级财政和项目实施部门尽早安排支出，避免年底之前为了赶进度，不顾支出成效，形成资金浪费。

四是对预计上级指标未达到前进行预分配。各级部门在向上级部门上报项目后应多注意收集信息，在稳妥的情况下采用“预分配”的方法尽早分配基本确定的上级转向指标，进一步加快支出进度。如采取社保救灾资金预分配、支农扶贫资金预安排方案等措施必将在很大程度上加快项目实施，加快支出进度。

（3）督促项目实施，加快项目支出进度。

一是加快下达项目投资计划和落实项目资金分配方案。项目投资计划和项目资金分配方案的及时有效落实，是保证项目支出顺利执行的前提。财政部门要主动转变理财观念，对项目支出管理实现由“被动买单”到“主动买单”的转变，应协同有预算分配权的部门研究改进项目资金分配方法，加快待分配指标下达节奏，争取做到编制投资计划或项目实施计划与预算编制时间同步进行。项目预算批复下达单位后，财政部门要加强对项目支出预算执行的后续跟踪，协助和督促各预算单位认真做好用款计划，加快项目实施进度。特别是对一些论证时间较长的项目支出，财政部门要主动协调主管部门做好统筹规划，缩短论证时间，使项目尽快实施。如对于基建、支农等额度较大的项目投资计划，应进一步加强项目前期管理，将立项、评审、审批等环节提前，一些项目的准备论证应尽量前移，有条件的应当尽快实施，努力形成良好的预算编制与预算执行协调运行机制。

二是切实抓好项目支出管理，提高项目支出执行进度。项目支出进度是近年来影响整个预算执行进度的重要因素，也将成为影响财政支出效益及时、有效发挥的重要方面。财政各部门预算管理机构应对照归口管理的部门和单位，监督检查各项专项支出的预算执行情况，及时发现问题、分析原因、提出对策。针对预算执行中出现的变动因素，如果确实需要对支出项目内容进行变更、调整的，要及时按照有关程序办理项目调整；对政府性投资的基本建设项目，要制定基本建设支出预算管理办法，并对项目工程概算、项目预算和竣工决算进行全过程评估审查。财政部门应与项目执行部门加强沟通协调，对于项目尚未实施或实施进度慢的，要督促其加快项目实施进度。

（4）规范资金使用，提高资金拨付效率。

一是严格执行人大会批准的部门预算。各部门和单位对年初部门预算安排的各项资金，要研究制定合理的用款计划，确保预算支出的及时、均衡实现；对年初预算已确定的项目支出，要加强项目实施管理，加快实施进度；对政府采购预算支出，要按照规定及时申报政府采购计划，确保在预算年度内完成政府采购任务。

二是规范资金使用。各级财政部门要在严格支出管理，确保财政资金使用的规范、安全和有效的同时，进一步提高工作效率，改进服务，提高资金拨付效率。对预算已确定的人员经费和维持运转的经费要严格按时间进度拨付；对预算已细化到单位到项目的专项支出要简化审批手续，优化流程，限时办理；对上级追加的专项补助要及时制订方案并尽快下达，避免将资金延压到年底，出现财政支出前松后紧、完成进度缓慢的不均衡现象；对年度预算执行中政府非税收入的超收或短收，要及时申报调整预算，并按规定合理统筹安排支出。

三是深化国库集中支付改革，畅通资金拨付渠道。进一步深化国库集中支付改革，使尽量多的预算单位纳入国库集中支付管理，逐步将基本建设资金纳入财政国库集中支付，统一支出渠道，提高支出效率，建立“规范、安全、高效”的财政支出管理机制。强化与预算单位、代理银行的沟通，引导预算单位及时办理支付，督促代理银行提高服务质量，为财政均衡支出铺平道路。财政部门内部要加强协作配合，建立良好的内控制度和高效的运作机制，确保预算的高效执行。

（5）建立预算执行与预算安排挂钩制度。按照财政部提出的预算执行和预算安排挂钩的要求，从预算安排开始，单位内部也应建立相应的预算执行与预算安排挂钩制度。在安排一下预算时，1－10月各部门预算累计执行进度低于60%且执行率倒排名在单位内排在前3名的单位，其2013年公用经费预算指标在2012年的基础上核减30%；年终总执行率低于75%，且倒排名在单位内排在前3名的单位，下年度不安排除上级主管单位已定事项外的预算追加。

同时，加强绩效评价，提高预算的严肃性和规范性。对地方基层预算单位预算执行开展绩效评价，对于预算执行率较低的中央基层预算单位，尤其是对虚报预算而导致年底结余较多的单位，年底结余应予以全额收回，并在下年度对其预算进行适度缩减。

（6）建立项目执行年报制度。通过预算执行月报虽能掌握预算执行状况，但信息并不全面，它只反映出资金支出的情况，不能反映出工作进度、工作质量、工作进度是否与资金进度匹配等重要信息。为此，可以考虑从某项计划做起，每年出一个进展报告，总结回顾上年度项目进展，实行与实施计划进行对比分析，为以后年度的项目执行提供经验和借鉴。

3. 监督机制完善。

（1）部门监督：执行进度控制。建立预算执行进度每月通告和约谈制度。单位财务部门每月统计局各部门预算执行进度，按照执行率进行倒数排序，按照剩余资金总量进行止排序；每月将各部门执行结果与排名情况及时通告各部门，为单位全面了解和掌握全局预算执行提供动态信息。对月排名倒数前3名的部门，由局领导出面与部门负责人约谈。各部门负责人要结合部门情况，认真查找原因，有针对性地提出改进措施。

（2）财政监督：加强分析考核，建立财政支出进度的考核奖惩机制。进一步加强预算执行分析工作。财政部门应继续提高信息报送的时效性、执行情况分析的准确性、收支预测的前瞻性和对重大问题的敏感性，要进一步加强对支出情况的分析，特别是要关注支出预算执行进度偏慢问题，跟踪研究，查找原因，及时提出改进措施。同时将支出的分析、支出的预测、支出的结果和支出的效益作为最重要的环节来抓。

出台预算执行的考评办法。一方面，将考评结果纳入政府年度目标考核内容，对于年底结余较大的部门，次年相应少安排一部分资金；对于结余较大的地区，在结算时原则上不要再安排资金；对于预算执行进度较好的地区，在年终结算时给予一定的奖励。另一方面，考虑将用款计划的完成进度纳入预算执行进度考评体系，以督促各部门提高用款计划的科学性和准确性。同时，各部门和单位对其所属单位预算执行情况建立相应的考核、分析、通报、奖惩制度，促进本部门支出预算的顺利执行。

积极推进绩效考评试点。在进一步完善现有的科技专项资金、财政扶贫资金等项目支出绩效考评管理试行办法的基础上，逐步将绩效考评范围扩大到教育、社会保障、卫生、救灾等涉及民生的重点项目。每年选择一批重点项目由财政投资评审机构或委托有关中介机构或组织有关专家实施绩效评价，并形成绩效评价报告，必要时向同级人民政府报告或向社会公开。同时，加强绩效考评结果的运用，将绩效考评结果作为确定以后年度项目和安排项目支出预算的重要依据，逐步建立项目预算安排与项目考评结果有机联系的绩效考评机制，不断提高预算支出执行的有效性。

（3）深化人大和审计外部监督。人大和审计部门要充分履行宪法和法律赋予的职责，从编制预算、审核预算、到执行预算和决算进行全方位的监督，要加强问责制度，确保财政支出的规范性和有序性，硬化预算约束。实行问责是迅速提升绩效理念最有效地措施，缺乏问责的绩效评价和绩效管理只会流于形式。只有绩效责任追求到位，才能对部门形成触动。市政府应尽快建立“谁用款，谁对支出效果负责”的问责机制，将绩效评价结果纳入人大对部门工作评价考核范围和审计部门对单位主要责任人的经济责任制审计范围，建立从制度问责到组织问责、法律问责的全方位问责体系。

同时，实行绩效审计制度。提请有关部门对重点项目资金进行重点审计和事后审计，加强对重点项目的财政和审计监督，并将评价结果和审计结果将作为下年度安排部门预算的重要依据。对绩效优秀的，在安排部门预算是给予优先考虑，并重点支持；对绩效差劣的项目进行通报，对同类项目下一预算年度不再安排资金，实现资金安排与绩效优劣真正挂钩，提升绩效结果与预算安排之间的关联度。

（4）公众参与。增加预算的公开性和透明度社会公开机制。向社会公开重点项目的实施情况和评价结果，是保障纳税人知情权和监督权利的体现。支出绩效评价不能只局限于政府内部，公众应该成为不可缺少的评价主体，第一层次，应保障公民的知情权，实现更多资料的公开。政府要做好支出绩效评价知识的宣传、介绍，例如，可以在广州市财政局的网站上，进一步增加财政支出绩效评价的相关内容，包括财政绩效评价的内涵、特点、内容、政府发展规划，相关法规、规章，绩效评价的指标体系、评价方法、模型、评价标准等专业性内容，定期公开广州所进行的绩效评价工作进程及相关成果，介绍其他国家或地区绩效评价改革的有益探索和研究成果。

条件成熟时，预算编制实行听证制度，广泛听取群众的意见和建议，适时适当公布财政预算信息，接受社会公众的监督，树立民主理财、依法行政的观念。

4. 其他配套措施。

（1）调整税务部门考核机制，提高收入预算的准确性。超收收入过大既与预算编制遵循“留有余地”的原则有关，也与税务部门的考核机制有关。由于地方政府对税务部门实行超收奖励制度，税务部门主观上存在压低预算以多得奖励的动机，结果则是收入预算过于保守，超收收入比重过大。因此，需要调整税务部门考核机制，以提高收入预算的准确性。

（2）推广预算稳定调节基金，化解超收收入问题。超收收入比重大，对当年和次年财政支出进度和均衡性都有较大的负面影响。财政部早在2007年就为此建立了“中央预算稳定调节基金”，将部分超收收入划入该基金，用于调节预算平稳运行，并颁布了相关会计核算办法，随后海南等省市也建立了相同制度。“预算稳定调节基金”可以解决部分超收收入问题，减少年底虚列预算。由于可以调用该项基金来填补未来可能出现的收入缺口，因而在编制收入预算时，可以减少顾虑，适当提高收入增长幅度，逐步减少财政超收规模，提高预算准确性，形成良性循环。同时，通过建立基金将部分超收收入暂时“储备”起来，可以防止产生年底突击花钱等行为，也可以为应对不时之需提供保障。因此，建立“预算稳定调节基金”值得推广。

（3）调整赤字考核思路，提高财政报表数据真实性。在现行的财政赤字考核制度下，地方财政要满足考核要求，原则上当年不能有赤字，即使年未有较多盈余，也只能在财政报表上显示少量净结余，故只能在年底集中安排支出预算，或技术操作为大财政项目结转，以防止出现不能通过赤字考核或考核成绩不佳的情况，这样的决算报表其实并不真实。结转项目次年初又需再次细化或调整安排到具体项目才能形成可执行预算；年底集中安排到部门的预算往往当年也并未实际发生支出，而是结转下年使用，加大了次年支出压力，形成恶性循环。因此，可以考虑调整赤字考核思路，改当年赤字考核为累计赤字考核，以提高报表数据的真实性。

基层医疗卫生保障财政投入机制研究

——以阳山县为例

阳山县财政局

一、基层医疗卫生保障政府财政投入的理论依据（略）

二、阳山县医疗卫生保障基本情况（略）

三、阳山县医疗卫生保障财政投入情况

（一）阳山县医疗卫生投入实施情况

1. 基本医疗保障制度稳步实施。为完善我县医疗保障制度，保障我县居民享受基本医疗服务，减轻人民群众医疗费用负担，我县在稳固城镇职工医保实施的基础上，积极推进城乡居民医保制度，加强城乡居民医保基金管理，2011 年全县参加城乡居民医保达到 44.72 万人，参合率达 95.82%，每年人均住院筹资 230 元，其中政府财政筹资 200 元/人/年，个人筹资 30 元/人/年；每年人均普通门诊筹资 72 元，全部由政府财政筹集。财政筹资 306 万元，补助五保户、低保户、农村独生子女户、纯二女户、优抚对象、残疾对象、孤儿等免费参加城乡居民医保。2011 年共筹集城乡居民医保基金 10 284 万元，其中，县级配套 1 772 万元，个人筹资 1 356 万元，全县基金支出 7 809 万元，有 8.03 万人次得到了城乡居民医保基金的补偿；全县参加城镇职工医保人数为 2.81 万人，参保率 100%，共筹集城镇职工医保基金 3 865 万元，支出 3 021 万元，受益人次达 2.13 万人次。根据《医疗救助基金管理办法》补助部分城乡居民大病医疗救助，共支付农村医疗救助金 17.26 万元，得到医疗救助户数 122 户；支付城市医疗救助金 4.06 万元，得到医疗救助户数 9 户，有效提高城乡群众就医保障水平。

根据省市有关文件精神，对整合后的城乡居民医保的补偿进行调整：一是统一城乡居民医保的住院补偿比例，市内一、二、三级医院住院报销比例分别统一为 80%、60%、40%；二是统一报销封顶线，一个保险年度最高报销限额为 10 万元；三是统一门诊报销比例，普通门诊的定点医疗机构按属地原则确定，属于门诊目录范围的费用报销比例为 50%。补偿标准较原来的新型农村合作医疗和城乡居民医保均有提升，不断缩小与城镇职工医保的保障水平，全县医疗保障的公平性进一步得到提高。

2. 国家基本药物制度扎实推进。我县共有 18 家基层医疗卫生机构从 2011 年 4 月起实施基本药物制度、基本药物目录内药品零差率销售，差率 15% 部分由基本医疗保障基金和各级财政补偿、补助。2011 年，全县基层医疗机构药品收入为 1 174 万元，补偿资金为 81 万元，基本药物实际销售价格下降率为 22%，群众用药负担大为减轻。另外，县卫生局还对全县基层医疗卫生单位实施国家基本药物制度进行了培训。从 2012 年 1 月 1 日起，全县基层医疗卫生机构实行一般诊疗费制度，切实减轻群众的负担。城乡居民医保的药品目录范围不断扩大，基本实现了与城镇职工医保药品目录范围接轨。

改革基本医疗药物采购、结算办法。实行收支两条线后对基层医疗卫生机构基本医疗药物采购实行全面的改革，县财政、卫生部门共同制定了《阳山县基层医疗卫生机构药物采购结算办法》，规定了基层医疗卫生机构基本药物的采购办法，改革基本药物采购结算制度，由基层医疗卫生机构付款结算改为以县为单位，由县财政局国库支付中心统一结算支付。结算流程：基层医疗单位网上采购→供货企业按照合同要求将药品配送到基层医疗单位→基层医疗单位于 3 个工作日内完成验收，入库和网上确认，并出具签收单及结算付款通知书→送县财政局审核后由国库支付中心在 30 天内（原则不超过 60 天）统一支付给供货企业，2012 年县财政共支付给供货企业药品采购资金 1 015 万元，从而规范和完善药物采购行为。

3. 基层医疗服务体系建设不断完善。首先，加强乡镇卫生院基础建设。我县采取多种渠道，多种形式，加快融资的速度，确保医疗资源整合项目工作进展顺利。近几年来，共完成投资 1 700 多万元，建设和改造七拱、黎埠等 17 家卫生院住院、门诊综合楼，建筑面积约为 8 000 平方米，添置心电监护仪、彩超、全自动生化分析仪、电子胃镜等一批大型的医疗设备，乡镇卫生院的业务用房加快改造，基础设施建设不断加强，群众看病就医条件进一步改善。截至目前，除阳城镇卫生院外，我县基层医疗卫生机

构的医疗业务用房建设已达到广东省乡镇卫生院基本建设标准。未达标的阳城镇卫生院，已按照市的部署要求改造建设阳城镇卫生院，拟计划于阳城镇卫生院水口分院内新建设住院楼一幢，建筑面积为1 100平方米，投资估算150万元，现此项目已通过县发改局立项。

其次，加强农村卫生站的制度管理。全县共有159个行政村、260家村卫生站、290名村卫生站医生，每个行政村均设有卫生站，我县依照《乡村医生从业管理条例》规定，切实抓好农村卫生站建设。一是按照便民、利民的原则，结合实际，对卫生站实施严格的准入制度；二是强化卫生站标准化建设，对村卫生站实行“四统一”（即机构统一设置、财务统一监管、工作统一考核、制度统一上墙）和“五有”的管理模式（即看病有登记、发药有处方、收费有依据、进药有凭证、传染病有报告）；三是实施严格的绩效考核制度，卫生局、乡镇卫生院加大监督检查力度，加强对乡村医生绩效考核，积极落实好省财政每年对每个行政村卫生站补贴1万元的经费补助，方便了农民群众就医，提高了农民健康水平。

4. 基本公共卫生服务项目进展顺利。根据省市对基本公共卫生均等化的要求，按县卫生局分配并核定资金，我县根据乡镇卫生院基本公共卫生服务项目完成情况，按时拨付基本卫生服务工作经费，2012年共拨付基本公共服务专项资金469万元。不断完善基本公共卫生服务项目工作。一是积极建立居民健康档案，2012年我县城乡居民累计建档32.14万人，建档率为89%。二是抓好免疫规划，2012年各种一类疫苗接种率均在99%以上。三是抓好健康教育，及时更新宣传专栏，积极开展健康教育讲座，2012年调查居民健康知识知晓率达到70%以上。四是抓好传染病防治，辖区登记传染病数均及时上报。五是抓好儿童保健工作，2012年7岁以下儿童数为4.42万人，其中儿童保健系统管理人数为4.1万人，系统管理率为92.75%；新生儿访视率93.9%。六是抓好孕产妇保健工作，早孕建册率为93.9%、产后访视率为94.5%。七是积极开展农村妇女孕前和孕早期补服叶酸项目，降低我县神经管缺陷发生率，提高出生人口素质，2012年我县叶酸项目依从人数2 277人，完成率61.7%。

5. 绩效工资改革不断深化。我县积极实行收支两条线管理，制定了《阳山县基层医疗机构收支两条线管理试行办法》，并从2011年1月实施执行，实行收支两条线管理后对基层医疗机构实行核定任务、核定收支、绩效考核补助的管理模式，确保基层医疗机构正常运行。

我县根据《关于印发广东省其他事业单位绩效工资实施意见的通知》的文件精神，制定了《阳山县公共卫生与基层卫生事业单位绩效工资实施办法》、《阳山县公共卫生与基层医疗卫生事业绩效工资实施细则》和《阳山县公共卫生与基层医疗卫生事业单位绩效工资考核指导意见》，同时通过全面的摸底调研，确定了2011年公共卫生与基层医疗卫生事业单位绩效工资总量按事业单位工作人员上年度12月基本工资的额度和规范后的津贴补贴构成，按照与我县事业单位工作人员平均工资水平大致相当的原则，2011年确定我县年人平绩效工资总量为2.1万元。绩效工资分为基础性绩效工资和奖励性绩效工资两部分。基础性绩效工资按绩效工资总量的70%核定，主要体现本地经济发展水平、物价水平、岗位职责等因素。奖励性绩效工资按绩效工资总量的30%核定，主要体现工作量和实际贡献等因素。奖励性绩效工资项目设业务津贴、综合目标考核奖、年终一次性奖金等，具体标准由基层医疗单位确定，定期或不定期发放。经过2012年1月和2012年6月两次调整，现我县卫生系统年人平绩效工资总量为2.64万元。

通过实施绩效工资后，形成合理绩效工资水平决定机制，完善分配激励机制，健全合理的分配宏观调控机制，调动基层医疗卫生机构人员积极性，全县基层医疗卫生机构进一步转变服务模式，纠正“重效益、轻公益”，“重医疗、轻预防”的倾向，切实担起基本医疗和公共卫生服务职责，提高公益服务水平，促进社会卫生事业发展；进一步完善基层医疗机构相关管理制度，规范基层医疗机构职责、服务内容、操作流程，完善制度，规范管理，提高基层医疗机构的综合服务水平。

（二）阳山县医疗卫生投入现状

1. 卫生总费用总量偏低。卫生总费用反映在一定社会经济条件下，政府、社会及个人对卫生健康的投入与规模，是衡量一个地区卫生保健筹资水平及其利用程度的指标。通常可以用卫生总费用占GDP的比重来衡量一地区卫生投入水平的高低。表1反映了阳山县卫生总费用的变化趋势。

表1　　2009－2012年阳山县卫生总费用占GDP的比重　　单位：万元,%

年份	GDP	卫生总费用	卫生总费占GDP的比重
2012	70 1590	20 054	2.86
2011	676 294	18 482	2.73
2010	636 851	16 662	2.62
2009	503 662	10 065	2

资料来源：阳山统计年鉴、阳山县社会保险基金局、阳山县卫生局。

从总量看，阳山县卫生总费用一直保持持续增长态势，2012年达到了2.01亿元，年平均增长率达25.8%。卫生总费用占GDP的比例也保持连年增长，由2009年2%增长到2012年2.86%，但仍远低于2009年我国平均水平5.1%，而该比重仅刚达到世界卫生组织的基本要求。这说明我县卫生总费用虽持续增长，但投入总量仍然偏低；卫生投入水平虽逐年提高，但仍处于一个较低的水平。

2. 政府医疗卫生投入增长刚性不足。从表2来看，2009－2012年，阳山县用于医疗卫生的支出连续4年同比增长，其中，2010年和2012年两年增长率高于同年公共财政预算支出增长率，但2009年和2011年低于同年公共财政预算支出增长率，未能达到对卫生事业的投入增加幅度不低于财政支出的增长幅度目标，这是由于医疗卫生支出与法定支出、各项重点支出相比，刚性不足，增幅最高和最低相差40多个百分点，增长速度极不稳定，不利于我县卫生事业长期稳定发展。

表2　2009－2012年阳山县医疗卫生支出情况　单位：万元,%

年份	公共财政预算支出	增长率	医疗卫生支出	增长率
2012	135 288	5.21	18 807	12.8
2011	128 586	16.69	16 674	4.4
2010	110 191	16.5	15 972	48.44
2009	94 586	20.55	10 760	20.06

资料来源：阳山统计年鉴。

3. 城乡医疗卫生资源配置差距明显。由表3可知，2012年县级医疗机构卫生费用占卫生总费用比例为70.42%，并且明显呈逐年提高的趋势，说明医疗卫生资源越来越向县级医院集中，县乡医疗资源的差距仍在扩大。

表3　2009－2012年城乡医疗卫生费用情况　单位：万元,%

年份	卫生总费用	县级医疗机构卫生费用	乡镇医疗机构卫生费用	县级医疗机构卫生费用/卫生总费用
2012	20 054	14 123	5 931	70.42
2011	18 482	12 663	5 819	68.52
2010	16 662	11 087	5 575	66.54
2009	10 065	5 601	4 464	55.65

资料来源：阳山县卫生局、阳山县社会保险基金局。

从就诊人数的流向来看：由表4可知，2011年，按医疗机构类别分：全县医疗机构总诊疗人次数为50.76万人次；其中县级医院为29.93万人次，约占总诊疗人次的58.96%；乡镇卫生院为20.83万人次，约占41.04%，说明居民就医的主要医疗机构还是大医院，医疗资源集中在县级大医院。

表4　2011年阳山县医疗机构门诊和住院情况　单位：万元,%

年份	住院收入	构成百分比	门诊收入	构成百分比	次均门诊费用（元）	次均住院费用（元）	诊疗人次数
合计	10 157	100	4 775	100			507 643
县级医院	8 371	82.42	3 208	67.18	149.9	3 100	299 332
乡镇卫生院	1 786	17.58	1 567	32.82	68.71	1 502.71	208 311

资料来源：阳山县卫生局。

从医疗费用来看：由表4可知，2011年，县级医院人均门诊医疗费用为149.9元，人均住院医疗费用为3 100元，分别是乡镇卫生院的2.18倍和2.06倍，可见级别越高的医院其人均医疗费用就越大，从另一个侧面显示了卫生资源集中在县级大医院中。

从其他卫生资源来看：由表5可知：2012年县级医院床位数占总床位数的58.98%，卫生技术人员数占全县的61.97%，说明了县级医院占据了大部分卫生和技术资源，因此可知，我县医疗资源仍然主要集中在县城，而县城的主要医疗资源又集中在县级医院，导致我县城乡卫生资源配置极不均衡。全部乡镇平均拥有床位数1.14张/千人，仅占全县平均拥有床位数2.44张/人的46.72%，全部乡镇每千人平均拥有卫生技术人员0.93人，仅占全县平均拥有卫生技术人员2.15人的43.26%，无论是床位数还是卫生技术人员，乡镇平均每千人拥有数都不及全县平均数的一半，可见城乡医疗卫生资源配置城乡差别非常大。

表5　2012年阳山县医疗机构床位和医护人员情况　单位：张，人

年份	床位	卫生技术人员	每千人拥有床位数	每千人拥有卫技人员
合计	1 336	1 178	2.44	2.15
县级医院	788	730		
乡镇卫生院	548	448	1.14	0.93

资料来源：阳山县卫生局。

4. 财政医疗卫生投入的城乡失衡。近几年来，我县投入共投资 1 700 多万元，建设 17 家乡镇卫生院医疗业务用房，添置心电监护仪、彩超等一批大型的医疗设备，而县级医院仅人民医院就投入 3 870 万元，用于扩建医疗业务用房和购置医疗设备，可见乡镇、农村医疗卫生投入供给严重少于县城。在分权化的管理体制下，分割的城乡二元体制导致医疗行业管理的困难，卫生资源盲目、重复配置，卫生服务供给与需求失衡。县级大医院凭借其区位优势、技术优势、人才优势进行资源的集中，逐步拥有更先进的基础设施，配备业务水平高的卫生技术人员，而农村卫生也很难从社会资金投入中获得补充，最终导致财政卫生资源投入的地区结构严重失衡。

5. 医疗卫生财政投入轻预防、重医疗。从成本效益上看，事先预防比事后治疗成本小、收益大。但事实表明，由于医疗卫生领域的过度市场化运作，导致卫生领域的几乎所有资源往县级大医院集中，公共卫生领域的资源配置相对薄弱。目前，在国家加大力度、加大投入推进基本公共卫生项目均等化的前提下，我县人均基本公共卫生服务经费达到 25 元，但仍仅占我县人均卫生费用 342.26 元的 7.3%；卫生防疫人员 102 人，仅占我县卫技人员的 8.66%。经费和人员的不足，一定程度制约公共卫生服务项目的开展，从而影响基本公共卫生服务的公平性和可及性。

四、阳山县医疗卫生保障财政投入存在的问题（略）

五、阳山县医疗卫生保障财政投入存在问题的成因分析

（一）财力不足，财政支出压力大

我县属于山区贫困县，经济基础薄弱，财源匮乏，是典型的“吃饭财政”，收支矛盾十分突出，全部乡镇均为“赤字财政”，只能勉强维持政府机构的正常运转。2012 年，公共财政预算收入仅占公共财政预算支出的 35.7%，近 2/3 的财政支出依靠上级财政来保障，财力严重不足，除保工资、保运转、保法定重点支出外，还需要额外挤出资金来保年初人大确定的基本发展目标和上级下达的重要发展指标任务，因此，我县只能勉强保障城乡居民医保和基本公共卫生服务开展所需的县级配套资金和基本工作经费，根本无力投入资金改善医疗卫生机构的基础设施建设、医疗设备、医技人员业务水平等方面，财政支出压力非常大，收支矛盾越来越突出。因此，资金的严重不足使我县对进一步开展基层医疗保障工作有心无力，进而影响积极性。

（二）农村税费改革导致基层政府财力缩减

农村税费改革对于减轻农民负担，增加农民收入具有重大意义，但基层财政收入也随之大大缩减，损失了一块主要税收来源。自 2006 年取消农业税以来，中央为弥补各地农业税的损失，中央每年通过专项转移支付补助我县 3 128万元，但该补助金额至今一直未作过调整，而我县财政支出压力逐年递增，使得收支矛盾越来越突出。2012 年，我县 GDP、公共财政预算收入、农村居民人均纯收入分别为 2006 年的 2.24、2.96、1.79 倍，按最低的农村居民人均纯收入增长速度来计算我县仅 2012 年也大约损失 2 471 万元农业税税收，这个数字对于像我县这样的山区贫困县来讲，占今年我县税收收入的 9.34%，无疑相当于是损失一大块税收，随着县乡财政财力的缩减，使得集体筹资方式难以为继，基层卫生条件、基层卫技人员业务水平的改善也随之而逐步恶化。

（三）上级财政补助力度不够

我县实施国家基本药物制度，基本药物目录内药品实行零差率销售，差率 15% 部分由基本医疗保障基金和各级财政补偿。2011 年，全县基层医疗机构药品收入为 1 174 万元，国家补偿资金为 81 万元，其中，上级财政共补偿 16.55 万元，仅占补偿金额的 20.43%。我县基本药物实际销售价格下降率为 22%，药品收入实际约下降 258 万元，与补偿资金差额达 177 万元。可见，实施国家基本药物制度，基层医疗机构药品收入明显下降，国家虽有补助，但补助的严重不足，尤其是上级财政补助标准过低，使得基层医疗机构的医疗收入水平下降，可能导致基层医疗机构为提高收入出现大检查、大治疗行为。

（四）监督管理工作难度大，成本高

由于医疗机构自身的高度专业性，县级社会保险基金部门和有关部门并不完全具备医学专业知识，对医疗机构进行监管难度较大。此外，要想加强对基层医疗机构监督管理，就必须加大投入和补助力度，投入资金进行医疗卫生系统信息化建设，实行信息化动态管理，实现实时监督和规范医疗机构的医疗行为，同时，聘请医学专业人士指导和协助监管，但我县存在严重的经费压力，暂时无力保障这方面的支出。

（五）县级政府的政治积极性不够

由于在当前背景下，各级政府都面临上级的政治考核，一切以经济发展为中心，实现 GDP 增长目标是所有工作的重中之重，也是最大的政绩目标，因此，所有的工作重点只是围绕着 GDP 展开，城乡居民医保和基本公共卫生服务工作的开展只是一般性重点工作，仅以完成任务为目标，完成目标后没有进一步深化工作的打算，因为进一步完善城乡居民医保和基本公共卫生服务制度，需要继续投入大量的财政资金，而加大投入最终能否实现预期结果无从预料，这种风险性较高，出力不讨好，不好出政绩的工作，各级政府自然没有什么进一步参与的积极性，从而缺乏对城乡居民医保和基本公共卫生服务工作进一步支

持的动力。

（六）县乡政府财政对医疗卫生支出责任的甩包袱行为

县乡两级政府是中国五级行政管理链条的末端，上级政府利用手中的行政权力下压支出责任。在压力型的政治制度下，上级政府不仅有权安排下级政府的财政收入任务，而且可以分配下级政府的事权。当上级的基本公共卫生服务支出责任不断下压，我县作为省级重点扶贫县，根本无力承担不断增加的基本公共卫生服务支出，在无力承担支出责任的情况下，县乡政府的行为表现为对部分公共卫生支出责任“甩包袱”的特征，县乡政府只能将基本公共卫生支出责任转移给基层医疗机构，而基层医疗机构为了生存和发展，通过提高医疗服务收入、药物收入，从而最终转嫁给片区居民和农民。

（七）医疗卫生投入缺乏稳定的政策保障

近年来，国家虽然明确提出加大政策支持力度，不断推进城乡居民医保制度建设，但我国尚没有具体指导基层医疗卫生保障工作实施的法律和高层次行政法规，对于基层医疗卫生保障制度的安排，大多是一般的导向性政策文件，没有上升到制度建设的高度，因此对医疗服务的监督者、提供者和使用者缺乏权威的法律法规约束，实施过程中随意性较大，工作执行大打折扣，导致医疗资源配置的不合理和低效率，造成极大的浪费。

医疗卫生支出的投入缺乏刚性。在基层财政预算支出中，必须先安排工资支出、政府机构运转支出、教育支出、科技支出、公共安全支出、重大项目支出等支出，医疗卫生支出优先安排序列靠后，在基层财力紧张的基础上，如遇紧急重点支出，医疗卫生支出还可能遭到削减。因此，从制度上安排医疗卫生支出，强化医疗卫生支出的法定地位或者刚性地位，对基层医疗卫生保障制度的顺利实施至关重要。

上级财政对医疗投入缺乏持续性。近几年来，在上级财政的支持下，我县共投入资金6 000多万元建设、改造全县18家乡镇卫生院和5家县局直属医疗卫生单位，并购置一批先进的医疗设备，医疗机构基础设施建设达到国家要求的最低标准，医疗机构基础设施水平迈上了一个新台阶，医疗卫生环境大为改善，使全县人民享受到较为优质的医疗服务。但是，由于没有明确上级财政支持贫困地区基层医疗机构的投入机制，上级财政的财政支持缺乏持续性、稳定性，如果这样的话，可以预见我县各医疗机构的基础设施和医疗设备经过几年的使用，将逐渐陈旧或损坏，到时医疗基础设施得不到改造完善，医疗设备得不到更新换代，与富裕地区的医疗卫生保障水平差距又将继续拉大，最终将极大影响国家基本公共卫生服务均等化目标实现的进程。

（八）基层医疗保障制度存在信任危机

我县农民47.99万人，文化水平普遍较低，传统观念根深蒂固，习惯性把收入存入银行，认为这样最为稳妥可靠。他们对城乡居民医保认识极为有限，认为把钱用来交医疗保险，始终觉得很不可靠，对城乡居民医保制度也持怀疑态度，由于这种信任危机，他们实际参保意愿并不高。造成农民对城乡居民医保认识较少的主要原因有：一是政府工作部门对城乡居民医保政策宣传不够细致，方法不到位，甚至强迫农民参合，反而加剧了信任危机；二是群众实际去医疗机构看病时，由于实际报销比例偏低、报销程序复杂、医务人员服务态度不好等原因，农民自我印证了这种怀疑，更加降低了他们的参保意愿。

（九）绩效工资激励性不足

我县自2011年实行收支两条线管理后，对基层医疗机构实行核定任务、核定收支、绩效考核补助的管理模式，确保了基层医疗机构正常运作；同时核定乡镇卫生院为县卫生局管理的公益一类事业单位，经费由财政按公益一类事业单位拨付。这种由财政兜底的管理模式，虽然较好地建立了乡镇卫生院的公益性管理体制，能更好地发挥乡镇卫生院的公益性，但同时也使乡镇卫生院工作人员产生吃大锅饭的思想，认为干多干少一个样，工作积极性下降，虽然为调动工作人员积极性，出台了绩效工资考核办法，但因为操作模式尚不成熟，奖励性工资激励性不够强，导致乡镇卫生院工作人员的工作积极性、主动性较改革前有所下降。

六、完善基层医疗卫生保障财政投入的相关对策建议

（一）建立健全相关法律法规

国家应加快研究并出台基层医疗卫生保障相关卫生法律法规，使基层政府开展医疗卫生保障工作有法可依，有据可凭，保证基层医疗服务工作有序开展，推动基层医疗卫生事业的健康发展。基层政府也应该根据基层医疗服务工作在开展过程中遇到的实际问题，完善并制定基层医疗卫生保障的相关配套制度，形成制度体系，保障基层医疗卫生工作的深入推进。

（二）合理划分各级政府的筹资责任，加大对基层医疗卫生的财政转移支付力度

在我国现行财政体制下，财力呈逐级向上集中状态。根据财权和事权对等原则，对于全国性的基本公共卫生服务和跨地区的重大疾病防控，应由中央承担筹资责任；省对于辖区内重大公共卫生服务和基本医疗卫生服务，应承担主要筹资责任。中央、省财政通过转移支付对贫困地区的基层医疗机构基础设施建设、困难人员的医疗保障给予支持补助。市、县财政对本辖区内的基本医疗服务给予一定的配套筹资，并统筹中央、省的转移支付资金，直接承担基本公共卫生服务的实施责任。

地方的经济发展水平很大程度上决定着基本公共卫生服务水平，贫困县市由于经济发展落后、财政贫困，无力提供全国平均水平的基本卫生公共服务，因此，随着基本公共卫生服务项目稳步推进，为扩大基层基本公共卫生服务的广度和深度，中央和省应进一步加大对贫困地区基层医疗卫生服务的财政转移支付力度，使贫困地区享受大致相当的基本公共卫生服务，实现基本公共卫生服务均等化。

提高农业税专项转移支付补助标准。基层贫困地区大多是农业大县，经济发展过程中农业总产值甚至超过工业总产值，农业税是贫困地区重要税源，农业税的取消对贫困地区薄弱的财力来说，无异于割掉一块肉，因此，国家应根据经济社会的不断发展而适当提高农业税专项转移支付补助标准，以弥补基层贫困地区税源的损失和支持基层贫困地区加快经济社会发展，更好地保障贫困地区政府实施公共服务职能。

（三）提高医疗保险统筹层次

由于我国财力呈逐级向上集中状态，统筹层次越高，财力越有保障。目前我县城镇职工医保和城乡居民医保均已实现由市统筹，建议下一步逐步过渡到由省统筹，最终实现全国统筹目标。统筹层次的提高，有利于分散风险，提高资金使用效率，提升资金共济能力，确保医疗保险稳健运行；有利于缓解医保转接关系和异地就医问题；有利于解决层次低产生待遇标准差异问题，通过高层次统筹消除差别，为参保群众提供均等化的医保公共服务，积极构建和谐医保、和谐社会。

（四）完善筹资和补偿办法，建立稳定长效的多渠道筹资和补偿机制

目前，我县城乡居民医保筹资标准为：人均每年230元，各级财政筹资200元，个人筹资30元，个人筹资占总筹资的13%。鉴于目前个人筹资部分所占比重并不高，但筹资难度却较大：一是建议筹资标准有所调整，设立一个较低的筹资标准，将低标准下的个人筹资部分全部由中央财政承担，实现城乡居民医保覆盖率百分之百，让全国人民真正全体共享改革开放发展的成果。然后在此基础上，参照成都市的办法，分不同筹资档次，档次越高个人追加的筹资越多，中央、省、市财政配套筹资也越多，报销比例就越高，并且按不同档次拉开差距；二是提高门诊报销比例，根据不同的个人筹资额，分档次设置不同的门诊报销比例，并且按不同档次拉开差距。住院报销和封顶线的设置按门诊报销方法类似设置；三是通过电视、广播、报纸、宣传画、宣传单的发放，多渠道大力宣传不同档次个人筹资的城乡居民身边的典型报销实例，做到耳熟能详，人人皆知，让城乡居民真真切切感受参保带来的实惠，让城乡居民说服城乡居民，个人筹资部份越多，享受的实惠就越多，家庭健康水平保障程度就越高；四是不断扩大药品目录范围和服务项目范围，提高住院和门诊实际报销比例，同时，基层医疗机构应公开不同药物、不同医疗检查项目以及其他项目的价格、报销比例和收费情况；五是加强对基层医疗机构的检查，严厉打击乱开药，乱检查，收回扣，套取城乡居民医保补贴等不正当行为，一经查处，给予相应的行政处分和罚款，情节严重的，移交司法部门，追究其刑事责任；六是鼓励社会资本参与筹资，社会筹资达到一定数额，或者每年稳定投入一定数额，将给予一定的政策补偿和优惠，并且明确规定投入数额越大、连续投入年份越多给予政策优惠越多；七是实行发达地区一对一扶助贫困地区，通过转移支付支持贫困地区城乡居民医保资金的筹集；八是改善现行统一的筹资办法，针对贫富地区实行差异筹资，在同一档次补偿标准下，制定合理的筹资调整标准，贫困地区本级政府和个人筹资标准应低于富裕地区，而贫困地区中央和省的配套筹资应高于富裕地区，从而在财力上保障基本公共卫生服务均等化的实现；九是完善上级财政支持贫困地区投入基层医疗服务体系建设办法，国家应明确上级财政支持贫困地区基础设施建设、医疗设备购置、卫技人员业务培训等方面专项转移支付标准，改变临时性、一次性和仅仅物质性投入方式，探索建立一个造血式帮扶机制和稳定长效投入机制，为基层基本公共卫生服务均等化的实现提供财力和技术保障。

将上述筹资补偿办法写入国家最高行政法规，提高其权威性，并在上述基础上，根据经济社会发展水平的变化，逐步完善筹资补偿办法，形成稳定长效的多渠道筹资机制，从根本上解决基层群众的看病就医问题，保障基层群众病有所医。

（五）健全基层医疗卫生服务保障体系

基层政府切实履行公共卫生、基本医疗的保障职责，落实药品零差率销售补偿政策，进一步加强基层医疗机构建设，加大城乡统筹力度，优化整合、合理配置医疗卫生资源，完善医疗卫生服务功能和规划布局，建立多层次、全覆盖的基本医疗卫生保障体系，切实维护人民群众的基本医疗卫生权益。

1. 加强乡镇卫生院服务体系建设。继续加大乡镇卫生院建设力度，改善乡镇卫生院的面貌，提供更加优质的医疗、预防、保健环境，提高乡镇卫生院综合发展能力，建立稳定的乡镇卫生院投入保障机制。构建人才培训经费保障机制，加大专业技术人才培养力度，提高基层医疗卫生机构管理人员的能力素质，提升各类医技人员的医疗服务水平和学历层次，逐年招录本科、大专院校医学毕业生。同时，强化医务人员的业务培训和医德教育，完善符合卫生人才培养、考评工作机制，改善医务人员的工作、生活条件，提高基层医疗卫生机构管理水平和医疗服务质量。开展医疗卫生机构“对口帮扶”活动，开展“对口帮扶”活动不能停留在物质上的帮助，而要把重点放在增强“造血功能”上，提高乡镇卫生院医护人员业务水平和乡镇卫生院综合服务能力，为乡镇卫生院留下一支稳定且水平较

高的医疗队。提高基层医疗卫生机构医务人员的待遇水平，建立津贴制度，对在基层医疗卫生机构工作的医务人员建立特殊津贴制度；科学设置考核指标，完善绩效考核的方法和手段，在原有绩效总量和水平的基础上，出台激励性更强的以奖代补办法，调动医务人员做好医疗服务的积极性，增加收入，稳定队伍。

2. 加强村卫生站服务体系建设。启动村卫生站标准化建设，通过新建、购买或租赁等方式解决业务用房，新建业务用房标准为每站60平方米，至少设有诊室、治疗室、处置室，每室独立且符合卫生布局及流程。加强全科医生转岗培训，每年从基层卫生院选送一定数量在职医师，完成全科医师转岗培训工作，逐步实现全县每万人拥有全科医生1名，乡镇卫生院均有1名以上全科医生。加强乡村医生培训。采用专业医疗培训机构的远程视频教学的方式开展培训，在片区培训基地安装网络互动教学系统，就近组织当地培训人员接受集中远程培训，重点加强预防、医疗、保健、康复、健康教育等内容的全科医学知识培训，加强中医药基本知识及运用中医药防治疾病技能的培训。短期内逐步将全县注册乡村医生全部轮训一遍，提高其防治常见疾病和解决常见健康问题的专业素质和综合服务能力。

3. 加强医药流通制度改革，降低医药产品成本。建设好基层医疗卫生保障服务体系的同时，要对药品流通领域进行综合配套改革，在实行零差率的同时，实行同品种的最高零售价，从根本上遏制高药价，同时，逐渐加大投入基层医疗保险和基层卫生组织的经费投入比重，只有这样才能使在新医改中的居民享受实惠，才能从根本上改变以药养医的局面，更好地解决看病难、看病贵的问题，更好地满足基层人民群众的健康需求。

（六）逐步扩大基层公共卫生服务范围

基本公共卫生服务项目随着经济社会发展水平的提高、公共卫生服务的需要不断加大财政投入，逐步提高经费补助标准，进一步扩大基层公共卫生服务的范围。首先，增加财政投入，加强最新版《国家基本公共卫生服务规范》的培训。通过增加培训经费，对基层医疗卫生单位医务人员进行基本公共卫生服务规范的强化培训，掌握国家11项基本公共卫生服务的基本技能，提高基本公共卫生的服务能力和管理水平。其次，增加财政投入，强化农村薄弱地区的公共卫生宣传教育。通过多种方式，进一步宣传卫生相关法律法规，宣传卫生科普知识，教育广大农民养成良好的公共卫生道德和卫生习惯，转变群众从过去的重治疗为现在以预防为主的观念，确保人民群众真正参与到基本公共卫生服务项目工作中来。再次，增加经费投入，尽快建立公共卫生信息平台，推进居民健康档案和慢性病的电子动态管理，尽早成立专业防治机构，不断提高专业防治水平。

（七）将医疗卫生投入纳入政府的考核指标体系

基层医疗卫生保障是由政府主导推动开展，保障基层医疗卫生保障制度的顺利开展是政府的职责，因此，政府医疗卫生财政投入的稳定性是推进基层医疗保障顺利进行的关键。为保障政府医疗卫生财政投入的持续稳定性，建议将政府医疗卫生财政投入纳入党政领导班子的考核指标体系，以得到基层政府党政领导的充分重视，同时纳入每年财政预算，规定政府医疗卫生投入增长率不得低于公共财政预算支出增长率，保障医疗卫生支出投入的稳定持续增长。

（八）进一步完善城乡医疗救助制度

城乡医疗救助制度是保障城乡居民医疗安全的最后一道防线，要提高城乡特困人群的医疗水平，实现人人享有基本医疗，还必须把医疗救助制度与城乡居民医保相结合，发挥制度体系优势。一是对一些由于身患重病，无法承担医疗费用的贫困家庭，应允许其除获得城乡居民医保报销外，还能得到救助基金的支持。此外，有一部分参保人自负费用负担过重，医疗费用远远高出“封顶线”，超出封顶线部分医疗费用远远超过家庭承受能力，需要积极探索多种途径解决“封顶线”以上的医疗费用，以及低保、五保户和特别贫困群众的医疗保障等问题，建议新设立特别医疗救助基金专户，根据经济发展水平，由各级财政按比例投入一部分，贫困地区财政投入部分资金由中央财政通过转移支付解决；二是鼓励社会组织团体、企业、个体户捐款，给予适当的政策优惠；三是大力宣传特困群体医疗保障问题，动员和号召全社会捐款，共同关爱特困群体。

（九）探索建立统一的全民医疗保险制度

我国基本医疗保险发展的最终目标是实现由全国统筹的全民医保制度。

首先，探索建立地区全民医保制度。目前我县基本医疗保险由城镇职工医保和城乡居民医保构成，均由市级统筹管理。虽然近几年城乡居民医保取得重大进步，但两种医保的待遇仍有相当大的差距，根本原因是筹资水平的巨大差距而造成。因此，要形成统一地区全民医保制度，在不降低城镇职工医保的待遇的基础上，国家应探索和改善筹资办法，帮扶基层贫困地区不断提升城乡居民医保的筹资水平和补偿水平，待两种医保筹资补偿水平接近时，再将两种医保整合形成地区全民医保制度，一举实现地区内部的医疗卫生保障水平均等化。

其次，探索建立国家全民医保制度。在实现地区全民医保制度的基础上，逐步提高统筹层次，待市级统筹管理成熟，逐步过渡到由省级统筹，然后条件成熟时实现全国统筹，最终实现国家全民医保制度。

（课题组成员：王　建　邹小玲　康　强　张伟德）

用数据说话

中山大学政治与公共事务学院教授　郭巍青

（2012 年 10 月 18 日）

汪洋书记来省财政厅视察时，向大家推荐《大数据》这本书，并且要求大家认真考虑收集、使用、分析这些数据，其目的就是希望通过数据找出问题，并提到政府议事日程和政策日程上，这就涉及怎么样真正用数据分析改造公共管理，用数据分析提高决策过程和决策质量，以及用数据分析重新构建政府跟公众之间的关系，是我们政府部门工作改革的必然趋势。在这方面，我国跟美国存在巨大差距。美国在信息领域，尤其是数据收集方面达到的程度要远远高出中国，其中所蕴涵的创新能力、创新人才和创新应用的前景值得我们很好地学习。

一、新资源：采集数据

我先从两个案例谈起：案例一，欧洲一家高科技公司 Vision Smarts 开发一款新的手机程序：Pic2shop。购物的时候用手机摄像头对准条形码扫描，该程序将立刻告诉你，这件商品在其他一些商家的价格以及购买者的评价，从而消费者可以对比后决定是否购买。在日本也是如此，比方说日本人喜欢吃海鲜，他们买的每一条鱼、虾、贝壳上都有条码，消费者只要用手机扫描这条鱼，就可以知道这条鱼属于哪一只船，什么时候，哪一个海域捞起来。这种智能商业流程，极大地促进和方便消费者使用，当然这需要一定的硬件来支持后台数据的分析。从这个案例我们可以看出，数据来源其实很广泛，也很平常，就是来自我们的日常生活，而其中最为关键的是如何把它们变成数据、变成信息，这就是采集的问题。其实，我们每个人都是数据的使用者，也是数据的生产者，我们处在整个数据循环的过程中。

案例二，垃圾处理问题是现在我国碰到的一个极大困境，我们称他为“邻避困境”。目前，我国对垃圾的处理主要是通过垃圾焚烧，这就需要建一个焚烧场，现在的问题是无论你建到哪里去，都会有人抗议，这就是“邻避困境”。邻避来自于英文 NIMBY，翻译过来就是，不要在我家后院，指的是那些有害的公共设施，例如，垃圾站、公共厕所、变电站、高速公路等，不要建在我家附近。这个“邻避现象”引发政府运营商、技术专家、公众之间的分类和对抗。造成双方陷入困境的原因在于，对风险认知与风险评估的差异。要解决这方面的问题，需要政策的创新，从原则上来说有两点：一是整个目标要做到政治敛合和经济敛合。我们即要提高行政效率，又要增加政府的公信力，还要推进社会的建设，各方的利益摆在里头，我们能不能把它们敛合在一起，这是未来我们判断一个政策创新程度的重要指标。这种目标的实践依赖于政策手段的创新，其中就关于政策工具的创新。过去我们对信息类政策工具手段的使用比较薄弱，但现在“大数据”时代，使这类工具发挥更大的作用，像垃圾焚烧导致的“邻避困境”，我们就需要运用信息类工具，如建设这样一个系统，公众在这个系统上能方便地看到各种关于垃圾焚烧的数据，包括每天的垃圾产量，每天进焚烧场的垃圾量，每天排放的废气的各种成分等。但最为关键是要做数据整合应用，假如我们能做到这一条，那么面对“邻避困境”也许就能找到化解的路径去。

政府和公众之间关于政策的讨论当中，大家会不约而同地聚焦在数据问题上，这是一个很好的趋势，这表明我们要做一个好的政策方案，要解决问题，就必须要拥有大量的数据、可靠的数据，通过这些数据来说服别人。美国在这方面做得就比较好，例如，他们为了鼓励居民节约用电，通过每月给居民的电费单上附一张平均数据表，这张表会告诉他所在的小区类似他这样的家庭平均的耗电量是多少，这样居民在对比后，心理上会有一个反省，促使他自觉的把电费压下来。这样既提高政府公信力，又避免了政府、运营方与公众之间的对立。因此，大数据分析和大数据的使用是我们必将面临的一大趋势，任何一个组织要抓住大数据的机遇，一定要做好几个方面的工作：从技术角度来看，首先要收集并且开发特定的工具，来管理大规模并行服务器产生的结构化和非结构化数据。其次，每一个组织都需要选定分析软件，用它来挖掘数据的意义。但可能最重要的是，任何组织都需要人才来管理和分析大数据。这些人被称为“数据科学家”，他们集黑客和定量分析员的优势与特长于一身，非常短缺。

二、新方法：使用数据

一位英国学者认为，现代跟古代区分开来的最重要的特征有四个方面：一是资本主义的建立，包括竞争性劳动、产品市场、资本积累；二是工业主义出现，使得社会从自然的改变向“人化环境”的发展转变；三是军事力量，即在战争工业化情景下对暴力工具的控制，例如，以原子弹、核导弹；四是对信息和社会督导的控制。从这四个维度可以判，这个社会的发展有多么的现代化。“大数据”时代的今天，正是第四个维度，是社会现代化更高层次的体现。马克思曾经说过，一个技术，一个生产力的变化，它会冲击很多生产关系和上层建筑。而“信息数据的分析和使用”就是一个新的生产力，它要求我们在观念上、在制度上、生产关系上、各种管理层面上，都要跟随它产生巨大的改变。我们的社会结构、社会组织、我们的行为方式、我们的动力源都要依赖于信息的挖掘、组织、发布、传播的技术，这些技术好比是开采石油的技术，可能代表未来新技术发展的阶段。

从整个技术的发展来看，现在产生的最重要的技术就是数据密集型计算。数据密集型计算是科学界、工业界、计算机学术界几乎同时提出的研究问题。英国《自然》杂志2008年9月4日的专刊名为“Big Data”，即“大数据”。这期杂志从互联网技术、互联网经济学、超级计算、环境科学、生物医药等多个方面介绍了海量数据所带来的技术挑战、现有解决技术，以及可以预见的未来的发展方向。这标志着数据的管理与处理在科学研究、商业活动、日常生活中已经成为一个核心问题，它已经成为互联网和计算机科学研究的最重要内容之一。这个密集型计算的定义，美国能源部太平洋西北国家实验室对数据密集型计算的定义为：其本质为能推动前沿技术发展的对海量和高速变化的数据的获取、管理、分析和理解。这包含了三层含义：首先，它所处理的对象是数据，是围绕着数据而展开的计算。它需要处理的数据量非常巨大，且快速变化，它们往往是分布的、异构的。因此，传统的数据库管理系统不能满足其需要。其次，“计算”包括了从数据获取到管理再到分析、理解的整个过程。因此它既不同于数据检索和数据库查询，也不同于传统的科学计算和高性能计算。它是传统数据管理、高性能计算，以及数据分析和挖掘的结合。第三，它的目的是推动技术前沿发展，要想推动的工作是那些依赖传统的单一数据源、准静态数据库所无法实现的应用。现在，政府经常讲创新，但问题都停留在嘴上讲，真正有意义的创新一定是技术性的创新。我们真要推动社会创新，就要组织现有的资源，包括财政资源投入到大数据中去，以便尽快地缩小和美国的差距，才能算走在创新的方向上，假如我们不站在密集计算技术的前沿，我们讲的创新通常只有一个空洞的含义，或者只是一个美好的意愿。要适应大数据时代的发展，还需要新型人才，因此教育部门需要未雨绸缪地为已经到来的大数据时代去培养专业分析的人员。

我们认识到数据的重要，但数据在哪里呢？其实这是最重要和最基础的一项工程，也就是数据源。在大数据的概念下，我们必须要知道数据源在什么地方，按美国的经验，他们的信息集成技术和发展使得当前的信息系统可以集成获得来自于不同时间、不同地域、不同运用领域的数据，这些数据包含了自然观测、工业生产、产品信息、商业销售、行政管理、客户销售、客户记录的一种或多种，这些信息正在和已经成为企业和机构最有价值的资产之一。中国政府是世界上首屈一指的庞大的政府，中国政府应该拥有海量的数据，它就在你们的行政行为当中。目前，我们国家跟美国来比，我们的数据量非常小，数据源很少，而我们有这么庞大的行政过程，为什么数据源会少呢？并且我国还是互联网大国、手机大国，但是恰恰不是数据大国，2011年，麦肯锡公司以2010年度各国新增的存储器为标准，对全世界大数据的分布作了一个研究和统计，中国2010年新增的数据量约为250拍，不及日本的400拍，欧洲的2 000拍，和美国的3 500拍相比，更是连1/10都不到。美国联邦政府之所以是数据帝国，他们的数据主要有三个来源：一是业务管理数据；二是民意社群数据；三是物理环境的数据。三种数据的积累不是一蹴而就，是经历了相当长的发展时期。其实我们并不缺少数据源，我们缺少的是对数据的采集和分析。我们要想改变这个现状，就必须要先做到两点：第一，要保存它；第二，知道怎么分析它。这些东西将来是我们取之不尽用之不竭的宝藏。

从数据的发展史来看，最早是美国通过民意调查建立起来，时间是1940年。时任的美国总统罗斯福亲自倡导民意调查，并建立起现在数据库。他们通过坚持不懈地做民意调查，长期调查积累下来的信息，就是可供分析的庞大数据源。这点提醒我们，我们应该非常认真做民意调查，然而我国政府却对调查非常敏感和抵制，我们一般的人要想调查一些社会热点问题，都会受到各级政府部门的阻挠，唯恐调查会影响到相关领导的“乌纱帽”。只有官员下去才可以调查，而这种领导带队的调查却往往是一种演戏，出来的数据非常扭曲，这就涉及政府透明度和开放的问题了。但是，总体而言，我国的数据使用还是取得很大的进步，2003年，中国开始着手制定医疗系统的最小数据集，3年之后，中国卫生部出台了第一版中国医院最小数据集的标准。也是在2003年，中国创立了第一个全国性的大型社会调查项目，开始对社会的发展和变迁进行全方位、综合性、纵贯性的问卷访谈调查。这个调查叫做“中国综合社会调查”，是由中国人民大学发起的，中国人民大学随后还按照国际标准成立了“中国社会调查开放数据库”，向全社会开放调查的结果和数据。2006年9月，在几经周折之后，国家统计局正式成立了社情民意调查中心，这是中央政府第一个、也是目前唯一一个专司社情民意调查的单位；至于物理环境数据的采集，更是2010年前后才见到若干零星报道。

三、新观念：开放数据

《大数据》一书带给我们的启发在于，政府机构改革要有科学依据，目标是公共管理，效果要可以公开检验、检测。新中国成立以来，我国政府已经进行过多次的机构改革。政府机构改革基本上是经历了精简、膨胀、又精简即现在的大部制的一个循环。这些改革虽然对我国的经济社会发展带来了显著成效，但是却缺乏说服力，为什么几个部门要合并，为什么这个部门要撤销，为什么有些权利撤掉，有些权利要保留等，都没有一个客观的依据，或者说至少老百姓不知道为什么。《大数据》告诉我们，大数据分析能够产生新知识，它超越了领导者个人“列举数字”的那个低层次，个人不可能生产出大数据知识和创新，只有以科学的大数据分析及其发现为基础，政府机构改革才能超越旧有的权力分配格局，真正具有功能、意义和价值。总而言之，大数据分析应该跟政府过程紧密结合起来，一般政策过程是包括五个方面：政策议程、政策倡议、政策决定、政策执行、政策评估，数据分析是发挥第一个作用，对于部门、领导者等，一定是用数据引导议程。

数据分析的基础必须要对数据的开放。由于个人的能力有限，而政府拥有得天独厚的数据手机优势，因此作为单个的个人或社会组织要想通过数据做分析时，据需要借助政府收集的数据。但目前，我们要想获得的政府数据非常有限，大量的数据都是不公开，我们要想获得的相关信息和数据都是过时的，时间久远的，对现实意义价值不大。同时，由于数据不开放、不公开，一些社会研究机构就会自己做调查，然而统计的数据结果却往往与政府最后公布的结果存在差异，反而引起社会对政府的信任度的问题。我们现在最重要的问题不是央视问的幸福不幸福，而是公正不公正。公正还是不公正，就关乎公开、透明的问题。如果能做到事事公开透明，公正也就是必然，因为在公开透明的环境下，公众才能更好的监督，才能更好的判断，政府的行为决策才能得到有效的约束，从而断绝了“暗箱操作”的源头。

其实数据公开并不等于数据开放，数据开放的范畴要大于数据公开，其公开的量也远远大于政府对数据的公开。而数据开放将带来的是一个政府与民众共赢的局面。好的公共政策其实应该是推动公民自然做出合理决策的政策。就如之前举过的例子，通过大数据开放，让消费者自己决定该买还是不该买；让居民自己决定是否应该抗议建立焚烧厂还是应该支持，假如能够这样做的话，其实为政府本身决策减轻很多的负担。

开放数据一定要使得朝向有利于公民的方向，这涉及公民对政府的期待，如三公经费的公开、官员财产的公开、政府公共支出的公开等。广东从20世纪90年代开始，就着力于财政公开和人大预算公开，这在全国一直是走在前列。因此，我希望广东在这方面的观念要保持，并且要有技术力量能够支撑它。从客观上讲，美国数据开放方面确实做得不错，美国在政府网页上开放数据，允许公民查寻、使用、调阅政府的数据，这样促进公众和政府在具体问题上合作和互相靠拢的趋势。我知道，在广东省委、省政府近来非常强调社会建设，而社会建设当中又非常强调推动公民组织的发展和各种各样公共服务。而许多民间的社会组织最想做的一件事情就是盯住政府，希望政府要把相关信息公开给他们看。我的观点是，我们一定要在数据方面领先于公众的需求，我们一定要敢于大量公布数据，公布到你看不懂为止，那么政府主动性和它的公信力就会开始建立。现在很多地方政府像挤牙膏一样，民众要求了就公开一点给你，反复如此，只会使得公众对政府存在更大的看法。在政府公开的部门当中，财政部门应该是数据公开的先锋，因为财政部门的财政分配和支出直接关系到人民群众的切身利益，老百姓都盯着。因此财政部门也必须走在其他政府职能部门的前面。

开放数据可以帮助公民形成更好的个人决策，开放数据可以更好地增强政府的公信力。通过开放数据分析，我们也有可能会在风险应对方面找到更好的方法。当然这方面要走的路还很长，可是我们需要改变观念，朝这个方向努力。

解读“大数据”

信息技术管理专家、《大数据》作者　涂子沛

（2012年11月5日）

一、现象：此“大”和彼“大”

（一）什么是数据

谈到“大数据”，目前社会上还没有一个比较统一的认识，大家可能都存在这样一个疑问，到底什么叫“大数据”？我认为，“大”有两种理解，此“大”和“彼”大，那么什么叫此“大”和彼“大”？在回答这个问题之前，首先要了解什么是数据。数据不只是数字，而是“有根据的数字”，代表“计算、逻辑、精确、理性、科学、事实”等。

数据的出现，是人类不断地认识社会的需要。人类开始要认识社会的时候，发现仅仅用语言描述这个社会是不

够的，是不精确的。文学的描述手段是语言，艺术的描述手段是色彩、形状，科学描述社会则一定需要用到数据。人类很多历史上重大的文明推进都跟数据离不开关系，比如度量、货币、生产、交换以及生产质量的控制等。其实数据跟我们生活息息相关，人类的文明就建立在数据的基础上，因为数据就是科学的一个度量。

随着社会的发展，数据的概念在不断的改变。进入信息社会以后，我们笼统地称存在电脑的东西都叫数据，因为电脑最主要的作用就是计算。五六十年代的时候，计算机只处理数据，是真正的数据。随着计算机技术不断往前推进，它不仅仅处理数据，还处理图像和文字，这时候图像和文字仍然存在数据库中，所以我们笼统称所有存贮在电脑中的信息都称为数据。

现在，我们再谈到数据时，就要分清此时的数据是具体指哪一个。比如《大数据》这本书中倡导的一个观念“除了上帝，任何人都必须用数据来说话”，这个数据就是第一个层次上的数据，它代表事实，是指要用事实来说话、要用理性说话、要用科学说话。

（二）从小数据到大数据

之前的数据概念我们称之为“小数据”。什么是“大数据”？过去50年《纽约时报》一共产生了30亿单词，但是现在twitter（美国的微博），每一天要产生80亿单词，人类的信息量到这个时候已经令人瞠目结舌，一天的信息量超过以前50年的信息量。所以很多科学家在20世纪80年代初、90年代时就意识到了这个现象，由此美国的科学家提出了一个概念“大数据”。80年代“大数据”这个名词就出现，但“大”当时是指数据的重要性。1998年，开始明确指代那些大小超出传统软件工具能够捕捉、存贮、管理和分析能力的数据。

提到“大数据”，有此“大”和彼“大”，此“大”是容量大。在2000年时候出现了一个单位“太”（TB），并第一次为“大”给出定义：200太（TB，2^{40}）的数据就叫“大数据”。“大”其实是一个虚指，“大数据”是指人类发现数据当中蕴藏着前所未有的“大”价值。“太”到底是多大？这首先要弄明白几个计量单位：第一个是“千字节”（KB），一页纸大概5KB；第二个是“兆字节”（MB），一首歌大概3M；第三个是“吉字节”（GB），一部电影约1G。弄明白前三个计量单位之后，我们再来看看“太字节”是什么样的概念？一般一个图书馆所有存贮的印刷品的图书1－2TB，美国国会图书馆是全世界最大的图书馆，它一共是15TB。可见，“大数据”定义下的200TB是一个非常庞大的容量。

（三）理解大数据和其他现象的联系

“大数据”的出现跟几个技术浪潮有关系：一是摩尔定律；二是普适计算；三是数据挖掘；四是社交媒体；五是云计算。

“摩尔定律”描述的是一个现象，高速增长的现象。摩尔是Intel的创始人之一，1965年时，他总结出一个规律：同一个面积集成电路上可容纳的晶体管数目，每年将增加一倍。1975年，他修订为两年，也有人认为，这个周期是18个月。这个意味着我们计算的能力和存贮的能力每18个月就增长1倍，而它的价钱却随着性能的不断提高而下降。1955年，IBM推出的硬盘存储器，每兆字节是6 000多美元；到1993年时，1兆字节下降到1美元；到现在半美元都不要了。那么，1太字节需要花多少钱呢？据我了解，一个比较好的1太字节的硬盘价格大概95美元。也就是说，如果一个图书馆所有的书全部电子化了的话，你仅需用95美元就可以把一个图书馆所有的书搬回家。很多科学家认为摩尔定律仍继续有效，随着人类社会的发展，技术的创新，芯片、晶体管的数量还要继续增加，到2020年1太字节只要3美元，可以想象信息发展的节奏是多么的快。摩尔定律解决了一个问题，人类可以以很低廉的价格保存数据。

“普适计算”就是计算机会变得越来越小，会无处不在，任何时间、任何地点，人类都可以获取以及处理信息，计算最终跟环境融为一体，你已经感觉不到它的存在，这就是人类的第三波信息浪潮。其实现在我们已经进入第三波信息浪潮，我们的手机其实就是一台计算机，我们可以随时带着它。现在还有很多感应器，比一粒豆子还小，在一些大型超市已经运用，如沃尔玛将一种名为RFID（管理仓储）的感应器放入产品中，它记录该产品全部信息，可以有效的管理产品的整个销售过程。对普适计算可以用两句话概括：“万物皆联网，无处不计算。”普适计算不仅运用于企业管理，政府也开始运用，譬如美国的国家气象局在大巴上装感应器，感应器随着大巴的移动，一路上不断的收集沿途地点的温度、湿度、露水、光照度等数据，每个传感器10秒钟产生一个数据，可以实现将原来天气预报改为天气时报。普适计算实现了各种数据的收集，保障数据的来源。

“数据挖掘”最早出现在1989年。数据挖掘是指通过特定的计算机算法对大量的数据进行自动分析，从而揭示数据之间隐藏的关系、模式和趋势，为决策者提供新的知识。数据挖掘解决了通过分析数据，从数据当中发现规律，产生新的知识。数据挖掘有两种：一种是从历史数据中挖掘规律；另一种是从现时数据中挖掘信息，即从个人近期的行为中预测未来可能发生什么事情，从近期的事情中发现规律。从数据中发现知识，它是有一个阶梯的，数据是信息的载体，所有的信息都是以数据、信息的形式保存在电脑和网络上。信息是有背景的数据，给数据赋予了含义是知识的来源，而知识是呈现规律的信息，从信息当中发现新的规律就变成了知识。动机和智慧，不是一般的知识，这个知识就是产生了新价值的知识，数据挖掘就是沿着一条这样的路线来进行的。

“社交媒体”在所有的技术浪潮中是最重要的一个。大家都知道微博，微博改变了我们的社会，微博让每一个人都在贡献数据，每发一条微博就在产生一个数据，这种数据跟以往的不一样，我们叫它非结构化数据。原来数据都是由信息系统收集，有严谨的格式，每一个数据项都有固定的含义和长度。但是大家发的微博，有的可能是30个字，有的可能是140个字，有的附加了视频、图片等，这样的数据每一条记录是没有规律的，因此是非结构化数据。从2004年开始，非结构化的数据引起了人类数据的一个巨大爆炸，我们现在所有的数据，80%是非结构化数据。这时候，200太作为"大数据"的标准就已经不再准确了。当前的社交媒体主要指社交网络平台，通过这个网络平台我们知道，"大数据"时代已经来临，非结构化数据开始泛滥，这些数据已经不是仅仅依靠信息系统来收集。

"云计算"最早是1963年美国科学家提出来的。"云"代表是一个专用的资源，可以招之即来，挥之即去，它是个性化资源，专门为你用的。1983年，太阳微系统的首席研究员约翰·盖奇认为：计算的能力应该放在互联网上、而不是桌面电脑上。所有的硬件计算能力、存贮能力、软件执行能力，应全部由网络提供。到1997年，南加州大学的教授切诺柏将"云"和"计算"组合成一个新的单词，提出了"云计算"。他当时就提出，以后的计算不仅仅是一个技术问题，还是一个规模问题，我们必须把所有的计算能力放在一起，让计算变成一种服务，要的时候调用它就行了。"云计算"有三个层次：第一是软件机服务；第二是平台即服务；第三是设施即服务。这三个层次现在已经形成了一个完整的产业链，已经很成熟了。

总之，大数据中的"大"不仅在于容量，更在于通过数据的整合和分析，发现新的知识，创造大的价值。

二、意义：革命？革命！

（一）数据本身的革命：统计学

统计学也是从西方社会传过来的，它最早是叫国情算术学。最早的统计是普查，最原始的普查是算人头，普查的方式耗资很大，时效性也很差。1895年，挪威对统计学提出新的理论方法——抽样和推论，并经过30多年的辩论和发展，20世纪30年代才证实抽样调查是科学可行的方法抽样。普查和抽样都是静态的、定时的，但人类活动是连续和动态的，经过复杂的数据处理之后，结果可能过时。在大数据时代，可以及时获得实时的数据，不用普查，只需上微博、twitter上搜查，就可以获得想要的统计结果。联邦普查局局长、密西根大学教授罗伯特·格罗夫斯就讲到，联邦政府的统计工作，要在传统的抽样、普查的基础上，和其它多种来源的数据进行整合（例如，我们保存的行政记录以及其他种种数据），从而得出高质量、及时的统计结果，为经济、社会、环境的发展进步提供一个一致的结论和指导，这才是统计部门的工作重点。因此，未来的统计学是一个传统的统计学和大数据挖掘的融合。

（二）社学科学的革命

人类所有的知识，所有的学科可以分为三种：自然科学、社会科学和人文艺术。其中，自然科学对数据比较重视，因为没有数据则可能差之毫厘，谬之千里。而在社会科学领域，数据的作用比较有限，原来社会科学大部分是定性分析，但是进入大数据的时代以后，这个已经开始改变。当人的行为和社会状态被广泛记录，为社会科学的定量分析提供了丰富的数据，人的行为则可以测得更准。记录单个个体行为的数据似乎是杂乱无章的，但当数据累积到一定程度时，群体的行为就会在数据上呈现一种稳定的秩序和规律。现在的政治学，在美国很少学校做定性分析，都是做模型，使其量化。现在的学科越来越交叉：计算机、信息技术、数据分析渗透到所有的社会学科。大数据是观察人类行为的"显微镜"，将扩大科学的边界，推动知识的增长，引领新的经济繁荣。

（三）企业管理的革命：数据竞争

数据对企业来说是一种资产，会成为生产过程中一个基本的要素。数据资产和其他的资产相比有很多不同，它是一个独特的资产，它无排他性、无消耗性，并且数据可以整合，一个数据加另外一个数据，效果往往要大过两个单一的数据效果的叠加。企业拥有数据的种类、规模、活性，以及收集、运用数据的能力，成为其核心竞争力。我们这个时代已经从一个软件时代转变成一个数据时代，软件时代代码最重要，现在是数据最重要。这里引用托马斯·达文波特的一句话，"一些公司已经把他们商业活动的每一个环节都建立在数据收集、分析和行动的能力之上了。所有的公司都可以从他们的成功当中学习。"因此企业之间有必要加强数据竞争，其必要性体现在三个方面：一是市场多变、顾客的转换成本低、口耳相传很快、影响力很大，公司对市场的快速理解和反应，将成为竞争性优势；二是竞争性优势难以保持，时间性更强；三是信息时代最重要的竞争，不是劳动生产率、而是知识生产率的竞争。加强数据竞争还具有提高组织的日常运营效率，找出可以省钱的地方和机会：不可胜在己、可胜在敌——数据最优；提高决策的速度和决策的质量；增强预测能力；更好地理解客户和市场需要的作用。

数据既然是一种资产，那么投资必然有回报。增大投资回报有两大途径：一是增大数据价值，二是降低数据成本。在实现数据增值方面，首先要保证你的数据要有质量，针对数据质量、建立数据治理的队伍和流程；其次要敏锐地发现、整合新的、有价值的数据；再则要利用更加高端、多样化的数据模型从历史数据中挖掘出新的知识，利用机器学习产生独特的预测模型，数据可视化。还有就是数据的整合，只有通过整合数据才能增值。在降低数据成本方面，首先是否数据整合、清洗任务的增多、能不能采取自动化的工具？其次将低活跃度的数据必须转移到低成本的存储器上；再则需不需要迁移到云？

在数据竞争问题上，企业首先要问知识和数据是否是企业的核心资源，数据的解释和运用是否是员工的核心竞争，企业有没有一种数据文化？数据文化怎么建立。文化是一个组织的软因素，是组织的氛围、是组织员工的品质、素质，重复出现的行为。数据文化的核心是尊重事实、追求理性；鼓励员工寻求事情和过程的真相；总结业务过程中出现的模式、寻找背后的逻辑原因；追问什么是对的、而不是谁是对的；分析的粒度越细越好，使用的数据越细致越好；用数据支持结论、而不是用故事来支持结论；尊重分析的结果：不好的结果和好的结果一样有价值；利用分析的结果做决策、行动。

（四）社会管理的革命：循数管理

近年来，广东省委、省政府对社会管理改革非常重视，也采取了一些改革措施，并取得一定的效果。但是，社会矛盾依然突出，群体事件时有发生，这主要还是没有改变政府决策是长官意志体现的问题。然而，大数据时代来临将使得个人的经验和长官的意志会被系统数据和集体的智慧所取代。此时的数据不是数字，大数据也不仅仅是数据。在数据时代，深入群众、实地考察仍有作用，但对决策而言，系统采集的数据、分析的结果更为重要，并且数据将成为社会管理科学化的核心。美国在这方面已经走在前列，1993年，美国国会通过《政府绩效和效果法案》，要求政府的社会管理部门建立绩效评估标准，并要求所有资金接受方按标准采集数据，以分析、证明其服务成效，以对纳税人负责。同时要求，各项工作都应该建立标准化的指标系统，围绕指标采集数据、通过数据证明效果。这就涉及推进最小数据集的普及。最小数据集是指通过收集最少的数据，最好的掌握一个研究对象所具有的特点或一件事情、一份工作所处的状态，其核心是针对被观察的对象建立一套精简实用的数据指标。举个例子，在美国旧金山，当地政府用GPS跟踪所有的出租车，通过收集的数据描绘出哪些地方车辆行驶的比较多，哪些地方行驶的速度比较慢，从而知道哪个地方塞车，瓶颈在哪里，为城市道路规划提供决策参考。

总而言之，大数据革命是从信息时代、知识时代向智能时代迈进的一个革命。信息时代，我们可以通过网络、信息技术很快地找到所需要的信息，这个时代我们已经跨越了。知识时代，人类各个领域都会出现一批优秀的知识讲解视频，知识无处不在。智能时代，计算机和网络更加智能，人与人之间的合作，各项工作、任务之间的对接会更精确，整个国家和社会的运行成本会越低。我认为，今后机器学习将成为新的引爆点。

三、挑战：跛脚的舞者

（一）中国的现实

中国是人口大国、互联网大国、手机大国，历史悠久，具有无可比拟的条件成为数据大国，但是我国收集数据的意识较差。目前我国在数据方面存在的问题：第一，数据量少。据麦肯锡的统计报告，2010年，我国新增的数据量不到美国的1/10。第二，数据质量低、公信力差。我们数据质量面临一致性、标准性的问题。有质量的数据标准应具有客观性、完整性、实用性的原则。现在网络上出现大量的水军和无标签数据，而历史数据多是人为控制数据的收集和产生过程，暗箱操作、修改数据、无中生有、伪造数据现象严重，导致数据可信度不高，公信力差。这不是一个部门的问题，是整个社会文化的问题，是社会文化传统长期形成的轻逻辑、轻数据的结果。科学发展观的落脚点就是数据，科学的基础是科学的度量，科学化管理社会就是数据化，用数据分析、数据收集来管理这个社会。

（二）数据安全：隐私权的挑战

中国社会的隐私权非常薄弱，不仅是政府在侵犯个人的隐私权，个人也在互相侵犯个人的隐私权。但是，隐私权对一个社会进步的作用非常大，文明就是向拥有隐私权的社会不断迈进的一个进程。隐私权在美国经过了很长的变迁，每个时代隐私权代表不同含义，保护的主体不一样。在大数据时代，集中体现的是数据权、信息权。信息时代个人的隐私权是个人控制、编辑、管理和删除关于他们自己的信息、并决定何时何地、以何种方式公开这种信息的权力。隐私权是信息社会最大的争议和挑战。在信息时代，计算机内的每一个数据、每一片字节，都是构成一个人隐私的血肉。数据整合对隐私的穿透力是“$1+1>2$”的。隐私权是出于安全考虑，尤其是对个人而言。

数据权是指开放数据。数据开放不等于数据公开，开放数据是将政府收集的整个数据库都以电子可读的方式开放在网上，需要的组织或个人可以进行下载，按照各自需求进行整合。当然，开放数据是有理论依据的，之前说到的隐私权问题，就不属于公开范围，但是对于公共需求的数据就应当开放。这也是社会发展趋势，随着公民的权利意识越来越强，公共需求的数据开放是必然的，也是社会进步的表现。公共数据有很大一部分是一个社会的基础性数据，缺少它，数据无法有效整合：天气、人口、地理、经济发展指标、社会福利等。个人认为，政府开放数据不仅是局限于公共领域，只要不涉及国家机密，都应该开放。商业基础数据也应开放，例如，公司注册数据、顾客行为记录。在这方面，英国已经在开放。数据开放的作用可以提高数据的公信力，因为孤立的数据难分对错、开放的数据会互证真相。目前，全世界31个国家和地区在开放数据，并且不仅仅是发达国家，很多发展中国家也都在开放数据，甚至包括非洲国家。

一个真正的信息社会，首先是一个公民社会。信息社会最大的特点是信息的自由，因为大数据要进行开放和整合，没有信息的自由，不可能做这些事情。但是我们要知道，没有人的自由，没有思想的自由，没有交流的自由，就不会有信息的自由。所以我的结论是，一个真正的信息社会首先是一个公民社会。

财政与宏观经济分析展望

前国家统计局总会计师兼新闻发言人　姚景源

（2012 年 12 月 5 日）

一、中国经济当前存在的问题

中国经济现在最突出的问题是从 2011 年第一季度到 2012 年第三季度，我国经济增长速度是连续下降。据统计，2011 年一季度，我国经济增长率是 9.7%、第二季度 9.5%、第三季度 9.1%、第四季度 8.9%；2012 年第一季度为 8.1%、第二季度 7.6%、第三季度 7.4%。可能大家仅仅从这几个统计数据还感受不到经济下行的状态，那么我用更通俗的事例来阐述，例如，电、煤、运等，这些都与我们的生活息息相关的，我们是能真正感受到的。

从用电方面来看，如果一个地区的用电量是往下掉，那么该地区的经济不可能是上涨的。我们来看全国的用电量情况，2011 年 12 月，我国一天的用电总量是 130 亿度；到 2012 年 1、2 月，下降到 120 亿度，也就是一天全国用电量就少了 10 亿度。而用电量和经济之间存在一种关系，叫电力需求弹性系数。例如说，2011 年我国 GDP 是 47 万亿元，按照一度电能带来 10 元的 GDP，全国用电量一天少了 10 亿度，就相当于 GDP 减少了 100 亿元。

从用煤方面来看，煤炭与经济发展的关系一直以来是非常密切，无论是搞生产还是搞运输，都需要用煤，一国煤炭的使用情况能直接反映该国经济发展状况。我们从库存量分析，2008 - 2011 年，我国煤炭库存量增加了 2 千万吨，但从 2012 年第二季度开始，煤炭库存量下降，煤炭价格也在大幅度往下调，这说明我国经济在下行。

再看运输方面，大家知道，经济增长必然伴随着相适应的物流量。这里我们主要看铁路运输，因为铁路运输依然是我国货物运输的主体。据统计，9 月，全国一天的货运量 3.07 亿吨，而 2011 年同期是 3.24 亿吨，同比减少了 0.17 亿吨。由此可见，我国经济在往下行。

二、为什么中国经济下行

（一）出口受阻

目前，世界经济还是一个供需缓慢、需求不振、贸易保护主义抬头的情形。例如说，受欧洲债务危机影响，到现在欧洲经济还是负增长。2011 年，在欧债问题上存在这样一个争论，就是说中国要不要救欧洲。有的人主张不要救他，我的观点是还得救。为什么呢？一是经济全球化。在经济全球化的大环境下，我国经济已经高度融入到世界经济当中去，如果他们垮下去，我们也好不起来。二是欧洲是我国第一大商品出口地。三是欧洲是我国从国际引进先进技术的第一大商品出口地。因此，他们现在出这么大的问题，我们不可能不受影响。所以我们还得救欧洲，救欧洲也就是救我们自己，这在经济学上有一个概念，叫依存度。按照我们全国出口总量，2011 年我国出口总量是 17 980亿美元，相当于 2011 年我国内 GDP 的 1/4，也就是说，我们整个国民经济活动有 1/4 跟出口紧密相关。那么世界经济衰退，出口受阻，我国经济是不可能不往下掉。所以出口受阻，而中国对外依存度这么高，从而导致我国经济下行。如果仅仅分析到此，我们容易产生一种思想——等待，等待外部形势好转，这种思想是错误的。我主张，我们一定要对于出口受阻导致中国经济下行做一个深层次的分析，而且如果做深层次的分析的话，我们会发现，问题的本质还是在我们自身。大家都知道，1997 年亚洲金融危机的时候，我们认识到一个问题，就是我国经济增长的根本点不应该放到外部需求上，我们要减少对出口的依赖，要把扩大内需作为根本方针。扩大内需就需要转变经济增长方式，调整经济结构，这也是科学发展的重要组成部分。然而，从 1997 年到现在，我国在扩大内需，转变经济增长方式和调整经济结构方面虽然取得了一定成绩，但是我认为，我们缺少实质性的进步，缺少根本性的成就。这也是为什么，在 2008 年世界金融危机爆发到现在，我国大量工厂关门，大量的工人失业的原因。因此，我们要把现在经济下行的压力转化为经济结构调整和增长方式转变的重点，这才是解决中国经济深层次问题的根本途径。

（二）投资下降

大家知道，我国分析经济前景主要有三个方法：生产法、支出法、收入法。支出法分析国民经济形势主要看三大需求：投资、消费、出口，也是我们常说的“三驾马车”。刚才我们讲了出口的这辆马车，已经开始拉不动了。那么我们看看另外两辆马车：投资和消费。先说投资，大家知道，过去30多年我国投资比例一直较高，最高的一年是1993年，我国国家投资增长率增幅达到了61%。现在我国的投资增长率仅为20.7%。确确实实比较低，但是看投资，我们不要单看20.7%的增长幅度，应该着重看看投资当中的新开工项目。因为我们看投资的目的是看经济走势。新开工项目有一个特点就是进入下一个阶段就成了在建项目，投资只有到了在建项目的时候，才能对经济产生拉动力。根据经验统计，从新开工项目到在建项目的时间差是6个月，也就是说，我们从投资的新开工项目的数量中就能够判断出6个月以后投资对经济增长在拉动力方面是增强了还是减弱了。

我们再看投资结构，投资主要可分为三部分：一是基础设施投资；二是工业投资；三是房地产投资。在基础设施投资方面，在2008年为应对世界金融危机，中央动用了4万亿元投资基础设施，当时这一块投资的增长幅度一度达到50%。但是现在，据统计，2012年第一季度基础设施的投资降到-2.1%，这在过去30多年是没有过。在工业投资方面，这几年社会都不愿干实体经济，都想搞投机。一个企业，不愿意通过艰苦的创新，形成自己的核心竞争力去发展壮大，总想投机，工业投资就会下降，资金就往外流了。工业投资不尽如人意，经济增长就往下掉。再分析房地产方面，房地产可以放到消费这一块来，在消费领域有一个概念叫“消费结构升级”，就是在消费水平和消费质量提高的基础上消费结构不断合理优化，不断由低层次向高层次发展变化的过程。研究我国的“消费结构升级”要从2000年起分析，因为它是我国消费结构变化的一个分水岭。在2000年之前，我国消费主要是用在吃和穿上面，就是解决衣食问题。2000年之后，我国的消费更多的投到了住和行，这就是消费结构升级过程。这个转变过程决定了我国两大产业的迅速发展，一个是房地产产业，一个是汽车产业。这两年，房价疯涨，尤其是，北京、上海、广州、深圳等一线城市。我认为有两大原因造成房价的疯涨，一是大量的投资和投机的钱进入到房地产这一领域，二是地方政府不断卖地。并且我认为，房价问题不仅仅是经济问题，更是社会问题。

三、怎么应对我国经济下行

第一，调结构。首先，我们要对当前经济形势要有一个清楚的认识。我认为，经济的持续下降并不是坏事。过去我国长时间追求速度，而忽视结构调整和生产方式转变，所以导致社会问题越积越多，到现在几乎成为一道越不过去坎。这次经济适度地发生下降，迫使我们把经济下降的压力转化为结构调整、生产方式转变的重心上来。我预测，明年我国经济将会上涨，但是我不主张速度太快，一定要给经济上涨留足空间，给转变经济增长方式和调整结构留有空间。

第二，稳增长。虽然说经济增长速度适度下行不是坏事，但是它是直路下行，也不是那么稳定。所以稳增长还是我们的首要任务。因为在2009年，世界金融危机降临，我国经济增长速度一季度跌到6.6%，全国有15%的鞋厂的倒闭。如果一直往下掉，又导致大规模失业问题。大规模失业出现就使得经济问题变成了社会问题。稳增长的办法就是改善民生，在教育、医疗、住房等领域加大投入力度。通过稳增长，改善民生，促进社会和谐。当然，这不仅是依靠政府来执行，还需要全社会共同努力。

第三，稳物价。这些年，普及率最高的词就是CPI。因为价格的变化直接影响到老百姓的基本生活消费。因此，我认为，物价事关民生，民生无小事小。目前，我国越接近民生的东西，它涨得越厉害。如肉、米、鸡蛋、蔬菜，价格涨幅甚至达到100%以上。这些日常生活消费品百姓是天天需要，价格上涨直接导致居民可支配收入的减少，从而影响人们的生活。所以稳物价是宏观调控的重要内容。2012年，国家在控制物价上也不断采取各种措施。在年初，我们的目标是CPI在4%以内，现在是2%多点，可谓是取得来之不易的成绩。

四、对GDP和人均收入翻一番的认识

“十八大”提出要建成“五位一体”的全面小康。这“五位一体”是指经济建设、政治建设、社会建设、文化建设、生态文明建设为一体。其中对经济建设提出在2020年要实现国内生产总值和城乡居民人均收入比2010年翻一番。这句话看似简单，但是应该如何认识是非常关键的。

首先，收入翻一番必须建立在物价基本稳定的基础之上。从数据来看，在2010年，我国国内生产总值40万亿元，翻一番，意味着在2020年是80万亿元。在2010年，全国城乡人均收入为19 109元，翻一番，在2020年达到3.8万元。这两点翻一番，必须有个前提，那就是物价必须保持基本稳定。如果物价不稳定，收入翻一番，物价翻两番，那么收入翻一番就没有任何意义，所以我们一定要稳住物价。如果未来我们的物价发生变化，我们可以通过通货膨胀率来修正。

其次，在收入翻一番的范围上必须要有清晰的界定。在城乡居民收入翻一番上，我认为，除了非法收入不能翻一番外。不管是谁，只要是劳动收入，是收入创造者，就应该要翻一番。尤其是中下收入者，应该翻得多一些，有利于缩小贫富差距。

第三，要长期保持经济增长7%以上的增长速度并非易事。我国GDP增长速度一直保持在两位数的增长，即使在这两年世界经济形势不景气的情况下，我国仍然保持着7%以上的增长。因此，有的人觉得实现这个目标比较容易，但我觉得并不容易。因为过去我们的发展方式是高物耗、高能耗，没有可持续性，而现在资源约束、劳动力约束以及环境约束，使得在结构调整和增长方式得到根本转变的

情况下实现7%以上的增长并不容易，尤其在现在更加注重生态文明建设，对生活环境的要求也越来越高，这就导致大量的传统企业需要转型，这对于我国经济发展是一个挑战。

第四，翻一番需要全社会的努力。要实现GDP和人均收入翻一番，不仅仅是政府的事，全体国民都有责任。搞经济发展不是靠政府就能搞上去的，最终还是要依靠全体社会民众，因此我们每一个人都要挑起这个担子，让翻一番成为亿万民众共同的行为。说到根本上就是回到“聚精会神搞建设、一心一意谋发展”，只有这样翻一番才不会为空谈。

总而言之，我们要实现“十八大”对经济建设提出的目标，还是打邓小平同志提出的“改革开放”这张“牌”。这也是为什么“十八大”强调要继续高举邓小平理论的伟大旗帜。我认为，只要沿着正确的道路上走下去，遵循经济发展的根本规律，我国经济就一定能够再创辉煌。

学习宣传十八大精神

中共中央党校党建教研部主任、世界政党比较研究中心主任、博士生导师、教授　王长江

（2012年12月12日）

一、“十八大”报告是未来中国发展的纲领性文件

我认为，“十八大”报告的内容可以概括成四句话：第一句话是确立了全面建成小康社会的行动纲领。因为它提出我国到2020年要全面建成小康社会的目标。为实现该目标，报告中制定具体的行动纲领和一系列指标。因此，“十八大”提出的目标是看得到、摸得着的，是具有很强的可实现性。例如，在报告中有一句话我想大家应该都印象深刻，就是“实现国内生产总值和城乡居民人均收入比2010年翻一番”，这个“翻一番”比较实在，因为在基数已经很大的情况下，要“翻一番”并不是那么容易，但是只要共同努力，是可以实现的。

第二句话是丰富和发展了党的指导思想。“十八大”主要做了三件事：一是换届；二是通过了报告，并指出了全面建成小康社会的行动纲领；三是修改了党章。为什么要修改党章呢？其中很重要的一个原因就是要把马克思主义中国化的最新理论成果写进党章，把科学发展观写进党章，成了今后若干年党的指导思想。

第三句话是回应了广大人民群众的热切期待。过去我们总是认为以马克思主义为指导，以实现共产主义为目标是高于一切，在这过程中我们党制定的目标和纲领是否符合老百姓的实际要求并不太在乎，甚至有时和老百姓的需求相矛盾，我们也不太愿意去改变。我们总是认为老百姓看到的只是眼前利益，而我们党看到的是长远利益。从这一角度出发是错误的，最后也必然会导致国民经济退到崩溃的边缘。一个现代政党必须对老百姓的利益诉求做出及时的回应，这次“十八大”就对老百姓做出了比较真切、及时的回应。“十八大”的召开是在我国改革进入深水区状态下进行的，深水区的改革是矛盾百出，深层次问题层出不穷、盘根错节连在一起这样一种改革，因此碰到的都是大问题。在过去的一年里，我们党碰到的各种问题都在考验着党的公信力，例如，广东的乌坎事件，重庆的王立军事件，以及延伸出来的薄熙来事件等。“十八大”给我们的回应是确实看到了这些问题，在报告中专门有一部分讲问题，并对每一个问题都直中要害，包括腐败问题、民生问题、社会公平问题等。这说明我们党对这些是有明确认识的，认识上是清醒的，对老百姓的回应是及时的。作为一个执政党，有没有对老百姓、对公共权力的诉求能够及时作出回应，才是最重要的。

第四句话是体现了积极胜利的精神状态。“十八大”报告整体上给我们传达的信息还是比较积极向上的。报告体现了，我们看到了危机，我们要有忧患意识。同时，我们也看到了发展中的问题，并积极寻找解决的办法。报告中提到“四个考验、四个危险”，特别是讲到腐败现象的时候，提到如果对腐败现象惩治不力，我们党就要受到致命的伤害，甚至会亡党亡国。对于在一个党的代表大会上这样讲是很重的，但是我们党没有回避，就是要敲响警钟。与此同时，对看到的发展中的问题，报告提出了“三个自信”，即理论自信、道路自信、制度自信。当然，你要真的建立理论自信，理论本身必须发展；要建立制度自信，就必须不断的完善制度。从这个角度来看，我们还有很多的事情要做，但是一定要有这种信心，所以我们既不妄自菲薄，又不妄自自大。从这个角度应该看到，我们党的确有一种积极胜利的精神状态，这种精神状态对大家起了很大的鼓舞作用。

二、坚定不移的沿着中国特色社会主义道路继续前进

今天，我们改革进入了深水区，深层次的问题开始浮出水面，在这种情况下我们何去何从，的确有很多思考。遇到这些问题的时候，不是人人的立场都很坚定的，有的甚至对我们走的道路提出质疑，特别是从2008年以后，这种质疑的风气尤盛。例如，有人说，既然我们走的路是对的，为什么问题还是层出不穷？为什么大问题依然没解决？我们给老百姓做了那么多事，为什么老百姓不是对我们越来越拥护，而是越来越不满，等等。提出了各种质疑。为什么是2008年呢？这跟2008年是个特殊的年代有着密切关系。因为2008年是我国改革开放三十年，因此掀起了一个总结改革开放三十年的热潮。正是在这个总结当中，突然出现了各种各样的不和谐因素，其中有很多是直接否定、直接质疑。所以当改革进入深水区的时候，依然有一个中国化何处去的问题，是退回来，还是另寻他途，还是继续走？为什么会出现这种情况，在今天看来我们应该反思。我认为，很重要的一点就是对什么是中国特色社会主义没有很好的掌握。经过那么长时间的改革，我对中国特色社会主义的体会，主要体现在两个结合：第一，在思维方式上，把马克思主义和中国实际相结合；第二，在内容上，把社会主义和市场经济相结合。我认为，抓住了这两个结合，就抓住了中国特色社会主义的核心和主线。

在思维方式上，把马克思主义和中国实际相结合是中国特色社会主义的精髓。有的人说，中国共产党之所以立于不败之地最重要的就是把马克思主义作为指导思想，但是我认为这句话是错的，至少是不全面的。中国共产党建党以来，始终以马克思主义作为指导，但是在革命的初期也是经历一次次的失败。再看看苏共，要知道中国的马克思主义就是由苏联传给我们的，并且中国革命也是由苏共来指导的，但结果却失败惨重。原因就在于我们没有结合我国的实际，把苏联的那一套做法照搬过来，所以才导致一次次的失败。后来，毛泽东同志认识到，中国的革命必须结合中国的实际，从而提出了“农村包围城市”的革命思想，并取得了最后的胜利，这就是马克思主义中国化。中国共产党不仅仅善于把马克思主义中国化，而且善于创造最新理论成果，并用于武装革命和建国立业。例如，把马克思主义和中国革命的实际相结合产生了毛泽东思想，并运用该思想取得了革命的胜利，并建立了中华人民共和国；把马克思主义和中国建设的实际相结合产生了邓小平理论，从而创造了三十年改革开放的新局面。今天我们面临的改革进入深水区，遇到的问题都是重大的、深层次的问题，怎么办？还得要马克思主义和中国的实际相结合，产生最新理论成果，然后以这套理论成果统一全党的共识。科学发展观就是我们今天用来统一全党共识的最新理论成果，并把它写进党章形成一个长期的指导思想。

在内容上，把社会主义和市场经济相结合是中国特色社会主义内容最重要的一点。因为过去从来没有把社会主义和市场经济结合过。邓小平同志曾经说过，市场、计划只不过是一种手段，资本主义可以用，社会主义也可以用。这话好像说得有道理，但实际问题绝不是那么简单。过去，在人们头脑当中根深蒂固的认为只有计划才姓社，市场姓资，社会主义就是计划经济，计划经济就是社会主义。这种理念在今天看来是我们误读了马克思主义的结果，这种误读和苏联人有着密切的关系，因为我们接受的马克思主义更多的是苏联人的马克思主义，而苏联人对马克思主义的解读导致了我们对计划经济的迷信。马克思主义是什么？其实说起来也简单，无非是一个起点，一个结论：起点是资本主义基本矛盾；结论是资本主义必然灭亡，共产主义必然胜利。怎么得出这个结论的呢？由于资本主义保护私有财产、保护私有制，使得人们随心所欲的追求自己的利益，而人的欲望是无限的，资源是有限的，无限的欲望和有限的资源必然要发生矛盾，当这种矛盾变成一个群体和另外一个群体矛盾的时候就变成了阶级斗争，阶级斗争必然导致革命。社会主义为了避免这种情境，想到的办法就是计划经济，通过营造一套意识形态，不允许人追求利益，把人对利益的追求全打压在道德线以下。但是，这样存在一个问题，就是允许个人追求利益和满足个人需求全都否定了。毕竟人要活着就必须满足生存需求，当个人需求集合起来就成为社会需求。仅仅依靠计划安排来满足十几亿人口的所有生活需求是不切实际，因为每个人的需求程度是不一样的，用一套需求标准去衡量所有的人是肯定有问题的。这就会导致动力的缺乏，因为干活与不干活，多干与少干，干好与干坏都是一样的结果。所以计划经济最大的问题就是缺乏动力。为什么改革开放取得那么大成就？就是因为动力机制发生了改变。用邓小平同志的话说：人的利益追求只是人的一种本性，既不姓社，也不姓资，资本主义可以用，社会主义也可以用。改革开放就是这样走过来的。你就会发现一旦把利益的追求作为前提，市场经济就大势所趋。因为利益从交换来实现，交换是在市场上实现，所以只要把人对利益的追求作为社会发展的原动力，不管我们主观上愿意不愿意，都必然走到市场经济这条道路上来。所以中国特色社会主义里面最重要的一点就是把社会主义和市场经济相结合，而且只有这种结合我们才推动了今天的发展。所以到今天，我们不但要继续坚持，而是继续推进社会主义市场经济改革向深层次发展。而且只有这样一个基础，中国特色社会主义大的框架才能建立起来。市场经济不光是经济问题，它还是一个社会的基础，在这个基础之上会生长出整个大的格局，我们现在叫做“五位一体”的格局。

三、全面提高党的建设科学化水平

在明确了走中国特色社会主义道路走后，谁来带领我

们走这条路不是关键，关键在于带领我们走这条路的政党，必须把自身建设好。如果自身建设不好，就无法胜任这个角色。日本的自民党就是典型，之前一直是一党独大，连续执掌38年，把日本发展成发达国家行列中的一员。但是到了1993年，自民党在众议院选举中败，从此以后日本成了地地道道的多党制国家。其根源不在于经济没有搞好，而是自身建设出了问题。所以在“十八大”报告当中，党的建设就作为一个很重要的一块，其中提出了：一个主线、两个坚持、三个型、四个自我、五个建设，以及后面的八条要求。党的建设这一部分讲了这么多，但它的主题是什么？不再是过去的加强和改进党的建设，而是全面提高党的建设科学化水平。这就是意味党的建设的所有行为都要用党的建设科学化这一条主线和标准，换句话说，就是要从规律的角度去认识，要从规律的角度去掌握整个党的建设。过去，这方面我们做得不够，因为规律总是共性的东西，任何政党都必须遵循的，使得一些人认为这是把我们党和别的党混淆在一块，无法体现我们党的优点。这种心态造成的客观结果是我们党的建设实际上长期停留在经验的范畴，提升不到规律的层次，这也是我们党的建设过程中出现困惑的原因。

为什么当今这么多腐败现象的产生，就是因为没有对权力进行约束。所以现在我们应该认识到权力运行是有规律的，掌握权力运用的规律，把权力放到笼子里面去，要进行标本兼治，建立起惩防并举的反腐体系。这仅仅是一方面，我们还有很多方面还没有掌握规律。再比如，党的组织建设和社会管理规律到底是什么关系？一个社会不断向前发展，我们就会发现，社会组织化程度也在不断提高，而且社会的组织化程度越高，这个社会就越透明，越好管理。所以人们很多行为自觉不自觉地在提高社会组织化程度。同样，共产党要发展自己的组织，也是提高社会组织化程度。遗憾的是，我们并没有意识它是一条规律，所以我们在发展自己组织的时候，我们不是从社会发展的角度去认识。这也导致对于我国现在拥有8千万共产党员的一个党组织，应该如何管理是一个很大的问题。但是如果我们提升到社会组织管理的高度，那恐怕不一样了。如西方国家，一个政党会建立各种各样的外围组织，这些组织把政党层层叠加的包起，把居民根据个人的需求爱好，吸纳到具体的组织当中，如工会组织、商业组织、科技协会甚至娱乐俱乐部等。这些组织，一方面可以扩大党的执政基础，另一方面可以降低执政的风险。因为各个组织可以自己管理好组织成员。一旦某组织的成员出现问题，相关组织就会站出来承担责任，在其背后的执政党安然无恙。但是我们国家不是这样，正好反过来，导致的结果是即使鸡毛蒜皮的小事情，也要让整个政党承担责任。因此，作为一个现代政党，一方面要承担起应该承担的责任，成为一个负责任的政党；另一方面，应该在执政过程当中，有效地规避风险。我们必须站在这样一个角度去统筹思考党的建设问题。只有把这些问题思考透了，落实到我们具体工作，并且在实践当中有所创新，有所前进，这才是我们学习的最重要的目的。

合权共建　合富共享

——广东践行中国特色社会主义理论体系的实践路径

广东省财政科学研究所

将马克思主义基本原理与中国实践相结合，走有中国特色社会主义道路，是我党一以贯之的、坚定不移的指导思想。三十多年的改革开放取得了巨大成就，计划经济条件下由于权力高度集中导致社会经济体制逐渐陷入僵化的问题得到有效解决。然而，立足于打破高度集权的“权力下放”管理模式矫枉过正，出现了引发社会分化和分裂的潜在风险的趋势。近年来，广东以科学发展为主线，以解放思想为起点，以中国特色社会主义理论为指导，以财政分配方式变革为抓手，先行先试，大胆实践，深刻践行了中国特色社会主义理论，走出了一条新型的“合权共建、合富共享”的发展道路。

一、“合权共建、合富共享”是内涵深厚的理论创新

（一）“合权共建、合富共享”是对集权、分权和先富、共富两难选择问题的超越

所谓合权，是指整个社会各种权力要素的一种实践统合，合作、和合、合理地配置和运用权力，以促进社会良性、有序、和谐发展。“合权”是对于“集权—分权”对立矛盾关系认识的否定和超越，是哲学方法论的实践运用。

“合权”形成了既不是完全的集权，又不是完全的分权的和谐的统一矛盾关系，是在承认集权和分权两者中的合理性和必要性前提下，在多个权力和权利主体之间形成一个主导的力量，与其他主体之间形成一个相互尊重、分工合作、统一共存、民主协商的关系，从而使集权和分权的对立矛盾关系转化为一体两面的内在统一关系，有效改变过去那种“集权就死，分权就乱”的管理格局，避免陷入过去那种集权与分权二者必选其一的对立管理方式，有效地化解集权与分权的矛盾，实现集权与分权矛盾对立向矛盾统一的转化。所谓“合富”是指合作、合和、合理地共同致富，是从“先富”到“共富”的手段和过程。合权是合富的前提和条件，“合富”是“合权”的目的和方向，两者相辅相成，互相促进，共同服务于中国特色社会主义事业的建设和发展。

“合权共建”是指社会各主体为了一个共同的社会目标通过合权而共同努力，各尽所能。“合富共享”是指社会成员通过“合权共建”各得其所，共同分享经济社会发展成果，实现共同富裕。概而言之，“合权共建、合富共享”是在社会主体权力和利益多元化条件下，通过国家权力和社会权力的合作以及社会财富创造的合作共赢，统合政治领导权、政府管理权、人民参政权和精英表达权，来克服单向分权可能导致的社会分散、分化和分裂，从而达到社会和谐，最终实现政治、经济和社会的共同进步，实现国家的全面发展。“合权共建、合富共享”是对党的十六届四中全会提出的“建立健全党委领导、政府负责、社会协同、公众参与的社会管理格局”的集中体现，是族群、民族分化和分裂倾向的节制和抵制，是真正保障中国社会的和谐稳定发展的实践选择，是真正符合毛泽东思想和中国特色社会主义理论体系内涵的、具有重大实践价值的创新性探索。

（二）“合权共建、合富共享”具有鲜明的时代特征

“合权共建、合富共享”是对马克思主义社会实践哲学和中国共产党优秀传统的继承和发扬，与我国人民代表大会制度、政治协商制度、统一战线等制度和方略所强调的协商、和合、民主精神是一致的，出发点和落脚点都是为人民谋利益，促进社会和谐发展，实现社会成员共同富裕，它具有鲜明的时代特征：一是强调多元利益主体之间的合作。改革开放后的分权改革以及市场经济的引入，逐步产生多元化利益主体，以及权力的社会化和分散化，与权力主体越来越多相伴随的是权力主体的管理责任却越来越软化，从而形成权力领域的“公共悲剧”。“合权合富”就是使各种分散的权力主体实现共同合作，既保持了权力分散（分权）的优势，又调和出权力合作化（合权）的优势，在求同存异原则下，在尊重权力主体合理利益诉求前提下，通过建立合理的制度安排达成各自利益底线之上的合作，其目标指向的是公共利益的实现；二是强调民主协商。“合权合富”强调每一公民和社会组织的存在价值和权益保障，承认公民、社会团体具有参与行政决策、监督行政执行的权力和权利，其实质是实现合作治理，在政府与公民、社会组织自由、平等对话、讨论与审议等基础上，实现民主协商合作；三是以改善民生、共同致富作为根本目标。“合权合富”的目的是为了实现国家和人民利益的最大化，改善民生、共同致富是其根本目标，其内在要求以党和政府为主导，协调和统筹各方权力实现统合，以缩小和抑制两极分化，促进区域协调发展，均衡不同地区间和不同社会成员间基本公共服务差距，促进共同富裕；四是制度化、规范化和系统化的合作。“合权合富”从实践中来，是系统的理论思考，它既包含一般性的原则探讨，也包含对支持“合权合富”制度以及构成要素的思索，还在方法论上实现了创新。它是建立在对人类社会发展规律把握上，以及社会治理方式演进基础上，从社会治理过程中的新现象和新问题中思考和提炼出来的理论，它强调社会关系的统一性，从以往“碎片化、随机化和临时性”的合作方式升华到了“制度化、规范化和系统化”的合作层面。

二、新时期广东改革开放践行的是“合权共建、合富共享”的路径

广东“共建共享”式的中国特色社会主义道路建设践行的就是“合权合富”，其核心内容可归纳为：以解放思想为起点，以两大改革（行政管理体制改革、财政分配方式改革）为抓手，以两大建设（社会建设、民生建设）为核心，以两大方式（民主方式、科学方式）为保障，以两大措施（文化强省、自主创新）为动力，以两大转型（转型升级、双转移）谋发展，最终目的是实现两大目标（和谐广东、幸福广东）。

始于2007年的新一轮思想解放，使广东从过时的观念、经验、思维方式和既得利益的樊笼中解放出来，敢于主动突破思想障碍和体制障碍，树立以人为本，关注发展的终极关怀，树立了合权合富的理念，奠定了合权合富的思想基础；通过两大改革转变了政府职能，提高了政府办事效率，降低办事成本，形成了权责一致、分工合理、决策科学、执行顺畅、监督有力的政府管理新格局，从而实现政府与社会的合权共建；通过两大建设，引导和培育社会组织参与政府治理，实现政府与社会组织合权共建。以基本公共服务均等化和“扶贫双到”大力改善民生，使发展改革成果惠及全体百姓，实现了合富共享；以两大方式引入民间智慧，广开言路，提高政府决策的针对性和有效性，实现政府与公民的合权共建。引入科学的体制机制，提升发展效能，最大限度地改善民生福祉，实现了合富共享；以两大措施全面提升了人民群众的文化幸福指数，提升了广东竞争力，促进广东软实力的提高，助推了合权共建合富共享；以两大转型优化了产业结构，推动全省不同区域均衡协调发展，真正实现不同地区之间的合作与共赢，实现了合富共享。从而最终服务于以人为本，促进人的全面发展这一终极目标，实现“和谐广东、幸福广东”，通过

合权共建、合富共享，实现“加快发展、率先发展、协调发展”，全面贯彻和创造性落实科学发展观，坚定不移地走科学发展道路，集聚外部优势，增创新的优势，实现在率先发展中深化改革创新、在改革创新中推进科学发展，从而用广东的创造性实践为进一步探索中国特色社会主义道路做出新的历史性贡献。

（一）以解放思想为起点，“合权共建、合富共享”扬帆起航

思想是行动的先导。2007 年，中共广东省委十届二次全会上提出以新一轮思想大解放推动新一轮大发展。通过解放思想，继承和坚持了“实事求是”的党的优良传统，突破了僵化的思维定式，打破了制约发展的陈旧框框，树立了与时俱进的优良品格。通过解放思想，丰富和完善了广东在政治、经济、文化和社会等方面实现科学发展的新途径、新举措，广东以解放思想为突破口，为“合权共建、合富共享”的实践发展奠定了坚实的思想基础，创造了良好的环境氛围。

（二）以行政管理体制改革、财政分配方式改革为抓手，践行“合权共建、合富共享”

1. 深化行政管理体制改革，放权扩县，简政强镇，实现政府间管理的合权。2008 年广东启动新一轮政府机构改革，积极创新行政管理体制和社会管理体制，大力推进行政审批制度改革，着力转变政府职能，打破既得利益格局，简化部门行政审批，促进政府行政效率的提高。2009 年年底，广东省下发《关于富县强镇事权改革的指导意见》，放权扩县，县级能办的放权给县，简政强镇，放权到镇。

2. 扎实规范部门履职行为，在政府的决策权和监督权上实现合权。广东主要在四个方面规范政府履职行为：一是规范和约束行政权力；二是厘清政府职能，推动政府社会公共服务购买的制度建设；三是完善科学民主决策机制；四是加强行政权力监督，继续推进政府公开，提高行政机关工作透明度，切实保障人民群众的知情权、参与权、表达权和监督权。

3. 扩大公民参与财政治理的空间，在财政分配上实现合权。2008 年广东创新性地在省本级财政专项资金分配中引入竞争机制，改平均分配为竞争取得；在珠江三角洲部分地市推行绩效预算的资金分配方式，变“人为分钱”为“制度分钱”；2010 年，推进建立第三方评价财政社会收支评价体系；当前又进一步推进零基预算改革试点。通过财政分配方式的深入改革不断增强资金分配的科学性、透明度和财政管理效能。2011 年 11 月在全国率先成立“广东省财政专家咨询委员会”及开展“为民办实事问民意”工作，以人民群众“需不需要、满不满意、高不高兴”为原则，使“群众的幸福群众做主”，推动建立财政决策和政策实施的专家咨询长效机制，不断探索“民主财政”的实现途径，以提高财政决策科学化水平，增强财政工作决策、改革的可信度和公信力。

（三）以社会建设、民生建设为核心，践行“合权共建、合富共享”

1. 对社会组织松绑和扶持，在多元化公共服务供给上实现合权。2011 年以来，积极探索社会建设与社会管理新方式，增强社会组织的发育能力，制定政府向社会组织购买服务的目录，并形成制度安排。2011 年，广东省出台《关于广东省进一步培育发展和规范管理社会组织的方案》，降低社会组织登记门槛，简化登记程序，培育社会组织发展。将允许公益慈善类社会团体名称使用字号，探索将非公募基金会登记管理权限从省下放至地级以上市民政部门，支持社会人士成立公益慈善类和社会服务类社会组织。按照“政府引导、民间力量兴办、专业团队管理、政府公众监督、社会民众受益”的模式，在省和地级以上市实施扶持发展计划，建立孵化基地。拓宽社会组织筹资渠道，支持和引导民间力量为初创期社会组织提供人力、物力和财力的支持，鼓励金融机构在风险可控前提下为符合条件的社会组织提供信贷支持。在省、市、县（市、区）设立孵育专项资金，采取分类扶持方式对符合申请条件的予以补助。

2. 率先推动“基本公共服务均等化与一体化”，强化“双到扶贫”责任机制，在民生建设上实现合权合富。广东省委十届九次全会提出加强社会建设，必须坚持走以民生为重点的发展道路，着力完善社会保障和基本公共服务体系，使发展成果更好惠及全体人民。要搞好“基本民生”、保障“底线民生”、关注“热点民生”。在全国率先制定并实施了《广东省基本公共服务均等化规划纲要（2009－2020 年）》和《珠江三角洲基本公共服务一体化规划（2009－2020 年）》，缩小区域、城乡和不同人群之间的基本公共服务差距，推动珠江三角洲地区的基本公共服务共享。注重建设可持续民生，提倡树立“功成不必在我任期”的理念和境界，不贪一时之功，不图一时之名，多干打基础、利长远的事情。针对区域发展不平衡、城乡和贫富差距不断拉大等问题，创造性提出了“扶贫双到”的重要战略举措，将扶贫的规划落实到户、责任落实到人，做到人员、资金、措施三到位，目标清晰、责任明确、方案有力、效果明显。

（四）以民主方式、科学方式为保障，践行“合权共建、合富共享”

1. 以民主方式广开言路，助推共建共享。广东省委十届九次全会提出探索社会主义民主政治建设的新途径新方法，全面建设法治广东。省领导网上接受“拍砖”，城管条例在门户网站征求民意，地方两会上代表和委员畅所欲言等新执政理念和新措施，不仅引起了社会各界的广泛关注，而且取得了十分明显的正面效果。从质疑预算不透明到指责政府部门浪费严重，从批评没有将 2008 年雪灾写入政府工作报告到公开表达对某些政府部门的批评，从网上表达意见到两会上公开讨论，活跃的民主气氛越来越浓。在政

府决策上，逐步建立为民办事问民意的机制，促进民生资金从“舍得花”向“花得好”转变，促进民生项目从“事务型”向“服务型”转变。在改善民生为重点的社会建设中，以老百姓需不需要、满不满意、高不高兴为标准，积极探索在改善民生的工作中充分发扬民主的方式，真正把民生工程办到人民群众的心坎上。开发社会民智，引导社会中介组织参与政府政策、方案拟订工作，改变决策层过分依赖政府部门提供政策意见的单一信息来源状况。

2. 以科学方式推动转型升级，提高政府管理效能，助推共建共享。为加快转型升级，实现科学发展，广东提出“十二五”时期要实施扩大内需战略、自主创新战略、人才强省战略、区域协调发展战略、绿色发展战略、和谐共享战略六大战略，并研究制定幸福广东指标体系，努力实现经济发展方式转变取得显著进展、社会软实力显著提升、民生福祉显著改善、科学发展体制机制日益完善这“三个显著一个完善”目标。通过在财政专项资金分配中引入竞争机制，变“人为分钱”为“制度分钱”，改平均分配为竞争取得，由原来的单向式“一对一”审批安排转为有专家、公众、媒体广泛参与的“选拔”性分配，增强了资金分配的科学性和透明度，提高了政府管理效能，推动了共建共享。

（五）以文化强省、自主创新为动力，践行“合权共建、合富共享”

1. 构建普惠型公共文化服务体系，在文化强省建设上共建共享。广东省在2009年和2010年相继制定了《关于加快提升文化软实力的实施意见》和《广东省建设文化强省规划纲要（2011－2020）》，明确提出了未来5－10年广东文化发展的总体要求、基本目标和重大举措，继提出建设文化大省后首次提出建设文化强省，为建设幸福广东提供文化强大动力和支撑。始终把人民群众作为文化服务主体，不断加大财政投入，实施“基层文化设施全覆盖工程”，大力加强城乡基层文化设施建设，以构建普惠型公共文化服务体系为目标，全面提升人民群众的文化幸福指数。

2. 实施自主创新战略，建设创新型广东。2008年，为应对国际金融危机冲击，广东实施“腾笼换鸟”，提出以自主创新作为引领广东未来发展的核心推动力，促进传统产业转型升级和现代产业体系建设，并且陆续出台了一系列促进自主创新的政策法规以及若干配套实施意见，在自主创新上加强统筹规划，注重整体设计，强化政府引导，遵循市场规律，推动全省不同区域、不同行业形成合力，全面推进创新型广东的建设。

（六）以转型升级、“双转移”为发展手段，践行“合权共建、合富共享”

不断优化升级产业结构，通过“双转移”上实现合权合富。“双转移”直接推动了珠三角核心区和欠发达地区的“比翼齐飞”，真正实现不同地区之间的合作与共赢。在双转移推进进程中，珠三角地区产业结构不断优化升级，消除了产业空心化之虞，产业移出地居民收入增长，生活质量大大改善。而转移的企业在移入地不仅降低了成本，而且摆脱了土地等方面的瓶颈约束，获得了新的竞争优势。通过省和地市两级制度确保“双转移”落实，通过各级财政转移支付确保投入，发挥省和地市两级三方积极性，协调移出地和移入地利益，综合运用考评和竞争机制，通过地市之间竞争促进产业转移，使产业转移与产业升级、环保相结合，确保了科学发展和可持续发展。

（七）以和谐广东、幸福广东为两大目标，践行“合权共建、合富共享”

1. 以“和谐广东”为导向，引导“合权共建、合富共享”。2006年，广东省委省政府颁发的《关于构建和谐广东的若干意见》，提出了构建“和谐广东”的七大机制，即经济协调发展机制、民主法治机制、先进文化培育机制、创造激励机制、利益协调机制、矛盾疏导机制、安全保障机制等，通过“和谐广东”的建设，引导全社会形成一种人人各尽所能，各得其所又和谐相处，社会安定团结，和谐稳定又持续发展的局面。

2. 以“幸福广东”为目标，推动“合权共建、合富共享”。广东省委十届八次全会上提出了“十二五”时期“加快转型升级，建设幸福广东”的目标任务。建设幸福广东本身就是一个共建共享的过程，广大人民群众是建设幸福广东的主体，通过幸福广东的建设，推动全社会共同参与，用劳动共同创造幸福美好生活。转型升级是手段，幸福广东是目的，二者统一于加快转变经济发展方式、推进科学发展的具体实践。转型升级充分体现出“发展是硬道理”、科学发展观的理念，是实现权力之间合作的重要途径，幸福广东是目的和目标，是合富的标准和归宿。

党的十七大报告开创性地总结提出了中国特色社会主义理论体系的科学命题，即以人为本、全面小康与和谐社会三大核心内容。广东的“合权共建、合富共享”的探索践行的正是中国特色社会主义理论“以人为本、全面小康、和谐社会”的核心理念，并且在政治、经济、文化和社会建设四个方面系统、全面、持续创新，走出了一条中国特色社会主义建设的新路径，充实和丰富了中国特色社会主义事业的建设内容，并且这种实践探索以制度创新推进合权合富不断深入，以制度建设保障合权合富持续发展。

三、以财政分配改革和管理为抓手，推动“合权共建、合富共享”持续深入

财政是政府履行职能的物质基础、体制保障、政策工具和监管手段，是政府和社会关系的交汇点，财政分配和管理改革对整个改革进程和经济发展都有着深远的影响，尤其是在中国独特的转型路径下，财政改革成为经济社会转型的催化器。可以毫不夸张地说，抓住了财政分配方式

的关键问题，就牵住了政府和社会关系的“牛鼻子”。广东以“合权共建、合富共享”践行中国特色社会主义理论的实践探索中，财政处于关键性的地位，发挥了关键性的作用。“十二五”期间的广东财政改革发展是要实现“法治财政、民生财政、绿色财政、绩效财政、阳光财政”五大目标，其中以绩效财政来推动财政分配分式改革为切入点，绩效财政着眼的就是解决财政分配方式的科学性问题，提升政府管理效能，提高财政资金绩效，其核心体现的正是“合权共建、合富共享”思想。

（一）推行绩效预算，解决“政府权力部门化，部门权力利益化”问题，推动“合权共建、合富共享”

广东财政通过绩效管理来实现财政分配方式的创新。竞争性分配方式主要解决了政府对社会和对下级政府的科学分配问题，珠江三角洲地区的绩效预算主要解决财政对部门单位的科学分配问题，两者共同构成了系统的财政绩效管理模式，丰富了广东绩效财政的内容，兼顾实现了科学理财和民主理财。绩效财政通过强调“预则立”，要求部门单位制定工作方案，提出保障项目能有效实施的制度安排，细化预算、解决“有绩效的去做事”问题，以此达到“少花钱，办好事”的目标。通过聘请专家参与，既解决信息不对称问题，推动精英民主理财，使分配过程更加科学、透明、合理、公开、公平和有效，形成制度性的分配，取得了实实在在的成效：一是解决了财政分配方式难题，使部门的用钱更加规范、科学，打破了部门财力切割和固化的老大难问题；二是解决了政府执行力难题，通过构建绩效管理体系建立起了预算单位自负责任—自我承诺的微观纠错机制，让预算单位成为“自我约束、自我管理、自我激励”的责任人，部门单位通过绩效管理实现“办好事”，提高了贯彻政府政策的执行力；三是解决了财政民主化难题。广东财政绩效管理改革充分体现了财政民主理念：一是政府支出项目选择上体现了民生为本；二是绩效管理中的统一战线建设，充分发挥各方优势，充分发扬民主，集思广益；三是专家参与分配本身就是一种科学加初级民主的实现形式。

（二）改革民生工程的财政分配方式，民生分配问民意，推动“合权共建、合富共享”

广东省委、省政府高度重视保障和改善民生工作，“十一五”期间全省财政各项民生投入达到10 303亿元，占全省一般预算支出的比重提高到58%。提出要逐步建立为民办事问民意的机制，促进民生资金从“舍得花”向“花得好”转变，促进民生项目从“事务型”向“服务型”转变。在决策民生工程时，要切实从“政府配餐”转变为“群众点菜”，扩大民主、尊重民意，不断拓展人民群众参与政府决策的广度和深度，真正按照群众的要求来决定办什么、怎样办，确保民生工程成为人民群众需要、满意和高兴的民心工程。

（三）通过发挥财政分配的综合管理作用，推动政府行政管理体制改革的深入，推动“合权共建、合富共享”

五年来，广东省委、省政府充分发挥财政作为政策的强有力执行者作用，不断委以重任，有效地推动了政府管理体制改革、民生建设、社会建设、转型升级、幸福广东的“合权共建，合富共享”社会制度实践的开展。

2008年在省委、省府的委托下，广东省财政部门主持和起草了《广东省基本公共服务均等化规划纲要》，在全省逐步建立和完善基本公共服务体系，实现城乡、区域和不同社会群体间基本服务的制度统一、标准统一和水平均衡，使基本公共服务全面平等地惠及全省人民。

近年来，立足于理论研究的成果运用，珠江三角洲部分市推行财政资金绩效管理，从中山、珠海和江门等，逐步扩展至东莞等地。通过绩效管理缓解了财政支出压力，提高了财政资金使用效果，强化了部门单位落实政策决策和政策以及为民办事的能力。

2008年在省委、省政府的授权下，由广东省财政部门主持了产业和劳动力双转移和75亿元财政资金对十四个市的竞争性分配的开创性工作。截至2011年10月，全省共有87项财政专项资金实施了竞争性分配改革，涉及财政资金共约153.36亿元。竞争性分配促进了专项资金从平均分配向竞争性分配转变，从注重资金环节管理向全过程绩效管理转变，确定了“多中选好，好中选优”的竞争性分配机制，促进各地各部门更加注重贯彻落实科学发展观，更加强化绩效优先观念，深化了公共财政管理改革，提高了资金使用效益，推进了我省社会经济科学发展。

2009年由广东省财政部门主持、起草了《广东省珠江三角洲基本公共服务一体化规划纲要》，解决了基本公共服务“无障碍享有”的问题，极大地促进了广东省内要素比较优势的发挥，为广东经济发展提供了新的动力。

2009年和2010年，广东相继制定《关于加快提升文化软实力的实施意见》和《广东省建设文化强省规划纲要(2011－2020)》，提出文化强省和人才强省发展战略，“十二五”期间，全省将投入250亿元以上用于支持文化强省建设。从2011年起，全省财政的文化事业经费支出占财政总支出比例达到1%以上，并将随着经济发展逐年增加、稳步增长，以财政手段推进和落实文化强省和人才强省战略，提高广东发展竞争力和软实力。

2010年，广东在南雄市、兴宁市、封开县、紫金县四县市试点省直管县财政体制改革，在此基础上，总结经验，设计科学的实施路径，稳步推进省直管县财政改革试点，扩大至更多市县。通过改革建立省对县直接的财政分配机制，激发县域发展潜能，理顺财政管理体制，减少财政管理层次，提高基层公共服务保障能力。

2010年，探索引入第三方评价财政资金使用绩效改革试点，完善财政支出绩效社会评价体系，通过竞争性招投标的方式，整体委托符合资质要求的第三方组织独立、自主地开展财政资金使用绩效评价工作，建立科学的财政社会收支评价体系，提高财政分配的公开公平和公正。

2011年，省委十届八次全会提出“加快转型升级，建设幸福广东”的战略目标，财政大力服务幸福广东建设，促进财政转型实现职能转变，分别物质基础、理财观念、投入机制、财政管理的角度，为财政给力幸福广东建设提供财力支撑和保障。

2011年，省委省政府提出加强以改善民生为重点的社会建设，财政部门积极创建管道，建立为民办事问民意的财政决策与管理机制，不断深化财政分配方式改革，提高为民办实事的绩效，对于竞争性分配和开展绩效预算的改善民生与社会建设的项目，开展重点绩效评价，并将评价结果向社会公布。推动社会中介组织在改善民生与社会建设中与政府形成相互协作的良好局面。

2011年11月，广东成立“广东省财政专家咨询委员会”及开展“为民办实事问民意”工作，让人民做主提高决策科学化水平，不断探索“民主财政”的实现途径。建立机制，落实为民办事问民意，选择合适的试点项目和内容，积极稳妥地在预算编制、执行、反馈的全过程逐步引入民主决策机制，推进重大民生政策和重点项目征询社会公众意见，实现“群众幸福群众做主”。

2012年，政府购买社会公共服务的制度建设和购买目录。对社会购买服务的专项资金全面推行竞争性分配，制定实施政府购买公共服务管理办法，明确采购目录、规程和标准等，不断提高政府管理水平和公共服务质量，降低管理成本。

2012年，按照省委、省政府加快转变政府职能，深化财政体制机制改革的要求，开展零基预算改革试点工作，以构建科学合理、标准明晰、绩效优先、约束有力的公共财政预算编制制度为目标，打破部门财政资金基数化、固定化、长期化现象，增强财政宏观调控能力，探索形成基本支出标准化、科学化，项目支出绩效化、择优化的新型预算编制模式。

总之，广东践行的“合权共建、合富共享”是基于对中国特色社会主义理论的深刻理解和创新实践，是我党的“实践出真知”和“与时俱进”优秀品质的生动诠释，广东的这种先行先试精神，必将为全国其他地方推动中国特色社会主义事业向前发展提供路径参考和实践引领。

如何进一步加强以改善民生为重点的社会建设

广东省财政科学研究所

社会构成了国民各种关系的总和。社会建设的任务是使国民各种合理的利益与精神诉求得到充分的实现。理想和谐社会的目标是社会各类关系处于和平、友好的协调状态当中。

民生改善是社会建设的核心内容，是和谐社会的基石，是协调社会各类关系的中心任务，是以人为本的社会共同价值观的具体体现。

政府是执掌社会公共权力的主体，在社会建设和改善民生关系中处于主导地位，尤其是经历了计划经济大政府、小社会的历史时期以后，三十多年来的改革开放实行“简政放权、让利”激发了国民的创富动力。人民生活实现了解决温饱到小康的历史性跨越，民生和社会建设的任务凸显。政府转型升级，打造有限责任政府、服务型政府的任务凸显，而在这些任务当中，政府管理体制改革处于必须优先考虑的位置。只有政府管理体制改革到位了，改善民生和社会建设的任务才能得到落实，否则党委政府改善民生、加强社会建设的努力都将难以实现。

一、深化政府管理体制改革，促进责任型服务型政府建立

目前，在政府与社会关系中，存在着民生改善与社会建设相脱节、政府与社会组织在改善民生和社会建设中的作用相脱节、政府提供公共服务与老百姓需要相脱节，而政府很显然处于这些矛盾关系的主要方面。因此，政府管理体制改革的主要任务和措施是政府决策权由部门还权政府；专责管理权还权专责部门；约束公务员的社会行为。

（一）部门还权政府，政府还权社会

积极稳妥进行政府管理体制改革，建立法制化、科学化、现代化的政府工作系统，逐步解决政府权力部门化、部门权力利益化、部门利益个人化问题，使决策权、执行权、监督权既相互分离、又相互制约，政府部门职责分工

落实到位，实现决策科学、执行顺畅、监督有力的政府管理新局面。

1. 将决策权和政策制定权、发布权、解释权还权政府。按照决策、执行、监督三分离管理原则，将决策权还归党委政府，而政府部门只有执行决策的责任，从而厘清计划经济时期部门行使政府所有权力的政府管理格局。

2. 财政资金分配、政府资产建设与管理权、公务员管理、监督处罚权等集中由政府专责部门行使。按照“专务、专管、专责”原则，改变过去机构设置中长期存在的部门分割、职权不清、责任不明、办事效率不高等问题，创建面向全社会的公共管理和公共服务体系，整合部门管理职能，使财政资金分配、政府资产建设与管理权、公务员管理、监督处罚权等集中由政府相应专责部门行使，提高管理效率。同时，专责部门也要实现管理机制的改革，进一步完善内部管理，实现规范和效率的提高，使党委政府的各项决策能够有效落实。

3. 政府后勤服务社会化，政府服务能够通过社会购买的实行强制性购买。积极主动地调整各级政府的管理事权，把那些具体的公共管理事务和公共服务项目尽可能地交给下级政府、基层政府、社区组织和其他非政府组织，政府后勤服务社会化，政府服务能够通过社会购买的实行强制性购买，实行公共事务管理和公共服务属地化、社会化，将政府管理的重点放在法制规范、宏观调控、中长期政策规划、法纪效能监督和重要管理实务上，不断提高政府管理水平和公共服务质量，降低管理成本。

（二）深化公务员管理制度改革

公务员代表政府与人民群众发生直接的关联关系，公务员行为失范直接危害政府在人民群众中的形象，从严治理，从小错纠起，就能起到防微杜渐的长期效果。

1. 集中公务员行为管理权。改变公务员单位管理的体制，使公务员管理建立在统一规则的基础上。

2. 颁布省长令，确立公务员的社会行为规范。以省长令的形式确立公务员的社会行为规范，详细规定公务员在社会行为中应当承担何种责任，同时严格责任追究的程序，规范责任种类，制止不作为、乱作为的行为发生，使公务员的公务行为在符合国家的政治要求的基础上，减少公务员行政行为不规范给社会和他人造成的危害，提升政府在广大群众的形象。

3. 监察部门与信访部门合署办公，重点监督处理公务员对社会的行为规范问题。当公务员在作出行政行为时的方法、步骤、态度不符合规范，甚至滥用行政权力，引起社会公众的投诉甚至上访情况时，信访部门负责接受投诉和查实，监察部门则按省长令的规定对公务员行为予以纠正处理和纪律处分，并将处理结果通知投诉人和公务员本人及所在单位。

（三）深化财政分配方式的变革

深化财政管理体制改革，使政府各部门从“关注分钱”转变为“关注办事”，把政府部门主要精力真正转到履行本部门职责上来。

1. 对社会购买服务和对下级政府的专项资金全面推行竞争性分配。无论是竞争性分配还是绩效预算都具有提升财政资金使用绩效、落实党委政府决策，能够在改善民生，加强社会建设中起到“以财行政”的作用。其原理都是通过用钱单位的责任落实，起到激励作用，具有对社会购买服务和对下级政府“指挥棒”的作用。竞争性分配方式，使资金使用主体形成自我约束和自我改进的机制，更能提高资金使用主体的执行力，提升政府管理的有效性。

2. 大力推进绩效预算，按照“民生优先、绩效优先、大事优先”的分配原则，对政府部门实现零基预算的分配。绩效预算，通过以有效的制度机制，来落实部门单位的办事责任，同时通过专家对部门单位的工作方案提出批评意见和建议，给予管理咨询，从机制上引导政府各部门单位兼顾眼前利益和长远利益，增强预算单位的自我责任感。并且根据工作的不足自我改进提高，最终形成自我约束机制和自我激励提高的管理理念和管理意识，进而不断解决资金分配和资金使用当中存在的各种问题，促进政府服务能力和服务水平的不断提高。

3. 试行改善民生专项资金无定向竞争性分配方式，理顺上下级政府间的权责关系。每年由省政府安排专项资金对地方政府实行无定向竞争性分配，主要解决较大区域范围内较为普遍和突出的民生问题。地方政府选择区域内最为急迫解决的民生问题，拟出切实可行的、科学翔实的实施方案和预算，向省政府申报从而竞争性获得解决民生问题的资金。以此强化地方政府责任和提升服务能力，有效解决上级政府统一号令与地方政府因地制宜的矛盾关系，同时明晰地方政府责任和解决民生问题的积极性。

4. 地方政府也应针对基层社区组织的具体民意要求，采取无定向竞争性分配方式，落实因地制宜的民众需要的政策扶持。各级地方政府也应设立社区服务发展专项资金，采取无定向竞争性分配方式，引导扶持公益性、福利性社区服务组织的发展，建立以社工为主导的跨专业团队，提供以家庭、长者、青少年为核心，以弱势、边缘人群为对象的各类专业、优质服务，在社区里努力形成政府提供公共服务、社区提供自助互助服务、市场提供便民利民商业服务的新格局。

（四）各级政府应主动塑造统一政府的形象

1. 各级政府应统一将新闻办公室改造为政府公共关系部门，主动筹划政府形象的塑造，根据政府的重大决策和政策统一对社会进行主动宣传。建立政府公共关系专责部门，全面统筹政府与社会关系，对关系到政府和社会关系的各方面进行整体统筹和部署，充分了解群众的要求、结合政府工作需要，重新谋划和树立政府的良好形象。统筹政府的信息发布、政策宣传、舆论引导、沟通桥梁、危机处理等。重视和加强与公众之间的双向传播和沟通，了解公众对政府的期望，根据公众的需求不断改善政府的各项工作，树立“创新、务实、廉洁、高效”的政府形象。

2. 政府公共关系部门是政府最权威的社会信息发布平台，统一政府政策、法规的发布和解释。建立政府信息统一发布制度和平台，政府公报和指定的政府网站为本级政府唯一的信息发布平台，且以下三类信息必须由此平台公布：（1）县级以上人民政府及其工作部门制定的规范性文件；（2）本级政府确定的重大行政决策结果；（3）《中华人民共和国政府信息公开条例》确定的其他应当主动公开的重点政府信息。未在政府公报、政府网站上发布的规范性文件，不得作为实施行政管理的依据，对公民没有约束力。

3. 建立统一的信息平台，促进政府行政职能的转变。各级政府建立统一的信息和服务互联网平台，各部门互联网站都必须纳入政府统一互联网平台管理，统一入口，分类信息管理。凡涉及决策性、政策性、制度性、公共性的信息在政府网站上发布，如政府预算、公务员招录等。凡办事程序、规则、申报、办理类在各部门网站上实现。

二、创建管道，创新机制，实现“群众幸福群众做主”

（一）各级政府建立民意收集平台

1. 各级政府应建立专责民意收集管理机构和民情民意的互联网平台，负责组建民意管道，动员、收集民生和民意的基础信息，做到广覆盖。以现有的社会管理机构为基础，建立省—市—县（区）—街道—居委会的五级纵向管理结构和民意表达管理中心，形成广覆盖、畅通的民意表达运行网络。以社区居委会为民意信息收集的基本机构，负责特定居住片的民意信息的收集与汇总。采取自下而上的方式由接待员受理民意诉求，并根据诉求内容涉及的职能部门与层级、诉求的范围等进行粗略分类。在本区或街道政策范围内的诉求直接汇总于街道办。而涉及上级政策范围内的诉求由居委会报街道办，再统一上报至各级政府的民意表达管理中心。民意表达管理中心负责将收集的民意信息统筹安排，使民意表达系统化、条理化、制度化。

2. 在群众与政府之间建立民意沟通管道，以社区村委会为基础，发挥社区服务组织的作用，将本地区民众最急迫、具有一定代表性的需要信息，通过专责互联网平台与地方政府建立联系。各级政府设置的专门的民意表达管理机构，建立民意表达管道。一是要给基层党组织、居（村）民委员会、社区组织留出信息接口，将其作为常量信息的采集对象；二是充分发挥社团、行业组织、社会中介组织和城乡基层自治组织的作用，使社会组织能够充分发挥民众代言作用，直接代表各公众阶层，引导群众以理性合法的形式向政府表达意愿，参与公共政策制定，协调公共政策和社会群体间的利益冲突形成社会管理和社会服务的合力；三是借助市场力量，媒体、互联网等公共信息管道。使政府和公众有一个有效的沟通渠道和平台，规范政策的出台，增加政策制定和执行的透明度，实现政府政策与老百姓的意愿的完好对接；四是发挥信访机构的独特作用。

3. 建立两代表一委员民意表达“直通车”管道，直接将民意需求信息向相应层级政府提出。提倡各级人大、政协的官方网站公布人大代表、政协委员的邮箱地址，收集和汇集公民的对于政府民生政策的意见和诉求，并经过整理、归类、分析后在每年的人大和政协的代表大会上提出议案。

4. 以基本公共服务均等化、一体化规划为基础，建立系统性的民意信息收集内容。以基本公共服务均等化、一体化规划为基础，以公共教育、公共卫生、公共文化体育、公共交通、生活保障、住房保障、就业保障、医疗保障等方面为重点，建立系统性的民意信息收集内容。在民意信息的收集环节进行内容的系统化的归类，使政府各部门能更直观了解民众的反映，获知民众最真实最急迫的民生需求。

（二）各级政府建立民意信息分析处理平台

1. 将收集到的民意按照政府责任和社会责任两类进行分类和去伪存真。建立收集和分析处理民意信息的有效机制和平台，按照对政府拟出台的民生政策的民众意见和对未来取向的民意收集进行分类后，将民意信息分解为政府责任和社会责任两类，进行信息分析和甄别，确定真正的民意需求，并交由智库机构和政府专责部门或者社会组织进行分类别细化分析和提出对策意见和方案。

2. 属于政府责任的意见委托智库组织进行整理研究，提出解决问题的方案，交由政府决定。涉及重大民生问题，智库组织应充分调查研究，针对不同的权益主体对政策实施的态度做分析，包括民意的成因、走向、风险、结果、对策的分析，提出解决问题的方案，供政府决策参考。

3. 属于社会责任的意见由智库组织拟订出社会解决方案，政府提出指导意见。对分析为涉及社会责任的民意，由智库组织深入居（村）委、社区、民众做深入细致的调查，分析缘由、趋势，根据实际拟订出由社会组织解决处理问题的方案，政府对属于社会责任的意见，不直接干预，仅提出指导意见，指导相关社会组织进行消化和解决。

4. 建立矛盾和利益的调节机制，促进社会和谐。建立健全社会矛盾与冲突预警体系，及时收集掌握社会舆论，准确把握社会利益矛盾的苗头和发展动向，尽可能把矛盾化解在萌芽状态。建立起具有系统化、组织化和民主化的新型社会矛盾调解机制，在法院之外，建立民间的第三方调解机制，坚持社会服务组织调解、居民团体调解、行政调解、司法调解相结合，及时调处化解利益矛盾，维护社会稳定。

（三）各级政府委托社会研究咨询机构对重大的民生问题进行专题研究，并提出解决问题的方案，供各级党委、政府和人大决策参考

当今时代，改革发展稳定的任务更加繁重，社会矛盾

逐步增多，利益关系日趋复杂。所有这些，都使决策的深度和广度不断拓展，决策的难度和要求不断提高。因此，要更好地发挥政府职能，就必须切实增强科学决策的意识和水平，需要大力发挥社会研究咨询组织的功能和作用。

1. 创新建立引入社会研究咨询机构参与支持重大民生问题研究的机制。大力促进社会研究咨询机构的发展，借助民智和民力为促进社会发展和解决民生问题提供强有力的思想、理论和智慧，形成重要公共政策由智库草拟、社会咨询、政府提交人大审批的民主路径，改变政府决策层过分依赖政府部门提供政策意见的单一来源状况，避免政府决策因信息不对称而产生决策失误，进一步提升政府决策的能力，真正提供令民众满意的服务。

2. 保障研究成果的可操作性，特别鼓励智库机构参与开展有理论指导的社会创新性实践活动。完善省委、省政府决策咨询课题管理，开辟民生和社会建设专题研究系列，对社会智库组织进行公开招标或委托研究。加大决策前期研究的经费供给，切实加强课题研究的事前、事中、事后管理。

3. 引导和支持社会研究咨询机构对事关改革和发展的重大问题进行前瞻性研究，作为决策的信息储备。各级党委政府应统揽全局，把握社会发展趋势，主动拟出每年应当解决的重大社会民生问题、改革和发展的重大问题，公开招标或委托智库组织进行前瞻性、系统性研究，力争把握工作的主导权，提升政府掌控全局的能力。

三、发挥社会组织作用，为促进幸福广东建设服务

当代社会，社会的组织和公民正在成为有主体资格和独立行为能力的服务对象，成为政府行政环绕运行的中心，这就使行政管理从以往自上而下的强制性管理逐步向服务性管理转变，政府的重新定位促进了政府专能化、专业化、专责化发展，“有所为，有所不为”，政府的主要精力放在关系到社会稳定，国计民生，可持续发展的战略目标和战略重点等方面，而属于市场和社会行为范围的或应由中介组织处理的，就下放交由社会组织来承担，从而促进社会自我发展，提高政府管理的效率和水平。

（一）大力推动社会智库组织的发展

本次为省委十一次党代会做准备的十四个课题的研究方式，已经昭示出党委政府重大决策已经不再完全依靠政府部门开展，开启了智库组织参与政府决策的新途径，必将推动政府决策的科学化和民主化的新风气的形成。

1. 出台专门政策措施培育和支持社会智库组织的快速发展。区别公益类（事业单位、基金类、学术类）和咨询类（公司类）社会智库组织，分别拟订出不同的管理政策和优惠政策，大力促进社会智库组织的发展。允许官方与民间智库、专业智库与综合智库等各种类型、各种层级的智库并存。建立智库联动机制，与民间组织管理体系改革同步，明确法人地位，解决民办非企业法人型智库的相关民事责任规定无法明晰的问题。政府设立专项资金支持和资助各专业智库开展论坛、座谈会、演讲、报告、图书出版等形式进行讨论和交流。

2. 建立高效的智库运行机制和人才培养机制。在智库内部机构设置上，要明确以研究部门为核心，各部门围绕、服务于研究部门的指导思想，为学者创造良好的研究环境。在研究人员的配置上，要大胆启用不同学术背景的综合型人才，结合政界、学界和商界三大类型精英人才，实践型与理论型人才并用，高级研究人员配备研究助理，充分发挥各层次研究人员的理论与实践贡献。

3. 智库组织以研究解决民生问题、社会建设和管理问题为己任，切实解决学风和学术道德问题。智库组织要找准在政府、市场与社会之间的定位，依托于政府又独立于政府，建立起与政府的合作关系，不仅仅是做政府的批评者，通过独立的分析与思考为政府决策提供前瞻性的建议。同时，智库组织建立起良好的学术道德和学风建设氛围，完善制度，严格管理，从源头上防范学术不端行为，提高学术道德和学风建设水平，不断提高咨询水平，推动政府科学决策水平的提高。

（二）大力推动社会公益性、联谊性、社区性、学术性组织和基金的发展，限制政治权力、利益诉求和国外背景的组织的发展

1. 深化社会组织登记改革。加强社会组织登记管理队伍建设，提高登记管理工作水平和质量，对民办学校、医院等实体性公共服务和福利机构，取消民政部门作为“登记管理机关”的程序，对于一般性的社团，独立的民间组织管理局专门负责登记管理，取消“业务主管单位”的程序，给予非营利组织更大的生存、发展空间。改进监管方式，充分发挥新闻媒体的舆论监督作用，注重舆论监督的社会效果，健全社会组织评估体系，加快推进社会组织评估，促进社会组织能力建设和诚信建设。严格控制成立政治类、宗教类社会组织以及有境外复杂背景的社会组织，并依法加强对其监管，严禁成立与党的方针政策、国家法律法规相悖的社会组织。适当放宽对社区社会组织的准入条件，制定鼓励社区社会组织发展的公共政策，坚持登记和备案相结合，做好农村专业经济协会的规范管理工作，充分发挥城乡基层社会组织在促进城乡和谐发展中的积极作用。

2. 积极引导社会组织参与社会公共服务和社会公益事业。积极培育一批独立公正、行为规范、运作有序、代表性强、公信力高、适应社会主义市场经济发展要求的社会组织，加大对社会公共服务组织和社会公益事业组织发展的扶持力度，激活公民及社会组织参与社会建设和管理的动力和责任感，鼓励和扶持企业、个人创办各类公益慈善类社会组织，充分发挥公益慈善类社会组织在反映弱势群体利益诉求、帮助困难群体消除贫困、实施最低生活保障

等方面的作用，鼓励社会力量在教育、科技、文化、卫生、体育、社会福利等领域兴办民办非企业单位。着力培育城乡基层社会组织，通过政府购买服务、税收减免等措施，广泛吸纳、利用民间资本、人才和技术，形成公办社会事业与民办社会事业共同发展的格局。

3. 出台地方性法规，解决社会组织的资产、财务和税收问题，积极引导社会组织加强自身建设。制定有关公益慈善团体、公共筹款机构等团体的登记管理及财产、财务和信息公开等方面的专项法规。推动落实社会组织特别是公益慈善类组织的税收优惠政策，推动建立公共财政对社会组织的资助和奖励机制。推动促进政府将微观层面的事务性服务职能、城市社区公共服务职能、社会慈善和社会公益等职能转移给社会组织，拓展社会组织发展空间。制定政府购买公共服务和建立新型政社合作关系系列政策、文件。严格约束上级主管部门直接干预社会团体、基金会具体事务。真正实现社会组织的独立法人、独立管理、自主运营的地位。制定相应法律法规，试点将社会组织资产统一归口为社会资产，只要是继续用于公益事业的社会组织的合法财产，不管是捐赠、国家拨款还是其他筹集方式，社会组织均享有直接的支配权，任何单位和个人都不得侵占、挪用和任意调拨。

四、发挥市场的基础性作用，确立农民市场主体地位，大幅度改善民生

在市场经济条件下，社会资源的配置主要通过市场、按照市场交换的规则来进行，作为公共权力主体的政府主要履行社会公共管理的职能。凡是可以通过市场经济解决的问题都应该交由市场解决。政府在市场机制充分发挥作用的基础上，解决市场所不能解决的领域和范围，市场和政府形成合力，加快以改善民生为重点的社会建设。既要发挥市场这只看不见的手的基础性和主导性作用，又要发挥政府和社会监管这只看得见的手的作用，使农民作为农业生产主体的收益通过市场上获取。又要发挥政府和社会监管这只看得见的手的作用，使农业资源配置合理、协调、平衡、可持续。

1. 计划合同生产，减少农业生产的盲目性，提升农民收益预期的稳定性。通过网络将农民、市场、农业政策、农村金融机构、农业技术等有机地结合起来，理顺政府、市场、农民、农业生产服务供应商之间的关系，农民按订单要求安排生产，以此减少农业生产的盲目性。信息化技术将连接生产、加工、仓储、物流、销售等各个节点，使农产品从生产者到消费者的整个过程具有可溯性，提高农产品的品质和附加价值，提高农民收益的稳定性，并从源头上控制和保障食品安全。

2. 农超对接，将谈判权和定价权作为市场的主要手段，一方面均衡农业生产；另一方面可以开辟更多的更优质的农业生产种类。形成农民对超市的对接，实现商务平台的功能，不仅连接着超市和农民，还连接为农产品生产和交易提供物资、技术、金融、物流、政策咨询等各种服务者。对现行农产品交易、加工、物流、分销等过程进行有效整合。从而对商流、信息流、物流、资金流进行计划、控制、协调和优化。农民能及时地获取市场信息，得到技术、金融和政策等多方面的服务，使市场信息趋于对称，从而能适应市场需求的变化，增强在市场中的博弈能力。

3. 政府政策集中在现代农民培训、市场环境的管理、农业开发的环境改善、农业信息的综合处理与供应。没有现代的农民，就没有现代的农业市场经济，就不可能有农业的规模化和现代化。政府着力整合农业政策改变农业政策碎片化问题，将财政资金重点用于对现代农民的培训上来，在农业生产、科技、金融、网络应用等方面培养出大量合格的现代化农民。财政政策则以市场化订单农业为载体，给予必要的政策支持和资金补贴，以推动订单农业发展，提高财政支农资金使用效率。

科学发展创新路　统筹协调谋共赢

——关于我省“双转移”实施情况的分析报告

广东省财政科学研究所

实施产业和劳动力“双转移”战略，是省委、省政府统筹谋划、总揽全局作出的重大战略决策，对于广东省争当实践科学发展观的排头兵、促进区域协调互动发展意义十分重大，表明了省委省政府在面对纷繁复杂的区域发展问题上举重若轻、四两拨千斤的决策智慧。“双转移”战略为广东跨越“中等收入陷阱”、破解贫困地区发展难题及实现全面转型升级找到了一条切实可行的道路。“双转移”战略的成功实施，财政手段的创新和有效运用发挥了十分重

要的作用，可圈可点，值得认真总结，并在未来“双转移”的扩能提质、提升产业聚集度和园区发展城镇化水平的“转型升级”中继续发挥作用。

一、“双转移”实施的基本情况

（一）“双转移”战略的缘起

基于资源要素低成本比较优势的出口导向型外向经济发展模式，成就了广东经济三十年的辉煌，也给经济持续发展带来了诸多问题：全省区域经济发展极不平衡；珠三角地区企业自主创新能力较弱，产业层次仍处于世界产业链的中低端，土地和资源短缺，人口负担过重，环境污染严重；粤东西两翼和粤北山区工业基础薄弱，发展观念落后，“等靠要”思想严重；收入增速慢而贫富差距扩大，面临步入“中等收入陷阱”的风险。在此背景下，省委省政府高瞻远瞩、审时度势和决策科学，以“双转移”战略突破发展瓶颈，决定在2008年始的五年内，用500亿元左右的资金推动产业和劳动力双转移，以破解科学发展难题，推动珠三角“腾笼换鸟”和欠发达地区“筑巢引凤”，实现新一轮大发展和经济社会转型。

（二）“双转移”实施的基本情况

为确保“双转移”目标的实现，广东省从2008－2012年5年时间里，计划连续投入500余亿元资金，从以下八个方面进行重点扶持：一是扶持欠发达地区完善基础设施。二是以竞争形式扶持欠发达地区建设产业转移园。三是加大力度扶持欠发达地区重点产业发展。四是实施政府有效引导的产业转移政策。五是实施免费技能培训。六是鼓励贫困农村适龄青年掌握职业技能。七是以农田标准化建设减少农村单位土地使用的劳动力，推动农村劳动力加速转移。八是造新耕地挂钩置换，增加欠发达地区可开发土地和支持解决全省新增建设用地占用耕地的占补平衡问题。五年来，省委省政府及相关部门制定一系列配套文件，形成“双转移”完整政策体系，助推我省经济社会政治全面转型。

（三）“双转移”实施现状

“双转移”实施以来，省委、省政府高度重视，省财政积极落实，以财政资金的竞争性分配引导社会资金投入产业园，激励产业园加快提升产业集聚度，推动“双转移”良性发展。截至2011年年底，省财政共投入“双转移”资金455.5亿元，产业转移工业园区数量达到36个，总规划面积300平方公里，总投资额9 419.32亿元，吸引各类项目3 458个，在建及建成项目1 663个，累计创造产值逾6 000亿元、税收250亿元，推动城乡居民收入差距从3.15∶1缩小到2.87∶1；以产业园为载体，有效带动了东翼和山区欠发达区域“寒极崛起，加快了产业结构优化升级，转移了大量农村劳动力，促进了区域经济协调发展。下一步如何促进扩能提质，提高产业聚集度，是“双转移”未来所要面对的问题。

二、“双转移”战略的主要成效分析

“双转移”以产业和劳动力转移为重要载体，促进产业竞争力和自主创新能力“双提升”，资源人口空间布局不断优化，环境保护与经济增长协调兼顾，区域经济均衡发展格局渐成。实践证明，“双转移”成效显著，是符合广东经济社会发展方向、符合广东省情的正确决策。

（一）欠发达地区发展观念的显著转变：从“要我发展”向“我要发展”转变，内生发展动力机制得以形成

“双转移”通过财政资金的竞争性分配和绩效管理，以资金使用的结果倒逼欠发达地区转变发展观念，实现了从“要我发展”向“我要发展”的深刻转变。

财政支持产业园区发展的75亿元资金，由平均分配方式改为竞争性分配方式，资金分配从“一对一”单向审批转向“一对多”选拔性审批安排，建立“绩效优先，多中选好，好中选优”的项目优选机制，此举极大地调动了欠发达地区发展的积极性，深刻改变了欠发达地区的“等靠要”思想，各地政府纷纷以产业转移园为载体打造新的经济增长点，加快发展（见表1）。产业转移园也积极转变作风，提升服务质量，提升办事效率，着力精简审批程序，减少审批环节，积极为产业转移提供高效优质服务，采取“硬件不足服务补”、“资金不足政策补”、“路途遥远感情补”的服务措施，事实说明，凡是园区发展好的地方，都是政府工作作风转变得早、转变到位的地方，这充分印证了“思路决定出路、干劲决定后劲”的道理。以产业转移园发展为契机，欠发达地区政府、企业的发展观念转变，发展思路活跃，发展措施增多，走上了经济发展与观念更新的适应市场经济发展的良性循环轨道，发展动力机制形成，内生增长动力显著增强。

表1　各地市“双转移”主动发展思路（部分）

产业转移承接地	主动发展内容
汕头	打造区域中心城市
韶关	三促进一保持
河源	一保双转三连
梅州	两个重点，绿色崛起

(二)产业结构转型升级步伐的明显加快：珠三角“腾笼换鸟”增强了接纳高端产业的集聚度，提升了产业竞争力。粤东西北“筑巢引凤”，产业要素集聚加强，工业化水平快速提升

“双转移”把“腾笼换鸟”和“筑巢引凤”有机结合起来，为珠三角提升国际竞争力奠定了基础，为粤东西北地区腾飞点燃了动力，推动了全省经济社会发展的全面转型升级。

从全省转型升级看，“双转移”产生了较强的产业升级和结构优化效应，2010年全省先进制造业增加值占规模以上工业增加值的47.2%，现代服务业增加值占服务业增加值的56%，形成了3个产值超千亿元的战略性新兴产业集群，出口依赖度由156%下降到106.8%，创新驱动的发展态势日益明显。2007－2011年我省来自先进制造业的税收收入平均增速为17.6%，高于来自第二产业其他行业税收收入平均增速4.7个百分点。2012年上半年，全省战略性新兴产业税收增速超过平均增幅8.5个百分点。

从珠三角地区转型升级看，“双转移”加速了珠三角地区产业的择优劣汰，珠三角已累计“腾”出低端企业5 983家，淘汰落后产能、关停并转企业7 8019家；“换”进高端企业18 700多家，转入企业平均投资额是转出企业的84倍。目前，珠三角各市劳动密集型产业产值比重明显下降，其中深圳、佛山、珠海、东莞下降幅度超过2个百分点。“双转移”提升了珠三角产业层次，优化了投资经营环境，有力提升了发达地区高端产业链条能力。新型电子信息、新能源汽车、LED、生物技术产业集聚取得突破，新型显示、软件、新材料、新一代通信4个年产值超1 000亿元的新兴产业集群初步形成，科技进步对经济增长的贡献率达53.9%。地级以上市工业企业全员劳动生产率平均提升10%左右。

从欠发达地区转型升级看，截至2012年6月，36个产业转移园有效承接了珠三角的产业转移，带动欠发达区域“寒极崛起”，累计吸引项目2 988个，总投资约7 030亿元，吸纳农村就业劳动力374.3万人。通过“双转移”，欠发达地区实现了产业培植，建立了解12个特色产业园区，改变了招商方式，经济增长方式由粗放型转向了中高端产业链发展。在保护好环境的基础上，各地加快培育与主导产业关系密切的上下游产业，主导产业产值占园区总产值的比值由2011年的76.17%提高至77.85%（见表2）。

表2 产业转移园区主导产业链及比重情况（部分）

园区名称	园区所在地	园区主导产业特色	2010年年底主导产业占园区比重（%）
汕头市产业转移工业园	汕头市	能源、装备制造	73.9
东莞（韶关）产业转移工业园	韶关市	机械装备、玩具	51.6
中山（河源）产业转移工业园	河源市	电子信息产业、太阳能光伏产业、机械制造	64
广州（梅州）产业转移工业园	梅州市	交通运输设备制造业，通信设备、计算机及其他电子设备制造	56.9
深圳（汕尾）产业转移工业园	汕尾市	电子信息、装备制造	60.9
江门产业转移工业园	江门市	电子信息、五金机械	74.6

(三)区域差距巨大格局的显著转变：区域经济发展协调性增强，区域发展差距缩小

“双转移”主动把握和顺应“产业由发达地区向相对落后地区转移，劳动力由农村向城镇、由农业向第二、第三产业转移”这个市场经济发展的普遍趋势和客观规律，打破按行政区域配置资源的格局，以“全省经济一盘棋”的思路来谋划产业转移，推动资源要素按经济区域进行市场化配置，区域协调发展格局得以形成。

从全省区域发展差距系数看，区域发展差异系数从2007年的0.721缩小到2011年的0.633，表明通过园区共建使得改革开放前30年珠三角与东西北地区之间不断拉大的区域差距格局出现拐点，区域协调发展格局初步形成。

从区域经济总量指标看，差距逐步缩小。2011年，珠三角地区实现规模以上工业增加值19 828.7亿元，全年平均增速为16.1%，地区生产总值43 966.1亿元，同比增长11.5%，外贸出口额5 066.4亿美元，同比增长17.3%。2010年，东翼、西翼和北部山区GDP分别增长15.0%、14.2%、13.7%，比全省平均水平分别高2.6%、1.8%、1.3%。2011年，粤东西北地区生产总值占全省比重21.4%，同比提高0.4个百分点（见表3）。

表3 2011年我省分区域经济增长主要指标

区域	GDP（亿元）	GDP增长（%）	第三产业增加值增长（%）	第三产业增加值占GDP比重（%）	地方财政一般预算收入（亿元）	地方财政一般预算收入增长（%）
珠三角	43 966.18	9.9	9.2	49.4	3 674.73	21.8
东翼	3 828.88	12.3	9.1	35.0	191.92	25.6
西翼	4 262.07	11.1	10.9	38.0	181.10	30.2
山区	3 897.34	12.3	9.0	35.1	246.27	24.4

从区域财力指标看，差距逐步缩小。2007－2011 年，东西两翼和粤北山区财政收入年均增长 22.1% 和 25.0%，增幅高于珠三角地区 4.5、7.4 个百分点，东西两翼和粤北山区财政收入占全省市县级财政收入的比重从 17.3% 提高到 20.4%，提高了 3.1 个百分点（见图 1）。2007－2011 年，东西北地区 14 个市人均可支配财力从 3.4 万元提高到 6.7 万元，与珠三角地区（不含深圳）差距从 1∶4.3 缩小为 1∶3.9；按财政供养人口计算的人均公共财政预算支出从 4.9 万元提高到 10.8 万元，与珠三角地区差距从 1∶3.2 缩小为 1∶2.7。

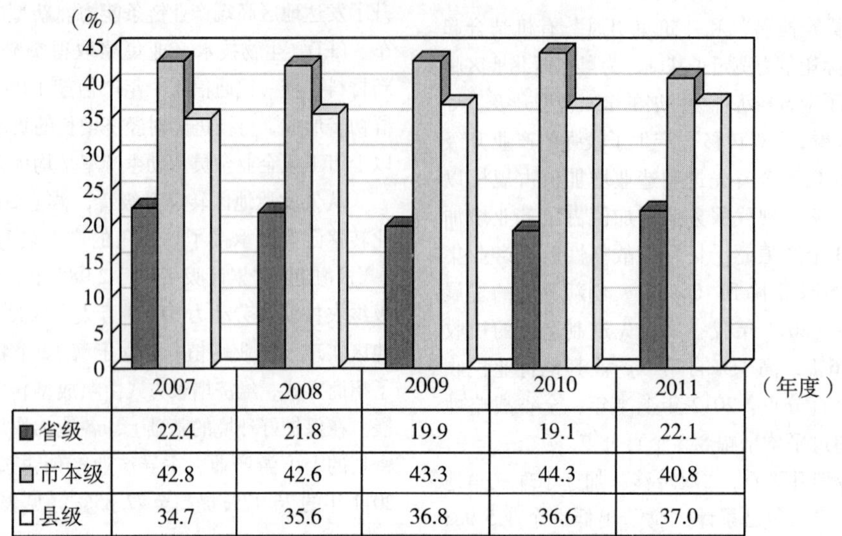

	2007	2008	2009	2010	2011
■省级	22.4	21.8	19.9	19.1	22.1
■市本级	42.8	42.6	43.3	44.3	40.8
□县级	34.7	35.6	36.8	36.6	37.0

图 1　2007—2011 年分级次财政收入占全省地方财政收入百分比情况

（四）工业化发展路径依赖的明显打破：工业化发展从传统的“先污染后治理”惯性路径转变为“产业和生态环境和谐发展”的新型工业化路径，可持续发展局面日益形成

珠三角通过产业转移和劳动力转移，缓解了土地、资源、人口、环境的压力，提升了环境质量。欠发达地区工业入园，注重环境保护和土地集约利用，实现了经济发展和生态环境保护的和谐，打破了先污染后治理的传统工业化路径，走出了一条可持续发展的新路。

从珠三角地区工业化发展路径看，从传统工业化转向新型工业化道路，环境质量提升明显。珠三角大量转出劳动密集型和污染严重企业，加快产业竞争力和自主创新能力“双提升”，促进产业集群与资源集约，努力实现“科技含量高、经济效益好、资源消耗低、环境污染少”，通过发展转变缓解了土地、资源、人口、环境的压力。例如广州市土地产出率从 2006－2011 年增长 98%；土地消耗率同比下降 64%（见图 2）。

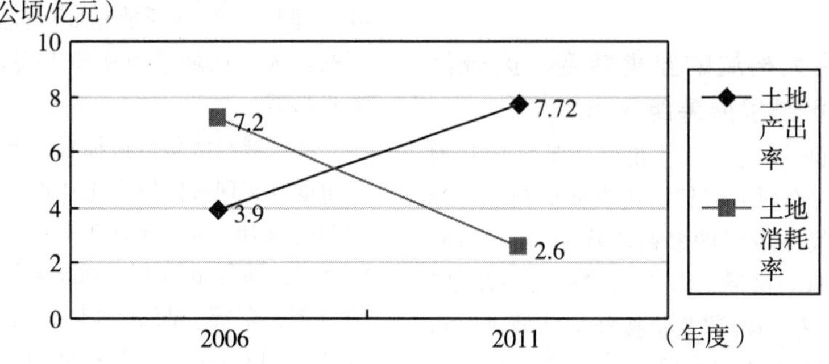

图 2　广州市“双转移”土地集约使用情况

从欠发达地区工业化发展路径看，“先污染、后治理”的惯性路径依赖被打破，经济发展与生态保护得到兼顾。粤东西北地区主动“筑巢引凤”，立足资源禀赋、产业基础和环境承载能力，在较高起点上承接产业转移，发展环境友好型的特色优势产业，坚决避免污染转移，绕开“先污染、后治理”的老路，直接走新型工业化和生态文明发展道路。产业转移园在规划、环保、投资强度、产出效益等多方面明确入园项目的准入条件，严禁“两高一资”类项目入园，严格执行建设项目环境影响评价，产业转移园集中供电、供热、供气和环境污染治理等基础设施完备，较好地处理了生态保护与工业化发展之间的矛盾。36 个产业转移园区，目前已建成污水处理厂 33 个。

（五）劳动力转移成效的明显提高：以产业转移转型推动劳动力空间配置优化和素质提升，实现人的全面发展

“双转移”紧紧抓住“人”这个根本，将优化劳动力结构与优化产业布局结合起来，将推进劳动力转移与提高

劳动者素质结合起来，推动人的全面发展，提升人们的幸福感。

从劳动力素质改善看，技术水平提升快，收入水平不断提高。经过大规模的培训，目前我省技能劳动者总量达1 408万人，高技能人才占15.8%，16－35岁的年青劳动者占72.8%（见图3），成为广东产业工人生力军。

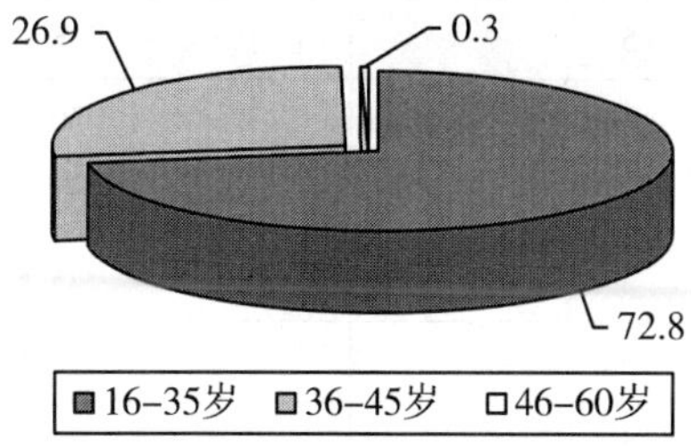

图3 农村劳动力培训人员年龄构成

“双转移”的实施较快地提高了欠发达地区农村居民的工资性收入，夯实了农村居民的物质财富基础。据统计，转移就业农民人均工资性收入从2008年的3 684.5元增长至2011年的5 854.7元，增幅58.9%。2011年全省城镇居民人均可支配收入达到26 897.48元，农村居民人均纯收入9 371.73元，城乡居民收入的比为2.87∶1，大大低于全国城乡居民收入比例3.3∶1（见图4）。

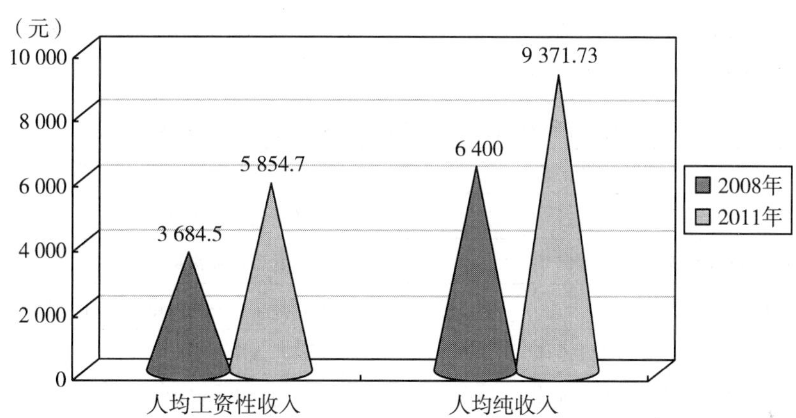

图4 广东农村居民收入增长情况

从劳动力空间配置看，劳动力转移加快，加速了人口非农化和城镇化进程。劳动力资源配置不断优化，本省农民工就业增加248万元，东西北地区新增吸纳本省农村劳动力比重由2008年年末的66.8%上升至去年年底的76.9%，珠三角地区相应地由33.2%下降至23.1%。此外，省级产业转移园劳动力本土化比重超过70%。劳动力结构的优化，不但有力支撑了产业转型升级，而且有效促进了人民生活的改善和人均发展水平的提高。

从劳动力转移后人的感受看，幸福感提升。“双转移”缓解了珠江三角洲地区的环境、资源和人口压力，珠三角地区的生活和居住环境得到改善，人的幸福感增强。欠发达地区开创了劳动力就近转移的“乐业工程”模式，打造了“社区工作坊”、“村嫂工作坊”、“杂工市场”、“村民车间”等劳动力品牌，转移劳动力实现就业和生活的融合，农村转移劳动力就业“离土不离乡”，消除了长期离乡背土所产生的心理归属感缺失问题，农村劳动力就业积极性提高，幸福感也得到了提升。

三、财政扶持“双转移”的主要经验

“双转移”的成功实施，财政手段发挥了重要作用，在财政支持“双转移”的过程中，也形成了一系列行之有效的做法和经验。

（一）创新资金分配机制，以不平衡的投入方式阻力解决区域发展不平衡问题

财政创新资金投入模式，改变资金平均分配模式，集中财力支持产业转移园发展，使产业转出地和产业转入地联动发展，利益双赢，推动区域均衡发展。2008－2012年，省财政共投入455.5亿元，包括培育经济增长极重点扶持资金75亿元、完善欠发达地区基础设施专项资金90亿元、农村劳动力免费技能培训专项资金35亿元等，带动各地市政府投入和社会投资达1 445亿元，资金放大效应为3.24倍（见表4）。

表4　产业转移工业园区财政资金放大效应情况表（部分）

园区名称	财政投入资金（亿元）	社会资金投入（亿元）	放大效应（倍）
中山（肇庆）	5	121	24.2
广州（梅州）	5	38	7.6
中山（河源）	5	30	6
广州（阳江）	5	77	15.4
汕头市产业园	5	45.5	9.1
佛山（清远）	5	36.5	7.3
深圳（潮州）	5	33.5	6.7
佛山（云浮）	5	31	6.2
东莞（韶关）	5	25	5

资料来源：广东省经济与信息化委员会双转移专刊。

在财政强有力的支持作用下，欠发达地区工业化提速，获得财政资金扶持的产业园区按照“企业集群、行业集中、产业集聚”的发展思路，强化要素集聚的广度与深度，加快培育产业园区产业集聚特色，形成精细化工、手机、陶瓷等12个产业集群升级示范区，逐步建立以主导产业为核心的产业链，“集聚化”程度不断提高，极大拉升了欠发达地区工业产值，环珠三角经济增长极加速崛起（见表5）。

表5　依托省产业转移工业园形成产业集群升级示范区

	园区名称	产业集群
1	中山（河源）产业转移工业园	河源手机产业集群
2	东莞凤岗（惠东）产业转移工业园	惠东女鞋产业集群
3	江门产业转移工业园（恩平片区）	江门恩平麦克风及电声器材产业集群
4	佛山禅城（阳东万象）产业转移工业园	阳江市五金刀剪产业集群
5	广州白云江高（电白）产业转移工业园	茂名电白水产品加工产业集群
6	佛山（云浮）产业转移工业园	云浮石材产业集群
7	佛山顺德（云浮新兴新成）产业转移工业园	云浮新兴不锈钢制品产业集群
8	佛山顺德（廉江）产业转移工业园	湛江市廉江九洲江开放区小家电产业集群
9	深圳（潮州）产业转移工业园	潮州婚纱晚礼服产业集群
10		潮州市陶瓷产业集群
11		潮州市工艺鞋产业集群
12	深圳罗湖（河源源城）产业转移工业园	河源市源城区电子产业集群

在产业园支持资金上，省财政在全国首开先河运用竞争性分配方式分配专项资金，以扶优扶强为导向，竞争性择优，分配效率高，实行“公平中求发展”、“第三方公正评价”、“多中选好，好中选优”、“强化绩效管理”的财政制度机制，先后实施了五批财政竞争性资金，广州（梅州）、中山（肇庆大旺）等15个园区分别获得5亿元的竞争性扶持资金。扶持资金下达后，省财政厅加强绩效管理，确保资金使用到位，效果到位。有力地推动了产业园区的快速发展（见表6）。

表6　75亿元产业转移竞争性扶持资金中标情况

竞争性扶持资金批次	中标城市	得分排序	中标资金（亿元）
第1批	梅州、肇庆、河源	90.21、86.89、86.88	5
第2批	韶关、清远、阳江	89.33、88.23、88	5
第3批	潮州、汕头、云浮	89.26、89.23、89.23	5
第4批	梅州、揭阳、江门	90.08、87.83、87.57	5
第5批	河源、湛江、茂名	89.66、88.64、86.61	5

（二）强化财政政策引导作用，助力产业结构加快转型升级

省财政五年共投入50亿元，用于鼓励全省重点产业发展及促进重点产业在全省各市间的合理分布。通过发挥财政政策引导作用，五年共安排25亿元，支持珠三角产业向粤东西北转移，以“腾笼换鸟”方式为珠三角腾出发展空间，缓解资源能源和土地利用压力，增强接纳高端产业的集聚力。转移到粤东西北的产业也充分利用了欠发达地区相对较低的劳动力、土地等要素成本，延长传统劳动密集型产业在国内的生命周期，从而形成了珠三角和粤东西北错位发展格局，推动了全省产业结构的全面提升。

（三）加大资金支持力度，助力跨越“中等收入陷阱”

财政加大资金支持力度，大力支持劳动力技能和素质提升，以“就业”助“增收”，使广东经济发展规避“中等收入陷阱”。省财政投入安排35亿元，支持近800家定点培训机构，建立5个省级农村劳动力转移就业职业技能培训示范基地，提供232个远程培训课程。截至2012年6月，累计培训农村劳动力374.3万人，产业转移园累计吸纳劳动力220.84万人（见图5），转移农村劳动力541万人。珠三角地区剩余劳动力近90%已转移出去，个别地区转移比例甚至达到95%。

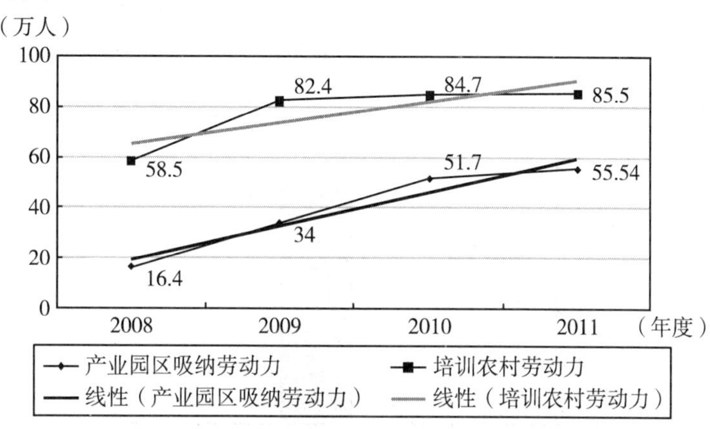

图5 产业园区吸纳劳动力和劳动力培训情况

经过培训，劳动力技能发生显著变化，由数量广度向质量深度转变，技能培训以企业实际需求为导向，有力地推进了农村劳动力就地转移就业，加快欠发达地区城市化和非农化进程，劳动力综合素质得到明显提高（见图6）。

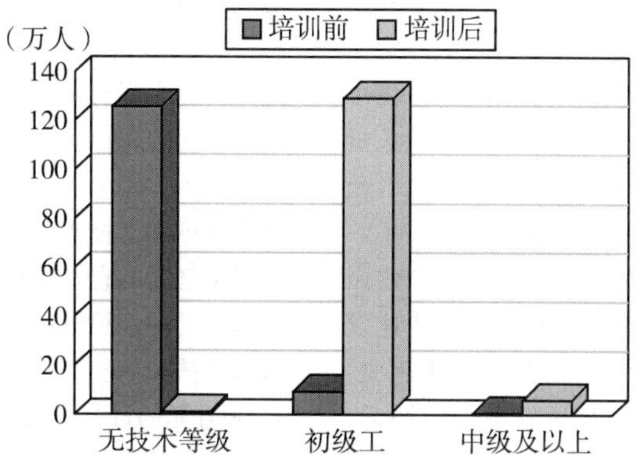

图6 农村劳动力培训前后技能变化

统计显示，广东农民培训转移后的工资水平比未受训的农民提高20% - 30%。据不完全统计，全省农村劳动力从事非农产业的年务工收入达到1 300多亿元，非农收入占农民收入总额达71%。

（四）强化财政激励导向，助力打破“先污染后治理”的传统工业化路径依赖

在“双转移”实施中，财政支持加大对产业园环保等基础设施投入，使产业承接地有了“既要金山银山，又要绿水青山”的发展勇气和“择商选资”的发展底气。“十一五”期间，省财政统筹投入25亿元，用于欠发达地区污水处理设施建设资金，建设77个污水处理厂项目，日处理污水总规模为240万吨/日。省财政每年还安排重大专项资金4亿元，支持节能减排。在此基础上，产业园设定严格的环保要求，对入园项目“审批关”和项目“验收关”从严掌握，从源头防止污染产生。产业园也由初期的“招商引资”迅速转变为“择商选资”，着力承接“创税型”、“科技型”、“环保型”、“规模型”的转移企业，实现了从要素驱动的粗放型招商引资向创新驱动的二次创业择商转变，使经济发展与生态保护协调共融。

四、推进“双转移”战略面临的问题和对策

在广东区域发展差距仍然较大、产业升级任务仍然艰巨的情况下，已经显现出良好成效的“双转移”应该延续实施。同时，总结前期实施经验，探索完善政策制度设计，提高劳动力培训效果，促进产业转移园的产业聚集度和科技竞争力的提升，推动“双转移”转型升级。

（一）推进“双转移”面临的问题分析

“双转移”前期成效显著，但在新的形势下，仍然面临着一些困难和问题：

1. 园区产业聚集度和科技竞争力亟待提高。尽管园区在规划中都明确了主导产业发展方向，但受人才、技术、资金、产业基础等制约，产业聚集度和科技含量亟待提高。目前省级产业转移工业园中，将电子或电子信息产业作为主导产业的有17个，以机械设备制造为主导产业有14个。从园区企业看，大部分缺乏先进的生产经营和管理理念，科技创新能力弱、自主知识产权意识和品牌意识不强，企业核心竞争力不强，产业附加值低，低端同质竞争现象严重。

2. 园区土地开发的集约利用和管理水平亟待提升。产业园发展前期以土地资源换取企业入园现象较为普遍，园区土地投资强度横向比较处于较低水平（见图7）。随着园区发展规模扩大和园区之间竞争加剧，土地集约利用问题凸显。在前期已经耗费大量用地指标的情况下，园区“扩园提质”受到用地指标约束严重，土地问题成为园区发展的瓶颈。

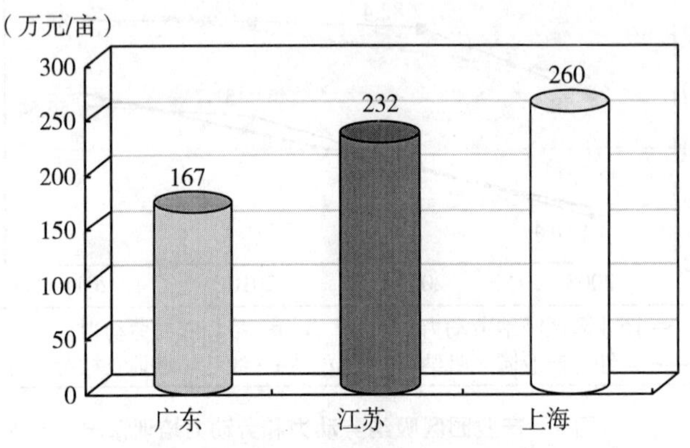

图7　产业转移工业园投资强度比较

3. 产业转出方积极性不高。从产业转移看，尽管转入转出合作双方初期签订了税收分成的合作条款，但因是政府主导模式，且初期产业转移园税收规模小，税收分成只停留在纸面上，产业转出方没有分享到利益，因此转出积极性不高，“合作共建”事实上变成了“单向援建”。在金融危机影响背景下，珠三角各市“保增长”压力较大，纷纷出台政策留住企业，进一步影响了其推动产业转出的积极性。

4. 园区的生产服务和生活配套设施滞后。产业园建园初期普遍缺乏城镇化和生活配套设施，随着园区的快速发展，生产服务和生活配套设施滞后的问题凸显。在韶关、河源等产业转移园区调研发现，园区生活娱乐设施缺乏，员工下班后生活、休闲和购物等很不方便。在园区建设资金尤嫌不足情况下，无力投入生产服务和生活配套设施，造成园区工业化与城镇化脱节，制约了园区的扩能提质。

5. 财政资金的扶持方式有待更加精准有力。园区在设定扶持资金目标时，主要关注投资额、产值、税收等经济指标，而忽视产业的技术领先程度、环境指数、公众效益满意度等，资金也主要用于基础设施建设，而用于支持产业聚集度和科技含量提升的力度偏弱。如省财政厅对8个获得1亿元的省专业性产业转移工业园建设竞争性扶持资金进行的中期绩效评价发现，部分园区改变资金投入方式，减弱了扶持资金的导向作用。如阳江产业园申报2011年4 000万元的资金投入方向，资金使用变化大，大大降低了资金扶持效果（见图8）。

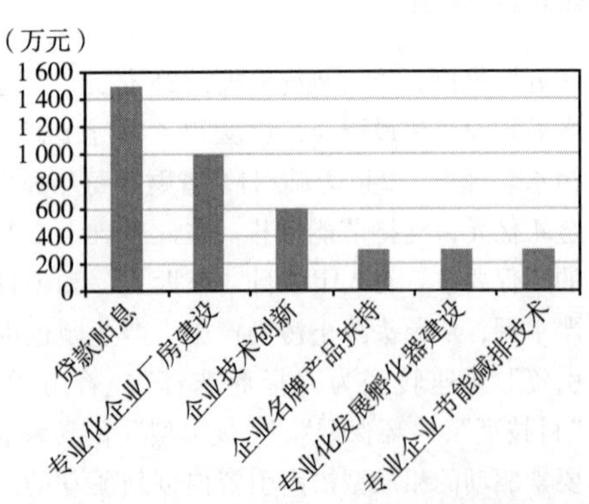

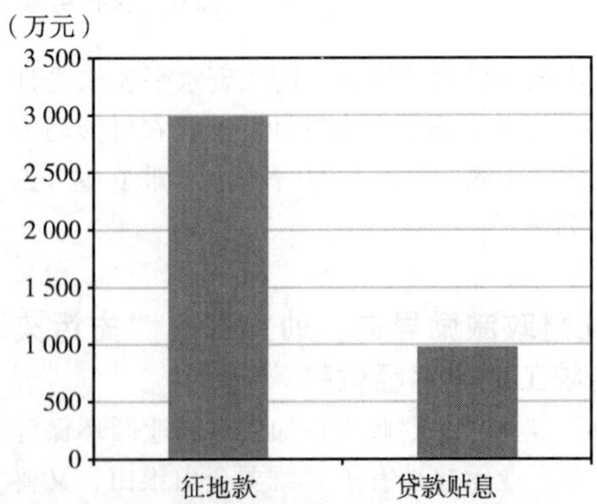

图8　阳江产业转移工业园扶持资金计划和实际使用情况

（二）以财政手段推动“双转移”转型升级的建议

财政推动“双转移”转型升级，要处理好“三个关系”，即促进不同区域协调发展之间的关系、保护环境与提升软硬实力之间的关系、生态保护与工业化之间的关系，进一步提升“双转移”政策效果。

1. 转变支持“双转移”的理念和方式，为“双转移”打造良好的法制化、国际化发展环境。按照汪洋书记近期的指示精神，在支持产业园区发展时，既能抓住促进财政增收的重点项目，转变计划经济时代促进经济发展的理念，从直接支持企业投入转变到为园区发展创造良好的环境上来，通过“两个转变”切实履行好政府应该履行的职责。按照这个指导思想，财政下一步应该要深入研究并调整财政政策和资金投入方向，以支持园区扩能提质和城镇化为方向，完善竞争性分配办法，推进绩效管理，提高支持“双转移”的针对性和有效性。

2. 调整优化财政资金扶持方向和重点，推动产业园发展转型升级。在对现有财政支持政策与资金进行梳理的基础上，调整优化下一步扶持的方向和重点：

（1）支持园区发展，提升园区品牌。以资金投入和财政政策的有机结合引导园区加强品牌建设，带动周边园区发展。设立专项资金支持和鼓励园区建设科技产品交易平台、新产品技术开发链条，支持园区建设商务平台，加强与专业行业协会的合作，提升园区品牌，加强示范和带动效应。设立奖励资金，对带动县级园区发展、推动产业转型升级效果明显、创自主品牌和专有技术成效明显的市级及以上产业园进行奖励，促进园区建成品牌园区，提升园区辐射带动效应。

（2）支持“筑巢孵凤”，提升产业集聚度和科技竞争力。调整财政资金扶持方向，从支持基础设施建设转而支持高新技术创新，支持园区引入专业研究机构，鼓励园区与研发中心在技术上开展合作与研发，提升园区自主创新能力，拉升产业链条，提升产业聚集度。

（3）支持转变产业园经营模式，提升合作共建水平。借鉴顺德（英德）产业转移合作试验区经验，引导园区建立管理与经营相分离的体制，以利益分享和互利共赢为原则，实行股份制经营，由产业转出方和产业园区政府共同持股，园区聘请专业化团队经营管理，企业化经营，合作双方按持股比例享有权利和收益，以利益机制引导产业转出方提高积极性。财政资金可以股权投资方式进行扶持，实现可进可退。同时，设定专门资金奖励，用于奖励产业转出成效突出的发达地区领导班子，提升产业转出方的积极性。

（4）支持工业化与城镇化有效融合，实现“双化互促”。在财政资金投入方面，加大对园区生产服务、生活配套设施以及医院、学校等基本公共服务设施的支持，着力完善与工业化相配套的城镇化设施建设，大力发展生产服务业和商业、居住用地以及服务业建设，提升园区的城镇化水平，促进园区第三产业发展，增强园区的活力和吸引力。

3. 完善竞争性分配，倒逼园区进一步提升管理水平和发展能力。一是在竞争性分配中，将产业园的产业聚集度和自主创新能力作为资金分配的目标设定，倒逼产业园扩能提质，提升产业聚集度；二是将园区单位产出的税收和容积率设定为考核奖励指标，倒逼园区提高招商选择的门槛，强化土地集约利用意识；三是将占地多但创税少的企业和园区工业用地建职工宿舍占地置换率作为财政扶持考核指标，促使园区提高土地集约利用水平。

4. 强化财政绩效管理，提升财政资金扶持效益。围绕扩能提质和城镇化发展方向，对不同政策资金设置不同的支持重点，落实到不同的项目，制定不同的绩效目标，加大对扶持资金使用绩效的督查力度，提升财政资金扶持效应。支持精准式劳动力培训方式，将劳动力培训与企业的用工需求相挂钩，前期扶持资金以企业委托合同作为预付款依据，后期资金以培训的劳动力就业情况作为最终支付依据，以此强化培训机构责任，提升培训效果。

深化财政绩效管理改革　应对财政收入减速危机

广东省财政科学研究所

今年以来，长达 20 多年的财政高速增长局面发生转变，财政收入减速明显，由持续多年增速 20% 多骤然降到增速 10% 以下，这是从来没遇到过的问题。财政增速大幅下降与部门财力切割和固化的“顽疾”相叠加，财政收支结构调整完全失去弹性能力，财政面临 30 多年来最严重的分配困局，财政分配更是雪上加霜，捉襟见肘，按照高速增长的思路来做财政工作已经难以为继。在这种背景下，如何化解当前财政面临的危机，是否还能依靠挖掘财政增收潜力的老办法来缓解财政收支矛盾？本文认为在当前经济增速下降，为保增长还需要减税促进经济发展的背景下，增收潜力非常有限。要想破解当前面临的严峻财政分配困局，唯有打破现行财政分配方式，大力推进财政绩效管理和绩效预算，才能破除财力切割与固化，将“不该花”和“可花可不花”的专项资金坚决不花，将可以少花的专项资金真正可以压减下来，集中财力办大事、急事，不仅可解决燃眉之急，而且还可以形成长期可行的科学分配机制，提高财政分配绩效。

一、财政收入减速危机下财力切割和固化问题更加凸显

自1994年实行分税制改革以来，我国税收和财政收入持续高速增长。2011年全国税收总收入达到89 720亿元，同比增长22.6%。财政收入达103 740亿元，增长24.8%。应该来说，财政收入持续高速增长为经济社会发展提供了充裕的财力保障，民生改善和基本公共服务提供等应该得到有效保障。但从现实情况看，事关老百姓基本生活的基本公共服务提供和民生改善等方面恰恰是人民群众最不满意的，主要原因在于财力切割和固化问题。财力切割使得财政分配权被部门切分，财政职能被肢解，财政分配关系被扭曲，部门单位“越俎代庖”，架空了财政部门的分配权，财政部门分配主体地位缺失。部门单位在财力切割的基础上，进一步固化分配格局，每年预算增量连同当年预算基数一道，在下一年度就固化沉淀为刚性需求，预算资金只增不减，有些部门为了抢到更多的资金，挖空心思，巧立名目，肆意分钱，有限的财力被肢解瓜分，形成众多的“小财政”，政府不能集中财力办大事。特别是财政专项资金方面，财政部门对专项资金的配置去向和使用效果更是无法掌控，政府权力部门化，部门权力利益化、部门利益个人化，部门单位着眼点都在于如何拿到更多的财政资金，而不在于如何花钱更多地为民办好事上面。在财政分配中，预算单位除了自身不断加大与财政部门的博弈外，还纷纷搬出分管行政首长来加大博弈力度，预算规模不断做大，而资金使用效果究竟如何则无人问津，最终使财政分配陷入困局，造成财力分散、支出膨胀，影响了预算资金的使用效率。

财力切割和固化格局的形成源于不科学的财政分配体制机制，即基数加增长的财政分配方式，财政部门缺乏充分的信息和科学的分配标准来判断和决定部门预算的合理性，结果导致部门单位自主安排资金的随意性大，预算执行追加频繁，财政资金固化和沉淀严重，财政部门根本无法对资金进行科学合理的统筹与调配。财政切割和固化在财政支出方面的直接表现是：不管是从中央到地方，还是从东部经济发达地区到中西部欠发达地区，均面临着财政分配困局，即“僧多粥少”、“分抢财政大蛋糕”，不管收入多少都远远满足不了支出的需求。

在过去财政收入高速增长时，尽管财政资金被切割和固化严重，但由于每年新增财力较多，还能勉强应付经济社会发展的需求，但也已经是捉襟见肘，举步维艰。这个可以通过中国各级“财长难当”，以及人代会上人大代表对财政的责难和社会公众对财政资金使用结果的不满的情况就可见一斑。本已艰难的财政分配局面遇上几十年难遇的财政收入骤然减速以及未来高速增长再难以持续的情况变得更加严峻，一方面由于财力被切割和固化导致财政收支结构难以调整，财力被固化和浪费现象明显；另一方面，恰恰在经济增速放缓背景下，促进改革、加快转型和改善民生都需要大量财力予以保障，两方面因素叠加使得当前财政收支矛盾更加尖锐，财力切割和固化问题更加凸显。因此，在财政收入减速危机下，一方面固然要开源，增加财政收入，但在我国当前财政分配格局下，基于财政资金使用效果的现实以及未来财政经济发展情况判断，增收的潜力有限，而节支的潜力巨大，解决财力切割和固化问题，提高财政分配的科学性和资金使用效果，更为关键和必要。

二、破解财力切割与固化问题：财政绩效管理的有效手段

如何及时、有效应付财政收入减速危机，在当前乃至今后相当长一段时间内成为摆在各级政府领导及财政部门面前的一道难题。本文认为再仅仅依靠传统的挖掘收入潜力的思路已经很难应对财政收入减速危机，唯有深化财政绩效管理，实现财政分配的精细化科学化，提高财政支出效果，才能从根本上化解财政收支矛盾。实际上从某种意义上讲，节流也相当于开源，在当前及未来相当长一段时期内，节流比开源更重要、更紧迫。财政绩效管理通过创新财政分配方式，仅仅以预算小插件的形式，在我国现有预算分配“两上两下”程序中的“一上与一下”之间插入财政绩效管理程序，通过四个预算申报标准（依据、实施方案与条件支撑、绩效目标、预算翔实安排）的小小变化，引入专家智能发挥管理咨询作用，通过强大的外在制度压力，使部门单位树立绩效意识和责任观念，成为财政资金使用责任主体，让其成为自我约束、自我激励的责任人，从而确保财政资金花的有绩效，能够出绩效，已经开展财政绩效管理实践地方的效果证明了这一点，从预算申报的项目角度看，通过绩效预算评审，削减项目比例达20.07%；从预算申报角度看，对预算申报的削减率达23.66%；若按照上述比例估算，按财政专项支出占总支出40%比例计算，以2011年我省财政专项支出约2 600多亿元，可压减部门申报预算支出约600多亿元；从省本级看，2011年财政专项以500亿元计算，可压减部门预算支出约110多亿元。财政绩效管理制度创新体现出“少花钱、多办事、办实事”的资金使用理念，回答了“该不该花钱、该花多少、怎么花、钱不够怎么办”理财问题，有效地建立让资金使用主体实现“负责任的结果导致利益增进，不负责任的结果必然带来利益扣减”的绩效管理制度“围堰”。财政绩效管理从机制上引导政府各部门单位兼顾眼前利益和长远利益，增强预算单位的自我责任感，形成有效的绩效问责和激励机制，彻底改变“重分配轻绩效”格局，

从而实现对财政困局的破解。

财政绩效管理不仅能够提高财政资金使用效果，应对眼前财政收入减速危机，而且能够有助于破解我国行政管理体制改革难题。在我国现有的行政管理中，部门主导政府公共政策制定过程，政策封闭运作严重，没有听取和反映老百姓的价值需求和呼声，政策制定的成本高、周期长、效率低，导致公共政策扭曲、变异，决策代表公众利益的价值取向大打折扣，部门利益凌驾到公众利益之上。体现在财政分配上，部门单位设立专项资金的首先出发点并不是为了解决经济社会发展问题，而是为了获取部门乃至自身的利益，结果形成财政分配固化，财力切割严重的格局。而财政绩效管理恰恰是从根源上下工夫，使“人为分钱”转为“制度分钱”，通过制度机制创新厘清了财政分配中财政和部门单位的关系，落实了部门单位公共服务的责任，让“谁用钱谁负责”成为惯例，优化了财政预算流程，引入第三方评价机制强化外在监督，实现了政府决策与管理的公开公正与透明。通过提高部门单位办事的科学性，提升了执行效率，从而通过财政分配关系的创新落实了政府部门责任和职能的有效履行，深化了行政管理体制改革，提高了行政管理效能。

从广东财政绩效管理实践效果看，财政绩效管理实践印证了破解财力切割与固化的有效性。广东财政绩效管理立足于广东财政现状，设计简单实用的操作方式，理顺了财政内部的分配关系，财政部门争取了分配的主动权，有效解决财力分散问题，明显提高了财政资金使用效率，也为进一步推动财政审批制度改革、转换财政职能打下坚实基础。

三、财政收入减速危机恰是推进财政绩效管理的好时机

广东省本级的竞争性分配和珠三角地区的绩效预算共同组成了广东财政绩效管理的内容。从两者的实践探索来看，对于提高财政支出效率，缓解财政收支矛盾，提高政府部门办事效率能够起到非常关键性的作用。因此，当前面临的财政收入减速危机，对于财政分配和管理来说，换个角度看，与其说是危机，也可能是机遇更为恰当一些。通过收入减速危机倒逼财政分配方式改革，能够“化危为机”，促进财政分配方式的科学化，全面提升财政管理水平和财政资金使用效果。

（一）当前推进财政绩效管理正是化“收入减速之危”为“破解财力切割固化之机”的好时机

正因为当前财政收入增长处于近二十年来最严峻的局面，所以财力切割和固化问题对财政分配和管理的影响才会使各方有更明显的感觉和体会。在财政收入增长较快的时候，由于“财政蛋糕”不断做大，推行财政绩效管理显得并不是很必要，部门单位节支和增效的积极性也不高，但是现在收入形势严峻，财政收支矛盾突出，推进财政绩效管理正是好时机，各方尤其是党政领导和部门很容易达成共识。

财政收支矛盾变得尖锐，提出增收节支，也正是通过财政绩效管理提高专项资金支出效果的好时机。过去财政节支都是采取一刀切的形式，不区分轻重缓急和资金使用的实际情况，对于节支，也只是削减基数增长部分，并不涉及不合理的级数部分。节支的手段也大多是临时性的、行政性的、不加区别性的，没有建立有效制度，因此，节支效果并不是太好，有“捡了芝麻丢了西瓜”之嫌。近年来全社会都关注的部门“三公经费”支出，就是如此，实际上对部门来说，公用经费相比数额动则几千万元、几十亿元的专项支出而言，只能说是“九牛一毛”，从浪费的角度来说不可同日而语。因此，过去节支专注于死扣“小钱”，抓“小支流”而放任“主干流”，在这种情况下，部门极有可能想法在专项资金上做文章。所以，借助当前财政节支的东风，正是以专项经费为重点，加强对财政专项资金绩效管理的好时机。

从广东财政改革发展层面看，我省已经取得了绩效管理方面的许多经验，绩效预算、竞争性分配、零基预算、第三方专家评审等都是财政绩效管理实践上的有效创新。推进财政绩效管理制度建设已经写入广东财政“十二五”规划，成为广东绩效财政建设的重要内容之一，推进财政绩效管理也是落实规划的具体行动和体现。

当前，大力推进财政绩效管理，具有“天时”（财政增收减速），“地利”（广东财政绩效管理已有实践）和“人和”（党政领导与财政部门的统一战线）的优势，恰逢其时，时不我待。

（二）深化财政绩效管理改革，需要系统考虑，扎实推进

1. 从战略高度充分认识推进财政绩效管理的重要性。财政分配科学与否，不仅关系到财政资金使用效率，更关系到幸福广东建设。财政收入超高速增长已不可持续，低速平稳增长将会成为常态，因而要强化财政绩效管理理念，破解财力切割与固化所导致的财政困难问题，强调预算支出的责任和效率，通过财政绩效管理，促使部门不断提高公共服务水平和质量，“少花钱多办事办实事”，“集中财力办大事”，扎实、有效解决民生问题。要从战略高度认识到深化财政绩效管理改革的重要性，以财政绩效管理为手段实现财政管理的科学化精细化，提升财政管理水平，增强部门支出责任，优化公共资源配置，节约公共支出成本，为幸福广东建设提供坚强的财力保障。

2. 加强组织领导扎实稳妥地推进财政绩效管理。财政绩效管理必定会触及部门利益，主动接受并积极实施的部门机构只占少数，所以加强组织领导是财政绩效管理能够得以成功推进的关键。作为一项要触及相当多数人既得利益的创新性改革，如果没有主要领导的支持，改革很难推行下去。各级财政部门需要切实加强对财政绩效管理的统

一领导，统筹规划，合理安排，理顺工作机制，明确工作目标，制定具体措施，扎实稳妥推进。财政部门和预算单位之间要加强沟通，密切配合，形成合力，实现和谐分配。

3. 强化财政分配绩效观念，让竞争性分配成为常态。在当前财政收入增速下降的情况下，要不断强化财政绩效观念，不折不扣实施财政绩效管理，扩大财政节支的空间，坚决制止铺张浪费和形式主义，通过提高支出绩效切实解决民生问题。财政部门要迎难而上，创新财政分配方式，把“竞争”引入到财政分配中来，通过竞争性方式安排有限的财政资源，让竞争性分配成为常态，把好财政资金分配的关口，“有钱用在刀刃上”，使财政更好地为经济社会发展服务。

4. 建立健全财政绩效管理问责制度，实现“谁用钱谁负责”。绩效问责是检验财政支出效率是否达到最优水平的重要一环，也是促进政府重视绩效管理的内在动因，没有相应的责任追究奖惩机制，财政绩效管理就会流于形式。财政部门要把建立健全财政绩效管理问责制度作为绩效财政建设的重要内容，借助制度机制，充分发挥专家作用，按照“大事优先、民生优先、绩效优先”的原则，加大考核力度，建立和完善财政支出绩效问责制度，把财政分配、管理、评价、改进四位一体的财政绩效管理制度常态化。

结论：当前财政出现收入减速危机，财力切割与固化问题影响和弱化财政职能更加突出，所以必须深化财政绩效管理改革，以绩效为导向创新财政分配方式，破除财力切割与固化难题，应对财政收入减速危机。如果抓住财政收入减速危机，趁机大力推进财政绩效管理，财政困难将积重难返，影响行政管理体制改革成效，甚至有可能危害社会稳定和政府存亡。我省当前应该把握契机，立足已有的财政绩效管理成功探索，加大力度推进财政绩效管理改革，转变财政分配方式，从根本上化解财政收入危机。

支持社会组织发展的财税政策研究

广东省财政科学研究所

摘要：我国社会结构、社会形态和利益格局深刻变革，政府公共管理服务已不能满足人们的期待和愿望，大力支持社会组织发展是现代社会的必然要求。社会组织发展是政治决策科学化、民主化、法制化的重要依托，承载着社会公共服务的职能，并能够对当前行政执法进行监督。目前财税支持社会组织发展存在的问题包括财政政策实施存在比较大的地区、城乡、组织类型差异、政府购买服务机制不完善、税收优惠没有普及所有社会组织等。今后财税政策需要在普惠性政策与重点支持政策做出明确的规定，对行业组织、事关社会和谐的团体、工会、妇联等社会组织予以大力支持，完善社会组织的法人治理，通过公开公平科学的政府购买服务，解决社会组织发展中的问题。

在现代多元社会中，社会组织是与政府、企业并列的三大社会支柱之一，对于现代社会来说，它是独立于政府和企业之外的社会力量，具有不可替代的作用，社会组织以其较小的规模、灵活和志愿的形式，赢得了社会公众的广泛支持和认可，各国政府也日益把社会组织视为自己的合作伙伴，通过相应的财税政策安排，指导和吸纳他们参与公共治理、提供社会服务。在我国，随着市场经济体制的完善以及公民意识的逐渐长成，社会组织已大量存在。但由于中国社会历史发展进程的特殊性，在政府与社会关系的处理中，长期存在着重政府、轻个人的倾向，政府部门对于社会组织的管理总体而言是“控制型”、“约束型”而非“促进型”和“发展型”。与此同时，在向服务型政府的转化过程之中，从政府部门转移出来大量的服务职能必须要有相应的主体来承接。因此，在建设和谐社会的大背景下，未来应积极通过财税政策的运用促进社会组织的成长发展，推动塑造和完善政府与社会组织之间的互动发展关系，为推动服务性政府的建立和创新公共服务提供方式奠定坚实的基础。

一、以财税政策支持社会组织发展对于推动责任型服务性政府建设具有重大意义

社会组织是以提供公共服务为目的，但不以公共权力为依托，不能以任何形式分配利润和将组织资产变为私人资产的非营利性组织。在国际上，由于各国在文化传统和语言习惯方面存在着不同，社会组织在不同的国家和地区有多种不同的称谓。如非政府组织、非营利组织、公民社会、第三部门或独立部门、志愿者组织，慈善组织、免税组织，等等。与政府、企业相区别，社会组织具有非营利性、非政府性、独立性、志愿性、公益性等基本特征。

（一）社会组织的发展是政治决策科学化、民主化和法制化的有效依托

社会组织是现代政治中的重要参与主体，对政府决策

的制定与执行以及社会经济发展产生重要影响。社会组织的活动促进了社会主义社会的民主化进程。各社会组织进行政治活动、参与决策本身就是民主政治的基本内容，这种民主政治进而促进了政治决策的科学性与公正性。不仅如此，社会组织的活动也促进了政治稳定，能够把新生的社会力量吸纳进政治决策体制，并协助政府加强对新生社会力量的管理。

（二）社会组织的发展是承载政府公共服务职能的有效载体

随着我国工业化、城镇化、市场化、信息化的发展，我国社会结构、社会形态和利益格局深刻变革，人们的社会心理、行为方式和利益诉求明显改变，对生活有了更高期待，对获得公平的机会、实现全面发展有了更迫切的愿望，而我国的社会管理和公共服务体制改革相对滞后，公共管理服务还不能满足人们的期待和愿望。从社会组织发展的角度看，政府把大量提供公共服务的事项交给社会组织，社会组织就会非常快地成长起来。社会组织需要资金运营的支持，当政府公共服务转到社会组织来，社会组织就能得到政府资助，真正成为社会的有机组成部分，社会组织的服务质量也会随之大幅度提高。

（三）社会组织的发展是监督行政执行的有效力量

社会组织是政府联结市场和社会的桥梁，社会组织的许多活动都有政府官员参与的影子。同样，社会组织也起到对政府行政执行监督的作用，例如，对各级行政执法机关的行政许可、行政处罚、行政征收、行政强制、行政确认、行政给付、行政裁决、行政检查等方面的行政执法行为进行监督，保护公民、法人和其他组织的合法权益，反映行政执法活动中存在的问题，检举行政执法人员违法违纪行为等。社会组织参与行政执法的监督，充分体现了社会监督的广泛性与有效性，对防止行政执法部门滥用执法权有较好地作用。

（四）社会组织的发展是增强社会自治功能的有效基础

在当前改革和发展的全局与局部利益的博弈中，发展民间组织，有助于提高社会的自我管理能力，更好地推进公共治理社会化。民间组织还可以作为一条重要的纽带，在其服务的社会基层民众与社会各界以及社会公众之间加强沟通和相互了解，为人们参与社会管理和增强民主意识提供渠道，通过社会组织的发展，推动增强社会自治功能，把一些社会矛盾化解在萌芽状态，从而减少社会管理成本。

基于社会组织对于经济社会发展尤其是政府转型的重要地位和作用，通过支持社会组织发展，承接政府转型后转出的职能，有助于改变全能政府格局，将目前由政府承担的社会组织的职能还权给社会，实现政府与社会组织职能的合理归位，支持社会组织发展，不仅能够大力提升社会组织承接公共服务的能力，承担政府转出的职能中市场不能有效履行的部分，实现市场、政府、社会权力的合理归位，而且还能够在一定程度上弥补政府失灵，提高政府部门决策的科学性和资源配置的效率。只有大力支持社会组织发展，才能破解社会建设中政府投入多，效果差的难题，社会组织的健康快速发展，能够充分释放社会组织在改善民生为重点的社会建设中的潜能，更好地加快实现建设幸福广东目标。从中央到地方高度重视并大力支持社会组织的快速发展，党的十七大、十八大阐明了以改善民生为重点的社会建设目标，这就决定了推进民生财政建设，着力改善民生成为财税政策的最重要着力点。

二、我国社会组织发展面临的障碍

截至2010年年底，我国共有社会组织44.6万个，在经济、政治、文化、社会建设中发挥着独特而重要的作用，整体影响力日益增强，服务社会能力不断提高。广东省出台的《关于加强社会建设的决定》、《关于加快推进社会体制改革建设服务型政府的实施意见》、《关于加强社会组织管理的实施意见》等文件，社会组织业务主管单位变为业务指导单位，社会组织可以直接向登记管理机关申请成立。从2012年7月1日起，所有社会组织均直接登记。但社会组织发展面临系列问题：

（一）对社会组织的角色地位作用认识不够到位

一些地方和部门对社会组织的认识上仍然存在误解，对新形势下社会组织发展的重大意义、客观趋势以及功能作用认识不到位，致使社会组织发展没有得到各级政府部门的重视。

（二）法律体系有待完善，管理体制不健全

社会组织的立法层次低，内容不完善，政策不配套。社会组织的法规和规章主要以程序性规范为主，实体性规范明显不足，在税收优惠、财政资助、人事管理、社会保险等方面缺乏健全的政策规定。社会组织监督制度尚不健全，监管存在盲区。目前，主要通过年检对社会组织的日常活动进行监管，而且年检内容都是由社会组织自行申报，没有独立的社会中介机构进行鉴定和评估，导致申报内容失真。

（三）社会组织存在政社不分的现象

现职党政领导干部兼任、离退休领导干部担任负责人的现象。社会组织的组织机构不健全，没有形成规范有效的法人治理结构，内部管理制度不完善，民主管理不落实，财务管理不透明。

（四）政府职能转移和购买服务进展缓慢

社会组织发展活力没有充分激活，例如，广东全省还有85%的社会组织未承担政府转移的职能，91%的社会组织未得到政府购买服务。多数社会组织因得不到政府职能部门的委托，参与社会公共管理和公共服务的空间有限。

（五）扶持社会组织发展的措施不多不灵活

社会组织发展受到制约，社会组织发展没有纳入公共财政经常性预算资金支持体系；社会组织专职工作人员没有明确、具体的人事政策规定；社会组织没有专门的税收政策规定，至今还没有印刷统一的社会组织专用票据。

（六）各类社会组织缺乏公平竞争的政策环境

对于依靠政府出面推动和发起成立社会组织，政府一般通过财政拨款、补助或服务委托的形式扶持其发展；而对于由民间自发成立的草根社会组织则缺乏获得政府财政资助的正常渠道。即便是在社会组织的税收优惠方面，对于向社会组织捐赠减免税的规定也不一致，导致捐赠资金向某些特定组织聚集，不利于草根社会组织的成长。

三、我国财税政策支持社会组织发展存在的问题分析

现有支持社会组织发展的财税政策种类还是比较丰富的，包括财政拨款、财政补贴、政府购买、税收优惠等内容，这些财税政策工具的运用，有力地促进了社会组织的发展，但是由于过去对社会组织的管理是“控制型”、“约束型”的方式，在总体管控思维下，我国财税政策支持社会组织发展还存在一些影响社会组织有效发展的问题。

（一）财政预算中没有将社会组织和政府公共部门严格区分

将本应属于社会组织性质的单位，如工、青、妇、残联、作协、科协、足协等也作为政府公共部门看待，导致政社不分，预算上将这类单位也按照公共部门的预算管理方式实行全额拨款。这不仅导致财政越位，加重了财政负担，一般公共服务经费难以下降，而且制约了这类社会组织的健康发展（如南勇、杨一民、谢亚龙等前足协官员的腐败窝案导致中国足球水平长期难以提升）。

（二）政府过重依赖财政直接投入创办事业单位及政府办社会组织

事业单位改革进展慢，政府财政承担了过多的事业发展职能，没有实施有效的支持民间社会组织发展的财税政策，财税政策对民间社会组织参与改善民生为重点的社会建设的间接激励效应没有得到充分释放。

（三）财政政策没有形成合理规范的支持社会组织发展体系

社会组织种类繁多，需要政府有明确的财税政策目标，制定适应不同类型的社会组织发展的政策，形成合理规范的财税政策体系予以支持。但是从我国的现状来看，虽然中央和地方政府都有某些具体的财税政策措施，但是并没有专门针对社会组织出台统一的财税政策，来明确支持社会组织发展的财税政策的指导思想和政策目标，没有根据社会组织的不同类型和特点制定针对性强的合理规范的财税政策体系。

（四）财政政策的差异化影响了社会组织的公平竞争与均衡发展

从地区差异来看，全国范围内东部发达地区政府政策扶持力度大，中西部地区政府政策扶持力度小。从城乡差异来看，城市政府政策扶持力度大，广大农村地区政府政策扶持力度小。从社会组织类型的差异来看，自上而下方式建立的官办社会组织得到政府政策扶持力度大，自下而上方式建立的民间草根社会组织得到政府政策扶持力度小。

（五）政府购买社会组织提供的社会服务机制还不完善

在制度上，公共服务购买尚未被纳入政府采购范围，缺乏相应的法律制度保障。在数量上公共服务购买远远满足不了社会需要，购买资金规模小。在程序上，公共服务购买欠缺规范流程。购买公共服务的资金预算不公开。政府购买公共服务缺少规范程序，公开竞争未成为一般原则。在购买主体的关系上，存在购买双方非独立、平等关系，政府单向主导，低成本购买，职权介入的问题。在政策协调上，缺少相应的政策配套与政府部门之间的协调。

（六）针对社会组织有序科学发展的税收政策没有得到严格落实

2007年1月，财政部、国家税务总局联合发布通知，将公益、救济捐赠的免税范围，扩大至所有经批准成立的非营利的公益性社会团体和基金会，并将捐赠税前扣除资格的确认权限，下放到省级财税部门。这虽然进一步明确、扩大、规范了公益捐赠认定范围，方便了企业公益捐赠行为，但是各级税务部门要将民办非企业单位和草根社会组织纳入到企业捐赠税收优惠的激励范围中来，仍然缺乏明确的政策依据，制约了企业对民办非企业单位和草根社会组织的公益性捐赠。

（七）对社会组织的资金收入与支出缺乏有效财税监督

政府对社会组织的资助存在明显的信息披露不足、绩效控制目标不清的问题。社会组织由于不是政府部门，从而不受政府预算监督，财政部门也没有针对社会组织特点，制定有针对性的社会组织财务会制度，现行财政制度也没

有规定社会组织向社会公布财务报告，社会组织的财务运行透明度低，社会组织不是企业从而也没有受到税务监督。至此，对社会组织的财税监督基本上处于真空状态。

四、支持社会组织发展的财税政策选择

支持社会组织发展的财税政策设计要按照十八大提出的“以保障和改善民生为重点”、“加快形成政社分开、权责明确、依法自治的现代社会组织体制”的基本要求，加快转变财政职能，为社会组织发展营造适宜的体制环境；根据社会组织的不同性质，制定不同方式的财税政策实施分类支持，明确财税政策支持的重点；合理划分各级政府责任，加大财税政策支持力度；建立健全社会组织的财税监管体系。

（一）准确区分和把握社会组织的不同类型，重点支持行业协会、外来务工团体，以及工会妇联组织

社会组织的类型根据各类社会组织的不同业务性质，可以将社会组织分为社团组织、行业组织，社会事业组织、社会中介组织、公益慈善组织及其他有类似功能的组织等。

1. 社会团体。按《社会团体登记管理条例》的规定，由中国公民自愿组成，为实现会员共同意愿，按照其章程开展活动的非营利性社会组织，包括学术性社团、行业性社团、专业性社团和联合性社团，不包括工会、共青团、妇联、残联、工商联、中国红十字会、中国福利会、中国保护儿童委员会、社联、文联、科协、宗教团体等。学术性社团是指主要由专家、学者和科研人员组成的各类学会、研究会等。行业性社团是指主要由经济领域各行业相同的企业组成的行业协会、同业公会等。专业性社团是指主要由经济、社会各领域的专业人员和专业组织组成的各类协会等。联合性社团是指主要由不同利益需求的人群或各类社团组成的联合体，如联合会、商会、促进会、俱乐部、校友会、联谊会等。行业协会是行业性社团中的一种，是由同业经济组织以及相关单位自愿组成的非营利性的社团法人。

2. 公益慈善组织。公益慈善组织包括筹资型组织（如基金会）、运作协调型组织（如公益协会、扶贫工作协会）、助困服务型（残疾人康复中心、公益服务社）、筹措和协调服务一体型（慈善协会、红十字会）、学术研究型（环境保护与生态平衡研究会、流行疾病防控协会）。基金会是指利用自然人、法人或者其他组织捐赠的财产，以从事社会公益事业为目的，依法成立的非营利性法人组织。其公益性主要表现在它不为特定的自然人、法人和其他组织获利，强调的是社会公众的广泛受益。包括公募基金会和非公募基金会。

3. 社会事业组织。社会事业组织即民办非企业单位，是指按《民办非企业单位登记管理暂行条例》的规定，由企业事业单位、社会团体和其他社会力量以及公民个人利用非国有资产举办的，从事社会服务活动的社会组织。按照民办非企业单位所属行业划分为教育、卫生、科技、文化、劳动、民政、体育、中介服务和法律服务等十大类。

4. 社会中介组织。包括鉴定类中介、评估认证类中介和司法中介等。鉴定类中介包括各种质量鉴定、技术鉴定、产品鉴定等；评估认证中介包括信誉等级评估、生产标准评估认证、专业资质评估认证等；司法中介包括律师事务所、法律事务咨询中心、法律证据鉴定专家机构等。

5. 社区活动团队。是指以社区群众为主，因文化知识、兴趣爱好、强身健体等不同需求而自发组织起来的，没有经过社团管理部门登记，但在街道社区有关部门备案的群众性组织。

在对社会组织的主要类型做出区分和功能性质的准确判断基础上，根据社会建设的方向和需要，集中有限的财力，有针对性有重点地扶持工会、妇联、共青团等社会组织，促进上述社会组织提供更多的社会公共服务。财税政策要长期重点支持的这些组织，增强工会、共青团、妇联、残联等团体提供公益性社会公共服务的能力。财政预算编制上不仅仅是保证基本支出，而且要保证项目支出。对基本支出严格控制，对项目支出则根据绩效预算竞争性分配方式予以充分保证。

同时大力支持行业协会和商会等组织，因为这些社会组织在发展经济、行业自律、协调关系、规范行为、促进和谐方面能够发挥政府难以替代的作用。财税政策重点支持行业协会、商会在招商引资、行业发展宏观指导、行业自律等方面的活动。对关系到社会和谐的社会组织，例如，农民工协会、外来务工者团体，财政上要大力支持，通过财政专项、财政补贴等政策，促进这些社会组织健康平稳的发展。

（二）完善政府向社会组织购买公共服务制度，以社会承诺为标的，采用竞争性购买服务模式

1. 出台政府采购法实施条例，全面推行政府强制向社会购买公共服务，不断扩大公共服务购买范围。可以首先从孤残儿童抚养、孤寡老人赡养、社区服务、教育培训、医疗服务等公共服务领域入手，进一步拓宽到公共卫生、基础教育、文化服务、农村公私合营基础设施建设等方面，在公共服务各领域全面引入购买机制。

2. 健全公开透明规范的公共服务购买流程。制定购买公共服务的预算，为推进公共服务购买提供有效的财力保障。政府购买预算要通过公开方式向社会公布，提高采购资金预算透明度。制定相关的公共服务购买管理办法，规范政府购买行为。凡是对社会组织购买都必须采用竞争性服务形成良性发展，对社会承诺作为标的。

3. 推行政府向社会组织购买社区公益服务项目。推进政府职能转移和购买服务落实到位，各级政府部门要制定转移社会管理与服务事项目录，将不再行使和可交由社会

组织承担的职能事项分离出去，通过授权、委托及其他适当方式依法转移给社会组织。全面建立健全以项目为导向的政府购买服务机制，通过项目购买、项目补贴、项目奖励等规范方式转移或委托给评估指数高、社会信誉好的社会组织承接，政府各部门按照工作事项检验标准，对社会组织提供服务的质量进行审核认定，费随事转。将购买社会组织服务的经费纳入年度财政预算。

（三）建立健全社会组织的有效财税监管体系，通过制度完成财税政策对社会组织的法人治理服务

财政部门要出台政府资助社会组织的基本制度规范，包括资助社会组织范围，申请资助的社会组织的基本条件，资助的申请程序，提供资助和接受资助双方的权利与责任等。建立符合社会组织特点的财务会计制度和社会组织公开、透明的信息披露制度。接受社会捐赠、政府资助或政府向其购买服务的社会组织，应定期公布资金使用情况、财务审计报告，自觉接受社会监督。社会组织按照统一规范标准进行会计记录并提交财务报告，向公众披露财务信息和运营状况，确保社会组织财务公开透明。

财政政策要激励社会组织建立健全现代法人治理结构，形成有效制衡和民主治理的现代社会组织管理体系。推进社会组织等级评估工作，建立健全社会组织服务管理能力评估体系，进一步提高社会组织的服务管理能力。评估结果作为政府向社会组织转移职能、购买服务的重要依据和条件，对首次评估达到5A等级的社会组织，财政给予一次性奖励，政府部门优先委托职能和购买服务。对达不到3A等级的社会组织，政府部门不予委托职能和购买服务。

建立财政、审计、捐赠人、公众、媒体和社会中介参与的多元化社会组织监督与评估体系。建立健全财政部门对社会组织接受财政资金资助和政府购买服务及免税的绩效监督与评估制度、审计部门对社会组织接受财政资金资助和政府购买服务及免税执行情况的审计制度、捐赠人对社会组织接受捐赠资金使用情况的监督制度、媒体对社会组织资金违规使用情况进行曝光制度、公众和社会中介通过相应渠道对社会组织资金违规使用情况进行举报制度。

（四）建立起规范有效的财政补贴政策，有针对性地对不同的社会组织实施财政补贴

将传统的针对特定社会组织的财政补贴更多地转向针对特定项目的财政补贴。凡有能力完成政府规定项目的社会组织都可以参与项目竞标，政府根据效率原则选择一家或几家社会组织完成特定项目，以便提高资金使用效率，促进社会组织的平等发展。在针对特殊群体进行福利补贴时，要更多地考虑变间接补贴为直接补贴，将补贴资金以代金券等形式直接发放给特殊群体，由他们选择合适的社会组织，按照接近成本定价的水平购买公共服务或产品，使得剩余价值更多的由消费者获得。

（五）明确社会组织免税、税收优惠的范围，建立有效改进社会组织发展的税收政策体系

严格落实社会组织税收优惠政策。根据国家有关规定，落实税法对社会组织企业所得税、营业税免征或减征的税费减免政策。对社会组织来自财政支持及承办政府购买服务项目的收入，积极落实各项税收优惠政策。保障社会组织享有会费收取、政府委托培训等项目的税收减免待遇。做好捐赠税前扣除资格认定和非营利组织免税资格认定工作，确保符合条件的基金会和公益性社会组织享受捐赠税前扣除待遇，确保符合条件的各类社会组织享受非营利组织的减免税资格，为公益服务类社会组织吸纳更多地社会资金提供有效的政策支持。

广东财政收支监管体制改革研究

（节选）

广东省财政科学研究所

摘要：财政收支监管体制是对财政收支权力的有效制约和对财政资金运行形成有效监管的重要财政制度。随着财政改革和发展的深入，广东财政收支监管体制改革在取得实效的同时，在监管的法治化、科学化和民主化方面都还存在着与经济社会发展不相适应的一些问题，这些问题的根源在于行政管理体制改革的不到位，财力切割与固化的利益链条没有被打破等。广东财政收支监管体制改革的目标就是要通过监管体制改革，推动形成决策、执行、监督相分离的行政管理格局，强化对行政执行部门的责任监督与约束，构建起全方位、多层次的财政监管体系，全面提升财政收支监管的法治化、科学化和民主化水平，以“三化”来提升监管效能，打破财政收支中存在的不合理的利益链条，并通过此举倒逼行政管理体制改革，实现科学理财，推动社会和谐进步。

公共财政是落实科学发展观、构建和谐社会的物质基础、政策手段和体制条件，而公共财政管理制度规范和引导着政府各部门在财政资金分配和使用中的行为，事关国计民生政策的贯彻落实和有效保障。在财政管理制度中，监管制度是其他财政制度有效运行的重要保证。财政收入组织和财政支出管理是财政资金运行的两个方面，建立科学的财政收入与支出监管体制（以下简称为财政收支监管体制），实现对财政收支权力的有效制约和对财政资金运行全过程的监管，是从源头上防止腐败的重要制度。从公共财政建设进程看，规范和加强财政收支监督一直是我国财政制度改革的重要内容，取得了很好的成绩，但已有的改革措施还没有触及到我国财政分配中长期存在的“财力固化和切割”问题，致使“公共权力部门化，部门权力利益化，部门利益个人化”在财政分配领域体现明显，严重削弱了公共财政绩效，损害我党“立党为公、执政为民”的宗旨。

上述财政分配问题严重的实质是行政执行部门替代政治决策，虚化执行责任，本应为民办事的法定职能却异化为谋取部门利益的依据和理由，致使民生改善和社会建设长期得不到重视，关系群众切身利益的问题长期得不到解决。体现在财政分配上，本该用于满足公共服务需要的财政资金收支却异化成了部门寻租的手段和途径。本报告认为：要从依法治国，从行政管理体制改革的高度来认识财政收支监管体制改革问题，要把财政收支监管体制改革作为深化行政管理体制改革的重要突破口，通过建立科学的财政收支监管体制，彻底改变现有财政分配中行政执行部门替代政府决策格局，打破部门职能异化获取自身利益的利益链条，强化监督力度落实各部门单位提供公共服务的责任，推动服务型责任型政府的加快建立，从而打破历史轮回周期律，推动形成具有中国特色的行政管理体制，实现国家的长治久安，以实际行动践行和诠释党的十八大提出的“道路自信、理论自信、制度自信”的响亮宣言。

一、深化财政收支监管体制改革的必要性及重大意义（略）

二、广东财政收支监管体制改革成效分析（略）

三、广东财政收支监管体制存在问题及原因分析

广东财政收支监督改革对约束财政资金分配和使用主体非规范行为的制度机制，及时发现和纠正财政收支执行中的偏差，确保财政资金分配和使用的科学、有效发挥了重要作用。但是随着财政改革和发展的深入，财政收支监管体制改革在取得实效的同时，与经济社会发展的要求相比也还存在着一些不相适应的问题和差距。

（一）广东财政收支监管体制存在问题分析

财政收支涉及经济社会发展的方方面面，因此，收支监管管理体制是个系统，从不同视角可以发现其存在不同的问题，本报告按照公共财政改革的“依法理财、科学理财、民主理财”的改革目标作为参照，系统全面分析广东财政收支监管存在的问题，从而为推进收支监管体制改革提出有针对性的对策措施奠定基础。

1. 收支监管法规制度体系不完备，监管的法治化水平有待提高。在依法监管财政收支方面，广东省已制定包括“收支两条线”、广东省财政支出绩效评价试行办法、财政票据费财务收支管理办法、财政竞争性分配办法等多项制度规定，但是从整体上看，尚未形成系统的监管制度体系，对部门收入支出的利益约束无明确、详细的法规和制度规定，依法监管水平有待提高，财政收支监管的运动化和碎片化现象突出。主要表现为：

（1）尚未建立覆盖全部财政收支的制度监管体制。收支监管制度不健全，监管制度存在真空。财政收支管理包括存量和流量，从整体上看，存量监管是缺失的，公共资源、国有资产监管处于碎片化状态，债务收入缺乏完整的计量、统计和监管。在流量监管方面，现有的监督制度没有全面覆盖所有的财政收支，并非所有的政府收支都纳入了预算，即使纳入了预算，也是形式重于内容，全口径的财政收支应该包括：基金、政府性债务收支、国有资本收益、住房公积金等，监管范围没有全覆盖。现有的监管制度注重资金的运行监督，监管体系设计缺乏全面系统考虑，导致监管作用比较分散，极大影响了监管效果。表现在：一是资源有偿使用收入的监管不到位，地方政府监管积极性不高。我省积极开展资源有偿使用的征收管理，创造性把小汽车吉祥号码、道路桥梁、公共交通线路、出租车运营权、客运线路、公共资源开发权等资源进行竞拍，并纳入到公共财政收入范围。但资源类收入监管不到位，特别是矿产资源收入流失严重。例如，东源县纳入到监管的项目只有6个，年收入不到1 000万元，而2011年打击非法采矿专项整治行动中，依法查处的非法采矿点就有21个；二是行政事业单位经营服务性收入的监管治理无序，没有区分是劳动性收费还是验证性收费。行政事业单位经营服务性收入包括各部门单位营业房、出租房、宾馆、饭店、招待所、培训中心等有经营性收入的资产或经济实体，以及可以非转经的资产，对外投资和使用国有资金、物资所形成的股份、股权等。部分行政事业单位经营性资产性质不明，产权关系复杂，有的经济实体货币资金及初始投资额不清；有的已经停业，但因各种原因未办理注销手续，以致清查数据难以准确反映经营性资产的真实价值，家底不清。一些挂靠省级主管部门或以主管部门名义开办的经济实体“名存实亡”，完全脱离了主管部门的监管；有的单

位资产已投入使用多年，但未办理任何权证，产权手续不全，产权性质不清。例如，某市车辆检测站完全市场化，垄断性收费，所收取的费用为经营服务性收费，而非行政事业性收费，无法监管。

对于国企收入监管方面，广东国企有近200家，2012年广东千亿级国企数量达到7家，包括交通集团、粤电集团、广汽集团、广州城建投资集团、深圳投资控股、东莞银行和广州越秀集团。但对于国企的收入，2013年纳入省级国有资本经营预算草案编制范围的企业共37户，其中：省国资委直接履行出资人职责或持股企业28户、国有资本与财务由省文资办、省财政厅等部门直接监管的企业9户。2013年审计广东省属28个国企单位一年的资本经营预算收入17.85亿元，与应该做出的贡献相比极不相符。对于国企的支出，现有的法律法规对国有企业花钱如何监管的问题没有明确的规定经，目前广东国企大部分尚未纳入经营预算。

（2）预算软约束问题还未得到解决。随着财政收支监管改革的逐步推进，部门预算和决策管理工作不断加强和规范，但尚未形成对部门财政资金收支的刚性约束。财政收支流量过程中各个环节主体的权责不对称，预算的编制、执行存在脱节问题。经过人大审定通过的预算应当有约束预算执行行为的功能，但在预算实际执行过程中，预算的约束作用名存实亡，预算的基本功能——约束政府各部门单位的行为基本消失。当前的预算收支中，不仅在正常的部门预算中，部门以基数加增长的形式不断扩充自身支配的资金。同时，通过追加的形式，搬出行政主管领导加大与财政部门博弈的力度，来获得更多的可支配资金。另一方面，部门条块分割问题十分突出，存在着大量的“诸侯经济”和“王爷经济”。以教育、科技、农业等为首的一些职能部门，拥有财政资金的二次分配权，从而形成一个个事实上的“小财政”，并且游离于财政部门的预算控制，导致财政资金被分散、肢解，使用效益低下，而财力支出矛盾的加大反过来又逼使政府不断增加收入形成惯性。这点通过部门预决算的差异性不断增大可以得到有力佐证。

——部门预决算总收支差异大。从2009－2011年的省级部门预、决算总收支（含上年结转和结余、本年收入、本年支出、公用事业基金弥补收支差额、结余分配、年末结转和结余）数据看，历年编报的部门预算总收支基本持平，同比增长幅度极小（几乎为零增长），历年的部门决算总收支逐年上升，年平均增长率为13.46%，历年部门决算总收支完成当年部门预算的比例均达200%以上，其中，2009年至2011年部门决算总收支完成当年部门预算的比例分别为239.83%、263.54%、303.90%。

——部门预算执行效能差。一是预算执行率低。部分预算单位业务量少、财政拨款开支少，每年批复下达的部门预算指标执行率低，存在大量的结余结转资金且历年不断滚存。二是预算支出执行情况差。预算单位虽然在部门预算人员经费、公用经费和项目经费的总金额控制下使用资金，但实际执行过程中未按照具体经费在部门预算编制时列示的支出经济分类科目进行支用，存在同一指标支出经济分类科目混用的情况，导致部门预算与部门决算支出经济分类科目明细差异大。三是政府采购预算执行情况差。部门预算编制的年度政府采购计划于实际执行情况脱节，部分单位部门预算政府采购计划执行率低，大量申报项目没有进行执行采购，而部分单位则超出部门预算政府采购计划进行项目采购。其结果是财政资金使用低效，有限的财政资源未被充分或有效利用。

但是，财政决策方面的改革仍然没有进展，财政政策多是由部门决策形成，造成财政分配过程的财力切割与固化难题，延滞了行政管理体制改革和政治体制改革。

运动化监管仍然是财政收支监管的重要手段。以我省“小金库”专项治理为例，自2009年以来开展的“小金库”专项治理工作以来，运动式的监管执行取得良好成效，共查处“小金库”1 006个，追究相关责任人400多人次，建立了教育制度和“一把手”问责机制。但“小金库”随着形势的变化，变得更加隐蔽，例如，有的部门向下属单位或关联单位转移设置，套取资金，年底突击花钱没能彻底打住，仍然存在“小金库”滋生的制度土壤。

（3）财政收支绩效管理制度机制未完全建立起来。在财政收支绩效实践方面，2011年，广东省率先探索开展了引入第三方评价财政资金使用绩效改革试点，涉及财政资金90多亿元，进一步提高财政资金使用绩效评价的公信力、民主性和科学性，在推动服务型政府建设，提高政府管理绩效方面迈出了实质性步伐。2011年广东省财政厅采取整体委托的方式，通过公开邀标的形式，公开选定第三方评价机构独立承担财政性资金使用的绩效评价，由其独立承担财政支出使用绩效评价。为确保评价结果的权威性，第三方评价机构会同省财政厅、资金主管部门，确立了评价指标体系框架。指标设定遵循“经济性、效率性、效果性和公平性统筹结合”的原则，并经不断研究完善，现场评价检测，科学规范，可操作性强。各项资金评价指标体系全面反映了项目前期准备、资金使用管理、项目实施监管和项目实施后产生的经济性、效率性、效果性、社会效益及可持续性等绩效情况。

在实践取得显著成效的同时，有关财政收支绩效管理制度、评价机制仍在建设当中，并没有形成完整的体系并推广应用。目前急需对财政收支绩效进行总结、分析和归纳，把好的经验与作用，形成成文的制度和机制，实现制度化与科学化，进一步促成财政收支绩效提高。

2. 收支监管缺乏科学体系，监管的科学化水平有待提高。预算编制不科学，制约预算监督。一是地方政府预算缺乏完整性。政府预算应该涵盖政府经济活动的全过程，反映政府的全部收支计划。但目前由于各种原因，各级预算收支没有包括全部政府资金，一些重大财政预算项目尚未列入预算，如政府债务收支、部分预算外资金、上级财政补助和专项转移支付资金等。对于游离于预算之外的政府收支，预算监督鞭长莫及，无法监管。大量事实已经证明，失去监督的预算外资金，往往是滋生贪污和腐败的温床。二是预算编制不细化。预算中的大块支出占比较高，没有详细反映具体项目、款项、数额。预算编制的笼统化导致了人大审查和审批程序的简单化、审批内容的形式化，以及影响了后续各方面对预算执行的监督。

（1）对非税收入的监管还没有完全到位。一是在行政事业性收费方面，各种收费没有严格细分。根据《财政部国家发展改革委关于印发2011年全国性及中央部门和单位行政事业性收费项目目录的通知》，全国性及中央部门和单位行政事业性收费项目228项，广东省设立的行政项目共48项。全省行政事业性收费、罚没收入、资源性收入均已纳入"收支两条线管理"，实行"单位开票、银行代收、财政统管"征缴模式。2011年，按照《财政部关于将按预算外资金管理的收入纳入预算管理的通知》要求，广东省除教育收费外的行政事业性费，罚没收入、资源性收全部纳入预算管理，收入全额上缴国库。2011年，全省实现行政事业性收费收入3 696 369万元，罚没收入1 123 323万元，国有资产（资源）有偿使用收入1 027 070万元。但在收费类别上面，广东对非税收入的种类并没有进行清晰的区分，包括已经纳入到预算体系内的小金库和行政事费和服务性收费。例如，房地产行业行政事业性收费，就是笼统的进行列表，模糊了非税收入的合理性与非合理性边界，不利于对该部分收入的监管；二是在预算支出方面，部分收费项目没有列支预算。广东已全面启用非税收入管理系统，推行非税数据集中和全方位的信息化收入科学化精细化管理。同时，广东省不断探索收入监管新方式，包括按照综合财政预算的要求，全面规范非税收入的使用，除有规定用途以及需要补偿征收成本支出外，非税收入不与部门的支出挂钩，把非税收入形成的可用财力纳入统一的政府预算体系。对政府公共资源有偿使用所取得的收入，除安排相应的手续费和补偿征收成本、管理费支出外，其余由政府统筹安排。但广东财政非税收入方面，仍有许多收费项目没有列支预算，变相收支挂钩现象依然存在。例如，社会普遍关注的初等教育择校费的问题，监管乏力，漏洞较多。全省共有上千所小学、初、高中学校，每年的学校择校费高达数亿元，仅2010年广州择校费113 926.86万元，其中捐资助学费94 405.87万元，择校费19 520.99万元。在择校费的安排上，只有广东龙川县把50%的择校费纳入到财政收入，返还50%给学校，其他学校返还比例各不相同，部分学校是100%的返还。在择校费的支出上，全省并没有非常明确精细的支出用途规定，费用流向的监管存在漏洞，很多学校以"改善办学条件"为理由挤占挪用择校费用。根据广东省2010年度省级预算执行和其他财政收支的审计工作报告披露，2010年广东全省共有2 851万元择校费，被学校或教育部门当成奖金福利发放给教职员工。

（2）对部门的财政收支没有形成有效的监督制约。随着国库集中支付制度、政府采购制度、预算编制制度、财政管理体制改革的逐步完善，原有的内部监督制度、机制建设已不能适应新的收支监管需要。财政和审计等监管部门缺乏外部监督制约，谁来监管行使监督权力者，也是当前财政收支监管中的重要问题。目前财政收支监督主要是约束权力的滥用，而权力只要遵行基本的要求，便会形成了对权力监督无效的被动格局。因为财政与审计等政府部门行使公权力是法律赋予的权利，即使监督到权力的运行，由于信息失灵问题的存在，却无法保证权力是否被隐形的寻租。外部监督主体对部门责任的监督并没有足够的合力，而监督责任的实施与落实，才是问题的根本，因此当前的财政收支监管缺乏循环的、立体的监督链条，没有形成良性科学的监督生态。

这个现象通过我国一直以来对财政资金"小金库"的治理过程就是很好的例证。自2009广东省在党政机关和事业单位开展"小金库"专项治理工作以来，对12 737户党政机关、24 762户事业单位、11 091户社会团体、10 363户国有企业以及95户公募基金会进行了检查，查出"小金库"单位1 006户，占1.7%，专项治理"卓有成效"。但是在"建立长效机制，防患于未然"上，由于新建机制仍然囿于对权力的限制与监督，部门权力大、责任小，财政支出绩效的责任由财政部门承担了，导致财政收支上部门仍然"见钱眼开"，不考虑责任承担而是谋求部门利益，"小金库"的隐患未能彻底消除。例如，2012年上半年，某县又查出了涉及房产出租方面的小金库。

非税收入财政票据在管理当中存在很多问题，例如，土地交易中心、环境研究中心、质检部门等政府垄断性的收费浮动性过大，违规减免收费行为等，直接影响非税收入的增长，并为有些部门的寻租行为提供了空间。特别是垄断经营性的行业，例如，像房屋验收等，相关部门设置很多规则和标准，形成了乱收费的事实。例如，社会颇为关注的房地产税费问题，2009年中国工商联在中国政协会议上递交的《关于中国房地产企业开发费用的调研报告》显示，广州等九大城市房地产企业需缴纳的税费占总成本的26.06%，占总支出的19.06%，占总销售收入的14.21%。广东的房产开发企业在开发过程中需要向30多个政府部门缴费。据不完全统计，房地产开发商在各项环节需缴纳68种行政性费用，包括人防收费、消防收费、建委收费、规划收费、土地收费、房管收费、评价收费，安全收费、治安收费等，造成地方财政对房产业的依赖性高。

（3）收支监管手段的信息化水平不高。财政收支监管的信息化，是通过引入和运用现代信息技术，利用计算机网络全面及时地掌握财政资金使用单位的财务信息，及时发现一些单位在财务管理方面的问题，强化实时监控，推进财政收支监督实现全程监督。我国正在推进的金财工程建设，正是深化财政改革和完善公共财政体制的重要体现，有利于科学理财和提高财政资金使用绩效。当前，综合化的财政收支监管信息化平台并未完全建立起来，财政收支信息数据分散，管理不完整，信息渠道不够顺畅，信息反馈传递不及时、准确性、同步性差，造成数据共享、分析难，缺乏有效利用信息化系统，影响着财政收支动态监控。

3. 收支监管引入外部力量不足，监管的民主水平有待提升。

（1）财政收支预算的民主监督力度不足，部门体制内循环现象严重。人大缺位监管者角色，部门自己出台收费的权力。预算编制与执行不透明，阻碍预算监督。政府预算的公共性要求政府预算编制及其执行情况必须是公开、透明的，不仅履行监督职责的人大、政府部门能够看得懂、看得清、看得透，还要能够让民众了解和监督政府财政收支情况。但是，目前预算编制与执行情况尚未全面、详细公开。地方提交人大审议的预算、决算材料基本上都只列出按功能编制、以预算科目罗列的财政收支数字和简要附注，人大代表对各个具体的财政收支计划及其执行情况，根本无法进行透彻的审议和监督。同时，向社会公布的政府财政预算、决算报告，也基本上属于简略版，常常是“外行看不懂，内行看不清”，从而降低了公众对政府预算的了解和参与程度，阻碍预算监督。

（2）财政收支外部监管力量缺乏衔接与协调，监管效能不高。监督基础不完备，影响预算监督。在现行体制下，我国的预算监督体系由人大监督、行政监督和社会监督等组成，但就目前现状来看并未发挥各方应有的监督职能。人大对预算的监督多是程序上的，缺乏实质性的监督，存在预算执行监督表面化、决算报告审议走过场等现象；审计部门隶属同级政府，受现行行政管理体制的影响，地方同级财政预算执行情况审计中有些问题难以得到充分地反映和揭露。而社会公众、中介机构以及社会舆论共同组成的从外部对政府预算的监督具有很强的主动性、灵活性、成本低、效率高等优势，但是由于预算编制及其执行的透明度不够，很大程度上制约了社会监督。

（二）广东财政收支监管体制问题的原因分析

财政收支反映的是政府公共活动的方向和范围，涉及面广，而且随着经济社会的快速发展，规模也越来越大，尽管广东在财政收支监管方面制度创新不断推进，监管力度也不断加强，但是在市场经济多元化利益格局下，需要通过继续深化改革进行完善，因此财政收支监管改革面临着较大的难度和压力。这种难度和压力既来自于我国惯有的行政管理体制改革的不到位，也来自于收支监管本身的制度机制创新不够，总的来说，造成这些问题的原因有以下几个方面：

1. 行政执行替代政治决策，体制改革缺乏宏观制度基础。从整体层面看，存在政治决策被行政执行替代格局，财政收支监管体制改革的宏观制度基础缺失。前面的分析已经表明，科学的政府治理需要建立决策、执行与监督职能适度分离的管理格局，方能形成各司其职各负其责的治理模式。但在我国政府管理的现实当中，却没有形成这样的科学管理格局，而是由本该履行执行责任的部门替代了党委、人大和政府的决策部门进行决策，使得部门利益通过政治决策得以实现和巩固，事关部门利益的事项和权力极力争取，无关本部门利益的事项和责任，则以踢皮球的方式，推诿转移，结果就形成了专家学者和社会公众众口相传的“有利的争着管、无利的都不管”、“政府权力部门化、部门权力利益化，部门利益个人化”的现实，在这种格局下，任何形式的监督对部门的监督犹如隔靴搔痒，监督效能受到严重制约。这就是为什么政府职能出现畸形变化而多年说要改革却次次都无疾而终的根本原因。

预算执行部门代表决策机构行使行政决策审批的权力，部门主导政府公共政策制定过程，部门信息成为决策唯一来源，政策从决策、执行到监督形成闭环运行，听取和反映老百姓的价值需求和呼声的程度远远不够。由于部门信息成为行政决策的唯一信息来源，决策者无法根据充分信息来对部门报告进行科学判断和选择，最后的结果则是完全反映部门利益的报告变成了政府的文件，从而导致公共政策扭曲、变异，部门利益凌驾到公众利益之上，加上有效监督的缺位，使得部门利益不断固化，公共服务职能则不断虚化。体现在财政收支上，就是部门根据自身利益提出设立收入项目和支出专项，通过主导行政决策变为政府法定决策事项，再由部门执行以实现自身利益。财政收入项目和支出专项的设立初衷不是为了解决经济社会发展中的某些问题或者改善民生福利水平，而是被异化为获取部门利益的手段。部门通过此方式和途径，使得党和政府的很多重大决策都被转化为部门增加财力支出和切割财力的“尚方宝剑”，从而导致了财力严重切割的格局的形成。在这种格局下，财政收支监管的各项制度约束和管理措施根本无法作用到部门单位身上，由于缺乏科学的制度机制把部门执行替代决策有效打破，监督部门的监管努力很容易被执行部门转换为“否定领导决策”的概念，监管效力被执行部门完全化解。因此，如果不解决“决策被执行替代”问题，任何监管体制改革都是“徒劳”的，也注定是“无功”的。相反，却是由财政部门背了“黑锅”。因此，财政收支监管体制改革存在宏观上的制度基础制约问题，这个问题是制约财政收支监管改革能够取得实效的关键问题。

2. 监管法制建设不完善，没有形成刚性的制度约束作用。从制度建设层面看，财政收支监管体制建设不完善，没有形成刚性的制度约束权威。当前主要的财政收支监管活动仍属于行政范畴，没有提到立法高度，缺乏专门法律来规范和约束财政收支，因此，财政收支监管的权威性不够，制度约束性不强，还处于需要强调领导重视的阶段。从监管本身看，目前财政收支监管体制基本格局是财政部门承担主要的监管任务，由财政机构监督各个部门，再由部门监管其下属的行政事业单位，呈纵向线性监管格局，财政收支监管执行具有很浓厚的内部监管色彩，没有能够把人大监督以及社会监督有机地纳入体系，缺乏形成监管的制度性合力，对于当前财政收支中部门责任承担少，财政支出规范执行力不强的背景下惯常出现的违反财经秩序的行为处罚力度不够或是处罚不力。同时，由于财政部门专司收支监管的机构和人员有限，加上专业素质的制约，财政监管机构在监管各个部门时显得力不从心，而各个部门则在监管其下属单位时，由于利益链条的贯通性，下属单位本身就是上级主管部门的重要利益载体，收支监管就会弱化甚至形同虚设。如在当前的省级部门决算中，包含了年终追加的预算收入及相应的支出，并将年中追加预算列入当年部门决算的内容，但部门预算不包含年中追加的预算收入及相应的支出，也不反映年末结转和结余及结余分配，结果导致部门单位乱支出，严重影响了财政资金使用效果，但法律上并没有对此如何监管进行明确。

3. 监管机制不完善，影响了监管的科学化水平。从监管机制层面看，财政收支监管机制设计不科学，没有形成系统性、制度化的监管手段与措施。财政监督权力的不可分割性是建立有效的收支监管机制的内在要求，但在我国，财政收支监管机制呈现多元化的特征，监管权力被过度分割，监管机构重重叠叠，内部监督权力的碎片化、机构的分散化非常明显，缺乏把各种监管形式和监管机构形成整体，对于财政收支，财政监管更多的是事后的行政监管，而且表面上似乎众多机构在运用各种不同的方式方法进行监管，但实际上可能谁都没有能监管到位。同时，由于缺乏有效的监督制度和科学的监管机制建设，一旦出现问题时或者是领导重视时，就会采取运动式的监管方法，一阵“监管风”刮过去，表面上看似乎解决了问题，但只是短时间的压制，并没有从根本上解决问题，一段时间过去，不合法的违规的、绩效差的收支行为又会定期出现。

收支监管模式本身的不科学，加上我国财政分配存在的财力切割与固化难题，部门在宏观制度设计上就没有负起责任，我国实行下级对上级负责的行政权力管理体制，权力过于集中而不是下放，从而形成下级无法对上级进行监督的格局，涉及财政收支方面的信息公开，在《政府信息公开条例》的规定下，取决于上级领导的决定，因而在财政收支监管方面，公众无法获取对称的必要信息，总试图对财政收支过程的权力运用进行监督，导致监督对象的错位，起不到防止“猫”看见的鱼而不偷的作用。

财政收支监管的碎片化导致监管的运动化，逻辑结果就是财政收支监管的软弱化，因此，我国财政收支监管呈现出的就是碎片化、软弱化和运动化的特征，结果最终形成监管成本高、监管实效差的格局。

4. 监管措施不到位，制约了监管体制改革成效的发挥。从单项改革措施看，监管措施不到位，影响了监管体制整体建设成效。“收支两条线”改革是收支监管改革的重要措施，但是从改革的实践效果看，很多地方只是从形式上做到了收支分开，但实际上还是全额或者按比例返还收费的部门单位，使得各部门单位还是有扩大收费或者乱收费的利益冲动，因此，“收支两条线”改革的不到位，致使收支未完全脱钩，同时部分收费项目未列支预算，都影响了收支监管改革措施的效果。

行政事业性收费票据无法以票控费，收费随意性大，也制约了改革效果。随着非税收入纳入预算管理，其占财政收入的比重也逐步提高，因此财政票据使用的好坏直接影响着非税收入的进度，加强票据管理对遏制乱收费、乱摊派、减轻企业和个人负担、防止腐败犯罪等问题，都有着极其重要的作用。

5. 监管信息化手段的滞后制约了收支监管体制效能的提升。从技术手段看，财政收支监管在利用信息化方面还显得滞后。如对财政收入和支出执行情况的数据利用不足和监督检查在分散化的信息等情况下就很难监管到位。财政国库部门要求部门在编制下年度预算时，需填列当年政府采购预算执行情况、增量资产预算执行情况、非税收入征收计划执行情况等报表；在编制部门决算时，需填列国库集中支付预算执行情况表、非税收入征缴情况表。财政部门需要结合有关情况审核监管部门预、决算，但却并未建立有关数据利用机制，如各执行情况表的使用主体不明确，未对政府采购预算执行情况差、国库集中支付预算执行情况差的部门采取要求加快支出进度、进行检查和整改、调减次年部门预算等措施和，未建立预、决算编制进一步规范和科学的“倒逼”机制，这些都影响了收支监管的效果。

四、广东财政收支监管体制改革思路与对策

在2013年1月22日中纪委全会上，习近平总书记强调：要加强对权力运行的监督，把权力关进制度的笼子里，形成“不敢腐的惩戒机制、不能腐的防范机制、不易腐的保障机制”。而财政收支监管体制机制不仅是构建“不能腐的防范机制”的重要内容，而且也是“不易腐的保障机制”、“不敢腐的惩戒机制”的有效措施之一。因此，深化广东收支监管体制改革，要按照建立预算硬约束的监管体制机制为目标，从法治化、民主化和科学化三个维度不断深化改革，全面提升广东财政收支监管水平和实效。

（一）改革目标

广东财政收支监管体制的改革目标就是通过深化财政收支监管体制改革，以财政绩效管理制度建设为逻辑起点，对财政收支决策与部门执行做出有效区分，紧盯部门执行的责任、利益和执行行为，在此基础上，以信息化技术构建财政监督平台，以财政绩效管理效能的提升推动形成全方位、多层次、立体性、完整性的监督体系，以打破行政部门执行替代政府决策获取部门利益的链条，以变事后监管为事前防预、事中跟踪与事后惩戒相统一的全程立体化监管体系为目标，通过建立预算硬约束的财政收支监管体制机制，倒逼行政管理体制改革，规范政府财政收支行为，全面提升财政收支监管的法治化、科学化和民主化水平。

（二）改革指导思想

坚持以科学发展观为指导，贯彻落实党的十七大关于“完善制约机制和监督机制、建立健全决策权、执行权、监督权既相互制约又相互协调的权力结构和运行机制”以及习近平总书记在中国共产党第十八届中央纪律检查委员会第二次全体会议提出的“加强对权力运行的监督，把权力关进制度的笼子里，形成‘不敢腐的惩戒机制、不能腐的防范机制、不易腐的保障机制’”的精神，按照科学理财、规范用财的要求，以“制度+技术”为支撑，以资金为基础和重点，逐步纳入资产监管，进行财政收支监督整合，并为资源的监管整合预留接口，再造财政收支监督流程，构建涵盖从财政收支预算下达、会计核算、国库支付全过程的财政收支监管体制机制和平台。

（三）改革实现措施

1. 以财政绩效制度建设将行政决策与执行有效分开，推动形成决策、执行与监督三分离的行政管理体制。财政收支监管体制改革的首要措施是通过深化财政绩效管理改革，大力施行以科学理财为核心的财政绩效管理制度，以制度机制形式使政府决策与部门执行实现有效分离，在此基础上决策科学化问题和以监督强化部门职责才能真正落到实处。

（1）全面推行财政支出绩效管理制度，使行政决策与执行能有效分开。财政支出绩效管理制度通过预算申报内容的创新，能以制度机制形式对行政决策与部门执行作有效区分，其预算申报内容是：一是依据。单位申报的专项资金请款必须是依据国家的法律、法规和各级政府的“红头文件”的规定要求，并且与该单位的法定职责相一致的事项；二是实施方案。有了依据以后，申报单位为此必须完成此项工作的实施计划和可行性报告，主要说明：事情有多大，准备怎么做，是否有相应的管理力量和管理办法，能否保证事情能够按计划完成；三是目标。完成工作事项能够实现什么样的目标，能够解决那些社会、政治、经济、文化问题，解决到什么程度；四是预算的翔实安排。部门单位保证完成此项工作达到设定目标所需的基本预算经费数额。

部门单位申请预算首先必须要有依据，这个依据必须是党委、人大或政府的决策事项，在有充分依据前提下，财政支出绩效管理制度重点盯住部门的执行方案，着力关注部门花钱的执行方案的科学性和花钱效果。在这样的预算管理制度机制下，政府的决策和部门的执行有了明晰的区分，在旧有的分配方式下财政针对资金使用效果差的管理努力常常被部门单位转化为“财政部门否定领导决策”的局面能够得到根本性的改变，同时，行政决策后部门单位的执行责任得到了清晰的明确，这一改变对于行政决策、执行与监督三分离的行政管理体制是至关重要的，决策与执行的有效“区分”为落实部门执行责任和强化监督创造了基础性的条件，否则，通过监督来检验和落实部门的执行责任总被部门偷换为“否决领导的决策”而导致目的的落空。

（2）建立财政收入政策绩效管理制度，使财政收费政策和项目的决策与执行也能有效分开。部门通过设计名目繁多的收入项目主要目的就是为了寻租，一方面在支出一头通过财政支出绩效管理落实部门单位执行责任，以“釜底抽薪”方式减轻了部门单位通过设计收费项目进行寻租的利益冲动。另一方面通过建立收入政策绩效管理制度，进一步压缩部门单位进行不合理收费的寻租空间，因为所有的收费项目都是根据一定的收费政策设立的，通过收入政策绩效管理使得那些不必要的、损害社会公众利益的收入项目再也无法得以成为现实。收入政策绩效管理的主要内容是：一是部门单位在确立收费政策和项目时要详细说明其政策依据，政策是由政府决策需要执行落实的还是由部门单位自身提出来的，提出来的依据和考虑必须充分说清楚，让相关利益方有充分的了解和判断；二是部门要对政策的具体要求及执行措施以及收入的使用方向和领域阐述清楚；三是提出收费政策和项目的部门单位提供利益影响方的受影响程度论证；四是定期对施行的收入政策和项目进行评估，对收费政策和项目的绩效做出评判，以判断收入政策和收费项目是否需要继续执行、修正或者停止，从而建立起收费政策决策—政策执行—政策效果反馈的制度机制，实现财政收费政策的规范化和制度化管理，斩断部门通过随意制定收费政策、出台收费项目的利益链条。

2. 以绩效管理的具体实施强化执行部门责任，打破部门寻租的利益链条。在通过绩效管理制度将政府决策与部门执行作出有效区分的基础上，继续通过实施竞争性分配和绩效预算、第三方评价和零基预算等绩效管理改革实施措施，强化部门落实决策的执行责任，通过重点关注部门单位的预算执行的目标和实施方案，使部门从过去的“关注分钱”转变为绩效管理制度下的“关注办事”，把部门主要精力真正转到履行本部门职责上来，从机制上引导政府各部门单位兼顾眼前利益和长远利益，增强为民办事的自我责任感，进而不断解决资金分配和资金使用和政府管理当中存在的各种问题，进一步强化部门为民办事能力，部门单位花钱的责任落实了，花钱办事的能力提升了，资金使用效果得到了提高，获取部门利益的空间也就没有了，部门寻租的利益链条就得到了根本性的打破。具体来讲就是通过绩效管理实现两个目标：一是做有绩效的事，即资金用于所申报项目对社会经济发展是最优的；二是有绩效的做事，即所申报项目的实施计划和能力是最优的。

（1）必要条件的求证。即申请资金的部门单位向财政求证：支出项目是不是法律法规规定的工作任务；实施项目的任务方法是否最先进最有效益的；项目的规模是必需的，是最实用最经济的规模；项目的社会效用目标是基本必须达到的；往年该项目的实施效果是比较好的，专家指出的问题和建议意见得到了吸纳，并据此完善了工作方案。

（2）充分条件的求证。即本单位对本项目的管理条件是具备的，具有充分的保障性；本单位对本项目的人力资源（包括管理团队和技术团队）保证本项目是能够成功的；在整个项目实施过程中会遇到的问题和困难。

在这个基础上，引入第三方专家、人大代表和社会公众进行的财政支出评审，利用专家们的业务知识和经验对部门单位的管理水平进行评价，并且提出中肯到位的改进意见，实际上是利用专家的专业知识帮助部门单位解决科学管理问题，以这种纠错的方式帮助他们提高了管理水平，逐渐形成财政“花钱看效果”的理念，人大、监察、审计和财政等多部门联合对一定数额以上的财政项目进行“全程追效”，彻底落实部门单位花钱责任，从而通过绩效管理从预算编制—预算执行—结果评价的系统性监管，彻底打破原有的基数法预算分配方式，形成科学的财政分配方式，达到提升财政收支监管整体效能。

3. 以信息化手段构建新型监督平台，构建立体监管体系。

（1）以信息化技术整合财政收支管理业务，构建新型监督平台。借助信息化技术手段，构建财政新型监督平台，对现有的较为分散的财政管理业务系统中的数据进行整合，形成数据中心，全面覆盖资金收入、资金申请、资金拨付、资金使用、资金跟踪、绩效管理及评价等业务管理活动，全部的业务管理活动都能够在监督平台上运行和反映，再根据业务管理活动设置监督机制，全面覆盖资金申请、划拨、资金运行以及资金管理等财政管理环节，实现准确、及时、便捷、科学的监督，消除财政收支监管中的“信息孤岛”，为全面提高监管效能创造良好的基础和条件。

（2）以信息化监督平台为载体，对财政收支实现实时全过程监督。通过信息化的财政立体支出监管平台，实现对财政资金运行全方位、多层次的动态监控。监管机制的设计是以信息化技术为支撑，重点是建立以责任为导向的财政收支监管机制，通过监管部门责任的细分和落实，明确各部门、各单位、各团体党政一把手为财政收支业务的第一责任人，并对财政收支中的具体责任进行划分，人大、纪检监察机关重点对责任的落实进行监督，严格问责机制。通过强化“钱责分离”的责任追究机制，落实“谁用钱谁负责”的财政规则，每笔资金与责任紧密相关，实时掌握资金动向，激发用钱单位的自我监督积极性。

财政立体支出监管平台涵盖财政“预算、执行与监督”全过程，对财政资金使用实行全程的在线监督，包括业务上的全流程监督、内容上的全覆盖监督、对象上的立体监督。流程监督上实现财政立体支出监管平台与财政预算管理数据共享，监督涵盖财政资金的预算、下达、执行及绩效评价全过程，形成事前、事中、事后相结合的动态财政监督机制。内容监督要覆盖被监督部门所有的财政性资金、资产和资源，做到不遗漏。对象监督则要求被监督部门各单位之间相互监督，并与外部监督协调配合。要加强国库集中支付力度，建立实时监控、智能预警、监控分析、综合查询等多功能于一体的国库集中支付动态监控体系。同时要通过监督平台引入社会监督作用，通过人大、媒体、公众监督，解决内部监督的盲点问题，形成监督合力。通过立体财政监督对财政支出实现“纵向到底，横向到边”的全方位监管，横向监督主要是监督财政资金的流向，要建立健全财政资金监督制度和内部控制制度，从财政资金预算开始，到财政资金的使用绩效，均要进行跟踪监督，确保“钱、责、事相符合”。纵向监督主要是从岗位职责入手，包括国库、会计核算中心、监督检查、业务部门、领导岗位等，明确不同岗位的职责要求，以制度约束花钱人的行为，促使其按照提高资金绩效的内在要求进行操作，全面压缩其通过收费和财政支出寻租的利益空间。

4. 在立体监督体系下加大制度建设和重点监管活动力度，提升收支监管法治化水平。

（1）建立健全收支监管制度，为提升监管效能提供制度保障。由省人大出台绩效管理、绩效评价以及绩效问责的专门法规规章，使绩效评价和绩效问责有法可依。在强调预算信息公开的基础上，制定专门的制度，对财政收支公开的程序、内容做出明确的规定，使得社会公众了解和掌握财政收支充分的信息，从而为强化财政收支的社会监督创造条件。注重强化财政内部监管制度，建立和完善警示教育制度，预防和及时查处部门违反财政收支监管的行为。制定明确的制度对资源类非税收入利益分成进行规范和约束，并且强化对分成收入的支出监管，从而从制度层面对部门单位的乱收费和乱支出进行约束，打破其通过不规范的财政资金收入和支出所形成的利益链条。

（2）加强收支监管力度，彻底打破收支挂钩的利益链条。强化收入监管力度，继续深化收支两条线改革，实现收支完全脱钩。对涉及教育、交通等行政事业性收费方面，在现实条件下比较难以完全取消情况下，实现全覆盖，杜绝单项预算，在总预算里面安排支出。例如，择校费，要纳入财政收入范围由财政统一分配，真正实现“收支两条线”和“收支脱钩”。

（3）将政府性收入纳入到预算分配中来，将部门利益关进制度的笼子里。详细区分收入类型，把非税收支全部纳入预算，形成对政府性收入的预算监管的全覆盖，对事业单位经营性的收入，要按照事业单位改革的要求，做出专门性的规定。对验证性有行政事业性收费，直接取消不再收费，“还利于民”，让政府及其行使职能的行政事业性单位提供更多的公共服务。

（4）按照全面性原则将政府全部收入纳入收支监管范围。对政府专营性资源、行政事业单位垄断性的收入，要全部实现网上办理、数据全部公开，收入进入国库，参与财政大预算流程。

（5）强化票据监管，压缩部门通过设置收费项目进行权力寻租的利益空间。加强票据的管理和监督，保证票据的合理使用，在财政票据购领、发放、核销、管理等各个环节，都坚持“专人管理、台账登记、限量发放、持证购买、验旧领新、专户储存、不得代开、不准转借”的原则，实行代开财政票据制度，在票据审验环节上加大力度，健全“票据审验——收入上缴——稽查核实”工作流程，有效确保“以票治费”的良好效果。

5. 在政府决策与部门执行有效区分的基础上提升财政收支决策的科学化水平。决策是政府运行的前提和起点，因此，促进决策的科学化水平是提升监管效能的重要内容。

（1）在财政收支决策程序上要引入多方主体参与，解决决策的科学性问题。财政收支政策和项目的决策不仅要论证可行性，同时也要论证不可行性。在决策的形成过程中充分发扬民主，建立社会团体、科研机构、社会公众广泛参与机制，多途径、多渠道的疏通民意表达管道，建立最少反对票机制，以长期听取、征求民意作为决策基础，提升决策的科学性。

（2）充分利用现代网络技术，狠抓网上办事流程，通过扁平化管理，建立科学的行政部门管理机制，实现“制度管人，流程管事”，解决行政部门时常闻到财政资金“鱼腥”的难题。以决策信息多元化打破部门利益导向的报告制决策机制，实现决策科学化。在深化行政管理体制改革中，大力推动决策信息多元化，借助社会研究咨询机构以及民智和民力为促进社会发展和解决民生问题提供强有力的思想、理论和智慧，形成重要公共政策由研究机构和社会咨询机构草拟、社会咨询、政府提交人大审批的民主路径，涉及重大民生问题，研究机构和社会咨询机构组织应充分调查研究，针对不同的权益主体对政策实施的态度做分析，包括民意的成因、走向、风险、结果、对策的分析，提出解决问题的方案，供政府决策参考。

（3）科学的机制提升政府决策的科学化水平，使政府的财政收支决策充分考虑老百姓的需求。在决策民生工程时，切实从“政府配餐”转变为“群众点菜”，扩大民主、尊重民意，依靠群众，发扬民主，尊重人民群众的主体地位，拓展人民群众参与政府决策的广度和深度，真正按照群众的要求来决定办什么、怎样办，确保民生工程成为人民群众满意的民心工程。大力借助决策专家咨询委员会等社会力量，改变政府决策单一依赖部门意见的局面，从决策机制上彻底打破部门以报告形式获取和巩固自身的利益的内在机制和链条。

6. 在监管法治化和科学化基础上加强人大监督，引入社会监督力量，提升收支监管民主化水平。财政收支政策的制定和项目的设定，事关社会公众的权利和利益，在强化政府和财政内部监督的同时，需要引入人大监督和社会监督力量，提升财政收支监管的民主化水平，进一步推动财政收支监管体制改革和制度落实，倒逼行政管理体制改革。

（1）强化人大监督，杜绝不合理的项目预算和预算金额追加，提升预算执行的刚性力度。首先要引入人大监督强化对预算追加的监管力度，提高预算追加的门槛和条件，对符合四个以下标准之一的项目方能追加：一是用于不可预见的突发性事件；二是本级政府或上级政府部门临时下达的任务或要求预算追加支出项目；三是省委省政府最高决策机构为解决紧迫性问题所作出的决策事项；四是涉及全省重大社会治安和安全问题的事项的追加支出。如果不符合上述条件，必须先经过省人大财经委审核通过才能进入追加申请程序。其次，要引入人大监督强化对已经立项项目的预算调整的监管力度。对于项目调整和追加预算的，部门单位要先向财政部门申请，对调整预算的合理性做出解释和论证，如果没有合理的调整理由，必须经过人大再次审核批准才能进行调整。对于追加项目和项目调整预算的支出建立重点绩效评价机制，追加项目完成后，由追加项目部门填写预算追加支出项目绩效自评报告送财政部门，财政部门组织相关专家或委托中介机构，对追加项目开展绩效评价，形成绩效评估报告报省政府，并抄送省人大、省政协、监察和审计部门。从而从制度和责任机制上使本意绕过正常部门预算的部门单位增加压力和责任，逼使其不敢随意提出追加和调整预算，从而提升预算对部门支出的约束力度和严肃性。

（2）在财政收支的决策、执行及效果评价上引入社会公众评价，进一步打破部门固化利益格局，实现决策和执行阳光化。创建管道，在改善民生和社会建设中的财政收支中建立为民办事问民意的机制，充分利用网络、媒体等多样化载体听取民意，以“群众需不需要、满不满意和高不高兴”为标准，大力推行财政收支信息公开和阳光预算等，广泛动员社会各界参与监督提升监督的民主化水平，从而明确政府责任，进一步推动政府决策科学化，落实部门执行责任，提高改善民生的效果，实现“群众幸福群众做主”，使老百姓从政府通过财政收支改善民生的努力中获得幸福感。

第九部分

财政机构人员

2012年省财政厅机构变动情况

根据省编委2012年5月14日《关于我省公务用车管理职责调整等问题的通知》（粤机编〔2012〕8号），省纪委（监察厅）小汽车定编室（省小汽车定编办公室）成建制划转到省财政厅，并更名为公务用车管理处。

2012年省财政厅机关及所属单位领导名单

一、厅级干部

党组书记、厅长：曾志权
党组成员、驻厅纪检组长、监察专员：邓桂明
党组成员、副厅长：欧　斌
党组成员、副厅长：沈梅红
党组成员、副厅长：郑贤操
党组成员、副厅长、厅直属机关党委书记：戴运龙
党组成员、副厅长：林楚欣

二、厅机关各处室及厅直属行政机构主要领导

（一）办公室

主　任：钟　炜
副主任：邹善杰（兼）　胡建斌（兼）　黄志坚　鲁锦锋

（二）法规税政处

处　长：胡建斌
副处长：宋俊华

（三）预算处

处　长：叶梅芬
副处长：冯宝璇　罗　睿

（四）地方财政处

处　长：姚　露
副处长：刘华伟

（五）国库处

处　长：钟　凯
副处长：戴穗生（兼）　杨　娟

（六）综合处

处　长：张仿松
副处长：刘付杰　李树林

（七）行政政法处

处　长：孙祖通
副处长：李广文　穆慧姝

（八）教科文处

处　长：邹清莲
副处长：袁　庆　饶伟强

（九）工贸发展处

处　长：肖红梅
副处长：陈瑞雄　余玩冰

（十）农业处

处　长：肖映波
副处长：施映民　范小花

（十一）经济建设处

处　长：朱莉萍
副处长：詹俊青　杨新枝

（十二）社会保障处（与广东省社会保险基金财政管理办公室合署）

处　长：苏凤玲
副处长：陈锡荣
广东省社会保险基金财政管理办公室主任：刘小聪
广东省社会保险基金财政管理办公室副主任：陈蔚兰

（十三）外经金融处

处　长：周修群
副处长：彭钿基　卢　丹

（十四）会计处

处　长：卢小娟
副处长：李柏生（兼）　古小丽　陈胜文

（十五）绩效评价处

处　长：林　华
副处长：汤如武　吴小林

（十六）行政事业资产管理处

处　长：云　峰
副处长：林树发　彭　琳

（十七）农业综合开发办公室

主　任：翟登军
副主任：朱学荣　张毓斌

（十八）农村财务管理处

处　长：何谢带
副处长：刘瑞麟　夏　清

（十九）政府采购监管处

处　长：蒋育燕
副处长：罗德富　张　锐

（二十）公务用车管理处

副处长（主持全面工作）：贺黎阳

（二十一）监督检查局

局　长：吴金华
副局长：谢　慈　郑定标

（二十二）人事教育处

处　长：洪清阳
副处长：曹远潮　张　槟

（二十三）机关党委办公室

主　任：洪清阳（兼）
副主任：曾小红

（二十四）省纪委、省监察厅派驻厅纪检组、监察室

纪检组副组长、监察室主任：张穗汉
监察室副主任：邱立新

（二十五）离退休人员服务处

处　长：缪东山
副处长：柳捍国

（二十六）国库支付局

局　长：戴穗生
副局长：康颖朝　陈　苹　刘云梅　张景涛

（二十七）国际金融组织债务管理办公室（广东省世界银行贷款业务办公室）

主　任：郑亚吉
副主任：曹玉英　刘　捷

三、厅属各单位领导

（一）省直行政事业单位物业管理中心

副主任（主持全面工作）：江振河
副主任：谭捍卫

（二）投资审核中心

主　任：邝　慧
副主任：蓝　波

（三）票据监管中心

主　任：宁攻坚
副主任：李小玲

（四）省农业综合开发评估中心

主　任：郭　为

（五）政务服务中心

主　任：邹善杰
副主任：古志东　许桃初

（六）省财政信息中心

主　任：刘雄威
副主任：李建业　姚　敏

（七）省财政科学研究所

所　长：黎旭东
副所长：谭煜筹　陈坤城

（八）省会计函授职业技术学校

校　长：李柏生
副校长：黄腾达

（九）省注册会计师协会

秘书长：丁跃文
副秘书长：李楚雄　葛　芸　陈桓考　何国斌

（九）省资产评估协会

秘书长：黄　山

（十）省财政职业技术学校

校　长：张新华
副校长：林　斌　张贤基

2012年各地级以上市财政局（委）领导名单

一、广州市

党委书记、局长：袁锦霞
副局长：吴国伟　谭曼青　段彩英　朱建华
　　　　梁少婷　颜　强
纪委书记：杨新来

二、深圳市财政委员会

党组书记、主任：乔家华
兼任党组成员、副主任：钱　勇（市地税局党组书记、局长）
党组成员、副主任：伍秀琼　汤暑葵　张福通
　　　　黄亦平　王虎善
党组成员、机关党委书记：刘友亮

三、珠海市

党组书记、局长：周　昌
党组成员、副局长：黎达强　李九泉　陈　刚
总会计师：袁凌云
党组成员、纪检组长：黄　峻
党组成员、支付中心主任：何富仔
党组成员、投审中心主任：曾　涓

四、汕头市

党组书记、局长：林毅荣
党组成员、副局长：黄业龙　卢永健　李　宁
　　　　林晓曈
党组成员、纪检组长：许文颖
党组成员、总会计师：张　磊

五、佛山市

党组书记、局长：黄福洪
党组成员、副局长：蔡慧珑　钟永平　伍志强
副局长：蔡　伟
党组成员、纪检组长：黄建明

六、韶关市

党组书记、局长：林嘉（2012年9月免职）
党组副书记、调研员：何新云（2012年9月免职）
党组书记、局长：孙江平（2012年9月任职）
党组成员、副局长：胡敏倩
党组成员、纪检组长：陈树川（2012年8月兼任副局长）
党组成员、副局长：谢运洪　胡列峰
党组成员、纪检组长：张　毅（2012年11月任职）
党组成员、总会计师：肖少康

七、河源市

市政协副主席、市财政局党组书记、局长：梁国华
党组成员、副局长：温文忠（正处级，2012 年 7 月任职） 诸鸿伟（2012 年 7 月任职） 贺新彬 何仕军 冯永康（2012 年 6 月免职） 郭剑玮（2012 年 7 月任职）
党组成员、纪检组长：欧阳克念
党组成员、总经济师：何忠良
党组成员、市财政局派驻市高新技术开发区管理委员会财务总监：李桂生（2012 年 7 月任职）

八、梅州市

党组书记、局长：李 钢
党组副书记、副局长：丘燕玲
党组成员、副局长：邓国良（正处级） 古惠常 卓小玫 王新奕
党组成员、纪检组长：蓝天良
党组成员、市世行办主任：魏仲权

九、惠州市

党组书记、局长：游水生
党组成员、副局长：李政良 陈国煌 陈雪梅 谢开亮
党组成员、纪检组长：廖升安

十、汕尾市

党组书记、局长：黄 聪
党组成员、副局长：陈兴初 赵小川 林海生
党组成员、纪检组长：吴堂煜

十一、东莞市

党组书记、局长：罗军文
党组成员、副局长：陈锐康 王锐江 李长福 谢 涛 陈志标 何日亮（挂职）
党组成员、会计核算中心主任：王 标
党组成员、纪检组长：莫桂冰

十二、中山市

党组书记、局长：黄国庆
市政协副主席、副局长：吴竹科
党组成员、纪检组长：袁凯斌
党组成员、副局长：林 东（2012 年 3 月免职） 黄健华 顾竹林 梁志军（党组成员任职起止时间为 2012 年 1～12 月；总会计师任职起止时间为 2012 年 1～8 月；副局长任职起止时间为 2012 年 8～12 月）
局党组成员、非税办主任：黄玉珊

十三、江门市

党组书记、局长：马跃敏
党组成员、纪检组长：谢兆启
党组成员、副局长：梁炎浓 汤惠红 李健斌
党组成员、总会计师：梁山涛
副局长：胡其波（挂职）

十四、阳江市

党组副书记、局长：蔡德威（2012 年 2 月免职）
党组副书记、局长：梁 文（2012 年 2 月任职）
党组书记：谢英杰
党组成员、副局长：张建社（2012 年 2 月免职） 冯秀恳 陈小敏 宋培安（2013 年 1 月免职） 谭世健

党组成员、纪检组长：张小兰

十五、湛江市

党组书记、局长：林海武
党组成员、副局长：庞彩虹　李　光　张蔚蓝
　　　　　　　　　王　区
党组成员、纪检组长：孙黄洲

十六、茂名市

党组书记、局长：李小迪（2012 年 2 月免职）
党组书记、局长：黄从南（2012 年 3 月任职）
党组副书记、副局长、调研员：杨德贤（2012 年 8 月免职）
党组成员、副局长、调研员：张龙衍
党组成员、副局长：吴海强（2012 年 7 月任职）
党组成员、纪检组长：麦俊球
党组成员、副调研员：邓华顺　钟扬芬

十七、肇庆市

党组书记、局长：江军洲
党组成员、局机关党委书记：刘小良
党组成员、调研员：唐建明（2012 年 2 月免党组成员、2012 年 3 月免副局长）
党组成员、副局长：钟国祥　陈　亮
党组成员、市纪委派驻市财政局纪检组组长：毛祖武
党组成员、副局长：朱景亮
党组成员、局机关党委副书记、纪委书记：麦伟刚
党组成员、总经济师：赵少芬
党组成员、副局长：黄文生（2012 年 3 月任职）
党组成员、副调研员：黎尚华（2012 年 12 月任职）

十八、清远市

党组书记、局长：钟鸿辉
党组副书记、副局长：朱昭斌
党组成员、副局长：罗良品　王　洁　杨日举
副局长：邵　军
党组成员、纪检组长：唐先明
党组成员、市公共资产管理中心主任：罗伟民
党组成员、市住房公积金管理中心主任：肖　宁

十九、潮州市

党组书记、局长：林景雄
党组成员、调研员：苏岳良
党组成员、副局长：刘燕君　陈章发　邢玉荣
　　　　　　　　　佘维昭

二十、揭阳市

党组书记、局长：詹汉池（2012 年 12 月免职）
党组副书记、局长：詹汉池（2012 年 12 月任职）
党组书记、副局长：江林生（2012 年 12 月任职）
党组副书记、副局长：方海宏
党组成员、副局长：陈若波　洪创基（2012 年 12 月免职）
党组成员、纪检组长：陈少雄
党组成员、副调研员：王耿明

二十一、云浮市

党组书记、局长：谢月浩
党组成员、副局长：刘洁洲
党组成员、纪检组长：陈华坚
党组成员、副局长：魏荣新　叶章森　林淑仪

2012年各市、县、区财政局领导名单

一、广州市

（一）越秀区财政局

党委书记：梁淑宁
局　长：徐卉瑜
副局长：陈伟雄　廖敏之　唐小梅

（二）海珠区财政局

局　长：张日麟
副局长：张慧英　谢　强　黄治平

（三）荔湾区财政局

副书记、局长：彭爱玲
书记：刘春梅
副局长：谢彦校　何　敏　雷志文

（四）天河区财政局

党组书记、局长：陈树军
副局长：黎文涛　曾莉嫦　张　敏

（五）白云区财政局

党委书记、局长：张坤艳
党委副书记、纪委书记：何　伟
副局长：罗　同　周沛林

（六）黄埔区财政局

局　长：陈红燕
党委书记：黄　俊
副局长：邓国锋　赵瑞元
结算中心主任：徐家科

（七）花都区财政局

党委书记、局长：潘宪泳
党委副书记：任俊东
副局长：李一霖　吴　丹
纪委书记：练玉光
局党委委员：梁达信

（八）番禺区财政局

局　长：卢永青
副局长：周健民　陈志明　郭剑光

（九）南沙区财政局

局　长：曾燕萍
副局长：蒋建军　卢　翦　吕丹雄
纪检组长：卢二成

（十）广州开发区、萝岗区财政局

局　长：江　洲
副局长：陈俩国　梁玉军　何练红
纪检组长：刘光如

（十一）从化市财政局

党支部书记、局长：潘锦峰
副局长：黎伟洲　何耀源　朱翼红
纪检组长：黄镜标

（十二）增城市财政局

局　长：毛敢良
党委书记：陈志成
副局长：范　辉
纪委书记：叶润林

二、深圳市

（一）福田区财政局

局　长：李健盛
副局长：叶有励　刘红非　潘晓文

（二）罗湖区财政局

局　长：罗战忠
副局长：彭世平　黄志红　丘宇辉

（三）南山区财政局

局　长：江宁鹏
副局长：吴伟军　马键珍　温靖宇（2012年6月免职）

（四）盐田区财政局

局　长：莫熙玲
副局长：张秋娴（2012年4月免职）　毋晓敏
　　　　谢彦红　陈静（2012年6月任职）

（五）宝安区财政局

局　长：查红俐
副局长：翁保荣　王映芬　林　戈　王　玮

（六）龙岗区财政局

局　长：肖建军
副局长：杨俊奇　杨建忠　彭爱民　杨　艳

（七）光明新区发展和财政局

局　长：王湘闽
副局长：麦耀明　谭红霞　高　亮

（八）坪山新区发展和财政局

局　长：张宗武
副局长：王　晋　黄泽文

（九）龙华新区发展和财政局

局　长：浦文浩
副局长：曾文峰　费晓愈

（十）大鹏新区发展和财政局

局　长：孙红明
副局长：杨　涛　冯　军

三、珠海市

（一）香洲区财政局

局　长：潘群娣
副局长：杨素芬　黎希健　李晓伟　陈友元

（二）斗门区财政局

局　长：吴坤荣　钟伟源
副局长：陈长球　赵买祥　吴国华

（三）金湾区财政局

局　长：欧阳水平
副局长：李健明　宋　芬　马　玲

（四）高新区财政局

局　长：王　璐
副局长：姚　华

（五）高栏港区财政局

局　长：陈少忠
副局长：黄慧媚　何怀玉　鄢智敏

（六）万山区财政局

局　长：梁小雄
副局长：江炳高

（七）保税区财政局

局　长：林卫红

（八）横琴新区财金事务局

局　长：阎　武
副局长：池腾辉　赵国沛　赵　芳

四、汕头市

（一）金平区财政局

局　长：汤华新
副局长：张　宏　王　淳　袁盛辉

（二）龙湖区财政局

局　长：郑伟光
副局长：蔡俊鸿　谢玉泉　张　越

（三）濠江区财政局

党组书记、局长：陈昌熊
党组成员、副局长：詹泽鹏　陈光杰

（四）潮阳区财政局

党组书记、局长：郑文伟
党组成员、副局长：蔡文华　邱建瑞　翁健璇　郑创平
党组成员、纪检组长：张文英
党组成员：侯洪锋

（五）潮南区财政局

党组书记、局长：吴茂财
党组副书记、副局长：葛镇炎
党组成员、副局长：张林财　陈焕基

（六）澄海区财政局

局长：叶逸群　陈志雄　王睦雄　蔡懿祥　王汉辉

（七）南澳县财政局

党组书记、局长：章旭光
党组成员、副局长：柯鹏城　吴彬市　章俊峰
党组成员：黄卓伟

五、佛山市

（一）禅城区财政局

副区长，局长：乔　羽
党组副书记、常务副局长：吴　华
常务副局长、总会计师：许雪蘅
党组成员、常务副局长：莫海勇
党组成员、纪检组长：贺洪涛
副局长：李源章
党组成员、副局长：唐威景　陈先鸿
党组成员、纪检组副组长：王建祥

（二）南海区财政局

区长助理，党组书记、常务副局长：江启强
党组成员、副局长：陈胜安　崔永诗　孔月娥　韦伴玲
党组成员、纪检组长：李孔健

（三）顺德区财税局

区政务委员、党委书记、局长：关世良
党委副书记、常务副局长：梁学文　陈炳宜
党委委员、副局长：黎辉雄　周冬生　刘红文　劳伟源　苏伟林　陈国雄　李锦添
党委委员、纪检组长：潘丽卿

（四）高明区财政局

副区长，局党组书记、局长：黄志明
局党组副书记、常务副局长：蒋　卫
局党组成员、常务副局长：李宝辉
局党组成员、纪检组长：谭希杰
局党组成员、副局长：程双喜　练明娇

（五）三水区财政局

区政务委员，局长、党组书记：彭建国
局党组副书记、常务副局长：蔡日棠
局党组成员、副局长：钱静瑜
局党组成员、纪检组长：梁悦雅
局党组成员、机关党委书记：宗仕强

六、韶关市

（一）浈江区财政局

局长：张玉花
副局长：肖　伟　周　斌　黄远花

（二）武江区财政局

局长：陈雪延
副局长：李新科　华新凤　周建雄

（三）曲江区财政局

党组书记、局长：张以荣
党组副书记、副局长：吴东华
党组成员、副局长：林春花　吴远清

（四）南雄市财政局

局长：袁元桃
党组书记：张海林
纪检组长：曾冠华
副局长：邱隆全　杨建雄　马新路
工会主席：王功林
总会计师：张成林

（五）乐昌市财政局

党组书记、局长：湛常春
党组成员、副局长：陈志雄　林永红　彭荣华

（六）仁化县财政局

局长：叶伟光
副局长：赖海光　周群信　李庆明

（七）始兴县财政局

局长：汤爱亮
副局长：卢少英　刘达然　陈社好

（八）翁源县财政局

局长：叶有昌
副局长：冯　炬　沈鹏飞　肖春兰

（九）新丰县财政局

党组书记、局长：胡志彬
党组成员、副局长：陈旭日　吕松媚　陈参恒
党组成员：赵葵花

（十）乳源瑶族自治县

局长：禤继文
副局长：何　娟　李智军　盘良叁

七、河源市

（一）源城区财政局

党组书记、局长：刘小平
党组副书记：林树培
党组书记、副局长：叶丽华（2012 年 4 月任职）
杨伟忠
党组成员：刘碧青
党组成员、财务总监：李可才（2012 年 7 月任职）
党组成员：邬爱平（2012 年 4 月任职）
曾仕传（2012 年 4 月任职）
党组成员、系统工会主席：吴小珍（2012 年 9 月任职）

（二）东源县财政局

县政协副主席、党组书记、局长：许小强
党组副书记、纪检监察组长：杨　波
党组成员、系统党委副书记：钟胜辉
党组成员、副局长：张桂平　朱志青　廖三妹
党组书记、系统党委副书记：刘伟光（2012 年 6 月任职）

（三）龙川县财政局

局　长：卢洪元
副局长：杨洪德　邹思伟　邬消强
工会主席：冯坤

（四）紫金县财政局

党组书记、局长：龚子岳（2012 年 1 月任职）
党组副书记、副局长：戴小洪　彭定山
党组成员、副局长：黄岳基（2012 年 8 月任职）
张利华（2012 年 8 月任职）

党组成员：钟国平（2012年8月任职）
党组成员、纪检组长：刁国文（2012年8月任职）

（五）连平县财政局

党组书记、局长、财税线党委书记：唐锦明
党组副书记：黄康心
党组成员、副局长：熊丰见　黄维清　郑志强
党组成员、财税线副书记：谢智良
党组成员、纪检组长：张楚彬
党组成员：黄伟均　吴忠强
党组成员、财税线纪委书记：佘建辉
党组成员：卓亚山　胡家道（2012年12月任职）

（六）和平县财政局

局　长：陈仕华
党组副书记：罗春生
副局长：陈仕相　骆周俊　廖春林（2012年1月任职）
叶格达（2012年1月任职）
纪检组长：曾石冲
财务总监：林日雨（2012年1月任职）
党组成员：朱小瑜（2012年1月任职）

八、梅州市

（一）梅江区财政局

局　长：范文辉
系统党委书记：翁学勤
副局长：黄立明　孙　蔚
财税系统党委副书记：叶　俊
副局长：饶　锐

（二）兴宁市财政局

局长：刘小炎
党组副书记：肖小思
副局长：张永坚　刘海波　罗　镁
纪检组长：肖福辉
工会主席：张展岑

（三）梅县财政局

局长：张志峰
副局长：杨坤芳　刘火云　梁志英　李华新
纪检组长：肖　梅
党组成员：谢岳辉　吴淦泉　罗文兴

（四）平远县财政局

局长：韩　旭
副局长：马名远　姚　玲　凌曼红
纪检组长：曾　平

（五）蕉岭县财政局

局长：黄　东
副局长：黄伟忠　林小琼
农财办主任：林峰明

（六）大埔县财政局

局长：黄敬春
副局长：刘志达　刘广明　刘建成
纪检组长：胡振奋

（七）丰顺县财政局

局长：罗卫标
副局长：杨家业　冯建忠　蔡少灏
纪检组长：李百桓

（八）五华县财政局

党组书记、局长：张　裕
副局长：陈清龄　朱建芳　古振常
纪检组长：曾胜良

九、惠州市

（一）惠城区财政局

党组书记、局长：王崎峰
副局长：刘佩斯　林伟群　黄文辉　马建安
纪检组长：蔡志权

（二）惠阳区财政局

局长：曾国华
专职副书记：许红利
副局长：罗建明　杨文峰　黄文胜
纪检组长：周秀霞

（三）惠东县财政局

局长：林汉琴
副局长：黄伟坚　陈玉强　邱少伟　李勇城

（四）博罗县财政局

局长：李满海
副局长：王贵光　王天树　陈可　曾文华　陈小飙
党委专职副书记：张馨燕
纪检组长：邹东平
总会计师：丁永光

（五）龙门县财政局

局长：黄碧炎
副局长：李秀林　廖敏贤　黄碧浪

（六）大亚湾区财政局

局长：黄伟强
副局长：何艳军　阙光虎　何隽环
纪检组长：戴　凡

（七）仲恺区财政局

局长：刘子尧
副局长：陈镇坤　叶　杨
纪检组长：游水源

十、汕尾市

（一）市城区财政局

局长：吕丰民
副局长：刘贵文（女）　蔡奋雄

（二）海丰县财政局

局长：林国义
副局长：林建秀　刘　宁　林瑞清

（三）陆河县财政局

局长：叶杰雄
副局长：彭伟通

（四）华侨区财政局

局长：舒　怀
副局长：彭家岸　庄少勇

（五）红海湾财政局

局长：颜常青
副局长：马秋萍　陈洪

（六）陆丰市财政局

局长：郑振强
副局长：林一纲　李汉涛　李成容

十一、东莞市（略）

十二、中山市（略）

十三、江门市

（一）蓬江区财政局

局　长：廖炳华
书　记：苏炳裕
副局长：劳汝钊　叶春兰　雷锦暖　谢栋华
纪检组长：司徒民强
总会计师：冯敏欢

（二）江海区财政局

党组书记、局长、资产办主任：吴俊勇
党组成员、副局长、主任科员：赵英梅
党组成员、副局长、资产办副主任：徐明强
党组成员、副局长：梁玉梅
党组成员、纪检组长：邓北江

（三）新会区财政局

局　长、副书记、公资办主任：李俊杰

书　记：郑根长
党组成员、副局长：陈健敏　叶　文　肖思强
党组成员、纪检组长：许建平
党组成员、公资办副主任：李欣源
党组成员、非税分局局长：梁鸿华
总会计师：汤达强

（四）台山市财政局

党组书记、局长：雷国斌
党组副书记、副局长：钟仲豪
党组成员、副局长：冯剑波　赵智健　颜运龙
党组成员、纪检组长：颜伟聪
总会计师：赵增良

（五）开平市财政局

党组书记、局长：熊天恩
党组副书记、资产办主任：谭贤富
党组成员、副局长：张瑞球　林培进　张伟赞
党组成员、纪检组长：杨素华
党组成员、资产办副主任：吴顺庭　周翠杏
党组成员、总会计师：王伟雄

（六）鹤山市财政局

党组书记、局长：崔常平
党组成员、资产办主任：吕海鹰
党组成员、副局长、纪检组长：施劲彤
党组成员、副局长：李家杰　刘　斐
党组成员、主任科员：冯小岩

（七）恩平市财政局

党组书记、局长：岑儒确
党组成员、副局长：林河芬　吴伟锋　卢土庆
党组成员、纪检组长：郑奕欣
党组成员、总会计师：冯庭芳

十四、阳江市

（一）阳春市财政局

局长：黄洪格
党组书记：陈少明
党组副书记：吴茂郊
副局长：李　健　钟　毅　叶　雨

（二）阳东县财政局

局长：黄华冠
副局长：周江帆（2012 年 3 月任职）
副局长：卢慧敏　钟德伟　阮永春　梁永东

（三）阳西县财政局

局　长、党组副书记：谭厚保
党组书记、副局长：李孟新
副局长：黄光娇　张　海　陈永光（2012 年 7 月任职）　梁正敢

（四）江城区财政局

局　长：阮　敏
副局长：雷法恩　关　永　林进允　林志雄　何文海（2012 年 12 月任职）　黄志东

（五）海陵区财政局

局　长：冯兆绘（2012 年 7 月免职）
党支部书记：曾　达
副局长：杨计多　钟健文（2012 年 12 月任职）　程振挺

（六）高新区财政局

局　长：曾练豪
副局长：陈志权
副局长：林景周　曾献明

十五、湛江市

（一）赤坎区财政局

局　长：李　雄
副局长、主任科员：曾剑鸣
副局长：郭永欢　梁　俭

（二）霞山区财政局

局　长：龙日图
副局长：李巨波
副局长、纪检组长：何义明
副局长：麦健华

（三）开发区财政局

局　长：邹志嫣
副局长：唐国华　郑毅芳

（四）麻章区财政局

局　长：李　曜
副局长：杨　奇　吕珠明　吕红波

（五）坡头区财政局

局　长：林茂粒
副局长：钟日南　莫志斌　郑建辉
纪检组长：招祥义

（六）吴川市财政局

局　长：龚启图
副局长：易东生
纪委书记：黄永强
副局长：詹伟雄　李永华　曾观胜

（七）廉江市财政局

局　长：江维峰
副局长：颜海涛
副局长、纪检组长：罗　柏
副局长：潘　立
党组成员、收费中心主任：陈　聪
党组成员、预算股股长：李伟崇

（八）雷州市财政局

局　长：吴　玉
副局长：邓兴球　莫颂军　苏兄　李智华
纪检书记：官锦程

（九）徐闻县财政局

局　长：吴宗燕
副局长：刘　盈　符　坚　符　珍　张安典

（十）遂溪县财政局

县政协副主席、局长：周　宝
副局长：朱家燕　罗　益　黄文汉

十六、茂名市

（一）茂南区财政局

区政协副主席，财政局党组书记、局长：杨康权
副局长：曾　扬（2012年7月免职）
党组成员、副局长：柯业涌（主任科员）　谭国立　罗　龙
党组副书记：朱国华
党组成员、总会计师：黄剑铭
党组成员：张燕芬（副主任科员）　董伟钊

（二）茂港区财政局

局长：谢　越
党组成员、副局长：杨裕全　陈径天
党组成员、副书记：周建明
党组成员、副主任科员：邓小扬

（三）信宜市财政局

党组书记、局长：何　江
党组成员、副局长：张　海　罗魏冰　原喜怀
党组副书记：吕澜业
党组成员、纪检组长：冯广胜
党组成员、总会计师：李荣海（2012年10月任职）
党组成员：陈光松（2012年10月任职）

（四）高州市财政局

党组书记、局长：杨润星
党组成员、副局长：甘　钊　余苏松　黄　颖
副局长：邓振杰
党组成员、纪检组长：曾焕志
党组成员：刘瑞　傅志昂　钟建亮

（五）化州市财政局

党组书记、局长：李　雅
党组成员、副局长：郑建伟　李学周（2012 年 2 月改为非领导职务）　吴　龙（2012 年 7 月免职）　卢一鹏　王丹　陈　武（2012 年 1 月任职）
党组副书记：王信志
党组成员、纪检组长：朱秀华（2012 年 2 月免职）
党组成员：李盛芳　吴伟亮

（六）电白县财政局

县政府党组成员、局党组书记、局长：田业海（2012 年 8 月免职）
党组成员、副局长：陈　勇（2012 年 9 月免职）　李国焕　潘土金　吴伟华　崔雄斌（2012 年 9 月任职）
党组副书记：黄红源
党组副书记、县国资办主任：陈志民（2012 年 3 月任职）
党组成员、总经济师：周　宁（2012 年 1 月任职）
党组成员、总会计师：陈经杰（2012 年 1 月任职）
党组成员、主任科员：张帝保
党组成员、副主任科员：张　田　邓　光　林　尧
党组成员：周炳豪

十七、肇庆市

（一）端州区财政局

区人大常委会副主任、党组书记、局长：郑智超
副局长：赵万金
党组成员、副局长：张国安　李培杰
党组成员、区政府性资产管理中心副主任：卓　越
党组成员、监察室主任、办公室主任：李　民

（二）鼎湖区财政局

党支部书记、局长：谢东权
党支部委员、副局长：卢振亮　陈立据　梁东夷
党支部副书记：葛晓玲

（三）肇庆高新区财政局

党组书记、局长：邝俊民
党组成员、副局长：陈　德　冼美群

（四）高要市财政局

党组书记、局长、国资委主任：李国华
党委书记、党组成员：李小玉
党组成员、副局长：陈智伟
党组成员、副局长、城建中心主任（正局级）：谢海明
党组成员、副局长：张　涛
党组成员、国资委副主任（正局级）：赖广华
副局长（挂任）：谭啟伦
党组成员、党委副书记、纪委书记、纪检组长：容海华

（五）四会市财政局

局　长：何旭辉
党委书记、副局长：冯镜棠
副局长：梁　明
党委副书记：赵强辉
总会计师：冼一兵
副局长：欧沛荣
党委委员：卢伟文
副局长：卢继业
党委副书记：黄志坚

（六）广宁县财政局

局　长：王成金
党委书记：潘岐华
党委副书记、纪委书记：叶宗银
党委副书记、工会主席：陈家泉
副局长：卢松文　祝继红　黄　捷

（七）德庆县财政局

党组书记、局长：杨海燕
财金系统党委书记、党组副书记：江军球
党组成员、副局长：何汉标　徐燕文　冼业权　邓　云
财金系统党委副书记、党组成员：聂继安

党组副书记：黄志坤
党组成员、公共资产管理中心主任：岑锐强
党组成员、悦城分局局长：陈世良

（八）封开县财政局

党组书记、局长：李荣茂
党组成员、副局长：苏金荣　孔　坚
党组成员、工会主席：李明洪
党组成员：吴喜雄

（九）怀集县财政局

局　长：廖群咏
党委书记：李　敏
副局长：陈剑锋　岑金兴　盘卫平
党委副书记：林兴家
党委副书记、纪委书记：黄锋庆
总经济师：邓志坚

十八、清远市

（一）开发区财政局（市级设立区域）

局　长：罗钦辉
副局长：罗阳柱

（二）英德市财政局

局　长：谢卫坚
副局长：何久航　吴亮明　吴基丽　何树林
纪检组长：刘学军

（三）连州市财政局

局　长：黎春宜
副局长：周春艳　陈春宁

（四）清城区财政局

局　长：练桂华
副局长：黎　力　黄翠珊　林志伟

（五）佛冈县财政局

局长：冯庆洲
副局长：罗　杰　黄建中　谭庆忠
纪检组长：梁浩锋

（六）清新县财政局

局长：陈永常
副局长：罗永康　陈映徽　江聪慧

（七）阳山县财政局

局　长：王　建
副局长：邹小玲　谭雄辉　丘国庆

（八）连南瑶族自治县财政局

局长：黎钟罗
副局长：李　洪　盘振云　邵卫勇

（九）连山壮族瑶族自治县财政局

局　长：张伟平
副局长：黄志光　甘海燕　陈文坚

十九、潮州市

（一）潮安县财政局

局　长：苏锡伟
副局长：林建安　雷佩霞　刘从礼

（二）饶平县财政局

局　长：黄潮才
副局长：黄实得　黄学鑫　黄惠敏

（三）湘桥区财政局

局　长：马晓斌
副局长：洪永标　吴长青　何创光

（四）枫溪区财政局

局　长：廖永创
副局长：陈林英　江慧群

二十、揭阳市

（一）榕城区财政局

局　长：黄济勇
副局长：魏伟祥　林奕彬　郭东升
纪检组长：黄鸿飞

（二）普宁市财政局

局　长：林杰丹
副局长：李秋琼　王础鹏　吴粤林
纪检组长：陈国盛

（三）揭东县财政局

局　长：陈豪杰
党组书记：洪培藩
副局长：黄冀生　章合武　卢伟彬　孙洁辉
纪检组长：谢壮松

（四）揭西县财政局

党组书记、局长：邱旭辉
党组成员、副局长：陈国富　黄建群　李俊强
副局长：蔡育群
党组成员、纪检组长：李凤权

（五）惠来县财政局

局　长：吴俊平
副局长：欧阳周　朱　晓　方汉文　施惠芳
纪检组长：蔡场龙

（六）东山区（市批准设立）财政局

局　长：杨劲华
副局长：涂德建　郑旭峰

（七）试验区（市批准设立）财政局

局　长：魏炳江
副局长：洪亮春　林志鸿　黄可彬　林丽明

（八）普宁侨区（市批准设立）财政局

局　长：蔡如龙
副局长：黄坤松

（九）大南山侨区（市批准设立）财政局

局　长：钟　国
副局长：黄明来　郑健彬

（十）高新区（市批准设立）财政局

局　长：郑旭山

二十一、云浮市

（一）云城区财政局

局　长：廖文华
区财税系统党委书记：万远宁
副局长：梁桂友　梁　明　曹国强
区财税系统党委专职副书记：余金培
总会计师：钟爱华

（二）罗定市财政局

党组书记、局长：李　军
党组副书记、支部书记：尹荣灿
党组成员、副局长：陈　成　谭炳权　区淑芝　梁敏嫦

（三）新兴县财政局

党组书记、局长：黄定昌
党组副书记：何之宏
党组成员、副局长：黎卓民　麦锦雄　麦树忠　苏国坚
党组成员：冼勇锋

（四）郁南县财政局

党组书记、局长：陈颂权
党组成员、副局长：黄重阳　蔡　勇　李家婷　李声亮

（五）云安县财政局

党组书记、局长：麦瑞坚

党组成员、副局长：陈荣生　刘贤鉴

党组成员、主任科员：叶一帆　黄坚洪

党组成员、副局长：张杰雄

2012年度全省财政系统职工情况统计表

一、

项目	合计	分布			
		省（区、市）厅局	市（地、州）局	县（市、区）局	乡（镇）所
合计	24 283	1 261	3 784	9 473	9 765
%	100.00	5.19	15.58	39.01	40.21

二、

项目	行政职务						专业职务			
	合计	厅级以上	处级	科级	一般干部	工勤人员	合计	高级	中级	初级
合计	24 283	28	622	3 692	14 675	5 266	7 974	211	2 627	5 136
%	100.00	0.12	2.56	15.20	60.43	21.69	100.00	2.65	32.94	64.41

三、

项目	性别		民族		政治面貌			
	男	女	汉	其他	党员	团员	民主党派	其他
合计	14 756	9 527	24 058	225	16 089	1 048	82	7 064
%	60.77	39.23	99.07	0.93	66.26	4.32	0.34	29.09

四、

项目	年龄					文化程度				
	25岁及以下	26－35岁	36－45岁	46－54岁	55－59岁	研究生	大学本科	大专	中专	高中及以下
合计	1 061	5 938	9 449	6 396	1 439	835	9 487	9 705	1 651	2 605
%	4.37	24.45	38.91	26.34	5.93	3.44	39.07	39.97	6.80	10.73

五、

项目	参加工作时间					
	1965年前	1966－1970年	1971－1980年	1981－1990年	1991－2000年	2001年以后
合计	0	124	3 612	7 603	7 948	4 996
%	0.00	0.51	14.87	31.31	32.73	20.57

六、

项目	变化情况				
	上年实有人数	本年实有人数	增加或减少总数		
			合计	绝对增加数	绝对减少数
合计	24 482	24 283	-199	1 037	1 236
省（区、市）厅局	1 245	1 261	16	65	49
市（地、州）局	3 814	3 784	-30	141	171
县（市、区）局	9 405	9 473	68	489	421
乡（镇）所	10 018	9 765	-253	342	595

七、

项目	人员性质										
	行政		事业				企业	聘用制			
		其中：公务员数	合计	财政补助	其中：参公管理	经费自理		合计	行政	事业	企业
合计	12 712	10 358	11 503	10 427	4 973	648	68	896	428	428	40
省（区、市）厅局	689	671	537	390	99	107	35	82	7	40	35
市（地、州）局	2 332	2 122	1 436	1 220	774	171	16	90	45	45	
县（市、区）局	5 692	4 780	3 764	3 476	1 520	184	17	263	154	104	5
乡（镇）所	3 999	2 785	5 766	5 341	2 580	186		461	222	239	

2012年度全省财政系统全国性和全省性先进集体、先进个人名单

获奖单位和个人	获奖名称	颁奖单位
中山市财政局	全省就业工作先进集体	省政府
佛山市财政局　黄青青	第八届中国（重庆）国际园林博览会筹办工作先进工作者	中华人民共和国住房和城乡建设部

续表

获奖单位或个人	获奖名称	颁奖单位
省财政厅	2011 年度全国财政信息工作先进单位	财政部
省财政厅	2011 年度地方部门决算工作先进单位（二等奖）	财政部
省财政厅	2011 年度上报信息先进单位	省委办公厅
省财政厅	2011 年企业所得税税源调查工作优秀单位	财政部
省财政厅	全国财政“六五”普法法规知识竞赛组织奖	财政部
省财政厅	2012 年省级行政审批制度改革工作先进单位	省编委
省财政厅　办公室	2011 年度向省政府报送信息先进单位	省府办公厅
省财政厅　办公室	2011 年度全省党委系统督查工作先进单位	省委办公厅
省财政厅　预算处党支部	广东省直机关创先争优先进基层党组织	省直机关工委
省财政厅　行政政法处	2006－2010 年广东省实施妇女儿童发展规划先进集体	省妇女儿童工作委员会
省财政厅　工贸发展处	广东省环境保护先进集体	省政府
省财政厅　工贸发展处	全国节能先进集体	人力资源社会保障部、国家发改委、环境保护部、财政部
省财政厅　社会保障处	全国就业先进工作单位	国务院
省财政厅　社会保障处	广东省新型农村和城镇居民社会养老保险试点工作先进单位	省政府
省财政厅　会计处	2011 年度会计管理工作综合奖	财政部
省财政厅　直属机关团委	广东省直属机关五四红旗团委	省直机关团工委
省财政厅《财政税务卷》编辑室	全省地方志工作先进集体	广东省人力资源和社会保障厅、广东省人民政府地方志办公室
省注册会计师协会	2011 年度地方协会工作综合评比优异奖	中国注册会计师协会
省财政厅会计服务大厅	2012 年度广东省系统和行业“窗口之星”	省监察厅、省纠风办、省精神文明办
省财政厅　鲁锦锋	2011 年度全国财政信息工作先进个人	财政部
省财政厅　鲁锦锋	2011 年度报送信息先进工作者	省委办公厅
省财政厅　鲁锦锋	2011 年度向省政府办公厅报送信息先进个人	省府办公厅
省财政厅　曾桓先	2011 年度广东省扶贫开发“规划到户责任到人”工作先进个人（扶贫使者）	省扶贫开发领导小组
省财政厅　杨　娟	广东省实施妇女儿童发展规划先进个人	省妇女儿童工作委员会
省财政厅　陈蔚兰	全国新型农村和城镇居民社会养老保险工作先进个人	国务院
省财政厅　刘瑞麟	汕尾“乌坎事件”处置工作二等功	省委办公厅
省财政厅　罗松林	汕尾“乌坎事件”处置工作三等功	省委办公厅
省财政厅　李晓彬	广东省直属机关优秀共青团干部	省直机关团工委
省财政厅　王远林	“十一五”时期全国节能减排先进个人	人力资源社会保障部、国家发改委、环保部、财政部

续表

获奖单位和个人	获奖名称	颁奖单位
省财政厅　王远林	建设节约集约用地试点示范省先进个人	国土资源部、省政府
省财政厅　王远林	广东省环境保护先进工作者	省政府
省财政厅　耿洪波	全省纪检监察信访举报工作先进个人	省纪委
省财政厅　莫　仪	2011 年度全省党委系统优秀督查工作者	省委办公厅
省财政厅　曾文娟	2011 年度全国财政信息工作先进个人	财政部
省财政厅　曾文娟	2011 年度向省政府办公厅报送信息先进个人	省府办公厅
省财政厅　曾文娟	广东省直属机关优秀共青团员	省直机关团工委
省财政厅　邓玲玲	广东省优秀团干部	团省委
省财政厅　许琪扬	广东省直属机关优秀共青团干部	省直机关团工委
省财政厅　朱　昱	广东省直属机关优秀共青团员	省直机关团工委
中山市财政局	全省就业工作先进集体	省政府
佛山市财政局　黄青青	第八届中国（重庆）国际园林博览会筹办工作先进工作者	中华人民共和国住房和城乡建设部

第十部分

大事记

1月

1月3－5日　△厅党组书记、厅长曾志权列席在广州召开的中国共产党广东省委第十届委员会第十一次全体会议。

1月6日　△厅党组书记、厅长曾志权主持召开厅理论学习中心组学习会，厅党组成员、副厅长欧斌、沈梅红、郑贤操、林楚欣参加会议。

1月9日　△曾志权、邓桂明、欧斌、沈梅红、郑贤操、戴运龙、林楚欣等厅领导参加在广州召开的全省财政工作会议，时任省委副书记、代省长朱小丹在会上作重要讲话，厅党组书记、厅长曾志权作题为《立足新起点 增创新优势 努力开创全省财政工作新局面》的工作报告。9日下午，召开全省财政工作座谈会，厅党组书记、厅长曾志权作总结讲话。

1月11－15日　△厅党组书记、厅长曾志权参加在广州召开的政协第十届广东省委员会各界别委员代表座谈会。

1月13－17日　△厅党组书记、厅长曾志权列席在广州召开的省十一届人大第五次会议。

1月18日　△曾志权、邓桂明、欧斌、郑贤操、戴运龙、林楚欣等厅领导参加在广州召开的省纪委十届六次全会第二次大会。

1月19日　△厅党组书记、厅长曾志权陪同省委副书记、省长朱小丹到韶关慰问海关系统干部。

1月31日　△厅党组书记、厅长曾志权陪同中共中央政治局委员、省委书记汪洋到广州中新知识城调研。

2月

2月1日　△厅党组书记、厅长曾志权，厅党组成员、副厅长戴运龙参加在广州召开的全省扶贫开发工作会议。

2月6日　△厅党组书记、厅长曾志权参加在广州召开的佛山市顺德区简政放权及进一步深化大部制改革情况汇报会。

△厅党组书记、厅长曾志权参加省委副书记朱明国在广州主持召开的征求省人大常委会党组、省政协党组意见座谈会。

2月7日　△厅党组书记、厅长曾志权陪同省委副书记、省长朱小丹会见中央农办主任陈锡文、工信部部长苗圩率领的中央调研组一行。

2月8日　△厅党组书记、厅长曾志权陪同省委副书记、省长朱小丹会见中科招商投资（基金）管理公司董事长单祥双一行。

2月9日　△厅党组书记、厅长曾志权参加在广州召开的广东省“三打两建”工作会议。

△曾志权、邓桂明、沈梅红等厅领导参加厅长办公（工作）会议，审议了《广东省实施〈水利建设基金筹集和使用管理办法〉细则》、《广东省财政厅省级财政预算执行动态监控内部管理暂行规定》、《广东省财政厅内部监督检查实施细则》、《关于有效整合全厅资源 进一步提高工作质量、水平和效率的意见》，研究审定部分省直单位申请机构编制的问题，并布置2012年财政改革有关工作和2012年厅党组成员抓落实的重点工作及调研专题。

2月10日　△厅党组书记、厅长曾志权参加了财政部副部长王保安一行在省财政厅举行的广东省开展深化经济体制、财税体制改革工作情况座谈会。

厅党组书记、厅长曾志权参加在广州召开的加快推进外来人口融入广东有关政策建议情况汇报会。

2月12日　△厅党组书记、厅长曾志权陪同省委副书记、省长朱小丹会见广州军区空军主要负责同志。

2月14日　△厅党组书记、厅长曾志权参加在广州召开的省加快转变政府职能深化行政审批制度改革动员会。

△厅党组书记、厅长曾志权参加在广州召开的省委武委第31次暨省国动委第13次全体会议。

△曾志权等厅领导参加厅长办公（工作）会议，布置省财政厅清理部门职能及审批事项有关工作。

△省财政厅向省政府报送《关于呈报广东省生态保护补偿办法的请示》。

2月15日　△曾志权、邓桂明、欧斌、沈梅红、郑贤操、林楚欣等厅领导参加在广州召开的全省财政反腐倡廉建设工作会议。

2月16日　△省财政厅向各地级以上市人民政府和省直有关单位印发《2011年广东省基本公共服务均等化绩效

考评实施方案》。

2月17日 △厅党组书记、厅长曾志权参加省府常务会议，汇报《关于开展为民办事问民意工作的指导意见》有关起草情况。

2月20日 △厅党组书记、厅长曾志权率领厅有关处室负责人赴五华县大沙村检查指导扶贫“双到”工作。

2月22日 △厅党组书记、厅长曾志权参加在广州召开的省实施《珠三角规划纲要》领导小组会议。

2月24日 △曾志权、欧斌、沈梅红、郑贤操、林楚欣等厅领导参加在广州举行的第一期“省政府学法日”活动。

2月26日 △厅党组书记、厅长曾志权陪同中共中央政治局委员、省委书记汪洋会见世界银行行长佐利克一行。

2月27日 △厅党组书记、厅长曾志权参加义务植树暨生态景观林带建设总启动活动。

2月28日 △厅党组书记、厅长曾志权参加在广州举行的部分专家学者座谈会（中共中央政治局委员、省委书记汪洋参加）。

△省财政厅向省委副书记、省长朱小丹报送《关于增值税扩围改革有关情况的报告》。

3月

3月1日 △曾志权、邓桂明、郑贤操等厅领导参加厅长办公（工作）会议，传达省委、省政府主要领导关于转变政府职能深化行政审批制度改革重要讲话精神，研究财政部门贯彻落实意见，研究部署2012年财政资金竞争性分配改革工作，审议《关于处理历史遗留周转金借款有关问题的请示》、《广东省财政厅2012年信息化建设工作计划》。

3月6日 △省委组织部研究同意：免去吴仰和同志省财政厅副巡视员职务，退休。

3月9日 △省财政厅向省政府报送《关于呈报为民办事问民意工作指导意见和试点工作方案的请示》。

3月15日 △省委常委、副省长徐少华到省财政厅调研指导工作并作重要讲话。厅党组书记、厅长曾志权向副省长徐少华汇报省财政工作基本情况。

3月16日 △厅党组书记、厅长曾志权参加省政府常务会议，汇报《广东省生态保护补偿办法》有关起草情况。

3月18日 △厅党组书记、厅长曾志权参加在北京举行的中国发展高层论坛2012年“广东之夜”主题晚宴。

3月19日 △厅党组书记、厅长曾志权参加在北京举行的广东省部分企业职工基本养老保险基金结余资金委托投资运营签约仪式。

3月20日 △曾志权、邓桂明、欧斌、沈梅红、郑贤操、戴运龙、林楚欣等厅领导参加在广州召开的广东省传达贯彻全国人大、政协“两会”精神会议。

△厅党组书记、厅长曾志权参加在广州召开的全省推进政府机关使用正版软件工作会议。

3月25日 △厅党组书记、厅长曾志权在广州举行的全省市、县党政正职集中培训班上作题为《财税金融知识与政策》的授课。

3月26日 △厅党组书记、厅长曾志权参加在广州召开的关于深化体制改革省直有关部门专题座谈会。座谈会由中共中央政治局委员、省委书记汪洋主持。厅党组书记、厅长曾志权在会上作了题为《深化改革 转变职能 建立与社会主义市场经济相适应的财政管理体制》的汇报。

△厅党组成员、纪检组长邓桂明参加在广州召开的国务院第五次廉政工作会议和省政府第五次廉政工作会议。

3月27日 △厅党组成员、副厅长沈梅红参加在广州召开的广东省科学技术奖励大会暨全省科技工作会议。

△曾志权、邓桂明、欧斌等厅领导参加厅长办公（工作）会议，分析预算执行情况，审议《广东省财政厅关于进一步精简文件 会议的意见》、《省直单位机构编制事项审核工作内部管理暂行办法》、《广东省推进政府向社会组织购买服务工作暂行办法》、《广东省培育发展社会组织专项资金管理暂行办法（征求意见稿）》，研究审定部分省直单位申请机构编制问题。

△曾志权、邓桂明、欧斌等厅领导参加厅长办公（工作）会议，传达中共中央政治局委员、省委书记汪洋主持召开省直有关部门专题座谈会精神，研究布置进一步深化财政改革有关工作。

3月28日 △省财政厅向省政府报送《扩大省直管县财政改革试点范围的请示》。

3月29日-4月1日 △厅党组书记、厅长曾志权陪同省委副书记、省长朱小丹赴西藏自治区考察援藏工作。

4 月

4 月 6 日　△厅党组书记、厅长曾志权列席第九期省委常委集中学习讨论会。

△省财政厅上报财政部《关于上报广东省 2012 年地方财政预算表的报告》。

△厅党组成员、副厅长戴运龙参加在广州召开的中国共产党广东省直属机关代表会议。

△曾志权、邓桂明、郑贤操、林楚欣等厅领导参加厅长办公会议，审议了《广东省培育发展社会组织专项资金管理暂行办法（征求意见稿）》、《2012 年省级政府向社会组织购买服务项目目录》、《广东省财政厅配合审计工作内部规程》，研究审定部分省直单位申请机构编制问题，并研究部署进一步加强机关作风建设工作。

4 月 9－12 日　△厅党组书记、厅长曾志权参加广东省党政代表团赴湖北、河南省学习考察。

4 月 15 日　△广东省财政专家咨询委员会主任委员、厅党组书记、厅长曾志权主持广东财政专家咨询座谈会。财政部科研所、广东省社科院、省政府发展研究中心、北京大学、中山大学等研究机构和高等院校的 16 名专家委员以及厅党组成员、纪检组长邓桂明，厅相关处室、单位负责同志出席会议。

4 月 17 日　△厅党组书记、厅长曾志权参加在广州召开的征求部分省直单位主要负责同志对省党代会报告稿意见座谈会。

△厅党组成员、副厅长欧斌参加在北京举行的全国深化医药卫生体制改革工作会议。

4 月 18 日　△厅党组书记、厅长曾志权参加在韶关举行的韶钢挂牌仪式。

4 月 19－23 日　△厅党组书记、厅长曾志权陪同省委副书记、省长朱小丹赴新疆喀什地区学习考察。

4 月 24 日　△厅党组成员、副厅长郑贤操陪同省委副书记、省长朱小丹会见广西壮族自治区政府代表团。

4 月 25 日　△ 省委、省政府召开广东省庆祝“五一”国际劳动节暨劳动模范表彰大会，厅预算处处长叶梅芬荣获“广东省先进工作者”称号。

5 月

5 月 3 日　△厅党组成员、纪检组长邓桂明参加在广州召开的中国共产党广东省第十届纪律检查委员会第七次全体会议。

5 月 9－11 日　△厅党组书记、厅长曾志权参加在广州召开的省十一次党代会，厅党组成员、纪检组长邓桂明列席会议。

5 月 14 日　△省机构编制办发文将省纪委（监察厅）小汽车定编室成建制划转省财政厅，并更名为公务用车管理处。

5 月 15 日　△曾志权、邓桂明、欧斌、沈梅红、郑贤操、林楚欣等厅领导参加省财政厅全体党员大会，学习贯彻省第十一次党代会精神，厅党组书记、厅长曾志权作重要讲话。

5 月 16 日　△厅党组成员、副厅长欧斌参加在广州举行的广东省第十九次民政会议。

△厅党组成员、副厅长欧斌参加在广州举行的中国银行服务广东省“走出去”企业论坛。

5 月 17 日　△省财政厅印发《广东省扶持金融产业发展专项资金管理暂行办法》。

5 月 22 日　△省财政厅在惠州市召开省直管县财政改革试点工作会议，动员部署省直管县财政改革第二批试点工作。厅党组书记、厅长曾志权出席会议并作重要讲话。

△厅党组成员、副厅长沈梅红参加在广州举行的广东省高校学科建设与自主创新工作会议。

5 月 23 日　△厅党组成员、副厅长郑贤操陪同中共中央政治局委员、省委书记汪洋在茂名调研。

5 月 24 日　△厅党组成员、副厅长郑贤操参加在广州举行的广东省节约集约用地政策创新座谈会。

5 月 25 日　△省委组织部通知：批准徐迎建同志任省财政厅副巡视员。

5 月 28 日　△广东省实施《珠三角规划纲要》第六考核评估组到省财政厅进行实地考核，厅党组书记、厅长曾志权汇报了贯彻实施纲要工作情况。

△厅党组成员、副厅长欧斌参加在广州举行的深入实

施“走出去”战略工作会议。

5月29日　△厅党组书记、厅长曾志权列席在广州召开的省十一届人大常委会第三十四次会议。

5月30日　△厅党组书记、厅长曾志权主持厅长办公会议，研究布置稳定经济增长的财政政策。

6月

6月4－7日　△厅党组书记、厅长曾志权陪同省委副书记、省长朱小丹在东莞、中山、佛山、阳江调研。

6月8日　△曾志权、邓桂明、沈梅红、郑贤操、林楚欣等厅领导参加厅长办公会议，审议关于清理整顿省级财政专户有关事项、《广东省应急补偿管理办法（送审稿）》，研究审定部分省直单位申请机构编制问题，并布置有关工作。

6月12－13日　△厅党组书记、厅长曾志权陪同省委副书记、省长朱小丹，副省长刘昆在河源、梅州调研。

6月18日　△曾志权、邓桂明、欧斌、沈梅红、戴运龙、林楚欣等厅领导参加省财政厅党课教育活动，党组书记、厅长曾志权作“加强党性修养 弘扬优良作风”为主题的授课。

6月20日　△省财政厅印发《广东省省级培育发展社会组织专项资金管理暂行办法》。

6月21日　△曾志权、邓桂明、欧斌、沈梅红、郑贤操等厅领导参加厅长办公会议，传达学习省委常委、常务副省长徐少华在副厅级以上干部座谈会上重要讲话精神，研究布置贯彻落实意见。

6月25日　△曾志权、沈梅红、郑贤操、林楚欣等厅领导参加召开全厅干部职工大会，通报近期广东省财政系统发生的危金峰涉嫌严重违纪和五华县“6·16赌博案件”有关情况，传达贯彻省领导有关重要批示和讲话精神，部署当前和今后一个时期财政反腐倡廉工作。

6月27日　△厅党组书记、厅长曾志权陪同中共中央政治局委员、省委书记汪洋在肇庆调研。

6月27－28日　△厅党组成员、副厅长沈梅红列席在广州召开的政协广东省委员会常委会议。

6月27日　△厅党组成员、副厅长郑贤操参加在广州举行的第二期“省政府学法日”活动。

6月28日　△厅党组书记、厅长曾志权参加在广州召开的广东省庆祝中国共产党成立91周年暨创先争优表彰大会。

△曾志权、邓桂明，欧斌、沈梅红、郑贤操、戴运龙、林楚欣等厅领导参加省财政厅扶贫济困现场捐款活动。

△厅党组成员、纪检组长邓桂明赴五华县大沙村开展纪念建党91周年暨“广东扶贫济困日”活动，并检查指导扶贫开发“双到”工作。

7月

7月5日　△厅党组书记、厅长曾志权主持召开厅长办公会议，传达学习省委常委、常务副省长徐少华关于探索省级财政用于经营性资金实施股权投资改革的重要指示精神，研究布置贯彻落实意见，并布置全省财政工作座谈会有关筹备工作。邓桂明、沈梅红、郑贤操、戴运龙、林楚欣等厅领导参加了会议。

7月6日　△厅党组书记、厅长曾志权参加在北京召开的全国科技创新大会第一次全体会议（广东分会场）。

7月8日　△厅党组书记、厅长曾志权陪同中共中央政治局委员、省委书记汪洋，省委副书记、省长朱小丹会见交通部部长李盛霖一行。

7月9日　△受厅党组书记、厅长曾志权委托，厅党组成员、副厅长沈梅红主持厅长办公会议，传达学习省领导在财税工作汇报会上重要讲话精神，研究布置全省财税工作会议有关筹备工作。厅党组成员、副厅长林楚欣参加了会议。

7月9－11日　△厅党组书记、厅长曾志权陪同中共中央政治局委员、省委书记汪洋在清远调研。

7月11日　△厅党组书记、厅长曾志权参加在广州召开的全省上半年经济形势分析会。

△省财政厅向省委常委、常务副省长徐少华报送《关于呈报〈关于厉行节约的若干规定〉（征求意见稿）的请示》。

7月16日　△曾志权、邓桂明、欧斌、沈梅红、郑贤操、戴运龙、林楚欣等厅领导参加在广州召开的全省财税工作会议。省委常委、常务副省长徐少华出席会议并作重要讲话。

7月17日 △厅党组书记、厅长曾志权主持召开厅长办公会议，学习传达全省财税工作会议精神，研究贯彻落实意见，布置有关落实工作，同时审议《“走出去”专项资金使用管理办法》，并研究部分省直单位申请机构编制问题。邓桂明、林楚欣等厅领导参加了会议。

△厅社会保障处荣获“全国就业先进工作单位”称号。

7月18日 △厅党组书记、厅长曾志权参加在财政部召开的县级基本财力保障机制工作座谈会。

7月19日 △厅党组书记、厅长曾志权主持召开厅长办公会议，研究部署加快预算支出进度有关工作。邓桂明、欧斌、沈梅红、郑贤操等厅领导参加了会议。

△厅预算处党支部荣获“省直机关创先争优活动先进基层党组织”荣誉称号。

7月20日 △厅党组书记、厅长曾志权主持召开厅长办公会议，研究部署深化投融资体制改革有关工作。郑贤操、戴运龙、林楚欣等厅领导参加了会议。

7月24日 △厅党组书记、厅长曾志权列席在广州召开的广东省十一届省人大常委会第三十五次会议。

7月25日 △厅党组书记、厅长曾志权陪同中共中央政治局委员、省委书记汪洋到75200部队开展慰问活动。

7月26－27日 △厅党组书记、厅长曾志权参加在北京召开的全国财政厅（局）长座谈会。

7月31日 △省财政厅召开纪律教育学习月动员暨辅导报告会。厅党组书记、厅长曾志权作了题为《加强纪律教育 增强队伍纯洁性》的辅导报告，厅机关及所属单位全体党员干部职工参加了会议。

△省财政厅向省人大常委会报送《关于报送稳增长调结构惠民生资金安排情况的报告》。

8月

8月3日 △厅党组书记、厅长曾志权主持召开厅长办公会议，审议《“走出去”专项资金使用管理办法（送审稿）》、《广东省省直行政事业单位软件资产管理暂行办法（送审稿）》、《广东省重点农业龙头企业贷款贴息资金管理办法（修订稿）》、《广东省省级培育发展社会组织专项资金竞争性分配评审管理办法（送审稿）》、《广东省省级政府向社会组织购买服务供应方竞争性评审办法（送审稿）》，研究审定部分省直单位申请机构编制问题。邓桂明、欧斌等厅领导参加了会议。

8月6－7日 △厅党组书记、厅长曾志权陪同中共中央政治局委员、省委书记汪洋在梅州调研。

8月7日 △厅党组成员、副厅长郑贤操陪同省委副书记、省长朱小丹在东莞调研珠三角城际轨道交通建设情况。

8月8日 △厅党组书记、厅长曾志权参加在河源召开的全省县级基本财力保障机制工作座谈会。

8月10日 △省财政厅向省直有关部门，各地级以上市财政局（委）印发《广东省“十件民生实事”专项资金使用绩效评价暂行办法》。

△省财政厅召开纪律教育学习月辅导报告会。厅党组成员、纪检组长邓桂明作了题为《财政干部务必坚持依法行政廉洁从政》的辅导报告，厅机关及所属单位副处以上党员干部参加了会议。

8月13－14日 △厅党组书记、厅长曾志权陪同中共中央政治局委员、省委书记汪洋在汕尾调研。

8月14－15日 △厅党组成员、副厅长林楚欣陪同省人大常委会主任欧广源在河源视察扶贫开发“规划到户责任到人”工作。

8月15日 △厅党组书记、厅长曾志权参加在广州召开的全省村级基层组织建设工作会议。

8月17日 △厅党组书记、厅长曾志权主持召开厅长办公会议，研究布置省财政厅网上办事大厅建设有关工作，审议《关于进一步优化财政资金拨付流程管理的工作意见》、《广东省为民办事征询民意政策绩效评价暂行办法》、《广东省农村集体经济组织财务管理办法》，研究审定部分省直单位申请机构编制问题。欧斌、戴运龙、林楚欣等厅领导参加了会议。

8月20－21日 △省财政厅集中举办全厅副处以上干部党纪政纪法纪教育学习会，厅党组书记、厅长曾志权主持学习会，并作了题为《深化教育谋共识 立足本职抓落实》的讲话。

8月22日 △厅党组书记、厅长曾志权陪同中共中央政治局委员、省委书记汪洋调研港珠澳大桥建设情况。

8月22日－9月13日 △经省委组织部批复同意，省财政厅组织开展竞争选拔副处级领导干部工作。经过笔试、面试、综合测评、组织评价、公示、考察，厅党组研究确定了10名副处级领导干部拟任人选和2名副处级领导后备干部人选。

8月27日 △厅党组书记、厅长曾志权陪同中共中央政治局委员、省委书记汪洋到河源市龙川县调研。

8月28日 △厅党组书记、厅长曾志权主持省营改增领导小组办公室在广州组织举办的全省营业税改征增值税试点新闻通报会，通报了营改增相关情况并接受媒体记者的提问。

8月28－29日　△厅党组书记、厅长曾志权参加在广州举办的全省第十一期领导干部党纪政纪法纪教育培训班学习。

8月30日　△厅党组书记、厅长曾志权主持召开厅长办公会议，研究布置支持“双转移”的有关工作，研究进一步完善激励型财政机制的意见，研究进一步严格控制会议费、培训费的有关意见。戴运龙、林楚欣等厅领导参加了会议。

△省财政厅向省政府办公厅报送《广东省突发事件应急补偿管理暂行办法（送审稿）》。

9月

9月3日　△省财政厅向省直有关部门，各地级以上市财政局（委）印发《广东省省级为民办事征询民意实施工作绩效评价暂行办法》。

9月3－6日　△厅党组书记、厅长曾志权参加广东省党政代表团赴陕西、山西省学习考察。

9月10日　△厅党组成员、副厅长戴运龙陪同中共中央政治局委员、省委书记汪洋会见国家发改委副主任解振华一行。

△省财政厅召开以“党风廉政建设”为主题的全厅干部职工大会，传达学习省第十一期领导干部党纪政纪法纪教育培训班精神，通报危金峰涉嫌严重违纪案件有关情况，部署推进省财政厅党风廉政建设工作。厅党组书记、厅长曾志权出席会议并作重要讲话。邓桂明、欧斌、戴运龙、林楚欣等厅领导及全厅近400名干部、职工参加了会议。

9月13日　△厅党组书记、厅长曾志权陪同省委副书记、省长朱小丹会见清华大学校长陈吉宁一行，并出席清华控股有限公司与省粤财投资控股有限公司签约仪式。

9月18日　△厅党组书记、厅长曾志权主持召开厅长办公会议，传达贯彻省领导有关指示精神，研究布置调整财政支出结构、清理整合财政专项资金有关工作。

△厅党组书记、厅长曾志权，厅党组成员、副厅长欧斌参加省政府在广州召开的全省营业税改征增值税试点工作会议。省委常委、常务副省长、省营改增改革试点工作领导小组组长徐少华主持会议并作重要讲话。

9月21日　△根据省委组织部和省人力资源社会保障厅通知，免去危金峰的广东省财政厅党组成员、副厅长职务。

9月25日　△省财政厅召开纪律教育学习月辅导报告会，邀请省纪委副书记王兴宁作反腐倡廉专题辅导报告，厅党组书记、厅长曾志权主持报告会并作总结讲话，厅党组成员和全厅党员干部近400人参加了报告会。

△省财政厅举办“和谐财政贺国庆·创先争优迎盛会”文艺演出，曾志权、邓桂明、戴运龙等厅领导和全厅干部、职工共400余人观看了演出。

9月26日　△厅党组书记、厅长曾志权列席在广州召开的省十一届人大常委会第三十六次会议。

10月

10月7日　△厅党组书记、厅长曾志权主持召开厅长办公会议，研究布置中共中央政治局委员、省委书记汪洋到省财政厅视察指导有关准备工作。邓桂明、欧斌、郑贤操、林楚欣等厅领导参加了会议。

10月8日　△曾志权、邓桂明、欧斌、郑贤操、林楚欣等厅领导参加中共中央政治局委员、省委书记汪洋视察省财政厅座谈会。

10月9日　△厅党组书记、厅长曾志权主持召开厅长办公会议，传达学习中共中央政治局委员、省委书记汪洋视察省财政厅重要讲话精神，研究布置贯彻落实意见。邓桂明、欧斌、林楚欣等厅领导参加了会议。

△厅党组书记、厅长曾志权陪同中共中央政治局委员、省委书记汪洋到广东省美容美发化妆品行业协会、食品行业协会、家具协会调研。

10月12日　△根据省委组织部通知，免去徐迎建同志的省财政厅副巡视员职务，退休。

10月17－18日　△厅党组书记、厅长曾志权参加在北京召开的扩大营改增试点工作座谈会。

10月18日 △厅党组成员、副厅长戴运龙陪同省委副书记、省长朱小丹在清远调研“两不具备”贫困村庄整村搬迁安置工作和顺德清远经济合作区建设情况。

10月19日 △厅党组书记、厅长曾志权陪同中共中央政治局委员、省委书记汪洋到韶关乳源瑶族自治县调研。

△厅党组成员、副厅长林楚欣陪同省委副书记、省长朱小丹在广州调研保障房建设情况。

10月22日 △召开全厅党员干部理论学习讨论会。厅党组书记、厅长曾志权主持会议并作题为“实施大数据战略、搭建战略平台、提高财政服务经济社会发展的能力水平”的重要讲话。厅党组成员、副厅长林楚欣等6名党员干部代表分别作了学习心得发言。

10月22－23日 △厅党组成员、副厅长戴运龙陪同省委副书记、省长朱小丹在潮州、揭阳调研。

10月24日 △厅党组成员、副厅长郑贤操陪同中共中央政治局委员、省委书记汪洋到华南农业大学调研。

△厅党组书记、厅长曾志权，厅党组成员、副厅长欧斌陪同省委常委、常务副省长、省营改增试点工作领导小组组长徐少华参加了财政部副部长王军一行在广州举行的营改增工作情况座谈会。

10月29日 △厅党组书记、厅长曾志权在省财政厅主持召开营改增试点工作新闻发布会。

10月30日 △厅党组书记、厅长曾志权参加在广州召开的省政府常务会议，汇报全省农村生活垃圾处理设施建设省财政资金方案。

10月31日 △厅党组书记、厅长曾志权主持召开厅长办公会议，研究广东省省级2012年公共财政预算执行和2013年预算草案、省级政府性基金预算2012年预算执行和2013年预算草案以及省级国有资本经营预算2012年预算执行和2013年预算草案。邓桂明、欧斌、戴运龙、林楚欣等厅领导参加了会议。

11月

11月1日 △广东省营改增试点顺利启动。

△省委常委、常务副省长徐少华到省财政厅听取2013年预算编制工作情况汇报。厅党组书记、厅长曾志权向常务副省长徐少华汇报了2012年省级预算执行情况和2013年预算草案编制情况以及2013年省级政府性基金预算、国有资本经营预算编制情况，邓桂明、欧斌、郑贤操、戴运龙、林楚欣等厅领导参加了会议。

11月2日 △厅党组书记、厅长曾志权召开厅长办公会议，审议《关于进一步加强省级财政支出预算执行管理的意见》、《广东省财政厅机关公文处理办法（2012年修订）》、《广东省财政厅专家库管理暂行办法》、《广东省就业专项资金使用管理暂行办法》，研究审定部分省直单位申请机构编制问题，并对进一步加快预算支出进度工作和加强厅机关管理有关工作作研究部署。郑贤操、林楚欣等厅领导参加了会议。

11月5日 △第17期“广东财政大讲堂”在厅大礼堂举办。为贯彻落实中共中央政治局委员、省委书记汪洋视察省财政厅时的重要讲话精神，帮助广大财政干部职工更好地阅读理解《大数据》一书，特邀请《大数据》一书作者涂子沛作“解读大数据”的专项讲座。厅党组书记、厅长曾志权主持本期讲座并做了总结性讲话，厅全体干部职工及部分地方财政局同志共500余人聆听了讲座。

△ 根据省委组织部通知，批准彭明官同志任省财政厅副巡视员。

11月6－15日 △厅党组书记、厅长曾志权参加在北京召开的中国共产党第十八次全国代表大会。

11月19日 △曾志权、邓桂明、欧斌、郑贤操、戴运龙、林楚欣等厅领导参加在广州召开的广东省传达贯彻党的十八大精神大会。

11月20日 △省财政厅召开全厅干部职工大会，传达贯彻党的十八大精神。厅党组书记、厅长曾志权主持会议并作重要讲话，邓桂明、欧斌、郑贤操、戴运龙、林楚欣等厅领导以及全厅党员、干部、职工及离退休同志共400多人参加了会议。

11月26日 △厅党组书记、厅长曾志权在广州主持召开财政专家咨询座谈会，戴运龙、林楚欣等厅领导参加座谈会。

11月29日 △厅党组书记、厅长曾志权参加在广州举办的中央宣讲团党的十八大精神报告会。

△厅党组成员、副厅长郑贤操陪同中共中央政治局委员、省委书记汪洋会见湖北省省长王国生一行。

12 月

12 月 3 日　△厅党组书记、厅长曾志权参加在广州召开的全省领导干部会议。

12 月 4 日　△厅党组书记、厅长曾志权参加在广州召开的十一届 107 次省政府常务会议，汇报广东省 2012 年预算执行情况和 2013 年预算草案以及关于省财政经营性资金实施股权投资的意见。

12 月 5 日　△财政部副部长朱光耀、对外财经交流办公室副主任张国春等一行到广东考察调研企业涉外经营和地方经济运行情况。厅党组书记、厅长曾志权陪同省委常委、常务副省长徐少华会见了财政部副部长朱光耀一行。

△厅党组书记、厅长曾志权参加在广州召开的省信息化工作领导小组会议。

12 月 6 日　△厅党组书记、厅长曾志权参加在广州召开的省直单位十八大精神座谈会。

12 月 7 日　△省财政厅向省委常委、常务副省长徐少华报送《关于印发广东省 2011 年基本公共服务均等化绩效考评结果的请示》。

12 月 11 日　△厅党组书记、厅长曾志权参加在广州召开的广东省委、省政府工作汇报会。

12 月 12 日　△厅党组书记、厅长曾志权召开厅长办公会议，听取厅信息化工作情况汇报，研究部署下一阶段厅信息化建设工作，审议《广东省财政大数据战略实施方案（征求意见稿）》、《珠海市横琴新区香港 澳门居民个人所得税税负差额补贴暂行办法》。邓桂明、郑贤操、戴运龙、林楚欣等厅领导参加了会议。

12 月 13 日　△厅党组书记、厅长曾志权参加在广州召开的广东省学习贯彻习近平总书记视察广东重要讲话精神电视电话会议。

12 月 15 日　△省财政厅举办第十四届全民健身运动会。厅党组书记、厅长曾志权宣布运动会开幕，邓桂明、郑贤操、林楚欣等厅领导参加了运动会。

12 月 18 日　△厅党组书记、厅长曾志权参加在广州召开的全省领导干部会议。

12 月 19 – 21 日　△厅党组书记、厅长曾志权参加在北京召开的全国财政工作会议。

12 月 25 日　△厅党组成员、副厅长欧斌陪同省委副书记、省长朱小丹在省人力资源社会保障厅调研。

12 月 25 – 28 日　△厅党组书记、厅长曾志权陪同中共中央政治局委员、省委书记胡春华在深圳、东莞、广州、佛山调研。

12 月 27 日　△厅党组成员、副厅长戴运龙参加在广东省人大常委会召开的省 2012 年预算执行情况和 2013 年预算草案汇报会。

△广东省财政厅被广州市政府评为“2010 – 2011 年度无偿献血先进集体”。

12 月 28 日　△《广东省志 · 财政税务卷》编辑室获省政府表彰“全省地方志工作先进集体”称号。

12 月 29 日　△厅党组书记、厅长曾志权陪同省委副书记、省长朱小丹参加在广州召开的省推进产业转移和劳动力转移工作领导小组第八次会议。

12 月 31 日　△省财政厅向省委常委、常务副省长徐少华报送《关于呈报 2013 年十件民生实事预计投入情况的请示》。

第 十 一 部 分

媒体报道

广东启动生态保护补偿机制

——平衡地区间财力分布，缓解生态保护区保护生态与发展经济的矛盾

一方面主体功能区的划分对生态保护区提出了更严格的生态保护要求，而另一方面生态保护区经济放缓增长、财政入不敷出，经济与社会各项事业发展困难重重。如何解决这一矛盾？近日广东省正式出台《广东省生态保护补偿办法》，从今年起，广东省财政将每年安排生态保护补偿转移支付资金，对生态地区给予补偿和激励。

将补偿经济欠发达地区的国家级和省级重点生态功能区

广东省将对符合条件的县（市）分为国家级生态区和省级生态区两个类别，实行差异化的补偿政策。同时结合生态保护区域点状分布的特点，对承担生态保护责任更重的县（市）即国家级自然保护区、水源保护地占国土面积比重较大的地区给予提高补偿的倾斜支持。

据省财政厅初步测算，2012 年平均每个生态功能区市县可获得约 4 000 万元的一般转移支付，比非生态区平均多获得 2 000 万元。

生态保护补偿机制不搞平均主义，既补偿，又激励

广东省财政厅提出，由于生态保护任务所限，重点生态功能区工业发展受到影响；作为主体功能区规划的重要配套措施之一，生态保护补偿机制通过省级财政加大补助力度，在重点生态功能区加快自身经济发展的基础上，逐步使其达到与其他地区基本相当的公共服务能力，激发其改善环境的内在动力。

按照主体功能区规划的区域划分，广东省重点生态功能区全部位于粤东西北欠发达地区，财力薄弱问题突出。生态保护补偿机制的运行，将促进重点生态功能区实现良性发展，平衡地区间财力分布，促进区域协调发展和基本公共服务均等化。

在广东，生态保护补偿机制不搞平均主义，而是既给予补偿，又予以激励。

从今年起，广东省财政将据财力情况，每年确定转移支付总额，并按各 50% 的比例确定基础性补偿资金与激励性补偿资金的分配额。基础性补偿将保证其基本公共服务支出需要。激励性补偿，则与重点生态功能区保护和改善生态环境的成效挂钩，生态保护越好，获得奖励越多。广东省财政建立一套由 15 项指标组成的生态保护指标体系，综合测算生态保护指标增长率，激励性补偿根据基础性补偿和生态保护指标增长率计算确定。

广东省社科院珠江区域经济研究中心主任成建三认为，广东省由省财政来对生态区进行补偿，是非常有意义的一步。下一步则可考虑如何建立一个下游对上游的合理补偿机制，以及建立一个政府、社会、企业等各方面都参与进来的生态补偿机制。

（记者：李刚，2012 年 5 月 9 日《人民日报》）

固本培元闯新路

——广东创建农村基层组织经费保障长效机制

基层组织建设，重点在农村，难点在贫困村。

经过多年努力，广东区域发展不平衡状况有所改变，但差距依然明显，贫困地区村集体经济薄弱。2008 年，全省欠发达地区有 10 238 个村，集体经济年收入不足 3 万元，占行政村总数 65%。其中，1 767 个“空壳村”，集体收入为零。贫困村干部年均收入不及农民工年均工资的 1/3。

“基础不牢，地动山摇。”农村基层组织工作，基本经费得不到保障，工作难开展，队伍不稳定，影响农村长治

久安，动摇党的执政基础，成为广东科学发展的“短板”。

补足“短板”，唯有攻坚。

广东大胆创新，加大投入，落实保障，源源不断地向农村基层组织“输氧”。近3年全省各级财政已投入25.6亿元，未来3年将继续投入48亿元，用于贫困村组织工作补贴，确保“投入稳定、管理规范、保障有力”，率先建立农村基层组织经费保障长效机制。

“固本培元”，“强筋健骨”，南粤大地上下齐心，全力以赴，奋勇争先！

确保投入，增添“润滑剂”。

农村税费改革，村级组织经费来源改变，公共财政走向“前台”。但是，如何发挥公共财政效用，加强农村基层组织建设，“先行先试”的广东遇到了不少“难题”。

一是开支多。财政总量大省，却是人均财政小省，广东人均财力只排全国22位。而发展转型期，社会矛盾多，各种开支大，广东财政时有捉襟见肘之虞。

二是包袱重。贫困村基础设施建设欠账多，时间长，积重难返。全省欠发达地区，73%的行政村负债，负债总额达47亿元。

三是缺口大。全省欠发达地区贫困村，办公经费每村年均缺口2万元，2/3的贫困村要靠干部垫资、外人捐助等形式解决。

“巧妇难为无米之炊”。资金“短供”，工作“缺氧”。有些村干部想为群众办实事，却无从下手；想带领群众致富，也有心无力。

然而，基层组织工作又是党的全部工作基础，地位重要，作用巨大。广东省委深刻认识到：“当前加强村级基层组织建设，比以往任何时候都更加重要，更为迫切。这是加快转型升级、建设‘幸福广东’的内在需要，也是落实中央决策部署的政治需要。”

破解难题，刻不容缓！2010年、2012年，广东两次颁文强调，扩大范围，提高标准，健全机制，确保基层组织“稳定、规范、高效”运转。至2015年，全省对基层组织财政投入总额将超过88亿元，大幅度提高基层组织办公经费补贴、干部补贴和离任干部生活补贴。省委常委、组织部部长李玉妹说：“党的基层组织是贯彻科学发展观的重要组织者、推动者和实践者，是改革创新的重要动力源泉。越是改革开放，越是挑战增多，越要加强党的基层组织建设。”

“压省级，保地方。”广东财政部门立下“军令状”。

尽管财政增速放缓，广东坚持“主动买单”，财力下沉，将70%以上财力转移给市县村基层。全省欠发达地区贫困村，每村办公经费年补助确保2万元，村干部人均月补贴不低于1 000元。至2015年，村级组织办公经费年补助确保5万元，村干部月补贴不低于2 000元。

既解决当务之急，也解决后顾之忧。

广东把村干部的养老保险、晋升通道等纳入视野，统筹解决。今年内，广东拟出台新规：未来3年，全省财政投入16.85亿元，对正常离任的村干部1次性补贴5 000元，对任村干部一届至10年正常离任的村干部，人均每月生活补助达到500元至800元；允许70岁以上、任村干部20年以上正常离任的村干部，以“个人缴一点、村集体经济补一点、财政拨入办公经费补一点”方式，一次性趸缴，提高待遇水平。

广东每年还划拨一定指标，鼓励村干部报考公务员以及事业单位干部。揭阳市东升街道东洋社区刚刚完成“村改居”，党总支书记王俊洪从商人转做“村官”，今年又顺利考上了公务员，月工资升至2 600元。尽管工作岗位没变，他还是很有成就感：“既能发挥自己所长，又能为大家做点实事，这辈子也值了！”

农村基层组织建设，党的领导是核心，村民自治是重点，人才培养是关键。“有钱办事，有人办事，有能力办事”，农村基层组织运转注入“润滑剂”。

重在激励，培育“内生力”。

财政“主动买单”，不等于“大包大揽”。农村基层组织建设，需要财政投入，更需要自我发展。政府财政资金是“保障”，也是“导向”——推动农村经济发展，强化基层“造血”功能，增强内生保障能力，才是建立农村基层经费保障机制的根本。

“自我保障”，从何做起？

——分级保障，激励为主，探索基层政权的财力保障体系。

广东提出：“省保县、市保镇、县保村”。明确负责，上下互动，形成支撑。对困难县，省转移支付，市大力支持，确保基层政府在公共管理、基本公共服务以及民生政策等方面的财力需求；对困难镇，省专项补助，市统筹安排，确保镇级基本运转的财力需求；对贫困村，省市补助，县级统筹，确保村级组织开展工作的财力需求。

“财政工作，财中有政。要算经济账，更要算政治账；要算当前账，更要算长远账。”省财政厅厅长曾志权说：“在基本保障前提下，发挥财政导向、杠杆和激励作用，撬动各方投入，形成长效机制，才能增强基层组织的凝聚力、创造力、战斗力。”

这些年，广东财政叠加投入，创新激励机制，全面调动了各级政府和基层组织的积极性，初步建起“省市补助、县级统筹、村集体收入自我保障”的格局。

——对口帮扶，苦练“内功”，创建村级组织的经费保障机制。

欠发达地区贫困村，是基层组织建设“重中之重”。广东多管齐下，对口帮扶，做大村级集体经济“蛋糕”，拓宽基层组织工作经费来源，确保“自强有能力、自治有活力”。

2009年6月，广东提出“规划到户，责任到人”的扶贫“双到”战略，选派1万余名干部，进驻3 409个贫困村，确定主导产业，实施“开发式”扶贫，计划今年之内贫困村全部“摘帽”、2017年村集体收入达到5万元。

惠来县仙庵镇点埔村是水库移民村，人多地少，村貌破旧。全村5 090人，人均耕地面积不足0.2亩，人均年收入1 640元。在上级单位帮扶下，点埔村开发商铺，修建电站，“造血”功能增强，村集体年收入从不足3万元提高到16.9万元。

为了提高引领科学发展能力，广东对全省1 156名乡镇书记和近2万名村支书轮训，组织19 513个城市党支部与农村党支部“一帮一”结对共建，选聘4 636名大学生到基层任职，培养新农村建设“领头雁”。

政府补助与自我积累结合，广东各地建起一批小水电、商铺、厂房等“吃不掉、搬不走、跑不了、拖不垮”的项目，让贫困村入股“分红”，保证收入稳定，从被动“输血”变为主动“造血”。

“经费有保障，干部有待遇，事业有奔头”。全省农村基层工作岗位不再“门庭冷落”，而成为有志青年干事创业的热土。

完善监管，着眼“持久性”。

投入与监管，是辩证的统一。没有投入的监管，只是空中楼阁；没有监管的投入，肯定难以持久。“会花钱，不算本事；花好钱，才是能耐。”从事基层工作多年，揭阳市委组织部邱海宏科长深有体会。

“上面千条线，村社一根针。”面对成千上万个村级组织“细胞”，要建立经费保障长效机制，“花好钱”尤其重要。具体而言，“花好钱”，就是“规范管财，有效用财”。

“规范管财”，重在村务公开、民主理财、加强监督，村级组织经费使用实行民主决策。

对于基层组织保障经费，广东财政部门制定规章，明确经费使用方法，监督资金支出程序。惠州市江北街道三新村实行“三个统一”——统一软件、统一标准、统一记账。村委会设立村结算中心，下属10个村民小组统一配备记账电脑，规定统一报账日和记账日。

“权力在阳光下运行，资金在网络上监管”，有力地促进了三新村经济发展和社会稳定。预计，今年该村集体经济收入可增加80万元。

“有效用财”，即“好钢用在刀刃上”。村干部每月补贴直接进个人银行卡，发得快、投得准、用得好，建立“激励型”保障。

各地开动脑筋，因地制宜，利用财政保障“杠杆”，创建多种激励模式。梅州市有“业绩考核兑现”，河源市有“互动脱贫责任”，惠州市有“转移就业奖励”，廉江市有“社会治安挂钩”……

“以前当村干部，年轻时原地踏步，老了无着落；现在，年轻有奔头，老了有依靠！”肇庆市地豆镇三桂村原党支部书记曾东生感叹。他11年前因老离任，去年从信用社领到补贴存折。拿到生活补贴卡，他简直不敢相信自己的眼睛。

“统筹兼顾，使用合理，管理规范。”广东省市县镇“四级联动”，统筹各级财政补助资金，调动基层组织干部积极性，让有限资金发挥最大效益。

广宁县寺湾村党支部副书记陈作明，当了十几年村干部，因为经费保障不足，工作举步维艰，一度心灰意懒，产生离任念头。如今工作经费有保障，他重新看到了希望：“党和政府没有忘记我们基层干部，我一定干出点名堂！”

“我们经常下乡抽查，至今没有发现补贴不到位的现象。”惠东县委组织部副部长冯仕杰告诉记者：“全县1 000多位村干部，每月补贴，按时发放，不准拖延。”

“能者有出路，在职有提高，离岗有保障。”尽管完善基层组织经费保障机制，还有不少障碍需要突破，还有法律法规需要健全，但是，广东的积极探索与创新，开始显出组织优势，推动区域协调发展。

今年上半年，广东经济欠发达地区发展加速。粤东、粤西、粤北等地区，规模以上工业增加值分别比全省高7.7个百分点、2.2个百分点和3.1个百分点。广东东、西两翼地区，地方公共财政预算收入增幅，分别高于全省4.6个百分点和7.7个百分点。

“求木之长，必固其根；欲流之远，必浚其源”。先行一步，自觉投入，夯实基础，广东农村基层组织建设焕发生机，一年一个新台阶。

（记者：刘泰山，2012年9月25日《人民日报》）

既解“当务之急”更解“后顾之忧”
广东探索村级组织经费保障“三三制”

近年来，广东按照中央要求，从实际出发，探索村级组织经费保障新路子，建立了“三补贴”、“三帮扶”、“三规范”的“三三制”，取得明显成效。未来3年内，全省欠发达地区贫困村每年补助办公经费将达5万元、干部每月补贴不低于2 000元。

广东处在发展转型期，社会矛盾集中显现，区域发展不平衡，人均财力水平低，农村基层组织建设面临经费不足、后继乏人、工作涣散等诸多挑战。为此，广东省委、省政府审时度势，提出“三补贴”、“三帮扶”、“三规范”制度，将70%以上财力转移给市县村基层，实施生活补贴、场所建设、人员培训、帮扶开发等综合性措施，浚源疏流，固本强基。

广东实行“三补贴”制度，省、市、县财政按4∶3∶3的比例，对贫困村村级办公经费、村干部、离任村干部生活进行补贴，从根本上保障贫困村的运转经费。自2010年起，广东三级财政投入25.6亿元，全省欠发达地区贫困村每年补助办公经费2万元、干部每月补贴不低于1 000元。

广东实行“三帮扶”制度，发展壮大村集体经济，建造一批“造血型”项目，提高村级组织自我保障能力。3年来，广东实施“规划到户、责任到人”对口帮扶、城乡党支部“一对一”帮扶、区域统筹帮扶等，推动农村经济发展。全省累计落实帮扶资金103亿元，发展各类特色项目1.3万个，村集体年均收入增加4.2万元。

广东实施“三规范”制度，加强村级组织经费管理，推动村级组织持续健康发展。各地因地制宜，规范制定预算、执行预算和监督审计，推出了农村干部薪酬管理细则、财务联网监控分析系统、农村财务管理办法等，确保村级组织经费“使用合理、管理规范、监管到位”。

今后3年，广东各级财政将继续投入48亿元，对全省欠发达地区贫困村每年补助办公经费将达5万元、干部每月补贴不低于2 000元，并全力推动村级基层组织工作，从解决“当务之急”向解决“后顾之忧”转变，从“输血型”保障向“造血型”保障转变。

（记者：盛祖才，2012年10月9日《人民日报》）

建立健全财政收支绩效的社会评价体系，推动服务型政府建设

广东：绩效评价，让第三方做

2011年，广东省率先探索开展了引入第三方评价财政资金使用绩效改革试点，涉及财政资金90多亿元。这意味着广东在拓宽社会参与渠道，进一步提高财政资金使用绩效评价的公信力、民主性和科学性，建立健全财政收支绩效的社会评价体系，推动服务型政府建设，提高政府管理绩效方面迈出了实质性步伐。

中共中央政治局委员、广东省委书记汪洋去年提出，财政部门要研究引入第三方评价办法，在建立科学合理的财政支出社会评价体系，强化预算监督管理、提高资金使用绩效上闯出一条新路。按照这一指示精神，2011年广东省财政厅采取整体委托的方式，通过公开邀标的形式，公开选定第三方评价机构独立承担财政性资金使用的绩效评价，由其独立承担财政支出使用绩效评价。

财政专项资金种类繁多，试点如何选择？广东财政厅从试点资金的重要性、代表性和社会关注度出发，率先选择受益群体面较广的城乡义务教育补助资金、小型病险水库除险加固资金、新型农村合作医疗补助资金和新型农村社会养老保险补助资金等民生类专项资金开展试点。

为确保评价结果的权威性，中标的3家第三方评价机构会同省财政厅、资金主管部门，反复研究第三方评价指标体系设计思路，确立了评价指标体系框架。指标设定遵循“经济性、效率性、效果性和公平性统筹结合”的原则，并经不断研究完善，现场评价检测，科学规范，可操作性强。各项资金评价指标体系基本涵盖了4个一级指标、10多个二级指标和适应项目特性的20多个三级指标，全面反映了项目前期准备、资金使用管理、项目实施监管和项目实施后产生的经济性、效率性、效果性、社会效益及可持续性等绩效情况。

在工作程序上，通过资金使用单位和主管部门自评、第三方书面评审、现场评价和综合评价等程序，采用抽样调查、现场评价、满意度调查等方法，最终由第三方评价机构综合认定各项资金的评价得分及绩效等级。如针对小型病险水库资金，第三方机构按照5%的比率随机选取现场评价对象，涵盖6个地级市的60宗水库，涉及金额8 654万元，占总项目数的5.08%，占专项资金总额7.19%。评价小组召开了60场由当地水利、财政部门，项目建设单位代表，第三方机构，各类专家参加的询问答辩会，核实现场评价材料的情况；分批次现场查看了60宗水库的大坝、溢洪道、输水涵等主要建筑物的完成情况，了解加固前的状况，对比实施灌溉、防洪等效果；在项目现场向当地群众、村干部和水利系统职工派发了1 200份满意度调查问卷，作为评价的第一手资料。

最后，第三方评价机构综合评价认定：资金使用单位和资金主管部门的自评得分明显高估；书面评审虽具有全面性，但缺乏真实性核查；而现场评价经过真实性核查和群众满意度调查，且其样本有代表性。因此，以现场评价得分作为综合评价的基准分，核定综合评价得分为81.07分，绩效等级为良。

第三方评价结果经省财政厅审核研究后，由第三方评价机构适时向社会公布。如针对小型病险水库资金，第三方评价机构已将评价结果在其单位门户网站和省财政厅门户网站上向社会公布。同时，评价结果也将成为今后专项资金安排的重要依据。

广东省财政厅有关负责人认为，通过吸收由专业人士组成的第三方评价机构，从根本上克服了内部评价双重角色的矛盾，确保了评价结果的独立性和客观性，同时可以较全面地反映民意表达，客观上对预算部门和用款单位形成了“倒逼”压力，使其更加注重预算过程的民主参与，

更加注重提高资金使用绩效。

据介绍，下一步，广东将进一步拓展第三方评价试点范围，逐步将试点范围从事后评价向涵盖预算编制、预算执行和预算监督等预算管理全过程转变，逐步从针对部分财政专项资金试点探索向逐步覆盖适宜于第三方评价的大部分财政专项资金转变，从省级试点逐步向全省覆盖转变，鼓励、引导、指导有条件的市县开展引入第三方评价。同时，加强对第三评价机构的引导培训，大力培育第三方评价组织，使之成为一项成熟的公共支出管理制度安排。

（记者：刘国旺 曾文娟，2012 年 1 月 17 日《中国财经报》）

财政工作需加快四大转型

在广东省第十二个五年发展规划纲要中，省委省政府提出了“十二五”时期加快转型升级、建设幸福广东的核心目标。根据党中央、国务院和省委、省政府的工作部署，“十二五”广东财政如何围绕中心、服务大局，圆满完成好促进发展、保障民生、深化改革各项任务，是加快财政工作转型首先要考虑的问题。结合广东实际，加快财政工作转型总的目标是，努力建设法治财政、民生财政、绿色财政、绩效财政、阳光财政“五大财政”。

为此，必须坚持继承与创新并举，全面探索加快财政工作转型的新思路、新路径，对理财模式、理财观念、投入机制及管理方式进行全面反思和创新，使之不断适应群众的呼声和科学发展的需要。

在理财模式上加快转型

一是重要支出的保障方式要从短期安排向建立长效保障机制转变。制度机制管根本、管长远。特别是对属于增加公共产品和公共服务方面的长期支出，解决人民群众的教育、文化、住房、医疗、社会保障等问题，如果没有一个长期的制度性安排或者配套的措施，而陷于“头痛医头、脚痛医脚”，尽管能取得一时的成效，但从长期将扰乱人们的预期，扭曲市场自觉的资源配置，不利于问题的解决。如解决基本公共服务问题，广东制定实施了基本公共服务均等化规划，既有一揽子解决的长期安排，又配套实施了人口迁移、财政体制调整、事业单位改革、基本公共服务多元供给等措施，较好地推进了民生问题的解决。

二是保障民生要从单纯强调政府责任向引导社会参与、实现共建共享转变。近年来广东出台或实施了一系列惠民、惠农政策措施，民生投入规模日益庞大，占全省一般预算支出比重超过六成。但民生工作涉及千家万户，需要全社会的共同努力，单纯依靠政府投入既不现实也不科学。党中央提出推进和谐社会建设要“共建共享”，一方面，制度要公开，让人民群众充分地了解政府为保障和改善民生花了多少钱，用在了什么地方，取得了什么实效；宣传要引导，使社会公众逐步认识到共建共享的共同责任。另一方面，公共财政支出必须发挥杠杆和引导作用，创新投入方式，建立多元的投入机制，引导社会公众参与社会建设，形成强大的合力。

三是促进区域协调要从限于从经济增长上缩小差距和在本区域内配置资源向缩小人均公共服务水平差距和实现区域间互促发展转变。区域发展不平衡，是广东的一个基本省情，也是广东推进科学发展的短板。过去，我们强调从经济总量上缩小区域间的差距，虽取得了一定的成效，但未从根本上扭转局面。其原因是由于地理区位、资源禀赋、发展历史的不同，缩小区域发展差距的实质是要缩小人均享有基本公共服务水平的差距。这就要求在全省范围内配置资源，推动劳动力和产业的“双转移”，以不均衡投入的方式解决发展的均衡问题，实现经济社会的集聚、集约发展以及经济、人口、生态三者的均衡。这也是主体功能区规划实施的基本要求。同时，要从财政体制设计上着力，在保障政权运转和提供基本公共服务所需基本财力需要的基础上，贯彻实施激励型财政机制，调动欠发达地区依靠自身力量加快发展的积极性。

四是促进完善国民收入分配格局要从二次分配领域向一次、二次、三次分配领域多层次着力转变。在收入分配关系中，初次分配最为重要。立足于市场这一资源配置的主体和基础，主要依靠初次分配大幅度地提高劳动者报酬；同时，积极发挥财政二次分配促进公平的作用，加大对低收入群体的补助力度，完善社会保障体系，支持民生事业加快发展，解决低收入群体的生产生活问题。财政可以考虑通过支持劳动力转移、提高农业生产率和构建农业反哺机制，完善市场配置资源机制，大力发展产权、资本、土地、技术和劳动力等要素市场等方式，作用于一次分配领域方面，逐步提高劳动报酬在初次分配中的比重。同时，积极发挥财政在三次分配中的引导作用，促进社会和谐。

在工作理念上加快转型

在履行财政职责过程中，要构建科学、合理的财政分配文化，在做好做大“蛋糕”的基础上分好“蛋糕”，创造“吃蛋糕”的良好环境。综合各方面的因素，广东财政要着力构建以民本、法治、创新、科学、竞争、绩效为主要内容的新型财政文化。

一是民本文化。这是新型财政分配文化的核心。要秉持“取之于民、用之于民”的理念，将民生优先、民生为重的理念贯彻财政资金的分配、使用和管理全过程，让人民群众充分分享改革发展成果。二是法治文化。法治是建设和谐社会的重要基础。财政工作解放思想、改革创新的各项举措只有在法治的轨道上运行，才能持续健康地发展。三是创新文化。改革创新是财政事业发展的不竭动力。要通过理财观念的创新、财政体制的创新和预算管理的创新，不断创新财政支持经济社会发展的方式手段，使我们的工作更加符合客观实际的需要。四是科学文化。要强调财政工作的“科学思想”和“科学思维”，加强调查研究，善于运用财政经济理论指导工作，顺应市场经济和历史发展的规律，不断提高决策的科学化水平，优化完善财政支持经济社会又好又快发展的政策措施，发挥财政杠杆作用，达到事半功倍的效果。五是竞争文化。财政工作既要促进公平，也要服从效率，更重要的是，通过在财政体制和财政分配领域引入竞争因素，促进公平可以更有效率的方式进行。更为重要的是，应对财政收支的突出矛盾，在分配结果具有可选择性、不固定使用对象的财政分配领域引入竞争机制，可以让最好的科学发展工作通过合理的竞争程序优先得到财政支持。六是绩效文化。要牢固树立财政资金使用必须讲究绩效和责任的观念，做到“花小钱办大事”、“少花钱多办事”。进一步深化预算改革，推行综合预算和零基预算，推进预算管理与资产管理、绩效管理相结合；改革资金分配方式，建立标准化、按因素法计算的较为科学的人员经费和专项资金分配机制。

在投入机制上加快转型

一是促进加快经济发展方式转变，要顺应市场规律、综合运用多样化财政政策手段。在促转变过程中，财政政策必须顺应经济增长、产业转移、社会发展等客观规律，一方面要集中财力投入，另一方面要透彻了解市场所需，把资金投入到最需要政府“扶一把”的地方。如果脱离了规律，离开了市场主体的真实需求，单纯强调加大投入，效果就不会很好；必须制定实施多层次、多角度的政策措施，形成政策合力。如广东把握人才流动的规律，采取设立人才奖励基金会、住房资助、创业贴息、设立风险投资基金等方式，支持引进高层次人才的综合性配套措施；“十二五”省财政统筹安排220亿元资金落实扶持战略性新兴产业发展的战略部署，研究制定实施政银企合作、推进核心技术攻关、支持创业风险投资和再担保等综合性政策措施，充分发挥了补助资金的乘数效应等。

二是推进以民生为重点的社会建设，要推动建立多元化供给机制，提高公共服务的供给质量和效率。新加坡、中国香港等国家和地区的经验表明，政府职能应将重点转向公共管理和公共服务，同时政府应是有限政府，而不是无限政府，不能无所不包，可由社会的履行的职能，政府应通过购买服务、发展社会组织、设立法定机构等方式逐步移交社会承担，这样可以更好地将市场“无形之手”和政府“有形之手”结合起来，由政府加强监控，由市场发挥自动调节和竞争效率的作用。因此，财政支持以民生为重点的社会建设，应由政府包办逐步向政府主导、社会参与转变，提供服务的生产主体由公办逐步向公建民营、民办公助以及政府购买服务多元投资转变，供给对象逐步从低收入困难群体逐步向全社会符合条件的社会群体转变。同时，在公共基础设施建设领域，注重财政与金融等手段相结合，采取BOT、BBT、BT等多种形式，利用市场资源配置和私营部门优势进行有效供给。

三是提高财政资金使用效益，要在财政分配领域注重引入竞争机制，以竞争激发活力。针对财政资金分配过程中普遍存在“重分轻管”的现象，广东将竞争引入资金分配领域，让申请资金主体通过公平、公开、公正的相互竞争，优胜劣汰，多中选好、好中选优，使有限的财政资金得到优化配置。同时，财政部门可以依据中标者的承诺，在资金分配后通过绩效评价和财政监督检验资金是否规范、有效使用，面对严格的绩效考核和结果反馈，申请单位申请资金将会更加严谨，使用资金也会更加规范合理。

在管理方式上加快转型

为回应广大人民群众的呼声，财政管理要更加注重听取社会公众的意见，消除政府与社会间信息不对称的问题，提高财政决策、分配和改革的透明度，做到“群众的幸福由群众做主”，这将成为公共财政管理改革的新的领域和方向。

一方面，要提高人民群众对财政分配的参与度。可以从以下几个方面着手，丰富和完善人民当家做主的具体形式：一是积极稳妥推进预决算公开和“三公”经费公开活动，逐步扩大公开范围和细化公开内容，让人民群众广泛地了解政府的钱到底花在哪里。但是，在公开过程中要坚持既积极又稳妥的原则，既保障社会公众的知情权、参与权和监督权，又切实维护政府公信力，确保社会和谐稳定。二是在与人民群众利益密切相关的民生领域，通过一系列制度安排让社会公众能够参与民生项目的预算编制和决策，开展财政支出民生项目征询社会公众意见工作，增强财政预算的公开性和透明度。三是积极探索引入第三方机构独立、自主地评价财政资金使用绩效，完善财政支出社会评价体系，有效收集社会公众对政府工作的意见和意愿，提高绩效评价客观性与公正性，增强政府公信力。另一方面，要完善财政决策机制，提高财政决策科学化、民主化水平。可以探索建立财政专家咨询委员会等形式，逐步建立财政决策和政策实施的专家咨询机制，充分借助财经及相关领域专家学者的专业优势和学术专长，为财政预算编制、执行、监督、问效及各项财政政策、决定、制度、措施的制定、实施及评估反馈等提供咨询和参考，进一步增强财政政策措施的科学性、前瞻性、针对性和可行性，促进财政决策的民主、公开、透明，增强财政工作、决策、改革的可信度和公信力。

（作者：广东省财政厅党组书记、厅长曾志权，2012年2月4日《中国财经报》）

打造有力的财政杠杆

——广东创新财政分配方式推进民生水利建设纪实

从2011－2020年的10年间，广东省级财政将统筹安排1 000亿元，全省总投入3 000亿元以上，推动水利建设特别是民生水利建设实现新跨越。为切实用好管好财政资金，今后10年，广东将通过竞争性分配安排水利项目，在全省择优遴选30个水利建设示范县，整县推进水利建设。如此大规模的财政水利资金实行竞争性分配，以及如此多的水利建设项目实行打捆整县推进，是广东财政资金分配方式改革的重大制度创新，对全国也具有先行者的借鉴意义。

财政资金“做底”放大水利投入

改革开放30多年来，广东在快速走向工业化、城市化、现代化的同时，经济腾飞与水资源短缺之间的矛盾日益凸显，制约着全省科学发展的步伐。目前，广东全省人均占有水资源量仅2 100立方米，低于全国人均水平，相当于世界人均水平的1/4。

中共中央政治局委员、广东省委书记汪洋指出：“水的问题仍然是我省的心腹大患，治水始终是兴粤的一个重大课题。如果我们今天不抓住时机推动水利实现跨越发展，未来我省经济社会发展最大的瓶颈将是水！”

省长朱小丹要求突出重点、狠抓关键，集中优势资源和工作力量，加快实现重点突破，以点带面实现水利工作的推进。

作为公共服务的物质保障部门，广东财政借鉴以前相关财政专项资金实行竞争性分配并取得明显成效的经验，联合省发改委、水利厅等出台了《2011年广东省水利建设示范县竞争性评审实施方案》，将省级财政水利资金分配从过去的“一对一”单向审批安排，变为“一对多”选拔性审批安排，形成“多中选好、好中选优”的优选机制。

去年12月和今年1月，经过两个批次的公开竞争性评审，已有6个县（市）入围省级水利建设示范县，省财政将对每个示范县安排基础标的为4亿元的补助资金。同时，带动示范县通过直接投入、财政贴息、专项补贴、群众投工投劳等多种方式，完成1倍以上的投入，放大资金投入规模。

为最大限度地发挥财政水利资金的效益，有利于省内各地区展开同质竞争，《实施方案》还设置了两个调整系数。一是基础标的调整系数：欠发达地区和珠三角地区分别按照基础标的的不同比例核定。二是标准投资调整系数：示范县参与竞标的投资超过标准投资20%，省级补助资金相应增加20%，少于标准投资20%的，省级补助资金相应减少15%。调整系数的设置，既考虑了广东区域经济发展不平衡的现实，又体现了“好马多吃草”的激励机制。

具体的遴选工作严格、公开、透明。据介绍，竞争性评审工作分两个阶段进行。第一轮评审会议通过省直7个部门代表对申报示范县的申报资料进行合规性评审，通过无记名投票方式评选出若干候选县。在第二轮的现场演讲及答辩阶段，从省级水利和财务专家库中通过摇号方式随机确定的7名专家，对候选县（市）书面材料、现场陈述、答辩和总结性陈述四项内容进行综合评分，并根据得分高低确定示范县入围名单。经公示无异议后，由省财政厅等部门按程序将评审结果报省政府审定。

广东此次的大动作并非一时的心血来潮，而是多年坚实探索实践基础上的厚积薄发。据省财政厅农业处负责人介绍，从2008年开始，广东就将全省欠发达地区的国有水管工程维修养护、水管单位体制改革、水利科技创新和小流域综合治理等多达88个专项资金先后纳入省级财政竞争性分配改革范围。同时，国家实施的中央财政小型农田水利重点县建设，也实行竞争性分配，均取得了良好的经济社会效益，为进一步完善水利建设专项资金分配机制积累了经验。

除省级水利建设示范县外，广东此次打出了“组合拳”。同样通过竞争性评审的方式，他们将统筹推进30个省级小型农田水利重点县、88个五小水利示范镇和30个村村通自来水示范县等一批水利示范项目建设，以进一步提高项目建设和资金使用的效益。目前，这些工作都在有条不紊地进行。

用财指向补齐民生水利“短板”

相对于生财聚财，用财才是财政管理的最终指向，也是理财者颇费思量的地方。

在2011年8月召开的广东水利工作会议上，省委书记汪洋提出，新形势下的广东治水工作，必须坚持贯彻科学发展观，围绕加快转型升级、建设幸福广东这一核心任务来推进，最根本的是要突出民生这个重点。

要打响民生水利品牌，让水利建设成果惠及广大群众，首要任务自然是找到并补齐广东水利的“短板”。这也是广东财政如何运用财政杠杆，开展好省级水利建设示范县试点竞争所面临的课题。经过全面深入调研，广东水利“短板”被锁定在防洪保安、农田水利、水资源配置、水环境综合整治和水生态修复、村村通自来水、水库移民安居六个方面，“六大工程”建设即由此展开。省级水利建设示范县将着重建设治洪治涝保安和以灌区改造、农村机电排灌为主的农田水利工程。工程建设期限为3年。

按照《实施方案》要求，通过3年的水利示范县建设，将基本形成较为完善的灌排工程体系，实现水患得到治理、水利设施安全运行，具体目标为：项目所在县有效灌溉面积占耕地面积的比重提高10% －15%；灌区内各级渠系全面实施续建配套与节水改造，实现灌区工程与现代化标准农田工程相衔接等。

但广东的目标不止于此。省委省政府要求，通过以上示范项目的带动作用，面上的水利工程建设也将同步整体推进，立足于“十二五”，力争用10年时间，广东将基本实现水患得到根本治理、农村群众喝上干净自来水、成片农田得到有效灌溉、水利设施安全运行、水资源高效合理利用的目标，使水利建设成为保护生态的重要屏障和发展民生的重要保障。

到2015年，珠江三角洲率先基本实现水利现代化，到2020年全省基本实现水利现代化。这是广东描绘的以民生水利为主色调的未来“水世界”蓝图。

财政分配改革的深谋远虑

2011年，来源于广东的财政收入完成13 668.49亿元，全省地方一般预算收入完成5 513.70亿元，连续21年排名全国各省区市之首，约占全国的1/7。

财力如此雄厚，广东为什么还如此精打细算，搞竞争性分配？其实，在风光的雄厚财力的背后，广东人口多、基数大，区域、城乡发展极不平衡所带来的财政收支矛盾一直很突出。有两个数据足以佐证：广东全省人均财政支出仅排全国第20位左右，约80%的县（市）缺少基本财力保障，也是全国第一。在这一尖锐矛盾的作用下，传统的重投入轻效益、“撒胡椒面”式的财政分配方式已经难以为继。

但是，广东大力推进财政分配改革，有着比缓解收支矛盾更为宽阔的视野和更为深远的用意。

如广东省财政厅厅长曾志权所言，在财政资金分配环节引入招投标等竞争性机制，优选出使用效益最高的项目，克服项目“一对一”单向式审批的弊端，有利于促进财政性资金在不同地区之间的合理分配，形成科学的财政资金分配决策机制，有效提高财政资金的配置效率和使用效益。同时，有利于扩大资金分配的决策范围，提高社会公众在财政专项资金管理的参与程度，增强财政专项资金分配的科学性和透明度，为实现民主理财、科学理财奠定坚实基础。

除了提高财政资金的配置效率和使用效益，推进民主理财和科学理财，财政资金竞争性分配也成为履行公共财政服务大局的突破口和着力点。曾志权对此有自己的独到见解：“必须深刻认识公共财政的职能定位和经济发展方式转变的科学内涵，全面把握公共财政与经济发展方式转变的内在联系，找准切口，突出重点，发挥作用。”

正是以财政专项资金竞争性分配等多项改革为“切口”，广东财政在服务省委省政府提出的“加快转型升级，建设幸福广东”的中心工作上取得多项佳绩。这一带来多方效应的创新之举也受到权威人士和专家的高度评价。

中国经济体制改革研究会名誉会长高尚全认为，通过在财政分配领域引入竞争机制，以竞争优化效率，以效率促进公平，集中财政投入，加快形成了欠发达地区新的经济增长点，促进了“双转移”战略的实施。竞争性分配改革符合社会主义市场经济规律，其本质为市场条件下的公平竞争、择优配置。

“这是一个理念的转变。”全国人大预算工作委员会副主任姚胜说：“由部门内部决定转向由部门内外共同决定，由少数人决定转为由多数人决定，由单纯的行政意志向科学民主的方式转变。”

财政部财政科学研究所所长贾康认为：“竞争性地配置资源，是对财政资金的优化配置，主要针对专项资金、项目选优方面的合理性资金配置。这是对公共财政理论与实践相结合的重要贡献。”

“竞争性分配手段，是以民主财政实现民生财政的重大突破。”中国人民大学国际关系学院教授任剑涛认为：“只有通过民主财政的方式，把竞争性分配手段作为实现公共服务均等化的有力杠杆，才能把民生财政做实。”

对广东来说，全国财政第一大省带来的不仅是美誉和鲜花，更是责任和荆棘，因为这意味着要承担改革排头兵和先行者的角色，要破解从未遇到的难题，要拿出超乎别人的勇气，要探出前人未走的新路。

令人欣慰的是，广东财政从不缺乏改革的勇气和智慧，财政资金竞争性分配等诸多改革举措的陆续出台即是明证。这不仅对于财政自身的改革发展具有重大意义，更将为广东实现科学发展提供有力保障，为建设幸福广东打下坚实的基础。

（记者：刘国旺 曾文娟，2012年2月11日《中国财经报》）

构建科学合理的财政分配文化

财政支出是二次分配的主体，财政工作主要是分配的工作，关系社会再生产的全局，必须正确处理好“做蛋糕”与“分蛋糕”的关系。当前广东进入中等收入国家发展水平，分好“蛋糕”、避免陷入“中等收入陷阱”十分重要。

如果没有一种正确的分享“蛋糕”的机制和文化，各方对利益分配的不满就会给整个社会带来更多的矛盾。因此，在履行财政职责的过程中，构建科学、合理的财政分配文化，在做好做大“蛋糕”的基础上分好“蛋糕”，创造“吃蛋糕”的良好环境。综合各方面的因素，广东财政要着力构建以民本、法治、创新、科学、竞争、绩效为主要内容的新型财政文化。

一是民本文化。这是新型财政分配文化的核心。要秉持取之于民、用之于民的理念，将民生优先、民生为重的理念贯彻到财政资金的分配、使用和管理全过程，让人民群众充分分享改革发展的成果。

二是法治文化。法治是建设和谐社会的重要基础。解放思想、改革创新的各项财政工作只有在法治的轨道上运行，才能持续健康地发展。

三是创新文化。改革创新是财政事业发展的不竭动力。要通过理财观念的创新、财政体制的创新和预算管理的创新，不断创新财政支持经济社会发展的方式手段，使我们的工作更加符合客观实际的需要。

四是科学文化。要强调财政工作的“科学思想”和“科学思维”，加强调查研究，善于运用财政经济理论指导工作，顺应市场经济和历史发展的规律，不断提高决策的科学化水平，优化完善财政支持经济社会又好又快发展的政策措施，发挥财政杠杆作用，达到事半功倍的效果。

五是竞争文化。财政工作既要促进公平，又要服从效率，更重要的是，通过在财政体制和财政分配领域引入竞争因素，以更有效率的方式促进公平。更为重要的是，应对财政收支的突出矛盾，在分配结果具有可选择性、不固定使用对象的财政分配领域引入竞争机制，可以让最好的科学发展工作通过合理的竞争程序优先得到财政支持。

六是绩效文化。要牢固树立财政资金使用必须讲究绩效和责任的观念，做到花小钱办大事、少花钱多办事。进一步深化预算改革，推行综合预算和零基预算，推进预算管理与资产管理、绩效管理相结合；改革资金分配方式，建立标准化、按因素法计算的较为科学的人员经费和专项资金分配机制。

（作者：广东省财政厅厅长 曾志权，
(2012 年 2 月 15 日《中国财经报》)

广东财政助推经济转型升级

2011 年，广东省财政按照省委、省政府的决策部署，充分发挥职能作用，以扶持战略性新兴产业为重点，突出提高自主创新能力，大力推进经济结构战略性调整，在加快经济发展方式转变、促进经济平稳健康发展发挥了重要作用。

据省财政厅工贸发展处负责人介绍，“十二五”期间，省财政共新增安排 220 亿元支持战略性新兴产业发展。其中包括，通过设立专项资金支持新能源汽车、高端新型电子信息和 LED 三大产业实现重点突破，支持核心技术攻关、人才奖励；通过财政资金引导作用，为战略性新兴产业提供各类融资支持。2011 年，省财政为此下达专项资金 23 亿多元。其中，下达第一批战略性新兴产业政银企合作贴息资金 6.3 亿元后，就拉动企业及社会投资 644 亿元、银行贷款 385 亿元。

为增强企业自主创新能力，提升产业竞争力，省财政在加大科技创新投入的同时，还完善创新政策，深化省部省院产学研合作、引进培养创新型人才、吸引风险投资等配套政策措施，进一步引领和支撑经济发展方式转变。

广东财政还通过突出支持传统产业转型升级、扶持中小企业发展、优化产业区域布局等，推进经济结构战略性调整。

广东传统优势产业基础雄厚、市场份额大，已形成较为完善的产业体系，在国内外同行业中具有较强竞争力，是广东建立现代产业体系的重要组成部分。为加快传统产业转型升级，2009年以来，省财政厅联合有关部门采用滚动安排的方式，提前集中使用部分专项资金15.7亿元，实施战略性新兴产业工程、传统优势产业升级工程等，共安排技术改造创新项目1 350多个，带动地市财政配套5亿多元，拉动社会投入577亿元。

2008年以来，省财政还支持50多个产业集群公共服务平台，投入专项资金超过6 000万元，建成各类公共服务机构近253个，成为产业集群内部创新的源头。自2010年起，省财政还对符合条件的战略性新兴产业集群项目，给予3 000万~8 000万元的补助。

广东中小企业数量众多、实力较强，省财政在支持中小企业科技创新、缓解融资难方面发挥了重要作用。除每年安排中小企业发展专项资金1.8亿元外，省财政还安排科技型中小企业创新专项资金5 000万元，支持科技型中小企业核心技术和产品研发及成果产业化，促进创业风险投资等。该项资金资助了一大批技术水平高、创新能力强、具有良好市场前景和成长性的中小企业，已累计扶持30家科技型中小企业成功上市。

为帮助中小企业应对金融危机、缓解融资难问题，2009年省财政安排22亿元予以支持。此外，注入10亿元资本金成立了广东省融资再担保有限公司，为中小企业融资提供担保和再担保业务。目前，已拓展合作银行近20家、合作担保机构超过40家，累计担保发生额超过350亿元，服务中小企业超过5 400户，带动利税近百亿元。

上述负责人介绍，推进珠三角地区相关产业加快向粤东西北地区转移，推进农村劳动力向城市和第二、第三产业转移，实现产业转移和劳动力转移有机结合，即“双转移”战略，是广东省委、省政府的重大战略决策，省财政为此全力以赴，落实有关财政扶持政策。

2008－2012年省财政统筹安排400亿元推进“双转移”战略，确保取得实效。2010－2013年，省财政一次性投入25亿元，落实省委、省政府提出的“再推一把”措施，加快推动产业转移。为突出“扶优扶强”思路，省财政于2011－2015年再安排24.5亿元，优先扶持重点区域、重点园区和重点产业加快发展。

（作者：刘国旺 曾文娟，2012年2月21日《中国财经报》）

广东财政支持“三农”有侧重

向完善农业农村基础设施等重点和薄弱领域倾斜

2011年，在加大投入的同时，广东财政继续调整优化支农支出结构，推动资源要素进一步向完善农业农村基础设施、农村社会事业、农林生态建设等“三农”重点和薄弱领域倾斜。

突出支持水利建设。据省财政厅农业处负责人介绍，2011年，按照中央一号文件的要求，省财政厅联合水利厅制定了未来10年的水利建设规划，集中实施农田水利万宗工程、村村通自来水工程和最严格的水资源管理制度项目等五项民生水利工程建设，总投资近1 800亿元。而未来10年，全省水利总投入将超过3 000亿元，其中省财政投入将达1 000亿元。为此，除增加专项预算安排外，省财政还想方设法多渠道筹资，落实资金投入。省财政厅还积极创新，采取面上总体推进和整县示范推动相结合、重点工程与配套工程同步推进的水利建设新模式。一方面制定中小灌区改造等13类面上一般项目的省级补助标准，另一方面将财政竞争性分配引入水利五项工程建设，取得了良好效果。

突出支持农业农村基础设施建设。2011年，省财政继续统筹整合资金，以土地开发整理、基本农田示范区建设等多种项目为载体，安排7.32亿元支持推进62.5万亩现代标准农田建设，继续安排低效园地山坡地补充耕地省级补助资金8亿元，支持市县新造40万亩有效耕地，促进实现全省耕地占补平衡和总量动态平衡，着力改善全省农业基础生产条件，提高粮食综合生产能力。通过统筹省级水利资金盘子、滚动预算、省级水利融资平台等多渠道筹集资金近30亿元，继续支持城乡防灾减灾等重点水利项目建设。截至2011年10月底，全省城乡水利防灾减灾工程和大中小型病险水库除险加固工程建设已经基本完成。在2010年年底累计完成1 041万人农村饮水安全工程建设任务的基础上，2011年继续安排4.8亿元，解决了301万人的农村饮水不安全问题。

突出支持农村综合改革。2011年，省财政安排1.8亿元，对全省开展农村综合改革试点的山区县所辖生态发展镇，通过省市县共同支持，分类分档给予补助，同时对进度较快的县（市、区）给予200万元的一次性经费奖补。为探索建立“政府资助、农民参与、社会支持”的村级公益建设新机制，对村民迫切需要并直接受益的公益事业建设项目，以村民自愿出资出劳为基础，各级财政按不少于农民筹资筹劳总额的50%给予奖补。省财政去年为此安排奖补资金2.15亿元。2011年，省财政还安排1.5亿元，通过基础性补助和激励性补助相结合的方式支持全省名镇、名村、示范村建设，通过样板示范带动全省农村宜居建设。

突出支持现代农业建设。2011年，在省级以上资金的带动下，全省通过多种渠道筹集4.34亿元，支持油茶、优质稻和特色水果三大产业带建设，着力打造区域特点显著的现代农业经济板块。2011年，还累计投入7.07亿元，支持粮食生产、“三高”农业、农业龙头企业、现代农业园区、农民专业合作社发展，深入推进“一乡一品”、粤台农业合作等工作，推进农业安全体系建设和突发公共事件预警信息发布系统建设等。还累计投入1.25亿元扶持农业机械化和农技推广，加强农业技术装备，提高农业生产水平和劳动生产率。投入19.2亿元，以林业生态建设为重点，着力构建完备的国土生态安全体系和发达的林业产业体系，围绕打造现代渔业强省推进现代渔业产业化步伐。

据统计，2011年，省级预算安排“三农”支出337.29亿元，同比增长13.97%。

（记者：刘国旺　曾文娟，2012年2月28日《中国财经报》）

完善省以下财政体制，推进区域间均衡发展，实施财政资金竞争性分配改革

广东财政公共性特征凸显

近年来，广东省财政部门紧紧围绕构建适应社会主义市场经济要求的公共财政体系，深入推进省以下财政体制改革，充分发挥公共财政在促进发展、保障民生和深化改革等方面的职能作用，取得重要成效。

在完善省以下财政体制方面，广东迈出重要步伐。2011年，广东将省级与市县营业税、企业所得税、个人所得税和土地增值税（地方部分）分享比例，由“四六”调整为“五五”，提高省级财力集中度。集中的财力主要用于加大对欠发达地区的转移支付，增强了省级财政调控区域经济、促进经济协调发展的能力。同时，进一步健全县级基本财力保障机制。在明确市县保障主体责任的基础上，建立保障与激励相结合的奖补机制，2011年用于县级基本财力保障奖补的资金超过42亿元。同时，继续加大教育、卫生等民生事业转移支付力度，省财政资金分配进一步向基层倾斜。2011年消化县级基本财力保障缺口约80亿元，县均约1.5亿元，人均支出水平提高2.1万元。

为推进区域间均衡发展，广东自2009年开始实施基本公共服务均等化规划，从公共教育、公共卫生、公共文化体育、公共交通、生活保障、就业保障、医疗保障、住房保障等方面推进实施基本公共服务均等化，推动建立保障和改善民生的长效机制。2011年，全省财政为此投入1 671.77亿元，同比增长37.89%。同时，完善鼓励生态保护的财政政策。2011年，省财政为此新增安排一般性转移支付约17亿元，设置17项考核指标，对生态优化区域实施以生态发展为基本导向的激励政策，将省财政一般性转移支付与县域生态环境挂钩，研究制定生态补偿办法，推动建立生态补偿机制，鼓励加强生态环境保护。

在专项资金的分配和管理方面，广东大力实施财政资金竞争性分配改革。以绩效目标及可量化指标为依据，采取公开竞标和专家公开评审方式筛选最优项目，实行“多中选好，好中选优”的竞争性分配改革，提高财政资金配置效率。例如，在安排“省产业转移扶持资金”时，向全省各地财政和主管部门公布信息，由各地提出具体实施办法，通过公开申报、组织专家评审的方法来确定项目。截至2011年年底，全省共有89项财政专项资金实施竞争性分配改革，涉及财政资金约170亿元。

通过以上举措，广东财政改革取得多方面的重要成效。

财力结构趋于均衡。从纵向看，县域财力明显增强。2011年全省67个县（市）一般预算收入完成467.5亿元，2006－2011年年均增长25.4%，高于全省收入增长5个百分点；67个县（市）一般预算收入全部过亿元，县均一般预算收入从2005年的1.8亿元增加到2011年的7.0亿元。从横向看，区域财力向均衡方向发展。2006－2011年，广东省东、西、北地区财政收入年均分别增长22.7%、22.4%和26.3%，增幅高于珠三角地区3.0个百分点、2.7个百分点和6.6个百分点；东、西、北三地区一般预算收入总量占全省市县级的比重从16.6%上升到20.4%，与珠三角地区人均财力比值已由2005年的1∶5缩小到2010年的1∶4左右。

财政支出实现“四个转变”。重点支出的保障方式从短期安排向建立长效保障机制转变。财政支出从重经济建设向重民生和基本公共服务转变。财政支出管理从外延式、

粗放式管理向科学化、精细化管理转变。促进区域协调发展从单一的财力扶持向体制、政策和财力扶持多措并举转变，实现省级纵向扶持与珠三角和欠发达地区互促发展相结合。

财政公共性特征更加凸显。一是保障和改善民生成效显著。投入快速增长、覆盖范围不断扩大、注重制度创新的财政民生保障机制逐步健全，基本公共服务均等化程度不断提高。二是财政调控能力不断增强。为有效应对国际金融危机，实施积极的财政政策，集中投入财政资金推动产业和劳动力实现转移，引导产业转型升级，促进经济平稳健康可持续发展。深化分税制改革，实施省直管县财政体制改革试点和镇（乡）财政以及村级财务管理方式改革试点，促进区域协调发展。三是财政转移支付制度不断完善。建立县以下政权基本财力保障机制，探索完善相关激励政策，加大省级财政转移支付力度，有效缓解了经济欠发达地区特别是基层财政困难。四是财政资金使用效益不断提高。建立财政扶持资金竞争性分配制度，探索引入第三方评价财政资金使用绩效，加快培育以民本、法治、创新、科学、竞争、绩效为主要内容的新型财政分配文化，有效提高了财政资金使用效益。

下一步，广东将进一步完善省以下财税体制改革。主要包括，探索建立补偿和激励相结合的生态保护机制，不断提高生态地区财力保障水平；加大力度完善县级基本财力保障机制，增强保障能力；进一步推进省直管县财政改革，促进地方政府财力与事权相匹配；从2012年起用两年时间全面实施镇（乡）财政管理方式改革，提高基层财政管理水平。

（记者：刘国旺 曾文娟，2012年5月10日《中国财经报》）

今年起以惠州市为综合改革试点市，统筹城乡间、均衡县区间、促进不同人群间的基本公共服务均等化

广东：以改革破解基本公共服务均等化难题

围绕破解城乡之间基本公共服务水平差距明显、县（市）区间公共服务供给水平存在明显差异、不同群体间享受的基本公共服务不均衡这三大突出问题，广东省近日确定以惠州市为综合改革试点市，开展基本公共服务均等化综合改革，以进一步加快基本公共服务均等化进程，确保完成《广东省基本公共服务均等化规划纲要（2009－2020年）》（以下简称《规划纲要》）第二阶段工作任务。

2009年广东省在全国率先编制实施了《广东省基本公共服务均等化规划纲要（2009－2020年）》，在全省范围内积极推进基本公共服务均等化这一宏大民生工程，推动改革发展成果普惠民生，目前《规划纲要》实施已进入第二阶段（2012－2014年）。为此，广东省近日印发了《深入推进基本公共服务均等化综合改革工作方案》，对新时期推进基本公共服务均等化工作提出了一系列新任务、新要求。

据省财政厅厅长曾志权介绍，此次基本公共服务均等化综合改革工作的基本任务包括三个层面：

第一个层面是统筹城乡间基本公共服务均等化。按照城乡统筹的要求，加快完善基本公共服务制度设计，缩小城乡之间基本公共服务供给差距。首先是要加快实现城乡基本公共服务制度对接，包括建立区域内城乡统一的义务教育、公共卫生经费保障机制和均等化的养老保障、医疗保障、生活保障制度，建立覆盖城乡的公共文化服务体系、公共交通网络、公共就业服务体系、住房保障体系等。其次是要加快完善农村基本公共服务体系。包括加快农村公路建设、加强农村公共服务和社会管理等。最后是要合理配置城乡基本公共服务资源，不断缩小城乡基本公共服务水平差距。包括缩小城乡之间教育装备建设和应用差距，生均装备价值达到城乡一致等。

第二个层面是均衡县区间基本公共服务水平。破除行政区划障碍，促进各区域基本公共服务水平均衡发展。首先要统一区域内基本公共服务标准，确保“底线均等”。包括逐步缩小区域间群众享受的公共卫生、公共文化体育等基本公共服务项目的水平差距；完善城镇职工基本养老保险制度，巩固完善城镇职工基本养老保险省级统筹，统一养老保险政策、养老金计发办法等。其次要提高欠发达地区基本公共服务水平，加大对欠发达地区的帮扶力度。最后是实现区域内基本公共服务自由流转和待遇互认。

第三个层面是促进不同人群间基本公共服务均等化。主要是在提高低收入人群基本公共服务保障标准、实现户籍常住人口基本公共均等化的基础上，逐步实现基本公共服务由户籍人口向常住人口全覆盖。一是提高标准。重点是要逐步提高低收入群体和困难群体的基本公共服务保障标准。包括完善基本养老金正常调整、双拥优抚安置制度，建立全面覆盖的社会救助制度，实施低收入群体殡葬基本服务免费制度等。二是制度对接。重点是要逐步消除不同群体之间在政治、经济、生活、公共服务等方面的差异，促进解决基本公共服务异地流转问题。三是平等待遇。在财力允许的条件下，结合有效解决基本公共服务异地流转

问题，逐步提高非户籍常住人口基本公共服务享有水平，促进外来人口在政治、经济、文化、社会等方面与当地城镇居民的全面融合，逐步给予异地务工人员基本公共服务和民主权利等。

曾志权还介绍，基本公共服务是一个动态范畴，随着经济社会发展，基本公共服务的内涵和外延都会有变化。基本公共服务综合改革试点，在《规划纲要》原定公共教育、公共文化等八个基本公共服务项目的基础上，增加了公用设施、社会安全、社会服务、权益保障、人居环境、生态环保等方面。

在推进综合改革试点过程中，曾志权认为，在相应增加财政投入，明确市、县、镇各级政府基本公共服务事权和支出责任的基础上，要进一步优化财政支出结构，确保基本公共服务支出增长适当高于财政一般预算收入增长，还要通过完善财政体制均衡各县区间基本公共服务供给能力。同时，按照综合改革、配套推进的原则，统筹推进调整完善财政体制、实施人口迁移、深化事业单位改革和富县强镇、简政强镇事权等改革，增强改革的系统性，形成改革合力。此外，要通过完善基本公共服务管理体制和基本公共服务领域的社会管理机制，逐步破解社会管理“错位”、“缺位”、“越位”等基本公共服务均等化深层体制障碍。

在坚持公益事业发展由政府主导的原则下，要探索基本公共服务多样化的供给形式，通过深化政府购买社会服务改革，扶持公益性社会组织发展，加大向社会简政放权力度，建立基本公共服务多元化供给机制，提高基本公共服务的效率和质量。同时，要探索基本公共服务供给的社会参与机制，将考虑在基本公共服务决策领域引入民意征询机制，推进为民办事征询民意，提高社会公众对政府提供基本公共服务的认可度和满意度。

（记者：刘国旺　曾文娟，2012 年 5 月 17 日《中国财经报》）

继省级水利和农业建设资金进行公开竞争评审后——

广东森林碳汇资金实行竞争性分配

5 月 15 - 17 日，广东省财政厅会同省林业厅在广州举办了 2012 年广东省森林碳汇重点生态工程建设资金竞争性评审会，全省 42 个县（市、区及林场）进行了要件审核、公开演讲、现场答辩等环节的角逐，由评审专家根据各竞标单位的综合表现进行评分，最终 17 家单位脱颖而出，获得 2012 年广东省森林碳汇重点生态工程建设奖补资金。

这是继省级水利建设示范县，农业新兴特色产业等水利、农业建设资金进行公开竞争评审后，广东省级专项资金实行竞争性分配的新进展。根据省政府批准的《2012 年广东省森林碳汇重点生态工程建设资金竞争性分配实施方案》，此次竞标按照统一的申报、评标要求分类进行。其中第一类为年度建设任务 4 万亩以上单位，设 6 个中标单位；第二类为年度建设任务 4 万亩以下单位，设 11 个中标单位。本次中标单位可按年度建设任务获得每亩 350 元的 2012 年省级森林碳汇重点生态建设补助资金，补助最高的县达到 4 685 万元。

开展财政资金竞争性分配改革，是广东解放思想，开拓创新，探索财政资金分配方式，提高财政资金使用效益的重要举措。通过建立“多中选好、好中选优”的项目优选机制，强化绩效优先观念，形成科学的财政资金分配决策机制，有效提高财政资金的配置效率。

对省级财政林业建设资金实行公开竞争性安排在广东尚属首次，这一创新做法在各级政府引起强烈反响，得到各县（市、区）的高度重视和积极响应。

通过竞争性评审，进一步强化了各级政府对林业生态建设工作的重视，调动了县（市、区）政府的积极性，有效改进了各地森林碳汇生态工程建设方案，对推动广东省林业生态建设起到了重要作用。

森林碳汇重点生态工程建设，将通过 4 年时间，消灭全省尚存 501.73 万亩的宜林荒山荒地，并实施 987.81 万亩的疏残林（残次林）、低效纯松林和低效（或布局不合理）桉树林改造，以扩大森林面积，提高森林质量，全面提升森林生物量和储碳能力，达到保护生物多样性、增加森林碳汇、应对全球气候变化的目的，建成以珠江水系、沿海重要绿化带和北部连绵山体为主要框架的区域生态安全体系，促进全省经济社会可持续发展。按照概算，全省森林碳汇重点生态工程建设总投资需 66.5 亿元，主要由各级政府投入引导，争取中央财政支持，同时积极建立多渠道、多层次、多元化的投入机制

（记者：曾文娟，2012 年 5 月 19 日《中国财经报》）

广东减免缓征部分企业37项行政事业性收费

近日，广东省财政厅、省物价局联合印发相关通知，决定在全省范围内对小型微型等四类企业减免缓征37项涉企行政事业性收费，以切实减轻小型微型等企业负担，支持企业平稳健康发展，促进经济稳定增长。

此次减免缓征对象为全省范围内的小型微型企业、外经贸企业、战略性新兴产业企业、省级产业转移园区的企业四类企业，共包括37项涉及企业的行政事业性收费项目。其中，免征35项，缓征2项。减免缓征的期限从2012年7月1日起至2012年12月31日。通知规定，此次出台的收费优惠政策与国家和省已出台的各有关收费优惠政策合并执行，如收费优惠项目重叠，可按合并后最优惠政策执行。

（记者：曾文娟，2012年8月25日《中国财经报》）

广东省“十个严控”促厉行节约

为贯彻落实中央和广东省委、省政府关于厉行节约严控支出的工作部署，积极应对当前严峻经济形势，近日，广东省政府出台《关于厉行节约的若干规定》（以下简称《规定》），实行严格的支出控制措施，做到“十个严控”。主要包括：

严控财政新增支出。年度中除中央和各级党委、政府确定的重大支出项目以及民生项目支出等重点支出外，原则上不追加支出预算，确保全年预算收支平衡。

严控一般性支出。继续实行公务购车和用车经费、会议经费、公务接待费用、党政机关出国（境）经费、办公经费零增长。2012年7月1日起省直行政事业单位公用经费按全年额5%压支，各地参照制定相应压支措施。

严控节庆活动支出。原则上停办以党政机关名义主办或财政出资的晚会、展览、庆典、论坛、纪念会、首发首映式等活动，不得安排财政性资金用于制发各种图册、刊物、宣传片和纪念品，严格控制各类检查评比活动。坚决制止和取消要求企业及群众出钱、出物、出工的各类节庆活动。

严控公务用车支出。确保2012年公务用车运行维护费用在近3年平均数基础上降幅不低于10%。

严控各类会议支出。原则上各地、各部门2012年会议数量比上年减少10%，会议经费在会议费综合定额的基础上下降10%。

此外还包括，严控公务接待支出。2012年下半年省直各部门（单位）公务接待费原则上不得超过上年决算数的80%。严控因公出国（境）经费支出。2012年各地、各部门出国经费预算不得超出2008年决算数、上年决算数和近三年决算平均数三者最小值。严控楼堂馆所项目支出。2012年下半年一律停止审批行政事业单位新建和改扩建楼堂馆所项目，已批准的在建、维修、装修和改造项目，严格按规定标准建设。严控办公经费支出。2012年各地、各部门水费、电费、差旅费和公务车燃油费用在上年基础上节约5%。严控机构设置和人员编制。

《规定》明确，将建立健全省、市、县三级经费节约统计通报制度，完善落实行政事业单位经费节约考核机制，考核不合格的，超支额相应抵减下年预算。

（记者：曾文娟，2012年8月28日《中国财经报》）

广东省确定一个时期内政府采购制度改革
总体目标，该省财政厅纪检组组长邓桂明指出——

政府采购要积极为“建设幸福广东”服务

当前和今后一个时期，广东省政府采购制度改革将紧紧围绕“加快转型升级、建设幸福广东”这一核心任务，做好“四个坚持、四个促进”开创改革新局面。8月14日，广东省政府采购工作会议暨业务培训班在广州召开。会议回顾总结了《政府采购法》颁布10年来广东省政府采购制度改革取得的成效，研究分析了当前政府采购制度改革面临的形势和任务，围绕财政“十二五”中心工作及广东省“十二五”规划纲要提出的经济社会发展目标，对深化全省政府采购制度改革的基本思路和总体目标进行了明确，对当前和今后一个时期的重点改革任务进行了部署。广东省财政厅党组成员、纪检组长邓桂明，广东省纪委执法监察室副主任（正处级）李洋出席会议并作重要讲话。

会议明确，当前和今后一个时期，广东省深化政府采购制度改革的总体目标和主要任务是：以科学发展观为指导，深入贯彻落实《政府采购法》，围绕“加快转型升级、建设幸福广东”核心任务和财政“十二五”中心工作，以“廉洁、高效、安全、规范”为总目标，建立公开、公平、公正的政府采购体系，全面加强政府采购科学化、精细化和规范化管理，充分发挥政府采购在强化公共财政支出管理、反腐倡廉、宏观调控、支持中小企业发展方面的重要职能作用，促进全省经济社会全面发展。

围绕上述总体目标和主要任务，会议提出，深化全省政府采购制度改革应努力做好“四个坚持、四个促进”，即坚持依法采购，促进政府采购进一步公开、公平、公正；坚持改革创新，促进政府采购管理进一步科学化、精细化；坚持宏观调控，促进政府采购进一步服务经济社会发展大局；坚持统筹兼顾，促进政府采购进一步适应经济全球化发展趋势。

坚持依法采购，重点要在强化意识、完善制度、规范运作和加强监督上下工夫；坚持改革创新，重点要抓好制度设计、监督手段和操作流程的创新；坚持宏观调控，核心是要在增强政府采购促进经济社会发展的引导调控职能的同时，加强采购政策与其他相关政策的协同配合；坚持统筹兼顾，核心是要在积极稳妥地开展GPA研究和谈判应对工作的同时，不断调整和完善政府采购制度，努力提高本省企业在国际政府采购市场中的核心竞争力。

邓桂明指出，过去10多年，广东省政府采购制度改革取得了显著成效，省委、省政府高度重视政府采购工作，汪洋书记、徐少华常务副省长多次提到政府采购工作，并作出重要指示。贯彻落实省委、省政府的总体部署，推动科学发展，实现省“十二五”规划纲要提出的经济社会发展目标，“加快转型升级、建设幸福广东”，深化改革开放等对政府采购制度改革提出了新的更高的要求。希望全省政府采购部门进一步统一思想，坚定信心，以《政府采购法》颁布10周年为契机，围绕会议确定的总体目标和主要任务，深化改革，开创全省政府采购制度改革新局面。

李洋充分肯定了广东省政府采购制度改革取得的成效，并结合广东省党风廉政建设和反腐败斗争会议精神，希望政府采购改革继续坚持把反腐倡廉放在突出重要的位置，坚持以监督检查为有力抓手，规范政府采购行为，进一步落实工作责任，分解任务，把主要精力放在突出重点、难点上来。

财政部政府采购管理办公室政府采购管理一处黄淑琼应邀就政府采购供应商质疑、投诉处理的应对策略及技巧、政府采购促进中小企业发展政策等进行了业务讲解。广东省财政厅法规税政处工作人员就政府采购行政复议及诉讼应对策略及技巧进行了业务讲解。会议还就广东省电子政府采购管理交易平台系统完善进行了需求讨论。广东省省直单位政府采购相关负责人、各地市财政局主管政府采购工作的局领导、相关负责人等200余人参加了会议。

（记者：周黎洁；通讯员：岳才轩，
2012年8月29日《中国财经报》）

第三方评价为绩效管理添新彩

——广东引入第三方独立评价财政支出使用绩效纪实

编者按：

近年来，广东省财政在深化财政改革，提高资金使用绩效方面进行了积极探索，在全面开展主管部门绩效自评，财政部门组织重点评价的基础上，率先引入第三方独立参与财政支出绩效评价。从2011年起，首先对受益群体面较广的城乡义务教育补助资金、新型农村合作医疗补助资金等民生类专项资金进行了第三方评价使用绩效试点，涉及财政资金90多亿元，取得了显著成效。今年7月份起，又开始对农村饮水安全省级补助专项资金使用绩效进行第三方评价工作。今日本报刊登广东的典型经验，以期对其他地方在绩效管理工作创新方面有所借鉴。

客观全面，独立公正实施第三方评价

高州是我们到茂名市的第二站。7月21日，中水珠江规划勘测设计有限公司（以下简称“中水珠江公司”）副总工程师张光兴在评价现场对记者说。

按照计划，中水珠江公司定于7月17日至7月29日组织专家评价小组赴湛江市、茂名市及所属有关县级市，对2011年农村饮水安全省级补助专项资金使用绩效进行现场评价。

评价小组在高州市进行现场评价的是谢鸡镇农村饮水安全工程，该工程于2011年开工建设，工程总投资约1 268万元，其中国家投资348万元，设计日供水量874吨，建成后能解决近2万人的饮水安全问题。记者在现场看到，评价人员先来到村委仔细查看规划图，并了解相关情况，接着上山实地查看水源，一路上又不断问询，然后再返回村里做问卷调查。

当天的高州天气非常闷热，人在外面站上一会儿就大汗淋漓。整整一下午，检查组先后这样反复查看了3个点，结束时已是晚上7点多。检查组在高州的现场评价要进行3天。

“我们赴现场了解项目概况后，现场重点检查水源点、取水工程、输水工程、净水工程和配水工程等主要建筑物的完成情况，了解项目实施前的状况，对实施后水质、水源保证率、管护情况等进行检查核实，现场派发调查问卷并回收，作为评价的第一手资料。”张光兴说。

“从我们目前检查的情况来看，总体上比去年要好，专项资金的使用和管理越来越规范。”张光兴说，去年，受广东省财政厅委托，他们公司曾作为第三方，独立对2009年广东省12.05亿元病险水库除险加固专项资金的使用绩效进行重点评价，涉及1 180宗病险水库。

据广东省财政厅厅长曾志权介绍，从2011年起，广东率先探索引入第三方绩效评价机制，有效弥补了传统的政府自我评价的缺陷，在完善政府绩效评价体系、提升绩效评价公信力、民主性和科学性方面发挥了重要作用。第三方评价机构遵循“客观、公正、科学、规范”的原则和“绩效导向、突出结果”的思路，按照资金使用单位和主管部门自评、第三方书面评审、现场评价和综合评价等程序，采用抽样调查、现场评价、满意度调查等方法，环环相扣，互为补充，全面、科学实施独立第三方评价。

据了解，评价过程分为四个阶段：

——单位开展绩效自评。各级资金主管部门和资金使用单位按照印发的评价方案规定，依托广东财政绩效管理信息系统，对各项资金使用绩效情况全面开展自评，并按要求统计、填报基础信息数据，提交绩效自评报告及相关佐证材料。第三方评价机构运用描述统计方法，对资金使用单位提交的绩效自评材料进行汇总分析，形成单位自评情况得分。——专家书面评审。第三方评价机构组织专业技术、财务管理、绩效评价等各类专家，依据佐证材料、自评材料、评价指标及标准等对各资金使用单位提交自评材料的完整性、规范性、内容有效性及项目实施绩效情况进行审核、分析与评分。专家的书面评审主要采用目标对比法与效益分析法，重点考查项目实施的产出和效益，并与单位自评结果形成对照，从中发现差异与问题，为遴选出一定数量的、覆盖全省代表性的典型项目并对其实施现场重点核查提供依据。

——实施现场评价。第三方评价机构根据项目属性、区域分布、资金额大小、书面评审结果优劣等因素，按照一定比率随机选取评价对象分批进行现场核查，保障资金使用的真实绩效。现场评价主要采取现场座谈会、答辩会，以及核查与资金使用和评价有关的资料，实地查看资金使用情况等方式进行。同时，评审还采取问卷调查的形式，对实际受益群体进行满意度调查，并将社会效益、受益人群满意度作为考评指标依据。

——第三方机构综合评价。第三方评价机构采用目标预定与实施效果比较、定性与定量综合分析、信息技术和数理统计技术支撑等评价方法，对资金使用情况进行属地分类、评价指标分类等多种维度分析，对前期准备、资金管理、组织实施和项目绩效情况进行全面综合评价，并通过对自评得分、书面评审得分和现场评价得分三者间的对比分析后，综合认定各项资金的评价得分及绩效等级。

规范程序，科学选定第三方评价机构“我们是通过参加投标获选的，主要是由于公司在水利项目方面的专业优势”。张光兴介绍说。

据了解，中水珠江设计公司去年中标后，组建了由具有丰富工程技术管理、国家大中型工程稽查、造价咨询、绩效评价和财务管理经验的19名专家构成的评价工作组，经过反复研究制定了多个指标，对项目政策制定、投入、产出、结果和影响进行全面评价。

小型病险水库除险加固专项资金的使用绩效评级结果为，资金使用单位和水利主管部门自我评价平均分为91.98，评价小组书面评审平均分为80.61，现场评价平均得分为81.62分，最后综合评价得分为81.07分，绩效等级为良。“综合评价结果表明，小型病险水库除险加固工程建设基本达到既定目标，政策实施效果、资金使用绩效良好。”广东省财政厅有关工作人员介绍说，为提高第三方评价的公信力，改革采取整体委托的方式，通过公开邀标，公开选定第三方评价机构独立承担财政性资金使用的绩效评价。

公开邀标的程序简明而严谨，包括三个程序：

——明确评价主体。第三方评价主体为具有法人资格、能独立承担民事责任，可委托依法行使查账权，具有一定资质的国内中介组织。广东省财政厅从140多家符合条件的中介机构中择优选出13家具有评价工作经验、资质较好的评估事业单位、研究机构及高校和在全省综合排名靠前的会计师事务所进行邀标。

——确定招标需求。结合有关专项资金具体特点，广东省财政厅制定了详细的招标需求，在招标文件中明确对中介机构提交的第三方评价方案的完善程度、评价指标体系和标准的科学性、评价人员的专业性程度、保密纪律等方面的要求，并进行综合评估，择优选定第三方机构。

——实施邀请招标。由广东省政府采购中心组织专家，对城乡义务教育补助资金、小型病险水库除险加固资金、新型农村合作医疗补助资金和新型农村社会养老保险补助资金三个包组引入第三方评价的服务采购进行评标。

“每次下去之前，省财政厅都会聘请国内知名财政绩效管理专家对公司人员进行理论研究和实践分析方面的培训，内容包括专项资金设立背景、绩效评价操作、指标体系设计等业务培训，以及组织软件技术人员进行财政绩效管理信息系统的基础数据收集、书面评审等方面操作培训。通过系统的业务培训，我们在评价方案设计、绩效信息收集、现场核查实施及评价报告撰写等方面，得到了较系统的业务指导。”张光兴说。

合理选定评价对象，优化选择评价内容众多的财政专项资金，究竟哪些先进行评价？

为体现试点资金的重要性、代表性和社会关注度，结合财政管理实际，广东选定了落实中央和省委、省政府重大民生政策、受益群体面较广的民生类专项资金作为第一批试点资金项目。

为确保评价结果的权威性，第三方评价机构会同省财政厅、资金使用主管部门，反复研究第三方评价指标体系设计思路，确立了评价指标体系框架。指标设定遵循“经济性、效率性、效果性和公平性统筹结合”的原则，并经不断研究完善，现场评价检测，科学规范，可操作性强。各项资金评价指标体系基本涵盖了4个一级指标、10多个二级指标和适应项目特性的20多个三级指标，全面反映了项目前期准备、资金使用管理、项目实施监管和项目实施后产生的经济性、效率性、效果性、社会效益及可持续性等绩效情况。

如针对小型病险水库资金，建立了涵盖前期准备，目标设定的全面科学性，项目投入、核算、支出规范性，项目产出数量、质量、成本、时效的实现程度，项目直接或间接的经济效益、社会效益、环境影响、影响可持续性5个一级指标，14个二级指标及22个三级指标的评价指标体系及标准。

记者在这次问卷调查表上看到，调查内容分“社会经济效益”和“群众满意度”2大项8个小项，要求每村问卷调查对象必须包括村民7人、干部3人。现场的工作人员告诉记者，调查问卷的发放对象原则上按照项目收益群体1%的规模，依照村民和干部7：3的比例确定。

“自来水通到我们村之后，我家里买了洗衣机、热水器，生活发生很大变化，以前每隔两天就要上山挑水，每次都要花去半天工夫，感谢党和政府给我们解决了吃水大问题。”谢鸡镇官庄村村民徐炳强一边填写调查表一边对记者说。

据张光兴介绍，本次现场评价涉及湛江市2宗、茂名市15宗农村饮水安全工程。评价内容主要包括：专项资金的完整性、安全性及规范性，项目实施、管理情况以及专项资金使用效果情况；而现场评价方法则主要包括实地考评、询问答辩和材料核实。实地核查主要是对选取项目，采取勘察、访谈、问卷调查等方式，对评价对象的有关情况进行深入具体、独立客观的了解与核实，对每一个选取的项目形成现场评价意见。

加强信息披露，强化结果应用“我们根据评价情况，在征求资金主管部门意见的基础上，形成第三方评价报告，内容涵盖项目概况、绩效自评、书面评审、现场评价、综合评价结果和有关建议等内容”。中水珠江公司工程师胡顺能告诉记者。

据了解，评价结果经省财政厅审核研究后，由第三方评价机构适时向社会公布。2011年针对小型病险水库资金的评价报告，第三方评价机构已将评价结果在其单位门户网站和省财政厅门户网站上向社会公布。

据广东省财政厅绩效评价处有关负责人介绍，评价结果主要用于检验重大民生政策资金落实情况、有关部门和单位在落实省重大决策方面的工作情况以及专项资金的使用是否有效和符合省委、省政府的中心工作要求，同时，评价结果也将成为今后专项资金安排的重要依据。

据了解，2012年，广东省级层面引入第三方评价的财政支出项目范围由2011年的4项资金扩展为7项资金，资金类型从民生类扶持资金覆盖到推进产业升级等经济类扶持资金；同时鼓励、引导珠三角有条件的市县探索引入第三方评价改革试点。

“一年来的实践表明，引入第三方评价改革取得了三方面成效。一是推进了阳光理财，提高了财政支出绩效评价的公信力；二是推进了民主理财，第三方组织的成员来自社会各阶层，较为了解社会民意对于财政支出的呼吁与诉求，更重视评价财政民生支出的效果、效率；三是推进了科学理财，第三方评价机构具有人才、理论和学术优势，确保了评价结果的公正客观。”曾志权表示。

下一步，广东省将结合实际，稳妥系统地推进改革，进一步拓展第三方评价试点范围，逐步将试点范围从事后评价向涵盖预算编制、预算执行和预算监督等预算管理全过程转变，逐步从针对部分财政专项资金试点探索向逐步覆盖适宜于第三方评价的大部分财政专项资金转变，从省级试点逐步向全省覆盖转变。同时，广东省财政厅等部门将进一步加强对第三方评价机构的引导培训，大力培育第三方评价组织，使之成为一项成熟的公共支出管理制度安排。

（作者：李忠峰 刘国旺 曾文娟，
2012年9月6日《中国财经报》）

让南粤百姓共沐公共财政阳光

——广东财政大力推进基本公共服务均等化纪实

编者按：

2008年，广东省在全国率先出台《广东省基本公共服务均等化规划纲要（2009－2020年）》，明确到2020年，全省基本建成覆盖城乡、功能完善、分布合理、管理有效、水平适度的基本公共服务体系，努力实现城乡、区域和不同社会群体间基本公共服务的制度统一、标准一致和水平均衡。两年多来，广东财政部门通过深化财政体制改革、加大资金投入和加强绩效考评等措施，努力推进基本公共服务均等化，为建设幸福广东做出了积极贡献。日前，记者赴广东就此问题进行了深入采访。

“以前我们去看医生，现在医生来看我们。”广东省惠州市惠城区84岁的社区居民梁美珍，在家里接受私人医生检查身体时感慨道。从今年3月起，惠城区推行全科医师团队式社区卫生服务，让居民有了自己的私人医生，常年享受医疗保健服务。

梁美珍患有心脏病、糖尿病，常年坐在轮椅里。儿子在深圳工作，一月回一次。亲人不在身边，又疾病缠身，梁美珍总感觉自己的身体像“走钢丝”。而社区医生的定期上门服务给她减轻了不少忧虑。

梁美珍老人生活的变化，背后是惠州市近年来围绕基本公共服务均等化开展的基层医疗卫生改革。

除了医疗卫生，记者了解到，在惠州，以实现“四个公共”（公共教育、公共卫生、公共文化体育、公共交通）、“四个保障”（生活保障、住房保障、就业保障、医疗保障）等为重点的八类基本公共服务均等化正协同推进，经济社会面貌日新月异。

惠州映照出的是近年来南粤大地大力推进基本公共服务均等化的进程。

广东省财政厅厅长曾志权介绍，自2009年实施基本公共服务均等化以来，到2011年，全省财政民生投入累计约9 845亿元，占全省一般预算支出的比重从57.1%提升至63%。基本公共服务均等化绩效考评结果显示，2010年全省均等化系数达到0.9624，处于较高水平，上述八类基本公共服务目标任务完成率达96.34%，公众满意度总体评分接近80分的较为满意水平，基本实现了阶段预定目标。

在此基础上，2012年，广东又确定惠州为开展基本公共服务均等化综合改革试点，破解突出问题，将基本公共服务均等化进程推向纵深。

“四个公共”和“四个保障”齐头并进。

“现在我们老两口每月各有865元的退休金，10号左右就打到了存折上。这些钱基本够过了，也不用增加孩子们的负担了。”中山市三角镇三队村民郭桂胜说。“从来没有想到，我们农民还能领到退休金。”

这里的农民不仅能够领到退休金，其水平也不断向城里人看齐。2010年，三角镇把自2009年开始实行的农村养老保险与城镇职工社会养老保险并轨，农民的月退休金也由之前的600元调整为865元。

不光是养老，近年来，三角镇在全面建立医疗卫生服务网络、推进保障性安居工程、实施教育均等化、完善农村基础设施建设等公共服务均等化方面都取得了明显成效。

外来人口也得到了基本公共服务均等化的惠顾。据介绍，中山市常住人口312万，其中外来人口约170万。近年来，该市率先探索流动人口进城制度设计，实施积分制管理，吸引与引导优秀外来务工人员进城入户。将基本公共服务由户籍人口向流动人口延伸，有效解决流动人口

"半城镇化"问题。截至目前，全市共有1.5万外来务工人员及其子女通过积分实现入户或入读公办中小学。

"孩子如果入不了学，我也不能安心工作，多亏了当地政府的好政策。"成忠喜老家在江西，1999年来到中山市三角镇一家化工厂打工，去年11月，他一家成功落户中山，孩子也跟着进入当地公立小学就读。

"通过房产、社保、职称、计划生育等条件的审核，我的积分符合条件。"从成忠喜的言谈中不难看出，他已经把中山当成了心目中的家。

据了解，三角镇每年拿出400多个学位，解决外来儿童义务教育均等化问题，"目前基本能满足一半的需求，今后将逐步完全解决。"镇党委委员谭荣伟表示。

2011年，三角镇基本公共服务支出达1.5亿余元。

在整个中山市，基本公共服务均等化也正在各条"战线"全面展开。中山市财政局局长黄国庆向记者介绍了近年来全市基本公共服务的"五大亮点"，如在公共教育方面，已经提前4年实现了普及高中阶段教育；在公共卫生服务方面，全市256个社区卫生服务站覆盖率达100%，2011年全市社区卫生服务站和镇区医院诊疗人次占医疗机构总诊疗量的70%；在公共文化体育服务方面，全市行政村的农家书屋覆盖率超过100%，全部镇区建有全民健身广场、全部社区建有全民健身苑、全部行政村建有全民健身点；在公共服务交通方面，到2011年年底，全市行政村客运通达率100%，乡镇客运站覆盖率100%，车亭覆盖率100%；在公共生活保障方面，早在2010年年底就实现农村养老保险全覆盖，全市19家镇级养老院全部完成标准化良好行为认证工作。

如此力度的基本公共服务均等化工作需要巨大财力的支撑。黄国庆说，中山全市财政对基本公共服务投入由2009年的30.13亿元增长至2011年的59.22亿元，年均增长率达40.3%。

在广东全省，基本公共服务均等化进程也是如火如荼。

——2011年，全省普通中小学（包括民办学校）就读的本省户籍学生义务教育阶段继续免除学杂费、课本费；小学适龄儿童入学率和初中毛入学率均达100%；农村义务教育学校公用经费基准定额达到小学每生每学年550元、初中每生每学年750元；全面解决中小学代课教师问题，获得省财政补助的91个县（市、区）基本实现中小学教师工资待遇"两相当"；50%以上的义务教育阶段随迁子女入读公办学校，部分市实现城市义务教育学校100%达到规范化学校标准；全省21个地级以上市高中阶段教育毛入学率均在85%以上，实现全面普及高中阶段教育的目标；"贷、奖、助、补、减、免"的助学资助体系更加完善。

——2011年，全省人均基本公共卫生服务经费标准达到28.3元；公共卫生服务覆盖城乡居民，全省城乡居民健康档案建档率62.7%，职业病健康监护率达到85%以上，常规免疫规划疫苗接种率达到95%以上，职业病危害评价率达到80%以上；全省100%的政府办基层医疗卫生服务机构实施基本药物制度。

——2011年，全省共建成农家书屋达到20 106家，提前实现农家书屋覆盖全省所有行政村的目标；全省实现每个县（市、区）建1个文化信息资源共享分中心的目标；全省基本实现行政村1村1月放映1场电影的公益服务目标；实现100%的社区建有1个以上的健身点目标。

——截至2011年年底，全省已完成新农村公路路面硬化5 000公里的建设任务；全省1 142个乡镇基本实现100%有站，符合安全通车条件的行政村实现100%有亭和100%通车；基本实现特大、大城市每万人拥有公交车12标台，中小城市每万人拥有公交车8标台的目标；珠三角城际轨道交通建设全面推进。

此外，广东城乡群众生活保障均等化水平进一步改善、困难群众住房保障水平逐步提高、就业保障均等化水平不断推进、城乡居民基本医疗保障覆盖面和保障水平不断提高。据介绍，截至今年6月底，广东全省城镇职工基本养老保险、城乡医疗保险、失业、工伤、生育五大险种参保人数稳居全国首位，覆盖城乡的社会保障体系初步建立。

值得指出的是，广东是外来人口集中大省，仅省外外来人口就超过2 000万。近年来，广东各地相继出台措施，将他们逐步纳入基本公共服务均等化的范围。据统计，2011年，广东"积分制"入户异地人员18.6万名。

推出综合改革试点，均等化进程再发力。

2012年是《广东省基本公共服务均等化规划纲要》（以下简称《规划纲要》）第二阶段的第一年。广东2011年提出"加快转型升级、建设幸福广东"战略决策，这对《规划纲要》提出了新的要求。为此，省政府决定，从2012年起，在惠州开展基本公共服务均等化综合改革试点，实现重点突破，以点带面，使基本公共服务均等化改革取得更大成效。

"经过两年多的努力，第一阶段目标基本实现，人民群众实实在在享受到了推进基本公共服务均等化带来的好处。"曾志权表示，接下来将在均等化进程的第二阶段扎实推进均等化综合改革试点。

惠州能够在综合改革试点地区筛选中脱颖而出，与其近年来经济社会迅速发展，老百姓幸福感普遍较高，具有开展综合改革的较好基础有关，也与其具有代表性有关——惠州相当部分区域属于粤北欠发达地区，区域发展不均衡，推动区域城乡基本公共服务均等化任务艰巨，某种程度上是广东城乡区域发展整体情况的缩影。

对于综合改革试点要解决的问题，曾志权介绍，主要是围绕破解城乡之间、县（市）区之间、不同群体之间享受的基本公共服务水平差异问题，完成三个层面的任务。

第一个层面是统筹城乡间基本公共服务均等化。按照城乡统筹的要求，加快完善基本公共服务制度设计，缩小城乡之间基本公共服务供给差距。加快实现城乡基本公共服务制度对接，加快完善农村基本公共服务体系，合理配置城乡基本公共服务资源。

第二个层面是均衡县区间基本公共服务水平。破除行政区划障碍，促进各区域基本公共服务水平均衡发展。统一区域内基本公共服务标准，确保"底线均等"，完善城镇职工基本养老保险制度，提高欠发达地区基本公共服务水平，实现区域内基本公共服务自由流转和待遇互认。

第三个层面是促进不同人群间基本公共服务均等化。在提高低收入人群基本公共服务保障标准、实现户籍常住人口基本公共均等化的基础上，逐步实现基本公共服务由户籍人口向常住人口全覆盖。

此外，在《规划纲要》原定公共教育、公共文化等八类基本公共服务项目的基础上，综合改革试点将公用设施、社会安全、社会服务、权益保障、人居环境、生态环保等方面纳入基本公共服务保障范围，以适应经济社会发展的新要求和人民群众的新期待。

近年来，惠州财政一直在倾力支持基本公共服务均等化。市财政局局长游水生介绍，近年来，惠州市坚持市级新增财力的70%用于民生，5年累计投入改善民生资金超过400亿元。从推行“一村一站一医生一护士”到城镇居民人人享有基本医疗保险，从实施城乡免费义务教育到落实中小学教师待遇等，人民群众更多地分享到改革发展成果。

惠州的努力获得了回报。在今年6月底广东省政府新闻办举行的《2011年广东群众幸福感测评调查报告》发布会上，惠州的群众幸福感总体评价在珠三角地区位列第一。

对于试点工作的安排，惠州市委常委、常务副市长张瑛介绍，试点改革将以“全面覆盖、制度对接，标准提高、差距缩小，质量改善、持续高效”为总体要求，坚持“立足基础、立足基本、立足公平、立足政府、立足效率”，努力使人民“学有所教、劳有所得、病有所医、老有所养、住有所居”。

她告诉记者，到目前为止，在不少领域已经取得了初步成效，例如：

——建立起财政投入长效保障机制，市财政每年安排不少于1亿元，并随着公共预算收入增长而增加，县（区）按上年公共财政预算收入的3%安排专项资金，上解到市级统筹；加大资金整合力度，按总量不低于40%的比例投入基本公共服务领域；市、县（区）基本公共服务支出增长必须高出公共财政预算收入增长2-3个百分点等。

——建立起底线均等保障机制。如教育生均公用经费补助底线均等，2012年起全市城乡免费义务教育公用经费补助小学不低于每年550元/生，初中不低于750元；城乡低保标准底线均等，实现城乡一体化，达到每人每月385元；农村基层组织工作经费保障底线均等；城乡居民医保财政补助标准底线均等，均达到每人每年252元。

“还有，建立城乡一体医疗保障体制、建立起住房保障创新制度等。当然，我们现在的保障水平还不是很高，主要是建立框架，把基础打好，将来财力增加了，再逐渐改善提高，就像把‘白炽灯’换成‘水晶灯’。”张瑛说。

今后，在总结惠州试点经验的基础上，广东将逐步扩大改革试点范围，全面推进基本公共服务均等化综合改革，为提前实现2020年规划目标奠定基础。

多方保障资金，加强绩效考评。

推进基本公共服务均等化，需要有稳定可靠的财力来源保障。如何保证资金投入，并使资金产生较好效益？广东财政进行了积极探索。

中山市财政局局长黄国庆介绍，市财政基本公共服务支出占一般预算支出的比重由2009年的25.55%增加至2011年的30.73%。2012年市财政一般预算支出中，计划用于改善民生的占66%，新增财力63%用于民生建设和公共服务。到目前为止，基本实现了基础设施“三个覆盖”（交通通信、公共卫生、教育文体）、公共服务“三个共享”（社区服务、社会保障、社会救助）和基本民生“三个关注”（困难群众基本生活、农村社区就业服务、低保家庭住房需求）。

“中山各乡镇的财力相差很大，近年来，我们大力完善市镇两级财政体制，提高公共服务供给水平。”黄国庆说，“2011年之前，对经济欠发达镇区实行‘一级财政+专项补助+债务固化’的扶持类一级财政政策，并加大对镇区的财政转移支付力度，帮助贫困镇区增强自身造血功能，提高公共服务能力。”

2012年，中山市出台了新的改革方案，将以前主要依靠财政初次分配手段调整为初次分配和财政再分配并重，引入激励与均衡相融合的模式，明确划分市与镇区公共财政支出责任，将镇区市级税收增速与奖励分成挂钩，引入均衡性转移支付，完善政策性转移支付和专项转移支付，建立科学合理的转移支付体系，2012年下放市级财力近10亿元用于均衡镇区财力，初步形成了“底线均等”、公平统一的镇区财力保障机制。

“此外，还出台具体方案，明确各相关部门、镇区政府本年度推进均等化的工作目标、岗位职责、标准体系及考评机制，部分工作任务还纳入市政府对各部门及镇区年度工作实绩考核范围。”他说。

就全省情况来看，针对广东区域差距大的特点，省财政厅近年来加强和深化财政体制改革，并加快构建均等化绩效考评机制。

2011年，广东将省级与市县营业税、企业所得税、个人所得税和土地增值税（地方部分）分享比例，由“四六”调整为“五五”，提高省级财力集中度，集中的财力主要用于加大对欠发达地区的转移支付，增强这些地区提供基本公共服务均等化的能力。同时，进一步健全保障与激励相结合的县级基本财力保障机制。

曾志权介绍，2011年，全省财政在实施基本公共服务均等化方面的投入达1 671.77亿元，同比增长37.89%。用于县级基本财力保障奖补的资金超过42亿元。同时，继续加大教育、卫生等民生事业转移支付力度，省财政资金分配进一步向基层倾斜。消化县级基本财力保障缺口约80亿元，县均约1.5亿元，人均支出水平提高2.1万元。

在绩效考评上，广东通过建立基本公共服务均等化的绩效考评机制，提高政府提供基本公共服务的效率和水平。根据基本公共服务均等化涵盖范围及发展要求，结合整体考评和类别考评需要，广东已设计了一套比较完整、科学的考评指标体系，全面反映和考评基本公共服务均等化的水平以及政策实施效果。下一步将结合实施改革的要求，进一步完善基本公共服务均等化的绩效考核。同时，引入外部考评机制，引导社会中介机构和公众对基本公共服务供给的绩效进行考评，形成多元化的考评主体。

在供给方式上，广东将坚持推进基本公共服务均等化政府主导的原则，探索基本公共服务多样化供给形式，形成公共服务事业供给主体多元化格局，提高公共服务效率和质量。同时，进一步深化财政资金竞争性分配改革，对部分基本公共服务领域的财政专项资金，通过招投标等形式建立“多中选好、好中选优”的项目竞争性优选机制，提高基本公共服务供给的效益和水平。

“推进基本公共服务均等化是一项长期艰巨的任务，下一步，我们将继续加大投入力度，完善体制，扎实推进，确保人民群众共享公共财政阳光。”曾志权表示。他预计，到2020年，广东全省各级财政投入基本公共服务领域的资金将近2.5万亿元，年均增长15.4%，年均新增投入292亿元。

（记者：李忠峰 刘国旺 曾文娟，
2012年9月18日《中国财经报》）

立足“科学”破难题

——访十八大代表、广东省财政厅厅长曾志权

“近年来广东经济社会发展之所以取得显著成绩，关键就是深入贯彻落实科学发展观，推进加快转型升级、建设幸福广东。财政工作也要坚持以科学发展观统揽全局，在财政分配、政策设计、制度安排上立足于科学发展，从根本上破解经济社会发展难题。”11月9日，十八大代表、广东省财政厅厅长曾志权在接受本报记者采访时表示，这次十八大把科学发展观确立为我们党必须长期坚持的指导思想，强调未来发展必须坚定不移依靠改革开放，更坚定了广东财政的发展信心。

我国财政收入自2007年突破5万亿元以来，2010年突破8万亿元，2011年再破10万亿元。财政收入的快速增长，为推动经济发展和社会进步提供了坚实的财力保障，为实现扩内需、保增长、调结构、推改革、惠民生、促和谐做出了积极贡献。“作为一名财政人，我为近年来我国财政改革发展取得的巨大成就深感自豪。”曾志权表示。

以科学发展观为指导——财政支持经济社会协调发展作用愈加突出

这位国内第一经济大省的财政“掌门人”告诉记者，10年来，广东坚持以科学发展观为统领，贯彻“生财有道、聚财有方、理财有规、用财有效”和集中力量办大事的理财理念，抓收入、稳增长、调结构、惠民生、推改革，充分发挥财政职能，广东财政迎来了新一轮改革发展的“黄金期”。

坚持“压省级、保地方”，不断加大对欠发达地区转移支付力度，促进区域协调发展。2009－2011年省级财政年度预算中安排用于均衡区域公共服务水平和改善民生的支出分别达到了75.46%、76.87%、77.71%，全省区域发展差异系数从2007年的0.721缩小到2011年的0.633。

通过实施财政资金竞争性分配改革、开展第三方评价财政支出绩效、推进政府购买社会服务、为民办事征询民意等一系列创新性的制度安排，财政分配既重公平、又讲效率，科学发展导向充分体现，财政资源配置进一步优化，财政资金使用的绩效观念和责任意识明显强化。

围绕健全公共财政体系，广东财政系统有序推进了财政体制、财政分配、财政管理、创新机制及其他方面5个方面40多项改革工作。其中，结合广东实际在全国率先探索开展的创新性改革有20多项，包括编制实施基本公共服务均等化规划纲要、调整完善分税制财政管理体制、制定实施生态保护补偿办法、深化财政资金竞争性分配改革、探索引入第三方评价财政资金使用绩效机制、建立财政决策专家咨询机制等，一个结构合理、管理规范、约束有力、讲求绩效、适应社会主义市场经济发展要求的公共财政管理体系基本形成，为经济快速发展和社会全面进步做出了积极贡献。

同时，广东财政的宏观调控能力在不断加强。一方面，通过实施“相机抉择”的财政调控政策，有效应对国际金融危机冲击，促进了经济平稳较快发展；另一方面，充分发挥财政资金“四两拨千斤”的作用，推动产业转型升级和经济结构调整，提升广东经济长远竞争力。

始终以人为本——加快推进基本公共服务均等化

十八大报告强调，在经济发展基础上逐步提高人民物质文化生活水平，是改革开放和社会主义现代化建设的根本目的。曾志权表示，近年来，广东坚持以人为本，财政支出保障水平不断提高，结构不断优化，“取之于民、用之于民”公共性特征凸显。

2009年，广东率先编制并实施了《广东省基本公共服务均等化规划纲要（2009－2020年）》，提出了从公共教育、公共卫生、公共文化体育、公共交通、生活保障、住房保障、就业保障和医疗保障等八个方面全面推进基本公共服务均等化的建设目标和实现措施，为加快推进基本公共服务均等化提供理论指引和路径支撑。

据统计，2008－2011年，全省财政民生投入累计达

11 798 亿元，年投入占全省一般预算支出的比重从52.65%提高到了63.03%。根据2010年基本公共服务均等化绩效考评结果，2010年全省均等化系数达到0.9624，财政支出目标任务完成率达98.27%，八类基本公共服务目标任务完成率达96.34%，公众满意度总体评分接近80分的较为满意水平，基本实现了阶段预定目标。在此基础上，2012年，广东又选择惠州市开展基本公共服务均等化综合改革试点，破解突出问题，将基本公共服务均等化进程推向纵深。

今年，国家制定了基本公共服务体系“十二五”规划，这是“十二五”乃至更长一段时期推进基本公共服务均等化的指导性文件。曾志权表示，广东将结合国家基本公共服务体系“十二五”规划要求和广东实际，对广东基本公共服务均等化规划纲要进行修编。同时，继续加大投入力度，完善体制机制，扎实推进基本公共服务均等化，确保人民群众共享公共财政阳光。预计到2020年，全省各级财政投入到基本公共服务领域的资金将超过2.5万亿元。

坚持改革创新——适应创新转型的新挑战新要求

“报告强调，未来发展必须坚定不移依靠改革开放，用改革的办法破解经济社会发展过程中的问题，这对财政工作具有重要的指导意义。”曾志权说。

“广东财政历来重视改革创新。”他举例说，2008年，根据中共中央政治局委员、广东省委书记汪洋同志的指示精神，广东率先实行了财政专项资金竞争性分配改革。从2008年首次实施75亿元产业转移扶持资金竞争分配以来，纳入竞争性分配的资金不断增加、领域不断扩大、程序不断规范、效率不断提高。截至2011年年底，全省共有重点产业园区建设、农业、水利、劳动力扶持资金、水利建设示范县补助资金等89项财政专项资金实施竞争性分配改革，涉及财政资金超过170亿元。2012年又有包括旅游产业园区扶持专项资金等33项专项资金新纳入竞争性分配改革范围，涉及财政资金约66亿元。

财政专项资金竞争性分配模式的创新，不仅优化了财政资金资源的配置效率，而且对促进各地各部门转变发展观念，激发解放思想的动力与活力，构建有利于科学发展和加快经济发展方式转变的机制体制起到了十分重要的作用。

回顾近年来的财政工作实践，曾志权体会颇多。他表示，财政部的指导支持和省委、省政府的正确领导是全省财政工作沿着正确方向不断前行，破解一个个难题，取得一项项工作业绩的强大动力。在围绕经济社会发展大局和中心工作，算好政治账、经济账、社会账“三本账”，落实好中央和省委、省政府决策部署的同时，要不断提高财政资金使用绩效，化解日益突出的收支矛盾。

曾志权提出，要更加注重积极主动发挥财政职能作用。只有坚持把围绕中心、服务大局贯穿到财税工作的各个方面，善谋经济社会发展全局，才能推动财政可持续发展，促进经济社会转入科学发展轨道。在具体工作中，必须贯彻“预则立”的工作准则，坚持“主动买单”，着力解决公共财政“缺位”问题，真正把转变经济发展方式的要求前瞻性地体现到财力的分配和使用中，才能牢牢掌握工作主动权。

（记者：宋凯　曾文娟，2012年11月13日《中国财经报》）

资金实行竞争性分配，将引入第三方代理机构负责申报受理与审核

广东亿元支持培育社会组织品牌

广东省财政日前宣布，从今年起将每年投入约1亿元，设立培育发展社会组织专项资金，通过引入第三方代理机构进行竞争性分配的方式，支持社会组织有效承接政府职能转移、购买服务和授权委托事项，支持社会组织培育服务品牌，更好地提供公共产品和公益支持。

根据广东省政府批准的《广东省省级培育发展社会组织专项资金管理暂行办法》，此次资金分配将择优选择约360家社会组织实行分类扶持，重点扶持行业协会和发挥枢纽作用的社会组织。其中：行业协会类每家30万元，公益服务类每家20万元，学术联谊类、公证仲裁类、群众生活类等每家10万元，发挥枢纽作用的社会组织统一按每家30万元扶持。全省3万家多社会组织，符合申报条件的，均可申报资金扶持并参与竞争性分配。

据悉，省财政厅近日将会同有关部门通过竞争性谈判确定一家代理机构，负责组织该专项资金项目的公开招标，同时通过公开招标引入另外两家第三方代理机构，分别负责资金申报受理和初审、终审，提出获得资金扶持的社会组织名单。

广东省财政厅有关负责人表示，本次资金分配中，政府部门主要负责制定规则和监督，由第三方机构负责资金

申报受理和初审、终审，这在广东省甚至我国尚属首次，是财政资金竞争性分配改革的有效延伸，既可发挥第三方机构的专业性，体现公开公平公正，又有利于社会组织参与社会管理，将对广东省财政管理和社会建设产生深远影响。

目前，我国政府向社会组织购买服务尚处于起步阶段，尤其是新成立社会组织在解决办公场地、开展服务项目、提高自身能力建设方面均面临经费紧缺、生存发展能力差等问题。广东希望通过专项资金扶持，培育发展一批符合国家和广东省的规划布局、社会需求度高、影响力大、品牌效果突出的非营利性社会组织。按照资金管理办法，省级培育发展社会组织专项资金可由获得扶持的社会组织统筹用于办公场地租金、服务项目成本开支以及能力建设费用等相关支出。

（记者：刘国旺 李桦，2012 年 12 月 1 日《中国财经报》）

广东省财政厅积极答复政府采购提案

广东将完善政府采购评审专家考核机制

日前，广东省财政厅就今年省“两会”期间致公党广东省委针对该省政府采购及招投标制度的相关提案作出答复称，将推出多项措施加强对评审专家的监管，建立更为完善的评审专家考核机制。

据了解，致公党广东省委曾于今年广东省“两会”期间提交提案，指出目前广泛应用于政府采购和招投标领域的专家评审制度所存在的缺陷以及专家所赋权力和承担责任不匹配等问题，并建议：规定专家评审全过程以公开为原则，专家可参与采购咨询评审，但要逐步废除专家评分决定中标的办法，探寻更客观的方法产生中标结果。

对于上述提案，广东省财政厅日前做出答复称，将推出多项措施加强对评审专家的监督管理，完善政府采购评审专家监管体系。除严格执行专家入库审查、加大对评审专家的培训力度等制度外，一些新举措将充实该监管体系。一是建立评审专家年度考核制度，包括构建评审专家考核题库，参加考核的专家将从题库中随机抽题考试，未通过考核的专家将被暂时冻结评审资格；二是建立专家评审质量反馈制度，包括制作由出勤、评审水平等一系列内容组成的专家评审反馈表，由代理机构填写并对专家评审质量进行评价和反馈。此外，广东省还将借助科技手段，建立电子评标系统，对计算机、打印机等通用项目的公开招标进行电子评标，减少评审专家的自由裁量权，提高政府采购评审的公平性和准确性。据广东省财政厅相关负责人介绍，上述对于评审专家的相关规范办法将编入修订中的《广东省政府采购工作规范》。据悉，目前广东省财政厅正在向社会和各事业单位、科研机构征集评审专家。

记者了解到，本着“深入调查研究，加强与人大代表联系，是做好办理工作好经验”的“两会”提案议案办理精神，广东省财政厅相关处室就提案、议案、建议积极联系人大代表、政协委员进行当面沟通答复，以提高办理水平和答复质量。

（实习生：程红琳，2012 年 8 月 10 日《中国政府采购报》）

政府采购参与政府职能转变意义重大

——访十八大代表、广东省财政厅厅长曾志权

“将 262 项服务项目纳入政府购买服务范围，对于充分发挥政府采购强化公共财政支出管理的职能作用具有重要意义。”11 月 12 日，十八大代表、广东省财政厅厅长曾志权在接受《中国政府采购报》记者采访谈到广东省推行政

府购买服务时作上述表示。

今年8月，广东省财政厅发布《2012年省级政府向社会组织购买服务项目目录》（以下简称《目录》），将涉及基本公共服务、社会事务服务等262项服务项目纳入第一批政府购买服务范围。曾志权表示，推行政府购买社会服务，使政府采购参与政府职能转变、创新社会管理，对于政府采购制度改革本身而言，既是机遇也是挑战。

扮演好“执行者”和“监管者”角色

《中国政府采购报》：曾厅长，您好！广东正在举全省之力大力推进政府购买服务，请问这项改革的关键是什么？

曾志权：当前，我省市场经济体制改革虽然取得了显著成效，但改革还不到位，尤其是政府职能还不能完全适应市场经济体制的要求，必须加快转变政府职能。开展政府向社会组织购买服务，可以促使进一步理顺政府与市场、政府与社会的关系，改变以往政府包揽社会治理的传统模式，把市场能解决的事情交由市场运行，将可以交给社会运作的事项如行业管理、社会生活事务管理等职能向社会组织转移，对于促进政府职能转变、构建服务型政府都具有重要意义。

我们认为，改革的关键是要明晰政府角色和责任，处理好政府与市场的关系。政府向社会组织购买服务不是政府责任的转移，而是政府提供公共服务具体方式和机制的转变，是政府通过购买服务的方式将一些事项委托给有资质的社会组织去做。因此，政府由公共服务的直接提供者变成公共服务政策的制定者、购买者和监督者，实现社会权力的回归和政府的角色转换、职能转变，当好“裁判员”，不当“运动员”。

《中国政府采购报》：政府转变成公共服务政策的制定者、购买者和监督者，那么政府采购在参与这一转变中，扮演什么样的角色、发挥什么样的作用？

曾志权：开展政府向社会组织购买服务，就政府采购而言，我认为主要扮演的是“执行者”和“监管者”的角色。一是“执行者”。目前我省已经制定并公布了《广东省推进政府向社会组织购买服务工作暂行办法》（以下简称《暂行办法》）和《目录》，对政府向社会组织购买应遵循的原则，购买服务的时间、范围、内容、服务要求以及实施范围进行了明确。采购人应严格按照政府采购相关法律法规以及《暂行办法》相关要求和《目录》范围，落实具体服务项目采购清单，执行实施政府购买社会服务的具体采购项目。二是“监管者”。一方面是厘清政府、社会、市场的边界，科学界定政府的职能，督促政府各部门正确开展向社会购买服务工作。既要“放权”，把政府手上的那些不该管、也管不好的事项真正交给社会，又要“担责”，承担起必要的部门职责。另一方面是认真履行监管职责，坚持公开、公平、公正的原则，搭建采购人与社会组织之间公平交易平台。

从3个环节体现绩效导向理念

《中国政府采购报》：您曾提出，政府购买服务要树立绩效导向理念，请您谈一谈实践这一理念的具体设想。

曾志权：在开展政府购买服务改革之初，我省就明确提出要树立绩效导向理念，加强对政府购买服务的绩效评价，提高政府购买服务资金使用效益。绩效评价工作由财政部门或通过引入第三方实施，评价范围包括购买主体购买服务的财政资金使用绩效和承接项目的社会组织的服务绩效两个方面。同时，加强绩效评价结果的应用，评价结果将主要运用在以下四个方面：一是呈报本级政府，作为政府转移行政职能，优化购买服务政策安排的重要依据。二是反馈有关购买主体，用于检验购买服务实施效果，促使购买主体进一步改进购买服务工作，降低行政成本、提高行政效率、提升公共服务水平。三是反馈有关社会组织，作为其提升服务水平，以及以后参与竞争向政府提供服务的重要依据。四是根据情况将评价结果向社会公开，接受社会监督。

目前，我们正在制定《广东省政府向社会购买服务绩效评价暂行办法》，按照“统一制度、分级实施，绩效导向、突出结果，整体委托、协同推进，基于流程、综合评价”为思路，全面评价全省各级政府部门向社会组织购买服务的总体绩效，了解购买主体和服务对象对提供服务的社会组织的满意度，以及对政府向社会购买服务工作的满意度，以便更好地强化绩效导向，推进完善政府购买服务工作，提高政府购买服务绩效。

《中国政府采购报》：政府采购环节如何体现绩效导向理念？

曾志权：广东是全国财政收支规模第一大省，同时也是经济发展极不均衡的省份，推进财政绩效管理、提高财政资金使用效益尤其重要。我省自2003年开展财政支出绩效评价改革以来，在完善绩效评价体系、方式等方面进行了有益探索。

政府采购绩效管理本来就是整个财政绩效管理的组成部分。财政绩效管理是“大绩效”、“大体系”，下面有若干子系统，政府采购绩效管理是其中的一个分支。规则是相通的，绩效管理无非是预算资金的使用评价问题。我认为，政府采购绩效管理应从3个方面进行考虑，一是事前绩效，即在政府采购预算编制环节解决该不该采购的问题，二是事中绩效，即在操作执行环节解决如何在“公开、公平、公正”原则下高效、优质地完成采购任务的问题，三是事后绩效，即在监督环节解决采购的产品是否实现了物有所值的问题。我认为采购执行环节的绩效管理尤为重要。

改革探路者迎接新挑战

《中国政府采购报》：过去十多年的改革成效证明，广东省不仅是采购规模的排头兵，更是制度建设的先行者，多年来始终扮演着改革探路者的角色。

曾志权：广东省是全国最早开始实施政府采购制度改革的省份之一，自2000年7月省本级正式启动政府采购制度改革工作至今，12年来全省共完成政府采购规模5 723.31亿元，年均增长率达到47.8%，与预算资金相比累计节约财政性资金约766亿元。2011年，广东省政府采购规模突破千亿元大关，达到1 040.54亿元。政府采购规模的增长，带动了经济和社会效益的提高。2010年3月，《广东省实施〈中华人民共和国政府采购法〉办法》正式实施，这是自《政府采购法》颁布实施后我国首部政府采购地方性法规，标志着广东政府采购工作进入法制化轨道，开启精细化、标准化管理新征程。

《中国政府采购报》：那么此次将262项服务项目纳入政府采购服务范围，对于广东政府采购制度改革而言，又有怎样的推动意义？

曾志权：我想对于政府采购制度改革而言，这既是机遇也是挑战。首先，加快转变政府职能，改革基本公共服务提供方式，实现提供主体和提供方式多元化，对于扩大政府采购服务产品范围提供了广阔空间。2011年全国政府采购工作会议已经提出要“逐步将高技术服务、商务服务、社会工作服务等专业服务和公共服务项目纳入政府采购管理范围”。《暂行办法》和《目录》的公布，将有力推动广东政府采购扩面增量工作。《目录》不仅可以扩大广东省政府集中采购目录中服务类品目范围，也能改变社会服务发展相对滞后的客观条件，对扩大政府采购实施范围和规模具有推动作用。其次，政府采购作为强化财政支出管理的一项重要制度，在公共财政体制改革的整体统筹和部署之中，出台《暂行办法》和《目录》，为推进广东省政府采购科学化、精细化和规范化管理提供了契机，对于建立公开、公平、公正的政府采购体系，充分发挥政府采购在强化公共财政支出管理的职能作用具有重要意义。最后，推进政府购买服务，在明晰政府角色和责任的同时，又要强调监管职能，实现职能回归，政府采购在执行过程中能否很好地实现这一初衷和目标，是一项挑战。

今年是《政府采购法》颁布10周年，政府采购制度改革已经进入关键阶段，面临着进一步深化改革和推进国际化进程的双重任务。广东省将继续拿出改革的勇气，先试先行，为推动政府采购改革事业全面协调发展贡献力量。

《中国政府采购报》：谢谢曾厅长。

（记者：周黎洁 李桦，2012年11月29日《中国政府采购报》）

广东探索财政专项资金竞争性分配改革

从“一对一”到“一对多”：专项资金分配竞争性选择

广东省在财政专项奖金分配改革过程中，首先着眼于顶层设计，制定了规范改革的一系列实体性、程序性制度措施。广东省政府先是批准转发了《关于省级财政专项资金试行竞争性分配改革意见》，提出专项资金竞争性分配改革思路、原则，明确具体工作目标、内容和步骤等。在此基础上，由财政部门制定资金分配管理办法、内部工作规程等制度，对招投标流程、专家评审程序、具体评价程序等方面进行明确规定。各主管部门或实施单位也制定项目相应的监管办法和考评制度。如在项目申报环节，参与竞标的地区（部门）要制定财政专项资金绩效目标及其具体可考核性指标，并纳入工作方案、招标公告或专家评审方案内，作为竞争项目的申报、评审以及绩效追踪、评价的依据。未申报项目绩效目标的项目，不予受理。

各级政府财政支出中，并非所有项目都要讲求竞争性。其中，占支出比重大、问题多的建设、发展资金支出项目，因其更多地与地方经济发展相关，绩效要求应摆在首位，首先被纳入将竞争性分配范畴。人员经费、公用经费、最低生活保障经费等，主要取决于管理体制规定，具有固定性、基础性；或关系公众基本公共服务需求，应体现广覆盖、均等化、无差别原则，不应纳入竞争性分配范围。

不仅如此，对纳入竞争性分配的建设、发展类项目，广东省进一步按照项目类型、特点，分类实施改革，提出不同的绩效要求。如部分省级财政专项按四类形式处理：第一类面向企业、事业单位安排的资金，采取向全社会公布，对所有符合条件的单位进行招标、投标，如“战略性新兴产业扶持专项资金”等；第二类全省可在地区间转移实施项目，向全省各地财政和主管部门公布，由各地申报，组织专家评审确定，如“省产业转移扶持资金”等；第三类对已有全省总体实施规划，但需分年、分地区实施项目，鼓励地方提出方案，按照“条件最优，时间最快”的原则确定实施先后顺序，如“欠发达地区薄弱乡镇卫生院改造建设专项资金”等；第四类政府出资购买服务项目，向社会公开招标，通过法定程序确定服务机构，如“农村劳动力转移培训补助资金”等。

经过3年多实践，广东省实施渐进式改革，竞争性分配项目范围已从省产业转移扶持资金，拓展至科技、教育、水利、农业、社保、医疗卫生、旅游、交通运输等各领域，并从省级向地级市及所辖各区（县）基层政府扩展。截至去年年底，全省共有87项专项资金实施改革，约153.2亿元。

有效配置财政资金，促进“阳光财政”建设

广东省3年多来的改革实践表明，竞争性分配改革使得政府公共支出管理开始逐步从政府内部管理到社会化管理，从资金局部环节管理向全过程绩效管理转变，在这一改革过程中确定的“多中选好，好中选优”的竞争性分配机制，强化了激励机制、绩效优先观念，深化了公共财政管理改革，提高了资金使用效益。从目前看，该项改革所体现的成效主要是以下几个方面：

1. 创新了以竞争促绩效的财政管理体制。广东省的资金竞争性分配改革，将基本公共服务均等化与竞争性分配改革同步进行，从制度设计上避免了赢者通吃，“底线保障”与非均衡战略促发展的均衡问题并举。通过竞争性的分配方式，在破解政府预算资金分配迷局和优化转移支付结构难题上向前迈进了一步。同时，增强了财政预算资金初次分配的竞争性，与目前政府通过市场获得商品服务的最终分配方式的竞争性，开始实现协调。竞争性的增强，在一定程度上解决了财政资金管理逆向激励和财政资金管理缺乏动力机制的问题。较好实现了财政资金的有效配置，并强化了资金使用的绩效观念和责任意识。通过引入招投标等竞争性机制，邀请专家参与评审和督查跟踪，对众多备选项目的遴选比较和科学评判，提高社会公众、专业人才在财政专项资金分配管理的参与程度，实现了向民主理财、科学理财的转变，促进了“阳光财政”建设。

2. 改革初步形成“倒逼”和“学习”机制。与以往由各级政府规定项目的实施步骤、标准等要求不同的是，通过资金项目竞争性分配，由各个项目实施单位申报其项目主要指标，分析可行性，讲出必要性，并进行不同竞争主体之间的比较，作为评估分配结果的主要依据。由“要我干”到“我要干”，形成“倒逼”机制，强化了地区（部门）的竞争意识，培育了良好的竞争氛围，有效地打破了预算分配中的路径依赖和思维定式，极大地激发了各地各部门加快发展的主观能动性。

同时，参与竞争性分配的过程，也成为各地开始全面审视自身工作，学习借鉴其他地方和部门工作的一个契机。

3. 提高了政府对区域经济引导调控作用。财政专项资金试行竞争性分配改革，以财政资金的集中投入、择优配置为手段，扶持绩效优、带动力强的项目，从各项资金的使用效果看，资金的投入有效激发了地区（部门）加快发展、科学发展的集中性和主动性。特别是一批优势项目在经济危机中呈现出强劲的生命力，在区域经济发展与改革中表现出引导调控作用。如截至2011年6月，“省产业转移竞争性扶持资金”75亿元共带动各级政府投入300.31亿元资金（其中，本地政府投入284.92亿元、共建政府投入15.39亿元），入园企业新增投资额1 803亿元，财政资金带动乘数高达28倍；“战略性新兴产业竞争性分配资金”4.2亿元的投入，共带动单位企业等资金投入23.5亿元。

4. 成为政府提高公共产品和服务能力的重要抓手。在财政资金分配竞争性改革制度规定和指标设计中，区分不同项目类型，加入了有关提高公共服务质量，加强社会管理，促进就业等有关非经济类指标，有效地促进了产业、科技、农业、教育等各领域的科学发展，提高了市场经济条件下的政府公共服务能力。如“省旅游扶贫项目”以3.1亿元的财政投入，在短短不到一年时间，直接解决就业人数10万人、间接带动就业近40多万人。在产业转移过程中，各地更加注重环境保护，推动产业与生态环境和谐发展，35个产业转移园的单位工业增加值能耗，均低于所在地级市的能耗水平，有的园区还创建了循环经济产业基地，成为地方低碳绿色发展的引领力量。

继续深化竞争性分配改革

通过调查，我们认为：实施财政资金竞争性分配改革，是进入21世纪（8.74%，0.05%，0.58%）以来财政预算改革领域的一项重大举措和创新性做法，也是绩效预算改革的重要组成部分。这项改革适应了我国转型时期的政府管理改革方向，对其他地方也具有借鉴意义。但是，这项改革也需要进一步深化，我们认为主要体现在以下几个方面：

1. 积极拓展竞争性分配改革范围。目前这项改革主要还是体现在省级、部分市县级的一部分资金，要起到从根本上调动各地政府、各部门积极性，形成提高财政资金乃至整个政府管理效率局面，就要进一步从资金项目范围，改革实施主体范围上进一步拓展。实施主体范围上，推进改革从省级向全省覆盖，鼓励、引导、市县、乡镇政府推进财政专项资金竞争性分配改革。资金项目范围上，从部分专项资金项目向所有符合条件的所有财政专项资金覆盖。

2. 优化评审专家库，进一步拓展项目评价基础。目前，广东的改革方式需要进一步整合现有的绩效管理专家资源，细分不同领域的专家，建立专家档案。要优化专家库管理，引入各部门单位推荐的评审专家，结合各项目评审专业性和特殊性的需要，提高专家库的针对性和适用性；逐步拓展专家库专家范围。同时，更为重要的是，要随着现代服务型政府的建立和社会公民意识的提高，进一步拓展评价的基础，引入专业机构、社会公众、大众媒体等外部机构和人员参与评审过程。最终，要过渡到由接受政府公共产品和服务的社区公众及其代表，通过预算参与方式，介入到预算制定过程的模式。

3. 强化财政管理过程的竞争度，促进激励约束机制的有效性。

重点将绩效竞争的理念引入到财政专项资金安排，切实提高财政资金使用效益。探索实施对竞争性的专项资金分配整体委托第三方独立、公正组织评审的做法，以进一步提高管理效率，扩大社会影响力；以绩效目标为标尺，组织评价工作组或委托第三方对竞争性分配的专项资金实施整体绩效评价，并以评价结果为导向，完善竞争性分配专项资金绩效管理机制，调整优化竞争性分配专项资金支出结构和政策安排，同时形成有效的绩效问责与激励机制。

（作者：孟春 李明，2012年3月27日《中国经济时报》）

曾志权：关于加快财政工作转型的若干思考

近年来，在省委、省政府的正确领导下，广东财政工作坚持以科学发展观为统领，坚持“生财有道、聚财有方、理财有规、用财有效”和集中财力办大事的理财原则，遵循“预则立”的工作准则，锐意改革、开拓进取，各项工作都取得了新进展、新成绩，财政实力不断壮大，财政管理水平不断提高，公共财政体系更加完善，为全省经济平稳较快发展和社会全面进步作出了积极的贡献。“十二五”时期是广东推动科学发展的重要战略机遇期，同时也是加快转变经济发展方式攻坚克难的关键时期，“加快转型升级、建设幸福广东”不仅为广东财政改革发展提供了更广阔的空间，也对财政工作提出了新的更高要求。广东财政工作适应新的形势和新的任务要求，必须把创新理念放到更加突出的位置，加快全面转型，继续改革创新，当好排头兵。

一、围绕建设“五大财政”，明确财政工作转型的目标和要求

所谓“财政工作转型”，是财政工作适应外部环境和条件的变化，顺应财政工作发展的内在规律，在总结经验的基础上解放思想，创新工作理念、思路、方法、手段等，实现财政工作全面调整和转变的一种状态。无论是适应经济转型、社会转轨的要求，还是财政自身发展的需要，都迫切要求进一步深化财政改革，革新财政理念，创新财政机制，完善财政政策，更好地为经济社会发展大局服务。

（一）加快财政工作转型的总体目标

今后一个时期是我们必须牢牢抓住和大有作为的战略机遇期，“十二五”进入了21世纪发展的第二个10年，对于我国全面建设小康社会战略目标的实现十分重要。围绕科学发展和加快转变经济发展方式的主题主线，广东提出了“十二五”时期加快转型升级、建设幸福广东的核心目标。根据党中央、国务院和省委、省政府的工作部署，结合广东实际，加快财政工作转型总的目标是，在“十二五”时期努力建设法治财政、民生财政、绿色财政、绩效财政、阳光财政“五大财政”。

第一，建设法治财政。依法治国是党领导人民治理国家的基本方略。中共广东省委十届八次全会通过了《法治广东建设五年规划（2011－2015年）》，这表明法治广东建设进入了一个新的发展时期。近年来，广东各级财政部门通过深化改革、创新机制、完善制度、规范管理，大力推进财政法制建设和依法理财，财政法规制度体系不断完善，财政执法机制不断健全，依法理财观念深入人心。“十二五”时期，要进一步发挥财政在推进依法行政、建设法治政府中的作用，坚持依法理财，加快建设法治财政，必须坚持以法律制度为基础，以规范运作为要求，以公平正义为准则，全面规范财政行政行为，最大限度地克服随意性，将财政资金分配、财政管理、财政监督等财政收支活动的各个环节纳入法制轨道；同时，加快依法行政依法理财制度建设，努力构建体系完备、结构严谨、相互协调、运行有效的依法行政依法理财制度体系。

第二，建设民生财政。科学发展观的核心是以人为本，要求做到发展为了人民，发展依靠人民，发展成果由人民共享。保障和改善民生、增进民生福祉，是建设幸福广东的主体工程，也是政府理财工作的根本使命。近年来，广东各级财政部门坚持“民生优先、民生为重、注重公平”的理念，率先全国编制实施了《广东省基本公共服务均等化规划纲要（2009－2020年）》，提出了从公共教育、公共卫生、公共文化体育、公共交通、生活保障、住房保障、就业保障和医疗保障八个方面全面推进基本公共服务均等化的建设目标和实现措施，并不断调整优化支出结构，着力扩大公共财政覆盖面。“十二五”时期，必须进一步强化民生优先、共享发展的意识，调整和优化财政支出结构，扎实推进“基本民生”建设，加快建立人人可及的基本公共服务均等化体系，让均等的公共服务阳光洒遍城乡、造福人民；大力保障“底线民生”，更加关心困难群众的生产生活，大力支持开展扶贫开发“规划到户责任到人”工作，确保全体社会成员都能温饱无忧、更加体面地生活；支持解决“热点民生”问题，着力解决教育、医疗、住房、就业、食品安全、环境保护、收入分配等群众反映强烈的热点难点问题，把有限的财力更多投到社会发展事业的“短板”，支持创新社会建设和管理创新，维护社会和谐稳定。

第三，建设绿色财政。按照中央和省的统一部署，近年来广东各级财政部门积极支持探索生态文明发展道路，大力促进节能减排。“十二五”时期，要以广东开展国家低碳省试点为契机，筹集资金加大对生态环境保护、节能减排、循环经济及低碳发展的投入力度，支持开展碳排放试点。同时，研究完善生态激励型财政机制，研究分生态区的不同情况实行部分基本支出保底、生态保护成效激励等政策，进一步补充完善生态激励指标体系，让生态保护得好的地方得到更多的转移支付。

第四，建设绩效财政。建立以结果为导向的绩效预算模式，正逐步引领未来公共预算改革的新方向，对于增强政府部门责任意识和绩效观念、提高行政效能具有十分重要的作用。广东财政开全国之先河，在加强绩效管理、建设绩效财政方面率先进行了积极的探索，2004 年成立全国第一个省级财政绩效评价机构，从 2003 年起陆续开展了财政支出绩效评价改革、激励型财政机制改革、省级财政竞争性分配改革及实施新的生态激励型财政机制等一系列改革，逐步构建了以绩效为导向的财政分配模式。特别是在财政分配和转移支付领域创造性地引入了竞争和激励的因素，打破了以往平均分配和逐级下达财政资金的分配模式。“十二五”时期，要始终把提高绩效作为财政管理的根本方向和依归，在总结完善的基础上，积极探索推进绩效预算，重点加强对民生领域资金的绩效管理。要牢固树立财政二次分配也要讲求绩效的理念，积极探索在财政分配领域引入竞争性原则和激励机制，不断提高财政支出绩效。

第五，建设阳光财政。广东改革开放早，民主法治进程较快，社会公众对于社会参与的诉求体现得更早更强烈，对提高财政资金使用透明度提出了新的更高要求。总体上看，近年来广东通过财政管理手段、方式和制度的创新，在建设阳光财政、打造“玻璃钱柜”方面走在全国前列。“十二五”时期，要继续稳步推进决策公开和预算公开，消除财政资金运行中的阴影地带，使支出置于阳光之下，处于透明状态，切实让老百姓清清楚楚知道政府花了多少钱，办了什么事，不断增强政府的公信力，取得广大人民群众的理解与支持。

（二）加快财政工作转型的总体要求

总体来看，围绕建设“五大财政”，在加快财政工作转型中要妥善处理好“四个关系”：一是要正确处理好纲与目的关系，做到围绕中心、服务大局。财政作为政府重要职能部门，涉及经济社会发展的方方面面，应该也可以在关系全局的重点工作上主动有为。在财政政策制定、财政体制调整、财政预算安排等事关全局的重大问题上，要切实贯彻落实省委、省政府的决策部署，牢固树立“一盘棋”的思想，主动为全省经济社会发展出谋划策，统筹财力安排，做到纲举目张。二是正确处理好继承与创新的关系，始终保持财政工作的活力。既要认真总结改革开放以来特别是近年来财政改革发展积累的好经验、好做法，同时又要开拓创新，锐意改革，继续创造新经验当好排头兵，积极探索符合科学发展的财政改革发展思路，着力破除传统的思维定势和路径依赖，创造性地开展各项工作，使财政工作始终适应科学发展的要求。三是要正确处理好需求与可能的关系，坚持集中财力办大事。要解决好财力需求与有限财力之间的矛盾，通过调整财政支出结构，集中财力办大事，“小钱小气、大钱大方”，做到有保有压，有所为、有所不为，使财力安排体现预见性和科学性。要坚持“预则立”的思想，做到未雨绸缪，时刻关注和科学把握财政经济形势，为省委、省政府决策提出政策建议，赢得先机。四是要正确处理好目标和路径的关系，既有全局思维和战略眼光，又有脚踏实地抓落实的举措。一方面，既要站在经济社会发展的全局去研究和规划财政改革发展的战略目标和总体思路，又要从财政职能和财政工作属性去探索和实践财政改革发展的方向和措施。另一方面，既要从把推动科学发展上水平作为财政工作的核心和目标，又要把保障改善民生作为财政工作的根本和目的，并从这两个方面着力，以此为路径，脚踏实地抓落实，建立适应科学发展的财政体制机制。

二、坚持继承与创新并举，全面探索加快财政工作转型的新思路、新路径

转型是适应客观环境的变化主动求变的过程，是一个创新的过程。经济社会发展环境及财政自身发展的变化，要求财政工作对理财模式、理财观念、投入机制及管理方式上进行全面的反思和创新，使之不断适应群众的呼声和科学发展的需要。

（一）在理财模式上加快转型

近年来，按照公共财政的改革方向，广东财政把健全财政支出职能、调整支出结构作为公共财政建设的重点和突破口，较好地解决了财政“越位”和“缺位”的问题。但在保障和改善民生如何分清轻重缓急、更好地发挥财政的保障作用，以及转变发展观念、提高人民群众满意度和幸福感方面，还需进一步加快向公共财政理财模式转型的步伐。

一是重要支出的保障方式要从短期安排向建立长效机制转变。制度机制管根本、管长远。特别是对属于增加公共产品和公共服务方面的长期支出，解决人民群众的教育、文化、住房、医疗、社会保障等问题，必须有长期的制度性安排。如解决基本公共服务问题，广东制定实施了基本公共服务均等化规划，既有一揽子解决的长期安排，又配套实施了人口迁移、财政体制调整、事业单位改革、基本公共服务多元供给等措施，较好地推进了民生问题的解决。

二是保障民生要从单纯强调政府责任向引导社会参与、实现共建共享转变。近年来广东出台或实施了一系列惠民、惠农政策措施，民生投入规模日益庞大，占全省一般预算支出比重近六成。但是，仍然存在花钱办了事群众却不买账的问题，社会部分群众在民生及基本生产生活条件的改善方面对政府产生了“等、靠、要”的思想。事实上，我们强调基本公共服务、保障民生是政府的基本责任、执政之本，但民生工作涉及千家万户，需要全社会的共同努力，单纯依靠政府投入既不现实也不科学。党中央提出推进和谐社会建设要“共建共享”，一方面，制度要公开，让人民群众充分地了解政府为保障和改善民生花了多少钱，用在了什么地方，取得了什么实效；宣传要引导，使社会公众逐步认识到共建共享的共同责任。另一方面，公共财政支出必须发挥杠杆和引导作用，创新投入方式，建立多元的投入机制，引导社会公众参与社会建设，形成强大的合力。

三是促进区域协调要从限于从经济增长上缩小差距和

在本区域内配置资源向缩小人均公共服务水平差距和实现区域间互促发展转变。这就要求在全省范围内配置资源，推动劳动力和产业的“双转移”，以不均衡投入的方式解决发展的均衡问题，实现经济社会的集聚、集约发展以及经济、人口、生态三者的均衡。这也是主体功能区规划实施的基本要求。同时，要从财政体制设计上着力，一方面，通过调整完善省以下财政体制，加大对欠发达地区转移支付力度，建立县以下基本财力保障机制，保障政权运转和提供基本公共服务的基本财力需要；另一方面，贯彻实施激励型财政机制，从制度设计上“输血”和“造血”并举，帮扶和激励并重，“奖勤罚懒”，消除“等、靠、要”的思想，调动欠发达地区依靠自身力量加快发展的积极性。对不同发展区域要实行不同的激励政策，对非生态发展区实行经济激励，对生态发展区实行生态激励，并建立完善生态补偿机制，建立保障、激励、补偿三位一体的财政体制，促进该区域人均基本公共服务基本达到其他地区的平均水平。

四是促进完善国民收入分配格局要从二次分配领域向一次、二次、三次分配领域多层次着力转变。收入分配机制包含分别以市场、政府、社会为主的一次、二次、三次分配。以往通常认为，财政主要作用于二次分配领域，在地方缺乏税政权的情况下，往往显得手段薄弱。事实上，在收入分配关系中，初次分配最为重要，如果不理顺初次分配所决定的基本分配关系，主要依靠政府的再分配来矫正基本分配关系的重大扭曲，其作用是有限的。因此，必须及时转变观念思路，立足于市场是资源配置的主体和基础，推进收入分配制度改革，关键在于大幅度地提高劳动者报酬，主要依靠初次分配解决；同时，积极发挥财政二次分配促进公平的作用，加大对低收入群体的补助力度，完善社会保障体系，支持民生事业加快发展，解决低收入群体的生产生活问题。在财政作用于一次分配领域方面，可以考虑通过劳动力的转移增加城镇人口，提高农业生产率和构建农业反哺机制，完善市场配置资源机制，大力发展产权、资本、土地、技术和劳动力等要素市场等方式，逐步提高劳动报酬在初次分配中的比重。同时，积极发挥财政在三次分配中的引导作用，通过财政资金奖励、扶持或设立专项资金实行政府购买服务等方式，使已经分配到个人的社会资源通过慈善或志愿等活动重新进入配置流程，促进社会和谐。

（二）在工作理念上加快转型

当前广东进入中等收入国家发展水平，分好“蛋糕”、避免陷入“中等收入陷阱”十分重要。如果没有一种正确的分享蛋糕的机制和文化，社会各方对利益分配的不满就会给社会带来更多的矛盾。因此，在履行财政职责过程中，构建科学、合理的财政分配文化，在做好做大“蛋糕”的基础上分好“蛋糕”，创造“吃蛋糕”的良好环境。综合各方面的因素，广东财政要着力构建以民本、法治、创新、科学、竞争、绩效为主要内容的新型财政文化。

一是民本文化。这是新型财政分配文化的核心。要秉持“取之于民、用之于民”的理念，将民生优先、民生为重的理念贯彻财政资金的分配、使用和管理全过程，让人民群众充分分享改革发展成果。二是法治文化。法治是建设和谐社会的重要基础。财政工作解放思想、改革创新的各项举措只有在法治的轨道上运行，才能持续健康地发展。三是创新文化。改革创新是财政事业发展的不竭动力。要通过理财观念的创新、财政体制的创新和预算管理的创新，不断创新财政支持经济社会发展的方式手段，使我们的工作更加符合客观实际的需要。四是科学文化。要强调财政工作的“科学思想”和“科学思维”，加强调查研究，善于运用财政经济理论指导工作，顺应市场经济和历史发展的规律，不断提高决策的科学化水平，优化完善财政支持经济社会又好又快发展的政策措施，发挥财政杠杆作用，达到事半功倍的效果。五是竞争文化。财政工作既要促进公平，也要服从效率，更重要的是，通过在财政体制和财政分配领域引入竞争因素，促进公平可以更有效率的方式进行。更为重要的是，应对财政收支的突出矛盾，在分配结果具有可选择性、不固定使用对象的财政分配领域引入竞争机制，可以让最好的科学发展工作通过合理的竞争程序优先得到财政支持。六是绩效文化。要牢固树立财政资金使用必须讲究绩效和责任的观念，做到“花小钱办大事”、“少花钱多办事”。进一步深化预算改革，推行综合预算和零基预算，推进预算管理与资产管理、绩效管理相结合；改革资金分配方式，建立标准化、按因素法计算的较为科学的人员经费和专项资金分配机制。

（三）在投入机制上加快转型

第一，促进加快经济发展方式转变，顺应市场规律、综合运用多样化财政政策手段。首先必须明确市场机制在资源配置中第一位、基础性的作用。在促转变过程中，财政政策必须顺应经济增长、产业转移、社会发展等客观规律，一方面要集中财力投入，另一方面要透彻了解市场所需，把资金投入到最需要政府“扶一把”的地方。如果脱离了规律，离开了市场主体的真实需求，单纯强调加大投入，效果就不会很好；必须制定实施多层次、多角度的政策措施，形成政策合力。如广东把握人才流动的规律，采取设立人才奖励基金会、住房资助、创业贴息、设立风险投资基金等方式，支持引进高层次人次的综合性配套措施；“十二五”省财政统筹安排220亿元资金落实扶持战略性新兴产业发展的战略部署，研究制定实施政银企合作、推进核心技术攻关、支持创业风险投资和再担保等综合性政策措施，充分发挥了补助资金的乘数效应等。

第二，推进以民生为重点的社会建设，推动建立多元化供给机制，提高公共服务的供给质量和效率。近年来，为解决经济社会发展“一条腿长、一条腿短”的问题，广东各级财政的民生投入不可谓不大，支持各项社会事业发展力度不可谓不强，但总体而言公共服务供给不足、重管理轻服务的问题依然突出。因此，必须在创新财政投入机制、改革政府管理模式上下工夫，寻找突破口。新加坡、中国香港等国家和地区的经验表明，政府职能应将重点转向公共管理和公共服务，同时政府应是有限政府，而不是无限政府，不能无所不包，可由社会履行的职能，政府应通过购买服务、发展社会组织、设立法定机构等方式逐步移交社会承担，这样可以更好地将市场“无形之手”和政府“有形之手”结合起来，由政府加强监控，由市场发挥自动调节和竞争效率的作用。因此，财政支持以民生为重点的社会建设，应由政府包办逐步向政府主导、社会参与转变，提供服务的生产主体由公办逐步向公建民营、民办公助以及政府购买服务多元投资转变，供给对象逐步从低收入困难群体逐步向全社会符合条件的社会群体转变。同时，在公共基础设施建设领域，注重财政与金融等手段相结合，采取 BOT、BBT、BT 等多种形式，利用市场资源配置和私营部门优势进行有效供给。

第三，提高财政资金使用效益，在财政分配领域注重引入竞争机制，以竞争激发活力。财政资金分配过程中普遍存在“重分轻管”的现象，即各预算单位在申请财政资金时往往挤破脑袋、态度极好，资金分配后如何快速、规范、合理、高效使用积极性就不高，财政部门也难以监督考核。对此，广东的一个解决方案是，将竞争引入资金分配领域，让申请资金的主体，或是地方政府、或是政府部门、或是公司企业等，通过公平、公开、公正的相互竞争，优胜劣汰，多中选好、好中选优，其间还可以引入社会公众或专家学者的评审，这一方面可以促进资金分配的公开、透明，得到社会的认可；另一方面增强参与竞争主体的责任心和紧迫感，提高工作质量效率，使有限的财政资金得到优化配置。同时，财政部门可以依据中标者的承诺，在资金分配后通过绩效评价和财政监督检验资金是否规范、有效使用，面对严格的绩效考核和结果反馈，申请单位申请资金将会更加严谨，使用资金也会更加规范合理。

（四）在管理方式上加快转型

近年来，人民群众对履行当家做主权利、参与和监督政府决策的呼声日益强烈。过去一段时期，我们通过加快公共财政管理改革，初步搭建了更加科学规范的公共财政管理框架；今后，应对广大人民群众的呼声，财政管理要更加注重听取社会公众的意见，破解政府与社会间信息不对称的问题，提高财政决策、分配和改革的透明度，做到“群众的幸福由群众做主”，这将成为公共财政管理改革的新的领域和方向。

第一，要提高人民群众对财政分配的参与度。可以从以下几个方面着手，丰富和完善人民当家做主的具体形式：一是积极稳妥推进预决算公开和“三公”经费公开活动，逐步扩大公开范围和细化公开内容，让人民群众广泛地了解政府的钱到底花在哪里。但是，在公开过程中要坚持既积极又稳妥的原则，既保障社会公众的知情权、参与权和监督权，又切实维护政府公信力，确保社会和谐稳定。二是在与人民群众利益密切相关的民生领域，通过一系列制度安排让社会公众能够参与民生项目的预算编制和决策，开展财政支出民生项目征询社会公众意见工作，增强财政预算的公开性和透明度。三是积极探索引入第三方组织独立、自主地评价财政资金使用绩效，完善财政支出社会评价体系，有效收集社会公众对政府工作的意见和意愿，提高绩效评价客观性与公正性，增强政府公信力。

第二，要完善财政决策机制，提高财政决策科学化、民主化水平。可以探索建立财政专家咨询委员会等形式，逐步建立财政决策和政策实施的专家咨询机制，充分借助财经及相关领域专家学者的专业优势和学术专长，为财政预算编制、执行、监督、问效及各项财政政策、决定、制度、措施的制定、实施及评估反馈等提供咨询和参考，进一步增强财政政策措施的科学性、前瞻性、针对性和可行性，促进财政决策的民主、公开、透明，增强财政工作、决策、改革的可信度和公信力。

（作者：广东省财政厅党组书记、厅长 曾志权，《中国财政》2012 年第 1 期）

奖补结合推动生态环境保护

——访广东省财政厅厅长曾志权

近年来，广东省不断加大对生态保护的投入力度，积极探索建立生态保护补偿机制。今年 4 月，为进一步推动重点生态功能区所在地加强生态环境保护，广东省出台了《生态保护补偿办法》，通过转移支付对重点生态功能区县（市）给予适当补偿，并在此基础上对生态环境保护较好的地区给予一定的激励，以充分调动县（市）保护生态环境的积极性，促进广东经济发展与生态环境相协调。日前，本刊记者采访了广东省财政厅曾志权厅长。

记者：请您介绍一下《生态保护补偿办法》出台的背景及意义。

曾厅长：近年来，注重人与自然和谐发展、走可持续发展道路越来越受到全社会和各级政府的重视，各项加强生态保护的政策、举措纷纷出台。2010 年，国务院印发了《全国主体功能区规划》，明确国土空间的主体功能定位。2011 年，财政部印发了《国家重点生态功能区转移支付办法》的通知，设立国家重点生态功能区转移支付，引导地方政府加强生态环境保护力度，提高国家重点生态功能区所在地政府基本公共服务保障能力，促进经济社会可持续发展。与此同时，党中央、国务院对建立生态补偿机制提出了确要求，《国务院关于落实科学发展观境保护的决定》中提出“要完善生态补偿政策，尽快建立生态补偿机制”。

广东省委、省政府高度重视建立生态保护补偿机制工作，多次就严格实施主体功能区规划；健全相适应的激励性补偿机制做出指示。根据省委、省政府的部署，广东省财政厅在充分调研、学习借鉴国内外经验、广泛征求各方意见的基础上，结合广东实际情况，牵头制定了《生态保护补偿办法》。建立生态补偿机制是贯彻落实科学发展观，加快环境友好型社会建设，实现不同地区、不同利益群体和谐发展的重要举措，对加快经济发展方式转变、加强生态环境保护、促进区域协调发展具有重要意义。

首先，建立生态保护补偿机制是贯彻落实科学发展观，加快经济发展方式转变的内在要求。统筹人与自然和谐发展是科学发展观的重要内容，深入实施可持续发展战略是加快经济发展方式转变的题中之意。生态保护补偿机制的建立和实施；将有力提振生态地区坚持科学发展，绿色发展的信心，激发探寻经济发展转型升级，走可持续发展道路的积极性，从而逐步形成人口、经济、资源与环境和谐发展的良好经济发展态势和格局。

其次，建立生态保护补偿机制是落实主体功能区规划、加强生态环境保护的客观需要。随着国家主体功能区规划的出台和广东省规划的研究制定，区域发展导向更为明晰，生态环境保护的重要性已得到广泛共识。广东省主体功能区规划中明确，重点生态功能区是全省重要的生态屏障、水源涵养区飞生态旅游示范区和人与自然和谐相处的示范区，以保护和修复生态环境，提供生态产品为首要任务。由于生态保护任务所限，其工业发展受到影响。作为主体功能区规划的重要配套措施之一，生态保护补偿机制通过省财政加大补助力度，在重点生态功能区加快自身经济发展的基础上；逐步使其达到与其他地区基本相当的公共服务能力；激发其改善环境的内在动力，促进经济、社会与生态良性发展，进而实现主体功能区建设目标。

再次，建立生态保护补偿机制是促进区域协调发展飞基本公共服务均等化的重要举措。长期以来，由于地理条件/经济基础等因素，区域发展不平衡是制约广东经济社会又好又快发展的主要瓶颈之一。按照主体功能区规划的区域划分，广东省重点生态功能区全部位于粤东西北欠发达地区，财力薄弱问题突出，是区域协调发展的“短板”。《生态保护补偿办法》的实施进一步完善了省以下财政体制，通过激励与补偿相结合，促进重点生态功能区实现良性发展，增强其财政保障能力；平衡地区间财力分布，促进全省区域协调发展和基本公共服务均等化。

记者：《生态保护补偿办法》有哪些特点？

曾厅长：一是实事求是，因地制宜。按照国家和省级主体功能区规划要求，根据广东省不同区域生态要素、资源禀赋特征和发展要求，综合考虑各地生态保护成本、发展机会成本以及自身条件因素，因地制宜地采用不同的生态补偿标准。二是纵向补偿，核算到县。省财政主动出资补助省内生态地区，避免了横向补偿中的上下游界定、环保治污情况检测、补偿资金来源等技术困难和操作问题，同时，以县（市）为核算单位，能直接反映当地实际情况，体现了财政政策的科学化和精细化。三是奖补结合，增强效应。坚持“谁保护，谁得益”，“谁改善，谁得益”的原则，根据维持当地基本公共服务支出相当水平的需要，给予合理补偿，在此基础上对生态环境保护较好的地区给予一定的激励，两方面结合使政策效应最大化。四是全面考核，科学合理。建立一套由 15 项指标组成的生态保护指标体系，指标涉及空气、水资源非森林保护区和污染物排放等多个方面，并按照反映生态保护成效的程度设计指标权重，与省外有关生态补偿的政策相比，具有指标覆盖范围广、结构合理的优势。五是公平分配，严格规范。生态保护补偿资金按照统一、严格的因素法进行分配，所采用因素全部属于客观因素，指标数据由相应的省直部门核实并提供，杜绝人为、确保公正。

记者：生态保护补偿的范围如何界定？

曾厅长：广东省生态保护补偿机制以重点生态功能区县（市）为补偿对象，根据主体功能区规划对有关区域的功能定位和发展目标，结合省级财力实际情况，将生态保护补偿机制的补偿范围确定为主体功能区规划中的重点生态功能区，并分类实行差异化的补偿政策。具体应同时满足三项条件：一是省主体功能区规划中的生态发展区域；二是属于国家级、省级重点生态功能区；三是位于粤东、粤西、粤北等经济欠发达地区的建制县（市）。符合条件的县（市）将分为国家级生态区和省级生态区两个类别，实行差异化的补偿政策。同时结合生态保护区域点状分布的特点，对承担生态保护责任更重的县（市）即国家级自然保护区、水源保护地占国土面积比重较大的地区给予提高补偿系数的倾斜支持。通过实施范围明确、层次分明，重点突出的补偿政策，有针对性地给予生态地区不同程度的倾斜支持，加大财力保障。

记者：具体的分配办法是怎样的？

曾厅长：生态保护补偿机制充分考虑重点生态功能区对广东经济社会可持续发展的贡献以及承担的生态环境保护任务，既给予补偿，又予以激励，发挥财政补偿与激励互相协调、互为补充的政策效应。省财政从 2012 年起每年安排生态保护补偿转移支付资金，包括基础性补偿和激励性补偿两部分内容基础性补偿以增强重点生态功能区基本公共服务保障能力为目标，对其为保护生态环境而放缓经济发展予以适当补偿，保证其基本公共服务支出需要。具体将以县（市）基本财力保障需求作为基本考核指标，辅以类别系数，人均财力因素、基本运转因素等成本差异因素计算确定。激励性补偿与重点生态功能区保护和改善生态环境的成效挂钩，生态保护越好，获得奖励越多。省财政建立一套，由15项指标组成的生态保护指标体系，综合测算生态保护指标增长率，激励性补偿根据基础性补偿和生态保护指标增长率计算确定。

记者：实施《生态保护补偿办法》的保障措施有哪些？

曾厅长：一是强化地方主体责任。市县政府是地方生态环境保护的责任主体，《生态保护补偿办法》中要求地方政府应以主体功能区规划和推进基本公共服务均等化为导向，统筹本级财方，积极调整优化支出结构，加大对生态环保的投入力度，并要求将生态保护补偿资金用于生态环境保护和修复、保障和改善民生、维持基层政权运转和社会稳定等方面。二是加强引导监督工作。各地级以上市要根据当地生态环境保护特点，研究制定所辖地区的生态补偿办法，加大环境保护支出，按规定及时足额向所辖县（市）分配省级生态保护补偿资金，并加强监督，提高资金使用效益。同时，要加强工作总结和情况报送，有关地级以上市在每年年底要将生态保护补偿资金分配情况和使用效果书面报送省财政厅。三是建立绩效评价体系。省财政厅将建立并完善生态保护补偿机制的绩效评价体系，定期对生态保护补偿资金使用情况进行考核评估，作为下一年度资金分配的重要依据。

记者：广东省在逐步构建完整、规范的生态补偿财政政策体系方面还有哪些其他举措？

曾厅长：一是实施生态公益林补偿机制。广东省是全国第一个实行生态公益林补偿的省份，1998年起开始实施《广东省生态公益林建设管理和效益补偿办法》，明确规定由政府对生态公益林经营者的经济损失给予补偿，并由省财政对省级生态公益林按2.5元/亩标准给予补偿。随后，补偿标准逐步提高，到2012年，国家级和省级生态公益林补偿标准统一提高到18元/亩。同时，在统一补偿标准的基础上，不断扩大省级以上生态公益林补偿面积。与生态保护补偿机制着眼于全面的生态环境保护不同，生态公益林补偿机制侧重于林业保护和建设，两项机制相互补充、相得益彰。

二是不断加大环保、节能、低碳等生态保护的专项投入。省财政厅积极发挥职能作用，不断加大对生态环境保护的投入力度，研究出台了一系列支持促进环保、节能，低碳的财政政策措施。在支持环境综合治理方面，安排环保、水污染防治、治污保洁、水质保护等专项资金4.35亿元用于支持饮用水源地周边污染治理、入库河流污染整治、水源保护区隔离防护建设等，争取并安排资金1.5亿元用于冶炼行业废气、重金属污染治理等重金属污染防治项目；安排省农村环保建设专项资金1亿元支持农村连片环境综合整治、农村生活污水收集处理等：安排8 000万元用于支持城镇生活垃圾卫生填埋，无害化、资源化处理项目等，争取并安排省污染减排专项资金2.7亿元用于污水处理设施及配套管网工程建设；安排省环境管理能力建设经费10 743万元用于支持省直和经济欠发达地区环境监测、监察、宣教，信息、辐射标准化能力建设和应急能力建设，2012年重点支持了经济欠发达地区地级市执行国家空气质量“新标准”新增指标PM2.5监测能力建设等。在支持节能低碳经济方面，安排2.6亿元支持节能技术改造、淘汰落后产能、资源综合利用等项目安排2 000万元支持资源节约和循环经济的技术推广应用，产业基地建设等；安排1.3亿元支持推广低碳新技术、新产品、新工艺，推动低碳经济发展。

（《中国财政》2012年第19期）

曾志权：当好“裁判员”　不当“运动员”

——专访广东省财政厅厅长曾志权

政府向社会组织购买服务仍是新事物，实施过程中仍存在许多问题，关键是明晰政府角色和责任。同时，又要强化监管职能，实现职能回归。

《小康》：推进政府向社会组织购买服务在珠三角城市试点成效如何？

曾志权：广东珠三角各市已经在社会福利、社会救助、社区建设、劳动保障、司法矫正、残疾康复、青少年服务以及婚姻家庭服务等多个领域推行社会服务竞争性投标，采取竞争性方式选择承接政府购买服务的社会组织，实现“多中选好、好中选优”，提高服务质量。实践证明，政府向社会组织购买服务，是政府公共服务供给方式的重大创新，提高了公共服务供给的效率与质量，提高了资金使用效益。

《小康》：现行体制下推进省级政府向社会组织购买服务存在哪些问题？

曾志权：政府向社会组织购买服务仍是新生事物，实施过程中仍存在政府购买服务规模较小、程序不够规范、监督管理力度不够、缺乏相应的法律体系保障以及社会组织能力普遍薄弱、资金和人才缺乏、服务水平不高等问题。对此，广东省财政厅正草拟《广东省推进政府向社会组织购买服务工作暂行办法》，将进一步明确改革的总体思路，并提出规范购买服务主体、界定购买服务范围、引入市场竞争机制、树立绩效导向理念、建立部门协调机制等工作举措和要求。

《小康》：如何选择被购买对象？如何考评服务质量？如何决定购买价格？

曾志权：正在草拟的《广东省推进政府向社会组织购买服务工作暂行办法》对这些问题都将予以明确。一是政府向社会组织购买遵循公开透明、竞争择优原则。二是购买服务的时间、范围、内容、服务要求、资金支付和违约责任等内容，由购买服务主体与中标的社会组织签订合同予以明确。三是项目完成后，由购买服务主体组织考核评估和验收。

下一步，将着手研究制定政府购买服务监督评估的方式与标准，建立社会组织提供公共服务的退出机制，确保政府向社会组织购买服务工作落到实处。

《小康》：这项改革是否有利于提升政府行政效率和降低行政成本？

曾志权：实行政府向社会组织购买公共服务，对提高公共服务水平，提升政府行政效能，降低行政成本具有积极意义。关于费用问题，我们初步明确，除重大民生事项或省委、省政府临时交办事项外，政府向社会组织购买服务所需经费由各单位部门预算安排的公用经费或经批准使用的专项资金中统筹解决。从长远来看，应该可以降低行政成本。

《小康》：改革最大的阻力在哪里？如何破冰？

曾志权：面临的主要困难和阻力有：各方未能充分认识政府向社会组织购买公共服务的重要意义，机关事业单位担心因此会弱化其自身职能，社会组织对这项工作也了解不深，对申请承接政府服务不够积极主动，还有社会组织能力相对薄弱，承接服务水平不高。

我们认为，关键是明晰政府角色和责任。同时，又要强化监管职能，实现职能回归，当好“裁判员”，不当“运动员”。要建立健全社会组织等级评估，完善监管、资金管理等制度，形成政府和社会监管相结合的监管格局，通过加强管理和正确引导，促进社会组织规范健康发展。

（作者：刘建华，2012 年 4 月 11 日《小康》）

“十件民生实事”交答卷

在去年年初的省政府工作报告中，我省庄重承诺：将办好十件民生实事。如今，一年期满，十件民生实事实施进展如何？广东交出了一份怎样的答卷？昨日，省政府联合省教育厅等十多个相关部门召开新闻发布会称：至 2011 年年底，省委、省政府承诺的十件民生实事已全部按计划完成。

省政府新闻发言人、省政府办公厅副主任张爱军通报了 2011 年我省十件民生实事的总体完成情况并表示，去年年初省确定十件民生实事圆满完成。省教育厅、农业厅、人力资源社会保障厅、住房和城乡建设厅等有关负责同志介绍了各自牵头的民生实事的完成情况。

新闻发布会上，省财政厅、水利厅等各有关部门负责人还就媒体关心的问题一一作了回答。当记者问道，2011 年全省各级财政对十件民生实事的投入情况怎样？“全省财政共投入十件民生实事的资金为 1 195 亿元，顺利完成全年任务。其中，省级财政已拨付 340 亿元。”省财政厅副巡视员曾毓昌回复。

关键词 1　房子

保障房未来将“以需定建”

去年省十一届人大四次会议上，省政府承诺将建设 31 万套保障性住房，一时间吸引了不少困难群众的关注。如今 1 年快过去了，保障房建设进展如何？

省住房城乡建设厅副厅长陈英松在新闻发布会上表示，全省 2011 年 10 月底已新开工建设保障性安居工程完成国家下达任务的 106%，超额提前 1 个月完成国家任务。

906 个保障性安居工程项目承担起百姓有屋可居的愿望。截至年底，全省新开工建设保障性安居工程 330 760 套（含租赁补贴），其中廉租住房 26 398 套、经济适用住房 13 084 套、公共租赁住房 209 045 套、限价房 49 156 套，各类棚户区改造开工 33 077 套。

此外，全省新竣工保障性安居工程 113 553 套，其中廉租住房 3 122 套、经济适用住房 1 974 套、公共租赁住房 79 891 套、限价房 4 684 套，各类棚户区改造 23 882 套。

为推动保障房建设，有关部门强化目标责任考核、巡查督查、定期通报、约谈问责等工作机制，加大工作力度，有力地推动了保障性项目的建设。

与此同时，广东还在积极推进住房保障制度改革创新。陈英松透露，2011 年年初以来，省住建厅起草了《广东省住房保障制度改革创新方案》，围绕重点发展公租房的主线，确定了“问需于民、以需定建、分步实施、轮候解决”

的思路，充分体现了省委、省政府大力推动住房保障制度改革创新的决心。

他分析说，广东住房保障制度改革创新方案提出了建立申报登记、以需定建、先规划后建设、轮候保障和准入退出机制等一系列新举措；广东还将创新建设模式，转变以往政府包揽的做法，引导社会力量建设公租房。据悉，该方案在公开征求社会各界意见后已报送省政府审批。

关键词2　票子

多群体去年受益财政补贴

去年以来物价高涨，部分困难群众“票子”不足。省政府承诺，将向特殊困难群众发放临时性价格补贴。

省财政厅副巡视员曾毓昌介绍，“向全省困难群众发放临时价格补贴”已按工作目标完成，共投入5.16亿元，有效缓解了特殊群体因物价上涨造成的生活困难。

广东第一时间启动了价格补贴应急措施，向全省困难群众发放临时性价格补贴2.41亿元，分别于去年1月和7月，从省级价格调节基金中安排1.81亿元向经济欠发达地区城乡低保困难群众发放2次共4个月临时价格补贴，向省属公办、民办大中专院校家庭经济困难学生和学生食堂发放2次共6个月临时价格补贴0.6亿元，此举让196万名城乡低保对象和26.8万多困难学生受益。

为加大力度解决困难群众基本生活保障问题，在发放中央财政城乡困难群众生活补贴3.1亿元的基础上，去年省财政又安排2.75亿元，向全省274万多城乡低保、农村五保、国家抚恤优抚对象、新中国成立前入党的农村老党员和未享受离退休待遇的城镇老党员发放一次性临时生活补贴。

粗粗梳理一下，去年受益的人群不少。

贫困户。去年全省投入1.8亿元实现25万贫困户、110万贫困人口稳定脱贫，14亿元用于农村贫困户危房等房屋改造。

代课教师。去年全省投入55.99亿元用于城乡免费义务教育经费补助，13.07亿元用于解决代课教师问题和教师工资福利待遇问题，8.69亿元用于落实欠发达地区教师的义务教育绩效工资“两相当”政策。

廉租房申请人。去年全省投入2亿元解决现有登记在册符合廉租房保障条件家庭住房问题。

关键词3　孩子

高校国家助学金提高50%

推广外来工子女“积分入学”办法，建设274所规范化乡镇中心幼儿园、1 033所义务教育规范化学校，砸12亿元完善国家资助政策体系，投9.1亿元支持欠发达地区实施义务教育绩效工资……去年初，省政府在“十件民生实事”中承诺，要推进公共教育服务均等化。昨日，省教育厅副厅长朱超华用一连串数字，向记者通报了实施进展的“成绩单”。

在省政府承诺的十件民生实事中，事关教育的实事涵盖了从学前教育到高等教育的各层次、各群体。

广东是外来工第一大省，在粤接受义务教育的外来工子女达到300多万人，同样位居全国第一。我省外来工子女“读书难”问题全国最为突出，成为一道民生难题。据朱超华透露，去年，我省出台《关于做好进城务工人员随迁子女义务教育工作的意见》，向全省介绍东莞、中山经验，全面推广“积分入学”免费入读公办学校的办法。

据了解，去年，我省承诺的教育民生实事中，不少都超额完成：支持各地新建扩建40所特殊教育学校，经确认的41所特殊教育学校动工率80.5%；支持欠发达地区建设250所乡镇规范化中心幼儿园，经确认建设274所，动工率达到96%；累计投资19.76亿元，支持和引导欠发达地区建设1 033所义务教育规范化学校，比原计划多建了33所；经全省公布确定，新建扩建123所中等职业学校，提升1 455所普通高中办学水平，全省新建扩建中职学校项目总投入约121.54亿元。

去年，我省还投入相当的“真金白银”，或提高助学金，或减免学费，让寒门学子直接受惠；安排12亿元完善普通高校、高中阶段教育学校国家资助政策体系，全省约18万家庭经济困难高中生得到国家助学金补助；中职学校免学费政策范围扩大，全省共10万名中职学生享受3年免费教育；提高高校国家助学金标准，全省普通高校国家助学金补助标准由每人每年2 000元提高至3 000元，一举提高了50%。

在会上，朱超华还透露，今年我省将继续采取措施，大力推进公共教育服务均等化。包括，建立学前教育资助制度和普惠性民办幼儿园资助机制，进一步探索解决进城务工人员随迁子女义务教育问题的途径和方法等。

关键词4　老有所养

1 360万农民参加养老保险

中国进入老龄化社会，中国一对夫妻未来人均负担4个父母……养老问题已经成为民生的重头戏。作为十大民生实事，“扎实做好社会保险和社会救助工作”承担了“老有所养”的重任。

省人力资源社会保障厅副厅长葛国兴介绍说，去年广东推进新农保试点工作顺利进行，城乡居民养老保险覆盖面迅速扩大。全省42个县区全面启动了第三批新农保试点，这使得全省新农保试点县区达到93个（含各地自行试点县区），试点覆盖县区占全省有农业人口县区的87%。

据统计，至2011年12月底，预计全省农民参加社会养老保险人数达1 360万人，400万人领取养老待遇，提前完成了年度参保任务。

与此同时，城镇居民养老保险试点顺利实施。据初步统计，全省已有60万城镇居民纳入养老保障范围。

此外，广东还建成广东省社会福利服务中心、广东省养老服务杨村示范基地等重要养老保障项目。至2011年12月底，全省已建成居家养老服务示范中心30家，主要为居家老年人提供生活照料、家政服务、康复护理、医疗保健等服务。

关键词 5　病有所医

新农合参合率高达 99.7%

“去年，全省所有政府办基层医疗卫生机构配备使用基本药物，并实行药品零差率销售，基本药物全部列入医保目录，老百姓报销比例明显高于非基本药物。”昨日，省卫生厅副厅长耿庆山介绍了我省“完善城乡基层医疗卫生机构服务体系”的实施情况。他介绍，去年我省卫生基础设施明显加强、基本药物制度实现全覆盖，财政新农合筹资水平进一步提高。

据了解，至 2011 年 12 月 31 日止，200 家乡镇卫生院有 113 家动工，36 家竣工，动工率为 75%；202 家社区卫生服务中心（站）有 45 家动工，36 家竣工，59 家完成设备采购任务。已完成改造建设任务的乡镇卫生院和社区卫生服务中心（站），诊疗环境得到改善。与此同时，由于群众乐于到农村医疗机构看病就医，增加了门诊、住院人次，农村医疗卫生机构业务收入增加。

去年，我省大力推进医改，基本药物制度实现全覆盖。耿庆山表示，与实施基本药物制度前比较，取得了门诊、住院药品费用“双降”的阶段性效果，人民群众切实感受到了制度实施带来的实惠，广东省基本药物制度已初步建立。

财政新农合筹资水平提高，也是我省“十件民生实事”带来的显著成效。去年，我省落实了国务院提高新农合补助标准政策后，各级财政提高了筹资水平，更多农民积极参加新农合。至去年 12 月底，全省有 2 845 万人参加了新农合补助，参合率高达 99.7%。镇、县、县外医院的住院费用补偿比例，也分别达到 75%、65% 和 50% 以上，分别比去年提高了 5 个百分点。住院补偿封顶线从 2010 年 6 万元一举提高到 10 万元以上。80% 以上的新农合统筹地区开展了提高农村儿童重大疾病医疗保障水平试点工作。

耿庆山还透露，今年，我省将全面完成项目建设任务，进一步健全基本药物制度，继续落实好国务院新农合补助标准政策。2012 年，欠发达地区各级财政新农合补助标准将提高到每人每年 240 元，珠三角地区各级财政补助标准要达到 240 元以上，保持全省新农合参合率达到 98% 以上。

2011 广东十大民生实事

一、向特殊困难群众发放临时性价格补贴

二、加大扶贫开发力度

三、千方百计促进就业

四、推进基本公共教育服务均等化

五、完善城乡基层医疗卫生服务体系

六、扎实做好社会保险和社会救助工作

七、加快城乡防灾减灾和环境工程建设

八、加强城乡文化设施建设

九、健全住房保障体系

十、改善农村生产生活条件

2011 广东十大民生实事实施亮点

省财政投入 5.16 亿元向全省特殊困难群众发放临时性价格补贴；

加大扶贫开发力度实现 134 万贫困人口脱贫；

促进就业超额完成年度目标任务；

推进基本公共教育服务均等化力度大；

城乡基层医疗卫生服务体系建设进展顺利；

建立城乡统筹的基本医疗制度完成年度目标任务的 123%；

城乡防灾减灾和环境工程建设成效显著；

城乡文化体育设施建设大幅超额完成年度任务；

全省新开工建设各类保障性安居工程住房 330 760 套；

农村生产生活条件得到明显改善。

■答记者问

扶贫开发成效如何？

134 万贫困人口脱贫

省农业厅副厅长、省扶贫办主任莫定伟在发布会上介绍，2011 年全省共落实帮扶资金 130 亿元，扶持贫困村发展经济项目 1.8 万个，平均每村投入 381.3 万多元，共有 31.5 万贫困户、134 万贫困人口实现年人均纯收入 2 500 元以上的脱贫目标。省财政拨款 14 亿元，启动农村低收入住房困难户住房改造建设，预计 2012 年春节前可顺利完成 14 万户的改造建设任务。

此外，去年的一个亮点是，省人大常委会颁布了《广东省农村扶贫开发条例》，从今年 1 月 1 日起实施，使我省扶贫工作有法可依。

改善农村交通方面有何进展？

符合条件行政村 100%通车

广东省在改善农村交通条件方面取得了哪些新成效？对于记者的这个问题，省交通运输厅副厅长杨细平介绍，去年我省改善农村交通条件取得明显成效：一是建设 5 000 公里左右通 500 人以上自然村以及敬老院、学校、农业示范基地等的社会主义新农村公路。这基本实现全省 100% 镇有站、100% 符合通客车条件的行政村通客车和 100% 有候车亭。

此外，我省还推进农村客运发展，基本实现全省 100% 镇有站、100% 符合通客车条件的行政村通客车和 100% 有候车亭的目标。“到 2011 年年底，这两项工作基本完成。”全省农村交通条件有了较大改善，客运网络进一步拓展和完善。

如何预防重大地质灾害？

搬迁治理隐患点 84 处

全省 84 处重大地质灾害隐患点搬迁与治理工程全面完成，56 871 人的生命财产安全获得保障。

省国土资源厅有关负责人表示，从 9 月份起，省国土厅组织有关单位人员组成督导组，重点对韶关、惠州、江门、阳江、茂名、肇庆、清远、云浮等市进行现场督导，针对实际问题及时提出指导性意见，协调解决实际困难，及时将 3 970 万元省财政补助资金下拨到除珠江三角洲地区以外的重大地质灾害隐患点搬迁与治理工程项目，确保了搬迁治理工程按时完成。

环境工程建设有何举措？

水污染治理斥资67亿元

随着生活水平的提高，百姓对天蓝水绿的要求越来越高。去年，广东各级财政共投入7条重点流域水污染综合整治资金67亿元，用于“净水”。

省环保厅有关负责人介绍，去年广东新建城镇生活污水处理厂7座，新增日处理能力66万吨；淘汰、关闭造纸、印染、电镀、规模化禽畜养殖等重污染企业279家；完成河道综合整治工程22项。

增强防灾抗灾能力如何体现？

加固江海堤围980公里

有记者提问，广东省增强防灾减灾能力主要体现在哪些方面？

省水利厅副厅长林旭钿介绍，主要体现在三个方面：一是达标加固江海堤围980公里，除险加固病险水库888宗。二是连州瑶安和和平县浰江下游贝墩水两个省级小流域综合治理试点工作稳步推进。三是内涝整治试点工作扎实开展。积极开展农村重点易涝区整治工作，选定在广州市番禺区亚运城周边内涝区域、博罗县园洲镇和安涝区和佛冈县龙山镇荷田涝区开展内涝整治试点工作，编制了《广东省农村易涝区整治试点实施方案》并启动实施。

如何推进城乡文化设施建设？

新建社区文化室1 800个

全省欠发达地区完成新建或改扩建县级文化馆、图书馆、博物馆37个，完成年度任务的185%；新建乡镇（街道）综合文化站82个，完成年度任务的164%；新建扩建城乡社区文化室1 800个，完成年度任务的100%；建设乡镇农民体育健身工程项目144个，完成年度任务的144%。

促进就业有何实效？

城镇新增就业177.1万人

去年，广东促进就业超额完成年度目标任务。据介绍，全年实现城镇新增就业177.1万人，下岗失业人员再就业74.3万人，促进创业12.8万人，分别完成年度目标任务的142%、124%和110%；组织本省农村劳动力就业培训85万人，实现转移就业137.6万人，分别完成年度目标任务的106%和110%。

（记者：张胜波 雷雨，实习生：方泽仪，统筹：谢思佳，2012年1月13日《南方日报》）

省人大财经委预算审查座谈会，代表提问“财爷”接招

安排4亿投入食品安全监管

记者从省财政预算草案中获悉，2012年广东省预算安排用于保障和改善民生、均衡区域基本公共服务水平和帮助市县增强发展后劲的支出达到1 843.1亿元，占省级财政总支出的比重达到78.12%。各项重点支出与上年预算相比增长均可达到17%以上，尤其是科技、文化、医疗卫生和环境保护支出，增幅均超过三成。

连续多年加大力度对民生投入得到了众多代表的肯定。一向是预算报告“挑刺”能手的江门代表俞雪花今年也充分肯定了预算草案中对民生方面的投入。俞雪花说，财政对民生的投入有多无少，对财政转移支付的改革、教育、社保、医保等在2012年预算草案都有体现。

来自阳江的张秀洁代表也表示，今年财政预算报告明显特点就是更加关注民生，超过70%财政投到民生，这让欠发达地区代表感到十分温暖。

食品安全　弥补食品检测资金缺口

今年的政府工作报告中，食品安全问题被列入十件民生大事之一。来自韶关的李志贞代表建议，能否安排预算支持食品安全监管部门的检验费和购买样品造成的资金缺口。

李志贞说，食品安全问题已经成为全国性问题，是焦点、难点问题，如何让老百姓吃得安全、吃得放心，已经成为政府管理机制问题。但在实际操作中，食品管理职能部门存在经费保障问题，执法部门抽样检测要自己掏钱购买样品。这给食品监管部门，特别是欠发达地区增加了一笔非常大的费用。“欠发达地区蛋糕就那么大，因为这个费用，相关部门的监管工作很难日常化、规范化，导致食品监管没有办法按照规定做到。”曾志权当场回应，今年已经安排了4亿元，其中一般预算已经安排2个亿对此进行补贴。

教育医疗　代表呼吁公平体现公益性

俞雪花建议在财政管理改革方面突出公平性，要结合社会管理进行改革。“为什么对机关幼儿园的财政拨款意见

那么大？不是说不该给，而是为什么给机关幼儿园不给民办幼儿园？这要求财政要结合社会管理方面，通过购买服务，实现公平性。”

张秀洁代表提议说，财政应更重视农村义务教育。十件民生实事之一就是加快城乡教育协调发展。目前情况是越往基层和农村，教育资源就越贫乏。我们实施了免费义务教育和一费制后，群众很支持，但由此学校收入大大减少，经费非常紧张。希望财政通过统筹，加大农村教育投入。

能否加大对医疗事业的补贴，是代表们提得最多的问题。来自河源的唐国智代表就提出，财政能否对山区的交通、卫生等基础设施给予倾斜，如门诊费用能否适当给予补贴。他举例说，河源是人口大市，但辖区内唯一一家三级医院只有600多张床位，这是远远不够的。汕尾代表郑惠英也建议，财政应继续增加卫生、教育的投入，最大限度体现公益性。

三公经费　市县按照有关要求推开

在短短两个半小时的座谈会上，曾志权听取了来自全省21个地市代表提出的61个问题，并一一进行了回应。对于吴德代表在座谈会上提到的欠发达地区村干部待遇过低、村委会经费严重缺失问题，曾志权回应说，今年财政对村干部报酬的补助将提高到1 000元每人每月，同时配套办公经费3万元；到2015年将提高到2 000元每人每月，同时配套办公经费5万元。

曾志权的表态让多位欠发达地区的代表露出笑容。曾志权对参加座谈会的代表说，这些意见和建议对于我们编好未来几年的预算，落实好2012年预算执行工作和下一步做好财政管理工作，具有重要的指导性。

来自佛山的林剑伟代表建议，要进一步重视预决算与三公经费的公开工作，“我认为这可以看成一项没有财政支出的民生工程。”曾志权回应称，省级已于去年11月24日在省财厅网站公开三公经费，可以说，我省财政改革相关工作的问题，构建公共财政体系的框架，在改革力度上非常大。“我们会继续推进各个部门细化的工作，指导好各个市县的工作。如三公经费公开等，要按照有关要求推开。整个改革，我们会继续完善。”

区域协调　5亿用于产业转移奖励

张秀洁代表提出，要进一步加快区域协调发展。建议省财政对产业转移园区的扶持力度能更大一些，促进园区快点上轨道。

据了解，今年将安排欠发达地区产业转移园区发展专项转移支付资金15亿元，支持欠发达地区加快产业转移园区基础设施建设；安排产业转移奖励资金5亿元，进一步鼓励珠三角地区企业加快向东西两翼和粤北山区转移。

生态保护　补偿机制即将出台

对于今年政府工作报告中首次明确提及探索生态保护补偿机制，已划有生态保护区域的河源和湛江的代表均提出，预算草案中未看到相应的预算安排。“应尽快制定实施省政府主体功能区，制定生态保护补偿机制。”

曾志权回应说，关于生态补偿机制的问题，现在我们已经将补偿办法走完程序，最近就会启动执行。其实这个就放在一般性转移支付里面，将有一次性补偿和激励性的保护。

（记者：黄颖川，2012年1月16日《南方日报》）

民生事项须先征询民意后决策

今年我省选取小型农田水利项目等开展为民办事征询民意试点

近日，省委、省政府出台了《开展为民办事征询民意工作的指导意见》和《为民办事征询民意工作试点方案》（以下简称《指导意见》和《试点方案》），明确要求县级以上党委、政府在提出和决定关系人民群众切身利益且涉及面广的重大民生决策事项时，要根据实际需要先征询民意后作决策，并确定2012年选取村级B公益事业建设“一事一议”、小型农田水利项目、农村危房改造和基层医疗机构建设四项民生决策事项开展为民办事征询民意试点。

专家指出，广东出台实施《指导意见》和《实施办法》，是贯彻落实省第十一次党代会关于“健全改善民生工作机制，建立为民办事征询民意制度”精神的实际行动，对于贯彻以人为本、执政为民以及提高决策科学化、民主化水平，不仅具有重要的现实意义，且影响深远。

专家视点

财政部科研所所长贾康：

公共财政需要公共选择

公共财政理念的绩效导向必然要和现在民主化的历史

潮流综合起来互动，通过民意征询机制优化财政资金配置方案。公共财政需要公共选择，通过一定的公共选择程序，如在为民办事的各项工作中最广泛地征询民意，最大限度地提升满意度，尽可能使办出的事情更顺民意，寻求最大公约数，追求最优绩效。

国务院发展研究中心宏观部副部长孟春：

财政民生投入以民意为导向

以民意为导向，优化了财政民生投入的配置效率。切实把政府意图与群众需要更好地结合起来，将有限的财政资金投入到涉及群众切身利益最需要、最迫切、最直接的领域，使政府决策更加体现民意，得到人民群众的认可，是促进政府决策科学化、民主化、公开化的重要途径和务实举措。

中国人民大学国际关系学院教授任剑涛：

推进社会表达机制制度化

按照政府民主、科学、为民理财和决策的要求，要在政府主导的基础上，努力做到“为民办事征询民意”，大力推进社会表达机制的制度化。

省政府发展研究中心副主任李鲁云：

让老百姓主动参与政策实施

一些政策老百姓只有真正看得见、摸得着，才会让老百姓充分感受到。要采取更直接的形式，让更多的基层民众了解惠民政策措施，让老百姓主动参与到惠民政策的实施过程中来。

征询范围　基本涵盖所有民生事项

《指导意见》明确，基本上关系人民群众切身利益且涉及面广的重大民生决策事项都应根据实际需要先征询民意后作决策。

征询民意的主要领域包括六大类：政府提供基本公共服务保障重大政策措施的制定与调整；政府保障重要民生事项的财政资金安排及社会筹集资金使用方案；公益性城乡基础设施建设；涉及群众切身利益的土地利用、征地拆迁、环境保护、劳动就业、社会保障、人口计生、文化教育、医疗卫生、食品安全、住房保障、交通运输、城市管理、社会治安等方面的重大政策措施制定与调整；涉及群众利益的重要公用事业价格、公益性服务价格的制定与调整；以及其他与人民群众利益密切相关、社会涉及面广、需要广泛征询民意的民生决策事项等。

这一实施范围基本涵盖了目前我省各级政府与民生工作相关的所有重要工作，涉及民生的重要规划和工作计划、重要改革、重要政策、重要项目、重要事项等。

《指导意见》同时规定，为民办事征询民意工作的实施主体为县以上党委、政府及其工作部门，并按照“谁决策、谁负责”及不重复征询的原则，明确征询主体开展征询的职责。各地区需要进行征询民意的为民办事具体决策事项，由各地党委、政府根据本地区实际情况确定。

确保真实　避免以“官意”代替“民意”

当然，“民意”是一个比较抽象的概念，而征询民意必然要接触现实的民意表达主体，如何确保避免以“官意”代替“民意”，体现具体而真实的民情意愿？

近年来，各级党委、政府在决策中通过听证等方式征求民众意见的事例越来越多，但有的效果不甚理想，被质疑“走过场”，网络更有“被代表”的言语出现。如何确保获得具体而真实的民情意愿，《指导意见》着力解决这个问题。

一是征询方式上突出实效性和可行性。为充分发扬民主，广开征询民意渠道，《指导意见》设计了5种征询民意的基本方式，包括公开征询、网络征询、会议征询、委员会征询和委托征询等，具体征询方式的选取可针对不同类型民生事项的特征予以考虑。如部分专业性较强的民生工程，适宜选择委员会征询的方式，请具有一定专业资格的专家学者进行征询；具有规范化和制度性特点的民生政策，适宜公开征求社会意见的方式广泛征询意见；对于区域性特点较为明显或直接针对特定范围群体的民生工程，按照简便易行和节省成本的原则，适宜采取政府购买服务的方式，委托专业机构，如统计局调查总队等采取调查问卷、入户调查、当面访谈或电话访问等多种形式征询民意。

二是征询对象上突出广泛性和代表性。明确要求征询到的民意要符合利益相关群众的多数人的意愿，如在开展为民办事征询民意工作的基本程序中规定：“要对各方面的意见和情况进行分类梳理和分析研究，准确把握大多数群众的共同意见。”《试点方案》进一步明确：“由财政出资的民生决策事项要经半数以上群众或群众代表同意后形成实施方案，才可组织实施。”在征询对象选择上，明确要求必须是与决策事项利益相关群众代表，全面收集了解他们的反映、诉求，防止以征询下级机关、基层干部意见的方式来简单取代征询民意。

三是征询程序上突出完整性和规范性。《指导意见》对为民办事征询民意工作程序进行完整表述，将征询民意的工作环节涵盖从征询民意的需求收集、计划制订、情况发布、意见征询、综合分析、提出报告、方案公示、互动沟通、执行实施到绩效评议的全过程，对各地开展为民办事征询民意工作提出了详细、完整的程序性要求。

民意落实　设置刚性要求强化结果运用

征询民意是为了顺应民意，使民生实事或项目实施符合民情意愿；征询民意后，“民意”的使用是人民群众最为关心的问题，也是为民办事征询民意工作取得实效的关键所在。那么，如何确保把民意落到实处，反对形式主义？为此，《指导意见》通过设置征询民意的刚性要求，强化了征询结果运用。

据了解，《指导意见》明确规定“对未按要求征询民意的民生决策事项，各级党委、政府不得提交决策，各级政府投资主管部门不予批准立项、国土部门不予安排用地指标、财政部门不予安排财政预算”等，形成工作倒逼机制，有效保障为民办事征询民意的工作实效。

同时，在开展为民办事征询民意的实施程序上设置了多个"用民意"的环节要求。如在"执行实施"环节提到，要严格按照经过征询民意的决策方案组织项目实施，并定期通报项目进展情况，自觉接受群众监督，确保项目建设和资金使用真正符合民意。在"绩效评议"环节也明确规定，要建立完善民生决策事项群众参与率和满意度测评机制，接受群众对民生决策事项经济性、效率性和效益性等全面评议，将绩效评议结果作为改进和完善民生决策的重要依据。

四项试点　改革试点分步分类有序推进

为民办事征询民意也强调有计划地分步、分类推进改革试点，不断扩大为民办事征询民意的实施范围。一并出台的《试点方案》确定了2012年先行先试的四个试点：村级公益事业建设"一事一议"、小型农田水利项目、农村危房改造和基层医疗机构建设四项民生决策事项。

省财政厅厅长曾志权表示，为民办事征询民意工作是一项开创性的系统工程，改革涉及面较广，需统筹好愿望与能力、整体与局部、多数与少数、发展与稳定等关系，积极探索，逐步完善。按照《指导意见》明确的"统筹兼顾、有序推进"原则和"要坚持有计划地分步、分类推进的方式开展这项工作，不断扩大为民办事征询民意的实施范围"的要求，根据近年来我省民生工作的开展情况和群众反映较为集中的热点、焦点问题，遂确定了首批的四个试点。

其实从这四个试点来看，涵盖了农村公益事业建设、农田水利基础设施建设、居民住房保障建设和基层医疗机构建设等领域，既有使用财政资金建设的民生工程，也有使用社会捐资和群众筹资筹劳建设的民生工程。有专家指出，通过这四个改革试点，将提高各级党委、政府在这些领域为民办事的工作水平，为今后全面推开改革积累宝贵经验、奠定良好基础。

据悉，为确保今年改革试点取得实效，6月1日，省财政厅已向全省各地级以上市和省农业厅、省水利厅、省卫生厅等试点部门印发了《关于开展为民办事征询民意工作的通知》，明确了为民办事征询民意试点工作的工作目标及各阶段工作时间进度要求，要求2012年6月30日前完成落实组织机构、制订试点工作方案等准备阶段的工作，9月30日完成征询、收集、整理和采取群众意见等实施阶段的工作，并于2013年3月31日前完成修改民生决策事项、总结评估和回访等总结阶段的工作内容。目前各项工作正有序推进中。

部门访谈

征询民意旨在提高幸福感

近年来，省委、省政府高度重视民生工作，围绕"建设幸福广东"的发展战略和核心目标，不断加大民生投入，在全国率先编制实施基本公共服务均等化规划纲要，落实民生实事，让广大人民群众得到了实实在在的实惠。据统计，"十一五"期间全省财政民生投入达到10 303亿元，占全省一般预算支出的比重提高到58%。"十二五"时期全省民生投入预计将超过2万亿元。

同时，通过工作实践，我们对于民生工作的认识也在不断深化。一方面，我们更紧密地将民生与幸福联系在一起，不断拓展民生工作的内涵和外延，强调推进民生事业和建设幸福广东，不仅包括发展社会事业、促进公平正义、建设宜居城乡，而且涵盖保障人民权益、畅通诉求表达渠道、强化社会公众参与等深层次需求。另一方面，我们也越来越清醒地认识到，当前民生投入资金规模已经很大，如何把钱花到人民群众的心坎上，使民生资金不仅"舍得花"、而且"花得好"，成为一个更为重要和迫切的课题。省委、省政府对此高度重视，省委书记汪洋在多个场合多次强调，要转变改善民生的工作理念，为群众办实事要顺应民意，在民生投入上要丰富和完善人民当家做主的具体形式，避免花了钱却买不到个"好"的情况出现；并专门指示由省财政厅牵头，研究制定为民办事征询民意的实施办法，通过制度安排，尽可能让群众真正感觉到自己的幸福由自己做主。近期，省第十一次党代会也明确提出，要"健全改善民生工作机制，建立为民办事征询民意制度"。按照省第十一次党代会和省委、省政府的工作部署，由省财政厅牵头开展推进为民办事征询民意工作。经过近半年的深入调查研究，并广泛征求国内知名专家学者的意见，拟定了《指导意见》和《试点方案》，并经省委、省政府批准同意，于近期正式印发实施。

正所谓"知屋漏者在宇下，知政失者在草野"。我认为，我们所做的一切民生工作，其最终目的都是为了提高人民群众的幸福感。人民群众是生活的先知、智慧的源泉、施政的基石，必须把尊重民意、吸纳民智贯穿于民生工作的全过程。正如省第十一次党代会所强调的，"必须破除人民幸福是党和政府恩赐的错误认识，切实维护并发挥好人民群众建设幸福广东的主动性和创造性"。为此，我们及时转变工作理念，提出财政支持民生工作要实现"四个转变"的思路，即民生工作理念由重投入总量向重"雪中送炭"、提高民生支出边际效用转变，发展民生主体由政府包办向政府主导、社会参与转变，公共服务供给方式由公办逐步向公建民营、民办公助以及政府购买服务多元投资转变，民生决策方式由政府单向拍板向征询民意转变。今后，我们将充分发挥财政在民生工作中的保障和引导作用，让人民群众的钱用得更有效益，更好地为人民群众谋幸福。

首批试点

村级公益事业建设"一事一议"

"一事一议"，是指在农村税费改革中取消了乡统筹和改革村提留后，原由乡统筹和村提留中开支的"农田水利基本建设、道路修建、植树造林、农业综合开发有关的土地治理项目和村民认为需要兴办的集体生产生活等其他公益事业项目"所需资金，不再固定向农民收取，采取"一事一议"的筹集办法。村级公益事业建设内容和范围包括村内户外道路、小型农田水利、人畜饮水、环卫设施、植树造林、文化体育设施等村民迫切需要并直接受益的公益事业建设项目，并适当向农村新社区和公共服务中心拓展。

我省对珠三角地区和欠发达地区村级公益事业建设一事一议建设实行不同的奖补比例。其中广州、珠海、佛山、东莞、中山以及江门市（恩平、台山和开平市除外），中央和省财政按筹资筹劳总额补助20%，市县财政补助不少于筹资筹劳总额的30%；粤北山区、东西两翼14个地级市以及江门恩平、台山、开平市，中央和省财政按筹资筹劳总额补助40%，市、县财政补助不少于筹资筹劳总额10%；市县负担部分，由市财政和县财政各负担50%。

小型农田水利项目

财政部、水利部于2009年起实施小型农田水利重点县建设工作。在全国范围内选择一批县市区，实行重点扶持政策，通过集中资金投入，全面开展小型农田水利重点县建设。选择农业增产增效潜力大、示范作用显著、前期工作充分、建设规划完备、群众积极性高的县，以各级财政小型农田水利建设专项资金为引导，实行集中投入、整体推进，以提升小型农田水利建设水平和管护水平。2009－2011年，我省已有29个县（市、区）列入中央小型农田水利重点县建设范围。

农村危房改造

根据《关于推进我省农村低收入住房困难户住房改造建设工作的意见》，从2011年开始到2015年，用5年左右的时间将全省农村54.15万户低收入住房困难户的住房改造建设成为安全、经济、适用、卫生的安居房。补助标准是省财政按每户1万元的标准安排补助资金，扶持农村低收入住房困难户建设或改造住房，各有关市县两级财政合计要按照不低于5 000元的标准安排地方专项补助资金。

基层医疗机构建设

近年来，我省坚持以农村卫生、社区卫生为重点，大力加强基层医疗卫生机构建设，大大改善了基层医疗卫生服务条件，基本实现城乡居民就近享有基本医疗和公共卫生服务的目标。2011年，我省中央预算内计划投资建设农村医疗卫生服务体系项目20个，其中县级医疗机构建设项目12个，中心乡镇卫生院建设项目8个。在资金投入方面，县级医疗机构建设项目，中央投资11 800万元，平均补助983万元/项目，市县配套资金16 931万元；中心乡镇卫生院建设项目，中央投资640万元，平均补助80万元/项目，市县配套资金1 752万元。

民言民意

广州市民陈女士：

提升人们的幸福感，要知道人们最需要的是什么。“幸福广东”，说到底是提升老百姓的幸福感。如果每天都面临各种问题和压力，哪里有幸福感可言。我想，如果反映的问题，政府能够尽快落实解决的话，对我们老百姓是很有帮助的。

佛山市民李小姐：

政府征询民意，我看重渠道的可实施性。政府出台的这个文件中提到多种征询民意的渠道，通过媒体渠道，通过网络、听证会等，渠道比以前更多元化了。如在网上互动，有些话不敢直接讲的，就可以在网上留言。既然这么重视老百姓的意见和建议，到时候我们也会积极参与，多提意见的。

惠州市民毛先生：

我觉得这个文件是个好的开始，为以后为民真正办事开了个好头。广大老百姓其实有很多问题需要解决的，如食品安全、物价上涨、交通拥挤等。政府部门从这些问题入手，一个个都解决掉、解决好，就能把大问题化小、小问题化了。所以，政府出台这样的文件是有很大意义的。

（撰文：岳才轩，2012年6月18日，《南方日报》）

生态补偿机制激活区域协调一盘棋

粤生态县盼来4 000万补偿金

从今年起，广东的生态功能区将获得省级财政补偿。这是不久前出台的《广东省生态保护补偿办法》（以下简称《办法》）明确规定的。

据初步测算，一个生态县大约可获得4 000万元的转移支付，对财政捉襟见肘的生态县（市）来说，这无疑是一场及时雨。而在这背后，广东正在下一盘更大的棋。

南方日报记者最新了解到，酝酿多年的《广东省主体功能区规划》（以下简称《规划》）目前已上报国家发改委，预计很快就可获批出台。广东的国土空间将被划分为优化开发、重点开发、限制开发和禁止开发四类主体功能区。

《办法》正是未来广东主体功能区规划实施中最重要的基础准备和制度保障。作为未来转型升级的主攻方向，广东在促进区域协调发展的路上又迈出了坚实的一步。

生态补偿▶▷缓解生态保护与经济发展间矛盾

根据《办法》，从今年开始，广东省级财政每年将安排生态保护补偿转移支付资金，对国家级和省级重点生态功能区内的县市给予补偿和激励，以帮助生态功能区缓解生态保护与经济发展之间的矛盾。

由于省级的重点生态功能区尚未确定，率先因为这个消息而欣喜的，是广东唯一的国家重点生态功能区——南岭山地森林及生物多样性生态功能区内的11个县市，包括乐昌市、南雄市、始兴县、仁化县、乳源瑶族自治县、兴宁市、平远县、蕉岭县、龙川县、连平县、和平县等。

“这笔生态补偿，对我们生态功能区来说，无疑是场及时雨！”乳源县副县长林军说，《办法》出台后，县里立即让县财政局根据分配办法进行了初步测算，“今年，我们大约可以获得4 000万元的补偿资金”，“2011年我们县本级一般预算收入为3.43亿元，生态补偿相当于一下子为乳源增加10%多的财政收入！”

作为广东省3个少数民族自治县和16个扶贫开发重点县之一，乳源县长期以来经济基础差，为了保护生态，发展又处处受制，长期处于“吃饭财政”的状态。林军坦言：“在保证政府的正常运作和必要的公共开支之后，我们在发展经济、生态保护方面确实觉得有些力不从心。”

“现在乳源有多项生态保护工程都亟须资金支持，南岭生态多样性试点工程、岩溶区石漠化治理这两个国家级的生态试点工程尤为迫切。现在，一块石头总算落地了。”

和乳源同属韶关的始兴县，是抗战时期中共广东省委机关的办公所在地——沈北红围的所在地。始兴县委、县政府计划发展红色旅游，但通往沈北红围的路况很差，因为没有余钱修路，计划就搁置了。

始兴县县长杨思远介绍，去年始兴县本级一般预算收入共2.16亿元，而全县财政供养人数就有8 331人，人均可支配财力仅为5.26万元，基本维持在保工资、保运作、保吃饭的层面。“这次省里决定对生态功能区进行财政补偿，有了这笔钱，相信去沈北红围的路，很快就会修好的。”

在省财政厅厅长曾志权看来，出台《办法》还有一个重要原因，是让生态功能区的老百姓尽可能享受到与其他地区差不多的基本公共服务。

曾志权说：“我省的重点生态功能区全部位于粤东西北欠发达地区，财力薄弱问题突出，基本公共服务的保障能力较弱。通过激励与补偿相结合，促进重点生态功能区实现良性发展，增强其财政保障能力，平衡地区间财力分布，有利于基本公共服务均等化的实现。这也是《办法》出台的初衷之一。”

制度建设▶▷我省主体功能区规划的基础准备

而从全省层面来看，转型期的广东要改变以往拼土地、拼资源、拼成本的发展模式，走可持续发展之路。也就是说，广东未来的发展将不再是“摊大饼”，也不是什么地方都开发。特别是随着国家主体功能区规划的出台，区域发展导向更为明晰，广东必须要区域协调发展、提高发展质量，也要为子孙预留充足的发展空间。

于是，在国家主体功能区规划的基础上，广东启动了主体功能区规划，计划将广东的国土空间划分为优化开发、重点开发、限制开发和禁止开发四类。其中，根据广东省省长朱小丹此前在《行政管理改革》杂志撰文所透露的，全省生态发展和禁止开发区域面积预计将占到全省国土面积的47%左右。

2010年11月10日，广东在清远市实施了主体功能区规划试点以及在乳源县、始兴县、蕉岭县开展南岭生态区试点。

在试点的基础上，广东的主体功能区规划日渐清晰。省发改委主任李春洪透露，目前《规划》已起草完毕并上报国家发改委，预计很快就可获批出台。很快，在转变发展方式的棋局上，广东就将迈出关键一步。

曾志权说，“我省主体功能区规划中明确，重点生态功能区是全省重要的生态屏障、水源涵养区、生态旅游示范区和人与自然和谐相处的示范区，以保护和修复生态环境、提供生态产品为首要任务。”

对于这些为优化开发、重点开发区域起到生态屏障、水源涵养作用的生态功能区，由于生态保护任务所限，其工业发展受到影响，势必应该有所补偿和激励。省委书记汪洋在2011年8月26日召开的全省学习贯彻胡锦涛总书记重要讲话精神干部大会上就明确，在实施主体功能区规划的同时，也要健全相适应的激励性补偿机制。

曾志权表示，“作为主体功能区规划的重要配套措施之一，生态保护补偿机制通过省财政加大补助力度，在重点生态功能区加快自身经济发展的基础上，逐步使其达到与其他地区基本相当的公共服务能力，激发其改善环境的内在动力，促进经济、社会与生态良性发展，进而实现主体功能区建设目标。”

由此，广东省财政厅在充分借鉴国内外经验、广泛征求各方意见的基础上，结合广东实际情况，牵头制定了《办法》，并赶在《规划》出台前实施。这正是未来广东主体功能区规划实施中最重要的基础准备和制度保障。

林军说：“省财政对我们进行补偿，我们保护生态环境的能力加强了，转变发展方式，坚持生态发展、绿色发展的决心也更坚定了。”

（记者：卢轶，通讯员：岳才轩，实习生：白庆虹，2012年6月26日《南方日报》）

我省公布首批政府购买服务目录

通过政府采购社会服务支持社会组织承接政府职能转移又有新动作！日前，省财政厅发布《2012年省级政府向社会组织购买服务项目目录》（以下简称《目录》），涉及基本公共服务、社会事务服务、行业管理与协调事项、技术服务事项、政府履职所需辅助性和技术性服务等262项服务项目被纳入第一批政府采购服务范围。

◎规范

助老助残、社区调查等可购买服务

推行政府购买社会服务，是加强创新社会管理的重要举措，对于培育发展社会组织、促进政府职能转变、构建服务型政府、改善公共服务供给机制、提高公共服务水平具有重要意义。

5月25日，省政府印发实施《政府向社会组织购买服务暂行办法》（以下简称《办法》）。根据《办法》，除法律法规另有规定，或涉及国家安全、保密事项以及司法审判、行政许可、行政审批等事项外，政府承担的社会公共服务——如资产评估、法律援助、公益服务、慈善救济等，以及履行职责所需服务——如法律服务、监督评估等，应通过政府向社会组织购买服务的方式，逐步转移由社会组织承担。

根据《办法》要求，各级财政部门应拟订本级政府每年度向社会组织购买服务目录。日前，省财政厅正式向社会发布了第一批《目录》，为全国首创。

据悉，政府向社会组织购买服务划分为社会公共服务与管理事项和履行职责所需要的服务事项两大类。相应地，《目录》划分为四个级次。其中一级目录共5项，分别为基本公共服务、社会事务服务、行业管理与协调事项、技术服务事项、政府履职所需辅助性和技术性服务等。以一级目录为主干，再进一步细分为49项二级目录、262项三级目录，四级目录则由各购买主体根据实际情况对应前三级目录自行设置。首次具体明确了在政府职能范围内哪些事项可以交由社会组织承担，哪些应由政府履行。

笔者从《目录》看到，保障房后期管理，农产品质量安全风险评估，动物重大疫病和农作物重大病虫害监测预警与防控，助老助残、外来人口管理、社区调查等社区事务组织与实施，行业准入条件审核，慈善救济监管及服务，政策实施、资金使用绩效评价等服务均在其中。

省财政厅厅长曾志权表示，四级目录由各政府部门结合实际自行设置，具有一定的“自主权”。同时，本批公布目录只是第一批目录，今后政府购买服务目录还可根据实际情况进行调整、补充。

◎释疑

政府职能“外包”不影响机构编制

广东政府向社会组织购买服务正式步入实操阶段，一个普遍关注的问题是，这是否会大大增加行政经费？许多工作事项“外包”后，对政府的机构编制有没有影响？

曾志权解释，《办法》规定，“按照需求与可能相结合的原则，省级政府向社会组织购买服务所需经费原则上从单位部门预算安排的公用经费或经批准使用的专项经费中统筹解决。政府向社会组织购买服务项目属重大民生事项或省委、省政府临时交办事项的，按照省级财政专项资金管理规定和‘一事一议’原则，专项研究确定购买服务资金规模和来源。”因此，开展政府向社会组织购买服务工作基本上不会造成财政对政府行政运转方面大的新增支出。

而将部分政府职能转移给社会组织也不意味着政府部门可以不作为，当“甩手掌柜”。曾志权强调，政府向社会组织购买服务并非政府责任的转移，而是政府提供公共服务具体方式和机制的转变，是政府通过购买服务的方式将一些事项委托给有资质的社会组织去做，政府由公共服务的直接提供者变成公共服务政策的制定者、购买者和监督者，实现社会权力的回归和政府的角色转换、职能转变，与政府服务功能和机构编制没有直接的联系。

——声音

对于《目录》的出台，不少专家均给予高度评价。

省委党校研究员何炳祥表示，《目录》的拟订和公布，为省级机关单位、群团组织和事业单位等服务产品需求方和社会团体等服务产品供给方之间架起了“桥梁”。同时，服务产品购买引入了招标、公示、平等参与等竞争机制，使“多中选好、好中选优”的采购要求得以实现，也有利于社会组织在人才、设备和管理上的完善。

广东商学院副院长于海峰则认为，广东开展政府向社会组织购买服务工作，对于深化行政管理体制改革、更好地处理政府与市场的关系、培育和发展社会组织、鼓励和支持社会组织承接政府职能转移以及提高行政工作效率、降低政府行政成本具有十分重要的意义。《目录》的公布，为政府部门转变职能和社会组织承接政府部门职能转移提供了明确的指引，也为社会组织发展指明了方向。

曾志权也表示，《目录》的实施有利于发挥社会组织的专业特长，提高财政资金使用效益和行政效能，促进公共服务供给主体多元化，优化和提升基本公共服务水平。同时，使社会组织对可承接的政府职能转变事项有更全面和清晰的了解，有利于激发社会组织的发展活力，充分发挥自身优势，积极参与社会管理，从而实现自我发展。

就如何推进政府购买社会组织服务，有学者表示，此举是广东省社会管理创新的重要举措，将有利于社会组织可持续发展。接下来社会组织亟须自我提升，提供专业化的优质服务。此外，政府也有必要保证服务采购公开透明化，并避免对社会组织设置特殊门槛和歧视性规定，从而让社会组织能够真正参与到政府职能转移及服务提供中来。

降低行政成本激发社会组织活力

——数说

1 040 亿元！

广东政府采购规模首破千亿元，范围扩大到工程类和服务类

昨日，省政府采购工作会议暨业务培训班在广州举行。笔者从会上获悉，2011 年广东政府采购规模首次突破 1 000 亿元，达到 1 040. 54 亿元，占到当年全国政府采购规模约 1/10，并与江苏一起成为全国两个政府采购规模率先超千亿元的省份。

广东是全国最早实施政府采购制度改革的省份之一。改革以来，广东的政府采购规模由 2002 年的 24. 28 亿元增加到 2011 年的 1 040. 54 亿元，年均增长率达到 47. 8%。12 年间全省共完成政府采购规模 5 723. 31 亿元，与预算资金相比累计节约财政性资金约 766 亿元，从 2002 年起连续九年我省政府采购规模位居全国首位，2011 年首次被江苏（1 117. 9 亿元）超过。

目前，我省政府采购范围已由单纯的货物类采购扩大到工程类和服务类采购，中小学校、大中专院校、公立医院等也逐步纳入了政府采购范畴。一些公益性强、关系民生的采购项目，如中小学免费教材等也纳入了政府采购范围，日益增多的民生项目成为政府采购规模扩大中的亮点。

省财政厅党组成员、纪检组长邓桂明指出，当前和今后一个时期，广东要促进政府采购进一步公开、公平、公正。此外在推进政府采购监管科学化方面，我省今年将着力推进电子政府采购平台的功能拓展和完善工作。通过建立和完善电子监控系统、网上竞价交易系统、网上查询系统、评审专家随机抽取、自动语音通知系统、信息发布系统等，不断增强采购透明度，促进阳光采购。

在促使政府采购工作公开化、透明化和规范化方面，除了构建电子政府采购平台外，我省已形成了“两个竞争机制”和“一个制约机制”。通过采购代理机构之间以及供应商之间的竞争，政府采购当事人之间的相互制约，可以有效压缩腐败产生的空间，防止商业贿赂的产生。

（作者：卢轶，2012 年 8 月 15 日《南方日报》）

一般公务用车改革：从定编审批到预算决算管理

相关负责人：定编审批取消后监管不会削弱

公务用车不用再审批了？根据最近公布的《广东省人民政府 2012 年行政审批制度改革事项目录（第一批）》，省监察厅取消了“省直党政机关一般公务用车定编审批”、“国有、集体企业用车定编审批”、“中央和外省驻粤单位公务用车定编备案”、“微型厢式车定编审批”四项审批权限。

对此，省转变政府职能决策咨询委员会办公室相关负责人回应称，改革后公务用车并不是脱离监管，而是将由过去的“定编审批”改为“预算决算管理”。

此前，监察部门负责用车指标审批，财政部门负责购置经费审批。同样的一件事情，由两个部门分头审批，这不符合转变政府职能、深化行政审批制度改革的精神。我省此次改革后，公务用车由财政部门按照有关公务用车配备使用管理规定纳入预算决算的法制轨道，对公务用车购置费用和运行费用实施预算编制、预算执行、决算编制等管理工作。

需要特别说明的是，根据《党政机关公务用车配备使用管理办法》第二条规定，公务车分为一般公务用车和执法执勤用车。我省取消的只是一般公务用车定编审批，执法执勤用车仍实行定编审批管理。

国有企业、集体企业用车定编审批取消后，监管由谁来进行？该负责人表示，改革后由企业根据有关政策标准、经营状况自主配备，国资委及有关主管部门依照企业资产监管等规定进行有效监督，督促企业公开公务用车信息，并纳入企业年度考核范畴。监察部门继续加强对国有企业、集体企业公务用车配备使用的监督检查，依法查处超标、超编配备车辆行为。

未来的监管力度会不会削弱？该负责人认为不会。一方面，改革后，对公务用车的审批、监管机制更科学合理。过去，从某个角度来说，主管部门既当运动员又当裁判员，

现在只做裁判员，监督将会更加公平公正，更加严格规范。另一方面，最近几年来，中央和地方都不断强化预算决算公开，国企、事业单位信息公开也在不断推进，其透明度将不断提高。未来，可通过公务用车信息公开引入社会监督和舆论监督，从而形成政府牵头、社会参与的公务用车监管新格局。

（记者：周志坤，2012 年 8 月 21 日《南方日报》）

省财政约 10 亿补贴“营改增”

我省地税部门提出的试点企业有 19.2 万户，其中小规模纳税人有近 18 万户。据测算，开展营业税改征增值税试点预计减轻企业税负约 100 亿元，将普遍惠及试点企业。

■营改增试点预计可为企业减负约 100 亿元，将普遍惠及试点企业

■省财政投约 10 亿设试点专项资金，原则上不会造成企业税负上升

记者从昨日召开的全省营业税改征增值税试点工作会议获悉，据测算，开展营业税改征增值税试点预计减轻企业税负约 100 亿元，将普遍惠及试点企业。

会议确定，国税系统是营业税改征增值税后的征管主体。值得注意的是，对于有部分企业可能因试点增加税收负担的担忧，会议确定将由各级财政设立试点财政专项资金予以补助。据悉，省财政将安排约 10 亿元设立试点专项资金，保障试点顺利进行。我省将采取“试点行业总体税负不增加或略有下降，基本消除重复征税”的原则开展营改增试点工作，即原则上不会造成企业税负上升。

省委常委、常务副省长徐少华特别强调，试点期间，有关部门将认真摸清我省与试点密切相关的情况，全面做好调查摸底、数据测算、税负变化分析等分析工作，深入研究试点对企业税负变化的结构性影响和我省财政收入的影响，及时发现问题、及时研究解决，切实避免出现一些行业实际税负加重的现象，“社会上无需有此顾虑”。

小微企业或成最大受益者

经过上海试点，营改增已经成为被财税部门和专家普遍认可的我国结构性减税的关键一环。特别是在当前国内外形势复杂多变，中小企业经营困难突出的背景下，广东作为全国第一经济大省，税收收入总量多年来位居全国首位，其承担着促进我国经济健康可持续增长的迫切需要，广东参与营改增试点势在必行。

记者了解到，上海的改革试点共有 12.6 万户企业纳入试点，截至目前，89.6% 的试点企业税负减轻，其中 8 万多户小规模纳税人税负全面减轻，原增值税一般纳税人税负也全面减轻。小微企业成最大受益者。

具体到广东，经核查，我省地税部门提出的试点企业有 19.2 万户，其中小规模纳税人有近 18 万户。据测算，开展营业税改征增值税试点预计减轻企业税负约 100 亿元，将普遍惠及试点企业。

省营改增工作领导小组负责人表示，由此推断，推进营业税改征增值税试点工作，是减轻企业税收负担、促进企业稳定健康发展的重要举措，对于全省扭转经济下行的态势、实现保持经济平稳健康可持续增长的目标任务，将具有十分重要的意义。

为服务业发展再“松绑”

当前我国正处于加快转变经济发展方式的关键时期，大力发展服务业尤其是现代服务业，对于推进经济结构战略性调整、实现经济发展方式转变具有重要意义。

从相关税制设计来看，国际上的通行做法是对货物和劳务实行增值税，而目前我国货物和劳务税制不统一，分别适用增值税和营业税，存在重复征税的问题，增值税机制和链条也不完整，已难以适应现代经济分工不断细化以及服务业占比不断上升的发展要求。

从上海试点情况来看，85% 的研发技术和有形动产租赁服务业、75% 的信息技术和鉴证咨询服务业、70% 的文化创意服务业税负均有不同程度下降，这项改革促进产业发展和转型升级的效应正在逐步显现。

有广州服务业企业负责人告诉记者，据上海经验，该企业测算其参加营改增后，年需缴纳税款仅是原先的六成左右，“我们将此看做国家支持服务业发展的重要利好，直接减税是支持企业发展的最好方法，企业将有更多的流动资金去发展。”

省营改增工作领导小组负责人解释说，推进营业税改征增值税，可以进一步为服务业发展“松绑”，为其提供优化发展的制度环境和政策支持，加快经济转型升级步伐。

就我省而言，到“十一五”期末，全省服务业增加值达到 20 711 亿元，占生产总值的 45%，其中现代服务业占服务业增加值比重达到 54.8%。要保持我省服务业发展的生机活力，就必须深化改革，积极推进营业税改征增值税试点工作，加快突破制约服务业发展的体制障碍。

事实上，就效率而论，税收的目的并不止于转移支付，作为一国产业政策的重要抓手，它还兼有引导资本投向等

基本职能。而我国现行税制中的增值税与营业税，已不适应现代经济分工不断细化，以及服务业占比不断上升等内在要求。业内人士由此认为，通过营业税改征增值税试点改革，可以化弊为利地促进产业分工与协作，加快推进经济发展转型升级。

粤全面部署营改增试点

为准备11月1日我省营改增正式启动试点，省政府昨日召开全省营业税改征增值税试点工作会议，通报前阶段准备情况，部署全省推进营业税改征增值税试点工作，省委常委、常务副省长徐少华出席会议并讲话。

笔者从会议了解到，几个月来，试点各项准备工作扎实有序推进：制订了试点实施方案，明确纳入试点范围的纳税人初步名单和基础数据，核实试点纳税人；全面培训试点税收征管人员，已完成培训2万余人次；设立试点财政专项资金，做好专项扶持的预案，对可能增加税负的企业给予扶持。

徐少华强调，推进营业税改征增值税试点，是落实结构性减税政策、促进经济健康可持续增长的迫切需要，是优化发展服务业、促进经济转型升级的战略举措，是优化税收制度、完善社会主义市场经济体制的必然要求。各地、各有关部门要切实把思想认识和行动统一到国家和省委、省政府的决策部署上来，确保试点工作各项目标任务全面完成。

◢新闻背景

营业税改征增值税是我国税制改革的重要内容和结构性减税的重要举措。继上海开展交通运输业和部分现代服务业营业税改征增值税试点后，我省于2012年7月底获国务院批准，成为首批扩大试点的8个省市之一。国务院明确我省自8月1日开始面向社会组织实施试点准备，开展试点纳税人认定和培训、征管设备和系统调试、发票税控系统发行和安装，以及发票发售等准备工作，11月1日正式开始试点。

◢声音

广东经验有典型意义

不仅如此，我省推进营业税改征增值税试点，是优化税收制度、完善社会主义市场经济体制的必然要求。

营改增的背景是，我国现行税制中的增值税与营业税，不仅存在显而易见的重复征收，并且还导致整体税负随收入累退，而营业税改征增值税后，即可以通过产业链上进项税额抵扣，避免服务分包环节层层征收营业税。

财政部财政科学研究所所长贾康表示，从现行税制来看，两套税制并行造成了税收征管实践中的一些困境。营业税改征增值税可以有效消除重复征税，进一步优化税制结构，建立健全有利于科学发展的税收制度，是一项势在必行的重大税制改革。

省营改增工作领导小组负责人认为，我省是改革开放的前沿阵地，《珠江三角洲地区改革发展规划纲要》对我省科学发展、先行先试提出了明确要求。同时，我省作为全国经济大省，财政收入总量多年位居全国前列，特别是广东有珠三角的经济发达地区，也有粤东西北等经济欠发达地区，广东试点对全国积累经验、为全国全面铺开这项改革、促进税收制度的优化完善，具有典型意义。

（记者：黄颖川，通讯员：岳才轩，2012年9月1日《南方日报》）

大数据战略构建财政服务经济社会战略平台

汪洋书记向财政部门推荐《大数据》一书，并部署财政部门研究如何收集、分析、挖掘、加工财政相关的经济社会数据后，全省财政系统深入开展《大数据》专题学习活动，掀起了一轮学习大数据战略相关知识、议论制定实施财政“大数据战略”的热潮。广大财政干部职工结合工作实际，“带着问题读、带着想法读”，进行了深入思考，对财政部门率先实施大数据战略有许多心得体会和感想。省财政厅党组书记、厅长曾志权率先垂范，经过深入研读和分析、思考，提出了深化对大数据的理解和认识、实施财政大数据战略的一些见解和思考。现将曾志权厅长及部分财政干部读书心得摘要如下，以飨读者。

曾志权（省财政厅党组书记、厅长）：

实施大数据战略，搭建战略平台，提高财政服务经济社会发展的能力水平

要从经济社会发展的阶段转型和社会变革的趋势深刻理解和认识实施大数据战略的必然性。当前，我们正处于工业时代和信息时代交汇的发展阶段，新的通讯技术和新的能源系统将互联网技术和可再生能源结合起来，将为第三次工业革命创造强大的新基础设施。在这一轮抢占经济制高点的竞争中，广东只有牢牢把握经济发展趋势，顺势而为，才能跟上第三次工业革命的步伐，才能实现经济发展阶段的战略转型。大数据战略正是适应经济发展的阶段转型，实现新技术革命的必由之路。同时，大数据时代带来的不仅是技术领域的变革和经济的发展，对全社会的政治生活、文化生活也将产生重要的影响。首先，从政府职能转变的进程看，进入大数据时代后，政府决策越来越依赖于数据的支撑和信息咨询系统的发展，这一变化也将进一步提高决策的效率，节约决策的成本。其次，信息化时代数据资源的可共享性和透明性，必然推动社会力量广泛参与政府决策、监督政府行为，并进一步改善政府治理。最后，大数据将从根本上改变个人的思想和行为习惯。大数据时代这些推动社会变革的力量使实施大数据战略成为必然的趋势。

实施大数据战略是提高财政工作水平的重要途径。从财政工作的实际看，财政工作与各种经济社会数据息息相关，信息技术极大扩展了我们掌握数据、分析数据的手段和方式，也成为提高财政工作水平的重要工具。首先，数据可以服务财政决策。越来越丰富的涵盖经济社会发展各领域的数据为更准确、高效地做出决策提供有力的帮助。其次，数据可以改进财政管理。通过各种财政业务数据、民意数据，我们能更清晰地发现财政管理中存在的问题和不足，并将为我们加强管理、改进工作提供数据支撑。再次，数据可以推动财政创新。一方面，预算管理信息系统、财务核算信息集中监管系统等财政业务系统的数据库技术创新本身就是财政创新的重要内容。另一方面，通过加强数据分析，挖掘数据背后有利于增加收入、改进支出的因素，可以推进财政体制机制创新。因此，财政部门必须真正重视数据，研究推进实施大数据战略的举措，不断提高财政管理水平，使财政工作更有效率、更加开放、更加透明。

实施财政“大数据战略”，切实提升财政部门数据收集和分析使用水平。第一，更加注重数据收集。明确数据收集范围，将管理数据、民意数据和环境数据纳入收集范围。完善信息收集的渠道，其中：对管理数据的收集，重点破解部门封闭化、层级分割化的格局，广泛建立与各业务主管部门数据库的衔接或链接口；对民意数据的收集，结合财政监督、绩效评价、为民办事征询民意等工作，广泛收集财政工作相关的民意数据；对环境数据的收集，重点依靠监测自然界各要素传感器自动收集。第二，更加注重数据分析。强化数据指标统计工作，重点加强对财政支持经济社会发展各领域资金的口径设计和数据统计；创新数据管理方式，加快推进标准一致、格式统一、互通互融的数据中心建设，建立可实现数据分析、决策支持的数据仓库；提升数据分析技术，加强与相关科研机构、高校、企业的合作，利用其先进的数据挖掘和分析技术，为财政管理服务；改进民意调查方法，加强与统计部门及民意调研机构的沟通合作，在加强数据共享的基础上，将计量统计分析工具运用到社会调研中。第三，更加注重数据使用。坚持用数据说话，强化以数据为基础的定量分析，使数据和信息成为财政专项支出、政策设计等决策的重要基础。重点加强财政收入分析、财政支出绩效评价、财政政策评估、财政工作宏观分析，并提出财政调控经济社会发展的政策建议。第四，更加注重数据公开。牢固树立“公开是原则、不公开是例外”的理念，认真落实政务信息公开有关条例制度，坚持积极与稳妥相结合的原则，逐步推进数据公开工作。

实施财政“大数据战略”必须强化技术和人才支撑。大数据带来的挑战，首先是体现在对硬件和技术的要求上。一是建立一套硬件体系。通过对现有硬件的改造升级和配置新的硬件设备，打造一个能够适应未来大数据采集、储存、管理、分析、交换、共享需求，而且简便、智能、可扩容的硬件体系。二是建立一套运行机制。通过顶层设计，满足大数据系统建设有序、动态、可持续发展需要，促进建设过程中各个环节的有序运行。三是建立一套建设标准。建立面向不同类型、涵盖各个领域、不断动态更新的大数据建设标准，为实现各级各类信息系统的网络互连、信息互通、资源共享奠定基础。四是建立一个共享平台。通过数据集成，打破目前数据部门封闭化、层级分割化的有限状态，实现财政与国库、税务、审计及各执行单位、支出单位及各级财政部门各类信息系统的数据交换和共享的最大容量和便利化。另外，财政部门作为和数据打交道的部门，财政干部队伍作为和数据打交道的人，本身具备了良好的基础和条件，需要进一步树立数据管理意识、增强数据收集观念、改进数据利用手段，真正做到坚持用数据说话、用数据改进管理、用数据推动创新，不断提高工作效率和水平。

钟炜（省财政厅办公室主任）：

用数据改进财政管理

细读汪洋书记推荐的《大数据：正在到来的数据革命》一书，启迪深刻，获益良多，更加深刻地理解了汪洋书记提出的“坚持用数据说话、用数据改进管理、用数据推动创新”的深刻内涵和殷切期望。我们只有重视数据，加强对数据的收集、分析和使用，才能很好地应对正在到来的数据革命的挑战。

要更好地应对大数据时代的种种挑战，需要认真思考和解决好以下三个问题：一是我们需要什么样的数据？对财政部门而言，不仅需要与财政领域相关的管理数据，还需要民意数据、环境数据等非管理数据。二是如何高效地收集我们需要的数据？一方面，要建立完善的数据收集网络，包括财政部门内部的纵向收集网络和与其他部门之间的横向收集网络，通过这种纵向和横向相结合的数据收集系统，针对特定主题，持续不断地收集相关数据，为大数据发展提供基础；另一方面，必须保证数据的质量，确保数据准确、无误、可靠、有用、完整，要用“客观性、实用性、完整性”三个标准衡量和确保数据质量。三是如何合理地运用数据提升财政管理水平？收集、分析数据的根本目的是挖掘数据背后有利于提高效率、改进工作的因素，提高财政管理水平，实现“用数据改进管理”。这就要求我们必须加强数据分析和加强数据公开。数据分析要达到发现问题、支撑决策、评估绩效三个目的。数据公开包括整理数据的公开、原始数据的公开、静态数据公开、动态数据公开等，通过财政数据的公布，调动全社会监督的力量，提高财政工作的效率和效能。

刘雄威（省财政厅数据信息中心主任）：

把握时机 应对大数据的挑战

近期研读汪洋书记推荐的《大数据：正在到来的数据革命》一书，深受教育启发，大数据战略将带动大发展，同时面临大挑战。一是中国缺乏收集数据的意识。二是数据的质量、公开等缺乏相关法律法规保护，"信息孤岛"现象严重，大大影响了数据的完整性和质量。三是管理和分析大数据的人才短缺，培养、吸引大数据管理和分析专业人才非常关键。四是需要大量人力、物力的投入。在面对上述挑战的同时，也应看到大数据时代给我们带来的机遇。一是领导的重视为做好数据工作提供了强大引擎。二是科学、民主决策已成为社会经济发展的迫切需要，用数据说话。三是信息化技术的日趋成熟为数据工作和数据科技发展提供了条件。

机遇和挑战并存，要主动适应大数据时代的到来，为财政管理提供数据支持和技术支撑。一是在全省财政系统推广使用统一的标准编码体系，解决财政系统内部各业务应用系统中编码不一致的问题，为做好财政数据收集扫除障碍。二是加快应用支撑平台的建设，通过应用支撑平台将相关业务信息系统中的数据连接，实现对业务数据的收集和整合，建立数据仓库。三是做好财政业务系统一体化项目建设，整合现有业务应用系统和数据，构建统一门户，通过可视化技术，生动、形象地为日常管理和领导决策提供所需的数据和信息。

冯宝璇（省财政厅预算处副处长）：

以"大数据"理念提升预算管理水平

在大数据时代，作为与数据打交道、用数据说话的综合管理部门，财政部门应该要树立"大数据战略"理念，用数据改进工作，推动创新，在提升政府信息管理水平方面发挥积极带头作用。一是采集整合数据，建立数据仓库。一方面，应当充分利用现有数据信息管理系统，连通财政供养人员、单位资产管理、政府采购、绩效评价、会计监管等已有的信息系统接口，改变各个信息系统的"信息孤岛"状况。另一方面，要分享其他部门业务数据，建立多个最小数据集，拓展财政预算信息宽度，提高资金安排的有效性和针对性。二是运用数据手段，创新财政管理。要学习、借鉴并运用数据分析手段，在资金项目的申报、使用和分配等环节收集项目情况、用款去向、使用效果等详细数据，规范资金申报管理，监督资金使用绩效，提高资金分配科学性。三是推进数据开放，建设阳光财政。近年来，我国一直致力于推进政府信息公开，公开的深度和明细程度也在不断提高，我省在这方面也一直处于领先位置。虽然，财政数据开放不可能一蹴而就，但进一步提高公共财政透明度，建设阳光财政，让公众更全面地了解和监督政府工作，提高财政决策的科学性、民主性是我们无法回避的课题。

王远林（省财政厅工贸发展处主任科员）：

应用科技进步和数据革命推动财政创新

汪洋书记推荐的《大数据：正在到来的数据革命》一书，站在技术、政治、商业、未来四个层面，剖析了数据革命带来的种种变革等，读完后，感想良多。一是科技进步与数据革命相辅相成、相互促进。如今，计算机、物联网、互联网、云计算等技术的普及和发展为"大数据"时代的到来奠定了技术基础。大数据时代，如何有效收集、分析、使用数据又对科技进步提出了新的要求，从而促进技术的进一步发展。二是运用数据推动创新，促进财政资金投入方式转型。正确的技术、专业的人员、安全的数据，三者的结合，将使数据挖掘成为提高财务审计效率和效果的重要工具。当前，财政收支矛盾突出，如何创新财政投入机制，做到花小钱办大事，发挥财政资金"四两拨千斤"的杠杆作用，是每个财政人都要思考的问题。三是要顺应新形势，研究支持我省实施"大数据"战略。"大数据"带来"大知识"、"大科技"、"大利润"和"大发展"。作为研究制定科技、经济相关财政政策研究的工作者，一方面要顺应新形势，提早介入，衔接好现有政策，综合运用多样化的财政政策手段支持"大数据"战略实施。另一方面，要加强数据的收集、分析和管理，充分借助数据手段提升政策制定的科学性，为"加快财政工作转型，给力幸福广东建设"作出更大的贡献。

曾文娟（省财政厅办公室科员）：

在大数据时代应对好第四股力量

数据是把"双刃剑"，数据时代的好处举不胜举。但同时，大数据时代的到来也给财政宣传工作带来了一些新的挑战和考验。主要包括如何引导公众在海量数据库中关注财政正面数据、如何应对势不可当的数据开放浪潮、如何运用数据为财政宣传工作推波助力三个方面的问题。

怎样才能逐鹿数坛，在财政宣传工作上用好数据之剑呢？主要是把握四个方面：一是要注重收集数据，做到手中有数。要深挖洞，广囤粮，平时注意积累和整理数据资料，建立财政宣传工作信息数据库。二是要注重分析数据，做到心中有数。要通过对数据的分析，挖掘宣传信息；面对数据开放浪潮的到来，要注重对越来越多的公开财政数据做好分析、预测，提前做好舆情预警和引导应对。此外，对数据的分析也是保证数据质量，确保宣传信息科学、准确、有效的重要方面。三是要注重运用数据，做到循规有数。要析数据解财政，借数据宣财政。注重运用数据，使财政宣传内容更翔实、更通俗、更具说服力，宣得更到位，传得更有效；要注重运用数据科学的工作方法探寻宣传报道规律，从而前瞻宣传热点、预测舆情焦点、把握宣传重点。四是注重关注发展动态，做到变化有数。要在大数据时代为财政工作营造良好的舆论氛围，加强与"第四股力量"的沟通与合作，为我省财政工作把握数据先机、再立时代潮头创造良好的环境。

《大数据》摘录

“大数据，绝不仅仅是信息技术领域的革命，更是在全球范围内启动透明政府、加速企业创新、引领社会变革的利器。”

“除了上帝，任何人都必须用数据来说话。”

“大数据将是世界下一个创新、竞争和生产率提高的前沿。”

“如果在这个数据意义凸显的时代，我们还抓不住这些历史机遇，继续漠视数据、拒绝精准、故步自封，等待我们的，还将是一个落后的100年。”

“中国缺乏的不是可供收集的数据，也不是收集数据的手段，而是收集数据的意识。”

焦点推荐

在极权的国家，他们手上拥有足够的资讯，足以利用这资讯，掌握每一个人的日常生活；“老大哥”的影子，可以无所不在……涂子沛先生《大数据》这部书，清楚地叙述了资讯时代对我们生活的影响与社会的控御力。他讨论的范围方方面面、极为广泛。我们要对涂子沛先生致敬与致谢，因为他为华文世界提出一个重要的话题。

——许倬云（史学大家、匹兹堡大学历史系荣誉讲座教授）

在很多领域，中国政府和中国的企业都有雄心勃勃的计划，这引起了全世界的关注，这些雄心和计划，现在应该拓展到大数据的领域。涂子沛先生的《大数据》这本书，将在这个重要的领域，为中国政府和企业的努力提供引导和帮助。

无论是对中国政府，还是就中国的商业组织而言，《大数据》都是一本重要的书。

——托马斯·H·达文波特（哈佛大学商学院访问教授、巴布森学院总统杰出奖教授、全球顶尖的管理咨询大师）

《大数据》这本书讲述了数据技术浪潮的兴起过程，回顾了近一个世纪以来美国作为一个世界强国的开放历史，气势磅礴。从书中可以看到，美国的发展动力，正是开放和创新。我们正在向个性化的智能互联网时代迈进，计算力的扩展正在不断加速，数据将成为我们最强大的创新动力。

——杨叙（英特尔全球副总裁、中国区总裁）

（编辑统筹：杨和平，2012年10月22日《南方日报》）

省财政厅党组书记、厅长曾志权代表：加快财政等公共资源向农村倾斜

■代表读报告

省财政厅党组书记、厅长曾志权代表：加快财政等公共资源向农村倾斜

改革开放以来，我国社会生产力水平明显提高，综合国力显著增强，但城乡差距仍然较大。2011年城镇居民人均可支配收入与农村居民人均收入之比为3.13∶1，其中广东为2.87∶1。因此十八大报告强调解决好农业农村农民问题是全党工作重中之重，城乡发展一体化是解决“三农”问题的根本途径。

省财政厅党组书记、厅长曾志权代表长期工作在财政领域，但也一直格外关注“三农”问题。他分析，城乡差距的存在，究其根源正是城乡分割的二元体制，抓住这一症结，是解决“三农”难题的根本途径。推动城乡一体化发展，要将工业与农业、城市与农村作为一个整体统筹谋划解决，推动资源合理配置和农业人口转移。

夯实“三农”发展基础

报告提出要“加快发展现代农业、深入推进新农村建设和扶贫开发、着力促进农民增收”，曾志权分析，这明确了加强农业、农村、农民工作的着力点，也就是着力于夯实“三农”发展基础。

他说，农业问题主要体现在“农业现代化”和“农业安全”两个方面。这就要求我们要主动适应市场经济的挑战，加快转变观念，创新理念，努力从长期以来自给自足的小农经济发展模式中解放出来，在解放农村剩余劳动力的同时，通过加快发展现代农业，发展农民专业合作和股份合作，培育新型经营主体，促进农业的集约化生产、一体化经营和社会化服务，提高农业生产效率，推动农业的发展。

在支持农村建设方面，曾志权说，必须从解决农民最迫切、最基本的生产生活环境和民生问题入手，扎实推进社会公共设施和基本公共服务进一步向农村延伸和覆盖，使公共财政的阳光洒满广大农村。

值得注意的是，农民是“三农”建设的主体，必须充分引导和发挥其建设的主体作用和创新活力，要着力促进农民增收。他分析，“着力促进农民增收，保持农民收入持续较快增长”的内涵实质就是要坚持建设依靠农民、建设成果由农民共享。要积极探索从转变农业发展方式、提高农业生产率、加快推进城镇化、增加农村

居民财产性收入等方面入手，提高农民收入增长速度。此外，要通过加强农村劳动力培训，不断提高农村劳动力素质，提高农村劳动力在就业市场的竞争力，进而提高农村居民的劳务收入。

他介绍，根据以上的思路，近年广东出台实施了一系列创新性举措，如实行“规划到户、责任到人”扶贫开发新战略、实施农村劳动力免费培训等，有效提高了农村居民收入水平。2011 年，广东农村居民人均纯收入达到 9 372 元，比 2005 年增长 99.8%，年均增长 12.23%。

用科学制度完善体制机制

推动城乡发展一体化，还需要更加科学合理的制度安排和体制机制的支撑。报告提出的“坚持和完善农村基本经营制度”，“改革征地制度，提高农民在土地增值收益中的分配比例”等，也是本次大会的关注热点。

曾志权分析，农村基本经营制度，即以家庭承包经营为基础、统分结合的双层经营制度，是我们的基本国策，不能动摇。同时随着时代前进，也必须在坚持和完善农村基本经营制度的同时，积极探索适应时代新要求的新型农业经营体系，发展农民专业合作和股份合作，培育新型经营主体，发展多种形式规模经营，走集约化生产、专业化经营、组织化发展、社会化大生产之路。

针对征地制度改革，曾志权特别谈到，近年来，由于征地制度的不完善，农民在土地增值收益中的分配比例难以保障，损害了农民的切身利益。报告提出了改革征地制度的要求，以实现提高农民在土地增值收益中的分配比例的目标，这表明我们党将以前所未有的力度保护农民利益，解决农村土地征用中存在的突出问题。

曾志权还特别谈到了当前一定程度存在的工农业产品价格“剪刀差”、城乡要素交换不平等、农村基本公共服务薄弱等现象。他说这就需要在城乡规划、基础设施、公共服务方面推进一体化，形成城乡要素平等交换和公共资源均衡配置的机制安排。

（记者：卢轶，2012 年 11 月 12 日《南方日报》

粤公共财政支出近 2/3 投向民生

“十一五”全省财政民生投入约 1 万亿元，今后将继续增加

党的十八大报告提出，在改善民生和创新管理中加强社会建设。要多谋民生之利，多解民生之忧，解决好人民最关心、最直接、最现实的利益问题。

“十一五”期间广东财政民生投入约 1 万亿元，占全省一般预算支出的比重从 2006 年的 42.7% 提高到 2010 年的 57.2%，年均增长 22.3%。2011 年，全省财政民生投入达到 4233 亿元，占全省一般预算支出的 63%；与此同时，压缩行政经费 2%，增加国有资本经营收益 10% 用于民生投入。

省财政厅厅长曾志权透露，按照党的十八大精神，全省财政将进一步加大对民生的投入，预计到 2020 年，各级财政投入到基本公共服务领域的资金将达到 2.5 万亿元以上。

革新执政理念▶▶投 446 亿元办 10 件民生实事

最近几年，广东扎实解决“基本民生”、“底线民生”、“热点民生”问题，大力推行“规划到户、责任到人”扶贫开发新模式，建成珠三角绿道网等一批惠民工程，城乡居民收入稳步提高。从 2011 年开始，广东各级政府每年都要向社会承诺“十件民生实事”。

今年，省财政将再投入 446 亿元，集中力量办好 10 件民生实事。7 月 9 日，广东省省长朱小丹称，党政机关要带头压减行政支出，坚决控制临时新增开支，省下钱来保民生。

这样的民生工程，肇始于发展方式和目的的反思，缘于执政理念的深刻革新。

2011 年 1 月，省委书记汪洋在省委常委会工作报告中首次提出了“加快转型升级、建设幸福广东”的理念，就是要通过转型升级增强广东经济社会发展的均衡性、协调性、可持续性和核心竞争力，不断创造社会财富和公平分配社会财富。

2011 年 10 月，全国首个省级幸福指标体系率先在广东出台，“人民群众满意不满意、高兴不高兴、答应不答应”成为衡量党员干部工作的一把标尺。

今年 6 月，广东发布《2011 年广东群众幸福感测评调查报告》，首次发布幸福广东主观指标体系评价结果，结果显示，广东 21 个地级以上市中过半数城市群众总体感到“比较幸福”。

做好“三大民生”▶▶各方力量参与社会建设

2011 年 7 月，汪洋首次提出“三个民生”思想，搞好“基本民生”、保障“底线民生”、关注“热点民生”。

对于搞好“基本民生”，汪洋表示，要加快建立人人可及的基本公共服务。他说，要着力推动各类基本社会保障由城市人口向农村人口延伸，由户籍人口向常住人口延伸，力争全省常住人口都能逐步享有基本社会保障权益。

保障“底线民生”的理念，是要确保全体社会成员都能温饱无忧、体面尊严地生活。广东创造性提出扶贫“双到”举措，到2011年年底，全省被帮扶的37万户贫困户年人均纯收入比2009年增长121%。

而百姓最关心的“热点民生”也是矛盾最集中的领域。就业，广东免费培训农村劳动力，从2007年年末到2010年年底，累计培训劳动力266.6万人，转移就业469万人。教育，制订学前教育三年行动计划缓解“入园难”、“入园贵”、普及高中阶段教育。医疗，各级财政对经济欠发达地区新型农村合作医疗补助标准提高到每人每年200元……

党的十八大报告在谈及社会建设时，首次把改善民生与创新管理提到同等重要的位置。

事实上，广东早已在实践中探索了一条社会建设的新路径：下了大力度让社会组织、民众以及市场力量真正融入到社会管理与公共服务领域中来，真正实现政府“掌舵”、社会“撑船”。

12月5日、6日，第二届志愿服务广交会在琶洲国际会展中心举行。涵盖各行业、各领域、各界别的310个参展社会组织共501个优秀志愿服务项目参展，吸引了近万名各界爱心人士、志愿者及市民参与，共汇聚爱心资源达1 219万元。受助项目中，绝大多数是以敬老、助残、关爱外来工子女、环保等与民生息息相关，党委政府想做却“心有余而力不足”的公共服务。

我省社会组织数量年均增长达10%以上，截至去年年底，依法登记的社会组织为30 535家，从业人员达42万多人，成为建设幸福广东的一支重要力量。

愿景

在省第十一次党代会报告中，汪洋提出，建设幸福广东，必须突出改善民生。要大力发展各项民生事业，推进基本公共服务均等化，努力使全省人民学有所教、劳有所得、病有所医、老有所养、住有所居。

这为广东未来五年描绘了一幅美丽的民生图卷：深化教育改革，促进教育公平，创建教育强省，争当教育现代化先进区，打造南方教育高地，走出一条具有广东特色的教育发展路子。

广东“十二五”规划提出，把保障和改善民生作为加快转型升级、建设幸福广东的出发点和落脚点，建立健全公共财政对民生社会事业投入的稳定增长机制，大幅提高社会福利和公共服务供给水平，大力推进基本公共服务均等化。

根据“十二五”规划，到2015年，珠三角各市的最低工资标准达到当地职工平均工资的40%以上；“十二五”期间城镇净增就业人数500万人，城镇登记失业率控制在4%以内；城乡三项医疗保险参保率达到98%以上，参保人数新增2 000万人，城镇居民基本医疗保险和新型农村合作医疗政策范围内的住院报销比例提高到70%以上；通过新建、改建、政府购置、租赁等方式增加保障性住房房源，在“十二五”期间建设城镇保障性住房180万套，到2015年人均住房建筑面积13平方米以下的低收入家庭的住房基本得到保障。

加快建立基本医疗卫生制度，力争2015年基本实现“大病不出县”。

（记者：雷雨　赵琦玉，2012年12月12日《南方日报》）

2012年“广东账本”公布十件民生实事资金安排

66.6亿元稳物价惠民补贴

解读广东账本

广东省十一届人大五次会议于今天开幕，人大代表们又到了发挥其最主要职责——通过审查和批准政府预算来管好政府“钱袋子”的时候。要管好政府的“钱袋子”，首先就要了解政府的“账本子”。今年，“广东账本”——《广东省2011年预算执行情况和2012年预算草案的报告》（以下简称：预算报告），有什么特点？“钱袋子”里的钱要用到哪里？羊城晚报记者收集到一些“线索”，供各界关注。

看点1　全省人均支出7 012元增804元

据预算报告，2012年，广东全省一般预算收入拟按增长10%安排6 065亿元，人均收入5 809元，比上年增加655元，增长12.71%。全省一般预算支出按增长9%安排7 321亿元，人均支出7 012元，比上年增加804元，增长12.95%。

其中，省级一般预算收入拟在2011年完成基础上，考虑剔除一次性不可比因素21亿元后，按增长9%安排1 306亿元。2012年省级财政总收入安排2 360.7亿元，包括：省本级一般预算收入1 306亿元；中央补助收入852.39亿元；各市上解收入199.39亿元；上年结余2.93亿元。2012年省级财政总支出安排2 359.18亿元，增长9.5%，其中：省本级支出665.88亿元，占28.23%；补助市县支出1 579.13亿元，占66.94%；上解中央支出110.94亿元，占4.7%；调出资金3.23亿元，占0.13%。2012年省级财政预算收支相抵，净结余1.52亿元。

看点2　公布十件民生实事资金安排

增加2011年十件民生实事落实情况和2012年十件民生实事资金安排情况，是今年“广东账本”的一大亮点。对于后者，预算报告披露，据初步统计，2012年省财政预算计划筹集446亿元，落实省政府承诺的十件民生实事相关资金需求。

2012年446亿元安排十件民生实事

	筹集资金	安排事项
1	12.8亿元	促进扩大就业，新增城镇就业120万人，失业人员再就业60万人，促进创业10万人，新增转移农村劳动力80万人
2	35.7亿元	加强保障性住房建设、棚户区改造和困难户住房改造
3	78.1亿元	提高社会保障水平，实现新农合和城镇居民医保全覆盖
4	66.6亿元	深入开展稳价惠民，提高城乡低保补差、农村五保供养水平和优抚对象等群体的补贴标准；落实农资综合直补、农作物良种等各项补贴
5	70.1亿元	优化城乡基本医疗卫生服务，建立长效稳定的基层医疗卫生机构经常性收支差额奖补机制，支持欠发达地区提高基本医疗卫生水平
6	11.9亿元	推进文化惠民，支持欠发达地区图书馆、文化馆、博物馆、综合文化站、社区文化室等建设
7	115.3亿元	促进城乡教育协调发展，支持建立学前教育助学体系，统一城乡义务教育经费补助政策，加强教师队伍建设
8	25.9亿元	强化养老助残服务，支持养老福利机构、省级居家养老服务示范中心等建设
9	12.2亿元	改善农民工工作生活条件，支持外来务工人员参加工伤保险，支持完善积分制入户城镇等
10	17.8亿元	抓好食品安全，支持建立健全覆盖省、市、县并逐步延伸到乡镇的食品安全风险监测网络，支持设立食品安全示范点

看点3　省级财政支出“三个突出”

看今年“广东账本”，在省级财政资金的安排上，有“三个突出”的特点：

一是突出民生优先。在2012年省级财政预算总支出中，近八成用于安排民生支出。

2012年，广东省级财政总支出安排为2 359.18亿元，其中：用于均衡区域基本公共服务水平、帮助市县增强发展后劲的支出为899.08亿元，占38.11%，比上年增加130.85亿元；用于改善民生、提供基本公共服务的支出为944.02亿元，占40.01%，比上年增加305.68亿元。也就是说，这两项关系民生的支出合计为1 843.1亿元，占到了广东省级财政总支出的78.12%。

另外，预算安排中，法定支出得到有效保障，各项重点支出与上年预算相比，增长均达到17%以上，尤其是科技、文化、医疗卫生和环境保护支出的增幅均超过三成，其中医疗卫生投入141.67亿元，比上年大幅增长51.24%。

二是突出转型升级。落实广东省政府《关于贯彻落实国务院部署加快培育和发展战略性新兴产业的意见》，今后五年广东省级财政将筹集220亿元。

2012年在2010年和2011年分别安排12亿元的基础上，再安排战略性新兴产业发展专项资金37亿元，进一步促进广东战略性新兴产业加快发展。

安排欠发达地区产业转移园区发展专项转移支付资金15亿元，支持欠发达地区加快产业转移园区基础设施建设，进一步推进产业和劳动力“双转移”；安排产业转移奖励资金5亿元，进一步鼓励珠三角地区企业加快向东西两翼和粤北山区转移。

三是突出均衡发展。2012年，广东省级财政共安排对市县税收返还及转移支付1 579.13亿元，以增强基层政府提供基本公共服务能力，促进市县增强发展后劲。

对市县的税收返还及财力性转移支付补助954.57亿元，包括：安排增值税、消费税、所得税、成品油价格和税费改革税收返还及其他税收返还支出471.8亿元，实现财政体制平稳运行；一般性转移支付支出482.77亿元，保障欠发达地区维持基层政权运转，增强基本公共服务保障能力。

对教育、农业、医疗卫生、社会保障等专项转移支付支出安排624.56亿元。

看点4　重点支出预算信息公开到“项”

对于政府账本的公开、透明，社会上的呼声一直很高。今年，在预算信息公开方面，“广东账本”也有了进一步的举措。

首先，把省级教育、科学技术、农林水事务等重点支出预算细化编列至项级科目，同时详细解释了重点投入口径和重点投入情况。这样，财政收支科目更细、更实，表格也更加细化、清晰。

其次，在预算草案表中，增加了三个情况说明。增加了“关于2012年中央财政转移性补助收入情况的说明”、“关于2012年省本级支出预算情况的说明”和“关于2012年省级支出重点投入情况的说明”，以利于人大代表和社会各界更加详细地了解预算情况。

最后，与2011年预算报告相比，预算草案表由19张增加到了25张。如增加了2012年中央财政转移支付收入预算表等，以更加直观、明了的方式反映政府性收支情况。

（2012年1月13日《羊城晚报》）

广东出台56条助中小微企“突围”

《2012年扶持中小微企业发展的若干政策措施》帮助企业有效应对国际金融危机影响

为贯彻落实国务院关于扶持中小企业特别是小型微型企业发展的部署，加大对中小微企业的扶持力度，积极应对国际金融危机的影响，促进广东经济平稳健康可持续发展，近日，广东省政府出台《2012年扶持中小微企业发展的若干政策措施》（以下简称《若干政策措施》），共56条，帮助中小微企业有效应对当前面临的突出困难，推动中小微企业平稳健康发展。

受国内外严峻经济形势等各种因素影响，去年，广东中小企业特别是小微型企业生产在经营中面临生产成本高居不下、总体效益下滑、融资难且融资贵等多方面困难。今年，广东中小企业生产经营依然面临国际金融危机影响持续、国际贸易增速放缓、国家宏观经济政策由政策刺激向自主增长转变、以政府为主导的投资减少等错综复杂的国内外经济形势。同时，中小企业在目前发展阶段不同程度存在的技术装备科技水平不高，企业自身素质较低，管理方式粗放等问题也对企业长远发展形成制约，一些中小企业特别是小型微型企业今年的生产经营面临较大困难。

广东省委、省政府高度重视中小微企业发展面临的突出问题和困难，深入研究并出台了扶持中小微企业发展的政策措施。

《若干政策措施》包括八个方面内容共56条措施。一是充分发挥财政资金支持引导和放大作用；二是认真落实扶持中小微企业发展的税收优惠政策；三是依法给予中小微企业行政收费、社会保险缴费、土地价格优惠；四是加大对中小微企业的融资支持力度；五是积极帮助中小微企业开拓国内外市场；六是强化对中小微企业的公共服务；七是加强组织领导，建立健全责任机制，确保国家和省的各项扶持中小微企业发展的政策措施落到实处；八是其他有关问题。

（记者：符信，2012年2月3日《羊城晚报》）

广东推进基本公共服务均等化综合改革，惠州成首个试点地区

外来工随迁子女接受义务教育全面纳入教育规划和财政预算

羊城晚报讯记者严丽梅、通讯员岳才轩报道：近日，广东省政府出台《深入推进基本公共服务均等化综合改革工作方案》（以下简称《工作方案》），确定2012年选择惠州市作为基本公共服务均等化综合改革首个试点地区。据

了解，该方案提出，逐步将异地务工人员随迁子女接受义务教育全面纳入教育发展规划和财政预算，确保与户籍学生平等接受义务教育。

分三阶段推进试点

据广东省财政厅厅长、党组书记曾志权介绍，此次综合改革试点计划在三年内、分三个阶段推进改革试点。2012年为第一阶段，选择惠州市启动试点；2013年为第二阶段，在总结试点经验的基础上，扩大改革试点范围，推动基本公共服务均等化综合改革初见成效；2014年为第三阶段，在全省范围内基本形成有利于推进基本公共服务均等化的体制机制。

曾志权介绍，此次综合改革试点涉及三个层面：一是统筹城乡间基本公共服务均等化；二是均衡县区间基本公共服务水平；三是促进不同人群间基本公共服务均等化。

改革试点亮点纷呈

据了解，在此次综合改革试点中，有多个亮点令人期待：

——积极稳妥推进户籍制度改革。放宽中小城镇人口准入条件，逐步建立城乡统一的户口登记制度。加快推进与户籍制度相关的配套改革，尽快消除城乡居民在教育、医疗、社保、就业、住房等方面不合理的政策限制。

——进一步统筹规范城区公交枢纽站、首末站以及停靠站的规划建设，至2014年实现城区500米范围公交站点覆盖率大于80%的目标。

——建设新型城市社区。厘清街道办事处与社区居委会的工作职责，推行行政管理事项社区准入制度。整合政府各部门在社区的办事机构和管理资源，积极推进“一站式”服务。加强对社区居委会和物业公司等的指导监督力度，探索物业管理与社区居民自治相结合的模式。至2014年，实现社区物业管理基本覆盖，住宅小区基本建立业主委员会。

——逐步将异地务工人员随迁子女接受义务教育全面纳入教育发展规划和财政预算，确保与户籍学生平等接受义务教育。加大学前教育的投入和管理，切实解决异地务工人员子女就读幼儿园的实际困难。试行异地务工人员子女在输入地就读学校参加中考、高考。探索省内高职高专院校接受外省户籍考生的入学申请。鼓励外省籍高职高专学生毕业后，在广东就业和入户。

（记者：严丽梅 岳才轩，2012年5月8日《羊城晚报》）

广东社保基金结余4 129亿元继续领跑全国

5月29日，广东省财政厅厅长曾志权向省人大常委会作报告时透露，2011年全省社会保险基金收入1 987.38亿元，基金支出1 156.66亿元，当年社会保险基金结余830.72亿元，滚存结余4 129.29亿元，社会保险基金收入及基金结余总量继续稳居全国首位。

据曾志权介绍，2011年年末全省参加企业养老保险在职职工3 024.66万人，比上年增加373多万人，增长14.08%，稳居全国首位。离退休人员359.81万人，养老金社会化发放率100%；参加企业养老保险的实际缴费职工2 384.76万人，比上年增加198多万人，增长9.08%，中断缴费职工639多万人，实际缴费率78.84%，比上年下降3.62%。主要原因是2011年惠州、汕头、江门、云浮、广州等市陆续将中断缴费人数纳入在职职工参保人数统计范围。

曾志权在报告中指出，养老保险基金结余区域很不平衡。“珠三角地区参保覆盖率高、基金结余较多、企业负担较轻，而欠发达地区则相反，2011年全省21个地级市中，有3个欠发达市出现养老保险基金当期收不抵支。”此外，实现统收统支养老保险省级统筹模式难度也较大，“在当前的经济形势下，强令推行，可能使不少劳动密集型企业、微利企业陷入经营困难。”曾志权说。

另据了解，2012年第一季度全省社会保险基金收入完成544.81亿元，为年度预算的23.16%；基金支出完成313亿元，为年度预算的21.24%。五项社会保险基金收支进度接近完成了年度预算的1/4，基金运行基本正常。

（记者：黄丽娜，2012年5月30日《羊城晚报》）

广东选取四项民生决策事项试点“为民办事征询民意”

民生大决策让百姓“话事”

相关试点方案已出台；今年起省选4项民生决策事项试点“先征询民意后作决策”，把财政的钱花到群众的心坎上

“十二五”时期，广东财政民生投入资金预计将超过2万亿元。如何把这些钱花到群众的心坎上、“花得好”？羊城晚报记者日前从广东省财政厅获悉，为了让民生财政重大安排由百姓自己“话事”，广东省委、省政府近日出台了《开展为民办事征询民意工作的指导意见》（以下简称“指导意见”）和《为民办事征询民意工作试点方案》（以下简称“试点方案”），决定今年起，省里选取四项民生决策事项，开展为民办事征询民意先行试点；各地级以上市根据本地实际，另行选择若干民生决策事项开展试点。

今后，这项改革将有计划地分步、分类推进，并不断扩大实施范围。

“指导意见”明确了征询内容、实施主体、基本程序、征询方式以及保障措施等事项；要求县级以上党委、政府在提出和决定关系人民群众切身利益且涉及面广的重大民生决策事项时，要根据实际需要先征询民意后作决策。

“试点方案”则明确了2012年省选四项民生决策事项开展这项试点，即：村级公益事业建设“一事一议”、小型农田水利项目、农村危房改造和基层医疗机构建设。

广东省财政厅厅长曾志权表示，“十一五”期间，全省财政民生投入达到10 303亿元，占全省一般预算支出的比重提高到58%，预计“十二五”时期这一投入将超过2万亿元。面对规模如此庞大的民生投入，如何才能把这些钱花到群众的心坎上、“花得好”，已成为一项重要课题。省第十一次党代会强调，“必须破除人民幸福是党和政府恩赐的错误认识，切实维护并发挥好人民群众建设幸福广东的主动性和创造性”。为此，广东财政也提出了支持民生工作要实现“四个转变”，即：民生工作理念由重投入总量向重“雪中送炭”、提高民生支出边际效用转变；发展民生主体由政府包办向政府主导、社会参与转变；公共服务供给方式由公办逐步向公建民营、民办公助以及政府购买服务多元投资转变；民生决策方式由政府单向拍板向征询民意转变。这次改革就是要达到这样的目的。按照省委、省政府的工作部署，由省财政厅牵头推进这项工作。

（记者：严丽梅，通讯员：岳才轩，
2012年6月18日《羊城晚报》）

十八大代表、省财政厅厅长曾志权接受羊城晚报专访，谈广东财政工作：

民生投入再加大　财政数据更透明

“报告对加快财政改革发展提出了新要求，为做好财政工作提供了明晰的路径指导。”

“广东将调整完善财政转移支付政策，建立实施生态保护补偿机制。”

“营改增”试点、“三公经费”公开、民生财政投入、广东财政收入能否继续保持全国第一……针对这些热点，广东“财爷”曾志权结合十八大报告一一回应。

他说，广东财政会继续加大民生领域的投入，也会让广东财政数据更公开、更透明。

17万户纳税人纳入“营改增”

羊城晚报：广东省“营改增”的进展如何？下一步将在哪些方面进行改革？

曾志权：营业税改征增值税（以下简称“营改增”）

是国家税制的一项重大改革，是实施结构性减税的一项重要举措。11月1日，全省“营改增”试点如期顺利启动。目前，全省（含深圳）共有约17万户纳税人经确认，纳入“营改增”试点范围，其中一般纳税人3万户，占17.6%，小规模纳税人14万户，占82.4%。

“营改增”不是营业税和增值税的简单转换，而是重大制度创新，涉及面广，影响深远。国家对这项改革采取深入论证、积极试点、从点到面、稳步推开的做法。经国务院批准，目前“营改增”在交通运输业和部分现代服务业开展试点，今年1月1日上海首先开始试点，8月起由上海分批扩大到北京、广东等8个省市区。下一步，广东将根据试点运行情况，做好相关工作。

“三公”经费公开细化到“项”

羊城晚报：广东正在推进数据开放，财政数据方面哪些可以开放？

曾志权：根据财政信息公开情况，省级财政目前已公开的财政数据主要包括：一是财政总预算和总决算收支数据。省财政厅较早就在厅门户网站公开了预、决算报告，2010年将省级预算表从9张增加到19张，并单独反映补助市县支出情况。2011年起，省级决算教育、科技、农林水等重点支出细化公开到“项”级科目，今年省级预算教育、科技、农林水等重点支出也将细化公开到“项”级科目。

二是部门预算、决算数据。目前，省级部门预算在经省人大批准后，由省级主管部门主动向社会公开。

三是“三公”经费数据。省直行政机关、事业单位2010年财政拨款开支的“三公”经费支出决算情况已于2011年11月公开。今年，全省进一步细化“三公”经费决算公开内容，增加公开出国（境）团组及人数、公务车辆和公务接待有关情况等信息，并将“三公”经费公开内容细化到“项”。2012年8月31日，省财政厅公布了2011年省级“三公”经费的结算情况。据统计，今年已有91个省级部门向社会公开了本部门2011年“三公”经费决算情况。

四是地方公共财政预算收支情况。省财政通过厅门户网站，每月向社会主动公开全省及各地级以上市公共财政预算收支累计完成情况及增长情况。

下一步，省财政将进一步推进财政数据的公开。一是积极扩宽预决算信息公开的范围，争取做到能公开的尽量公开；二是进一步细化部门预算信息公开内容，增加公开表格数量，分类公开部门预算的基本支出和项目支出数据；三是进一步细化财政总预算数据公开内容。从2013年起，进一步公开省级政府性基金对市县转移支付情况，在编制省级政府总预算时增加《省级对市县政府性基金转移支付预算表》，并在省人大批准后向社会主动公开。

今年1 260亿元民生资金已拨付

羊城晚报：在民生财政方面，将会安排多少资金？投入哪些领域？

曾志权：按照省委、省政府的部署，全省财政积极调整优化支出结构，不断加大对民生领域投入力度。2011年，全省各级财政用于民生领域的支出达到4 233亿元，占全省公共财政预算支出的比重从2007年的50.47%提高到了63.03%。其中，投入十件民生实事资金达到1 195亿元（省级340亿元）。2012年，全省各级财政安排用于十件民生实事的资金达到1 424亿元，1－9月份已拨付资金1 260亿元，其中省级已拨付资金462亿元。

按照党的十八大精神，全省财政将坚持继续关注民生、支持民生，进一步加大对民生的投入力度，今后支出安排要体现保障基本公共服务、保障经济结构调整、保障民生支出需要、保障区域均衡发展的支出要求。预计到2020年，全省各级财政投入到基本公共服务领域的资金将达到2.5万亿元以上。

粤财政收入仍有望全国居首

羊城晚报：今年上半年，广东财政收入为2 994.34亿元，全国第一，但仅比第二名的江苏省多出18亿元。展望全年，广东财政收入能否保住全国第一？

曾志权：面对复杂的国内外环境，广东把稳增长、调结构、惠民生有机结合起来，化解了经济下行压力。当前，全省经济筑底回升，主要指标增幅逐月向好。在经济企稳回升的带动下，全省财政收入增幅自4月份以来逐月小幅回升。初步预计，在经济企稳的基础上，今年全省财政收入将达6 100亿元左右，收入规模有望继续位居全国第一。

虽然全省收入规模仍将领先，但收入增幅继续回升面临较大压力，主要原因是影响经济下行的国内外因素仍未消除，经济下行压力仍未得到根本缓解。同时，全省“营改增”已开始试点，作为一项重要的结构性减税政策，将对全省财政增收造成一定影响。

今后，我们将更加重视财政收入的质量，而不是单纯关注财政收入的总量和增幅，努力使财政收入与经济增长更加协调。

谈报告

广东将加大生态保护投入

“胡锦涛总书记所作的报告，高瞻远瞩、气势恢弘、思想深刻、内容丰富，讲出了人民的心声和时代的强音。”曾志权说，让他感受最深的是，报告对加快财政改革发展提出了新要求，包括提高经济活力和竞争力、加快改革财税体制、完善促进基本公共服务均等化以及主题功能区建设的公共财政体系、调节收入分配、建立生态补偿机制等，这些为做好财政工作提供了明晰的路径指导。

如何贯彻十八大精神？曾志权说，广东财政工作将努力做到“六个支持、六个促进”，即：支持加快转变经济发展方式，促进经济持续健康发展；支持行政体制改革，加快政府职能转变；支持文化强省建设，促进文化软实力显著增强；支持民生事业，促进人民生活水平全面提高；支持生态文明建设，促进资源节约型、环境友好型社会建设取得重大进展；支持党建工作，促进党建科学化水平全面提高。

尤其在支持民生事业方面，广东将发挥财政杠杆作用，更加注重公平，完善支持教育、科技、卫生、文化、体育等社会事业发展的财政政策，进一步加大财政支持力度，统筹推进城乡社会保障体系建设，解决好人民最关心最直接最现实的利益问题，不断提高基本公共服务均等化和一体化水平。同时，通过支持政府购买社会服务和培育发展社会组织，促进民生资金从“舍得花”向“花得好”转变。

此外，报告把生态文明建设作为与经济建设、政治建设、文化建设、社会建设并列的“五位一体”建设工作。按照这一部署，广东财政将加大对生态环境保护、节能减排、循环经济及低碳经济等领域的投入力度，完善政府绿色采购制度，优化绿色财政支出结构，促进低碳经济的发展。同时，调整完善财政转移支付政策，建立实施生态保护补偿机制，发挥财政补偿与激励互相协调、互为补充的政策效应，提升生态文明制度建设水平。

（记者：黄宙辉，2012 年 11 月 12 日《羊城晚报》）

全省困难群众每人发临时补贴 150 元

为缓解物价上涨对城乡困难群众生活的影响，帮助困难群众度过幸福祥和的新春佳节，近日省人民政府发出《关于向城乡困难群众发放临时性价格补贴的通知》，决定在春节前对全省 276 万名城乡低保对象、农村五保对象、享受国家抚恤补助的优抚对象、新中国成立前入党的农村老党员和未享受离退休待遇的城镇老党员，再按每人 150 元的标准发放一次性临时价格补贴。

通知要求，各地要高度重视，认真组织实施，确保在春节前将补贴资金发放到补贴对象手中。财政部门要及时下拨补助资金，确保资金足额及时到位。民政、物价部门要认真审核发放对象，严格规范发放程序，精心组织发放工作。其中，城乡低保对象、分散供养的农村五保对象、享受国家抚恤补助的优抚对象以及新中国成立前入党的农村老党员和未享受离退休待遇的城镇老党员，由各地通过银行、信用社、邮局等机构，直接将补贴资金发放到个人账户；集中供养的农村五保对象，补贴资金由各地通过集中支付方式拨付到供养机构，再由供养机构发放给个人。

（记者：叶平生，通讯员：岳佳综 符信，2012 年 1 月 12 日《广州日报》）

广东财政一般预算收入排名全国第一，但是人均财政一般预算支出在全国却只排名第 20 位！昨日，在广东代表团分组讨论上，全国人大代表、广东省政协常委李妙娟透露上述数据。她直陈当前“分税制”存在一些问题，财力向中央高度集中，而地方政府担负着许多“一票否决”的责任，却十分缺钱。她认为，应根据财权和事权相适应的原则，从顶层设计上完善“分税制”，以改善民生。

粤财力全国数第一人均预算支出排 20

全国人大代表、省政协常委李妙娟建议完善分税制以改善民生

李妙娟说，现在地方的财力越到基层越困难，但责任事权却越到基层越多。

“多少个一票否决都沉到底下，包括教育。”李妙娟说，政府工作报告中提出教育支出要达到 GDP 的 4%，中央政府、省级政府和珠三角各地政府都能达到，但是粤北山区和东西两翼的地方政府很难达到。虽然国家规定教育经费

占 GDP4%，但是这些教育经费中大部分都投入了高等教育。“有些地方的财政收入跟教育经费相当，那其他不用开支吗？这根本就不可能。”

“农民工进城后，很多小孩面临上下学难的问题。农民工的小孩为什么不能在城里就学呢？因为经费没有安排啊！当地政府要吸纳这么多小孩的话，确实有问题！”

“分税制 1994 年改革后，进行过一些微调，但每一次微调，财力都更向中央集中。以广东为例，1994 年来源于广东的财税占 20.6%，目前提升到 30% 左右。”李妙娟透露，目前广东的财力在全国排名第一，“十一五”期间总规模年均增长 20.7%。但是广东的人均一般预算支出增长幅度却下降为 17.3%。与全国水平比，1998 年广东人均一般预算支出在全国排第五位，高于全国平均水平，但到 2010 年已经下滑到全国第 20 位。如果剔除计划单列的深圳市，广东的人均财政支出水平只占全国第 23 位。

财权事权不清晰，地方办事缺钱？

“为什么人民群众有很多怨言？”李妙娟说，事实上群众关心的教育、社保、医保等热点问题，责任都在地方政府，但地方政府掌握的财力又有限度。

李妙娟认为，与地方政府财力匮乏相对应的是，中央又集中了太多财力，地方和中央的财权事权不清晰。她举例说，应对金融危机时，为了解决猪肉涨价问题，国家制订了一头母猪补贴多少钱的政策。“当时制定这个政策可以理解，但这是谁的权啊？这是地方的！”

校车问题也是如此，李妙娟说：“造成校车的问题是什么呀？是政策出了问题，把学校过度地集中！把学校撤销了，村里都不用办学了，一个镇就一所小学，每个学生都要坐几十公里的车去上学。”

李妙娟认为，中央现在制定关于校车的政策，出发点很好，但是难以落实。“除非你把农民搬到一个地方集中居住，否则他们分散在山区里面，怎么解决这个问题？

李妙娟说，不仅教育如此，医改也是一样。她认为，所有这些现象，都暴露出各级政府事权和财权不清晰的问题。

建议完善分税制　使事权财权相适应

李妙娟说，政府工作报告中讲到要深化财税金融体制，完善分税制，但仅仅这一句话还不够。她认为，还要进一步改革。

“改革 30 多年了，新中国成立 60 多年了，经济发展达到一定程度后，面临很多转型时期难以回避的问题，必须要改革。而且不能再‘摸着石头’去改革，从顶层设计上去完善分税制。”她认为，地方政府担负着诸多民生任务，要调动他们的积极性，必须减少他们的积极性，必须减少中央集权过多的权利，按照事权与财权相适应的原则调整完善分税制。

“只有这样，才能让地方做好基层民生工作，让他们有责任有能力。”李妙娟建议，分开编制预算收入和预算支出，保证资金安全、高效。

（记者：林霞虹　陈翔，2012 年 3 月 7 日《广州日报》）

省财政厅回应欠发达地区“要钱”呼声

欠发达地区村干部今年补助涨两倍

每年一次的省人大会议财经委员会预算审查座谈会，更大程度上像一场“挣钱会”。各城市可谓“费尽口舌”，希望获得省财政厅最大限度的经济支持。

昨日座谈会上，与“富市”的预算公开、平均分蛋糕话题不同，“贫市”更多的话题集中在“减少基层配套”和“对欠发达地区的转移支付”上。

食品安全被列入今年的民生实事，要求各地抽样检查。韶关团代表李志贞说，样品需要自己掏钱购买，而不能收任何费用，给欠发达地区增加了一笔非常大的负担。他希望，这笔费用应该得到省府支持。省财政厅厅长曾志权当即回应，已经有4亿元用在此项。

阳江团代表张秀洁希望这次花446亿元办“民生十件事”，实施过程中尽可能不要让下面基层有过多配套建设，建议地方配套可以“按经济状况比例进行”。尤其是“穷市”，“最好能不用配套就不用配套”。

曾志权回应，省委、省政府非常重视欠发达地区财政保障问题，目前已经出台并在实施对这些村庄的补助行动。

到2012年，对欠发达地区村干部补助报酬要提高200%，每个村办公经费要达到5万元，其中财政补2万元，各级创收补3万元。这样的话光是2012年用于村干部的补贴达到6个亿，办公经费是2个亿。

此外，2013－2015年，再进一步提高村干部办公经费，财政大概要拿出43.88亿元，政府补助要从2万元提到5万元,这要拿12.75亿元，村干部补贴要31.12亿元，采取基础补助和奖励的办法。村干部工资今年是1 000元，从明年起到2015年要提高到2 000元。

有此一说

站在不同的角度有不同的想法。广东省面临的问题和国家面临的问题是一模一样的。发达的地区想多保留一点自己用，落后的地区想上面多给一点。不同行业也有不同的想法，大家都在说如何增加支出。

国家层面也是如此。“广东给国家做的贡献大”——我们自己的观点我们自己接受，但是国家接受吗？站在国家的角度，广东的贡献很重要，国家的层面考虑得更多的是欠发展地区，还有更多事情要做。说多了这个道理就不想说了，就是说就这么一锅饭，大家都要吃。谁多拿点，谁少拿点，就是这个问题。不过要理解各界的需求都是真实的。

（广州市审计局局长张杰明，
2012年1月16日《南方都市报》）

广东“财爷”曾志权接受南都专访，透露2011年度省级“三公经费”决算数应该会比2010年度少

广东“三公经费”下一步公开到“项”

前日，广东“财爷”——省财政厅厅长曾志权接受南方都市报的采访，畅谈他的“理财经”，对于“玻璃钱柜”、“三公经费”、地方债等敏感问题，曾志权没有回避。他表示，今年公布的2011年度省级“三公经费”决算数字应该会比2010年度少，等走完相关审批程序后，将会尽快公布，今年公布的2011年度省级“三公经费”决算数字应该会比2010年度少。他还透露，下一步公布三公经费科目将从目前的“类”细化到“项”，到时办公费需细化到水电费、印刷费等。

●谈打造“玻璃钱柜”今年纪委可实时看到财厅拨款

“上海财经大学去年公布了2010年中国省级财政透明度排行榜，把广东省排在第三位，在两个城市北京、上海之后，这是很不容易的。”如何管好广东“钱袋子”，曾志权认为，“让权力在阳光下接受监督”最重要。

谈到阳光财政，“买一张床或者一台电脑我们（的电脑系统）都知道”，曾志权举例，目前广东省财厅已经与113个省一级预算单位直接联网，这些单位的任何支出都在财厅内部系统即时可查。

这个“省级财务核算信息集中监管系统”从2007年开始运行，广东省财政厅表示，该系统可以把外部监督延伸至预算单位内部，发挥财政监督的积极作用。财务人员可以在不受行政领导干预的情况下按照法律规定行使权力，从而改善财务机构和财务人员的执业环境。

除了监督别人，广东财厅同时也接受别人监督。曾志权说，广东是第一个实行省财政所有拨款即时与人大、审计、纪委联网的省份，“我们这边拨一笔款，他们那边马上可以看到。”曾志权说，2006年省财厅首先与省人大联网，2009年与审计部门联网，今年则与纪委联网，这意味着，这3个部门可以即时在线看到财厅任何一笔拨款。曾志权说，系统使用至今，没有出现人大质疑某一笔拨款不合理的情况。他表示，目前暂未考虑向其他部门开放这个权限。

曾志权说，阳光财政其实是一个立体的监督体系，包括政府理财公开透明、法律层面接受人大审计部门监督、行政层面接受纪委监督、社会层面通过预算公开由公众监督，从而建立一个立体的监督体系，“让财政工作在阳光下运行”。

“搞改革，特别是触动到一些部门的利益，开始肯定会有很大的阻力，但是权力只有在阳光下监督才是健康的。”曾志权坦言打造“玻璃钱柜”有压力。

●谈“三公经费”公开接待费要降下来须做到“核定定额、超支不补”

去年11月广东公布2010年度的“三公经费”决算数，

广东省级“三公经费”首次公开。2010年广东省级“三公经费”合计10.44亿元，其中包括出国（境）经费0.73亿元，车辆购置及运行费6.59亿元，公务接待费3.12亿元。据报道，广东“三公经费”决算额度“连续四年”降低。

2011年度省级“三公”决算数何时公开？曾志权说，等中央和省人大分别批了，最快也要8月份才走完程序，会争取“尽快公开”。他说，下一步准备扩大对公务卡等方面的监督，并将公布科目从目前的“类级”细化到“项级”，如办公费细化到水电费、印刷费等。他说，由于国家没有相关硬件系统支持，目前财厅正在请软件公司制作这个项目，以便顺利实现三公经费公开到“项”。

曾志权说，今年公布的2011年度省级“三公消费”决算数字应该会比2010年度少。

曾志权说，通过改革推进才能真正做好这件事，“顶层设计”，即从国家层面解决一些制度性问题是关键。关于“三公”问题，曾志权说，公车改革彻底的话，公车消费会得到控制；接待费如何才能达到“核定定额、超支不补”很重要，“如果有这样的机制，我估计也能把接待费降下来”；出国费方面，他认为问题关键在于“要界定哪些是该出国哪些是不该出国，出国要达到什么目的”。

●谈“年底突击花钱”今年或将试点零基预算

关于政府部门“年底突击花钱”的新闻总会引发公众极大关注。目前国内编制年度财政预算基本按照“基数+增长”的方式，又叫增量预算，指的是以上一年度每一项目的支出数额作为基数，考虑各种影响因素或按一定比例，确定下一年度各项支出数额的一种预算方法。而所谓“零基预算”，是国内外财政界一直在探讨预算编制的一种方式，一项基金它是每年编制预算的时候基数都是为零，不参照去年的支出情况，而是根据工作需要以及上年度资金使用情况，对财政重新分配。有观点认为，“零基预算”可以重新理顺行政部门的运作流程，明确资金使用的需求程度，削减不必要开支，按部门职能和支出需要核定和拨款，从而避免为争基数而年底突击花钱。

“其实零基预算，在遏制年底突击花钱上有关联但是也不相关。”曾志权说，实行零基预算，可以通过年度财政编制在导向上抑制年底突击花钱，但政府部门年底是否突击花钱与第二年的预算编制却没有关系。

曾志权说，在实行增量预算的情况下，政府部门必须把今年的基数用完，第二年才可能获得不低于基数的财政预算，这导致有些部门把今年该用的钱在年底突击花完。曾志权表示，出现年底突击花钱的情况，最主要还是预算执行不均衡。预算执行不均衡，过度集中在年底，便产生了年底过度使用资金的现象。曾志权说，判断是不是突击花钱，严格上来说还要看这钱是不是在计划预算内。他认为出现突击花钱的情况，最主要是执行体制造成的。

曾志权说，目前的体制下，实施零基预算难度不小，他说，广东正在研究找个部门或者个别市试点一下。他说，试点能否取得成效，关键是当地市委市政府是否有积极性，“不下决心推不动，至于制度设计等财厅可以帮他们做”，曾志权认为，像顺德、江门这样“改革走得比较前”的同类珠三角城市或会纳入试点考虑范围，而一些财政系统庞大复杂的大城市未必合适，“但目前还没有最后定（具体试点），目标是今年”。

●谈财政体制试点广东今年拟发86亿地方债

去年，国家财政部发文（《2011年地方政府自行发债试点办法》），允许广东省等正式开展地方政府自行发债试点，广东通过“全国招标定主承销商”的方式发行69亿地方债。此外，数据显示，截至2010年6月，广东省地方性政府债务余额占2010年GDP的比重为18.68%.

曾志权透露，今年中央已经下达指标，给广东86个亿的地方债发债额度，因地方债属预算内管理，要人大调整同意预算以后才能够发行，走完所有程序最终会确定并宣布招投标细则。曾志权说，主承销商公开招投标最大的好处就是公开公平公正，今年将继续朝着更公开更透明的（方向）推进地方债工作。

省直管县财政改革试点再增10处

按财政部部署，2010年广东选取南雄市、紫金县、兴宁市和封开县四个试点县开展省直管县财政改革试点工作，从财政收支划分、转移支付、资金往来、预决算、年终结算5方面直接实现“省对县（市区）”的财政管理方式，这将有效遏制市截留（省划拨给）县的资金，“就像把省的水管直接接到县里，市里面是拿不到的”，曾志权说，试点至今未出现过“县里的钱被市里截留”的情况。他说，今年广东将再增10个省直管县试点，而“试点内容没有改变”。

曾志权说，从7月1日起，龙川县、五华县、博罗县、阳春县、徐闻市、高州市、英德市、饶平县、普宁市、罗定市将被纳入省直管县财政改革第二批试点范围。

“四六”变“五五”增强省级转移支付

从去年1月1日起，广东省实施新的分税制财政管理体制，营业税、企业所得税、个人所得税、土地增值税地方收入部分，省级与市县分享比例由“四六”调整为“五五”。

新规实施一年多，效果如何？曾志权说，目前非常平稳，基本上是按照省委省政府制定的目标进行，这“主要表现在省里面适当集中财力，全部转移支付给困难地区，这个也是我们推进基本公共服务均等化的一个重要举措”。

曾志权认为，去年财政集中了20余亿元（从“四六”转“五五”后获得额度中提取），并垫付了十几亿元，省里共拿了40余亿元转移支付给广东53个财力比较弱的县，这些县的人均收入都达不到国家规定的6万元标准。曾志权说，根据测算，要把这些县人均收入“拉到”6万元以上，一共需要147亿元，广东拟分三年转移支付努力把这个“窟窿”填平。

（记者：张艳芬，实习生：何丹，2012年5月13日《南方都市报》）

化解经济压力　粤再鼓励企业“走出去”

28日上午，省政府在广州召开深入实施“走出去”战略工作会议，研究当前形势，部署深入实施“走出去”战略。省委副书记、省长朱小丹出席会议并讲话，他指出，支持企业“走出去”，对化解当前国际国内经济下行压力具有积极作用，对提升区域国际竞争力意义重大。会议由副省长招玉芳主持。

向四家重点培育企业授牌

为实施“走出去”战略，广东省政府于2007年出台《关于加快实施“走出去”战略的若干意见》，建立由11个部门组成的加快实施“走出去”战略联席会议制度，省财政每年安排“走出去”专项资金3 000万元，近期又出台了《广东省人民政府关于支持企业开展跨国经营，加快培育本土跨国公司的指导意见》。“十一五”时期，全省累计核准境外投资中方协议投资总额75亿美元，是“十五”时期的5倍；截至2011年年底，我省企业累计建设境外生产基地178个。

会议介绍，2012－2014年，我省省级财政将每年安排资金2亿元，扶持我省企业跨国经营和我省跨国公司的重点项目，主要用于补助企业对外投资合作的前期费用、启动资金、贷款利息、保费以及对企业的分类奖励。

昨天的会议向华为、美的、中兴、格力4家年销售收入超过100亿美元的“广东省培育本土跨国公司重点企业”授牌。

推动“走出去”要尊重企业尊重市场

朱小丹指出，支持企业“走出去”，对化解当前国际国内经济下行压力具有积极作用，对提升区域国际竞争力意义重大。按照国际投资发展周期理论，我省人均GDP达7 800美元，已经进入境外投资快速扩张时期。国际金融危机引起世界经济格局深刻调整，利用本轮重新“洗牌”机遇加快“走出去”步伐，正当其时。

朱小丹强调，全省各级、各有关部门积极稳妥推动“走出去”取得突破性进展。力争到2015年，全省对外直接投资额累计达到200亿美元以上，年销售收入超200亿美元的本土大型跨国公司达到2－3个、到2020年达到10个，形成不同类型、不同规模的本土跨国公司互促互补、共同发展的格局。要加大财政资金引导扶持力度，强化对企业跨国经营的财税金融支持；简化企业境外投资审核批准手续，促进“走出去”便利化。朱小丹还强调，推动“走出去”要尊重企业、尊重市场、尊重规律，因势利导。

（记者：卢轶，实习生：白庆虹，
2012年5月29日《南方都市报》）

广东省直管县财政改革新增十试点

据广东省财政厅透露，从2012年7月1日起，龙川县、五华县、博罗县、阳春市、徐闻县、高州市、英德市、饶平县、普宁市、罗定市纳入广东省省直管县财政改革第二批试点范围。由此，省直管县财政改革试点从原有的南雄市、紫金县、兴宁市、封开县、顺德区5个，增加到15个。

2010年，应财政部要求，广东决定选择既属财政部规定试点范围的粮食、油料、生猪生产大县，又属于我省主体功能区规划中的生态发展区域的南雄市、紫金县、兴宁市和封开县四个县（市）开展省直管县财政试点工作。同年，为配合顺德区行政综合改革对顺德区也实行省直管财政体制。

省财政厅厅长曾志权介绍，区域发展不平衡和县域财力薄弱已经成为制约我省可持续发展的短板。统计数据显示，2010年省、市、县三级收入占全省财政收入比重分别为19.12%、44.33%、36.55%，财力分布“两头小、中间大”。2010年全省67个县（市）一般预算收入仅占全省一般预算收入总额的8.5%。人均可支配财力仅为4.52万元，强化县（市）独立的财政主体地位显得尤为重要。

曾志权介绍，从此前5个试点一年多时间的实施情况来看，省财政对县（市）财政的业务指导和监督更到位了，形成了通畅的信息通达机制；补助资金拨付更稳定及时，缓解了试点县（市）财政紧张的局面。数据显示，通过省直管县财政试点改革之后，各地财政收入增幅明显。2011年南雄市一般预算收入增长26%，一般预算支出增长40%。兴宁市2011年财政收入增幅也达到了63.6%。

由此，广东决定进一步扩大改革试点，按照主体功能区的规划要求，优先选择财力较薄弱、人口负担较重的县（市）扩大试点范围。据悉，第二批试点龙川县、五华县、博罗县、阳春市、徐闻县、高州市、英德市、饶平县、普宁市、罗定市将从今年7月1日正式启动。

新一批试点县（市）的试点内容与第一批保持一致。包括市县间财政收入一般按属地原则划分，市、县辖区内的地方税收及非税收入除中央和省级收入外，都归市、县财政所有等措施。

（记者：卢轶，实习生：白庆虹，2012年5月29日《南方都市报》）

广东“财爷”曾志权：非税收入增速确实加快要杜绝征“过头税”

他同时表示，非税收入增速加快导致全省税收质量明显下滑

摘要：昨日，在广东省财政厅、省国税局、省地税局联合召开的“营改增”新闻发布会上，广东省财政厅厅长曾志权在受到媒体的追问时明确表示“这种担心没有必要”。但他也表示，广东省内的非税收入增速确实在加快，从而导致全省的税收质量明显下滑，对此广东将强化依法征收，在做到应收尽收的同时杜绝征收“过头税”。

广东省市税收下降，政府正通过“查税风暴”，加强非税收入征管以弥补财政支出缺口？昨日，在广东省财政厅、省国税局、省地税局联合召开的“营改增”新闻发布会上，广东省财政厅厅长曾志权在受到媒体的追问时明确表示“这种担心没有必要”。但他也表示，广东省内的非税收入增速确实在加快，从而导致全省的税收质量明显下滑，对此广东将强化依法征收，在做到应收尽收的同时杜绝征收“过头税”。

省内正在改善税源培植方式

昨日现场，《中国经营报》等媒体提问：有企业称，广东省政府及各地市政府在税收下降的情况下，正通过“查税风暴”，加强征收非税收入等手段，以弥补财政支出缺口，包括抵消由于营改增试点将带来的减税影响，对此你怎么看？曾志权在现场表示，“这种担心没有必要”。

对于非税收入在财政收入中的占比过高，曾志权坦承，今年以来，广东全省税收收入受经济增速放缓、结构性减税等因素影响增速平缓，同时，由于受到预算外纳入预算内政策翘尾、部分地区加强非税收入征管等因素推动，省内的非税收入增速确实在加快，从而导致全省的税收质量明显下滑。

但情况正在转变。曾志权指出，针对目前财政收支中存在的问题，全省各级政府及财税部门都高度重视，且正在积极采取措施，“一方面，省内正在改善税源培植方式，有效扩大税源；另一方面，则是强化依法征收，在做到应收尽收的同时杜绝收‘过头税’的现象。另外，省里也加强了对地市财税工作的指导，帮助解决部分地区非税收入增速过快、占比过高的问题”。（来源：南方都市报 南都网）

“营改增”减税150亿广东尚可承受

就“营改增”是否带来财政减收，曾志权指出，目前很多民企质疑营改增试点可能导致地方政府通过增加非税收入，以弥补财税减收，“我认为这种担心没有必要！”曾志权直言，按照目前测算，广东营改增将带来的财税减收约为150亿元，但是其相对于广东庞大的财税收入而言，其减收并不明显，尚在可承受范围之内。南都记者查阅相关数据测算，以2011年为例，当年广东全省地方一般预算收入完成5 513.70亿元，若以营改增减税150亿元计算，其约占2011年全省预算收入2.72%。

曾志权指出，按照目前的试点内容，全省20.1万户试点纳税人中，大部分集中在珠三角地区，其中广州、深圳、佛山、东莞4个城市就占了将近80%。而相比广东省及珠三角各市可支配财力水平，大约150亿元的减税，省政府及珠三角各地市完全可以承受，“最重要的，营改增是减负措施，‘抓’非税收入无疑会加重社会负担，这与营改增的目标背道而驰。”

但对于粤东西北地区等财力相对薄弱地区，曾志权表示，目前省政府也关注到了营改增试点可能对欠发达地区

产生的财税减收影响，就此在10月26日召开的省领导小组会议上，省政府已经作了安排，将通过完善转移支付措施来帮助欠发达地区应对减收影响。

“营改增”推动广东分税制改革？

广东试行营改增，是否意味着原有的分税制将启动改革，并向统一税制转变？曾志权表示，随着广东营改增的试点即将开始，预计未来营改增的试点行业范围也将在省内继续推广开来，但由于试点地区及试点行业范围仍将由财政部和国家税务总局决定，因此并未具备决策权的广东，未来也将按照中央的安排进行调整或改革。

曾志权表示，营改增的目标是进一步简化税制结构，减轻企业税负，逐步消除目前对货物和服务分别征收增值税与营业税产生的重复征税问题。而目前国家已经明确规定，试点期间收入归属不变，原归属试点地区的营业税，改征增值税后仍属于试点地区；在广东，省政府与地市政府也将保持各级财政试点前的利益分配格局不变。“但这些规定都是试点期间过渡性政策安排，我认为，随着税制改革逐步到位，国家将会对这项过渡性政策安排作出相应的调整。”

试点行业界定模糊？

广东纳入营改增试点的“1+6”个行业中，鉴定界限模糊。此前，省内部分企业主就表示，目前发现在试点过程中，广东省内有的广告、制作企业被纳入试点，但有的却并未纳入。

对此曾志权表示，按照国家试点实施办法及有关政策规定，提供交通运输业和部分现代服务业服务（以下称“应税服务”）的单位和个人，在试点开始后都是增值税纳税人，符合规定条件的纳税人应全部纳入试点范围。但是由于在试点执行过程中情况复杂，确实出现了界定不一问题。对此曾志权表示，将要求征管人员吃透政策规定，切实提高业务水平，并加强协作配合，把试点纳税人界定和确认到位。（来源：南方都市报 南都网）

热点问答

粤“营改增”试点后日启动

广东将于后日正式开始营改增试点，昨日广东省财政厅、省国税局、省地税局联合召开的新闻发布会，对相关问题进行解答。

广东企业补贴资金不比上海少

问：对于税负可能增加的企业，上海安排了20亿元补贴资金，但广东试点企业多，为何补贴资金只有10亿元反而少？

曾志权：据我们理解，上海市目前共安排了6亿元对税负增加企业给予补贴。我们是在评估分析试点对广东省财税收入影响的基础上，参考上海市的做法，经省政府批准，由省财政安排10亿元实施过渡性扶持政策。

上海与广东的财政体制不同。由于广东营业税属于省与市县共享收入，省一并要求市县相应安排专项资金，由省与市县按收入分享比例分别负担拨付试点纳税人的补贴资金。因此，总体而言，广东安排的扶持资金应该不会比上海少。

关于广东试点企业多的问题。从上海市情况看，试点纳税人中的小规模纳税人全面减负，税负有所增加的基本上都是一般纳税人。而从试点纳税人构成看，上海市试点的一般纳税人有5万户，我省包括深圳在内不到3万户。因此不存在广东试点企业多反而安排资金比上海少的问题。

月均税负增加1万元以上均可申请补贴

问：目前省政府曾表示将安排专项资金补贴税负可能增加的企业，对此有无明确究竟要达到什么标准，才能申请补贴？

曾志权：省财政设立了营改增试点财政扶持资金，专项用于对试点企业的财政扶持。省同时要求市县财政也要相应安排专项资金。

拨付试点纳税人的扶持资金按现行分税制财政管理体制由省与市、县财政分担，其中属于省级固定收入的营业税，改征增值税后试点企业增加的税负由省级负担；属于省级与市县共享的营业税，改征增值税后试点企业增加的税负由省与市县按照50%：50%比例负担。各级扶持资金发放程序是一样的。

试点后月平均税负增加1万元以上的试点纳税人，都可以申请给予补贴。目前广东省级补贴资金10亿元已安排到位，资金补贴实施办法已经省政府审定，即将印发实施。广州市也已明确将安排5亿元进行补贴，其他地市的补贴资金数额及补贴是否到位，目前省财政厅接下来将收集数据，并加强对各地的指导。

财政扶持避免物流企业转移税负压力

问：部分物流企业表示试点后其税负将增加，对此其将通过提价来抵消税负影响，这种提价是否最终将推高物价，并由消费者买单？

曾志权：从上海市试点情况看，税负增加企业主要集中在交通运输业，上海市1月份开始试点当月整个交通运输业税负增加是7 818万元，2月份这个数据就只有1 801万元，到8月份整个行业税收总额已经是净减少2 820万元，也没有听到试点普遍引起交通运输业提价而推高物价水平的反映。

上海市的这种情况，是与试点逐步步入正轨后减税政策效应不断显现密不可分的。当然，试点初期一些企业会遇到税负明显增加的问题，我们将通过过渡性财政扶持措施来尽量保持平稳，并继续关注这个问题，积极应对。

广东正申请过路过桥费纳入抵扣

问：现在物流企业的过路过桥费，司机工资等无法纳入增值税抵扣范围，未来是否计划将其纳入？

曾志权：过桥过路费不能抵扣，确实是交通运输业试点纳税人税负增加的一个重要因素，目前国内进行营改增试点的各个地区，已经多次向财政部、国家税务总局反映要求将过桥过路费纳入抵扣范围。我们也会继续向上级部门反映。据了解，有关部门正在考虑优化完善营业税改征增值税试点制度安排的问题，包括拓宽进项税额抵扣面等。至于工资等支出，从各国实行的增值税制度看，无论是哪种类型，这项支出一般都不属于计算法定增值额的减除或抵扣范围。

操作指南

冠名发票可使用至2013年6月30日

问：试点开始后，很多企业原有的发票在转换衔接上，还存在一定难度，对此是否将宽限原有发票的使用？

朱江涛（省国税局总会计师）："营改增"后，广东试点纳税人领购开具的发票种类将发生较大变化，对此省国税局与省地税局已经确定了试点纳税人各类发票的衔接方案，将对原使用地税机关监制的冠名发票的试点纳税人，实行冠名发票过渡期管理，过渡期将延至2013年6月30日止。也就是说，例如出租车打印发票等，从2012年11月起，到2013年6月30日止，还可以继续使用。对试点纳税人来说，这既方便又节约了用票成本。

除增值税发票外　另有4种单独发票可抵扣。

问：一般纳税人除了增值税专用发票外，还有哪些发票是可以用来抵扣的？

曾志权：增值税抵扣凭证包括增值税专用发票在内共有5类增值税扣税凭证可以抵扣进项税额，一是增值税专用发票（包括增值税专用发票、货物运输业增值税专用发票、机动车销售统一发票），按照发票上注明的增值税额抵扣进项税额；

二是海关进口增值税专用缴款书，按照发票上注明的增值税额抵扣进项税额；

三是农产品收购发票、农产品销售发票，按照发票上注明的农产品买价和13%的扣除率计算进项税额；

四是运输费用结算单据，取得非试点地区纳税人开具的运输费用结算单据，按照结算单据上注明的运输费用金额和7%的扣除率计算进项税额；

五是通用税收缴款书，按照通用缴款书上注明的增值税额抵扣进项税额。

（记者：郑焕坚，实习生：吴佳，通讯员：岳才轩，2012年10月30日《南方都市报》）

革新财政理念　纠正财政"越位"、"缺位"、"错位"

十八大代表、广东省财政厅厅长曾志权细说"数字经"

采访省财政厅厅长曾志权，最难记住的就是那些枯燥的数字。不过，在厅长那里，这些数字却烂熟于心，信手拈来。

曾志权，在财政系统工作多年，掌管广东"钱袋子"也已两年有余。这个平日与数字打交道最多的代表，严谨之余也儒雅有致，他不仅自己喜欢阅读，还推荐公众读书。他推荐的书《市场的逻辑》——信奉"如果一个人想得到幸福，必须首先是别人幸福"。

凡事预则立，不预则废。曾志权说，财政工作同样如此。

他说，除贯彻"生财有道、聚财有方、理财有规、用财有效"和集中力量办大事的理财理念，财政工作还必须贯彻"预则立"的工作准则，坚持"主动埋单"。在他看来，只有准确把握经济社会发展形势趋势，未雨绸缪，在正确判断自身财力的基础上，主动埋单，着力解决公共财政"缺位"问题，真正把转变经济发展方式的要求前瞻性体现到财力的分配和使用中，才能牢牢掌握工作主动权。

十八大会议间隙，新快报特派北京记者采访了这位新晋代表、资深的财政厅厅长，让我们一起听听他的数字经，他的十八大感想，以及他对广东的憧憬。

曾志权，汉族，1963年1月出生，广东五华人，研究生学历，高级会计师。2003年5月，任广东省财政厅党组成员、副厅长。2004年9月，兼任厅直属机关党委书记。2007年2月，任广东省财政厅党组副书记、副厅长兼厅直属机关党委书记。2010年7月，任广东省财政厅党组书记，厅长。

广东财政总收入

2007年7 751亿元

2011年13 667亿元

增长15.23%

民生投入占全省公共财政预算支出

2008年52.65%

2011年63.03%

地方公共财政预算收入

2007年2 786亿元

2011年5 515亿元

增长18.62%

今年以来，支持战略性新兴产业发展220亿元

今年以来，支持提高自主创新能力等300亿元

2008 年至今，扶持粤东西北地区建设产业转移园区和实施劳动力免费技能培训等 450 亿元

厅长说数

协调发展：支持实施“双转移”战略，2008 年至今省财政共集中投入 450 亿元资金，用于扶持粤东西北地区建设产业转移园区和实施劳动力免费技能培训等，取得了积极成效。全省区域发展差异系数从 2007 年的 0.721 缩小到 2011 年的 0.633。

深化改革：近年来，广东财政系统推进了财政体制、财政分配、财政管理、创新机制及其他方面五个方面 40 多项改革工作，其中，结合广东实际在全国率先探索开展的创新性改革有 20 多项。

（记者：尹辉 郭晓燕 李国辉，2012 年 11 月 11 日《新快报》）

财税改革促公共服务均等化

——专访广东省财政厅厅长曾志权

在十八大报告中，“改革”是最重要的关键词之一，报告讲到深化经济体制改革时强调，要“加快改革财税体制，健全中央和地方财力与事权相匹配的体制，完善促进基本公共服务均等化和主体功能区建设的公共财政体系，构建地方税体系，形成有利于结构优化、社会公平的税收制度”。

作为经济强省的广东，很多经济举措一直成为中国各项改革试点的排头兵。在十八大代表、广东省财政厅厅长曾志权看来，十八大报告也为广东的经济发展注入了一支强心剂。

省管县财改试点顺利

时代周报：通过学习十八大报告，你对财税改革有哪些体会？

曾志权：报告对当前和未来一个时期加快财税改革提出了迫切要求。近年来，广东省财政解放思想、深化改革，在体制调整、机制转变、制度创新等方面加大力度，加快步伐。系统推进了财政体制、财政分配、财政管理等方面 40 多项改革。

时代周报：广东省从 2010 年就开始进行省直管县财政改革试点，进展如何？

曾志权：2009 年，根据财政部要求并结合广东省实际情况，制订了实施省直管县财政改革试点方案，并从 2010 年 10 月 1 日起在南雄市、紫金县、兴宁市、封开县、顺德区开展改革试点。2012 年，广东省进一步扩大试点范围，从 2012 年 7 月 1 日起，新增 10 个县（市）开展第二批试点。至此，广东省纳入省直管县财政改革的试点县（市）达到 15 个。

目前，改革试点各项工作顺利推进，已实现财政收支划分、转移支付、资金往来、预决算、年终结算等五个方面直接到试点县（市）。

时代周报：推进基本公共服务均等化，将是广东财政的重要着力点。如何推动？

曾志权：推进基本公共服务均等化，是一个系统庞大的民心工程，也是一个渐进的过程。为贯彻落实党中央推进基本公共服务均等化的战略决策，广东省率先编制实施了《广东省基本公共服务均等化规划纲要（2009－2020 年）》，并不断加大对基本公共服务领域的投入。目前，《规划纲要》所确定的阶段目标基本实现，绩效考评结果显示，2010 年广东省均等化系数达到 0.9 624，财政支出目标任务完成率达 98.27%，八类基本公共服务目标任务完成率达 96.34%，公众满意度接近 80%。

广东将结合国家基本公共服务体系“十二五”规划要求和广东实际，继续加大投入力度，完善体制机制，扎实推进基本公共服务均等化，确保人民群众共享公共财政阳光，预计到 2020 年，全省各级财政投入到基本公共服务领域的资金将超过 2.5 万亿元。

“营改增”减税 150 亿

时代周报：“营改增”是否会减少财政收入？

曾志权：国家明确规定，营业税改征增值税试点的原则是试点行业总体税负不增加或略有下降，基本消除重复征税。作为一项结构性减税的政策，对企业而言，总体是减少税负的。对地方财政而言，会有一定程度的财政减收。按照目前测算，广东营改增将带来的财税减收约为 150 亿元，但是其相对于广东庞大的财税收入而言，其减收并不明显，尚在可承受范围之内。但实施“营改增”能有效引导企业转变发展模式和经营方式，对于促进三次产业融合发展和服务业出口，都有积极的意义。

时代周报：广东试行营改增，是否意味着分税制将启动改革，并向统一税制转变？

曾志权：国家明确规定，试点期间收入归属不变，原归属试点地区的营业税，改征增值税后仍属于试点地区，

而且改征增值税收入不计入中央对试点地区增值税和消费税税收返还基数。

广东省也相应明确，试点前属于省级固定收入的营业税，改征增值税后继续作为省级固定收入；属于省级与市县共享的营业税，改征增值税后继续由省与市县按照“五五”比例分享。但这些规定都是试点期间过渡性政策安排，我认为，随着税制改革逐步到位，国家将会对这项过渡性政策安排作出相应的调整。

突击花钱是追加预算行为

时代周报：如何控制政府财政预算的收支平衡？

曾志权：严格财政支出管理，确保预算收支平衡。今年广东省财政制定印发了《关于厉行节约若干规定的通知》，实行最严格的支出控制措施，包括从7月1日起对省直行政事业单位公用经费按全年额5%压支、全年公务用车运行维护费用在近3年平均数基础上降幅不低于10%、会议经费在会议费综合定额的基础上下降10%等。同时，规范预算执行，提高预算执行刚性，年度中除中央和各级党委、政府确定的重大支出项目以及民生项目支出等重点支出外，原则上都不追加支出预算。

时代周报：又快到年底了，突击花钱又将成为大家关注的焦点。你认为突击花钱产生的根源是什么？

曾志权：我认为突击花钱实际上是关于预算执行均衡性的问题。从历年预算执行情况看，财政支出进度呈“前低后高”走势，第四季度支出规模要稍大一些，但这并不是所谓的“突击花钱”，而是预算执行不均衡的问题。所谓突击花钱，主要是指年初没有预算，年终追加预算的行为。

（作者：刘丽琦，2012年11月15日《时代周报》）

第十二部分

附　录

广东省财政学会

2012年，省财政学会积极发挥职能作用，从财政科研和宣传工作入手，紧紧围绕“加快转型升级、建设幸福广东”这个核心，为省委、省政府领导决策做好参谋，为财政中心工作提供理论指导。2012年省财政学会的工作主要体现在两大方面：一是不断创新财政科研课题研究，为广东省财政工作提供决策参谋；二是紧跟时代发展步伐，发挥财政理论宣传的引导和对外窗口作用。

一、扎实工作、协同推进，财政科研工作取得丰硕成果

（一）深入开展绩效管理研究，丰富完善绩效管理理论

1. 深化财政绩效管理理论研究，完善财政绩效管理理论体系。在以往理论研究积累的基础上，对财政绩效管理的理论继续深入，2012年完成了十几篇关于财政绩效管理的理论文章，从财政绩效管理的原理、方法、利害关系、具体的制度流程设计、风险防范等方面进行持续的探索，并且把理论化为理念，用来指导财政绩效管理实践活动，整个理论成果收集在《财政分配方式革命》一书，成为省财政科学研究所绩效理论研究和探索的第4本专著。

2. 继续开展绩效哲学的基础理论研究。从哲学的认识论和方法论两侧角度来研究探讨绩效，主要探讨绩效本身的根本问题，使绩效所展示出的“用”的价值，为哲学认识论的“体”找到了哲学判断的“用”，找到了认识世界之后与人类自身利益相关性问题找到了答案和解决问题的办法，使绩效哲学成为大用和小用的统一，成为社会化和组织化的优化的判断标准。

3. 进一步深入绩效管理理论研究与实践工作的结合，推动中国特色广东模式的绩效管理体系的发展。2012年，财政绩效管理的实践应用进一步拓展。与省财政科学研究所开展财政绩效管理实践合作的中山、珠海等地市，开展2011年度财政支出绩效评价和2013年财政绩效预算工作，并完成各地的绩效管理总报告。在2012年6月成功举办了全省财政绩效管理培训班，向全省财政绩效管理工作者宣传、传授了最新研究与实践成果。通过跟省财政科学研究所已经开展合作的各地财政绩效管理实践雄辩的证明，在中山、珠海等地已开展的财政绩效预算共评审了623个财政专项，涉及金额63.4亿元，专家建议安排43.5亿元，核减19.9亿元，核减率为31.4%。财政绩效管理深刻地改变了财政分配理念、预算分配方式和部门单位的工作思路、工作理念，极大地提高了部门单位的执行力，对于财政部门破解财政分配困局，提高政府管理水平，推动社会和谐和丰富我国民主方式等从实践上做出了生动的榜样和很好的注解。

（二）积极组织开展财政课题管理工作，提升全省课题研究水平

省财政学会组织全省财政部门就2012年财政经济工作中的热点、重点和难点问题展开研究，严把课题研究的选题和考评关，引导财政干部职工将理论与实践相结合，以研究引导改革，用理论指导实践。对课题的立项、申报、实施进行跟踪管理。同时，对2011年的课题进行课题评审和课题出版发行等工作，向全国科研同行展示广东省财政科研的成果和研究实力，扩大广东财政科研在全国的影响力。在中国财政学会2012年年会暨第十九次全国财政理论研讨会上，省财政学会的《以竞争性方式实现财政资金的绩效管理》获得二等奖。

（三）理论联系实际深入开展应用性课题研究

1. 受省政府发展研究中心委托开展收支监管课题研究。此课题是徐少华常务副省长批示开展的研究课题，也是2012年广东省政府重大决策咨询课题。曾志权厅长高度重视，要求落实好徐少华常务副省长的指示精神。该课题的研究旨在从源头清理收费项目，加强收费源头监督。应改革征缴方式，变以往“单位开票、单位收费”为“单位开票、银行代收、实时入库”的征缴方式，实现票款分离。同时，进一步加大对行政事业单位非税收入的规范化、制度化管理力度，在对行政事业单位“摸清收入、摸清支出、摸清银行账户、摸清各项补贴”的基础上，结合各个地区的物价、生活指数等因素，按照同职同级同标准的原则，制定统一的津补贴标准，并由财政统一发放，严禁各单位私设账户、滞留资金或变相发放钱或物。

2. 落实省委、省政府部署开展行政管理体制改革课题研究。行政管理体制改革已经成为深化政府改革的重点和方向，广东已被国务院批准成为行政管理体制改革的试点省份。按照省财政学会领导的部署，积极开展行政开展行政管理体制改革的课题研究，开展一些初步课题研究，主要是《行政管理体制的破局：广东的实践》，取得初步的研究成果。

3. 承担市、县课题研究，充分发挥财政科研指导实践的作用。省财政学会坚持实践第一性的原则，大力开展理论研究工作的同时，利用自身理论联系实践的优

势，承接较多的课题研究。一是参与省财政厅课题《建立健全城乡低保标准与物价变动联动机制研究》，对城乡低保标准与物价变动的机制进入了深入分析，提出了建立健全城乡低保标准与物价变动联动机制的对策建议；二是承接珠海市的《新形势下珠海财政发展策略研究》课题，该课题是由省委常委、珠海市委书记李嘉亲自向珠海市财政局下达的任务，为提升研究质量，为珠海市财政改革发展问诊把脉，珠海市财政局主动委托省财政学会进入深入研究，对珠海市财政改革发展进行全方位的研究，提出多项前瞻性和创新性的政策建议，包括提出矩阵监督体系、丰富两个竞争的政府采购改革、推进财政绩效管理改革等；三是承接南海区的《构建南海区直行政事业单位财政监督平台 》和《财政支出项目绩效评估指标体系》研究工作，提出建立实时、立体的监督体系，完善政府投资项目的决策程序，打破部门意见主导政府决策的局面，落实部门花钱责任的新的政府投资项目的管理体制和协调机制。

（四）积极参与财政部科研所组织的全国协作课题

省财政学会不断加强横向课题协作研究。在2012年厦门举行的中国财政学会2012年年会暨第十九次全国财政理论研讨会上，由省财政学会参与的2011年度课题《实施财政绩效管理破解财政资金分配困局研究》获得了该年度一等奖。此外，组织研究2012年全国财政协作课题《地方教育投入效果与绩效管理制度研究》的研究工作，省财政学会提出社会上对绩效管理存在误区，往往把指标定位于监测，而不是管理的；而财政绩效管理表面上是对资金管理，其实是对人的管理。财政绩效管理是手段，是破除行政管理体制改革的。财政绩效管理是目的还是手段，是此岸与彼岸的关系，把它当成目的是彼岸思想，而我们是把它当成此岸，不是目标把握，而是以事实为基础，强调预则立，谁用钱，谁预立，要指标也是部门设定的，要部门单位承担的责任。绩效管理是制度化，不是方法层面，应该是从思想、理论、制度、机制到方法。绩效管理是一个累进过程，没有最优的绩效。绩效考评，绩效管理是一个管理问题，以绩效管理为手段，重在落实部门责任，让部门承担应有的责任。教育部门的责任，主要是对教育部门管理责任和分管资金的责任，投入管理也主要是教育部门的专项资金。

（五）积极开展财政学理论的研究和教材编写工作

广东省财政学会组织暨南大学、广东外语外贸大学、广东商学院、中共广东省委党校等多家高等院校以及财政科研所在内的财政研究机构共同组成编写小组，通过集体协作和攻关，形成一本具有广东特色、能够充分反映广东公共财政理论研究和财政改革发展实践成果的财政学教材。

二、发挥财政宣传工作的理论导向和对外窗口作用，组织一系列财政重点和热点话题的深度报道和解读

（一）围绕财政工作重点，《广东财政理论与实务》进行系列策划和深度解读

围绕省委、省政府对财政改革发展的重点工作要求，省财政学会对改革进行总结分析和新视角的深入探讨。如省财政学会先后围绕广东省开展的基本公共服务均等化改革、以改善民生为重点的社会建设、“三个坚持、四个转型、三个转变”的财政管理体制改革、社区服务建设、“双转移”战略等主题分别做专题宣传。围绕这些主题，省财政学会邀请全省知名专家教授进行深度解读和总结分析，既总结广东省在这些改革工作中的成效和经验，也进一步分析在各项改革中存在的社会问题。

（二）围绕经济社会的发展热点，做好前期的理论探讨和思想引导

省财政学会先后围绕零基预算和绩效预算的融合、打造财政精神、用数据说话等专题进行探讨，邀请各方面专家进行座谈，通过座谈方式引起思想碰撞，形成更加科学、合理、可行的理论共识，为领导后期的决策提供思路。

（三）加大地方宣传，提高地方财政工作经验交流

2012年，省财政学会用两期专题宣传顺德区在社会综合改革中的“三大改革”的先进做法，并邀请相关专家围绕顺德的“三大改革”进行深入研究。此外，还专门深入调研广州市社区服务建设情况，并专题宣传广州市北京街家庭社区综合服务中心，通过深入社区的宣传，为其他地市更好地推进地方社区建设。

（四）创新杂志宣传模式，提高杂志的新引力

2012年，增加广东历任财政厅长的简介，让全省财政干部了解广东省财政厅的历任财政厅长的历史和功绩。其次，省财政学会对市、县信息的刊登模式进行调整，将各市、县的财政信息用最简短的文字表述，从而既可以了解该市、县的工作情况，又可以刊登更多的市、县的信息。

（五）继续组织好“广东财政大讲堂”，丰富财政干部的理论知识

2012年，省财政学会与省财政厅人事教育处联合举办的“广东财政大讲堂”采取不定期举办形式，共举办5场报告会。报告会的内容也做了调整，即有扩充财政干部的财政理论知识的讲座，也有加强财政干部的身体健康和家庭生活方面的讲座，包括：《幸福、和谐家庭与道德调谐》、《能力建设与文化道德素养》、《不治已病治未病——干预

亚健康》、《用数据说话》、《解读大数据》。

(六)继续组织全省开展财政征文大赛活动,提高地方理论研究水平

2012 年 3 月，邀请广东省财经类专家对“中山杯”征文大赛进入终审的文章进行最终评审，并将“中山杯”财政征文大赛的优秀作品汇集出书。同时，与汕尾市财政局联合举办了“汕尾杯”财政征文大赛。

(省财政学会供稿，朱朝明执笔)

广东省会计学会

2012年广东省会计学紧围绕财政会计中心工作，服务改革大局，科学谋划、狠抓落实，各项工作顺利开展，取得了较好的成绩。

一、发挥优势，主动承接政府转移职能

为建设法治化国际化营商环境、完善社会主义市场经济体制、加快服务型政府建设，大力推进行政职能及审批制度改革，《广东省人民政府2012年行政审批制度改革事项目录（第一批）》于2012年7月11日公布，要求自公布之日起实施。目录中涉及“会计师事务所执业证书核发”职能转移。

省会计学会是经广东省民政厅审批的社会团体，组织机构健全，同时是省内最具有影响力的会计类社团组织，符合省民政厅规定具备承接政府职能转移和购买服务的资质条件。为积极配合行政审批制度改革工作，发挥组织和专业优势，省会计学会严格按照省财政厅的要求提交材料，申请承接广东省“会计师事务所执业证书核发”职能。通过省财政厅资质审核并公示后，省财政厅以粤财公告2012年第28号对社会公布：省会计学会于2012年12月1日起正式承接广东省“会计师事务所执业证书核发”职能，有效期为两年。

二、强化职能，大力推进会计理论研究

2012年，为宣传贯彻会计法规制度，研究总结会计改革工作经验，发挥会计在维护经济秩序中的作用，省会计学会继续积极履行职能。

（一）开展年度会计课题评审活动

省会计学会着眼于经济建设和改革开放大局，致力于为全省经济社会发展服务，为加强基层组织建设提高工作效率服务，大力推进会计理论研究。2011年，省财政厅会计处和省会计学会组织开展广东省2011年度会计科研课题活动。此次活动收到申报的重点会计课题8项，会计课题164项。经课题专家评审委员会确定，获准立项的重点会计课题3项，会计课题129项。截至结题时间，按时结题的重点会计课题有3项，会计课题有107项。由课题专家评审委员会通过分组初评、会议集中评审、小组评分等环节对按时结题的会计科研课题进行认真评审，评定《广东省企业会计信息化建设调研》等重点会计课题优1项、良1项、合格1项；《中国企业内部控制及其对绩效影响的实证研究——以深市制造业上市公司为例》等会计课题一等奖2项、二等奖4项、三等奖11项、优秀奖13项。此次课题活动紧紧围绕针对当前会计改革过程出现的热点、难点问题，配合《国家会计行业中长期人才发展规划》、《企业会计信息化问题研究》和《总会计师条例》的修订等工作，深入开展调查研究，提出解决问题的办法和建议。

（二）努力办好会刊《广东财会》

2012年，《广东财会》的“广东新貌”栏目先后刊登了中山、河源、汕头、佛山、韶关、珠海等市选送的精美图片，并围绕地区的经济发展情况、财政会计管理及会计学会工作等内容配写文字说明，做到图文并茂。此外，编辑部围绕当前会计界热点、难点问题采用各种各样的方式进行组稿、约稿。着重在会计制度改革，完善企业会计准则、制度体系，加强注册会计师行业管理，注重会计职业道德教育，探讨内部会计控制制度等方面刊登具有较强学术性和指导意义的文章。截至2012年12月，《广东财会》杂志期刊共出版198期，发行数量达20多万册。

三、持续实干，推动会计事业发展

（一）积极推荐论文，参加学术交流

积极配合中国会计学会年度优秀论文评选活动，根据相关要求省会计学会认真组织广东省的论文推荐工作，期间收到各单位推荐的众多论文，从中择优挑选22篇理论研究文章参加评选活动。

（二）参加全国会计学会会长、秘书长工作会议

2012年8月5日，全国省（区、市）会计学会会长、秘书长工作会议在呼和浩特市召开，来自全国37个省（区、市）会计学会的会长、秘书长80多人参加了会议。会议总结了学会工作经验，围绕新形势下如何做好会计学会工作进行了工作交流。

（三）做好会计学会学术征文工作

2012年10月13日南方片区第27次学术暨工作交流会在重庆召开，省会计学会认真做好南方片区（21省市）会计学会第27次学术研讨会的征文报送工作，学会选定省内高校，发动院校围绕研讨会主题撰写征文。经审定，有5篇征文被选送参加研讨会学术交流。

四、服务会员，扩大学会影响力

（一）举办联合论坛

2012年7月21日，由暨南大学管理学院、中国会计报和省会计学会主办，广东省财政厅、广东省国资委、广东省证监局、广东省注册会计师协会、财政部会计领军人才广东同学会，以及北京普信管理咨询有限公司协办的第六届华南财务管理创新暨“内控中国行·广东站”联合论坛在广州暨南大学管理学院举办。来自21家广东省属国有企业、广东地区69家上市公司、25家会计师事务所和省会计学会高级会员、财政部会计领军班广东同学会成员近400人参加会议。省财政厅郑贤操副厅长、省国资委张晓牧副主任、省证监局程才良副局长、暨南大学宋献中副校长致辞。此次联合论坛从内控政策动态、理论前沿、内控信息化、金融企业和非金融企业内控建设、内控自我评价、内控审计等多个方面对内部控制规范体系的贯彻落实和体系建设情况等热点问题进行了交流和探讨。

（二）进一步丰富会计学会网站建设

省会计学会继续完善网站宣传功能，简化工作流程，丰富网站内容，充分利用信息化平台，增加广大会计人员和社会公众对省会计学会和学会所开展的活动的了解，达到更便捷为学会会员服务的目的。一是细化板块分类，使学会会员、各地会计人员和社会公众便捷地浏览到最新的会计法律法规和学会工作动态、会议、培训、理论研讨、会员动态等信息。二是完善查找功能，使浏览网页的用户更方便查找到所需信息及服务，同时完善部分板块功能。

（三）举办高级会计人员培训班

为增强广东省会计人员的业务能力和管理水平，提高会计队伍整体素质，省会计学会于2012年8月20－24日在上海国家会计学院举办2012年度广东省中高级会计人员培训班。来自省内各地区、各行业、各领域的会计人员及学会个人会员共66人参加此次培训班。省会计学会从课程到师资都进行了精心策划和周密安排，聘请相关领域的专家学者担任授课工作，培训内容主要为内部控制讲解及经典案例分析、小企业会计准则精讲等知识。

（四）认真组织2013年财会报刊征订发行工作

受中国财政杂志社、中国财政经济出版社和中国财经报社的委托，省会计学会继续协助组织部分财会期刊的征订工作，包括《会计研究》、《财务与会计》、《中国会计年鉴》、《新理财》、《中国会计报》。2012年8月30日，省会计学会召开了全省财会期刊征订工作会议。省财政厅会计处有关处领导及人员、各地市财会期刊征订工作负责人及具体经办人员近60人参加了会议。

五、围绕大局，树立为财政会计管理工作服务的理念

2012年，省会计学会注重增强全局观念和服务意识，转变工作作风，加强与财政会计管理部门的联系，主动支持、配合做好各项服务工作。为推进广东省卫生系统会计人才队伍建设，增进与省卫生财会专业委员会的交流与了解，省会计学会召开了座谈会，会议围绕卫生财会专业委员会和会计专业人员在卫生医疗系统发挥的作用、广东省卫生系统会计人员对全国会计领军（后备）人才培养的看法和建议等问题进行了座谈。

六、凝聚力量，组织专家评审会计文化建设征文

为深入推进中国特色社会主义会计文化建设，省会计学会响应财政部会计司、财政部会计资格评价中心、中华会计函授学校、中国注册会计师协会，北京、上海、厦门三所国家会计学院联合《中国会计报》共同主办中国会计文化建设征文活动。省会计学会按照省财政厅征文活动的组织实施方案，积极发动组织广东省会计领域人士以及关心支持会计工作的各界人士参加会计文化建设征文活动，并邀请中山大学管理学院、广东外语外贸大学财经学院和广州大学商学院等院校专家教授作为评审专家，对162篇征文进行评分，评出一等奖5名、二等奖15名、三等奖25名。

（省会计学会供稿，陈伟明执笔）

广东省会计学会第八届理事会名单

（经第八届理事会表决通过）

2013 年 1 月 23 日

名誉会长：刘　昆　郑贤操　李朝明　曾炳生　蒋月明　熊展瑜

顾　　问：（以姓氏笔画为序）马黎光（女）　王　华　刘　峰　宋献中　谭劲松　魏明海

会　　长：韩晓进

副 会 长：纪　武　卢小娟（女）　李柏生　邹清莲（女）　蔡文雅（女）　胡玉明　卫建国　陈胜文　谭曼青（女）　温焕强

秘 书 长：李柏生（兼）

副秘书长：舒海波　许义生　张端明　胡志勇　许健昶　陈伟明（女）

常务理事：（以姓氏笔画为序）

卫建国	卢小娟（女）	许义生	许健昶	纪　武	邹清莲（女）
陈胜文	陈德萍	陈红雄	陈伟明（女）	张新达	张端明
李柏生	胡玉明	胡志勇	龚凯颂	韩晓进	彭晓雷
舒海波	温焕强	熊　剑	蔡文雅（女）	谭曼青（女）	

理　　事：（以姓氏笔画为序）

丁丹霞（女）	乡瑞标	于明霞（女）	卫建国	尹学毛	方锦屏（女）
王　朋	王　喆（女）	王玉蓉（女）	王克明（女）	王科文	王康丰
车嘉丽（女）	卢小娟（女）	兰艳泽（女）	叶伟龙	司徒伟民	石本仁
邝　慧（女）	龙文标	刘业广	向　凯	吕兆海	孙　菲（女）
庄少武	朱文业	纪　武	许义生	许健昶	阮　静（女）
何日胜	何宝颜（女）	张卫英（女）	张仿松	张伟萍（女）	张晓岚（女）
张晓峰	张新达	张端明	李柏生	李　洛	李　莎（女）
李可培	李楚雄	杨少良	杨连高	杨淑仪（女）	肖　学
肖少康	苏武俊	辛雪英（女）	邹清莲（女）	陈　彤（女）	陈　杰（女）
陈玉敏	陈伟明（女）	陈红雄	陈胜文	陈海声（女）	陈焕桂
陈惠芳（女）	陈德萍	周修群	林丹丹（女）	罗良品	罗其安
罗绍德	郑优敏	郑国钊	郑健雄	胡玉明	胡志勇
胡逢才	徐迎建	徐莉萍（女）	袁　明（女）	顾中国	康颖朝（女）
曹建新	梁　光	梁炎浓	黄　山	黄　莉（女）	黄悦谦
黄辉锋	龚凯颂	彭晓雷	景彦勤（女）	温旭彪	温焕强
程　新	舒海波	谢　亮	谢少群	韩晓进	鲁盛潭
赖晓敏	雷绍铭	熊　剑	蔡　祥	蔡文雅（女）	谭志洪
谭沛康	谭曼青（女）	潘勇生	黎旭东		

广东省预算会计研究会

2012年，省预算会计研究会大力加强社团自身建设，积极组织开展课题研究工作和各项活动，顺利完成了全年工作任务，在课题组织方面取得了新的进展。

一、课题研究

（一）创新课题管理方式，顺利完成6项课题

2012年，省预算会计研究会按照《广东省预算会计研究会课题实施办法》（以下简称《办法》），采用计划课题、委托课题、特约课题3种不同的方式完成6项计划课题：《会计计量焦点与会计核算对象的区别与联系》、《公共基础设施建设在政府综合财务报告中如何列报》、《加强省级财政国库机构和职能建设在构建大执行财政运行格局中的作用初探》、《广东省公务卡制度改革实践研究》、《高校财务会计和预算会计结合的模式选择及路径分析》、《定员定额标准的量化问题研究》。

（二）规范课题管理工作，制订《广东省预算会计研究会调研课题实施细则》

为进一步加强省预算会计研究会课题管理，推进和规范课题管理工作科学化和制度化，2011年8月，根据《办法》，省预算会计研究会制订《广东省预算会计研究会调研课题实施细则》（以下简称“《细则》”）。该《细则》将《办法》的计划课题、委托课题、特约课题3种形式统分为计划立项课题和自选立项课题，对调研课题的立项、下达和报备、课题跟踪、结题评审、成果宣传和奖励等方面作出规定。2012年12月，省预算会计研究会根据《细则》首次组织相关专家对2012年计划开展的6项课题进行评审和验收，其中有5项通过评审并已结题。

二、加强制度和机构建设

（一）制定《广东省预算会计研究会理事聘任暂行办法》

省预算会计研究会根据《广东省预算会计研究会章程》和广东省财政厅《关于加强机关工作人员在社团组织兼职管理有关规定》，制定《广东省预算会计研究会理事聘任暂行办法》（以下简称《暂行办法》）。《暂行办法》进一步规范理事的退出、替补、新增和续聘程序。根据《暂行办法》有关规定，省预算会计研究会办理4位理事的解聘手续，3位理事的替补手续。此外，省预算会计研究会还发展团体会员。

（二）新增2名工作人员

2011年经省财政厅批准，省预算会计研究会向社会公开招聘2名合同制工作人员。2012年年初完成招聘程序，正式聘用2名工作人员，增强省预算会计研究会的工作力量。

（三）召开广东省预算会计研究会2012年理事工作会议

2012年4月6日，省预算会计研究会召开2012年理事工作会议。省预算会计研究会第三届全体理事以及特邀代表共70人参加会议。会议还审议通过《广东省预算会计研究会理事聘任暂行办法》和副会长变更人选。

三、开展宣传提炼“财政精神”活动

为广泛宣传财政部在全国财政系统开展“财政精神”提炼活动，省预算会计研究会积极参与中国预算与会计研究会“财政精神”宣传活动，并组织发动各理事结合财政工作实际和切身体会踊跃投稿。省预算会计研究会从投稿中挑选了6篇优秀文章，并向中国预算与会计研究会推荐。同时，省预算会计研究会向省财政厅党委办报送了1篇“财政精神”提炼活动宣传文章。

四、编印《广东省预算会计研究会工作动态》

2012年，省预算会计研究会编印《广东省预算会计研究会工作动态》共7期。一是通报广东省预算会计研究会2011年工作情况及2012年工作计划。二是传达全国预算与会计研究会召开部分地区工作座谈会的指导意见和省预算会计研究会召开2012年理事工作会议简讯。三是宣传2012年《预算管理与会计》宣传重点和全国预算与会计研究会重点研究课题。四是介绍省财政厅赴河北开展财政管理体系调研工作的情况。五是《预算管理与会计》杂志征文启事。六是“财政精神”提炼活动专题文稿。七是报道中山市、广州市财政局机构改革、创新的工作情况。

五、向《预算管理与会计》月刊推荐稿件

2012年，省预算会计研究会向《预算管理与会计》月

刊推荐稿件9篇，其中刊登的稿件有5篇：《会计计量焦点与会计核算对象的联系与区别》、《广东省财政预算绩效管理的实践与分析》、《广东省预算会计研究会召开2012年理事工作会议》、《公共基础设施在政府综合财务报告中如何列报》、《海纳百川 智慧诚信 精打细算 厚积薄发》。

（省预算会计研究会供稿，胡家爽执笔）

广东省农村财政研究会

2012 年，广东省农村财政研究会（以下简称“省农研会”）促进“三农”工作为目标，进一步解放思想，锐意进取、开拓创新、扎实工作，认真落实强农、惠农、富农政策，不断促进农业体制机制创新，以扎实的工作作风，推动各项财政支农工作取得新进展。

一、重点抓好课题研究，发挥“三农”财政参谋作用

（一）紧扣“三农”工作热点、难点问题，确定课题研究方向

围绕“加快转型升级、建设幸福广东”这一核心任务，结合 2012 年度中央和省委、省政府有关“三农”工作的战略部署以及中央一号文件精神，省农研会以《关于征集 2012 年度农村财政调研课题及选题立项的通知》向各理事、常务理事、科研院校等征集 2012 年度调研课题。按照择优立项的原则，综合考虑申报单位的研究力量、以往课题研究完成情况、课题研究的预期目标及研究价值等情况，研究确定《支持海洋强省建设的财政政策研究》、《财政支持农业科技创新提升农业综合开发能力政策研究》等 20 个课题，并批复到各课题组开展调研。

（二）严把验收关，确保 2011 年度课题研究的质量

根据《广东省农村财政研究会课题管理办法》的有关规定，制订 2011 年度课题验收方案，从省财政厅专家库中随机抽取 7 名专家组成课题验收评审小组。按照省农研会课题研究报告验收、评比标准，本着“公平、公正、公开”的原则，对 2011 年开展研究的 16 个课题及 1 个 2010 年度课题进行验收评比。经评审专家组成员独立评审打分，17 个调研课题全部验收合格，并评出一等奖 1 篇，二等奖 2 篇，三等奖 4 篇。

（三）加大课题调研成果的宣传力度，为政府有关部门和领导提供决策参考

一是将课题研究报告的主要观点编印成 24 期《农研动态》供有关部门和领导决策参考。二是将每期《农研动态》都刊登在省财政厅门户网站的“农研动态”栏目。三是积极向中国农村财政研究会主办的《农村财政与财务》杂志社投稿，进一步拓宽省农研会课题调研成果的宣传途径。四是由课题组直接将课题研究报告呈送有关领导参阅。五是编辑出版《广东省农村财政研究会调研课题论文集》，共印发 2 000 册，供市县财政部门和省直有关单位研究参考。

二、认真抓好学习培训，努力提升农财研究水平

为全面提升基层财经干部思想政治素质和理财技能，推进学习型社会深入发展，2012 年中国农研会先后举办 5 期全国基层财经干部培训班。省农研会及时转发了中国农研会的办班通知，并多方发动，共组织了 110 多名市、县基层财经干部参加培训。

三、大力抓好自身管理，不断加强完善机构管理规程

2012 年，省农研会继续加强学会自身的管理与建设。一是充分发挥常务理事会的作用，通过常务理事会或简报及时向常务理事通报农研会的工作情况，对涉及人员、制度等方面的事项提交常务理事会议审议。二是为加强和规范省农研会印章管理，研究制定《广东省农村财政研究会印章管理办法》。三是秘书处新招聘 1 名专职工作人员，进一步充实秘书处力量，并对人员分工进行调整。四是聘请具有审计资质的会计师事务所对 2011 年度的财务进行审计，并出具公允真实的审计报告。五是严格按照规定做好农研会各类证件年审、各种数据报送以及人员计生和财务审计工作，并积极参加省财政厅举办的各类培训和活动。

（省农村财政研究会供稿，代丽娜执笔）

广东省珠算心算协会

2012年，广东省珠算心算协会（以下简称“省珠协”）积极扩大珠算珠心算教育在社会上的影响，大力营造以人为本的和谐鉴定服务氛围，促进珠算珠心算等级鉴定工作的网络信息化，完成了年初制定的工作任务。

一、大力推动海峡两岸文化交流

2012年5月18日，省珠协根据中国珠算心算协会的部署，积极组织各地级以上市珠算（心算）协会和省属有关大中专院校，参加由中国珠算心算协会与台湾地区商业会联合举办的第21届海峡两岸珠心算（广东赛区）通信赛。比赛得到各地级以上市财政部门、珠协部门和有关大中专院校的大力支持，全省的参赛人数达12 800人，并达到中珠协推广奖三等奖标准。

二、举办第十六届全省珠算技术比赛

2012年6月2日，省珠协组织各地级以上市珠协和省直各大中专院校，在广州举办广东省第十六届珠算技术比赛。参加大会的有省珠协九届理事会常务理事以及各地级以上市财政部门和珠协部门的领导、领队、教练等共156人。参加比赛的27支代表队的81名选手分别来自9个地级以上市和7个省属大中专院校。比赛分别进行加减算、乘算和除算三项全能个人比赛。

三、配合做好“第五届会计文化节暨全国百城万人同时打响算盘活动”有关工作

由畅捷通信息技术股份有限公司主办、中国珠算心算协会指导的“第五届会计文化节暨全国百城万人同时打响算盘”专项活动于2012年11月16日下午在全国各地统一举行，广东地区的广州、深圳、珠海、汕头、佛山、惠州、东莞、中山、江门、阳江、肇庆、潮州、云浮公13个地级以上市举办了这项活动，广州地区的活动在广州市商贸学校举办。省珠协大力配合，联系广东技术师范学院会计学院的师生配合“打算盘或珠算”表演。

四、做好各大中专院校等级鉴定服务工作

2012年，省珠协珠算珠心算鉴定员坚持以人为本，配合省属大中专院校和有关珠心算培训机构的课程安排，做好珠算珠心算等级鉴定工作。截至2012年12月31日，省珠协珠算鉴定人数为4 800人次，合格为3 500人次，办理珠算等级合格证书3 000本；珠心算鉴定人数为27人次，合格27人，办理珠算等级合格证书27本。

五、促进珠算等级鉴定工作的网络信息化建设

2012年下半年，为促进珠算等级鉴定工作的网络信息化，省珠协依托广东省会计管理服务平台，密切配合省财政厅会计处和兰贝斯信息科技有限公司，做好广东省会计管理信息系统的珠算等级考试子系统的开发工作。11月，珠算等级考试系统投入使用。该系统全面覆盖了珠算考试过程中的考试指南，报名申请、考生资料录入和上传、考试成绩记录、证书办理情况和查询等多方面的内容，用科学方法对珠算考试流程进行全方位的管理和监督。

六、进一步提升珠算珠心算文化的影响力

2012年，积极组织各地级以上市珠算协会征订中国珠算心算协会的会刊《珠算与珠心算》杂志151份；出版《广东珠算》4期；做好省珠算协会网站建设和维护工作。

七、深入开展珠算珠心算调研工作

2012年9月18日，省珠协一行4人分别赴省珠心算实验学校广州荔湾区芦荻西小学和番禺市桥北城小学，以及社会力量办学的番禺脑力小超人培训中心，与相关领导负责人、教师进行座谈，就教学特色、教学教材、教学成果、师资力量等内容展开一系列教学调研。

八、扶助广东省珠心算实验点扩大实验工作

省珠协根据中珠协常务理事会议有关精神，对广东省符合条件的部分珠心算实验点给予为期三年的适当扶助，包括免费提供教材、教具、练习资料等，并做好相关准备工作。

（省珠算心算协会供稿，肖健华执笔）

广东省会计函授职业技术学校

2012年，广东省会计函授职业技术学校（以下简称“省函校”）在省财政厅和中华会计函授学校（以下简称“总校”）的正确领导和指导下，扎实工作，完成了各项工作任务。

一、全面推进农村财会人员财政支农政策培训相关工作

（一）积极开展师资培训和教学研讨工作

1. 组织师资研定培训内容。充分调动财政支农政策培训省师资库（以下简称“师资库”）的力量，紧紧围绕以宣传、贯彻和落实财政支农政策，解决支农资金管理和使用中存在的突出问题为重点来开展教研工作。组织师资库的四个教研组经过四个月的艰苦努力确定财政支农政策、村会计业务、村干部、代理机构会计四个类别的培训内容，包括：一事一议筹资筹劳财政奖补等相关强农惠农政策、乡镇财政资金监管方法及程序、财政监督的法律保障体系及处理处罚；村集体经济组织“三资”清理登记、合同管理、土地补偿费管理；村集体资产所有权界定与产权登记、“三旧”资产改造管理；村集体经济组织资产清查及会计处理方法、村集体经济组织会计实务操作案例等。同时，为各地师资制作纸制版、电子版的培训讲义及配套课件，减轻基层授课老师自编讲义备课的工作量及难度，各地可根据财政“两基”建设需要和当地实际情况，选择适当的培训内容开展培训工作，有效地提高培训的针对性、实效性。

2. 举办师资培训班。为提高财政支农政策培训师资的综合素质和业务能力，适应新时期工作的需要，于2012年5月23日至6月30日，分别在韶关市、茂名市、东莞市、梅州市举办了4期师资培训班。来自全省19个地级以上市及所辖县（市、区）的财政支农政策培训骨干师资及管理人员共391人参加培训。培训班按照分类培训的需要，分别设置财政支农政策、村干部业务培训、代理会计业务培训、村会计（村报账员）业务培训4个方面的课程，由省财政支农政策培训师资库政策教研组、村会计教研组、村干部教研组、代理会计教研组的老师主讲。

（二）精心制作总校培训课题课件的有关研究工作

完成由广东省培训工作领导小组牵头、与湖南省会计函授学校共同承担的培训课题——《村集体经济组织会计》课件的制作工作，该课件包含872张幻灯片及28 133字的教学方案，由于课件讲练结合，形象生动、表现力强、制作精细，在2012年9月总校的课题评审会上，得到专家评委、总校领导的高度评价。

（三）完成总校教材建设的编写任务

总校教材建设中的《村集体经济组织报账员实务》教材（送审稿）（约10.3万字）已报送中华会计函授学校（以下简称“总校”）评审，根据教材审稿组的意见进行修改中。

（四）参与全国财政支农政策培训课件征集活动

组织在全省范围征集财政支农政策培训课件的活动，推荐3个课件参加全国财政支农政策培训课件征集活动的评奖。在全国47个参选课件中，广东省的“村集体经济组织‘三资’、‘清理与产权登记’、“财政支农政策讲座”获得三等奖，“2012强农富农政策宣讲”获得优秀奖。

（五）充分发挥农村财会人员财政支农政策培训教研工作联系点的作用

省函校的4个辅导站、3个函授站被定为教研活动联系点，2012年先后在东莞、茂名、韶关、梅州等市辅导站，惠城区、新会区函授站等支农培训教研活动联系点开展调研、教材编写、课件制作等教研活动。

（六）修订考核评价办法

为推动全省农村财会人员财政支农政策培训工作深入开展，提高培训质量，保证培训效果，省会计函授学校（以下简称“省函校”）根据培训工作领导小组的安排，对《广东省农村财会人员财政支农政策培训工作考核评价办法》（以下简称“考评办法”）进行修订，考评办法在原有试行考评办法的基础上，强化组织领导及培训经费保障，提高对培训质量的要求，增加考评依据。

（七）承担培训日常管理工作

省函校作为农村财会人员财政支农政策培训工作领导小组办公室成员处室，2012年度完成对培训工作的日常指导、培训工作完成情况的数据收集、汇总、上报，考核评价、评优表彰，加强对管理系统软件试点工作的指导和督办力度，按时完成全省数据录入等工作。

2012年，农村财会人员财政支农政策培训参加人数为37 379人（完成全年培训计划的111%），其中村级会计人

员 10 405 人，村干部 10 776 人，代理机构会计人员 1 374 人，其他 14 824 人。

二、完成省属和中央驻穗单位人员会计从业资格考试考务工作

2012 年，完成会计从业资格考试考务工作 91 287 人。共完成会计从业资格考试考务工作 141 361 人次，其中会计专业知识考试 75 891 人次，初级会计电算化 65 470 人次。2012 年，完成中级会计电算化考试 1 689 人。

（一）利用信息技术，提升服务效能

为进一步提升服务大厅的工作效能，省函校于 2012 年上半年正式启动了“网上支付功能，考试资格后审”的报考模式，考生足不出户完成报名，考试及格的考生可直接到现场申请办理会计从业资格证，免去考前审核缴费、考后领取合格证书等环节。

（二）坚持以人为本，增加便民措施

省函校发挥会计服务大厅的窗口功能，经过与考点、软件公司等各方的配合，以及严密周全的一系列准备工作，在 2012 年下半年及时推出“考生可按需选择考试日期和地点”的惠民措施。

（三）深化考试改革，扩大试点范围

省函校与会计处密切配合，先后完成优化系统、印制教材、制作考试模拟光盘、修订考试规则等工作程序，顺利组织省直 50 078 名考生参加新题库的考试工作。

三、努力做好会计人员继续教育工作

2012 年度省函校共举办了省直单位会计人员继续教育培训班 11 期，共培训学员 1 061 人次。

四、协助会计处做好会计服务大厅的管理工作

2012 年度会计服务大厅共办理会计从业资格有关业务共计 33 985 件，其中申领资格证审批业务 21 820 件，注册 1 233 件，信息变更 975 件、档案调出 3 538 件，档案调入 817 件，继续教育补充登记 5 489 件，有效期延续 9 件，证书补发 104 件。受理高级会计师考试报名 564 人、受理高级会计师评审材料 295 份，回复网上读者来信 1 879 封，成功接听群众来电 207 050 次。

（省会计函授职业技术学校供稿，关坤翘执笔）

广东省财政职业技术学校

2012年，广东省财政职业技术学校（以下简称“学校”）全面落实省委、省政府《关于大力发展职业技术教育的决定》精神，以人为本，依法治校，统筹规划，开拓进取，各项工作取得明显成效。

一、形成机制，政治思想工作扎实开展

（一）坚持理论学习，提高教职工思想认识

学校党委重视思想政治理论的学习和指导，落实党员干部的学习机制。1月份，组织广大干部学习贯彻落实厅党组书记、厅长曾志权在学校调研工作座谈会的重要讲话精神。3月份，召开以“凝聚思想共识，合力攻坚克难”为主题的中心组学习会，深入学习和解读温家宝总理的政府工作报告、新华社评论员文章以及有关社论，学习贯彻省财政厅党组2012年2月27日关于研究学校发展的会议精神。9月份，学校党委书记、校长张新华同志以“加强思想道德建设，保持党的纯洁性”为题给全体教工上党课。11月份，先后召开党委中心组及各支部专题学习会，学习贯彻党的十八大精神，组织广大教工党员听取省直属机关工作委员会组织的“加快转变经济发展方式，推动科学发展上新台阶”及省财政厅“坚决贯彻落实好十八大精神 不断提升财政服务全面建成小康社会能力和水平”等专题报告会。

（二）重视师德建设，形成优良教风学风

严格按照教育法律的原则与规定，开展教育教学活动；深入推进师德师风建设，组织广大教工聆听“全国教书育人楷模先进事迹报告会”，学习全国道德模范、全国优秀教师的先进事迹，进一步提升自身思想政治素质、职业理想和道德水平。强调“学为人师、行为世范”的准则，形成求真务实、开拓创新、谦虚严谨的治学态度，构建彼此尊重、相互激励、教学相长的良好师生关系，创设符合法治精神的育人环境。

（三）开展创先争优，丰富主题实践活动

根据《中共中央办公厅关于深入开展学雷锋活动的意见》精神，以及省委和省财政厅党委的部署，学校开展雷锋精神和《大数据》专题读书学习系列活动，举办“学雷锋·迎七一”读书汇报会。全体党员通过阅读《雷锋精神学习读本》、《身边的感动》、《向雷锋学什么》、《穿越时代的雷锋》等书目，撰写心得体会，深入领悟雷锋精神的丰富内涵，响应“践行雷锋精神、争当先进模范”，推动创先争优工作进一步深化。同时，学校党委还组织开展扶贫济困捐款活动，广大党员干部和教工踊跃参与捐助，6月份向贫困地区捐款5 000元。

（四）召开教代会，积极推进校务公开

为切实保障教职工参与民主管理、实行民主监督的权利，11月份学校召开教职工代表大会，广泛听取教工意见，并审议通过《广东省财政职业技术学校绩效工资分配的实施方案》（送审稿）、《教师专业技术职务聘用办法》（试行）、《关于适当增加合同制教工岗位（基本）工资的实施意见》等提案。同时，进一步完善校务公开制度，学校改革与发展的重大决策、财务收支情况、福利待遇，以及涉及教职工切身利益的其他事项，按一定方式及时向教职工公布；学校的招生规定、收费项目与标准等事项，则向学生、家长和社会公开。

（五）加强廉政建设，排查廉政风险点

全面贯彻中央关于党风廉政建设和反腐败的部署和要求，认真执行《中国共产党党内监督条例》和《中国共产党纪律处分条例》，加强对领导干部的廉政教育，树立廉洁自律典型。组织广大党员干部观看教育片《仰望星空》、《作风暗访专题》等，组织广大党员填报《个人拒收、上交“红包”礼金情况表》，阅读《财苑警示录》并撰写心得体会；学习领会曾志权厅长关于如何加强党性修养的党课内容，积极进行廉政风险点的排查，制定出相应的防范措施，防患于未然；坚决反对和制止奢侈浪费、公款吃喝，充分发挥纪委的监督检查作用，加强对财务、基建、采购等的管理和监督，建立长效的廉政管理机制，坚持用制度管人管事。

二、有序组织，统筹综合工作务实高效

（一）全员聘任工作认真开展、取得成效

2012年，结合第十一轮全员聘任工作，健全完善干部培养、选拔任用机制，按照“按需设岗，公开招聘，平等竞争，择优聘任，严格考核，合同管理”的原则选人用人。实施干部选拔任用民主推荐、民主测评、差额考察等制度，坚持标准，注重实绩。通过竞聘上岗、择优聘任等措施，提高干部队伍的整体素质。

（二）绩效工资方案稳步实施、不断完善

根据《广东省其他事业单位绩效工资实施意见》和

《关于印发广东省省属其他事业单位绩效工资实施办法的通知》要求，结合学校实际情况，制定与实施绩效工资方案，最大限度地调动广大教职工的工作积极性、主动性和创造性。

（三）师资队伍建设常抓不懈、继续加强

加强班主任队伍建设，于7月份成功举办学生管理系列人员专题培训活动，开展理论学习、班主任论坛、考察学习活动等；抓好“双师型”教师队伍建设，选派会计专业骨干教师深入到校企合作单位“深圳德永信税务事务所兼会计咨询有限公司”参加申报纳税、代理记账等业务培训实践活动。2012年，在广东省中职德育优秀论文评比中，教职工有6人次的5篇论文分别获得一、二、三等奖；在广东省中职学校“创新杯”教师教学设计和说课大赛中，有2人次分别获得两个项目的三等奖。与此同时，有1人次获评“南粤优秀教育工作者”、1人次获评“南粤优秀教师”，1人次获评广东省中职会员学校“后勤先进工作者”。

（四）群团活动定期开展、氛围和谐

学校定期开展健康向上的工会活动、富有教育意义的支部特色活动，以及活泼向上的共青团活动，如建党九十一周年、“五四”运动九十三周年、建团90周年、“三八”节、国庆节等庆祝活动。同时，积极参与上级部门举办的各类文体竞赛。3月份，学校选派教工参加省财政厅代表队，在第二届省直机关应急技能竞赛中取得优异成绩。4月份，教工与厅机关代表携手组成省财政厅代表队，参加广东省、市机关“创先争优迎党代会”演讲邀请赛，获得三等奖的好成绩。6月份，与省林业学校、省旅游学校教工共同组队，代表省中职体协参加省体育局组织的“广东省机关、企事业单位第九套广播操”比赛并荣获“二等奖”和“优秀组织奖”两个奖项。

三、创新举措，教育教学工作科学推进

（一）深化教育教学改革，注重突出特色

推进校企合作制度化，使教学与生产实践、社会服务、技术推广紧密结合。从加强专业文化建设、规范课程设置、丰富教学内容等方面着手，处理好课程体系与知识能力的关系，在充分考虑学生知识能力结构合理布局的基础上，兼顾学科专业的共性需求与社会实际需求，体现学生的自主选择与个性发展；处理好理论教学与实践教学的关系，围绕解决实际问题和开展项目研究的需要，确定师生到企业实践的重点内容，以实训、实习的方式培养学生的动手能力和实践能力，使理论知识得到进一步的巩固与升华。

（二）满足学生执业技能需求，强化技能训练

开展常规的技能训练课、考证辅导课，举办校内爱丁数码传票算、五笔打字等的各专业各项技能比赛，以赛促学、以赛促教、以赛促训，学生的各项技能得到不断提高。其中，在广东省第十六届珠算技术比赛中，学校代表队获得团体三等奖；在广东省职业教育院校第二届“科信杯”学生硬笔书写技能大赛中，学校有3人次获特等奖，4人次获一等奖，3人次获二等奖。

（三）加强校际间教学交流，提高教学质量

2012年，学校加强与广东省商业职业技术学校、广东省经贸职业技术学校、广东省电子职业技术学校、云南玉溪工业财贸学校、河南省财经职业技术学校等校际间的教学教研交流，采取“引进来”、“走出去”相结合的策略，邀请以上学校师生来校进行教学与文化交流，同时也组织学校师生到外校学习，推动教育教学改革的进行，促使教学质量的进一步提高。

（四）拓展财政业务培训，服务社会经济

学校的财政业务培训工作得到了各级地方财政部门的信任，越来越多的财政局选择与学校合作，组织进行地方财政系统内的干部培训。2012年，学校受河源市，清远市连山壮族瑶族自治县、阳山县、英德市以及韶关市仁化县、浈江区、武江区等多市县财政局的委托，举办10期财政系统干部业务培训班，培训人数达500多人，产生了良好的社会效益。

（五）创新人才培养模式，探索办学新路

一是开展校校合作办学。根据广东省教育厅关于对口扶持粤西北教育发展要求以及学校创建示范性中等职业学校的需要，在罗定市财政局、教育局的重视支持下，与罗定市素龙中学签订联合办学协议，并挂牌成立“广东省财政职业技术学校罗定市校区”。二是进行企业人才订单培养。2012学年上学期，学校与深圳德永信税务事务所签订协议，2012（02）班被确定为德永信订单班，校企共同合作，进行人才订单培养，努力实现学校教学、企业发展、学生就业的共赢。

四、加强引导，学生管理工作卓有成效

（一）加强入学教育，奠定发展基础

组织新生参加军训、心理辅导活动，进行常态化的心理健康教育，帮助学生提高心理素质，增强集体意识；开展“自立自信励志成才，明礼修身厚德端行”主题教育活动和“遵守法律法规，学会自我保护”法律知识讲座等，注重学生综合素质的协调发展。

（二）坚持管教结合，完善常规管理

以国家重点职业学校复评反馈意见为指导，加大对纪律行为、卫生情况的监督与管理力度，开展周会宣传、班会教育，进行各项评比，实行晚自修集体巡查制度等，不断增强学生的纪律观念与卫生意识。同时，重视班主任工

作指导，明确班主任工作职责，优化班主任工作制度，并充分调动、发挥学生的自我教育、自我管理功能，组织好学生二级管理工作，有序开展学生管理工作，提高学生整体素质，创建文明、整洁、平安校园。

（三）运用信息媒介，正面宣传引导

适应信息化水平快速提升的新形势要求，做好校园信息管理和文化宣传，加强微博、论坛的正面引导，优化《学生工作简报》、《竹苑》、《邃川》、《绿潮》等期刊的编辑，发挥媒介的文化传播以及在引导青年思想方面的积极作用。

（四）指导社团建设，丰富校园文化

不断完善学生社团管理体系，指导社团开展多样化的文体活动，举办“第十三届校园文化艺术节”、“第十届社团活动月”等，努力使社团成为学生潜能发挥、个性发展、能力提高、素质拓展的实践平台，成为校园文化生活的重要载体并在育人中发挥重要作用。在第二届中职学校学生社团优秀成果展示活动中，学校被评为社团建设“先进单位”，学校绿潮文学社被评为“十佳社团”，摄影艺术协会、书法协会则分别获评优秀社团二、三等奖。

（五）举办人才招聘会，提升就业质量

学校继续加强招生宣传与引导就业工作，在总结首届人才招聘会成功经验基础上，于6月举办了第二届校企合作论坛暨人才招聘会，办学成果得到社会的认可，来自珠三角地区的64家企（事）业单位代表参会，为2010级顶岗实习学生提供了1 400多个岗位。

五、规范细致，后勤服务工作质量提高

（一）做好后勤保障工作

学校及时做好基建、水电管理、公物维修、采购膳食工作；认真完成固定资产、物业及医务管理工作；积极开展校园绿化、卫生清洁、传染病防控工作；高度重视食堂服务与管理，不断改善食堂服务质量，贯彻落实学校稳定价格的措施，保障膳食供应的安全、卫生、健康和实惠，2012年2月学校食堂被广州市白云区食品药品监督管理局评为“餐饮服务食品安全示范单位”。

（二）开展图书信息服务

与时俱进，调整文献资源建设结构，补充缺藏图书，根据学校专业拓展的实际情况，增加汽车维修、现代物流、学前教育专业图书，满足学校的教学和科研对文献信息的需要。2012年流通书库接待师生10 000多人次，电子阅览室接待学生上机2 000多人次。

（三）提供有力技术支撑

积极为学校招生宣传、校园开放日、校企合作论坛等活动提供必要的技术支持和协助，为汽修、物流、学前教育、平面设计等新专业实训基地提供选型方案；认真做好电脑机房、网络实训室、多媒体课室等场室的软件升级与设备维护工作，进行校园网站升级更新等，围绕着学校中心工作，进行信息技术服务，为学校的全面发展提供坚强有力的技术力量支持。

（广东省财政职业技术学校供稿，陈培元执笔）

2012年广东省财政科研课题验收评审结果

课题等级	课题单位	课题名称
一等课题（共3个）	省财政厅农业综合开发办	农业综合开发与“双到”扶贫工作结合的政策和机制研究
	省财政厅国际债务办	推进广东农村和小村镇生态环境治理政策研究
	肇庆市财政局	促进我市县域经济发展的财政引导机制研究
二等课题（共6个）	省财政厅预算处、地方财政处	探索建立生态保护补偿机制研究
	省财政厅农村财务管理处	关于广东农村债务情况的调查研究
	梅州市财政局	深化财政资金竞争性分配改革研究
	佛山市财政局	增值税转型改革对地方经济的影响
	广东外语外贸大学	“财政拖累”效应与预算执行绩效管理研究
	阳山县财政局	基层医疗保障财政投入机制研究——以阳山县为例
三等课题（共16个）	省财政厅投资审核中心	加快财政投资评审工作转型推进财政投资管理科学化、精细化研究
	省财政厅评估协会	推进政府购买评估服务工作研究
	珠海市财政局	树立“大监督”理念，构建“大监督”格局
	江门市财政局	关于推进“阳光财政”建设问题研究
	湛江市财政局	公共财政支持湛江文化建设的政策研究
	韶关市财政局	韶关市非税收入结构研究
	佛山市财政局	预算公开的制度化与信息化路径研究
	广东外语外贸大学	如何加强财政法定支出管理——以广州市为例
	东莞市财政局	谈财政部门廉政风险防控建设——东莞市财政局廉政风险防控的探索与实践
	顺德区财税局	顺德区镇街财政管理改革的实践与思考
	封开县财政局	封开县省直管县财政体制改革成效及相关建议
	东莞理工学院城市学院	零基预算改革的难点与对策研究
	南雄市财政局	关于建立完善民生资金监管机制的思考——以农业补贴资金为例
	南海区财政局	建立完善政府购买服务制度研究
	广东省财政学校	广东省欠发达地区乡镇财政制度建设研究
	东莞理工学院城市学院	广东省财政收入增长与经济发展适应

“汕尾杯”财政征文大赛获奖名单

文章	作者	单位
一等奖（5 名）		
注重民生为本 推动幸福导向型产业发展	李　钢	梅州市财政局
高扬人文情怀旗帜 推进财政文化建设	孙江平	韶关市财政局
转变经济发展方式下财源建设情况的思考	袁锦霞	广州市财政局
以教育为基石，加强汕尾财政廉政文化建设	陈兴初	汕尾市财政局
浅议佛山市社会组织发展与政府购买服务	伍志强　许汉楚	佛山市财政局
二等奖（10 名）		
推动主体功能区建设 促进基本公共服务均等化财政政策研究	黄定锋	梅州市财政局
培育汕尾财政文化　推进海陆海岸经济	赵小川	汕尾市财政局
加强财政文化建设 促进基层财政工作转型	宋　洁	江门市蓬江区环市财政所
关于加快财政理财转型推动财政新型文化建设的思考	胡明霞　梁倩虹	佛山市南海区财政局
湛江公共财政收入应如何实现突围	张蔚蓝	湛江市财政局
构建财政廉政文化长效机制的思考	吴堂煜	汕尾市财政局
对广东财政文化发展的一点思考	赵书晨	东莞市财政局
突出绩效导向 构建新型财政分配文化的关键	彭高旺	珠海市财政局
先天下之忧而忧，后天下之乐而乐	欧伟清	江门市鹤山市财政局
关于购买政府集中采购超标代理服务机构的思考	李颜玲	中山市政府采购管理办公室
三等奖（31 名）		
如何当好一个财政局长	黄　东	梅州市蕉岭县财政局
粤东山区县级财政困境的原因及对策	林小琼	梅州市蕉岭县财政局
浅谈财政文化建设	刘小炎	梅州市兴宁市财政局
舞“尚德修身”指挥棒 谱“财政文化”新乐章	余　敏	中山市财政局
加强湛江财政文化建设的思考	肖益民	湛江市财政局科学研究所
深化财政文化建设 提升财政工作质量	林伟杰	潮州市潮安县财政局
构建公共财政体系，破解基本公共服务均等化难题	王永招	湛江市开发区财政局
浅议加强家电下乡管理的存在问题及对策	梁文伟	湛江市雷州市西湖财政所
浅谈基层财政文化建设	曾小亮	湛江市雷州市调风财政所
关于如何塑造财政团队精神的探讨	梁　捷	茂名市化州市财政局
对推进新时期财政文化建设的几点思考	陈东青	汕尾市海丰县财政局
加强财政文化建设 实现会计管理工作跨越发展	林海生	汕尾市财政局
借他山之石 创县域财政文化发展之路	刘思婕	汕尾市海丰县财政局
推进财政文化建设　提升财政部门形象	丘洪样	汕尾市陆河县财政局

文章	作者	单位
构建财政“大监督”文化 促进监督与管理融合	黄华协	江门市财政局
浅谈基层财政文化建设	苏慧娟	江门市江海区财政局
当前加强财政精神文化建设的思考	办公室	江门市新会区财政局
论财政廉政文化建设	姜 腾	江门市台山市财政局
关于“做大分好用好蛋糕”的思考	谭 丽	江门市台山市财政局
以科学体系为支撑 构建民本财政分配文化	叶 桢	江门市鹤山市财政局
把握财政文化 给力财政建设	黄瑛瑶	江门市鹤山市财政局
树立财政大监督理念 构建财政监督大平台	谢颖怡	佛山市南海区财政局
以财政绩效管理促廉政建设	区意匡	佛山市南海区财政局
推进财政廉政文化建设的思考	钱静瑜 梁悦雅	佛山市三水区财政局
构建和谐财政文化 推进幸福东莞建设	刘 超	东莞市黄江财政分局
财政文化建设对干部行为的影响	梁志敏	东莞市沙田财政分局
推进财政文化建设 谋取财政事业新跨越	杨立基	惠州市仲恺高新技术开发区财政局
深化县级财政预算改革 助推公共财政体制建设	周于彬	惠州市惠东县财政局
加强财政文化建设，提升财政“软实力”	黎章莲	清远市阳山县江英镇财政所
加快财政理念转型 打造“五型”财政队伍	林 妍	揭阳市榕城区财政局
基于新型财政文化的绩效预算研究	郑旭山 洪广恩	揭阳市高新技术产业开发区财政局

组织奖（5名）
汕尾市财政局
湛江市财政局
江门市财政局
梅州市财政局
揭阳市财政局

“读丛书　谈心得”征文比赛评审结果

单位	作者	文　章
		一等奖（5名）
江门市财政局	梁月娟	我市推行财政支出绩效管理改革的思考
江门市财政学会	张栋材	开卷有益　感怀至深——读丛书，看广东财政的“三个坚持”
江门市财政学会	杨联光	解放思想，转变观念　把财政宣传工作推上新台阶
湛江市财政局	肖益民	正确认识湛江财政存在问题 努力寻求湛江财政的新发展
中山大学	卢俏媚	阳光财政，民生财政
		二等奖（10名）
江海区江南街道财政所	梁子贵	为未来财政方向而求索——读《广东财政百年实践中的思想求索》有感
江海区财政局	温艺斌	以史为鉴，谋划新时代地方财政改革创新之路
新会区财政局	办公室	读丛书　谈心得　刍议新会区财政改革创新
揭阳榕城财政局	林庆涛	揭阳榕城加快财政改革步伐，服务广东经济发展
茂南区财政局	吕红红	历经百年逐步完善的财政——读百年广东财政研究丛书有感
东莞市财政局	赵书晨	浅议广东财政文化的发展
惠州市财政局	李　欣	以人为本，立足广东，建立适合我省经济和社会发展的财政政策
梅州市财政局	黄定锋	民国广东财政对当前财政改革发展的启示
省财校	麦　方	珍惜和平，加快协同改革
鹤山市财政局	丁俊超	财为民用　政为民谋　促进社会公平正义
		三等奖（30名）
江门市财政局	刘　恒	百年广东财政引发对我市农业综合开发工作的思考
蓬江区荷塘财政所	唐婷婷	以史为鉴，推进江门公共财政建设
江海区财政局	邝志诚	浅谈基层财政体制的改革——百年广东财政丛书读后感
新会区财政局	张　翀	百年广东财政政策变迁有感
鹤山市财政局	欧伟清	缔造和谐发展的财政春天
恩平市财政局	郑桦炫	解放思想　锐意改革　争当财政工作排头兵
韶关南雄财政局	李　艾	深化财政体制改革　促进县域经济发展
肇庆鼎湖区财政局	陈月琼	民生财政，造福百姓
普宁财政局	卢晓莉	普宁市省直管县财政体制改革
茂南区财政局	黄汉强	改革开放三十多年茂名财政的变迁
茂南区财政局	阮倩玲	新时期的茂南财政改革之路
茂港区财政局	林月娟	继往开来，与时俱进——广东百年财政思想与滨海新茂名发展之路探索
高州市财政局	刘　永	弘扬务实、开放、兼容、创新精神努力开创财政改革发展新局面
佛山市财政局	谭杰林	从广东财政政策变迁谈谈

单 位	作者	文　　章
化州市财政局	宋治华	从实施激励财政机制　谈县域经济发展——读《广东财政百年实践中的思想探索》有感
清远市财政局	许结明	读百年广东财政研究丛书心得
清远市财政局	周琼华	谈广东财政改革与发展30年
连州市财政局	莫少勋	对进一步推进连州市财政发展和改革的思考
清城区财政局	王立燊	乡镇财政运行风险及其化解对策
连南县财政局	伍文胜	以史为鉴，促进山区财政工作的发展
惠东县财政局	刘静静	读丛书：结合惠东县情谈民生财政
仲恺高新区财政局	何边草	读《民国时期广东财政政策变迁》有感
潮州市财政局	陈　楷	充分发挥财政手段，推动潮州经济社会发展——学习百年广东财政研究丛书有感
珠海市财政局	谢智彬	读《广东财政百年实践中的思想求索》有感
珠海市财政局	叶锐敏	转换财政政策思维 创建珠海幸福村居
中山大学	杨玉萍	政府职能定位与地方经济发展
江海区财政局	吴　丹	回顾财政政策变迁　积极财政改革
茂港区财政局	曹　聪	读《分税制改革后（1994－）的广东财政思想》一章后感
高州市财政局	吕以业	谈谈我对当前财政管理工作加快转型升级的几点想法
高州市财政局	龙　越	承载历史　展望未来
组织奖（5个）		
江门市财政局		
揭阳市财政局		
惠州市财政局		
茂名市财政局		
清远市财政局